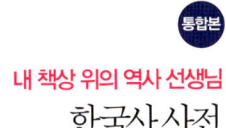

내 책상 위의 역사 선생님
한국사 사전

※ **일러두기**

1. 맞춤법과 띄어쓰기, 외래어 표기 등은 국립국어원의 〈표준국어대사전〉을 기준으로 했으며, 일반적인 사전의 용례에 따라 가나다순으로 배열되었습니다.
2. 표제어 표기는 초등 및 중등 역사 교과서를 따르되, 일반적으로 널리 쓰이는 표현도 반영했습니다.
3. 이름 표기의 순서는 해당 나라의 용례에 따랐습니다. 동양의 경우는 성과 이름 순, 서양의 경우는 이름과 성 순입니다.
4. 책의 맨 뒤편에는 표제어와 쪽수를 정리한 '찾아보기'를 두어 내용을 쉽게 찾아볼 수 있습니다. 《한국사 사전》에서 다룬 표제어는 물론이고 같은 뜻으로 널리 사용되는 명칭도 함께 수록했습니다. 외국인의 이름도 전체 이름과 성을 모두 찾아볼 수 있습니다.

내 책상 위의 역사 선생님

한국사 사전

김한종 · 이성호 · 문여경 · 송인영 · 이희근 · 최혜경 글
박승범 · 이승수 그림

 머리말

어린이는 물론 학부모와 교사에게도 도움이 되길 기대하며……

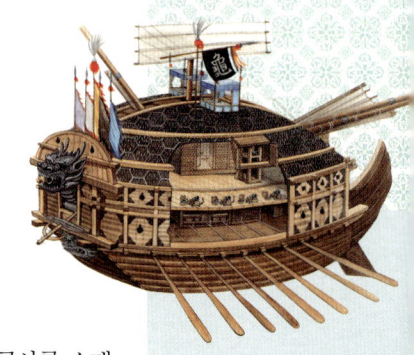

근래 우리 역사에 대한 사회의 관심이 부쩍 높아지고 있다. 한국사를 소재로 하는 TV 사극이나 영화가 여러 편 만들어지고, 대중을 위한 한국사 교양서들도 잇달아 나오고 있다. 어린이용 교양물도 여기에 한몫을 한다. 일반적인 한국사 정보서를 비롯해 위인전, 설화, 만화, TV 영상물에 이르기까지 어린이가 한국사를 만나는 경로는 매우 다양하다. 이 매체들은 한국사에 대한 어린이의 흥미를 높이고 배우기 쉽게 해 준다.

그런데 한국사를 배우는 과정에서 역사적 사실을 손쉽게 확인하고 필요한 한국사 정보를 얻기는 쉽지 않다. 물론 인터넷 검색을 통해서 한국사의 많은 사실들을 확인하고 이해할 수 있지만, 이 정보들은 사실 여부가 불투명한 것이 많다. 역사를 잘 아는 사람이 아니면 필요한 정보와 그렇지 않은 정보를 가려내기도 쉽지 않다. 더구나 한국사를 이해하기 위해 필요한 기초 능력이 부족한 어린이의 경우는 더욱 그렇다. 어린이용 한국사 사전이 필요한 이유가 여기에 있다.

그동안 여러 권의 한국사 사전이 나왔다. 그중에는 어린이들을 위해 만든 사전도 있었다. 하지만 어른들을 위한 한국사 사전은 너무 많은 정보를 담고 있고 용어나 문장도 어려워서 어린이가 이해할 수 있는 범위를 넘어서는 경우가 많았다. 반면 어린이용 한국사 사전은 내용이 너무 빈약하거나 다루어야 할 내용이 빠져 있어 단순한 용어 사전의 기능만을 하고 있는 것들이 많았다.

역사적인 사실을 전달하는 데 정확성이 떨어지는 경우도 있었고, 최근의 한국사 연구 성과를 제대로 반영하지 못하는 경우도 쉽게 찾아볼 수 있었다. 이러한 점을 고려하여 우리는 어린이의 눈높이에 맞으면서도 한국사의 핵심적인 사실들을 이해하는 데 도움이 될 수 있는 새로운 어린이용 한국사 사전을 만들기로 했다.

《한국사 사전》은 어린이가 한국사의 주요 사실들을 확인하고 필요한 정보를 얻는 데 도움을 주려는 목적으로 만들어졌다. 어린이의 눈높이에 맞는 내용을 선정하고 쉽게 이해할 수 있도록 서술하는 데 힘썼으며, 최근의 한국사 연구 성과를 반영하여 어린이를 지도하는 교사나 학부모가 활용하는 데에도 부족함이 없도록 했다. 그리고 역사 용어의 뜻과 풀이, 깊이 있는 정보 등을 단계에 맞게 나누어 담았다. 《한국사 사전》을 읽는 모든 사람들이 역사적 사실을 좀 더 쉽게 이해할 수 있도록 하기 위해서였다.

우리는 사전의 내용부터 글의 표현, 일러스트레이션의 제작과 확인에 이르기까지, 책을 만드는 과정 하나하나에 힘을 기울였다. 아무쪼록 이런 노력이 결실을 맺어, 《한국사 사전》을 이용하는 사람들이 역사적 사실을 확인하고 지식을 얻는 데 도움이 되길 기대한다. 나아가 이 책을 읽는 동안 역사의 무대 안으로 직접 들어가 보는, 멋진 상상의 나래를 펼칠 수 있었으면 좋겠다. 책에서 부족한 점들은 앞으로 계속해서 고쳐 나가고 보완할 것을 약속한다. 아무쪼록 《한국사 사전》을 읽은 독자들의 많은 지적과 격려가 있기를 부탁한다.

저자들을 대표하여 **김 한 종**

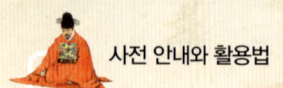

사전 안내와 활용법

《한국사 사전》은 이렇게 읽으면 좋아요!

❖ 본문은 단계에 따라 나누어 읽어 보세요

《한국사 사전》의 본문은 단계별로 나누어져 있어요. 만약 역사 용어의 간단한 뜻을 알고 싶다면 '개요'를, 자세한 설명을 보고 싶다면 '풀이'를, 좀 더 깊이 있는 해설이나 관련된 정보를 알고 싶다면 '심화'를 찾아보세요. 표제어 이해는 물론 역사 공부가 한층 쉽고 즐거워진답니다.

개요 표제어에 대한 핵심적인 사실을 간략하게 설명했어요. 역사 용어에 대한 간단한 뜻만 알고 싶을 때는 개요만 읽어 보아도 내용을 파악할 수 있답니다.

풀이 표제어에 대해 일반적으로 알아 두어야 할 내용들로 구성되었어요. 개요에서 설명한 내용을 좀 더 자세히 알고 싶다면 풀이를 읽어 보세요. 내용 파악이 쉬워진답니다.

심화 표제어와 관련된 역사적인 사실이나 정보 가운데 깊이 있는 내용을 다루었어요. 역사 공부에 관심이 많거나 역사에 대해 한 걸음 더 들어가고 싶을 때 읽어 보세요.

그림에도 알찬 정보가 담겨 있어요. 마치 실물을 보는 듯 생생하게 표현된 그림을 통해 글로는 미처 담지 못한 정보를 꼭 확인해 보세요.

❖ 관련된 역사 용어를 더 찾아볼 수 있어요

《한국사 사전》은 표제어마다 관련 지식을 더 찾아볼 수 있도록 '더 찾아보기' 코너가 마련되어 있어요. 꼬리에 꼬리를 물고 이어지는 표제어 릴레이를 하다 보면 어느새 역사에 관한 척척박사가 되어 있을 거예요.

각각의 표제어들이 어느 시대에 해당하는지 알려 주어요.

본문에 나오는 다른 표제어들을 모아 놓았어요. 이 책 맨 뒤에 있는 '찾아보기'란에서 각각의 표제어들이 몇 쪽에 있는지 확인한 뒤 다시 《한국사 사전》을 찾으면 돼요.

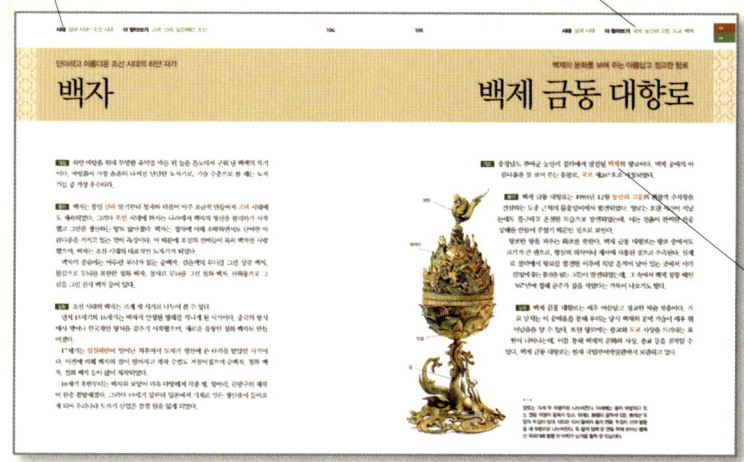

본문 속의 색깔 글씨는 《한국사 사전》에서 다룬 표제어들이에요. 지식을 더욱 넓히고 싶다면 이 표제어들을 찾아보세요.

❖ 부록을 이용해 역사 지식을 총정리하세요

《한국사 사전》의 부록인 《연표로 보는 한국사 사전》은 역사 지식을 연표 형식으로 묶었어요. 《한국사 사전》으로 익힌 여러 가지 역사 지식을 총정리할 때, 역사의 흐름을 한눈에 보고 싶을 때 이용하면 좋지요. 시대별로 정리한 역사 지식으로 역사 공부를 완성하세요.

실을 만드는 데 사용한 선사 시대 생활 도구

가락바퀴

개요 신석기 시대부터 청동기 시대까지 실을 만들 때 사용했던 도구이다. 실을 감는 도구인 '가락'을 끼워 사용했기 때문에 가락바퀴라고 부르며, 가락의 다른 이름인 방추를 붙여 '방추차'라고도 한다.

풀이 가락바퀴는 둥근 몸체 중앙에 구멍이 뚫려 있다. 이 구멍에 막대처럼 생긴 가락을 끼우게 된다. 실의 원료를 막대에 이은 뒤 돌리면, 섬유에 꼬임이 생기면서 실이 만들어진다.

가락바퀴는 흙으로 만든 것이 대부분이지만 간혹 돌로 만든 것도 발견된다. 또한 흙으로 만든 것 중에는 무늬가 새겨진 것도 있다.

심화 가락바퀴는 전국 곳곳에 있는 청동기 시대의 유적에서 발견된다. 하지만 신석기 유적에서도 뼈로 만든 바늘과 실이 발견된 것으로 보아, 신석기 시대부터 사용된 것으로 추측된다.

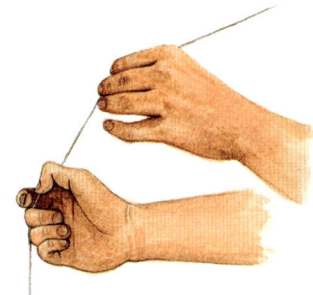

막대(가락)에 실의 원료를 동여맨 다음, 가락바퀴를 끼워 늘어뜨린 뒤 회전시킨다. 가락바퀴가 회전하면 실의 원료가 꼬임과 동시에 감기면서 실을 뽑을 수 있다.

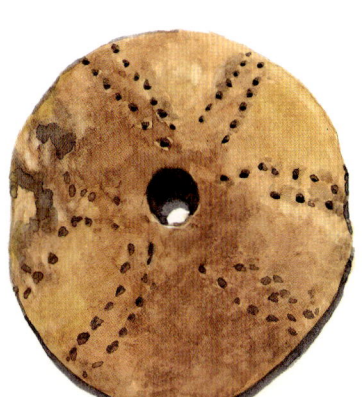

가락바퀴는 가락의 중심을 잡아줌과 동시에 회전시키는 역할을 한다.

시대 삼국 시대 더 찾아보기 고구려, 김수로왕, 김유신, 백제, 삼국유사, 삼국 통일, 신라, 왜, 일본

고대에 낙동강 일대에 있었던 6개 나라의 연맹 왕국

가야

개요 한반도 남쪽에 있었던 변한의 12개 작은 나라들의 연맹 왕국이다. 김해의 금관가야, 고령의 대가야, 함안의 아라가야, 고성의 소가야, 성주의 성산가야, 진주의 고령가야 등 여섯 나라가 있었다. 562년에 신라에 흡수되었으며, 가야의 문화는 신라의 문화에 큰 영향을 주었다.

풀이 고구려, 백제, 신라 등 3국이 국가의 모습을 갖추어 나갈 무렵 낙동강 중·하류 지역에서는 여러 작은 나라들이 자리를 잡아 갔다. 이들은 고구려, 백제 신라처럼 통일된 국가 체계를 갖추지는 못한 채 '간'이라는 부족장들이 각각 자신의 영역을 다스리고 있었다. 그런데 《삼국유사》에 따르면 이곳에서 신비한 일이 일어나 왕국을 세울 수 있었다고 한다.

어느 날 부족의 간들이 하늘에서 들려오는 신령한 목소리를 들었다. 그 목소리는 귀지봉에 가서 "거북아, 거북아, 머리를 내밀어라. 내밀지 않으면 구워 먹으리." 하고 노래하며 춤을 추면 임금을 얻을 것이라고 예언했다. 이에 간들이 예언대로 했더니, 하늘에서 붉은 보자기에 싸인 황금 상자가 내려왔다. 상자 안에는 여섯 개의 황금알이 있었는데, 그 알에서 여섯 명의 아이가 나와 각각 나라를 세우고 임금이 되었다. 나라 이름은 금관가야, 대가야, 아라가야, 소가야, 성산가야, 고령가야였다. 이후 가야 왕국들은 서로 도우며 발전했다.

가야에서는 낙동강 하류 지역의 기름진 평야를 바탕으로 벼농사가 발달했고, 품질 좋은 철을 생산해 중국과 왜(일본) 등지에 수출하기도 했다. 발달한 문물을 왜에 전해주었는가 하면, 바다를 주름잡는 해상 강국이 되어 신라를 위협하기도 했다.

하지만 신라와 백제가 세력을 넓히기 시작하자, 가야는 차츰 어려움을 겪게 되었다. 가야는 통일 국가로 성장하지 못한 채 여전히 작은 나라로 남아 있었기 때문에 힘이 약했던 것이다. 게다가 가야는 5세기에 백제, 왜와 함께 신라를 공격했다가,

가야는 아름다운 도자기를 만들어 내는 곳으로도 이름이 높았다. 정교한 솜씨뿐 아니라 동물이나 사람 모양의 독특한 가야 토기도 인기가 높았다.

신라의 구원 요청을 받은 고구려군의 공격을 받아 세력이 크게 약해졌다. 결국 562년에 신라에 흡수되어 가야국은 한반도에서 사라졌다.

심화 가야는 통일 왕국을 세우지 못한 채 각각 신라로 흡수되었다. 먼저 흡수된 곳은 여섯 가야 가운데 가장 힘이 강했던 금관가야였다. 532년에 금관가야가 신라와의 전쟁에서 패해 멸망한 뒤 차례차례 신라에 합쳐졌으며, 562년에 마지막으로 대가야가 흡수되면서 가야는 완전히 사라졌다. 신라는 가야 유민들을 백성으로 받아들이고 왕족은 귀족으로 대접했다. **삼국 통일**을 하는 데 큰 공을 세운 **김유신**도 금관가야 **김수로왕**의 12대손이며, 가야금을 전한 우륵도 가야 출신이었다.

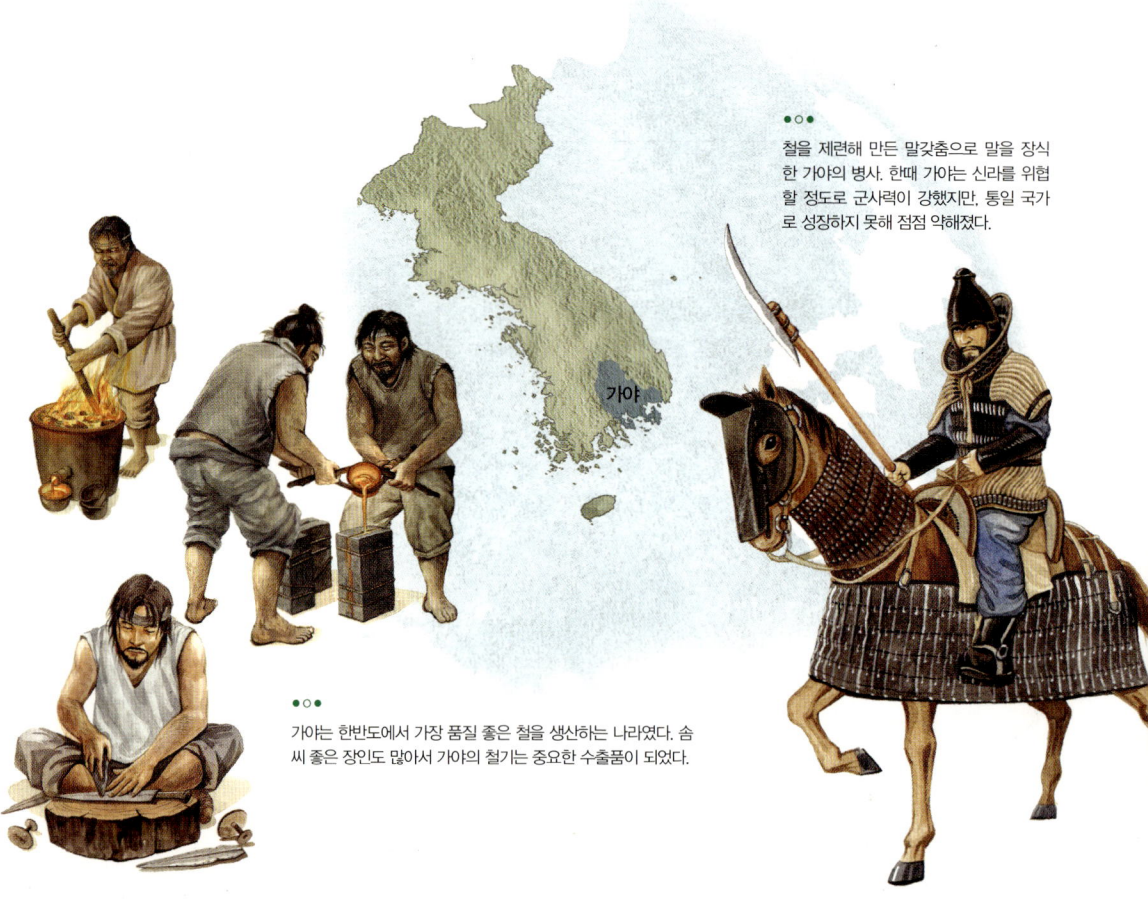

철을 제련해 만든 말갖춤으로 말을 장식한 가야의 병사. 한때 가야는 신라를 위협할 정도로 군사력이 강했지만, 통일 국가로 성장하지 못해 점점 약해졌다.

가야는 한반도에서 가장 품질 좋은 철을 생산하는 나라였다. 솜씨 좋은 장인도 많아서 가야의 철기는 중요한 수출품이 되었다.

시대 삼국 시대　더 찾아보기 가야, 신라, 삼국 시대, 일본

다양한 모양과 아름다움이 돋보이는 토기
가야 토기

개요 주로 낙동강 서쪽의 옛 **가야** 지역에서 발견되는 **삼국 시대**의 토기이다. 이전 토기의 제작 기법을 이어받았지만, 높은 온도에서 구운 단단한 것들이 많다.

풀이 가야 토기는 **신라** 토기와 비슷한 곳에서 발견된다. 가야와 신라 모두 낙동강 주변에 위치하고 있었기 때문이다. 낙동강을 기준으로 동쪽에서 발견되는 토기는 신라 토기이고, 서쪽에서 발견되는 토기는 가야 토기로 분류한다. 그러나 예외도 있다. 성주는 낙동강 서쪽에 있지만, 이곳에서 발견되는 토기는 신라 토기로 분류한다.

가야 토기는 항아리, 목 항아리, 단지, 그릇 받침, 잔, 시루, 굽다리 접시 등 신라 토기와 모양이 비슷하다. 하지만 신라 토기에 비해 세련되고 부드러운 곡선 모양이며, **일본**에 전해져 일본 토기의 발달에 영향을 미쳤다.

심화 가야 토기 중에는 동물이나 집, 배, 수레, 신발, 등잔 등 독특한 모양을 가진 것도 있다. 이처럼 동물이나 사물을 본떠 만든 것을 '흙으로 만든 인형'이라는 뜻에서 '토우'라고 부른다. 토우는 가야는 물론 신라 유적에서도 많이 발견되며, 당시의 생활 모습을 연구하는 데 중요한 자료가 되고 있다.

● ● ●
가야 토기는 모양이 독특하면서도 다양하다. 실제로 가야의 영토였던 지역에서 발견되는 토기들은 짚신이나 오리, 말을 탄 인물 등 독특한 모양을 가진 것이 많다. 또한 그릇 받침이 높고 다리가 있으며 그릇이 깊지 않다.

시대 선사 시대~현대 | **더 찾아보기** 고구려, 고조선, 대한 제국, 발해, 백두산 정계비, 여진, 일본, 일제 강점기, 조선, 청

일본과 청의 간도 협약으로 빼앗긴 우리의 영토
간도·간도 문제

개요 간도는 백두산 북쪽의 만주 지방 일대를 일컫는다. **고조선**과 **고구려**, **발해**의 영역이었으며 조선 시대에도 우리나라 사람들이 많이 살았지만, 1909년 **일본**과 **청**이 간도 협약을 체결한 이후부터 중국에 속하게 되었다.

풀이 간도 일대는 고조선 때부터 우리 민족의 활동 무대였고, 그 뒤에는 고구려와 발해에 속해 있었다. 발해가 멸망한 뒤에는 **여진**족이 이 지역에서 가축을 키우거나 사냥을 하며 살았다. 그런데 만주족(여진족)이 청나라를 세우면서 **조선**과 청 사이에는 국경 문제가 생겨났다. 이에 조선과 청은 숙종 때인 1712년에 **백두산 정계비**를 세워 두 나라의 국경을 정했다. 백두산 정계비에는 "서쪽으로는 압록, 동쪽으로는 토문을 경계로 한다."고 적혀 있다.

조선 후기에는 한반도 북부의 사람들이 간도 지방에 많이 들어가 생활했다. 간도 지방은 매우 비옥해서 농사를 짓고 살기 좋았기 때문이다. 특히 19세기 후반 함경도 지방에 큰 흉년이 들자 많은 사람들이 간도로 건너갔다. 청 역시 자기 나라 사람들을 간도 지방에 적극적으로 이주시켜 농사를 짓게 했는데, 한 지방에 두 나라 사람들이 많이 모여 살게 되자 차츰 갈등이 생기기 시작했다.

1897년 조선의 뒤를 이어 성립된 **대한 제국**은 백두산 정계비와 그 일대를 조사하고 간도 지방이 조선의 영토임을 확인하는 등 적극적인 정책을 펼쳤다. 그러나 1909년 일본과 청이 갑자기 간도 협약을 맺으면서 간도 문제가 불거졌다. 일본은 이 협약에서 간도를 청의 영토로 인정해 주는 대신 청으로부터 남만주 철도 부설권을 비롯한 여러 가지 이권들을 얻어 냈다. 간도 협약은 전적으로 일본과 청의 이해 관계에 따라 맺어졌고 우리의 주장은 전혀 반영되지 못했다.

간도

조선 시대까지만 해도 우리나라 사람들이 살았던 간도 지방. 백두산 북쪽의 너른 지역이다.

심화 간도 협약 이후에도 간도 지방에는 우리나라 사람들이 많이 들어가 살았다. 이 때문에 일제 강점기에는 독립군들이 간도 지역을 기지로 하여 독립운동을 펼치기도 했다. 현재 간도 지방은 중국에 속해 있으나 여전히 우리 동포가 많이 살고 있다. 이에 중국 정부는 간도 지방을 연변 조선족 자치주로 지정해 관리하고 있다. 연변 조선 자치주는 우리의 문화와 전통이 잘 보존되어 있으며 관광이나 사업 등을 목적으로 우리나라와 활발하게 교류하고 있다.

●○○
간도가 우리 영토임은 1712년에 세워진 백두산 정계비를 통해 확인할 수 있다. 당시 조선과 청은 이 비석을 경계로 국경을 정했다. 하지만 1909년에 일본과 청이 멋대로 간도 협약을 맺으면서 간도 문제가 불거지게 되었다.

"서쪽으로는 압록, 동쪽으로는 토문을 경계로 한다."고 적혀 있는 백두산 정계비.

돌을 갈아 만든 선사 시대의 생활 도구
간석기

개요 돌을 갈아 만든 **선사 시대**의 생활 도구이다. 갈아서 만든다는 뜻의 한자로 '마제(磨製) 석기'라고도 부른다. 주로 **신석기 시대**와 **청동기 시대**에 사용되었다.

풀이 간석기는 강원도 양양군 오산리, 평안남도 온천군 궁산리, 서울특별시 강동구 암사동 등 신석기 유적지에서 발견되었다. 낚싯바늘, 돌칼, 돌괭이, 돌도끼, 돌창, 돌낫, 돌화살촉, 갈돌 등 여러 가지 종류가 있다.

그러나 우리나라에서 간석기가 가장 많이 사용되던 시기는 청동기 시대였다. 이 시기에는 종류도 다양해지고 모양도 일정한 틀을 갖추기 시작했다. 실제로 청동기 유적지에서는 나무를 베고 다듬는 데 사용했던 도구, 사냥이나 물고기를 잡기 위한 도구, 농사 기구, 일상생활 용품, 부족장의 권위를 상징하는 용구 등 신석기 유적지보다 더욱 다양한 종류의 간석기가 발견되었다.

청동기 유적지에서 발견된 간석기들

용도	간석기
나무를 다루던 도구	돌도끼, 홈자귀, 턱자귀, 자귀, 끌
사냥을 위한 도구	돌화살촉, 돌창, 돌검, 그물추
농사 기구	괭이, 호미, 가래, 낫, 반달 돌칼, 갈돌
일상생활 용품	바늘, 가락바퀴, 숫돌
부족장의 장신구	톱니날 도끼, 바퀴날 도끼

심화 간석기는 돌을 갈아서 만든다. 먼저 몸돌을 깨트려 적당한 모양을 만든 다음, 날 부분이나 표면을 원하는 모양으로 정교하게 갈아 완성한다. 이 때문에 간석기는 **구석기 시대**에 깨트린 모양 그대로 사용했던 **뗀석기**보다 날카롭고 정교한 것이 특징이다.

도끼와 같은 사냥 도구의 날을 세우기 위해 끝을 정교하게 가는 모습.

괭이나 호미 등을 만들기 위해 몸돌을 갈고 있는 모습.

석기에 홈을 내거나 구멍을 뚫기 위해 도구를 사용하는 모습.

돌을 갈아 석기를 만드는 모습. 간석기는 신석기 시대부터 청동기 시대에 걸쳐 사용되었는데, 시간이 흐를수록 더욱 정교한 모양으로 만들어졌다. 이전 시대에 만들었던 뗀석기에 비해 훨씬 발전된 도구인 셈이다.

사전 속의 사전

도구를 사용하면서 더 똑똑해진 인류

♣ **인간은 도구를 만드는 동물** | 인간을 뜻하는 여러 가지 명칭이 있다. 학술 용어로 사용되는 공식 명칭은 호모 사피엔스(homo sapiens)이다. 여기서 '호모'는 사람이고 '사피엔스'는 지능을 가졌다는 뜻이다. 언어를 사용하는 사람이라는 뜻의 호모 로퀜스(Homo loquens), 두 발로 걸어 다니는 사람이라는 뜻의 호모 에렉투스(homo erectus), 손을 사용하는 사람이라는 뜻의 호모 하빌리스(Homo habilis)도 인간을 가리키는 명칭들이다. 그런데 호모 파베르(homo faber)라는 명칭도 있다. '도구를 사용하는 사람'이라는 뜻이다. 우리는 이 명칭을 통해 도구의 사용이 인간의 커다란 특징 중 하나임을 알 수 있다.

♣ **도구에 담긴 인간의 지혜** | 인간이 도구를 사용할 수 있었던 것은 두 발로 걸어 다녔기 때문이다. 두 발로 걸어 다니며 자유롭게 된 팔로 도구를 쓸 수 있게 되었다. 물론 원숭이나 유인원들도 도구를 사용한다. 하지만 인간과는 차이가 있다. 동물들이 사용하는 도구는 자연에서 얻은 그대로의 것이다. 이것으로 단단한 열매를 깨거나 나뭇가지를 자르는 정도의 간단한 활동을 한다. 그러나 인간은 도구를 의도적으로 만들었다. 도구를 목적에 따라 알맞은 모양으로 만들어 사용한 것이다. 처음에는 모양만 바꾸다가 점차 자연에 있는 물질을 합쳐 새로운 물질을 만든 뒤 도구에 이용했다. 필요한 물질만 가려내어 도구 재료로 쓰기도 했다. 구리와 아연, 구리와 주석을 섞어 청동기를 만들고, 돌 속에 들어 있는 철 성분을 뽑아 내 철기를 만드는 식이다. 도구를 사용하면서 인간의 생활은 풍족해졌다. 필요한 물자를 더 쉽게, 더 많이 얻을 수 있었기 때문이다. 뿐만 아니라 도구는 집을 짓거나 사나운 짐승을 물리치는 데에도 큰 도움이 되었다. 물론 다른 집단의 사람들을 공격해 죽이거나 물건을 뺏는 전쟁의 수단(무기)으로 사용하기도 했다.

♣ **도구로 나누는 인류의 역사** | 도구는 인류의 발전에 매우 중요한 역할을 했다. 도구의 종류에 따라 역사를 구분하는 것도 이 때문이다. 흔히 선사 시대를 구석기 시대, 신석기 시대, 청동기 시대, 철기 시대로 구분한다. 덴마크의 고고학자인 톰센이라는 사람이 인류의 역사를 석기 시대, 청동기 시대, 철기 시대로 처음 구분했는데, 연구가 발달하면서 석기 시대를 구석기 시대와 신석기 시대로 다시 나눈 것이다. 구석기 시대는 돌을 부수어서 만든 도구를(뗀석기), 신석기 시대는 돌을 갈아서 만든 도구(간석기)를 사용한 시대이다. 청동기 시대는 청동으로 만든 도구, 철기 시대는 쇠(철)로 만든 도구를 사용했다. 일반적으로 철기 시대는 선사 시대를 가리키지만, 크게 보면 오늘날도 철기 시대라고 할 수 있다.

시대 **삼국 시대** | 더 찾아보기 국보, 문무왕, 삼국 통일, 석탑, 신라, 신문왕, 왜구

아름답고 균형 잡힌 신라 시대의 쌍둥이 탑

감은사지 3층 석탑

개요 쌍둥이처럼 똑같이 생긴 **신라**의 돌탑이다. 감은사가 있던 자리에 남아 있어 '감은사지'라는 이름이 붙었고, **국보** 제112호로 지정되었다.

풀이 감은사지 삼층 석탑은 동탑과 서탑 두 개로 이루어져 있다. 두 탑의 모양은 쌍둥이처럼 똑같고, 화강암이라는 단단한 돌로 만들었지만 균형과 비례가 잘 맞고 모양이 매우 아름답다. 탑의 높이는 13.4미터에 달하는데, 경주에 남아 있는 3층 석탑 중에서 가장 큰 것이다.

각각의 **석탑**에서는 귀한 보물도 나왔다. 1959년 석탑을 해체하여 보수할 때 서탑 3층에서 청동 사리 장치가 발견되었다. 청동 사리 장치는 감은사를 세울 때 설치한 것으로, 보물 제366호로 지정되어 현재 국립중앙박물관에서 전시 중이다. 또한 1996년에 동탑을 해체하여 수리할 때에는 금동 사리함이 발견되었는데, 이 역시 보물 제1359호로 지정되었고 국립중앙박물관에서 보관 중이다.

심화 감은사는 경상북도 경주시 양북면 용당리에 있었던 절로, 지금은 사라지고 터만 남아 있다. 신라의 제31대 임금인 **신문왕**이 682년에 **문무왕**의 뜻을 이어받아 지었다. 문무왕은 **삼국 통일**을 이룬 신라의 임금으로, 불교의 힘을 빌어 **왜구**를 막아 내려고 바닷가에 절을 짓고 싶어 했다. 하지만 절을 짓기 전에 죽음을 맞이하자, "내가 죽으면 바다의 용이 되어 나라를 지키고자 하니 화장하여 동해에 장사 지내라."는 유언을 남겼다. 이에 아들인 신문왕이 바다에서 장사를 지내고, 문무왕의 은혜에 감사한다는 뜻으로 감은사(感恩寺)라는 절을 지었다.

시대 조선 시대 　더 찾아보기 강화도 조약, 개화파, 김옥균, 박영효, 우정국, 일본, 임오군란, 조선, 청

갑신정변

조선 고종 때 개화파가 권력을 잡기 위해 일으킨 정변

개요 조선 말기에 급진 **개화파**가 자신들이 생각하는 개혁 정책을 실행에 옮기기 위해 힘으로 권력을 잡으려고 했던 사건이다. 1884년 **우정국** 건물의 완공 행사가 있던 날 일어났다.

풀이 조선 정부는 1876년 **강화도 조약**으로 **일본**에 문호를 개방한 이후, 개화 정책을 추진했다. 그리고 미국, 영국, 프랑스 등 서양 여러 나라들과도 점차 통상 조약을 체결했다. 하지만 개화 정책을 얼마나 적극적으로 추진할 것인가를 놓고 개화 세력 안에서도 의견의 차이가 있었다. 당시 정권을 잡고 있던 민씨 세력은 개화를 지지했지만 개혁에는 적극적이지 않았다. 게다가 1882년 일어난 **임오군란**은 조선 정부의 개혁을 더욱 느리게 만들었다. 군대를 동원하여 임오군란을 진압한 **청**은 조선의 정치에 간섭했고, 이로 인해 조선의 개화와 개혁은 더욱 소극적이게 되었다.

이에 **김옥균**, **박영효** 등 급진 개화파들은 정변을 일으켰다. 이들은 일본의 힘을 빌려 민씨 세력을 몰아내고 청의 개입에 맞서는 한편, 개혁 정책을 추진하고자 했다. 정변은 1884년 우정국 건물의 완공을 기념하는 행사에서 일어났다. 급진 개화파들은 민씨 세력을 비롯해 친청파 관료들을 제거한 뒤 권력을 잡았다. 그런 다음 청에게 바치던 조공을 없애고 정치 간섭을 막아 자주 독립국의 지위를 확실히 하겠다고 선언했다. 또한 능력에 따라 인재를 선발하고, 신분 차별을 없애며, 관리의 부정을 막아 백성을 보호한다는 등 14개조 개혁안을 발표했다.

갑신정변이 일어나자 청은 정변을 일으킨 급진 개화파를 진압하기 위해 군대를 투입했다. 그러나 정세가 불리하다고 판단한 일본은 정변을 돕겠다는 약속을 저버리고 슬그머니 발을 빼 버렸다. 결국 정변은 3일 만에 실패로 돌아가고 정변의 주도자들은 일본으로 망명하고 말았다. 이후 청은 조선의 내정에 더욱 적극적으로 간섭했고, 갑신정변을 지원했던 일본은 오히려 자신들이 입은 피해를 보상하라며 조선 정부를 압박했다.

●●●
급진 개화파의 정변은 불과 3일 만에 끝났다. 개혁을 서둘러야 한다는 조급한 마음과 백성의 지지를 받지 못한 점, 국제 정세를 잘못 판단한 점 등이 원인이었다.

심화 갑신정변은 사회를 적극적으로 개혁하고 근대 국가를 만들려고 했다는 점에서 의미가 있다. 그러나 개혁안에는 토지 문제 등 농민들의 요구가 담기지 않았고, 이로 인해 백성들의 지지를 받지 못했다. 결국 갑신정변은 소수 지식인들만의 개혁 운동이었고, 자주 독립국을 만들고자 하면서도 일본의 힘에 의존하려고 했다는 점에서 비판을 받기도 했다.

갑신정변은 우편과 관련된 업무를 총괄하는 우정국, 즉 오늘날의 우정사업본부에 해당하는 관청의 기념 행사에서 일어났다. 급진 개화파들은 행사에 참석한 민씨 세력, 청나라와 친한 관리들을 죽인 뒤 권력을 잡고 근대적인 사회 제도를 담은 개혁안을 발표했다.

시대 조선 시대 | **더 찾아보기** 갑신정변, 고종, 과거 제도, 군국기무처, 김홍집, 단발령, 동학 농민 운동, 명성 황후, 박영효, 아관 파천, 양반, 연호, 을미사변, 의병, 일본, 조선, 청, 청일 전쟁, 흥선 대원군

조선이 추진한 근대적인 개혁 정치

갑오개혁

개요 1894년부터 조선이 근대 국가에 걸맞은 제도를 만들기 위해 추진한 개혁 정치이다. 근대적인 제도와 사회 개혁을 추진했지만 일본의 내정 간섭으로 인해 제대로 시행되지 못했고, 오히려 일본이 조선을 침탈하는 길을 열어 주고 말았다.

풀이 전라도 일대에서 동학 농민 운동이 일어나자 조선 정부도 개혁의 필요성을 느껴 교정청을 설치하고 제도와 행정의 개혁을 추진했다. 그러나 청일 전쟁에서 승리한 일본은 조선의 정치에 간섭하기 위해 흥선 대원군과 김홍집을 우두머리로 하는 친일 내각을 만들었다. 그런 다음 군국기무처를 설치하고 정치와 사회 분야에서 개혁을 추진하도록 했다. 하지만 일본의 간섭에 흥선 대원군이 반발하자, 일본은 흥선 대원군을 물러나게 한 다음, 일본에 망명 중이던 박영효를 돌아오게 하여 김홍집과 연립 내각을 구성하게 했다.

박영효 내각의 급진적 개혁은 고종과 왕실의 반발을 불러 일으켰고, 박영효는 다시 일본으로 망명해 버렸다. 박영효가 떠난 뒤 다시 김홍집 내각이 들어섰지만, 민씨 세력이 러시아의 힘을 빌려 친일 세력을 몰아내는 바람에 개혁은 일본이 원하는 방향으로 이루어지지 못했다. 그러자 일본은 명성 황후를 살해하는 을미사변을 일으켰다.

을미사변 후 김홍집을 앞세운 친일 내각이 강화되고, 중단되었던 개혁이 다시 이어졌다. 중국과 종속 관계를 완전히 끊는다는 뜻으로 독자적인 개국 기원과 연호를 사용하는 한편, 양력을 도입했다. 갑신정변으로 중단되었던 우편 업무를 시작했고, 단발령도 시행했다. 하지만 을미사변과 단발령은 양반, 유생들의 커다란 반발을 불러일으켜, 전국 곳곳에서 의병이 일어났다. 이 과정에서 고종이 러시아 공사관으로 피하는 아관 파천을 하면서 친일 내각은 무너지고 김홍집도 살해당했다.

심화 조선에서 추진했던 갑오개혁의 주요 내용은 다음과 같다.

- **청**나라에 의지하지 않고 스스로 독립한다.
- **양반**과 상민의 신분 차별을 하지 않는다.
- **과거 제도**를 없애고 신분의 구별 없이 관리를 뽑는다.
- 근대식 화폐 제도를 만들고 도량형(길이나 부피, 무게 따위를 재는 기구나 방법)을 통일한다.
- 어린 나이에 결혼하는 것을 금지한다.
- 과부도 재혼을 할 수 있다.
- 법을 만들어 백성들의 생명과 재산을 보호한다.
- 법에 따라 세금을 정하고 함부로 세금을 걷지 않는다.
- 총명한 젊은이를 외국에 보내 학문과 기술을 익힌다.

갑오개혁은 김홍집을 우두머리로 하는 친일 내각이 중심이 되어 추진했다. 사회의 여러 가지 문제점을 고쳐 근대 국가를 만들고자 했지만, 조선의 힘을 기르는 부국강병책은 없었다.

시대 고려 시대 | **더 찾아보기** 강동 6주, 개경, 거란, 고려, 고려사, 귀주 대첩, 서희, 요

거란의 침입 때 귀주 대첩을 승리로 이끈 고려의 장수

강감찬

개요 **고려** 시대 문신이자 장수이다. **거란(요)**이 고려에 침입했을 때 군사들을 이끌고 나가 **귀주 대첩**에서 승리했다. 943년에 금주(지금의 서울특별시 관악구 봉천동)에서 태어났으며, 고려군의 총사령관뿐 아니라 문하시중 등의 벼슬을 지내다 1031년에 세상을 떠났다.

풀이 강감찬이 벼슬길에 올랐을 때, 고려는 거란의 침입으로 인해 어려움을 겪고 있었다. 거란의 1차 침입 때인 993년에는 **서희**가 외교 담판을 벌여 큰 전쟁 없이 압록강 일대의 **강동 6주**를 얻어 냈다. 그러나 1010년 거란의 2차 침입 때 고려의 주력 부대가 패하자, 많은 신하들이 두려움에 떨며 큰 피해를 입느니 차라리 항복하자고 주장했다. 강감찬은 항복하자는 주장에 단호하게 반대했다. 거란의 기세가 높긴 하지만 항복보다는 전략상 후퇴를 하는 것이 낫다고 본 것이다. 그는 임금을 나주로 피신하도록 한 다음, 거란군과 협상을 벌여 전쟁을 마무리 지었다.

하지만 물러갔던 거란은 1018년에 3차로 침입해 왔다. 거란의 장수 소배압이 이끄는 거란군은 무려 10만여 명에 달했다. 고려의 상원수(총사령관)가 된 강감찬은 군사 1만 2,000여 명을 산기슭에 매복시킨 뒤 소가죽으로 흥화진의 성 동쪽 냇물을 막아 두고 기다렸다. 마침내 적군이 가까이 오자 막아둔 강물을 터뜨려 거란의 군사들을 당황하게 만들었고, 이후 총공격으로 물리쳤다.

강감찬 부대에 의해 큰 피해를 입었음에도 불구하고, 거란군은 포기하지 않고 **개경**까지 쳐들어 왔다. 이에 고려는 주변 백성들을 모두 성안

● ○ ○

강감찬의 최고 업적은 고려에 침입한 거란의 10만 대군을 물리치고 나라를 구한 일이다. 그가 고려군을 이끌고 흥화진과 귀주에서 거둔 승리 덕분에 고려는 나라를 지켰을 뿐 아니라 안정을 되찾고 발전할 수 있었다.

으로 피신시키고, 성 밖에서는 식량과 물을 구할 수 없게 만들었다. 결국 굶주림에 지친 거란군은 후퇴할 수밖에 없었다. 강감찬은 다시 거란군의 퇴로에서 기다렸다. 그리고 압록강 근처인 귀주의 동쪽 벌판에서 거란군을 크게 물리쳤다. 이 전투가 바로 귀주 대첩이다. 이후 거란은 다시는 고려를 침공하지 않았다.

심화 강감찬은 나라를 구한 영웅답게 유명한 탄생 설화가 전하고 있다. 역사책인 《고려사》와 여러 가지 이야기를 담은 문집인 《용재총화》에는 그가 태어날 때의 상황이 남달랐다고 적혀 있다. 한 사신이 금주 지방을 지나다 큰 별이 떨어지는 것을 보았는데, 그곳에 한 사내아이가 태어난 것을 보고 재상이나 판관이 될 재목이라고 했다는 것이다. 지금도 강감찬이 태어난 곳을 '낙성대'라고 부르며 사당에서 제사를 지내고 있다. 낙성대란 하늘에서 별이 떨어진 곳이라는 뜻이다.

강감찬은 문(文)과 무(武)를 두루 갖춘 고려 최고의 장수였다. 거란의 침입 때는 고려군을 이끄는 총사령관으로 활약했고, 전쟁 이후에는 나랏일을 돌보는 재상으로 이름을 높였다.

시대 고려 시대 　더 찾아보기 강감찬, 거란, 고구려, 고려, 서희, 여진, 요, 천리 장성

서희의 외교로 전쟁 없이 되찾은 옛 고구려 영토
강동 6주

개요 고려 시대 나라의 서북 방면인 압록강 하류 동쪽에 있던 6개의 행정 지역이다. 거란(요)의 1차 침입 때 서희의 외교로 돌려받았다.

풀이 중국 대륙에서 세력을 크게 키운 거란은 993년에 장수 소손녕이 이끄는 대군을 앞세워 고려에 침입했다. 서희는 거란이 전쟁보다는 고려가 송과의 관계를 끊기를 바란다는 점을 알아채고, 적장인 소손녕과 만나 담판을 지었다. 당시 거란은 압록강 주변의 땅이 거란의 것이라고 주장했지만, 서희는 고려가 고구려를 계승한 나라임을 내세워 옛 고구려의 영토인 압록강 주변의 땅을 돌려받기로 했다.

전쟁을 치르지 않고도 거란을 물리친 고려는 압록강 동쪽에 있던 여진족을 몰아내고 흥화, 용주, 철주, 통주, 곽주, 귀주 등 6주를 설치했다. 이것이 바로 강동 6주이다. 하지만 거란은 계속해서 강동 6주를 돌려 달라고 요구했다. 급기야 1018년에는 소배압이 군사를 이끌고 다시금 침입했으나 강감찬이 귀주에서 크게 무찔러 격퇴하면서 완전히 고려 땅이 되었다.

심화 고려는 거란과 여진족의 침입을 막기 위해 1033년부터 강동 6주의 북쪽 국경에 긴 성을 쌓았다. 이 성이 바로 고려의 천리 장성이다. 천리 장성은 이후 고려에 들어오는 관문이자 여진족의 영토와 구분하는 국경선이 되었다.

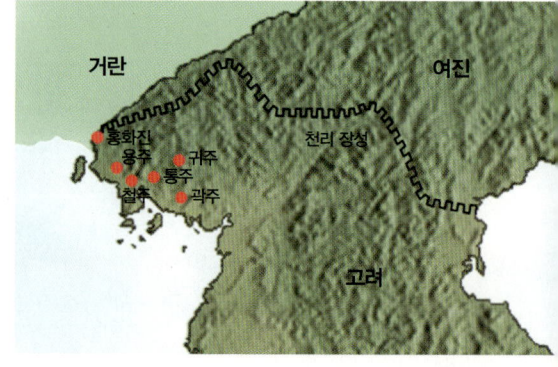

●○●
강동 6주는 지금의 평안북도 지방에 위치했다. 이곳을 회복한 뒤부터 압록강을 경계로 한 국경선이 만들어졌는데, 이는 고구려의 옛 땅을 회복하려 노력한 고려의 북진 정책이 어느 정도 효과를 거두었음을 뜻한다.

시대 조선 시대~일제 강점기 | **더 찾아보기** 대한 제국, 박은식, 3·1 운동, 서대문 형무소, 일본

1919년에 조선 총독 사이토에게 폭탄을 던진 독립운동가

강우규

개요 1919년 9월에 조선 총독으로 부임한 사이토에게 폭탄을 던진 독립운동가이다. 1859년 6월에 평안남도 덕천군에서 태어났으며, 한의사와 교육자로 활동하다 독립을 위해 의거를 한 뒤 1920년에 일제에 의해 사형당했다.

풀이 강우규는 조선 말기인 19세기 중반에 태어나 의술로 환자를 치료하며 살았다. 그러다 기독교인이 되어 학교를 세우고 학생들을 가르쳤는데, 1910년에 일제가 **대한 제국**을 강제로 병합하자 망명길에 올라 만주로 가서 독립운동을 벌였다. 이때에도 그는 주로 중국의 한국인 학교에서 학생들을 가르쳤다. 하지만 1919년에 **3·1 운동**이 일어나 전국 곳곳에 들불처럼 번지자, 조국으로 들어갈 결심을 하게 되었다.

강우규는 당시 러시아의 블라디보스토크에서 만들어진 노인단의 단원이었다. 그는 **박은식**, 김치보 등과 의논해 의거를 하기로 결정했다. 의거의 대상은 1919년 9월에 조선 총독으로 새로 부임할 사이토였다. 그는 영국제 폭탄을 가지고 몰래 서울로 들어갔다. 그러고는 9월 2일에 서울역에 도착한 사이토를 향해 폭탄을 던졌다. 비록 조선 총독을 죽이는 데는 실패했지만, 당시 **일본** 경찰과 일본군 장교 등 37명의 사상자를 냈다.

심화 의거 후 강우규는 가까스로 피신했지만, 친일파 경찰인 김태석에게 붙잡혔다. 김태석은 당시 수많은 독립운동가를 잡아 고문하던 악질 형사였다. 강우규는 곧바로 **서대문 형무소**에 갇혀 고문을 당하다 재판을 받은 뒤 이듬해인 1920년 11월 29일에 사형당하고 말았다.

아름다운 시문을 남긴 조선 후기의 여성 유학자

강정일당

개요 **조선** 후기의 여성 **유학**자이다. 어려운 살림과 여성이라는 사회적 제약에도 유학을 공부하고 연구했으며 글쓰기에 힘써 '여성 중의 군자'라는 평가를 받았다. 시문집으로 《정일당유고》를 남겼다.

풀이 강정일당은 가난한 **양반** 집안의 딸로 태어났다. 이후 윤광연과 결혼해 9명의 자식을 낳았지만 모두 어릴 때 잃었다. 어려운 살림에도 불구하고 아내의 역할을 성실히 수행하며 남편의 학문을 도왔다. 하지만 단순히 돕는 데 그치지 않고 자신 역시 틈틈이 학문에 열중했다. 그녀가 남긴 시 가운데 〈시과〉를 보면 그녀가 뒤늦게 공부를 시작할 때의 마음이 잘 드러나 있다. '시과(始課)'라는 제목도 공부를 시작한다는 뜻이다. 〈시과〉의 내용은 다음과 같다.

"나이 서른에 공부를 시작하니 학문의 동서를 분간하기 어렵구나.
이제부터라도 모름지기 노력하면 옛사람과 거의 비슷해지겠지."

강정일당은 당시 사회에서는 공식적으로 교육을 받을 수 없는 여성인데도 유교 경전의 내용을 깨우치고 **성리학**의 이치를 깨달을 정도로 높은 학문 수준에 도달했다. 하늘과 땅에 부끄럽지 않은 삶을 살아야 한다고 주장했으며, 남성과 여성은 본래 다르지 않다는 당시 사회를 뛰어 넘는 생각을 가졌다. 그녀는 해서 글씨에도 능했고, 남편을 대신해 묘비의 이름이나 행장(장례 때 쓰는 휘장)을 쓰기도 했다. 강정일당은 남편과 친구처럼 존중하며 살다 1832년에 서울에서 세상을 떠났다.

심화 강정일당이 죽은 뒤 그녀의 남편인 윤광연은 아내를 기리기 위해 《정일당유고》를 펴냈다. 이 책에는 그녀가 남편과 주고받은 편지를 비롯해 학문이나 인생에 대해 쓴 시문들이 담겨 있다.

시대 조선 시대~일제 강점기 | 더 찾아보기 일본, 일제 강점기

일제에 항거해 노동 운동을 벌인 여성 노동자

강주룡

개요 일제에 항거하여 노동 운동을 벌인 여성 노동자이다. 1901년에 평안북도 강계에서 태어났고, 남편이 세상을 떠난 뒤 공장에서 일하다 노동 운동에 뛰어들었다. 감옥살이를 하다 얻은 병으로 인해 1931년에 세상을 떠났다.

풀이 일제 강점기 때 공장에서 일하던 여성들은 견디기 힘든 고된 노동과 적은 임금, 비인간적인 대접으로 인해 매우 힘들게 살았다. 특히 일본인 사주(회사의 주인)들은 한국인 여성 노동자들을 혹독하게 부렸다. 강주룡이 일하던 평원 고무 공장의 사정도 마찬가지였다. 더욱이 1931년에 회사가 일방적으로 노동자들의 임금을 내리자, 이에 반발한 여성 노동자들이 파업을 일으켰다. 강주룡도 이 파업에 참여했다.
당시 일제는 한반도에서 일어나는 파업에는 특히 강경하게 대처했다. 평원 고무 공장의 여성 노동자들도 일본 경찰에 의해 강제로 해산되었다. 이에 강주룡은 혼자 평양의 을밀대 지붕으로 올라가 회사의 횡포를 알리기 시작했다. 결국 그녀는 일본 경찰에게 체포되었고 옥중에서 단식 농성을 벌였다. 잠시 풀려났던 그녀는 다시 감옥에 갇혔는데, 이때도 단식 농성은 계속되었다. 하지만 강주룡은 힘겨운 감옥 생활로 인해 병이 들어 쇠약해졌다. 더 이상 감옥 생활이 불가능해지자 일제는 그녀를 풀어 주었는데, 건강을 회복하지 못한 채 끝내 세상을 떠나고 말았다.

심화 강주룡 이전에도 여성 노동자들의 파업이 없었던 것은 아니다. 하지만 대부분은 소극적인 저항에 그쳤을 뿐 강주룡처럼 노동자 모두를 위해 목숨을 걸고 투쟁하지는 않았다. 이 때문에 강주룡은 우리나라 최초의 여성 노동 운동가로 평가받고 있다.

시대 조선 시대 | 더 찾아보기 고종, 메이지 유신, 운요호 사건, 일본, 조선, 청, 흥선 대원군

우리나라가 맺은 최초의 근대적 조약이자 불평등 조약
강화도 조약

개요 1876년 조선이 일본과 맺은 수호 통상 조약이다. 정식 이름은 '조일 수호 조규'이다. 우리나라가 외국과 맺은 최초의 근대적 조약이지만 내용은 일본에게 일방적으로 유리한 불평등 조약이었다.

풀이 19세기 후반에 메이지 유신으로 근대 국가의 모습을 갖추어 가던 일본은 조선에 근대적 국교를 맺자고 제의했다. 그러나 당시 조선의 조정을 이끌고 있던 권력자인 흥선 대원군은 일본의 요구를 거부했다. 흥선 대원군은 일본의 제안이 조선에 도움이 되지 않는다고 보았고, 조선과 일본은 이미 오래 전부터 맺어온 관계가 있으므로 그대로 유지하면 된다고 생각했기 때문이다.

그러다 흥선 대원군이 정치에서 물러나고 아들인 고종이 직접 정치를 하게 되면서 조선 정부의 분위기는 달라졌다. 조선 정부 안에서도 다른 나라와 외교 관계를 수립하여 새로운 문물을 받아들여야 한다고 생각하는 사람들이 늘어났다. 게다가 일본은 1875년에 일어난 운요호 사건을 구실로 조선에 군함을 파견해 문호 개방을 요구했다. 조선은 어쩔 수 없이 1876년 강화도에서 일본과 통상 조약을 맺었다.

강화도 조약은 조선이 외국과 맺은 최초의 근대적 조약이지만 불평등 조약이기도 했다. 조약의 내용에는 조선의 권리는 인정하지 않고 일본에게 유리한 내용만 들어 있었기 때문이다.

먼저 조선은 부산과 원산, 인천 등 세 항구를 열어야 했다. 일본인들은 이 항구를 자유롭게 드나들며 무역을 할 수 있었고, 심지어 조선의 해안을 마음대로 측량할 수 있게 되었다. 또한 일본인이 개항장에 머무르는 동안 죄를 지어도 조선 정부는 그들을 처벌할 수 없고 일본 영사가 재판의 권한을 가졌다. 일본 상품이 대량으로 들어와 조선의 산업 기반을 무너뜨린다고 해도 막을 수 있는 관세 규정은 아예 없었다. 물론 조약에는 조선이 자주국임을 선언하는 규정도 있었지만, 이는 조선의 권리를 지키는 것보다는 청의 간섭을 막기 위한 목적이었다.

●○○
강화도 조약은 조선 정부가 맺은 최초의 근대 조약이었다. 조선 정부는 신헌을 비롯한 관리들을 강화도에 보내 구로다 기요타카를 비롯한 일본의 사신들과 협상을 벌이게 했다.

심화 강화도 조약은 일본이 정치적, 경제적으로 조선을 침탈하는 출발점이 되었다. 조약 체결 이후 일본 공산품이 조선에 들어오고 조선의 쌀이나 쇠가죽, 금 등이 일본으로 흘러들어갔다. 또한 조선 안에서 일본의 정치적 영향력도 매우 커지게 되었다.

강화도 조약은 불평등 조약이었다. 일본은 국제 조약을 맺을 사신을 보내면서 군함 2척은 물론 400여 명의 병력을 함께 보냈다. 이들은 일본의 힘을 뽐내며 무력 시위를 벌였고, 험악한 분위기 속에서 조약이 체결됐다.

시대 고려 시대   더 찾아보기 고려, 벽란도, 송상, 왕건, 육의전, 이성계, 정몽주, 조선, 한양, 호족

고려의 도읍지이자 국제적인 상업의 중심지
개경

개요 **고려** 시대의 도읍지이다. 경기도의 북서쪽에 위치하고 있으며 개성, 송도 또는 송악이라고도 불렸다.

풀이 개경은 **왕건**이 고려를 건국하면서 도읍지가 되었다. 왕건의 집안은 대대로 이 지역의 **호족**이었는데, 임금의 자리에 오른 뒤인 919년에 새로 궁궐을 짓고 도읍지로 정했다. 이후 **조선**을 건국한 태조 **이성계**가 1394년에 **한양**으로 도읍지를 옮길 때까지, 개경은 약 500년간 고려와 조선의 수도 역할을 했다.

고려 시대에는 개경 외에도 정치, 경제, 문화 등에 영향을 끼친 중요한 두 도시가 있었다. 태조 때 설치한 서경(지금의 평양), 성종 때 설치한 동경(지금의 경주) 등이 그곳인데, 개경을 포함하여 '삼경'이라고 불렀다. 특히 임금이 있는 곳이라는 뜻에서 '왕경'이라고 부르던 개경은 가장 중요한 도시였다.

개경은 가까운 항구 도시인 **벽란도**와 함께 국제적인 상업 도시로도 유명했다. 외국 사신들이 드나들면서 나라와 나라 사이의 공무역이 이루어졌는가 하면, 고려 상인과 외국 상인들 간의 사무역도 활발했기 때문이다. 주로 개경에 근거지를 두고 활동하던 상인을 **송상**이라고 불렀는데, 이들은 전국적인 상인 조직을 갖추고 왕성하게 활동했다. 조선 시대에 도읍을 한양으로 옮긴 뒤에도 이런 전통은 꾸준히 이어져, 개경은 한양의 **육의전**과 함께 조선 시대 상업의 중심지가 되었다.

심화 개경은 500여 년간 고려의 수도였기 때문에 고려 시대의 유물과 유적이 많이 남아 있다. 고려 궁궐이 있던 자리인 만월대, 충신 **정몽주**가 피 흘리며 죽어 갔다는 선죽교, 조선의 태조 이성계가 임금의 자리에 오르며 즉위식을 가졌던 수창궁지, 고려 시대 가장 유명한 임금들의 무덤인 왕건릉과 공민왕릉, 개경에서 가장 아름다운 것으로 꼽히는 박연 폭포 등이 대표적이다. 현재는 북한의 황해북도에 속해 있으며, 남북한이 힘을 합쳐 세운 개성 공업 지구도 이곳에 있다.

고려의 도읍지였던 개경의 성곽 그림. 위쪽에 있는 산은 송악산이다. 이밖에도 개경의 동남쪽에는 용수산, 서남쪽에는 진봉산이 있고 남쪽에는 한강이 흐른다. 개경은 험준하지 않은 산이 병풍처럼 펼쳐지고 강과 평야가 함께 있어 풍수지리가 좋은 명당이었다.

시대 조선 시대 | 더 찾아보기 갑신정변, 김옥균, 김홍집, 메이지 유신, 박규수, 박영효, 실학, 양반, 일본, 임오군란, 조선, 청, 흥선 대원군

조선 후기에 나라의 문을 열자고 주장한 정치 세력
개화파

개요 조선 후기에 나라의 문을 열고 서양의 문물을 받아들이자고 주장한 정치 세력이다. 특히 급진 개화파는 청의 속박에서 벗어나 일본의 메이지 유신과 같은 적극적인 제도 개혁을 할 것을 조선 정부에 요구했다.

풀이 흥선 대원군과 조선 조정은 외국과의 수교를 거부하는 정책을 펼쳤지만, 조선 사회에서는 차츰 나라의 문을 열고 서양 문물을 받아들여 개혁을 해야 한다고 생각하는 사람들이 나타났다. 이들을 '개화파'라고 한다. 여기서 개화란 새로운 사상이나 문화를 받아들인다는 뜻이다.

초기의 개화파는 박규수 등 일부 양반과 역관이었던 오경석, 의관이었던 유홍기 등 주로 중인들이었다. 실학 사상을 이어받은 개화파는 청나라를 통해 서양 문물을 접한 뒤 이를 받아들이는 것이 조선 사회에 이롭다고 생각했다. 이들은 청에서 서양을 소개한 책을 들여와 돌려 읽으며 서양에 대해 공부하는 한편, 자신과 뜻이 같은 사람들을 만나기 시작했다. 그 결과, 젊은 지식인들로 이루어진 개화파가 만들어졌고, 중앙 정치로 나가 개화와 개혁 정책을 추진했다.

이후 개화파는 개화의 속도와 방법을 둘러싸고 의견이 엇갈렸다. 김홍집과 김윤식, 어윤중 등은 청의 양무 운동을 본받아 조금씩, 천천히 하는 개화와 개혁을 주장했다. 이들을 '온건 개화파'라고 하며, 민씨 정권의 정책을 지지했다. 반면, 김옥균과 박영효, 유길준, 서광범 등은 일본의 메이지 유신처럼 적극적으로 서양 문물을 받아들이고 개혁할 것을 주장했다. 이들을 '급진 개화파'라고 한다. 흔히 개화파라고 하면 급진 개화파를 가리킨다.

심화 급진 개화파는 온건 개화파와 민씨 정권을 거세게 비판했다. 자신들을 '개화당' 혹은 '독립당'이라고 부르면서 온건 개화파를 '사대당' 또는 '수구당'이라고 조롱하기도 했다. 1882년 임오군란 이후 민씨 정권이 청에 의존하면서 개혁을 미루자,

개화파는 조선 후기에 나라의 문을 열고 선진 문물을 받아들여 사회를 개혁하자고 주장한 사람들을 뜻한다. 이들은 개화의 속도나 방법을 둘러싸고 의견이 엇갈려 온건 개화파와 급진 개화파로 나뉘었다.

급진 개화파는 **갑신정변**을 일으켰다. 이들은 힘으로 권력을 차지한 뒤 개혁을 추진하려고 했다. 하지만 청군의 개입으로 인해 3일 만에 실패하고 주요 인물들은 일본으로 망명했다.

개화파의 주요 인물들. 갑신 정변 이전의 모습이다. 이들 중 민영익은 원래 개화를 주장했지만, 갑신정변을 전후해서 개화파와 갈라선 뒤 민씨 정권을 대표하는 인물이 되었다. 이 때문에 갑신정변 당시 가장 먼저 저격을 당했으나 미국인 의사 호러스 알렌의 치료로 살아남았다.

시대 고려 시대 | 더 찾아보기 강감찬, 고구려, 고려, 금, 당, 돌궐, 몽골, 발해, 서희, 송, 수

고려 전기에 중국 대륙의 북쪽을 지배했던 나라
거란(요)

개요 10세기 초반부터 12세기 초반까지 약 200년간 만주와 중국 대륙의 북쪽을 지배했던 나라이다. 916년에 야율아보기가 거란의 여러 부족을 통합한 뒤 나라 이름을 '요'라고 했고, 1125년에 **금**과 **송**의 공격을 받아 멸망했다.

풀이 거란족은 본래 만주 지역에 흩어져 살던 유목민이었다. 이들은 오랫동안 국가의 체계를 갖추지 못한 채 여러 부족으로 갈라져 살면서 **고구려**와 **돌궐**, **수**, **당**의 지배와 간섭을 받았다. 그러다 당이 약해진 틈을 타 나라를 세웠다. 갈라진 거란족을 통일한 사람은 야율아보기였다. 그는 흩어져 살던 부족을 차례차례 정벌하며 통합하기 시작했다. 부족 대부분을 하나로 합친 뒤, 랴오닝 성을 도읍으로 삼아 나라를 세우고 스스로 황제가 되었다.

이후 거란은 만주 지방에 있던 **발해**를 멸망시키고, 중국의 화북 지방을 차지하며 세력을 키워 나갔다. 나라 이름을 요로 바꾼 뒤에는 만주 지역과 북중국을 지배하는 대제국을 이루었다. 거란은 남중국의 송, 한반도의 **고려**와 세력을 겨루었는데, 10세기 후반과 11세기 초반에는 고려에 침입하기도 했다.

거란이 고려에 침입한 이유는 자신들이 중국 대륙 전체를 차지하는 데 방해가 될 것이라고 생각했기 때문이다. 즉, 거란이 송을 공격할 때 송과 친한 관계였던 고려가 자신들의 뒤를 공격할까 염려해 먼저 고려를 굴복시키려 한 것이다. 하지만 거란은 고려에 세 차례나 침입하고도 번번이 뜻을 이루지 못했다. 고려는 **서희**, 양규, **강감찬** 등의 활약으로 거란의 군대를 물리쳤다. 이후 거란은 금과 송의 공격을 받아 멸망했다.

심화 요의 왕족인 야율대석은 나라가 망하자 **몽골**로 탈출했다. 그는 거란의 유민들을 모아 중앙아시아 지역으로 가서 이슬람 세력을 물리치고 '서요'를 세웠다. 서요는 요나라의 후손임을 내세우며 다시금 번성한 국가로 발전하기를 꿈꾸었지만, 1218년 몽골에 의해 멸망했다.

시대 고려 시대 | 더 찾아보기 강감찬, 강동 6주, 개경, 거란, 고려, 서희, 송, 여진, 요, 천리 장성

10세기 말부터 11세기 초까지 세 차례에 걸쳐 거란이 고려를 침공한 사건

거란의 침입

개요 10세기 말부터 11세기 초까지 **거란**이 세 번에 걸쳐 **고려**를 침공한 사건이다. 고려는 외교 담판이나 적군을 속이는 기만술, 총공격을 감행하는 전면전 등 여러 가지 지혜로운 방법으로 물리쳤다.

풀이 10세기 후반에 거란은 여러 부족을 통일하여 **요**나라를 세운 다음, 중국으로 세력을 넓히고자 했다. 거란은 중국의 **송**나라와 친선 관계를 맺은 고려가 자칫 자신들의 뒤를 공격할 수도 있다고 생각해 993년에 고려를 침공했다. 거란의 장수 소손녕은 80만의 군대를 이끌고 고려로 향했다. 대규모 침입에 놀란 고려에서는 논란이 벌어졌고 항복하자는 의견까지 나왔다. 하지만 거란의 침공 목적을 눈치 챈 **서희**는 이런 의견들에 반대하고 소손녕과 외교 담판을 벌였다. 그 결과, 송을 멀리하고 거란은 적대하지 않는다는 조건으로 거란군을 철수시킬 수 있었다. 나아가 고려가 거란과 교류를 하려면 압록강 동쪽의 **여진**을 쫓아내야 한다고 주장해서 이 지역을 고려가 차지하기로 했다. 이후 고려는 이 지역에 성을 쌓고 6개의 주를 설치하였다. 이것이 **강동 6주**이다.

고려는 강동 6주를 거란의 침입을 견제하는 군사적 중심지로 삼고 송에 사신을 보내 군사적인 도움을 청하는 등 송과 계속 교류했다. 거란은 서희와의 담판 결과에 큰 불만을 품었을 뿐만 아니라 뒤늦게 강동 6주의 중요성을 깨닫고 1010년에 2차로 침입했다. 거란군은 한때 고려의 수도인 **개경**을 함락시키기도 했지만, 확실한 승리를 거두지 못한 채 고려군의 공격에 고전했다. 그러다 고려가 거란군이 물러가면 국왕이 직접 요에 가서 예를 올리겠다는 조건으로 화친을 제안하자, 거란군은 이에 응해 군대를 철수시켰다.

서희는 거란의 침공 목적을 알아챈 다음에 외교 담판을 벌였다. 그는 이 담판에서 오히려 강동 6주를 차지하는 성과를 올렸다.

고려군은 돌아가는 거란군을 곳곳에서 공격해 큰 피해를 입혔다.

이후 고려는 국왕이 직접 요에 가서 예를 올리겠다는 약속을 지키지 않았고, 강동 6주를 돌려달라는 요구도 거절했다. 이에 거란은 1018년 3차 침입을 감행했다. 거란군은 고려군의 공격에 고전하면서도 개경 근처까지 진격했으나 결국 성과를 거두지 못한 채 철수하게 되었다. 이때 **강감찬** 등이 이끄는 고려군은 철수하는 거란군을 귀주에서 크게 격파했다.

심화 거란은 세 번이나 고려에 침입했지만 성과는커녕 번번이 큰 피해만 입고 돌아갔다. 거란은 더 이상 고려를 공격하지 못했고, 거듭된 전쟁에 지친 고려도 송과의 관계를 끊고 거란과 화해했다. 1019년 고려는 거란과 평화 조약을 맺은 뒤 북방을 지키기 위해 **천리 장성**을 쌓았다.

10세기 말부터 11세기 초까지, 거란은 세 번이나 고려로 쳐들어왔다. 한때 수도인 개경이 함락될 정도로 위기에 빠졌던 고려는 매번 지혜롭게 대처해 거란의 침입을 물리쳤다.

거란은 여러 부족을 통일해 세력을 넓힌 뒤, 중국 대륙으로 진출하기 전에 등 뒤에서 위협하는 고려를 제거하고자 했다.

강동 6주

3차 침입 때는 강감찬이 이끄는 고려군이 거란군에 맞서 용감하게 싸웠고, 귀주에서 크게 이겼다.

시대 조선 시대 | 더 찾아보기 갑신정변, 일본, 조선, 청

영국이 러시아를 견제하기 위해 조선 영토를 침탈한 사건
거문도 사건

개요 영국이 1885년에 **조선**의 영토인 거문도를 불법으로 점령한 사건이다. 러시아가 조선과 관계를 맺고 세력을 확장하자, 이를 견제할 목적으로 거문도를 점령하고 군사 시설을 만들었다. 영국은 **청**나라의 중재로 협상을 벌인 끝에 러시아가 조선 영토를 점령하지 않는다는 약속을 받고 물러났다.

풀이 19세기 후반에 조선이 나라의 문을 연 이후 청과 **일본**, 그리고 유럽의 여러 나라들은 아시아의 중요한 위치에 있는 조선을 자신들의 세력 아래 두려고 했다. 당시 조선은 **갑신정변** 이후 청의 내정 간섭이 심해지자, 이를 견제할 목적으로 러시아와의 교류를 추진했다. 내심 남쪽으로 세력을 넓히고 싶어했던 러시아는 이에 적극적으로 응했다. 러시아가 1884년 조선과 조약을 맺고 베베르를 조선 공사로 파견하는 등 친밀한 관계를 이어가자, 조선을 눈여겨보던 여러 나라들이 긴장하기 시작했다. 특히 청을 비롯해 세계 여러 곳에서 러시아와 부딪치던 영국은 한반도에서 러시아 세력이 커지는 것에 위기를 느꼈다.

결국 영국은 1885년 조선의 영토인 거문도를 불법으로 점령했다. 거문도는 전라남도 여수 지역에 있는 섬으로 서남해의 요충지(군사적으로 중요한 곳)였다. 영국군은 거문도를 요새화한 뒤 군사 기지를 건설하고 군함과 병력을 주둔시켰다. 이에 조선은 영국의 불법 침략에 강하게 항의했고, 청도 영국군의 침탈을 빌미로 러시아와 일본의 군대가 들어올 것을 우려해 중재에 나섰다. 그 결과, 영국군은 러시아가 조선 영토를 점령하지 않는다는 약속을 듣고 1887년 거문도에서 철수했다.

심화 거문도 사건은 당시 조선이 처한 어려운 현실을 잘 드러내 주었다. 조선은 자국의 영토를 불법적으로 점령당하고도 스스로 해결하지 못했고, 협상 과정에서도 주권 국가로서 힘을 발휘하지 못했다. 결국 청의 중재로 사건이 해결되면서 조선에 대한 청의 간섭은 더욱 강화되었다.

시대 조선 시대 | 더 찾아보기 고려, 이순신, 임진왜란, 조선, 조선왕조실록, 판옥선, 한산도 대첩

임진왜란 때 활약한 조선 수군의 돌격선

거북선

개요 조선 시대에 해상 전투를 위해 만든 거북 모양의 군함이다. **임진왜란** 때 돌격선으로 활약하면서 널리 알려졌다. 조선 수군의 지휘관이었던 **이순신** 장군이 임진왜란 직전에 만든 거북선을 이용해 여러 전투를 승리로 이끌었다.

풀이 거북선은 **고려** 말기와 조선 초기에 이미 만들어 사용했던 것으로 추측된다. 임진왜란이 일어나기 150여 년 전인 조선 태종 때의 《**조선왕조실록**》에 "왕이 임진강 나루를 지나다가 귀선과 왜선으로 꾸민 배가 해전 연습을 하는 모양을 보았다."는 기록이 나오기 때문이다. 여기서 귀선(龜船)이 바로 거북선이다. 하지만 우리가 흔히 알고 있는 거북선은 임진왜란 때 이순신 장군이 만들어 사용한 것이다.

거북선은 앞부분에 용의 머리가 달려 있지만 전체적인 모습은 거북과 비슷하다. 배의 윗부분을 판자로 덮은 뒤 칼과 쇠못을 촘촘히 꽂아 적이 기어오르지 못하게 했고, 동시에 여러 대의 대포를 쏘면서도 노를 저어 재빨리 움직일 수 있도록 만들었다. 또한 바다에서 전투가 벌어졌을 때 가장 먼저 나아가 적의 배와 충돌하여 승리를 이끌어 낼 정도로 매우 튼튼했다. 이순신 장군이 당시 임금인 선조에게 올린 장계를 보면 실제로 거북선이 얼마나 강한 군함이었는지 알 수 있다.

"앞에는 용머리를 붙이고, 입으로는 대포를 쏘며, 등에는 쇠못을 꽂았고, 안에서는 밖을 내다볼 수 있지만 밖에서는 안을 들여다볼 수 없습니다. 비록 적선이 수백 척이라도 뚫고 들어가서 대포를 쏘게 되어 있습니다."

거북선이 임진왜란 중에 처음 출전한 전투는 사천 해전이었다. 이후 당포 해전, **한산도 대첩** 등 여러 전투를 승리로 이끄는 것은 물론, 이순신 장군이 23전 23승 전적을 쌓는 데 밑거름이 되었다.

심화 조선 수군의 대표적인 군함은 **판옥선**이다. 판옥선은 배의 갑판에 네 개의 기둥을 세운 뒤, 그 위에 판자를 덮어 만든 배였다. 대포나 활을 자유롭게 쏠 수 있어

화력이 강한 반면 왜선에 비해 속도가 느린 것이 흠이었다. 이러한 조선 수군 함대의 문제점을 빠른 기동력으로 보완하기 위해 만든 것이 거북선이다.

거북선은 최전방에서 싸우는 돌격선이었다. 당시 조선 수군의 전술은 적선과 일정한 거리를 두고 화포로 공격하는 것이었지만 가까이 진격하여 싸우기도 했다. 바로 이때 거북선이 최전방에 나아가 전투를 이끌었다.

거북선은 배의 윗부분을 막아 적군이 배로 넘어오지 못하게 했다. 또한 가까운 곳에서도 화포 공격이 가능해 적군 진영의 한복판에서 더욱 효과적으로 싸울 수 있었다.

옛 기록들을 살펴보면 거북선은 여러 가지 종류가 있었고, 시대에 따라 생김새나 구조도 조금씩 달랐던 것으로 추측된다. 임진왜란 때 사용한 거북선의 내부는 크게 두 개의 층으로 나눌 수 있는데, 아래층에서는 노를 저어 배를 움직였고 위층에서는 총이나 포를 쏘면서 적을 공격했다. 군인은 대략 125명 정도가 탈 수 있었지만, 임진왜란 이후 점차 규모가 커지면서 약 150명 정도의 인원이 배에 탈 수 있었다.

● ○ ○
거북선은 여러 층의 구조로 이루어진 전투선이었다. 학자에 따라 2층 구조라고 보는 경우도 있고 3층이라고 보는 경우도 있다. 크게 보면 노를 젓는 격군들이 있는 층과 화포를 쏘는 층으로 나누어지고, 무기나 군량을 보관하는 장소도 있었던 것으로 보인다.

거북선의 윗부분을 판자로 덮은 뒤 쇠못을 꽂았다. 이런 장치 덕분에 가까운 거리에서 전투를 벌일 때에도 적군이 배로 넘어올 수 없었다.

일본군은 거북선을 앞이 보이지 않는 장님 배라는 뜻으로 '메쿠라부네'라고 불렀지만, 그것은 착각이었다. 거북선은 밖에서는 안이 보이지 않지만 안에서는 밖을 볼 수 있었기 때문이다.

거북선은 판옥선을 개량한 것이기 때문에 밑바닥은 판옥선과 마찬가지로 편평했다. 이 때문에 거친 남해의 물살 위에서도 미끄러지듯 움직일 수 있었고, 화포 공격을 위해 재빨리 제자리에서 회전할 수 있었다.

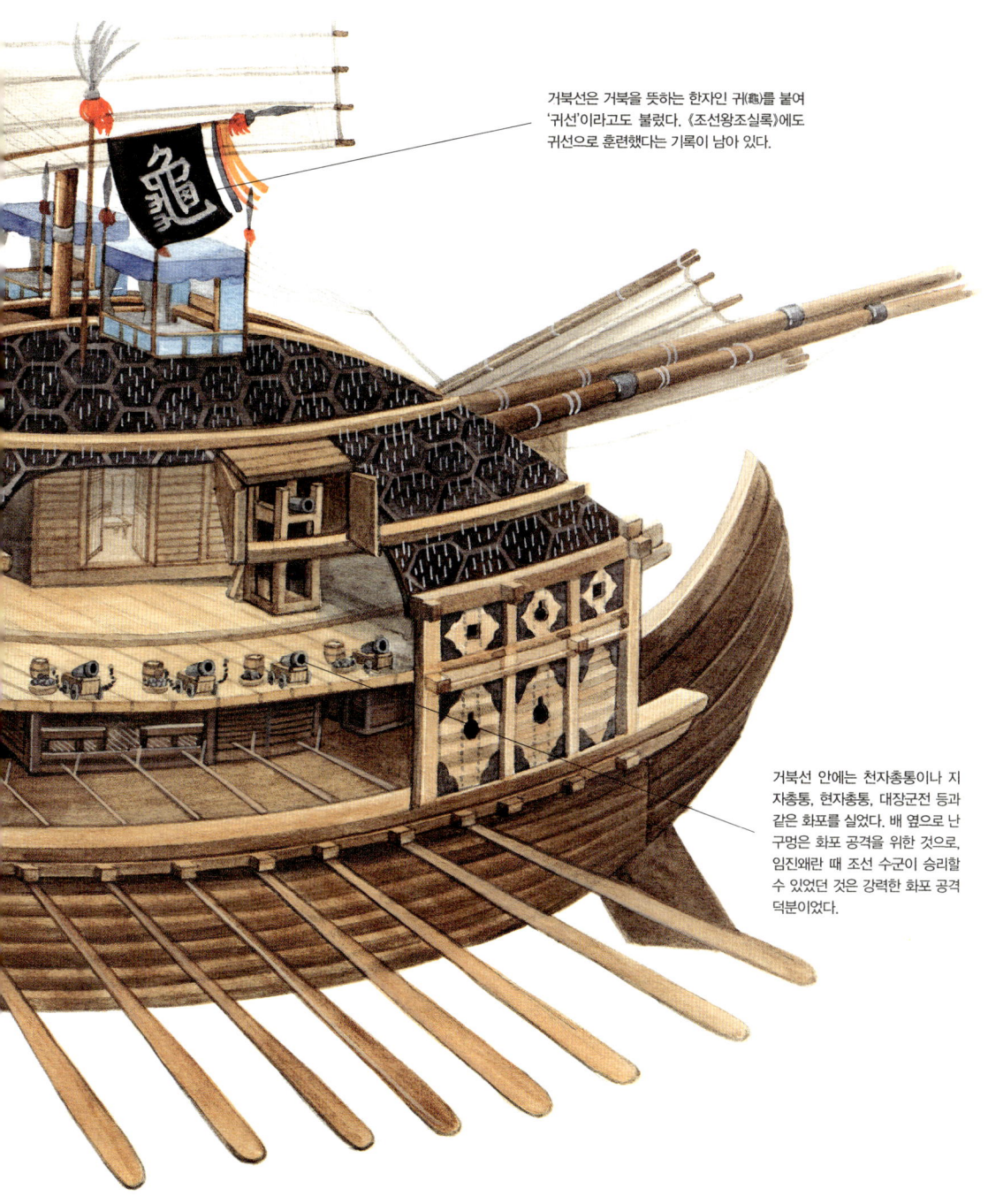

거북선은 거북을 뜻하는 한자인 귀(龜)를 붙여 '귀선'이라고도 불렀다. 《조선왕조실록》에도 귀선으로 훈련했다는 기록이 남아 있다.

거북선 안에는 천자총통이나 지자총통, 현자총통, 대장군전 등과 같은 화포를 실었다. 배 옆으로 난 구멍은 화포 공격을 위한 것으로, 임진왜란 때 조선 수군이 승리할 수 있었던 것은 강력한 화포 공격 덕분이었다.

| 시대 조선 시대 | 더 찾아보기 성리학, 수원 화성, 실학, 정약용, 정조, 조선

화성을 지을 때 사용했던 정약용의 발명품
거중기

개요 조선 시대에 무거운 물건을 들어 올리던 기계이다. 1792년 **정조**의 명을 받아 **수원 화성**을 건설할 때, 실학자 **정약용**이 도르래의 원리를 이용하여 만들었다.

풀이 조선의 제22대 임금인 정조는 비극적으로 죽임을 당한 아버지 장헌 세자(사도 세자)의 무덤을 지금의 경기도 화성시에 있는 융릉으로 옮기고 수원 도읍을 이전해 읍성인 화성을 짓도록 했다. 이때 건축 설계를 맡은 실학자 정약용이 중국에서 들여온 《기기도설》이라는 책을 참고해 만든 건설 기계가 바로 거중기이다. 화성 공사에는 정약용의 설계에 따라 왕실에서 직접 제작한 거중기가 사용되었다.

정약용은 적은 힘으로 무거운 물체를 들어 올리는 도르래의 원리를 이용해 거중기를 만들었다. 화성 건축 과정을 꼼꼼히 기록한 책인 《화성성역의궤》에는 완전히 조립된 거중기의 전체 그림과 각 부분을 분해한 그림이 실려 있다. 이 그림에 따르면 거중기는 다음과 같은 원리로 작동하게 된다.

먼저 평평한 땅에 기계를 놓고 맨 위쪽에 4개, 그리고 아래쪽에 4개의 도르래를 연결한다. 그런 다음 아래쪽 도르래에 들어 올릴 물체를 달아매고 도르래의 양쪽을 잡아당길 수 있는 밧줄을 연결한다. 이 밧줄을 편하게 잡아당기기 위해 설치한 물레를 천천히 감아 돌리면, 도르래에 연결된 끈을 통해 물체가 위로 들어 올려진다.

심화 조선 시대 지배층의 중심 사상이었던 **성리학**은 사회 문제나 생활과 직접 관련이 있는 학문 연구와 기술 개발에는 관심이 적었다. 이에 **실학**자들은 현실 생활에 적용할 수 있는 학문과 기술을 연구했다. 정약용이 만든 거중기는 40근의 힘을 가하면 625배나 되는 2만 5000근의 돌을 들어 올릴 수 있을 정도로 성능이 뛰어났다. 그래서 공사에 참여한 백성들의 어려움을 덜어 주고 공사 기간을 단축하는 데에도 큰 도움이 되었다.

●○○
조선의 실학자 정약용이 도르래와 물레의 원리를 이용해 만든 건설 기구인 거중기.

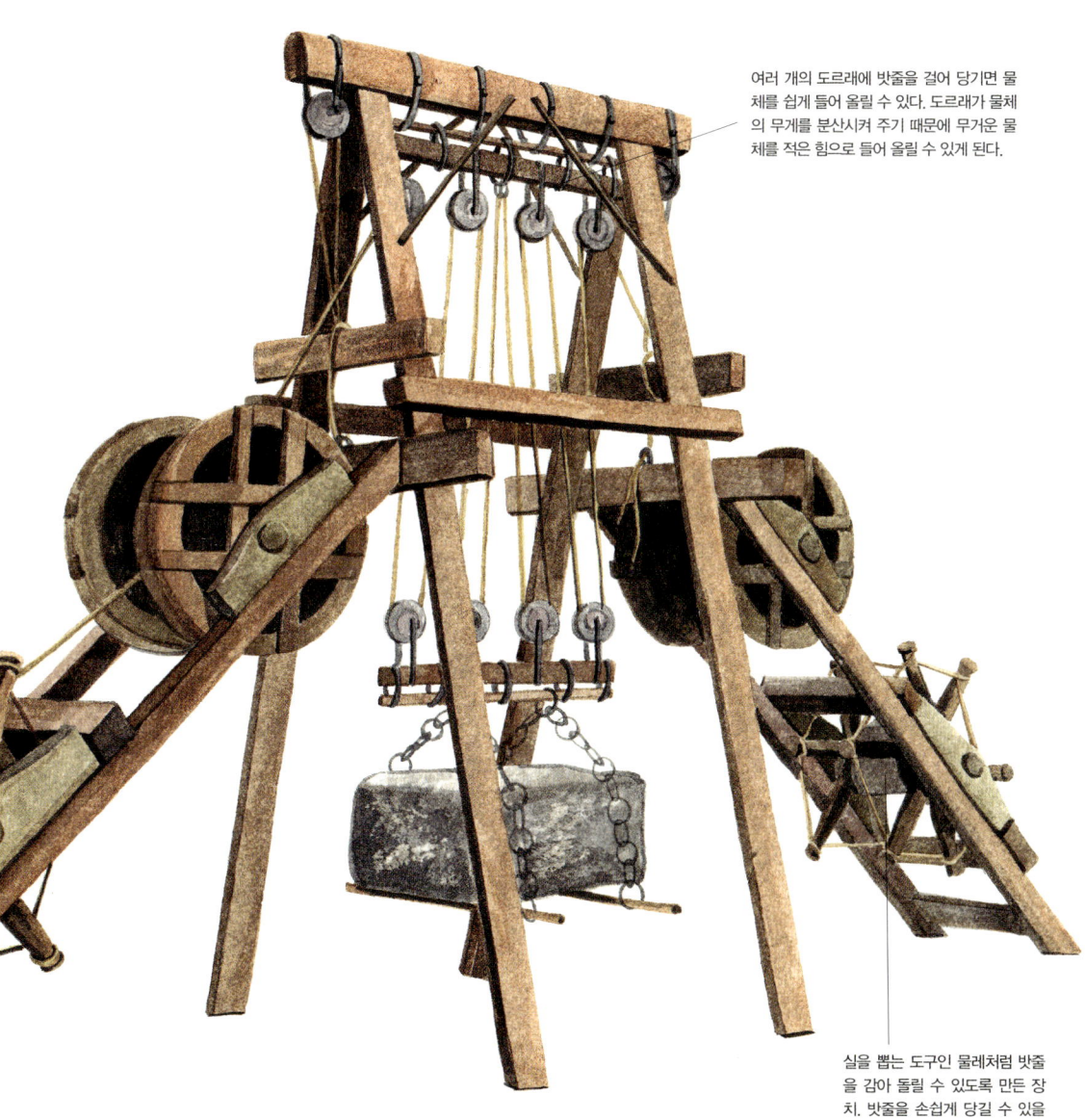

여러 개의 도르래에 밧줄을 걸어 당기면 물체를 쉽게 들어 올릴 수 있다. 도르래가 물체의 무게를 분산시켜 주기 때문에 무거운 물체를 적은 힘으로 들어 올릴 수 있게 된다.

실을 뽑는 도구인 물레처럼 밧줄을 감아 돌릴 수 있도록 만든 장치. 밧줄을 손쉽게 당길 수 있을 뿐 아니라 고정시키는 것도 가능하다.

시대 삼국 시대~조선 시대   더 찾아보기 고려, 삼국 시대, 서울 올림픽 대회, 일제 강점기, 임진왜란, 조선

고려와 조선 초에 유행한 전통 스포츠
격구

개요 우리 민족이 즐겨 온 전통 스포츠이다. 말을 타고 달리거나 뛰어다니며 막대기로 공을 쳐 승부를 낸다.

풀이 격구는 우리 민족이 오랫동안 즐겨온 구기 경기이다. 구기란 공을 사용하는 운동 경기를 뜻한다. 격구에는 말을 타고 막대기로 땅바닥의 공을 쳐서 멀리 보내는 기마 격구, 걷거나 뛰어다니면서 공을 쳐서 구멍에 집어넣는 도보 격구가 있다. 기마 격구는 오늘날의 폴로 경기와 비슷하고, 도보 격구는 하키와 골프를 합친 것과 비슷하다.

격구는 삼국 시대에 중국에서 들어온 것으로 추측된다. 하지만 널리 유행한 것은 고려 시대였다. 고려의 왕족이나 귀족들은 격구를 놀이로 즐겼지만, 조선 시대에 와서는 격구가 무과의 시험 과목이 되었다. 말을 타고 달리며 막대기를 휘두르는 것이 무술을 연마하거나 전투 연습을 하는 데 도움이 된다고 생각했기 때문이다.

고려 시대에는 주로 기마 격구를 즐겼지만, 조선 시대에는 서민층이나 아이들도 격구를 즐기게 되면서 좀 더 간편한 도보 격구가 유행했다. 임진왜란 이후에는 더 이상 상류층이 격구를 즐기지 않게 되었고 서민 놀이로만 이어졌다.

심화 격구는 매우 역동적이고 즐거운 스포츠이지만 즐기는 사람이 점점 줄어들었다. 일제 강점기를 거치는 동안 거의 잊혀졌다가 1988년 서울 올림픽 대회를 계기로 격구를 다시 일으키려는 움직임이 일고 있다.

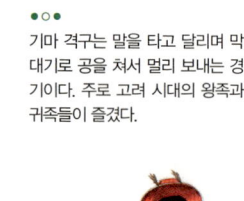

기마 격구는 말을 타고 달리며 막대기로 공을 쳐서 멀리 보내는 경기이다. 주로 고려 시대의 왕족과 귀족들이 즐겼다.

시대 후삼국 시대   더 찾아보기 거란, 고려, 궁예, 백제, 신라, 왕건, 일본, 호족, 후고구려, 후백제, 후삼국 시대

신라 말기에 완산주에서 후백제를 세운 임금

견훤

개요 900년에 완산주(지금의 전주 지방)를 도읍지로 삼아 **후백제**를 세운 임금이다. 본래는 **신라**의 장군이자 **호족**이었으나, 지배층의 부패로 사회가 어지러워지자 자신의 세력을 모아 새롭게 나라를 세웠다. 한때는 후삼국 중 가장 강한 나라의 임금이었으나, 후계자가 되기 위해 다투던 아들들에게 밀려나 경쟁국이었던 **고려**에 투항했다.

풀이 견훤은 867년에 상주 가은현(지금의 문경 지방)의 호족이었던 아자개의 아들로 태어났다. 이후 신라군에 들어가 소규모 부대를 지휘하는 장교가 되었다. 당시 신라는 왕실과 귀족들의 부패로 인해 국력이 약해졌고, 전국 곳곳에서 호족 세력들이 일어나 조정에 대항하고 있었다. 견훤도 자신을 따르는 군대를 모아 반란을 일으켰다. 그는 지금의 전라도 해안 지방에서부터 시작해 무진주(지금의 광주 지방)를 점령한 뒤 892년에 스스로 임금이라고 선포했다.

　이후 세력을 더욱 넓혀 완산주를 차지한 뒤 900년에 후백제를 세웠다. 나라 이름을 후백제라고 한 것은 **백제**를 계승한다는 뜻이었다. 견훤은 중국과 **거란**, **일본**과 외교 관계를 맺고 교류했다. 비슷한 시기에 **궁예**가 송악(지금의 개성)에 도읍을 정하고 **후고구려**를 세우자 마침내 **후삼국 시대**가 시작되었다. 하지만 후고구려는 얼마 후 무너지고 새로운 나라가 되었다. 부하였던 **왕건**이 궁예를 몰아내고 고려를 세운 것이다.

　견훤은 처음에는 왕건에게 사신을 보내 축하했지만 신라가 왕건에게 기울자 위기를 느끼기 시작했다. 이에 견훤은 927년 경주로 진격해 신라의 경애왕을 죽이고 경순왕을 새 임금으로 세웠다. 그리고 신라를 구원하러 온 고려군과 공산(지금의 대구 지방)에서 전투를 벌여 크게 승리했다. 하지만 930년에 벌어진 고창(지금의 안동 지방) 전투에서 패하면서 후백제의 힘이 약해지기 시작했다.

　더 큰 문제는 견훤에 이어 임금이 되고 싶은 아들 간의 다툼이었다. 견훤이 넷째 아들인 금강을 후계자로 삼으려 하자, 배다른 형제인 큰아들 신검이 친동생들과 함

께 정변을 일으켜 금강을 죽이고 견훤을 금산사에 가두어 버렸다. 가까스로 빠져나온 견훤은 왕건에게 항복하고 이듬해 자신의 나라였던 후백제와의 전투에 참여했다. 결국 후백제는 고려에 의해 멸망당했다.

심화 견훤은 자신이 세운 나라를 사실상 자신의 손으로 무너뜨렸다. 그는 왕건으로부터 벼슬을 받고 양주를 다스릴 수 있는 권리를 받았지만 내내 근심에 쌓여 지냈다. 결국 등에 커다란 부스럼이 나는 병인 등창을 앓다가 936년에 세상을 떠났다.

●○○
견훤은 용맹한 장수였다. 후백제를 세우기 이전에도 서남해 지방을 잘 지켜 신라에 공을 세웠고, 임금이 된 후에도 직접 전쟁터에 나가 전투를 이끌어 승리할 정도로 뛰어났다. 하지만 그 용맹함도 왕건이 펼친 부드러운 포용 정책의 힘을 당해 내지는 못했다.

●○○
나라를 세운 임금에게는 특별한 탄생 이야기가 있게 마련인데, 견훤도 신비한 설화가 전한다. 《삼국유사》에 따르면 광주 북촌의 한 부잣집 딸이 밤마다 자주색 옷을 입은 남자와 사랑을 나누었다. 그런데 나중에 알고 보니 남자는 커다란 지렁이였다. 견훤은 바로 부잣집 딸과 지렁이 사이에서 태어난 아들이었다.

시대 조선 시대 | 더 찾아보기 조선, 한양

조선 후기에 한양과 한강을 중심으로 장사하던 상인

경강상인

개요 **조선** 후기에 **한양**과 한강 주변을 중심으로 활동하던 상인이다. 경강상인이란 한양에서 활동하는 상인이라는 뜻의 '경상'과 한강을 무대로 활동하는 상인이라는 뜻의 '강상'이 합쳐진 말이다.

풀이 경강상인은 처음에는 전국 곳곳에서 세금으로 받은 쌀을 배에 실어서 한양으로 운반해 주는 일을 했다. 그러다 점차 자신들이 직접 쌀을 사들여 보관했다가 쌀값이 오르면 팔아서 이득을 남기는 방법으로 많은 돈을 벌었다.

때로는 경강상인들이 한양으로 들어오는 대부분의 쌀을 사들인 뒤 사람들에게 팔지 않고 쌀값을 오르게 만들어 문제가 되기도 했다. 경강상인들이 쌀을 독점하자 한양에는 쌀이 부족해졌고, 쌀값이 오르자 쌀을 구하지 못한 백성들의 불만이 높아졌다. 1838년에는 분노한 한양 사람들이 폭동을 일으켜 경강상인들의 창고를 불태우는 사건이 일어나기도 했다.

경강상인들은 전국 곳곳을 다니며 장사를 했다. 다루는 물품은 여러 가지였지만 특히 한양으로 들어오는 쌀은 이들이 독점했다. 한양으로 들어오는 쌀을 독점했다는 것은 경강상인 중에 그만큼 거상(큰 규모로 장사하는 상인)이 많았다는 뜻이다. 경강상인들은 쌀 외에도 소금이나 어물, 목재, 얼음 등과 같은 중요한 물품들을 사고팔았다. 또한 전국 곳곳에서 가져오는 물품을 운반하기 위한 배를 직접 만들기도 했다.

심화 경강상인들은 막대한 자본과 조직을 가지고 조선의 상업 발달에 큰 영향을 끼쳤다. 하지만 조선이 외국에 문호를 연 이후에는 서구 열강의 자본과 상인들에 밀려 급격히 몰락하고 말았다.

시대 조선 시대 | 더 찾아보기 세조, 영조, 6조, 의정부, 조선

조선 시대에 나라를 다스리는 기준이 된 법전
경국대전

개요 **조선** 시대에 나라를 다스리는 기준이 된 법전이다. 조선의 제7대 임금인 **세조** 때 최항, 노사신, 강희맹 등이 만들기 시작해 성종 때 완성했다. 조선에서는 이보다 앞서 《경제육전》이 있었으나, 건국 초에 급히 만들어져 부족하거나 현실과 맞지 않는 내용이 많았다. 그래서 나라의 힘을 기울여 체계적이고 통일된 법전으로 만든 것이 《경국대전》이다.

풀이 《경국대전》은 정치, 경제, 사회, 문화의 기본 규범을 담은 종합적인 법이다. 내용은 이전, 호전, 예전, 병전, 형전, 공전 등 6개 분야로 나누어진다.

육전	내용
이전	중앙 및 지방 관리들의 조직에 관한 법률
호전	나라를 운영하는 돈과 관련된 법률
예전	과거, 의례, 외교, 친족, 제사 등에 관한 법률
병전	무과, 군사 제도에 관한 법률
형전	형벌, 재판, 노비에 관한 법률
공전	도로, 교통, 도량형, 공장 등에 관한 법률

《경국대전》이 완성된 이후에 조선의 국가 정책은 '육전 체제'에 따라 시행되었다. 나라를 다스리는 최고 조직인 **의정부**와 **6조**는 물론 지방의 각 고을에서도 모든 일을 처리할 때 이 법전을 따랐다. 물론 백성들도 집이나 땅을 사고팔 때, 재산을 상속할 때, 혼인할 때 등 일상생활에서 《경국대전》의 법을 따라야 했다.

심화 《경국대전》은 조선 시대에 오랫동안 최고 법전으로서의 지위를 유지했다. 《경국대전》이 완성되고 260여 년이 지난 **영조** 때에 이르러서야 많은 항목을 개정하거나 보충한 《속대전》이 만들어져, 《경국대전》과 함께 사용되었다. 《경국대전》은 조선 왕조가 '법에 따라 나라를 다스린다.'는 법치주의를 따랐음을 보여 준다.

시대 조선 시대 | 더 찾아보기 개경, 고려, 고종, 광화문, 명성 황후, 상평통보, 세종, 이성계, 일제 강점기, 임진왜란, 정도전, 조선, 조선 총독부, 집현전, 한양, 흥선 대원군

아름답고 웅장한 조선 시대의 법궁
경복궁

개요 **조선**을 건국한 태조 **이성계**가 1395년에 세운 조선의 법궁이다. 법궁이란 임금이 사는 궁궐을 뜻하는 말로, **세종** 때 법궁 체제가 완성되었다. 도성의 북쪽에 있다고 하여 '북궐'이라 부르기도 하며, 조선의 5대 궁궐 중에서 으뜸 궁궐로 꼽힌다. **임진왜란** 때 불에 타 훼손되기도 했지만 **고종** 때 고쳐 지어 오늘의 모습이 되었다. 현재 서울특별시 종로구 세종로에 있다.

풀이 조선을 건국한 태조 이성계는 **고려**의 수도인 **개경**에서 **한양**으로 수도를 옮기고, 백악산(지금의 북악산) 아래에 조선 왕조 최초의 궁궐인 경복궁을 지었다. 경복궁이란 이름은 '큰 복을 누리며 번성하라.'는 뜻으로 **정도전**이 지어 올린 것이다.
　경복궁은 조선의 으뜸 궁궐답게 짓는 기간이 길었다. 처음에는 꼭 필요한 건물만 짓고 사용했지만, 이후 지속적으로 늘리거나 고쳐 지어 법궁의 모습을 완성해 나갔다. 태종 때는 경회루를 지었고, 세종 때는 아름다운 문과 다리가 완성되었다. 또한 세종은 **집현전** 학사들에게 궁궐의 문과 다리 이름을 짓도록 했다. 홍례문(흥례문), **광화문**, 일화문, 월화문, 건춘문, 영추문, 영제교 등의 이름은 유교적인 이상주의를 담아 지은 것이다. 이렇듯 세종이 궁성의 4문 체재를 완성하면서 경복궁은 30여 년 만에 궁성과 궐문까지 갖춘 조선의 법궁다운 모습을 갖추게 되었다.
　그러나 경복궁은 조선 왕조와 더불어 여러 번의 시련을 겪었다. 중종 38년과 명종 8년에 궁궐에 불이 나서 보수한 일이 있었고, 임진왜란이 일어난 1592년에는 주요 전각이 대부분 사라질 정도로 큰 피해를 입기도 했다. 조선 조정은 전쟁 직후 중건 계획을 세웠지만, 오랜 전쟁으로 인해 재정이 부족한 데다 경복궁 터가 좋지 않다는 주장도 있어 곧바로 실행하지는 못했다.
　이후 경복궁은 300여 년 가까이 방치되었다가 1865년에 **흥선 대원군**의 주도로 다시 지어졌다. 흥선 대원군은 경복궁 공사에 필요한 돈을 마련하기 위해 당시 화폐였던 **상평통보**의 100배나 되는 가치를 가진 당백전을 만들었는데, 이로 인해

화폐 가치가 떨어지고 물가가 폭등하는 등 백성들의 살림살이가 매우 어려워지기도 했다.

1895년에는 **명성 황후**가 경복궁 북쪽에 있는 건청궁에서 일본군에 의해 시해당하는 사건이 일어났다. 고종은 위험을 느껴 러시아 공사관으로 피신했는데, 이로 인해 경복궁은 한동안 주인을 잃은 빈 궁궐이 되고 말았다. 또한 **일제 강점기**에는 일제가 왕실과 국권의 상징인 궁궐을 의도적으로 훼손하여 많은 건물들이 사라졌다. 심지어 궁궐 안에 **조선 총독부** 건물이 지어졌고, 광화문의 위치도 옮겨졌다.

1995년 8월 15일 광복 50주년을 맞아 정부는 구 조선 총독부 청사를 철거했다. 이후 경복궁의 옛 모습을 되찾는 복원 사업이 계속되어, 2010년 8월 15일에는 경복궁의 정문인 광화문이 복원되었다.

심화 경복궁은 조선의 으뜸 궁궐답게 풍수지리가 매우 좋은 곳에 위치하고 있다. 뒤에는 북악산이 서 있고, 앞에는 넓은 시가지와 청계천, 한강이 흐른다. 건물의 배치도 엄격한 규율에 따라 앞쪽은 임금이 나랏일을 보는 곳으로, 뒤쪽은 왕실 사람들이 일상생활을 하는 공간으로 구분했다. 중요한 전각과 문은 남북 직선 축에 맞추어 배치했고, 좌우대칭의 안정적인 구성으로 이루어졌다.

●○○ 나라의 중요한 행사가 열릴 때 신하들은 품계, 즉 벼슬의 등급에 따라 지정된 자리에 서서 참여했다. 오른쪽(동쪽)에는 문관, 왼쪽(서쪽)에는 무관이 자리했으며, 품계는 정1품에서 종9품까지 모두 18등급이었다.

주요 건물로는 조선의 왕실을 상징하는 건물이자 임금의 즉위식과 같이 큰 행사가 열렸던 근정전, 임금이 나랏일을 보던 곳인 사정전, 임금과 왕비가 생활하던 곳인 강녕전과 교태전이 남북으로 늘어서 있고, 대왕대비가 생활하는 전각인 자경전, 나라에 경사가 있거나 사신이 왔을 때 연회를 베풀던 누각인 경회루 등이 동서로 배치되어 있다. 또한 사방에는 문이 하나씩 있는데 남쪽에는 광화문, 북쪽에는 신무문, 동쪽에는 건춘문, 서쪽에는 영추문이 있다.

조선 시대에 임금의 즉위식이나 탄신제, 축하연 등 나라의 중요한 행사를 치르던 건물인 근정전. 근정(勤政)이란 '부지런하게 나랏일을 살핀다.'는 뜻이다. 조선 왕실을 상징하는 건물답게 화려하고 웅장하며, 지금까지 남아 있는 나무 건축물 가운데 가장 크다. 국보 제223호로 지정되었다.

●○○
전각이 사라지기 전 경복궁의 모습을 그린 그림. 경복궁은 '구중궁궐'이라는 말이 어울릴 정도로 수많은 전각이 빽빽이 들어서 있었다. 궁궐은 임금과 그 가족뿐 아니라 수많은 궁인과 관리들이 지내는 곳이었기 때문이다. 하지만 일제가 많은 전각을 철거했다.

❶ 경복궁의 남쪽에 있는 문인 광화문.
❷ 사신 접대 등 나라의 중요한 행사가 열리던 근정전.
❸ 임금이 신하들과 함께 나랏일을 보던 곳인 사정전.
❹ 임금이 쉬거나 자는 생활 공간인 강녕전.
❺ 왕비가 쉬거나 자는 생활 공간인 교태전.
❻ 임금과 그 가족들이 휴식을 즐기는 곳인 후원과 향원정.
❼ 나라에 경사가 있거나 사신이 왔을 때 연회를 베푸는 곳인 경회루.
❽ 세종 때는 집현전이 있던 자리인 수정전.
❾ 경복궁의 서쪽에 있는 문인 영추문.
❿ 경복궁의 동쪽에 있는 문인 건춘문.
⓫ 대왕대비가 생활하는 전각인 자경전.

산업 개발을 위해 건설한 서울-부산 간 고속 도로

경부 고속 국도

개요 서울과 부산을 잇는 총길이 416킬로미터의, 우리나라에서 가장 긴 고속 국도(고속 도로)이다. 서울과 인천을 잇는 경인 고속 도로에 이어 우리나라에서 두 번째로 만들어졌다.

풀이 경부 고속 국도는 서울-대전-대구-부산을 잇는 도로이다. 박정희 정부 때인 1968년 2월 1일에 공사를 시작해서 1970년 7월 7일에 완공되었다.
경부 고속 국도는 종종 대동맥에 비유되곤 하는데, 대동맥이란 우리 몸 곳곳에 피를 보내주는 가장 큰 동맥 혈관을 뜻한다. 이는 경부 고속 국도가 우리나라의 중심 도로로서 다른 고속 국도나 수많은 지선 도로와 이어져 전국 곳곳으로 퍼져가도록 설계되었음을 나타낸다. 또한 경부 고속 국도는 인천항, 부산항 등과 연결되어 세계로 이어지기도 한다.
　경부 고속 국도의 완공으로 우리 사회의 생활 모습은 크게 달라졌다. 이전에는 서울에서 부산을 가려면 12시간이 넘게 걸렸지만, 경부 고속 국도가 만들어지면서 약 4시간 30분으로 줄어들었다. 이로써 우리나라는 '일일 생활권'이 되었다. 일일 생활권이란 전국 어디서든 볼일을 보고 돌아오는 데 걸리는 시간이 하루면 된다는 뜻이다. 예를 들어 서울에 사는 사람이 부산에 일이 있어 다녀오려면 이전에는 1박 2일이 걸렸다. 하지만 경부 고속 국도가 건설된 이후부터는 아침에 떠나 점심 때 부산에서 볼일을 보고, 다시 오후에 서울로 돌아오는 일이 가능해진 것이다. 경부 고속 국도는 1970년대 이후 급속한 산업 개발로 인해 늘어나는 교통량을 해결하고, 지역 개발을 앞당기는 데 큰 도움이 되었다.
　현재 경부 고속 국도의 하루 평균 통행량은 세계적인 수준이다. 수많은 사람과 자동차들이 경부 고속 국도를 오가고 있다. 2012년을 기준으로 보면 하루 평균 통행량이 129만여 대에 이르고 있는데, 경부 고속 국도 중 수도권 구간인 서울-수원 간의 통행량만 20만 대가 넘는다.

경부 고속 국도는 총길이 416킬로미터에 이르는 긴 도로이자, 왕복 4~8차선에 이르는 넓은 도로이기도 하다. 경부 고속 국도는 주요 분기점에서 우리나라를 좌우 또는 대각선으로 가로지르는 주요 고속 국도들과 연결된다. 영동 고속 국도와 중부 고속 국도, 호남 고속 국도, 중부 고속 국도 등은 물론이고 수많은 지선 도로들이 경부 고속 국도와 이어져 있다.

심화 경부 고속 국도를 건설한 가장 중요한 이유는 '경제 발전을 위한 화물 수송의 확대'였다. 전국 곳곳에서 원자재나 생산물을 원활하게 옮겨 기업이나 산업 활동을 도우려고 했던 것이다. 하지만 실제로는 물자보다 사람들의 이동에 주로 이용되었다. 또한 개통을 서두르는 과정에서 부실 공사 논란이 일어났으며, 도로가 중부 지역과 영남 지역만을 통과해서 호남 지역 차별 논란을 불러 일으켰다. 또한 많은 사람들이 편리해진 교통 수단을 이용해 농촌을 떠나 인구의 대도시 집중을 부추기는 부작용도 나타났다.

경부 고속 국도는 박정희 정부 때인 1970년 7월 7일에 완공되어 개통식을 가졌다. 이로써 전국은 일일 생활권이 되었다.

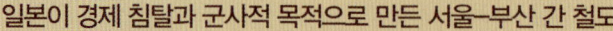

일본이 경제 침탈과 군사적 목적으로 만든 서울–부산 간 철도

경부선

개요 서울과 부산을 연결하는 철도이다. 1901년에 **일본**이 돈과 물자를 대어 건설하기 시작해 1904년 12월 27일에 완공했다.

풀이 일본은 전라도에서 거둔 쌀을 일본으로 옮기고, 만주 지역에 군인과 군수 물자를 옮기기 위해 서울에서 부산을 잇는 철도 건설을 계획했다. 이후 철로를 만들기 위해 주변 지역의 농지(농사를 짓는 땅)를 사들이고, 농민들과 소를 철도 건설에 동원했다. 그런데 도로를 건설할 땅을 확보하는 과정에서 사실상 빼앗다시피 강제로 농지를 사들인 데다, 무리한 노동으로 농민들을 괴롭히면서 불만이 높아졌다. 이 때문에 **의병**들이 철도 공사를 방해하거나 공사장을 습격하는 일이 일어나기도 했다.

경부선은 여러 개의 구간을 나누어 건설해 연결되었다. 초기에는 580킬로미터에 달했지만 나중에는 노선을 정리해 441.7킬로미터로 정비되었다. 1906년에는 서울과 신의주를 연결하는 경의선이 완성되어 부산에서 신의주까지 한반도를 관통하는 철길이 이어졌다. 이로써 일본은 자국의 시모노세키 항구에서 출발해 부산과 신의주를 거쳐 중국으로 진출할 수 있는 길을 열었고, 이는 일본이 중국 대륙을 침략하는 발판이 되었다.

1930년대 일본의 만주 침략이 본격화되면서 인력과 물자 수송량이 급격히 늘어나자, 일제는 경부선의 철로를 2개로 늘리는 복선 공사를 시작했다. **8·15 광복** 직전인 1944년 경부선은 전구간이 복선으로 바뀌었다.

심화 경부선은 **일제 강점기**뿐 아니라 8·15 광복 후에도 기능을 계속 유지했다. 철로를 복복선(네 개의 철로)으로 만들고 전철화하는 사업이 차례로 계속되었다. 2004년 4월 1일부터는 고속 열차인 KTX(Korea Train Express)가 운행되고 있다. KTX는 프랑스에서 들여왔는데, 13호기부터는 기술을 이전받아 우리나라에서 직접 만들어 사용하고 있다.

시대 후삼국 시대 | 더 찾아보기 견훤, 고려, 신라, 왕건, 후백제

후백제의 견훤에 의해 추대된 신라의 마지막 임금

경순왕

개요 **신라**의 마지막 임금이다. 927년에 **후백제**의 **견훤**이 군사를 이끌고 신라에 쳐들어와 경애왕을 죽인 뒤 경순왕을 임금의 자리에 올렸다. 935년에 경순왕이 **고려**의 **왕건**에게 항복해 나라를 바치면서 신라는 멸망했다.

풀이 신라의 경애왕은 포용 정책을 취하는 고려와 손을 잡고 후백제를 멀리했다. 이에 후백제의 견훤은 927년 경주로 쳐들어가 경애왕을 죽이고, 경순왕을 신라의 제56대 임금으로 세웠다. 그러나 후백제군이 물러가자 경순왕은 여전히 고려를 가까이 했다. 930년 경북 고창에서 고려가 후백제와 싸워 크게 승리하자, 경순왕은 고려와 친하게 지내는 정책을 강화했다.

이후 신라는 사실상 고려에 의존하며 나라를 유지했다. 신라 사람들의 마음은 점차 허약한 신라 왕실보다는 고려 태조 왕건에게로 향했다. 931년에는 왕건이 경주에 와서 수십 일을 머무르기도 했다. 고려와 신라의 경계에 있는 여러 고을들도 연이어 고려에 항복했다. 더 이상 나라를 유지할 수 없다고 판단한 경순왕은 결국 935년 고려에 항복했다. 이로써 신라는 천 년 역사의 막을 내리게 되었다.

심화 고려의 왕건은 신라의 마지막 임금인 경순왕을 극진히 대접했다. 경순왕은 왕건으로부터 궁전과 정승공이라는 칭호를 받고 왕건의 딸인 낙랑 공주와 결혼했다. 또한 경주를 다스리는 사심관이 되었다. 사심관이란 지방의 관리들을 다스리는 벼슬을 뜻한다. 왕건은 후삼국을 통일하는 과정에서 옛 왕족이나 호족들을 포용하는 방법으로 사심관 제도를 이용했다.

우리나라에서 처음으로 개통된 서울-인천 간 철도
경인선

개요 우리나라에서 처음 개통된 철도 노선이다. 1899년에 제물포(인천)와 노량진(서울)을 잇는 노선이 가장 먼저 개통되었고, 이듬해에는 한강 철교가 준공되면서 서울과 인천 사이의 경인선 전체 구간이 열렸다. 총길이는 31킬로미터이다.

풀이 경인선은 원래 미국인 모스가 **조선** 정부로부터 **철도 부설권**(철도를 건설할 수 있는 권리)을 얻어 1897년 3월 29일에 공사를 시작했지만, 자금이 부족해 **일본**에게 철도 부설권을 팔았다. 이후 일본이 만든 경인 철도 합자 회사가 경인선을 완성했다.

경인선이 만들어지면서 우리나라 사람들도 근대적인 교통 수단을 본격적으로 이용하기 시작했다. 이에 따라 주로 화물을 운송하는 수단이었던 경인선은 사람들이 이동하는 데 이용하는 교통수단이 되었고, 단선이었던 철도도 1960년대에 복선으로 확장되었다. 여기서 단선이란 '하나의 철로'라는 뜻이고, 복선이란 '두 개의 철로'라는 뜻이다. 단선이었던 시절에는 서울과 인천을 오가는 열차가 하나의 철로를 함께 이용했기 때문에 불편함이 많았다. 그러다 철로를 하나 더 만들어 복선화된 이후에는 서울행과 인천행 열차가 각각 다른 철로를 이용할 수 있게 되어 한결 빨라지고 안전해졌다.

심화 경인선은 1974년 8월 15일에 전철화되었다. 정부에서 교통난 해소를 위한 수도권 전철화 계획을 추진하면서 이루어졌는데, 서울의 지하철과 연결되면서 이동은 한결 편리해졌다. 현재는 직통 열차 및 급행 열차가 운행되고 있다.

시대 현대 | 더 찾아보기 박정희, 5·16 군사 정변

박정희 정부가 경제 발전을 목표로 추진한 정책
경제 개발 5개년 계획

개요 박정희 정부가 경제 발전을 목표로 추진한 정책이다. 1962년부터 1981년까지 모두 4차례에 걸쳐 시행되었다.

풀이 5·16 군사 정변을 일으켜 권력을 잡은 박정희 정부는 반공과 근대화를 통치 목표로 내세우면서 경제 발전 정책을 추진했다. 그리고 이를 위해 제2 공화국의 민주당 정부가 짜놓은 경제 개발 5개년 계획을 바탕으로 제1차 경제 개발 5개년 계획을 발표했다. 이 정책은 박정희 정부가 다스리는 동안 제4차까지 이어지면서 경제 발전의 원동력이 되었다.

차례	시기	내용과 특징
제1차	1962~1966	발전소를 건설하여 에너지 자원을 확보하고, 철강과 전력 등 국가 산업의 기초가 되는 기간 산업을 늘리는 데 힘썼다.
제2차	1967~1971	식량의 자급자족, 철강·기계 공업 등 공업 시설의 확충과 고도화, 10억 달러 수출 달성, 고속 도로 건설 등을 과제로 내세웠다. 이때 우리나라의 연평균 경제 성장률은 10%를 넘어섰다. 그러나 계속되는 무역 적자, 식량 부족으로 인한 곡물 수입 증대 등의 문제점을 낳기도 했다.
제3차	1972~1976	높은 경제 성장을 통한 경제적인 자립, 중화학 공장 건설 등을 추진했다. 1973년 일어난 제1차 석유 파동으로 인해 위기를 맞기도 했지만, 중동 지역의 건설 산업에 진출하면서 성장을 이어갔다.
제4차	1977~1981	경제 성장 외에 사회적 형평성과 능률 향상을 목표로 내세웠다. 수출 100억 달러, 1인당 국민 소득 1000달러를 달성했으나 물가가 크게 오르고 부동산 투기가 심해지는 부작용도 나타났다. 지나친 중화학 공업 투자와 1979년의 제2차 석유 파동으로 어려움을 겪었고, 1980년에는 정치 불안까지 겹쳐 처음으로 마이너스 성장을 기록했다.

박정희 정부의 경제 개발 5개년 계획에 따라 우리나라는 급격한 공업화, 산업화가 이루어지고 경제가 발전했다.

심화 경제 개발 계획에 따라 우리나라 경제는 빠르게 성장했다. 그러나 빈부 격차가 확대되고, 도시와 농촌 사이에 경제 발전이나 사회 환경에서 차이가 벌어졌으며, 이 때문에 인구가 도시로 집중되는 등 여러 사회 문제를 낳기도 했다.

시대 현대 | 더 찾아보기 남북국 시대, 몽골, 분황사, 삼국 시대, 선덕 여왕, 세계 유산, 신라, 일본, 첨성대, 포석정

신라의 천 년 역사가 고스란히 남아 있는 유적지
경주 역사 유적 지구

개요 경상북도 경주시 일대에 있는 **신라** 역사 유적 지구를 통틀어 일컫는다. 경주는 **삼국 시대**부터 **남북국 시대**까지 무려 1000년간이나 신라의 도읍지였기 때문에 신라의 문화와 예술을 담고 있는 유적과 유물이 곳곳에 분포되어 역사적인 가치가 높은 곳이다.

풀이 경주 역사 유적 지구는 유적의 성격에 따라 남산 지구, 월성 지구, 대릉원 지구, 황룡사 지구, 산성 지구 등 5개 지구로 나뉜다.

남산 지구 : 경주 남산은 신라의 야외 박물관이라고 할 만큼 신라의 숨결이 살아 숨 쉬는 곳이다. 신라 건국 설화에 등장하는 나정, 신라 왕실의 제사를 드리던 곳으로 추정되는 **포석정**은 물론이고, 미륵곡 석불 좌상, 배리 석불 입상, 칠불암 마애 석불 등 수많은 불교 유적이 있다.

월성 지구 : 신라 왕궁이 자리하고 있던 월성, 김씨 왕조의 시조인 김알지가 태어난 계림, 신라 왕궁의 별궁이 있던 임해전지, 그리고 **선덕 여왕** 때 세운 천문 시설인 **첨성대** 등이 있다.

대릉원 지구 : 신라의 왕과 왕비, 귀족 등 높은 신분 계층에 속했던 사람들의 무덤이 있다. 구역에 따라 신라 미추왕릉, 황남리 고분군, 오릉(五陵), 노동리 고분군, 노서리 고분군 등으로 나뉜다. 대릉원 지구의 무덤들에서는 신라의 문화를 잘 보여 주는 금관, 천마도, 유리잔, 각종 토기 등이 발견되었다.

황룡사 지구 : 황룡사 터와 **분황사**가 있다. 황룡사는 **몽골**의 침입으로 인해 없어져 현재는 그 터만 남아 있으나 당시의 웅장했던 큰 절의 규모를 짐작할 수 있다. 또한 분황사에는 벽돌처럼 다듬은 돌을 쌓아서 만든 모전 석탑이 있다.

산성 지구 : 기원전 400년 이전에 쌓은 것으로 생각되는 명활산성이

있는데, 신라의 성 쌓는 기술은 **일본**에까지 전해져 영향을 끼쳤다고 한다.

심화 경주 역사 유적 지구는 2000년 12월에 유네스코로부터 **세계 유산**으로 지정되었고, 이곳에 보존된 52개의 지정 문화재도 세계 문화유산으로 등록되었다. 신라의 역사와 문화를 한눈에 파악할 수 있는 종합 역사 지구인 경주 역사 유적 지구는 역시 세계 유산으로 지적된 일본의 교토나 나라의 유적보다도 한층 뛰어난 유적으로 평가받고 있다.

신라의 왕성이 있었던 경주 역사 유적 지구. 신라의 1000년 역사가 고스란히 담긴 오래된 도시라는 뜻에서 '천년 고도'라고도 부른다. 이런 가치를 인정받아 2000년 12월에 세계 유산으로 지정되었다.

경주 역사 유적 지구는 크게 5개의 지구로 나뉜다. 포석정과 나정 등이 있는 남산 지구, 임해전지와 첨성대 등이 있는 월성 지구, 여러 고분들이 늘어선 대릉원 지구, 분황사와 황룡사 터가 있는 황룡사 지구, 명활산성이 있는 산성 지구 등이다.

시대 삼국 시대 | **더 찾아보기** 고려, 관창, 김유신, 당, 백제, 삼국사기, 신라, 유학, 의자왕, 조선, 황산벌 전투

백제를 지키기 위해 황산벌에서 싸우다 전사한 장수

계백

개요 660년에 나당 연합군과 황산벌에서 싸우다 전사한 **백제**의 장수이다. 5,000여 명의 군사로 5만여 명이나 되는 적군과 싸워 4차례나 이겼지만 결국 패해, 백제는 멸망의 길을 걷게 되었다. **황산벌 전투**에서 보여 준 그의 기백은 **신라**뿐 아니라 **고려**와 **조선** 시대에도 칭송을 받았다.

풀이 **의자왕**은 처음에는 신라와 전쟁을 벌여 대야성을 빼앗아 올 정도로 백제의 세력을 키우는 데 힘썼지만, 나중에는 사치와 향락에 빠져 정치를 등한시했다. 그러던 중에 나당 연합군이 백제로 쳐들어 왔다. 660년에 **김유신**이 이끄는 5만여 명의 신라군은 소백산맥을 넘어 논산으로 진격해 왔고, 소정방이 이끄는 13만여 명의 **당**군은 배를 타고 금강 하구에 도착했다. 다급해진 의자왕은 논산과 금강 하구로 각각 군사들을 보냈다. 신라군을 막을 책임자로는 계백을 임명했다.

《**삼국사기**》에 따르면 계백은 전쟁터에 나가기 전에 "살아서 적의 노비가 되는 것은 죽는 것만 못하다."며 아내와 자식들을 죽였다고 한다. 그러고는 자신을 따르는 결사대에게 중국의 월나라 임금인 구천이 5,000여 명의 군사로 오나라의 70만 군대를 쳐부순 적이 있다며 격려했다. 실제로 계백이 가족을 죽였는지 정확히 알 수는 없지만, 당시 계백과 결사대의 각오가 매우 높았음은 분명한 것으로 보인다.

계백은 5,000여 명의 결사대를 이끌고 황산벌(지금의 충청남도 논산시 연산면 일대의 들판)에 이르러 3군데로 나누어 진을 쳤다. 신라군도 병력을 셋으로 나누어 백제군을 공격했다. 죽음을 각오한 백제군은 신라군과 4차례 싸워 4차례 모두 이겼다. 그러나 반굴과 **관창** 등 나이 어린 화랑들이 목숨을 버리면서 싸우자 신라군의 기세는 다시 높아졌다. 계백도 어린 화랑들의 용기 있는 행동을 보고 신라군에게 이기지 못할 것을 예상하고 탄식했다고 한다. 결국 백제의 '5,000 결사대'는 신라군의 총공격을 막아 내지 못해 패했고, 계백도 전투 중에 목숨을 잃었다.

심화 계백의 장렬한 최후는 후대 사람들에게 칭송의 대상이 되었다. 특히 조선 시대 <u>유학</u>자들은 계백을 충절의 표본으로 여겼다. 부여에는 계백에게 제사 지내는 의열사가 있으며, 황산벌 전투가 벌어졌던 논산의 충곡 서원에서도 계백을 모시고 있다. 확실히 증명되지는 않았지만 '계백 묘'라고 전해지는 무덤도 가까운 곳에 있다.

계백은 고작 5,000여 명의 군사를 이끌고 황산벌에 나가 5만여 명에 달하는 신라군과 싸웠다. 죽음을 각오한 계백의 결사대는 4차례나 승리했지만, 결국 많은 수의 신라군을 이겨내지 못했다. 계백도 전투 중에 세상을 떠났다.

김유신이 이끄는 신라군은 연이은 패배로 사기가 떨어졌지만, 관창의 활약에 힘입어 끝내 승리했다. 이들은 사비성으로 진격해 백제를 멸망시켰다.

시대 삼국 시대 | 더 찾아보기 고구려 부흥 운동, 고려, 고분, 광개토 대왕, 광개토 대왕릉비, 국내성, 당, 발해, 백제, 부여, 살수 대첩, 소수림왕, 수, 신라, 안시성 싸움, 연개소문, 일본, 장수왕, 주몽, 태학, 후고구려

강한 군사력으로 한반도 북부와 만주를 호령했던 나라
고구려

개요 주몽이 압록강 유역을 중심으로 세운 나라이다. **광개토 대왕**과 **장수왕** 때 가장 번성하였다. 만주와 한반도 북부로 영역을 넓혀 가면서 중국 세력과 경쟁했지만, 한편으로는 중국의 문화를 일찍 받아들여 고유한 문화로 발전시켰다.

고구려는 중국 세력의 잦은 침략을 막아 내고 왜(일본)를 정벌하는 등 강한 군사력을 자랑했다.

풀이 주몽은 **부여**족의 한 갈래를 이끌고 졸본(지금의 중국 랴오닝 성 환런 현)에 나라를 세웠다. 건국 직후부터 고구려는 주변 국가들과 싸워 영토를 넓혔다. 뒤를 이은 유리왕은 **국내성**(지금의 중국 지린 성 지안 시)으로 도읍을 옮겼고, **소수림왕** 때 불교를 국교로 삼고 **태학**이라는 학교를 세우고 법률을 만들어 국가의 기틀을 튼튼히 했다. 일찍부터 주변 지역으로 세력을 확대하던 고구려는 미천왕 때 낙랑군을 몰아내고 대동강 유역을 차지했으며, 광개토 대왕 때는 영토를 크게 넓혀 동북아시아의 강국이 되었다. 장수왕은 아버지의 업적을 기려 **광개토 대왕릉비**를 세웠으며, 도읍을 평양성으로 옮기고 **백제**를 공격하여 한강 유역을 차지했다.

오랜 분열 끝에 중국을 통일한 **수**나라와 그 뒤를 이은 **당**나라는 여러 차례 고구려를 쳐들어 왔다. 고구려는 **살수 대첩**, **안시성 싸움** 등에서 승리해 나라를 지킬 수 있었다. 그러나 계속되는 싸움으로 고구려의 국력도 약해졌다. 666년 최고 권력자였던 **연개소문**이 죽자, 그의 아들들 사이에 권력 다툼이 벌어졌다. 결국 고구려는 이 틈을 이용한 **신라**와 당나라 연합군의 공격으로 멸망했다.

고구려가 멸망한 뒤 유민들에 의해 **고구려 부흥 운동**이 일어났지만 실패했고, 훗날 당나라로 끌려간 고구려 사람들 중 일부가 **발해**를 건국하여 고구려를 계승했다. **후고구려**와 **고려** 역시 고구려를 계승하여 일어난 나라들이다.

심화 고구려 사람들은 죽고 난 뒤에도 영혼은 살아 있다고 믿어 무덤을 집처럼 꾸미고 일상생활의 모습이나 수호신을 그렸다. 고구려 **고분**은 백제와 신라, 그리고 **일본**에 영향을 미칠 정도로 뛰어났다. 예를 들어 승려 담징은 일본에 채색, 지묵, 연자

방아 제작 방법 등을 전하고 호류사라는 절에 금당 벽화를 그렸다고 한다.
　그런가 하면 서옥제라는 독특한 결혼 풍습도 있었다. 서옥제란 처가에 서옥이라는 작은 집을 지어 사위와 딸이 함께 자게 한 다음, 사위는 곧 돌아가지만 딸은 자녀를 낳고 그 자녀가 성장한 다음에야 남자의 집으로 가는 풍습이었다.

고구려는 삼국 중 가장 넓은 영토를 개척했던 나라이다. 광개토 대왕과 장수왕 때에는 한반도 북부 지방은 물론이고 드넓은 만주 지역을 다스렸다.

시대 삼국 시대 | 더 찾아보기 가야, 고구려, 고분, 도교, 무용총, 백제, 사신도, 신라, 한

죽은 사람을 위해 무덤 속에 그려 둔 그림
고구려 고분 벽화

개요 **고구려**인이 만든 무덤 안의 천장이나 벽에 그려진 그림이다. 무덤의 주인이 죽은 뒤에도 행복하게 살기를 바라는 마음이 담겨 있으며, 당시 고구려 사람들의 사상이나 종교, 각종 생활 풍속을 연구하는 데 중요한 자료가 되고 있다. 고구려 **고분** 벽화는 한반도 남쪽의 **백제**, **신라**, **가야**에도 영향을 끼쳤다.

풀이 벽화가 그려진 고구려 고분은 지금까지 발견된 것만 90여 개에 이른다. 평양과 대동강 근처에 60여 개, 압록강 근처에 20여 개가 있다. 벽화가 있는 고구려의 무덤은 주로 돌을 쌓아 시체를 보관할 묘실(널방)을 만들고 그 위에 흙을 덮어 만드는 **돌방흙무덤**인데, 벽화는 주로 무덤 내부에 그려져 있다.

고구려 고분 벽화는 기록이 별로 남아 있지 않은 고구려 역사 연구에 귀중한 자료가 되고 있다. 벽화의 내용은 무덤의 주인이 생활하는 모습이나 죽은 뒤의 세계 등 여러 가지이고, 무덤이 만들어진 시기에 따라 조금씩 다르다.

시기	벽화의 내용	사례
5세기 이전	초상화, 나들이 풍경, 절을 하며 예를 표하는 장면 등 무덤 주인이 살아 있을 때 생활하던 모습. 사후 세계에 대한 믿음이 담겨 있다.	안악 3호분, 덕흥리 고분, **무용총** 등
5세기 이후	연꽃, 예불(기도)하는 모습 등. 고구려 지배층에 불교가 전파되면서 불교와 관련한 그림이 많아졌다.	장천 1호분, 산연화총 등
6세기 이후	청룡, 백호, 주작, 현무가 그려진 **사신도**, **도교** 사상이 널리 퍼지면서 고구려가 멸망한 7세기 후반까지 계속되었다.	중화군 진파리 1호분, 지안 사신총 등

심화 벽화가 그려진 무덤은 대부분 규모가 매우 크다. 이 때문에 무덤의 주인은 왕이나 귀족일 것이라고 짐작된다. 벽화에는 무덤의 주인이 죽은 뒤에도 부와 명예를 누리며 행복하게 살기를 바라는 마음이 담겨 있으며, 무덤 안은 하나의 작은 우주로

꾸미는 것이 특징이다. 즉, 벽에는 주로 현실 생활과 관련된 내용을 그리고 천장에는 하늘 세계와 관련된 내용을 그려 넣는 식이다. 고분 벽화는 중국 한나라 때부터 나타나기 시작하여 4세기~7세기 중엽 고구려에서 가장 유행했다.

●○○
무용총의 수렵도_ 말을 타고 활을 쏘면서 사냥하는 고구려 사람의 기상이 나타나 있다.

●○○
강서대묘의 사신도_ 동서남북의 네 방위를 지켜주는 청룡, 백호, 주작, 현무의 그림. 당시 고구려 사회에 도교 사상이 널리 퍼졌음을 보여 준다.

●○○
수산리 고분의 귀부인도_ 치마를 입은 주인은 크게, 양산을 받쳐 주는 사람은 아주 작게 그려져 있다. 사람들의 크기를 다르게 그려서 귀족과 평민의 차별을 나타냈는데, 이것을 통해 고구려가 신분제 사회였음을 알 수 있다.

●○○
각저총의 씨름도. 각저총은 중국 지린 성 지안 시에 있으며, 씨름은 장례 때 하던 의식으로 추측된다.

사전 속의 사전

유물·유적의 발굴은 어떻게 이루어질까?

♣ **유물과 유적 찾기** | 박물관에서 만나는 유물 중에는 발굴(땅속이나 돌더미 등에 묻혀 있던 것을 찾아 냄)한 것이 많다. 그리고 발굴 중에는 처음부터 계획적으로 진행한 것들이 있다. 예를 들어 "어느 곳에 어떤 왕을 묻었다."거나, "옛날 이곳이 커다란 절터였다."는 기록이 있으면, 그 지역에 유물이 많을 것이라고 추측해서 발굴하는 식이다. 이를 '학술 발굴'이라고 한다. 하지만 뜻하지 않은 곳에서 많은 유물들이 발견되기도 했다. 예를 들어 아파트 공사를 하다가 우연히 유물을 발견하는 식이다. 이런 경우에는 자칫 유물이나 유적을 파괴할 수도 있으므로 일정한 규모 이상의 공사를 할 때는 그곳에 유물이 있는지 미리 조사하도록 정했다. 이를 혹시 일어날 수도 있는 유물의 훼손을 막는다는 뜻에서 '구제 발굴'이라고 한다. 우리가 접하는 유물과 유적의 대부분은 학술 발굴과 구제 발굴을 통해 얻어진 것이다.

♣ **조사하고 발굴하기** | 어떤 유물이 어느 정도 묻혀 있는지도 모르면서 무턱대고 땅을 팔 수는 없다. 그래서 예비 조사를 한다. 먼저 관련된 문헌을 살펴보고, 땅 위로 드러나 있는 유물을 수집한 뒤 유적지의 흔적을 조사한다. 이를 땅 위를 조사한다는 뜻에서 '지표 조사'라고 한다. 지표 조사가 끝나면 본격적으로 땅을 파고 발굴에 들어간다. 유물이 묻혀 있을 것으로 추측되는 깊이 이전까지는 굴삭기나 삽 등을 이용하지만, 본격적인 발굴은 호미나 대나무 주걱, 솔 등을 이용한다. 이때 유물이 손상되지 않도록 손으로 일일이 흙을 헤쳐 가며 매우 조심스럽게 한다. 발굴 지역은 네모 모양으로 나누어 하나씩 파기도 하고, 가운데를 도랑처럼 파 놓은 뒤 주변으로 넓혀 가기도 한다. 전체를 4등분으로 나누어 유물의 분포를 파악하기도 한다. 발굴은 매우 어렵고 힘든 작업이다. 하루 종일 바깥에서 쭈그리고 앉아서 땅을 파야 하기 때문이다. 더운 여름날이나 추운 겨울에는 특히 어렵다. 그래서 발굴은 보통 봄이나 가을에 이루어진다.

회암사 터 발굴 현장 모습.

♣ **수리하고 보존하기** | 유물이 발견되거나 유적지의 모습이 확인되면, 먼저 사진을 찍어 둔다. 그리고 유물의 종류나 상태, 유적지의 성격에 따라 처리 방침을 결정한다. 보존이 필요한 유물은 박물관 등으로 옮겨 깨진 곳을 수리·복원하거나 오래 보존할 수 있도록 약품 처리를 한다. 발굴이 끝난 유적지는 보존을 할 필요가 있는 곳은 그 상태를 유지하거나 정비를 하고, 그렇지 않은 곳은 다시 묻는다.

시대 삼국 시대 | 더 찾아보기 고구려, 나당 전쟁, 당, 대조영, 말갈, 발해, 신라

멸망한 고구려를 다시 일으켜 세우기 위해 벌인 운동
고구려 부흥 운동

개요 고구려가 신라와 당의 연합군에게 멸망하자, 나라를 잃은 유민들이 고구려를 다시 일으켜 세우기 위해 펼쳤던 운동이다. 669년부터 671년까지 약 2년에 걸쳐 궁모성과 안시성을 중심으로 이루어졌으나 끝내 뜻을 이루지 못했다.

풀이 668년 연합군을 결성한 신라와 당은 고구려를 공격해 멸망시켰다. 고구려가 망하자 당은 고구려 지역에 안동 도호부를 두어 다스리는 동시에 수만 명의 고구려 사람들을 강제로 끌고 가 저항을 막고자 했다. 그러나 고구려 유민들은 굴하지 않고 당에 맞서 고구려 부흥 운동을 벌였다.

먼저 검모잠은 지금의 평안북도 안주 지역에 있는 궁모성을 중심으로 군사를 일으켜, 왕족인 안승을 고구려 왕으로 추대하면서 당나라군에 저항했다. 또한 지난날 당나라군과 맞서 싸울 때 요충지 역할을 했던 안시성에서도 고구려 유민들의 부흥 운동이 일어났다. 안시성에서의 고구려 부흥 운동은 적국이었던 신라의 지원을 받기도 했다. 당이 오랫동안 눈독을 들여온 옛 고구려 땅을 독차지하려고 하자 이를 막으려는 신라와 당 사이에 **나당 전쟁**이 일어났기 때문이다.

671년 고구려 부흥군은 끝내 당나라군에게 안시성을 빼앗기고 말았다. 부흥군을 이끌던 안승은 신라에 항복했고, 신라는 안승을 보덕국왕으로 명한 뒤 고구려 유민들을 모아 당과의 전쟁에 이용했다. 반면 당은 신라와의 싸움에서 거듭 패하자 안동 도호부를 요동으로 옮긴 뒤 고구려의 마지막 왕이었던 보장왕에게 맡겼다. 그러나 보장왕이 고구려 부흥을 계획하고 있음이 드러나자 다시 그를 불러들였다. 이후 고구려 유민들은 신라로 들어가거나 만주 지역 곳곳에 흩어지고 말았다.

심화 고구려 부흥 운동은 실패했지만, 고구려를 잇는 새로운 나라의 건설로 이어졌다. 고구려 유민 출신인 **대조영**은 만주 지역에 흩어져 살고 있던 고구려 유민들과 **말갈**족을 모아 698년에 **발해**를 세우고, 고구려를 계승한 나라임을 밝혔다.

시대 고려 시대 | **더 찾아보기** 거란, 고구려, 고려 청자, 광종, 궁예, 권문 세족, 금속 활자, 만적의 난, 망이·망소이의 난, 명, 몽골, 무신 정권, 문벌 귀족, 문익점, 문화재, 삼국사기, 삼국유사, 성리학, 신진 사대부, 왜구, 왕건, 위화도 회군, 원, 이성계, 조선,

외침에 시달리면서도 세계에 우리 문화를 알린 나라

고려

개요 왕건이 후삼국을 통일하고 세운 나라이다. 474년간 한반도를 지배했다. **고려 청자**와 **팔만대장경** 등 많은 **문화재**를 남겼으며, 활발한 무역 활동으로 고려라는 이름을 세계에 알리기도 했다. 후기에는 **몽골(원)**의 침입과 간섭을 받다가 1392년에 **이성계**에 의해 멸망했다.

왕건이 후삼국을 통일하고 세운 나라인 고려는 숱한 외침을 받으면서도 고유의 문화를 발전시키며 빛나는 유산을 많이 남겼다.

풀이 918년에 **궁예**를 몰아내고 임금이 된 왕건은 나라 이름을 '**고구려**의 후계자'라는 뜻에서 고려로 정했다. 그는 호족에게 왕씨 성을 주고 그들의 딸이나 여동생을 부인으로 맞는 등 호족 세력을 통합하는 정책으로 힘을 길러 후삼국을 통일하고 나라의 안정을 꾀했다. 이후 제4대 임금인 **광종**은 **노비 안검법**과 **과거 제도**, 경종은 **전시과** 제도를 실시해 나라의 기틀을 마련했다. 고려는 **거란**의 침입을 받았지만 세계 여러 나라와 무역을 벌이며 발전했고, 제11대 임금 문종 때는 전성기를 이루었다.

고려는 임금과 관리, 지방의 호족들이 지배층을 이루어 농민이나 **노비**들을 다스렸다. 하지만 지배층 중에서 몇몇 힘 센 집안이 손을 잡고 정치를 좌우했기 때문에 **문벌 귀족** 사회였다고 할 수 있다. 또한 불교가 크게 번성해 승려도 지배층에 속했고, 절은 넓은 땅을 차지하고 노비를 부렸는가 하면 상업의 중심지 역할도 했다.

고려 초기에는 문신과 무신을 동등하게 대우했지만, 문벌 귀족의 힘이 세지면서 무신들에 대한 차별이 심해졌다. 이에 불만이 커진 무신들이 난을 일으켜 정권을 잡았다. 하지만 무신들은 치열한 권력 다툼만 벌였을 뿐 농민들의 생활은 돌보지 않았다. 이 때문에 농민과 **천민**들의 봉기가 잇따랐다. **망이·망소이의 난**이나 **만적의 난**이 바로 **무신 정권** 때 일어났다.

무신 정권은 몽골의 침략으로 무너졌고, 이후에는 원의 정치 간섭을 받으며 원과 친한 **권문 세족**들이 권력과 넓은 토지를 차지한 뒤 횡포를 일삼았다. 이에 권문 세족을 비판하며 개혁을 주장하는 새로운 세력이 생겨났다. **성리학**을 중시하는 **신진 사대부**들이었다. 이들이 서로 대립하는 동안 나라 안팎의 사정은 좋지 않았다. 남쪽

고려 말에 홍건적과 왜구의 침입을 물리친 장수 최영.

직지심체요절, 최무선, 최영, 팔만대장경, 호족, 홍건적

에는 **왜구**, 북쪽에는 **홍건적**이 침입해 약탈을 벌였으며, 중국에서는 **명**이 새로운 세력으로 등장하고 원이 쇠퇴하는 변동이 일어났다.

명이 고려 영토의 일부를 통치하겠다고 하자 **최영**은 요동 정벌을 추진했지만, 이성계가 **위화도 회군**으로 정권을 잡았다. 이후 이성계는 신진 사대부들과 함께 공양왕을 내쫓고 **조선**을 세웠고, 고려는 474년 만에 한반도에서 사라졌다.

심화 고려는 빛나는 문화유산을 많이 남겼다. 대표적인 것이 고려청자와 팔만대장경이다. 또한 고려는 일찍이 인쇄술이 발달해 **금속 활자**를 만들어 썼다. 1377년에 만든 《**직지심체요절**》은 금속 활자로 찍은 책 가운데 세계에서 가장 오래된 것이고, 역사책인 《**삼국사기**》와 《**삼국유사**》는 고려 이전의 역사를 알게 해주는 귀중한 자료이다. **문익점**이 원으로부터 들여온 목화씨와 **최무선**이 발명한 화약은 이후 조선으로 이어져 백성들의 생활과 무기 개발에 큰 도움이 되었다.

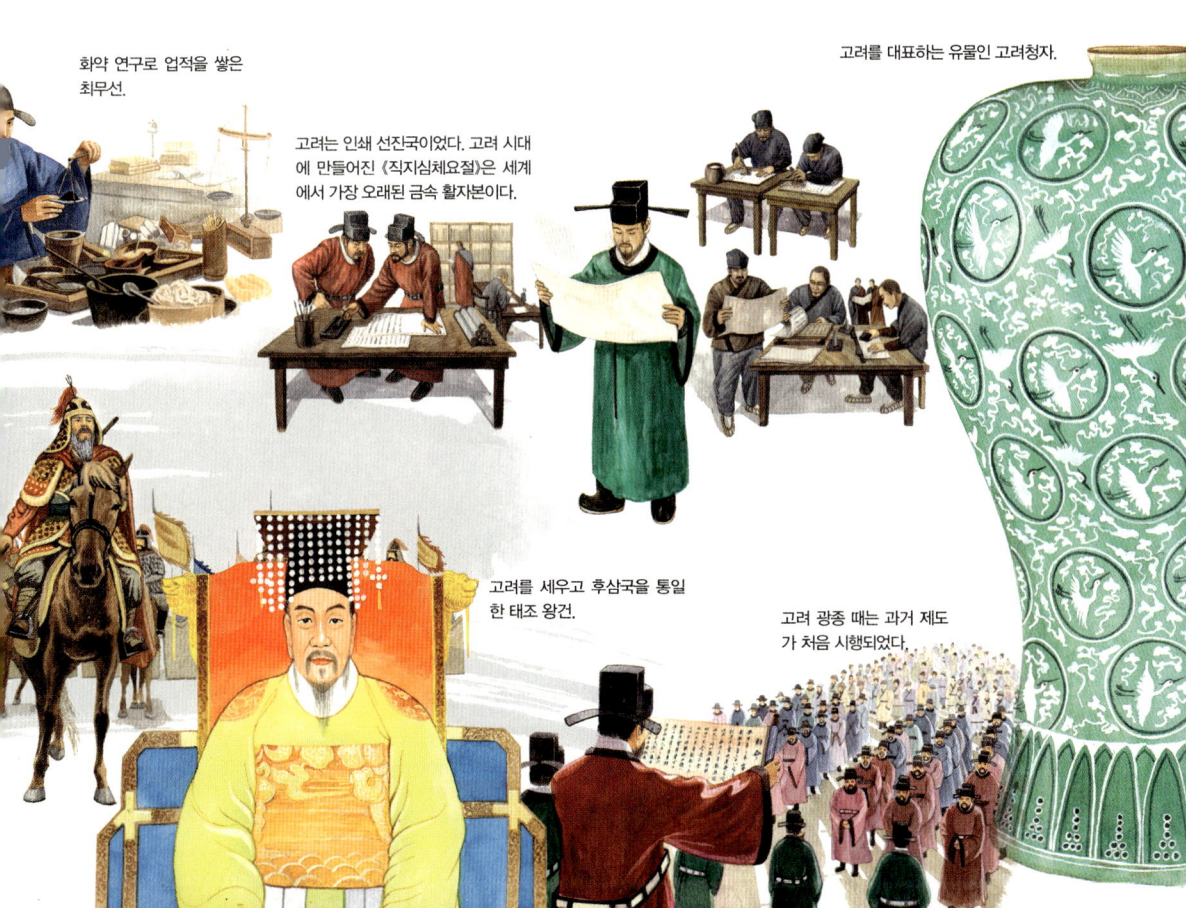

화약 연구로 업적을 쌓은 최무선.

고려는 인쇄 선진국이었다. 고려 시대에 만들어진 《직지심체요절》은 세계에서 가장 오래된 금속 활자본이다.

고려를 대표하는 유물인 고려청자.

고려를 세우고 후삼국을 통일한 태조 왕건.

고려 광종 때는 과거 제도가 처음 시행되었다.

시대 조선 시대 | 더 찾아보기 고려, 김종서, 정인지, 조선

조선 초기에 만든 고려 역사책

고려사

개요 **조선**의 제5대 임금인 문종 때 만든 **고려** 시대 역사책이다. 조선 건국의 정당성을 알리고, 고려의 역사에서 조선을 통치하는 교훈을 찾기 위해 만들었다. 사료(역사 연구에 필요한 문헌이나 유물)를 선택할 때나 내용을 서술할 때 객관적인 태도를 유지하여 지금도 고려의 역사를 연구하는 데 가장 기본적인 자료로 이용되고 있다.

풀이 《고려사》가 만들어지기 시작한 것은 조선이 세워진 직후인 1392년 10월이었다. 조선을 세우는 데 중심 역할을 한 사람들은 조선의 건국이 정당하다는 것을 세상에 알리고 싶었다. 이에 고려의 역사를 담은 책을 만들기로 했다. 어지러웠던 고려 후기의 역사를 기록해 새 나라를 세우는 일이 꼭 필요했음을 알리고자 했던 것이다.

그러나 《고려사》 편찬은 순조롭게 진행되지 못했다. 임금과 사대부들이 서로 자신을 중심으로 역사를 쓰고 싶어 했기 때문이었다. 결국 《고려사》는 편찬을 시작한 지 60년이 지난 1451년(문종 원년)에야 **정인지**, **김종서** 등에 의해 완성될 수 있었다. 《고려사》는 역사적 사실을 내용에 따라 몇 가지 범주로 나누어 서술하는 기전체 역사책이다. 역사와 문화를 임금과 관련지어 쓴 〈세가〉, 신하들의 전기인 〈열전〉, 제도와 문물, 자연 현상 등을 분야별로 나누어 적은 〈지〉, 역사적 사건을 시간 순으로 기록한 〈연표〉로 구성되어 있다.

심화 조선은 《고려사》에 이어 1452년에는 《고려사절요》를 간행했다. '절요'란 중요한 내용을 간추렸다는 뜻으로, 《고려사절요》는 《고려사》의 내용을 바탕으로 집필한 것이다. 그러나 《고려사절요》에는 《고려사》에서 찾아볼 수 없는 내용들이 많이 담겨 있다. 역사적 사실이 일어난 해가 언제인지 밝혀주는 기록도 많아 《고려사》와 함께 고려 시대 역사를 연구하는 데 중요한 자료가 되고 있다. 《고려사절요》는 《고려사》와는 달리 역사적 사실을 일어난 시간 순서로 기록하는 편년체로 썼다.

시대 조선 시대　**더 찾아보기** 고종, 동학 농민 운동, 전봉준, 조선

고부 군수의 수탈에 저항하기 위해 일어난 농민 운동
고부 농민 봉기

개요 조선 후기에 고부 지역의 탐관오리인 조병갑의 수탈과 횡포에 저항하기 위해 농민들이 벌인 운동이다. 사태를 해결하기 위해 조선 조정이 파견한 조사관이 오히려 농민을 탄압하자 대대적인 동학 농민 운동으로 이어졌다.

풀이 고부는 전라북도 정읍의 옛 이름이다. 조선 고종 때 이 지역의 군수로 조병갑이 부임했는데, 그는 백성들을 수탈하고 탄압하는 탐관오리였다. 조병갑은 갖가지 명목으로 세금을 거두어들였다. 예를 들어 농민들을 동원하여 필요하지도 않은 저수지를 새로 만드는가 하면, 저수지의 물을 사용하는 대가로 세금을 거두는 식이었다. 뿐만 아니라 '부모에게 효도하지 않는다.'거나 '가정이 화목하지 않다.'는 죄목을 씌운 뒤 벌금을 걷기도 했다. 그렇게 거두어들인 세금은 사사로이 사용했다. 품질 좋은 쌀에 해당하는 돈을 세금으로 받았으면서도 조정에 올려 보내는 세금은 나쁜 쌀을 기준으로 했으며, 자신의 아버지 무덤에 세울 비석을 마련하기 위해 농민들에게 돈을 거두기도 했다.

이에 불만이 높아진 농민들이 여러 번 항의했지만 상태는 나아지지 않았다. 결국 전봉준 등 농민 1,000여 명은 1894년 1월 10일에 고부 관아를 습격하여 조병갑을 몰아내고 관리들을 직접 벌했다. 농민들의 봉기에 놀란 조정은 즉시 조병갑을 파면하고, 새로운 군수와 사건을 조사하는 관리를 내려 보냈다. 새로 온 군수가 그간의 잘못된 일을 바로잡겠다는 약속을 하자 농민들은 봉기를 풀고 집으로 돌아갔다.

심화 고부 농민 봉기는 동학 농민 운동의 시발점이 되었다. 고부 농민 봉기를 조사하기 위해 파견된 관리인 이용태는 엉뚱하게도 모든 책임을 농민에게 돌리고, 주동자와 참가자를 찾아내서 가두었다. 이에 분노한 농민들은 다시 봉기하여 조정에 근본적 개혁을 요구하는 동학 농민 운동을 펼치게 되었다.

시대 선사 시대~삼국 시대 **더 찾아보기** 무령왕릉, 삼국 시대, 삼국 통일, 선사 시대, 신라, 신석기 시대, 장군총, 천마총, 청동기 시대

역사적인 자료가 되는 옛 무덤

고분

개요 고분(古墳)이란 '옛 무덤'이란 뜻이지만, 학자들이 말하는 고분은 일정한 형식을 갖춘 특정한 시대의 무덤만을 가리킨다. 즉, 옛 무덤 가운데 역사적인 자료가 되는 것이 고분이다. 우리나라에서는 주로 **선사 시대**부터 **삼국 시대**까지의 무덤을 고분이라고 한다. **삼국 통일** 이후에는 불교의 영향으로 시신을 태운 뒤 남은 뼈를 모아서 묻는 화장 풍습이 널리 퍼져 고분이 거의 사라졌다.

풀이 고분에서 시체를 묻는 방법은 땅에 구덩이처럼 파서 만든 '구덩식'과 굴처럼 만들어져 외부로 통하는 출입구가 있는 '굴식' 두 가지로 나뉜다. 구덩식 무덤에는 돌로 만든 돌방, 나무로 만든 관을 흙으로 바른 점토곽, 나무로 관을 만든 나무널, 돌로 관을 만든 돌널 등이 있으며, 굴식 무덤에는 돌방이 있다. 구덩식 무덤은 한 번 시체를 묻으면 꼭 막아두어 다시 열지 않지만, 굴식 돌방의 경우는 입구에 문을 만들어 추가로 시신이나 물건들을 묻을 수 있었다.

고분에는 시체와 함께 여러 가지 물건도 묻었는데, 이를 '껴묻거리'라고 한다. 고분 벽화와 마찬가지로 죽은 사람을 위한 것이다. 대표적인 껴묻거리는 시체의 몸에 매단 꾸미개나 무기, 의식용 그릇 등이다. 오래된 고분일수록 귀중한 보물이 많고, 시대가 흐를수록 일상생활에서 실제로 사용하던 물건이 발견된다. 껴묻거리는 고분 양식과 더불어 옛사람들의 사상이나 종교, 풍습 등을 알 수 있는 중요한 자료가 되고 있다.

우리나라의 무덤은 **신석기 시대**부터 나타나 **청동기 시대**부터는 무덤 형식이 다양해졌다. 또한 **신라**가 삼국을 통일한 이후부터는 껴묻거리가 적어지거나 사라졌다.

심화 고분은 묻힌 사람이나 발견된 유물(껴묻거리)에 따라 부르는 이름이 다음과 같이 달라진다.

고분 이름	무덤의 주인	사례
능(릉)	왕과 왕비	무령왕릉, 미추왕릉 등
묘	대군, 공주, 옹주 등 왕족과 일반인	김유신 묘 등
총	무덤의 주인이 누구인지 알 수 없지만 다른 무덤과 특별히 구별되는 특징이 있는 무덤	천마총, 장군총 등
분	유물도 없고 주인도 누구인지 모르는 무덤	1호분, 2호분 등

고분은 대부분 왕이나 왕족 또는 지위가 높은 귀족의 것이다. 무덤의 규모가 일반 백성들의 것보다 크고, 일정한 형식을 갖추고 있는 것이 특징이다. 가까운 곳에 여러 개의 무덤이 모여 있는(그림은 경주 대릉원의 모습) 경우가 많지만, 고구려나 백제의 왕릉 중에는 대형 무덤이 하나인 경우도 있다. 무덤 주인의 신분이 높을수록 많은 껴묻거리가 발견된다.

시대 삼국 시대 | 더 찾아보기 고구려, 당, 대조영, 발해, 신라

당의 장수로서 서역 정벌에 공을 세운, 고구려 유민 출신의 장수
고선지

개요 **고구려** 유민 출신이지만 **당**에서 활약한 장수이다. 당의 현종이 추진한 서역 정벌 때 전투를 승리로 이끌어, 당의 세력을 넓히는 데 큰 공을 세웠다. 755년 안록산의 반란 때 환관들의 모함을 받아 처형되었다.

풀이 668년에 고구려가 멸망한 뒤 고구려 유민들은 **신라**의 백성이 되거나 만주 지방에 흩어져 살다 **대조영**이 세운 **발해**로 흡수되었다. 하지만 일부는 중국 대륙으로 가서 당의 백성이 되었다. 고선지도 당으로 간 고구려 유민의 아들이었다. 고선지의 아버지인 고사계는 고구려가 멸망한 뒤 당으로 가서 장수가 되었고, 고선지 역시 아버지의 뒤를 이어 당의 군사들을 이끄는 장수가 되었다.

고선지는 747년에 당의 임금인 현종의 명령을 받고 서역의 토번(티베트 족) 정벌에 나서 큰 공을 세웠다. 당은 고선지의 활약 덕분에 중앙아시아의 수많은 나라들을 제압하고 영토를 넓힐 수 있었다. 750년에는 대식국(사라센 제국)과 연합하려는 석국을 공격해 임금을 잡은 뒤 장안으로 보내 처형하도록 했다.

고선지의 활약에 위기를 느낀 서방의 나라들은 힘을 모아 반격해 왔다. 고선지는 대규모 정벌군을 꾸려 전쟁에 나섰지만 탈라스 전투에서 대패하고 말았다. 이때 포로가 된 당의 군사들을 통해 중국의 종이 만드는 기술과 나침반이 서역에 전해지는 등 동서양의 문화 교류가 이루어졌다. 비록 전투에서 패했지만 고선지는 당 현종의 신임을 받아 우우임군대장군에 임명되었다.

심화 고선지는 755년에 안록산이 반란을 일으키자 부원수로서 진압에 나섰다. 당시 반란 세력은 기세가 오른 상태였기 때문에 그는 잠시 군사를 물려 길목을 지키며 지원군을 기다리는 전략을 썼다. 그것이 장안을 지키는 가장 효과적인 방법이라고 생각했기 때문이지만 환관들이 "고선지가 싸우지 않고 물러났다."며 모함해 처형되고 말았다.

시대 삼국 시대　**더 찾아보기** 고려, 도병마사, 백제, 비변사, 의정부, 조선

백제를 강력한 중앙 집권제 국가로 자리 잡게 한 임금

고이왕

개요　왕권 강화에 힘쓴 **백제**의 제8대 임금이다. 234년에 처음 임금의 자리에 올라 관리와 군사 제도를 정비하는 한편 농업 생산력을 높이기 위해 힘썼다. 그가 세상을 떠난 286년까지, 백제는 강력한 중앙 집권제 국가로서의 기틀을 잡을 수 있었다.

풀이　고이왕은 제4대 임금인 개루왕의 둘째 아들이었다. 그는 제7대 임금인 사반왕이 너무 어려 나랏일을 제대로 보지 못하자, 사반왕을 물러나게 하고 임금의 자리에 올랐다. 이후 고이왕은 백제의 기반을 다지기 위해 나라를 다스리는 제도를 정비하고 왕권 강화에 힘썼다.

　당시 연맹 국가 체제였던 백제는 왕권이 튼튼하지 못했다. 이에 고이왕은 먼저 좌장이라는 관직을 두어 군사를 이끌게 했다. 족장들의 군사력을 약화시키는 동시에 왕권을 강화하기 위해서였다. 또한 그는 관리들의 등급을 정하고, 등급에 따라 옷 색깔을 달리 입도록 하며, 관리들이 뇌물을 받지 못하도록 법으로 정하는 등 관리 제도도 정비해 중앙 집권제 국가 체제를 확립했다.

　뿐만 아니라 고이왕은 한강 유역을 완전히 장악해, 이후 백제가 한반도의 강국으로 발전하는 계기를 마련했다. 낙랑과 대방을 공격했는가 하면 마한의 목지국 세력을 제압해 충청도 지역까지 세력을 확대했다. 그런 다음 농업 생산력을 높이기 위해 남쪽 평야 지대에 논을 개간하도록 했다.

심화　고이왕은 왕권을 강화하면서 남당을 적극적으로 활용했다. 남당은 임금과 관리가 함께 모여 나랏일을 의논하는 정치 기구를 뜻한다. 그는 남당에서 임금과 신하들이 앉는 장소를 구분해 임금이 보다 높은 지위에 있음을 분명히 드러냈다. 이후 남당은 **고려**의 **도병마사**나 **조선**의 **의정부**, **비변사** 등으로 발전해 갔다.

커다란 돌로 만든 선사 시대의 무덤
고인돌

개요 큰 돌로 만든 **선사 시대**의 무덤이다. 고인돌은 큰 돌을 고여(괴어) 놓았다는 뜻이며, 한자어로 '지석묘'라고도 부른다.

풀이 우리나라에 있는 고인돌은 약 4만여 개 정도로, 이는 전 세계 고인돌 수의 절반에 가까운 양이다. 특히 고인돌이 많이 모여 있는 전라북도 고창, 전라남도 화순, 인천 강화도 고인돌 유적은 2000년 12월에 유네스코 **세계 유산**으로 등록되었다.
  고인돌은 덮개돌, 받침돌(굄돌), 무덤방 등으로 이루어지지만 경우에 따라 받침돌이나 무덤방이 없는 고인돌도 있다. 고인돌은 모양에 따라 탁자식 고인돌, 기반식(바둑판) 고인돌, 개석식(덮개돌) 고인돌로 분류된다. 탁자식 고인돌은 받침돌의 크기가 가장 크고, 기반식 고인돌은 받침돌이 작고 뭉툭하며, 개석식 고인돌은 받침돌이 없이 땅에 놓여 있다. 기반식이나 개석식 고인돌은 무덤방이 지하에 만들어진다.
  또한 고인돌이 위치한 지역에 따라 '북방식' 혹은 '남방식'으로 나누기도 한다. 주로 대동강과 임진강, 북한강 상류 지역에서 발견되는 북방식 고인돌은 규모가 큰 탁자식이고, 전라도와 경상도 등 한강 이남 지역에서 발견되는 남방식 고인돌은 기반식이나 개석식이 많다.

심화 고인돌은 많은 사람들이 힘을 모으지 않으면 만들기 어려운 무덤이다. 사용하는 돌이 매우 크고 무겁기 때문이다. 또한 무덤에서 돌검, **민무늬 토기**, **비파형**

동검과 같이 **청동기 시대**의 귀한 껴묻거리가 함께 발견되는 것으로 보아, 무덤의 주인은 당시 사회의 지배자일 것으로 짐작된다. 따라서 고인돌이 출현한 것은 당시 사회에 신분 제도와 사회적 불평등이 생겼음을 뜻한다.

●○●
돌을 운반해 고인돌을 만들기까지의 과정. 무거운 덮개돌은 통나무 등 도구를 이용해 옮기고, 받침돌은 흙을 덮어 세워 두었다가 덮개돌을 얹은 뒤 다시 흙을 파내 완성한다.

●○●
남방식 고인돌_ 한강 이남 지역에서 많이 발견되는 고인돌. 받침돌이 작고 바둑판처럼 생긴 기반식. 받침돌이 없고 덮개돌만 있는 것은 개석식이 많다.

●○●
북방식 고인돌_ 주로 한반도의 북쪽 지역에서 발견되기 때문에 '북방식'이라고 부른다. 탁자처럼 생겼으며 받침돌의 크기가 큰 것이 특징이다.

시대 선사 시대 　더 찾아보기 단군 신화, 단군왕검, 민무늬 토기, 삼국유사, 움집, 위만 조선, 8조법, 한, 한군현

우리 역사상 최초의 국가
고조선

개요 기원전 2333년에 **단군왕검**이 세웠다고 전해지는 우리나라 최초의 국가이다. 본래 이름은 '조선'이지만 위만이 다스린 조선과 구분해 고조선이라고 불렀으며, 지금은 고조선과 **위만 조선**을 합해서 고조선이라고 한다. 한반도 북부와 만주, 요동 등지를 영향권에 두었으며, 기원전 108년에 **한**나라의 공격을 받아 멸망했다.

풀이 고조선은 청동기 시대에 요동 지방과 한반도 북부에서 주변 부족을 통합하여 세운 국가였다. 《**삼국유사**》에 실린 **단군 신화**는 단군왕검이 주변을 통합하여 나라를 세우는 과정을 신화의 형태로 표현한 것이다. 단군왕검이 주변의 여러 부족을 하나로 묶는 것을 정당화하려고 하늘의 자손임을 내세웠다고 할 수 있다. 고조선의 중심지는 처음에는 요동 북서쪽의 요령 지방이었지만, 차츰 한반도 북부로 옮겨 대동강 유역의 왕검성을 중심으로 발전한 것으로 추정된다.

고조선의 백성들은 벼농사 외에 콩, 조, 기장, 수수 등을 재배하며 살았다. 목축도 발달하여 개, 돼지, 소, 말 등을 길렀다. 또한 소금, 간장, 된장 등을 이용해 요리했고, 채소를 소금에 절여 만드는 김치와 술도 담가 먹었다. 가마에서 구워 낸 **민무늬 토기**를 사용했으며 삼베와 모직, 명주 등으로 옷을 만들어 입었다. 그리고 **움집**보다 조금 더 땅 위에 올려 지은 반움집을 짓고 쪽구들을 놓아 난방을 하며 살았다.

그러다 기원전 194년 경에는 중국 연나라의 장수 위만이 1,000여 명의 무리를 이끌고 고조선에 왔다. 당시 고조선의 임금이었던 준왕은 위만에게 관직과 땅을 주어 살게 했다. 그런데 위만은 자신을 받아준 준왕을 내쫓고 고조선의 임금이 되었다. 위만은 조선이라는 나라 이름을 그대로 이어받아 다스렸으며, 철제 무기를 이용해 주변의 나라들을 정복했다. 또한 여러 나라와 교역을 하면서 경제력을 키우고, 나라를 효과적으로 다스리기 위한 제도도 만들었다. 고조선의 법인 **8조법**도 이 때 만들어졌다.

고조선 사람들은 이전의 움집보다는 발전된 반움집에서 살았다. 쪽구들을 놓아 난방을 하기도 했다.

고조선의 대표적인 유물인 비파형 동검. 이 유물이 어디에서 발견되는지를 살펴 고조선의 문화 범위를 추측하기도 한다.

심화 고조선이 중개 무역으로 번창하는 것을 못마땅하게 생각한 중국의 한나라는 큰 규모의 군대를 보내 고조선을 공격했다. 고조선은 왕검성에서 1년을 넘게 버텼지만 기원전 108년에 지배층의 분열로 결국 멸망하고 말았다. 한은 고조선 땅에 낙랑, 진번, 임둔, 현도 등 네 개의 군(한군현)을 두어 다스렸다. 하지만 한군현은 고조선 유민들의 끈질긴 저항과 고구려의 공격으로 무너졌다.

고조선을 세운 단군. 《삼국유사》에 소개된 단군 신화에 따르면 그는 하늘에서 내려온 환웅의 아들이다.

비파형 동검과 함께 고조선의 대표적인 유적으로 꼽히는 북방식 고인돌.

고조선의 중심 산업은 농업이었다. 벼농사 외에 콩, 조, 기장, 수수 등을 재배했다. 또한 우리의 전통 식품인 간장과 된장, 김치, 술 등도 담가 먹었다.

시대 조선 시대　　더 찾아보기 갑신정변, 강화도 조약, 개화파, 광무개혁, 대한 제국, 러일 전쟁, 명성 황후, 3·1 운동, 세도 정치, 을미사변, 을사조약, 일본, 임오군란, 조선, 청, 청일 전쟁, 흥선 대원군

조선의 마지막 임금이자 대한 제국의 초대 황제

고종

개요 외세의 침략으로 나라를 빼앗기는 아픔을 겪어야 했던 **조선**의 제26대 임금이다. **흥선 대원군**의 둘째 아들로 태어나 1863년에 임금이 되었으며, 1907년에 일제의 압력으로 물러났다. 1919년에 그가 독살되었다는 소문이 퍼져 **3·1 운동**에 영향을 미쳤다.

풀이 고종은 1852년에 왕족인 이하응의 둘째 아들로 태어났다. 당시 조선은 안동 김씨와 풍양 조씨 등의 몇몇 양반 집안에 의해 **세도 정치**가 이루어지고 있었다. 제25대 임금인 철종이 후손을 두지 못하고 죽자 열두 살의 어린 나이에 임금의 자리에 올랐다. 처음에는 아버지인 흥선 대원군이 섭정(임금을 대신해 나라를 다스림)을 했지만, 성장한 뒤에는 왕비인 **명성 황후**와 유림의 도움을 받아 통치권을 장악했다.

고종은 흥선 대원군이 쇄국 정책을 추진했던 것과는 달리 **일본과 강화도 조약**을 맺고 개화 정책을 펴서 빠르게 변화하는 국제 정세에 대응하고자 했다. 그러나 이를 틈타 일본과 열강의 침략이 이어지자 **개화파**와 척화파 간에 깊은 갈등이 생겨났다. 개화를 둘러싼 갈등은 **임오군란**과 **갑신정변** 등으로 이어졌고, 이를 빌미삼아 **청**과 일본이 조선의 정치에 끼어들어 자주권에 큰 피해를 입게 되었다. 이후 **청일 전쟁**에서 승리한 일본이 본격적으로 한반도 침략의 야욕을 드러냈고, **을미사변**이 일어나 명성 황후는 일본인들에 의해 시해되었으며, 고종은 러시아 공관으로 피신하는 처지에 놓였다.

1897년에는 나라의 이름을 '**대한 제국**'으로 바꾸고 자신을 왕이 아닌 황제라고 부르기 시작했다. **광무개혁**을

명성 황후가 일본인들에게 잔인하게 시해당한 뒤 고종은 러시아 공사관으로 피신했다. 그는 이곳에서 지내며 일제에 맞섰으나 러시아의 정치 간섭을 불러오는 결과를 낳았다.

단행해 나라의 힘을 키우고자 했지만, **러일 전쟁**마저 승리한 일본이 **을사조약**을 강요해 결국 외교권을 박탈당했다. 조약 체결을 거부한 고종은 을사조약의 부당성과 일제의 침략을 세계에 알리기 위해 만국 평화 회의가 열리는 헤이그에 특사를 파견했지만 실패로 돌아갔다. 결국 고종은 이 일로 일본에 의해 강제로 퇴위당하고 말았다.

> 심화 고종은 임금의 자리에서 물러난 뒤 감옥살이를 하듯 갇혀 살았다. 부인인 명성 황후가 잔인하게 살해되는 것을 지켜본 그는 마지막까지 살해의 위협을 느끼며 불안해 했다고 한다. 1919년 1월에 그가 세상을 떠나자, 실제로 한반도에는 고종이 일제에 의해 독살되었다는 소문이 퍼져나갔다. 그리고 이 소문은 고종의 장례일 직전에 일어난 3·1 운동에도 큰 영향을 미쳤다.

고종은 1866년에 민치록의 딸 민자영을 왕비로 맞았다. 당시 고종의 나이는 열다섯 살, 왕비의 나이는 한 살 많은 열여섯 살이었다. 고종의 왕비는 단순히 임금의 아내로서뿐 아니라 개화 정치를 이끄는 정치적인 동지였다. 대한 제국이 세워진 뒤 명성 황후로 추존되었다.

고종은 파란만장한 비운의 삶을 살았다. 왕족으로 태어나 어린 나이에 임금이 되었고 아버지인 흥선 대원군의 섭정을 받았으며, 일제에게 나라를 빼앗기는 아픔을 겪었다.

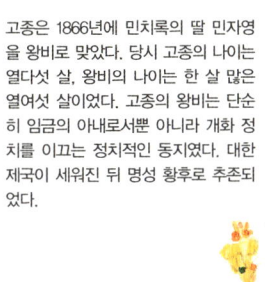

시대 조선 시대 | 더 찾아보기 명, 선조, 조선

중국 중심에서 벗어난 조선 시대의 세계 지도
곤여 만국 전도

개요 **조선** 시대에 그려진 세계 지도이다. 이탈리아 선교사 마테오 리치와 **명**나라 학자 이치조가 처음 만든 이후에 조선에서도 여러 개가 만들어졌다.

풀이 〈곤여 만국 전도〉는 조선 **선조** 때인 1603년 북경에 갔던 이광정과 권희가 우리나라에 돌아올 때 가져왔다. 서양의 지리학을 중국에 처음으로 소개한 마테오 리치와 명나라 학자 이치조가 함께 만든 뒤에 목판으로 펴낸 것이었는데, 우리나라에 전해진 사실상 최초의 세계 지도라고 할 수 있다.

이 지도가 전해진 뒤 조선에서도 여러 개의 〈곤여 만국 전도〉가 만들어졌다. 대표적인 것이 숙종 때인 1708년 관상감에서 만든 병풍 모양의 세계 지도이다. 이국췌와 유우창, 김진여 등이 작업에 참여했으며 매우 아름답고 훌륭한 작품으로 평가받고 있다. 현재 서울대학교박물관에 있다.

심화 이전까지 조선에 있던 세계 지도는 중국을 중심에 놓고 그린 〈혼일강리역대국도지도〉였다. 그러나 〈곤여 만국 전도〉가 전해지면서 중국이 세계의 중심이 아니며, 세계가 매우 넓다는 사실을 알게 되었다. 이후 중국 중심의 세계관은 점차 무너지게 되었다.

실제로 〈곤여 만국 전도〉에는 유럽, 아프리카 등 5대주가 나타나 있고 850개가 넘는 지명이 표기되어 있다. 각각의 지명에는 어떤 민족이 살고 있는지, 어떤 생산물이 나오는지에 대해 적었고, 세계 지도 바깥에는 남반구와 북반구의 모습도 그려 넣었다. 이 지도는 당시 서양 지리학과 지도학의 수준을 잘 보여 주는 문화재이기도 하다.

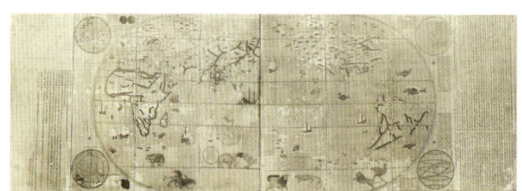

중국 중심의 세계 지도에서 벗어나 유럽과 아프리카 등을 그려 넣은 〈곤여 만국 전도〉. 오늘날의 지도만큼은 아니지만 이전에 비해 세계의 모습이 잘 담겨 있다.

© 서울대학교 규장각한국학연구소

고랑에 씨를 뿌려 재배하는 밭농사 방법

골뿌림법

개요 밭을 갈아 이랑과 고랑을 만든 다음 고랑에 씨를 뿌려서 재배하는 밭농사 방법이다. 조선 후기에 농민들 사이에 널리 보급되었으며, 춘궁기의 식량난에 큰 도움이 되었다.

풀이 쟁기로 밭을 갈면 볼록하게 튀어 나온 부분과 그 사이에 움푹 들어간 부분으로 나뉜다. 이때 튀어 나온 부분을 이랑, 움푹 들어간 부분을 고랑이라고 한다.
　조선 전기까지 밭작물을 재배할 때는 주로 이랑에 씨를 뿌리는 방법을 사용했다. 그러나 조선 후기에는 골뿌림법이 널리 보급되었다. 고랑에 씨를 뿌리면 보온이 잘 되어 씨가 싹을 잘 틔우기 때문이다. 다만 고랑은 높이가 낮아 습기가 차기 쉽고, 흙에 습기가 많으면 식물이 잘 자라지 못할 수도 있다. 그래서 골뿌림법은 주로 보리나 밀, 호밀, 귀리와 같은 겨울 작물을 기를 때 사용했다. 겨울에는 비가 별로 오지 않기 때문에 습기로 인해 작물이 잘 자라지 못하는 일이 드물기 때문이다. 오히려 겨울에는 씨앗이 너무 건조해지면 말라죽기 쉬워서 골뿌림법이 알맞았다.
　골뿌림법의 보급으로 조선 후기에는 겨울 작물의 수확량이 크게 늘어났다. 특히 골뿌림법으로 기른 보리의 생산량이 많이 늘어나서 가을걷이로 거두어들인 곡식이 떨어지는 춘궁기에 큰 도움이 되었다.

심화 골뿌림법과 더불어 이앙법도 널리 퍼졌다. 이앙법이란 벼를 기를 때 모내기를 하는 것이다. 모내기 모판에 볍씨를 뿌리고 싹을 틔워 자라게 한 뒤 논에 옮겨 심는 방법이다. 이앙법으로 벼를 기르면 벼와 벼 사이의 간격이 넓어져 잡초를 뽑는 데 편하고, 우수한 벼만 골라 심을 수 있어 수확량이 늘어났다.

시대 삼국 시대~남북국 시대 | 더 찾아보기 성골, 신라, 6두품, 진골

신라 시대에 있었던 독특한 신분 제도
골품 제도

개요 **신라** 시대의 독특한 신분 제도이다. 신분의 등급은 최고의 신분인 **성골**과 **진골**, 그리고 6개의 두품으로 이루어졌다.

풀이 신라는 원래 경주 평야의 작은 나라 사로국에서 출발했다. 그러다 점차 힘을 키워 주변 부족이나 작은 나라들을 정복해 나갔다. 항복해 온 부족장이나 작은 나라의 지배층들은 신라의 귀족으로 받아들였는데, 이 과정에서 부족의 크기에 따라 차등을 둔 것이 골품 제도로 발전했다.

골품 제도에서 최고 신분은 성골과 진골이고 대부분은 왕족이었다. 성골과 진골을 구분한 기준은 확실치 않지만, 진골 귀족들 중에 특정 가문이 스스로 자신들을 높여 부른 것으로 보인다.

그 아래의 신분은 **6두품**부터 1두품까지 모두 6개의 등급을 두었다. 3두품에서 1두품은 기록이 전혀 없는 것으로 보아 평민이었을 것으로 짐작된다. 반면 6두품에서 4두품까지는 관직에 나갈 수 있는 귀족이었으나, 두품에 따라 오를 수 있는 관직의 상한선이 정해져 있었다. 예를 들어 6두품은 아무리 능력이 있더라도 6등급 아찬까지밖에 승진할 수 없었다. 혼인도 같은 골품끼리 이루어졌다.

심화 골품에 따른 차별은 관직의 등급에 그치지 않고 관리들이 입는 옷 색깔, 옷감의 종류, 관의 재질, 허리띠나 신발의 재질, 수레 장식의 종류, 그릇의 종류와 수 등과 같이 일상생활에도 적용되었다. 이 때문에 신라 말기에 정부의 힘이 약해지고 진골 귀족들의 왕위 다툼이 심해지자 골품 제도에 불만을 품은 사람들이 많아졌다. 이들은 신라를 무너뜨리고 새로운 사회를 열고자 했다.

특산물을 바치던 세금 제도 · 돈 내면 주었던 관리 임명장

공납 · 공명첩

공납

개요 지방의 특산물을 바치던 세금 제도이다.

풀이 공납은 당나라의 영향을 받아 통일 신라 때부터 있었던 것으로 짐작된다. 고려 때부터 각 지방이 내야 할 특산물의 종류와 수량을 정해 공납을 거두었다. 조선 때도 태종(이방원) 때부터 각 지방이 내야 할 공납을 확정해 전국적으로 거두었다. 공납으로 거두는 물건(공물)은 옷감이나 수산물, 과일류, 목재류, 모피류, 육류, 수공업품 등 다양했다. 공납은 물건으로 내야 해서 보관과 운반이 어렵고, 거두는 관리가 중간에 농간을 부리는 경우도 많았다. 이런 문제점 때문에 선조 이후 공납을 개선하려는 시도가 계속되어, 광해군 때부터 차츰 특산물 대신 쌀을 내게 하는 대동법이 시행되었다.

공명첩

개요 나라의 재정을 보충하기 위해 일정한 돈을 낸 사람에게 주던 명예 관직 임명장이다.

풀이 공명첩은 '이름이 비어 있는 임명장'이라는 뜻으로, 돈을 내면 관직명과 이름을 써서 주었다. 임진왜란, 병자호란을 겪은 후 나라의 재정이 부족해지자, 조선 조정이 일정한 돈을 낸 사람에게 명예 관직을 준 것이다. 공명첩을 받았다고 해서 실제로 관직을 수행할 수는 없지만, 명예직으로 양반 행세를 할 수는 있었다. 이 때문에 평민이면서 재산을 많이 모은 사람들은 너도 나도 공명첩을 사들였다. 특히 조선 후기에는 공명첩이 지나치게 많이 발행되면서 양반과 관리의 권위가 크게 떨어졌고 신분 제도가 흐트러지는 결과를 낳게 되었다.

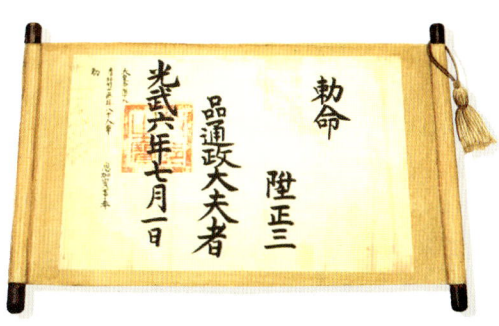

시대 고려 시대~조선 시대　**더 찾아보기** 고려, 명, 몽골, 원, 조선

고려와 조선을 간섭하던 원과 명에 공물로 바쳤던 여자

공녀

개요 작은 나라가 큰 나라의 요구에 따라 바치던 여자이다. 공녀란 '공물로 바치는 여자'라는 뜻이다. 고려는 약 100년간 원의 간섭을 받으면서 많은 공녀를 바쳤고, 조선 시대에도 명의 요구로 공녀를 보내는 일이 있었다.

풀이 원은 고려를 속국(겉으로는 독립국이지만 힘센 나라의 간섭을 받는 나라)으로 삼은 뒤, 해마다 많은 공물과 공녀를 바치라고 요구했다. 특히 '사람 공물'인 공녀를 요구한 일은 고려 사회에 커다란 부담을 주었다.

　원의 간섭을 받았던 14세기부터 약 100년간 고려의 여성 수천 명이 공녀로 끌려갔다. 원은 한 남자가 여러 여자와 혼인하는 일부다처제의 풍습을 가지고 있었기 때문에 고려에서 온 공녀들을 아내로 삼거나 시중을 들게 했다. 심지어 몽골인 남자의 아내를 구하기 위해 한꺼번에 500명이나 되는 공녀를 요구한 일도 있었다.

　공녀로 끌려간 고려의 여성들은 궁궐에서 궁녀가 되거나 원의 귀족들 집에서 허드렛일을 했다. 간혹 공녀들 중에는 부유한 생활을 하는 사람도 나타났다. 대표적인 사람이 바로 기황후이다. 그녀는 원에 공녀로 끌려가 궁녀 생활을 하다가 원의 황제인 순제의 눈에 들어 아들을 낳고 황후의 자리까지 올랐다. 기황후는 원의 재상들이 눈치를 볼 만큼 큰 위세를 부렸으며, 기황후의 오빠인 기철과 기원은 기황후를 등에 업고 고려 조정에서 갖은 횡포를 부렸다. 이후 고려의 일부 상류층 사람들은 자신의 딸을 원의 궁궐이나 높은 관리의 집에 보내 출세의 수단으로 삼으려고 했다.

심화 대부분의 공녀들은 원에 끌려가서 커다란 수모를 당하거나 힘든 생활을 했다. 이 때문에 고려 사람들은 딸을 공녀로 보내지 않기 위해 노력했고, 이때부터 딸을 일찍 결혼시키는 조혼의 풍습이 유행했다. 조혼이 유행하면서 공녀로 보낼 여성이 줄어들자, 고려 조정에서는 결혼할 때 관아의 허가를 받도록 하는 법을 만들기도 했다.

●○○
'사람 공물'을 원에 바치는 공녀 제도는 고려 사회에 큰 부담을 주었다. 딸을 공녀로 빼앗기지 않기 위해 고려의 가정에서는 조혼 풍습이 생겨나기도 했다.

고려에서 끌려간 공녀 중에는 기황후처럼 부유한 권력자가 된 여성도 있었다. 기황후는 원나라 황실의 권력을 바탕으로 고려의 정치에 간섭하는 등 횡포를 부렸다.

대부분의 공녀들은 원에 끌려가 노예와 다름없는 고달픈 생활을 했다. 이들은 궁궐이나 귀족의 집에서 허드렛일을 하며 살았다.

원의 지배에서 벗어나 개혁 정치를 편 고려의 임금
공민왕

개요 원의 지배에서 벗어나 자주적인 개혁 정치를 펼친 고려의 제31대 임금이다. 1330년에 충숙왕의 둘째 아들로 태어나 어린 시절을 원에서 보냈으며, 1351년에 고려로 돌아와 임금이 되었다. 1374년에 신하들의 손에 죽임을 당했다.

풀이 몽골과의 전쟁에서 패한 고려는 사사건건 원(몽골)의 간섭을 받았다. 고려의 임금은 원에 충성하겠다는 의미로 이름 앞에 '충'자를 붙였고, 왕자들은 원에 볼모로 잡혀가 어린 시절을 보내야 했다. 제27대 임금인 충숙왕의 둘째 아들인 공민왕도 열두 살 때 고려를 떠나 원에서 지내며 원의 공주와 결혼을 했다. 공민왕은 원에 의해 임금이 되었지만, 고려로 돌아온 뒤에는 원의 간섭을 벗어나 나라의 자주권을 회복하기 위해 개혁 정치를 펼쳤다.

공민왕은 먼저 자신의 몽골식 머리 모양인 변발을 고려식 상투머리로 바꾸고, 몽골의 옷도 벗어 버렸다. 또한 원의 제2황후(기황후)가 된 누이동생의 세력을 등에 업고 횡포를 부리던 기철과 부원배들을 쫓아냈다. 부원배란 원의 고려 지배에 적극적으로 협력해 고려를 혼란에 빠뜨린 세력을 뜻한다. 공민왕은 밖으로는 원의 힘이 점점 약해지는 틈을 타 철령 이북의 땅을 공격해 되찾았고, 안으로는 고려 사회의 개혁을 위해 승려인 신돈을 등용했다.

하지만 공민왕의 개혁 정책은 원과 친한 권문 세족들의 반발에 부딪혔고, 홍건적과 왜구가 여러 번 침입하는 바람에 꾸준히 추진하기 어려웠다. 게다가 사랑하는 왕비인 노국 대장 공주까지 세상을 떠나자 슬픔에 빠져 나랏일에 소홀해졌다. 이후 공민왕은 개혁 정치에 불만을 품은 신하들에 의해 암살당했고, 그의 개혁 정치도 끝을 맺게 되었다.

심화 공민왕 때 권력을 잡고 개혁 정치를 펼쳤던 신돈은 좋은 평가와 나쁜

공민왕은 임금의 자리에 오르자마자, 원의 복식을 벗고 고려의 옷으로 갈아입었다. 이것은 원의 지배에서 벗어나 자주적인 개혁 정치를 펼치겠다는 신호탄이었다.

평가가 엇갈리는 인물이다. 그는 권문 세족이 불법적으로 차지한 땅을 빼앗아 백성들에게 되돌려 주려고 했기 때문에 백성들에게는 지지를 받았지만, 과격한 개혁으로 인해 권문 세족들에게는 큰 반감을 샀다. 이에 권문 세족들은 신돈이 반역을 일으키려 한다고 모함했고, 신돈의 힘이 지나치게 커지는 것을 부담스러워 한 공민왕이 신하들의 요구를 받아들여 신돈을 처형했다.

● ○ ○
공민왕은 충숙왕의 둘째 아들이자 충혜왕의 동생이다. 이름에 '충'이 붙지 않은 것은 원의 지배에서 벗어나 자주적인 개혁 정치를 펼쳤기 때문이다. 하지만 공민왕의 개혁 정치는 끝내 성과를 거두지 못했고, 이후 고려는 이성계와 신진 사대부 세력에 의해 무너졌다.

공민왕의 왕비인 노국 대장 공주. 그녀는 비록 원나라 사람이었지만 공민왕의 아낌없는 사랑을 받았다고 한다. 그녀가 아이를 낳지 못한 채 세상을 떠난 뒤 공민왕은 커다란 슬픔에 빠져 나랏일을 소홀히 할 정도였다.

시대 삼국 시대 | 더 찾아보기 고구려, 고려, 기와, 동학 농민 운동, 백제, 백제 부흥 운동, 장수왕, 조선

도읍을 지키기 위해 쌓은 백제의 산성
공산성

개요 충청남도 공주시에 있는 **백제**의 산성이다. 공주가 백제의 도읍지였을 때 만들어졌으며, 처음에는 흙으로 쌓은 토성이었으나 **조선** 시대에 돌로 고쳐 쌓아 석성이 되었다.

풀이 공산성은 **고구려 장수왕**에게 수도인 한성을 함락당한 백제가 웅진(지금의 공주)으로 도읍을 옮긴 뒤 쌓은 것으로 생각된다. 백제 때는 '웅진성'이라고 불렀으나 **고려** 시대에 '공산성'이라고 바꿔 불렀다. 조선 인조 이후에는 '쌍수 산성'이라고 부르기도 했다. 공산성은 금강 가의 작은 산에 위치하고 있다. 동서 800미터, 남북 400미터의 직사각형이며 둘레는 2,200미터에 달한다. 성안에서는 백제 때의 궁궐터와 건물터, 우물터 등이 남아 있으며, 백제의 **기와**나 토기 조각들이 발견되었다. 그렇지만 현재 남아 있는 성벽과 성문, 건물, 연못은 조선 시대에 만든 것이다.

심화 공산성은 여러 번 역사의 중심지가 되었다. 660년 백제가 멸망한 후 **백제 부흥 운동**의 중심지였고, 1624년 이괄의 난이 일어났을 때에는 인조가 이곳으로 피신해 머물렀다. 조선 말 **동학 농민 운동** 때는 공산성이 위치한 공주 지역에서 치열한 전투가 벌어졌으며, 공산성에서는 당시에 사용했던 탄환이 발견되기도 한다.

공산성은 백제의 도읍지인 공주를 외적의 침입으로부터 방어하기 위해 쌓은 산성이다. 산의 능선을 따라 쌓았으며, 산성 안에는 아직도 궁터나 우물터 등이 남아 있다. 공산성은 본래 흙으로 쌓은 토성이었으나 조선 시대에 돌로 고쳐 쌓았다.

시대 고려 시대~조선 시대 | 더 찾아보기 갑오개혁, 고려, 광종, 성균관, 세도 정치, 신라, 음서, 조선

고려와 조선 시대에 시험으로 관리를 뽑도록 한 제도
과거 제도

개요 고려와 조선 시대에 관리를 뽑기 위해 시행된 시험 제도이다.

풀이 관리를 뽑는 시험은 오래 전부터 실시되었다. 신라 때도 '독서삼품과'라는 시험을 통해 관리를 뽑았다는 기록이 있다. 하지만 본격적으로 과거 제도가 시행된 것은 고려의 제4대 임금인 광종 때부터였다. 광종은 왕권을 튼튼히 하기 위해서는 무엇보다 왕에게 충성하는 신하가 많아야 한다고 생각했다. 그래서 중국 출신인 쌍기의 건의를 받아들여 실력이 있되 충성심이 높은 관리를 뽑는 과거 제도를 시행했다.

고려 시대의 과거 제도에서 중심이 된 것은 문과였지만 기술관을 뽑는 잡과와 승려들이 치르는 승과도 있었다. 시험에 통과하면 승려도 관리가 될 수 있었던 것이다. 하지만 과거를 보지 않고도 관리가 될 수 있는 음서 제도도 함께 시행되어 완전히 능력 위주로 관리를 뽑았다고 보기 어렵다.

과거 제도가 체계적으로 시행된 것은 조선 시대였다. 조선의 과거 제도는 문과와 무과, 잡과로 이루어져 있었다. 이때에도 가장 중요한 것은 문과였고 시험은 크게 두 가지로 치러졌다. 하나는 유교 경전에 대해 묻는 시험, 또 다른 하나는 당시의 정책에 대해 논술하는 시험이었는데, 응시생은 이 중 한 가지에 응시할 수 있었다. 단계별로는 소과와 대과가 있어 소과에 합격하면 시험 종류에 따라 생원이나 진사가 되고, 성균관에 입학할 수 있는 자격이 주어졌다.

소과 합격생이나 성균관 유생들은 대과에 응시할 수 있었다. 대과는 각 지방에서 치르는 초시, 초시 합격생들을 서울에 모아 치르는 복시, 임금 앞에서 치르는 어전시 등 3단계가 있었다. 어전시에 오르면 일단 관직을 받을 수 있었는데, 과거 성적에 따라 이후 관직 승진이 결정되므로 좀 더 좋은 성적을 얻기 위해 노력했다.

과거 시험에서 장원 급제를 하면 며칠 동안 고향에서 잔치를 벌이기도 했다. 3년마다 치르는 것이 원칙이었지만, 임시 시험도 자주 있었다.

심화 대리 시험이나 부정 행위 같은 크고 작은 부정이 있었지만 과거 시험은 비교적 공정하게 운영되었다. 그러다 조선의 제24대 임금인 순조 이후 **세도 정치**가 시행되면서 유명무실해졌다. 세도를 누리는 가문에 뇌물을 바친 사람은 합격하고 그렇지 않은 사람은 탈락하는 일이 자주 벌어졌기 때문이다. 결국 1894년 **갑오개혁**을 거치면서 과거 제도는 폐지되었다.

과거 시험을 보는 날, 전국 곳곳에서 많은 선비들이 서울로 몰려들었다. 초시는 지방마다 열렸으나 이후 단계의 시험은 서울에서 실시되었기 때문이다. 특히 복시에 합격한 사람들이 볼 수 있는 어전시는 임금 앞에서 치르기 때문에 궁궐 안에서 시험을 치렀다.

시대 고려 시대~조선 시대 　더 찾아보기 고려, 권문세족, 세조, 신진 사대부, 위화도 회군, 이성계, 전시과, 정도전, 조선

조선의 토지 지급과 조세 징수의 기본이 된 제도
과전법

개요 **고려** 공양왕 때인 1391년에 실시한 토지 제도이다. 1년 뒤인 1392년에 고려가 멸망한 뒤에는 **조선** 토지 제도의 기본이 되었다.

풀이 고려 말기에 친원파 **권문세족**들은 자신들의 권력을 이용해 많은 땅을 차지했다. 이로 인해 나라의 재정이 악화되고 농민들이 몰락하는 등 부작용이 심했다. 이에 여러 차례 토지 제도의 개혁이 시도되었지만 모두 실패했다. 이 때문에 일부 **신진 사대부**들은 새로운 나라를 세워서라도 이 문제를 해결해야 한다고 생각하게 되었다.

결국 **위화도 회군**을 일으킨 **이성계**가 정권을 잡게 되자 그를 지지하던 **정도전**, 조준 등은 과전법을 실시해 토지 제도를 개혁했다. 이전의 토지 문서를 모두 불살라 권문세족의 대토지 소유를 무효로 만들고, 새롭게 관리가 된 신진 사대부들에게 과전법에 따라 토지를 나누어 주었다.

과전법은 **전시과**와 마찬가지로 토지 자체를 준 것이 아니라 그 토지에서 세금을 거둘 수 있는 권리를 나누어 준 것이다. 그러나 전시과와 다르게 과전은 경기도에만 두었고, 임야(숲과 들)는 나누어 주지 않았다. 또 공을 세운 신하에게 내린 토지인 공신전 등 일부를 제외하고는 세습을 허용하지 않았다.

심화 조선이 건국된 후에도 과전법은 유지되었으나 차츰 관리의 수가 늘면서 농토가 부족해졌다. 이에 조선의 제7대 임금인 **세조**는 퇴직 관리에게 준 땅은 거두어들이고 현직 관리에게만 주는 직전법을 실시했다. 제9대 임금인 성종은 여기에서 더 나아가 관리가 직접 세금을 거둬가는 것이 아니라 나라가 세금을 거두어 관리에게 나누어 주는 관수관급제로 바꾸었다. 결국 제13대 임금인 명종 때는 이 방식을 모두 폐지하고 녹봉만 주게 되었다. 녹봉이란 1년 또는 한 달에 한 번씩 관리에게 주는 급료를 뜻한다. 주로 곡식이나 옷감 등의 현물이었다.

시대 조선 시대 | 더 찾아보기 김시민, 병마절도사, 성리학, 양반, 의병, 이순신, 일본, 임진왜란, 조선, 조식, 진주 대첩

임진왜란 때 '홍의 장군'이라 불리던 양반 출신의 의병장
곽재우

개요 임진왜란 때 '홍의 장군'이라 불리며 왜적과 맞서 싸웠던 의병장이다. 1552년에 경상남도 의령의 양반 집안에서 태어났으며, 임진왜란이 일어나자 의병을 모아 유격전을 펼치며 일본군에 큰 타격을 주었다. 벼슬을 마다하고 지내다 1617년에 세상을 떠났다.

풀이 임진왜란이 일어날 무렵 곽재우는 고향인 경상남도 의령에 머무르고 있었다. 그는 조선 중기의 이름난 성리학자인 조식의 제자로서 벼슬길에 나가지 않은 채 학문 연구에만 열중했다. 하지만 일본이 조선을 침략했다는 소식을 전해들은 뒤 1592년 4월 22일에 의령에서 사람들을 모아 의병을 일으켰다. 의병의 수가 2,000여 명에 달하자 그는 함안으로 가서 전라도 지역으로 진격하려는 일본과 맞서 싸워 크게 이겼다. 이때 곽재우가 붉은 도포를 입고 스스로 '천강홍의 장군'이라고 소개하면서 홍의 장군이라고 불리게 되었다.

곽재우는 주로 유격 전법을 썼다. 유격 전법이란 적은 수의 군사로 많은 수의 적군을 상대할 때 기습적으로 공격하거나 혼란에 빠뜨리는 전투 방법을 뜻한다. 실제로 곽재우는 의병의 수가 많은 것처럼 꾸민 뒤 공격하거나, 매복했다가 기습 공격을 한 뒤 물러나는 식으로 일본군을 괴롭혔다. 여기서 매복이란 적의 움직임을 살피거나 공격하기 위해 몰래 숨어 있는 것을 뜻한다.

곽재우가 이끄는 의병들의 활약으로 의령과 삼가, 합천 등의 고을은 일본군의 손아귀에서 벗어났다. 또한 일본군의 전라도 진출을 막아 이순신이 이끄는 수군이 전승을 올릴 준비를 할 수 있었다. 곽재우는 김시민이 주도한 진주 대첩에 의병을 보내 도움을 주었고, 일본군이 무기나 식량을 공급하는 보급로를 차단하는 성과도 올렸다.

심화 임진왜란이 끝난 뒤 곽재우는 공을 인정받아 1599년에 경상우도 방어사에

●○○
'홍의 장군'이라고 불린 곽재우는 매우 지혜로운 장수였다. 그는 지형을 이용해 매복했다가 기습 공격을 퍼붓는 유격 전법을 써 일본군에게 타격을 주었다. 뿐만 아니라 당시 일본군이 홍의 장군을 두려워 한다는 점을 이용한 전술을 펼치기도 했다. 즉, 붉은 옷을 입힌 의병을 여기저기 내세워 일본군을 혼란에 빠뜨린 것이다.

임명되었다. 하지만 그는 의붓어머니가 돌아가셔서 상을 치러야 한다며 벼슬길에 나가지 않았다. 그해 가을에는 경상좌도 **병마절도사**로 부임했는데, 이듬해 봄에 병이 들었다며 다시 벼슬에서 물러났다. 나중에는 벼슬을 마다한 일이 문제가 되어 2년 동안 귀양을 가기도 했다. 조선 조정은 이후에도 계속 곽재우를 불렀지만 그는 끝내 부름에 응하지 않았다.

경상남도 의령 지방에서 의병을 일으킨 양반 출신의 의병장 곽재우.

곽재우가 이끄는 의병 부대는 홀로 싸우기도 했지만 관군과 연합 작전을 펼치기도 했다. 김시민이 주도한 진주 대첩에 의병을 보내 도움을 주는가 하면, 전라도로 진격하려는 일본군을 막아 이순신이 이끄는 수군이 일본 수군과 맞서 싸울 시간을 벌어 주었다.

시대 삼국 시대 | 더 찾아보기 계백, 당, 무열왕, 백제, 삼국사기, 신라, 화랑, 황산벌 전투

황산벌 전투에서 용감하게 싸우다 전사한 신라의 화랑
관창

개요 660년 황산벌 전투에서 전사한 신라의 어린 화랑이다. 백제군 진영에 뛰어들어 용감하게 싸우다 죽은 일이 신라군의 사기를 높여 신라의 승리를 이끌어 냈다.

풀이 관창은 645년에 신라의 장군인 품일의 아들로 태어났다. 그는 어려서부터 풍채가 좋아 화랑이 되었는데, 친구들과 사이가 좋고 말 타기와 활쏘기를 잘했다.

관창의 나이 열여섯 살이 되던 해인 660년에 신라가 당과 연합해 백제를 공격했다. 이때 관창은 아버지인 품일의 부하 장수로서 황산벌 전투에 참여했다. 신라는 백제군에 비해 군사의 수가 열 배나 많았지만 네 차례의 전투에서 잇달아 패했다. 잘 훈련된 5,000여 명의 백제 결사대는 계백의 지휘에 따라 신라군에게 거센 공격을 퍼부었고, 신라군은 사기가 크게 떨어졌다.

이때 품일은 관창에게 "네가 비록 어리지만 의지와 기개가 굳다는 것을 알고 있다. 오늘 나라를 위해 공을 세워보지 않겠느냐?"고 물었다. 관창은 주저하지 않고 적진으로 뛰어들어 싸웠다. 하지만 백제군을 상대하기에 관창은 너무 어리고 약했다. 그는 곧바로 백제군에 붙잡혔다. 백제군의 사령관인 계백은 관창의 투구를 벗긴 뒤 어린 소년임을 알아보고 차마 죽일 수 없어 그대로 돌려보냈다. 하지만 관창은 "백제 장수를 베고 깃발을 빼앗아 오지 못해 분하다."며 다시 백제군 진영으로 뛰어들었다. 계백은 더 이상 관창을 너그러이 보지 않았다. 계백은 관창의 머리를 벤 뒤 말 안장에 매어 신라군 진영으로 돌려보냈다.

이후 어린 화랑의 죽음을 본 신라군은 분노하며 백제군 진영을 향해 총공격을 퍼부었고, 결국 황산벌 전투는 신라의 승리로 끝이 났다.

심화 당시 신라의 임금이었던 무열왕은 관창의 용기를 칭찬하면서 높은 품계를 주고 성대하게 장례를 치러 주었다. 《삼국사기》의 〈열전〉에는 치열했던 황산벌 전투의 두 영웅인 관창과 계백의 이야기가 실려 있다.

사전 속의 사전

신라의 기상을 빛낸 또 다른 화랑들

♣ 반굴 | 관창과 함께 황산벌 전투에서 전사한 화랑

신라의 제29대 임금인 무열왕 때의 화랑이다. 일반적으로 황산벌 전투에서 공을 세운 화랑 하면 관창이 먼저 떠오르지만, 관창과 더불어 용감하게 전사한 화랑이 더 있었다. 그가 바로 신라의 장군인 김흠순의 아들 '반굴'이다. 아버지인 김흠순은 가야 왕족 출신의 진골 귀족이었고, 당시 신라군을 이끌던 사령관인 김유신은 그의 삼촌이었다. 반굴도 관창처럼 660년에 신라군과 백제군이 벌인 황산벌 전투에 참여했다. 그는 "신하에게는 충이 제일이요, 자식에게는 효가 제일이다. 나라가 위태로울 때 목숨을 내놓는 것은 충효를 다하는 것이다."라는 아버지의 뜻을 받들어 백제군 진영으로 뛰어들어 싸우다 세상을 떠났다.

♣ 사다함 | 꽃처럼 아름다우면서도 용맹했던 화랑

신라의 제24대 임금인 진흥왕 때의 화랑이다. 진골 귀족 출신인 사다함은 어려서부터 외모가 아름답고 행동이 반듯해 사람들의 칭찬을 한 몸에 받았다고 한다. 그는 화랑이 된 뒤 1,000여 명의 낭도를 이끌었는데, 진흥왕이 대가야 정복을 계획하자 자신도 전쟁터에 나갈 수 있게 해 달라고 요청했다. 그리고 불과 열여섯 살의 나이에 기병 5,000여 명을 이끌고 대가야 원정에 나섰다. 당시 대가야 정벌은 이사부가 사령관을 맡고 있었다. 사다함은 자신의 기병들을 이끌고 전당량의 성문을 공격하는 임무를 맡아 성공시켰다. 진흥왕은 사다함의 공을 칭찬하며 포로로 잡힌 가야인 수백 명을 노비로 주었으나, 사다함은 그들을 모두 풀어주었다. 진흥왕은 사다함의 행동에 더욱 크게 감동해 땅을 내렸는데, 그는 쓸모없는 땅만을 골라 받았다고 한다. 이후 사다함은 어릴 때부터 우정을 쌓아온 친구인 무관랑이 죽자, 슬퍼하다가 열일곱 살의 나이에 세상을 떠났다.

♣ 죽지랑 | 부하를 사랑하는 마음이 돋보였던 화랑

죽지랑은 신라의 제28대 임금인 진덕 여왕 때부터 제30대 임금인 문무왕 때까지 활약한 화랑이다. 신라의 향가 〈모죽지랑가〉에 나오는 주인공이기도 하다. 《삼국유사》에 따르면 죽지랑은 성품이 따뜻하고 아름다운 사람이었다고 한다. 자신이 거느린 낭도 중 한 사람인 득오곡이 어려움에 처하자, 그는 자신의 돈과 곡식은 물론이고 말과 안장까지 내주며 구해 주었다. 이후 죽지랑이 세상을 떠나자 득오곡은 그를 그리워하며 노래를 지었고, 그것이 바로 〈모죽지랑가〉이다. 죽지랑은 용맹한 장수이기도 했다. 진덕 여왕 때는 김유신과 함께 도살성에서 벌어진 백제군과의 전투에 참여해 큰 공을 세웠고, 무열왕 때는 백제의 패잔병들을 소탕하는 작전에 참여해 성과를 올렸으며, 문무왕 때는 고구려 정벌에 나서기도 했다.

오랑캐의 침입을 막아냈다는 고려의 불상
관촉사 석조미륵보살입상

개요 충청남도 논산시 관촉사에 있는 고려의 불상이다. 고려 시대에 만들어진 불상 가운데 가장 큰 것으로, '은진 미륵'이라고도 부른다. 보물 제218호로 지정되었다.

풀이 관촉사 석조미륵보살입상은 고려 초기에 충청도 지방에서 유행했던 불상의 특징이 잘 드러나 있다. 불상의 몸체는 두 개의 커다란 돌을 이어서 만들었는데, 머리 부분이 매우 커서 전체적인 균형이 맞지 않는 모습이다. 좁은 이마, 옆으로 길게 찢어진 눈, 일자로 꼭 다문 큰 입, 넓은 코와 턱 등이 토속적인 느낌을 준다. 목은 지나칠 정도로 굵고 귀는 어깨까지 내려왔는데, 이는 당시 유행했던 조각법이다. 대조사의 석조미륵보살입상이나 개태사의 지석불입상 등도 비슷한 특징을 가진 불상이다. 관촉사 석조미륵보살입상은 고려 광종 때인 968년에 공사를 시작하여 37년이나 지난 1006년에 완성되었다.

심화 불상에 얽힌 유명한 설화가 있다. 고려에 침입한 북방의 오랑캐가 압록강을 건너려고 할 때, 한 스님이 바지를 무릎까지 걷어 올리고는 첨벙첨벙 건너갔다. 이 모습을 본 오랑캐 병사들은 강이 얕다고 생각하여 안심하고 뛰어들었는데, 실제로는 물살이 거세고 물길이 깊어 많은 수가 빠져 죽고 말았다. 화가 난 오랑캐 장수가 스님에게 다가가 칼로 목을 베었지만 스님은 온데간데없이 사라지고 칼만 부러졌다. 이 스님이 바로 은진 미륵이며, 오랑캐 장수의 칼에 맞은 흔적이 아직도 불상에 남아 있다고 한다.

관촉사 석조미륵보살입상 모습.
18.12미터나 되는 대형 불상이다.

우리나라 역사상 가장 넓은 영토를 정복한 고구려의 임금
광개토 대왕

개요 우리나라 역사상 가장 넓은 영토를 정복한 **고구려**의 제19대 임금이다. 정식 이름은 '국강상광개토경평안호태왕'이다. 이는 국강상에 있는, 넓은 영토를 개척하고 나라를 평안하게 한, 좋고 큰 임금님이라는 뜻이다. 실제로 광개토 대왕은 임금의 자리에 있는 동안 수많은 정복 전쟁을 치러 고구려를 강대국으로 발전시켰다.

풀이 광개토 대왕은 374년에 고구려 왕족인 이연의 아들로 태어났다. 어릴 때 이름은 '담덕'이었다. 담덕은 처음에는 왕자가 아니었다. 하지만 **소수림왕**이 아들을 두지 못한 채 세상을 떠나고 이연이 고구려의 제18대 임금이 되면서 태자가 되었다. 담덕이 임금의 자리에 오른 것은 열일곱 살 때였다. 일찍이 태자 시절부터 전쟁터에 나갔던 그는 임금이 되자마자 정복 활동에 나섰다.

아들인 **장수왕**이 세운 **광개토 대왕릉비**에 따르면 광개토 대왕이 임금의 자리에 있는 동안 고구려는 무려 64개의 성과 1400곳의 촌락을 빼앗았다고 한다. 광개토 대왕은 먼저 **백제**를 공격해 임진강 지역의 땅을 빼앗았고, 이후에는 **거란**과 숙신을 공격했다. 또한 중국 후연의 공격을 물리쳐 옛 **고조선**의 영토를 되찾았고, **부여**와 **말갈** 지역까지 땅을 넓혔다. 이로써 광개토 대왕이 정복한 고구려의 땅은 북으로는 만주의 흑룡강 지역, 남으로는 임진강 유역, 동으로는 두만강 하류의 북간도 지역, 서로는 랴오둥 반도에 이르렀다.

한편, 고구려는 **신라**와 정복 전쟁을 벌이지는 않았지만 정치적인 영향력을 미치고 있었다. 신라에 **왜구**가 쳐들어왔을 때에는 신라의

광개토 대왕의 아들인 장수왕이 아버지의 공덕을 기리며 세운 광개토 대왕릉비.

요청을 받아 원군을 보내 물리쳐 주기도 했다. 광개토 대왕은 임금의 자리에 있는 동안 대부분의 시간을 전쟁터에서 보냈고, 서른아홉 살이 되던 해인 412년에 세상을 떠났다.

심화 당시에는 중국의 연호를 빌려 쓰거나 혹은 연호를 아예 쓰지 않는 것이 일반적이었다. 하지만 광개토 대왕은 우리나라 역사상 최초로 '영락'이라는 독자적인 연호를 썼다. 고구려가 자주적인 나라임을 널리 알린 것이다. 광개토 대왕이 독자적인 연호를 쓸 수 있었던 것은 그만큼 고구려가 동북아시아에서 강한 나라였음을 뜻하기도 한다.

고구려군은 수가 많지 않아도 매우 강했다고 한다. 활을 잘 쏘고 말을 잘 다루어 전투 능력이 뛰어났던 것이다. '개마 무사'라고도 불렸던 철기병이 철갑옷을 입고 전쟁터에 나가면 여간해서는 패하지 않았다.

●○○
광개토 대왕은 우리 역사상 가장 뛰어난 정복 군주였다. 그는 임금의 자리에 있는 동안 대부분의 시간을 전쟁터에서 보냈다고 할 정도로 수많은 정복 전쟁을 벌였다. 지략이 뛰어날 뿐 아니라 용맹해서 나가는 전투마다 승리를 거두기도 했다. 그 덕분에 고구려는 넓은 영토를 가진 강대국으로 발전할 수 있었다.

시대 삼국 시대 | 더 찾아보기 고구려, 광개토 대왕, 백제, 신라, 왜, 일본, 임나일본부설, 장수왕, 조선, 청

장수왕이 아버지 광개토 대왕의 업적을 기리기 위해 세운 비석

광개토 대왕릉비

개요 **고구려**의 제19대 임금인 **광개토 대왕**의 업적을 기념하기 위해 아들인 **장수왕**이 414년에 세운 비석이다. '국강상광개토경평안호태왕'이라는 마지막 세 글자를 본떠서 '호태왕비'라고도 부르며, 중국 지린 성 지안 현 퉁거우에 있다.

풀이 광개토 대왕릉비는 고구려의 수도였던 국내성 동쪽 국강상에 있는 대왕의 능과 함께 세워졌으나 한동안은 확인되지 못했다. 그러다 **조선** 후기에 **청**나라가 만주족에 대한 봉금 제도(거주 금지 조치)를 없애고 난 뒤에 비로소 발견되었다.

비석은 높이만 약 6.39미터에 달하는 거대한 돌의 네 면에 1,775자 정도가 새겨져 있다. 그중 150자 정도는 훼손되어 읽기가 어렵지만, 자료가 부족한 우리나라 고대 역사를 알아가는 데 매우 귀중한 유물이다. 비문에는 주로 고구려의 역사와 광개토 대왕의 업적이 담겨 있다. 광개토 대왕에 대해서는 이렇게 표현했다.

"그 분의 은혜와 혜택은 하늘에 가득 찼고, 위엄과 무공은 온 세상을 가득 덮었다. 옳지 못한 자들을 없애고 백성들의 생업을 편안하게 하니, 나라는 부유하고 백성은 넉넉하고 오곡이 풍요롭게 무르익었다."

광개토 대왕은 넓은 영토를 개척한 임금으로 유명하지만, 정식 이름인 '국강상광개토경평안호태왕'은 영토를 넓힌 임금(광개토경, 廣開土境)이자 백성을 평안하게 한 훌륭한(평안호, 平安好) 임금이라는 뜻을 담고 있다. 영토 확장에 힘을 기울이느라 백성들을 괴롭게 한 왕이 아니라 백성을 사랑했던 임금이었음을 표현한 것이다.

심화 **일본**에서는 광개토 대왕릉비에 쓰인 '신묘년(391년)에 **왜**가 와서 바다를 건너 백잔을 깨뜨리고 ㅁㅁㅁ라를 신민으로 삼았다.'라는 구절을 들어 4세기 중엽부터 약 200년간 일본이 우리나라 남쪽 지방(**백제**, **신라**)을 지배했다는 **임나일본부설**을 주장하기도 했다. 하지만 많은 학자들은 1880년대에 한반도를 침략할 명분을 찾고 있던 일본인들이 비문의 내용을 조작하거나 자기들한테 유리하게 해석했다고 보고 있다.

- ● ○ ●
광개토 대왕릉비에는 약 1,775자의 글이 새겨져 있다. 이중 150자 정도는 훼손되어 읽기가 어려운 상태이다.

중국 지린 성에 보관된 광개토 대왕릉비의 높이는 약 6.39미터에 달한다. 이는 보통 키를 가진 남자 어른의 약 4배에 달하는 크기이며, 거대한 돌의 네 면에 광개토 대왕의 업적이 새겨져 있다.

약 6.39미터

시대 대한 제국 시대 | 더 찾아보기 고종, 대한 제국, 러일 전쟁, 일본

대한 제국이 부강한 나라를 만들기 위해 추진한 개혁 정책
광무개혁

개요 **대한 제국** 정부가 나라를 부강하게 만들기 위해 추진한 개혁 정책이다. 사회와 경제 분야에서 어느 정도 성과를 거두었으나 재정의 부족과 일제의 침략 정책에 막혀 지속되지 못했다.

풀이 대한 제국은 수립과 동시에 정치와 군사, 사회·경제적 개혁을 추진했다. '옛 법을 근본으로 하고 새 것을 참고한다.'는 것을 개혁의 방향으로 삼았는데, 중심 내용은 다음과 같다.

먼저 황제권을 강화하여 통치의 권한을 황제에게 집중시켰다. 황제는 입법, 사법, 행정권을 모두 장악하도록 했고, 군대를 지휘하고 통솔할 수 있는 권한도 갖게 했다. 군사력 강화를 위해 서울에 2개 연대의 시위대를 만들고 지방군을 6개 연대의 진위대로 통합했다. 또한 토지를 조사해 국가가 조세를 거두어들이는 기초 자료로 삼는 한편, 토지를 둘러싼 분쟁을 줄이고자 했다. 상공업을 발달시키기 위해 정부가 제조 공장을 세우거나 민간의 공장 설립을 지원했으며, 근대적 기술의 도입을 장려했다. 외국어·의학·상공업·광업·농업 등을 가르치는 학교를 세워 기술을 보급하고 개발하게 했고, 전화와 전신을 개설하고 전차를 개통해 국민들의 생활을 편리하게 하며, 금융 기관과 의료 기관도 세우고자 했다.

심화 광무개혁은 우리나라를 근대 국가로 만들고자 했던 **고종**과 당시 집권층이 대한 제국 수립 1년 전인 1896년부터 야심차게 준비했던 개혁 정책이었다. 그리고 1897년 대한 제국 수립과 동시에 추진되어 사회와 경제 분야에서 어느 정도 성과를 거두기도 했다. 그러나 당시 대한 제국은 개혁을 적극적이고 지속적으로 추진할 만한 힘이 부족했다. 게다가 1905년 **러일 전쟁**에서 승리한 **일본**이 정치와 경제 분야에서 한반도 침략을 본격화하면서 결국 완성되지 못한 채 끝나고 말았다.

서해를 지키던 조선 시대의 군사 요새

광성보

개요 조선 시대에 강화도의 동쪽 해안인 강화 해협을 지키던 중요한 요새이다. 가까운 곳에 덕진진과 초지진, 용해진, 문수산성 등이 있으며 신미양요 때 치열한 전투가 벌어졌던 곳이기도 하다.

풀이 고려 시대에 외적의 침입을 막기 위해 세운 강화 외성을 광해군 때 다시 고쳐 쌓은 후, 효종 때인 1658년에 처음 광성보가 설치되었다. 숙종 때 성곽의 일부를 돌로 고쳐 쌓았으며, 용두 돈대와 오두 돈대, 화도 돈대, 광성 돈대 등 소속 돈대가 만들어졌다.

영조 때는 성을 다시 고쳐 쌓으면서 성문을 만들었는데, 문의 이름을 '안해루'라고 했다. 1871년에 일어난 신미양요 때는 문의 누각과 성 위에 낮게 쌓은 담이 파괴되었는데, 1976년에 부서진 문루와 돈대를 복원했다. 현재 광성보 안에는 신미양요 때 순국한 어재연 장군과 무명용사의 무덤이 있다.

심화 광성보에서 일어난 가장 큰 사건은 신미양요 때 미군과 벌인 전투이다. 고종 때인 1871년에 통상을 요구하며 미국 군함이 침입하자 초지진, 덕진진, 덕포진 등에 있던 조선군 포대가 이를 물리쳤다. 하지만 미군은 전열을 정비하고 다시 공격해 초지진과 덕진진을 점령하고 광성보까지 쳐들어왔다. 당시 광성보를 지키던 어재연과 조선의 군사들은 성능이 떨어지는 무기를 들고도 격렬하게 저항했지만 끝내 함락당하고 말았다. 이 전투에서 수백 명의 조선군이 전사하고 중상을 입은 수십 명이 미군의 포로가 되었지만, 미군도 상당한 피해를 입고 돌아갔다.

고려 초기에 왕권을 강화하고 나라의 기틀을 잡은 임금
광종

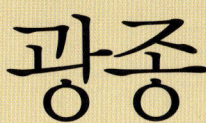

개요 **고려**의 제4대 임금이다. 925년에 태조 **왕건**의 아들로 태어나 949년에 임금이 되었으며, **노비안검법**과 **과거 제도** 등 개혁 정치를 실시해 왕권을 튼튼히 하고 사회를 안정시켰다.

풀이 고려를 세운 왕건은 **호족**들과 사돈 관계를 맺어 자신을 지지하게 만들었고, 이 혼인 정책으로 인해 많은 왕자들이 태어났다. 그런데 왕건이 세상을 떠나자 왕권 다툼이 일어났다. 호족들이 저마다 자신의 외손자를 임금의 자리에 올리기 위해 싸운 것이다. 왕건의 첫째 아들인 혜종, 둘째 아들인 정종이 차례로 임금이 되었지만 왕권은 크게 약해졌다.

제4대 임금이 된 광종은 호족의 힘을 누르고 왕권을 강화하기 위해 노력했다. 그는 먼저 '광덕', '준풍' 등의 연호를 사용했다. 독자적인 연호를 쓴다는 것은 그만큼 왕의 권한이 강하면서도 자주적인 나라를 만들겠다는 뜻이었다.

다음에는 억울하게 **노비**가 된 사람들의 신분을 **양인**으로 되돌리는 노비안검법을 실시했다. 호족들의 경제적, 군사적 기반을 약화시키기 위해서였다. 노비는 세금을 내거나 군대에 가지 않은 채 오직 주인만을 위해 일하기 때문이었다. 또한 우리나라 역사상 최초로 과거 제도를 실시해 새로운 인재를 등용했다. 이들은 임금을 지지하는 세력으로 성장해 호족을 견제하는 역할을 했다.

심화 광종은 자신의 권위를 높이고 나라를 안정시키기 위한 정책을 시행했다. 그는 중국의 여러 나라에 사신을 보내 고려의 국제적 지위를 다졌고, 북방 영토의 개척에도 관심을 기울였다. 스스로 '황제'라고 칭하고, **개경**을 황제가 다스리는 나라의 도읍이라는 뜻으로 '황도(皇都)'라고 부르기도 했다. 또한 불교를 발달시키기 위해 교단을 통합하고 승려 제도를 정비했다.

광주 지역 학생들이 일제에 맞서 벌인 민족 운동

광주 학생 항일 운동

개요 1929년 전라남도 광주에서 일어난 학생들의 항일 운동이다. **3·1 운동** 이후 최대의 민족 운동이었으며, **일본**의 식민 지배를 거부하고 민족의 독립을 주장했다.

풀이 광주 학생 항일 운동의 발단은 일본인 남학생이 기차에서 한국 여학생을 희롱한 사건에서 비롯되었다. 한 일본 학생이 한국 여학생의 댕기머리를 잡아당기며 놀리자, 이 모습을 보고 화가 난 한국 학생들과 일본 학생들 사이에 집단 충돌이 일어났다. 그러나 일본 경찰은 한국 학생들만 체포했다.

1929년 11월 3일 이 소식을 들은 광주 지역의 학생들이 분노하여 거리로 몰려나와 시위를 벌였다. 이들은 일본 학생들과 크게 충돌했고, 사건을 편파적으로 보도한 《광주일보》를 습격하기도 했다. 11월 12일에는 광주에 있는 대부분의 고등학교 학생들이 일제히 시위에 들어갔다. 학생들은 "조선 독립 만세"를 외치며 조선인 본위의 교육 제도 확립과 식민지 노예 교육 철폐, 경찰의 교내 출입 반대 등을 요구했다.

이후 여러 사회 단체들이 광주 학생 운동의 진상을 조사하고 지원하면서 학생 운동은 전국으로 확대되었다. 전국 각지에서는 광주 학생 운동에 호응하는 학생들의 시위나 동맹 휴학이 일어났고, 약 200개 학교에서 5만여 명의 학생들이 참여했다. 이후 광주 학생 항일 운동을 기념하여 11월 3일을 '학생의 날'로 지정했고, 2006년부터는 '학생 독립 기념일'로 부르고 있다.

심화 광주 학생 항일 운동에는 광주 지역 학생들의 동아리가 큰 역할을 했다. 1920년대 후반 한국 학생들이 다니던 광주의 고등학교에는 대부분 독서회가 조직되어 있었다. 독서회 학생들은 독서와 토론을 통해 제국주의의 문제점과 식민지 한국의 현실을 깨우치고 민족의식을 길렀다. 이들은 광주 지역에서 벌어진 시위에 적극 참여하면서 광주 학생 항일 운동의 불을 지피는 데 앞장섰다.

시대 조선 시대 더 찾아보기 대동법, 명, 선조, 인조반정, 임진왜란, 조선, 청, 후금

명과 후금 사이에서 실리 외교를 펼쳤던 조선의 임금

광해군

개요 **조선**의 제15대 임금이다. **명**과 **후금**(**청**) 사이에서 중립을 지키는 실리 외교를 펼쳐 나라의 안전을 지켰으나, 명을 떠받들자는 사대주의 입장을 가진 신하들이 **인조반정**을 일으켜 임금의 자리에서 쫓겨났다.

풀이 광해군은 1575년에 제14대 임금인 **선조**와 후궁 사이에서 둘째 아들로 태어났다. 어려서부터 남달리 총명했던 그는 **임진왜란** 중에 세자로 책봉되었다. 광해군은 전쟁의 위험을 피해 명으로 도망칠 궁리를 하던 선조와는 달리, 직접 전쟁터를 다니며 세자의 역할을 성실히 수행해 백성들의 신임을 얻었다.

전쟁이 끝나고 선조가 세상을 떠난 뒤 1608년에 임금이 되었으나 광해군의 자리는 내내 불안했다. 선조의 왕비였던 인목 대비의 아들인 영창 대군과 자신의 형인 임해군이 살아 있었기 때문이다. 광해군은 왕위 계승에 불만을 가진 임해군에게 사약을 내렸고, 어린 영창 대군은 귀양을 보낸 뒤 죽였으며, 자신에게 반기를 든 인목 대비를 폐위시켰다. 광해군의 이런 행동은 유교 사회에서 가장 중요시 하는 효를 저버린 것이어서 1623년에 인조반정의 계기가 되었다.

하지만 광해군은 조선 사회의 안정을 위해 많은 노력을 기울인 임금이었다. 땅을 조사하고 측량하는 양전을 실시해 농사지을 땅을 넓혔고, 세금을 쌀로 바칠 수 있는 **대동법**을 실시해 백성들의 부담을 덜어 주었으며, 임진왜란 때 불에 탄 서적들을 다시 만들고자 노력했다. 또한 기울어져 가는 명과 강대국으로 떠오른 후금 사이에서 중립적인 입장을 보이는 실리 외교를 펼치기도 했다.

심화 광해군은 왕권을 강화할 한 방법으로 전쟁 때 불타버린 궁궐의 공사를 밀어붙였다. 그런데 경덕궁과 인경궁을 새로 짓느라 백성들의 불만이 높아졌고, 이 때문에 좋은 정책을 펼치고도 임금의 자리에서 쫓겨날 때 백성들은 반기를 들지 않았다. 이후 광해군은 강화도와 제주도에서 귀양살이를 하다가 1641년에 세상을 떠났다.

시대 조선 시대 | 더 찾아보기 갑신정변, 고종, 조선, 8·15 광복, 한양, 호러스 알렌

우리나라에 세워진 최초의 근대 의료 기관
광혜원(제중원)

개요 1885년에 **한양**에 세워진 최초의 근대 의료 기관이다. '광혜'란 널리 은혜를 베푼다는 뜻이다. 미국인 선교사 **호러스 알렌**이 **조선**의 제26대 임금인 **고종**에게 건의해 세웠다. 광혜원은 문을 연 지 13일 만에 대중을 구제한다는 뜻으로 '제중원'으로 이름을 바꾸었다.

풀이 호러스 알렌은 미국의 북장로회 의료 선교사로서 상하이에서 활동하다가 1884년에 조선에 들어왔다. 당시 조선의 기독교는 선교에만 치중하던 천주교와는 달리, 교육과 의료 활동을 통해 얻은 신뢰를 바탕으로 선교 활동을 하는 정책을 펴고 있었다. 알렌도 기독교의 이런 선교 방침에 따라 미국 공사관의 소속 의사로 일하면서 선교 활동을 했다.

알렌은 1884년에 **갑신정변**이 일어났을 때 부상을 당한 민영익을 치료해 고종의 신임을 얻었다. 그러고는 왕실의 의사이자 고종의 정치 고문으로 활동했다. 1885년에는 고종에게 근대식 병원을 세울 것을 제안했고, 이에 고종은 조선의 서민 치료 기관이었던 혜민서와 활인서를 없애는 대신 광혜원을 세웠다. 광혜원은 근대식 병원이자 의료 교육 기관으로 운영되었다. 1886년 3월에 16명의 학생을 뽑아 가르치기 시작했고, 알렌은 광혜원의 의사이면서 교수로 활동했다.

세브란스 병원 근처에 있는 광혜원 건물 모습. 원래의 건물은 사라지고 없으며, 지금의 건물은 옛날 모습대로 다시 만든 것이다.

심화 1904년에 미국의 사업가 세브란스의 기부금으로 새롭게 병원을 만들면서 광혜원은 세브란스 병원이라고 부르게 되었다. **8·15 광복** 후에는 세브란스 의과 대학이 되었다가, 다시 연희대학교와 통합되면서 연세대학교 의과 대학 부속 병원이 되었다.

시대 조선 시대　**더 찾아보기** 경복궁, 고종, 사헌부, 세종, 6·25 전쟁, 6조, 이성계, 임진왜란, 정도전, 조선 총독부, 태조, 해태, 흥선 대원군

아름답고 웅장한 경복궁의 정문
광화문

개요　**경복궁**의 남쪽에 있는 정문이다. 섬세한 건축 기법으로 지어 아름다우면서도 웅장하여 가장 뛰어난 궐문으로 평가된다. 경복궁이 처음 지어진 **태조(이성계)** 때 **정도전**이 '사정문'과 '오문'이라고 이름 붙였으나, **세종** 때 집현전 학사들이 '왕의 큰 덕이 온 나라를 비춘다.'는 뜻의 광화문(光化門)이란 이름을 지어 올려 오늘날까지 이어지고 있다.

풀이　광화문은 돌로 만든 커다란 축대 위에 문루를 얹은 모습으로, 조선의 궐문 가운데 이렇게 만든 것은 광화문이 유일하다. 사람이 드나드는 문은 윗부분이 무지개처럼 둥글게 처리된 홍예문이다. 3개의 홍예문 중 가운데 문으로는 왕이, 좌우의 문으로는 왕세자를 비롯한 신하들이 드나들었다.

　광화문은 경복궁과 더불어 여러 번 시련을 겪었다. **임진왜란** 때 불에 타 버렸던 것을 **고종** 때 **흥선 대원군**이 다시 중건했고, 일제가 **조선 총독부** 건물을 경복궁 안에 지으면서 철거하려다 국민들의 반대에 부딪혀 동쪽에 있는 건춘문 북쪽으로 옮겼다.

　6·25 전쟁 때에는 폭격을 당해 모두 불타고 석축만 남았으나 1968년에 원래 자리에 옮겨 지었다. 하지만 이때에도 문루를 콘크리트로 복원한 데다 옛 조선 총독부 건물에 맞춰 놓아 중심축이 맞지 않았다. 그러다 2006년부터 문화재청 주도로 고종 중건기의 모습으로 복원하기 시작했고, 2010년 8월 15일에 공개해 지금의 모습을 유지하고 있다.

심화　광화문 양 옆에는 흔히 '**해태**'라고 불리는 해치상이 있다. 원래 위치는 광화문에서 40~50미터 떨어진 곳으로 현재 놓인 곳보다 더 멀리 떨어진 **사헌부** 앞이었다. 광화문 앞의 큰 길을 조선 시대에는 '**6조** 거리'라고 불렀으며 그곳에는 이조, 호조, 예조 등 정부의 6개 주요 관청을 비롯해 지금의 서울 시청에 해당하는 한성부,

사헌부 등이 자리 잡고 있었다. 그중 사헌부 앞, 지금의 정부 청사 앞길 양쪽에 해태가 앉아 있었다. 해태는 법과 정의를 지키는 동물로 여겨져 정치의 잘못을 가리고 관리의 비리를 감찰하는 사헌부와 잘 어울렸다.

커다란 석축 위에 올린 문루. 아름답고 웅장한 모습이며, 궁궐을 드나드는 사람은 물론 적을 감시하고 지키는 병사와 관원들이 이곳에서 일을 했다.

'해태'라고도 부르는 해치상. 선과 악을 구별하고 정의를 지키는 전설 속의 동물이다.

사람이 드나드는 홍예문. 궁궐을 드나들 때에도 예법을 엄격히 지켜, 가운데 문으로는 왕이, 좌우의 문으로는 왕세자와 신하들이 드나들었다.

광화문 앞의 큰 길은 '6조 거리'라고 불렀으며, 이곳에는 주요 관청이 자리하고 있었다.

시대 삼국 시대~조선 시대　**더 찾아보기** 고구려, 고려, 백제, 삼국 통일, 세종, 선종, 신라, 왕건, 조선, 풍수지리설, 호족

신라와 고려 시대에 크게 발달한 불교의 한 교파

교종

개요 부처님의 말씀과 경전의 내용을 바탕으로 수행하는 불교의 교파이다. **삼국 통일** 후 **신라**와 **고려** 초기에 크게 발달했다.

풀이 삼국 통일 후 신라에서는 불교가 더욱 성행하면서 교종이 발달했다. 신라의 왕실과 귀족들이 **고구려**와 **백제** 유민들을 신라 백성으로 통합하고, 지배층의 권위를 튼튼히 할 사상으로 불교의 교파 중에서 교종을 적극 권장했기 때문이다. 교종은 여러 종파로 나뉘어 발달했는데, 대표적인 것이 바로 화엄종과 법상종이었다.

　화엄종에서는 "임금은 곧 부처"라며 국왕을 절대적인 존재로 보았다. 또한 현재의 삶은 전생에서 한 일에 따라 정해진 것이라고 설명했다. 이러한 윤회 사상은 현실 사회의 신분이나 삶을 합리화하는 데 큰 역할을 했다. 한편, 법상종은 "하나는 전체이고 전체는 하나"라며 사람들이 나라를 위해 봉사하라고 가르쳤다.

　교종은 고려 시대에도 번성했다. 고려 태조인 **왕건**은 독자 세력을 만드는 데 선종 사상의 도움을 받았지만, 나라의 기틀을 튼튼히 하기 위해 교종을 권장했다. 이후에는 교종의 여러 종파와 **선종**을 통합하려는 움직임이 일어났지만 성공하지 못했다. 그러다 **조선** 시대에는 불교를 멀리하는 정책으로 인해 세력이 약해졌다. 세종 때는 교종의 여러 종파를 없애고 통합했다.

심화 선종은 참선으로 마음속에 있는 부처의 심성을 깨우칠 수 있다고 보는 불교의 교파 중 하나이다. 교종과 달리 임금의 권위를 부정하고, **풍수지리설**에 따라 특정 지역 중심의 사회 질서를 거부했다. 이 때문에 신라 말기에는 주로 지방 **호족**들 사이에서 선종이 퍼져 나갔다.

시대 선사 시대 | 더 찾아보기 뗀석기, 신석기 시대, 일본, 주먹 도끼, 철기 시대, 청동기 시대

뗀석기와 불을 사용하고 동굴 생활을 하던 시기
구석기 시대

개요 뗀석기를 도구로 사용하던 시대로, 지구상에 인류가 나타난 때부터 약 1만 년 전까지를 뜻한다.

풀이 인류의 역사는 도구를 만드는 기술에 따라 구석기 시대, **신석기 시대**, **청동기 시대**, **철기 시대** 등으로 구분한다. 이때 돌을 깨트리거나 떼어 만든 도구를 사용한 시대가 바로 구석기 시대이다. 구석기 시대는 전기, 중기, 후기의 세 시기로 구분하기도 하지만 기록이 남아 있지 않으므로 정확한 구분은 쉽지 않다.
　구석기 시대에 인류는 돌과 짐승의 뼈, 나뭇가지로 만든 도구를 이용하여 식물을 채집하거나 물고기 잡이를 했고, 때로는 사냥을 통해 식량을 얻기도 했다. 또한 불을 이용할 줄 알게 되어 추위를 피하거나 음식을 익혀 먹기도 했다.
　한 곳에 정착하여 농사를 짓기 시작하는 신석기 시대 전까지, 구석기 시대의 사람들은 식량을 구하기 위해 이곳저곳으로 자주 이동했다. 구석기인들은 주로 동굴에서 생활했으며, 사냥 등을 위한 임시 거처로 막집을 지어 사용하기도 했다. 오늘날에도 구석기 시대의 사람들이 남긴 뗀석기나 흔적이 세계 곳곳에서 발견되고 있다.

심화 우리나라에서도 구석기 시대 사람들이 살았던 유적지들이 많이 발견되고 있다. 구석기 유적은 웅기 굴포리, 공주 석장리, 임진강 유역의 전곡리, 상원 검은모루 동굴, 단양 금굴 등 우리나라 전국에 걸쳐 분포되어 있다.
　전곡리에서는 이전에 동북아시아에서 발견되지 않았던 **주먹 도끼**가 발견되었고, 그 외에도 가로날 도끼, 찍개 등이 발견되었다. 남한에서 처음으로 발굴된 공주 석장리 유적에는 긁개와 찌르개, 송곳, 몸돌 등이 발견되었다.
　우리나라의 구석기 시대 유물들은 중국, 시베리아, **일본**과 같은 이웃 지역과 비슷한 특징을 가지고 있다. 이는 구석기 시대의 사람들이 동북아시아 전체에 걸쳐 이동 생활을 하며 사회적 교류가 있었음을 짐작케 한다.

뗀석기는 사냥뿐 아니라 동물의 가죽을 벗기거나 고기를 자를 때에도 유용했다.

구석기 시대에는 주로 동굴 생활을 했다. 동굴은 비, 눈, 바람은 물론 추위를 피하는 데 좋았다.

농사를 짓기 시작하는 신석기 시대 이전에 식량을 구하는 방법은 채집과 사냥이었다.

불을 이용할 줄 알게 되면서 인류의 생활은 한결 편해졌다. 겨울에는 추위를 피할 수 있었고, 음식을 익혀 먹는 데에도 사용했다.

돌을 깨트리거나 떼어 여러 가지 도구를 만드는 인류. 뗀석기를 긴 막대에 달아 사냥 도구를 만들기도 했다.

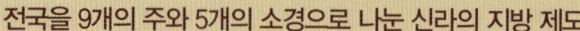

전국을 9개의 주와 5개의 소경으로 나눈 신라의 지방 제도

9주 5소경

개요 **신라**가 **삼국 통일** 후 늘어난 영토를 다스리기 위해 마련한 지방 제도이다. 금성(지금의 경주) 지역을 제외한 전국을 9개의 주로 나누고 5개의 소경을 설치했다.

풀이 신라는 삼국을 통일한 후 늘어난 영토를 효과적으로 다스리고, 옛 고구려, 백제 땅을 통합시키기 위해 지방 제도를 새롭게 정비했다. 그 결과 옛 신라, **고구려**, **백제** 땅에 각각 3개의 주를 두어 전국을 9주로 나누었다. 상주, 양주, 강주, 웅주, 전주, 무주, 한주, 삭주, 명주 등이 9개의 새로운 지역 단위였다. 양주는 오늘날의 양산 지역, 강주는 진주, 웅주는 공주, 무주는 전라남도 광주, 한주는 경기도 광주, 삭주는 춘천, 명주는 강릉에 해당한다.

이와 함께 수도인 금성이 동남쪽에 치우쳐 있는 것을 보완하고 새롭게 차지한 영토를 관리할 중심지를 마련했다. 소경이란 '작은 수도'를 뜻하는 말로, 제22대 임금인 **지증왕** 때 이미 소경을 설치한 적이 있었다. 그러다 삼국 통일 후에 옛 고구려 땅에 2개, 옛 백제 땅에 2개, 옛 가야 땅에 1개 등 모두 5개를 설치했다. 금관, 중원, 북원, 서원, 남원 등이 통일 후에 설치한 소경들이다. 금관은 오늘날의 김해, 중원은 충주, 북원은 원주, 서원은 청주에 해당한다.

심화 행정 구역을 나누는 것은 나라를 효과적으로 다스리는 데 매우 중요하다. 오늘날에 도와 시, 군, 구 등의 행정 구역을 두는 것도 마찬가지 목적이다. 신라의 행정 구역은 삼국 통일 이전인 지증왕 때부터 실시되었는데, 그는 전국을 주와 군으로 나누고 관리를 파견하는 등 중앙 집권적인 체제를 만들기 위해 힘썼다. 이렇게 기초를 닦아 놓은 덕분에 신라는 삼국 통일의 주인공으로 성장할 수 있었다.

삼국을 통일한 신라는 전국을 9개의 주로 나누어 지방 제도를 정비했다. 또한 5개의 작은 수도, 즉 소경을 두어 지방을 관리했다.

고구려의 두 번째 도읍이자 정치·군사·문화의 중심지

국내성

개요 **고구려**의 두 번째 도읍이다. 《**삼국사기**》에 따르면 **주몽**이 졸본에서 고구려를 건국한 이후에 유리왕 때인 서기 3년에 국내성으로 도읍을 옮겼다고 한다. 국내성이 지금의 어느 곳에 해당되는지에 대해서는 한때 여러 가지 의견이 있었지만, 지금은 대부분의 학자들이 중국의 지린 성 지안 시에 있는 퉁거우로 인정하고 있다.

풀이 국내성은 지리적으로는 압록강 오른쪽 퉁거우 분지의 서쪽 끝에 있다. 원래의 모습이 많이 손상되었으나 안과 밖의 벽을 잘 다듬은 네모뿔의 돌로 쌓은 성이 여전히 남아 있다. 성의 전체 모양은 사각형이고, 둘레는 2,686미터에 달할 정도로 크다. 성문은 여섯 개가 있고, 성의 네 모서리에는 적의 움직임을 살피던 각루가 있었다.

국내성은 규모가 매우 큰 것으로 보아 성 안에 왕궁과 관청이 있고 많은 사람이 살았던 성으로 추측된다. 비상시에는 왕과 백성이 이곳에서 북쪽으로 2.5킬로미터 떨어진 지점에 있는 산성자산성으로 피란했을 것으로 생각된다.

한편 국내성과 마찬가지로 고구려의 도읍으로 전해지는 환도성의 위치에 대해서도 논란이 있다. 국내성과 환도성이 이름만 다를 뿐 같은 성이라는 견해와 산성자산성을 환도성으로 추측하는 견해가 엇갈리고 있다.

중국 지린 성 지안 시 퉁거우에는 고구려의 도읍이었던 국내성의 흔적이 남아 있다. 비록 궁궐의 원래 모습은 찾아볼 수 없지만 돌로 쌓은 성벽과 성문, 각루 등이 고구려의 옛 자취를 느끼게 한다. 성벽 둘레의 길이만 약 2.7킬로미터에 달하며, 성은 가로로 긴 사각형 모양이다.

심화 고구려는 3년~427년까지 국내성을 도읍으로 삼았다가 **장수왕** 때인 427년에 평양으로 도읍을 옮겼다. 하지만 국내성은 도읍의 지위를 잃은 뒤에도 평양, 한성(지금의 황해도 재령)과 더불어 '고구려 삼경'의 하나로 꼽힐 만큼 중요한 곳이었다. 보장왕 때인 645년에는 **당**나라 군대에게 포위당한 요동성을 구원하는 데 이곳의 군사 4만 명이 동원되었던 점으로 미루어 보아 여전히 정치적, 군사적 중심지의 하나였던 것으로 추측된다. 또한 고구려 최고 귀족의 무덤으로 여겨지는 벽화 고분이 평양과 이 부근에 집중적으로 모여 있다. 국내성 주변에는 **장군총과 광개토 대왕릉비**를 비롯한 고구려 유적이 많으며, 지금도 유물들이 발견된다.

국내성은 남아 있는 성벽으로 보아 규모가 크고 매우 웅장했을 것으로 추측된다. 성 안에는 왕궁뿐 아니라 여러 관청과 백성들의 집 등도 있었으며, 성 안에서 기와나 불상을 비롯해 금칠한 화살촉과 백옥 귀걸이, 토기 등 여러 가지 유물이 발견되었다. 이를 통해 고구려의 기상과 문화를 짐작해 볼 수 있다.

시대 선사 시대~조선 시대 | 더 찾아보기 대한민국, 문화재

국가의 보호를 받는 가치가 큰 문화재

국보

분청사기

개요 국보(國寶)는 '나라의 보물'이라는 뜻으로, 문화재 가운데 특히 가치가 큰 문화재를 가리킨다. 문화재 위원회의 심의를 거쳐 지정하며, 국보로 지정된 문화재는 국가의 보호를 받게 된다.

풀이 모든 문화재가 다 귀하고 소중하지만 국보로 지정되려면 다음의 기준에 맞아야 한다. 우선 만들어진 지 오래되고 그 시대의 표준이 될 수 있는 것이라야 하고, 제작 기술이 우수하며 흔하지 않은 것이라야 한다. 또한 이름난 사람이 만들었거나 유서가 깊은 것, 역사를 알아보는 데 필요한 것이라면 국보로 지정될 수 있다.

국보로 지정된 문화재 중에는 석탑, 석등, 부도, 당간 지주, 석비 등 돌로 만든 것이 반 이상을 차지하고 있으며, 다음으로는 불상과 금속 조각품이 많고 목조 건축물은 비교적 적은 편이다.

한편 국보로 정해지면 지정 번호를 붙이게 되는데, 이때 번호는 가치의 높고 낮음이 아니라 지정된 순서에 따라 정해진다.

심화 일제는 '조선 보물·고적·명승·천연기념물 보존령'에 따라 우리 문화재 일부를 보물로 지정했다. 일본의 문화재는 국보로 지정하면서 우리나라의 문화재는 상대적으로 낮추어 보물이라고 한 것이다. 그러다 해방 후인 1955년에 대한민국 정부가 보물로 지정된 419건을 모두 국보로 바꾸었고, 1962년 '문화재 보호법'에 따라 국보와 보물로 분류하도록 했다. 이듬해인 1963년에는 116점이 국보로 지정되었다.

백제 금동 대향로

금동미륵보살 반가사유상

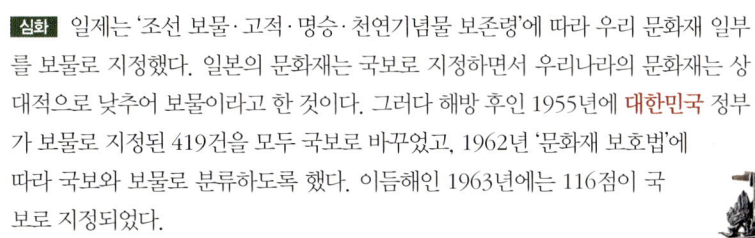

성덕 대왕 신종

시대 고려 시대 | 더 찾아보기 고려, 공민왕, 국자감, 몽골의 침입, 무신 정변, 삼국 시대, 성균관, 유학, 조선

관리를 기르기 위해 세운 고려 시대의 국립 대학
국자감

개요 고려 시대에 유능한 관리들을 기르기 위해 나라에서 세운 최고 교육 기관이다. 고려의 제6대 임금인 성종 때 처음 세워졌고 훗날 조선 시대의 최고 교육 기관인 성균관으로 이어졌다.

풀이 고려는 불교를 받들었지만 나라를 다스리는 것은 유교의 가르침대로 하려고 했다. 특히 유교 사회를 꿈꾸었던 성종은 유교에 밝은 관리들을 기르기 위해 992년에 국자감을 세우고 적극 지원했다. 나라에서 학교를 세우고 지원하는 전통은 이미 삼국 시대부터 시작되었지만 고려 시대에는 더욱 적극적으로 운영되었다.

그러나 최고 교육 기관으로서 명성을 유지하는 데에는 어려움도 따랐다. 국자감은 입학할 때 신분의 제한이 있을 뿐 아니라 아버지의 관직에 따라 들어갈 수 있는 반도 달랐다. 게다가 유학 외에도 여러 가지 기술학 등 배우는 과목이 잡다해 과거 합격률이 떨어지자 사립 학교인 사학이 크게 유행하게 되었다.

과거 시험에서 좋은 성적을 거둔 인재들이 사학에 몰리자, 제16대 임금인 예종 때는 국자감에 7개의 전문 강좌를 두고 책 출판을 도와 사학에 맞서도록 했다. 이런 지원에 힘입어 무신 정변과 몽골의 침입으로 사학이 쇠퇴하는 동안에도 국자감은 명맥을 유지했고 조선 시대까지 이어지게 되었다.

심화 국자감은 이름이 여러 번 바뀌었다. 제25대 임금 충렬왕 때인 1275년에 원나라의 간섭을 받아 '국학'으로 바뀌었고, 뒤이어 임금이 된 충선왕 때는 '성균관'으로 고쳐 불렀다. 그러다 제31대 임금인 공민왕이 원나라에 대한 배척 정책을 펼치면서 원래대로 '국자감'이라고 바꾸었다가 1362년에 다시 '성균관'이라 부르게 되었고, 이 이름은 조선 시대까지 이어졌다.

세계의 평화와 안전을 지키기 위해 만든 국제 기구

국제 연합(유엔)

개요 제2차 세계 대전이 끝난 뒤 만들어진 국제 기구이다. 지구상에 있는 나라들끼리 힘을 모아 세계의 평화와 안전을 지키자는 목적으로 활동하고 있다. 영문 표기(United Nations)를 줄여 유엔(UN)이라고도 부른다.

풀이 20세기 전반기에 일어난 두 차례의 세계 대전은 사람들과 사회에 엄청난 피해를 가져다주었다. 이에 세계의 여러 나라들은 평화와 안전을 지키기 위한 국제 기구를 만들기로 뜻을 모았다. 국제 연합은 세계의 평화와 안전을 지키고 나라 간 우호 관계를 발전시키는 것은 물론, 분쟁을 평화적으로 해결하는 데 중심적인 역할을 맡아 하고 있다. 또한 인권을 지키고 자유를 확대하는 노력을 기울이는 데에도 앞장서고 있다. 처음에는 1920년에 설립된 국제 연맹을 계승해 51개의 회원국으로 시작했지만, 2016년 현재는 193개국이 가입되어 있다. 우리나라는 1991년에 회원국이 되었다.

심화 국제 연합의 주요 기관과 하는 일은 다음과 같다.

기구	기능
총회	국제 연합의 최고 의결 기관이다. 주권 평등의 원칙에 따라 한 나라가 하나의 표를 행사한다. 국제 평화와 안전에 관한 사항뿐 아니라 국제 연합의 활동 범위에 속하는 모든 문제를 의논한다. 주요 문제는 3분의 2 이상의 찬성, 일반 문제는 과반수로 의결한다.
안전 보장 이사회	국제 평화와 안전에 관한 1차적 책임을 지고 있는 기관이다. 미국, 영국, 프랑스, 러시아, 중국 등 5대 상임 이사국과 10개 비상임 이사국 등 15개의 이사국으로 구성된다. 상임 이사국은 논의된 내용에 대해 거부권을 행사할 수 있다.
경제 사회 이사회	경제와 사회, 문화, 교육, 식량, 통신 등 비정치적인 문제를 다룬다.
신탁 통치 이사회	신탁 통치에 관한 문제를 다루는 기관이다.
국제 사법 재판소	나라와 나라 간의 분쟁을 다루는 국제적인 사법 기관이다.
사무국	국제 연합의 사무를 맡아 하는 상설 기관이다. 2006년에 우리나라의 반기문이 사무총장이 되어 2016년까지 활동하게 된다.

시대 대한 제국 시대 | 더 찾아보기 대한매일신보, 대한 제국, 러일 전쟁, IMF 경제 위기, 어니스트 베델, 을사조약, 일본, 황성신문 | 122

나라의 빚을 국민이 갚고 주권을 지키기 위해 벌인 민족 운동

국채 보상 운동

개요 **대한 제국** 때인 1907년에 나라가 **일본**에게 진 빚을 국민이 대신 갚아 경제 주권을 지키자는 취지로 벌인 운동이다. 대구에서 처음 시작되어 전국으로 퍼졌으나 일제의 방해와 탄압으로 중단되었다. 1997년 **IMF 경제 위기** 때는 국채 보상 운동을 본받자는 '금 모으기 운동'이 일어나기도 했다.

풀이 **러일 전쟁** 이후 일본은 우리나라에 여러 차례 차관을 빌려 주었다. 돈을 빌려 준 것을 구실로 우리의 경제 정책에 간섭하고 우리 기업을 자신들의 손에 넣으려는 속셈이었다. 이에 국민들은 우리 경제가 일본에 예속되는 것을 막기 위해 나라의 빚을 대신 갚는 운동을 벌이게 되었다.

국채 보상 운동은 1907년 2월 대구에서 시작되었다. 서상돈, 김광제 등은 국민의 성금으로 나라의 빚을 갚고 주권을 지키는 국채 보상 운동을 주장하면서 국채 보상 기성회를 만들었다. 《대한매일신보》, 《황성신문》 등 여러 신문의 보도로 국채 보상 운동이 알려지자, 서울에서도 국채 보상 기성회가 설립되었고 곧이어 전국으로 퍼져 나갔다.

을사조약 이후 일제가 대한 제국의 외교권을 행사하고 내정에 간섭하기 위해 만든 관청인 통감부는 갖은 방법으로 국채 보상 운동을 방해하고 탄압했다. 《대한매일신보》의 양기탁은 보상금을 가로챘다는 누명을 씌워 구속하고, 양기탁과 함께 《대한매일신보》를 이끌던 영국인 **어니스트 베델**은 국외로 추방했다. 국채 보상 운동은 조직적이고 체계적으로 전개된 것이 아니어서 일제의 탄압에 효과적으로 대응하지 못했다. 결국 운동의 주도 세력 간의 의견 차이도 생겨나 끝내 중단되고 말았다.

심화 20세기 초반 일제의 침략에 맞서 경제 주권을 지키기 위해 일어났던 국채 보상 운동의 정신은 20세기 후반에도 이어졌다. 1997년 우리나라는 외환이 모자라 IMF(국제 통화 기금)의 지원을 받는 등 경제 위기를 맞았는데, 이때 국민들이 금 모으

기 운동에 나섰다. 국민들이 집집마다 보관하고 있는 금을 모아 외국에 팔아서 국제 통화인 달러를 확보하자는 취지였다. 이 때문에 금 모으기 운동을 '제2의 국채 보상 운동'이라고 부르기도 했다.

● ○ ○
국채 보상 운동에는 각계각층의 국민들이 참여했다. 상인과 민족 자본가, 지식인들이 이 운동에 적극적으로 참여했고 관리들이나 왕실에서도 관심을 보였다. 남자들은 금연 운동을 벌이고 여자들은 비녀와 가락지 등 패물을 팔아 모금에 참여했다.

시대 조선 시대 더 찾아보기 갑오개혁, 개화파, 경복궁, 고종, 김홍집, 동학 농민 운동, 일본, 전봉준, 조선, 청, 청일 전쟁

조선 말기 일본이 고종을 협박하여 만든 최고 관청
군국기무처

개요 청일 전쟁 때 일본이 주도하여 만든 조선의 임시 관청이다. 1894년 7월부터 1896년 2월까지 실시된 갑오개혁을 주도했다.

풀이 1894년 전봉준을 비롯한 많은 농민들이 부패한 관리들에 맞서 동학 농민 운동을 일으킨 뒤 크게 세력을 떨치자, 다급해진 조선 정부는 청에 구원을 요청했다. 이에 조선 침략을 노리던 일본도 군대를 보냈고 이후 청과 일본은 조선의 지배권을 놓고 전쟁을 벌이게 된다.

군국기무처가 설치된 것은 청일 전쟁이 본격적으로 시작되기 직전인 6월이었다. 일본 공사는 조선의 제26대 임금인 고종을 찾아와 내정 개혁안을 제시하며 이를 따르도록 강요했다. 하지만 고종은 이를 거부하고 교정청을 설치한 뒤 독자적인 개혁을 추진해 나갔다. 이에 일본 공사는 군사들을 시켜 경복궁을 포위한 다음, 고종을 협박하고 군국기무처를 설립하도록 했다.

군국기무처의 최고 책임자는 영의정 김홍집이었고, 박정양, 민영달, 김윤식, 조희연 등 일본과 친한 개화파 관리들이 참여했다. 이들은 행정이나 사법, 교육 등 나라의 운영에 관한 모든 것을 주관하면서 왕보다 더 큰 권력을 가진 뒤 청과 맺은 조약을 폐기하고 신분제를 없애는 등 많은 변화를 이끌었다. 이를 갑오개혁이라 한다.

최고 책임자인 김홍집과, 일본 공사의 강요로 설치된 군국기무처를 묘사한 그림. 주로 일본과 친한 개화파 관리들로 이루어졌다.

심화 군국기무처가 가장 먼저 한 일은 관제를 바꾸는 일이었다. 중앙 관제는 궁내부와 의정부로 나누고, 의정부 밑에 내무·외무·탁지·군무·법무·학무·공무·농상의 8아문을 설치했다. 의정부에는 총리대신을 두어 행정을 주관하게 했고, 궁내부와 각 아문에는 대신과 협판을 두었다. 새로운 관직에는 일본과 친한 관리들이 대거 임명되었는데, 이로써 친일 정부가 만들어졌다.

시대 대한 제국 시대 **더 찾아보기** 고종, 대한 제국, 을사조약, 의병, 이완용, 일본, 정미 7조약, 한일 신협약, 헤이그 특사

일본이 대한 제국의 군사력을 없애기 위해 시행한 조치

군대 해산

개요 고종의 헤이그 특사 파견에 놀란 일본이 대한 제국의 힘을 완전히 빼앗기 위해 군대를 강제로 해산하게 만든 사건이다. 상당수의 군인들이 이에 저항하며 전투를 벌이거나 의병에 가담했다.

풀이 1905년 일본은 대한 제국의 외교권을 박탈하고 일본의 보호국으로 만드는 을사조약을 강제로 체결했다. 이에 고종은 1907년 네덜란드 헤이그에서 세계 40여 개국이 참가하는 제2회 만국 평화 회의에 사절단을 파견해 한국의 실상과 을사조약의 부당성을 알리고자 했다. 그러나 일본과 영국 등의 방해와 각국 대표단의 무관심으로 고종의 계획은 실패했고, 깜짝 놀란 일본은 고종이 식민 지배에 걸림돌이 될 것을 우려해 강제로 황제 자리에서 몰아냈다. 또한 대한 제국의 모든 힘을 빼앗기 위해 군대까지 강제로 해산시킬 계획을 세웠다.

1907년 일본은 대한 제국 정부를 압박해 한일 신협약(정미 7조약)을 맺으면서 이완용 등에게 군대를 해산한다는 명령을 내리게 했다. 하지만 군인들은 이 명령을 순순히 받아들이지 않았다. 군인들은 무기고를 부수고 무장한 채 강력히 저항했고, 이로 인해 곳곳에서 전투가 벌어졌다. 서울 시위대 제1대대장이었던 박승환은 군대 해산 명령에 항의하며 자결했고, 분노한 서울 시위대 군인들은 일본군과 맞서 싸웠다. 또한 원주와 강화 등 지방 곳곳에서도 군인들이 해산 명령을 거부하고 봉기하거나 의병에 가담했다. 그러나 군인들의 저항은 결국 일본군에 의해 진압되고 말았고, 군대를 잃어버린 대한 제국은 사실상 일제의 식민 지배로 접어들게 되었다.

심화 대한 제국 군대의 해산 명령으로 인해 흩어진 군인들의 상당수는 의병에 가담했다. 그리고 이들이 군대에서 익힌 지식과 전투 기술이 더해져 유생들이 이끌던 의병 부대의 전력은 크게 강화되었다. 의병들은 일본군에 실질적인 타격을 입히는 투쟁을 벌였고, 이때부터 본격적인 항일 무장 투쟁이 시작되었다.

군대에 가야 하는 의무와 그를 대신해 내는 옷감
군역 · 군포

개요 고려와 조선 시대에 양인 남자라면 누구나 군대에 가야 했던 의무를 '군역'이라고 하고, 이를 대신해 내는 옷감을 '군포'라고 한다.

풀이 고려와 조선 시대에는 16세부터 60세까지의 양인 남자(정남)는 모두 군대에 가거나 군대를 지원할 의무가 있었다. 이를 군역이라고 한다. 양반과 같은 지배층과 백정, 노비 등은 군역의 의무를 지지 않아도 되었고 주로 농민과 같은 백성들이 군대에 갔다.

군역의 '역'이란 노동으로 내는 세금을 뜻하지만 돈이나 쌀, 옷감과 같은 물품으로 대신할 수도 있었다. 보통 3~4집이 한 명의 군인을 지원하도록 짜여 있었다. 그런데 한 집에서 성인 남자 한 명이 군대를 가면 농사지을 일손이 부족해질 뿐만 아니라, 군인으로 있는 동안 의식주도 본인이 감당해야 했기 때문에 엄청난 부담이 되었다. 이 때문에 군인이 되어야 할 사람조차 지원받은 쌀이나 옷감으로 사람을 사서 대신 보내는 경우가 많았다.

결국 조선 후기에는 군역을 져야 할 집은 1년에 2필의 옷감, 즉 군포를 내게 하고, 정부는 이 군포를 자금 삼아 군인을 모집해 군대를 운영하게 되었다. 나중에 2필이 너무 많다고 해서 1필로 줄이는 균역법이 실시되었고, 흥선 대원군 때는 양반에게도 군포를 받는 호포법이 실시되기도 했다.

심화 천민은 원칙적으로 군대에 가지 않아도 되었지만 예외도 있었다. 대표적인 것이 임진왜란 때의 속오군이다. 일방적으로 밀린 전세를 뒤집기 위해 전국적인 군사 조직이 필요했던 조선 정부는 전쟁 중에 지방군을 모집하면서 천민도 군사로 받아들였다. 이후 속오군은 일본군이 다시금 조선에 쳐들어온 정유재란 때 크게 활약했고, 속오군 체제는 이후에도 계속 유지되었다.

고려와 조선 시대의 양인 남자들에게는 국방의 의무가 있었다. 그들은 병사가 되어 나라를 지키거나 옷감을 내 군역을 대신했는데, 이를 어기면 엄한 처벌을 받았다.

시대 삼국 시대   더 찾아보기 가야, 고구려, 능산리 고분군, 무용총, 발해, 백제, 사신도, 송산리 고분군, 신라

집처럼 방과 문이 있는 고대의 무덤
굴식 돌방무덤

개요 판 모양의 돌을 이용하여 널(관)을 넣는 방을 만들고, 방의 한쪽에는 외부로 통하는 출입구를 만든 뒤에 흙을 덮어씌운 무덤을 말한다. '횡혈식 석실묘'라고도 부른다.

풀이 굴식 돌방무덤은 사람이 사는 집처럼 방과 문이 있는 무덤이다. 다른 점이라면 사람 대신 널에 넣은 시신을 위해 만들었다는 것이다. 따라서 널을 보관하는 방, 무덤 입구에서부터 널방까지 이어지는 널길, 사람이 드나들 수 있는 문 등이 갖추어져 있다. 널방의 천장과 벽에는 벽화를 그려 장식하기도 했다. 대표적인 굴식 돌방무덤으로는 <u>사신도</u>가 그려진 <u>고구려</u>의 강서 고분·<u>무용총</u>·쌍용총, 백제의 <u>송산리 고분군</u>·<u>능산리 고분군</u>, <u>발해</u>의 정혜 공주 묘 등이 있다.

심화 삼국 중에서는 고구려가 가장 먼저 굴식 돌방무덤을 만들기 시작했고, 4세기 초에는 널리 사용되었다. 5세기에는 고구려의 영향을 받은 <u>백제</u>와 <u>가야</u>, <u>신라</u>도 굴식 돌방무덤을 만들었으며 통일 신라 때 가장 유행했다. 특히 신라 후기에 유행한 굴식 돌방무덤은 바닥이 대체로 네모반듯한 모양이고 ㄱ자 형의 널길을 갖추고 있다. 무덤 안에는 추가로 장례를 치르기 위한 관대가 놓여 있고, 관대에는 머리 베개와 발받침인 족좌가 있다. 이는 신라만의 독특한 방식이 아니라 고구려, 백제, 가야 등의 영향을 받아 만들어진 것으로 추측된다.

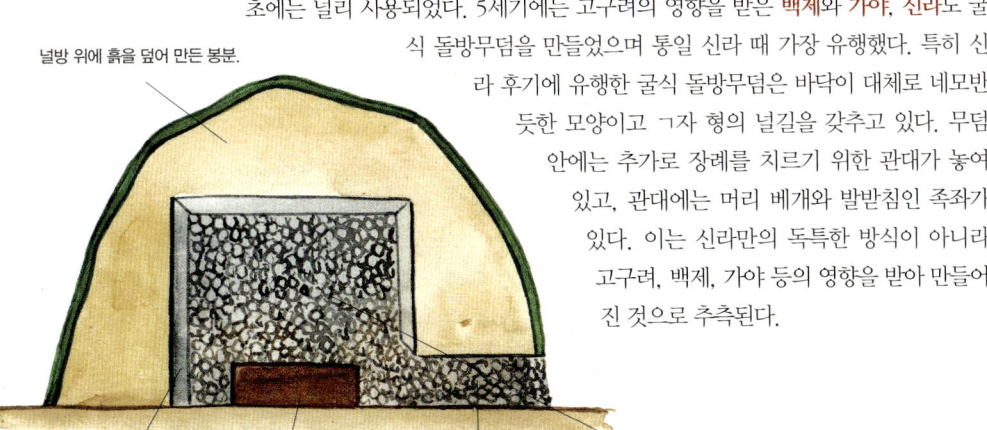

널방 위에 흙을 덮어 만든 봉분.
돌로 만든 널방의 벽.
시체를 넣어 안치하는 널(관).
외부에서 널방까지 이어진 널길.
널을 보관하는 널방.

시대 후삼국 시대　더 찾아보기 견훤, 고구려, 고려, 삼국사기, 신라, 왕건, 호족, 후고구려, 후백제, 후삼국 시대

신라 말기에 후고구려를 세운 임금
궁예

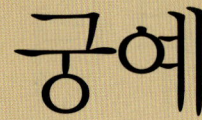

개요 901년에 **후고구려**를 세운 임금이다. 기울어져가는 **신라** 말기의 혼란한 시대에 **견훤**의 **후백제**와 더불어 **후삼국 시대**를 열었다. 불교의 미륵 사상을 바탕으로 왕권을 강화하고자 했지만, 포악한 행동으로 인해 **왕건** 등 신하들에 의해 쫓겨났다.

풀이 《삼국사기》에 따르면 궁예는 신라의 왕자로 태어났다고 한다. 당시 신라 왕실은 부패했을 뿐 아니라 왕권 다툼이 치열했다. 궁예도 왕실로부터 죽임을 당할 위기에 놓였으나 유모가 구해 냈고, 그 과정에서 실수로 눈을 찔러 평생 애꾸눈으로 살았다는 이야기가 전해진다.

궁예는 신라의 **호족** 가운데 강한 힘을 가지고 있었던 양길의 부하로 들어가 자신의 세력을 키우기 시작했다. 901년에는 자신을 따르는 세력을 모아 **고구려**를 계승한다며 나라를 세우고 임금의 자리에 올랐다. 때마침 송악(지금의 개성)의 호족이었던 왕건의 아버지와 왕건도 그의 신하가 되는 등 많은 호족들이 그에게 항복해 세력이 더욱 커졌다. 궁예는 한반도의 중부 지방 일대로 영토를 넓혀가면서 나라 이름을 '후고구려'에서 '마진', 그리고 다시 '태봉'으로 바꾸었다. 또한 도읍을 송악에서 철원으로 옮겼다. 신라의 왕실로부터 버림을 받은 탓에 궁예는 임금이 된 뒤 신라에 대해서는 항상 적대적인 태도를 보였다.

한편, 궁예는 불교 신앙을 바탕으로 왕권을 강화하고자 했다. 자신이 지상에 내려온 미륵불이며, 다른 사람의 마음을 읽는 방법인 '관심법'을 쓸 수 있다고 선전했다. 그런 다음 관심법으로 속마음을 읽었다며 부인과 아들들은 물론이고 마음에 들지 않는 신하들을 잔혹하게 죽였다. 궁예의 포악하고 독단적인 행동은 호족과 신하들의 반발을 샀고, 결국 918년에 왕건을 비롯한 신하들이 반란을 일으켜 임금의 자리에서 쫓겨났다. 신하들의 추대로 임금이 된 왕건은 나라 이름을 **고려**라고 고친 뒤 후삼국을 통일했다.

●○○
신라 왕족 출신인 궁예는 고구려를 계승한다면서 나라를 세우고 임금이 되었다. 이후 그가 세운 후고구려는 강원도 중부 지방 일대를 차지하며 신라를 위협하는 강대국으로 떠올랐다. 후백제, 신라와 더불어 후삼국 시대를 연 것이다.

궁예는 어릴 때 한쪽 눈을 잃어 평생 애꾸눈으로 살았다고 한다. 불교를 바탕으로 왕권을 강화하려고 했으며, 자신을 지상에 내려온 미륵불이라고 하면서 옷도 승려처럼 입고 다녔다고 한다.

심화 궁예가 송악에서 철원으로 도읍을 옮긴 것은 왕건을 비롯한 호족 세력의 근거지에서 벗어나 자기 세력을 튼튼히 하기 위해서였다. 철원은 한반도 중부에서는 비교적 넓은 평야를 가지고 있어서, 이를 기반으로 나라의 기틀을 확고히 다지려고 한 것이다. 궁예가 궁궐을 만들었던 궁예 궁터에는 석탑 등 유적이 남아 있지만, 비무장 지대 안에 있어 제대로 연구가 되고 있지 않다.

궁예의 신하들은 늘 죽음의 위협 속에 살았다. 궁예가 사람의 속마음을 들여다볼 수 있다면서 작은 트집을 잡아 마음대로 죽이곤 했기 때문이다. 결국 신하들은 반란을 일으켜 궁예를 임금의 자리에서 내쫓았다.

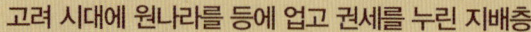

고려 시대에 원나라를 등에 업고 권세를 누린 지배층
권문세족

개요 **고려** 후기에 나타난 정치 세력이다. 대부분 **원**의 세력을 등에 업고 출세한 사람들로, 넓은 땅과 많은 **노비**를 거느리는 등 부와 권력을 누렸다. **이성계**와 **신진 사대부**에 의해 몰락했다.

풀이 고려 초기에는 왕과 혼인을 맺은 호족 집안인 **문벌 귀족**이 지배층을 이루었지만, **몽골의 침입** 이후 원의 지배를 받으면서 지배층이 바뀌었다. 일부의 문벌 귀족과 **무신**, **과거 제도**를 통해 관직에 나온 관리들, 그리고 친원파 세력 등이 새로운 지배층이 된 것이다. 하지만 이중에서 가장 큰 권력을 누린 세력은 원의 세력을 등에 업고 출세한 이들이었다.

몽골은 나라 이름을 원으로 바꾼 뒤 고려에 대한 간섭을 강화했다. 고려의 임금은 원나라 공주와 혼인해야 했고, 왕자는 원나라에 볼모로 가서 그곳에서 자라야 했다. 왕자는 성장한 뒤 고려로 돌아와 임금의 자리에 올랐는데, 이때 원에서부터 자신을 돕던 환관이나 역관, 군인들을 관리로 임명하는 경우가 많았다. 이렇게 권세를 잡은 이들이 원을 등에 업고 권력을 차지했던 친원파 권문세족이다.

권문세족들은 임금으로부터 받은 땅뿐 아니라 백성들의 땅을 강제로 빼앗은 뒤 대지주가 되어 부를 누렸다. 땅을 빼앗긴 백성들은 먹고살기가 힘들어져 결국 권문세족의 노비가 되었고, 농사를 지으며 세금을 낼 평민들이 줄어들자 고려의 재정도 궁핍해졌다.

심화 불법적으로 땅과 노비를 빼앗는가 하면 원나라 옷을 입고 원나라식 이름을 쓰는 권문세족에 대한 백성들의 반감은 하늘을 찌를 듯 높아졌다. 공민왕은 친원 세력을 몰아내고 전민변정도감을 설치해 권문세족을 경계하려고 했지만, 이들의 세력이 너무 커 효과를 거두지는 못했다. 그러다 이성계와 신진 사대부들이 정권을 잡은 뒤 **과전법**을 시행해 이들에게서 땅을 거두어들이면서 몰락했다.

시대 조선 시대 더 찾아보기 명, 선조, 왜, 이순신, 일본, 임진왜란, 조선, 조총, 한산도 대첩, 한양, 행주 대첩, 화차

임진왜란 때 행주 대첩에서 승리하고 조선군을 이끈 사령관

권율

개요 임진왜란 때 조선군 전체를 지휘한 명장으로, 행주 대첩에서 왜군을 크게 물리쳤다. 임진왜란 7년 동안 '바다에서는 이순신, 육지에서는 권율'이라는 말이 있을 정도로 나라를 지키는 데 큰 공을 세웠다.

풀이 권율은 조선 인종 때인 1537년에 영의정 권철의 아들로 태어나 유복하게 자랐다. 벼슬길에 오른 것은 꽤 늦은 나이인 마흔다섯 살 때였다.

1592년에 임진왜란이 일어나자 권율은 쉰 살의 나이에 광주 목사로 임명되었다. 당시 조선은 육지 전투에 강한 일본군을 당해 내지 못했다. 임금인 선조는 의주로 피난했고, 일본군은 한양을 점령한 뒤 평양과 함경도까지 침략해 전 국토를 짓밟았다. 이에 권율은 충청남도 금산 이치 고개로 나가 일본군과 맞서 싸웠고 큰 승리를 거두었다. 이치 전투의 승리는 이미 북쪽으로 진격해 올라간 일본군에게 식량이나 무기를 공급해 주는 길을 끊는 효과를 가져왔다.

이후 권율은 한양을 되찾기 위해 행주 산성에 진을 쳤다. 그러자 조총으로 무장한 3만여 명의 일본군이 행주 산성을 둘러싼 뒤 아홉 차례에 걸쳐 맹렬하게 공격했다. 하지만 권율과 병사들은 물러서지 않았고, 백성들과 힘을 모아 일본군을 물리쳤다. 당시 신무기였던 신기전과 화차, 총통 등이 요긴하게 쓰였다. 행주 대첩의 승리는 이순신의 한산도 대첩과 더불어 당시 불리했던 전쟁의 분위기를 뒤바꾸는 계기가 되었다.

정유재란 때 권율은 도원수로서 육군과 수군을 총지휘했다. 권율은 명의 군대와 힘을 합쳐 울산과 순천 등지의 일본군을 공격하려고 했지만, 명군의 소극적 태도로 뜻을 이루지 못한 채 전라도를 중심으로 일본군의 공격에 대비했다. 이런 공으로 권율은 임진왜란 때 공을 세운 사람에게 내리는 선무공신 1등을 받았다.

심화 임진왜란 때 권율이 벌인 싸움에서 유래된 유적이 있다. '말을 씻었다.'는 뜻

의 세마대와 세마정이 바로 그 유적이다. 권율은 독산성 전투에서 일본의 대군과 맞섰는데, 일본군은 세작(간첩)을 보내 독산성에 물이 부족하다는 것을 알고 승리를 확신했다. 그러나 적의 생각을 알아챈 권율이 독산성 정상에서 보란 듯이 흰말에 흰쌀을 부어 목욕시켰다. 이를 본 일본군은 성안에 말을 씻길 만큼 물이 풍부하다고 생각해서 포위를 풀고 물러났다.

● ○ ○
'권율' 하면 행주 대첩이 떠오르지만, 그는 이 밖의 여러 전투에서 승리했다. 충청도 금산 근처에서 벌어진 이치 전투에서 일본군을 격파해 전라도 침공을 막았으며, 오산 독산성 전투에서도 일본군을 물리쳤다.

쌀로 말을 씻기는 모습을 멀리서 본 일본군은 그것이 물로 말을 씻기는 것이라고 생각했다. 그래서 오랫동안 포위를 해도 소용이 없을 것으로 생각해서 스스로 물러났다.

● ○ ○
권율은 위기에 빠진 조선을 구한 영웅이었다. 임진왜란의 3대첩으로 불리는 행주 대첩에서 승리해 조선군에게 불리한 전세를 뒤바꾸어 놓았고, 조선군 전체를 지휘하는 사령관으로서 7년간의 긴 전쟁을 마무리했다.

시대 고려 시대 | **더 찾아보기** 강감찬, 강동 6주, 개경, 거란, 고구려, 고려, 서희, 송

고려에 침입한 거란군을 귀주에서 크게 물리친 전투
귀주 대첩

개요 거란의 3차 침입 때인 1019년 고려에 침입한 거란군을 귀주에서 크게 물리친 싸움이다. 강감찬 장군이 이끄는 고려군은 지혜로운 전술로 거란군을 여러 번 공격해 승리했으며, 이후 거란은 무력 침공의 계획을 버리고 고려와 화의를 맺었다.

풀이 고려 초기에 중국 대륙의 북부를 차지하고 있던 거란은 세 번에 걸쳐 고려에 쳐들어왔다. 중국 대륙 전체를 지배하고 싶었던 거란에게 고려가 위협이 될 것이라고 판단했기 때문이다. 게다가 고려는 거란이 중국 대륙을 차지하기 위해서는 꼭 싸워서 이겨야 할 송과 친선 관계를 맺고 있었다.

1차 침입은 성종 때인 993년 10월에 있었다. 이때 서희는 고려가 고구려의 뒤를 이어 세워진 나라임을 밝히는 외교 담판으로 강동 6주를 얻었다. 거란은 괜스레 고려와 싸워 힘을 뺄 필요가 없다고 생각해 순순히 물러났다. 이후 현종 때인 1010년에도 거란의 침입이 있었다. 뒤늦게 강동 6주의 중요성을 깨달았기 때문이다. 이때는 개경이 함락되는 등 고려도 큰 피해를 입었으나, 양규가 이끄는 고려군이 후방을 공격하는 등 끈질기게 저항하자 강화를 맺고 물러났다.

그리고 1018년 12월 소배압이 이끄는 10만의 거란군이 세 번째로 고려를 침공했다. 고려의 왕이 거란을 방문하는 등 강화 때 한 약속을 지키지 않는다는 이유였다. 이에 고려는 강감찬과 강민첨을 보내 거란군과 맞서 싸우게 했다.

강감찬이 이끄는 고려군은 압록강을 건너온 거란군과 흥화진에서 처음 맞섰다. 이때 강감찬은 매우 지혜로운 전술을 이용했다. 그는 흥화진 상류에 쇠가죽으로 둑을 만들어 물을 가두었다가 거란군의 주력 부대가 강을 건널 때 갑자기 흘려보냈다. 그리고 갑자기 강물이 불어나 혼란에 빠진 거란군을 공격해 큰 타격을 입혔다. 초반의 전투에서 크게 패한 거란군은 사기가 꺾일 수밖에 없었다.

이후 거란군은 고려군과의 정면 싸움을 피하고 산간 지역을 통해 개경 근처까지 이동했다. 하지만 당시는 겨울이었기 때문에 군사들은 전투보다 추위와 굶주림에

더 지쳐 있었다. 게다가 개경의 방비가 워낙 튼튼해 거란군은 더 이상 나아가지 못하고 후퇴할 수밖에 없었다.

철수하는 거란군이 압록강 근처의 귀주에 도착하자, 고려군은 근처의 성을 지키던 병력을 모두 모아 총공격을 하여 전멸시켰다. 거란의 10만 군사 가운데 살아서 돌아간 사람은 수천 명에 불과했다. 이후 거란은 무력으로 고려를 굴복시키려는 생각을 버렸으며, 고려와 거란은 화의를 맺었다.

심화 거란의 3차 침입을 물리친 흥화진과 귀주는 1차 침입 때 서희의 외교 담판으로 얻은 강동 6주에 속한다. 고려는 거란이 다시 침입할 경우를 대비해 이 지역에 성을 쌓고 군사 기지를 건설한 상태였다. 귀주 대첩은 귀주성 밖의 벌판에서 벌어졌는데, 강감찬은 퇴각하는 거란군을 추격하던 병력과 이곳에서 미리 대기하고 있던 병력을 모아 총공격했다. 치열한 전투가 벌어졌지만 결국 고려군의 큰 승리로 끝을 맺었다.

고려는 강감찬을 상원수, 강민첨을 부원수로 삼아 거란군에 맞서게 했다. 강감찬은 기습과 유인 작전을 적절히 섞는 등 뛰어난 전술로 거란군을 공격해 승리를 이끌었다. 강감찬은 거란의 2차 침입 때 개경이 함락당할 위기에 처하자 항복하자는 다른 신하들과는 달리 잠시 남쪽으로 후퇴하여 시간을 벌자고 주장하기도 했다.

● ○ ○
고려군과 거란군은 귀주 벌판에서 맞섰다. 처음에는 전세가 팽팽했지만, 바람이 거란군을 향해 부는 기회를 틈타 고려군이 맹공격을 퍼부어 승리했다.

시대 조선 시대 | **더 찾아보기** 박제가, 병인양요, 세종, 영조, 의궤, 정약용, 정조, 조선, 집현전, 탕평책, 창덕궁

정조가 만든 국립 도서관이자 정책 연구 기관

규장각

개요 조선 정조 때 마련된 국립 도서관이자, 세종 때의 집현전과 마찬가지로 나라의 정책과 학술을 연구하는 기관이다. 왕권 강화를 목적으로 만들었으며, 이를 통해 많은 인재들이 등용되었다. 규장각의 관원들은 나라 안에서 일어나는 여러 가지 사회 문제를 체계적으로 연구해 정조를 도왔다.

풀이 조선의 제22대 임금인 정조는 학식이 높고 개혁 정치를 펼친 임금이었다. 그는 임금의 자리에 오르자마자 창덕궁에 규장각을 짓고 역대 왕들의 글이나 현판을 모아 보관했다. 또한 중국에서 많은 책을 사들여 국립 도서관 및 자료실 역할을 하도록 했다. 정조가 임금의 자리에 오른 지 5년 만에 3만 권이 넘는 책이 규장각에 보관되었을 정도였다. 이듬해에는 강화도에 외규장각을 두어 왕실의 주요 행사를 기록한 의궤 등 1,000여 권의 책을 따로 보관했다. 이에 따라 창덕궁의 규장각은 내규장각, 혹은 내각이라고 불렸다.

규장각은 단순한 국립 도서관이 아니라 정책 연구 기관의 역할도 담당했다. 할아버지인 영조의 뒤를 이어 탕평책을 추진했던 정조는 정약용 등 유능한 인재들을 규장각에 모아 동서고금의 각종 정책을 연구하도록 하고, 그 결과를 책으로 펴냈다. 특히 서얼이었던 박제가, 이덕무, 유득공, 서이수 등을 규장각의 관리로 임명하는 등 신분에 관계없이 능력 있는 인재를 고루 등용했다. 이들은 규장각에서 많은 책을 보고 정책을 연구해 정조의 개혁 정치를 도왔다.

심화 1866년 병인양요 때 외규장각은 프랑스군에 의해 불타 버렸고 책의 일부가 약탈되었다. 1910년 일제가 국권을 빼앗으면서 규장각은 폐쇄되었고 책도 이곳저곳을 떠돌았으나, 해방 후 서울대학교가 이어받아 관리하게 되었다. 1975년에는 박병선 박사가 프랑스국립도서관에서 병인양요 때 분실된 외규장각 도서 191종

279권의 목록을 발견해 세상에 알렸다. 이에 우리나라 정부는 외규장각 도서 반환을 꾸준히 요청했고 그 결과, 2011년 5월 대여 형식으로 반환이 완료되었다.

●○○
규장각은 주합루 외에도 여러 부속 건물이 있었다고 전해진다. 규장각과 관련된 일을 보는 사무실인 이문원, 책을 햇볕이나 바람에 말리는 공간인 서향각, 중국에서 들여온 책을 보관하는 곳인 개유와 등이 있었다. 또한 규장각 앞에 있는 부용정에서는 휴식을 취할 수 있었다.

조선의 궁궐인 창덕궁 안에 있는 주합루. 1층은 도서관으로, 2층은 열람실로 운영되었다.

●○○
정조는 규장각에서 일하는 학자 외에는 다른 신하들이 이곳에 함부로 드나들지 못하게 했다. 이는 정책을 연구하는 학자들이 정치적인 간섭을 받지 못하도록 함과 동시에 자유롭게 연구에만 몰두할 수 있도록 한 배려였다.

시대 조선 시대 | **더 찾아보기** 군역, 군포, 양반, 양인, 영조, 조선

군역의 부담을 덜어 주기 위해 마련한 세금 제도
균역법

개요 조선 영조 때 백성들의 군역 부담을 덜어 주기 위해 마련한 세금 제도이다. 군대에 직접 가지 않는 대신 내던 군포 2필의 의무를 1필로 줄였다.

풀이 조선 시대 16~60세의 양인 남자들은 군대를 가거나 군인을 경제적으로 지원할 의무(군역)를 지고 있었다. 그러나 갈수록 군역을 피하려는 사람들이 많아지자 1년에 군포 2필을 내는 것으로 군역을 대신할 수 있도록 했다.

그런데 조선 후기에는 돈 있는 양인들이 여러 가지 방법으로 양반이 되면서 군포를 낼 사람이 점점 줄어들었다. 그러자 줄어든 군포의 양을 메우기 위해 죽은 사람이나 어린 아이에게까지 군포를 내게 하고 이웃집 군포를 대신 내도록 하는 등 폐단이 생겨났다. 백성들 중에 군포의 부담을 견디지 못해 도망가는 이들이 늘어나면서 상황은 더욱 나빠졌다. 군포 납부에 따른 원성이 커지자 정부에서는 개선 방안을 연구했다. 농민들의 부담을 줄여 주는 대신 부유한 양반에게 군포를 거두어 메우는 것이 가장 현실적인 대책이었지만, 이는 양반들의 반대로 실현되지 못했다.

결국 영조 때인 1750년에 균역법을 실시해 군포를 1필로 줄여 주는 조치를 취하게 되었다. 균역이란 '역을 고르게 한다.'는 뜻이고, 역은 노동으로 내는 세금을 가리킨다. 하지만 균역법 실시 이후에도 양반이 되거나 도망치는 사람이 계속 늘어, 양인들의 부담은 줄어들지 않았다.

심화 군포를 2필에서 1필로 줄이려면 줄어든 수입을 메울 새로운 세금이 필요했다. 이에 영조는 고기잡이나 소금 거래, 상업에 이용되는 배 등에 어세, 염세, 선세를 거두었으며, 선무군관포 등의 세금을 새로 부과했다. 선무군관이란 지방에 살고 있는 부유한 평민 가운데 무술 시험을 통해 군관으로 뽑은 사람을 뜻한다. 이들은 평소에는 군관포를 내면서 훈련하다 위급한 때에는 군대에 나와 군졸들을 지휘했다. 영조는 이밖에도 각 관청이 경비를 줄여 부족한 군포를 보충하도록 했다.

우리나라 최초로 만들어진 전국적인 여성 운동 조직

근우회

개요 1927년에 여성 운동 조직을 하나로 통합해 만든 여성 단체이다. 우리나라 최초의 전국적인 여성 운동 조직이자 항일 운동 단체였다. 일제의 탄압과 내부의 의견 차이로 인해 1931년에 해체되었다.

풀이 3·1 운동 이후 일제는 한국인의 사회 단체 결성을 부분적으로 허용했다. 이에 따라 여성 운동 단체들이 여럿 생겨났다. 이후 여성 운동은 독립운동과 마찬가지로 민족주의 계열과 사회주의 계열, 종교 계열로 나뉘었다. 이들은 여성이 봉건적인 굴레에서 벗어난다는 의미의 '여성 해방'과 일제의 침략으로부터 벗어난다는 '민족 해방'이라는 목표는 같았지만, 그것을 이루는 방법에서는 의견 차이를 보였다.

그러다 1920년대 후반에 여성 운동을 통합하자는 움직임이 일어났다. 민족주의 여성계의 김활란과 사회주의 여성계의 박원민, 종교계의 유각경 등이 중심이 되어 근우회가 만들어졌다. 이들은 곧바로 행동 강령을 발표해 여성의 지위를 높이고 일제의 침략으로부터 벗어나자는 목표를 밝혔다. 또한 여성을 차별하는 규제를 없애고 교육의 기회를 똑같이 주어야 한다고 주장했다.

근우회는 전국에 70여 개의 지회를 두고, 회원도 2,900여 명에 이를 정도로 성장했다. 도쿄와 간도, 창춘 등 외국에도 지회가 만들어졌다. 여성 문제를 다루는 토론회나 강연회를 여는가 하면, 야학 활동에 참여하거나 항일 학생 운동을 지원하기도 했다.

심화 근우회는 갈라진 운동 세력을 모아 공동의 목표를 이루기 위해 노력했지만 오래가지 못하고 결국 1931년에 해체되고 말았다. 일제의 탄압과 구성원들 사이의 의견 충돌로 결속력이 약해졌기 때문이다. 운동을 이끌어가는 경험이나 능력이 부족했던 것도 쇠퇴의 원인이 되었다. 하지만 오늘날에도 지적되는 문제들을 처음 제시하면서 한국 여성 운동의 출발점이 되었다.

시대 삼국 시대 | 더 찾아보기 고구려, 백제, 신라, 아직기, 왜, 왕인, 일본

4세기 후반에 영토를 넓혀 전성기를 이끈 백제의 임금
근초고왕

개요 백제의 전성기를 이끈 제13대 임금이다. 345년에 임금의 자리에 오른 뒤 375년까지 정복 전쟁을 벌여 백제 역사상 가장 넓은 영토를 차지했다.

풀이 근초고왕은 백제의 제11대 임금인 비류왕의 둘째 아들로 태어났다. 남달리 총명했지만 아버지인 비류왕이 죽었을 때는 나이가 너무 어려 임금이 되지 못했다. 하지만 분서왕의 아들이자 제12대 임금인 계왕이 3년 만에 세상을 떠나자 근초고왕이 임금의 자리에 올랐다. 이처럼 백제의 왕위 계승이 들쑥날쑥하자 근초고왕은 아들에게 임금의 자리를 물려주는 부자 상속 제도를 정착시키며 왕권을 강화했다.

이후 근초고왕은 본격적인 정복 전쟁에 나섰다. 그는 남쪽으로는 마한을 정복해 지금의 전라도 지역까지 영토를 넓히고, 고구려를 공격해 고국원왕을 죽인 뒤 황해도 지역을 차지했다. 또한 근초고왕은 영토를 효율적으로 통치하기 위해 지방 행정 조직을 정비하고 관리를 파견하였다. 이로써 백제는 전성기를 맞았다.

백제의 힘이 강해지면서 국제적인 지위도 높아졌다. 근초고왕은 왜(일본), 중국 등과 외교 관계를 맺고 활발하게 교류했다. 특히 일본의 역사책인 《일본서기》에 따르면 근초고왕 때 백제에서 간 아직기와 왕인이 《천자문》과 《논어》를 전해 일본의 문화 발달에 큰 영향을 주었다고 한다. 또 고흥에게 《서기》라는 역사책을 펴내게 해 백제 왕실의 위엄을 돋보이게 했다.

심화 근초고왕 때 백제의 세력은 중국에도 미쳤다. 우리나라 역사책에는 기록되어 있지 않지만, 중국의 역사책인 《송서》와 《양서》에 따르면 근초고왕이 해외에 식민지를 개척했다고 한다. 두 책은 "진나라 때 고구려가 요동 지방을 공격하자, 백제는 요서 지방을 공격해 진평현을 설치했다."고 적고 있다.

시대 고려 시대 | **더 찾아보기** 거란, 고구려, 고려, 동북 9성, 말갈, 명, 몽골, 발해, 삼국 시대, 여진, 요, 원, 윤관, 후금

고려 중기에 만주 지역을 지배했던 여진족의 나라

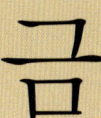

개요 12세기 초반부터 13세기 초반까지 만주 지역을 지배했던 나라이다. 만주 동부 지역의 **여진**족 아구타가 1115년에 여러 부족을 통일해 세웠고, 1234년에 세력이 커진 **몽골**에게 멸망당했다.

풀이 여진은 **삼국 시대**에 만주 지방에 흩어져 살았던 **말갈**의 후손들이다. 이들은 **고구려**에 이어 **발해**의 지배를 받았으며, 발해가 **거란**(요)에 의해 멸망한 뒤에는 부족 단위로 흩어져 살았다. 이후 여진은 **고려**와 요에 조공을 바치며 국경 지역에서 무역을 하거나 농사를 지으며 살았다.

하지만 일부는 고려를 침범해 약탈을 일삼기도 했다. 이에 고려의 **윤관**이 별무반을 편성해 함흥 평야 일대에 있는 여진을 토벌하고 **동북 9성**을 쌓았다. 여진은 침략을 사과하며 성을 돌려 달라고 애원했다. 아홉 개의 성을 관리하기 힘들었던 고려는 1107년에 해마다 조공을 바치겠다는 다짐을 받고 1년 만에 돌려주었다.

그러나 여진은 고려를 섬기겠다는 약속을 지키지 않았다. 아구타가 흩어진 부족을 모아 금나라를 세운 뒤에는 고려에 형제 관계를 요구했고, 요를 멸망시키고 화북 지방을 차지하고 나서는 신하로서 예를 갖추라고 요구했다. 하지만 13세기 초반부터 금은 세력이 커진 몽골의 침입을 받으며 세력이 기울기 시작했고, 1234년에는 금의 마지막 임금인 완옌청린이 몽골의 공격으로 세상을 떠나면서 멸망했다.

심화 한때 고려와 남송을 압박할 정도로 세력이 컸던 금은 만주 지역에 새롭게 등장한 몽골에 의해 멸망했다. 나라를 잃은 여진족은 다시 부족 단위로 뿔뿔이 흩어져 살게 되었다. 그리고 1616년에 누르하치가 부족을 통일해 **후금**을 세우기까지, 400여 년간 **원**과 **명**의 지배를 받아야 했다.

시대 삼국 시대 | 더 찾아보기 고분, 돌무지덧널무덤, 신라

아름다운 금관이 발견된 신라의 옛 무덤
금관총

개요 경상북도 경주시 노서동에 있는 **신라** 시대의 옛 무덤이다. 신라의 **고분** 중에서 금관이 처음 발견되어 금관총이라고 부른다.

풀이 금관총은 1921년 집터를 파던 중 우연히 발견되었는데, 이미 파괴된 고분인데다 정식으로 조사된 것이 아니어서 무덤의 구조나 유물 등 상태가 정확히 밝혀지지 않았다. 하지만 금관총이 발견되면서 신라 고분의 발굴이 활발해졌다.

금관총은 신라 때만 있었던 **돌무지덧널무덤**으로 알려져 있다. 원래 모양은 지름이 50미터, 높이 13미터 정도로, 무덤 안에 옻칠한 덧널이 있었던 것으로 추측된다. '덧널'이란 나무로 만든 널방(관을 넣어두는 방)을 뜻하는데, 이러한 구조는 신라 특유의 무덤 양식으로, 불교의 영향이 있는 점으로 보아 통일 신라 이전인 6세기 무렵에 만들어진 왕릉으로 추측된다.

심화 금관총에서는 금관을 비롯하여 귀걸이, 팔찌, 반지, 허리띠, 신발 등의 장신구와 금동으로 장식한 칼, 안장틀, 비늘 갑옷, 정강이 가리개, 각종 철제 무기, 금은제 및 청동제 그릇, 유리잔, 칠기, 쇠솥과 각종 토기 등이 발견되었다. 특히 옥과 같은 구슬 종류만 총 3만여 개가 나왔으며 관의 둘레에는 수백 개의 덩이쇠와 주조철 도끼가 함께 묻혀 있었다.

금관총에서 나온 신라 금관. 국보 제87호로 지정되었다. 출(出) 자 모양의 장식과 사슴뿔 모양의 장식으로 신라 금관의 특징적인 모습을 잘 나타내고 있다.

시대 조선 시대 | 더 찾아보기 대동법, 시전, 육의전, 정조, 조선

허가받지 않은 상인인 난전을 금할 수 있는 권리
금난전권

개요 조선 후기에 육의전이나 시전 상인들이 허가받지 않은 상인인 난전을 금지할 수 있었던 권리를 뜻한다. 취급 상품을 독점적으로 사고팔 수 있는 특권이었다.

풀이 조선 시대에는 국가가 상업을 엄격히 통제했다. 조선 조정은 기본적으로 농업을 장려했을 뿐 아니라 상업을 적절히 통제해야 세금을 제대로 거둘 수 있다고 여겼기 때문이다. 이에 따라 서울에서는 육의전이나 시전과 같이 규모가 크고 점포가 있으며 허가를 받은 상인들만 독점적으로 장사를 할 수 있었다.

그런데 조선 후기에 접어들면서 수공업과 상업이 발달하자 국가의 통제를 받지 않는 상인들, 즉 난전이 많아졌다. 이들은 오늘날의 노점상처럼 별도의 점포를 두지 않으면서도 자유롭게 장사를 했는데, 이들의 수가 점점 늘어나자 육의전과 시전 상인들은 큰 타격을 받게 되었다. 난전으로 인해 그동안 독점적으로 보장받았던 이익이 줄어들자 육의전과 시전 상인들은 조정에 난전을 금지시킬 수 있는 권리, 즉 금난전권을 요구했다. 육의전과 시전 상인들로부터 필요한 물품을 공급받고 있었던 조정은 이들의 요구를 받아들여 금난전권을 주었다.

● ○ ○
난전은 국가로부터 허가를 받지 않은 상인을 뜻한다. 점포가 없이 장사를 하는 소규모 상인이 많았으며 세금도 내지 않았다.

심화 금난전권은 오래가지 못했다. 당시 조선 사회는 대동법 실시 이후, 기존의 시장 체제로는 감당할 수 없을 만큼 상업의 규모가 커지고 있었기 때문이다. 게다가 육의전과 시전 상인들이 관리들과 손을 잡고 부정을 저지르거나, 물품 가격을 올려 과도한 이익을 취하고, 난전을 무리하게 단속하여 억울한 피해도 늘어났다. 이에 당시 영의정이었던 채제공이 금난전권 폐지를 건의했고, 결국 정조 때인

1791년에 육의전 이외 시전 상인들의 금난전권이 폐지되었다. 이후 육의전에서 거래하는 물품을 제외한 모든 물품이 자유롭게 거래되는 등 상업 활동이 활발해졌다.

●○●
시전은 국가로부터 상업 활동을 보장받는 상인들을 뜻하고, 육의전은 시전 중에서도 비단이나 명주, 무명 등을 취급하는 규모가 큰 상인 집단이었다. 이들은 주로 한양의 운종가(종로)를 따라 점포를 두고 장사를 했는데, 난전에 비하면 매우 부유한 상인들이었다.

●○●
조선 시대의 시전 모습. 조선 조정은 시장의 질서를 바로잡기 위해 시전 상인들에게 금난전권을 주었지만, 이들이 관원 못지않은 힘을 갖게 되면서 오히려 많은 폐단이 생겨났다. 결국 정조는 이들에게 주었던 금난전권을 폐지하고 자유로운 상업 활동을 허락하게 되었다.

시대 삼국 시대 | 더 찾아보기 국보, 삼국 시대, 신라, 일본

일본에도 영향을 끼친 반가부좌 자세의 아름다운 불상
금동미륵보살 반가사유상

개요 삼국 시대에 만들어진 불상 중 하나이다. 반가부좌 자세를 한 미륵보살을 구리에 금을 입혀 표현한 불상이기 때문에 '금동미륵보살 반가사유상'이라고 부른다.

풀이 반가사유상이란 반가부좌의 준말인 '반가'와 생각하는 불상이라는 뜻의 '사유상'을 합친 말이다. 실제로 불상은 오른쪽 다리를 왼쪽 다리 위에 얹은 반가부좌 자세로 오른손을 뺨에 댄 채 생각에 잠겨 있는 모습이다. 미륵보살이란 먼 미래에 이 세상에 와서 모든 악을 없애고 깨달음을 얻지 못한 사람들을 구원한다는 미래의 부처를 뜻한다.

반가사유상은 금동이나 나무, 돌, 흙 등 여러 가지 재료로 만들어졌다. 관음보살상이나 미륵보살상에 많이 나타나며, 특유의 반가부좌 자세는 인도에서 처음 시작되었다. 우리나라에는 삼국 시대에 전해져 7세기 무렵 신라에서 발전되었는데, 이것은 다시 일본에 전해졌다.

현재 우리나라의 반가사유상은 38구이며, 이중 금동으로 만든 것은 24구이다. 국보나 보물로 지정된 것은 국보 제78호 금동미륵보살 반가사유상(국립중앙박물관), 국보 제83호 금동미륵보살 반가사유상(국립중앙박물관), 국보 제118호 금동미륵보살 반가사유상(리움미술관), 보물 제331호 금동미륵보살 반가사유상(국립중앙박물관), 보물 제643호 금동미륵보살 반가사유상(호암미술관) 등이다. 국보가 3구, 보물이 2구인 셈이다.

심화 우리나라의 반가사유상 중 가장 유명한 것은 국보 제78호와 제83호이다. 국립중앙박물관에 있는 국보 제78호 반가사유상은 높이 83.2센티미터로, 화려한 조각을 한 관을 쓰고 장식 띠를 늘어뜨린 모습이다. 국보 제83호의 반가사유상은 높이가 93.5센티미터로 반가사유상 가운데 가장 크다. 1920년대에 경주에서 발견되었다고 하지만 근거는 없으며, 3면이 둥근 산 모양의 관을 쓰고 있어 '삼산 반가사유

상'으로도 불린다. 국보 제78호 반가사유상보다 조금 더 단조로운 모습이지만 섬세하게 조각되어 있는 것이 특징이다.

한편 삼산 반가사유상은 일본 고류사의 목조미륵보살 반가사유상과 매우 닮아서 삼국이 일본과 문화 교류가 활발했음을 보여 준다. 특히 고류사 반가사유상의 재료인 적송(붉은 소나무)은 일본에서는 자라지 않아 우리나라에서 만들어 일본에 가져갔을 것이라고 추측하고 있다.

얼굴은 원형에 가까우며 눈두덩과 입가에 잔잔한 미소를 머금고 있다. 눈·코·입은 단순한 듯 보이지만 매우 정교하게 표현되었다.

미륵보살은 목에 2줄의 목걸이만 걸쳤을 뿐 상의를 입지 않았다.

금동미륵보살 반가사유상은 단순하면서도 균형이 잘 잡혀 있다. 또한 실제 옷주름인 듯 착각할 정도로 정교하면서도 자연스러워 당시 선조들의 뛰어난 주조 기술을 보여 준다.

국보 제83호로 지정된 금동미륵보살 반가사유상. 머리에 3면이 둥근 산 모양의 관을 쓰고 있어 '삼산 반가사유상'으로도 불린다.

시대 삼국 시대 | **더 찾아보기** 고구려, 국보, 신라

신라 영토에서 발견된 고구려 불상
금동 연가 7년명 여래입상

개요 **고구려**의 대표적인 불상이다. 연가 7년, 즉 539년에 만들어졌다. 현재 국립중앙박물관에 보관되어 있으며 **국보** 제119호로 지정되었다.

풀이 금동 연가 7년명 여래입상은 1963년 경상남도 의령군에서 발견되었다. 고구려의 불상이 **신라** 영토였던 의령에서 발견되었다는 점 때문에 주목을 받았다.

금동 연가 7년명 여래입상에는 불상이 만들어진 때와 목적에 대한 기록이 새겨져 있다. 기록은 부처의 인물상을 감싸듯 표현한 광배의 뒷면에 새겨져 있는데, '연가7년세재기미고려국락량(延嘉七年歲在己未高麗國樂良)'으로 시작하는 47개의 글자이다. 이 글에 따르면 "평양 동사의 승려들이 세상에 불법을 알리기 위해 1000개의 불상을 만들기 시작했으며, 금동 연가 7년명 여래입상은 그중에 29번째로 만들어진 것"이라고 한다. 불상이 발견된 지역이 한반도 남쪽인 점으로 보아, 당시 고구려의 국력이 매우 컸음은 물론 불법을 전파하려는 의지를 짐작할 수 있다.

금동 연가 7년명 여래입상은 만들어진 지 오래되었음에도 불구하고 광배의 일부분을 제외하고는 보존 상태가 좋은 편이다. 부처의 몸이나 옷의 주름이 강렬하게 표현된 점, 손발과 얼굴을 크게 표현하여 경쾌한 느낌을 준 점 등은 6세기에 만들어진 고구려 불상들이 가진 특징이다.

심화 광배란 그림을 그리거나 조각을 만들 때 인물의 머리나 등 뒤에 성스러운 빛을 표현한 것을 뜻한다. 불교나 기독교 등 주로 종교적인 예술 작품을 만들 때 사용한다. 불교에서는 광배를 '부처가 전하는 진리의 빛'이라고 설명하고 있으며, 모양은 여러 가지이다. 둥근 모양의 광배는 원광, 머리에 드리운 것은 두광, 몸 전체를 감싸거나 몸에서 빛이 나오는 것은 신광 또는 거신광이라고 한다.

부처의 몸 전체를 감싸고 있는 광배. 소용돌이 문양과 함께 불꽃을 표현했다.

불상의 크기는 16.2센티미터이다. 아담한 크기이지만 선이 굵고 강인한 느낌을 준다.

부처는 오른손은 앞으로 들고 왼손은 내린 모습이다. 왼손의 세 번째와 네 번째 손가락은 구부렸는데, 이는 삼국 시대 불상이 가진 특징이다.

●○○
금동 연가 7년명 여래입상은 부처상과 좌대, 광배 등으로 구성되어 있고, 고구려 불상을 대표하는 특징을 고루 갖추고 있다.

시대 고려 시대~조선 시대　　**더 찾아보기** 고려, 세종, 조선, 직지심체요절, 태종

금속 활자

금속을 녹인 뒤 굳혀 만든 활자

개요 금속으로 만든 활자이다. 무쇠로 만든 철활자, 주석으로 만든 연활자, 놋쇠로 만든 동활자 등이 있다. 우리나라는 **고려** 시대부터 금속 활자를 만들기 시작했으며, 금속 활자로 만든 인쇄물 가운데 가장 오래된 《**직지심체요절**》을 자랑하고 있다.

풀이 금속으로 만든 활자를 조합한 뒤 먹물을 발라 찍어 내면 손쉽게 여러 권의 책을 만들 수 있다. 이렇게 하면 글자를 직접 써서 만들 때처럼 더디지 않고, 나무 활자처럼 닳지 않아 편리하다. 하지만 금속 활자를 만들기 위해서는 높은 수준의 기술이 필요한데, 우리나라는 세계에서 가장 먼저 금속 활자를 만들었다.

고려 시대인 12세기에 이미 금속 활자를 사용하기 시작해, 13세기 초에는 《상정고금예문》이라는 책을 금속 활자로 찍어 냈다는 기록이 있다. 1377년에는 청주 흥덕사에서 《백운화상초록불조직지심체요절》을 펴냈는데, 현재 남아 있는 금속 활자본 가운데 세계에서 가장 오래된 것으로 인정받고 있다. 줄여서 《직지심체요절》이라고도 부르는 이 책은 서양에서 가장 오래된 금속 활자본인 구텐베르크의 《성서》보다 70여 년이 앞선 것으로, 유네스코에 의해 세계 기록 유산으로 지정되었다. 《직지심체요절》은 상·하 두 권으로 발행되었는데, 현재 하권만 남아 있다. 19세기 말 프랑스의 한 외교관이 가져가서 현재까지 프랑스국립도서관에 보관되어 있다.

심화 금속 활자는 **조선** 시대에 크게 발전했다. 조선의 제3대 임금인 **태종**은 주자소를 설치하여 금속 활자를 연구하고 만들도록 했다. 이때 만든 금속 활자는 고려 때보다 모양이 고르고, 책을 펴낼 때 글자를 짜 맞추기 쉽도록 개량되었다.

금속 활자 기술은 **세종** 때 만들어진 활자인 갑인자에서 절정을 이루었다. 갑인자는 글자체가 아름답고 부드러우며, 글자를 조화 있게 배열할 수 있었다. 이후 한자뿐 아니라 한글 활자도 만들어져 서민들도 쉽게 읽을 수 있는 책이 나왔으며, 조선 말기까지 만들어진 금속 활자의 종류만 35종에 이르렀다.

금속 활자 만드는 과정

| 밀랍 주조법 |

❶ 글자본을 붙인 뒤 밀랍에 글자를 새긴다.

❷ 밀랍봉에 글자를 새긴 원형을 붙여 글자봉을 만든다.

❸ 주형틀에 밀랍 글자봉을 넣고 흙을 채운다.

❹ 글자봉을 넣은 주형틀을 불에 굽는다. 이때 흙은 단단해지고 밀랍은 녹는다.

❺ 숨구멍으로 녹인 금속을 부어, 밀랍이 녹으면서 생긴 빈 공간을 채운다.

❻ 금속을 식힌 뒤 흙을 부수면 금속 활자가 완성된다.

| 주물사 주조법 |

❶ 글자본을 붙인 뒤 나무에 글자를 새긴다.

❷ 나무 막대에 글자 원형을 붙여 글자봉을 만든다.

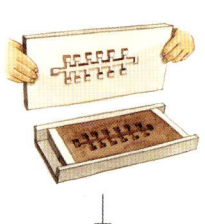

❸ 흙과 모래를 채운 주형틀에 글자봉을 이용해 홈을 만든다.

❹ 글자봉을 붙인 수틀과 홈이 파이게 되는 암틀을 조심스럽게 눌러 합친다.

❺ 숨구멍으로 녹인 금속을 부어 빈 공간을 채운다.

❻ 금속을 식힌 뒤 흙을 부수면 금속 활자가 완성된다.

시대 현대 | 더 찾아보기 김영삼, 대한민국

금융 거래를 할 때 실제 이름을 쓰도록 한 제도
금융 실명제

개요 금융 거래를 할 때 가명이나 남의 이름이 아니라 자기 이름으로만 쓰도록 한 제도이다. 1993년 8월 13일부터 '금융 실명제 실시에 관한 대통령 긴급 재정 경제 명령'으로 시행되기 시작했으며, 2014년 12월 1일부터는 다른 사람의 이름을 빌리는 차명 거래도 일절 금지함으로써 한층 강화되었다.

풀이 1993년 이전에는 금융 거래를 할 때 실제 이름을 쓰지 않아도 되었다. 가명(가짜 이름)이나 차명(남의 이름), 또는 무기명(이름을 쓰지 않음)으로 거래해도 되었던 것이다. 이로 인해 개인이나 기업이 정치가 또는 권력자에게 뇌물을 주거나, 회사 돈을 빼돌려 불법 자금을 모으거나, 부정한 방법으로 모은 재산을 숨기는 일이 빈번하게 일어났다. 이에 대한민국 정부는 부정한 거래를 법으로 막을 수 있는 방법을 찾았고, 김영삼 정부 때인 1993년 긴급 명령으로 금융 실명제가 실시되었다.

금융 실명제는 모든 금융 거래를 거래하는 사람의 실제 이름으로 하자는 것이다. 일반적인 은행 예금은 물론이고 주식이나 채권 등 여러 가지 금융 상품을 거래할 때 자신의 실제 이름으로 하지 않으면 법에 따라 처벌을 받게 되었다. 그리고 이 제도가 시행되면서 금융 거래를 할 때 돈이 어디에서 나왔는지, 어디로 어떻게 이동되었는지 드러나게 되어 부정부패 방지에 도움이 되었다. 또한 국민들의 소득을 비교적 정확하게 파악할 수 있어 세금을 거두는 일이 이전보다 편리해졌다.

심화 금융 실명제의 실시로 부정부패 방지에 효과를 거두자, '부동산 실명제'에 대한 요구도 거세어졌다. 부동산 실명제란 집이나 땅, 건물 등을 거래할 때 실제 이름을 쓰게 하여 부정한 거래를 막기 위한 제도이다. 1995년 7월에 '부동산 실소유자 명의 등기에 관한 법률'이 제정되었는데, 실제 이름으로 부동산 거래를 하지 않으면 처벌을 받게 된다.

지붕을 덮는 데 썼던 전통 건축 자재

기와

개요 지붕을 덮는 데 쓰이는 전통의 건축 자재로, 도자기처럼 반죽한 흙을 모양 낸 뒤 구워 만든다. 우리 민족은 고대부터 기와를 만들어 썼는데, 쓰임새에 따라 모양도 여러 가지였다.

풀이 기와는 중국의 한나라로부터 들어온 것으로 추측된다. 위만 조선을 멸망시킨 한나라가 한반도에 한사군을 설치할 무렵부터 기와지붕을 얹은 집을 짓기 시작한 것이다. 하지만 기와는 매우 귀했기 때문에 주로 궁궐이나 절, 귀족들의 집을 지을 때 사용되었다.

기와는 나라와 시대에 따라 특색이 있었다. 고구려의 기와는 힘차면서도 날카로운 편이었고, 백제의 기와는 부드럽고 세련된 편이었다. 신라의 기와는 처음에는 소박한 편이었지만 차츰 화려해졌다. 고려 시대에는 삼국 시대보다는 못했지만, 여러 가지 모양의 기와가 만들어졌다. 청자처럼 푸른빛을 내는 기와를 만들기도 했다. 조선 시대에는 검소한 유교 문화로 인해 기와도 소박해졌다.

기와는 도자기처럼 흙을 반죽해 모양을 빚은 다음, 가마에 넣고 구워 만든다. 종류는 쓰임새에 따라 나누어진다. 기본이 되는 기와는 둥근 모양의 수키와와 평평한 모양의 암키와이다. 수키와와 암키와를 번갈아 이어 덮으면 지붕에 밭고랑과 이랑처럼 아름다운 곡선이 만들어진다. 고랑처럼 패인 곳으로는 빗물이 흘러내리도록 했다. 수키와와 암키와를 얹은 다음에는 막새기와로 처마 끝을 막아 완성했다. 이밖에도 서까래 기와, 마룻기와, 모서리 기와 등 쓰임새에 따라 여러 가지 모양의 기와

버선코처럼 올라온 지붕 끝에는 귀면 기와와 마루용 막새기와로 마무리했다.

여러 가지 모양의 기와들.

가 있었다. 기와에는 무늬도 넣었는데, 주로 연꽃이나 태극, 도깨비, 소용돌이 등을 새겨 아름답게 만들었다.

심화 기와지붕에도 여러 가지 종류가 있었다. 대표적인 기와지붕이 바로 맞배지붕과 팔작지붕, 우진각 지붕 등이다. 기본이 되는 맞배지붕은 두 개의 지붕면이 A자 모양으로 맞닿은 것이고, 팔작지붕은 여러 개의 도형이 합쳐진 모양에 처마 끝이 버선코처럼 들려 있다. 또한 우진각 지붕은 삼각형과 사다리꼴을 합쳐 놓은 모양이다.

기와지붕을 얹어 지은 조선 시대의 양반집. 지붕의 종류는 팔작지붕이다. 양반집을 지을 때 남자 어른이 지내는 사랑채나 조상의 신주를 모신 사당에는 멋스러운 팔작지붕을 얹었다.

암키와 수키와

수키와와 암키와를 이어 덮은 지붕. 밭고랑처럼 패인 곳으로는 빗물이 흘러내렸다.

용마루에는 마룻기와를 얹어 마무리했다.

처마 끝은 여러 가지 무늬가 새겨진 막새기와로 마무리했다.

은나라의 기자가 고조선에 이어 세웠다는 나라

기자 조선

개요 은나라 사람인 기자가 **단군왕검**이 세운 **고조선**에 이어 세웠다는 나라이다. 기원전 1100년경부터 기원전 194년까지 고조선 지역을 지배했다고 알려져 있지만, 실제로 기자 조선이 있었는지는 확실치 않다.

풀이 중국 은나라에서 살았던 기자가 **조선**으로 망명한 뒤 그와 그의 자손들이 다스린 나라를 '기자 조선'이라고 한다. 기원전 194년에 위만에 의해 멸망하기까지 900여 년간 이어졌다.

《상서대전》이나 《한서》, 《사기》 등 중국 역사책에 따르면 기자는 은의 왕족 출신이다. 그는 자신의 조카이자 은의 마지막 임금인 주왕이 폭정을 일삼자, 그를 비판하다 감옥에 갇히게 되었다. 나라 사정이 더욱 어려워진 은은 끝내 멸망했고, 감옥에서 풀려난 기자는 고조선의 임금이 되었다. 은을 멸망시킨 무왕이 기자의 학식을 높이 평가해 고조선의 임금으로 임명했다고 적은 역사책도 있고, 기자가 스스로 고조선 지역으로 가서 임금이 되었다고 기록한 것도 있다.

고려의 일부 **유학**자들이나 조선의 사대부들은 기자동래설(箕子東來說)을 믿었다. '기자동래'란 기자가 동쪽으로 왔다는 뜻이다. 특히 조선의 사대부들은 중국을 문화 선진국으로 여기며 존중했는데, 중국의 기자가 우리나라에 들어와 백성들을 다스린 일을 자랑스럽게 생각했다. 심지어 기자의 묘를 세우고 그의 뜻을 기리며 사당에서 제사를 지내기까지 했다. 하지만 현재는 기자 조선이 실제 존재했는지 의문이며, 실제 존재한 나라라고 할지라도 우리 역사와는 직접적인 관계가 없다는 견해가 많다.

심화 평안남도 평양시 기림리에는 기자의 묘로 알려진 유적이 있다. 고려 숙종 때 기자를 기리며 제사를 올렸다는 역사 기록도 있으나, 실제로는 묘가 아니라 사당이었을 것으로 추측된다.

시대 고려 시대~조선 시대　**더 찾아보기** 개경, 고려, 성리학, 신진 사대부, 유학, 이방원, 이색, 이성계, 정몽주, 조광조, 조선, 태학

고려에 충절을 지킨 '삼은'의 한 사람이었던 유학자

길재

개요 **고려** 말기의 **유학**자이다. 호는 '야은'이다. 포은 **정몽주**, 목은 **이색**과 함께 고려에 충절을 지킨 세 학자인 '삼은'이라고 불린다. 그의 학문은 **조선** 초기에 등장한 사림 세력의 출발점이 되었다.

풀이 길재는 1353년에 구미에서 태어났다. **개경**에서 관리로 일하던 아버지에게 갔다가 이색과 정몽주, 권근 등의 제자가 되어 **성리학**을 배웠다. **이성계**의 아들인 **이방원**과 한 마을에 살면서 우정을 쌓기도 했다.

그는 뛰어난 학문을 바탕으로 1386년에 과거 시험에 합격했지만 벼슬에는 큰 욕심이 없었다. **태학**에서 일하는 동안에는 수많은 귀족의 자식들이 그에게 학문을 배우기를 원했다고 한다. 하지만 그는 오래지 않아 벼슬을 버리고 어머니가 있는 고향으로 돌아갔다. 당시 고려의 정치 사정은 매우 어지러웠는데, 길재는 고려가 결국 멸망하게 될 것이라고 예상하고 어머니를 모셔야 한다는 핑계를 대며 정치를 떠난 것이다.

그는 이성계와 급진파 **신진 사대부**들이 조선을 세우는 일에 협력하지 않았다. 옛날에 우정을 나누었던 이방원이 나랏일을 도와 달라며 벼슬을 권했을 때에도 "두 임금을 섬길 수는 없다."며 거절했다. 길재는 고향에서 학문을 연구하며 제자들을 가르치는 데에만 힘썼다. 또한 효성이 남달라 어머니를 지극하게 돌보았다고 한다. 그러다 66세가 되던 해인 1419년에 세상을 떠났다.

심화 길재의 학문은 김종직과 김굉필, 정여창, **조광조** 등으로 이어졌다. 이들은 훗날 조선의 정치를 이끌어간 사림 세력이 되었다. 길재는 끝내 고려에 충절을 지킨 신하로 남았지만 그의 학문은 조선의 정신이 되었던 것이다.

전봉준, 손화중 등과 함께 동학 농민 운동을 이끈 지도자

김개남

개요 1894년에 일어난 **동학 농민 운동** 때 농민군을 이끈 지도자이다. **전봉준, 손화중** 등과 함께 활동했다. **조선** 조정이 전주 화약에서 약속한 사항을 지키지 않아 봉기했다가 붙잡혀 처형당했다.

풀이 김개남은 1853년에 전라북도 정읍에서 태어났다. 1890년경에 **동학**을 믿기 시작해 1891년에는 동학 조직의 지역 책임자인 접주가 되었고, 1893년 보은 집회 후에는 대접주가 되었다.

1894년에 고부 군수 조병갑의 횡포에 분노한 농민들이 들고일어나 고부 관아를 습격했다. **고부 농민 봉기**를 시작으로 동학 농민 운동이 일어나자 김개남은 전봉준, 손화중 등과 함께 농민 운동을 이끌었다. 동학 농민군은 전주성을 점령한 뒤 호남 지역에서 세력을 떨쳤다. 조선 조정은 뒤늦게 진상 조사를 위해 관리를 파견했다. 조정 관리와 동학 농민군은 농민군의 요구를 받아들이는 대신 전주성에서 물러날 것을 약속하는 전주 화약을 맺었다. 김개남은 정부와 타협을 하는데 반대하며 **한양**으로 바로 쳐들어가자고 주장했다.

전주 화약으로 물러난 동학 농민군은 남원 지역을 중심으로 자치 기구인 집강소를 설치하고 이에 저항하는 관리와 양반 지주를 처형하며 활발한 정치 개혁 활동을 벌였다. 김개남도 집강소를 이끌며 남원의 강력한 실력자가 되었다. 하지만 조선 조정은 동학 농민군과의 약속을 지키지 않았고, **일본** 군대조차도 물러가지 않았다. 이에 김개남은 1만여 명의 농민군을 이끌고 다시 봉기하여 지금의 충청남도 금산과 충청북도 문의를 거쳐 청주를 공격했으나 일본군과 관군에게 패했다.

심화 청주 전투에서 패한 뒤 김개남은 후퇴해 다시 봉기할 기회를 엿보았지만 관군에게 붙잡혔다. 그리고 농민군 지도자 등 **양반** 지배층을 응징하는 데 가장 적극적이었던 까닭에 한양으로 호송되지도 않은 채 1895년 전주에서 처형당했다.

시대 조선 시대~현대 **더 찾아보기** 대한민국 임시 정부, 동학 농민 운동, 명성 황후, 모스크바 3국 외상 회의, 백범일지, 3·1 운동, 신민회, 신탁 통치 반대 운동, 애국 계몽 운동, 윤봉길, 의병, 이봉창, 이승만, 일본, 일제 강점기, 태평양 전쟁, 8·15 광복, 한국광복군, 한인 애국단

독립운동과 통일 운동에 앞장섰던 민족 지도자

김구

개요 독립운동가이자 정치가이다. 일제 강점기에는 주로 대한민국 임시 정부에서 활동했으며, 8·15 광복 후에는 자주적인 통일 정부를 세우기 위해 노력했다. 1949년에 안두희에 의해 암살당했다. 임시 정부에서 활동하는 동안 쓴 일기인 《백범일지》가 남아 있다.

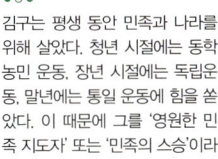

김구는 평생 동안 민족과 나라를 위해 살았다. 청년 시절에는 동학 농민 운동, 장년 시절에는 독립운동, 말년에는 통일 운동에 힘을 쏟았다. 이 때문에 그를 '영원한 민족 지도자' 또는 '민족의 스승'이라고 부른다.

풀이 김구는 1876년에 황해도 해주의 가난한 집안에서 태어났다. 청년 시절에는 동학 농민 운동에 참가했고, 이후에는 만주로 건너가 의병 활동을 하며 일본과 맞서 싸웠다. 1895년에 명성 황후가 일본인들에 의해 시해되자 일본군 장교를 죽이고 붙잡혀 감옥살이를 하기도 했다.

1900년부터는 일제에 맞설 힘을 키우기 위한 애국 계몽 운동에 뛰어들었다. 아동과 청소년들을 가르치다 비밀 조직인 신민회의 회원으로 가입해 활동했고, 일제의 신민회 탄압 때 붙잡혀 다시 갇히는 신세가 되었다. 3·1 운동 직후에는 중국의 상하이로 망명해 대한민국 임시 정부에서 활동했다. 이때부터 그는 주로 임시 정부에서 독립운동을 벌였다. 1939년에는 임시 정부의 우두머리인 주석으로 취임했고, 해방이 될 때까지 임시 정부를 이끌었다.

한편, 김구는 1931년에 한인 애국단을 만든 뒤 중요한 의거를 이끌어 냈다. 이봉창은 도쿄에서 일왕의 행렬에, 윤봉길은 홍커우 공원에서 열린 일왕의 생일 기념식장에 폭탄을 던졌다. 이봉창과 윤봉길의 의거는 우리 민족의 독립 투쟁 의지를 널리 알렸다. 1940년에는 일본에 무력으로 맞설 한국광복군을 만들었고, 이듬해에 태평양 전쟁이 터지자 대한민국 임시 정부의 이름으로 일본에 선전 포고를 했다.

이후 우리 힘으로 나라를 되찾기 위한 계획을 준비하던 중 광복을 맞이했다.

임시 정부 국무위원들과 함께 귀국한 김구는 소련과 미국이 모스크바 3국 외상 회의에서 합의한 신탁 통치 결정에 반대하며 신탁 통치 반대 운동을 이끌었다. 이 과정에서 이승만을 중심으로 남한만의 단독 정부를 세우려는 움직임이 나타나자, 평양에 가서 협상을 벌이기도 했다. 하지만 통일 정부를 세우려는 그의 노력은 끝내 실패했고, 남북한에는 각각 단독 정부가 들어서고 말았다.

심화 김구는 남북한에 각각 정부가 들어선 뒤에도 통일 운동을 멈추지 않았다. 그러던 중 1949년 6월 26일에 자신의 집인 경교장에서 육군 소위인 안두희의 총에 맞아 세상을 떠났다. 안두희는 종신형을 선고받았지만 감형되어 풀려났고, 신분을 감추고 숨어 살다가 1996년에 피살되었다.

김구는 남북한이 각각 단독 정부를 세우려 하자 강하게 반대했다. 북한을 설득하기 위해 38선을 넘어 평양에 다녀오기도 했다. 하지만 통일 정부를 세우려는 그의 바람은 이루어지지 못했다.

8·15 광복 후 귀국한 대한민국 임시 정부의 주요 인물들. 앞쪽 가운데의 안경 쓴 인물이 바로 김구이다. 문지기라도 좋으니 임시 정부에서 일하게 해 달라며 찾아갔던 김구는 나중에는 임시 정부를 이끄는 주석이 되어 활동했다.

시대 조선 시대~현대 | **더 찾아보기** 김구, 대한민국 임시 정부, 대한 제국, 신탁 통치 반대 운동, 여운형, 양반, 6·25 전쟁, 일본, 파리 강화 회의, 8·15 광복

독립운동과 통일 정부 수립에 힘쓴 민족 운동가
김규식

개요 독립운동가이자 정치가이다. 1919년에 **파리 강화 회의**에 참석해 우리나라의 독립 의지를 세계에 알렸고, **대한민국 임시 정부**의 부주석으로 활동했으며, 해방 후에는 민족의 분단을 막기 위해 남북 협상에 참여하는 등 민족 운동을 이끌었다.

풀이 김규식은 1881년에 **양반** 집안에서 태어났다. 어린 시절에는 아버지인 김지성이 **일본**과의 통상 문제에 관한 상소를 올렸다가 귀양을 가는 바람에 어려운 생활을 했다. 미국인 선교사 언더우드의 도움으로 미국에서 유학 생활을 했고, 귀국한 뒤에는 교육 활동을 했다.

일제가 **대한 제국**을 강제로 합병한 이후인 1913년에는 중국 상하이로 망명해 **여운형** 등과 함께 신한 청년단을 만들었다. 제1차 세계 대전 직후 승리한 나라들이 전쟁 후의 문제를 처리하기 위해 파리에서 회의를 열자, 그는 신한 청년단 대표로 참석해 대한민국 임시 정부에서 보내는 탄원서를 제출했다. 비록 일본의 방해와 강대국들의 무관심으로 큰 성과를 내지는 못했지만, 우리나라의 현실을 국제 사회에 알리는 계기가 되었다.

이후 그는 대한민국 임시 정부의 국무위원이 되어 독립운동에 참여했다. **8·15 광복** 후에는 임시 정부 사람들과 함께 국내로 돌아와 우리나라의 자주독립을 주장하며 **신탁 통치 반대 운동**을 벌였다. 또한 남북의 분단을 막기 위해 **김구**와 함께 평양을 방문해 북측 대표들과 회담을 벌이기도 했는데, 끝내 분단을 막지는 못했다.

심화 일찍이 미국에서 대학을 다닌 김규식은 언어 능력이 빼어났다고 한다. 영어는 물론이고 불어나 독일어, 라틴어 등 외국어 능력이 뛰어나 임시 정부의 외교 활동에 큰 역할을 했다. 남북한에 각각 단독 정부가 들어선 이후 그는 정치 활동에서 물러나 있다가 1950년 **6·25 전쟁** 때 북으로 끌려가 세상을 떠났다.

| 시대 현대 | 더 찾아보기 김영삼, 김정일, 남북 정상 회담, 대한민국, 박정희, 10월 유신, IMF 경제 위기, 5·16 군사 정변, 6월 민주 항쟁, 6·15 남북 공동 선언, 일본, 전두환 | 160 |

남북한의 화해 정책을 추진했던 대한민국의 제15대 대통령

김대중

개요 **대한민국**의 제15대 대통령이다. 오랫동안 야당 정치인으로서 민주화 운동을 벌였고, 역사상 최초로 정권 교체를 이루었다. 대통령 임기 중에는 남북 간의 화해를 위해 노력했으며, 그에 대한 공로를 인정받아 2000년에 한국인 최초로 노벨 평화상을 수상했다.

풀이 1924년에 전라남도 신안에서 태어난 김대중은 언론사 사장으로 일하다, **5·16 군사 정변** 이후 야당인 민주당 소속 국회 의원으로 당선되어 정치 활동을 시작했다. 1971년에는 제1야당인 신민당 후보로 대통령 선거에 출마했지만 **박정희** 후보에게 95만 표 차이로 패배했다. 당시 이 선거는 박정희 후보가 부정 선거로 당선되었다는 논란이 거셌다.

1972년에 박정희 정부가 **10월 유신**을 발표하자, 당시 **일본**에 머물던 그는 유신 반대 운동에 앞장섰다. 하지만 박정희 정권은 그를 일본에서 강제로 납치해 국제 사회의 비난을 받기도 했다. 납치 사건 이후에도 그는 집안에 사실상 갇혀 지내는 가택 연금과 감옥 생활을 반복했지만 민주화 운동을 멈추지 않았다.

1980년에는 **전두환** 정권에 의해 내란 음모의 혐의로 사형을 선고 받았다가 미국으로 추방되었다. 이후 귀국해서 민주화 운동을 했으며, 1987년 **6월 민주 항쟁**에 적극적으로 참여했다. 국민들의 민주화 요구를 받아들인 직선제 개헌에 따라 시행된 제13대 대통령 선거에서 평화민주당 후보로 출마했으나 낙선했고, 이후 1992년 선거에 다시 출마했으나 민주자유당의 **김영삼** 후보에게 패했다. 하지만 1997년에 치러진 대통령 선거에서 대한민국의 제15대 대통령으로 당선되어 대한민국 역사상 처음으로 정권 교체가 이루어졌다.

대통령으로 활동하는 동안 그는 '국민의 정부'를 표방하며 정치와 사회 등 여러 부문에서 민주주의를 정착시켰고, **IMF 경제 위기**를 성공적으로 극복했으며, 국제 사회에서 우리나라의 발언권을 높였다는 평가를 받았다. 또한 북한과의 화해와 교류

오랫동안 야당 정치인으로서 민주화 운동을 펼친 김대중은 1997년 12월에 치러진 대통령 선거에서 대한민국의 제15대 대통령으로 당선되었다.

를 위해 햇볕 정책을 추진했는데, 이 과정에서 평양을 방문해 **김정일** 국방위원장과 **남북 정상 회담**을 벌인 뒤 **6·15 남북 공동 선언**을 이끌어 냈다.

심화 김대중은 대통령 임기가 끝날 무렵 자녀가 저지른 비리가 드러나고 햇볕 정책을 추진하면서 국민의 동의 없이 북한에 지원금을 보낸 일이 비판을 받기도 했다. 하지만 그는 대통령의 자리에서 물러난 뒤에도 민주화와 평화 통일을 위한 남북한의 화해 정책에 대한 조언을 계속했다. 그러다 85세가 되던 해인 2009년에 폐렴으로 세상을 떠났다.

김대중은 2000년 6월에 평양을 방문해 조선민주주의인민공화국의 대표인 김정일 국방위원장과 남북 정상 회담을 열었다.

2000년에는 평화 통일을 위한 남북한 화해 정책의 공로를 인정받아 노벨 평화상을 받았다.

야당 정치인이자 민주화 운동가로 활동하는 동안 김대중은 수많은 고초를 겪었다. 일본에서 납치되었는가 하면, 5·18 민주화 운동 때는 폭동의 주범으로 몰려 재판정에서 사형을 언도받기도 했다.

시대 **조선 시대** | 더 찾아보기 김정희, 양인, 정약용, 정조, 조선, 한양

가난한 사람들을 도왔던 조선 후기의 큰 상인이자 여성 상인

김만덕

개요 **조선** 후기에 여성의 몸으로 제주도에서 활동했던 큰 상인이다. 자신의 전 재산을 풀어 당시 굶주림에 시달리고 있던 제주도민을 도왔다.

풀이 1739년에 가난한 집안에서 태어난 김만덕은 열두 살 때 부모를 잃고 어려운 처지가 되었다. 그녀는 기생의 몸종으로 들어간 뒤 관청에 소속된 기생이 되었으나, 스물세 살이 되던 해에는 기생의 신분을 벗고 **양인**이 되어 객주를 차렸다. 객주란 상인들의 물건을 대신 팔아 주거나, 상인과 상인 간의 거래를 도와 돈을 버는 상인을 뜻한다. 김만덕은 사업 능력이 매우 뛰어났다. 그녀는 객주 활동 외에도 여관과 식당, 특산물 거래 등을 해서 오래지 않아 큰 부자가 되었다.

그런데 당시 제주도에서는 극심한 흉년이 여러 해 계속되었다. 굶어 죽는 백성들이 줄을 잇자, 조선 조정에서 이들에게 나누어 줄 구호 식량을 보냈지만 운반하던 배가 그만 침몰하고 말았다. 이에 김만덕은 그동안 모은 전 재산을 풀어 죽어 가던 제주도 백성들을 구해 냈다. 당시 김만덕이 살린 백성의 수가 1,000명이 넘었다고 한다.

조선의 제22대 임금인 **정조**는 김만덕의 선행을 전해 듣고 크게 칭찬했다. 또한 "**한양**에서 임금님을 뵙고, 금강산을 보고 싶다."는 그녀의 소원도 들어주었다. 당시 조선 사회에서는 기생이었던 여자가 임금을 알현(높은 사람을 직접 만나는 것)하는 것은 꿈도 꿀 수 없었다. 게다가 당시 제주도민들은 섬 밖 출입이 철저히 제한돼 있었기 때문에 김만덕의 임금 알현은 매우 큰 상이었다. 채제공, **정약용**, **김정희** 등의 학자들은 김만덕의 선행을 기리는 글과 시를 많이 남겼다.

심화 김만덕은 1812년에 세상을 떠나기 전에도 남은 재산을 가난한 사람에게 골고루 나누어 주었다고 한다. 이에 제주도에서는 그녀의 정신을 기리기 위해 '김만덕 기념 사업회'를 만들었고, '만덕상'을 제정했다. 2010년에는 김만덕의 일대기를 그린 드라마가 방송되기도 했다.

시대 고려 시대 　**더 찾아보기** 고구려, 고려, 묘청의 서경 천도 운동, 문벌 귀족, 백제, 삼국사기, 삼국 시대, 송, 신라, 유학

가장 오래된 역사책인《삼국사기》를 지은 고려의 유학자
김부식

개요 《삼국사기》를 편찬한 고려의 유학자이다. 묘청의 서경 천도 운동을 진압해 최고 벼슬에 올랐으며, 정치에서 물러난 뒤《삼국사기》를 지었다.

풀이 김부식은 1075년에 신라 왕실의 후손 집안에서 태어났다. 아버지를 일찍 여읜 탓에 홀어머니 아래에서 자랐지만 형제 네 명이 모두 과거에 급제해 관직에 올라, 이름난 문벌 귀족이 되었다.

김부식은 젊은 시절에 중국의 송에 사신으로 간 적이 있는데, 이때 송의 임금인 휘종이 그의 뛰어난 학문을 칭찬하며《자치통감》을 선물했다고 한다.《자치통감》은 송의 역사학자인 사마광이 편년체로 쓴 역사책이다. 편년체란 역사적인 사실을 연도와 월, 일에 따라 적는 역사 기술 방법이다. 김부식은 역사 편찬에 관심과 정성을 기울이는 송의 문화와 역사 편찬의 높은 수준에 깊은 감명을 받은 것으로 보인다. 그리고 이 경험은 훗날 김부식이《삼국사기》를 지을 때 영향을 준 것으로 추측된다.

1135년에는 고려 사회를 뒤흔들었던 묘청의 서경 천도 운동을 진압했다. 당시 묘청 세력은 나라의 발전을 위해 문벌 귀족의 힘을 약화시키고 서경(평양)으로 수도를 옮겨야 한다고 주장하다 서경에서 난을 일으켰다. 김부식은 1년 2개월에 걸쳐 계속된 봉기를 진압한 공으로 최고 관직에 올랐고, 이 사건은 고려 사회가 유교 중심의 문벌주의로 바뀌는 계기가 되었다.

김부식은 68세가 되던 해에 벼슬에서 물러났다. 이후 인종의 명령을 받아《삼국사기》를 편찬했다. 그는 고구려, 백제, 신라 등이 서로 경쟁하며 발전했던 삼국 시대와 통일 신라 시대의 역사를 조사하고 연구해《삼국사기》를 완성했다.《삼국사기》는 역사적 사실을 성격에 따라 나누어 기록하는 기전체로 썼다. 기전체는 우리나라와 중국에서 정사(나라에서 공식적으로 기록한 역사)를 편찬할 때 쓰는 방법이다.《삼국사기》는 본기 28권과 지 9권, 표 3권, 열전 10권 등으로 이루어져 있다.

심화 김부식은 《삼국사기》의 〈서문〉에서 "우리의 역사는 우리의 손으로 가급적 자세히 기록해야 한다."고 밝혔지만 실제 책 내용은 중국을 섬기는 입장에서 썼다는 비판을 받고 있다. 반면, 우리 문화의 수준을 한 단계 끌어올렸다는 긍정적인 평가도 함께 받고 있다.

●○○
신라 왕실의 후손 집안에서 태어난 김부식은 과거에 급제해 관리가 된 후 문벌 귀족이 되었다. 묘청의 서경 천도 운동을 진압한 뒤에는 최고 관직에 올랐다. 그의 활동은 문벌 귀족 중심의 사회를 강화하는 역할을 했다.

김부식은 정치에서 물러난 뒤 제자들과 함께 《삼국사기》를 편찬했다. 《삼국사기》는 오늘날에도 삼국 시대의 역사를 연구하는 데 중요한 자료가 되고 있다.

시대 조선 시대~일제 강점기 **더 찾아보기** 3·1 운동, 의열단, 일본, 일제 강점기, 한일 강제 병합

일제 강점기 때 종로 경찰서에 폭탄을 던진 의열단원

김상옥

개요 **일제 강점기** 때 활동한 독립운동가이다. 의열단 단원으로서 종로 경찰서에 폭탄을 던지고, 서울 시내에서 일본 경찰과 총격전을 벌여 일제에 충격을 주었다.

풀이 김상옥은 1890년에 서울에서 태어났다. 가난한 집안 형편 때문에 공장에 다니며 야학에서 공부했지만, **한일 강제 병합**으로 일제에게 나라를 빼앗기자 민족 운동에 앞장섰다. **3·1 운동** 이전에는 주로 **일본**에서 만든 물건을 쓰지 않고 직접 말총 모자를 만드는 등 물산 장려 운동에 적극적으로 참여했다.

그러다 3·1 운동이 일어나자 본격적으로 독립운동에 뛰어들었다. 1920년에는 혁신단을 만든 뒤 조선 총독 등 일제의 중요한 인물들을 암살할 계획을 세웠지만, 실행하기도 전에 발각되면서 중국의 상하이로 망명했다. 이후 그는 항일 무장 독립운동을 전개하는 **의열단**에 가입해 활동했다.

김상옥은 독립운동가들을 붙잡아 잔인하게 고문을 일삼던 종로 경찰서를 폭파할 계획을 세웠다. 1922년에 나무 상자에 무기를 담아 국내로 들어온 그는 마침내 1923년 1월 12일에 종로 경찰서에 폭탄을 던져 큰 피해를 입혔다. 이후 그는 서울 효제동에 있는 동료의 집에 몸을 잠시 피했다가 서울역에서 조선 총독을 저격할 계획이었다. 하지만 숨어 있던 곳이 발각되어 그를 잡기 위해 출동한 일본 경찰과의 총격전을 벌였고, 탄환이 떨어지자 스스로 목숨을 끊었다.

심화 김상옥은 자신을 포위한 수백 명의 일본 경찰에 맞서 약 3시간 반 동안 총격전을 벌였다. 그는 일본 경찰 10여 명을 죽이거나 부상을 입힌 뒤 마지막 남은 한 발의 총탄으로 자결했다. 《동아일보》는 "오른손을 이미 못 쓰는 상태에서 죽는 순간까지 둘째 손가락을 방아쇠에 걸고 권총을 힘입게 잡고 있었다."고 전한다. 또한 당시 중학생으로 그곳을 지나갔던 화가 구본웅은 훗날 김상옥 최후의 모습을 그림과 글로 남겼다.

시대 선사 시대 | 더 찾아보기 가야, 고구려, 백제, 삼국유사, 신라

금관가야를 세운 임금이자 김해 김씨의 시조
김수로왕

개요 금관가야를 세운 임금으로, 김해 김씨의 시조가 되었다. 김수로왕이 세운 금관가야는 여섯 **가야**국 가운데 가장 세력이 크고 중심이 된 나라였다.

풀이 가야는 **고구려**와 **신라**, **백제**가 고대 국가의 기틀을 갖추기 시작할 무렵부터 낙동강 주변 평야 지역에서 성장한 작은 나라들을 통틀어 부르는 이름이다. 《삼국유사》에는 가야의 건국 설화를 다음과 같이 전하고 있다.

"이 지역에는 왕은 없었으며 '간'이라고 부르는 9명의 부족장이 나라를 다스리고 있었다. 어느 날 하늘에서 구지봉의 땅을 파면서 '거북아, 거북아. 머리를 내밀어라. 그렇지 않으면 구워먹겠다.'라는 노래를 부르며 춤을 추라는 말이 들려왔다. 9명의 간이 그렇게 하자, 하늘에서 붉은 보자기에 싸인 황금으로 된 상자가 내려왔다. 상자 안에는 여섯 개의 알이 들어 있었다. 가장 먼저 태어난 아이는 김수로왕이며, 그는 금관가야를 세우고 임금이 되었다. 또한 나머지 5개의 알에서도 아이들이 태어나 각각 나라를 세워 여섯 가야가 되었다."

심화 《삼국유사》에는 김수로왕을 신성시하는 설화가 더 실려 있다. 김수로왕이 나라를 다스리고 있을 때, 완화국 왕비가 낳은 알에서 태어난 석탈해가 가야에 왔다. 석탈해는 왕의 자리를 빼앗으려고 했지만, 김수로왕은 술법 대결에서 이겨 석탈해를 물리쳤다. 또한 김수로왕은 배를 타고 온 아유타국의 공주 허왕옥과 결혼했다. 김수로왕은 가야를 다스리다가 158세가 되던 해인 199년에 세상을 떠났다.

김수로왕은 신비한 탄생 설화를 가지고 있다. 그는 알에서 태어나 나라를 세웠고, 나라 이름은 금관가야라고 했다.

시대 조선 시대 | 더 찾아보기 여진, 일본, 임진왜란, 조선, 진주 대첩

임진왜란 때 벌어진 진주 대첩을 승리로 이끈 장수

김시민

개요 임진왜란 때 벌어진 진주 대첩에서 큰 승리를 이끌어 낸 조선의 장군이다. 3,800여 명의 군사와 백성으로 2만여 명의 일본군을 물리쳤다. 전투 후 숨어 있던 적군의 총탄에 맞아 세상을 떠났다.

풀이 김시민은 1554년에 충청도 목천(지금의 충청남도 천안 지역)에서 태어났다. 1578년에 무과에 급제한 이후 여진 토벌에 공을 세웠고, 임진왜란이 일어나기 1년 전인 1591년에 진주성을 지키는 무관으로 임명되었다.

진주는 경상도에서 전라도로 통하는 길목이기 때문에 일본군의 주요 공격 대상이었다. 진주 판관이었던 김시민은 병으로 죽은 진주 목사를 대신해 성을 고치고 무기를 갖추는 등 철저히 전쟁에 대비했고, 공을 인정받아 진주 목사에 임명되었다. 목사란 조선 시대에 지방을 다스리는 관리를 뜻한다. 진주 목사가 된 후 김시민은 화약과 총통을 만들고 군대를 훈련시키는 등 진주성을 더욱 튼튼하게 지켰다.

1592년에 임진왜란을 일으킨 일본은 2만 군대를 보내 진주성을 포위하고, 수천 개의 대나무 사다리를 만들어 쳐들어왔다. 김시민은 고작 3,800여 명의 군사와 백성으로 이들과 맞서야 했다. 그는 먼저 성안에 사람이 많은 것처럼 보이기 위해 성의 높은 곳에 수많은 깃발을 꽂았고, 노약자와 부녀자까지 군사로 변장하게 했다. 성안의 모든 사람들은 김시민의 지휘 아래 똘똘 뭉친 뒤 있는 힘을 다해 싸웠고 성 밖에서는 의병 부대가 협력해 싸웠다. 7일 동안의 치열한 전투 끝에 일본군은 결국 진주성에서 물러났다. 김시민과 조선군, 의병, 진주성의 백성들이 힘을 합쳐 승리한 것이다.

심화 임진왜란의 3대첩 중 하나로 불리는 진주 대첩이 끝날 무렵, 김시민은 피해 상황을 알아보느라 성을 둘러보았다. 그러다 시체더미 속에 숨어 있던 한 일본군이 쏜 총탄에 이마를 맞았고, 전투가 끝난 지 7일 만에 세상을 떠났다.

시대 현대 | 더 찾아보기 김대중, 노태우, 대한민국, 박정희, 10월 유신, IMF 경제 위기, 5·16 군사 정변, 6월 민주 항쟁, 전두환

문민 정부를 세우고 개혁을 추진한 대한민국의 제14대 대통령
김영삼

개요 **대한민국**의 제14대 대통령이다. 군사 정부에서 벗어나 문민 정부를 세우고 사회 민주화를 위한 제도 개혁을 했으나, 집권 말기에는 세계 경제의 흐름에 제대로 대처하지 못해 **IMF 경제 위기**를 가져왔다는 비판을 받았다.

풀이 김영삼은 1954년에 거제에서 자유당 후보로 출마해 최연소(가장 적은 나이) 국회 의원으로 당선되었다. 하지만 자유당 정권이 독재를 일삼자 탈당했고, 이후 민주당 국회 의원으로 활동했다. **5·16 군사 정변** 때는 정치 활동이 중단되었다가 다시 야당 국회 의원으로 당선되어 3선 개헌 반대 운동에 앞장섰다.

1971년의 대통령 선거에 나갈 신민당 후보를 뽑는 경선에 '40대 기수론'을 내세워 출마했으나 **김대중**에게 패했다. 1972년 **10월 유신** 이후에는 **박정희** 정부의 독재 정치에 맞서 민주화 운동에 참여했고, 1979년 미국의 신문인 《뉴욕 타임스》와의 인터뷰에서 박정희 정부에 대한 미국의 지지를 철회해야 한다고 주장했다. 이 때문에 박정희 정부에 의해 국회 의원에서 제명당하고 신민당 총재직도 박탈되었다.

6월 민주 항쟁으로 대통령 직선제가 시행되자 김대중과 함께 대통령 후보 단일화를 추진하다 실패했고, 각각 대통령에 출마하였으나 선거에서 떨어졌다. 이후 김영삼은 여당이었던 민주정의당과 통합해 민주자유당을 만들고, 1992년에 치러진 제14대 대통령 선거에서 당선되었다. 김영삼 정부는 지위가 높은 공무원이나 국회 의원들의 재산을 공개하고, 군대 안의 사조직인 하나회를 해체했으며, 금융 거래를 할 때 실제 이름을 쓰게 하는 등 개혁을 추진했다. 또한 12·12 사태와 불법으로 비자금을 모은 책임을 물어 **전두환**과 **노태우** 등 전직 대통령들을 구속하기도 했다.

심화 김영삼은 문민(군인이 아닌 일반 국민) 정부를 세워 민주주의를 진전시켰다는 평가를 받았다. 그러나 아들이 정치에 개입하고, 재벌 기업의 뇌물을 받았으며, 잘못된 경제 정책으로 IMF 경제 위기를 가져와 비판을 받았다.

시대 조선 시대 **더 찾아보기** 갑신정변, 강화도 조약, 고종, 박규수, 박영효, 서재필, 우정국, 유학, 이이, 일본, 임오군란, 조선, 청

조선 후기에 갑신정변을 주도한 급진 개화파 정치인
김옥균

개요 조선 후기에 갑신정변을 주도한 급진 개화파의 정치가이다. 일본이 근대화 정책을 펼쳐 발전한 모습을 보고 조선의 개화를 추진했으나 실패했다. 일본에 망명했다가 청으로 건너간 뒤 조선에서 보낸 자객에게 암살당했다.

김옥균은 '명문'이라고 부르던 안동 김씨 집안에서 태어난 귀족 청년이었다. 개화 사상을 받아들인 뒤 일본의 발전된 모습을 보고 우리 역사상 처음으로 근대화 운동을 벌였으나, 갑신정변에 실패한 이후 비참한 최후를 맞았다.

풀이 김옥균은 1851년에 권세 높은 안동 김씨 집안에서 태어났다. 강릉에서 유학을 공부하던 어린 시절에는 이율곡(이이) 학파의 영향을 받았지만, 청년 시절에 박규수의 사랑방을 드나들면서부터는 개화 사상으로 바뀌었다.

그는 스물두 살이 되던 해에 문과 과거 시험에 장원으로 급제해 벼슬길에 올랐고, 이후에는 자신과 뜻이 같은 젊은 관리들과 함께 급진 개화파 세력을 이루었다. '충의계'라고 부른 이 개화파 조직에는 서광범과 홍영식, 서재필 등 당시 명문(이름이 높거나 훌륭한 집안)으로 꼽히던 집안의 아들들이 참여했다.

1876년 조선과 일본 사이에 강화도 조약이 체결되자, 김옥균은 정부의 개화 정책에 적극 참여했다. 1881년에는 고종의 허락을 받아 일본에 다녀왔는데, 이때 근대화된 일본의 모습을 둘러본 뒤 개화 정책만이 자주독립을 지키고 근대 국가를 건설할 수 있다고 생각하게 되었다. 조선으로 돌아온 그는 고종을 설득해 청년들이 일본에서 군사와 학술을 배우고 오도록 했고, 근대 우편 업무를 도입해 우정국(우정총국)을 설치했다.

그러나 임오군란 이후에는 개화 정책을 펼치기가 점점 힘들어졌다. 개화 정책에 대한 친청(청과 가까움) 세력의 방해가 심해진 데다, 개화 정책에 드는 돈을 빌리기 위해 일본과 교섭을 벌이다 실패했기 때문이다. 때를 살피던 김옥균은 일본 공사의 지원을 약속받은 뒤 1884년 12월에 박영효, 홍영식 등과 함께 갑신정변을 일으켰다. 그는 우정국의 공사가 끝났음을

축하하는 연회에서 청과 가까운 관리들을 기습적으로 공격해 죽인 뒤, 새로운 내각을 꾸렸다. 그러나 갑신정변은 청이 군대를 보내 진압에 나서면서 3일 만에 끝나고 말았다.

심화 갑신정변이 실패로 돌아가자 김옥균은 서둘러 조선을 떠나 일본으로 건너갔다. 하지만 일본에서도 냉대를 받으며 10년 동안 방랑하듯 살아야 했다. 이후 청의 실력자인 리훙장을 만나 다시 정치에 나서려고 상하이로 건너갔으나, 1894년에 조선에서 보낸 자객 홍종우에게 암살당했다.

1884년 12월 4일에 우정국의 공사가 끝났음을 알리는 낙성식 축하 연회가 열렸다. 김옥균을 비롯한 급진 개화파는 연회에 참석한 친청파 관리들을 기습 공격하여 죽인 뒤, 새로운 내각을 꾸려 개혁을 추진했지만 청의 개입으로 인해 실패하고 말았다.

시대 일제 강점기~현대 **더 찾아보기** 김상옥, 나석주, 대한민국 임시 정부, 3·1 운동, 의열단, 일본, 조선 의용대, 중일 전쟁, 8·15 광복, 한국광복군

일제에 맞서 의열단 활동과 무장 독립 투쟁을 벌인 인물

김원봉

개요 일제에 맞서 무장 독립운동을 벌인 인물이다. 암살이나 파괴 등의 방법으로 독립운동을 했던 **의열단**과 조직적인 무장 투쟁을 벌인 **조선 의용대**를 이끌었다. **대한민국 임시 정부**와 **한국광복군**에서도 중요한 임무를 맡아 활동했다.

풀이 김원봉은 1898년에 밀양에서 태어났다. 그는 **3·1 운동**이 일어나던 1919년에 중국으로 망명해 13명의 청년들과 함께 의열단을 만들고 단장이 되었다. 의열단원들은 이듬해부터 국내에 들어와 일제의 높은 관리들과 친일파를 암살하거나 관청을 폭파하는 등 의거 활동을 시작했다. 이때 **나석주**, **김상옥** 등 많은 청년들이 일제에 피해를 입히는 의거를 벌였다. 하지만 의거만으로는 독립을 앞당기는 데에 한계가 있음을 깨달은 김원봉은 강력한 군사 조직을 만들어 싸울 것을 결심했다.

그는 중국 국민당의 도움을 받아 황포 군관 학교에서 한인 혁명가를 키우기 시작했다. 당시 중국에 있던 5개의 독립운동 단체를 모아 한국 민족 혁명당을 만들고, 본격적인 항일 무장 투쟁 조직인 조선 의용대도 창설했다. 조선 의용대는 **중일 전쟁**에서 큰 성과를 거두어 중국에서도 실력을 인정받는 부대가 되었다. 일부 조선 의용대원들이 **일본**과의 전투를 위해 부대를 떠난 뒤에는 남은 대원들을 이끌고 한국광복군에 들어갔다. 이후 대한민국 임시 정부 군무부장과 광복군 부사령관 등을 맡아 활동했다.

심화 **8·15 광복** 후 국내로 돌아온 김원봉은 신탁 통치를 두고 좌익과 우익이 대립할 때 좌익 계열에 참여했다. 남한만의 단독 정부 수립이 추진되자 이에 반대하면서 1948년에 북한으로 갔고, 북한의 고위 관리인 노동상에 오르는 등 정치 활동을 벌였다. 하지만 1958년에 숙청(반대파를 없애는 일)당해 세상을 떠난 것으로 추측된다. 김원봉은 우리의 독립운동사에 큰 발자취를 남겼지만 남북한 모두에서 제대로 평가받지 못했다. 최근에는 그가 일제에 맞서 용감하게 독립운동을 벌인 일을 새롭게 평가하고 있다.

신라의 삼국 통일에 큰 공을 세운 장수
김유신

개요 **삼국 통일**에 공을 세운 **신라**의 장군이다. 멸망한 금관가야의 왕족 집안에서 태어났으나 신라의 장수로 성장했다. **무열왕** 때에는 **당**의 군대와 연합해 **백제**를 멸망시켰으며, **문무왕**이 **고구려**를 정벌할 때는 신라 내부를 안정시켰다.

풀이 김유신은 595년에 만노군(지금의 충청북도 진천 지역)에서 태어났다. 아버지인 김서현은 만노군을 다스리는 벼슬아치인 태수였고, 어머니는 만명 부인이었다. 그의 집안은 본래 금관가야의 왕족이었지만, 신라에 의해 멸망한 뒤 신라의 **진골** 귀족이 되었다. 김유신은 열다섯 살에 화랑이 된 이후에 여러 낭도들을 이끌었고, 점차 신라의 이름난 장수로 성장했다.

하지만 김유신은 **가야**의 후손이라는 점 때문에 신라의 귀족 사회에서 제대로 인정받지 못했다. 이를 극복하기 위해 그는 **선덕 여왕**의 조카였던 **김춘추**와 가깝게 지내며 자신의 여동생과 결혼시켰고, 자신도 김춘추의 딸과 결혼했다. 선덕 여왕 때는 "여왕은 정치를 잘할 수 없다."며 반란을 일으킨 비담 세력을 진압했고, 진골 귀족인 김춘추가 임금의 자리에 오르는 데 큰 공을 세워 권력을 잡았다.

이후 김유신은 김춘추(무열왕)와 함께 삼국 통일을 위한 전쟁을 벌였다. 선덕 여왕과 **진덕 여왕** 때는 여러 번 백제와의 전투에 나가 승리를 이끌어냈다. 660년에는 당나라 군대와 연합해 백제를 정벌했다. **황산벌 전투**에서 치열한 전투 끝에 **계백**의 결사대를 물리치면서 백제를 멸망시키는 데 중심 역할을 했으며, 백제 유민들의 부흥 운동과 이를 지원하는 **왜**군을 격파하는 데에도 큰 공을 세웠다. 백제가 멸망한 뒤에는 고구려 공격에 힘써 여러 번 원정길에 올랐다. 668년 신라와 당의 연합군이 고구려를 멸망시킬 때에는 나이가 많이 들어 직접 전투에 나가 지휘하지는 못했지만, 전투에 참가한 문무왕을 대신해 국내 정치를 맡아서 처리했다. 김유신은 신라가 삼국을 통일하는 데 큰 역할을 한 뒤 673년에 세상을 떠났다.

심화 김유신은 **고려** 시대와 **조선** 시대를 거치는 동안 통일의 영웅으로 높은 평가를 받았다. 고려 시대에 **김부식**이 쓴 **《삼국사기》**에는 김유신을 수십 번의 전투를 모두 승리로 이끈 명장으로 평가하고 있다. 그러나 **일제 강점기**에 활동한 **신채호** 같은 역사학자들은 김유신을 높이 평가하지 않았다. 그들은 김유신을 '음모로 이웃 나라를 어지럽힌 사람'이라고 비판하며 백제와 고구려의 멸망을 안타깝게 여겼다.

김유신은 신라의 장수로서 삼국 통일에 큰 공을 세웠다. 《삼국사기》에 따르면 그는 신라군을 이끄는 동안 수십 번의 전투에 참여했고 모두 승리했는데, 특히 백제와의 전투에서 큰 승리를 거두었다.

김일성

6·25 전쟁을 일으킨 조선민주주의인민공화국의 최고 권력자

개요 8·15 광복 후에 한반도 북쪽에 세워진 **조선민주주의인민공화국**(북한)의 수령이다. **일제 강점기**에 항일 무장 투쟁을 벌이다 소련의 지원을 받아 북한의 최고 권력자가 되었다. 1950년에 **6·25 전쟁**을 일으켰으며, 이후에는 주체사상을 바탕으로 1인 독재 체제를 만들어 아들에게 권력을 물려주었다.

풀이 김일성은 1912년에 평양에서 태어났다. 열네 살이 되던 해인 1926년에 만주로 건너가 육문 중학교에 입학한 뒤 공산 청년 동맹에 들어가 활동했다. 1931년에는 중국 공산당에 입당했고, 이후에는 조선인 항일 부대의 대장으로 임명되어 무장 투쟁을 벌였다. 1936년에는 조국 광복회를 만들었고, 1937년에는 국내의 조직과 손을 잡고 함경남도 갑산군 보천보의 **일본** 경찰 주재소와 관공서 등을 공격해 피해를 입히고 철수하기도 했다.

이후 김일성은 두만강 근처의 국경 지대에서 유격 활동을 벌이다 일본군의 추격을 피해 소련으로 갔다. 소련군의 지휘관으로 활동하던 그는 8·15 광복 때 자신의 유격대원들을 이끌고 원산으로 들어왔으며, 소련의 지원을 받아 북한 사회의 중심 세력으로 떠올랐다.

1947년에 김일성은 북한의 단독 정부를 세우기 위한 조직인 북조선 인민 위원회의 위원장이 되었다. 이듬해 조선민주주의인민공화국이 세워지자 내각 수상에 선출되었다. 이후 김일성은 조선 노동당 위원장과 인민군 최고 사령관이 되어 6·25 전쟁을 일으켰다.

6·25 전쟁이 막바지에 접어든 1952년 말부터 자신이 권력을 독점하는 데 걸림돌이 될 수 있는 다른 정치 세력들을 차례로 제거했다. 1961년에는 1인 독재 체제인 수령 지도 체제를 확립했다. 1972년에는 헌법을 개정해 '주석'이라는 직책을 만들고 자신이 주석이 되어 나라의 모든 권력을 독점했다. 그리고 주체사상을 북한의 유일 사상으로 만들어 절대 권력을 뒷받침하고 자신을 우상화하는 데 이용했다. 이

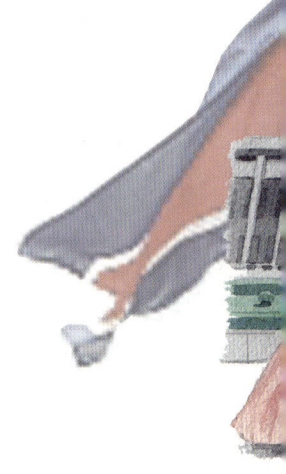

김일성은 주체사상과 수령 지도 체제를 바탕으로 1인 독재 체제를 만들었다. 그리고 부자 세습을 통해 권력을 자신의 아들인 김정일에게 물려주었고, 김정일의 권력은 손자인 김정은으로 이어졌다.

후 김일성은 아들인 **김정일**을 후계자로 내세웠고, 그가 사망한 1994년에는 아들에게 권력을 물려주는 부자 세습을 완성했다.

심화 우리나라와 북한은 오랫동안 서로 적대시하는 관계를 이어왔는데, 김일성 집권 말기인 1991년에 남북 간 고위급 회담이 열리면서 화해 분위기가 만들어지기도 했다. 1993년에는 미국 대통령이었던 카터가 평양을 방문해 남북한이 정상 회담을 할 수 있도록 중재했고, 남북한 정부의 관리들이 이에 필요한 회의도 열었다. 이에 **김영삼** 대통령과 김일성의 정상 회담이 이루어지는 듯했지만 1994년에 김일성이 갑자기 사망하면서 무산되고 말았다.

김일성은 일제 강점기에 항일 무장 투쟁을 벌이다, 일본군의 추격이 시작되자 소련으로 가서 소련군 장교가 되었다.

북한의 1인 독재 체제에서 최고 권력자로 군림했던 김일성.

시대 현대 | 더 찾아보기 김대중, 김일성, 남북 정상 회담, 대한민국, 6·15 남북 공동 선언

김일성에 이어 북한의 최고 권력자로 군림했던 인물
김정일

개요 김일성 이후에 북한에서 최고 권력자가 된 인물이다. 북한의 통치 이념인 주체사상을 체계화했으며, 2000년에는 남북 정상 회담을 가졌으나 핵무기 개발을 주도해 국제 사회의 비난을 받았다.

풀이 김정일은 1942년에 김일성의 맏아들로 태어났다. 아버지로부터 권력을 물려받기 위해 1970년대부터 후계자로서 기반을 닦으며 조선 노동당 안에서 활동하기 시작했다. 그러다 1980년에 열린 조선 노동당 6차 당대회에서 공개적으로 모습을 드러내며 자신이 2인자임을 알렸다. 이후 북한 주민들은 김정일을 '친애하는 지도자 동지'라고 부르며 후계자로 추앙했다. 그는 김일성이 80회 생일을 맞은 1992년부터 북한군 원수로서 군사 지휘권을 갖게 되어 권력을 이어받는 데 성공했다. 북한의 통치 이념인 주체사상을 체계화하는 데 주도적인 역할을 했으며, 1994년에 김일성이 사망한 뒤에는 북한의 최고 지도자로 추대되었다. 하지만 경제 정책의 실패와 1990년대 후반 심각한 식량난 등으로 어려움을 겪었으며, 핵무기 개발로 인해 미국 등 서방 세계와 심각하게 대립했다.

우리나라와도 갈등이 계속되다가 2000년에 김대중 대통령과 평양에서 남북 정상 회담을 갖고 6·15 남북 공동 선언을 발표했다. 이후 금강산 개발 등 남북 경제 협력을 추진하면서 화해 분위기가 만들어졌으나, 그는 핵무기 개발을 포기하지 않았고 대한민국의 정권이 바뀌면서 남북 관계는 이전보다 냉랭해졌다.

심화 김정일의 공식적인 지위는 국방위원장이었다. 하지만 그는 북한 사회에서 수령과 다름없는 권력을 누리다 2011년에 세상을 떠났다. 이후 최고 권력자의 지위는 그의 아들인 김정은으로 이어졌다. 이로써 북한은 현대 국가 체제에서는 사례를 찾아보기 힘든 권력의 부자 세습 체제를 3대째 유지하고 있다.

시대 조선 시대 | 더 찾아보기 대동여지도, 실학, 조선, 조선 총독부, 한양, 흥선 대원군

조선의 대표적인 지도인 〈대동여지도〉를 만든 지리학자

김정호

개요 〈대동여지도〉를 만든 조선의 지리학자이다. 19세기 초반까지 나온 여러 지리서들을 바탕으로 매우 정밀한 한반도 지도를 만들었으며, 《대동지지》와 같은 지리서를 편찬해 우리나라 지리학 발전에 크게 기여했다.

풀이 김정호는 1804년에 황해도의 가난한 집안에서 태어났다. 집안 형편이 어려웠지만 그는 열심히 공부하며 자랐고, 실학자 최한기와 교류하며 학문의 수준을 높였다. 그는 특히 지리학에 관심이 많았는데, 그때까지 나와 있던 대부분의 지도가 정확하면서도 세밀하게 만들어지지 못한 점을 아쉬워했다. 그래서 조선의 백성들을 위해 정밀한 지도를 만들겠다는 꿈을 갖게 되었다.

조선의 대표 지도를 만든 김정호. 가난한 집안에서 태어났지만 열심히 공부하고 연구해 우리나라 지리학 발전에 크게 이바지했다.

하지만 지도를 만드는 데에는 많은 돈과 전문 지식을 갖춘 사람이 필요했다. 형편이 어려운 사람에게는 사실상 불가능한 일이었던 것이다. 다행히 김정호에게는 재정 지원은 물론이고 자료와 정보를 제공해 준 사람들이 있었다. 무관인 최성환, 병조판서를 지낸 신헌, 실학자 최한기 등이 바로 김정호의 후원자들이었다. 이들의 도움을 바탕으로 김정호는 이전에 만들어진 조선의 지도와 지리학 자료들을 참고해 정밀한 지도를 만들 수 있었다.

김정호가 만든 지도로는 〈청구도〉와 〈동여도〉, 〈대동여지도〉, 〈수선전도〉가 있다. 〈청구도〉는 〈대동여지도〉가 나오기 전인 1834년에 만들어진 한반도 지도이다. 지도뿐 아니라 지역 정보까지 담고 있으며, 전국 지도와 지방 지도를 함께 담고 있지만 〈대동여지도〉에 비해 정밀함은 떨어진다. 〈동여도〉는 〈대동여지도〉와 마찬가지로 병풍처럼 접어 만든 전국 지도로, 산을 녹색으로 칠하는 등 채색 작업을 해서 만들었다. 또한 〈수선전도〉는 조선 후기 한양을 그린 지도인데, 여기서 수선이란 '모범이 되는 곳'이란 뜻으로서 서울을 가리킨다.

조선의 대표적인 지도이자 가장 뛰어난 작품인 〈대동여지도〉는 김정

김정호가 조선 8도를 직접 돌아다니며 〈대동여지도〉를 그렸다는 것은 잘못 알려진 이야기이다. 〈대동여지도〉는 이전까지 나온 여러 지리서들의 내용을 모으고 잘못된 것은 바로잡는 등 집대성의 과정을 거쳐 만들었다.

●○○
조선의 대표적인 지도이자 가장 뛰어난 지도인 〈대동여지도〉. 한반도 전체를 나타낸 전국 지도로서 모두 22개의 첩으로 이루어져 있다. 펼쳐 놓으면 가로 4.1미터, 세로 6.6미터에 달하는 매우 큰 지도이다.

호가 직접 목판에 새긴 뒤 1861년에 간행했다. 모두 22개의 첩으로 이루어져 있는데, 첩을 접으면 한 권의 책이 되지만 펼쳐 놓으면 가로 4.1미터, 세로 6.6미터의 큰 한반도 지도가 된다. 산과 산줄기, 하천, 바다, 섬, 마을뿐 아니라 기호를 이용해 봉수나 성터, 온천 등이 어디에 있는지, 길이 어떻게 이어져 있는지까지 나타냈다. 〈대동여지도〉는 오늘날의 지도와 거의 일치할 정도로 정확하며, 조선 시대에 만들어진 지도 가운데 가장 정밀한 것으로 평가받고 있다.

김정호는 〈대동여지도〉를 완성한 뒤 32권의 《대동지지》 작업에 몰두했다. 《대동지지》에는 전국 8도의 산천과 국방, 도로, 역사 지리에 관한 내용이 자세히 기록되어 있다. 당시의 지리지에서는 찾아볼 수 없는 역사적인 사실까지 풍부하게 적어 놓은 이 책은 우리나라의 지리학 발전에 큰 도움이 되었다.

심화 김정호와 〈대동여지도〉에 대해서는 잘못 알려진 사실이 있다. 먼저 "김정호가 8도를 세 번 돌아다니고 백두산을 여덟 차례 오른 뒤 〈대동여지도〉를 만들었다."는 것이다. 〈대동여지도〉는 이전에 나온 많은 지리서의 내용을 집대성하여 만들어졌다. 물론 지리서의 잘못된 부분이나 서로 다른 내용을 확인하기 위해 해당 지역을 답사할 수는 있지만, 김정호가 전국 곳곳을 직접 돌아다니며 그린 것은 아니다.

잘못 알려진 또 다른 사실은 "**흥선 대원군**이 지도판을 압수한 뒤 김정호와 그의 딸을 옥에 가두어 죽게 했다."는 것이다. 이 소문은 **조선 총독부**에 의해 전해졌는데, 조선의 뛰어난 지리학을 부정하고 흥선 대원군을 비난하려는 의도에서 지어낸 것이다.

〈대동여지도〉는 김정호가 지도의 내용을 직접 목판에 새긴 뒤 찍어낸 것이다. 산과 산줄기는 물론 하천, 바다, 섬, 봉수, 성터, 온천 등이 어디에 있는지, 길이 어떻게 이어져 있는지까지 매우 정밀하게 표현했다.

추사체를 만들고 〈세한도〉를 그린 조선 후기의 학자
김정희

개요 **조선** 후기의 서예가이자 화가, 학자이다. 별도로 쓰는 이름인 호는 '추사' 또는 '완당'이라고 한다. 글씨와 그림, 시에 뛰어난 능력을 보였을 뿐 아니라 금속이나 돌에 새겨진 글을 연구하는 금석학에도 업적을 남겼다. 그가 썼던 서체를 '추사체'라고 하며, 〈세한도〉는 우리나라 최고의 문인화로 꼽힌다.

풀이 1786년에 권세 높은 **양반** 집안에서 태어난 김정희는 어려서부터 신동이라는 소리를 들을 정도로 일찍 글을 깨우쳤고 글씨도 잘 썼다고 한다. **정조** 때의 정치가인 체재공이 어린 김정희의 글씨를 보고 감탄했다는 일화가 전해 오고 있다. 그는 일찍이 **북학파** 실학자인 **박제가**의 제자로 들어가 공부했고, 수많은 학자들과 만나면서 학문의 수준을 높였다.

김정희는 스물세 살이 되던 해인 1819년에 문과에 급제해 벼슬길에 올랐다. 이후에는 **암행어사**로 활동하다 **규장각**과 **성균관** 등에서 일했다. 하지만 그는 조선 후기의 혼란스러운 시대에 관리로 일하면서 여러 번 귀양살이를 했다. 평생 동안 귀양살이를 한 기간이 13년에 달할 정도였다. 1840년에는 제주도로 유배를 갔는데, 그때 **삼국 시대**부터 조선 시대까지 내려오던 우리의 서법(글씨 쓰는 법)을 연구해 독특한 글씨체인 추사체를 만들었다. 우리나라 역사상 최고의 문인화라고 평가받는 〈세한도〉도 제주도에서 귀양살이를 할 때 그렸다.

또한 김정희는 돌이나 유물에 새겨진 글을 연구하는 금석학 연구에도 업적을 남겼다. 그는 북한산 순수비가 **신라** 때 만들어진 **진흥왕 순수비**임을 밝혀냈다. 그가 쓴 책인 《금석과안록》에는 진흥왕 순수비를 밝혀낸 과정이 기록되어 있다. 뿐만 아니라 김정희는 중국에서 고증학을 들여와 "학문의 바탕은 근거 없는 지식이나 선입견이 아니라 과학적이며 객관적인 방법이 되어야 한다."고 주장했다.

심화 김정희는 제주도에서만 무려 9년이나 귀양살이를 한 뒤 1848년에 돌아왔지

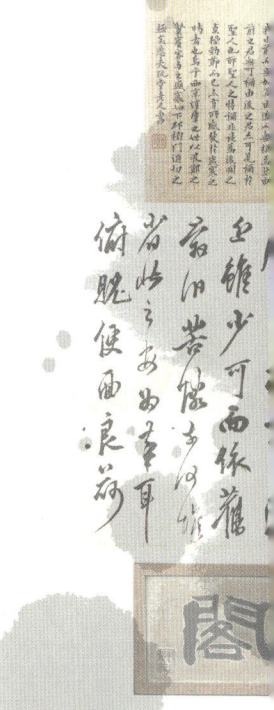

김정희는 어릴 때부터 글씨를 잘 썼다고 한다. 그는 예부터 내려온 우리의 서법을 연구하다 마침내 자신만의 독특한 글씨체인 추사체를 만들었다.

만, 1851년에 또다시 정치적인 사건에 휘말려 함경남도 북청으로 1년간 유배를 떠나야 했다. 이후에는 정치에 간여하지 않고 조용히 살다가 1856년에 경기도 과천에서 세상을 떠났다. 김정희의 생애는 유달리 고난이 많았지만, 학문과 예술 만큼은 모두에게 존경을 받아 "추사의 문하에는 3,000의 선비가 있다."는 말이 있었다고 한다.

김정희가 그린 〈세한도〉. 그가 제주도에서 귀양살이를 할 때 그린 작품이다. 제자가 북경에서 귀한 책을 구해 보내 준 데 대한 고마움을 담아 선물했다고 한다. 양반의 기개가 잘 나타난 이 작품은 우리나라 문인화 가운데 최고로 손꼽히고 있으며, 국보 제180호로 지정되었다.

우리 역사에서 학문과 예술 분야에 커다란 업적을 남긴 김정희. 권세 높은 양반 집안에서 태어나 벼슬길에 올랐지만, 그는 어지러웠던 당시의 정치 사정으로 인해 오랫동안 귀양살이를 하기도 했다.

시대 조선 시대~일제 강점기 | 더 찾아보기 노비, 봉오동 전투, 3·1 운동, 양반, 일본, 청산리 대첩, 한일 강제 병합, 홍범도

청산리 대첩을 승리로 이끈 독립군의 총사령관
김좌진

개요 일제에 맞서 무장 독립운동을 한 독립운동가이자 군인이다. 독립군의 총사령관으로서 **일본**의 정규군과 맞선 **청산리 대첩**에서 승리를 이끌었다.

풀이 김좌진은 1889년에 부유한 **양반** 집안에서 태어났다. 어려서부터 무술 익히기와 병법서 읽기를 좋아했으며, 일찍이 계몽 사상에 눈을 떠 집안의 **노비**들을 모두 해방시켰다고 한다. 그는 열다섯 살이 되던 해에 고향인 충청남도 홍성을 떠나 서울에 있는 육군 무관 학교에 입학했다. 1907년에는 스스로 상투를 자르고, 고향으로 돌아가 학교를 세우고 교육 활동을 하면서 계몽 운동을 벌였다.

1910년에 **한일 강제 병합**으로 일제에게 나라를 빼앗기자, 김좌진은 본격적으로 항일 운동을 시작했다. 그는 독립운동 기지를 만들기 위해 군자금을 모으고 광복단에 가입해 활동하다 감옥살이를 하기도 했다. 이후 일제의 감시가 점점 심해지자 만주로 건너가 독립군 부대를 만드는 일에 몰두했다. 그리고 1919년에는 독립군 부대인 북로 군정서의 총사령관이 되어 독립군을 이끌었다.

한편 1920년에는 **홍범도**와 최진동이 이끄는 연합 독립군이 일본의 정규군을 상대로 **봉오동 전투**에서 승리하자, 일본군은 대규모의 독립군 토벌 작전을 계획했다. 이 정보를 들은 김좌진의 북로 군정서, 홍범도의 대한 독립군 등을 비롯한 여러 독립군 부대들은 힘을 합쳐 일본군에 맞서기 위해 울창한 밀림 지대인 청산리 근처로 모여 들었다. 마침내 일본군과 맞서게 되자, 산악 지형을 잘 이용하며 6일 동안 10차례에 걸쳐 싸워 일본군을 물리쳤다. 이 전투가 바로 청산리 대첩이다. 청산리 대첩은 독립군이 일본 정규군과 싸운 뒤 거둔 가장 큰 승리였다.

김좌진은 독립군 부대가 국내에 진입해 일제를 몰아낼 수 있을 정도로 강해지기를 바랐다. 이에 따라 그는 신민부라는 군사 정부를 만들어 독립군을 길러 내는 데 온 힘을 쏟았다.

청산리 대첩의 승리 후 독립군의 모습. 김좌진은 크고 작은 전투에서 일본군과 싸워 승리하는 것뿐 아니라 일제를 몰아내고 스스로 독립을 얻어 낼 수 있을 정도로 강한 군사력을 기르고자 했다.

심화 만주 지역에는 신민부 외에도 여러 군사 정부가 있었다. 1930년대 중반에 이를 통합하여 독립운동의 힘을 키우자는 움직임이 나타났다. 그러나 단체들 사이에 또는 단체 내부에서 이념이나 사상에 따라 대립과 갈등이 생겨났으며, 통합의 주도권을 잡으려는 경쟁도 치열했다. 이 과정에서 김좌진은 공산주의자인 한 청년의 총에 맞아 1930년에 세상을 떠났다.

청산리 대첩은 독립군 연합 부대가 힘을 모아 거둔 통쾌한 승리였다. 독립군들은 지형을 최대한 이용하면서 일본군을 공격해 큰 피해를 입혔다.

만주 지역에서 무장 독립운동을 이끌었던 김좌진. 어려서부터 무술과 병법에 뛰어났던 그는 오랫동안 무장 독립운동을 준비한 뒤, 독립군의 총사령관으로서 청산리 대첩의 승리를 이끌어 냈다.

시대 삼국 시대 | **더 찾아보기** 가야, 고구려, 김유신, 당, 백제, 삼국 통일, 선덕 여왕, 신라, 연개소문, 왜, 의자왕, 조선, 진골, 진덕 여왕

백제를 멸망시키고 삼국 통일의 기반을 닦은 신라의 임금

김춘추(무열왕)

개요 **신라**의 제29대 임금이다. 왕명은 '무열왕' 또는 '태종 무열왕'이라고 한다. 신라 역사상 처음으로 **진골** 귀족의 신분으로 임금의 자리에 올랐다. **당**의 군대와 연합해 **백제**를 멸망시킨 뒤 신라가 삼국을 통일할 수 있는 기반을 닦았다.

풀이 김춘추는 604년에 진평왕의 딸인 천명 공주의 아들로 태어났다. 할아버지이자 제25대 임금인 진지왕이 귀족들에 의해 쫓겨나면서 권력에서는 멀어진 왕족이었다. 이 때문에 김춘추는 비슷한 처지에 놓인 **김유신**과 가깝게 지냈다. 멸망한 **가야**의 왕족 출신인 김유신도 신라의 귀족 사회에서는 소외당하고 있었던 것이다. 김춘추는 김유신의 여동생과 결혼한 이후 그와 더욱 가까워졌다.

당시 신라는 백제의 잦은 공격에 시달리고 있었다. 김춘추의 사위와 딸도 백제의 **의자왕**이 신라의 대야성을 공격했을 때 죽었다. 이에 신라는 **고구려**에 도움을 요청하기 위해 김춘추를 사신으로 보냈지만, 고구려는 자신들의 옛 땅을 돌려주면 군대를 보내 주겠다고 했다. 혹을 떼러 갔다가 오히려 다른 혹을 붙인 격이 되자, 김춘추는 고구려의 요구를 거절했다. 이에 고구려의 최고 권력자였던 **연개소문**은 김춘추를 옥에 가두어 버렸다. 결국 그는 거짓 약속을 하고 간신히 고구려를 빠져 나왔다. 이후 **왜**와 당에 구원을 요청했으나 성과를 거두지는 못했다.

그러던 중 상대등인 비담이 **선덕 여왕**에 맞서 반란을 일으켰다. 반란의 와중에 선덕 여왕이 세상을 떠나 **진덕 여왕**이 뒤를 이었고, 김유신의 활약으로 반란은 진압되었다. 이로써 김춘추와 김유신은 권력을 잡게 되었고, 김춘추는 백제와 고구려를 치기 위한 당과의 동맹을 이끌어 냈다.

진덕 여왕이 자식 없이 죽자 김춘추는 김유신의 도움을 받아 654년에 임금(무열왕)의 자리에 올랐다. 신라 역사상 진골 출신이 임금이 된 것은 처음이었다. 무열왕은 660년에 당과 연합군을 결성해 백제를 멸망시켰다. 이후 그는 고구려의 정벌을 준비했으나 끝내 정벌을 지켜보지는 못하고 661년에 세상을 떠났다.

●○○
백제 공격에 대해 의논하는 무열왕 김춘추와 신라의 관리들. 무열왕은 고구려와 백제를 홀로 공격하기에는 힘이 부족하다고 생각해 당과의 연합을 추진했다. 그런 다음 신라군을 이끌 장수로 김유신을 임명했다.

심화 김춘추는 **조선** 시대까지만 해도 **삼국 통일**을 이룩한 임금이자 외교 능력이 뛰어난 정치가로서의 업적을 인정받았다. 하지만 근대 민족주의자들은 김춘추가 당을 끌어들여 백제와 고구려를 멸망시킨 것을 비판했다. 특히 당과 비밀리에 협정을 맺을 때, 백제와 고구려를 멸망시킨 다음 대동강 이북의 땅을 넘겨주겠다고 약속한 점을 주로 비판했다. 그로 인해 신라는 고구려 땅의 상당 부분을 당에 넘긴 채 불완전한 통일을 했다는 것이다.

김춘추는 진골 귀족으로서는 처음으로 신라의 임금이 되었다. 그는 임금의 자리에 오르자마자 오랫동안 꿈꿔온 삼국 통일을 위해 백제 공격을 계획했고, 당과 연합해 백제를 멸망시켰다.

김춘추의 오랜 친구이자 지지자였던 김유신. 멸망한 가야의 왕족 출신인 김유신은 김춘추를 도와 백제를 멸망시킨 뒤, 가장 높은 벼슬인 상대등의 자리에 올랐다.

시대 남북국 시대 | 더 찾아보기 김춘추, 무열왕, 신라, 진골, 호족

신라 진골 귀족들의 권력 다툼 끝에 일어난 반란
김헌창의 난

개요 **신라** 헌덕왕 때인 822년에 김헌창이 일으킨 반란이다. 신라의 **진골** 귀족들이 임금의 자리를 두고 권력 다툼을 벌이는 과정에서 일어났다. 김헌창이 이끄는 반란군은 한때 지방 **호족**들까지 참여하면서 기세를 떨쳤지만 결국 중앙에서 보낸 토벌군에 의해 진압되었다.

풀이 9세기경 신라 왕실은 임금의 자리를 놓고 진골 귀족들끼리 치열한 권력 다툼을 벌였다. 김헌창도 권력 다툼을 벌이던 신라의 진골 귀족 중 한 사람이었다. 특히 그의 아버지인 김주원은 태종 **무열왕 김춘추**의 6대손으로서 선덕왕이 죽은 뒤 왕위 계승 서열 1순위에 있었다. 하지만 진골 귀족들 가운데 김경신이 정변을 일으켜 임금(원성왕)이 되자, 김주원과 김헌창은 중앙 정치에서 밀려날 수밖에 없었다. 지방의 벼슬아치로 여러 지역을 전전하던 김헌창은 이에 불만을 품고 반란을 일으켰다.

당시 웅천부(지금의 공주 지방)를 다스리는 도독이었던 김헌창은 잘못된 왕위 계승을 바로잡는다는 명목으로 군사를 일으켰다. 초기에는 여러 지방 세력이 그에게 동조하면서 신라의 중앙 정부를 위협할 정도로 반란 세력의 기세가 높아졌다. 김헌창의 세력이 충청도와 전라도, 경상도 등으로 급속히 세력을 넓히자, 신라 왕실에서는 즉시 반란을 진압할 군사들을 보냈다. 치열한 전투가 벌어지는 듯했지만 반란군의 거점인 웅진성은 이렇다 할 힘도 써보지 못한 채 금세 함락되었다. 게다가 수장이었던 김헌창마저 자결하면서 반란 세력들은 뿔뿔이 흩어졌다. 김헌창의 난은 고작 한 달도 못 되어 실패로 돌아갔지만 지방 세력이 성장하는 계기가 되었다.

심화 김헌창의 난은 그의 죽음으로 끝나지 않았다. 반란에 참여했다가 진압군에 밀려 도피했던 그의 아들 김범문이 군사들을 모아 다시 반란을 일으킨 것이다. 그는 김헌창의 난이 일어난 지 3년 뒤인 825년에 고달산(지금의 경기도 여주)에서 반란을 일으켰으나 실패했고, 결국 관군에 붙잡혀 처형당했다.

시대 조선 시대 | 더 찾아보기 신윤복, 영조, 정조, 조선, 중인, 풍속화

백성들의 삶을 풍속화에 담은 조선 후기의 천재 화가

김홍도

개요 **조선** 후기의 뛰어난 화가이다. 산수화와 인물화 등 여러 작품을 남겼는데, 특히 조선 후기 백성들의 생활 모습을 담은 〈씨름〉, 〈서당〉 등 **풍속화**가 유명하다.

풀이 김홍도는 어려서부터 그림을 잘 그려 문인 화가 강세황에게 그림을 배우고, 그의 추천으로 국가에서 필요로 하는 그림을 그리던 관청인 도화서의 화원(화가)이 되었다. 그는 도화서에서 일하면서 궁궐 안에서 일어나는 여러 가지 공식 행사를 그림으로 기록했고, 임금의 모습을 그리는 화가라는 뜻의 어진화사가 되어 **영조**와 **정조**의 초상화를 그렸다. 또한 1788년에는 정조의 명령을 받아 금강산을 유람하며 그곳을 그림에 담은 뒤 정조에게 보고하기도 했다.

특히 정조는 김홍도를 아껴 **중인** 신분이었던 그에게 연풍 현감 등의 벼슬을 내리고, 자신의 문집 《홍재전서》에 다음과 같이 적었다고 한다.

"김홍도는 그림에 솜씨 있는 자로서 그 이름을 안 지 오래다. 삼십 년쯤 전에 나의 초상을 그렸는데, 이로부터 무릇 그림에 관한 일은 모두 홍도를 시켜 주관케 하였다."

김홍도가 남긴 대표적인 풍속화로는 〈씨름〉, 〈서당〉, 〈집 짓기〉 등이 있고, 동물화로는 〈투견도〉, 풍경화로는 〈금강산 구룡 폭포〉 등이 있다.

심화 김홍도는 산수화, 인물화, 신선화, 불화, 풍속화 등을 모두 잘 그렸지만 특히 풍속화에서 새로운 경지를 개척했다. 풍속화는 주로 서민을 주인공으로 하여 그들의 일상생활을 소박하고 익살맞게 표현한 그림인데, 김홍도의 풍속화는 조선 후기 백성들의 생활상을 잘 보여 주는 자료가 되고 있다.

김홍도가 그린 그림의 특징은 배경을 생략하고, 색의 농담(짙음과 옅음)을 사용해 표현하며, 명암과 원근감을 새로운 기법으로 과감하게 표현한 것이다. 이러한 기법은 **신윤복**과 김득신 등 조선 후기의 많은 화가들에게 커다란 영향을 주었다.

●○○
김홍도는 모든 분야의 그림에 두루 뛰어난 천재 화가였지만, 특히 서민들의 일상생활을 담은 풍속화에 남다른 재능을 보였다. 그는 풍속화를 단순히 사진 찍듯이 표현한 것이 아니라, 그만의 독특한 화법을 이용해 당시의 생활상을 잘 알 수 있도록 지혜롭게 완성했다.

김홍도가 그린 풍속화 〈씨름〉은 평민들이나 얼굴을 가린 양반, 엿장수 등 관객들의 표정도 각각 생생하게 표현되어 김홍도가 뛰어난 화가임을 느끼게 해 준다.

시대 조선 시대 | **더 찾아보기** 갑오개혁, 고종, 군국기무처, 단발령, 동학 농민 운동, 수신사, 아관 파천, 을미사변, 의병, 일본, 조선, 조선책략, 청

조선 말기에 개화 정책을 추진했던 정치가

김홍집

개요 조선 말기에 개화 정책을 추진했던 정치가이다. 내각의 우두머리로 활약하며 갑오개혁을 주도했지만, 일본의 힘에 기댄 채 급격하게 추진하다가 백성들의 원망을 받으며 비참하게 죽었다.

풀이 1867년 문과에 급제해 벼슬길에 나선 김홍집은 1880년에는 수신사로서 일본에 다녀왔다. 이때 그는 선진 문물을 받아들인 일본의 발전된 모습을 둘러보고 감명을 받았다고 한다.

이후 그는 일본에서 《조선책략》을 가져와 고종에게 바쳤다. 《조선책략》은 당시 일본에서 활동하던 청나라 외교관인 황준센이 조선의 외교 정책에 대해 쓴 책이다. 조선이 청과 일본, 미국과 협력해 러시아를 견제하고, 서양 문물을 받아들여 나라를 부강하게 하라는 조언이 담겼다. 김홍집은 《조선책략》을 바치면서 고종에게 조선도 개화를 해야 한다고 주장했다. 그리고 김홍집의 간언은 조선 정부가 개화 정책을 수립하는 데 영향을 미쳤다.

그러나 개화 정책은 유생들의 커다란 반발을 불러왔다. 특히 이만손을 중심으로 한 경상도의 유생들은 "임금을 현혹시킨 《조선책략》을 불태우고 김홍집에게 벌을 주라."며 들고일어났다. 무려 1만여 명의 이름으로 상소를 올린 이 사건을 '영남 만인소 사건'이라고 한다.

유생들로부터 탄핵(관리의 잘못이나 죄를 꾸짖음)을 받은 김홍집은 결국 관직에서 물러났으나, 얼마 후 고종의 부름을 받아 다시 돌아왔다. 그는 일본과 제물포 조약을 맺을 때나 조선이 서양의 열강과 외교 관계를 맺을 때 외교 전문가로 활약했다.

1894년에 동학 농민 운동이 일어났을 때에는 수습의 책임을 맡아 내각을 구성하고 정치 개혁을 건의했다. 내각이란 대신들이 나랏일을 의논하고 결정해 시행하는 최고 관청을 뜻한다. 오늘날의 행정부와 비슷하며, 이때 구성된 내각을 제1차 김홍집 내각이라고 한다. 또한 같은 해 일본의 주도 아래 갑오개혁이 일어났을 때에는

군국기무처의 총재로서 제2차 김홍집 내각을 이끌었고, 1895년 **을미사변** 이후에는 제3차 김홍집 내각으로 개혁을 단행했다.

하지만 김홍집 내각이 추진한 개혁은 일본의 힘에 기대어 급격하게 진행되면서 백성들의 불만을 샀다. 특히 을미사변과 **단발령**에 대한 반발로 전국 곳곳에서 **의병** 항쟁이 일어나게 되었다.

심화 1896년에 고종이 일본의 위협을 피해 러시아 공사관으로 거처를 옮기면서 (**아관 파천**) 김홍집 내각이 무너졌다. 이때부터는 러시아와 친한 관리들로 이루어진 친러 내각이 들어섰고, 친일파 대신들 중 많은 수가 죽임을 당했다. 김홍집도 광화문 앞에서 군중들에게 맞아 죽고 말았다.

•○○
김홍집은 조선 말기 내각의 우두머리로서 개화 정책을 이끈 정치가이다. 서양의 문물을 받아들여 나라를 부강하게 만들어야 한다는 신념이 강했으나, 지나치게 일본에 의존하고 백성들의 반발을 사면서 그의 개혁은 실패로 돌아갔다.

김홍집은 1880년에 수신사로서 일본에 다녀오면서 《조선책략》이라는 책을 가져와 고종에게 바쳤다. 청의 외교관이 쓴 이 책은 조선도 문호를 열고 서양 문물을 받아들이라는 조언이 담겨 있었다.

시대 삼국 시대 　**더 찾아보기** 고구려, 고구려 부흥 운동, 당, 백제, 신라

신라가 삼국을 통일하는 과정에서 당과 벌인 전쟁
나당 전쟁

개요 670년부터 676년까지 신라가 삼국을 통일하는 과정에서 당과 싸운 전쟁이다. 두 나라는 연합군을 결성해 백제와 고구려를 멸망시켰으나, 이후 당이 한반도 지배의 욕심을 드러내자 신라가 이에 맞서면서 전쟁이 일어났다.

풀이 신라는 당과 힘을 합쳐 백제와 고구려를 멸망시켰다. 두 나라는 동맹 관계였지만 속셈은 각각 달랐다. 이미 고구려를 침입했다가 실패한 적이 있는 당은 신라의 힘을 빌어 한반도를 차지할 계획이었다. 실제로 당은 전쟁에서 승리한 뒤 백제 땅에는 웅진 도독부를, 고구려 땅에는 안동 도호부를 두어 군대를 주둔시켰다. 고구려 점령 전인 663년에도 신라에 계림 대도독부를 두어 당의 한 지역으로 통치하려고 했었다. 이에 신라는 한반도 전체를 지배하려는 당에 맞서 싸우게 되었다.

신라와 당이 벌인 전쟁은 670년부터 676년까지 7년간 계속되었다. 전쟁 초기, 신라군이 당군을 격파하고 옛 백제 땅의 대부분을 차지하자 두 나라 간 전쟁은 한층 치열해졌다. 675년에는 신라군이 매소성(지금의 경기도 북부 지역)에서 당의 육군을 크게 물리쳤고, 이듬해에는 기벌포(지금의 전라북도 군산 지역)에서 당의 수군을 물리쳤다. 잇달아 전투에서 패한 당은 결국 평양 이남 지역에서 철수했고, 신라는 대동강 남쪽의 영토를 확보하고 삼국 통일을 완성했다.

심화 신라는 한반도 전체를 지배하려는 속셈을 드러낸 당과 맞서기 위해 고구려 부흥 운동을 지원하기도 했다. 한때는 적이었던 고구려 유민들의 손을 잡고 당에 맞선 것이다. 그러나 고구려 부흥 운동은 거점이었던 안시성이 함락되면서 실패하고 말았다.

나당 전쟁은 신라와 당이 한반도의 지배권을 두고 벌인 싸움이었다. 전쟁은 무려 7년이나 계속되었으나 끝내 신라가 승리해 한반도에 통일 국가를 세울 수 있었다.

시대 조선 시대~일제 강점기 더 찾아보기 대한민국 임시 정부, 동양 척식 주식회사, 3·1 운동, 신흥 무관 학교, 의열단, 일본, 일제 강점기

동양 척식 주식회사에 폭탄을 던진 독립운동가
나석주

개요 **일제 강점기**에 활동한 독립운동가이다. 일제에 맞서 무장 투쟁을 벌였던 **의열단**의 단원으로서 한반도의 경제 침탈에 앞장섰던 **동양 척식 주식회사**에 폭탄을 던졌다.

풀이 나석주는 1892년에 황해도 재령에서 태어나 자랐다. 그는 일제에게 나라를 빼앗기는 과정을 지켜보면서 독립운동을 하기로 결심했고, 스물세 살이 되던 해에는 만주로 건너가 **신흥 무관 학교**에 입학해 군사 훈련을 받았다.
　3·1 운동이 일어나자 국내로 들어온 그는 친일 관리를 죽이는 등 항일 무장 투쟁을 벌였다. 일제의 감시가 심해지자 다시 한반도를 떠나 중국 상하이로 건너갔고, **대한민국 임시 정부**의 중요한 인물들을 경호하는 일을 맡아 했다. 그러다 1923년에는 허난 성에 있는 중국의 군관 학교에서 군사 훈련을 받았고, 1926년에는 의열단에 들어갔다. 의열단은 일제의 중요한 인물을 암살하거나 일제의 통치 기관을 파괴할 목적으로 1919년에 만들어진 독립운동 단체였다.
　그는 의열단원으로서 우리나라 경제 착취에 앞장서고 있는 동양 척식 주식회사와 조선 식산 은행 등을 폭파하기로 결심하고 국내에 들어왔다. 그리고 두 곳에 계획했던 대로 폭탄을 던진 뒤 총을 쏘아 여러 명의 **일본**인을 죽였다.

심화 나석주가 던진 폭탄은 모두 터지지 않았다. 먼저 조선 식산 은행에 던진 폭탄이 불발되어 동양 척식 주식회사로 옮겼는데, 두 번째에도 폭탄이 터지지 않자 그는 일본인들과 총격전을 벌였다. 추격하는 일본 경찰과 격렬하게 대치하던 끝에 그는 스스로 권총을 쏘아 자결했다.

시대 조선 시대 | 더 찾아보기 조선, 조총, 청

조선이 청나라를 도와 러시아와 싸운 사건

나선 정벌

개요 **조선** 효종 때 조선이 **청**나라를 도와 러시아와 싸운 사건이다. '나선'은 당시 러시아를 부르는 말이었다. 나선 정벌은 두 차례에 걸쳐 이루어졌으며, 조선군은 러시아 군과 싸워 승리한 뒤 돌아왔다.

풀이 1651년경 러시아 사람들은 중국의 북동쪽 지방에 있는 흑룡강(헤이룽 강) 주변으로 내려와 성을 쌓고 생활했는데, 이로 인해 청과 러시아 사이에 다툼이 일어났다. 처음에는 주민들 간의 다툼이었으나 러시아 사람들이 자꾸만 영역을 넓혀가자 군사적인 충돌로 이어졌다. 하지만 청의 군대는 러시아 군에게 계속 패배했다. 청나라군은 구식 군대였던 데 반해 러시아군은 총과 대포로 무장하고 있었기 때문이다.

이에 청은 조선에 도움을 요청했고, 1654년에 조선은 **조총**을 잘 다루는 군사 100명을 선발해 지원군을 보냈다. 이들은 두만강을 건너 흑룡강 지역에서 러시아군을 맞아 모든 싸움에서 승리했다. 러시아군은 크게 패하고 도망쳤으며, 이를 '제1차 나선 정벌'이라고 한다. 그 뒤 청은 단독으로 러시아를 공격했지만 실패하고 다시 조선에 도움을 요청했다. 조선은 1658년에 두 번째 지원군을 보냈고, 조총수 200명으로 이루어진 조선군은 러시아 배 10척을 맞이하여 맞서 싸워 승리했다. 이것이 '제2차 나선 정벌'이다. 조선군은 청의 요청으로 얼마 동안 송화강(쑹화 강) 주변에 머무르다 돌아왔다.

심화 두 차례에 걸친 나선 정벌은 청의 요청으로 이루어졌지만, 단순히 청을 돕기 위한 것만은 아니었다. 북벌 정책을 추진하던 효종은 조선의 군사력을 시험하는 동시에 청의 군사력을 파악하려는 의도로 군사를 보냈다.

시대 삼국 시대 | 더 찾아보기 고구려, 광개토 대왕, 당, 백제, 삼국 시대, 삼국 통일, 성왕, 신라, 왜, 장수왕, 진흥왕

고구려의 남진에 맞서 신라와 백제가 맺은 동맹
나제 동맹

개요 삼국 시대에 고구려의 남진에 맞서기 위해 신라와 백제가 맺은 동맹으로, 두 나라가 필요할 때마다 서로 병력을 지원하자고 약속했다. 여기서 '남진'이란 남쪽으로 나아간다는 뜻이다.

풀이 영토의 대부분이 북쪽에 치우쳐 있어 농사를 짓기 어려웠던 고구려는 남쪽의 기름진 땅을 얻기 위해 백제와 신라를 압박했다. 광개토 대왕 때인 4세기 말부터 5세기 초까지 요동 지역에서 영토를 크게 넓혔으며, 백제에 압력을 가해 한반도 중부 지방까지 세력을 확대했다. 또한 신라를 도와 왜군을 격파하는 대신 신라의 정치에 간섭했다. 광개토 대왕의 뒤를 이어 임금의 자리에 오른 장수왕도 수도를 평양으로 옮기고 적극적인 남진 정책을 추진했다. 이에 위협을 느낀 백제의 비유왕과 신라의 눌지왕은 433년에 군사 동맹을 맺었다.

그러나 백제와 신라의 동맹에도 아랑곳 없이 고구려의 남진 정책은 계속되었다. 475년에는 고구려군의 공격을 받아 백제의 개로왕이 전사했고, 백제 왕실은 신라군의 도움을 받아 수도를 웅진(지금의 공주 지역)으로 옮겼다. 493년에는 신라의 소지왕과 백제의 동성왕이 혼인 관계를 맺어 두 나라의 동맹을 더욱 강화했다. 이러한 동맹 덕분에 고구려의 남진은 더 이상 이루어지지 못했고, 551년에는 백제의 성왕과 신라의 진흥왕이 힘을 합쳐 고구려군을 물리친 뒤 한강 유역을 빼앗았다.

심화 신라가 한강 유역을 독차지하려고 함에 따라 나제 동맹은 깨지고, 신라와 백제 사이에는 전쟁이 벌어졌다. 백제와 힘을 합쳤던 신라가 한강 유역을 독차지하려고 나섰기 때문이다. 이로써 두 나라의 동맹은 깨졌고 전쟁이 벌어졌다. 신라는 554년에 관산성(지금의 충청북도 옥천 지역)에서 백제군과 싸워 이긴 뒤 한강 유역을 차지했다. 관산성 전투의 승리 덕분에 신라는 당나라와 손쉽게 연결할 수 있는 서해 진출로를 확보했으며, 삼국 통일의 기반을 마련할 수 있었다.

시대 조선 시대~일제 강점기 | 더 찾아보기 3·1 운동, 일본, 일제 강점기

우리나라 최초의 여성 서양화가이자 신여성

나혜석

개요 **일제 강점기**에 활동한 우리나라 최초의 여성 서양화가이자 작가이다. 대표 작품으로 〈무희〉와 〈스페인 해수욕장〉, 〈낙랑묘〉 등이 있다. 남성 중심인 사회 관습의 속박에서 벗어나야 한다고 주장한 대표적인 '신여성'이다.

풀이 나혜석은 1896년에 용인 군수를 지낸 나기정의 딸로 태어났다. 비교적 부유한 집안에서 자란 그녀는 진명 여자 학교를 나온 뒤 **일본**으로 건너가 동경 여자 미술 학교에서 미술을 공부하고 돌아왔다. 1918년에는 서울의 정신 여학교에서 미술 교사로 일하며 단편 소설 《경희》와 《정순》 등을 발표했고, 1919년에는 **3·1 운동**에 참여해 수개월간 감옥살이를 하기도 했다.

1920년에 변호사인 김우영과 결혼한 나혜석은 본격적으로 화가로서의 길을 걷기 시작했다. 1921년에는 남편의 도움을 받아 경성일보사에서 개인 전시회를 열었는데, 이는 서울에서 열린 최초의 서양화 전시회였다. 이후 유럽 등지를 여행하며 작품 활동을 계속했다. 그녀는 그림을 계속 그리겠다는 것과 시댁에서 살지 않겠다는 것 등을 결혼 조건으로 내세워 사회적 논란을 불러일으켰다. 또한 결혼 생활 중 다른 남자와 사귀기도 했다. 이 때문에 이혼을 당하고 사회의 외면과 냉대 속에 살다가 1948년에 쓸쓸하게 세상을 떠났다.

나혜석은 우리나라 최초의 여성 서양화가였다.

심화 나혜석은 1934년에 '이혼 고백서'라는 글을 잡지에 실어 논란을 일으켰다. 그녀는 이 글에서 "조선 남자들은 여러 명의 부인을 두고 살면서 여성에게는 정조를 지키라고 요구한다."며 "여자는 남자의 인형이 아니라 감정을 가진 사람"이라고 주장했다. 남성 중심의 사회에 대한 통렬한 비판이었으나 그녀의 자유 연애관은 보수적인 당시 사회에 거센 비난을 불러왔다.

조선 시대 읍성의 모습을 고스란히 간직한 전통 마을
낙안 읍성

개요 전라남도 순천시 낙안면에 있는 **조선** 시대의 읍성이다. **태조** 임금 때인 1397년에 **왜구**가 침입하자 이 고장 출신인 김빈길 장군이 의병을 일으키고 방어하기 위해 처음 흙으로 성을 쌓았고, 300년 후에 임경업 장군이 낙안 군수로 부임하여 지금과 같이 돌로 된 성으로 고쳤다.

풀이 성으로 둘러싸인 고을을 표현한 '읍(邑)'이라는 글자에서 알 수 있듯이 읍성이란 고을을 지키기 위해 쌓은 성을 뜻한다. 낙안 읍성도 이 지역을 지키기 위해 쌓은 성으로, 조선 시대 읍성의 모습을 가장 많이 간직하고 있는 곳이다. 특히 성 안에는 지금도 100여 가구가 전통 한옥에서 실제로 생활하고 있어 민속을 잘 보존한 전통 마을로서도 가치가 높다.

낙안 읍성의 전체 모습은 평평한 땅에 동서쪽으로 긴 직사각형 모양이다. 동문에서 남문으로 이어지는 성곽이 가장 잘 보존되어 있으며, 남문과 서문 터에서는 성문을 보호하기 위해 이중으로 성벽을 쌓은 옹성의 흔적을 볼 수 있다. 성곽은 자연 돌로 쌓았다. 큰 돌이 움직이지 않도록 돌과 돌 사이에는 작은 돌로 '쐐기 박음'을 했는데, 거센 비바람에도 끄떡없을 정도로 여전히 튼튼하다.

읍성 안에는 1536년에 지은 객사, 관아 등이 온전히 남아 있다. 또한 마을에는 부엌과 토방, 툇마루 등 원래의 모양을 간직한 집이 많아 남부 지방의 전통 한옥 모양을 살펴볼 수 있다.

심화 낙안 읍성에는 조선 중기의 명장인 임경업 장군을 추모하는 비석이 있다. 사람들은 이 비석을 마을의 수호신처럼 여기고 있는데, 이는 임경업 장군이 읍성을 처음 세웠을 뿐 아니라 낙안 지역의 수령으로서 어진 정치를 베풀고 외적의 침입에 맞서 큰 공을 세운 위인이기 때문이다. 실제로 낙안 지방에는 임경업 장군이 불과 15세의 나이로 하룻밤 만에 성을 쌓았다는 등 여러 가지 전설도 전해지고 있다.

한편, 조선 시대 읍성의 모습을 간직한 유적은 낙안 읍성 외에도 여러 곳이 있다. 거제 읍성, 경주 읍성, 남포 읍성, 동래 읍성, 보령 읍성, 비인 읍성, 수원 읍성, 언양 읍성, 진도 읍성, 해미 읍성, 홍주 읍성 등에는 옛사람들이 살았던 집이나 성벽의 흔적들이 남아 있다. 특히 낙안 읍성과 함께 대표적인 읍성 유적으로 꼽히는 해미 읍성은 1866년에 일어난 병인박해 때 많은 천주교인들이 순교한 성지로도 유명하다.

마치 타임머신을 타고 조선 시대로 날아온 듯한 느낌을 주는 낙안 읍성 풍경. 읍성 안에는 조선 시대에 관아로 쓰던 건물과 100여 채의 초가가 옛 모습 그대로 보존되어 있다.

낙안 읍성은 마을 전체가 야트막한 산으로 둘러싸여 있다. 산의 능선을 따라 성을 쌓았다.

낙안 읍성의 상징처럼 통하는 노란 초가지붕. 초가는 대개 벼농사를 많이 짓는 지역에서 볼 수 있는 집의 형태로, 낙안 읍성의 집들은 남부 지방의 특성을 잘 보여 준다.

시대 현대 | 더 찾아보기 김대중, 노태우, 6·15 남북 공동 선언, 6·25 전쟁, 7·4 남북 공동 성명

1991년에 남북한이 평화와 통일을 위해 합의한 문서

남북 기본 합의서

개요 1991년 남북 고위급 회담에서 합의한 남북의 화해와 불가침, 교류 협력 방안을 담은 문서이다. 정식 명칭은 '남북 사이의 화해와 불가침 및 교류·협력에 관한 합의서'이다.

풀이 6·25 전쟁 이후 남한과 북한의 정부는 한반도의 평화와 남북 관계의 개선을 위해 여러 차례 회담을 가졌다. 1972년 7월 4일에는 남북한 당국의 대표가 분단 이후 최초로 통일과 관련하여 공동 성명을 발표하기도 했는데, 이후에는 별다른 진전이 없었다.

그러다 노태우 정부 시기인 1990년 남북 고위급 회담이 처음 열렸고, 1991년 5차 회담에서 기본 합의서에 합의했다. 1991년 12월 전체 내용에 합의하고, 1992년 2월 남북 대표가 서명하면서 공식적으로 효력을 발휘했다. 이 문서에서 남북한은 자주·평화·민족 대단결이라는 7·4 남북 공동 성명의 '조국 통일 3대 원칙'을 다시 확인했다. 또한 남북한은 상대방을 인정하고, 군사적 침략을 하지 않으며, 상호 교류를 통해 민족의 공동 발전과 단계적 통일을 실현하자고 약속했다. 그러나 이후 남북 관계가 틀어지면서 합의서는 제대로 이행되지 못했다.

1998년에는 김대중 정부가 출범한 뒤 남북 관계가 복원되었다. 2000년에 김대중 대통령이 평양을 방문해 6·15 남북 공동 선언을 채택하면서 이 합의서의 이행이 다시 추진되었다.

심화 남북 고위급 회담은 의욕적으로 추진되었으나 북한이 핵무기를 개발하고 있다는 의혹이 제기되면서 더 이상 이루어지지 못했다. 실제로 북한은 1993년 핵 확산 금지조약(NPT)에서 탈퇴했고 핵무기를 개발했다. 당시 북한은 한국과 미국이 1993년에 함께하기로 예정한 한미 합동 군사 훈련을 비난하며 회담을 더 이상 진행할 수 없는 것이 남한 책임이라고 주장했다.

시대 현대 | 더 찾아보기 국제 연합, 대한민국, 유엔

남한과 북한이 각각 독립 국가의 자격으로 유엔의 회원국이 된 일

남북한 유엔 동시 가입

개요 남북한이 각각 회원국으로 유엔(UN, 국제 연합)에 가입한 일이다. 1991년 제46차 유엔 총회에서 159개 전 회원국의 만장일치로 승인하여 남한과 북한은 각각 독립된 국가의 자격으로 유엔 회원국이 되었다.

풀이 우리나라가 유엔에 가입하기 위해 노력한 것은 1948년 유엔 총회에서 **대한민국**이 한반도 유일의 합법 정부로 승인받은 뒤부터였다. 그러나 소련(러시아를 비롯한 사회주의 나라들의 연방 국가)의 반대와 거부권 행사로 계속 미루어졌다. 당시 북한은 남한이 분단 상태를 유지하기 위해 동시 가입을 원한다고 비난하며 단독으로 유엔에 가입하려고 했지만 국제적으로 지지를 얻지 못했다.

이에 한국은 독립 국가로서의 위상을 높이기 위한 외교 정책을 꾸준히 펼쳤다. 1989년에는 폴란드와 수교를 맺었고, 1990년대에는 사회주의 국가들과 북방 외교를 벌였다. 특히 소련과 국교를 수립하고 중국과 무역 대표부 설치에 합의하는 등 북한을 지지하던 나라들과 외교 관계를 확대했다.

이렇듯 변화된 국제 관계에 따라 한국의 유엔 가입이 확실해지자, 국제 관계에서 자칫 고립될까 우려한 북한이 입장을 바꾸면서 남북한 유엔 동시 가입이 이루어졌다. 1949년 1월 19일, 우리 정부가 가입 신청을 낸 지 42년 만에 이루어진 일이었다. 이로써 북한은 160번째, 한국은 161번째 유엔 회원국이 됐다.

심화 유엔 가입 후 한국은 국제 사회의 일원으로서 활발히 활동했다. 안전 보장 이사회 비상임 이사국에 선출된 것은 물론이고 캄보디아와 소말리아 등지에 유엔 평화 유지군(PKO)을 파견했다. 또한 동티모르에 상록수 부대를 파견했고, 유엔 사무총장에 반기문 외교 통상부 장관이 선출되기도 했다. 그러나 남북한이 동시에 유엔 회원국이 되면서 대한민국이 한반도에서 하나뿐인 합법 정부라고 했던 주장이 더 이상 의미가 없어지게 되었다.

이산가족 상봉을 위해 열린 남북한 적십자사의 회담
남북 적십자 회담

개요 구호 단체인 남북한의 적십자사가 이산가족 상봉을 위해 마련한 회담이다.

풀이 1971년 8월 대한적십자사가 북한의 조선적십자사에 이산가족 상봉을 위한 회담을 제안했다. 남북한에 흩어져 살고 있는 사람들에게 헤어진 가족을 찾아 주자는 제안에 북한이 즉각 찬성하며 남북 적십자 회담이 열리게 되었다. 이 회담에서 이산가족과 친척들의 주소와 생사 확인, 자유로운 방문과 상봉, 자유로운 서신(편지) 왕래, 자유의사에 의한 재결합과 기타 인도적으로 해결할 문제 등 5개항에 대해 논의하기로 합의했다. 하지만 남북 관계가 악화되면서 논의는 성과를 내지 못했다.

무산되었던 적십자 회담은 1984년 조선적십자사가 남한의 수재민을 위해 구호품을 보내 주겠다고 제안하면서 다시 열렸다. 여러 차례 회담 끝에 양측은 **8·15 광복** 40주년을 전후해 이산가족 고향 방문단과 예술 공연단 교환 방문에 합의했다. 이 합의에 따라 1985년 9월 남북 각 151명이 서울과 평양을 방문해 이산가족 상봉이 실현되었다.

이후에도 여러 차례 이산가족 교환 방문이 이루어졌다. 2000년대에는 주로 금강산에서 남북 이산가족 상봉이 진행되었으며, 2015년까지 20차에 걸쳐 만남이 이루어졌다. 이후 남북 관계가 나빠지면서 중단되었던 남북 적십자 회담은 2018년 6월 다시 열렸다. 이 회담에 따라 그해 8월 금강산에서 남북 이산가족이 만났다.

심화 적십자사는 1863년 스위스 정부의 후원을 받은 앙리 뒤낭에 의해 만들어진 국제 구호 기구이다. 처음에는 전쟁터에서 부상병을 치료하고 돕는 활동이 중심이었지만 지금은 평시에도 구호 사업을 벌이고 있다. 한 나라에 하나의 적십자사를 두는 것이 원칙이며 우리나라에는 대한적십자사가, 북한에는 조선적십자사가 있다. 남북 적십자 회담은 이산가족의 만남 등 인도적 목적으로 추진되었다. 그러나 남북 관계에 따라 중단되거나 다시 열리는 등 정치적 영향을 받고 있다.

시대 현대   더 찾아보기 김대중, 김일성, 김정일, 남북 기본 합의서, 노무현, 대한민국, 6·15 남북 공동 선언, 조선민주주의인민공화국

남북 정상 회담

남북한의 정상이 만나 화해와 협력에 대해 논의한 회담

개요 대한민국과 조선민주주의인민공화국을 대표하는 최고 지도자들이 만나 화해와 협력에 대해 논의한 회담이다. 지금까지 평양에서 두 번 열렸다. 첫 번째는 2000년 김대중 대통령과 김정일 국방위원장의 회담이었고, 두 번째는 2007년 노무현 대통령과 김정일 국방위원장의 회담이 이루어졌다.

풀이 남북 정상 회담은 1980년대부터 추진되었다. 국제 사회가 냉전 상태에서 차츰 벗어나면서 남북한에도 영향을 미쳤기 때문이다. 여기서 냉전이란 공산주의 진영과 자본주의 진영이 서로 적대시하던 상태를 뜻한다. 마침 북한의 김일성 주석이 1990년 신년사를 통해 '남북 최고위급 회담'을 제안했고, 남한의 김영삼 정부도 남북 정상 회담을 제의해 회담이 이루어지는 듯했다. 하지만 1994년 김일성 주석이 갑자기 사망하면서 추진되던 회담도 무산되었다.

이후 김대중 대통령은 취임하자마자 남북 기본 합의서 이행과 북한에 대한 지원을 약속하며 남북 정상 회담을 제안했다. 북한도 이에 호응해 2000년 6월 13일 김정일 국방위원장의 초청으로 김대중 대통령이 평양을 방문해 3일간 회담을 가졌다. 남북한의 최고 지도자가 직접 만난 것은 분단된 이후 처음이었다. 회담을 통해 통일 문제의 자주적 해결, 1국가 2체제의 통일 방안 협의, 이산가족 문제의 조속한 해결, 경제 협력을 비롯한 남북 간 교류의 활성화 등의 내용을 담은 6·15 남북 공동 선언이 나오게 되었다.

2007년에도 회담이 이루어졌다. 김대중 대통령에 이어 취임한 노무현 대통령은 다시 평양을 방문해 정상 회담을 갖고 6·15 남북 공동 선언의 지속적인 이행과 남북 공동 번영의 내용을 담은 '2007 남북 정상 선언문'을 발표했다.

문재인 정부에 들어서는 여러 차례 남북 정상 회담이 열렸다. 2018년 4월과 5월 문재인 대통령과 김정은 국방위원장은 판문점에서 만나 회담을 열었다. 그해 9월 18일부터 20일까지 문재인 대통령은 정치, 경제, 문화, 체육 분야의 대표들과 함께

평양을 방문하여 정상 회담을 하고 공동 선언문을 발표했다.

심화 제2차 남북 정상 회담에서 발표한 선언은 '10·4 남북 정상 선언' 또는 '2007 남북 정상 선언'이라고 부른다. 이 선언은 모두 8개 항목으로 이루어져 있다. 6·15 남북 공동 선언의 확인과 적극 구현, 사상과 제도의 차이를 넘은 상호 존중과 신뢰, 군사적 적대 관계를 끝내고 평화를 위해 협력, 항구적인 평화 체제 구축, 민족 경제의 균형적 발전과 공동의 번영을 위한 경제 협력, 사회 문화 분야의 교류와 협력, 인도주의 협력 사업 추진, 민족과 해외 동포들의 권리와 이익을 위한 협력 강화 등이다. 문재인 정부와 김정은 국방 위원장이 발표한 남북 공동 선언문에는 한반도 전쟁 위험의 제거, 민족 경제의 균형 발전, 이산가족 문제의 근본적 해결, 다양한 분야의 문화 교류, 한반도 비핵화와 평화 터전 마련 등을 담았다.

2000년 6월 13일 대한민국의 제15대 대통령인 김대중 대통령이 평양의 순안 공항에 도착해 조선민주주의인민공화국의 김정일 국방위원장을 만나 악수를 나누는 모습. 분단된 이후, 남북한의 국가 원수들이 최초로 만난 것이다.

환영 나온 북한 주민들. 김정일 국방위원장의 초청 형식으로 이루어진 남북 정상 회담은 남북한의 국민들뿐 아니라 전 세계의 관심을 모았다. 회담은 3일에 걸쳐 이루어졌으며 회담 결과, 6·15 남북 공동 선언이 발표되었다.

시대 조선 시대 **더 찾아보기** 고종, 조선, 천주교 박해, 흥선 대원군

독일인 오페르트 일당이 남연군 묘를 파헤치려던 사건
남연군 묘 도굴 사건

개요 조선 고종 때인 1868년에 독일인인 오페르트 일당이 남연군의 묘를 도굴하려다 실패한 사건이다. 도굴이란 무덤을 파헤치거나 그 속에 있던 값진 물건을 훔치는 행동을 뜻한다. 당시 최고 권력자였던 흥선 대원군의 아버지인 남연군의 묘는 충청남도 예산군에 있다.

풀이 조선 고종 때인 19세기 후반에는 서양의 여러 나라들이 조선에 진출하고자 했다. 독일인 오페르트도 조선과의 통상을 원했으나 1866년 두 번이나 통상 협상에 실패했다. 그러자 오페르트는 당시 최고 권력자였던 흥선 대원군의 아버지인 남연군의 묘를 도굴한 뒤 이를 통상 요구에 이용하고자 했다.

오페르트는 미국인 젠킨스로부터 자금을 지원받아 프랑스인 선교사, 조선인 천주교도들과 함께 조선에 건너왔다. 이들은 밀물을 이용해 서해안에 상륙한 뒤 충청남도 예산군 덕산면에 있는 남원군 묘로 가서 도굴을 시작했다. 그러나 남연군의 묘는 단단하게 석회칠이 되어 있어 쉽게 도굴하지 못했다. 밤새 도굴을 시도했으나 성공하지 못한 채 날이 밝고 썰물 시간이 다가오자 이들은 어쩔 수 없이 철수했다. 이후 남연군 묘 도굴 소식을 들은 흥선 대원군은 서양인들이 기본적인 예의와 염치도 없는 사람들이라며 크게 분노했다.

심화 남연군 묘 도굴 사건 이후 조선은 서양과의 교류에 더욱 배타적인 입장을 갖게 되었다. 크게 분노한 흥선 대원군은 서양 세력의 통상 요구를 단호히 거절함과 동시에 수교 거부의 입장을 밀어붙였다. 또한 당시 서양 문화의 상징이었던 천주교에 대해서도 강력한 탄압 정책을 펼쳐 천주교 박해가 강화되었다.

시대 조선 시대 | **더 찾아보기** 병자호란, 삼국 시대, 조선, 한양, 후금

도성을 지키기 위해 지은 조선 시대의 산성
남한산성

개요 경기도 광주시 중부면 산성리 남한산에 있는 **조선** 시대의 산성이다. 둘레는 약 8킬로미터이며, 북한산성과 함께 남북에서 **한양**(서울)을 지키는 중요한 요새였다.

풀이 남한산에는 **삼국 시대**부터 성이 있었을 것으로 추정된다. 하지만 지금의 남한산성은 조선의 16대 임금인 인조 때 쌓은 것이다. 당시 중국에서 세력을 키우던 **후금**에 위협을 느낀 조선 조정은 한양을 지키기 위한 준비에 들어갔다. 먼저 8도의 승군을 동원하여 도성의 남쪽에 있는 남한산에 성을 쌓기 시작했다. 성곽 공사는 1624년에 시작되어 1626년에 끝났고, 이후부터 순조 때까지 성 안의 시설을 지었다.

성곽은 성벽 외에도 적을 관찰하는 장대, 적의 공격으로부터 성문을 지키기 위한 옹성, 적이 눈치 채지 않도록 성의 안과 밖을 연결하는 암문 등 방어 시설을 갖췄다. 수어청을 설치하여 성의 방비를 맡도록 했으며, 왕이 임시로 거처하는 행궁과 행정 업무를 보기 위한 관아, 창고 등을 지어 위급한 때에는 이곳에서 정부의 일을 볼 수 있도록 했다.

1636년 **병자호란**이 일어나자 인조를 비롯한 조정은 남한산성으로 피신했는데, 청군에 포위된 채 고립되어 40여 일을 버티다가 항복하고 말았다. 병자호란이 끝난 다음에도 성 안의 시설은 계속해서 지어졌다. 해방 후에는 일부 시설을 수리하여 복원했고, 1963년에는 사적 57호로 지정되었다.

심화 남한산성은 우리나라에서 보존이 가장 잘 된 산성이다. 병자호란이 일어난 역사적인 사건의 현장이자, 조선 시대의 성을 쌓는 기술이나 성 안의 생활 모습을

8킬로미터에 달하는 성벽을 산의 능선을 따라 아름답고 튼튼하게 쌓았다. 또한 곳곳에 방어 시설도 잘 갖추고 있어 군사 기지로서도 훌륭했다.

그대로 보여주는 유적이기도 하다. 조선 후기에 지속적으로 성을 고쳐 쌓고 방어 시설을 갖추어 변화된 모습을 간직하고 있다. 또한 성벽은 물론이고 왕이 임시로 머물 수 있는 궁궐, 사람들이 생활할 수 있는 시설, 사찰(절) 등이 있어서 조선 후기의 읍락 시설을 이해할 수 있다. 조선 후기에는 실제로 수천 명의 사람들이 생활하기도 했다. 이런 가치를 인정받아 2014년 6월에 유네스코 세계 문화 유산에 선정되었다.

한양을 지키기 위해 쌓은 남한산성. 도성을 방어할 목적으로 세운 만큼 튼튼한 요새였다.

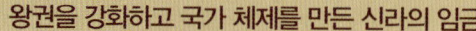

왕권을 강화하고 국가 체제를 만든 신라의 임금

내물왕

개요 신라의 제17대 임금이다. 내물 마립간이라고도 한다. 왕권을 강화해 신라가 국가로서의 체제를 갖출 수 있도록 했다.

풀이 내물왕은 신라의 각간이었던 김말구와 휴례 부인 사이에서 태어났다. 각간은 신라의 17관등 가운데 가장 높은 관등이었다. 내물왕은 제16대 임금인 흘해왕에 이어 356년에 임금의 자리에 올랐다.

내물왕은 최고의 귀족 회의인 남당을 지휘하며 왕권 강화를 위해 온 힘을 쏟았다. 임금을 가리키는 호칭도 '이사금'에서 '**마립간**'으로 바꾸었다. 마립간은 최고의 지배자라는 뜻이다. 또한 이전에는 박, 석, 김 세 성씨가 돌아가며 임금이 되었지만 내물왕 때부터는 김씨만이 왕위를 이어가도록 제도를 바꾸었다.

내물왕은 364년에 허수아비를 군사로 속이는 지혜로운 전술로 **왜**군을 물리쳤고, 380년 무렵에는 **고구려**를 통해 중국의 문화를 받아들였다. 신라에서 한자를 사용하기 시작한 것도 이즈음으로 추측된다. 또한 **백제**는 신라에 여러 번 쳐들어왔는데, 399년에 신라는 고구려의 도움을 받아 백제군을 물리쳤다. 하지만 이로 인해 신라는 **광개토 대왕**의 눈치를 볼 수밖에 없었고, 고구려에 인질을 보내기도 했다.

심화 신라의 임금을 부를 때 쓰는 이름은 여러 번 바뀌었다. 밝은 해를 뜻하는 '거서간', 제사장을 뜻하는 '차차웅', 나이 많은 사람들 뜻하는 '이사금', 가장 높은 지도자를 뜻하는 '마립간' 등이다. 신라의 왕권은 마립간이라고 부르기 시작한 내물왕 때부터 강화되기 시작해, 제22대 임금인 **지증왕** 때 '왕'이라는 호칭을 사용하면서 완성된 것으로 보인다.

시대 선사 시대~삼국 시대 | **더 찾아보기** 삼국 시대, 선사 시대, 세형동검, 철기 시대

땅에 구덩이를 파고 시체를 묻은 옛 무덤
널무덤

개요 땅에 구덩이를 파고 시체를 묻은 무덤으로 '토광묘'라고도 한다. 원래는 구덩이에 직접 시체를 묻는 것이지만 넓은 의미에서는 나무로 만든 널(관)을 사용한 무덤도 널무덤이라고 할 수 있다.

풀이 죽은 사람을 땅에 묻는 풍습은 매우 오래 전부터 시작되었다. 널무덤은 초기에 나타난 무덤의 하나로, 우리나라에서는 **선사 시대**부터 나타나기 시작해 **철기 시대**에 가장 널리 퍼졌다. **삼국 시대** 초기의 무덤 중에도 널무덤이 많이 발견된다.

시체를 묻는 구덩이는 대부분 사다리꼴에 가까운 네모 모양이다. 주로 변이 넓은 쪽에 시체의 머리가 놓이고, 좁은 쪽에 다리가 놓이게 된다.

종류	특징	시기
바로움무덤	네모꼴로 판 구덩이에 시체를 직접 묻는 무덤.	선사 시대~오늘날
나무널무덤	나무로 만든 널에 시체를 넣은 뒤 묻는 무덤.	철기 시대~오늘날
나무덧널움무덤	커다란 상자 모양의 나무덧널(목곽)을 만든 다음, 그 안에 1~2개의 나무널(목관)을 놓고 흙을 덮어 봉토를 올리는 무덤.	철기 시대 이후

널무덤은 묻는 시체의 수나 널의 형태에 따라 몇 가지 종류로 나뉜다. 먼저 시체 한 구를 묻는 것은 홑무덤이라고 하고, 부부를 함께 묻는 것은 어울무덤이라고 한다. 또한 시체를 바로 묻느냐, 널을 만들어 시체를 넣느냐에 따라 바로움무덤, 나무널무덤, 나무덧널움무덤 등이 있다. 땅에 구덩이를 파고 시체를 직접 묻거나 나무관을 짜서 묻는 방법은 선사 시대뿐 아니라 오늘날에도 널리 사용하는 무덤 양식이다.

심화 널무덤에는 철기 시대의 대표적인 유적으로 꼽히는 것이 많다. 평안남도 평양시 태성리, 황해도 은율군 운성리, 경상북도 경주시 조양동, 경상남도 김해시 예안리의 널무덤군 등이 대표적인 철기 시대의 널무덤이다. 이 무덤군에서는 **세형동**

검을 비롯한 여러 가지 청동기, 철로 만들어진 말갖춤 등의 껴묻거리가 발견되기도 했다.

●○●
네모난 구덩이에 시체를 넣어 묻는 방식의 널무덤. 시체를 넣는 방식이나 시체의 수에 따라 종류는 여러 가지가 있었다. 납골묘를 제외한 오늘날의 무덤도 넓은 의미에서 널무덤이라고 할 수 있다.

●○●
고대의 널무덤에서는 주로 철기 시대의 유물이 발견되었다. 청동기나 철기, 도기 등의 껴묻거리를 통해 당시의 생활 모습을 짐작할 수 있다.

조선 후기에 권력을 잡고 정치를 주도했던 붕당

노론

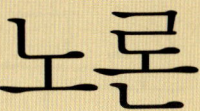

개요 **조선** 후기에 있었던 붕당의 하나이다. **붕당**이란 뜻이 같은 사람들끼리 모인 정치 집단을 말한다. 노론은 17세기 말부터 권력을 잡고 조선의 정치를 주도했다.

풀이 조선의 제19대 임금인 숙종 때에는 서인과 남인이 권력을 놓고 다투었다. 그리고 서인은 남인과 대립하면서 다시 노론과 소론으로 갈라졌다. 노론과 소론은 남인을 대하는 태도가 달랐고, 나랏일을 운영하는 방법을 놓고도 의견이 갈렸다. 또한 같은 서인 중에도 특권을 가진 사람들끼리 가깝게 지내면서 당파가 갈렸다.

그러다 남인이 완전히 몰락하자 노론과 소론의 대립이 본격적으로 시작되었다. 숙종의 뒤를 이어 경종이 왕이 되자, 소론은 노론이 경종의 배다른 동생인 연잉군을 지지한다며 노론의 주요 인물들을 역모로 몰아 처형했다. 그러나 경종이 임금의 자리에 오른 지 얼마 안 돼 세상을 떠나고 연잉군이 임금(**영조**)이 되자, 이번에는 노론이 소론의 주요 인물들을 제거하고 정권을 잡았다.

노론은 조선의 제21대 임금인 영조 때 다시 시파와 벽파로 갈라졌다. 영조의 아들인 장헌 세자(**사도 세자**)가 난폭하고 기이한 행동을 일삼는다는 이유로 뒤주 속에 갇혀 죽임을 당하자, 노론 안에서 장헌 세자를 옹호하는 시파와 비판하는 벽파가 충돌한 것이다. 이후 영조의 뒤를 이어 장헌 세자의 아들인 **정조**가 임금이 되었고, 그는 아버지를 옹호했던 시파를 가까이 했다. 하지만 정조의 뒤를 이어 순조가 임금이 된 후에 노론은 다시 권력을 잡았고, 이때부터 **세도 정치**를 일삼았다. 그러나 1863년에 **고종**의 아버지인 **흥선 대원군**이 권력을 잡으면서 노론도 몰락의 길을 걸었다.

심화 노론은 **이이**가 정리하고 김장생, **송시열**이 이어받은 조선의 **성리학**을 정치와 생활의 기본 정신으로 삼았다. 성리학 외의 사상은 이단으로 생각해 적극적으로 배척했고, 중화 사상을 바탕으로 **명**과의 의리를 중시했다. 명이 멸망한 다음에는 천하의 정통성을 조선이 이어받았다고 생각해 **청**을 정벌하자는 주장을 펼치기도 했다.

시대 현대　더 찾아보기 김대중, 김정일, 남북 정상 회담, 대한민국, 전두환

'참여 정부'를 세우고 개혁을 추진한 대한민국의 제16대 대통령
노무현

개요 대한민국의 제16대 대통령이다. '참여 민주주의'를 주장하며 개혁 정책을 펼쳤고, 남북 정상 회담 등 남북 교류를 통해 한반도의 안정을 꾀했다.

풀이 1946년에 가난한 농가에서 태어난 노무현은 노동으로 생계를 꾸리며 사법 고시에 합격했다. 판사 생활을 거쳐 변호사가 된 그는 전두환 정부 때 부산 지역의 민주화 운동을 탄압하기 위해 대학생, 교사, 직장인들을 무더기로 구속했던 '부림 사건'의 변론을 맡으면서 인권 변호사로 이름을 떨쳤다. 1988년에 통일민주당 소속으로 부산에서 국회의원에 당선되어 제5공화국의 비리를 밝히기 위한 국회 청문회에서 크게 활약했다. 1990년에는 여당인 민정당과 야당인 통일민주당, 신민주공화당이 합당하자, 민주화 운동에 대한 배신이라 비판하며 통일민주당을 탈당했다. 이후 국회 의원과 부산 시장 선거에 나가 떨어지기도 했지만, 김대중 정부 때 해양수산부 장관을 거쳐 2002년 12월에 대통령에 당선되었다.

그는 대통령이 된 지 1년 만에 선거법 위반 등의 이유로 국회의 탄핵을 받아 직무가 정지되기도 했는데, 헌법 재판소에서 이를 기각해 대통령의 지위를 되찾았다. 이때 전국에서는 탄핵의 부당함을 주장하는 촛불 시위와 탄핵 철회 운동이 거세게 일어났고, 제17대 국회 의원 선거에서는 집권당인 열린우리당이 승리했다.

노무현은 대통령으로 일하는 동안 사립 학교법 개정, 부동산세 신설 등 개혁 정책을 펼쳤다. 그러나 보수파와의 대립이 심해지고 부동산 가격이 치솟으면서 지지율이 떨어져 개혁 정치는 벽에 부딪혔다. 2007년에는 북한을 방문해 김정일과 남북 정상 회담을 갖고 10·4 남북 정상 공동 선언을 발표하기도 했다.

심화 대통령 임기를 마치고 고향인 봉하 마을로 내려간 그는 농사를 지으며 환경 운동을 벌였다. 그러나 가족들의 비리와 관련한 검찰의 수사를 받던 중 머물고 있던 김해시 봉하 마을 뒷산에서 투신해 세상을 떠났다.

시대 선사 시대~조선 시대 　더 찾아보기 갑오개혁, 고려, 고조선, 노비안검법, 삼국 시대, 삼국 통일, 선사 시대, 임진왜란, 장영실, 조선, 8조법, 호족

주인에게 속해 자유롭지 못했던 최하층의 신분

노비

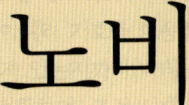

개요 선사 시대부터 조선 시대까지 있었던 최하층의 신분을 뜻한다. 주인에게 속해 자유롭지 못했고, 신분이 대대로 세습되었으며, 인간다운 대접을 받지 못했다.

풀이 천민은 신분 제도와 함께 생겨났기 때문에 역사가 매우 오래되었다. 고조선의 8조법에 이미 "남의 물건을 훔친 자는 그 집의 노비로 삼는다."는 규정이 나와 있는 것으로 보아 선사 시대부터 이미 노비가 있었던 것으로 추측된다. 또한 전쟁 포로나 빚을 갚지 못한 사람들도 노비 신세가 되었다.

삼국 시대에는 전쟁이 빈번히 일어나 노비로 신분이 떨어지는 사람이 많았다. 삼국 통일 이후에는 숫자가 줄어들었다가 후삼국의 혼란기에 접어들면서 다시 늘어났다. 고려는 호족들이 불법적으로 거느린 노비들을 풀어 주는 노비안검법을 실시하기도 했다. 조선 시대에는 노비에 대한 규정이 세밀하게 정리되어 노비들을 엄격히 관리했다.

조선 시대의 노비는 이전 시대에 비해 지위가 나아졌다. 그러나 노비는 여전히 주인의 재산이었기 때문에 자식에게 물려주거나 누군가에게 파는 것이 가능했고 자유롭지 못했다. 노비의 신분도 여전히 자식에게 대물림되었다. 주인은 노비를 죽이는 경우에만 관청에 보고할 의무가 있었고 그 외에는 어떤 처분도 내릴 수 있었다.

조선 후기에 조정은 부족한 재정을 메우고 변방 수비를 강화하기 위해 일정한 곡식을 바치면 노비를 풀어 주는 제도를 널리 시행했다. 이 때문에 임진왜란 후에는 해방된 노비들이 많아졌고, 도망간 노비들도 늘어났다. 주인이 노비에게 몸값을 받아오거나 도망친 노비를 잡아오는 것을 '추노'라고 하는데, 노비 주인들은 노비의 호적을 계속 유지하면서 추노를 했으나 쉽지 않았다. 오히려 돈을 받고 이들을 풀어 주는 것이 이익인 경우가 많아졌다. 결국 순조 때인 1801년 중앙 관청에 소속된 공노비 6만 6,000명을 풀어 주었다. 이렇게 유명무실해지던 노비 제도는 1894년 갑오개혁 때 신분 제도를 폐지하면서 완전히 사라졌다.

심화 노비는 여러 종류로 구분된다. 소속에 따라 관청에 속한 노비는 공노비, 개인에게 속한 노비는 사노비라고 한다. 거주지에 따라서는 주인과 함께 사는 솔거 노비, 주인과 따로 살며 주로 농사를 짓는 외거 노비로 나뉜다. 이들은 모두 최하층의 신분이었지만 사는 모습이나 사회적 지위는 저마다 달랐다. 공노비는 관아에서 잡다한 일을 하기 때문에 기술을 가진 사람도 많았다. 대표적인 사람이 조선 최고의 발명가인 **장영실**이다. 또한 솔거 노비는 가정을 꾸리거나 재산을 모으는 것이 불가능한 반면, 외거 노비는 가정을 이루거나 재산을 모으는 것이 가능했다.

●○○
노비들이 일하는 모습. 노비는 주인 마음대로 팔거나 자식에게 물려주는 일이 가능했다. 조선의 최고 법전인 《경국대전》에는 노비의 가격을 정해 놓기도 했다. 법전에 따르면 16~50세의 노비는 저화 4,000장, 16세 이하나 50세 이상의 노비는 3,000장이었다고 한다.

●○○
노비는 주인에게 속해 있었기 때문에 자유롭지 못했다. 그들은 주인의 집이나 관청에서 잡다한 허드렛일을 하며 살았고 인간다운 대접을 받지 못했다.

시대 고려 시대 | 더 찾아보기 고려, 광종, 노비, 양인, 왕건, 호족

고려 시대에 억울하게 노비가 된 사람을 풀어 주었던 법
노비안검법

개요 고려의 제4대 임금인 광종 때 억울하게 노비가 된 사람을 풀어 주도록 한 법이다. 고려 건국 후 왕권을 강화하기 위한 목적으로 실시되었다.

풀이 고려 초기에는 고려를 건국하는 데 공을 세운 신하들의 힘이 매우 컸다. 왕건은 여러 지방 세력, 즉 호족들의 도움으로 후삼국을 통일할 수 있었기 때문에 그들에게 많은 땅과 권력을 나눠 주어야 했다. 그리고 공을 세운 호족들은 '공신'이라는 이름으로 막강한 권력을 누리기 시작했다.

특히 공신 호족들은 후삼국의 혼란을 틈타 전쟁 포로가 된 사람이나 가난해서 빚을 못 갚은 사람들을 노비로 삼아 세를 키웠다. 이런 노비는 언제든지 호족들의 사병이 될 수 있어 왕권에 위협이 되었고, 노비가 늘어나면서 세금을 낼 양민이 줄어들어 나라 재정도 어려워졌다.

이에 광종은 원래 양인이었는데 억울하게 노비가 된 사람을 '안검(조사)'하여 다시 양인으로 풀어 주도록 했다. 재산을 빼앗기게 된 공신 호족들은 이 조치에 강하게 반발했다. 심지어 광종의 아내인 광목 대후를 비롯한 왕실에서조차 반대했다고 한다. 하지만 광종은 끝내 뜻을 굽히지 않고 노비안검법을 강행했다.

심화 광종이 죽고 호족들의 반발이 계속 되자, 고려의 제6대 임금인 성종은 풀려난 노비들을 다시 잡아들여 원래의 신분으로 되돌려 놓는 노비환천법을 시행했다. 당시 재상이었던 최승로의 건의로 실시된 이 법은 해방된 노비 가운데 옛 주인을 경멸하는 사람에 한해 다시 노비의 신분으로 되돌려 놓는다는 내용을 담고 있다. 단, 주인을 대신하여 공을 세운 노비는 예외로 두었다. 노비환천법은 노비안검법처럼 왕권 강화나 신분 질서를 세우기보다는 노비안검법에 반발하는 호족들을 달래기 위해 만든 법이다.

시대 현대 | 더 찾아보기 대한민국, 서울 올림픽 대회, 5·18 민주화 운동, 6·29 선언, 전두환

신군부의 중심 인물이자 북방 외교를 추진한 대한민국의 제13대 대통령

노태우

개요 대한민국의 제13대 대통령이다. 1979년에 전두환과 함께 군사 정변을 일으켜 권력을 잡았으며, 이후 장관과 국회 의원을 지내다 대통령에 당선되었다.

풀이 노태우는 1979년 12월에 신군부가 권력을 잡기 위해 군사 정변을 일으킨 12·12 사태에서 주된 역할을 했다. 1981년에는 군 생활을 끝내고 정치와 행정 업무에 발을 들여놓았다. 정무 장관과 체육부 장관, 내무부 장관 등을 지냈으며 민주정의당 국회 의원으로 활동하기도 했다.

1987년에는 민주정의당 대통령 후보에 선출되었으나, 야당과 국민들의 거센 민주화 요구에 따라 대통령 직선제를 받아들이는 6·29 선언을 발표했다. 그리고 1987년 12월에 시행된 대통령 선거에서 야당 후보들의 분열에 힘입어 제13대 대통령으로 당선되었다. 그러나 이어 열린 국회 의원 선거에서 야당 후보가 여당인 민주정의당 후보보다 더 많이 당선되는 '여소야대' 현상으로 어려움을 겪었다. 노태우 정부는 이를 탈피하기 위해 1990년에 민주정의당, 통일민주당, 신민주공화당 등 3당을 합쳐 민주자유당을 만들었다.

노태우 정부는 3당 합당, 물가 상승, 주택난 등으로 민심을 얻지 못했다. 그 대신 서울 올림픽 대회와 동유럽 사회주의의 붕괴를 계기로 소련, 중국 등 사회주의 국가들과 적극적으로 수교를 맺는 북방 외교에 힘썼다.

심화 노태우는 대통령에 취임하면서 자신이 '보통 사람'임을 내세웠다. 하지만 민주화 요구나 정부에 대한 비판을 힘으로 누르는 권위주의 통치를 계속했다. 결국 그는 대통령의 자리에서 물러난 뒤 12·12 사태와 5·18 민주화 운동 때 불법적으로 병력을 동원한 일, 대통령으로 있는 동안 뇌물을 받고 비자금을 만든 일로 인해 징역 17년형을 선고받았다.

시대 삼국 시대~남북국 시대 더 찾아보기 고려, 9주 5소경, 남북국 시대, 삼국 시대, 신라, 신문왕, 왕건, 진골, 호족, 후삼국 시대

신라 시대에 관리들에게 일한 대가로 주었던 논밭

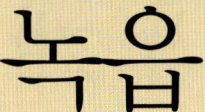

개요 삼국 시대부터 남북국 시대까지 신라에서 국가가 관리들에게 나누어 준 논밭을 가리킨다. 관리들은 논밭에서 생산하는 작물의 조세를 거둘 수 있는 권리를 가짐은 물론 여기에 속한 농민들도 부릴 수 있었다.

풀이 신라는 나랏일을 보는 관리들에게 일한 대가로 땅을 나누어 주었다. 정확히 말하자면 토지에서 조세를 거둘 수 있는 권리를 뜻하는 수조권을 나누어 준 것이다. 뿐만 아니라 땅에 속해 있는 농민들을 부릴 수도 있게 했다. 이것은 신라가 주변의 여러 부족이나 지역을 정복하는 과정에서 그들을 귀족으로 대우하고 안정시키기 위해 추진한 것으로 추측된다.

하지만 시간이 흐르면서 녹읍을 받은 귀족들의 세력이 지나치게 커지자, 신라의 제31대 임금인 신문왕은 689년 왕권을 강화하기 위해 녹읍 제도를 폐지해 버렸다. 그는 전국을 9주 5소경으로 나누어 정비하는 한편 관리에게는 땅을 주되 수조권만을 인정하는 문무관료전을 지급했다. 아울러 왕권을 위협할 수 있는 힘센 진골 귀족들도 제거해 나갔다.

녹읍에 속한 농민들은 환영할 만한 일이었지만 권리가 약화된 귀족 관리들은 거세게 반발했다. 결국 제35대 임금 경덕왕 때인 757년에 녹읍 제도가 다시 부활되었다. 이후 신라에는 귀족들이 넓은 땅을 바탕으로 세력을 키워 호족으로 성장하게 되었고, 신라의 경제는 점차 흔들리게 되었다.

심화 호족들은 지방의 넓은 땅을 바탕으로 자신의 세력을 키워 나갔다. 그 결과 후삼국 시대가 열렸다. 결국 호족 중 한 사람인 왕건이 고려를 세우고 후삼국을 통일했다. 고려는 건국 초기에 호족들을 끌어들이기 위해 녹읍 제도를 유지했으나, 통일 후 왕권을 강화하면서 폐지했다.

시대 조선 시대 | **더 찾아보기** 김시민, 영조, 의병, 일본, 임진왜란, 조선, 진주 대첩

임진왜란 때 자신을 희생해 일본군 장수를 죽인 의로운 기생

논개

개요 **임진왜란** 때 **일본**군 장수를 껴안고 강물에 뛰어든 의로운 기생이다. 그녀의 뜻을 기려 **조선 영조** 때 사당을 지었고 해마다 제사를 지내고 있다.

풀이 유몽인이 쓴 《어우야담》에 따르면, 논개는 임진왜란 중인 1593년경 진주 관아에 속한 기생이었다. 그녀가 살았던 진주는 군사적으로 매우 중요한 곳이었다. 당시 일본군은 전라도 지역으로 진출하기 위해 진주성에 두 차례에 걸쳐 쳐들어왔다. 첫 번째 전투(**진주 대첩**)에서는 **김시민**이 이끄는 관군과 백성들이 승리를 거두었다. 진주 대첩에서 크게 패한 일본은 군사들과 무기를 보강한 뒤 또다시 진주성으로 향했다. 이때에도 관군과 **의병**, 백성들이 힘을 합쳐 치열하게 싸웠으나 물밀 듯 밀려드는 일본군을 당해 내지 못했다. 일본군은 진주성을 함락한 뒤 재물을 약탈하고 수많은 백성들을 잔인하게 학살했다.

 이때 논개는 곱게 단장을 한 뒤 촉석루 아래 절벽에 서 있었다. 절벽 아래에는 남강이 흐르고 있었다. 한 일본군 장수가 무리에서 나와 그녀에게 다가가자 그녀는 웃음을 지으며 유혹했다. 이후 논개는 일본군 장수를 힘껏 끌어안고 낭떠러지 아래로 몸을 던졌다. 자신의 목숨을 희생해 왜장을 죽인 것이다. 이때 논개의 나이는 열아홉 살이었다.

심화 훗날 진주 사람들은 논개의 의로운 정신을 본받고자 그녀가 일본군 장수와 함께 뛰어내린 바위에 '의암'이라는 글씨를 새겨 넣었고, 남강 옆에 '의기사'라는 사당을 지었다. 처음에는 논개가 기생이라는 점 때문에 충신이나 열녀로 대접받지 못했지만, 영조 때 사당을 지어 제사를 지내기 시작했다. 조선 시대에 사당을 지어 위패와 영정을 모신 여성은 오직 논개뿐이었다. 지금도 해마다 논개의 뜻을 기리는 제사를 지내고 있다.

시대 조선 시대 | 더 찾아보기 실학, 역법, 조선

실학자 정학유가 지은, 농사 기술과 세시 풍속에 관한 노래
농가월령가

개요 농가에서 일 년 동안 해야 할 일을 달의 순서에 따라 나타낸 **조선** 시대의 가사이다. 농사일은 물론 계절마다 알아 두어야 할 풍속과 예의범절이 담겨 있다. 조선의 제24대 임금인 헌종 때 정학유가 지었다.

풀이 〈농가월령가〉는 예로부터 내려오는 농사와 세시 풍속, 놀이, 행사는 물론 제철 음식과 명절 음식을 월별로 나누어 알려 주는 노래이다. 여기서 '월령'이란 매달 할 일을 적어 놓은 행사표를 뜻한다. 1월부터 12월까지 다양한 농사 내용과 세시 풍속이 담겨 있어 조선의 서민 문화를 연구하는 데 귀중한 자료로 쓰인다.

〈농가월령가〉는 농민이 스스로 자신의 생활 모습을 담아 지은 것이 아니라, **실학**자인 정학유가 농민들에게 농업 기술과 예의범절 등을 알려 주기 위해 지은 것이다. 자칫 어렵게 느껴질 수 있는 정보를 쉽고 재미있는 노래로 전달했다는 점에서 의미가 크다. 실제로 농민들은 박자에 맞추어 흥겹게 노래를 부르며 농사 기술을 익힐 수 있었다. 또한 농사의 중요성을 강조하는 실학의 태도를 짐작할 수 있는 작품이다.

봄은 본격적으로 농사를 시작하는 계절이었다. 농민들은 논밭을 갈고 씨앗을 뿌리거나 모를 심었다. 이외에도 약초를 캐거나 장을 담그고, 벌통의 꿀을 나누는 분봉 작업도 했다.

여름은 논밭의 잡초나 피를 뽑는 김매기와 벌초, 길쌈 등이 중요한 일이었다. 초여름에는 보리를 수확하고, 유두에는 깨끗한 냇물에 머리를 감았으며, 견우직녀의 옛이야기도 나누었다.

심화 〈농가월령가〉는 열두 달의 단락 외에 서사와 결사가 있어 모두 14단락으로 이루어졌다. 단락의 주요 내용은 다음과 같다.

- 서사 : 천체(해·달·별)의 운행과 월령, 당시에 쓰이는 **역법**의 기원.
- 정월령 : 절기와 1년 농사 준비하는 법, 설과 보름의 풍속.
- 2월령 : 절기와 논밭 갈기, 가축 기르기, 약초 캐기.
- 3월령 : 씨 뿌리기, 과일나무 접붙이기, 장 담그기.
- 4월령 : 이랑 사이에 다른 농작물 심기, 벌통 나누기, 냇물에서 고기 잡기.
- 5월령 : 보리 이삭을 떨어 낟알 거두기, 고치 치기, 그네 뛰기, 민요 화답.
- 6월령 : 밭고랑 흙 올려 주기, 유두 풍속, 간장과 된장 관리, 삼 거두기, 길쌈하기.
- 7월령 : 견우 직녀의 이별 이야기, 김매기, 피 고르기, 벌초하기.
- 8월령 : 무르익은 곡식 거두기, 한가위 풍속, 며느리 인사 보내기.
- 9월령 : 추수의 이모저모와 이웃 간의 온정.
- 10월령 : 집안과 동네 화목 유지하기.
- 11월령 : 메주 쑤기, 동지의 풍속, 내년 농사를 위해 거름 준비하기.
- 12월령 : 새해 준비와 묵은 세배하기.
- 결사 : 농업에 힘쓰기를 권함.

가을은 수확의 계절이었다. 무르익은 곡식을 거둔 뒤에는 조상에게 감사 인사를 하는 추석 제사를 지내고, 이웃끼리 정도 나누었다. 이때는 며느리도 친정에 인사를 다녀올 수 있었다.

겨울은 내년 농사를 준비하는 시기였다. 논밭을 태우고 볏짚을 모아 거름을 만들고, 장을 담글 때 쓰는 메주를 쑤어 겨우내 말렸다. 그런가 하면 설이나 보름에 세배를 하고 놀이도 즐겼다.

시대 조선 시대 | **더 찾아보기** 세종, 조선

조선 세종 때 우리의 농사 기술을 담아 만든 책

농사직설

개요 **조선 세종** 때 발행된 농사 책이다. 지금까지 전해지는 농사 책 가운데 가장 오래되었으며 여러 가지 농사 기술 정보가 담겨 있다. 정초, 변호문 등의 학자들이 세종의 명령을 받아서 만들었다.

풀이 근대 이전의 사회에서는 농업이 중심 산업이었다. 특히 조선은 유교 윤리에 따라 농사를 중요시하고 농작물의 생산을 늘리기에 힘썼다. 농사에 관한 책을 만든 것도 이러한 정책의 하나였다. 물론 《농사직설》 이전에도 농사짓는 방법을 소개한 책들은 있었다. 하지만 그 책들은 대부분 중국의 농사 책을 그대로 베낀 것이어서 우리나라 현실과는 맞지 않는 내용이 많았다. 이에 세종은 학자들에게 우리나라 풍토에 맞춘 농사법을 연구해 책으로 엮으라고 명령했다. 학자들은 먼저 각 지방에서 농사를 잘 짓는 농민들을 찾아 농사법을 물어보고 경험을 수집했다. 그런 다음 지역 특성에 따라 적절한 농법을 정리했다. 《농사직설》은 중국 중심의 농사법에서 벗어나는 계기가 되었다.

《농사직설》에는 쌀과 보리, 밀, 콩, 팥, 조, 수수, 녹두, 메밀, 호밀, 기장, 참깨, 삼 등 주요 곡식들을 재배하는 방법을 설명하고 있다. 또한 논밭을 가는 방법과 농기구 사용법, 퇴비 만드는 법 등도 정리되어 있다. 예를 들어 벼농사를 짓는 방법으로는 논에다 직접 뿌리는 방법, 못자리를 만들어 모를 키워 논에 옮기는 방법, 밭에다 볍씨를 뿌려서 그대로 기르는 방법, 밭에서 벼를 기르다가 장마철 이후에 물을 채워 기르는 방법 등 4가지 형태를 설명하고 있다.

심화 《농사직설》은 세종 이후에도 여러 번 펴냈다. 조선 후기 효종 때는 《농사직설》과 다른 농사 책을 함께 묶어 《농가집성》을 펴내기도 했다. 《농사직설》은 새롭게 바뀐 농사법을 덧붙여 가며 펴냈기 때문에 먼저 나온 것과 나중에 나온 것을 비교하면 조선 농업의 발전을 알아볼 수 있다.

시대 삼국 시대 | **더 찾아보기** 고구려 고분 벽화, 국보, 굴식 돌방무덤, 무령왕릉, 백제, 백제 금동대향로, 사신도, 일제 강점기

백제의 옛 도읍지에 있는 왕과 왕족의 무덤
능산리 고분군

개요 충청남도 부여군 능산리에 있는 **백제**의 무덤들이다. 부여(사비)가 백제의 도읍이었던 때(538년~660년)의 왕과 왕족의 무덤으로 추측되며, 대부분 **굴식 돌방무덤**이다.

풀이 현재 복원된 무덤은 모두 7개이다. 1~6호 무덤은 **일제 강점기**에 일본 학자들이 몇 차례에 걸쳐 조사하여 내부 구조가 밝혀졌고, 뒷줄에 따로 있던 7호 무덤은 1971년에 수리할 때 발견되었다. 무덤의 겉모습은 모두 둥글게 흙을 쌓아올린 봉분이 있고, 안은 널길이 있는 굴식 돌방무덤이다. 뚜껑돌 아랫부분은 모두 땅속에 만들어졌다.

능산리 고분들은 내부 구조는 물론 재료도 여러 가지이다. 1호 무덤의 경우 널방의 네 벽과 천장에는 각각 **사신도**와 연꽃무늬, 그리고 구름무늬의 벽화가 그려져 있는데, 이것은 **고구려 고분 벽화**의 영향을 받은 것으로 보인다. 2호 무덤은 **무령왕릉**과 같이 천장을 터널 모양으로 만들었으며 가장 오래된 것으로 추측된다. 3호 무덤과 4호 무덤은 천장을 반쯤 뉘어 비스듬히 만든 후에 판 모양의 돌을 덮었고 널길이 짧다. 이와 같은 형식은 부여 지방에 많으며 나중까지 유행한 것으로 보인다.

심화 굴식 돌방무덤에는 많은 껴묻거리를 함께 묻었다. 그러나 도굴이 쉬워 남아 있는 껴묻거리는 많지 않다. 능산리의 고분들도 도굴되어 무덤의 주인을 짐작하기 어렵다. 다만 무덤들 서쪽에서 발견된 절터에서 **국보** 제287호인 **백제 금동 대향로**와 국보 제288호인 백제 창왕명석조사리감 등이 발견된 것으로 보아 이곳이 백제 왕실의 무덤 지역일 것이라고 추측하고 있다.

시대 삼국 시대 | 더 찾아보기 국보, 불국사, 석가탑, 신라, 일본

신라 시대에 만들어진 아름답고 정교한 대표 돌탑
다보탑

개요 경주 불국사에 있는 신라의 돌탑이다. 석가탑과 함께 우리나라의 가장 대표적인 돌탑이며 국보 제20호로 지정되었다. 신라 경덕왕 때인 751년경 불국사와 함께 세워진 것으로 추측된다.

풀이 불국사의 대웅전 앞 동쪽에는 다보탑이, 서쪽에는 석가탑이 마주 서 있다. 석가탑이 우리나라에서 볼 수 있는 일반적인 돌탑을 대표한다면, 다보탑은 특별한 모양의 돌탑을 대표한다고 할 수 있다. 같은 모양의 탑을 세우지 않고 다른 모양의 탑을 세운 이유는 과거의 부처인 다보불이 현재의 부처인 석가여래가 설법할 때 옆에서 옳다고 증명한다는 《법화경》의 내용을 눈으로 직접 볼 수 있도록 탑으로 나타낸 것이라고 한다.

다보탑은 어떤 돌탑과도 닮지 않은 독특한 아름다움을 가지고 있다. 이러한 형식의 탑은 한국은 물론 중국이나 일본에서도 찾아보기 어렵다. 단단한 화강석을 이용해 만들었지만 마치 나무에 조각하듯 자유자재로 다룬 기법은 매우 뛰어난 것으로 평가된다. 예를 들어 석가탑은 2단의 기단 위에 세운 3층탑이지만, 다보탑은 층수를 헤아리기 어려울 정도로 복잡하다. 십(十) 자 모양 기단에는 사방에 돌계단이 있고, 8각형으로 이루어진 부분은 모두 3층인데 각각 다른 모양으로 만들어졌다. 또한 탑의 꼭대기인 상륜 부분도 각 층마다 다른 모습이다.

심화 다보탑은 일본에 의해 훼손된 아픔을 가지고 있다. 1925년경 일본인들은 다보탑을 보수하겠다며 탑을 완전히 해체했는데, 기록을 남기지 않아 다보탑의 본 모습을 알 수 없게 만들어 버렸다. 일반적으로 불탑에는 사리와 사리 장치는 물론 여러 가지 유물들을 넣어 두게 마련인데, 해체 이후 모두 사라져 버린 것이다. 기단의 돌계단 위에 놓여있던 네 마리의 돌사자 가운데 세 마리도 아직까지 그 행방을 알 수 없는 상태이다.

다보탑 돌계단 위에 있는 돌사자.

마치 나무를 자르거나 조각하여 만든 듯 정교하고 화려한 다보탑. 층수를 세기 어려울 정도로 복잡한 구조를 가졌지만 하나로 어우러지는 아름다움이 있다.

다보탑은 둥글거나 네모나고 뾰족한 모양의 구조물로 이루어져 있다. 둥근 것(원형)은 하늘, 네모난 것(방형)은 땅, 삼각에서 발달한 팔각은 인간을 상징한다.

돌계단 위에 놓인 돌사자는 원래 네 마리였으나 지금은 한 마리만 남아 있다. 1983년 이후에 만들어진 십 원짜리 동전에는 이 돌사자가 새겨져 있다.

| 시대 선사 시대~조선 시대 | 더 찾아보기 고려, 고조선, 기자 조선, 대한 제국, 단군왕검, 삼국유사, 유학, 일제 강점기, 조선, 8·15 광복

우리나라 최초의 국가인 고조선의 건국 신화
단군 신화

개요 우리나라 최초의 국가인 **고조선**의 건국 신화이다. 하늘에서 내려온 환웅과 웅녀가 낳은 아들인 **단군왕검**이 나라를 세우고 다스렸다는 내용이며, 고조선 사회를 이해하는 자료가 되고 있다.

풀이 단군 신화의 내용은 책에 따라 조금씩 다르지만 줄거리는 대체로 다음과 같다.
"하늘을 다스리는 신(환인)의 아들인 환웅은 인간 세상을 사랑했다. 그는 인간 세상을 편안하게 해 주려고 하늘 세상의 사람들을 이끌고 신단수 아래로 내려왔다. 그리고 그곳에 신시를 만들어 다스렸다. 어느 날 곰과 호랑이가 찾아와 인간이 되게 해 달라고 부탁했다. 환웅은 쑥과 마늘만을 먹고 동굴에서 100일을 견디면 인간이 될 수 있다고 했다. 그러나 호랑이는 이를 견디지 못해 동굴에서 나왔고, 곰은 21일 만에 인간이 되었다. 환웅은 인간 여자로 변한 곰(웅녀)과 결혼해 아들을 낳았는데, 그가 바로 단군이다. 단군은 태백산에 나라를 세우고 이름을 조선이라고 했다."
단군 신화는 단순한 옛이야기가 아니라 고조선 시대의 사회 모습을 보여주는 기록이다. 고조선이 세워진 시기는 사람들의 집단 이동이 활발하던 때였다. 따라서 환웅 세력은 다른 지역에서 이주해온 집단을, 곰과 호랑이는 원래 그 지역에 거주하던 사람들을 상징해 표현한 것으로 추측된다. 또한 환웅이 비, 구름, 바람을 담당하던 관리를 이끌고 내려왔다는 내용은 고조선이 농업 사회였음을 알려 준다. 농업에서 가장 중요한 것이 바로 날씨이기 때문이다.
단군 신화는 **고려** 후기에 일연이 쓴 **《삼국유사》**에 처음 실렸고, **조선** 시대에는 단군을 우리 민족의 시조로 인정했다. 하지만 중국과의 사대 관계를 중시하던 **유학**자들은 단군보다 중국에서 건너와 문

햇빛이 들지 않는 동굴에서 쑥과 마늘을 먹고 21일을 견딘 곰이 인간 여자가 되었다. 인간이 된 웅녀는 환웅과 결혼하게 되는데, 이것은 하늘 부족과 곰 부족이 서로 합쳤음을 뜻한다.

명을 전파시켰다는 기자를 중시해, **기자 조선**을 우리 역사의 시작으로 보기도 했다.

> **심화** 단군 신앙은 나라를 지키고 사람들을 통합시키는 데 큰 도움이 되었다. **대한 제국** 때는 단군을 받드는 대종교가 만들어져 독립운동에 큰 영향을 미쳤고, **일제 강점기**에는 갈라진 독립운동 세력을 통합하기 위해 단군 사상이 강조되었다. 또한 **8·15 광복** 이후에는 새로운 나라를 세우기 위한 이념으로 단군 신앙이 관심을 끌었다. 다만, 단군 신화를 국민 통합을 위한 정치 이데올로기로 이용하거나, 단일 민족의 강조로 다른 민족에 배타적인 태도를 가지게 되는 문제점도 나타났다.

●●●
단군 신화에 따르면 하늘 신의 아들인 환웅은 하늘 세상에서 비와 구름, 바람 등을 맡아 다스리던 관리들을 이끌고 인간 세상으로 내려왔다. 그는 신단수라는 나무 아래에 신시를 세우고 그곳을 다스렸다.

신단수는 환웅이 처음 내려온 곳에 있었던 신성한 나무이다. 이 나무를 성스럽게 여긴 것으로 보아 제사를 지내던 곳으로 추측된다.

한민족의 시조이자 고조선을 세운 임금

단군왕검

개요 기원전 2333년에 고조선을 세운 임금이다. 고조선은 우리 역사상 최초의 나라이며, 단군왕검은 한민족의 시조(맨 처음 조상)로 받들어지고 있다.

풀이 《삼국유사》에는 고조선을 세운 단군왕검에 대한 이야기가 실려 있다. 이 신화에 따르면 하늘의 임금인 환인에게는 환웅이라는 아들이 있었는데, 그는 인간 세상에 대해 관심이 많았다고 한다. 그러다 환웅은 바람과 구름, 비를 다스리는 신하를 거느리고 인간 세상에 내려와 세상을 다스렸다. 그가 정착한 곳은 태백산의 신단수 근처였고, 그가 다스리는 지역은 신시라고 불렀다.

그러던 어느 날, 곰과 호랑이가 환웅을 찾아왔다. 곰과 호랑이는 사람이 되고 싶다고 간청했고, 환웅은 "쑥과 마늘을 먹고 백 일 동안 햇빛을 보지 않으면 인간이 될 수 있다."고 일러 주었다. 이에 곰과 호랑이는 동굴에 들어가 마늘을 먹으며 견뎠는데, 호랑이는 참지 못하고 뛰쳐나왔지만 곰은 잘 참고 견디어 21일 만에 여자가 되었다. 그 후 여자가 된 곰, 즉 웅녀는 환웅과 결혼해 아들을 낳았다. 그가 바로 단군왕검이다.

모든 건국 신화가 그렇듯이 단군 신화도 실제로 일어난 일이라고 보기는 어렵다. 다만 이 신화를 통해 우리는 고조선이 세워지던 무렵의 사회 모습에 대해

● ● ●
단군왕검은 한민족의 맨 처음 조상이자 고조선을 세운 임금이다. 그는 하늘의 자손으로서 제사를 주관하고 나라를 다스렸으며, 1,908세까지 살다가 산신이 되었다고 한다.

짐작해 볼 수 있다. 환웅에게 바람과 구름, 비 등을 다스리는 신하가 있었다는 것은 농사를 중시했다는 의미이며, 단군왕검은 하늘을 숭배하는 집단과 곰을 숭배하는 집단이 힘을 합쳐 세운 지배자라고 추측된다. 또한 단군은 제사장을, 왕검은 정치 지도자를 뜻하는 말이므로 당시 최고 지배자는 제사와 정치를 모두 주관했음을 알 수 있다.

심화 《삼국유사》에 따르면 단군왕검은 1,908세까지 살다가 산신이 되었다고 한다. 인간이 그렇게 오래 사는 것은 불가능한 일이므로, 학자들은 당시 고조선을 다스리던 최고 지배자를 모두 단군왕검이라고 불렀을 것이라고 추측한다. 즉, 단군왕검이라고 부르는 지배자가 고조선을 다스린 기간이 1,908년이라는 뜻이다.

신화에 따르면, 단군왕검은 하늘에서 내려와 신시를 세우고 다스린 환웅과 고난을 이겨 내고 곰에서 사람이 된 웅녀 사이에서 태어났다고 한다. 당시 환웅은 하늘에서 바람과 구름, 비 등을 다스리는 신하들을 데리고 와 풍요로운 세상을 만들었고, 이는 단군왕검의 고조선으로 이어졌다.

시대 조선 시대 | 더 찾아보기 갑오개혁, 고종, 김홍집, 명성 황후, 을미사변, 의병, 일본, 조선

단발령

조선 고종 때 상투와 머리카락을 자르라고 내린 명령

개요 1895년에 조선의 제26대 임금인 고종이 일본과 친일 내각의 압력을 받아 백성들에게 상투와 머리카락을 자르라고 내린 명령이다. 당시 조선의 사정을 생각지 않은 정책인 데다 강제로 이루어져 거센 반발을 불러왔다.

풀이 1894년 일본의 지원을 업고 구성된 조선 정부는 갑오개혁을 단행한 데 이어 1895년 을미개혁을 추진했다. 김홍집을 비롯한 온건 개화파들이 주도한 을미개혁은 조선의 낡은 문물을 고치고 사회 모든 부문에서 대대적인 개혁 운동을 펼치겠다는 뜻이었다.

개혁안의 핵심 내용은 음력을 폐지하고 양력을 사용하며, 상투와 머리카락을 짧게 자르는 것이었다. 고종이 먼저 상투를 자르고 머리를 깎아 모범을 보였고, 관리들은 거리나 성문에 나가 백성들의 머리를 강제로 깎았다. 머리카락을 자르라는 명령, 즉 단발령을 내린 이유는 조선의 백성들도 서양인들처럼 위생적이고 간편한 머리 모양을 갖춰 새로운 시대에 적응하라는 것이었다.

그러나 단발령은 조선 사회 전체의 거센 반발을 불러왔다. "몸과 피부, 털은 모두 부모로부터 받은 것이어서, 감히 이것을 다치지 않는 것이 효의 시작이다."라고 생각했던 조선 사람들은 "내 목은 자를지언정 내 머리는 자를 수 없다."며 저항했다. 양반 유학자들은 김홍집 내각을 친일 내각이라며 비난했다. 이후 전국에서는 의병 운동이 거세게 일어났다.

일본과 친일 내각의 강요로 실시된 단발령으로 인해 많은 조선인들이 강제로 머리카락을 자르는 수난을 겪었다. 일부는 이에 저항하며 의병 운동을 일으키기도 했다.

심화 단발령을 실시할 당시 조선 사회는 반일 감정이 매우 커진 상태였다. 특히 단발령 직전에 일본 공사 미우라 고로가 일본인 낭인들과 함께 궁궐에 침입하여 명성 황후를 시해한 을미사변이 일어나 전국은 분노로 들끓었다. 일본이 뒤에서 이 모든 것을 조종한다고 생각한 백성들은 거세게 반발하며 의병을 조직하게 되었다. 이때의 의병 운동을 '을미 의병'이라고 한다.

시대 삼국 시대 | 더 찾아보기 고구려, 국보, 신라, 진흥왕, 진흥왕 순수비

영토 확장을 기념하기 위해 진흥왕이 세운 비석
단양 신라 적성비

개요 신라 진흥왕이 고구려 땅이던 남한강 상류 지역을 점령한 후에 영토 확장을 기념하여 세운 비석이다. 충청북도 단양군 적성산성 안에 있어 단양 적성비, 또는 단양 신라 적성비라고 부른다. 진흥왕 때인 545년~550년에 만들어진 것으로 추측되며, 국보 제198호로 지정되었다.

풀이 단양 신라 적성비는 1978년에 30센티미터 정도가 땅속에 묻힌 채로 발견되었다. 윗부분은 잘려나가고 없지만 비석면이 깨끗하고 글자가 뚜렷하여, 남은 부분의 288자만으로도 당시 삼국 관계를 이해하는 데 중요한 자료가 되고 있다.

비석에는 신라의 영토 확장을 도왔던 적성 주민 야이차에게 상을 내린다는 내용과 앞으로 신라에 충성을 다하는 사람에게도 똑같은 상을 내리겠다는 내용이 담겨 있다. 새롭게 점령한 곳이 신라 땅임을 확인하고 예전 고구려 사람들의 마음을 안심시키려는 뜻에서 비를 세운 것으로 추측된다.

심화 금속이나 돌에 새긴 문서를 '금석문'이라고 하는데, 금석문은 역사를 연구할 때 매우 귀중한 자료가 된다. 금석문 가운데 하나인 단양 신라 적성비를 통해 우리는 신라의 통치자들이 지역민을 어떻게 다스리고 포상했는지, 재산은 어떻게 나누었는지 등을 알 수 있다. 또한 진흥왕 때 세워진 다른 비석인 진흥왕 순수비를 통해서는 왕이 지방을 다니며 살핀 백성들의 생활 형편을 짐작할 수 있다.

단양 신라 적성비는 위는 넓고 두꺼우며 아래는 좁고 얇은 모양이다. 윗부분은 잘려나갔지만 글자는 대부분 보존되어 당시 신라의 율령 제도는 물론 한반도의 영토 상황을 파악할 수 있게 해 준다.

시대 삼국 시대~조선 시대　**더 찾아보기** 고구려 고분 벽화, 고려, 삼국 시대, 조선

건축물에 여러 가지 색깔의 무늬와 그림을 그려 장식하는 일

단청

개요 건축물에 여러 가지 색깔의 염료로 무늬나 그림을 그려 아름답게 장식하는 일이다. 주로 나무로 지은 목조 건축물에 장식하지만, 돌로 지은 석조 건축물이나 공예품, 조각상 등에도 한다.

풀이 우리나라의 전통 건축물에서 가장 아름다운 요소로 꼽는 것이 단청이다. 건축물 곳곳에 여러 가지 색깔의 염료로 무늬나 그림을 그려 넣어, 건축물을 한층 아름답고 장엄하게 보이게 하고 품격을 높여 주기 때문이다. 하지만 단순히 건축물을 아름답게 보이려는 목적만으로 단청을 한 것은 아니었다. 단청은 잡귀를 쫓아내거나 건축물 주인의 권위와 위엄을 나타내려는 뜻도 있었다. 또한 건축물이 비바람이나 햇빛으로 인해 손상되거나 습기로 인해 썩는 것을 막고, 벌레가 나무를 갉아먹지 않도록 해서 건축물이 오랫동안 보존되도록 했다.

단청은 청색, 적색, 황색, 백색, 흑색의 5가지 색을 기본으로 하되, 때로는 염료를 섞어 쓰기도 했다. 무늬는 여러 가지가 있었다. 원이나 삼각형, 격자와 같은 기하무늬는 물론이고 꽃이나 나무, 해와 달, 별, 구름과 같은 자연물을 그려 넣었다. 또한 용이나 봉황, 코끼리, 사자 같은 동물과 매화, 난초, 국화, 대나무 등 사군자 무늬가 들어가기도 했다. 불교 건축물에는 불경에 나오는 장면을 그려 넣기도 했다.

심화 단청은 **삼국 시대**부터 널리 유행했다. 가장 많이 쓰였던 곳은 궁궐이었으며, **고구려 고분 벽화**에서도 단청을 찾아볼 수 있다. 한반도에 불교가 퍼지면서 절의 건축물에도 단청이 들어갔다. **고려**와 **조선** 시대에는 단청의 무늬와 색이 더욱 다양하고 화려해졌다.

● ○ ○
건축물을 아름답게 완성해 주는 단청은 예부터 권력과 명예의 상징이었다. 이 때문에 임금이나 귀족과 같이 부와 권력을 가진 지배층의 건축물이나 부처를 모신 절에만 허용되었다. 일반 백성들의 집에는 단청을 할 수 없었다.

단청은 알록달록 고운 빛깔의 염료로 여러 가지 무늬를 그려 넣어 건축물을 아름답게 보이는 효과를 낸다. 뿐만 아니라 건축물을 손상 없이 오랫동안 보존하는 데 도움이 되었다. 단청을 가장 많이 하는 곳은 처마 안쪽 부분과 기둥이었다.

왕이나 왕족을 보내 다스린 백제의 지방 행정 구역

담로

개요 백제에서 지방을 효과적으로 다스리기 위해 지정한 행정 구역이다. 주로 왕자나 왕족이 파견되어 지역을 다스렸다.

풀이 백제는 주변의 작은 나라나 부족을 정복한 뒤 통합하면서 중앙 집권 국가로 발전해 갔다. 이 과정에서 작은 나라의 지배층은 백제의 귀족으로 흡수되었다. 새롭게 넓힌 영토에는 지방관을 보내 다스렸다. 특히 고구려에게 한강 유역을 빼앗기고 웅진으로 수도를 옮긴 뒤에는 전국의 22개 주요 지역에 담로를 설치하고 왕자나 왕족을 보내 다스리게 했다. 중국의 역사책인 《양서》의 〈백제전〉에는 백제가 전국에 22담로를 두었다는 기록이 실려 있다.

담로는 백제의 말인 '다라'에서 비롯되었다. 오늘날의 시군구와 같은 지방의 행정 구역으로서 읍성과 같은 것이었다. 즉 담로 제도는 백제가 지방을 효과적으로 다스리기 위해 중심이 되는 성을 지정한 것이다. 또한 왕자와 왕족을 보냈다는 것은 담로가 그만큼 중요한 지역이라는 뜻이기도 했다.

심화 담로 제도가 언제부터 실시되었는지에 대해서는 학자들마다 의견이 다르다. 475년 고구려와 영토 전쟁을 벌이다 전사한 개로왕의 아들 문주왕 때 수도를 웅진으로 옮기면서 시작했다는 의견도 있고, 백제의 제13대 임금 근초고왕 때인 4세기에 영토를 크게 넓히면서 이미 실시했다고 보는 의견도 있다. 다만 분명한 것은 웅진 천도 후에는 담로 제도가 시행되었으며, 538년 다시 수도를 사비로 옮긴 뒤 지방 제도를 정비할 때까지 계속되었다는 사실이다.

시대 삼국 시대~남북국 시대 | 더 찾아보기 고구려, 고려, 나당 전쟁, 발해, 백제, 수, 신라, 조선

7세기경부터 중국을 지배하며 문물과 제도를 발전시켰던 나라

당

개요 수나라에 이어 중국을 다스린 통일 왕조이다. 618년에 이연이 처음 세운 뒤, 907년에 주전충에 의해 멸망하기까지 계속되었다. 당의 여러 가지 사회 제도는 이후 중국을 다스린 새로운 왕조는 물론 신라와 발해 등 주변 여러 나라에게 모범이 되었다.

풀이 중국 수나라 말기에 사회가 어지러워지자, 귀족이었던 이연이 618년에 반란을 일으켜 새롭게 나라를 세웠다. 이연은 백성들을 괴롭혔던 수의 법령을 폐지한 뒤 새로운 법인 12조를 발표하고, 자신이 이끌어갈 나라 이름을 '당'이라고 발표했다.

당은 이연의 아들 이세민이 임금(태종)의 자리에 오르면서 크게 발전했다. 태종 때부터 그 뒤를 이은 고종, 현종 때까지 당은 전성기를 맞이했다. 당의 도읍인 장안은 정치와 문화의 중심지로서 중앙아시아와 서아시아, 유럽 사람들까지 왕래하는 국제적인 도시가 되었다.

당 태종은 동아시아 전체를 장악하려는 야심을 갖고 고구려를 여러 차례 공격했지만 실패했다. 그러나 그 뒤를 이은 고종 때 신라와 연합해 백제와 고구려를 멸망시켰다. 당은 백제 땅에 웅진 도독부, 고구려 땅에 안동 도호부, 신라 땅에 계림 도독부를 두고 한반도 전체를 지배하려고 했지만, 신라와의 전쟁(나당 전쟁)에서 패하여 대동강 이북으로 물러났다.

지배층의 부패와 향락이 심해지고, 토지 제도를 비롯한 사회 제도가 제대로 운영되지 않으면서 당은 8세기 중엽부터 점점 어지러워졌다. 국경을 지키던 절도사의 세력이 커지고 중앙 정부의 힘이 약해지자, 안녹산의 난을 비롯한 반란이 곳곳에서 일어났다. 결국 절도사 중 한 사람이었던 주전충이 반란을 일으켜 장안이 함락되면서 당은 중국 대륙에서 사라졌다.

당의 도읍지는 장안이었다. 태종부터 현종까지 당의 전성기에는 장안이 정치와 문화의 중심지였다.

심화 당은 강한 군사력을 가졌을 뿐 아니라 여러 가지 문물과 제도가 발달한 문화

강대국이었다. 율령 제도를 비롯한 당의 여러 가지 사회 제도는 우리나라와 동아시아 여러 나라에 많은 영향을 끼쳤다. 신라와 발해는 당의 문화와 제도를 적극적으로 받아들였고, 고려도 당의 제도를 모방해 관제를 정비했다. 그리고 고려의 사회 제도는 조선 시대에도 계승되었다.

당은 수많은 정복 전쟁을 벌이며 중국 역사상 가장 넓은 영토를 차지한 통일 국가가 되었다. 이후 한반도까지 지배하려 했지만 신라와의 전쟁에서 패해 대동강 이북으로 쫓겨났고, 만주 지방에 발해가 세워지면서 더욱 물러났다.

당을 강대국으로 만든 당 태종. 그는 중국 역사상 가장 뛰어난 임금으로 평가받을 정도로 정치를 잘 했고, 돌궐과 토번 등을 정복해 영토를 넓혔으며, 사회 제도와 문물을 정비했다. 하지만 고구려를 공격하기 위해 원정길에 나섰다가 실패하고 병을 얻어 세상을 떠났다.

당은 유독 고구려에게는 몇 차례 패했지만, 서방의 나라들을 위협할 정도로 강한 군사력을 자랑하는 나라였다.

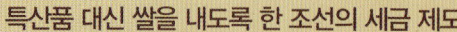

특산품 대신 쌀을 내도록 한 조선의 세금 제도
대동법

개요 **조선** 시대에 각 지방에서 내야 할 공물을 토지 면적에 따라 쌀로 내게 한 세금 제도이다. **공납**의 문제점을 줄이고 재정을 늘리려고 조선 후기에 시행했다.

풀이 근대 이전까지 나라에 바치는 세금에는 전세, 역, 공납 등이 있었다. 이중에서 공납은 나라가 필요로 하는 물품을 직접 바치는 것을 뜻하는데, 주로 그 지방의 특산물을 세금으로 내도록 했다. 이 특산물 세금을 '공물'이라고 한다. 지방 관청에서는 공물을 집집마다 나누어서 거두어들인 뒤 나라에 바쳤다.

그런데 공납은 지역에 따라 바치는 물품이 다른 데다 부잣집이나 가난한 집의 구분 없이 걷다 보니 백성들이 져야 할 부담이 불공평했다. 또한 공물은 운반하거나 보관할 때 번거로울 뿐 아니라 비용이 많이 들고, 심지어 그 지역에서 나지 않는 물품을 요구하는 경우도 많아 어려움이 많았다. 뿐만 아니라 공물을 걷는 관리들이 중간에서 부정부패를 저지르기도 쉬웠다. 예를 들어 관리들이 뇌물을 받고 특정 상인의 공물만 받을 경우, 농민들은 할 수 없이 상인에게 웃돈을 주고 공납을 대신 내달라고 부탁해야 했다. 만약 상인을 거치지 않고 직접 공물을 바치러 오면 관리들은 조정에 올리기엔 규격에 맞지 않는다며 받지 않았다. 이때 관리들이 공물에 '물리칠 퇴(退)' 자를 쓰고 받지 않아 '퇴짜를 놓는다.'는 말까지 생겼다.

공납으로 인해 백성들의 원성이 높아지고 관리들의 부정부패 사건이 빈번히 일어나자 조선 조정에서는 개선 방안을 논의했다. 조선의 제14대 임금인 **선조** 때 **이이**(이율곡)는 농민들의 부담을 줄이고 관리와 중간 상인의 농간을 없애기 위해, 땅을 가진 자들에게 땅 넓이만큼 쌀로 걷자는 대동법을 제안했다. '대동'이란 크게 하나 된다는 뜻으로 공평함 또는 평등함을 나타낸다. 그러나 땅을 많이 가진 양반들은 자신들의 세금 부담이 늘어날까 봐 이에 반대했다.

임진왜란 후 선조의 뒤를 이어 임금이 된 **광해군**은 전쟁의 피해로부터 농민들을 구제하기 위해 1608년 경기도 지역에서 시범적으로 대동법을 실시했다. 이후 대동

●○○
대동법은 나라에 바치는 공물을 쌀로 통일한 제도이다. 옛날에는 궁중이나 관청에서 필요한 물품을 백성들에게 세금(공물)으로 걷었는데, 이 과정에서 여러 가지 폐단이 생겨났다. 이에 조선 조정은 공물을 쌀로 대신 내도록 했고, 관청에서는 백성들로부터 거둔 쌀을 팔아 필요한 물품을 샀다.

법 실시 지역은 조금씩 확대되어 숙종 때인 1677년에는 경상도, 1708년에는 황해도에 시행되어 전국의 공납 제도가 대동법으로 바뀌었다. 대동법은 1894년 **갑오개혁** 때까지 200여 년간 유지되었다.

심화 대동법의 실시로 공납이 사라지게 되자 조정은 지방에서 거두어들인 쌀을 팔아 필요한 물품을 사서 쓰게 되었다. 조정이 필요로 하는 물품을 대신 사주던 상인을 '공인'이라고 했는데, 공인들이 시장에서 물건을 대량으로 사기 시작하면서 조선의 상업도 크게 발전했다.

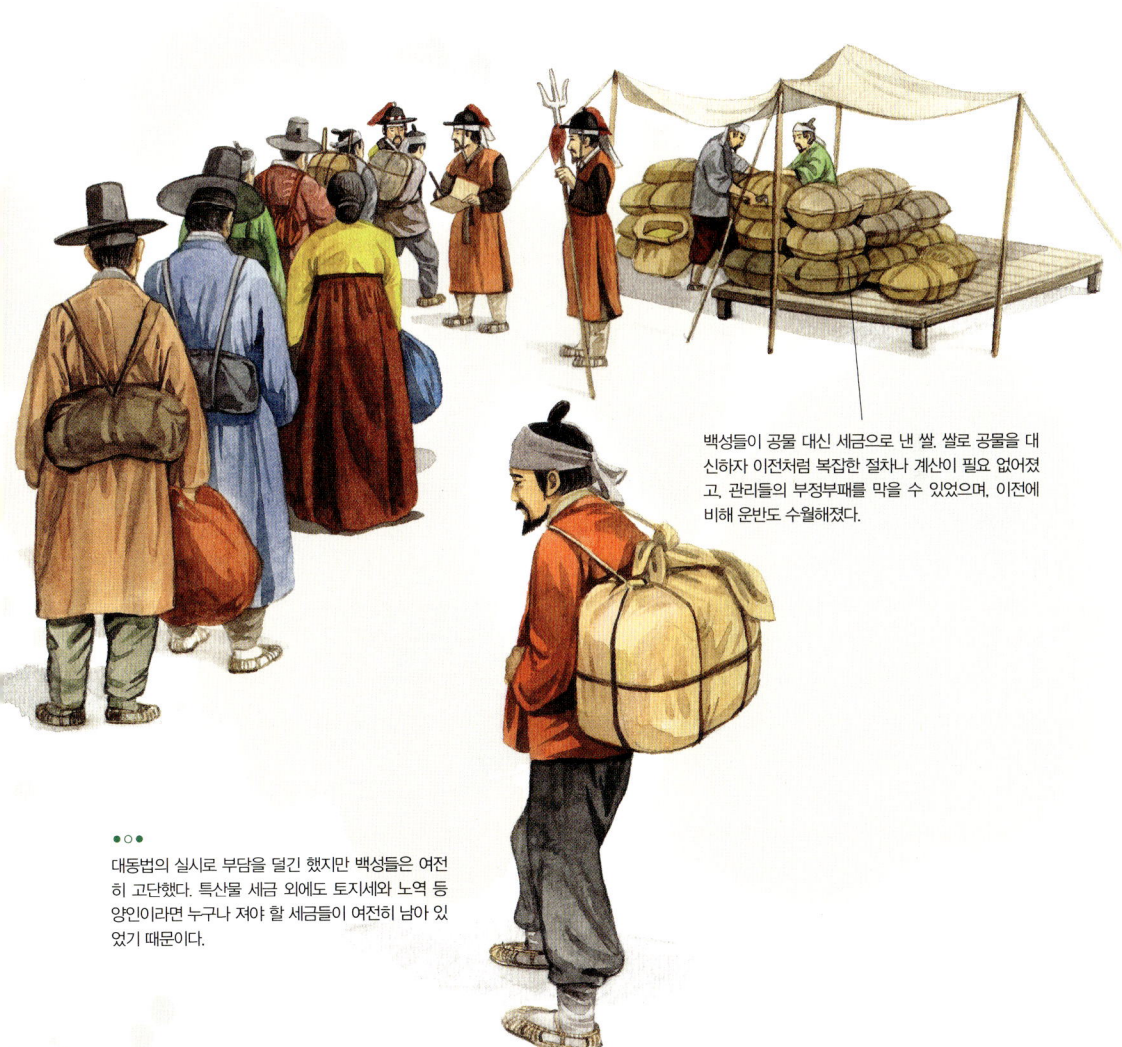

백성들이 공물 대신 세금으로 낸 쌀. 쌀로 공물을 대신하자 이전처럼 복잡한 절차나 계산이 필요 없어졌고, 관리들의 부정부패를 막을 수 있었으며, 이전에 비해 운반도 수월해졌다.

●○○
대동법의 실시로 부담을 덜긴 했지만 백성들은 여전히 고단했다. 특산물 세금 외에도 토지세와 노역 등 양인이라면 누구나 져야 할 세금들이 여전히 남아 있었기 때문이다.

시대 조선 시대 더 찾아보기 김정호, 실학, 조선

조선 후기에 김정호가 만든 한반도 지도
대동여지도

개요 조선 후기의 지리학자인 김정호가 만든 한반도 지도이다. 조선의 지리 연구 성과와 이전까지 있었던 지도를 집대성하여 만든 것으로, 당시로서는 매우 수준이 높고 뛰어난 전국 지도였다.

풀이 〈대동여지도〉는 실학자이자 지리학자인 김정호가 철종 때인 1861년에 만들었다. 이전에 나온 여러 지도를 바탕으로 부족한 부분을 분석하고 보완해, 조선 시대에 만들어진 지도 가운데 가장 뛰어난 한반도 지도로 평가된다.

사실 그는 〈대동여지도〉를 만들기 27년 전인 1834년에 이미 〈청구도〉라는 한반도 지도를 만든 적이 있었다. 하지만 〈대동여지도〉는 〈청구도〉에 비해 한층 발전되었다. 〈대동여지도〉는 〈청구도〉에 비해 지형의 표시와 하천, 교통로 등이 더 세밀하다. 특히 도로망은 산간의 길까지 자세히 표시했고, 산이나 강을 개별적으로 나타내는 데 힘쓰기보다는 산줄기와 물줄기를 체계적으로 정리했다.

〈대동여지도〉가 이전의 지도들과 다른 점은 행정 구역과 관청, 교통망, 국가 시설, 유적 등 중요한 인문 자료들도 그려 넣었다는 점이다. 또한 붉은 선으로 거리를 표시하면서 10리마다 점을 찍어 놓았는데, 이 점을 세어 보면 거리를 쉽게 알 수 있다.

한때 〈대동여지도〉는 김정호가 혼자 전국 방방곡곡을 돌아다니면서 만들었다고 알려졌으나 이는 사실과 다르다. 한 사람이 전국을 일일이 다니면서 측량하는 것은 현실적으로 불가능하기 때문이다. 〈대동여지도〉는 그동안 조선에서 연구되어 온 지리 정보를 집대성한 것이다. 김정호는 이전의 자료들을 분석하고 현장 답사도 다녀오는 등 보완 작업을 거쳐 당시로서는 최고의 지도를 만들어 냈다.

심화 〈대동여지도〉는 오늘날의 지도와 비교하면 부족한 면도 있다. 경도상의 위치가 실제와 차이가 있고, 동해안의 지형을 잘못 나타낸 것도 있다. 하지만 전체적으로 매우 정확하고 자세하여 당시 지리 연구의 수준이 매우 높았음을 보여 준다.

●○○
〈대동여지도〉는 한 장의 전국 지도가 아니라 여러 개의 판을 모아 놓은 것이다. 크기는 16만 분의 1로 줄였고 남북은 120리씩 22첩으로, 동서는 80리씩 19판으로 나누었다. 지도는 한 단씩 접을 수 있게 되어 있고, 볼 때는 병풍처럼 펼쳐서 본다. 이렇게 펼친 것을 세로로 이으면 전국의 모양을 볼 수 있다.

김정호는 이전에 나온 지도와 지리 정보를 모아 분석한 뒤 부족한 점을 보완해 〈대동여지도〉를 만들었다. 〈대동여지도〉는 당시 조선의 지리 연구 수준이 매우 높았음을 보여 준다.

시대 조선 시대 | 더 찾아보기 신민회, 안창호, 일본, 한일 강제 병합

안창호가 민족 교육을 위해 평양에 세운 중등 교육 기관

대성 학교

개요 1908년에 **안창호**가 평양에 세운 교육 기관이다. 독립 정신과 실력을 고루 갖춘 인재를 기르고자 했으며, 민족 운동 단체인 **신민회**는 물론이고 일부 평양 주민들도 설립을 도왔다.

풀이 20세기에 접어들면서 **일본**은 한반도를 지배하려는 욕심을 본격적으로 드러내기 시작했다. 이에 민족 운동가들은 우리의 민족 정신을 높이고 실력을 길러서 자주독립을 이루고자 했다. 안창호와 양기탁, 이동휘 등이 만든 신민회도 실력 양성과 자주독립을 목적으로 한 단체였다.

신민회는 나라의 실력을 기르는 가장 좋은 방법이 인재를 기르는 것이라고 생각했다. 실력 있는 인재가 많아야 위기에 빠진 나라를 구할 수 있다고 믿었기 때문이다. 이에 신민회는 무엇보다 학교를 세우는 데 정성을 쏟았다. 가장 먼저 세운 학교는 평양의 대성 학교였다. 오랫동안 평양에 살면서 부와 명예를 쌓은 사람들도 학교 설립을 도왔다.

대성 학교는 교육의 방향을 '건전한 인격과 실력을 갖추고, 체력 훈련을 통해 건강한 몸을 만들며, 나라를 깊이 사랑하는 민족 운동가를 기르는 것'에 두었다. 처음 학교의 문을 열었을 때 입학생은 90여 명이었지만, 나중에는 지원자가 500~600명에 이를 정도로 인기가 높아졌다.

심화 일본의 통감부가 사립 학교의 민족 교육을 엄격히 단속하면서 대성 학교의 민족 교육도 어려움을 겪게 되었다. **한일 강제 병합** 이후에는 일제가 105인 사건을 조작해 신민회 회원을 비롯한 민족 운동가들을 대대적으로 탄압했고, 대성 학교는 운영조차 어려워졌다. 결국 대성 학교는 1912년에 제1회 졸업생 19명을 낸 채 문을 닫고 말았다.

시대 삼국 시대~남북국 시대 　**더 찾아보기** 거란, 고구려, 남북국 시대, 당, 말갈, 발해, 신라, 연호

고구려가 멸망한 뒤 만주 지방에서 발해를 세운 임금

대조영

개요 **고구려**가 멸망한 뒤 고구려 유민들을 이끌고 만주 지방에 **발해**를 세운 임금이다. 대조영이 고구려를 이어받은 나라를 세우면서 우리 역사는 **신라**와 발해가 경쟁하는 **남북국 시대**를 맞게 되었다.

풀이 고구려는 668년에 신라와 **당** 연합군의 공격을 받아 멸망했다. 이후 신라는 대동강을 경계로 남쪽 지방을 차지했지만, 북쪽 지역은 당이 차지하게 되었다. 당은 고구려의 옛 영토를 다스리기 위해 영주 도독부를 설치하고, 고구려 유민들을 강제로 영주 지방(지금의 중국 요령성 조양 일대)에 이주시켰다.

　마침 당에서 보낸 관리가 그곳에 살고 있던 **거란**족을 무시하고 가혹하게 대하자, 거란족의 이진충 등이 난을 일으켜 영주 지역을 점령했다. 이 틈을 타 대조영의 아버지인 걸걸중상과 **말갈**족인 걸사비우는 고구려 유민들을 이끌고 영주를 탈출해 동쪽으로 이동했다. 당은 거란족 출신의 장군인 이해고를 보내 이들의 이주를 막으려고 했다. 먼저 이해고와 맞닥뜨린 걸사비우가 전투에서 죽자, 말갈인들은 대조영의 무리에 합류했다. 대조영은 백두산 아래쪽에 있는 천문령 계곡으로 당의 군대를 유인해 큰 승리를 거두었다.

　이후 대조영 세력은 만주의 동쪽 지방으로 이동해 동모산에 성을 쌓고 698년에 '진국'이라는 나라를 세웠다. 당은 대조영이 세운 나라를 인정해 줄 수밖에 없는 상황이 되자 699년에 대조영을 '발해군왕'으로 임명했고, 이때부터 대조영이 세운 나라 이름은 '발해'라고 부르게 되었다.

심화 중국에서는 발해를 중국의 한 나라라고 주장하고 있다. 심지어 대조영이 고구려 사람이 아니라는 주장도 하고 있다. 하지만 발해가 독자적인 **연호**를 사용하고, 외교 문서에 발해의 임금을 '고려 국왕'이라고 표현한 점 등으로 볼 때 고구려를 계승한 한민족의 나라인 것만은 분명하다.

당에 맞서 반란을 일으킨 뒤 고구려를 계승한 나라 '발해'를 세운 대조영.

나철이 창시한 우리 민족 고유의 종교

대종교

개요 나철이 1909년에 창시한 민족 고유의 종교이다. '대종'이란 한얼님(하느님)이 이 세상을 널리 구제하기 위해 사람이 되어 내려오셨다는 뜻이다. 대종교는 우리 민족의 기원 신화에서 비롯되어 단군(단군왕검)을 섬기며, 삼신일체설을 믿고 있다.

풀이 대종교의 창시자인 나철은 1863년 전라남도 보성에서 태어났다. 그는 29세에 과거 시험에서 장원 급제한 뒤 승정원을 거쳐 33세에 징세서장이라는 벼슬을 받았다. 하지만 관직에서 물러나 구국 운동에 뛰어들었고, 일본에 머물며 활동하던 중에 을사조약이 체결되었다는 소식을 듣게 되었다. 조선으로 돌아온 나철은 조약 체결에 협조한 매국노들을 살해하려다 실패하고 유배되었다.

얼마 후 석방된 나철은 다시 구국 운동을 시작했지만 별다른 성과를 얻지 못했다. 그는 점차 민족 종교 운동에 관심을 갖게 되었고, 1909년 1월 15일에는 단군 대황조 신위를 모시고 제천 의식을 올린 뒤 단군교를 선포했다. 교주로 추대된 나철은 교리를 정비하고 교세를 넓혀 1910년 2만 1,539명의 교인을 확보했으며, 1910년에는 대종교로 이름을 바꾸었다.

나철이 창시한 대종교는 한얼님을 믿는 신앙 체계를 갖고 있다. 이런 신앙 체계는 다른 민족들의 원시 신앙에서도 찾아볼 수 있지만, 대종교는 특히 우리 민족의 기원 신화(단군 신화)에서 비롯되었다. 백두산을 중심으로 인류와 문화가 발생했다는 것을 기본 교리로 삼고 있으며, 삼신일체설을 믿는다. 여기서 '삼신'이란 환인, 환웅, 환검을 뜻한다. 환인은 우주와 인간 만물을 다스리는 조화신이고, 환웅은 인간 세상을 널리 구제하기 위해 백두산에 내려온 교화신이며, 환검은 임금이 되어 처음 나라를 세운 치화신이다. 즉, 대종교는 한민족이 하느님의 자손이고, 환인은 우리 조상의 천부(天父)라는 사상을 가지고 있다.

대종교를 창시한 나철. 일찍이 과거에 급제해 관리로 일하다 일제의 침략에 맞서 구국 운동을 벌였다. 한일 강제 병합이 있던 해인 1910년에 대종교를 창시하고 교주가 되었으나 일제의 탄압을 받다 자결했다.

대종교의 신앙은 삼진과 삼망, 삼법수행, 삼진귀일 등으로 정리할 수 있다. 인간은 태어나면서부터 3가지 참된 것(삼진)을 받았지만 살아가는 동안 마음, 기운, 몸의 세 가지(삼망)로 인해 욕심이 생기고 병이 나고 죄를 짓는 괴로움에 빠지게 된다. 따라서 나쁜 생각을 그치고, 숨쉬기를 바르게 하며, 좋지 않은 것과 접촉하지 않으면(삼법수행) 본래의 착함으로 되돌아간다(삼진귀일)는 것이다.

한편, 대종교를 비롯한 민족 종교 운동에 위협을 느낀 일제는 '종교 통제안'을 내세우며 탄압하기 시작했다. 교단의 사정이 점차 어려워지자 나철은 1916년에 단군의 삼신을 모신 구월산 삼성사에서 스스로 목숨을 끊었다.

심화 대종교는 1910년대부터 1920년대 초까지 무장 독립 투쟁에 활발히 참여했다. 국내에서 의병 활동을 했던 사람들을 모아 1911년 만주에서 독립운동 단체인 중광단을 조직했다. 1910년대 후반에는 교단의 중앙 본부를 만주로 옮긴 다음 군관 학교를 세워 무장 항일 세력 양성에 힘썼다. 청산리 대첩에서 북로 군정서를 이끌고 일본군을 물리친 김좌진, 독립군 부대들이 일본군의 공격을 피하기 위해 소련 땅으로 넘어가기 직전에 결성한 연합 부대인 대한 독립 군단의 총재 서일 등은 대종교도였다. 그러나 일본의 탄압으로 교세는 점차 약화되었다.

대종교의 성직자들이 단군 영정 앞에서 제를 올리는 모습. 대종교는 우리 민족의 기원 신화에서 비롯되어 단군을 섬기며, 우리 민족이 하느님의 자손이라고 믿고 있다.

어니스트 베델이 양기탁과 함께 만든 민족 신문
대한매일신보

개요 **대한 제국** 때 발간되었던 일간 신문이다. 영국인 **어니스트 베델**이 양기탁과 함께 1904년 7월 16일에 창간했다. 일제의 침략 행위를 비판하고 민족 운동을 소개한 대표적인 항일 민족 언론이었다.

풀이 《대한매일신보》는 당시 발간되던 신문 가운데 가장 강력하게 **일본**을 비판했다. 민족 정신을 일깨우는 글이 매일 실리는가 하면, **의병**의 항쟁을 자세히 보도했고, 대한 제국의 벼슬아치들이 저지른 비리나 일본인들의 횡포를 고발하는 기사도 실었다. 또한 나라의 빚을 갚자는 **국채 보상 운동**이 일어나자, 이를 적극적으로 지원하면서 운동을 이끌기도 했다.

당시 일본의 통감부는 언론을 감시하고 간섭했는데, 《대한매일신보》는 발행인이 영국인이어서 함부로 하지 못했다. 하지만 발행인인 베델이 평화를 해치고 민중을 선동했다면서 영국 고등법원에 고발해, 베델은 1907년과 1908년 두 차례에 걸쳐 재판을 받았다. 또한 베델을 도운 양기탁도 국채 보상 운동 때 모은 돈을 가로챘다며 체포해 재판을 벌였지만, 결국 그는 무죄로 풀려났다.

일본의 탄압이 심해지자 베델은 다른 사람을 발행인으로 내세우면서 계속 신문을 만들었다. 하지만 1909년 5월에 베델이 죽고 난 다음부터 차츰 쇠퇴하기 시작했다. 그러다 대한 제국이 주권을 완전히 빼앗긴 1910년에는 조선 총독부가 《매일신보》라는 이름의 기관지로 바꾸어 버렸다.

심화 《대한매일신보》가 처음 나올 당시의 지면은 모두 6면이었다. 그 중에서 2면은 한글로, 4면은 영문으로 만들었다. 그러다 1905년부터는 영문 신문과 국한문 신문을 따로 만들었고, 1907년부터는 한문을 읽지 못하는 사람들을 위해 한글 신문도 만들었다. **박은식**이나 **신채호** 등 주로 민족 운동가들이 논설위원으로 활동하며 글을 썼다.

시대 현대 | **더 찾아보기** 국제 연합, 김대중, 김영삼, 김정일, 남북 정상 회담, 노무현, 노태우, 대한 제국, 박정희, 4·19 혁명, 서울 올림픽 대회, 10월 유신, IMF 경제 위기, 5·16 군사 정변, 5·18 민주화 운동, 유엔, 6월 민주 항쟁, 6·29 민주화 선언,

1948년에 세워진 우리나라 최초의 민주 공화국

대한민국

개요 1948년 8월 15일에 세워진 우리나라 최초의 민주 공화국이다. 남북 분단과 **6·25 전쟁**, 독재 정치 등으로 어려움을 겪었지만, 경제 성장과 민주화의 진전 등 사회 전반에 걸쳐 발전을 거듭하고 있다.

풀이 대한민국은 **대한 제국**이 **일본**에 나라의 주권을 빼앗긴 지 38년 만에 한반도 남쪽에 세워진 민주 공화국이다. '민주'란 임금이 나라를 다스리는 군주 정치에서 벗어나 국민이 주인인 민주 정치로 바뀌었음을 뜻하고, '공화'란 주권을 가진 국민의 대표가 나랏일을 보는 정치 형태를 뜻한다.

제1공화국 8·15 **광복** 이후 3년 만에 남한에서만 총선거가 실시되고 초대 국회인 제헌 국회가 구성되었다. 제헌 국회는 헌법을 만들어 발표한 뒤 정·부통령 선거를 실시해 **이승만**을 초대 대통령으로 뽑았다. 이승만 대통령은 대한민국 정부 수립을 국내외에 알리고 제1공화국이 시작되었다.

1950년에는 북한의 남침으로 6·25 전쟁이 일어났다. 3년 동안 이어진 전쟁으로 국토가 크게 파괴되는 것은 물론 많은 국민들이 죽고 가족이 흩어져 이산가족이 생겼다. 6·25 전쟁은 1953년에 휴전 협정으로 막을 내렸지만, 휴전선을 경계로 북한과 대치하며 긴장 상태가 지속되고 있다.

6·25 전쟁 이후 이승만은 반공을 내세워 독재 정치를 했고, 비정상적으로 헌법을 개정해 종신 대통령이 가능하도록 했다. 하지만 1960년 3·15 부정 선거로 국민의 거센 저항에 부딪혔다. 결국 이승만 대통령이 **4·19 혁명**으로 대통령직에서 물러나 하와이로 망명을 떠나면서 제1공화국은 막을 내렸다.

제2공화국 1960년에 4·19 혁명으로 새로 뽑힌 **장면** 국무총리 중심의 제2공화국이 열렸다. 이때의 정부 형태는 총리를 최고 지도자로 하는 의원 내각제였다. 장면 정

더 찾아보기 6·25 전쟁, 6·15 남북 공동 선언, 이명박, 이승만, 일본, 장면, 전두환, 8·15 광복, 한일 협정

부는 국민들의 요구를 받아들여 경제 발전 정책을 펴며 나라를 안정시키기 위해 노력했다. 국민들의 요구가 한꺼번에 쏟아져 나오는 바람에 사회가 어지러워지기도 했지만 민주주의가 싹트는 순간이었다. 그러나 박정희를 중심으로 한 군인 세력이 반공과 근대화를 내세우며 5·16 군사 정변을 일으켰다.

제3·4공화국 박정희는 2년간의 군정을 거쳐 1963년에 대통령 중심제로 헌법을 개정하고 선거를 통해 대통령이 되었다. 박정희 정부는 반공과 근대화를 국가 정책의 우선 순위로 내세우고, 강력한 경제 성장 정책을 펼쳤다. 한일 협정의 체결과 베트남전 파병도 경제 성장을 위한 자본 확보가 중요한 목적이었다. 그 결과 1960년대와 1970년대에 걸쳐 높은 경제 성장이 이루어졌다. 그러나 이러한 경제 성장은 노동자와 농민의 희생을 바탕으로 한 것이었다.

박정희는 장기 집권을 위해 1969년 3선 개헌을 했고, 1972년에는 10월 유신을 선포하고 헌법을 개정했다. 대통령에게 막강한 권력을 부여하고 당선 횟수의 제한을 없애서 자신이 계속 대통령을 할 수 있도록 만들고자 한 것이다. 유신 헌법은 국민의 기본권을 가로막고 민주주의를 억압하는 헌법이었다. 이에 1979년 10월에 부산과 마산에서 학생들과 시민들이 들고 일어나 시위를 벌였다. 이들은 유신 헌법을 철폐하고 독재 정치를 그만두라고 요구했다. 박정희 정부 안에서는 시위를 어떻게 진압할 것인지를 두고 의견 대립이 일어났다. 그 과정에서 박정희 대통령이 당시 중앙정보부장이었던 김재규가 쏜 총을 맞고 세상을 떠나면서 제4공화국은 막을 내렸다.

●○○
우리나라의 경제는 여러 가지 시련을 겪으면서도 계속 발전했다. 경부 고속 국도의 건설은 박정희 정부의 경제 성장 정책을 상징적으로 보여 준다.

1948년 8월 15일에 이승만을 대통령으로 하는 제1공화국이 수립되면서 우리 역사상 최초의 민주 공화국이 들어섰다. 1950년에는 동족끼리 총칼을 겨누는 6·25 전쟁이 일어나 전국 곳곳이 전쟁의 피해를 입어 황폐해졌다.

제5공화국 독재 정치를 일삼았던 박정희 정부가 물러난 뒤 국민들은 민주 정치를 기대했지만, 전두환이 이끄는 군인 세력(신군부)이 정변을 일으켜 권력을 차지했다. 1980년 봄, 조속한 민주화 실시를 요구하는 시위가 전국적으로 일어났다. 그러나 신군부 세력은 계엄령을 전국으로 확대했고, 이에 맞서 일어난 광주 시민들의 5·18 민주화 운동을 무력으로 진압했다. 그리고 헌법을 고친 뒤 간접 선거를 통해 전두환을 대통령으로 뽑았다. 전두환 대통령을 중심으로 한 제5공화국은 정의 사회의 구현과 복지 사회의 건설을 내세웠다. 그러나 국민들은 계속 군부 독재에 반대해 6월 민주 항쟁이 일어났다. 결국 전두환 정부는 국민들의 요구를 받아들여 6·29 민주화 선언을 하고 대통령을 국민이 직접 뽑는다는 내용으로 헌법을 다시 고치게 되었다.

제6공화국 다시 고친 헌법에 따라 1987년에 노태우가 대통령으로 당선되었다. 노태우 정부는 1988년에 서울 올림픽 대회를 개최하고, 러시아와 중국을 비롯한 사회주의 국가들과 외교 관계를 맺었다. 또한 1991년에는 북한과 함께 유엔(국제 연합)에 가입해 정식으로 회원국이 되었다.

김영삼 정부 시대 1992년에 김영삼이 제14대 대통령으로 당선되어 30여 년 만에 군인 출신이 아닌 민간인 대통령이 나왔다. 이 때문에 김영삼 정부는 스스로 '문민 정부'라고 불렀다. 김영삼 정부는 공직자의 재산 등록, 금융 실명제, 지방 자치제 등을 실시했다. 또한 전두환과 노태우 두 전직 대통령을 반란 및 내란죄의 혐의로 구속하는 등 개혁 정치를 폈다. 그러나 1997년 말에 국제 통화 기금(IMF)의 지원을 받아야 할 정도로 경제 위기를 맞았다.

김대중 정부 시대 IMF 경제 위기를 맞았던 1997년 12월에 야당 후보인 김대중이 대통령으로 당선되었다. 이로써 우리나라 역사에서 최초로 여당에서 야당으로 정권 교체가 이루어졌다. 김대중 정부는 스스로 '국민의 정부'라고 부르며 민주주의와 경제의 균형 발전, IMF 관리 체제의 조기 극복을 추진했다. 이때 국민들은 금 모으기 운동을 펼치며 IMF 경제 위기를 극복하기 위해 힘을 모았다. 또한 김대중 정부는 분단된 한반도에 평화를 가져오기 위한 '햇볕 정책'을 펼쳤다. 2000년에는 김대중 대통령이 평양에 가서 북한의 김정일 국방위원장을 만나 남북 정상 회담을 열고 6·15 남북 공동 선언에 합의했다.

노무현 정부 시대 2002년의 제16대 대통령 선거에서는 노무현이 당선되었다. 노무현 정부는 시민들의 참여를 강조하며 스스로 '참여 정부'라고 불렀다. 노무현 정부는

● ○ ○
우리나라는 정치적으로도 혼란과 시련을 겪었다. 정변을 일으켜 권력을 잡은 군부 세력에 의해 독재 정치가 이어졌고, 1980년 5월에는 민주화를 요구하는 광주 시민들을 잔인하게 학살하는 일이 일어나기도 했다.

국민과 함께 하는 민주주의, 더불어 사는 균형 발전 사회, 평화와 번영의 동북아시아 시대를 목표로 정책을 추진했다. 수도권과 지방의 고른 발전을 위해 충청남도에 세종시를 만들어 국무총리실을 비롯한 여러 중앙 행정 기관을 옮기도록 했다. 2007년에는 제2차 남북 정상 회담을 열고 한반도 핵 문제 해결과 남북 경제 협력 사업, 이산가족 상봉 등의 문제를 다룬 '2007 남북 정상 선언문'을 발표했다.

이명박 정부 시대 2008년에는 **이명박**을 대통령으로 하는 새 정부가 들어섰다. 이명박 정부는 선진화를 통한 세계 일류 국가를 목표로 내걸었다. 시장 경제 활성화를 명분으로 여러 나라와 FTA(자유 무역 협정) 체결을 추진했다. 개발과 환경의 조화를 내세운 녹색 성장 정책을 펼치고, 4대강을 살린다는 명목으로 개발을 했지만 오히려 환경을 파괴했다는 비판을 받고 있다.

심화 현재 대한민국은 선진국을 중심으로 하는 경제 협력 기구인 OECD와 선진국이 후진국을 원조하는 DAC 회원국이다. 반도체와 선박(배), 휴대폰, TV를 비롯한 상당수의 가전 제품에서 세계 1위의 경쟁력을 가지고 있다. 인터넷과 ICT 분야에서도 세계 강국의 위치를 유지하고 있으며, 민주주의도 커다란 진전을 이루었다. 이러한 발전은 개발 도상국들이 보고 배우려는 모델이 되었다. 그러나 경제 양극화를 비롯한 사회 불평등, 미흡한 사회 복지, 분단으로 인한 남북 대립 등 진정한 선진국으로 성장하기 위해서는 해결해야 할 많은 과제를 가지고 있다.

●○●
대한민국은 이제 원조를 받는 가난한 나라가 아니라 다른 나라를 돕는 나라로 성장했다. 1988년의 서울 올림픽 대회와 2002년의 월드컵 등 국제 스포츠 대회를 열어 나라 이름을 세계에 알리기도 했다.

●○●
2000년에는 6·25 전쟁으로 인해 오랫동안 서로를 적으로 여기고 대립하던 남북한의 지도자들이 만나 회담을 가졌다. 김대중 정부의 햇볕 정책의 하나로 추진된 이 회담으로 남북한은 서로 평화를 지키기 위해 노력하기로 뜻을 모았다.

시대 일제 강점기 | 더 찾아보기 김구, 김규식, 독립신문, 3·1 운동, 윤봉길, 이봉창, 이승만, 일본, 태평양 전쟁, 파리 강화 회의, 8·15 광복, 한국광복군

일제 강점기에 우리나라를 대표했던 민주 공화 정부

대한민국 임시 정부

개요 1919년 4월 11일에 중국 상하이에서 독립운동가들이 세운 임시 정부이다. 국민의 대표가 정치를 이끄는 민주 공화제를 표방했다. 1945년 11월에 김구 등 주요 인사들이 귀국할 때까지 일제와 맞서 싸우며 우리나라를 대표했다.

풀이 1910년에 나라의 주권을 빼앗긴 이후 독립은 우리 민족 최대의 과제였다. 3·1 운동이 전국은 물론이고 해외에서까지 들불처럼 일어나자, 사람들은 독립운동을 능률적으로 발전시키기 위한 조직이 필요하다고 생각했다. 이에 중국 상하이에 대한민국 임시 정부가 수립되었다. 임시 정부는 임시 의정원을 구성하고, 임시 헌장 10개조를 제정해 공포했다. 또한 국무총리와 행정부, 국무원을 두어 우리 역사상 최초로 3권 분립에 기초한 민주 공화 정부를 탄생시켰다.

임시 정부는 국내외의 독립운동의 구심점으로서 우리 민족의 자주독립을 최대의 목표로 삼았다. 이에 국제 정세와 독립운동의 상황을 알리고 동포들이 독립운동에 참여할 수 있도록 연통제와 교통국이라는 비밀 행정 조직망을 만들었다. 연통제는 임시 정부의 명령을 전달하고 군자금을 모으는 조직망이었고, 교통국은 정보를 수집하고 분석하거나 교환하는 통신 기관이었다.

임시 정부는 국제 연맹과 미국, 유럽, 중국 등을 상대로 하는 외교 활동에도 힘을 기울였다. 김규식을 파리 강화 회의에 보내 우리 민족의 독립 의지를 알렸고, 미국의 이승만은 독립 자금을 모으고 미국 정부와 국민들에게 한국인의 독립 노력을 알렸다. 또한 《독립신문》을 발행해 독립운동의 소식을 알리고 독립운동의 역사를 정리했다. 1920년에는 상하이에 육군 무관 학교와 간호 학교를 세워 군인을 길러 냈다. 중국 군관 학교에 군인을 파견해 교육시키고, 만주에 있는 독립군을 후원했으며, 1932년 도쿄에서 일어난 이봉창 의거와 상하이의 윤봉길 의거 등을 지원했다. 하지만 일본이 세력을 중국 대륙으로 확대함에 따라 여러 곳으로 옮겨 다녀야 했다.

1940년대에는 한국광복군을 창설했다. 1941년에 태평양 전쟁이 일어나자 연합

군의 지원 활동을 했고, 1944년에는 중국과 새로운 군사 협정을 맺어 독자적으로 군사 행동을 할 수 있는 권리를 얻어 냈다. 1945년에는 국내로 들어가기 위한 진입 작전을 계획했다. 총지휘부를 두고 미군과 합동 작전을 계획했으나 미처 실천으로 옮기기 전에 8·15 광복을 맞았다. 그해 11월, 임시 정부의 사람들은 국민들의 기대와 환영을 받으며 귀국했다.

심화 3·1 운동 이후 독립운동을 이끌 조직이 필요해지면서 무려 7개의 임시 정부가 생겨났다. 하지만 이 조직들은 1919년 9월 15일에 상하이의 대한민국 임시 정부로 통합되었다. 대한민국 임시 정부의 '민국'이라는 명칭은 군주가 다스리는 국가에서 국민이 주인이 되는 민주주의 국가가 되었음을 밝힌 것이다. 또한 국민의 대표가 나랏일을 의논하는 공화제를 채택해 우리나라 역사에서 민주 공화국이 탄생하는 기초를 닦았다.

'대한민국 임시 정부'의 이름이 담긴 직인. 나라 이름이 '대한 제국'에서 '대한민국'으로 바뀐 것은 우리 역사상 최초로 국민이 주인인 민주주의 체제가 시작되었음을 뜻하는 것이기도 했다.

임시 정부는 독립을 위해서는 군사력을 길러야 한다고 생각했다. 이에 군사 학교를 세우고 군사들을 훈련시키는 한편, 독립군의 활동을 지원했다.

시대 현대 | 더 찾아보기 국제 연합, 김일성, 대한민국, 5·10 총선거, 유엔, 일본, 이승만, 조선민주주의인민공화국

광복 후 우리나라에 최고의 통치 기구가 들어선 일
대한민국 정부 수립

개요 1948년 8월 15일 **대한민국**에 최고의 통치 기구가 세워진 일이다. **5·10 총선거**를 시작으로 헌법 제정, 초대 대통령 선거, 내각 구성 등 나라의 기틀을 세운 뒤 광복 3주년을 기념하여 나라 안팎에 선포되었다.

풀이 우리나라는 1945년 8월 15일에 **일본**의 항복으로 식민지에서 벗어났지만 나라의 꼴을 제대로 갖추지는 못했다. 당시 제2차 세계 대전에서 승리한 연합국 가운데 미국과 소련의 군대가 한반도에 들어와 통치했기 때문이다. 두 나라의 군대는 북위 38도선을 경계로 나누어 각각 한반도를 약 3년간 통치했으며, 남북한은 그동안 독립 국가로서의 준비에 들어갔다.

하지만 한반도에 하나의 정부를 수립하는 일은 남북한의 의견 대립으로 난관을 맞게 되었다. 제2차 세계 대전 직후 국제 평화와 협력을 위해 만들어진 국제 기구인 **유엔**(UN, **국제 연합**)에서는 "가능한 지역만이라도 총선거를 실시하여 정부를 세운다."는 방침을 결정했다. 그리고 이에 따라 1948년 5월 10일 남한에서 유엔의 감시 아래 총선거가 실시되었다.

총선거로 뽑힌 국회 의원은 모두 198명이었다. 이들은 곧바로 제헌 국회를 구성한 다음 5월 31일에 첫 회의를 시작했다. 제헌 국회가 가장 먼저 한 일은 헌법을 제정하는 것이었다. 헌법은 나라를 다스리기 위한 근본이자 으뜸이 되는 법으로, 국가의 조직이나 구성은 물론이고 국민의 권리를 보장하기 위한 내용으로 마련되었다. 그리고 같은 해 7월 17일에 우리나라 최초의 헌법을 발표했다.

이후 대한민국 헌법에 따라 정부를 이끌 지도자인 대통령과 부통령 선거가 국회에서 치러졌다. 선거 결과 대통령에는 **이승만**, 부통령에는 이시영이 당선되었다. 곧이어 나라 살림을 비롯한 모든 행정 일을 맡아 할 내각이 구성되면서 대한민국 정부가 완성되었다.

심화 1948년 12월 유엔 총회는 대한민국을 한반도 내 유일한 합법 정부로 승인했다. 그러나 북한은 대한민국 정부를 인정하지 않고 별도의 정부를 세웠다. 1946년에 북조선 임시 인민 위원회를 구성한 뒤 위원장으로 **김일성**을 선임했으며, 1948년 9월에는 **조선민주주의인민공화국** 정부 수립을 선포했다. 이로써 한반도에는 두 개의 정부가 들어서게 되었고 분단 체제는 지금까지 계속되고 있다.

대한민국 최초의 정부인 이승만 정부는 1948년 8월 15일 광복 3주년을 맞이해 정부 수립 선포식을 가졌다. 대한 제국이 일본에 나라의 주권을 빼앗긴 지 38년 만에 독립 정부를 세운 것이다. 이승만 대통령은 이 자리를 통해 대한민국의 수립을 정식으로 나라 안팎에 알렸다.

제헌 헌법에 따라 국회 의원의 간접 선거로 치러진 대통령 선거에서는 이승만이 대한민국 초대 대통령으로 선출되었다.

시대 대한 제국 시대 **더 찾아보기** 고종, 덕수궁, 독립 협회, 러일 전쟁, 아관 파천, 을사조약, 일본, 조선

조선의 임금 고종이 자주독립과 왕권 강화를 내세우며 이름을 바꾼 나라

대한 제국

개요 1897년에 **고종**이 국가의 자주독립을 지키고 왕권을 강화하기 위해 나라 이름을 고쳤다. '황제가 다스리는 한민족의 국가'라는 뜻에서 대한 제국이라고 불렀으며, 1910년 **일본**에게 나라의 주권을 빼앗기기 전까지 계속되었다.

풀이 **조선**의 왕비까지 살해한 일본의 위협을 피해 러시아 공사관으로 거처를 옮겼던(**아관 파천**) 고종은 1년 만에 경운궁(**덕수궁**)으로 돌아왔다. 그런 다음 나라 이름을 조선에서 '대한'으로, 연호를 '광무'로 바꾼 뒤 원구단에서 황제 즉위식을 가졌다. 황제의 자리에 오르는 의식을 통해 우리나라가 자주독립국이며 황제가 다스리는 제국임을 널리 알린 것이다.

이후 대한 제국은 옛것을 근본으로 삼아 새 것을 받아들이는 개혁을 추진했다. 전국의 토지를 조사하여 소유권을 명확히 하고, 전기와 전신 사업은 물론 전차와 철도를 놓았으며, 실업 학교와 의학교, 외국어 학교를 세웠다. 또한 군사 제도를 개혁해 외국의 침략에 맞설 수 있도록 군사의 수를 늘리고 황제가 군대를 이끌 수 있도록 했다. 하지만 대한 제국은 자유 민권 운동과 의회 설립을 주장한 **독립 협회**를 해산시키는 등 당시 자연스럽게 터져 나오던 국민들의 요구를 받아들이지 않았다. 또한 러시아를 비롯한 서구 열강들의 침략을 제대로 막아 내지 못했다.

이후 대한 제국은 **러일 전쟁**에서 이긴 일본의 강압으로 1905년에 **을사조약**을 맺어 외교권을 빼앗겼고, 5년 뒤인 1910년에는 일본에 강제로 합병되어 나라의 주권을 완전히 잃고 식민지가 되었다.

심화 대한 제국은 사실상 조선과 같은 나라였다. 나라 이름을 바꾸기는 했지만 지배층은 달라지지 않았고, 여전히 군주(임금)가 다스리는 군주주의 국가였다. 대한 제국의 황제도 조선의 제26대 임금인 고종이었다. 참정권을 비롯한 근대 민주 사회의 기본적인 권리들은 여전히 대중에게 주어지지 않았다.

시대 조선 시대 | 더 찾아보기 경복궁, 고종, 광해군, 국제 연합, 대한 제국, 명성 황후, 미소 공동 위원회, 인조반정, 일본, 일제 강점기, 임진왜란, 조선, 창경궁, 창덕궁

서양식 건축이 함께 남아 있는 조선의 궁궐
덕수궁(경운궁)

개요 서울특별시 중구 정동에 있는 **조선** 시대의 궁궐이다. 조선 시대에는 '경운궁'으로 불렸으며, 조선의 궁궐 가운데 조선의 전통적인 목조 건축과 서양식의 건축이 함께 남아 있는 유일한 궁궐이기도 하다.

풀이 덕수궁이 있는 자리는 원래 성종의 형인 월산 대군의 집이 있었던 곳이다. 선조가 **임진왜란**이 끝난 뒤 한성(서울)으로 돌아왔을 때 **경복궁**은 물론 **창덕궁**과 **창경궁**이 모두 불타 버려서 왕이 거처할 궁궐이 없었다. 그러자 왕족의 집 가운데 가장 규모가 크고 온전히 남아 있었던 월산 대군의 집을 임시 궁궐로 삼았고, 그곳을 '정릉동 행궁'이라고 불렀다. 선조가 세상을 떠난 뒤 아들인 **광해군**은 덕수궁에서 즉위식을 올렸으며 '경운궁'이라는 궁호(궁궐의 이름)를 내렸다.

훼손되었던 창덕궁을 재건한 뒤 광해군은 거처를 옮겼는데, 선조의 계비인 인목 대비를 경운궁에 유폐시킨 뒤에는 궁의 이름을 '서궁'이라고 부르며 격하시켰다. 그러나 1623년 **인조반정**이 일어나 광해군이 물러나고 선조의 손자인 능양군(인조)이 임금의 자리에 올랐다. 이후 인조는 경운궁을 월산 대군 가문에 돌려 주었다.

경운궁이 다시 왕궁이 된 것은 1896년에 **명성 황후**가 경복궁에서 시해된 뒤 암살의 위협을 피해 러시아 공사관에 머무르던 **고종**이 이곳으로 거처를 옮기면서부터였다. 이후 경운궁은 **대한 제국**의 정궁이 되었고 역대 임금의 영정을 모신 진전, 정전인 중화전은 물론 정관헌과 돈덕전 등 서양식 건물이 들어섰다. 이때 궁의 정문인 대안문도 수리되었는데, 문의 이름도 대한문으로 바꾸었다.

1907년 고종은 황제의 자리에게 물러났고 아들인 순종이 뒤를 이었는데, 순종은 창덕궁으로 거처를 옮겼고 고종은 계속 경운궁에 머물렀다. 이때 궁의 이름을 '덕수궁'으로 바꾸었다. '덕을 누리며 오래 살라.'는 뜻이다. 1910년에는 궁궐 안에 서양식의 대규모 석조 건물인 석조전이 세워졌다.

심화 덕수궁은 조선 왕조가 겪었던 극심한 시련기에 주로 사용되었다는 기구한 역사를 가진 궁궐이다. **일제 강점기**에 **일본**은 제멋대로 덕수궁 터를 잘라 일반에 팔았다. 그 결과 지금처럼 외국 공사관들이 들어서게 되었다. 1945년 해방 후에는 덕수궁 석조전에서 **미소 공동 위원회**가 열려 한반도 문제가 논의되었고, 1947년에는 **국제 연합** 한국위원회가 이곳에서 활동했다.

조선의 궁궐 가운데 유일한 서양식 건물인 석조전. 1910년에 처음 세워졌고, 해방 이후부터 1986년까지 국립현대미술관으로 이용되었다.

조선 왕조의 극심한 시련기에 사용되었던 덕수궁의 정전인 중화전. 암살의 위협을 피해 러시아 공사관에 머무르던 고종이 거처할 때 지어졌다.

● ○ ○
서궁, 경운궁 등 여러 개의 이름을 가진 덕수궁은 이름만큼 사연이 많은 궁궐이다. 본래는 왕족인 월산 대군의 집이었지만 임진왜란 후 선조와 광해군이, 아관 파천 후 고종이 머무르면서 임금의 거처인 궁궐이 되었다.

시대 삼국 시대~조선 시대 | 더 찾아보기 고구려, 고려, 백제, 백제 금동 대향로, 사신도, 삼국 시대, 신라, 연개소문, 유학, 조선, 팔관회, 한, 화랑도

신선 사상을 바탕으로 여러 사상과 종교가 어울려 만들어진 종교

도교

개요 신선 사상을 바탕으로 노장 사상, 유교, 불교, 민간 신앙 등 여러 사상과 종교가 어울려 만들어진 종교이다. **삼국 시대**에 중국으로부터 들어왔으며, 불교나 민간 신앙에도 영향을 주었다.

풀이 우리나라에 도교가 처음 들어온 것은 삼국 시대였다. **고구려**는 왕족이나 귀족들이 나라를 지키고 복을 빌기 위한 종교로 도교를 받아들였으나, 나중에는 불교를 믿는 사람이 더 많아졌다. 이에 **연개소문**은 귀족 세력을 억누르기 위해 도교를 장려하기도 했다. **백제**는 도교를 국가 차원에서 장려하지는 않았지만 사회 곳곳에 스며들었다. 산수 무늬 벽돌이나 무덤의 **사신도**, **백제 금동 대향로**에 새겨진 무늬 등은 도교의 영향을 받은 유물들이다. **신라**에서도 이름난 산과 강을 찾아다니며 수련하는 **화랑도**의 활동에서 도교의 영향을 찾아볼 수 있다.

고려 사회는 불교가 중심이었지만, 도교 사상이 합쳐지는 사례가 많았다. 예를 들어 가뭄이 들었을 때 비가 오게 해 달라고 비는 기우제, 하늘에 제사를 지내는 초제 등은 대표적인 도교 행사들이다. 뿐만 아니라 나라의 가장 큰 축제였던 **팔관회**도 불교와 도교가 결합한 행사였다.

조선 시대에는 **유학**자들의 반대에 부딪혔다. 이들은 도교 사상이 공자나 주자의 가르침과 어긋난다며 나라에서 금지할 것을 요청했다. 하지만 조선 왕실에서도 전통적으로 내려오는 도교 행사를 그대로 유지했고, 백성들 사이에서는 민간 신앙과 함께 꾸준히 이어졌다. 심지어 불교도 도교의 영향을 받았다. 흔히 절에서 볼 수 있는 산신각이나 삼성각, 칠성각 등은 도교의 영향으로 만들어진 것이다.

심화 도교는 중국 **한**나라 때 처음 만들어진 뒤 농민 반란을 통해 퍼지기 시작했다. 어지러운 정치와 지배층의 수탈로 고통을 겪던 농민들이 하늘의 뜻을 거스른 이들을 응징하기 위해 들고일어난 것이다. 하지만 한나라 때의 농민 반란 세력은 교리나

●●●
도교는 중국으로부터 들어왔지만, 우리나라에는 선사 시대부터 도교와 비슷한 신선 사상이 있었다. 이 때문에 도교는 국가적으로 장려되지 않았는데도 사회 곳곳에 스며들었다.

체계를 갖춘 종교 조직으로 발전하지는 못했다. 그러다 남북조 시대에 접어들면서 사회 곳곳에 스며들었고 경전과 조직을 갖춘 종교가 되었다.

자연 속에서 좋은 기운을 받으며 몸과 마음을 닦는 일은 도교에서 중요시하는 활동 중 하나이다. 신라의 화랑들이 이름난 산과 강을 찾아다니며 수련한 일도 도교의 영향을 받은 것이라고 할 수 있다.

도교는 신선 사상을 바탕에 두고 있는데, 신선이란 도를 닦고 자연과 벗하며 영원히 사는 사람을 뜻한다. 즉, 신선의 경지에 오르기 위한 사람들의 노력을 담고 있는 것이다.

시대 조선 시대 | 더 찾아보기 노비, 서원, 영조, 유학, 이황, 조선, 한석봉

퇴계 이황의 학문과 덕행을 기리기 위해 지은 서원
도산 서원

개요 조선 중기의 학자인 퇴계 이황의 학문과 덕행을 기리고 추모하기 위해 지어진 서원이다. 명종 때인 1561년에 설립되었으며 경상북도 안동에 있다.

고직사_ 서원을 관리하는 사람을 뜻하는 고지기들의 생활 공간이다. 상고직사와 하고직사 두 곳이 있다.

풀이 도산 서원은 크게 도산 서당과 도산 서원으로 이루어져 있다.

가장 오래된 건물인 도산 서당은 퇴계 선생이 몸소 거처하면서 제자들을 가르쳤던 곳이다. 퇴계 선생이 시골로 내려온 뒤 학문 연구와 후계 양성을 위해 직접 설계해 지었다고 전해진다. 유생들의 기숙사 역할을 한 농운정사와 서원을 관리하던 사람들이 생활하던 하고직사도 도산 서당과 함께 지어졌다.

퇴계 선생이 세상을 떠나고 6년 뒤인 1576년에 완공된 도산 서원은 영남 지역 유학의 중심지였다. 선조 때인 1575년에 한석봉의 글씨가 새겨진 액자를 받으면서 사액 서원이 되었다.

도산 서원은 전체적으로 간결하고 검소하게 꾸며져 퇴계 선생의 품격과 선비로서의 자세를 잘 보여 준다. 교육 시설을 중심으로 옛 성현에게 제사하는 배향 공간과 몇 개의 부속 건물로 이루어져 있다. 교육 시설은 출입문인 진도문과 중앙의 전교당을 기준으로 왼쪽과 오른쪽이 짝지어 서 있다. 책을 보관하는 곳인 광명실, 유생들이 거처하며 공부하던 동재와 서재가 그 예이다. 이외에도 책판을 보관하는 장판각, 퇴계 선생의 위패를 모셔놓은 상덕사, 제사 준비 공간인 전사청 등이 있으며 서원 입구 왼쪽에는 유물 전시관인 옥진각이 위치하고 있다. 옥진각에는 퇴계 선생이 직접 사용했던 유품들이 전시되어 있다.

심화 도산 서원은 사액 서원이다. 사액 서원이란 조선 시대에 왕으로부터 건물의 이름이 적힌 액자인 편액과 책, 땅, 노비 등을 받아 그 권위를 인정받은 서원이다. 조선 시대의 서원은 본래 유학을 연구하는 선비들이 자유롭게 세울 수 있지만, 모든 서원이 사액 서원으로 인정받지는 못했다. 최초의 사액 서원은 조선 중종 때인

1543년에 주세붕이 세운 백운동 서원이다. 퇴계 이황의 건의로 조선의 13대 임금인 명종이 '소수 서원'이라는 현판을 내리면서 지정되었다. 한때는 사액 서원이 너무 많아지고 부패하자 영조 때는 사액 서원 지정이 중단되기도 했다.

전교당_ 유생들이 강의를 듣거나 지역의 유림들이 집회를 열었던 대강당이다. '도산 서원'이라는 현판이 걸려 있고, 보물 제210호로 지정되었다.

상덕사_ 퇴계 이황의 위패를 모셔 놓은 사당으로, 보물 제211호로 지정되었다. 음력 2월과 8월에 제사를 지낸다.

장판각_ 서원에서 찍어 낸 책의 판본을 보관하는 곳이다.

광명실_ 책을 보관하는 서고이다. 동광명실과 서광명실 두 곳이 있다. 습기로 인해 책이 훼손되지 않도록 누각으로 지어졌다.

농운정사_ 유생들의 기숙사이다. 열심히 공부하라는 뜻에서 한자인 'エ(공)' 모양으로 만들었다.

도산 서원은 강당인 전교당을 중심으로 좌우 대칭 모양의 구조를 가지고 있다. 이는 우리나라 서원의 구조를 잘 보여 준다.

시대 남북국 시대 | 더 찾아보기 고려, 당, 신라, 왕건, 이성계, 조선, 풍수지리설, 한양

신라 말기에 풍수지리설을 발전시키며 전파한 승려

도선

개요 **신라** 말기에 활동한 승려이자 **풍수지리설**의 권위자이다. **당**에서 전해진 풍수설을 우리나라 자연환경과 지리에 맞게 발전시켰으며, 그의 풍수지리학은 우리 사회의 풍습과 사람들의 가치관에 큰 영향을 끼쳤다.

풀이 신라 흥덕왕 때인 827년에 태어나 열다섯 살에 승려가 된 도선은 전국의 이름난 산과 절을 돌아다니며 수행했다고 한다. 이후 깨달음을 얻고 제자들에게 가르쳤는데, 그는 불법보다는 풍수지리학으로 이름을 떨쳤다. 풍수설은 본래 중국에서 발달했으나 도선은 우리나라의 사회와 자연환경에 맞도록 정리했다.

또한 도선은 875년에 **왕건**의 탄생을 예언하기도 했다. 그는 "2년 뒤 반드시 고귀한 사람이 태어날 것이다."라고 말했는데, 실제로 877년에 송악(개성) 지방에서 태어난 왕건은 **고려**를 세우고 후삼국을 통일하는 영웅이 되었다. 이 때문에 왕건을 비롯한 고려의 임금들은 도선에게 존경의 예를 나타내며 그의 가르침을 따랐다고 한다.

도선은 말년에도 이름난 산을 돌아다니며 굴이나 움막에서 수행을 이어가다, 898년에 전라도에 있는 한 절에서 세상을 떠났다. 죽은 후 그가 지었다는 비기(앞으로 일어날 일을 기록한 책)가 여러 권 전한다.

심화 도선의 풍수지리설은 고려는 물론 **조선** 시대에도 큰 영향을 끼쳤다. 고려 시대에는 주로 절을 지을 때 풍수지리설을 따랐고, **이성계**가 **한양**을 조선의 도읍지로 정할 때에도 풍수지리설을 참고했다. 현대에도 많은 사람들이 집이나 무덤 자리가 좋아야 자손들이 복 받는다고 생각하는 것은 오랫동안 민중들의 생활에 자리 잡아온 풍수지리설의 영향이라고 할 수 있다.

시대 조선 시대   더 찾아보기 메이지 유신, 명, 일본, 임진왜란, 조선

1592년에 조선을 침략해 임진왜란을 일으킨 일본의 권력자

도요토미 히데요시

개요 약 100년간 무사 세력을 기반으로 하는 다이묘(영주)들이 힘을 겨루었던 일본의 전국 시대를 통일하고, 조선을 침략해 임진왜란을 일으킨 인물이다.

풀이 도요토미 히데요시는 1536년에 일본의 미천한 하급 무사의 아들로 태어나 가난한 어린 시절을 보냈다. 성장한 뒤에는 혼란한 일본을 통일하기 위해 힘썼던 오다 노부나가의 부하로 들어갔는데, 오다 노부나가가 다른 부하에 의해 암살당하자 권력을 잡았다. 이후 그는 모든 반대 세력들을 물리치고 일본을 통일했다.

하지만 통일 과정은 순탄치 않았다. 통일에 참여했던 여러 세력들이 욕심과 불만을 드러내자, 그는 관심을 밖으로 돌리기 위해 중국 대륙 정복을 선언했다. 그는 먼저 조선 조정에게 명나라를 치러 갈 테니 길을 내어달라고 통보했다. 조선 조정이 이를 거절하자 그는 기다렸다는 듯 조선을 침략했다. 임진왜란이 일어난 것이다. 도요토미는 1592년에 20만 명이 넘는 군사들을 조선에 보냈고, 일본군은 부산포 공격을 시작으로 평양까지 거침없이 진군했다.

그러나 겨울이 되고 전쟁 상황이 어려워지자, 일본은 조선에 와 있던 명의 원군과 교섭을 벌였지만 성과를 거두지 못했다. 이에 도요토미 히데요시는 1597년에 다시 군대를 보내 정유재란을 일으켰다. 하지만 전쟁은 그의 욕심과 달리 지지부진했고, 결국 정유재란 중인 1598년에 일본의 후시미 성에서 세상을 떠났다.

하급 무사 집안에서 태어났지만 일본을 통일하고 최고 권력자가 된 도요토미 히데요시.

심화 도요토미 히데요시가 죽은 뒤 일본의 권력은 그의 부하였던 도쿠가와 이에야스에게로 넘어갔다. 도쿠가와 이에야스는 도요토미 히데요시의 가족을 모두 죽인 뒤 에도(도쿄)에 바쿠후(막부)를 세우고 쇼군(대장군)이 되었다. 이때부터 메이지 유신 때까지, 일본은 에도에 기반에 둔 쇼군이 다스리는 에도 막부 시대로 접어들었다.

시대 현대 　더 찾아보기 고려, 고종, 대한민국, 동국여지승람, 러일 전쟁, 삼국 시대, 신라, 안용복, 왜구, 우산국, 일본, 조선

일본이 우리 영토인 독도를 자신의 것이라고 주장한 사건

독도 문제

개요 일본이 대한민국 고유의 영토인 독도를 자신의 것이라고 주장한 사건이다. 독도는 우리나라 가장 동쪽에 있는 섬으로, 경상북도 울릉군 울릉읍 독도리에 있다.

풀이 울릉도에 속해 있는 섬인 독도는 삼국 시대 이래 우리의 영토였다. 신라는 지증왕 때인 512년에 당시 울릉도에 있는 우산국을 복속시키고 해마다 토산물을 받았다. 고려 시대에도 울릉도 사람들에게 조공을 받고 벼슬을 내렸으며, 조선 시대에는 강원도 울진현에 속해 있었다. 《세종실록지리지》, 《동국여지승람》, 《성종실록》, 《숙종실록》 등의 역사 기록에서 이런 사실을 찾아볼 수 있다.

고려 말부터 조선 전기에 걸쳐 왜구의 약탈이 심해지자 고려와 조선 조정은 한때 섬을 비워놓는 공도 정책을 시행했다. 이로 인해 울릉도와 독도를 침범하는 일본인이 늘어났고, 조선 어민과 일본 어민의 충돌도 잦았다. 그러자 조선 숙종 때인 16세기 말 안용복은 두 차례 일본에 건너가 울릉도와 독도가 조선의 영토임을 확인했다. 조선 말 고종 때는 울릉도 개척에 나서기도 했다.

그러나 근대에 와서 독도의 중요성을 알게 된 일본은 러일 전쟁 중인 1905년 2월에 독도를 '다케시마'로 바꿔 부르면서 일본의 혼슈 지방 서쪽에 있는 시마네 현에 편입시켰다. 이후 일본은 이를 근거로 독도 영유권을 계속 주장하고 있다.

우리나라 정부는 1952년 1월 18일자로 '인접 해양의 주권에 관한 대통령 선언'을 발표하며 독도가 우리 땅임을 밝혔다. 그러나 일본 정부는 같은 해 1월 28일자로 독도에 대한 영유권을 주장하는 외교 문서를 보낸 뒤 독도를 국제적인 영토 분쟁 지역으로 만들려고 했다. 우리나라 정부는 이에 아랑곳하지 않고 1954년 8월 독도에 등대를 세웠고, 1982년에는 독도 주변

일본이 독도를 자신의 영토라고 주장하는 일이 반복될 때마다 우리나라 국민들은 크게 분노하며 시위를 벌이거나 독도를 세계에 알리는 운동을 펼치고 있다.

을 천연 기념물 제336호로 지정했다. 이후에도 일본이 독도를 자신의 영토라고 주장하자, 1997년에는 독도에 부두와 진입로를 갖춘 선착장을 갖추는 등 실제적인 지배를 강화했다.

심화 일본은 기회가 있을 때마다 독도가 자신들의 영토라는 주장을 반복하고 있다. 특히 일본 문부성은 2010년 《학습 지도 요령 해설서》에 독도가 일본의 고유한 영토라고 가르치라고 명기했다. 이에 따라 2011년 검정에서 통과된 사회 교과서들에 "독도가 일본의 고유한 영토인데 한국이 불법으로 점거하고 있다."고 적음으로써 문제를 일으키고 있다.

독도가 삼국 시대 이래, 우리나라 고유의 영토였음은 여러 가지 역사 기록에도 나와 있다. 심지어 일본의 양심적인 역사학자들조차 일본에서 발견된 옛날 지도를 근거로 독도가 우리나라의 영토임을 고백하고 있다.

독도는 동도와 서도, 그리고 주변에 흩어져 있는 89개의 작은 바위섬으로 이루어져 있다. 지도상의 위치는 동경 131도 52, 북위 37도 14 지점이며 울릉도에서 동남쪽으로 87.4 킬로미터 떨어져 있다.

현재 독도는 대한민국 국군이 주둔하며 항상 지키고 있다. 동도에는 부두와 선착장이 마련되어 있어 날씨가 좋은 날에는 관광객들이 즐겨 찾는다.

시대 대한 제국 시대 | 더 찾아보기 갑신정변, 고종, 독립문, 독립신문, 만민 공동회, 서재필, 아관 파천, 이상재, 일본, 일제 강점기, 조선, 중추원, 청

19세기 말에 근대화와 정치 개혁을 목표로 만들어진 사회단체

독립 협회

개요 1896년에 새로운 지식인 계층이 중심이 되어 만든 근대적인 사회단체이다. 서구 열강과 **일본**이 한반도 침략을 노리던 상황에서 근대화와 정치 개혁으로 나라의 힘을 길러 자주독립 국가를 만드는 것이 목적이었다. 독립 협회의 이념은 대한 제국과 **일제 강점기**의 실력 양성론으로 이어졌다.

풀이 **갑신정변**에 실패해 미국에 망명한 뒤 서양의 시민 사상을 공부한 **서재필**은 다시 돌아와 국민 계몽 활동을 시작했다. 그는 정부의 도움을 받아 《**독립신문**》을 창간하고 이상재 등 개혁 사상을 가진 관료들, 지식인들과 뜻을 모아 독립 협회를 세웠다.

독립 협회는 **청**나라 사신을 맞이하는 자리에 **독립문**을 세워 세계에 **조선**의 독립을 전했고, 보조금을 내면 누구나 회원이 될 수 있도록 문호를 개방해 다양한 계층이 참여하는 국민 단체가 되었다. 1897년 중반부터는 서재필, 윤치호, **이상재** 등을 중심으로 토론회를 개최해 신교육과 산업 개발, 미신 타파, 위생 및 치안, 신문 보급 등 근대 개혁에 필요한 것들을 알렸다. 또한 의회 설립과 국민의 권리 신장, 개혁 내각 수립 등을 요구하며 국민의 입장을 대변하는 단체로 발전했다.

고종의 **아관 파천** 이후 러시아의 내정 간섭이 심해진 뒤에는 자주 국권 수호 운동을 펼치며 **만민 공동회**를 열었다. 만민 공동회는 우리나라에서 처음으로 열린 근대적인 민중 대회였다. 이를 통해 러시아의 군사 교관과 재정 고문을 돌려보냈다. 이후 러시아의 영향력이 약해지자, 독립 협회는 나라 안으로 눈을 돌려 국민의 의식을 높이는 자유 민권 운동을 펼쳤다. 만민 공동회를 열어 협회의 활동을 방해하는 대신들을 몰아낸 뒤 개혁파 중심의 내각이 들어서게 했고, 내각의 자문 기관인 **중추원**을 개혁해 정부가 권력을 함부로 사용하지 못하도록 했다.

독립 협회가 의회 설립까지 추진하자, 보수파와 황실 주변 세력들은 고종을 설득해 독립 협회를 해산시키고 보수파 중심의 내각을 새롭게 구성했다. 국민들은 만민

독립 협회는 《독립신문》을 만들어 배포하여 국민들의 자주독립 의지를 높이고자 했다.

공동회를 열어 저항했지만 보수파 내각은 군대를 동원해 강제로 해산시켰다. 이로써 독립 협회가 추진했던 개혁도 결국 뜻을 이루지 못했다.

심화 독립 협회가 밝힌 창립 목적은 자주 국권, 자유 민권, 자강 개혁 등이었다. 즉, 강대국의 위협으로부터 나라를 지키기 위해서는 선진 기술 문명과 근대 정치를 도입해 힘을 기르고, 국민의 자유와 평등을 보장하며, 나라의 주인인 국민이 정부가 하는 일을 감독하거나 참여할 수 있어야 한다는 것이다. 독립 협회의 이같은 정신은 일제 강점기의 민족 운동과 독립운동에 큰 영향을 주었다.

독립 협회는 서재필, 이상재 등 지식인들이 중심이 된 사회단체이지만, 국민들의 입장을 대변하기 위해 노력했다. 누구나 회원이 될 수 있도록 문호를 개방했고, 만민 공동회를 열어 여러 계층의 국민들이 자신의 의견을 밝히고 주장을 알릴 수 있도록 했다.

| 시대 조선 시대 | 더 찾아보기 독립 협회, 서재필, 이상재

자주독립의 정신을 드높이기 위해 세운 건축물
독립문

개요 **독립 협회**가 자주독립의 굳은 뜻을 다짐하려고 세운 문이다. 서울특별시 서대문구의 독립 공원 안에 있다.

풀이 1896년 **서재필**과 **이상재** 등이 중심이 되어 만든 단체인 독립 협회는 독립문 건설을 위한 모금 활동을 벌였다. 자주독립의 정신을 상징할 독립문이 들어설 곳은 예전에 중국 사신을 영접하기 위해 만들었던 영은문 자리로 결정했다. 디자인은 서재필이 프랑스 파리에 있는 개선문을 본떠 만들었다. 주재료는 화강암을 사용했고 당시 돈으로 3,825원이 들었다고 한다. 독립문이 완공된 것은 1년여 만인 1897년 11월 20일이었다.

독립문의 구조는 크게 문과 출입로, 돌기둥으로 이루어져 있다. 중앙에 무지개 모양의 홍예문이, 출입로 왼쪽에는 완만한 돌계단이 있다. 문 앞에는 옛날에 영은문에 쓰였던 돌기둥 두 개가 대칭을 이루듯 나란히 서 있다.

심화 독립문은 본래 종로구 교북동에 있었다. 지금의 자리에서 약 80미터 정도 떨어진 곳이다. 그랬던 것을 1979년 성산 대로를 만들면서 옮겨 놓았고, 예전 자리에는 '독립문지'라는 표지판을 묻어 놓았다.

 프랑스의 개선문을 본떠 지은 독립문. 높이 14.28미터, 너비 11.48미터로 4~5층 건물 정도의 크기이다. 현판석에는 '독립문'이라는 글씨와 태극기가 새겨져 있다.

시대 조선 시대~대한 제국 시대 더 찾아보기 대한민국 임시 정부, 독립 협회, 서재필, 조선

민족 의식을 높이기 위해 독립 협회에서 만든 신문

독립신문

개요 1896년에 서재필이 중심이 되어 만든 우리나라 최초의 민간 신문이다. 국민들의 독립 정신을 높이고 근대화 사상을 일깨우기 위해 만들었다. 대한민국 임시 정부가 만든 기관지의 이름도 《독립신문》인데, 보통 《독립신문》이라고 하면 서재필이 만든 것을 가리킨다.

풀이 서재필은 조선 정부의 지원을 받아 최초로 민간 신문인 《독립신문》을 창간했다. 1896년 4월 7일에 첫 호를 만든 뒤에 1899년 12월 4일까지 발행되었다. 《독립신문》은 국민들이 자주독립 의식과 애국심을 기르고, 민주주의와 근대화 사상을 가지도록 계몽하는 데 목적이 있었다. 또한 우리의 고유 문자인 한글을 알리기 위해 전체 지면 중 3/4을 한글로 만들었다.

서재필이 조선 정부의 도움을 받아 처음 창간한 《독립신문》

처음에는 조선 정부의 지원을 받았기 때문에 정부의 정책을 홍보하는 내용을 실었다. 하지만 러시아와 친한 관리들이 정권을 잡고 러시아의 간섭이 심해지자, 《독립신문》은 정부에 비판적인 기사를 싣기 시작했다. 이에 정부는 《독립신문》에 대한 지원을 중단했고, 미국 시민권을 가지고 있던 서재필도 추방해 버렸다.

이후 《독립신문》은 윤치호가 사들여 운영했는데, 정부에 대한 비판은 더욱 강해졌다. 이때부터는 독립 협회의 기관지처럼 독립 협회의 활동을 지원하는 기사를 실었다. 하지만 1898년 12월에 독립 협회가 해산되고, 윤치호가 관리로서 나랏일을 하게 되면서 《독립신문》의 내용도 차츰 바뀌었다. 정부를 비판하기보다는 국민 계몽에 관한

내용을 실은 것이다. 이에 독자들은 《독립신문》의 이런 변화를 비난했다. 《독립신문》은 이후에도 정부의 탄압을 받다가 결국 1899년 12월에 발행이 중단되고 말았다.

심화 《독립신문》은 많은 사람이 읽을 수 있도록 한글을 사용했다. 민족 의식을 높이는 데에는 우리 고유의 문자를 쓰는 것이 알맞은 이유도 있었다. 처음에는 모두 4면 가운데 3면을 한글로, 나머지 1면은 영문으로 만들었다. 그러다 1897년부터는 아예 국문판과 영문판을 따로 만들기도 했다. 처음에는 이틀에 한 번 신문을 발행하다 1898년부터는 매일 발행하는 것으로 바뀌었다.

●○○
서재필의 《독립신문》은 정부의 도움을 받긴 했지만 일반인이 만든, 우리 역사상 최초의 민간 신문이었다. 우리 민족의 독립 정신을 높이는 것을 목적으로 삼은 만큼, 독립적이지 못한 정부에 비판적인 기사를 많이 실었다.

시대 일제 강점기 　더 찾아보기 대한민국 임시 정부

대한민국 임시 정부에서 발행한 기관지

독립신문

개요 　**대한민국 임시 정부**가 임시 정부의 활동과 독립운동 상황을 국내외에 알리기 위해 만든 기관지이다.

풀이 　대한민국 임시 정부가 발행한 기관지인 《독립신문》은 1919년 8월에 창간되었다. 우리 민족의 독립 정신을 높이고, 우리의 민족 운동을 세계에 알리며, 우리 민족이 나아갈 방향을 제시하는 것이 목적이었다. 이에 따라 《독립신문》에는 국내외 소식은 물론이고 독립운동 상황을 알리고, 일제의 만행을 폭로하는 기사가 많이 실렸다. 국내에 있는 친일 언론을 비판하거나 새로운 학문과 사상을 소개하기도 했다.

대한민국 임시 정부는 《독립신문》을 중국 각 지역의 관공서와 학교에 무료로 나누어 주었고, 미국과 같은 서양의 여러 나라에는 우편으로 보냈다. 또한 대한민국 임시 정부의 연락망이었던 연통제를 통해 국내에 신문을 들여보내기도 했다. 그러나 1924년부터는 경제 사정이 매우 어려워져 신문 발행을 크게 줄여야 했고, 그래도 상황이 나아지지 않아 1925년 9월에는 발행이 중단되고 말았다.

심화 　《독립신문》은 영리를 목적으로 한 것이 아니어서 광고 수입 등이 거의 없었으므로 경영에 어려움을 겪었다. 일주일에 세 번 발행하는 것이 원칙이었지만, 나중에는 비용이 모자라 한 달에 한 번 발행하기도 했다.

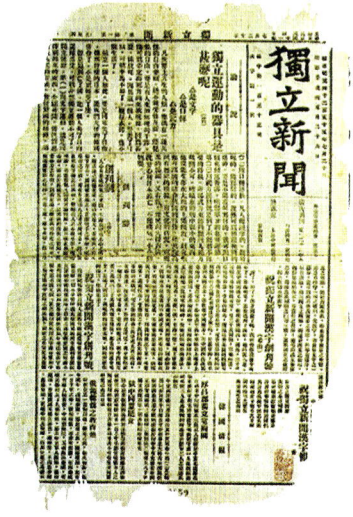

대한민국 임시 정부에서 발행한 《독립신문》

항아리에 시체를 넣고 흙을 덮어 만든 옛 무덤

독무덤

개요 커다란 항아리나 독에 시체를 넣고 흙을 덮어 만든 옛 무덤이다. 항아리를 널(관)로 사용한 무덤이라는 뜻에서 '옹관묘'라고도 부른다.

풀이 독무덤은 **청동기 시대**부터 만들기 시작하여 **삼국 시대**에 가장 널리 이용되었다. 오늘날에 발견된 대부분의 독무덤은 삼국 시대에 만들어진 것인데, 이때의 독무덤은 흙을 둥글게 쌓아올린 봉분이 있어 쉽게 알아볼 수 있기 때문이다. 삼국 시대 이전의 독무덤은 땅 위에 봉분이 없다.

독무덤은 말 그대로 항아리나 독을 널로 사용하는데, 모양이나 수는 여러 가지이다. 하나의 항아리에 넓적한 돌(뚜껑)을 덮은 것은 외독, 항아리 2개를 서로 맞대고 눕혀 놓은 것은 이음독이라고 한다. 드물게는 항아리 3개를 이어서 만든 것도 발견되지만, 항아리 2개를 이어 붙인 이음독이 가장 많다. 독은 대부분 가로로 눕혀져 있지만, 간혹 세로로 세워진 것도 발견된다.

한편, 큰 무덤 옆에 딸려 있는 독무덤은 아이의 무덤이거나 큰 무덤과 관계있는 가족 무덤인 것으로 추측된다.

심화 독무덤은 주로 우리나라 남부 지방에서 많이 발견된다. 영산강 주변의 독무덤은 매우 큰 독을 사용하고 있어 당시의 토기 기술이 매우 뛰어났음을 보여 준다. 이 일대의 무덤을 통해 우리는 **마한**과 **백제** 사람들의 생활을 연구할 수 있다.

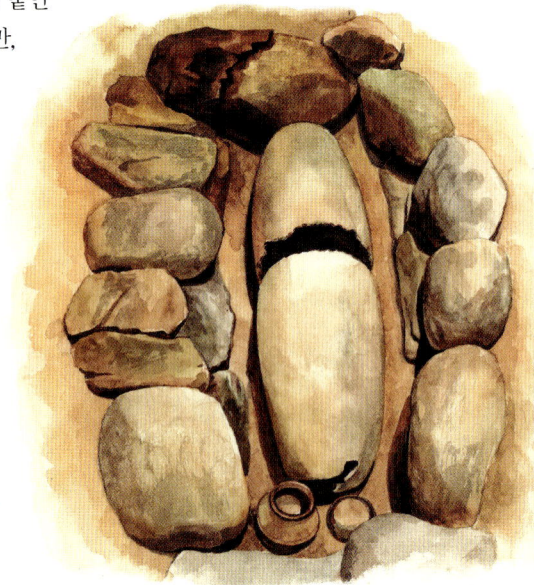

'항아리 무덤'이라고도 부르는 독무덤은 구덩이를 판 뒤 시체를 커다란 항아리에 넣고 흙을 덮어 만든다.

시대 삼국 시대~남북국 시대　**더 찾아보기** 거란, 고구려, 당, 말갈, 발해, 수

6세기부터 8세기까지 중앙아시아를 중심으로 활약한 민족

돌궐

개요　6세기부터 몽골 고원과 알타이 산맥을 중심으로 활약한 튀르크계 민족이다. 돌궐이란 튀르크(Türk)를 한자로 바꾸어 부른 이름이다. 한때 **고구려**를 침략하기도 했으며, 8세기 초에 **당**에 의해 멸망했다.

풀이　돌궐은 중앙아시아에서 유목 생활을 하던 민족이었다. 하지만 일찍부터 나라를 다스리기 위한 관제를 갖추고 법과 문자도 가지고 있었다. 6세기경에는 세력이 점점 커져 당시 중국 대륙의 강자였던 유연을 멸망시켰고, 이후 중앙아시아에서 만주 지방까지 세력을 넓혔다.

　돌궐 제국은 아시아와 유럽을 잇는 무역로를 차지하면서 더욱 성장하여 중국을 통일한 **수**나라를 위협했다. 그러나 내부의 세력 다툼과 수의 분열 정책에 휘말려 6세기 말에 동돌궐과 서돌궐로 나뉘었다. 수가 고구려를 거듭 공격하느라 힘이 약해진 틈을 타 잠깐 기세를 떨치기도 했지만, 결국 수의 뒤를 이어 중국을 통일한 당에 의해 동돌궐과 서돌궐 모두 멸망하고 말았다.

　7세기 말에 후돌궐이 세워져 8세기 초까지 크게 발전했지만, 내부의 권력 다툼과 반란으로 인해 약화되다가 멸망했다. 이후 돌궐족은 중앙아시아로 뿔뿔이 흩어졌다가 다시 모여 나라를 세우기를 거듭했다. 지금은 이슬람 국가인 터키로 이어지고 있다.

심화　돌궐은 **거란**과 **말갈** 등 중국 북쪽 지방의 민족들을 공격하면서 6세기 중엽 고구려를 침공했다. 그러나 수의 힘이 커지자 7세기 초에는 고구려와 연합해 맞섰다. 건국 직후의 **발해**와 손을 잡고 당을 공격하기도 했다.

나무 덧널 위에 돌을 쌓고 흙을 덮어 만든 옛 무덤
돌무지덧널무덤

개요 땅 위 또는 땅에 구덩이를 파고 나무 덧널을 넣은 뒤, 그 위를 돌로 덮고 다시 흙을 씌워 만든 무덤이다. **신라**에서만 사용했던 대표적인 무덤 형식으로, '적석목곽분'이라고도 부른다. 신라의 도읍지였던 경주 지역에서 많은 수의 돌무지덧널무덤이 발견되고 있다.

풀이 돌무지덧널무덤은 4~5세기 신라 지배층인 왕과 귀족을 위해 만든 것이다. 돌과 흙을 산처럼 높게 쌓아 만들었으며 매우 독특한 형태를 가지고 있다.

무덤의 종류는 덧널이 있는 위치에 따라 구분한다. 땅 위에 덧널이 있는 지상식, 구덩이를 조금 파서 반지하에 덧널을 둔 반지하식, 땅속에 덧널이 있는 지하식 등이다. 대부분의 무덤은 지하식이지만 지상식 무덤 가운데 유명한 것도 있다. **천마총**, 황남대총, 서봉총, **금관총** 등이 대표적인 지상식 돌무지덧널무덤이다.

이 무덤은 널방과 외부로 통하는 널길이 있어서 한 사람이 죽은 뒤 아내나 남편이 죽으면 추가로 매장하는 **굴식 돌방무덤**과는 달리, 추가로 매장이 안 되는 홑무덤이라는 점이 특징이다. 여러 사람을 함께 묻을 때에는 한 봉토 안에 여러 개의 덧널을 넣어 만든다. 간혹 황남대총과 같이 2개의 봉분을 붙여 쌍무덤으로 만든 것도 있다. 홑무덤과 쌍무덤은 대부분 왕과 왕비의 것이고, 여러 개의 덧널이 있는 무덤은 그보다 낮은 계급 귀족의 것으로 추측된다.

심화 돌무지덧널무덤에서는 화려한 껴묻거리들이 발견되었다. 껴묻거리는 살아 있을 때 걸쳤던 옷이나 장신구를 비롯하여 여러 가지 물품을 뜻하는데, 무덤 주인이 권력과 지위를 다음 생에서도 이어가길 바라는 마음을 담아 시신과 함께 묻은 것이다. 돌무지덧널무덤에는 입구를 만들지 않기 때문에 도굴이 어려워서 다른 **고분**들에 비해 껴묻거리가 거의 그대로 남아 있다. 금관총을 비롯하여 경주에 있는 여러 돌무지덧널무덤에서 화려한 장신구나 귀금속이 발견된 것도 이런 이유 때문이다.

돌무지덧널무덤은 규모가 매우 크고 귀한 껴묻거리들이 많이 발견되는 것으로 보아 신라 지배층의 부와 권력이 매우 강했다는 것을 알 수 있다. 하지만 신라의 무덤도 차차 삼국의 다른 나라들처럼 돌방무덤으로 바뀌게 되었다.

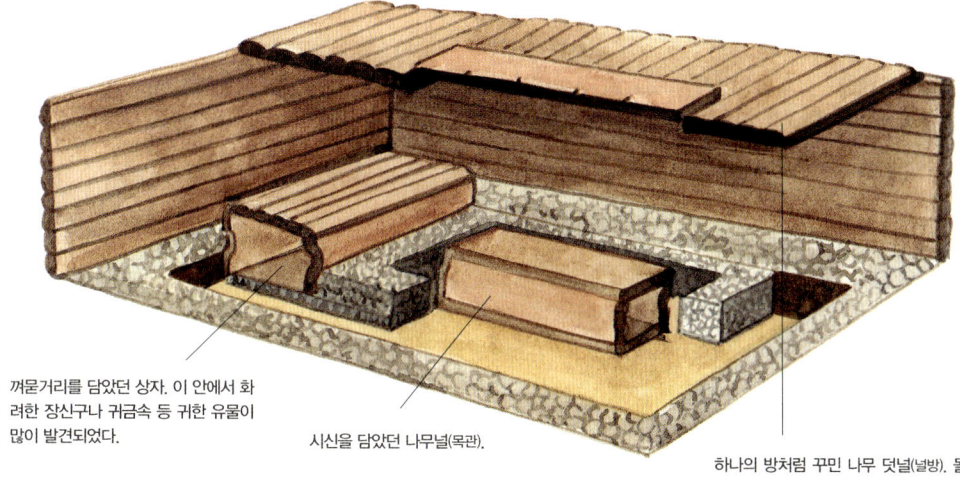

돌무지덧널무덤의 구조. 돌무지덧널무덤은 시신을 넣은 나무널(목관)을 껴묻거리와 함께 나무 덧널(널방)에 넣은 뒤, 돌과 흙을 덮어 만들었다.

껴묻거리를 담았던 상자. 이 안에서 화려한 장신구나 귀금속 등 귀한 유물이 많이 발견되었다.

시신을 담았던 나무널(목관).

하나의 방처럼 꾸민 나무 덧널(널방). 돌무지덧널무덤은 이 나무 덧널을 땅 위에 지었는지 혹은 구덩이를 파고 지었는지에 따라 지상식, 반지하식, 지하식 등으로 나뉜다.

산처럼 쌓은 봉토(봉분을 만드는 흙). | 널방 위를 단단하게 덮은 돌무지. | 시신을 담았던 나무 널(목관). | 나무로 만든 널방(나무 덧널).

시체나 돌널 위에 흙이 아닌 돌을 쌓아 만든 옛 무덤

돌무지무덤

개요 시체나 시체를 넣은 돌널(돌로 만든 관) 위에 흙이 아닌 돌을 쌓아 올려 만든 무덤이다. 돌을 쌓아 만들었다는 뜻으로 '적석총'이라고도 부른다. 선사 시대인 청동기 시대부터 삼국 시대까지 널리 만들어졌다.

풀이 돌무지무덤은 아주 오래 전에 널리 사용되었던 무덤이다. 초기에는 다듬지 않은 돌을 썼지만 점차 벽돌처럼 사각형으로 다듬은 돌을 사용하게 되었다. 특히 선사 시대의 돌무지무덤은 구덩이를 파거나 구덩이 없이 시체를 놓고 그 위에 막돌을 쌓아 만든 단순한 모양이었다. 또한 돌널에 시체를 넣은 다음, 그 위에 돌을 쌓은 것도 있었다. 지금까지 발견된 돌무지무덤은 삼국 시대 때 고구려와 백제에서 만든 것이 많으며, 주로 압록강과 한강 근처에 분포되어 있다.

고구려의 도읍인 국내성이 있었던 중국 지린 성 지안 시 일대에는 1만 2000여 기의 고구려 돌무지무덤이 있었다. 백제의 도읍이 있었던 서울특별시 송파구 석촌동에는 20세기 초까지도 백제 초기의 돌무지무덤이 66기 이상 남아 있었다.

심화 가장 유명한 돌무지무덤은 압록강 근처에 있는 고구려의 장군총이다. 장군총은 피라미드처럼 생겼으며 7층으로 돌을 쌓아 만들었다. 한강 근처에서 발견된 돌무지무덤은 백제 초기의 왕이나 귀족 등 지배층의 것으로 추측하는데, 고구려의 영향을 받은 것으로 보인다. 백제의 돌무지무덤은 땅 위에 네모난 돌들을 층층이 쌓아 올리고 가운데에 시체를 넣었다. 제일 아랫단의 네 변에는 돌이 무너지지 않도록 버팀돌을 세웠는데, 한 변이 50미터가 넘는 큰 무덤도 있다.

사전 속의 사전

알쏭달쏭 옛 무덤의 이름과 종류 한눈에 보기

♣ **고분** | 옛날에 만든 무덤 가운데 일정한 형식을 갖추어 만든 것을 통틀어 이르는 말이다. 우리나라에서는 주로 선사 시대부터 삼국 시대까지의 무덤을 '고분'이라고 부른다. 시체와 함께 묻었던 꾸미개나 무기, 그릇 등의 껴묻거리 등이 발견되고 있다.

♣ **고인돌** | 커다란 돌을 고여 만든 선사 시대의 무덤이다. 우리나라에는 약 4만여 개의 고인돌이 있으며 탁자식, 기반식(바둑판), 개석식(덮개돌) 등 모양은 여러 가지이다. 고인돌 유적에서는 민무늬 토기나 비파형 동검 같은 청동기 시대의 유물이 발견되었다.

♣ **굴식 돌방무덤** | 사람이 사는 집처럼 방과 문이 있는 옛 무덤이다. 방에는 시체를 넣은 널(관)을 보관했고, 무덤 입구에서 방으로 이어지는 널길과 문을 만들었다. 또한 그 위에는 흙을 덮어씌웠다. 굴식 돌방무덤은 삼국 시대부터 만들어지기 시작해 통일 신라 때 유행했다.

♣ **널무덤** | 땅에 구덩이를 파고 시체를 묻은 옛 무덤을 뜻한다. 원래는 구덩이에 직접 시체를 묻는 것이지만, 넓은 의미에서는 시체를 널(관)에 넣고 묻은 것도 널무덤에 포함된다. 선사 시대에 가장 널리 이용되었던 무덤이다.

♣ **독무덤** | 커다란 항아리나 독에 시체를 넣고 흙을 덮어 만든 옛 무덤이다. 항아리는 하나뿐 아니라 두세 개를 이어서 만든 것도 발견된다. 또한 무덤 속에 가로로 눕혀 넣은 것도 있지만 세로로 세워진 것도 있다. 주로 마한과 백제가 있었던 남부 지방에서 발견되고 있다.

♣ **돌무지덧널무덤** | 나무로 널방(덧널)을 만든 다음, 돌로 덮고 흙을 씌워 만든 옛 무덤이다. 널방 안에는 시체를 넣은 널(관)을 보관했다. 널방은 구덩이를 파고 만든 것도 있지만 땅 위에 만든 것도 발견된다. 이 무덤은 신라에서만 만들어졌다.

♣ **돌무지무덤** | 시체나 시체를 넣은 돌널(돌로 만든 관) 위에 돌을 쌓아 만든 옛 무덤이다. 처음에는 막돌을 쌓아 만들었지만, 시간이 흐르면서 점차 벽돌처럼 다듬은 돌을 사용했다. 주로 고구려와 백제 지역에서 발견된다.

시대 조선 시대 | 더 찾아보기 균역법, 대동법, 삼정의 문란, 선조, 세조, 세종, 수렴청정, 신문고, 영조, 이성계, 일본, 임진왜란, 천주교 박해, 탕평책, 태조

조선의 왕과 그 가족들이 묻혀 있는 무덤
동구릉

개요 경기도 구리시 동구동에 있는 **조선** 시대의 왕실 무덤이다. 동구릉이란 '도성 동쪽에 있는 9개의 무덤'이라는 뜻이다. 모두 9개의 무덤에 왕이나 왕비 17명이 묻혀 있다.

풀이 **태조 이성계**가 죽은 뒤 그의 아들 태종이 지금의 경기도 구리시에 왕릉 자리를 정했다. 이후 조선의 여러 임금과 왕후가 묻히면서 규모가 점점 커졌고, 1855년에 순조의 세자였던 문조의 능이 이곳에 만들어지면서 9개가 되었다. 서울 주변에는 서오릉이나 서삼릉과 같이 조선 왕실의 무덤들이 모여 있는 곳이 여럿 있지만, 그 중에서도 동구릉에 가장 많은 왕릉이 있다.

숭릉

9개의 능과 그 주인들

능 이름	능의 주인	생애와 업적
건원릉	태조	조선을 세운 제1대 임금이다.
현릉	문종과 현덕 왕후	문종은 **세종** 대왕의 맏아들이자 조선의 제5대 임금이다. 학문이 깊고 어진 임금이었으나 몸이 약해 임금의 자리에 오른 지 2년 만에 병으로 세상을 떠났다.
목릉	**선조**와 의인 왕후, 인목 왕후	선조는 제14대 임금이다. 인재를 등용해 좋은 정치를 하려고 했지만, 붕당이 생겨나 갈등이 일어나고 **일본**의 침공으로 **임진왜란**을 겪었다.
휘릉	장렬 왕후	제16대 임금인 인조의 두 번째 왕비이다.
숭릉	현종과 명성 왕후	현종은 제18대 임금이다. **대동법**을 실시하고 활자를 만드는 등 좋은 정치를 펼쳤지만, 당쟁이 더욱 심해졌다.
혜릉	단의 왕후	제20대 임금인 경종의 왕비이다.
원릉	**영조**와 정순 왕후	영조는 제21대 임금이다. 당쟁을 막는 **탕평책**, 백성의 세금 부담을 줄여 주는 **균역법**, 백성의 억울한 사연을 듣는 **신문고**의 부활 등 좋은 정치를 펼쳤다.
수릉	문조와 신정 왕후	문조는 제23대 임금인 순조의 아들이다. 세자의 자리에 있을 때 세상을 떠나 나중에 추존된 임금이다. 익종으로도 부른다.
경릉	헌종과 효현 왕후, 효정 왕후	헌종은 제24대 임금이다. 8세의 나이에 임금의 자리에 올라 순원 왕후의 **수렴청정**을 받았다. **천주교 박해**와 **삼정의 문란** 등 정치가 어지러웠다.

심화 조선 왕실의 무덤은 대부분 서울과 경기도에 있다. 이것은 왕실에서 이루어지는 모든 행사의 방법과 규범을 정해 놓은 《국조오례의》를 따랐기 때문이다. 즉 왕실의 무덤은 궁궐에서 100리를 넘으면 안 된다는 규정에 따라 도성 주변에 무덤을 만든 것이다. 다만 조선의 임금 가운데 단종의 무덤만은 이 규정을 따르지 않았다. 단종은 숙부인 세조에 의해 임금의 자리에서 쫓겨나 강원도 영월에서 유배 생활을 하다 사약을 받고 세상을 떠났기 때문이다.

조선의 도성 동쪽에 있는 동구릉은 태조와 문종, 선조, 현종, 영조, 문조(익종), 헌종 등 조선 왕과 왕비들의 무덤이다. 왕비의 경우는 인조의 두 번째 왕비인 장렬 왕후와 경종의 왕비인 단의 왕후의 능을 제외하고는 모두 왕의 무덤에 합장되어 있다. 도성 주변에 있는 조선 왕릉 가운데 가장 많은, 즉 모두 9개의 능이 군락을 이루고 있는 것이 특징이다.

시대 조선 시대 | 더 찾아보기 고려, 고려사, 삼국사기, 성리학, 세종, 연산군, 조선, 8도

조선 성종 때 백과사전처럼 여러 정보를 넣어 만든 지리책

동국여지승람

개요 조선 성종 때 만든 지리책이다. 연산군 때 틀린 곳을 고치거나 일부 내용을 수정했으며, 중종 때 내용을 추가·보완하여 《신증동국여지승람》을 만들었다. 지금까지 전해지는 것은 중종 때 만든 《신증동국여지승람》이다.

풀이 나라를 효율적으로 다스리려면 지방에 대한 많은 정보가 필요하다. 조선도 나라의 기틀을 세운 뒤에는 각 지역의 정보를 모은 지리지(지리책) 만들기에 들어갔다. 세종 때는 각 도의 정보를 담은 지리책을 만든 다음, 이를 묶어서 《신찬팔도지리지》를 펴냈다. 그리고 이 책을 다시 수정해 《세종실록지리지》로 만든 다음, 《세종실록》에 담았다. 성종 때는 《팔도지리지》를 만들었는데, 지금은 《경상도지리지》만 전해진다. 《동국여지승람》은 조선 전기에 만들어진 여러 지리지들을 종합해 완성한 것이다.

실제로 《동국여지승람》은 백과사전처럼 매우 다양하고 폭 넓은 정보가 담겨 있다. 조선의 8도는 물론이고 그에 속한 각 지역이 변천해 온 발자취, 행정 구역의 이름, 성씨, 풍속, 산과 강, 국방이나 교통, 통신 시설, 관청, 학교, 고적, 인물 등 자연환경과 인간 생활에 관한 여러 정보가 담겨 있는 것이다. 나중에 만들어진 《신증동국여지승람》은 추가된 내용에 '신증'이라는 말을 붙여 별도로 표시했는데, 이 역시 문화적인 내용이 많았다.

심화 지금까지 전해오는 가장 오래된 역사책인 《삼국사기》에도 지리지가 있었고, 고려의 역사를 담은 《고려사》에도 지리지가 있었다. 그러나 이 지리지들은 단지 행정 구역과 그 변화를 담는 데 그쳤다. 하지만 《동국여지승람》과 《신증동국여지승람》은 이전의 책과 달리 지리와 인간 생활에 관한 여러 정보를 담았다. 책의 내용은 성리학의 정신을 바탕으로 충신이나 효자, 열녀의 이야기, 관리나 학자들이 쓴 글 등이 많이 실렸다.

●○○
《동국여지승람》에 실렸을 것으로 추측되는 〈동람도〉의 〈팔도총도〉. 〈동람도〉는 전국 지도인 〈팔도총도〉 1개와 각 도의 지도인 〈도별도〉 8개로 이루어져 있다. 〈팔도총도〉는 지도라고 하기에는 조금 엉성하게 느껴지는데, 이는 《동국여지승람》을 읽을 때 참고용으로 만들었기 때문이다.

동해에는 울릉도와 우산도가 표시되어 있는데, 우산도가 지금의 독도일 것으로 추측된다.

한반도가 실제보다 세로는 줄고 가로로 늘어난 모습이다. 또한 북쪽 지방은 남쪽 지방에 비해 면적이 작게 그려져 있다.

시대 고려 시대 | 더 찾아보기 강동 6주, 고려, 발해, 별무반, 여진, 윤관, 천리 장성

고려 시대에 윤관이 여진족을 물리치고 세운 성

동북 9성

개요 고려 시대에 **윤관**이 **여진**족을 물리친 뒤 동북쪽 지역에 세운 9개의 성이다. 동북 9성의 위치가 어디인지는 기록이 확실하지 않아 여러 견해가 엇갈리고 있다.

풀이 **발해**가 멸망한 뒤 만주와 함경도 지역에서 여진족의 힘이 커지면서 고려와 자주 충돌했다. 고려는 이 지역을 영토로 편입하려고 했지만 기병을 앞세운 여진족의 공격에 애를 먹었다. 이에 윤관은 **별무반**이라는 특별 부대를 만든 뒤에 고려 예종 때인 1107년에 **천리 장성**의 동북쪽으로 나가 여진족을 무찔렀다.

이후 함경도 지역의 국경을 정비하고 고려의 땅임을 알리기 위해 성을 쌓았는데, 그것이 바로 동북 9성이다. 옛 기록에 따르면 함주, 영주, 웅주, 복주, 길주, 통태진, 숭녕진, 진양진, 공험진 등에 성을 쌓았다. 이름만 전해질 뿐 성의 정확한 위치는 밝혀지지 않았다

심화 동북 9성은 여진족의 지역에 자리하고 있었기 때문에 관리가 힘들었다. 성을 쌓은 뒤에도 여진족의 공격이 계속되어 국경을 지키는 일까지 힘들어진 것이다. 때마침 여진족이 화친을 맺고 성을 돌려주면 조공을 바치겠다는 제안을 해왔다.

이에 고려 조정은 이전처럼 여진족과 군신 관계를 맺는 것을 조건으로 성을 돌려주고 말았다. 이로 인해 동북 9성은 **강동 6주**와 달리 고려의 영토가 되지 못했다.

윤관이 여진족을 물리친 뒤 비석을 세워, 고려 영토임을 드러내는 장면으로 '척경입비도'라는 이 그림은 조선 후기의 책 《북관유적도첩》에 실려 있다.

일본이 조선의 토지와 자원을 빼앗기 위해 만든 기구
동양 척식 주식회사

개요 1908년 **일본**이 **조선**의 토지와 자원을 빼앗기 위해 만든 기구이다. 동양 척식 주식회사를 줄여 '동척'이라고도 불렀다. 1918년에 설립한 조선 식산 은행과 함께 **일제 강점기**에 우리 민족을 수탈하는 데 앞장섰다.

풀이 동양 척식 주식회사는 조선 땅의 개간과 농업 발전을 돕는다는 명목으로 세웠지만, 실제로는 조선의 토지와 자원을 빼앗는 역할을 했다. 일제는 조선을 식민지로 만든 후 먼저 토지 조사 사업을 실시했다. 일본인 지주가 차지한 토지의 소유권을 법적으로 보호하고, 세금을 잘 걷기 위해서였다. 이 사업의 결과, 예전에 조선 정부나 왕실이 소유했던 많은 농토나 숲, 산지 등이 **조선 총독부** 소유로 넘어갔고, 조선 총독부는 이 땅을 다시 동양 척식 주식회사에 넘겨 관리하도록 했다.

이후 동척은 조선 최대의 지주가 되어 농민들에게 땅을 빌려 주거나 곳곳에서 직접 농장을 경영했다. 동척으로부터 땅을 빌린 농민들은 수확의 절반 가까이를 소작료로 내야 했다. 국유지나 왕실 소유의 땅을 농사짓던 농민들도 동척의 소작농이 되거나 동척의 농장에서 돈을 받고 일하는 신세가 되고 말았다.

또한 동척은 조선으로 건너온 일본인들에게 땅을 헐값으로 넘겨주었다. 조선을 안정적으로 다스리기 위해서는 적당한 숫자의 일본인이 필요했기 때문이다. 이에 따라 조선에서 일본인 지주의 숫자가 점점 늘어났다.

심화 동척이 이렇게 조선의 농민들을 괴롭히고 착취하자 동척에 대한 우리 민족의 적개심도 높아졌다. 1920~1930년대에는 동척을 상대로 소작인들의 저항(소작 쟁의)이 곳곳에서 일어났다. 또 **의열단** 단원이자 독립운동가인 **나석주**는 1926년 동척에 폭탄을 던지기도 했다. 하지만 폭탄이 터지지 않자 건물 안으로 들어가 일본의 경찰들과 총격전을 벌였고, 일본인 직원들을 사살한 뒤 스스로 목숨을 끊었다. 동척은 일제가 제2차 세계 대전에서 패하고 한반도에서 물러가면서 폐쇄되었다.

●○●
경성(서울)에 있었던 동양 척식 주식회사의 건물 모습. 현재 서울의 을지로 부근으로, 의열단 단원이었던 나석주가 조선의 백성들을 수탈하는 데 대해 응징하기 위해 폭탄을 던졌던 곳이다. 현재 외환은행 본점이 있는 이곳에는 나석주 의사 기념비가 마련되어 있다.

●○●
동양 척식 주식회사는 서울에 본점을 두고 전국 주요 도시에 9개의 지점을 세웠다. 부산과 목포에는 지금까지 옛날 건물이 남아 있다. 일제는 한반도뿐 아니라 중국과 필리핀 등에도 동척을 세웠다.

시대 선사 시대 더 찾아보기 고구려, 광개토 대왕, 부여, 위만 조선, 제천 행사, 한, 한군현

고조선 멸망 이후 강원도 북부에 있었던 작은 나라
동예

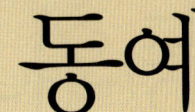

개요 강원도 북부의 동해안 지방에 있었던 나라이다. 기원전 2세기경에 세워져 410년에 **고구려**의 **광개토 대왕**에 의해 멸망당하기 전까지 이어졌다. 말과 풍습은 고구려와 비슷했던 것으로 전해진다.

풀이 동예는 **위만 조선**이 있었던 시기부터 강원도 북부 지역을 중심으로 작은 나라를 이루고 있었다. 그러다 위만 조선이 **한**나라에 의해 멸망당한 뒤 245년부터는 **한군현** 중의 하나인 낙랑의 지배를 받았고, 313년부터는 낙랑을 정복한 고구려의 지배를 받았다.

동예 사람들은 주로 농사를 짓거나 고기잡이를 하면서 살았다. 누에를 쳐서 명주를 짜거나 삼베를 짜는 방직 기술도 뛰어났다고 전해진다. 특산물로는 활과 말이 유명했다. 동예의 활은 작지만 멀리 날아갔기 때문에 '단궁'이라고 불렸으며, 단궁은 주변 나라에서도 인기가 좋았다. '과하마'라고 불린 동예의 말은 몸집은 작지만 튼튼하고 순해서 다루기가 쉬웠다고 한다.

해마다 음력 10월에는 고구려나 **부여**와 마찬가지로 동예에서도 **제천 행사**를 지냈다. 이 행사는 '무천'이라고 불렸는데, 무천이 열리면 사람들은 하늘에 제사를 지내고 춤을 추며 즐겼다. 동예는 서로 다른 부족의 영역을 침범하지 못하게 하는 '책화'라는 풍습이 있었으며, 같은 성씨끼리는 결혼하지 않는 족외혼 풍습을 지켰다.

심화 동예는 부여나 고구려로부터 갈라져 나온 것으로 추측된다. 중국의 역사책인 《삼국지》의 위서 〈동이전〉에도 동예 스스로 고구려와 비슷하다고 생각했다는 기록이 있다. 그런데 언어와 풍속은 비슷했지만 의복은 차이가 있었다. 동예는 5세기 전반까지는 다른 종족과 구분되는 독립성을 가지고 있다가 고구려와 신라의 세력이 커지면서 흡수되었다.

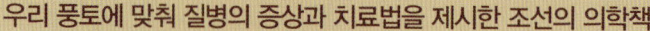

우리 풍토에 맞춰 질병의 증상과 치료법을 제시한 조선의 의학책
동의보감

개요 조선 광해군 때 허준이 만든 의학책이다. 내용이 우수해 조선뿐 아니라 중국과 일본에서도 널리 읽혔으며, 지금도 한의사가 되려는 학생들의 교재로 쓰인다. 2009년 7월에는 유네스코 세계 기록 유산으로 등재되었다.

풀이 《동의보감》은 임진왜란 중인 1596년에 선조의 명령으로 만들기 시작해 광해군 때인 1610년에 완성되었다. 당시 궁중의 병원이자 의약 관청인 내의원의 뛰어난 의원들이 허준을 도와 만들었다. 우리나라와 중국에서 나온 기존 의학책의 내용을 종합적으로 검토하고 조선의 자연환경과 조선 사람의 특성에 맞게 연구한 내용을 담았다. 《동의보감》은 이런 실증성 때문에 조선은 물론이고 청나라 이후의 중국, 에도 막부 이후의 일본에서도 여러 차례 간행되어 널리 읽혔다.

《동의보감》의 가장 큰 특징은 이해하기 쉬우면서도 정확하다는 점이다. 누구나 책을 보고 처방할 수 있도록 매우 구체적으로 적었다. 예를 들어 누군가 아프면 증상에 맞게 먹어야 할 약의 이름뿐 아니라 얼마나 먹어야 하는지도 적었다. 또한 조선 사람의 체질을 고려해 중국 약재보다 조선에서 나는 약재를 권장했다. 그런가 하면 약재 이름을 한자뿐 아니라 한글로도 써놓아서 이해하기 쉽도록 했다.

《동의보감》은 질병의 증상과 치료법을 적은 의학책이지만, 치료 이전에 평소 건강을 돌보는 것이 더 중요하다고 강조했다. 이것은 치료보다 예방을 중요시하는 《동의보감》의 정신이기도 했다.

심화 《동의보감》은 내과 질병, 외과 질병, 기타 질병, 약을 쓰는 법, 침과 뜸을 쓰는 법 등 모두 다섯 편으로 이루어졌다. 질병을 종류에 따라 '항'과 '목'으로 나눈 뒤 주요 증상과 치료 방법을 설명하는 식으로 정리했다. 또한 이전에 만들어진 의학책은 어떻게 처방했는지도 적어 놓아 비교하여 볼 수 있도록 했고, 사람들 사이에 전해져 온 민간 요법도 소개해 놓았다.

시대 조선 시대 | **더 찾아보기** 노비, 도교, 동학 농민 운동, 민족 대표 33인, 3·1 운동, 서학, 손병희, 우금치 전투, 일제 강점기, 조선, 최시형, 최제우

서학에 반대하며 사회 개혁에 앞장섰던 민족 종교
동학(천도교)

개요 조선 철종 때인 1860년에 **최제우**가 만든 종교이다. 동학은 서양의 학문이나 종교를 뜻하는 **서학**에 반대하며 붙여진 이름이고, 나중에는 천도교라고 불렀다. 탐관오리와 외세에 맞서 사회 개혁 운동을 벌였으며, **일제 강점기**에는 민족 운동에도 참여했다.

풀이 최제우는 하늘(한울)을 숭배하는 경천 사상과 시천주 사상을 바탕으로 동학을 창시했다. 그러나 천주를 받아들인 사람은 누구나 군자가 될 수 있다고 하는 인간 중심의 사상을 내세웠다. 최제우의 가르침을 이어받은 동학의 지도자들도 '사람이 곧 하늘'이라는 인내천 사상과 앞으로 세상이 바뀔 것이라는 후천개벽 사상을 내세웠다. 실제로 최제우는 동학 사상을 실천에 옮겨 자신의 여자 **노비**를 풀어 준 다음 며느리와 수양딸로 삼기도 했다.

또한 동학은 나라를 지키고 백성을 편안하게 한다는 보국안민 사상, 널리 백성을 구한다는 광제창생 사상 등 사회 개혁의 성격을 띤 종교로 발전했다. 어지러운 정치와 탐관오리의 수탈로 인해 고통 받던 백성들은 동학을 반기며 지지했다. 당시에는 조선 왕조가 무너지고 새로운 세상이 열린다는 예언까지 퍼져나갔는데, 불안해진 조선 조정은 사회를 어지럽게 만들었다며 최제우를 잡아들여 처형했다.

하지만 동학은 탄압에도 불구하고 신도의 수가 계속 늘어났다. 동학의 2대 교주인 **최시형**은 창시자인 최제우의 억울함을 벗겨 달라며 교조 신원 운동을 벌이기도 했다. 동학 신도들 사이에서는 탐관오리와 외세에 맞서 나라와 백성을 구하자는 주장이 나오기 시작했고, 1894년에는 동학 조직을 중심으로 **동학 농민 운동**이 일어났다. 처음에는 농민 운동에 소극적이었던 동학 지도자들도 차츰 적극적으로 참여했다.

농민군이 **우금치 전투**에서 패해 동학 농민 운동이 실패로 돌아간 뒤에도 최시형은 포교 활동을 계속했지만, 결국 관군에게 잡혀 처형당했다. 이후 3대 교주가 된 **손병희**는 무너진 동학을 다시 일으켜 세우기 위해 노력했다. 친일 활동을 한 동학

지도자들을 쫓아내고, 동학의 이름도 '천도교'로 바꾸었으며, 꾸준히 민족 운동을 벌였다. 3·1 운동 때는 천도교 대표자들이 **민족 대표 33인**에 참여하기도 했다.

심화 동학은 유교와 불교, **도교** 등 우리 민족이 오랫동안 믿어온 종교를 통합했다고 주장하지만 일부는 천주교의 영향도 받았다. 동학의 기본 사상은 창시자인 최제우가 지었다는 《동경대전》과 《용담유사》에 잘 나타나 있다. 한문으로 된 《동경대전》에는 동학의 교리와 사상이 담겼으며, 《용담유사》는 기독교의 찬송가와 같은 노래가 실려 있다.

2대 교주인 최시형이 동학의 창시자 최제우의 억울함을 풀기 위해 교조 신원 운동을 벌일 무렵, 동학교도들 사이에서는 탐관오리와 외세에 맞서 나라를 구하자는 주장이 터져 나왔다. 그리고 이런 주장은 동학 농민 운동의 참여로 이어졌다.

동학 사상을 지지한 사람들은 대부분 농민이었다. 사회를 개혁해야 한다는 주장에는 일부 몰락한 양반들도 지지했다.

시대 조선 시대 　더 찾아보기 갑오개혁, 경복궁, 고종, 동학, 우금치 전투, 의병, 일본, 전봉준, 조선, 청, 청일 전쟁

동학교도와 농민들이 힘을 합쳐 벌인 사회 개혁 운동
동학 농민 운동

개요 **조선 고종** 때인 1894년에 동학교도와 농민들이 힘을 합쳐 일으킨 사회 개혁 운동이다. 농민군은 한때 전라도 일대를 점령하고 스스로 통치하며 개혁에 나섰지만, **일본**군과 관군에게 패해 실패로 돌아갔다.

풀이 전라도 지역은 땅이 기름져 농사가 잘 되었으나 정작 조선의 농민들은 궁핍한 생활을 했다. 정부에 많은 세금을 내야 했고 관리들의 수탈도 심했기 때문이다. 이 무렵 전파된 **동학**은 농민들의 억울한 마음을 크게 흔들었다. 동학은 '사람은 모두 평등하며 곧 새로운 세상이 열린다.'는 교리를 내세웠기 때문이다.

그러던 차에 고부에서 농민 봉기가 일어났다. 군수 조병갑의 수탈을 참다못한 농민들이 들고일어난 것이다. 그러나 조사를 나온 정부 관리는 책임을 농민들에게 돌리며 주동자를 체포했다. 이에 **전봉준**과 손화중, 김개남, 최경선 등은 탐관오리 숙청과 보국안민(나라를 지키고 백성은 편안하게 한다.)의 기치를 내걸고 봉기했다.

전봉준이 이끄는 농민군은 황토현에서 관군과 싸워 이기고 정읍, 고창, 영광, 함평, 무안을 차례로 차지했다. 그러고는 북쪽으로 계속 진격해 전라도의 중심지인 전주성을 점령했다. 농민군의 기세에 놀란 정부는 농민군을 진압하기 위해 **청**나라에 도움을 요청했고, 청을 경계하던 일본도 조선에 군대를 보냈다.

농민군은 외국의 군대가 들어오는 것을 막기 위해 자신들이 주장하는 개혁의 내용을 알리고, 정부가 이를 받아들이면 해산할 뜻이 있음을 밝혔다. 정부에서도 이를 받아들여 관군과 농민군 사이에 휴전이 이루어졌으며, 이를 '전주 화약'이라고 한다. 그런데 전주 화약 이후 농민군은 전주성에서 물러났으나 정부는 약속을 지키지 않았다. 농민군은 각 지역에 자치 기구인 집강소를 설치해 탐관오리를 처벌하고, 천민 차별을 없애는가 하면 땅을 골고루 나누어 농사를 짓는 등 개혁을 추진했다.

동학 농민군이 해산한 뒤 정부는 청과 일본의 군대에게 되돌아 갈 것을 요구했지만, 일본은 오히려 **경복궁**을 점령하고 일본에 유리한 방향으로 개혁을 강요했다. 이

에 동학 농민군은 일본을 몰아내고 개혁을 완수하기 위해 다시 일어섰지만, 공주 **우금치 전투**에서 일본군에게 크게 패하고 말았다. 이후 동학 농민군은 전라도로 후퇴하면서 병력을 재정비하여 다시 봉기를 할 기회를 엿보았으나 전봉준, 김개남, 손화중 등 지도자들이 대부분 체포되면서 동학 농민 운동도 실패로 돌아갔다.

> 과도한 세금과 관리들의 수탈로 인해 어려움을 겪던 농민들은 참다못해 들고 일어나 사회 개혁 운동을 벌였다. 이들은 관아를 습격해 곡식을 백성들에게 나누어주는가 하면, 농민들을 수탈하던 탐관오리들을 처벌하기도 했다.

심화 동학 농민 운동이 일어나자 조선 정부도 더 이상 개혁을 미룰 수 없다고 생각해 **갑오개혁**을 추진했다. 또한 조선에 군대를 파견한 일본과 청은 주도권을 차지하기 위해 **청일 전쟁**을 벌였다. 동학 농민 운동의 정신은 **의병** 투쟁과 민족 운동으로 계승되었다.

동학 농민 운동을 이끈 전봉준.

시대 선사 시대~일제 강점기 | 더 찾아보기 양반, 일제 강점기, 조선, 향약

서로 돕고 마을 질서를 지키기 위해 만든 농촌 조직
두레

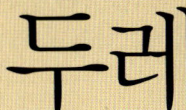

개요 어려운 일이 있을 때는 서로 돕고, 일손이 필요할 때는 함께 일하며, 마을의 질서를 깨트리거나 어지럽히는 일을 막는 것을 목적으로 농촌에서 만든 전통 조직이다.

풀이 농촌에서는 모내기나 김매기, 가을걷이 등이 있을 때 많은 일손이 필요하다. 이 때문에 사람들이 모여 함께 일하는 풍습은 일찍부터 있었다. 특히 이웃에게 일손이 필요할 때 도와주면, 나중에 그 이웃이 일을 해 주어 갚는 방식을 '품앗이'라고 했다.

하지만 두레는 품앗이와는 다른 점이 있었다. 품앗이는 개인적으로 노동을 주고받는 일이지만, 두레는 마을 단위로 조직을 만든 뒤 마을 사람들에게 공동으로 필요한 일을 하는 조직이었다. 두레와 같은 마을 조직은 고대부터 있었으며, 계속 이어져 내려오는 동안 점차 체계화되었다. 특히 조선 후기에는 여러 사람의 일손이 필요한 모내기가 보급되면서 두레가 발달했다. 그러나 일제 강점기 이후 소작농이 늘어나고 산업화가 진행되면서 두레도 점차 사라지게 되었다.

두레를 이끄는 사람은 '행수'라고 불렀고, 행수를 돕는 사람을 '도감'이라고 했다. 행수와 도감은 인품이나 덕망을 갖춘 사람을 뽑았지만, 그 밖의 임원은 일을 잘하는 사람이 맡았으므로 머슴이나 소작농인 경우도 흔했다. 그만큼 두레는 노동을 중요하게 생각한 조직이었다. 또한 신분 질서를 바탕으로 양반이 이끌며 마을의 일을 처리하는 향약과는 달리, 두레는 능력에 따라 일을 나누되 서로 평등한 관계를 유지했다.

심화 두레는 구성원들의 특성이나 필요에 따라 여러 가지 형태로 운영되었다. 남자와 여자, 장년과 청년이 각각 다른 두레를 만들기도 했고, 두레의 크기도 마을 사정에 따라 달랐다. 마을 사람 대부분이 참가하여 수백 명에 이르는 대규모 조직이

있는가 하면, 뜻이 맞는 사람끼리 6~7명 정도의 소규모 두레를 만들기도 했다. 때로는 하나의 두레 안에 여러 개의 작은 두레를 두기도 했는데, 큰 두레를 '선생 두레'라고 하고 작은 두레를 '제자 두레'라고 불렀다.

● ○ ○
농사는 모내기와 김매기, 가을걷이처럼 짧은 시간에 많은 일손이 필요한 일이 많다. 이에 공동 노동 조직인 두레가 생겨났다. 하지만 두레는 단순히 농사일만 하는 조직이 아니라 마을의 질서를 깨트리거나 어지럽히는 행위를 막는 일도 했다.

두레는 모내기가 보급된 조선 후기에 특히 발달했다. 모내기는 여러 사람의 일손이 꼭 필요하기 때문에 서로 도와 함께 일하는 공동 조직인 두레가 큰 도움이 되었다.

돌을 깨뜨려 만든 선사 시대의 생활 도구

뗀석기

개요 돌을 깨뜨려 만든 **선사 시대**의 생활 도구이다. '타제 석기'라고도 부르며, 주로 **구석기 시대**에 많이 이용되었다.

풀이 뗀석기는 만드는 방법이나 돌의 어떤 부분을 사용하느냐에 따라 여러 가지 종류가 있다. 만드는 방법이나 모양은 시대에 따라 달라졌는데, 도구를 사용하는 목적과 용도에 따라 여러 가지 뗀석기들이 만들어졌다.

구분	이름	특징
만드는 방법에 따라	직접 떼기	돌을 직접 때려 깬 석기. 돌이나 나무, 뿔, 뼈 등을 망치로 이용했다.
	간접 떼기	다른 물체를 돌에 대고 때려 깬 석기. 원하는 모양을 보다 쉽게 만들 수 있다.
	눌러 떼기	다른 물체를 대고 눌러 떼어 낸 석기.
	던져 떼기	돌을 단단한 물체에 던져 깬 석기.
돌의 사용 부위에 따라	몸돌 석기	필요 없는 부분을 떼어 내고 남은 몸돌을 필요한 모양으로 만든 석기. **주먹 도끼**나 찍개 등이 있다.
	격지 석기	몸돌에서 떨어져 나간 돌(격지)을 손질해서 만든 석기. 긁개나 밀개, 자르개, 찌르개, 톱날, 새기개 등이 있다.

심화 뗀석기는 주로 구석기 시대에 사용되었지만 이후에도 꾸준히 만들어졌다. **신석기 시대**나 **청동기 시대**의 유적에서도 뗀석기가 발견되어 매우 오랫동안 사용되었음을 짐작할 수 있다. 예를 들어 신석기 시대 유적에서 발견된 화살촉, 돌괭이, 돌보습, 돌끌, 돌도끼 등의 도구 중에도 갈아 만든 흔적이 전혀 없는 뗀석기가 있다.

여러 가지 모양의 뗀석기들.

●○○
뗀석기는 돌을 깨뜨려 만들기 때문에 투박하고 어설퍼 보이지만, 쓸모가 많은 도구였다. 선사 시대의 사람들은 사냥 도구를 만들거나 짐승의 가죽을 벗길 때, 옷가지를 만들 때 용도에 맞는 여러 가지 뗀석기를 사용했다.

찍개_ 나무를 자르거나 사냥할 때 사용했다.

주먹 도끼_ 사냥할 때, 혹은 짐승의 털과 가죽을 분리할 때 사용했다.

밀개_ 길고 가는 격지에 대칭으로 날이 있어 나무껍질을 벗겨내는 데 사용했다.

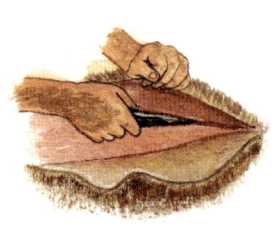

뚜르개_ 끝을 뾰족하게 다듬어 구멍을 뚫거나 옷감을 만들 때 사용했다.

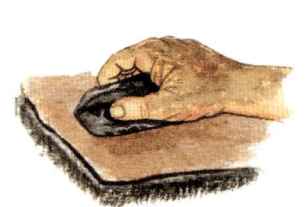 

긁개_ 사냥한 짐승의 가죽을 벗겨 손질하는 데 사용했다.

찌르개_ 격지 끝을 뾰족하게 만든 뒤 자루를 달아 찌르는 무기로 사용했다.

시대 조선 시대 | 더 찾아보기 대한 제국, 을사조약, 일본, 청일 전쟁

한반도와 만주의 지배권을 두고 러시아와 일본이 벌인 전쟁

러일 전쟁

개요 1904년부터 1905년까지 만주 지역과 한반도의 지배권을 두고 러시아와 일본이 벌인 전쟁이다. 일본이 승리해 한반도 침략의 속도를 한층 높였다.

풀이 청일 전쟁에 승리한 일본은 우리나라를 본격적으로 지배하려고 했으나, 다시 만주와 한반도를 두고 러시아와 다투게 되었다. 세계 여러 곳에서 일본과 다투던 영국이 일본과 손을 잡았고 미국도 일본의 편을 들었다. 러시아와 일본은 여러 차례 협상을 했지만 결론을 얻지 못했다. 일본과 러시아 사이에 전쟁이 일어날 조짐이 보이자, 1904년 1월 대한 제국은 중립을 선언하며 이 사실을 세계 여러 나라에 알렸다. 그러나 러일 전쟁이 시작되자 대한 제국의 중립 선언은 지켜지지 못했다.

1904년 2월 8일 밤, 일본의 기습으로 전쟁은 시작되었다. 일본은 대한 제국의 중립 선언을 무시하고 대규모 부대를 서울과 전국 중요 지역에 주둔시켜 전략적으로 이용했다. 일본 육군은 한반도를 거쳐 만주로 진격하여 러시아군을 격파했다. 일본 해군도 인천과 랴오둥 반도의 뤼순에서 러시아 해군의 함정들을 격침시켰.

그러나 전쟁이 길어지면서 일본은 점차 어려움에 처했다. 예상했던 것보다 엄청나게 많은 군사비가 들어가면서 일본의 나라 살림이 곤란한 지경에 빠진 것이다. 이에 일본은 전세가 유리할 때 전쟁을 마무리하고자 미국에 러시아와 강화를 주선해 달라고 부탁했다. 미국은 다른 아시아 지역에서 이익을 챙기는 대가로 일본의 요구를 들어주었다. 한편 러시아는 자국에서 대규모 민중 봉기가 일어나 일본과의 전쟁에 온 힘을 다할 수 없었다. 더구나 쓰시마 해협에서 러시아의 발틱 함대가 일본의 연합 함대에게 패하자 전쟁을 계속할 의지를 잃었다. 결국 일본과 러시아는 1905년 9월 5일 포츠머스 강화 조약을 맺고 전쟁을 끝냈다.

심화 포츠머스 강화 조약으로 한반도에서 독점적인 지배권을 확립한 일본은 을사조약을 맺어 대한 제국의 외교권을 빼앗고 식민지로 만드는 과정을 밟아 나갔다.

신라에서 왕을 가리켜 부르던 말
마립간

개요 신라에서 한때 왕을 가리켜 부르던 말이다. '마립'은 마리(머리)나 마루(산마루)와 같이 가장 높은 곳을 뜻하고, '간'은 우두머리를 나타낸다.

풀이 '왕(王)'이라는 한자식 이름을 쓰기 전 신라에서는 임금을 거서간, 차차웅, 이사금, 마립간 등으로 불렀다. 거서간은 왕이나 귀한 사람을 뜻하는 옛 말이며, 차차웅은 제사를 주관하는 사람을 가리킨다. 이사금은 나이가 많은 사람이라는 뜻이다. 또한 마립간은 신라의 제17대 임금인 내물왕부터 제22대 임금인 지증왕까지 6명의 임금을 가리켜 부르던 말이다.

'이사금'에서 가장 높은 우두머리라는 뜻의 '마립간'으로 호칭을 바꾼 사실에서도 알 수 있듯이, 내물왕 때부터는 왕권이 강화되었다. 이 무렵부터 주변 작은 나라들에 대한 신라의 지배력이 강화되고, 왕이 화백 회의의 사회자가 되었다. 임금도 이제는 김씨만이 이어받게 되었다.

심화 《삼국유사》에서는 17대 내물왕부터, 《삼국사기》에서는 19대 눌지왕부터 마립간이라는 명칭을 쓴 것으로 기록되어 있다. 그렇지만 일반적으로는 내물왕부터 마립간이라고 부르고 있다. 이후에 임금이나 왕비를 부를 때 쓰는 말인 '마루하'나 '마마', 노비가 주인을 높여 부를 때 쓰는 말인 '마님' 등은 모두 마립간에서 유래되었다.

시대 후삼국 시대 | **더 찾아보기** 견훤, 경순왕, 고려, 삼국유사, 신라, 실학, 안정복, 유학, 이광수, 조선, 후백제, 후삼국 시대

금강산에 들어가 베옷을 입고 살았던 신라의 마지막 태자

마의 태자

개요 **신라**의 마지막 임금인 **경순왕**의 아들이다. 신라가 스스로 **고려**에 항복하는 것에 강하게 반대하다 금강산에 들어가 남은 삶을 살았다.

풀이 **후삼국 시대**에 신라는 **후백제**나 고려보다 힘이 약해 두 나라의 눈치를 보는 처지였다. 제55대 경애왕은 수도인 경주까지 쳐들어 온 후백제의 **견훤**에게 죽임을 당할 정도였다. 신라의 마지막 임금인 경순왕은 나라를 더 이상 지탱할 수 없다고 생각하고, 후백제에 비해 상대적으로 신라에 우호적이었던 고려에 항복하기로 신하들과 뜻을 모았다. 그러나 태자는 이 결정에 통곡하고 개골산(금강산)으로 들어가 바위 아래 초막(풀이나 짚으로 지붕을 얹어 지은 집)을 짓고 풀뿌리와 나무뿌리만 먹으며 살다가 세상을 떠났다고 한다. 마의(麻衣)란 삼베옷을 뜻하는데, 태자가 서민들이 입던 마의만 입고 거친 음식을 먹으면서 살았다고 해서 '마의 태자'라고 부른다. 《삼국유사》에 따르면 신라가 항복을 하자 경순왕의 막내아들도 머리를 깎고 중이 되어 절에서 지냈다고 한다.

심화 약 1,000년이라는 오랜 시간 동안 유지되던 신라가 멸망하는 것을 지켜본 마의 태자의 한 맺힌 생활과 죽음은 뒷날의 사람들에게 이야깃거리가 되었다. **조선** 시대 **유학**자들은 마의 태자의 행동을 나라에 대한 충절로 찬양했다. 조선 후기의 문신들은 마의 태자의 행동을 시로 읊었다. **실학**자인 **안정복**은 《동사강목》에서 "마의 태자가 없었더라면 천 년 군자의 나라가 마침내 남의 비웃음이 되었을 것"이라고 높이 평가했다. 근대에 들어와서도 **이광수**가 쓴 소설 《마의 태자》나 유치진의 희곡 〈마의 태자〉를 비롯하여 여러 문학 작품의 소재가 되었다.

시대 고려 시대~조선 시대 | 더 찾아보기 고려, 세종, 승정원일기, 암행어사, 원, 조선

관리들이 지방에 갈 때 말을 이용할 수 있도록 한 패

마패

개요 고려와 조선의 관리들이 지방으로 갈 때 나라의 말을 이용할 수 있도록 준 패이다. 지름이 10센티미터 정도 되는 동그란 구리패에 말 그림이 1~10마리까지 새겨져 있었다.

풀이 마패가 처음 사용된 것은 고려 후기부터이다. 원의 간섭을 받으면서 말의 사용이 엄격히 제한되었는데, 이 때문에 허락받은 관리만이 말을 사용할 수 있도록 마패 제도를 시행했다. 처음에는 마패를 나무로 만들었지만 쉽게 부러지거나 손상되자 조선 세종 때인 1434년에 철로 만들어 사용했고, 이후에는 구리로 만들었다.

고려와 조선 시대에는 수도를 중심으로 말이 달릴 수 있는 도로를 사방으로 닦고 도로 곳곳에 역을 두었다. 역은 보통 30리마다 하나씩 설치했는데, 나랏일로 지방을 오가는 관리에게 말을 제공하는 역할을 했다. 이 역에서 관리들이 말을 이용할 수 있도록 정부에서 만들어준 증명서가 바로 마패인 셈이다. 특히 암행어사는 마패를 자신의 신분을 증명하는 수단으로 사용했으며, 역졸에게 마패를 들고 "암행어사 출두!"를 외치게 했다.

마패로 부릴 수 있는 말의 수는 1마리에서 10마리까지 가능했지만 실제로는 1~3마리 정도였다. 암행어사의 경우도 대부분 3마리가 그려진 삼마패를 썼고, 10마리가 그려진 것은 왕실에서나 사용할 수 있었다.

심화 마패는 말을 이용하는 것뿐 아니라 신분을 증명하는 패로도 쓰였기 때문에 매우 귀중하게 다루었다. 마패를 잃어버리거나 가짜 마패를 만들어 쓰면 매우 중대한 범죄로 처벌을 받았다. 실제로 왕의 비서실이었던 승정원에서 나랏일을 기록한 《승정원일기》에는 마패를 위조한 사람을 잡아 처형했다는 기록이 담겨 있다.

●○○
마패는 양면에 각각 다른 내용을 담고 있다. 그려진 말의 수는 관리가 이용할 수 있는 말의 한도를 나타내는데, 이는 관리의 등급에 따라 달라졌다. 마패의 다른 면에는 임금의 도장인 옥쇄나 인장을 담당하는 관청인 상서원에서 발급했음을 증명하는 내용이 담겼다.

시대 **대한 제국 시대**　더 찾아보기 **대한 제국, 독립 협회, 보부상**

1898년에 우리 역사상 최초로 열린 근대적인 민중 대회
만민 공동회

개요 1898년에 우리 역사상 최초로 열린 근대적인 민중 대회이다. **독립 협회**가 중심이 되었으며, 1만여 명의 서울 시민이 참여해 열강의 이권 침탈에 반대하고 자주독립과 국민의 권리를 높일 것을 요구했다.

풀이 19세기 후반에 러시아의 정치 간섭이 심해지자 독립 협회는 서울 종로 네거리에서 만민 공동회를 열었다. '만민'은 모든 백성을, '공동회'는 큰 모임이나 회의를 뜻한다. 즉, 국민들이 모여 특정한 주제에 대해 의논하고 뜻을 밝히는 자리인 셈이다. 1898년의 만민 공동회는 주로 러시아의 침략 정책에 반대하기 위해 열렸고, 러시아 고문단의 철수와 한러 은행의 폐쇄에 영향을 주었다.

　이후에 열린 만민 공동회는 독립 협회의 주도가 아닌 국민들의 자발적인 참여로 이루어졌다. 사람들은 자유롭게 연단에 올라 자신의 의견을 밝혔는데, 주로 외국의 간섭을 물리치고 자주독립의 기초를 다지자는 내용의 연설을 해서 대중의 호응을 받았다. 만민 공동회는 회의 안건에 따라 대표를 새로 뽑는 민주적인 방식으로 운영되어 독자적인 민중 운동으로 발전해 갔다. 같은 해 10월에 열린 대회에서는 국민의 권리를 높이기 위한 방법이 논의되었고, 이를 바탕으로 '헌의 6조'를 만들어 정부에 강력히 요구하기도 했다.

　이렇듯 만민 공동회 운동이 확대되자, 위기 의식을 느낀 **대한 제국** 정부는 독립 협회와 만민 공동회가 왕정을 폐지하려고 한다며 주요 인물을 잡아 가두었다. 또한 시민들이 반발해 시위를 벌이자 **보부상**을 이용해 무력으로 해산시켰다.

심화 만민 공동회 운동은 대한 제국 정부의 탄압으로 인해 결국 실패했다. 당시만 해도 국민들의 정치적인 힘과 능력이 모자라 독립 협회의 영향력에서 완전히 벗어나지 못했고, 농민 운동 등 여러 분야의 사회 운동과 연결되지 못한 아쉬움이 있었다. 하지만 국민들의 자발적인 참여로 이루어진 근대적인 대중 운동이었다.

고려 시대에 만적과 노비들이 일으킨 신분 해방 운동

만적의 난

개요 **고려** 신종 때인 1198년에 **노비**인 만적이 중심이 되어 일으켰던 난이다. **천민** 계층의 주도로 이루어진 최초의 조직적인 신분 해방 운동이었으며, 이후 천민이나 농민들이 사회적 지위 개선을 목표로 일으킨 봉기에 커다란 영향을 주었다.

풀이 **무신 정변**으로 무인들이 집권하자, 고려는 **문벌 귀족** 중심의 사회 질서가 무너졌다. 무인 정권에 협력한 일부 하층민이 새로운 권력층이 되기도 했다. 이러한 사회 변화는 농민이나 천민들의 사회 의식을 높이는 결과를 가져와 만적의 난과 같은 신분 해방 운동으로 이어졌다.

당시 만적은 무인 정권의 최고 권력자인 **최충헌**의 노비였다. 그는 노비들을 모아 "무신 정변 이후 천한 무리 중 높은 관직에 올라가는 경우가 많았으니, 장군과 재상의 종자가 어찌 따로 있겠는가? 때가 오면 누구나 할 수 있을 것이다. 어찌 우리는 고달프게 일하면서 채찍 아래 고통을 당할 수 있느냐?"라고 하면서 봉기를 부추겼다. 만적의 이와 같은 주장에 많은 노비들이 동조했다.

만적과 만적을 지지하는 사람들은 함께 모여 봉기 계획을 짰다. 그들은 날짜를 정해 **개경**에 있는 절인 흥국사에 모였다가 궁궐로 함께 몰려가 궁중 노비들과 함께 봉기하기로 했다. 먼저 최충헌을 죽인 다음, 각각 자신의 주인들을 죽이고 노비 문서를 불사를 계획이었다. 그러나 계획과는 달리 약속한 날에 모인 사람은 수백 명에 지나지 않았다. 고려 사회를 근본적으로 바꿀 대규모의 봉기가 어렵게 된 것이다.

곤란한 상황에 빠진 만적과 그의 일행은 일정을 바꾸어 다시 모이기로 했지만 뜻하지 않았던 사고가 일어났다. 봉기가 연기된 데 불안을 느낀 순정이라는 노비가 자신의 주인에게 봉기 계획을 알린 것이다. 결국 만적을 비롯한 봉기 주동자 100여 명이 관군에게 체포되었고, 그들을 강에 던져 죽이면서 천민들의 봉기는 실패로 끝났다.

심화 만적은 인간은 본래 평등하니 노비도 장수와 재상이 될 수 있다며 신분 해방을 주장했다. 그런데 만적의 이런 주장은 중국의 진나라 말기인 기원전 209년에 반란을 일으켰던 진승과 오광의 것과 비슷하다.

진승과 오광은 가난한 농민이었다. 당시 진나라의 농민들은 만리장성을 수비하는 일에 동원되었는데, 나라에서 정한 기간에 의무를 다하지 않으면 목숨을 잃는 벌을 받아야 했다. 때마침 큰 비가 내려 제 시간에 도착할 수 없었던 진승과 오광은 함께 가던 사람들과 함께 반란을 일으켰다. 시간을 지키지 못해 참형을 받게 되었으니 반란을 일으키다 죽는다 한들 다를 바가 없었기 때문이다. 이때 그가 내세운 주장이 바로 "왕후와 장상의 씨가 어찌 따로 있다는 말인가?"였다. 사람은 본래 평등하다는 뜻을 품고 있는 이 말은 훗날 중국의 역사에도 큰 영향을 미쳤다.

만적과 노비들은 궁궐로 몰려가 궁중 노비들과 함께 봉기할 계획이었다. 당시 최고 권력자였던 최충헌을 죽인 다음, 각각 자신의 주인들을 죽이고 노비 문서도 불사르려고 했다. 하지만 이들의 계획은 동료의 배신으로 들통이 나는 바람에 성공하지 못했다.

만적은 노비였지만 똑똑하고 사회 의식이 높았던 것으로 추측된다. 《고려사절요》에 따르면 그는 노비들을 모아 놓고 매우 논리적인 연설을 하며 신분 해방을 주장했다고 한다.

시대 일제 강점기 　더 찾아보기 일본, 중일 전쟁, 청, 태평양 전쟁

일본이 중국 침략을 위해 만주에서 벌인 전쟁
만주 사변

개요 1931년에 **일본**이 만주 지역을 침략하여 일으킨 전쟁이다. 자신들이 철도를 폭파해 놓고 이를 트집 잡아 공격한 뒤 꼭두각시(괴뢰) 국가인 만주국을 세웠다.

풀이 일본은 1920년대 말에 일어난 세계 대공황으로 인해 경제적인 어려움에 빠졌다. 이에 일본 군부와 우익 세력들 사이에서는 만주 지역을 식민지로 만들어 주요 자원과 군수 물자의 공급처로 삼아야 한다는 생각이 퍼져나갔다. 당시 만주를 통치하면서 군인 집단을 이끌고 있던 장쉐량은 일본에 반대하는 태도를 가진 사람이었다. 또한 공산화된 소련도 안정된 경제 발전을 바탕으로 세력을 확장하자 일본은 위협을 크게 느끼게 되었고, 결국 만주 침략에 나섰다.

일본은 1931년 9월 18일, 만주 류탸오거우(유조구)에 있는 철도를 스스로 폭파한 뒤 이를 중국의 소행이라고 몰았다. 그런 다음 철도를 보호한다는 명분을 내세워 군대를 출동시켰다. 일본 관동군은 5일 만에 만주의 전 지역을 점령하고 1932년 3월 1일에는 꼭두각시 국가인 만주국을 세웠다.

국제 연맹은 중국의 요구로 조사단을 파견하고 일본군의 철수를 권고했지만, 일본은 이를 거부하고 국제 연맹을 탈퇴해 버렸다. 만주 사변을 계기로 일본은 군국주의 체제를 강화하고 본격적인 대륙 침략에 나섰다. 그리고 1937년에는 **중일 전쟁**, 1941년에는 **태평양 전쟁**을 차례로 일으켰다.

심화 만주국은 중국인들이 지금도 부끄러워하고 분노하는 국가이다. 일본은 **청**의 마지막 황제인 푸이를 허수아비 지도자로 내세운 뒤, 국가 기구에는 일본인 관리들을 채웠다. 밖으로는 여러 민족이 서로 화합하는 국가를 수립했다고 선전했지만 실제로는 중국 대륙을 침략하기 위한 거점이었다. 1945년 8월에 미국을 비롯한 연합군에 항복하면서 만주국은 다시 중국에 반환되었고, 일본의 꼭두각시 노릇을 하던 황제 푸이도 체포되었다.

나라의 걱정을 해결해 준다는 전설의 신라 피리
만파식적

개요 나라의 모든 걱정과 어려움을 해결해 준다는 전설의 대나무 피리이다. 《삼국유사》에 따르면 신라의 제31대 임금인 신문왕이 용으로부터 받았다고 한다.

풀이 《삼국유사》에 따르면 삼국을 통일한 문무왕은 죽어서도 나라를 지키기 위해 동해의 용이 되었다. 또한 삼국 통일에 큰 공을 세운 김유신 장군은 하늘의 신이 되었다. 문무왕의 뒤를 이어 왕이 된 신문왕은 문무왕의 은혜에 감사한다는 뜻으로 동해 바닷가에 감은사를 세웠다.

그런데 어느 날 동해 한가운데에서 작은 산이 감은사를 향해 떠내려 왔다. 이상하게 여긴 신문왕이 점을 쳐보게 하니, 문무왕과 김유신이 나라를 지킬 보배를 준다고 했다. 더욱 신기한 것은 작은 산에 있는 대나무가 낮에는 갈라져 둘이 되었다가 밤에는 하나가 되는 것이었다. 신문왕이 이 모습을 신기하게 바라보자 바다에서 용이 나타났다. 용은 "두 손으로 치면 소리가 나는 것처럼 대나무도 합한 뒤에야 소리가 납니다. 두 성인이 마음을 합쳐 보배를 보내는 것이니, 이 대나무로 피리를 만들어 불면 천하가 화평할 것입니다."라고 말했다.

신문왕은 용이 일러준 대로 대나무를 가져와 피리를 만들었다. 실제로 피리를 불었더니 신라에 침입한 적군이 물러갔고, 병이 나았으며, 가뭄에는 비가 오고 장마 때는 날이 개면서 물결도 잔잔해졌다. 그래서 이 피리를 '만파식적'이라고 부르고 신라의 국보로 삼았다.

만파식적은 문무왕과 김유신이 나라를 지키라는 뜻으로 준 선물이라고 한다. 삼국 통일 후 신라 사회를 안정시켜야 했던 신문왕은 만파식적을 통해 신라인들의 마음을 한데 모으고자 했다.

심화 신라가 백제와 고구려를 무너뜨리고 통일 국가를 세웠지만, 두 나라의 유민들은 쉽사리 신라인들과 하나가 되지 못했다. 더구나 신문왕이 왕권을 강화하는 정책을 펼치자, 불만을 품은 귀족들이 반란을 일으키면서 나라 안이 어지러웠다. 만파식적은 갈라진 사람들을 한데 모아 평화를 이루고자 하는 마음이 담겨 있다.

시대 삼국 시대~남북국 시대 | **더 찾아보기** 거란, 고구려, 금, 당, 명, 몽골, 발해, 여진, 요, 청, 한, 후금

6세기부터 만주 지방에 흩어져 살았던 퉁구스계 민족
말갈

개요 6세기부터 7세기까지 만주 북동부와 한반도 북부 지방에서 살았던 퉁구스계 민족이다. 나중에는 말갈의 후손들을 **여진**족 또는 만주족이라고 불렀다. 훗날 여진족은 **금**나라를 세웠고, 만주족은 **청**나라를 세웠다.

풀이 말갈은 본래 **고구려** 주변에 흩어져 살던 다른 민족들을 통틀어 가리키는 말이었다. 흔히 우리나라에서 오랑캐라고 낮추어 부르던 사람들이 바로 말갈이다. 말갈은 갈래가 여럿이지만 중국의 주나라 때에는 숙신, **한**나라 때에는 읍루라 불리던 사람들이었던 것으로 추측된다. 우리 역사에서는 고구려와 **발해**의 지배를 받았던 사람들로 기록되어 있다.

말갈은 오랫동안 나라를 이루지 못했다. 중국의 **당**나라와 고구려, 발해 등으로 이어지며 지배를 받다가, 발해가 **거란**에 의해 멸망한 뒤에는 '여진'이라는 이름으로 불렸다. 여진은 그 후에도 오랫동안 흩어져 살다가 아골타가 1115년에 부족을 통일해 금을 세우면서 나라를 이루었다. 금은 거란의 나라인 **요**를 멸망시키며 세력을 떨쳤지만, 1234년에 **몽골**과 남송의 연합군에 의해 멸망했다. 그러다 다시 누르하치에 의해 여진의 여러 부족이 통합되면서 '만주족'이라고 부르게 되었다. 누르하치가 이끄는 만주족은 **명**나라가 약해진 틈을 타 1616년에 **후금**을 세웠다가, 1636년에 나라 이름을 '청'이라고 바꾸고 중국을 지배했다.

심화 말갈은 하나의 종족이라기보다는 중국 동북 지방에서 살던 여러 종족을 통틀어 일컫는 말로 사용되었다. 고구려나 발해와의 관계도 시기나 종족에 따라 차이가 있었다. 사실상 고구려인이나 발해인으로 살았던 종족이 있는 반면, 당과 고구려의 전쟁에서 당의 편을 든 종족도 있었다.

말을 부리거나 꾸밀 때 사용했던 도구

말갖춤

개요 말을 부리거나 꾸밀 때 사용했던 도구를 통틀어 이르는 말로, 마구(馬具)라고도 한다. 말갖춤은 **삼국 시대**부터 발달하기 시작해 **조선** 시대까지 이어졌으며, 여러 가지 종류의 말갖춤이 전해지고 있다.

풀이 과학 기술이 발달하지 않았던 옛날에는 말이 요긴한 교통수단이었다. 먼 거리를 이동할 때, 여러 가지 물건을 옮길 때, 다른 지역에 정보나 소식을 전할 때, 전쟁터에 나가 싸울 때, 사람들은 주로 말을 이용했다. 하지만 말은 매우 귀했기 때문에 왕족이나 귀족, 혹은 관청에서나 이용할 수 있었다.

말을 중요시하면서 자연스럽게 말갖춤도 발달했다. 말갖춤은 말을 효과적으로 부리기 위한 것은 물론이고 사람이 안전하게 타기 위한 것, 말을 보호하기 위한 것, 타는 사람의 높은 신분을 드러내기 위해 말을 꾸미는 장신구 등이 있었다. 대표적인 말갖춤은 다음과 같다.

용도	종류
말을 부리기 위한 도구	굴레, 고삐, 재갈
안전하게 타기 위한 도구	안장, 발걸이, 가슴걸이, 후걸이, 말다래
말을 보호하기 위한 도구	말 투구, 말 갑옷, 편자
말을 꾸미기 위한 도구	말 띠 꾸미개, 말 띠 드리개, 말방울, 말종방울, 고리방울

심화 삼국 시대의 말갖춤 양식을 잘 보여 주는 유물로는 **신라**의 **천마총**에서 나온 말다래(천마도 장니), 금령총에서 나온 기마 인물형 토기, 쌍영총에 있는 **고구려 고분 벽화**인 기마 인물상, **안악 3호분**의 무덤 행렬도 등을 꼽을 수 있다. 이 유물에서는 굴레나 고삐처럼 말을 부리기 위한 도구는 물론, 화려한 말 장신구가 표현되어 있다.

특별 행정 구역 주민의 차별 대우에 항의하며 일으킨 농민 봉기
망이·망소이의 난

개요 고려 명종 때인 1176년 명학소의 주민인 망이와 망소이가 과도한 부역과 차별 대우에 항의하며 일으킨 농민 봉기이다. 지금의 공주 지역에 있었던 명학소 주민들이 참여했다고 하여 '공주 명학소의 난'이라고 부르기도 한다.

풀이 '소'는 고려 시대에 왕실이나 관청에서 필요한 광물이나 공산물을 생산하는 특수한 지역을 뜻한다. 그런데 소의 주민들은 일반 농민보다 일이 힘든 데다 사회적으로 천대를 받았다. 당시 명학소에서 살았던 망이와 망소이는 소 주민에 대한 차별과 억압에 불만을 품고 뜻을 같이하는 사람들과 힘을 합쳐 난을 일으켰다. 난에 참여한 소 주민들은 공주 지역을 점령한 뒤 충주까지 진출했다. 이 과정에서 백성들을 괴롭히던 관리들을 벌하고 관청의 창고를 공격해 얻은 곡식을 어려운 사람들에게 나누어 주었다.

봉기군의 기세가 높아지자 고려 조정에서는 소를 일반 행정 구역으로 만들어 주는 등 회유책을 써서 이들을 달랬다. 이에 따라 봉기는 일시적으로 진정되는 듯했지만, 망이와 망소이는 오래지 않아 조정의 회유책이 거짓임을 깨닫고 다시금 봉기했다. 이후 고려 조정은 대규모의 토벌군을 보내 봉기군을 공격했으며, 봉기는 결국 진압되었다. 봉기를 이끌었던 망이와 망소이도 정부군에게 체포되어 처형당했다.

심화 소뿐 아니라 부곡과 향 등도 특별 행정 구역이었다. **향·소·부곡**에 사는 사람들은 농사를 지어 세금을 내는 것 이외에도 나라가 요구하는 일을 더 해야 했기 때문에 생활이 매우 고달팠다. 망이와 망소이가 난을 일으킨 것도 과도한 부담 때문이었다. 망이와 망소이의 봉기 이후에도 사회적 지위를 높이고 부담을 줄이기 위한 향·소·부곡민의 항쟁은 계속되었다. 그 결과, 향·소·부곡은 고려 후기와 **조선** 전기를 거치면서 점차 줄어들다 자취를 감추게 되었다.

시대 조선 시대 | 더 찾아보기 러일 전쟁, 일본, 청일 전쟁

서구식 근대화를 목표로 일본이 추진한 정치 개혁
메이지 유신

개요 1868년에 일본이 서구식 근대화를 목표로 추진한 개혁이다. 일본은 이를 통해 근대화를 이루었지만 군국주의로 나아가 전쟁을 일으키고 우리나라를 강제로 병합해 식민지로 만들었다.

풀이 19세기 중반 일본에도 서구 열강이 찾아와 나라의 문을 열라고 요구했다. 1853년에는 미국 함대가 일본의 바다에 나타나 통상을 요구했는데, 고민하던 일본은 이를 받아들여 이듬해인 1854년에 미국과 통상 조약을 체결했다. 이후 일본은 영국과 프랑스, 러시아 등에게도 차례로 문호를 열었다.

당시 일본은 막부(바쿠후)의 쇼군이 통치하고 있었다. 막부는 12세기 말부터 일본을 통치했던 무인 정권이다. 형식적으로 '천황'이라고 부르는 국왕이 있었지만, 실제 권력은 막부의 우두머리인 쇼군이 장악했다. 문호 개방 이후에 생활이 더욱 어려워진 농민들과 하급 무사들은 막부 정치에 반대했다. 이들을 중심으로 한 지방 세력인 번부는 막부와 싸워 이긴 뒤 일왕(천황)을 중심으로 하는 국가를 세우고, 서구식 근대화를 목표로 개혁을 단행했는데, 이것이 메이지 유신이다.

메이지 유신 정부는 서양의 기술과 제도를 적극적으로 받아들였다. 신분 제도를 없애고 토지 제도를 개혁했으며, 근대식 군대를 만들고 산업을 발달시켰다. 이로써 일본은 아시아에서 가장 먼저 근대화에 성공한 나라가 되었다.

심화 메이지 유신은 서구의 민주주의와는 달리 천황이 최고 권력자로서 통치권을 행사하는 국가였다. 메이지 유신 이후 천황은 국가라는 커다란 가정의 아버지와 같은 존재가 되었다. 그리고 이러한 국가관은 일본이 점차 군국주의 국가로 나아가게 만들었다. 그 결과, 청일 전쟁과 러일 전쟁을 일으켰고 우리나라를 강제로 병합해 식민지로 만들었다.

시대 고려 시대~조선 시대 　더 찾아보기 몽골, 왜구, 원, 유학, 임진왜란, 조선, 청, 홍건적, 후금

14세기부터 17세기까지 중국을 지배했던 한족의 나라

명

개요 1368년에 주원장(홍무제)이 원나라를 몰아내고 세운 한족의 나라이다. 15세기에는 아시아의 최강대국으로서 전성기를 이루었다. 조선은 명을 문화가 앞선 상국으로 받들고 조공과 책봉(임금을 봉하여 세움)이라는 형식으로 긴밀한 관계를 유지했다. 만주족이 세운 후금(청)의 공격에 시달리다가 1644년 내부 반란으로 인해 멸망했다.

풀이 원나라 말기에 지배층의 권력 다툼으로 사회가 어지러워지자, 중국 곳곳에서 반란이 일어났다. 가장 큰 규모의 반란은 한족에 의해 일어난 홍건적의 난이었다. 한족 출신의 가난한 농부였던 주원장은 홍건적에 들어가 활동하다가 반란 세력을 이끄는 지도자가 되었다. 그는 난징(남경)을 도읍지로 삼고 명나라를 세운 뒤 원을 본래 몽골 인들이 살았던 북쪽 지방으로 몰아냈다.

　주원장은 황제(홍무제)가 된 다음 강력한 중앙 집권제를 실시해 왕권을 강화했다. 그는 오랫동안 중국을 지배해온 몽골의 풍습과 문화를 금지하며 나라의 기틀을 잡아갔다. 명의 제3대 황제인 영락제 때에는 베이징(북경)으로 도읍을 옮기고 영토를 넓혔다. 정화가 이끄는 명의 정복군은 함대를 이끌고 동남아시아는 물론이고 인도양과 아프리카 동해안까지 진출하기도 했다. 영락제의 아들 홍희제와 손자인 선덕제로 이어지는 동안 명은 아시아의 최강자가 되어 전성기를 이루었다. 이 시기에는 정치가 안정되고 상공업이 번성했으며 문화와 예술이 발달했다.

　그러나 16세기에는 왜구가 중국의 해안 지역을 위협하고, 몽골이 자주 침입하면서 나라 사정이 어려워졌다. 1550년에는 몽골군이 북경을 포위하는 경술의 변이 일어나 큰 피해를 입기도 했다. 이 시기에 명을 괴롭히던 왜구와 몽골을 가리켜 '북로남왜'라고 불렀다. 명의 어려운 사정은 이뿐만이 아니었다. 제5대 황제인 선덕제부터 부패한 환관(내시)들이 정치에 간여하면서 사회가 매우 어지러워졌다. 환관과 관리들이 부정을 저지르고 백성들을 수탈하자, 곳곳에서 반란이 일어나고 백성들의

분노가 높아졌다. 이 무렵 조선에서 임진왜란이 일어나 지원군을 보내면서 국력이 더욱 약해진 명은 결국 농민 반란인 이자성의 난으로 멸망했다.

심화 명은 오랫동안 이민족인 몽골의 지배에서 벗어났다는 자긍심을 바탕으로 문화를 발전시켰다. 유학에서는 마음의 수양을 중시하는 양명학이 나왔고, 서민 문화도 발달해 《서유기》와 《수호전》 등 대중 소설도 유행했다. 서양 상인들이 드나들면서 마테오리치에 의해 서양 과학까지 전해지면서 명의 문화는 더욱 발달했다. 조선은 명을 문화가 앞선 상국으로 받들며 조공을 바쳤지만, 정치적인 간섭을 받지는 않았다. 조선은 인삼, 호피, 나전 등을 조공으로 바치는 대신 약재, 서적, 문방구 등 앞선 문화를 받아들였다.

●○○
명은 제3대 황제인 영락제 때 영토를 크게 넓혀 대제국을 이루고, 홍희제와 선덕제 때 전성기를 이루었다.

만리장성은 진나라의 시황제가 흉노족의 침입을 막기 위해 본격적으로 쌓았지만, 지금의 모습으로 완성된 것은 명나라 때였다. 명은 북쪽으로 몰아낸 몽골의 침입을 막기 위해 총 길이가 2,700킬로미터에 이르는 성벽을 쌓았다.

명나라를 세운 주원장은 난징을 도읍으로 삼았으나, 영토를 크게 넓힌 영락제 때에는 도읍을 베이징으로 옮겼다. 난징은 중국의 남쪽에 있는 수도라고 하여 '남경'이라고 부르고, 베이징은 북쪽에 있다고 하여 '북경'이라고 불렀다.

명나라를 세운 태조 주원장. 가난한 농부였던 그는 홍건적으로 활동하다 반란군 지도자가 되었고, 명을 건국한 뒤에는 원의 왕조를 몰아내고 중국 대륙의 주인이 되었다.

시대 조선 시대 | 더 찾아보기 선조, 이순신, 일본, 임진왜란, 정유재란, 조선

조선 수군이 명량 해협에서 일본 수군을 크게 무찌른 전투
명량 대첩

개요 **조선 선조** 때인 1597년에 **이순신** 장군이 이끄는 조선의 수군이 명량 해협에서 **일본**의 수군을 크게 격파한 전투이다.

풀이 **정유재란**은 1597년에 일어났다. 1592년에 조선을 침략하여 **임진왜란**을 일으킨 일본이 전쟁을 중단하는 협상을 벌이는 도중에 다시금 조선을 공격한 것이다. 당시 이순신은 조선 수군의 지휘관 자리에서 쫓겨나 일반 병사의 신분이 되어 있었다. 부산에 있는 일본군의 본거지를 공격하라는 명령을 거부했기 때문이다. 하지만 이순신에 이어 지휘관이 된 원균이 칠천량 전투에서 크게 패하면서 조선 수군은 큰 피해를 입었다. 이에 조선 조정은 이순신을 다시 수

명량은 진도와 육지 사이에 있는 좁은 바다로, 거친 물살 때문에 '울돌목'이라고도 부르는 곳이다.

이순신 장군의 장계에는 조선 수군의 전함이 12척으로 쓰여 있지만, 나중에 1척이 더 발견되어 총 13척의 전함이 전투에 나섰다.

군 총지휘관으로 임명했다.

　당시 일본군은 조선 수군의 힘이 약해졌음을 알고, 그동안 조선 수군이 지키던 남해안을 거쳐 서해로 나아가 육지로 들어가려는 계획을 가지고 있었다. 이순신은 남아 있던 배 13척을 가지고 싸울 준비를 했지만, 전함 133척에 3만여 명의 군사를 앞세운 일본과 싸워 승리하기에는 매우 어려운 상황이었다. 지휘관이 되자마자 적의 상황을 꼼꼼하게 살펴본 이순신은 명량의 좁은 물길과 조류를 이용하면 유리할 것이라 판단하고 조선 수군의 근거지를 명량 근처로 옮겼다.

　1597년 9월 16일, 마침내 일본 수군이 명량으로 들어오자 이순신은 조선의 전함을 일렬로 배치하여 좁은 물길을 지나가려는 일본 수군을 총공격했다. 일본 수군은 좁고 거친 물살에 갇힌 채 조선 수군의 맹렬한 공격을 받아, 전함 31척이 파괴되고 8,000여 명의 군사가 죽거나 다치는 손실을 입고 물러났다. 이 싸움의 승리로 조선은 서해 바다를 지키고 전쟁을 유리하게 이끌 수 있었다.

심화　명량 해전을 앞두고 이순신은 임금에게 역사에 길이 남을 장계(신하가 임금에게 보고하는 문서)를 올렸다. 당시 조선 조정은 어차피 수군의 전력이 약하니 바다에서의 전투를 포기하라고 권했다. 이에 이순신은 "신에게는 아직 12척의 전함이 남아 있습니다. 죽을힘을 다하여 싸운다면 가능할 것(이길 수 있을 것)입니다."라고 주장했다. 그리고 장계에 적은 대로 일본 수군과 싸워 이겼다.

당시 조선 수군은 힘이 크게 약해진 상태였기 때문에 이순신 장군은 많은 수의 적군을 막기에 유리한 명량에서 전투를 치렀다. 실제로 일본의 수군은 거친 물살과 조선 수군의 총공격에 곤란을 겪다 결국 물러나고 말았다.

시대 조선 시대 | 더 찾아보기 갑신정변, 강화도 조약, 개화파, 고종, 대한 제국, 을미사변, 일본, 임오군란, 조선, 청, 청일 전쟁, 최익현, 흥선 대원군

조선 말기에 일본인 자객에 의해 시해된 고종의 왕비
명성 황후

개요 조선의 제26대 임금인 고종의 왕비이다. 조선 말기의 정치에 큰 영향을 끼쳤으며, 1895년에 일본인 자객에게 시해되었다. 을미사변 이후 폐위되었다가 1897년에 고종이 대한 제국을 세우고 황제의 자리에 오르면서 지위를 되찾아 명성 황후라고 부르게 되었다.

열여섯 살에 조선의 왕비가 된 명성 황후는 기울어가는 조선 왕조를 되살리려 노력했지만, 외국인 자객의 손에 의해 비극적으로 세상을 떠났다.

풀이 명성 황후는 홀어머니 밑에서 가난하게 살았으나 일찍부터 총명함이 주변에 알려졌다. 열여섯 살이 되던 해에 흥선 대원군의 눈에 띄어 고종의 왕비가 되었으나, 흥선 대원군이 고종과 궁녀 이씨 사이에 태어난 완화군을 세자로 삼으려 하자 사이가 벌어졌다. 당시 조선의 권력은 흥선 대원군에게 집중되어 있었는데, 명성 황후와 민씨 세력은 고종이 직접 나라를 다스려야 한다고 주장했다. 그러던 중 최익현이 흥선 대원군의 잘못을 낱낱이 적어 상소문을 올리면서 흥선 대원군은 정치에서 물러나게 되었다.

고종과 명성 황후는 흥선 대원군의 통상 수교 거부 정책, 즉 다른 나라와 외교 관계 맺기를 거부하는 정책을 폐지하고 개화 정책을 폈다. 1876년에는 일본과 강화도 조약을 맺기도 했다. 그러나 1882년에 임오군란을 일으킨 구식 군대의 지지를 받아 흥선 대원군이 다시 권력을 잡자, 명성 황후는 궁궐을 빠져나와 피신하는 처지에 놓이기도 했다. 그녀는 청의 군대를 개입시켜 난을 진압하고 다시 흥선 대원군을 몰아냈다. 급진 개화파가 1884년에 갑신정변을 일으켰을 때도 명성 황후는 청의 군대를 불러들여 3일 만에 개화파 정부를 무너뜨렸다.

1894년에 청일 전쟁에 승리한 일본의 지원을 받으며 개화파가 정권을 잡자, 명성 황후는 러시아의 도움을 빌어 일본을 견제하려고 하였다. 명성 황후의 친러 정책으로 조선 침략이 어려워진 일본은 명성 황후를 최대의 걸림돌로 생각하게 되었다. 이에 1895년에 자객들을 궁으로 들여보내 명성 황후를 시해하고 시체를 불태워 버렸다. 이를 '을미사변'이라고 한다.

심화 명성 황후에 대한 역사적 평가는 엇갈리고 있다. 총명한 판단력과 뛰어난 외교력을 지닌 교양 있는 여성이라는 긍정적 평가가 있는가 하면, 권력욕이 앞선 수구파(옛 것을 고집하는 보수적인 집단)라는 부정적 평가도 있다.

을미사변은 1895년 10월 8일 새벽에 일어났다. 당시 일본 공사로 조선에 와 있던 미우라 고로와 자객들은 조선 침략에 걸림돌이 되고 있는 명성 황후를 제거하기 위해 경복궁에 침입했다. 이들은 명성 황후를 잔인하게 시해하고 시체를 불태우는 만행을 저질렀다.

명성 황후는 생전에 사진이나 초상화를 남기지 않았다. 그래서 명성 황후의 모습은 지금도 밝혀져 있지 않다.

해방 후 한국의 독립 절차에 대해 논의했던 국제회의

모스크바 3국 외상 회의

개요 제2차 세계 대전이 끝난 뒤 한국의 독립 절차 등을 논의하기 위해 1945년 12월 모스크바에서 열린 회의이다. 전쟁에서 승리한 나라인 미국과 영국, 소련의 외무 장관들이 참가했다. 회의에서는 우리나라에 임시 정부를 구성하고 신탁 통치를 실시하는 일이 논의되었다.

풀이 제2차 세계 대전이 일어났을 때 연합국 진영은 전쟁에서 이기면 침략국이 차지한 식민지를 적절한 방식으로 해방시키겠다고 약속했다. 그리고 실제로 전쟁에서 연합군 진영이 승리하자, 약속을 실천하기 위해 1945년 12월 소련의 수도 모스크바에서 회의가 열렸다. 회의에는 미국과 영국, 소련의 외무 장관들이 참가했다.

회담은 여러 가지 어려움 속에서 이루어졌다. 특히 자본주의 진영을 대표하는 미국과 공산주의 진영을 대표하는 소련의 사이가 나빠지고 있어 합의가 쉽지 않았다. 하지만 3국의 외무 장관들은 우리나라와 동유럽 등 침략을 받았던 여러 나라의 진로에 대해 큰 틀에서 합의를 이끌어 냈다.

우리나라에 대해서는 "1. 민주주의 원칙에 의해 임시 정부를 구성한다. 2. 임시 정부 수립을 돕기 위해 **미소 공동 위원회**를 설치한다. 3. 미국과 소련, 영국, 중국은 임시 정부를 돕기 위해 최대 5년간 신탁 통치를 실시한다."는 내용에 합의했다.

이 합의 사항이 알려지자 우리나라에서는 찬성과 반대 의견이 엇갈렸다. 신탁 통치안이 만족스럽지 않더라도 임시 정부 수립이 우선이라며 지지하는 사람도 있었지만, 즉각 독립을 기대하던 많은 한국민들은 다시금 다른 나라의 통치를 받는 것은 싫다며 반대했다. 대체로 사회주의 계열의 좌익 진영은 합의 사항을 지지했고, 자유 민주주의 계열인 우익 진영은 **신탁 통치 반대 운동**을 벌였다.

심화 신탁 통치에 대해 찬성하는 사람들과 반대하는 사람들 간의 대립은 매우 심각했다. 이에 미국과 소련은 미소 공동 위원회를 열어 수습하려고 했지만 끝내 성과

를 거두지 못했다. 미국과 소련도 자신들의 이해관계에 따라 의견이 달랐기 때문이었다. 이로써 하나의 임시 정부 수립은 불가능해졌고, 남북한이 각각 정부를 수립하는 쪽으로 나아가면서 분단 상황이 굳어지게 되었다.

모스크바 3국 외상 회의에서 합의한 내용이 알려지면서 한반도에서는 찬성과 반대 의견이 엇갈렸다. 많은 한국민들은 거리로 나와 시위를 벌였고, 서로 다른 의견을 주장하면서 충돌이 일어났으며, 이념의 대립도 더욱 심해졌다.

우리나라가 일제의 강점으로부터 해방된 해인 1945년 12월에 열린 모스크바 3국 외상 회의. 이 회의에는 미국과 영국, 소련의 외무 장관이 참석해 한국을 비롯한 식민지 처리 문제 등에 대해 논의했다.

시대 고려 시대 | 더 찾아보기 거란, 고려, 금, 명

몽골(원)

칭기즈 칸에 의해 세워진, 인류 역사상 가장 큰 제국

개요 1206년에 칭기즈 칸이 몽골 족을 통일하고 세운 나라이다. 쿠빌라이 때는 나라 이름을 '원'이라 바꾸고 인류 역사상 가장 큰 제국을 이루었다. 1231년부터 1259년까지 고려를 침공했으며, 1270년 강화를 맺은 이후에는 정치적으로 간섭했다. 1368년에 명에 의해 멸망했다.

풀이 1206년에 테무친이 여러 부족으로 나뉘어 살던 몽골 족을 통일하고 나라를 세웠다. 이때 그는 임금의 자리에 올라 '칭기즈 칸'이라는 이름을 얻었다. '칸'이란 임금을 뜻하는 몽골 어이다. 칭기즈 칸은 금을 멸망시키고 중앙아시아를 정복한 뒤, 잘 훈련된 기마병을 앞세워 유럽까지 진출해 세계 역사상 가장 큰 제국을 이루었다.

하지만 칭기즈 칸이 죽은 뒤 몽골이 정복한 지역에는 킵차크한국, 오고타이한국, 차가타이한국, 일한국 등 네 개의 한(칸)국이 세워졌다. 한때 칸의 자리를 두고 권력 다툼이 벌어지기도 했는데, 몽골 제국을 다스리는 주인이 된 사람은 칭기즈 칸의 손자인 쿠빌라이였다. 그는 나라 이름을 원으로 바꾼 뒤 남송을 멸망시키고 중국 대륙을 지배했다.

원은 중국의 제도를 받아들여 나라를 다스렸다. 그러나 얼마 지나지 않아서 내부 분열이 일어나 4한국이 사실상 원으로부터 떨어져 나와 독립 국가가 되었다. 또한 권력을 놓고 다툼이 심해져 황제가 자주 바뀌었다. 이 때문에 정치가 안정되지 못하고 나라의 힘도 급속히 약해졌다.

원과 고려는 한때 거란을 토벌하기 위해 힘을 합치기도 했지만, 원이 고려에 지나치게 많은 공물을 요구하면서 두 나라의 관계가 점점 벌어졌다. 원은 1231년부터 1259년까지 약 30년 동안 여섯 차례나 고려에 쳐들어와 많은 사람을 죽이고 국토를 짓밟았다. 고려는 이에 맞서 도읍을 강화도로 옮기고 완강히 저항했다. 결국 원은 고려의 독립을 인정하며 강화를 맺었고, 고려는 이후 80년 동안 원으로부터 정치적인 간섭을 받게 되었다.

몽골은 잘 훈련된 기마병을 앞세워 정복 전쟁을 벌였다. 중국 대륙은 물론이고 러시아와 헝가리, 페르시아 등을 지배했고, 고려에도 쳐들어왔다. 고려는 약 30년 동안 몽골군과 싸우며 저항했다. 결국 몽골의 간섭은 받게 되었지만 그래도 나라의 독립은 유지할 수 있었다.

원은 1368년에 명나라를 세운 주원장에 의해 멸망했다. 몽골 족은 본래 자신들이 살던 몽골 고원으로 쫓겨나고 말았다.

심화 몽골은 수많은 나라를 짓밟은 정복 국가였지만 세계 역사에 큰 영향을 주기도 했다. 몽골이 아시아와 유럽에 걸쳐 대제국을 이루면서 동서양의 문화 교류가 이루어질 수 있었던 것이다. 교황이나 프랑크 왕국의 사신이 원을 다녀갔으며, 이탈리아 상인인 마르코 폴로는 원에서 17년이나 벼슬을 한 뒤 돌아가 《동방견문록》을 써서 유럽 인들의 중국에 대한 관심을 크게 높였다.

●○○ 칭기즈 칸은 1162년에 몽골의 한 부족장의 아들로 태어났다. 부족 간 다툼으로 인해 시련을 겪었던 그는 일찍부터 몽골 족을 통일하겠다는 야심을 품었다고 한다. 그리고 실제로 갈라진 몽골 부족을 통일한 뒤 동서양을 아우르는 대제국을 세웠다.

시대 고려 시대 | 더 찾아보기 개경, 고려, 몽골, 무신 정권, 문화재, 삼별초, 처인성 전투, 팔만대장경, 황룡사 9층 목탑

13세기 초에 몽골이 고려를 6차례에 걸쳐 침략한 일
몽골의 침입

개요 1231년부터 1259년까지, **몽골**이 **고려**를 6차례에 걸쳐 침략한 일이다. 전쟁이 30여 년에 걸쳐 계속되었는데도 고려의 백성들은 거세게 저항하며 나라를 지켰고, 몽골을 물리치기 위해 **팔만대장경**을 만들기도 했다.

풀이 몽골의 여러 부족은 오랫동안 몽골 고원 일대에 흩어져 살았지만, 13세기 초에 칭기즈 칸이 부족을 통일하여 몽골 제국을 세웠다. 몽골은 강한 군사력을 바탕으로 중국과 동아시아, 중앙아시아는 물론이고 유럽의 일부 지역까지 점령하여 세계 제국을 건설했다. 이 과정에서 고려도 무려 6차례 몽골의 침공을 당했다.

몽골은 고려에 보낸 사신이 죽은 것을 트집 잡아 고려로 쳐들어왔는데, 준비 없이 침략을 당해 당황한 고려는 몽골에 화해를 요청했다. **개경**과 충주까지 진격했던 몽골군은 고려의 요청을 받아들여 철수했다. 하지만 고려는 몽골의 군대가 물러나자마자 수도를 강화도로 옮기고 군대를 정비하는 등 몽골과 싸울 준비를 했다. 이에 몽골군은 환도, 즉 다시 옛 수도인 개경으로 돌아올 것을 요구하며 두 번째로 쳐들어왔다. 그러나 몽골군은 **처인성 전투**에서 김윤후가 이끄는 농민군에게 패하고, 사령관인 살리타이가 죽자 다시 군대를 철수했다.

이후에도 몽골은 고려 조정이 개경으로 돌아올 것, 국왕이 직접 몽골에 와서 조공을 바칠 것 등을 요구하면서 침략을 거듭했다. 고려 조정은 몽골의 요구를 거부한 채 강화도에서 계속 항거했으며, 육지에서는 농민들이 몽골군과 맞서 싸웠다. 1253년에 있었던 5차 침입 때는 김윤후가 지휘하는 농민과 천민들이 충주성에서 용감히 싸워 몽골군을 격퇴하기도 했다. 몽골과의 전쟁 중 고려는 부처의 힘으로 적군을 물리치기 위해 팔만대장경을 만들었다.

심화 30년에 걸쳐 이어진 전쟁에서 고려는 커다란 피해를 입었다. 오랜 전쟁으로 인해 국토가 황폐해지고 많은 **문화재**가 부서지거나 사라졌다. 경주에 있었던 **황룡

사 9층 목탑, 대구 부인사에 보관했던 속장경 등도 몽골의 침입 때 불에 타 버렸다. 백성들은 목숨을 잃거나 다치는 고통뿐 아니라 몽골군의 약탈과 전쟁 중에도 나라에 조세를 바쳐야 하는 부담 때문에 극심한 시련을 겪어야 했다. 뿐만 아니라 여자와 아이들을 비롯한 많은 백성들이 몽골에 포로로 끌려가 비참한 생활을 했다.

오랜 전쟁에 지친 고려 조정은 결국 몽골의 요구대로 강화를 맺었다. **무신 정권**이 무너지자 고려 조정은 개경으로 수도를 옮겼다. 그러나 무신들과 일부 군인들은 이에 반발하며 저항했고 이는 **삼별초**의 항쟁으로 이어졌다.

●○○
몽골군은 아시아를 비롯해 유럽의 일부까지 점령한 뒤 대제국을 건설할 정도로 막강했다. 하지만 고려는 세계 최강의 몽골군에 맞서 끈질기게 저항했고, 많은 나라들이 몽골에 복속되어 사라진 것과는 달리 나라를 보전할 수 있었다.

●○○
몽골의 침입으로 이어진 오랜 전쟁에서 가장 큰 고통을 겪은 사람은 고려의 백성들이었다. 이들은 죽거나 다치는 것은 물론이고 몽골에 끌려가 비참한 생활을 하기도 했다.

시대 고려 시대 | 더 찾아보기 고려, 공민왕, 몽골, 원

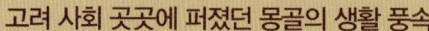

고려 사회 곳곳에 퍼졌던 몽골의 생활 풍속
몽골풍

개요 고려에 들어와 널리 퍼진 몽골의 풍속이다. 주로 원이 고려의 정치에 간섭하던 시기에 퍼지기 시작했으며, 우리 사회에는 아직까지 그 흔적이 남아 있다.

풀이 고려와의 전쟁에서 승리한 몽골은 나라 이름을 원으로 바꾼 뒤 고려의 정치에 간섭했다. 이 시기에 고려는 임금의 이름에 원에 대한 충성을 뜻하는 '충'을 넣어 지을 정도로 심한 간섭을 받았다. 원이 고려 사회에 끼치는 영향이 커지면서 고려에는 몽골의 언어와 옷, 풍습 등이 유행처럼 퍼졌다. 처음에는 주로 상류층 귀족들 사이에 몽골의 풍속이 퍼졌으나 차츰 일반 백성들에게도 몽골풍이 유행했다.

공민왕 때는 원에 반대하는 반원 정책을 펼치면서 몽골풍이 수그러들기도 했다. 고려 조정에서는 머리를 뒷부분만 남겨 놓고 깎은 뒤 남은 머리를 길게 땋아 늘인 '변발'과 몽골의 옷을 입는 것을 법으로 금지했다. 하지만 사회 곳곳에 퍼진 풍속은 쉽게 사라지지 않고 오랫동안 남았다. 결혼을 할 때 머리에 얹는 족두리나 뺨에 찍는 연지, 남녀의 옷고름에 차는 장식용 칼 등은 몽골의 풍속에서 나온 것이다. 또한 '장사치'와 같이 끝에 '치'가 붙는 말이나 임금의 밥상을 '수라'라고 부르는 것도 몽골어의 영향을 받은 것이다.

심화 원과 고려의 교류가 활발해지면서 고려의 풍속이 원에도 전해져 퍼져 나갔다. 이를 '고려양'이라고 한다. '고려떡' 혹은 '고려병'이라고 불리던 약과, 지금도 우리나라 사람들이 즐겨 먹는 상추쌈, 고기를 튀기거나 지져먹는 조리법 등이 원에서 인기가 높았던 고려 풍속이었다.

백제의 초기 도읍지로 짐작되는 곳
몽촌 토성

개요 **백제** 시대에 흙을 쌓아 만든 성으로, 서울특별시 송파구 올림픽 공원 안에 있다. 나무 울타리와 성 주위에 둘러 판 연못(해자)이 있었던, 우리나라에서 보기 드문 모양의 성이다. 토성 안에 있는 마을 몽촌에서 이름을 따 '몽촌 토성'이라고 부른다.

풀이 몽촌 토성은 한강의 지류인 성내천에 접하고 있다. 전체 길이는 2,285미터, 넓이는 바깥 성까지 합치면 3만 제곱미터가 넘는다. 형태는 동서의 길이보다 남북의 길이가 긴 마름모꼴을 이루고 있다. 또한 구릉인 자연 지형을 이용하고 나무로 된 방어 시설(목책)을 둘렀으며, 필요한 곳에는 흙을 쌓거나 경사를 급격히 하여 적이 침입하기 어렵게 만들었다.

성안에서는 백제 초기의 **움집**터와 기와, 토기 등 여러 가지 유물이 발견되었다. 성을 언제 쌓았는지는 확실치 않지만 발굴된 유물로 미루어 볼 때 3세기 경에는 이미 사람들이 살고 있었던 것으로 추측된다. 또한 높은 곳에 흙을 다진 흔적이 발견되었는데, 성안에 많은 건물들이 있었던 것으로 보인다. 몽촌 토성은 통일 신라와 **고려** 때는 사람이 거의 살지 않다가 **조선** 시대에 와서 다시 살기 시작했다.

많은 학자들은 몽촌 토성을 근처 북쪽에 있는 **풍납동 토성**과 함께 백제 초기의 도읍지인 **위례성**일 것으로 추측한다. 성의 위치나 규모, 발견된 유물로 볼 때 백제 초기의 군사 시설과 문화를 살펴볼 수 있는 소중한 유적이다.

심화 몽촌 토성 근처에는 삼국 시대 유적들이 많이 남아 있다. 풍납동 토성과 삼성동 토성을 비롯해 석촌동과 가락동, 방이동에는 백제 고분이 있다. 한강 건너 북쪽에는 백제의 개로왕이 **고구려 장수왕**의 침공을 받아 죽임을 당한 아차산성이 있으며, 하남시의 이성산성도 **삼국 시대**에 만들어진 성이다. 이처럼 주목할 만한 삼국 시대의 여러 유적이 남아 있는 것은 이 일대가 백제의 초기 중심지이자, 고구려와 백제가 서로 차지하려고 다투었던 중요한 지역임을 말해 준다.

●○○
백제의 도읍지 가운데 하나인 위례성으로 추측되는 몽촌 토성. 우리나라의 성은 대부분 돌로 쌓은 석성이지만 삼국 시대 성 가운데에는 이렇듯 흙을 층층이 쌓아 만든 토성도 있다. 성 안에는 궁궐과 연못, 백성들의 집 등이 있었던 것으로 추측된다.

몽촌 토성은 겉에서 보면 야트막한 산의 능선처럼 보이기도 하지만, 돌로 만든 석성 못지않은 방어력을 가지고 있었다.

토성은 흙을 한 층 쌓은 뒤 여러 번 다지고, 다시 그 위에 흙을 쌓고 다지는 방식을 거듭하기 때문에 돌로 만든 석성 못지않게 튼튼하다. 성벽의 단면을 보면 백제 사람들이 얼마나 튼튼하게 흙을 쌓아 올렸는지 알 수 있다.

시대 고려 시대 | 더 찾아보기 개경, 고구려, 고려, 금, 김부식, 무신 정변, 문벌 귀족, 여진, 이자겸, 풍수지리설

고려의 수도를 개경에서 서경으로 옮기자고 주장한 운동
묘청의 서경 천도 운동

개요 **고려** 인종 때 묘청 세력이 사회 혼란을 해결하기 위해 도읍을 서경(평양)으로 옮기자며 벌인 운동이다. **개경**의 문신 귀족들이 반대해 실패했다.

풀이 11세기 초반 고려는 **이자겸**이 반란을 일으켜 개경의 궁궐이 불타고 정치가 혼란해졌다. 또한 나라 밖으로는 세력이 커진 **여진**의 압력을 받으며 위기를 겪었다. 이에 서경(평양) 출신의 승려 묘청은 "고려가 어려움을 겪게 된 것은 개경 땅의 기운이 쇠약한 때문"이라고 주장했다. 그는 **풍수지리설**에 따라 고려의 수도를 서경으로 옮겨야 한다며 서경 천도 운동을 벌였다. 인종도 서경에 궁궐을 짓는 등 동조했지만, **김부식**을 비롯한 **문벌 귀족**들의 반대에 부딪혀 실패했다.

이에 묘청과 천도를 지지하는 사람들은 1135년에 서경을 중심으로 난을 일으켰다. 고려 조정은 김부식을 지휘관으로 하는 대규모의 군대를 조직하여 반란을 진압하게 했다. 중앙군이 공격에 나서자 반란군 지역에 있던 많은 성들이 중앙군으로 돌아서 싸움은 반란군에게 불리해졌다. 이에 반란군은 묘청을 죽인 뒤 항복 협상을 벌였지만 중앙군은 이를 받아들이지 않았다.

항복을 해도 무사하지 못할 것임을 알게 된 반란군은 서경에서 온 힘을 다해 중앙군에 맞서 싸웠다. 반란군은 중앙군에 맞서 1년이 넘게 저항했지만 점차 식량이 떨어져 굶는 사람이 늘어나면서 사기가 크게 떨어졌다. 결국 서경성이 무너지고 조광을 비롯한 반란군의 지도자들이 스스로 목숨을 끊으면서 반란도 끝이 났다.

심화 서경 천도 운동을 벌인 사람들은 고려의 왕을 높여 황제라고 부르고, **고구려**를 이어받아 여진이 세운 나라인 **금**을 정벌하자고도 주장했다. 이는 우리 민족의 기상을 높이려는 노력이었지만 결국 실패했다. 이후 불교 세력과 왕권은 약해졌고 개경에 있던 문신 귀족의 힘은 더욱 커졌다. 그리고 권력을 독차지한 문신 귀족의 횡포가 이어지면서 **무신 정변**이 일어나는 원인이 되었다.

석가탑에서 찾은 세계에서 가장 오래된 목판 인쇄물
무구 정광 대다라니경

개요 경주 불국사의 석가탑에서 발견된 두루마리 모양의 인쇄물이다. 통일 신라 때인 751년경에 만들어진 것으로, 지금까지 남아 있는 목판 인쇄물 가운데 세계에서 가장 오래된 것으로 추정된다. 국보 제126호로 지정되었으며, 현재 국립중앙박물관에 보관되어 있다.

풀이 《무구 정광 대다라니경》은 두루마리 모양으로 만든 책이다. 종이를 여러 겹 붙여 만들었으며 너비는 약 8센티미터밖에 되지 않지만 전체 길이는 620센티미터나 될 정도로 매우 길다. 책은 총 12장의 종이를 이어 붙여 만들었는데, 한 줄에 7~9자씩 경문이 인쇄되어 있다.

이 경문은 1966년에 경주 불국사에 있는 석가탑을 수리하기 위해 탑을 분해할 때 다른 유물들과 함께 발견되었다. 석가탑은 신라 경덕왕 때인 751년에 김대성이 불국사를 건설하면서 세웠으므로 경전도 그 무렵에 인쇄된 것으로 보인다. 690년에 황제가 되어 약 15년간 중국을 다스렸던 당나라 측천무후 때에만 썼던 글자들이 경전 속에서 발견되는 것도 만들어진 시기를 짐작할 수 있게 해 준다.

《무구 정광 대다라니경》은 세계에서 가장 오래된 목판 인쇄물로 추측된다. 이 경전이 발견되기 전까지 세계에서 가장 오래된 인쇄물로 여겨졌던 것은 770년경에 만들어진 일본의 《백만탑다라니》였다. 그러나 이것은 다라니경 전체를 다 새긴 것이 아니라 《무구 정광 대다라니경》 중에서 일부만 새긴 것이다. 또한 나무 조각에 글씨를 새긴 판각술도 《무구 정광 대다라니경》이 훨씬 정교하며 글자체에 힘이 있다. 《무구 정광 대다라니경》은 우리의 인쇄 문화가 옛날부터 매우 높은 수준이었음을 보여 주는 귀중한 유물이다.

> 《무구 정광 대다라니경》은 부처처럼 깨달음을 얻고자 하는 마음이 담긴 경전이다. 불탑을 세우고 경전에 적힌 주문을 외우며 부처의 가르침을 실천하면 언젠가 성불할 수 있으리라는 기대를 담은 것이다.

심화 《무구 정광 대다라니경》의 이름 가운데 있는 '다라니'는 '주문'이라는 뜻이다. 불탑을 많이 만들어 공양하되, 그 속에 같은 내용의 주문을 적어 넣으면 복을 받고

성불할 수 있다는 내용을 담고 있다. '성불'이란 부처가 된다는 뜻으로, 꾸준히 덕을 실천하여 부처처럼 깨달음을 얻기 바라는 마음을 표현한 말이다. 실제로 당시 사람들은 불경의 주문을 외우고 널리 퍼뜨리면 병이나 재앙을 막을 수 있다고 믿었던 것으로 추측된다.

●○●
《무구 정광 대다라니경》은 불국사에 있는 석가탑을 수리하면서 발견되었다. 1966년 도굴꾼들이 석가탑 안에 있는 사리함을 훔치려다 실패한 일이 있었는데, 사고 후 탑에서 균열이 발견되어 수리에 들어갔다. 그런데 탑을 해체했더니 2층 탑신부에서 귀중한 유물들이 발견되었다. 특히 세계에서 가장 오래된 목판 인쇄물인 《무구 정광 대다라니경》이 발견되어 사람들을 깜짝 놀라게 만들었다.

●○●
석가탑에서는 《무구 정광 대다라니경》 외에도 청동 사리 외함, 금동 사리함, 달걀 모양의 은제 사리함, 사리 소병 등 아름답고 귀중한 유물들이 발견되었다.

시대 일제 강점기 | 더 찾아보기 대한 제국, 문화 정치, 3·1 운동, 일본, 일제 강점기

일본이 헌병 경찰을 내세워 강압적으로 다스린 통치 방식

무단 통치(헌병 경찰 통치)

개요 일본이 대한 제국을 강제로 병합한 뒤, 1910년대에 시행한 강압적인 통치 방식이다. 무력으로 통치했다는 뜻에서 '무단 통치', 한반도 곳곳에 헌병 경찰을 두고 다스렸다는 뜻에서 '헌병 경찰 통치'라고도 한다.

풀이 일제 강점기 초기에 일본은 우리 민족의 저항을 무력으로 억눌렀다. 그 방법 중 하나로 택한 것이 헌병 경찰 통치이다. 원래 헌병은 군인을 대상으로 경찰 업무를 하는 기구이지만 일본은 헌병을 한반도 곳곳에 두어 일반인들까지 단속하도록 했다. 일본 헌병의 사령관이 경찰의 우두머리인 경무 총장이 되었고, 각 도의 헌병 대장은 그 도의 경무부장이 되어 경찰들을 지휘했다.

일본이 헌병 경찰을 내세워 통치한 이유는 한반도 전체에 공포 분위기를 만들고, 이를 통해 조선인들의 저항 의지를 꺾기 위해서였다. 헌병 경찰은 민족 운동 단체들을 탄압하고 민족 운동가들을 잡아 가두는가 하면, 사회 질서를 유지한다는 이유로 조선인들의 자유와 권리를 탄압했다. 예를 들어 활쏘기나 석전(동네 단위로 편을 갈라서 하는 돌싸움)과 같은 전통 놀이도 사회에 위협이 될 수 있다며 못하게 할 정도였다.

일본의 무단 통치는 여기서 그치지 않았다. 학교에서는 교사가 칼을 차고 들어와 수업을 진행했고, 조선인이 죄를 지었을 때 곤장으로 볼기를 치는 조선 태형령을 시행했다. 조선 태형령은 오직 조선인에게만 적용되는 비인간적인 벌일 뿐 아니라 민족 운동가들을 고문하는 수단으로 악용되었다.

심화 일제의 무단 통치에도 굴하지 않고 1919년 전국 곳곳에서 3·1 운동이 일어났다. 들불처럼 일어난 우리 민족의 저항에 놀란 일제는 강압적인 통치에 한계를 느끼고, 조선인의 의사와 자율성을 존중한다는 뜻으로 문화 정치를 내세웠다. 이때 헌병 경찰도 보통 경찰로 바뀌었다. 그러나 경찰의 수는 더욱 늘리고 친일파를 내세워 조선인들끼리 갈라지게 만드는 등 통치 방식은 더욱 교묘해졌다.

시대 삼국 시대 | 더 찾아보기 고분, 국보, 담로, 백제, 삼국사기, 삼국 시대

백제 문화의 아름다움을 간직한 무령왕 부부의 무덤
무령왕릉

개요 충청남도 공주시 송산리 고분군에 있는 **백제** 무령왕과 왕비의 무덤이다. 백제 **고분** 가운데 주인을 정확하게 알 수 있는 유일한 무덤이자, **삼국 시대** 고분 연구에 기준이 될 만큼 매우 중요한 왕릉이다. 벽돌을 쌓아 만든 굴식 벽돌무덤으로, 많은 양의 껴묻거리가 발견되어 백제의 생활문화 연구에도 큰 도움이 되고 있다.

풀이 무령왕릉은 1971년 송산리의 다른 고분에서 물 빼기 공사를 하던 중에 우연히 발견되었다. 무덤 속에는 벽돌로 만든 널방이 있는데, 천장을 식빵처럼 둥글게 만들었다. 방 안에는 왕과 왕비의 관이 함께 있으며 왕의 것은 동쪽, 왕비의 것은 서쪽에 놓여 있다. 두 관은 모두 옻칠된 나무 관으로, 꽃 모양의 금과 은 장식으로 꾸몄다. 또한 널길에는 돌로 만든 짐승(진묘수) 한 마리가 입구 쪽을 향해 놓여 있고, 그 앞에는 왕과 왕비의 이름이 새겨진 돌(지석) 2장이 있다.

지석에는 "무령왕은 523년 5월에 사망했고, 525년 8월에 왕릉에 모셨으며, 왕비는 526년 11월에 사망했고, 529년 2월에 안치되었다."고 기록되어 있다. 왕과 왕비가 세상을 떠난 지 28개월 만에 무덤에 안치된 것이다. 28개월 동안은 능 부근에서 임시로 장사지냈으며, 이것은 삼국에서 모두 유행하던 장례 형식이었다.

또한 왕릉은 왕이 죽기 11년 전부터 만들기 시작했음을 알 수 있다. 왕비의 지석 뒷면에는 지하신에게 묘지를 샀다는 뜻의 '매지권'이 새겨져 있다. 지석 위에서는 왕과 왕비가 저승에 갈 때 노잣돈으로 사용하라는 뜻에서 올려놓은 것으로 보이는 엽전 한 꾸러미가 발견되었다. 이 돈은 중국 양나라의 돈이었던 오수전으로, 이를 통해 백제와 양나라 사이에 교류가 활발하게 이루어졌음을 짐작할 수 있다.

한편 무령왕릉에서는 금관 장식, 금귀고리, 금동 신발, 금팔찌, 용과 봉황이 새겨진 칼 등 왕과 왕비가 사용했던 여러 가지 장신구가 많이 발견되었다. 관 속에는 왕과 왕비의 머리 베개와 같은 두침, 발 받침대인 족좌가 놓여 있었다. 무령왕릉에서 발견된 유물은 모두 2,900여 점이 넘는데, 그중에서 **국보**로 지정된 것만 17개나 된다.

심화 무령왕은 백제의 제25대 임금이다. 보통은 '화려한 무덤의 주인'으로만 알려져 있으나 혼란한 백제를 안정시킨 강한 군주였다. 《삼국사기》에는 무령왕의 키가 8척이나 되고 인자하며 너그러워 백성들의 존경을 받았다고 기록되어 있다. 당시 신흥 귀족 세력으로 큰 힘을 가지고 있던 백가의 반란을 진압하고 왕권을 튼튼히 했으며, 지방에 왕족이나 충성스러운 신하를 관리로 파견하여 다스리는 담로 제도를 실시해 전국을 안정시켰다. 또한 무령왕은 수리 시설을 정비하여 농사 활동을 돕고, 국방을 튼튼히 하는 한편 일본이나 양나라와 친밀한 관계를 다지기도 했다.

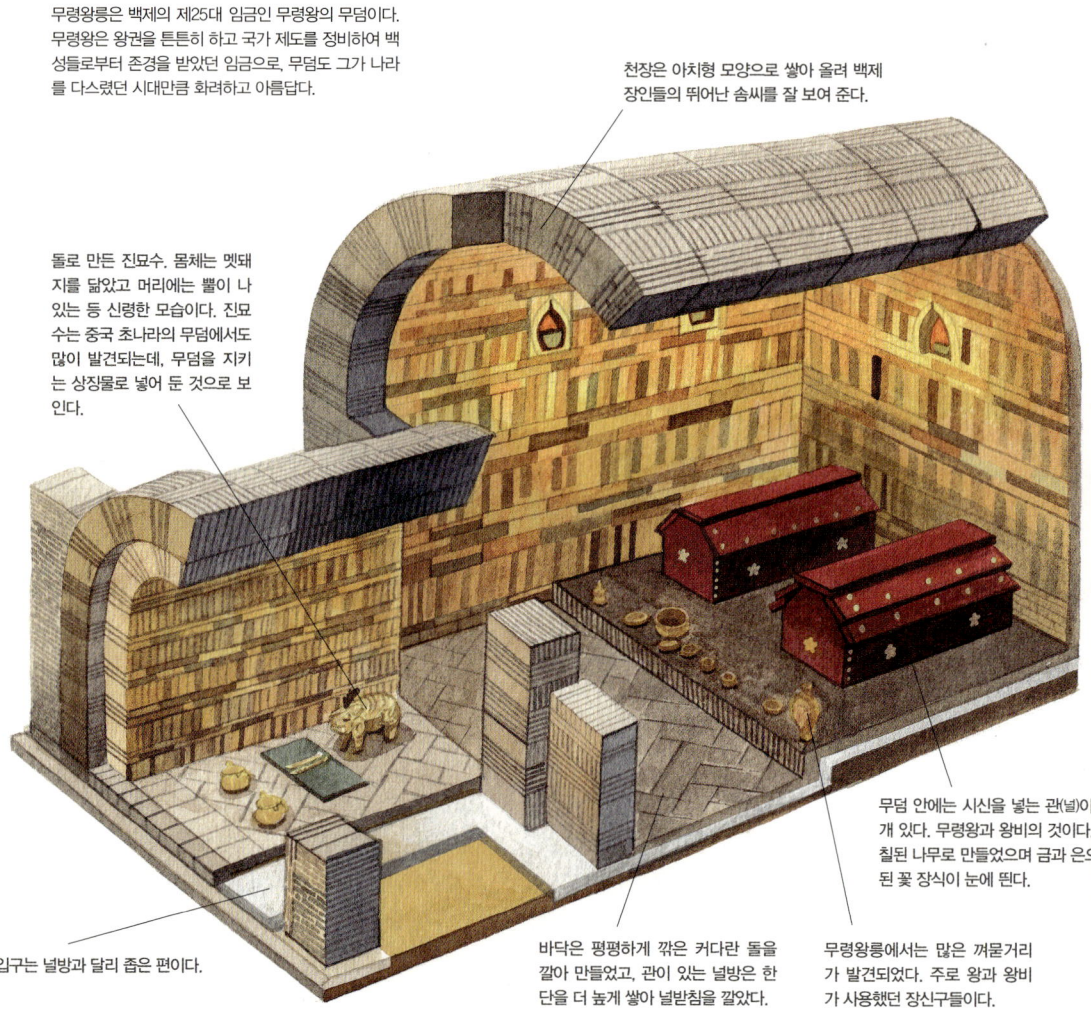

●○○
무령왕릉은 백제의 제25대 임금인 무령왕의 무덤이다. 무령왕은 왕권을 튼튼히 하고 국가 제도를 정비하여 백성들로부터 존경을 받았던 임금으로, 무덤도 그가 나라를 다스렸던 시대만큼 화려하고 아름답다.

돌로 만든 진묘수. 몸체는 멧돼지를 닮았고 머리에는 뿔이 나 있는 등 신령한 모습이다. 진묘수는 중국 초나라의 무덤에서도 많이 발견되는데, 무덤을 지키는 상징물로 넣어 둔 것으로 보인다.

천장은 아치형 모양으로 쌓아 올려 백제 장인들의 뛰어난 솜씨를 잘 보여 준다.

무덤 안에는 시신을 넣는 관(널)이 2개 있다. 무령왕과 왕비의 것이다. 칠된 나무로 만들었으며 금과 은으로 된 꽃 장식이 눈에 띈다.

무덤 입구는 널방과 달리 좁은 편이다.

바닥은 평평하게 깎은 커다란 돌을 깔아 만들었고, 관이 있는 널방은 한 단을 더 높게 쌓아 널받침을 깔았다.

무령왕릉에서는 많은 껴묻거리가 발견되었다. 주로 왕과 왕비가 사용했던 장신구들이다.

| 시대 고려 시대 | 더 찾아보기 고려, 망이·망소이의 난, 몽골, 몽골의 침입, 무신 정변, 삼별초, 원, 이의민, 정중부, 천민, 최충헌 |

고려 시대에 정중부와 최충헌 등 무신들이 만든 정권
무신 정권

개요 고려 시대인 1170년부터 1270년까지 100년간 무신들에 의해 만들어진 정권이다. 이의방과 정중부, 이의민, 최충헌 등의 무신들이 정치와 경제, 사회, 문화 등 모든 분야에서 권력을 행사하며 고려를 다스렸다.

풀이 고려 시대의 무신들은 문신들에 비해 대우를 받지 못했다. 최고 관직은 언제나 문신들 차지였고, 무신들은 정2품 이상의 관직에는 오를 수 없을 뿐 아니라 군대를 통솔하는 최고 지휘관도 문신들 차지였다. 이에 정중부를 비롯한 무신들이 1170년 보현원에서 **무신 정변**을 일으킨 뒤 문신들을 쫓아내고 권력을 잡았다. 당시 임금이었던 의종은 귀양을 보냈고 명종을 허수아비 왕으로 내세웠다.

무신들이 정권을 잡고 고려를 통치한 기간은 무려 100년이나 되었다. 하지만 정변에 참가한 무신들끼리 권력을 차지하기 위해 다투면서 최고 지도자는 자주 바뀌었다. 100년 동안 이의방, 정중부, 경대승, 이의민, 최충헌, 최우, 최항, 최의, 김인준, 임연, 임유무 등 11명의 지도자가 무신 정권을 이어갔다. 그 사이 정중부는 정변을 함께 일으킨 동지들을 내쫓았고, 정중부는 경대승에게 살해당했으며, 경대승이 병으로 죽자 이의민이 정권을 잡았으나 다시 최충헌에게 죽임을 당했다.

고려 시대 무신은 문신에 밀려 대접을 받지 못했다. 이에 몇몇 무신들이 반란을 일으키고 무신들이 주도하는 정권을 세우기도 했다.

집권자	통치 기간	특징
이의방	1170~1174	무신 정권의 성립기. 반란을 일으킨 무신들끼리 권력을 다투었고, 나랏일은 '중방'에서 처리했다.
정중부	1174~1179	
경대승	1179~1183	
이의민	1183~1196	
최충헌	1196~1219	무신 정권의 확립기. 4대에 걸쳐 최씨 집안의 무신이 최고 권력자가 되었고, 나랏일은 교정도감에서 처리했다. 이후 몽골의 침입에 맞서 강화도로 도읍을 옮겨가며 저항하기도 했다.
최우	1219~1249	
최항	1249~1257	
최의	1257~1258	
김인준	1258~1268	무신 정권의 붕괴기. 무신의 권력이 서서히 약화되면서 원의 간섭을 받게 되었고, 나랏일은 교정도감과 도방에서 처리했다.
임연	1268~1270	
임유무	1270~1271	

최충헌은 자신의 집에 교정도감이라는 관청을 만든 뒤 나랏일을 보면서 독재 체제를 만들었다. 이후 자신의 아들에게 권력을 넘겨주면서 60여 년에 걸친 '최씨 정권'을 이어나갔다. 최충헌의 뒤를 이은 최우는 **몽골의 침입**이 있어 어려움을 겪었으나 그래도 30년이나 최고 권력자로 군림했다. 그는 **삼별초**라는 군사 조직을 만들어 **몽골**에 대항하기도 했다.

무신 정권은 최씨 가문의 노비 출신인 김인준이 최의를 죽이고 정권을 잡은 뒤부터 서서히 내리막길을 걸었다. 그 역시 임연에게 살해당한 뒤 **원**의 압력이 가해지면서 1271년 무신 정권은 막을 내리고 말았다.

심화 무신들이 정권을 잡았던 시기에는 **망이·망소이의 난**, 김사미의 난 등 전국에서 크고 작은 민란이 일어났다. 정권이 바뀐 뒤 백성들의 삶이 나아지기는커녕 수탈이 더욱 심해진 데다, 이의민과 같은 **천민**도 권력을 잡게 되면서 하층민이 사회적 지위를 높이려는 움직임이 나타났기 때문이다. 한편으로는 몽골의 침입을 겪으면서 민족의식이 높아졌고, 불교에서는 조계종이 성립되었다.

●○○
왕과 왕비의 능에만 세울 수 있었던 무신의 석상. 보통 '무인석'이라고 부른다. 시대에 따라 모습은 조금씩 다르지만 갑옷과 투구를 쓴 차림에 큰 칼을 차거나 두 손으로 짚고 서 있다. 눈빛은 강렬하고 입은 굳게 다문 늠름한 표정도 공통점이다.

| 시대 고려 시대 | 더 찾아보기 고려, 과거 제도, 만적의 난, 망이·망소이의 난, 몽골, 무신 정권, 문벌 귀족, 유학, 이의민, 정중부, 최충헌

고려 시대에 무신들이 정변을 일으켜 권력을 차지한 사건

무신 정변

개요 고려 의종 때인 1170년에 무신들이 정변을 일으켜 권력을 차지한 사건이다. 문신들과 달리 제대로 대접을 받지 못했던 무신들이 불만을 품고 일으켰으며, 이후 100여 년간 무신들이 권력을 잡고 나라를 다스리게 되었다.

풀이 문신과 무신은 모두 고려의 지배층이지만 그 지위에는 큰 차이가 있었다. **과거 제도**와 **유학** 중심의 사회가 되면서 문신의 지위가 높아지고 무신들의 지위가 낮아졌다. 권력을 차지한 일부 문신들은 중요한 관직을 독차지하고 자신의 권력을 이용해 많은 땅을 차지해 **문벌 귀족**을 이루기도 했다. 문벌 귀족을 중심으로 한 문신들은 무신을 무시하고 차별했다. 심지어 하급 군인들에게는 급료조차 주지 않는 경우가 많아 무신들의 불만은 커져 갔다.

그러던 중 고려의 제18대 임금인 의종이 신하들과 보현원으로 놀이를 즐기러 가는 도중에 무신들이 분노할 만한 사건이 일어났다. 한 젊은 문신이 무술 대련을 기권한 나이 든 무신의 뺨을 때려 모욕을 준 것이다. 이에 정변의 기회를 엿보던 **정중부**와 이의방, 이고 등의 무신들은 행렬이 보현원에 도착하자 들고일어났다. 이들은 그 자리에서 문신 귀족들을 모두 죽이고 의종을 임금의 자리에서 내쫓은 다음, 새로운 임금을 내세워 권력을 차지했다.

이후 100여 년간 무신들이 정치를 마음대로 하는 **무신 정권**이 이어졌다. 권력을 차지한 무신들은 최고 권력자가 되기 위해 서로 싸웠다. 무신 정권의 최고 권력자는 정중부–경대승–**이의민**–**최충헌**으로 이어졌다. 최충헌이 권력을 잡은 다음에는 최우–최항–최의 등 최씨 무신 정권이 대를 이어 60여 년간 통치했다. 무신들은 중방이나 교정도감, 정방 등의 최고 권력 기관을 만들어 나라를 다스렸으며, **몽골**의 침입 때는 항쟁에 나서기도 했다. 하지만 고려 왕실이 몽골과 강화를 맺으면서 저항하던 무신 정권도 무너졌다.

심화 무신 정변으로 고려의 지배층은 바뀌었지만 권력자들의 수탈은 여전했고 농민들의 생활은 더욱 어려워졌다. 이에 더해 중앙 정부의 통제력이 약해지면서 일반 농민이나 천민들이 난을 일으키는 일도 잦았다. **만적의 난**, **망이·망소이의 난**, 김사미·효심의 난 등은 이 시기에 일어난 대표적인 민란이다. 이들은 난을 일으켜 사회적 지위를 높이려고 하거나 신분 해방을 요구했다.

● ○ ○
무신 정변은 의종이 신하들과 보현원에서 놀이를 즐기던 도중에 일어났다. 무신들은 젊은 문신이 나이든 무신을 모욕하자 들고일어나 그 자리에 있던 문신들을 모두 죽이고 권력을 잡았다.

● ○ ○
무신 정변은 정중부가 중심이 되었다. 정중부는 예전에 문벌 귀족인 김부식의 아들 김돈중이 자신의 수염을 촛불로 태우며 조롱한 것에 앙심을 품고 있다가 보현원 사건을 기회로 정변을 일으켰다.

시대 삼국 시대 | **더 찾아보기** 고구려, 미륵사지 석탑, 백제, 삼국유사, 신라

'서동 설화'의 주인공이자 백제의 영토를 넓힌 임금
무왕

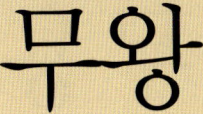

개요 백제의 제30대 임금이다. 《삼국유사》에 나오는 서동 설화의 주인공이기도 하다. 왕권을 강화하고 신라와 전쟁을 벌여 백제의 영토를 넓히는 데 힘썼다.

풀이 무왕은 600년에 백제의 임금이 되었다. 그가 임금의 자리에 오를 무렵 백제는 매우 어려운 처지였다. 나라 안에서는 임금의 권위가 크게 떨어졌고 나라 밖에서는 고구려와 신라에 밀려 힘을 쓰지 못했다. 무왕은 임금이 되자마자 신라로부터 여러 개의 성을 빼앗아 영토를 넓히는 데 힘썼다. 또한 나라 안에서는 왕권을 강화하기 위해 노력했다. 임금의 위엄을 나타내기 위해 사비궁을 새롭게 고쳤고, 왕흥사라는 왕실의 절을 지었으며, 왕궁 남쪽에는 인공 연못인 궁남지를 만들었다.

무왕은 독특한 설화를 가진 임금이기도 했다. 《삼국유사》에 따르면 그는 매우 고달픈 어린 시절을 보냈다. 무왕의 어머니는 궁궐 남쪽의 연못 근처에 집을 짓고 살았는데, 그 못에 살던 용과 결혼해 아들을 낳았다. 아들의 이름은 '서동'이라고 불렀다. 서동은 '마를 캐는 아이'라는 뜻으로, 서동은 산에서 마를 캐어 장에 내다 팔며 살았다. 그러던 어느 날 서동은 신라에 들어갔다가 진평왕의 딸인 선화 공주에게 반하고 말았다. 선화 공주를 아내로 맞고 싶었던 그는 아이들에게 선화 공주가 서동과 사귄다는 내용의 노래인 서동요를 부르게 했다. 그리고 서동이 지은 거짓 노래에 크게 노한 진평왕이 선화 공주를 내쫓자 그녀와 결혼했다. 훗날 두 사람은 백제의 임금과 왕비가 되었다.

심화 무왕은 지금의 전라북도 익산에 우리나라에서 가장 큰 절인 미륵사를 세웠다. 하지만 지금은 미륵사는 없어졌고, 미륵사가 있었던 곳(미륵사지)에는 우리나라 최대의 석탑인 미륵사지 석탑이 남아 있다. 이 탑을 해체하여 보수하는 과정에서 2009년에는 무왕의 왕비가 백제 귀족의 딸이라는 기록이 발견되었다. 이로써 무왕과 선화 공주 이야기는 사실이 아닐 가능성이 크다는 것이 밝혀졌다.

시대 삼국 시대 | 더 찾아보기 고구려, 고분, 삼국 시대

아름다운 무용도가 그려져 있는 고구려의 옛 무덤
무용총

개요 중국 지린 성 지안 현에 있는 **고구려**의 **고분**이다. 무용하는 모습이 그려진 아름다운 벽화가 있어 무용총이라고 부른다. 무덤 안에는 무용도 외에도 사냥, 집의 모습, 손님 접대, 소가 끄는 수레 등 다양한 내용의 벽화가 있으며 이를 통해 당시 고구려 사람들의 생활과 풍속을 짐작할 수 있다.

풀이 무용총은 널길은 물론 앞방과 널방 등 두 개의 방을 가진 '두방무덤'이다. 널방의 벽과 천장에는 흰색의 석회를 바르고 그 위에 사람이나 풍속을 주제로 한 그림을 그려 놓았다. 벽화는 선이 힘차고 색이 밝은 편이며, 앞방과 널방에는 전체를 집처럼 보이게 하기 위해 벽 네 모서리에 기둥과 들보 등을 그렸다.

 널방의 북쪽 벽에는 주인이 손님을 맞이하는 그림인 접객도가 그려져 있으며, 동쪽 벽에는 14명이 세 줄로 서서 노래를 부르고 춤을 추고 있는 모습을 그린 무용도가 있다. 서쪽 벽에는 사냥하는 그림인 수렵도가 그려져 있는데, 활시위를 당기며 말을 타고 달리는 사람과 사슴, 호랑이 등 동물의 모습이 생생하게 잘 나타나 있어 씩씩한 고구려인의 모습을 잘 보여 준다.

 남쪽 벽은 앞방으로 통하는 길 때문에 두 부분으로 갈라져 있다. 갈라진 동쪽과 서쪽의 두 부분과 통로의 좌우 벽에는 각각 한 그루의 큰 나무가 그려져 있다. 천장에는 해와 달, 북두칠성 등의 별자리와 사신도의 일부인 청룡과 백호를 비롯한 상상의 동물, 선녀와 신선, 구름무늬, 연꽃무늬, 불꽃무늬 등이 그려져 있다.

심화 무용총은 마치 고구려의 미술 박물관을 보는 듯 꾸며져 있다. 널방에 그려진 각각의 그림들은 당시 생활문화는 물론이고 고구려 사람들의 사상과 철학까지 잘

보여 준다. 벽에는 무덤 주인과 관련된 현실 생활을, 천장에는 우주의 모습을 담아 놓았기 때문이다. 이는 5세기경에 고분 벽화가 생활 풍속도에서 사신도로 바뀌어 가는 과정에서 만들어진 것으로, 삼국 시대 고분의 변화 과정을 잘 보여 주는 사례로도 꼽힌다.

널방의 북쪽 벽에 있는 접객도. 고구려가 신분제 사회였음을 잘 보여 주는 벽화이다. 신분이 높은 주인은 크게, 노비는 작게 그렸다.

서쪽 벽에 있는 수렵도. 말을 타며 활을 쏘는 고구려 무사의 모습이 보인다. 고구려인들의 기상을 가장 잘 나타내는 벽화로 손꼽히고 있다.

동쪽 벽에 그려져 있는 무용도. 음악을 연주하는 악사와 무용수들의 모습이 흥겹다. 사람들이 입은 옷은 화려한 무늬로 장식되어 있으며 고구려 시대의 복식 문화를 알려 주는 귀중한 문화재이다.

시대 일제 강점기 | 더 찾아보기 간도, 대한 제국, 3·1 운동, 양반, 일제 강점기, 조선어 학회, 조선 총독부

일제 강점기에 지식인들이 농촌 지역에서 벌인 계몽 운동

문맹 퇴치 운동

개요 민중이 글을 읽고 쓸 줄 알도록 가르치는 계몽 운동이다. **일제 강점기**에 주로 농촌 지역에서 활발히 일어났다. '문맹'이란 글을 읽고 쓰지 못한다는 뜻으로, 문맹 퇴치 운동은 사람들에게 한글을 가르치고 민족의식을 갖게 하려는 사회 운동이었다. 브나로드 운동, 문자 보급 운동, 조선어 강습회 등이 일제 강점기에 일어난 대표적인 문맹 퇴치 운동이었다.

풀이 국민들에게 글을 가르치려는 노력은 **대한 제국** 시기부터 있었다. 이전에는 주로 **양반** 남자들만 교육을 받았지만, 서양 문화가 들어오면서 일반 국민들도 글을 깨우치는 것이 필요하다고 생각했기 때문이다. 하지만 제대로 이루어지지는 못하다가 일제 강점기에 **3·1 운동**이 일어난 뒤부터 농촌 지역을 중심으로 활발히 일어났다.

문맹 퇴치 운동은 주로 서울의 학생들과 지식인, 문화 단체, 동경 유학생들을 중심으로 이루어졌다. 이들은 교육의 혜택을 받기 어려운 농촌 지역으로 내려가 사람들에게 무료로 한글을 가르쳤다. 우리 고유의 문자인 한글을 가르친 까닭은 사람들에게 민족의식을 갖게 하려는 목적 때문이었다. 비록 나라의 주권은 잃었지만 민족의식을 잃지 않는다면 언젠가는 일제의 지배에서 벗어날 수 있으리라 믿은 것이다.

또한 문자 교육 이외에 문화 교육도 이루어졌다. 문맹 퇴치 운동에 참여한 지식인들이나 청년들은 농촌 지역에 야학을 열고 한글을 가르치는 한편, 위생 교육이나 음악, 연극 지도도 함께 했다. 여기서 야학이란 '밤에 열리는 학교'라는 뜻으로, 낮에는 일을 하기 때문에 학교에 다닐 수 없는 사람들이 공부를 하는 곳이다. 이들은 우리 문자와 우리 노래를 가르치면서 민족의식을 고취하고, 사람들이 쉽게 이해할 수 있는 연극을 통해 잘못된 풍습을 바로잡으려고 노력했다.

심화 문맹 퇴치 운동은 전국 곳곳에서 이루어졌다. 《조선일보》는 1929년부터 문자 보급 운동을 벌였고, 《동아일보》는 1931년부터 브나로드 운동을 벌였다. 브나로

일제 강점기에 우리나라의 양심적인 지식인들이나 학생들은 농촌 사람들에게 우리 고유의 문자인 한글을 가르치면서 민족의식을 가지도록 도왔다.

드란 '민중 속으로'라는 뜻의 러시아 말로, 러시아에서 벌어진 농촌 계몽 운동을 참고하여 지은 이름이다. 브나로드 운동 역시 우리 문자를 가르치면서 농촌 사람들을 계몽하는 문화 운동이었다. 그런가 하면 **조선어 학회**는 1931년부터 전국 주요 도시에서 조선어 강습회를 열었다. 조선어 강습회는 이후 만주의 **간도** 지방까지 확대되기도 했는데, **조선 총독부**의 방해로 계속되지는 못했다.

● ○ ○
문맹 퇴치 운동은 도시에서 교육 받은 학생들이나 여러 단체가 중심이 되어 이루어졌다. 교육의 혜택을 받지 못하는 지역의 사람들은 야학에 나와 글을 익히고 여러 가지 문화 교육도 받았다.

시대 삼국 시대 | 더 찾아보기 고구려, 고려, 김부식, 김유신, 당, 만파식적, 문무왕, 백제, 삼국사기, 삼국 통일, 성덕 대왕 신종, 신라, 신문왕, 왜구

죽어서도 나라를 지키겠다는 마음을 담은 바닷속 무덤

문무 대왕릉

개요 신라의 제30대 임금인 문무왕의 무덤이다. 경상북도 경주시 양북면 봉길리 해안에서 약 200미터 떨어진 바닷속에 있다. 커다란 바위 무덤으로 이루어져 '대왕암'이라고 부르기도 한다.

풀이 고려 시대에 김부식이 지은 역사책인 《삼국사기》에는 '문무 대왕 설화'가 기록되어 있다. 이 설화에 따르면 문무왕은 자신이 죽은 후 몸을 화장하여 동해에 묻어 달라는 유언을 남겼다. 그러면 자신은 용이 되어 동해로 침입하는 왜구를 막겠다는 뜻이었다. 후손들은 문무왕의 유언에 따라 동해의 큰 바윗돌에 장사 지낸 뒤 그 바윗돌을 '대왕암'이라고 불렀다.

대왕암은 자연 바위를 이용하여 만든 것으로, 동서남북으로 물길이 나 있다. 바닷물은 동쪽에서 들어와 서쪽으로 나가며, 물살은 항상 잔잔하게 유지된다. 물 아래에는 넓적한 거북 모양의 돌이 덮여 있는데, 이 안에 문무왕의 뼈가 묻혀 있을 것이라고 추측한다.

문무왕의 아들 신문왕은 아버지의 뜻을 받들어 장사를 지냈을 뿐 아니라 동해 근처에 감은사를 세웠다. 이는 불교의 힘으로 왜구의 침략을 막으려는 의도였다. 그리고 감은사 법당(금당) 밑에는 동해를 향해 구멍을 뚫어 용이 된 문무왕이 이곳을 통해 드나들 수 있도록 꾸몄다. 또한 대왕암이 바라보이는 북쪽 언덕 위에는 이견대라는 정자가 있는데, 이곳에서 신문왕이 용(문무왕)으로부터 세상을 평화롭게 한다는 피리인 만파식적을 받았다는 이야기가 전해 온다. 또한 신문왕이 이곳에서 대왕암을 바라보며 절을 올렸다는 기록도 있다.

심화 문무왕은 김유신과 함께 백제, 고구려, 당을 물리치고 삼국 통일의 업적을 이룩한 임금으로, 신라 사람들에게는 오랫동안 추앙받아온 인물이다. 대왕암이나 문무왕에 대한 신비한 전설은 물론, 성덕왕의 업적을 기리기 위해 만든 성덕 대왕 신

대왕암이라고도 부르는 문무 대왕릉은 경주시 양북면 봉길리 해안에서 약 200미터 떨어진 바닷속에 있다.

종의 용뉴도 문무 대왕 설화를 바탕으로 만들어졌다는 이야기가 전해올 정도이다.
　그런데 대왕암 아래에 실제로 문무왕의 유골을 묻었는지는 정확히 알 수 없다. 다만 대왕암에 인위적인 수로가 만들어져 있다는 점, 대왕암 안쪽의 커다란 돌에 흔적이 남아 있는 점, 문무왕을 이곳에 장사 지냈다는 기록이 있는 점 등으로 보아 이곳이 문무왕의 능이라고 추측하는 것이다.

●○○
문무 대왕릉은 우리나라에서는 찾아보기 힘든 수중 릉이다. 문무왕의 유언에 따라 동해의 바닷속 커다란 바위 밑에 유골을 넣고 장사 지냈다고 전해진다.

성덕 대왕 신종의 윗부분인 용뉴. 이는 죽어서 용이 되어 나라를 지키겠다는 문무왕을 표현한 것이라고 한다.

시대 삼국 시대 | 더 찾아보기 고구려, 김유신, 김춘추, 나당 전쟁, 당, 무열왕, 문무 대왕릉, 백제, 백제 부흥 운동, 삼국 통일, 신라, 연개소문, 왜구

고구려를 정벌하고 삼국 통일을 완성한 신라의 임금

문무왕

개요 신라의 제30대 임금이다. 당나라와 연합해 고구려를 정복한 뒤 나당 전쟁에서 승리해 삼국 통일을 완성했다.

풀이 문무왕은 태종 무열왕 김춘추의 아들이다. 그는 태자 시절에 신라가 당과 연합을 맺어 백제를 정벌할 때 김유신과 함께 전쟁에 나가 큰 공을 세웠다. 아버지인 무열왕이 백제를 멸망시킨 지 1년 만인 661년에 세상을 떠나자 임금의 자리에 올랐다.

문무왕이 임금의 자리에 오를 무렵 백제를 다시 일으키려는 백제 부흥 운동이 이곳저곳에서 일어났다. 그는 몇 년간에 걸친 싸움 끝에 백제 부흥군들을 진압한 뒤 당과 함께 고구려 정벌에 나섰다. 연개소문이 이끄는 고구려는 거세게 저항했지만, 연개소문의 아들들이 서로 권력을 갖기 위해 내분을 일으키면서 무너지기 시작했다. 그는 이 틈을 타 668년에 평양성을 함락시키고 항복을 받아냈다.

한편, 당은 백제와 고구려를 멸망시킨 후 빼앗은 땅을 자신들의 영토로 삼으려는 의도를 드러냈다. 그러자 문무왕은 백제와 고구려의 옛 땅의 지배권을 두고 당과 전쟁을 벌였고, 수년간의 전쟁 끝에 승리를 거두었다. 이로써 문무왕은 대동강 유역에서 원산만 아래의 남쪽 영토까지 신라의 땅으로 확보할 수 있었다.

심화 삼국 통일을 위한 전쟁이 끝나고 국가 체제 정비에 노력을 기울이던 문무왕은 681년에 세상을 떠났다. "내가 죽은 뒤 용이 되어 침입하는 왜구를 막겠으니 화장한 후 동해에 묻어 달라."는 유언에 따라 그의 유해는 바다에 안장되었다. 경상북도 경주의 감은사 앞바다에 있는 대왕암이 바로 문무왕의 수중릉(문무 대왕릉)으로 알려져 있다.

시대 고려 시대 | 더 찾아보기 개경, 고려, 과거 제도, 묘청의 서경 천도 운동, 무신 정변, 음서, 이자겸

고려 시대에 막대한 부와 권력을 가졌던 귀족 집단
문벌 귀족

개요 고려 중기의 최상위 지배층을 뜻한다. 음서 제도와 공음전시과를 통해 세력을 키운 귀족들끼리 혼인 관계를 맺어 문벌을 만들었으며, 대대로 권력과 부를 누리다 무신 정변으로 몰락했다.

풀이 고려 시대 5품 이상 고급 관리의 자손들은 음서 제도를 통해 과거를 보지 않고도 관직에 오를 수 있었다. 또한 관리에게 지급하는 땅인 공음전시과를 자손들에게 물려줄 수 있었기 때문에 개인의 능력과 상관없이 가문의 힘으로 대대로 귀족의 지위를 누렸다. 이 귀족 가문 중 몇몇 힘 있는 가문은 서로 혼인 관계를 맺고 똘똘 뭉쳐 문벌을 형성했다.

문벌 귀족으로 인정받는 가장 빠른 길은 최고 귀족인 왕실과 혼인하는 것이었다. 왕실과 혼인할 수 있는 문벌 귀족 가문은 경원 이씨, 경주 김씨, 해주 최씨, 안산 김씨, 파평 윤씨 등 몇 개에 불과했다.

이들은 중요한 관직을 독점하고 자신의 권력을 이용해 많은 땅을 차지해 나갔다. 그 결과, 과거 제도를 통해 관직에 오른 관리들은 물론 땅을 잃은 농민들의 불만이 커지기 시작했다. 또한 귀족들의 세력에 비해 왕권이 약화되었고, 세금을 낼 농민들이 가난해지거나 노비가 되는 바람에 나라의 재정도 어려워졌다.

심화 문벌 귀족의 힘이 지나치게 커지고 백성들의 생활이 고단해지자 곳곳에서 반란이 일어났다. 이자겸의 난이나 묘청의 서경 천도 운동도 이때 일어났다. 특히 묘청은 개경을 중심으로 세력을 형성한 문벌 귀족에 맞서 서경(평양)으로 도읍을 옮기자고 주장했다. 하지만 반란이 실패하면서 오히려 개경의 문벌 귀족은 세력이 더욱 커졌고 왕권도 더욱 약해졌다. 이후 커진 권력을 휘두르며 부정부패를 일삼던 문벌 귀족은 결국 무신 정변으로 몰락했다.

원에 사신으로 갔다가 목화씨를 들여온 고려의 학자

문익점

개요 **원**나라에서 목화씨를 가져와 우리나라에 전한 **고려**의 학자이다. 문익점과 그의 가족들이 목화를 대량으로 길러 내는 데 성공해 우리나라 백성들도 무명으로 지은 따뜻한 옷을 입을 수 있게 되었다. 무명이란 목화에서 뽑은 실로 짠 옷감을 뜻한다.

풀이 문익점은 1329년에 강성현(지금의 경상남도 산청 지방)에서 태어났다. 서른 살이 되던 해에 과거 시험에 합격했고, 이후에는 사신으로 뽑혀 원(**몽골**)에 가게 되었다. 때마침 원은 고려의 제31대 임금인 **공민왕**을 내쫓고 충숙왕의 동생인 덕흥군을 새 임금으로 세우기 위해 군사들을 고려로 보냈다. 이러한 상황에서 원에 있던 고려의 관리들은 공민왕과 덕흥군 중 한 쪽을 선택해야만 했다. 문익점은 덕흥군의 편에 섰는데, 고려가 원에 승리를 거두자 난처한 입장에 처하게 되었다. 결국 그는 이듬해 처벌받을 것을 각오하고 목화씨를 지니고 고려로 돌아왔다.

관직에서 쫓겨난 그는 고향으로 내려가 장인(아내의 아버지)인 장천익과 함께 목화씨를 밭에 심었다. 처음에는 실패를 거듭했지만 여러 번의 시도 끝에 목화 재배에 성공했고, 목화는 차츰 전국으로 퍼져 나갔다. 이후 문익점은 벼슬자리에 오르기도 했지만, **이성계**의 개혁 정치에 반대하다 다시 관직에서 물러나 1398년에 세상을 떠났다.

심화 목화를 들여오기 전에도 무명이 없었던 것은 아니지만 매우 귀했다. 따라서 백성들은 대부분 추운 겨울에도 삼베로 만든 옷을 입어야 했다. 일부 귀족들이나 부자들은 비단이나 명주로 된 옷을 만들어 입고 겨울을 났다. 그러나 문익점의 목화 재배가 성공한 이후에는 목화에서 실을 뽑아 옷감을 짜는 방법까지 알려지면서 백성들도 이전에 비해 따뜻한 겨울을 보낼 수 있게 되었다.

시대 **일제 강점기** | 더 찾아보기 **무단 통치, 3·1 운동, 일본, 조선, 조선 총독부**

3·1 운동 이후 조선 총독부가 내세운 기만적인 통치 정책
문화 정치

개요 **3·1 운동**이 일어난 이후인 1920년대부터 **조선 총독부**가 내세운 식민지 통치 정책이다. 겉으로는 **조선**인을 존중하는 듯했지만 실제로는 교묘하게 감시하고 탄압하는 통치 방법이었다.

풀이 3·1 운동에서 우리 민족의 거센 저항을 경험한 **일본**은 태도를 바꾸기 시작했다. 이전처럼 헌병 경찰을 내세운 **무단 통치**로 조선을 지배하는 것은 불가능하다는 사실을 깨달은 것이다. 게다가 일본의 군인과 경찰이 저지른 무자비한 탄압이 세계에 알려지면서 외교 문제에 부딪치게 되었다. 이에 조선 총독이 된 사이토 마코토는 새로운 조선 지배 정책으로 문화 정치를 내세웠다.

먼저 일제는 주로 일본군 사령관이 맡아 하던 조선 총독 자리를 일본인 문관이 맡을 수 있도록 제도를 고쳤다. 또한 조선인을 감시하고 통제하던 헌병 경찰 제도 대신 '보통 경찰 제도'를 실시했다. 조선의 문화나 전통을 인정한다고 발표하거나 제한적으로 언론과 집회, 출판의 자유를 허용하기도 했다.

하지만 문화 정치는 식민 지배를 교묘하게 속이기 위한 통치 방법이었다. 실제로 일본은 문화 정치를 내세운 이후부터 해방이 된 1945년까지 조선 총독 자리에 문관을 임명한 적이 한 번도 없었다. 또한 헌병 경찰은 없앴지만 보통 경찰의 수는 오히려 늘어났다. 문화 정치를 내세운 첫 해인 1920년만 해도 경찰관서의 수는 1918년보다 3.6배, 경찰관의 수는 3.4배에 달했다. 그런가 하면 고등 경찰 제도를 새롭게 만들어 우리 민족에 대한 감시를 강화하고 독립운동가들을 탄압했다.

심화 문화 정치는 우리 민족의 분열과 갈등을 부추기기도 했다. 일제는 총칼을 든 헌병 경찰 대신 친일파들을 적극적으로 이용했고, 친일파들은 일본인 경찰보다 더 악랄한 방법으로 사람들을 괴롭혔다. 이렇듯 교묘한 문화 정치로 인해 민족 지도자들 가운데에서 친일파로 변신하는 사례가 생겨나기도 했다.

시대 선사 시대~현대 | 더 찾아보기 국보

역사적 문화적 가치가 높은 조상들의 유산
문화재

개요 역사적, 문화적인 가치가 있다고 인정되는 조상들의 유산을 뜻한다. 문화재 보호법에서는 '우리 민족이 이룩한 유형·무형의 모든 문화적 소산을 포괄하는 보존할 만한 가치가 있는 것'을 문화재라고 정의하고 있다.

풀이 우리나라에서 문화재라는 말을 쓴 것은 1950년대부터이다. 그 이전에는 유적, 유물, 보물 등으로 나눠서 사용했다. 문화재의 종류는 여러 가지가 있다. 속성에 따라 유형 문화재와 무형 문화재, 기념물, 민속자료 등으로 구분하고 지정 여부에 따라 지정 문화재와 미지정 문화재로 분류한다.

기준	구분	특징	종류
속성	유형 문화재	모양과 형태를 가진 것.	국보, 보물, 시·도 유형 문화재
	무형 문화재	연극이나 음악, 무용, 공예 기술처럼 형태가 없는 것.	중요 무형 문화재, 시·도 무형 문화재
	기념물	사적지 중 역사적, 예술적 가치가 큰 것.	사적, 명승, 천연기념물, 시·도 기념물
	민속자료	우리 민족의 생활문화의 특색이 잘 나타난 것.	
지정 여부	지정 문화재	국가나 시·도에서 중요한 문화재를 보호하고 관리하기 위해 특별히 구별해 놓은 것.	
	비지정 문화재	지정 문화재 외의 문화재 가운데 보존할 만한 가치가 있는 것.	

심화 문화재는 대부분 그 문화재가 속한 나라의 국립 박물관이나 대학 박물관 등 박물관에서 보관하거나 전시한다. 하지만 문화재를 보존하기 위한 노력은 세계의 모든 나라와 사람들이 함께해야 한다. 문화나 자연 유산은 특정한 나라나 사람들만의 것이 아니기 때문이다. 따라서 최근에는 문화재를 인류의 문화유산으로 보는 시각이 많다.

시대 삼국 시대 | 더 찾아보기 국보, 백제, 삼국사기, 삼국유사, 석탑, 일제 강점기

우리나라에서 가장 오래된 백제의 돌탑

미륵사지 석탑

개요 전라남도 익산시 금마면의 미륵사지에 있는 돌탑이다. 현재 우리나라에 남아 있는 탑 가운데 가장 크고 오래된 것이다. 국보 제11호로 지정되었다.

풀이 미륵사는 용화산에 있었던 백제 시대의 절이다. 당시에는 아시아에서 규모가 가장 컸으나 지금은 석탑과 당간 지주만 남아 있다. 이 절에는 원래 나무로 만든 탑을 가운데 두고 동쪽과 서쪽에 두 개의 돌탑이 있었다. 따라서 미륵사지 석탑의 정확한 명칭은 '미륵사지 서쪽 석탑'이 되지만, 목탑과 동쪽 탑이 남아 있지 않아 미륵사지 석탑이라고 부른다. 현재 미륵사지에 있는 동탑은 미륵사지 석탑의 발굴 결과를 바탕으로 1993년에 복원한 것이다.

미륵사지 석탑은 재료만 나무에서 돌로 바뀌었을 뿐 이전에 주로 만들었던 목탑의 양식을 그대로 따르고 있다. 이 때문에 미륵사지 석탑은 우리나라 돌탑이 처음 만들어진 때의 모습일 것이라고 추측한다. 원래는 더 크고 높았으나 남서쪽 부분은 무너지고 북동쪽 부분만 6층까지 남아 있다.

심화 일제 강점기에 탑의 무너진 뒤쪽을 시멘트로 발라 반쪽 부분만 남아 있었으나 무너질 위험이 있어 2001년부터 원래의 모습을 되찾기 위한 보수 공사를 시작했다. 공사 중인 2009년 1월에 석탑 1층에서 사리를 보관하는 그릇인 사리 장엄구, 절이 세워지게 된 이유를 기록한 금판 등 국보급 유물들이 발견되었다. 이 유물들이 발견되면서 《삼국유사》와 《삼국사기》에 나온 미륵사 창건에 관한 기록이 사실로 확인되었다. 미륵사지 석탑의 복원 공사는 2018년 마무리되었다.

미륵사지 석탑의 원래 모습을 상상해 그린 그림. 동탑과 서탑이 같은 모양을 한 9층탑으로, 탑을 지탱하는 기초 부분인 기단부, 몸체에 해당하는 탑신부, 그리고 꼭대기의 상륜부를 완전히 갖추었던 것으로 추정된다.

일제에 의해 훼손된 부분. 처음에는 시멘트로 대충 발라 놓아 흉한 상태였다.

●○○
백제 시대 말기에 화강암으로 지은 미륵사지 석탑. 높이가 14.24미터에 이르는 커다란 돌탑으로, 우리나라의 돌탑 가운데 최고의 걸작으로 꼽히고 있다. 지금은 일제가 보수 공사를 이유로 훼손해 놓은 것을 옛 모습대로 복원하고 있다.

시대 삼국 시대~현대　　**더 찾아보기** 궁예, 무왕, 백제, 삼국 시대, 신라, 조선, 진흥왕, 화랑도, 후고구려

미래의 부처인 미륵이 나타나 세상을 구원한다는 신앙
미륵 신앙

개요 미래의 부처인 미륵이 나타나 세상을 구원한다는 신앙이다. 사회가 혼란스러워질 때마다 사회 개혁을 원하는 사람들 사이에서 인기가 높았다.

풀이 불교에 따르면 미륵불은 석가모니가 세상을 떠난 지 56억 7000만 년 후에 지상에 내려와, 석가모니가 미처 구하지 못한 중생들을 구원한다고 한다. 이러한 믿음을 미륵 신앙이라고 하는데, 미륵 신앙은 지배층과 백성들 모두에게 커다란 영향을 미쳤다.

임금을 비롯한 지배층은 자신의 권위를 높이거나 백성들을 통합하는 데 미륵 신앙을 이용했다. **삼국 시대**에 아름다운 미륵 불상이 많이 만들어졌고, **백제 무왕**은 미륵사를 세우기도 했으며, **신라 진흥왕**은 화랑도를 만들 때 미륵 신앙을 이용했다. 또한 **후고구려**를 세운 **궁예**는 자기 스스로 세상을 구원하는 미륵이라고 내세워 백성들의 마음을 사로잡으려고 했다.

미륵 신앙은 사람들이 현실의 어려운 삶을 견뎌 내고 미래의 희망을 갖게 되는 바탕이 되었다. 사람들이 너도 나도 미륵 앞에서 더 나은 미래를 맞이하게 해 달라고 빌면서, 미륵 신앙은 불교를 넘어 민간 신앙으로 발전하기도 했다. 전국 곳곳에서 미륵 불상을 쉽게 찾아볼 수 있는 것도 이 때문이다.

생활이 어려웠던 백성들은 자신을 구원해 줄 미래의 부처를 그리며 곳곳에 미륵 불상을 만들었다.

심화 **조선** 후기에는 미륵 신앙이 사회 개혁을 원하는 사람들에게 희망이 되기도 했다. 어지러운 정치와 탐관오리들의 횡포에 분노한 사람들은 기존의 신분 질서와 사회 체제를 바꾸기를 원했는데, 미륵 신앙은 새로운 사회의 출현을 예고했기 때문이었다. 요즘도 몇몇 신흥 종교는 미륵 신앙을 교리에 집어넣어 신도를 늘리는 데 이용하고 있다.

시대 현대 | 더 찾아보기 모스크바 3국 외상 회의, 신탁 통치 반대 운동

미국과 소련의 대표자가 우리나라의 임시 정부 수립을 의논한 회의
미소 공동 위원회

개요 모스크바 3국 외상 회의의 결정에 따라 한국의 임시 정부 수립을 의논하기 위해 열린 미국과 소련의 대표자 회의이다. 미국과 소련의 의견이 엇갈려 성과를 거두지 못했다.

풀이 1945년 12월 모스크바에서는 미국과 영국, 소련의 외상(외무 장관)들이 모여 회의를 열었다. 이들은 우리나라에서 민주주의 원칙에 따라 임시 정부를 구성하고, 이를 위해 미군과 소련군 대표들로 구성된 공동 위원회를 설치하며, 우리나라의 정당 및 사회 단체들과 협의를 거쳐 적절한 방책을 마련하기로 결정했다.

모스크바 3국 외상 회의의 결정에 따라 1946년 3월에는 미소 공동 위원회가 열렸다. 하지만 미소 공동 위원회에 어떤 정당과 사회 단체를 참여시킬 것인가를 놓고 미국과 소련의 의견이 엇갈렸다. 미국은 의사 표현의 자유를 내세워 모든 정당과 사회 단체를 참여시킬 것을 주장했지만, 소련은 반탁 단체들을 제외시켜야 한다고 주장했다. 반탁 단체란 신탁 통치 반대 운동을 벌인 단체들을 뜻한다. 결국 미국과 소련은 서로 합의에 이르지 못했고 미소 공동 위원회는 무기한 휴회에 들어갔다.

그러다 1947년 5월에 두 번째 미소 공동 위원회가 열렸다. 미국은 미소 공동 위원회에 소극적으로 임했고, 당시 우리나라에서 신탁 통치를 하던 미군정은 남조선 노동당(남로당)을 비롯한 좌익 정당과 단체들을 불법화했다. 이런 미국의 조치에 소련이 반발해 제2차 미소 공동 위원회도 성과를 거두지 못한 채 끝나고 말았다.

심화 미소 공동 위원회가 성과 없이 끝나면서 우리나라의 분단이 가속화되었다. 독립 국가로 출범하기 위한 임시 정부 수립은 우리 민족에게 매우 중요한 문제였지만, 미국과 소련이 자신들의 이해 관계에 따라 의견을 고집하면서 제대로 논의조차 되지 못했다. 결국 남북한은 각각 정부를 수립했고 분단은 굳어지고 말았다.

고대에 우리나라에 있었던 독특한 결혼 풍속

민며느리제

개요 장차 며느리로 삼기 위해 어린 소녀를 데려다 키운 뒤 아들과 혼인시켜 며느리로 삼았던 풍속이다. '예부제'라고도 부른다.

풀이 고대에 함경도 지역에 있던 나라인 **옥저**에서는 당장 혼인 비용을 마련할 수 없거나 혼인 상대자를 찾지 못할 때, 고아나 어린 소녀를 데려다 키워 혼인하는 풍속이 있었다. 주로 먹고살기 힘들었던 빈민층에서 유행했다. 중국의 역사책인 《삼국지》의 〈위지동이전〉에는 "동옥저에서는 10세 소녀를 데려다 키워 민며느리로 삼고, 다 크면 일단 집으로 돌려보낸 뒤 그쪽에서 요구하는 비용을 치르고 다시 데려와 혼인하는 풍습이 있었다."는 기록이 있다.

한편, 민며느리제와는 반대로 남자가 여자의 집에 사는 경우는 '데릴사위제' 또는 '예서제'라고 한다. 보통은 딸만 있는 집안에서 남자의 노동력이 필요할 때 데릴사위를 들였다.

Tip 사위를 처가에 잠시 머물게 한 결혼 풍속 '서옥제'

《삼국지》의 〈위지동이전〉에는 서옥제에 대한 설명도 담겨 있다. 서옥은 '사위의 집'을 뜻하는데, 사위가 결혼을 청하면 여자 집에 서옥을 지었다. 그런 다음 남자가 무릎을 꿇고 절하면서 결혼해 줄 것을 정식으로 청하면, 여자의 부모는 사위가 서옥에서 잘 것을 허락했다. 밤을 지낸 후 사위는 떠나면서 예물을 놓고 갔다. 여자는 아이를 낳고 자란 뒤에야 남자의 집이나 시댁으로 가서 살았다.

한편 서옥제는 데릴사위제의 하나로 보기도 하지만 차이가 있다. 서옥제는 데릴사위제와 달리 여자의 집에서 일을 하거나 평생 지내지 않고, 길어도 1~3년이면 자신의 집으로 돌아갔기 때문이다. 또한 여자도 아이가 자란 뒤에는 친정을 떠난다는 점에서 데릴사위제와는 달랐다.

시대 **선사 시대** | 더 찾아보기 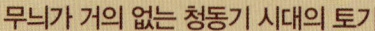빗살무늬 토기, 신석기 시대, 철기 시대, 청동기 시대

무늬가 거의 없는 청동기 시대의 토기
민무늬 토기

개요 **청동기 시대**에 사용했던 무늬 없는 그릇이다. 무늬가 없다는 뜻에서 '무문 토기'라고도 부른다.

풀이 이름은 민무늬 토기이지만 무늬가 아예 없는 것은 아니다. 중간이나 윗부분에 부분적으로 무늬가 있는 그릇도 많기 때문이다. 다만 **신석기 시대**에 많이 사용했던 **빗살무늬 토기**와 비교할 때 무늬가 거의 없다는 뜻으로 사용된다. 사용 시기도 청동기 시대에 가장 많이 사용됐지만 신석기 시대 말부터 **철기 시대** 초기까지 내내 사용되었다.

민무늬 토기의 특징은 바닥이 뾰쪽하거나 둥근 빗살무늬 토기와 달리 납작한 것이 많다는 점이다. 또한 목이 달려 있는 그릇, 굵은 흙 또는 모래가 섞인 흙으로 만든 그릇이 많다. 토기는 오늘날처럼 공기를 차단한 가마가 아니라 구덩이를 파고 장작을 피우는 한뎃가마(노천요)에서 구웠다. 이렇게 토기를 구우면 오늘날의 그릇처럼 단단하지는 않지만 적어도 빗살무늬 토기보다는 나았다.

민무늬 토기는 용도에 따라 다른 모양으로 만들었다. 즉 음식을 만들 때 사용하던 것, 저장할 때 사용하던 것, 무덤에 껴묻거리로 함께 묻을 때 사용하던 것 등 여러 가지 종류가 있다. 또 지역에 따라서는 간단한 무늬가 있는 것, 그릇의 표면이 붉거나 검은 것도 있다.

심화 초기의 민무늬 토기가 발견된 곳은 모두 압록강이나 두만강 등 우리나라 북쪽 지역이었다. 이는 민무늬 토기가 중국이나 북방계의 문화와 관련되었음을 보여 준다. 한반도에서 선조들이 농사를 짓기 시작할 무렵, 북쪽 지역에서 민무늬 토기도 함께 들어와 남쪽 지역으로 전해진 것으로 추측되는 것이다.

시대 조선 시대~대한 제국 시대 **더 찾아보기** 고종, 대한 제국, 명성 황후, 을사조약, 의병, 일본, 임오군란, 조선, 흥선 대원군

을사조약의 부당함을 알리며 목숨을 끊은 대한 제국의 정치인

민영환

개요 1905년에 일제가 **을사조약**으로 **대한 제국**의 외교권을 빼앗자, 이의 부당함을 알리며 스스로 목숨을 끊은 정치가이다.

풀이 민영환은 1861년에 **흥선 대원군**의 처남인 민겸호의 아들로 태어났다. **명성 황후**의 조카이기도 한 그는 일찍이 벼슬길에 올랐다. **임오군란** 때 아버지인 민겸호가 군인들의 손에 죽임을 당했지만, 그는 **고종**의 신뢰를 받으며 정부의 중요한 관직을 두루 맡으며 활약했다.

1896년에는 러시아 황제인 니콜라이 2세의 대관식에 **조선**의 대표로 참석했고, **일본**과 중국을 견제하기 위해 러시아의 외무대신과 밀약을 맺었다. 또한 서양 6개국의 특명 전권 대사를 맡았고 영국의 여왕인 빅토리아의 즉위 60주년 축하식에도 참석했다. 그는 서양의 근대화된 모습을 돌아보면서 새로운 문물에 눈을 떠 사회 전반에 걸친 개혁을 건의했고 백성의 권리 신장을 주장했다.

그러다 1905년에 대한 제국의 외교권을 빼앗기는 을사조약이 이루어지자 조병세 등 여러 관리들을 이끌고 대궐에 나아가 반대 상소를 올렸다. 하지만 일본의 헌병들이 나서 이들을 강제 해산시키자, 그는 '대한 이천만 동포에게 남기는 글'을 유서로 남기고 스스로 목숨을 끊었다. 민영환의 자결 소식을 들은 많은 인사들이 뒤이어 목숨을 끊었고, 전국 곳곳에서 **의병**이 일어났다.

심화 민영환이 남긴 유서에는 독립에 대한 절절한 바람이 담겨 있다.

"아, 나라의 수치와 백성의 욕됨이 이에 이르렀으니 우리 인민은 장차 생존 경쟁에서 잔멸하리라. (중략) 영환은 죽어도 죽지 않고 저승에서 여러분을 돕고자 하니, 우리 이천만 동포 형제들은 천만 배로 보답하여 마음을 굳게 먹고 학문에 힘쓰며, 일심협력하여 우리의 자유와 독립을 회복하면 죽은 몸도 저승에서 기뻐 웃으리라. 아, 실망하지 말라. 우리 대한 제국 이천만 동포 형제에게 이별을 고하노라."

시대 일제 강점기 | 더 찾아보기 고종, 3·1 운동, 손병희, 이승훈, 2·8 독립 선언, 일본, 천도교, 한용운

3·1 운동 때 태화관에서 낭독한 독립 선언서에 서명한 인물들

민족 대표 33인

개요 3·1 운동 때 우리 민족의 대표로서 독립 선언서에 서명한 인물들을 뜻한다. **천도교**와 기독교, 불교 등 종교별로 대표자를 선정했으며, 서울특별시 종로구의 태화관에서 독립 선언식을 가졌다.

풀이 1918년 제1차 세계 대전이 끝날 무렵 강대국의 지배를 받던 나라들 사이에서 독립운동이 활발해졌다. 미국 대통령 윌슨은 "각 민족은 다른 민족의 간섭을 받지 않고 스스로 운명을 결정한다."는 민족 자결주의를 주장했다. 이런 세계 정세는 우리 나라의 민족 운동에도 영향을 미쳤다.

먼저 1919년 2월 8일 일본 도쿄에서 유학생들이 모여 독립 선언을 했다(**2·8 독립 선언**). 이에 자극을 받아 국내에서도 독립 선언을 하려는 움직임이 구체화되었다. 1910년대 일제의 강압적인 통치 아래에서 조직을 유지할 수 있었던 종교계가 중심이 되었다. 이들은 **고종**의 장례일을 앞둔 3월 1일에 독립 선언을 하기로 뜻을 모았다. **손병희**와 권동진 등 천도교 측 15명, **이승훈**과 길선주 등 기독교 측 16명, **한용운**과 백용성 등 불교 측 2명이 독립 선언서를 만들어 서명했다. 독립 선언서에 서명한 33인의 이름은 다음과 같다.

〈민족 대표 33인 명단〉
손병희, 길선주, 이필주, 백용성, 김완규, 김병조, 김창준, 권동진, 권병덕, 나용환, 나인협, 양전백, 양한묵, 유여대, 이갑성, 이명룡, 이승훈, 이종훈, 이종일, 임예환, 박준승, 박희도, 박동완, 신홍식, 신석구, 오세창, 오화영, 정춘수, 최성모, 최린, 한용운, 홍병기, 홍기조

민족 대표들은 1919년 3월 1일 정오(낮 12시)에 탑골 공원에 모여 독립 선언식을 하기로 결정했다. 하지만 기념식이 자칫 폭력 시위로 변할 것을 걱정해 종로에 있는

길선주

김창준

이명룡

음식점인 태화관으로 장소를 바꾸었다. 그러고는 한용운이 독립 선언서를 낭독하고 함께 '독립 만세'를 외친 뒤 일본 경찰에게 체포되었다.

심화 민족 대표 33인은 일본 경찰에게 독립 선언식을 할 것이라고 미리 알렸다. 일본 경찰은 간단한 식이 끝나자마자 그들을 붙잡아 갔는데, 이로 인해 민족 대표들의 독립 선언에 아쉬움을 나타내는 의견이 많다. 이들은 3·1 운동을 일으키는 도화선 역할을 했지만 끝까지 주도하지는 못했기 때문이다. 실제로 탑골 공원에서는 학생들이 중심이 되어 독립 선언문 낭독이 이루어졌고, 이후 3·1 운동은 전국적으로 퍼져나갔다.

3·1 운동 때 독립 선언을 준비한 사람은 주로 종교계 인물들이었다. 일제의 강압적인 통치 아래에서도 조직을 유지할 수 있었기 때문이었다. 이들은 33명의 대표를 뽑은 뒤 서울특별시 종로구의 태화관에서 독립 선언식을 가졌다.

시대 일제 강점기 | 더 찾아보기 **일본, 일본군 위안부, 조선, 중일 전쟁, 징병**

일제가 식민 통치를 합리화하고 우리의 민족의식을 없애려던 정책
민족 말살 정책

개요 일제가 식민 통치를 합리화하고 우리의 민족의식을 없애려던 정책이다. **조선**인을 황국 신민(**일본**인)으로 만들려는 정책이라는 뜻에서 '황국 신민화 정책'이라고 부르기도 했다.

풀이 일제는 1937년 **중일 전쟁**을 일으켜 아시아 대륙 침략을 본격화했다. 전쟁이 확대되자, 한반도에서도 나라의 모든 조직을 전쟁을 수행하는 데 알맞은 상태로 변화시키고 민족 말살 정책을 펼치기 시작했다.

가장 먼저 민족적인 문화 활동을 금지하고, 우리의 말과 글을 쓰지 못하게 했다. 일본어를 사용하도록 강요하고, 일본의 신령을 모시는 사당인 신사에 참배하며, 신화에 나오는 일본인의 조상신을 숭배하게 했다. 또한 일본의 임금인 천황이 사는 황궁을 향해 절을 하도록 하는가 하면, 천황에게 충성을 다할 것을 맹세하는 〈황국 신민의 서사〉를 만들어 소리 내어 읽고 외우게 했다. 여기서 황국 신민이란 '천황이 다스리는 나라의 신하 된 백성'이라는 뜻으로, 일본인이 자신들을 일컬을 때 쓰던 말이었다. 심지어 우리와 일본이 같은 민족이라는 주장을 내세우며 성과 이름을 일본식으로 바꾸게 하고, 이를 거부하는 사람에게는 불이익을 주기도 했다.

민족 말살 정책은 우리 민족의 저항을 철저히 차단하는 한편, 일본이 일으킨 전쟁에 동원하거나 협력을 강요하기 위한 것이었다. 일부 조선인은 일제의 민족 말살 정책에 적극 참여했지만 이에 맞서는 항일 독립 운동도 계속되었다.

심화 일제는 민족 말살 정책과 더불어 우리 민족을 전쟁에 동원했다. 많은 젊은이들이 지원병이나 **징병**으로 일본군이 되었으며, 전쟁 물자를 공급하는 탄광이나 건설 현장에서 강제로 노동했다. 심지어 젊은 여성들은 **일본군 위안부**로 끌려가 성노예 생활을 하기도 했다. 무기를 만들기 위해 놋쇠로 만든 식기를 거두어들이고, 송진을 짜서 기름을 만들기도 했다. 이로 인해 우리 민족은 극심한 고통을 겪어야 했다.

시대 조선 시대 | 더 찾아보기 고구려, 고려, 박은식, 백제, 신라, 신채호, 6·25 전쟁, 일본, 정인보, 화랑도

일제가 왜곡한 우리 역사를 바로잡으려고 했던 역사학
민족주의 사학

개요 일제의 식민 사관을 비판하고 우리 민족의 정신과 전통을 바탕으로 주체적인 역사를 세우고자 했던 역사학이다. 박은식과 신채호에 이어 정인보, 문일평, 안재홍 등이 연구했다.

풀이 민족주의 사학은 역사 연구를 민족 해방 운동의 한 부분으로 생각했다. 박은식과 신채호가 만주나 중국에서 독립운동을 하면서 역사를 연구한 것도 이 때문이다. 이들은 비록 우리 민족이 나라를 빼앗겼지만 한민족의 정신을 가지고 있으면 언젠가는 독립을 이룰 수 있다고 생각했다.

박은식은 한민족의 정신을 '민족혼'이라고 불렀다. 그리고 민족혼을 보존해야 나라를 되찾을 수 있다고 믿었다. 일제의 침략 과정에 대해 쓴 《한국통사》나 일제에 맞선 한민족의 투쟁을 정리한 《한국독립운동지혈사》 등은 이런 생각을 바탕으로 펴낸 책이다.

또한 신채호는 우리나라의 고유한 사상 체계를 '낭가 사상'이라고 주장했다. 신라의 화랑도를 비롯해 고구려와 백제에 있었던 청년 조직의 이념이 바로 낭가 사상이다. 신채호는 고려 중기 이후 낭가 사상이 끊어진 것이 결국 일본에게 나라를 빼앗긴 원인이 되었다고 지적했다. 또한 그는 역사를 '아와 비아의 투쟁'으로 보았다. '아'는 우리 민족이고, '비아'는 우리나라를 침탈한 외세나 그를 도운 사람들을 뜻한다. 한편, 문일평은 우리나라의 정신을 '조선심'이라고 했고, 정인보는 '조선 얼'이라고 표현했다.

심화 민족주의 사학은 일제가 왜곡한 우리 역사를 바로잡고 역사 연구의 수준을 높였다. 하지만 역사 발전의 힘을 주로 정신에서 찾고, 역사를 발전시키는 중심 세력을 지배층으로 보는 한계도 보였다. 광복 이후에는 안재홍, 손진태, 이인영 등의 신민족주의 사학으로 이어졌지만, 남북의 이념 대립과 6·25 전쟁으로 쇠퇴했다.

시대 조선 시대 　**더 찾아보기** 고구려 고분 벽화, 바위그림, 선사 시대, 양반, 조선, 천민

조선 후기에 일반 서민들이 그린 그림

민화

개요 민간에서 일반 서민들이 그린 그림이다. 우리 민족의 생활과 문화가 고스란히 담겨 있어 '겨레 그림'이라고 부르기도 한다. 서민들의 생활과 관련된 소재가 많으며, 조선 후기에 많이 그렸다.

풀이 민화란 백성들이 그린 그림이라는 뜻이다. 따라서 선사 시대의 바위그림이나 고구려 고분 벽화, 도자기에 그린 그림 등도 크게 보면 민화에 속한다. 하지만 보통 민화라고 하면 조선 후기에 일반 백성들이 그린 그림을 가리킨다.

민화는 주로 그림에 소질은 있지만 전문적인 그림 공부를 하지 못한 평민이나 천민들이 그렸다. 그림을 그리는 관청인 도화서의 화원들이 그린 그림이나 양반들이 그린 문인화와 비교하면 예술성이 떨어지지만 서민들의 생활과 문화를 잘 보여 준다.

민화는 비슷한 대상물을 일정한 형식으로 그린 것이 많다. 예를 들어 '까치 호랑이'는 민화에 자주 나오는 동물 그림인데, 대부분의 민화에서 비슷한 모습으로 그려진다. 하지만 문인화와는 달리 그림의 구성이 파격적이고, 대상물을 익살스럽게 표현하거나 특징을 과장하여 그리는 것이 특징이다. 또한 화려한 색깔을 사용하고 그린 사람이 누구인지 알 수 없는 점도 민화가 가진 특징이다.

한때 민화는 예술성이 떨어진다는 이유로 낮은 평가를 받았지만, 요즘에는 민화의 내용에 담긴 의미와 제작 기법 등이 미술적 가치를 인정받고 있다.

민화의 소재로는 꽃이나 책, 공부할 때 쓰는 도구인 문방사우 등도 있다. 꽃처럼 아름다워지거나 공부를 잘할 수 있게 해 달라는 마음을 담은 셈이다.

심화 민화의 소재는 여러 가지이다. 동식물은 물론이고 주변의 사물이나 현상, 생활 도구, 설화의 한 장면, 종교나 학문의 내용, 민간 신앙 등 사람들이 살아가면서 접하거나 상상할 수

있는 모든 것들이 포함되어 있다. 그리고 민화의 소재는 사람들의 바람이 담겨 있다. 예를 들어 해와 구름, 물, 바위, 소나무, 대나무, 영지(버섯), 거북, 사슴, 학 등 십장생을 그린 장생도는 건강하게 오래 살고 싶다는 바람을 담은 것이다. 그래서 회갑잔치에는 장생도 병풍이 자주 쓰였다.

민화에 자주 나오는 동물 중 우리 민족이 오랫동안 영물로 생각해 온 호랑이이다. 그중에서도 까치와 익살스럽게 생긴 호랑이가 함께 있는 '까치호랑이' 그림이 가장 많다.

민화에는 도교의 영향을 받은 소재가 자주 나온다. 대표적인 것이 바로 신선 그림이다. 자연 속에서 도를 닦으며 살아가는 신선의 삶을 부러워한 탓인지 그림 속의 신선은 매우 편안하고 밝은 표정이다. 이 외에도 사람들의 띠를 결정하는 동물인 12지신, 동서남북과 중앙의 다섯 방위를 관장하는 오방신도 도교의 소재들이다.

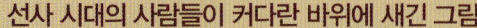

선사 시대의 사람들이 커다란 바위에 새긴 그림
바위그림

개요 바위에 동물이나 식물 또는 여러 무늬를 그려 넣은 **선사 시대**의 그림이다. 바위에 새긴 그림이라는 뜻에서 '암각화'라고도 부른다. **구석기 시대**부터 그려진 것으로 추측되지만 **청동기 시대**의 것이 가장 많이 발견된다. 선사 시대의 신앙과 생활 모습이 잘 나타나 있으며 주로 풍요로운 생산을 기원하는 내용이 많다.

풀이 우리나라에서 발견된 대표적인 바위그림은 울주 대곡리 반구대 암각화(**국보** 제285호)이다. 여기에는 여러 가지 동물과 물고기, 사람 등의 모양과 고래 잡는 모습, 사냥하는 장면 등이 매우 사실적으로 표현되어 있다. 이를 통해 우리는 당시 사람들이 커다란 배나 과학적 장비를 가지지 않고도 고래를 사냥했음을 알 수 있다. 만들어진 시기는 확실치 않다. **신석기 시대**에서부터 청동기 시대에 걸쳐 오랫동안 만들어진 것으로 보인다.

또한 울주 천전리 각석(국보 제147호)에서도 신석기 시대의 것으로 추측되는 바위그림이 발견되었는데, 여기에는 추상적인 기하학적 문양이 새겨져 있다. 이밖에도 고령 양전동 암각화(보물 제605호) 등 20여 개의 바위그림이 발견되었다.

바위그림을 그리는 방법은 물감으로 칠하거나 뿌려서 그리기, 돌이나 금속으로 쪼아서 그리기, 바위 표면을 갈아서 그리기, 그어 파내기 등 여러 가지이다. 우리나라에서는 아직 물감으로 그린 것은 발견되지 않았고, 주로 바위를 쪼거나 선을 그어 만드는 '새김법'에 의한 것이 많다.

심화 바위그림은 우리나라뿐 아니라 세계 곳곳에서도 발견된다. 문자가 없던 시대에 사람들이 남길 수 있는 유일한 기록이었기 때문이다. 중국이나 **몽골**, 오스트레일리아, 멕시코 등에서는 물감으로 그린 바위그림이 발견되었고, 유럽에서는 주로 구석기 시대의 동굴 속에 바위그림이 그려져 있다. 그림의 내용은 우리나라와 마찬가지로 당시의 생활 모습이나 기하학적인 도형들이다. 일부는 문자로 짐작되는 것도 있다.

● ○ ●
대표적인 바위그림인 울주 대곡리 반구대 암각화. 그림이 매우 사실적이다.

울주 대곡리 반구대 암각화의 상징처럼 통하는 고래 그림. 수염고래가 새끼 고래를 등에 업고 헤엄치거나 고래 떼가 무리지어 물속을 헤쳐 가는 모습, 5개의 줄무늬가 있는 귀신고래 등 매우 자세히 묘사되어 있다.

● ○ ●
선사 시대 사람들은 커다란 바위에 그림을 남기곤 했다. 우리나라에서 발견되는 바위그림은 주로 바위를 쪼거나 선을 긋는 방법으로 새긴 것이 많다. 우리는 이 그림을 통해 선사 시대 사람들의 생활 모습이나 신앙 등을 짐작해 볼 수 있다.

시대 조선 시대 | **더 찾아보기** 갑신정변, 강화도 조약, 개화파, 김옥균, 박영효, 박지원, 북학파, 운요호 사건, 제너럴셔먼호 사건, 조선, 진주 농민 봉기, 청, 흥선 대원군

김옥균 등 개화파들을 길러 낸 조선 말기의 학자이자 정치가

박규수

개요 조선 말기의 개화 사상가이다. 서양 문물을 받아들이자고 주장했으며, **김옥균** 등 **갑신정변**의 주역이 된 **개화파**들을 키워 냈다. **제너럴셔먼호 사건** 때는 평안도 관찰사로서 공격을 이끌기도 했다.

풀이 박규수는 1807년에 **북학파** 실학자인 **박지원**의 손자로 태어났다. 그는 여러 고을에서 지방관으로 지내는 동안 농민들의 어려운 현실을 지켜보면서 개혁이 필요하다고 생각하게 되었다. 1862년에 **진주 농민 봉기**가 일어났을 때는 농민들의 어려움을 해결하려면 삼정의 문제점을 고쳐야 한다고 임금에게 건의하기도 했다.

박규수는 사신으로 **청**에 다녀오면서 새로운 문명을 경험하고, 서양 세력이 들어오는 것을 무조건 막는 것보다는 서양의 근대 문물을 받아들여 발전시켜야 한다고 주장했다. 그러나 평안도 관찰사로 있을 때인 1866년에는 미국 상선 제너럴셔먼호가 평양에 나타나 약탈 행위를 저지르자 배를 공격해 불태우기도 했다. 이는 통상의 예를 지키지 않은 외국 세력에 대한 응징의 의미였다.

이후 박규수는 **흥선 대원군**에게 개화의 필요성을 여러 차례 건의했다. 흥선 대원군이 건의를 받아들이지 않자 관직에서 물러나 서울 북촌에 있는 집으로 돌아갔다. 박규수는 통역관인 오경석, 의관인 유홍기 등과 함께 중국에서 들어온 서학책(서양을 소개한 책)을 보급하여 개화의 필요성을 알리는 데 힘썼다. 그리고 김옥균, **박영효**, 서광범 등에게 당시의 국제 정세와 개화의 필요성을 가르쳤다. 이들은 훗날 개화파를 이루어 문호 개방에 적극 앞장섰다.

심화 박규수는 1875년에 일어난 **운요호 사건**과 **강화도 조약**을 지켜보면서 몹시 슬퍼하며 안타까워했다고 한다. 그의 주장대로 차분하게 개화를 준비하지 못한 채 조선이 외세 침략의 위기를 맞았기 때문이다. 나라의 장래를 걱정하던 그는 1877년에 쓸쓸하게 세상을 떠났다.

시대 조선 시대 | 더 찾아보기 갑신정변, 강화도 조약, 개화파, 고종, 김옥균, 박영효, 일본, 조선, 청, 한성순보

조선 고종 때 신문을 펴내기 위해 만든 관청

박문국

개요 조선 고종 때인 1883년 신문 발행과 출판 업무를 위해 만든 관청이다. 우리나라 최초의 근대 신문인 《한성순보》를 발행했다.

풀이 19세기 후반, 강화도 조약으로 나라의 문을 연 조선은 새로운 문물을 받아들이기 위해 노력했다. 1882년 일본을 돌아보고 온 박영효는 조선의 제26대 임금인 고종에게 신문을 만들어 백성들과 소통하는 것이 필요하다고 건의했다. 고종은 이 건의를 받아들여 관련된 규정과 관청을 마련하도록 지시했다. 이에 따라 1883년 7월 근대적인 인쇄 시설을 갖춘 박문국이 문을 열었다.

박문국은 외교와 통상에 관한 일을 하는 관청인 통리교섭통상사무아문에 속하는 부속 기관으로서 주로 출판 편집과 인쇄에 관한 일을 맡아 했다. 그리고 1883년 10월 이곳에서 《한성순보》가 발행되었다. 《한성순보》는 우리나라에서 나온 최초의 근대 신문이었다. 하지만 조선 정부가 주관하여 펴낸 것이므로 신문이라기보다는 관보에 가까웠다.

1884년 12월에는 김옥균과 박영효, 홍영식 등 급진 개화파가 일으킨 갑신정변이 실패로 돌아가면서 박문국도 폐지되었다. 이듬해인 1885년에 다시 문을 연 박문국은 《한성순보》도 계속 펴내고 외국 책을 번역하여 출판하기도 했으나, 재정 문제로 인해 1888년 상급 기관인 통리교섭통상사무아문에 흡수되었다.

심화 박문국은 처음 계획과는 달리 많은 출판물을 내지는 못했다. 박문국에서 펴낸 《한성순보》도 순 한문으로 만들어 많은 사람들이 읽지 못했고, 출판한 책도 몇 권 되지 않았다. 특히 《한성순보》는 청나라를 배격하고 일본과 가까운 내용의 기사만 싣는다는 비판을 받았는데, 이로 인해 갑신정변 때 박문국이 불에 타고 기계가 파괴되는 등 수난을 겪기도 했다.

네덜란드에서 태어나 조선의 훈련도감에서 일했던 귀화인

박연(벨테브레이)

개요 **조선** 인조 때 바다에서 표류하다 제주도에 도착해 조선인으로 귀화한 네덜란드 사람이다. 원래 이름은 얀 벨테브레이(Jan J. Weltevree)이다. 훈련도감에서 총포 만드는 일을 했으며, **병자호란** 때 전투에 나서기도 했다.

풀이 네덜란드 사람인 벨테브레이는 1626년에 동양에 왔다가 배를 갈아타고 **일본**으로 가던 중 풍랑을 만났다. 길을 잃고 바다에서 표류하던 벨테브레이 일행은 제주도에 도착했다. 도착한 곳이 조선 땅임을 몰랐던 그는 동료 두 명과 함께 마실 물을 구하기 위해 돌아다니다 제주 관원에게 붙잡혔다. 제주 관아는 이들을 가두었다가 2년 후에 **한양**으로 올려 보냈다.

벨테브레이는 동료인 히아베르츠, 피에테르츠와 함께 훈련도감에서 총포를 만들거나 조종하고 연구하는 일을 했다. 그는 조선인으로 귀화한 뒤 조선 여자와 결혼도 했다. 조선 이름은 '박연'이라고 지었고, 아들 하나와 딸 하나를 낳았다.

1636년에 병자호란이 일어나자 박연은 훈련도감의 군사들과 함께 전쟁터로 나가 싸웠다. 이때 두 명의 동료는 전쟁터에서 세상을 떠났다고 한다. 1653년에는 네덜란드 사람인 **헨드릭 하멜** 일행이 표류하다 제주도에 도착했는데, 박연이 통역을 맡았다고 한다. 이후 박연은 하멜 일행과 함께 지내면서 조선의 말과 풍속을 가르쳤다.

심화 박연은 조선인으로 귀화한 이후 정신적으로도 완전한 조선인이 되어 살았던 것으로 보인다. 그가 처음 하멜 일행의 통역을 맡았을 때 네덜란드 어를 잊어버려 통역이 불가능했을 정도였다. 이미 25년이나 조선인으로 살았던 박연은 조선인보다 더 조선인 같은 모습을 보였다고 전해진다.

시대 조선 시대　**더 찾아보기** 고구려, 고려, 사육신, 삼국 시대, 세종, 신라, 조선, 집현전

조선 초기에 궁중 음악을 정리한 음악가

박연

개요 **조선** 시대의 음악가이다. **세종**의 명령을 받아 악보와 악곡을 정리했으며, 악기를 개량하고 발명했다. **신라**의 우륵, **고구려**의 왕산악과 함께 우리나라 '3대 악성'으로 불린다.

풀이 박연은 **고려** 우왕 때인 1378년에 충청북도 영동군에서 태어났다. 그는 어릴 때부터 수재라는 소리를 들었을 정도로 총명했고, 피리를 잘 불었으며, 효심도 남달리 깊었다고 한다. 그가 어린 시절에 부모님이 돌아가시자 움막을 짓고 3년 동안 무덤을 지켰는데, 시묘살이를 하는 동안 호랑이도 그를 지켰다는 설화가 전해져 올 정도이다.

박연은 문과에 급제해 **집현전** 일을 보았는데, 세종이 임금이 된 후에는 '악학별좌'라는 벼슬에 임명되어 궁중 음악과 관련된 일을 했다. 당시 세종은 유교 정치의 기반이 되는 의례와 제도를 정비하면서 그에 합당한 음악을 만들고자 했다. 박연은 여기저기 흩어져 있던 악보를 한데 모아 편찬했다. 그리고 궁궐의 각종 행사 때 사용하던 향악을 아악으로 대체해 우리나라 궁중 음악의 기틀을 마련했다.

한편, 박연은 악기를 조율하거나 직접 만들기도 했다. 그는 편경 12장을 만든 뒤에 스스로 만든 12율관에 따라 음률을 정확하게 다듬는 등 궁중 악기들을 정비했다. 그러나 아들인 계우가 **사육신** 사건과 관련되어 사형을 당하자 벼슬에서 물러나 고향으로 돌아갔다. 그는 1458년에 세상을 떠나기까지 피리를 벗 삼을 정도로 쓸쓸하게 지냈다고 한다. 박연의 고향인 영동에서는 해마다 그의 호를 딴 난계 음악제가 열려 그가 민족 음악 발전에 남긴 업적을 기리고 있다.

심화 향악은 **삼국 시대**부터 전해 내려오는 우리나라 고유의 궁중 음악을 뜻하고, 아악은 고려 예종 때 중국으로부터 들여와 궁중 의식에서 연주된 전통 음악을 가리킨다. 박연이 정리한 아악은 중국의 것을 새롭게 완성한 것이다. 또한 박연이 조율

했다는 편경은 본래 고대 중국의 대표 악기로, 고려 예종 때인 1116년에 들어온 것이다. 습기나 온도의 변화에도 음색과 음정이 변하지 않아 모든 국악기 조율의 표준이 된다. 그런데 박연은 천재적인 절대 음감을 바탕으로 편경을 조율해 중국의 것보다 훌륭하게 만들었다고 한다.

박연은 조선 초기에 궁중 음악을 정리한 천재 음악가이다. 그의 능력을 알아본 세종의 후원 아래, 조선의 건국 이념에 걸맞은 음악과 악기를 만들어 궁중 문화 발전에 이바지했다.

박연은 악기 조율이나 제작에 남다른 재능을 보였다. 그가 조율한 대표적인 악기가 바로 편경이다. 편경은 'ㄱ' 자 모양의 돌 16개를 두 줄로 나누어 걸어 만든 타악기이다. 돌을 치면 매우 맑은 소리를 내는데, 박연은 절대 음감을 바탕으로 이 소리를 조율했다.

시대 조선 시대~일제 강점기 | **더 찾아보기** 갑신정변, 갑오개혁, 개화파, 고종, 김옥균, 박규수, 수신사, 이완용, 일본, 임오군란, 조선, 조선 총독부, 태극기, 한성순보

갑신정변을 주도한 개화파 정치가이자 변절한 친일파

박영효

개요 조선 후기의 **개화파** 정치가로서 **갑신정변**과 **갑오개혁**을 주도했다. 1882년에 **수신사**로 **일본**에 가는 동안 배 위에서 태극무늬와 사괘를 그린 **태극기**를 만들었다.

풀이 박영효는 **박규수**의 추천을 받아 조선의 제25대 임금인 철종의 딸 영혜 옹주와 결혼해 임금의 사위가 되었다. 박규수의 영향으로 개화 사상을 접한 그는 **김옥균**과 홍영식, 서광범 등 개화파 인물들과 사귀었다. 이들은 유교 사상을 부정하면서 평등과 민권을 주장하는 급진파 개화사상가가 되었다.

박영효는 **임오군란** 후 수신사로서 일본의 발전된 모습을 둘러보고 돌아와 개혁 정치를 추진했다. 도로를 관장하는 치도국, 경찰 업무를 담당하는 경순국, 신문 발행을 담당하는 박문국 등의 설치와 **《한성순보》**의 발간을 주도했다. 하지만 외척인 민씨 세력의 간섭으로 개혁이 어렵게 되자, 다른 개화파 정치가들과 함께 갑신정변을 일으켰다. 이들은 당시 권력을 잡고 있던 수구파를 몰아내고 정부를 장악했지만, 불과 3일 만에 쫓겨나 역적 신세가 되었다.

박영효는 서둘러 일본으로 망명했다가 미국으로 건너갔다. 하지만 다시 일본으로 돌아와 학교를 세우고 유학생을 교육하는 데 힘썼다. 갑오개혁이 일어나자 국내로 돌아와 개혁 정치에 참여했지만 곧이어 일어난 반역 음모 사건으로 다시 일본으로 망명했다. 1907년에 궁내부 대신으로 임명되어 돌아왔지만, **이완용**과 대립하며 **고종**의 퇴위를 반대하다 제주도로 유배당했다.

심화 박영효는 젊은 시절에는 나라의 미래를 걱정하는 개화파 정치인이었지만, 나중에는 친일파로 변절했다. 그는 일제가 내려준 후작의 작위를 받고, **조선 총독부**의 여러 관직을 거치며 일본에 협조했다. 《동아일보》의 초대 사장을 지내기도 했으며, 친일파 귀족들의 우두머리로 살다 1939년에 죽었다.

시대 조선 시대~일제 강점기 | 더 찾아보기 대한매일신보, 대한민국 임시 정부, 독립 협회, 민족주의 사학, 신민회, 실학, 장지연, 한일 강제 병합

일제 강점기의 민족주의 역사학자이자 독립운동가
박은식

개요 독립운동가이며 민족주의 역사학자이다. 역사 연구를 통해 민족의식을 일깨우면서 나라의 독립을 이루기 위해 노력했다.

풀이 1859년에 황해도 황주에서 태어난 박은식은 어려서는 한학을 배웠지만, **실학**의 영향을 받아 불교와 기독교 등 여러 종교의 교리까지 두루 배우며 성장했다. 1898년에 **독립 협회**에 가입하면서 민족 운동에 뛰어든 그는 **장지연**과 함께 《황성신문》의 주필로 활동하면서 계몽 운동을 펼쳤다. 1905년부터 1910년 사이에는 《**대한매일신보**》 등을 비롯한 다수의 신문과 잡지에 논설을 쓰고, 비밀 조직인 **신민회**에 가입해 활동하기도 했다.

1910년에 **한일 강제 병합**으로 나라가 망하자, 그는 만주로 건너가 독립운동에 뛰어들었다. 1912년에는 동제사라는 독립운동 조직을 만들어 활동했고, 민족정신을 일깨우기 위한 역사책 만들기에 들어갔다. 이때 만들어진 것이 바로 박은식의 대표작인 《한국통사》이다. 그가 쓴 역사책들은 국내외 동포들에게 민족의 자부심을 높여 주고 독립을 위한 투쟁 정신을 심어 주었다.

이후 상하이에 있던 **대한민국 임시 정부**가 분열과 혼란에 빠지자, 제2대 대통령에 취임해 임시 정부 체제를 내각 책임제로 바꾸는 등 수습을 위해 노력했다. 1925년에는 오랫동안 앓던 지병이 악화되어 세상을 떠났는데, 그는 독립을 위해 민족이 단결해야 한다는 유언을 남겼다.

심화 박은식은 나라를 빼앗겨 어려움을 겪고 있던 시대의 아픔을 역사책인 《한국통사》와 《한국 독립운동 지혈사》로 표현했다. 그는 이 책에서 "나라는 망해도 우리 역사 속에 살아 있는 혼을 잃지 않으면 그 나라는 망한 것이 아니다."라고 강조하고 독립의 정당성을 주장해 **민족주의 사학**을 이루었다.

시대 현대 | **더 찾아보기** 경부 고속 국도, 경제 개발 5개년 계획, 대한민국, 4·19 혁명, 새마을 운동, 10월 유신, 5·16 군사 정변, 6·25 전쟁, 일본, 일제 강점기, 전태일

경제 발전을 추진하면서 장기 집권했던 대한민국의 대통령

박정희

개요 **대한민국**의 제5~9대 대통령이다. **5·16 군사 정변**으로 권력을 잡은 뒤 뒤떨어진 우리나라 경제의 발전을 위해 노력했다. 그러나 반공을 내세워 국민을 억누르고 오랫동안 독재 정치를 해서 비판을 받았다.

풀이 박정희는 **일제 강점기** 말기에 **일본**의 괴뢰 국가인 만주국 장교로 활동했다. 그러다 해방 후 국내로 들어와 육군 대위가 되었고, **6·25 전쟁** 후에는 장군으로 승진했다. **4·19 혁명** 후인 1961년에는 사회 혼란과 정부의 무능함을 이유로 5·16 군사 정변을 일으켜 정권을 잡았다. 1963년에 개정된 헌법에 따라 시행된 제5대 대통령 선거에서 당선된 이후, 제9대 대통령까지 모두 다섯 차례 대통령을 지냈다.

박정희는 공산주의를 반대하는 반공과 경제 성장을 구실로 대통령의 지위를 유지했다. 1965년에는 국민들의 거센 반대를 물리치고 일본과 국교를 정상화하고, 베트남 전쟁에 참여해 외화를 얻고 미국과의 관계를 굳건히 했다. 이후 그는 권력의 욕심을 드러내며 1969년에 3선 개헌을 했다. 대통령을 연달아 세 번 할 수 있도록 헌법을 고친 것이다. 1972년에는 **10월 유신**을 통해 대통령의 임기 제한을 없애고 막강한 권력을 누릴 수 있도록 헌법을 개정했다.

한편 박정희는 1962년부터 **경제 개발 5개년 계획**을 실시했다. 그는 외국에서 돈을 빌려 **경부 고속 국도**를 건설하고 중화학 공업을 성장시키는 등 높은 경제 성장을 이루어갔다. 전국 곳곳에서 **새마을 운동**을 추진하기도 했다. 그러나 급속한 경제 성장으로 인해 빈부 격차가 심해졌고, 노동자들의 열악한 노동 환경은 나아지지 않았다. 이로 인해 1970년에는 평화 시장에서 일하던 **전태일**이 노동자들의 기본적 권리를 요구하며 분신자살해 노동 운동이 일어났다.

결국 장기 독재에 반대하고 민주화를 요구하는 국민들의 저항이 거세지던 1979년에, 그는 측근이었던 중앙정보부장 김재규의 총탄에 의해 세상을 떠났다.

심화 박정희에 대한 평가는 크게 엇갈리고 있다. 오랫동안 권력을 독차지하고 국민들의 민주화 요구를 강압적인 통치로 억누르는 독재 정치로 비판을 받는가 하면, 경제 발전과 국가 안보를 튼튼히 했다는 이유를 들어 긍정적으로 평가하는 사람들도 있다.

5·16 군사정변 당시의 박정희와 그의 부하들

박정희에게 총을 겨눈 김재규. 그는 당시 박정희 정권의 핵심인 중앙정보부장이었으나, 부마 항쟁 등 국민들의 민주화 요구에 대한 대처 방법에 불만을 품고 대통령을 시해하는 10·26 사태를 일으켰다.

박정희의 부인이었던 육영수. 그녀는 1974년 8·15 광복절 기념 행사에서 북한의 지시를 받은 문세광의 총탄을 맞고 세상을 떠났다.

일본 육군 사관 학교를 졸업하고 만주국 군대의 장교였던 박정희는 해방 후에는 대한민국의 육군 장교로 활동했고, 4·19 혁명 후에는 사회 혼란을 해결한다며 군사 정변을 일으켜 권력을 잡았다. 이후 그는 경제 발전을 추진하는 한편 오랫동안 권력을 이어가기 위해 독재 정치를 했다.

시대 조선 시대 더 찾아보기 규장각, 노론, 박지원, 북학파, 실학, 양반, 정약용, 정조, 조선, 청

《북학의》를 지어 소비와 통상을 강조한 조선 후기의 실학자

박제가

개요 조선 후기의 **실학**자이다. **청**나라를 돌아보고 쓴 《북학의》를 통해 청의 선진 기술을 받아들여야 한다고 주장했다. 또한 소비와 통상의 중요성을 강조하며 조선 사회의 개혁 방안을 제시했다.

풀이 박제가는 1750년에 이름난 **양반** 집안의 서자로 태어났다. 서자란 본부인이 아닌 여자가 낳은 아들을 뜻한다. 조선 시대의 서자는 여러 가지 면에서 차별을 받았다. 박제가도 예외가 아니었지만, 그는 일찍부터 시나 글씨, 그림 등에 뛰어난 재주를 보여 이름을 떨쳤다.

박제가는 **박지원**을 스승으로 따르며 이덕무, 유득공 등의 실학자들과 함께 **북학파**를 이루었다. 청을 네 차례나 다녀오면서 새로운 학문에 눈을 뜬 그는 《북학의》를 지었다. 《북학의》는 청에서 보고 들은 견문을 바탕으로 농기구와 수레 등 생활 도구의 개량과 사회 제도의 개혁 방안을 제시한 책이다. 그는 이 책을 통해 청의 선진 문물을 본받아 생산 기술을 향상시키고, 편리한 기구를 잘 사용해 먹고 입는 것을 풍부하게 할 것을 주장했다. 특히 절약보다는 소비를 권장해 생산을 늘리는 방안을 제시했다.

박제가는 **정조**가 실시한 서얼 차별 금지 정책 덕분에 이덕무, 유득공과 함께 **규장각** 검서관으로 일할 수 있었다. 그는 규장각에서 일하는 동안 책의 틀린 글자를 바로잡거나 베껴 쓰는 일은 물론이고 여러 가지 개혁 방안을 제시하며 정조를 도왔다. **정약용** 등 뛰어난 학자들과 함께 학문을 넓히기도 했다.

심화 박제가는 조선 후기의 대표적인 실학자로서 많은 업적을 남겼다. 하지만 개혁을 원하지 않았던 **노론** 세력의 미움을 받아 1801년에 유배형을 받고 귀양살이를 하게 되었다. 그리고 고향으로 돌아온 지 1년 후인 1805년에 세상을 떠났다.

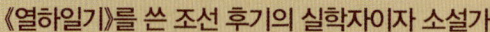

《열하일기》를 쓴 조선 후기의 실학자이자 소설가
박지원

개요 조선 후기의 **실학**자이자 소설가이다. **청**나라 문물을 받아들일 것을 주장해 **북학파**를 이루었으며, 그의 사상은 손자인 **박규수**와 **개화파**에게 이어졌다. 기행문인 **《열하일기》**와 한문 소설인 《양반전》, 《허생전》 등을 지었다.

풀이 박지원은 1737년에 서울의 이름난 **양반** 집안에서 태어났지만 벼슬에는 뜻이 없었다. 그는 **홍대용**이나 이덕무, **박제가**, 유득공, 이서구 등처럼 **중인**이나 서얼 출신의 젊은 지식인들과 어울리며 사회 현실과 청나라의 문물에 대해 토론하기를 좋아했다. 그러다 **정조** 때인 1780년에 청을 여행하고 돌아와 《열하일기》라는 기행문을 썼다. 그는 《열하일기》에서 청의 발달된 문화나 기술을 소개하면서 당시 조선 사회의 문제점을 지적하고 개혁을 주장했다.

박지원은 1786년에 처음 벼슬길에 나섰는데, 여러 관직을 거치며 정조의 신임을 받았다. 농업을 진흥시키기 위한 방법을 정리한 책인 《과농소초》도 정조의 명령을 받아 지었다. 농민 생활을 안정시키기 위해 사대부의 토지를 제한하자는 '한전론'과 농기구와 비료 등의 개선을 통해 생산량을 늘릴 것을 주장하기도 했다. 또한 그는 《양반전》, 《허생전》 같은 한문 소설을 써서 양반들의 무능함과 부패한 생활을 비판했다. 뿐만 아니라 서양의 근대 과학 기술에도 관심이 많아 홍대용과 함께 지동설을 주장하기도 했다. 박지원은 순조 때인 1805년에 세상을 떠났다.

심화 박지원의 《열하일기》가 선비들 사이에 인기를 모으며 퍼져나가자, 조선 조정에서는 '문체 반정'의 조짐이 일어났다. 문체 반정이란 글을 쓸 때 수준 낮은 이야기 체를 버리고 이전의 품격 있는 문체로 돌아가라는 뜻이다. 이는 《열하일기》에 담긴 내용처럼 비판적이고 자유분방한 사상이 널리 퍼지는 것을 경계한 것이다.

시대 선사 시대 | 더 찾아보기 고구려, 삼국유사, 신라, 주몽

알에서 태어나 경주 지방에서 신라를 세운 임금

박혁거세

개요 **신라**를 세운 임금이다. 알에서 태어난 뒤 경주 지역을 다스리던 여섯 촌장들의 지지를 받아 임금이 되었다고 한다.

풀이 기원전 69년경, 한반도의 남동쪽에는 여러 부족 국가들이 모여 연맹을 이룬 진한이 있었다. 《**삼국유사**》에 따르면 진한 중에서 경주 지방에는 모두 여섯 개의 마을이 있었다고 한다. 알천의 양산촌, 돌산의 고허촌, 무산의 대수촌, 취산의 진지촌, 금산의 가리촌, 명활산의 고야촌 등이었다.

여섯 마을의 촌장들은 회의를 열고 나라를 세우자고 뜻을 모았다. 그러려면 덕 있는 사람을 찾아 임금으로 모셔야 했다. 촌장들은 먼저 높은 곳에 올라 세상을 둘러보았다. 그런데 촌장들의 눈에 나정이라는 우물가에서 무릎을 꿇은 채 울고 있는 흰말이 들어왔다. 가까이 다가가니 흰말은 크게 울면서 하늘로 올라갔고, 흰말이 있던 자리에는 자줏빛 알이 있었다.

촌장들이 조심스럽게 알을 건드리자 껍질이 갈라지면서 한 사내아이가 나왔다. 촌장들은 하늘에서 임금을 보내주었다고 생각하고 사내아이의 이름을 '혁거세'라고 지었다. 혁거세란 세상을 밝게 한다는 뜻이다. 박처럼 생긴 알에서 나왔으니 성은 박 씨가 되었다. 박혁거세는 촌장들의 손에서 무럭무럭 자라 기원전 57년에 나라를 세우고 임금이 되었다. 나라 이름은 '서라벌'이라고 지었는데, 서라벌은 신라의 옛 이름이다. 박혁거세는 약 61년간 나라를 다스리다 하늘로 올라갔다고 한다.

한편, 여섯 촌장들이 박혁거세를 왕위에 올렸다는 사실로 보아 신라는 박혁거세와 여섯 개의 부족들이 연합하여 세운 나라임을 짐작할 수 있다. 박혁거세는 **고구려**의 시조인 **주몽**처럼 알에서 태어났다고 전한다. 이는 나라를 세운 임금이 하늘의 후손임을 내세워 신성시하려는 의도로 짐작된다.

심화 박혁거세의 부인인 알영 부인에게도 탄생 설화가 있다. 《삼국유사》에 따르면

여섯 촌장들은 박혁거세를 맞이한 뒤 부인이 될 만한 여자아이도 찾아 나섰다. 그러던 중에 '알영정'이라는 우물가에서 닭처럼 생긴 용을 발견했다. 그 용은 왼쪽 겨드랑이로 여자아이를 낳았는데, 입술이 닭의 부리와 같았다. 사람들이 여자아이의 입술을 냇가에서 씻기자 부리가 떨어졌고, 고운 얼굴이 드러났다. 촌장들은 이 여자아이의 이름을 '알영'이라고 짓고 혁거세와 혼인시켰다. 이후 두 사람은 서라벌의 임금과 왕비가 되었다.

●○○
《삼국유사》에 기록된 신라의 건국 신화에 따르면, 박혁거세는 알에서 태어났다고 한다. 그는 경주 지역의 여섯 촌장들의 지지를 받으며 임금이 되었고, 나라 이름을 '서라벌'이라고 했다. '신라'는 지증왕 때인 503년에 고쳐 붙인 이름이다.

진한 중 경주 지방에는 여섯 마을이 있었다. 이 마을의 촌장들은 덕이 있는 사람을 찾아 임금으로 세우기로 뜻을 모았고, 임금이 될 만한 사람을 찾아 나섰다가 나정이라는 우물가에서 알을 발견했다.

시대 조선 시대 **더 찾아보기** 고려, 군역, 노비, 실학, 유형원, 정약용, 조선

조선의 실학자 유형원이 사회 개혁 방법에 대해 쓴 책

반계수록

개요 실학자인 유형원이 조선 효종 때인 17세기 후반에 지은 책이다. '반계'는 유형원의 호이며, '수록'은 '수시로 적어 놓은 글'이라는 뜻이다. 사회 개혁에 대한 내용을 담고 있으며, 훗날 실학 사상의 기초가 되었다.

풀이 유형원은 조선의 어지러운 현실을 하루 빨리 개혁해야 한다고 생각했다. 그래서 전라북도 부안에 내려가 사회 개혁을 뒷받침할 학문을 연구했다. 《반계수록》은 이때 지은 것이다. 완성하는 데는 20여 년이 걸렸다.

《반계수록》은 주로 나라를 다스리는 데 필요한 제도 개혁의 방법에 대해 다루고 있다. 유형원은 중국과 고려, 조선의 법제를 살펴본 뒤 자신이 제안하는 방법을 책에 담았다. 그는 특히 토지 제도에 관심이 많았다. 조선에는 '송곳을 꽂을 만한 땅조차 갖지 못한' 사람이 대부분인데, 가난한 농민에게 무거운 세금을 물리는 현실을 비판하고 대책을 내놓은 것이다. 그가 내놓은 방법은 모든 농민이 균등하게 땅을 나누어 경작하는 정전법의 정신을 살리는 것이었다. 이를 위해 땅을 빌려 농사지을 수 있는 권리인 경작권을 농민들에게 고루 나누어 주고 기본적인 생활을 보장하자고 제안했다. 세금은 수확량의 1/20만 받고, 조세와 군역 이외의 잡세를 금지해 농민들의 생활을 안정시켜야 한다고 주장했다. 또한 상공업을 발전시키되 농업이 피해를 받지 않도록 하고, 화폐를 널리 유통시킬 방법도 제안했다.

심화 《반계수록》에는 농업이나 상업 문제 외에도 백성들의 교육이나 관리 제도의 개혁, 군사 조직의 개편, 노비 세습 폐지 등에 대한 내용도 실려 있다. 그는 백성들에게 도덕 교육을 시켜 건전한 사회를 만들고, 능력 있는 관리를 뽑아 나라 운영을 잘해야 한다고 강조했다. 유형원이 《반계수록》에서 밝힌 개혁안은 실제 정치에 반영되지 못했지만, 이익과 정약용 등에 영향을 주어 실학 사상의 기초가 되었다.

시대 선사 시대 | 더 찾아보기 간석기, 선사 시대, 신석기 시대, 철기 시대, 청동기 시대

곡식의 이삭을 따거나 낟알을 훑어 내는 간석기

반달 돌칼

개요 곡식의 이삭을 딸 때 쓰던 **선사 시대** 농사 기구이다. 반달 모양으로 생겼기 때문에 반달 돌칼이라고 부른다. **신석기 시대** 후기부터 쓰기 시작하여 **청동기 시대** 에 가장 많이 사용했다.

풀이 반달 돌칼은 돌을 갈아서 만든 **간석기**이다. 먼저 돌을 반달 모양으로 다듬은 뒤 갈아서 날을 만든다. 잘 다듬어진 몸통에 구멍을 뚫어 끈을 꿰고, 그 끈을 손에 걸어 사용했다. 반달 모양 외에도 세모 모양, 긴 네모 모양, 물고기 모양, 배 모양, 지붕 모양 등 여러 가지 돌칼이 있다. 또한 반달 모양의 날도 둥근 부분에 날을 만든 것도 있고, 반대편에 날을 만든 머리빗 모양의 돌칼도 있다.

심화 반달 돌칼은 농사가 시작되었던 청동기 시대에 가장 많이 쓰였다. 우리나라 청동기 시대의 집터에서 대부분 반달 돌칼이 나왔다는 것은 농사짓는 사람들이 많았다는 것을 뜻한다. 반달 돌칼은 돌낫과 함께 청동기 시대 후기까지 계속 사용되었지만 **철기 시대**에는 철로 만든 반달칼, 철로 만든 낫으로 바뀌게 되었다.

몸돌을 반달 모양으로 갈고 다듬은 뒤, 구멍을 내어 끈을 걸었다. 이 끈에 손을 걸어 사용했다.

반달 돌칼은 주로 곡식의 이삭을 따거나 낟알을 훑어 내는 데 썼다.

시대 현대 | 더 찾아보기 대한민국 정부 수립, 민족 대표 33인, 3·1 운동, 신민회, 오산 학교, 이광수, 이승만, 일본, 일제 강점기, 조선 총독부, 징병, 징용, 창씨 개명, 최남선

친일파를 처벌하기 위해 대한민국 정부 수립 직후 만든 특별 기구
반민 특위

개요 일제 강점기에 있었던 친일파들의 민족 반역 행위를 조사하고 처벌하기 위해 1948년 제헌 국회에 설치되었던 특별 기구이다. 정식 명칭은 '반민족 행위 특별 조사 위원회'이다.

풀이 1948년 8월 15일 대한민국 정부 수립 후 최초의 국회인 제헌 국회는 제헌 헌법 101조에 따라 '반민족 행위 처벌법(반민법)'을 만들고 반민 특위를 구성했다. 반민법의 중심 내용은 일본의 조선 침탈과 지배에 협력한 사람들을 처벌하는 것이었다.

반민 특위는 1949년부터 본격적으로 활동에 들어가 반민족 행위자들을 조사해 재판부에 넘겼다. 하지만 친일파들이 거세게 저항하면서 반민 특위 활동은 순탄치 않았다. 친일 경력이 있는 경찰들을 중심으로 반민 특위 위원에 대한 암살 음모가 꾸며지고, 1949년 6월에는 반민 특위를 습격하는 사건이 일어날 정도였다.

3·1 운동을 준비한 민족 대표 33인 중 한 사람이었으나, 이후 변절하여 조선 총독부의 고위급 인사가 되어 친일 활동을 벌인 최린이 재판정으로 끌려가고 있다.

게다가 친일파들을 관리로 많이 등용한 정부조차 반민 특위 활동에 제동을 걸었다. 반민 특위 활동이 민주주의의 원칙인 삼권 분립에 위배되며, 무엇보다 공산주의와 대립하고 있는 때에 반공 활동을 담당하고 있는 경찰들을 친일파로 몰아서는 안 된다는 이유였다. 이승만 정부는 여기에서 더 나아가 반민법에 적극적이었던 국회 의원들을 북한의 간첩으로 몰아 탄압했다.

결국 반민 특위는 1년도 못되어 해산하고 말았다. 반민 특위의 활동도 처음 출범할 때의 계획에 미치지 못했다. 친일 행적이 파악된 사건 682건 중 재판까지 간 경우는 221건에 불과했다. 그나마 처벌을 받을 수 있도록 판결이 난 경우는 40건, 실제로 감옥에 가서 처벌을 받은 경우는 고작 14명에 그쳤다. 친일파들 대부분이 처벌을 받지 않거나 아예 재판도 받지 않은 것이다. 이로 인해 일제 강점기에

동족을 수탈하는 데 앞장서거나 협력한 친일파들은 해방된 이후에도 처벌받지 않고 계속 살아남을 수 있었다.

심화 반민족 행위 처벌법에 따라 처벌할 대상과 처벌의 내용을 요약하면 다음과 같다. 먼저 일제가 우리 주권을 빼앗는 데 적극 협력한 자는 사형 또는 무기 징역에 처하기로 했다. 일제로부터 귀족 칭호를 받거나 일본의 제국 의회 의원이 된 자, 독립운동가 및 그 가족을 살상·박해한 자는 최고 무기 징역에서 최하 5년 이상의 징역에 처할 수 있었다. 또한 직간접으로 일제에 협력한 자는 10년 이하의 징역이나 재산 몰수에 처하도록 했다.

Tip 민족 운동가에서 친일파로 변절한 사람들

반민 특위에서 재판을 받은 반민족 행위자들 중에는 노덕술처럼 일찍부터 일제에 협력하면서 고등계 형사가 되어 독립운동가들을 잔혹하게 탄압하던 사람도 있지만, 한때는 민족 운동에 참여하다가 변절한 지식인들도 있었다. 대표적인 사람이 최남선과 최린, 이광수 등이다.

최남선은 1919년 3·1 운동 때 독립 선언문을 쓴 인물로, 소년 잡지를 만들거나 민족 문학 운동에 앞장서는 등 활약했다. 하지만 3·1 운동으로 감옥살이를 한 뒤부터는 변절하여 일제의 침략 전쟁을 찬양하는 글을 쓰는 등 친일 활동을 벌였다. 최린 역시 신민회에 가입해 활동하고 민족 대표 33인 중 한 사람으로서 3·1 운동에 참여하는 등 독립을 위해 노력했으나, 감옥살이를 하고 나온 뒤부터 변절하여 조선 총독부의 기관지인 《매일신보》의 사장으로 취임하는 등 친일 활동에 앞장섰다. 또한 이광수는 한때 오산 학교 교사로 일하고 2·8독립 선언서를 쓰는 등 민족 운동을 벌였지만, 나중에는 창씨 개명에 앞장서고 우리나라 사람들에게 일제의 징병이나 징용을 권장하는 등 친일 활동을 벌였다.

이들의 친일 활동은 많은 사람들에게 영향을 주는 것이었으므로 거센 비판을 받았으나, 대부분 가벼운 처벌을 받는 데 그치고 말았다. 이후 최린과 이광수는 6·25 전쟁 때 북한으로 끌려갔고, 최남선과 노덕술은 각각 역사학과 육군 헌병 수사관 일을 하다가 1957년과 1968년에 세상을 떠났다.

일제 강점기 독립운동가를 체포하고 고문하던 악질 고등계 형사 노덕술이 끌려가는 모습. 하지만 반민 특위가 해체된 뒤 노덕술은 다시 경찰로 돌아가 범죄 수사대 대장이 되었는가 하면 국회 의원 선거에 출마하기도 했다.

반민 특위에서 주관하여 재판이 열리는 모습. 일제 강점기 때 우리 민족을 탄압하고 일제의 침략을 도왔던 악질적인 친일파들 일부가 재판정에 섰으나, 제대로 된 처벌은 이루어지지 못하고 대부분 풀려났다.

반민족 행위자 고발함에 신고서를 넣는 사람들.

시대 남북국 시대 | **더 찾아보기** 거란, 고구려, 고려, 굴식 돌방무덤, 당, 대조영, 말갈, 신라, 온돌, 왕건, 일본, 정효 공주 묘

대조영이 고구려의 옛 땅인 만주 지방에 세운 나라
발해

개요 698년에 **대조영**이 **고구려** 유민들과 **말갈**족을 모아 만주 지방에 세운 나라이다. 이로써 우리나라는 발해와 **신라**가 경쟁하는 남북국 시대를 맞았다. 발해는 한때 '해동성국'이라 불릴 정도로 번창했으나 926년에 **거란**에 의해 멸망했다.

풀이 대조영은 고구려가 망한 뒤 **당**나라 땅에 끌려온 고구려인이었다. 하지만 그는 고구려 유민들과 말갈족을 이끌고 반란을 일으켜 당을 탈출했다. 그는 자신을 쫓아오는 당의 군대를 전멸시키고, 고구려의 옛 땅이었던 동모산에 성을 쌓은 뒤 나라를 세웠다. 처음에 지은 나라 이름은 '진국'이었다. 이후 진국은 고구려의 옛 땅을 차례차례 손에 넣으면서 나날이 번창해져 갔다. 이에 당은 대조영을 '발해군왕'이라고 부르면서 화해를 청했고, 나라 이름도 발해라고 부르게 되었다.

발해는 9세기 초 선왕 때 전성기를 맞아 고구려보다 넓은 영토를 차지하고, 고구려와 당의 문화를 합친 독특한 문화를 발달시켰다. 이때 당은 발해를 바다 동쪽의 번영한 나라라는 뜻으로 '해동성국'이라고 부르기도 했다. 발해는 넓은 영토를 다스리기 위해 중앙에 3성 6부를 두고, 전국을 5경 15부 62주로 나누었다. 또한 전국 곳곳에 길을 닦아 교통로가 발달한 나라를 만들었다. 당시 모든 길은 발해의 도읍인 상경과 통했고, 상경의 시장에는 상인들과 물건이 넘쳐났다. "상경의 시장에서는 구할 수 없는 물건이 없다."는 말도 생겨날 정도였다.

발해는 활발한 무역 활동을 바탕으로 번창했지만 9세기 말부터는 세력이 차츰 약해졌다. 그러다 926년에 야율아보기가 이끄는 거란군에 의해 상경의 용천부가 함락되면서 멸망했다. 거란의 역사책에는 "발해 안에서 서로 뜻이 맞지 않은 틈을 타서 싸우지도 않고 이겼다."고 씌어 있다. 발해가 망하자 지배층 중 일부는 **고려**로 가서 **왕건**의 백성이 되었다.

심화 발해는 고구려를 계승한 나라답게 고구려의 전통을 물려받았다. 발해의 옛

발해의 도읍이었던 상경의 용천부에 있는 석등. 당이나 신라와는 다른 고구려의 특색을 잘 보여 준다.

고구려의 씩씩한 기상을 그대로 이어받아 만들어진 발해의 돌사자상.

영토에서 발견되는 돌사자상이나 돌방무덤, **온돌**, 막새기와의 연꽃무늬 등은 고구려의 양식을 그대로 잇고 있다. 중국의 지린 성에 있는 **정효 공주 묘**도 고구려 무덤과 같은 양식인 **굴식 돌방무덤**이다. 발해는 한문 수준이 매우 높았고, 발해의 유생들은 당에서 공부했다. 종교는 주로 불교를 숭상했으며, 발해가 자랑하는 특산물로는 말과 담비의 모피가 있었다. 한편, 발해는 **일본**과는 활발하게 교류했으나 신라와는 교류를 하지 않았다.

● ○ ○
발해는 고구려의 옛 땅이었던 만주 지방은 물론이고 연해주에 이르는 넓은 영토를 다스렸다.

● ○ ○
대조영은 고구려의 장군이었다. 그는 고구려가 멸망한 뒤 요서 지방에 있었는데, 거란의 이진충이 반란을 일으킨 틈을 타 그곳을 탈출했다. 뒤쫓는 당의 군대는 아버지인 걸걸중상, 말갈 사람인 걸사비우 등과 함께 모두 물리쳤다. 대조영은 고구려 유민들과 말갈 사람들을 모아 동모산에서 나라를 세웠다. 고구려의 뒤를 잇는 나라인 발해가 탄생한 것이다.

발해의 역사를 우리 역사로 보고 처음 정리한 역사책

발해고

개요 조선 후기의 실학자인 유득공이 발해의 역사나 문화에 대한 정보를 엮어 지은 책이다. 발해의 역사를 우리 역사로 보고 정리한 최초의 책이다.

풀이 조선 후기 실학자들 사이에서는 우리 역사에 대한 관심이 높아졌다. 이들은 우리 역사의 범위를 한반도뿐 아니라 만주 지역까지 넓혀서 보았기 때문에 '발해'에 대해서도 관심을 갖기 시작했다. 하지만 발해에 관한 연구는 여전히 부족했고, 발해의 역사를 우리 역사로 여겼다고 보기도 어려웠다. 그러다 유득공이 발해에 대한 역사책을 만들었다.

유득공은 발해가 멸망한 지 이미 수백 년이 지난 데다 당시의 역사를 알 수 있는 자료가 전해지지 않는 점을 안타까워했다. 이로 인해 발해의 역사에 대해 제대로 연구하기 어려웠기 때문이다. 그는 《삼국사기》와 《고려사》, 《동국통감》처럼 보존되어 전하는 우리 역사책, 중국과 일본의 역사책 등을 연구해 《발해고》를 썼다. 책 제목을 《발해사》나 《발해전》이 아닌 《발해고》로 지은 까닭은 발해의 역사책이라고 하기에는 내용이 부족하다고 생각했기 때문이다.

유득공은 《발해고》의 서문에서 발해는 고구려의 후예들이 세운 나라라고 밝혔다. 따라서 고구려의 역사가 우리의 역사이듯 발해도 우리 역사라고 했다. 이에 삼국을 통일한 신라와 만주 지역의 발해가 함께 있던 시기는 신라 시대가 아닌 '남북국 시대'로 보아야 한다고 주장했다.

심화 《발해고》는 책의 목적을 밝힌 〈서문〉, 발해 임금에 대해 쓴 〈군고〉, 신하들의 이야기인 〈신고〉, 발해의 지리에 대해 쓴 〈지리고〉, 벼슬에 대해 쓴 〈직관고〉, 벼슬아치들의 복장에 관한 〈의장고〉, 지역의 생산물에 대한 〈물산고〉, 여러 가지 호칭에 대해 쓴 〈국어고〉, 외국에 보낸 문서들을 담은 〈국서고〉, 발해에 속한 나라들에 대해 정리한 〈속국고〉 등 모두 9개 부문으로 이루어져 있다.

조선의 곡물이 일본으로 흘러나가지 않도록 내린 명령

방곡령

개요 개항 이후 일본의 경제 침탈에 맞서 시행한 정책이다. 방곡이란 '곡물을 막는다.'는 뜻으로, 조선에서 재배한 곡물이 일본으로 흘러나가는 것을 막는 조치였다. 하지만 일본의 압력으로 인해 제대로 시행되지 못하고 대부분 철회되었다.

풀이 강화도 조약의 체결로 조선에서의 상업 활동이 쉬워진 일본 상인들은 쌀이나 콩 등 조선의 곡물을 싼 값에 사들인 뒤 일본으로 가져가 많은 이익을 남겼다. 하지만 일본으로 나가는 곡물의 양이 너무 많아지자 조선에서는 곡식 값이 크게 오르고 백성들이 굶주리는 현상이 나타났다. 이에 조선 정부는 방곡을 위한 조치를 내렸다. 1883년 일본과 맺은 조일 통상 장정의 규정에도 1개월 전에 미리 통보할 경우, 방곡을 할 수 있었다.

하지만 방곡령은 일본의 압력을 받아 제대로 시행되지 못했다. 1889년 황해도의 방곡령, 1890년 함경도의 방곡령, 황해도의 방곡령은 조선과 일본 사이에 외교 문제로 이어지기도 했다. 황해도와 함경도 관찰사들이 방곡령을 내리자, 일본은 한 달 전에 미리 통보를 하지 않았다는 이유를 들어 방곡령의 철회와 손해 배상을 요구했다. 하지만 지방 관리들은 쉽게 방곡령을 철회하지 않았고, 일본은 지방 관리들의 처벌을 요구하면서 손해 배상 요구액을 더욱 늘려 갔다. 결국 조선 정부는 일본의 요구대로 방곡령을 철회하고 배상했다. 방곡령을 둘러싼 외교 분쟁에서 조선 정부가 이렇듯 일본에게 굴복하면서 일본의 경제 침탈은 더욱 심화되었다.

심화 일본 상인들이 많은 양의 조선 곡물을 사들인 이유는 당시 일본의 농촌이 피폐해졌기 때문이다. 메이지 유신 이후 일본은 빠른 속도로 산업화가 이루어졌는데, 그 과정에서 농촌 경제가 어려워지고 식량이 모자라는 현상이 나타났다. 이를 해결하기 위해 조선의 곡물을 마구 사들이면서 자국의 어려움을 조선에게 떠넘긴 것이다. 이후 일본은 한반도를 원료 공급처, 즉 식민지로 삼는 정책을 가속화했다.

어린이날을 제정하고 어린이를 위해 살다 간 아동 문학가
방정환

개요 일제 강점기 때 어린이날을 만든 아동 문학가이다. 우리나라의 독립을 위해서는 무엇보다도 다음 세대를 잘 키워야 한다고 강조하면서 '어린이'라는 호칭을 처음으로 사용했다. 평생 동안 어린이 교육과 어린이 인권을 보호하기 위해 힘썼다.

풀이 방정환은 1899년에 서울의 부유한 상인 집안에서 태어났지만, 아버지가 사업에 실패하면서 어려운 소년기를 보냈다. 하지만 그는 굴하지 않고 열심히 공부하며 성장했고, 1917년에는 천도교의 지도자이자 독립운동가인 **손병희**의 딸과 결혼했다. **3·1 운동**이 벌어진 1919년에는 독립 선언서를 나누어 주다 **일본** 경찰에게 붙잡혀 고초를 겪기도 했다. 보성 전문학교를 나온 뒤 1920년에는 일본의 도요 대학에서 아동학을 연구했고, 국내로 돌아온 뒤에는 아이들과 청년을 위한 사회 운동에 뛰어들었다.

방정환은 1923년 3월 아이들을 위한 잡지인 《어린이》를 창간하고 소년 연구 단체인 색동회를 조직해 소년 운동을 펼쳤다. 어린이날을 기념일로 정착시켜 다양한 행사를 열고 어린이를 위한 공연이나 강습을 하는 등 어린이를 존중하는 풍토를 만들기에 노력했다. 당시만 해도 아이들은 어른처럼 인격체로서 대접받지 못했고, 대부분의 아이들이 가난과 굶주림에 시달렸다. 이에 방정환은 어린이를 존중하는 풍토를 통해 우리나라의 미래를 준비하려고 했다. 그가 '어린이'라는 말을 만든 이유도 '젊은이'나 '늙은이'라는 말과 같이 아이들을 존중하기 위해서였다.

한편, 방정환은 어린이를 위한 문학 작품도 만들었다. 그는 《사랑의 선물》과 같은 외국 동화를 번역했고, 여러 편의 창작 동화를 펴내기도 했다. 어려운 환경 속에서도 어린이들이 동심을 되찾고 밝게 자라날 수 있도록 꿈과 희망을 주기 위해서였다. 그가 쓴 작품들은 나중에 《소파 전집》, 《소파 아동 문학 전집》 등으로 출간되었다. '소파'는 방정환의 호이다.

방정환은 1931년 서른세 살의 젊은 나이에 세상을 떠났다. 마지막까지 어린이를

● ○ ○
방정환은 '대한민국 어린이들의 아버지'라고 부를 정도로 어린이들을 위해 헌신한 사회 운동가이자 문학가이다. 아이들을 존중하는 뜻에서 '어린이'로 불렀는가 하면, 어린이날을 제정해 어린이들이 존중받는 사회 풍토를 만들었고, 어린이를 위한 많은 문학 작품을 남겼다.

위한 문학 작품을 썼으며, "어린이를 두고 가니 잘 부탁한다."는 유언을 남겼다고 한다.

심화 지금의 어린이날은 5월 5일이지만 처음에는 5월 1일이었다. 하지만 5월 1일은 세계의 많은 나라에서 노동절로 기리기 때문에 5월의 첫째 주 일요일로 바꾸었다. 방정환은 어려운 환경 속에서도 어린이날 행사를 열었지만, 1937년에 일제가 여러 사회단체를 대대적으로 탄압하면서 중단되고 말았다. 어린이날 행사가 다시 시작된 것은 1946년 5월의 첫째 주 일요일이었다. 정확한 날짜는 5월 5일이었다. 이후 어린이날은 5월 5일로 고정되었고, 1975년에는 법정 공휴일로 지정되었다.

당시만 해도 어린이들은 어른과 같이 인격체로 대접받지 못했다. 어른 중심의 유교와 봉건주의 문화가 남아 있었기 때문이다. 게다가 많은 어린이들이 가난과 굶주림에 시달리느라 교육을 받을 기회조차 누리지 못했다.

방정환은 어린이를 우리 민족의 미래로 보았다. 그는 독립을 위해서는 무엇보다 다음 세대를 잘 키워야 한다고 생각해서 어린이를 가르치거나 인권을 높이는 데 힘을 쏟았다.

백제 부흥군과 왜의 연합군이 나당 연합군과 벌인 싸움

백강 전투

개요 **백제**가 멸망한 뒤인 663년에 백제 부흥군과 **왜(일본)**의 연합군이 **신라**와 **당**의 연합군에 맞서 백강에서 벌인 싸움이다. 백강 전투에서 이긴 신라는 이후 **삼국 통일**의 기반을 닦게 되었다.

풀이 660년 백제는 멸망하였으나 이곳저곳에서 백제를 다시 일으켜 세우려는 **백제 부흥 운동**이 벌어졌다. 당나라가 백제 부흥군을 공격하기 위해 더 많은 군대를 보내자, 백제 부흥군은 왜에 군사 원조를 요청했다. 오랫동안 백제와 우호 관계를 맺어온 왜는 세 차례에 걸쳐 총 4만여 명의 병력을 파견했다.

백제 부흥군과 왜의 연합군은 663년 백강에서 네 차례에 걸쳐 나당 연합군과 전투를 벌였다. 일본의 역사책인 《일본서기》에는 백강을 '백촌강'으로 적고 있는데, 백강이 구체적으로 어디인지는 아직까지 밝혀지지 않았다. 다만 바다에서 백제의 중심부로 향하는 물길 가운데 하나일 것으로 추측하고 있다.

백제 부흥군은 나당 연합군을 맞아 치열하게 싸웠지만 왜의 함선 대부분이 불에 타는 등 큰 피해를 입고 패했다. 그리고 백강 전투의 패배로 백제 부흥 운동도 큰 타격을 받고 약화되었으며, 이후 지도층의 내분까지 생겨나면서 실패하고 말았다.

심화 백제와 교류하며 친밀한 사이였던 '왜'는 일본의 옛 나라 이름이다. 주로 우리나라와 중국에서 '왜'라는 이름을 사용했다. 왜는 한반도에서 삼국이 서로 경쟁하며 발전하던 시기인 5세기 경에 오사카를 중심으로 국가를 이루었다. '일본'이라는 이름을 사용하기 시작한 것은 수도를 나라 지역으로 옮긴 8세기 초에 이르러서였다. 백제가 멸망한 뒤에는 백제 유민들이 왜로 많이 건너가 문화 발전에 큰 도움을 주었다.

조선과 청나라 사이의 경계를 나타내는 비석

백두산 정계비

개요 조선과 청나라 사이의 경계를 나타내는 비석이다. 조선 숙종 때인 1712년에 백두산 2,200미터 지점에 세웠다.

풀이 정계비가 세워지기 전, 조선과 청나라는 압록강과 두만강을 사이에 두고 자주 다툼을 벌였다. 이에 청나라는 국경 변경 문제를 합의하자는 공문을 조선 조정에 보내 두 나라 간의 협상이 진행되었다. 그 결과, 백두산 정상에서 남동쪽으로 4킬로미터 지점에 정계비가 세워졌다.

그러다 조선 후기에 와서 간도 문제와 더불어 백두산 정계비에 있는 '서위압록 동위토문'이라는 문구로 인해 갈등이 생겼다. 즉 '서쪽으로는 압록강, 동쪽으로는 토문강으로 한다.'는 문구에서 토문강이 어디를 말하는가에 대해 다른 의견이 있었던 것이다. 청나라는 토문강이 두만강이라고 했고, 조선은 송화강의 한 지류 중에 토문강이 있으니 동간도 일대가 조선의 영토라고 주장했다. 1883년 조선은 어윤중과 김우식을 보내어 정계비를 조사하게 하고, 그해 9월에 간도 지역이 조선의 영토임을 밝혔지만 청나라도 주장을 굽히지 않아 분쟁은 해결되지 못했다.

심화 간도 지방의 영토 분쟁은 엉뚱하게 전개되었다. 1909년 조선을 점령한 일본이 청나라로부터 남만주의 철도 부설권을 얻는 대가로 간도 지방을 청에 넘겨주고 만 것이다. 이에 현재까지 간도 문제는 한국과 중국, 일본 사이에 민감한 문제로 남아 있다. 그리고 백두산 정계비는 일제 강점기에 일본인이 철거한 것으로 추측되며, 현재는 돌무덤만 남아 있다.

백두산 정계비는 조선 시대에 국경을 분명히 밝히기 위해 세운 비석이다. 정계비는 백두산 정상에서 남동쪽 아래에 세웠는데, 당시 청나라와 합동으로 조사를 마친 뒤 정계비의 위치를 표시한 '백두산 정계비도'에도 이 비석의 위치가 기록되어 있다.

시대 일제 강점기 | **더 찾아보기** 김구, 대한민국 임시 정부, 동학 농민 운동, 의병, 일제 강점기, 조선, 8·15 광복, 한인 애국단, 한일 강제 병합

김구가 중국에서 독립운동을 하던 시절에 쓴 자서전

백범 일지

개요 독립운동가인 김구가 쓴 자서전이다. '백범'은 김구의 호이다. 1947년 처음 책으로 만들어진 이후 10여 종의 책이 더 나왔다. 우리나라 독립운동의 역사를 알려 주는 귀중한 자료이다.

풀이 김구는 조선 말기와 일제 강점기를 거치는 동안 독립운동가이자 정치가로 살았던 인물이다. 조선 말기에는 동학 농민 운동과 의병 활동에 참여했고, 한일 강제 병합으로 나라를 빼앗긴 뒤부터는 독립운동을 이끌었으며, 대한민국 임시 정부에서는 최고 지도자인 주석으로 활동했다. 8·15 광복 후에는 남북의 통일 정부를 세우기 위해 노력했는데, 뜻을 이루지 못하고 '안두희'라는 육군 장교의 총에 맞아 세상을 떠났다. 《백범 일지》는 그가 한창 독립운동을 하던 시절에 쓴 일기이다.

《백범 일지》는 상·하 두 편과 일기 끝에 수록된 〈나의 소원〉으로 이루어져 있다. 상편은 김구가 중국 상하이의 대한민국 임시 정부에 있을 때인 1929년에 쓴 글이다. 지나간 생활과 독립운동을 돌아보는 내용이 담겨 있으며, 김인과 김신 두 아들에게 편지를 보내는 형식으로 썼다. 하편은 1932년에 그가 중심이 되어 만든 한인 애국단의 활동과 해방을 맞이할 때까지 이어진 독립운동을 기록하고 있다. 해방 이후 대한민국 임시 정부가 조국으로 돌아오는 과정과 그가 산남 지방을 돌아볼 때의 기록도 덧붙였다. 그리고 〈나의 소원〉은 완전한 자주독립과 통일 국가를 바라는 김구의 마음이 담겨 있다.

심화 《백범 일지》는 김구가 직접 쓴 원본과 김구 측근의 필사본, 그리고 여러 간행본들이 전하고 있다. 《백범 일지》는 대한민국 임시 정부의 역사와 독립운동의 상황을 알 수 있는 매우 귀중한 자료이다. 또한 오랫동안 중국에서 독립운동을 했던 김구의 삶과 애국심을 느낄 수 있다.

김구는 중국 상하이에서 독립 운동을 하는 동안 일기를 써 남겼다. 《백범 일지》는 대한민국 임시 정부의 역사와 독립운동에 대해 알 수 있는 귀중한 역사 자료가 되었다.

조선 시대에 유행한 단아하고 아름다운 하얀 자기

백자

개요 하얀 바탕흙 위에 투명한 유약을 바른 뒤 높은 온도에서 구워 낸 백색의 자기이다. 바탕흙이 가장 촘촘히 다져진 단단한 도자기로, 기술 수준으로 볼 때는 도자기들 중 가장 우수하다.

풀이 백자는 통일 **신라** 말기부터 청자와 더불어 아주 조금씩 만들어져 **고려** 시대에도 계속되었다. 그러다 **조선** 시대에 와서는 나라에서 백자의 생산을 관리하기 시작했고 그만큼 생산하는 양도 많아졌다. 백자는 청자에 비해 소박하면서도 단아한 아름다움을 가지고 있는 것이 특징이다. 이 때문에 조선의 선비들이 특히 백자를 사랑했으며, 백자는 조선 시대의 대표적인 도자기가 되었다.

백자의 종류에는 아무런 무늬가 없는 순백자, 검은색의 무늬를 그린 상감 백자, 물감으로 무늬를 표현한 청화 백자, 철사로 무늬를 그린 철화 백자, 산화동으로 그림을 그린 진사 백자 등이 있다.

심화 조선 시대의 백자는 크게 세 시기로 나누어 볼 수 있다.

먼저 15세기와 16세기는 백자가 안정된 형태를 지니게 된 시기이다. 중국의 형식에서 벗어나 한국적인 형식을 갖추기 시작했으며, 새로운 유형인 청화 백자도 만들어졌다.

17세기는 **임진왜란**이 일어난 직후여서 도자기 생산에 큰 타격을 받았던 시기이다. 이전에 비해 백자의 질이 떨어지고 제작 수법도 거칠어졌으며 순백자, 청화 백자, 철화 백자 등이 많이 제작되었다.

18세기 후반부터는 백자의 모양이 더욱 다양해져 각종 병, 항아리, 문방구의 제작이 한층 활발해졌다. 그러다 19세기 말부터 일본에서 기계로 만든 생산품이 들어오게 되어 우리나라 도자기 산업은 점점 힘을 잃게 되었다.

시대 고려 시대~조선 시대 | 더 찾아보기 갑오개혁, 고려, 군역, 세종, 양인, 조선, 천민

고려의 농민, 조선의 가축 도살자를 가리키는 신분 계층

백정

개요 **고려** 시대에는 일반 농민을 가리키는 말이었으나, **조선** 시대에는 소나 돼지 등 가축을 죽여 고기를 만드는 사람을 뜻했다. 신분도 고려 시대에는 **양인**이었지만 조선 시대에는 **천민** 계층에 속했다.

풀이 백정은 원래 중국에서 백성을 가리킬 때 썼던 말로, 정(丁)이 없다(白)는 뜻이다. 여기서 정(丁)이란 군대에 가거나 군대를 지원할 의무를 가리킨다. 즉, 농사를 짓고 살면서 **군역**의 의무는 없는 사람들을 백정이라고 한 것이다. 이들은 군역의 의무를 지지 않는 대신 대대로 물려받거나 개간한 땅에서 농사를 지은 뒤 나라에 세금을 바쳐야 했다. 자기 땅이 없는 백정들은 남의 땅을 빌려 농사를 짓기도 했다.

하지만 일반 농민을 가리키던 고려 시대와 달리 조선 시대의 백정은 소나 돼지 등 가축을 죽여 고기를 만드는 천민이었다. 원래 가축을 도살하는 일은 주로 고려 때 귀화해 온 북방 민족들이 맡고 있었다. 이들은 북방 지역을 돌아다니며 유목 생활을 했기 때문에 가축을 다루는 일에 남다른 재주를 보였다. 따라서 한반도에 정착한 이후에도 가축을 죽여 고기를 만들거나 가죽을 벗겨 여러 가지 물품을 만들어 팔면서 생계를 유지했다.

백정이 일반 농민이 아닌 도축업자(가축을 죽이는 사람)를 뜻하게 된 것은 조선의 제4대 임금인 **세종** 때였다. 세종은 이들이 조선의 다른 농민들과 섞여 살기를 바라는 뜻에서 여러 가지 지원 정책을 실시하고 부르는 이름도 백정이라고 정했지만, 북방인들은 계속 도축일을 하면서 신분도 천민으로 자리를 잡게 되었다.

심화 조선 시대의 백정이 북방 민족으로만 구성된 것은 아니었다. 일반 농민들이 백정이 되는 경우도 많았기 때문이다. 천민들은 군역의 의무가 없으며 나라에 세금을 바치지 않았기 때문에 농사짓던 땅을 잃고 가난해진 농민들은 생계를 위해 백정이 되었다. 백정은 천민 중에서도 가장 천대받는 계층이었지만 그 수는 꾸준히 늘어

났다. 1894년 **갑오개혁** 때 천민의 신분에서 해방되었으나 가축을 도살하거나 고기를 파는 사람들을 천시하는 풍조는 오랫동안 이어졌다.

● ○ ○
백정의 뿌리는 고려 시대에 한반도로 넘어와 살던 북방 민족이었다. 당시에는 이들을 '화척' 또는 '재인'이라고 불렀다. 이들은 오랜 유목 생활을 통해 가축 다루는 기술을 익혔기 때문에 한반도에 정착한 뒤에도 도축업을 하며 살았다.

● ○ ○
가축을 죽여 고기를 만드는 일은 사회에서 꼭 필요한 일이었지만 조선 시대에는 매우 천한 일로 여겨졌다. 따라서 도축업을 하는 백정들의 신분도 천민에 속했다.

삼국 시대에 지금의 경기, 충청, 전라도 일대에 있던 나라

백제

개요 기원전 18년에 **온조왕**이 세운 나라이다. 한강 유역의 좋은 자연환경을 바탕으로 나라의 기틀을 닦아 발전했으며, **근초고왕** 때 전성기를 이루었다. 세련되고 우아한 문화를 발달시켰으나, 660년에 **신라**와 **당**의 연합군에 의해 멸망했다.

풀이 **주몽**의 아들인 온조는 남쪽으로 내려와 한강 유역의 위례성에 도읍을 정하고 나라를 세웠다. 처음에는 나라 이름을 '십제'라고 했지만, 형인 비류가 죽고 그의 세력이 합쳐지자 백성이 즐겁게 따랐다는 뜻으로 '백제'라고 고쳤다.

백제는 제8대 임금인 **고이왕** 때 한강 주변을 통합하고 법률을 발표해 나라의 기틀을 다졌다. 제13대 임금인 근초고왕은 마한을 정복해 전라도 지역을 차지한 뒤, 371년에는 **고구려**의 평양성 근처까지 진격해 영토를 넓혔다. 이 과정에서 고구려의 고국원왕은 백제군과 싸우다 화살을 맞고 죽었다. 고구려의 반격은 100여 년 후에 이루어졌다. 고구려의 **장수왕**은 475년에 군사들을 이끌고 백제에 쳐들어 와 위례성을 차지했다. 이때는 백제의 제21대 임금인 개로왕이 고구려군에 사로잡혀 목숨을 잃었다.

백제는 고구려군의 공격을 피해 도읍을 웅진(지금의 충청남도 공주 지방)으로 옮겼다가, 제26대 임금인 성왕 때에는 다시 사비(지금의 충청남도 부여 지방)로 옮긴 뒤 부흥을 꾀했다. 성왕은 신라의 **진흥왕**과 연합해 고구려를 공격했고, 이 전쟁에서 승리해 70년 만에 한강 유역을 되찾았다. 하지만 한강 유역의 땅은 얼마 못 가서 동맹을 맺었던 신라에게 빼앗겼다. 성왕은 약속을 어긴 신라를 공격하다가 전쟁터에서 목숨을 잃었다.

복수를 노리던 백제의 **의자왕**은 다시 신라를 공격해 40개의 성을 빼앗았다. 신라가 국경을 지킬 때 전략적으로 중요한 곳이었던 대야성마저 무너뜨렸다. 이에 위기를 느낀 신라는 당과 연합해 백제를 공격했다. 백제는 **계백** 장군과 5,000여 명의 결사대가 끝까지 저항했지만 결국 전쟁에서 패해 멸망했다. 이후 **백제 부흥 운동**이 일

무령왕릉은 백제의 제25대 임금인 무령왕 부부의 무덤이다. 백제 문화의 아름다움을 간직한 대표적인 유적이다.

어나자 **일본**에서도 지원군을 보냈으나 이들도 백강 전투에서 패하고 말았다.

심화 백제는 일찍부터 서해를 통해 외국과 교류하면서 문화가 매우 발달했다. 특히 중국의 발달한 문화를 받아들인 뒤 이것을 다시 백제 고유의 아름다운 문화로 발전시켰다. 백제의 문화는 **왜**(일본)에 전해져 고대 문화 발전에 큰 영향을 끼쳤다.

백제는 제13대 임금인 근초고왕 때 전성기를 이루었다. 북쪽으로는 황해도, 남쪽으로는 전라도 해안 지역까지 백제의 땅이었다.

백제를 대표하는 석탑인 익산의 미륵사지 석탑과 부여의 정림사지 5층 석탑. 단순하면서도 우아한 아름다움이 드러나는 석탑이다.

백제의 뛰어난 공예 기술을 보여주는 백제 금동 대향로. 아름답고 정교할 뿐만 아니라 불교와 도교 등 백제의 종교와 사상을 멋스럽게 표현했다.

시대 삼국 시대 더 찾아보기 국보, 능산리 고분, 도교, 백제

백제의 문화를 보여 주는 아름답고 정교한 향로

백제 금동 대향로

개요 충청남도 부여군 능산리 절터에서 발견된 **백제**의 향로이다. 백제 공예의 아름다움을 잘 보여 주는 유물로, **국보** 제287호로 지정되었다.

풀이 백제 금동 대향로는 1993년 12월 **능산리 고분**의 관광객 주차장을 건설하는 도중 근처의 물웅덩이에서 발견되었다. 향로는 오랜 시간이 지났는데도 불구하고 온전한 모습으로 발견되었는데, 이는 진흙이 완벽한 진공 상태를 만들어 주었기 때문인 것으로 보인다.

향로란 향을 피우는 화로를 뜻한다. 백제 금동 대향로는 향로 중에서도 크기가 큰 편으로, 왕실의 의식이나 제사에 사용된 것으로 추측된다. 실제로 절터에서 향로를 발견한 이후에 목탑 흔적이 남아 있는 곳에서 사리감(탑에 묻는 물건을 담는 그릇)이 발견되었는데, 그 속에서 백제 창왕 때인 567년에 정해 공주가 절을 지었다는 기록이 나오기도 했다.

심화 백제 금동 대향로는 매우 아름답고 정교한 예술 작품이다. 기교 넘치는 이 공예품을 통해 우리는 당시 백제의 공예 기술이 매우 뛰어났음을 알 수 있다. 또한 향로에는 불교와 **도교** 사상을 드러내는 표현이 나타나는데, 이를 통해 백제의 문화와 사상, 종교 등을 짐작할 수 있다. 백제 금동 대향로는 현재 국립부여박물관에서 보관하고 있다.

향로는 크게 두 부분으로 나누어진다. 아래에는 용이 떠받치고 있는 연꽃 모양의 몸체가 있고, 위에는 봉황이 올라서 있는 봉래산 모양의 뚜껑이 있다. 이것은 다시 몸체의 용과 연꽃, 뚜껑의 산과 봉황 등 네 부분으로 나누어진다. 즉 용이 입에 문 연꽃 위에 솟아난 봉래산 꼭대기에 봉황 한 마리가 날개를 활짝 편 모습이다.

멸망한 백제를 다시 일으켜 세우려던 운동

백제 부흥 운동

개요 **백제**의 유민들이 멸망한 백제를 다시 일으켜 세우려던 운동이다. 백제가 멸망한 직후인 660년부터 약 3년간 이어졌으나 백제 부흥군 내부의 분열과 갈등으로 인해 실패하고 말았다.

풀이 660년에 백제는 **신라**와 **당**의 연합군의 공격을 받아 멸망했다. 하지만 옛 백제 땅 곳곳에는 여전히 군사력을 가진 백제 귀족이나 왕족들이 남아 있었다. 이들은 힘을 합쳐 옛 백제 땅에 주둔하고 있던 당군을 공격하고 백제를 다시 세우고자 했다.

백제 부흥 운동의 중심에는 흑치상지, 복신, 도침, 부여풍 등이 있었다. 백제의 장군이었던 흑치상지는 3만여 명의 군사를 모아 당군을 공격해 많은 성을 빼앗았다. 왕족인 복신과 승려인 도침은 **왜(일본)**에게 도움을 요청하면서 사비성을 공격하여 당군을 곤경에 빠뜨리기도 했다. 이들은 661년 왜에 가 있던 **의자왕**의 아들 부여풍을 왕으로 받들기로 하고 힘을 합쳤다.

하지만 백제 부흥군의 기세는 오래 가지 못했다. 내부에서 의견의 차이로 싸움이 벌어져 복신이 도침을 죽이고, 다시 부여풍이 복신을 죽이는 혼란이 일어났다. 이후 주류성이 함락 당하자 부여풍은 **고구려**로 도망치고 흑치상지는 당으로 끌려갔다. 이로써 3년 동안 이어진 백제 부흥 운동도 끝이 났다.

심화 오늘날 부여에서 열리는 은산 별신제는 백제 부흥 운동에서 죽어간 장병들의 넋을 위로하는 제사에서 유래된 것이라고 한다. 전염병으로 인해 많은 사람이 죽어 나가던 은산 지방의 한 노인이 꿈을 꾸었다. 꿈속에서 한 장군이 나타나 "나는 백제를 지키다 부하들과 함께 억울하게 죽었는데, 나와 부하들의 유골을 묻어 주고 제사를 지내 주면 역병을 쫓아 주겠다."고 했다. 노인은 마을 사람들과 함께 장군의 부탁을 들어 주었고, 이후 역병이 사라지자 별신제를 지내게 되었다는 것이다.

시대 삼국 시대 | 더 찾아보기 고구려, 상대등, 신라, 연호, 이차돈

율령을 반포해 나라의 기틀을 갖추고 불교를 승인한 신라의 임금

법흥왕

개요 신라의 중앙 집권 체제를 만든 제23대 임금이다. 이차돈의 순교를 계기로 불교를 정식으로 인정했으며, 율령을 반포하고 관직을 정비하는 등 나라를 다스리기 위한 제도를 갖추었다. 이후 신라는 한반도의 강국으로 발전해 갔다.

풀이 법흥왕은 514년에 임금의 자리에 오른 뒤 왕권을 강화하는 데 힘썼다. 이를 위한 여러 가지 정책들 중 대표적인 것이 바로 불교의 승인이다.

당시 중국에서는 "왕과 부처는 같다."고 하면서 불교를 이용해 임금의 권위를 높이고 있었다. 이에 법흥왕은 이미 고구려를 통해 들어와 백성들 사이에 전파되기 시작한 불교를 왕권 강화에 이용하고자 했다. 하지만 불교의 승인이 자칫 자신들에게 해가 될까 염려한 귀족들의 반대에 부딪혔다. 때마침 이차돈이 불교의 전파를 위해 순교하면서 귀족들의 불만이 잦아들자 그는 불교를 정식으로 승인했다.

한편 법흥왕은 군사 조직인 병부를 설치해 군사권을 장악했다. 또한 지금의 법률과 같은 율령을 반포하고, 벼슬에 따른 관리들의 복장을 정했다. 점차 나라를 다스리기 위한 정치 체제가 안정되자, 신라의 임금은 더 이상 귀족들의 대표자가 아니라 최고 권력자가 될 수 있었다. 법흥왕은 귀족들을 통솔할 새로운 벼슬, 즉 관직의 체계를 만들었다. 신라의 최고 벼슬인 상대등도 이때 만들어진 것이다.

심화 법흥왕은 안으로는 체제를 정비하는 한편, 밖으로는 금관가야를 정복해 영토를 넓혔다. 이후 신라의 국력이 점점 커지자, 그는 중국의 연호를 버리고 신라 역사상 처음으로 '건원'이라는 연호를 사용했다. 독자적인 연호를 사용한다는 것은 신라가 자주적인 나라임을 나타내는 것이었다.

시대 조선 시대~일제 강점기 | 더 찾아보기 고종, 대한매일신보, 을사조약, 일본, 일제 강점기

우리나라의 독립을 위해 애쓴 영국 출신의 언론인
베델(어니스트 베델)

개요 **일제 강점기**에 활동한 영국 출신의 언론인이다. 《**대한매일신보**》를 창간해 우리나라의 독립과 언론 자유를 위해 활약했다.

풀이 어니스트 베델(Ernest Thomas Bethell)은 1872년에 영국의 항구 도시인 브리스틀에서 태어났다. 그는 집안이 가난해 힘겨운 어린 시절을 보냈고, 고등학교를 졸업한 열다섯 살 때 **일본**으로 건너갔다. 일본에서 10여 년 정도 생활하는 동안 이런저런 사업을 벌였지만 돈을 벌지는 못했고, 영국의 언론사인 《런던 데일리 뉴스》의 기자로 활동하게 되었다.

베델이 우리나라에 온 것은 1904년이었다. 당시 일본은 한반도의 지배권을 두고 러시아와 전쟁을 벌였는데, 그는 《런던 데일리 뉴스》의 특파원 자격으로 우리나라에 왔다가 양기탁과 함께 《대한매일신보》를 창간했다. 양기탁은 일제의 언론 탄압을 피하기 위해 베델에게 발행인을 맡아 줄 것을 부탁했고, 그는 흔쾌히 허락했다.

베델은 《대한매일신보》를 통해 **을사조약**의 무효를 주장하고, **고종**의 친서를 《대한매일신보》와 《런던 트리뷴》에 싣는 등 나라 안팎에서 일본의 침략 행위를 폭로하는 항일 언론 활동을 벌였다. 이에 일제는 《대한매일신보》를 폐간하고 베델을 추방하기 위해 노력했다. 결국 베델은 2008년 6월에 일본인 배척을 선동했다는 혐의로 영국 상하이 고등법원에서 유죄 판결을 받고 상하이에서 3주 동안 구금당하기도 했다. 그러나 석방되자 다시 국내로 돌아와 항일 언론 활동을 계속했다.

심화 베델은 사망 후 서울에 있는 양화진 외국인 묘지에 묻혔고, 1968년에는 우리나라 정부에서 훈장을 수여했다. 베델은 죽으면서도 "나는 죽어도 대한매일신보는 길이 살아 한국 동포를 구하기를 원하노라."는 말을 남겼다고 한다.

세계 문물이 교류되었던 고려의 국제 무역항
벽란도

개요 **고려** 시대에 중국 **송**나라를 비롯한 세계 여러 나라의 배가 드나들었던 국제 무역항이다. 처음에는 예성강 하구에 위치해 있어 '예성항'으로 불렸지만, 점차 외국 상인이나 사신들이 머물던 건물인 벽란정의 이름을 따 벽란도라고 부르게 되었다.

풀이 예성강은 물이 깊어 바다를 항해하는 큰 배도 쉽게 드나들 수 있었기 때문에 해상 교통이 발달하기 좋은 조건이었다. 게다가 고려의 수도인 **개경**과 가까워 외교의 중심지이자 국제적인 무역항으로 발전하게 되었다.

고려 시대에는 중국의 송, **요(거란)**, **금**나라는 물론 **일본**과 아라비아의 대식국까지 여러 나라와 교역 활동을 벌였다. 가장 빈번하게 교역이 이루어진 곳은 송나라였다. 고려는 벽란도를 통해 송으로부터 비단과 차, 약재, 책 등을 수입하고 인삼, 삼베, 모시, 종이, 먹 등을 수출했다. 멀리 아라비아나 페르시아, 동남아에서도 사신과 상인들이 드나들었는데, 벽란도를 거쳐 간 이들을 통해 고려의 이름이 '코리아'라는 발음으로 전 세계에 알려졌다고도 한다.

벽란도는 고려에서 가장 중요한 국제 무역항이었지만 **조선** 시대에 와서는 점차 그 역할이 작아졌다. 가장 큰 원인은 이전에 비해 육상의 교통이 발달했고, 다른 항구들도 생겨나 드나드는 배의 양이 나누어졌기 때문이다. 특히 **대한 제국** 이후 철도가 건설된 이후에는 무역항으로서의 기능이 거의 사라졌다.

한편 벽란정은 벽란도에 들어온 외국 사신들을 접대했던 관사이다. 오늘날로 보면 나라에서 운영하는 호텔인 셈이다. 수많은 외국인이 드나들었던 곳인 만큼 이곳을 통해 세계의 문물이 소개되었다.

심화 나루는 배가 건너다니는 강이나 좁은 바닷목을 뜻하고, 나루터는 배가 닿고 떠나는 곳을 의미하는 우리말이다. 우리 역사에는 많은 나루와 나루터가 등장하는데, 이름은 제각각 다르다. 가장 크게 구분하는 것은 특정한 이름 뒤에 '도'나 '진' 혹은 '제'나 '섭'을 붙이는 경우이다. 도와 진은 보통 큰 나루를 뜻하고, 제와 섭은 작은 나루를 가리킨다. 예를 들어 중국의 황하나 요하 같이 큰 강을 건널 때는 '도하'라고 하고, 그보다 작은 압록강이나 한강을 건널 때는 '진강'이라고 한다. 또한 작은 내를 건널 때는 '제천'이라고 하며, 도랑을 건널 때는 '섭수'라고 한다.

우리 역사에 등장하는 큰 나루는 다음과 같다.

도(渡) : 벽란도, 삼전도, 한강도, 양화도, 노량도 등.

진(津) : 노량진, 광진, 한강진, 서빙고진, 동작진, 웅진, 강진, 당진, 신탄진 등.

●○●
벽란도는 고려 시대의 국제 무역항이었다. 하지만 나라의 각종 세금과 특산물이 운반되는 주요 거점이기도 했다. 당시에는 짐을 육로보다 바닷길로 운반하는 것이 쉬웠기 때문이다. 이 때문에 전국에서 걷힌 세금과 특산물은 배에 실려 벽란도에 도착했으며, 이것은 다시 개경으로 보내졌다.

●○●
벽란도에는 늘 많은 사람들로 북적였다. 상인들은 물론 외국 사신과 나라의 세금을 관장하던 관원들까지 벽란도를 드나들었다.

시대 조선 시대 | 더 찾아보기 강화도 조약, 고종, 수신사, 영선사, 일본, 임오군란, 조선, 청, 한양

조선 고종 때 만든 최초의 신식 군대
별기군

개요 조선 고종 때 개화 정책을 펼치면서 우리나라 최초로 만들어진 신식 군대이다. 구식 군대에 비해 좋은 대우를 받았고, 이로 인해 구식 군대의 불만을 사 **임오군란**이 일어났다.

풀이 1876년 **강화도 조약**으로 나라의 문을 연 조선은 근대 문물을 받아들이기 위해 개화 정책을 추진했다. 이에 따라 **일본**에는 **수신사**를, **청**나라에는 **영선사**를 보내 문물을 조사하고 배워오도록 했다. 특히 외세의 침입을 막기 위한 신무기 도입과 군대 개혁에 가장 관심이 높았던 고종은 조선에도 서양과 같은 신식 군대를 만들기로 했다.

마침내 1881년 우리나라 최초의 신식 군대인 별기군이 창설되었다. 오군영에서 가장 뛰어난 군인으로 선발된 80명이 별기군의 첫 구성원이었다. 일찍부터 고종의 의도를 파악한 일본은 소총을 기증하는 한편, 별기군에게 신식 군사 기술을 가르칠 교관을 파견하겠다고 제안했다. 고종이 이를 받아들여 일본인 교관이 별기군을 훈련시켰는데, 이 때문에 '왜별기' 즉 일본의 별기군이라는 비난을 받기도 했다.

별기군 모습. 오늘날과 비교하면 어설프게 느껴지지만 당시에는 세련된 신식 복장이었다. 무기도 구식 군대와는 달리 신식 무기, 즉 소총을 지급받아 사용했다.

별기군은 구식 군인에 비해 월등히 높은 월급과 좋은 대우를 받았다. 당시 오군영에 속한 구식 군인들이 13개월이나 녹봉을 받지 못한 것과는 대조적인 차별 대우였다. 이에 불만을 가진 구식 군인들은 임오군란을 일으켰고, 결국 별기군은 해체되고 말았다.

심화 별기군으로 구성할 군인들을 선발한 오군영은 조선 후기의 중심 군대였다. 훈련도감과 어영청, 총융청, 금위영, 수어청 등 5개의 군영을 합쳐 '오군영'이라고 했다. 훈련도감과 어영청, 금위영은 주로 한성(한양)을 지키고, 총융청과 수어청은 그 외곽 지역을 담당했다. 임오군란 때 구식 군인들의 공격을 받았던 별기군 중 살아남은 군인들은 다시 오군영으로 돌아갔다.

별기군이 사열하는 모습. 사열이란 군대의 훈련 정도나 사기를 살펴보는 의식을 뜻한다. 이때 군인들은 열을 맞추어 서거나 행진하는 등 조직적인 모습을 보여 준다. 당시 별기군은 오군영의 군인들 가운데 가장 뛰어난 사람들을 뽑았는데, 이들은 일본인 교관의 지시에 따라 신식 군사 기술을 배웠다.

시대 고려 시대 | 더 찾아보기 고려, 동북 9성, 여진, 윤관, 천리 장성

고려의 윤관이 여진 정벌을 위해 만든 군대
별무반

개요 **고려** 시대에 **여진**족을 정벌하기 위해 만든 군대이다. **윤관**의 건의로 만들었으며, 기병 부대인 신기군을 중심으로 신보군과 항마군 등으로 이루어져 있었다.

풀이 고려와 여진족은 초기에는 평화로운 관계를 유지했다. 여진은 고려를 '부모의 나라'라고 섬기면서 말이나 무기 등을 바쳐왔고, 고려는 식량이나 옷감을 내주면서 별다른 충돌 없이 지냈다. 그러다 완옌부라는 부족이 여진을 통일한 뒤 세력을 키우면서 고려와 긴장 관계에 놓이게 되었다. 여진의 세력이 고려의 **천리 장성**까지 이른 뒤에는 국경 근처에 살고 있는 고려인들을 괴롭히기도 했다.

이에 고려의 제15대 임금인 숙종은 여진을 정벌하라고 명령했다. 하지만 고려군은 연달아 패배했다. 처음엔 임간이 정벌군을 이끌고 나갔으나 정주성에서 크게 패했고, 윤관도 패하고 돌아왔다. 이때 윤관은 숙종에게 여진 정벌에 성공하려면 기병 중심의 새로운 군대가 필요하다고 건의했다. 고려군은 걸어 다니며 싸우는 보병이 대부분인 데 반해 여진군은 말을 탄 기병이 중심이어서 전투에 이기기 힘들다는 이유였다.

이렇게 해서 만들어진 군대가 바로 별무반이다. 별무반은 말을 타는 기병인 신기군과 걸어 다니는 보병인 신보군, 승려로 이루어진 승병인 항마군, 그리고 활이나 대포를 전문적으로 다루는 특수병으로 구성되었다. 이윽고 예종 때인 1107년, 윤관은 별무반을 이끌고 여진 정벌에 나서 승리를 거두고, 여진을 몰아낸 자리에 **동북 9성**을 쌓았다.

심화 함경도의 중요한 지역에 동북 9성을 쌓았지만 새로운 문제가 생겼다. 이미 여진족이 많이 들어와 살고 있다 보니 잦은 공격과 약탈에 맞서 성을 지키고 유지하기가 어려웠던 것이다. 결국 1109년 고려는 조공을 받는 조건으로 동북 9성을 여진에게 돌려주었고 별무반도 해체했다.

시대 조선 시대　**더 찾아보기** 경국대전, 고려, 왜구, 임진왜란, 조선, 8도

조선 시대에 각 도의 육군을 지휘하던 사령관

병마절도사

개요 **조선** 시대에 각 도의 육군을 지휘하고 감독하던 사령관을 뜻한다. 병마절도사를 줄여 '병사'라고도 불렀다.

풀이 병마절도사는 **고려** 말기에 **왜구**의 침입에 대비하여 군사 조직을 정비하는 과정에서 만든 병마도절제사 제도에서 유래되었다. 병마도절제사는 지방의 군대를 효율적으로 관리하기 위해 중앙 정부에서 보낸 지휘관을 뜻하며, 조선 시대에 와서는 병마절도사라고 부르게 되었다.

　병마절도사가 하는 일은 먼저 자신이 맡은 지역의 육군을 훈련시키고, 여러 가지 무기를 만들며, 성을 쌓거나 수리하면서 전쟁에 대비하는 것이었다. 또한 외적이 침입하거나 반란이 일어나면 즉각 지방군을 이끌고 나아가 싸워야 했고, 백성들을 괴롭히는 도적을 토벌하거나 맹수를 잡는 것도 중요한 임무였다.

　조선 시대에 **8도**에 파견되어 지방을 다스리던 관찰사는 모두 병마절도사를 겸했다. 이들은 각 지방의 우두머리로서 평소에는 행정에 관한 일을 맡아 하다가 전쟁이 일어나면 군사들을 이끌도록 되어 있었다. 단, 충청도와 전라도, 평안도, 경상도, 함경도 등 외적의 침입이 잦은 곳은 관찰사 이외에 추가로 병마절도사를 두었다. 이 때문에 조선 시대에는 모두 15명의 병마절도사가 있었고, **임진왜란** 후에는 황해도에도 별도의 병마절도사가 파견되어 그 수가 16명으로 늘었다. 관찰사와 병마절도사를 동시에 둔 지역에서는 간혹 지휘권을 두고 혼란이 생기기도 했다.

심화 조선의 기본 법전인 《**경국대전**》에는 8도의 병마절도사 정원이 제시되어 있다. 정원이 1명이면 관찰사가 겸임하고, 2명이면 관찰사 외에 1명의 병마절도사를 파견하며, 3명이면 2명의 병마절도사를 파견했다. 경상도·함경도는 각 3명, 충청도·전라도·평안도는 각 2명, 경기도·강원도·황해도는 각 1명이었다.

시대 조선 시대   더 찾아보기 고종, 신미양요, 의궤, 조선, 흥선 대원군

선교사 처형을 트집 잡아 프랑스군이 조선을 침략한 사건
병인양요

개요 1866년 프랑스 함대의 침략으로 **조선**군과 프랑스군 사이에 벌어진 전쟁이다. 양헌수가 이끄는 조선군이 강화도의 정족 산성에서 물리쳤으며, 이때 프랑스군은 외규장각 도서들을 약탈해 갔다가 최근에야 임대 형식으로 반환했다.

풀이 조선 **고종** 때인 1866년 초에 **흥선 대원군**은 천주교를 금지하며 프랑스 신부와 조선인 천주교 신자 수천 명을 처형했다. 이를 병인박해라고 한다. 그런데 이때 가까스로 살아남은 프랑스 선교사 리델이 중국으로 도망쳐 이 소식을 프랑스군에게 알렸다. 이에 프랑스군 함대 사령관인 로즈가 7척의 함선과 1,000여 명의 병력을 이끌고 와 강화도를 침략했다.

프랑스군은 강화도를 점령한 뒤, 프랑스인 선교사를 죽인 책임자를 엄벌하고 통상 조약을 체결하라며 조선 정부를 위협했다. 하지만 조선 정부는 이에 굴하지 않고 부대를 편성하여 프랑스군과 맞서 싸우기로 했다. 당시 프랑스군은 화력이 좋은 신식 무기로 무장했기 때문에 조선군보다 전력이 훨씬 강했다. 조선군을 이끌게 된 양헌수는 몰래 강화도로 건너가 삼랑성(정족 산성)에 진을 치고 공격해 오는 프랑스군을 물리쳤다. 정족 산성 전투에서 패한 프랑스군은 더 이상 강화도를 점거할 의지를 잃어버리고 철수했다.

프랑스군은 강화도에서 물러나면서 당시 강화도 외규장각에 보관하고 있던 책 340권과 은 19상자 등을 훔쳐갔다. 그리고 나머지 서적들은 불에 타 버렸다. 프랑스군이 가지고 간 외규장각 도서는 주로 왕실의 행사를 기록한 《**의궤**》였다. 이후 우리나라는 병인양요 때 가져간 도서들을 반환해 줄 것을 지속적으로 요구했다. 결국 프랑스는 외규장각 도서를 임대 형식으로 반환하기로 합의했고, 2011년 4차례에 걸쳐 296권의 책이 한국으로 돌아왔다.

프랑스군은 대규모 군대를 이끌고 침입했으나 정족 산성 전투에는 고작 160여 명만을 보냈다. 구식 무기를 가진 조선군을 깔본 탓이었다. 하지만 그들은 결국 조선군에게 패한 뒤 기가 꺾여 달아나고 말았다.

심화 병인양요를 계기로 조선 정부는 나라의 문을 닫아 거는 통상 수교 거부 정책과 천주교 금지 정책을 강화하게 되었다. 서양의 오랑캐가 일으킨 전쟁을 뜻하는 '양요'라는 말에서도 알 수 있듯이 서양 세력에 대한 거부감이 더욱 커진 것이다. 게다가 5년 뒤에는 미국까지 군함을 이끌고 와 **신미양요**를 일으키자 조선은 더욱 강력하게 통상 수교 거부 정책을 펼치게 되었다.

양헌수가 이끄는 조선군은 프랑스군 몰래 정족 산성에 진을 친 다음, 죽기살기로 싸웠다. 지금도 강화도에는 이들을 기리는 승전비와 어떠한 외국 선박도 강화를 통과할 수 없다는 흥선 대원군의 경고비가 세워져 있다.

시대 조선 시대 | 더 찾아보기 남한산성, 명, 북벌론, 소현 세자, 여진, 의병, 정묘호란, 조선, 청, 한양, 후금

조선 중기에 청나라가 조선을 침략해 일으킨 전쟁
병자호란

개요 조선 인조 때인 1636년에 청나라가 조선을 침략해 일으킨 전쟁이다. 병자년에 오랑캐가 일으킨 전쟁이라는 뜻에서 '병자호란'이라고 부른다.

풀이 1627년에 일어난 정묘호란 뒤 조선과 후금은 형제의 나라로 조약을 맺고 서로 평화롭게 지내기로 약속했다. 그러나 후금은 중국 대륙을 놓고 명과 벌이던 전쟁에서 우위를 차지하자 태도가 달라졌다. 이전에도 후금은 조선 조정에 막대한 물자를 바치라고 강요하거나 병선이나 병력을 보내줄 것을 요구했는데, 이에 더해 두 나라의 관계를 군신(임금과 신하)의 관계로 바꿀 것을 요구했다. 후금의 요구에 조선 조정은 크게 분노했다. 차라리 후금에 맞서 전쟁을 벌이는 게 낫다는 주장까지 나왔다.

1635년에 나라 이름을 '청'으로 고친 후금은 조선이 보인 태도를 사과하라고 요구했다. 또한 그에 대한 대가로 왕자를 볼모로 보낼 것, 전쟁을 주장했던 신하들 중 주동자를 체포하여 보낼 것을 요구했다. 조선이 이를 거부하자 청의 임금 태종은 1636년 12월에 13만여 명에 이르는 대군을 이끌고 조선에 쳐들어왔다. 조선군은 산성을 중심으로 방어선을 쳤지만 청의 선봉군은 불과 10일 만에 한양 근처까지 도달했다.

당황한 조선 조정은 왕자들을 강화도로 피난시켰지만, 정작 임금인 인조는 길이 끊겨 어쩔 수 없이 신하들과 함께 남한산성으로 들어갔다. 전쟁 준비를 하지 않았던 남한산성에는 겨우 50일분의 식량밖에 없었다. 청의 군대는 남한산성을 완전히 포위한 채 시간을 보냈다. 조선 조정은 명에 구원병을 요청했지만, 청과 싸움에서 계속 밀리고 있던 명은 구원병을 보낼 여유가 없었다. 그나마 출동했던 명의 수군도 풍랑을 만나 되돌아갔다. 조선 각지에서 관군과 의병들이 남한산성을 구원하기 위해 달려갔지만 그마저도 모두 청군에게 패하고 말았다. 추위와 굶주림에 시달리던 인조와 조선 조정은 더 이상 견디지 못하고 결국 청에 화해를 청했다.

조선은 인조가 직접 청 태종에게 머리를 조아리는 항복 절차를 거쳐 청과 강화를

조선군은 청의 군대에 맞서 치열하게 싸웠으나 끝내 이기지 못했다. 청의 임금인 태종이 직접 이끌고 온 13만여 명의 청나라군은 불과 한 달도 되지 않아 한양을 포함한 조선의 주요 지역을 장악했다.

맺었다. 그리고 청이 요구하는 강화 조건을 모두 받아들였다. 소현 세자와 둘째 왕자인 봉림 대군을 청에 볼모(인질)로 보냈고, 청에 조공을 바쳤으며, 예를 갖추기 위한 사신을 파견하고, 청이 전쟁을 할 때 군사를 보내기로 약속한 것이다.

심화 조선은 여진을 오랑캐라고 부르며 천대했지만, 병자호란에서 패하면서 여진족이 세운 청을 임금의 나라로 받들게 되었다. 청의 연호를 사용하고 조공을 바치는 신하의 나라가 된 것이다. 외교적인 굴욕보다 조선을 더욱 힘들게 한 것은 청에 바치는 조공이었다. 해마다 엄청난 양의 물자가 청으로 건너갔는데, 이는 조선 경제에 커다란 부담이 되었다. 이 때문에 조선 조정 안에서는 군사력을 길러 청을 정벌하여 복수를 하자는 북벌론이 나오기도 했지만 실제로 실행되지는 않았다.

시대 선사 시대~현대 | 더 찾아보기 독립 협회, 동학 농민 운동, 만민 공동회, 일본, 일제 강점기, 조선, 천민, 청, 황국 협회

봇짐이나 등짐을 지고 돌아다니며 물건을 파는 상인

보부상

개요 봇짐이나 등짐을 지고 돌아다니며 물건을 파는 상인이다. 고대부터 있었으나 **조선** 시대에 전국적인 조직을 갖추고 발달했다. 조선 시대의 원래 명칭은 '부보상' 이었다.

풀이 등짐 장수인 '부상'은 상업 활동이 활발하지 않았던 고대에도 있었다. 다루는 상품은 주로 가내 수공업으로 만든 생활용품이었고, 하층민이 많아서 사회적으로는 냉대를 받았다. 하지만 조선 초기에 조정의 지원을 받아 부상단이 만들어져 서로 도우며 활동했다. 반면 봇짐 장수인 '보상'은 조선 후기에 나타났다. 보상은 세공품처럼 부피가 작고 값비싼 물건을 다루었다. 보상들의 조직인 보상회는 자신들의 이익을 지키려고 규칙을 만들어 지나친 이익을 남기거나 속이지 않도록 단속했다. 보상들의 우두머리는 '접장'이라고 불렀다. 보상과 부상은 서로의 영역을 침범하지 않았다.

1833년에는 조선 조정이 혜상공국을 세우고 부상과 보상을 하나로 통합했다. 그리고 이들의 활동을 적극적으로 보호하고 지원했다. 개항 후 **청**과 **일본** 등 외국 상인의 진출로 조선 상업이 피해를 입은 데다, 보부상의 전국적인 조직을 정치적으로 이용하기 위해서였다. 1894년에 **동학 농민 운동**을 진압할 때 보부상 1,000여 명이 동원되었고, **독립 협회**와 **만민 공동회**를 탄압할 때에도 **황국 협회**에 소속된 보부상단을 이용했다. 보부상들은 조정에 협력한 대가로 소금이나 철, 토기, 목기 등의 상품을 독점하여 팔 수 있는 권한을 받았다.

보부상은 '보상'과 '부상'을 합친 말이다. 보상은 보자기나 걸망에 걸머지는 봇짐 장수를, 부상은 등이나 지게에 지고 다니는 등짐 장수를 가리킨다.

심화 보부상은 권력과 가까운 관계를 유지하면서 특권을 누리다 보니, 새롭게 변화된 경제 환경에 적응하지 못했다. 개항 후 일본 상인과 청 상인들의 활동이 늘어나면서 쇠퇴하다가 일제 강점기에 대부분 사라졌다.

시대 삼국 시대~조선 시대 | 더 찾아보기 가야, 고려, 김수로왕, 삼국 시대, 삼국유사, 세종, 임진왜란, 조선, 한양

불이나 연기를 피워 위급한 소식을 알리던 군사 통신 제도
봉수 제도

개요 낮에는 연기, 밤에는 횃불로 지방의 전쟁 상황을 중앙에 알리던 군사 통신 제도이다. **삼국 시대**부터 시행되었고, **고려** 시대에 제도화되었으며, **조선 세종** 때 전국적으로 정비되었다.

풀이 통신 수단이 마땅치 않았던 옛날에는 긴급한 일이 생겼을 때 멀리서도 알아볼 수 있는 불이나 연기를 이용해 소식을 전했다. 이때 불을 사용해 소식을 전하는 것을 봉화, 연기로 하는 것은 봉수라고 불렀다. 《삼국유사》에 따르면 이미 **가야**를 세운 **김수로왕** 때 횃불을 썼다고 하니, 봉화의 역사는 삼국 시대부터 시작된 것이다.

봉화나 봉수를 올리는 것은 대개 전쟁과 같이 위급한 상황이 일어났을 때였다. 국경이나 해안에서 적이 쳐들어올 기미가 보이면 시야가 트인 산 위에 마련된 봉수대에서 낮에는 연기, 밤에는 횃불을 올렸다. 그리고 불이나 연기는 전국 곳곳에 연달아 마련된 봉수대를 거쳐 최종적으로 도성의 봉수대에 전달되었다. 조선 시대에는 **한양**에서 가까운 목멱산 봉수대까지 이르렀다.

봉수대에서 신호를 보내는 방식은 굴뚝을 통해 피우는 불꽃이나 연기의 숫자로 결정했다. 즉 평상시에는 하나, 적이 바다나 국경에 나타나면 둘, 가까이 오면 셋, 우리 배를 공격하거나 국경을 침범하면 넷, 상륙하거나 전투가 벌어지면 다섯 개의 봉수를 올리도록 했다. 특히 조선 시대 봉수로의 최종 집결지인 목멱산에는 중요 봉수로를 담당하는 5개의 봉수대가 있었고, 국방에 관한 일을 맡아 했던 관청인 병조에서 매일 새벽 이 봉수 상황을 왕에게 보고했다.

심화 정상적으로 봉수가 전달될 경우에는 국경에서 도성까지 12시간 내에 상황이 전해졌으나, 실제로는 중간에 전달이 되지 않거나 시간이 지체되는 경우가 많았다. 조정은 봉수가 제대로 전달되지 않을 경우, 매우 엄한 형벌을 내렸지만 사정이 크게

나아지지는 않았다. 봉수를 담당하는 역은 산에 오가기가 힘들고, 잠시도 쉬지 않고 지켜야 할 뿐 아니라, 혹시라도 신호를 놓칠 경우 엄한 벌을 받았으므로 매우 힘든 일이었다. 봉수 제도는 **임진왜란** 이후 사실상 기능을 하지 못하다가 1890년대에 전화가 도입되면서 완전히 사라지게 되었다.

●○○
봉수대에는 불을 피우는 굴뚝은 물론 봉수대를 지키며 관리하는 군사들이 머무는 곳이 함께 마련되었다. 봉수대는 상황에 따라 나라의 앞날을 결정하는 중요한 시설이었기 때문에 매우 엄격하게 관리했다.

●○○
봉수의 수에 따라 신호의 내용은 달랐다. 평소에는 1개였으나 2개부터는 적의 움직임이 파악되었거나 침입했다는 뜻으로, 상부 기관에 반드시 전달해야 했다.

시대 일제 강점기 **더 찾아보기** 간도, 대한민국 임시 정부, 3·1 운동, 일본, 청산리 대첩, 홍범도

홍범도의 독립군 연합 부대가 일본군과 싸워 승리한 전투

봉오동 전투

개요 1920년 6월에 독립군 연합 부대가 중국 지린 성의 봉오동 계곡에서 **일본**군과 싸워 크게 승리한 전투이다. 일본군은 수백 명이 죽거나 다치는 큰 피해를 입었으며, 기세가 오른 독립군은 이후 벌어진 **청산리 대첩**에서도 승리를 이어갔다.

풀이 **3·1 운동** 이후 우리 민족의 항일 투쟁은 한층 치열해졌다. 특히 만주와 연해주 일대에서 조직된 독립군은 국경 근처에 있는 일본군을 끊임없이 공격해 커다란 피해를 주었다. **홍범도**가 이끄는 대한 독립군도 1920년 6월에 두만강을 넘어 일본의 헌병 순찰대를 공격했다. 이에 일본군은 독립군을 추격하면서 두만강을 넘어 삼둔자까지 들어와 그곳에 사는 한인들을 잔인하게 살해했다. 독립군은 이때 침입한 일본군을 매복 공격하여 커다란 타격을 입혔는데, 이를 '삼둔자 전투'라고 한다.

삼둔자 전투로 위기를 느낀 일본군은 독립군을 공격하여 섬멸할 계획을 세웠다. 그러고는 두만강을 넘어 독립군의 근거지가 있던 봉오동으로 향했다. 일본군의 대대적인 공격이 있을 것을 예상한 홍범도는 자신이 이끄는 대한 독립군뿐 아니라 최진동이 이끄는 군무도독부, 안무가 이끄는 국민회군 등과 함께 연합 부대를 만들었다.

이윽고 일본군이 두만강을 넘어 공격해 오자 독립군 부대는 봉오동 주민을 모두 대피시킨 뒤 일본군을 봉오동 골짜기로 끌어들여 기습적으로 공격했다. 좁은 골짜기에 갇힌 신세가 된 일본군은 커다란 피해를 입고 도망치듯 물러났다. **대한민국 임시 정부**의 발표에 따르면 이 전투에서 일본군 사망자는 157명, 부상자는 200여 명에 달했다. 반면 독립군은 4명이 사망하고 약간의 부상자가 생기는 데 그쳤다.

봉오동 전투 이후 청산리에서도 독립군이 크게 승리하자 일본은 잔인한 보복에 나서기도 했다. **간도** 지방에 살고 있던 한인들을 무참히 학살하는 만행을 저지른 것이다. 하지만 봉오동과 청산리에서 거둔 승리로 독립군의 사기는 크게 높아졌고, 이후 독립군이 보다 조직적으로 재편성되는 계기가 되었다.

심화 봉오동 전투는 독립군이 일본 정규군을 상대로 한 본격적인 전투에서 거둔 최초의 승리였다. 봉오동 전투로 독립군의 사기는 크게 높아졌고 일본과 맞서 승리할 수 있다는 믿음이 생겨났다. 이에 독립군은 병력과 조직을 정비하고 무기를 확충하는 데 힘썼다. 반면 봉오동 전투에서 패배해 충격을 받은 일본은 독립군을 비롯한 만주 지역의 독립 운동 세력을 없애기 위한 대책 마련에 들어갔다.

● ○ ○
홍범도가 이끄는 독립군 연합 부대는 일본군을 봉오동 골짜기로 유인했다. 많은 수의 일본군이 좁은 계곡에 들어서자, 기다리며 진을 치고 있던 독립군들이 한꺼번에 공격을 퍼부었다. 졸지에 갇힌 신세가 된 일본군은 수백 명이 죽거나 다치는 큰 피해를 입고 물러났다.

시대 고려 시대 | 더 찾아보기 고려, 공민왕, 국보, 문무왕, 신라, 의상

우리나라에서 가장 오래된 목조 건축물
봉정사 극락전

개요 경상북도 안동시의 봉정사에 있는 **고려** 시대의 불전(불당)이다. **신라 문무왕** 때인 672년에 **의상** 대사가 창건했으며, 지금까지 남아 있는 나무로 만든 건축물 가운데 가장 오래된 것이다. 1962년에 **국보** 제15호로 지정되었다.

풀이 불전이란 '부처를 모신 집'이라는 뜻으로, 절의 중심이 되는 곳이다. 봉정사 극락전도 부처를 모신 불전으로, 봉정사의 중심 건물이라고 할 수 있다. 정면 세 칸, 측면 네 칸으로 이루어져 있으며 불단에는 화려한 덩굴무늬를 조각해 놓았다.

극락전 건물은 하나의 기둥머리에 하나의 공포(짜 맞춘 나무쪽)를 얹고 짓는 주심포 양식, 건물 모서리에 추녀가 없고 측면 벽이 삼각형인 박공지붕 등으로 이루어져 있다. 이는 통일 신라 때의 건축 양식을 이어받은 것으로, 극락전의 건축 재료는 모두 국보급 가치를 가지고 있다.

한편 1972년에 극락전을 해체하여 수리할 때 상량문이 발견되었는데, 여기에는 고려 **공민왕** 때인 1363년에 건물의 지붕을 수리한 사실이 기록되어 있었다. 여기서 상량문이란 집이나 절을 새로 짓거나 고친 내력을 적은 기록을 뜻한다. 우리나라의 전통 목조 건축물은 지어진 후 지붕을 크게 수리하기까지 보통 100년에서 150년이 지나야 하므로, 극락전이 세워진 시기는 적어도 고려 중기인 12~13세기인 것이다. 이로써 지금까지 남아 있는 목조 건축물 가운데 가장 오래되었음이 밝혀졌다.

심화 봉정사는 의상 대사의 도력으로 만든 절이라는 설화가 내려오고 있다. 의상이 부석사에서 종이를 접어 봉황을 만들었는데, 이를 바람에 날려 보내니 실제 새처럼 날아 지금의 봉정사 자리에 내려앉았다는 것이다. 이에 의상은 절을 짓고 봉정사라고 이름을 붙였다고 한다. 그런가 하면 푸른 말 때문에 봉정사를 지었다는 이야기도 있다. 하루는 의상이 산에 올라 기도를 하는데, 푸른 말이 나타나 지금의 대웅전 자리에 앉았고, 이를 기리기 위해 절을 지었다는 것이다.

봉정사 극락전은 우리나라에서 가장 오래된 목조 건축물이자, 우리의 전통 건축술인 주심포 방식을 잘 보여주는 유적이다. 불전이 지어진 시기는 고려 중기인 12~13세기경으로 추측되며, 의상 대사가 지은 것으로 알려졌다.

측면(옆면)이 삼각형을 이루는 박공 지붕.

하나의 기둥머리에 하나의 공포를 얹는 주심포 방식.

전통 건축물의 '칸'은 기둥과 기둥 사이를 '한 칸'으로 본다. 봉정사 극락전은 정면 세 칸, 측면 네 칸으로 이루어졌다.

더 찾아보기 고려, 공민왕, 광해군, 국보, 단청, 당, 문무왕, 봉정사 극락전, 삼국유사, 신라, 왜구, 의상, 조선, 홍건적

주심포 방식과 배흘림기둥으로 지은 아름다운 목조 건축물

부석사 무량수전

개요 경상북도 영주시 부석사 안에 있는 **고려** 시대의 불전이다. **봉정사 극락전**과 함께 가장 오래된 목조 건축물로, 한국의 미를 보여 주는 대표적 건물로 손꼽힌다. 우리나라 전통 건축법 중 하나인 주심포 방식을 가장 잘 보여 주는 아름다운 건물로 평가 받고 있으며, **국보** 제18호로 지정되었다.

풀이 부석사는 **신라 문무왕** 때인 676년에 **의상** 대사가 왕의 뜻을 받들어 지은 절이다. 《**삼국유사**》에 따르면 의상 대사가 **당**나라 유학을 마치고 귀국할 때 그를 흠모한 여인 선묘가 용으로 변해 이곳까지 따라왔다고 한다. 그러고는 줄곧 의상 대사를 보호하면서 절을 지을 수 있도록 도왔다. 이후 선묘는 바위로 변해, 숨어 있던 도적떼까지 쫓아 버린 후 무량수전 뒤에 내려앉았다고 한다. 실제로 무량수전 뒤에는 '부석(浮石)'이라고 새겨진 바위가 있다.

무량수전은 고려 **공민왕** 때인 1358년에 **왜구**에 의해 불타버렸다. 지금의 건물은 고려 우왕 때인 1376년에 다시 지었고, **조선 광해군** 때 **단청**을 새로 칠했다. 건물의 크기는 앞면 5칸, 옆면 3칸으로 지붕은 옆면이 여덟 팔(八) 자 모양인 팔작지붕이다. 건물의 기둥은 가운데 부분이 볼록한 배흘림기둥이며, 처마를 받치는 공포를 하나만 얹어 짓는 주심포 방식의 대표적인 건축물이다. 이 때문에 부석사 무량수전은 우리나라 전통 건축법을 연구하는 데 매우 중요한 표본이 되고 있다.

한편 무량수전 안에는 '부석사 소조여래 좌상'이라고 부르는 불상이 있는데, 이 역시 국보 제45호로 지정될 만큼 매우 귀중한 유물이다. 또한 '무량수전'이라는 현판 글씨는 **홍건적**의 난을 피해 부석사에 머물렀던 공민왕이 직접 쓴 것이라고 한다.

심화 우리나라 전통 건축법 가운데에는 주심포 방식과 다포 방식이 있다. 주심포 방식은 건물의 중심이 되는 기둥 위에 하나의 공포를 얹는 것이고, 다포 방식은 여러 개의 공포를 얹는 방식이다. 여기서 공포란 처마를 받치기 위해 기둥 위에 짜 맞

추어 대는 나무쪽을 뜻한다. 부석사 무량수전은 이 방식 가운데 주심포 방식으로 지은 대표적인 유적이다. 또한 우리나라의 옛 건물은 아름다운 기와지붕을 자랑하는데, 맞배지붕과 우진각 지붕, 팔작지붕 등이 있다. 부석사 무량수전은 이 중에서 팔작지붕 형식으로 만들어졌다.

●○○
신라 문무왕 때 의상 대사가 주도하여 지은 부석사. 경치가 아름답고 역사가 오랜 절인데, 우리나라 목조 건축 양식을 가장 잘 보여 주는 아름다운 무량수전이 있어 더욱 유명해졌다.

가운데가 볼록한 배흘림기둥.

무량수전은 부처를 모신 불전으로, 안에는 국보로 지정된 '부석사 소조여래 좌상'이 보관되어 있다.

만주 지방에 있었던, 고구려와 백제의 뿌리였던 나라

부여

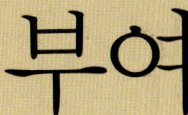

개요 기원전 3세기경부터 494년까지 만주 지방에 있었던 나라이다. 농업과 목축이 발달해 만주 지방에서 가장 부유한 나라였지만, 4세기 이후에는 점차 세력이 약해져 **고구려**에게 멸망당했다.

풀이 부여의 영토는 만주 지방과 송화강 일대의 평야 지역이었다. 땅이 넓고 비옥해서 일찍이 농업과 목축이 발달했다. 부여가 목축을 중요시한 것은 부족장 이름에서도 짐작할 수 있다. 나라의 중앙은 왕이 다스렸지만 각 지역은 마가, 우가, 저가, 구가라는 부족장이 다스렸기 때문이다. 마가의 마(馬)는 말, 우가의 우(牛)는 소, 저가의 저(猪)는 돼지, 구가의 구(狗)는 개를 뜻한다. 가장 세력이 큰 부족장이 왕이 되었지만, 왕의 권한은 그리 크지 않아서 흉년이 들면 교체되기도 했다.

부여에서는 음력 12월에 '영고'라는 **제천 행사**를 열었다. 영고가 열릴 때면 온 나라 백성들이 하늘에 제사를 지내고 노래하며 춤을 추는 잔치를 벌였다. 또한 부여의 법은 매우 엄격했다. 살인한 자, 간음한 자, 질투가 심한 부인은 사형에 처했고, 도둑질한 자는 훔친 것의 12배를 갚게 했다. 그리고 이 법은 고구려와 **백제**에 그대로 전해졌다. 지배층이 죽으면 신하나 아내, 종을 함께 묻는 **순장** 풍습이 있었고 소의 발굽으로 점을 치기도 했다.

부여는 **한**나라와 친선 관계를 맺고 발달된 문화를 받아들였다. 한때는 만주 지역에서 가장 부강한 나라였지만, 4세기에 선비족의 공격을 받으면서 힘이 약해졌다. 그리고 494년에 고구려와의 전쟁에서 패해 멸망했다.

심화 《삼국유사》에 따르면 부여는 하늘 임금의 아들인 해모수가 세운 나라라고 한다. 이때는 나라 이름을 '북부여'라고 불렀다. 그런데 고구려와 백제의 건국 신화를 보면 부여는 이 두 나라의 뿌리라고 할 수 있다. 고구려를 세운 **주몽**은 부여 금와왕의 둘째 부인인 유화의 아들이고, 백제를 세운 **온조왕**은 주몽의 아들이기 때문이다.

시대 삼국 시대 　더 찾아보기 국보, 당, 미륵사지 석탑, 백제, 일본

목탑의 형식을 띤 백제의 대표적인 석탑

부여 정림사지 5층 석탑

개요 충청남도 부여의 정림사 터에 있는 **백제** 시대의 대표적인 석탑이다. '백제 5층 석탑'이라고도 부르며 **국보** 제9호로 지정되었다.

풀이 부여 정림사지 5층 석탑은 오랫동안 백제를 멸망시킨 **당**나라 장수 소정방이 세운 것이라고 잘못 알려져 왔다. 탑에 백제를 정벌한 기념탑이라는 뜻의 글귀가 새겨져 있었기 때문이다. 하지만 그 글은 탑이 세워진 뒤 새긴 것이 밝혀졌다.

부여 정림사지 5층 석탑은 익산의 **미륵사지 석탑**과 더불어 지금까지 남아 있는 단 두 개의 백제 석탑이다. 목탑의 구조와 비슷하지만 단순하면서도 우아한 석탑의 특성이 잘 드러나 있으며, 1층의 높이가 다른 층에 비해 높아서 늘씬한 느낌을 준다. 또한 비례와 균형이 잘 맞아 안정감을 주고, 단순하지만 정돈된 모양으로 석탑의 아름다움을 잘 보여 준다고 평가받고 있다. 백제 시대 이후 충청도와 전라북도 지방에 세워진 많은 탑이 부여 정림사지 5층 석탑을 본떠 만들어졌다고 한다.

심화 세계에서 가장 오래된 목조 건물로 유명한 **일본** 호류사의 5층 목탑은 모양이나 분위기가 정림사지 5층 석탑과 매우 비슷하다. 이 때문에 많은 학자들이 일본에 건너간 백제 장인이 세웠을 것이라고 추측하고 있다.

백제의 대표적인 석탑인 부여 정림사지 5층 석탑. 탑을 받친 기단이 좁고 낮은 점, 지붕돌인 옥개석이 얇고 끝이 살짝 올라간 점 등 목탑의 구조와 닮은 것이 특징이다. 하지만 석탑 특유의 단순함과 우아함도 잘 나타나 있다.

시대 조선 시대 | 더 찾아보기 나선 정벌, 명, 병자호란, 북학파, 송시열, 유학, 조선, 조총, 청, 헨드릭 하멜

조선의 군사력을 길러 오랑캐인 청을 정벌하자는 주장

북벌론

개요 조선의 군사력을 길러 청을 정벌하자는 주장이다. 효종 때 병자호란의 치욕을 씻기 위한 계획으로 마련되어 숙종 때까지 이어졌지만, 청이 중국 대륙을 완전히 통일하면서 사라졌다. 현실적으로 어려운 계획이었지만 조선의 국방을 튼튼히 하는 계기가 되었다.

풀이 병자호란 이후에도 조선의 집권층이나 유학자들 중에는 여전히 청을 오랑캐의 나라로 인식하는 사람들이 많았다. 조선은 문화가 높지만 청은 문화가 낮은 야만인이라고 생각한 것이다. 이들은 병자호란 때 오랑캐인 청을 황제의 나라로 받들겠다는 약속을 매우 부끄럽게 여겼다. 따라서 부끄러움을 씻어내기 위해서라도 청을 정벌해야 한다고 주장했다. 이를 북벌론이라고 한다. '북'은 곧 조선의 북쪽 지역을 차지하고 있는 청을 가리킨다.

특히 병자호란 때 청에 인질로 끌려갔다가 귀국한 봉림 대군(효종)은 북벌에 대한 의지가 컸다. 그는 아버지인 인조의 뒤를 이어 임금의 자리에 오르자마자 북벌 준비에 들어갔다. 당시 청에 대해 강경론을 펴던 송시열, 이완, 김집 등을 관리로 등용했고 군사력을 강화하기 위한 조치를 발표했다. 남한산성과 수어청을 새롭게 정비하고, 중앙군의 수를 1만 명으로 늘리기도 했다. 당시 바다에서 길을 잃고 표류하다 조선에 흘러들어 온 네덜란드인 헨드릭 하멜이 군사 지식을 갖고 있음을 안 뒤에는 그를 시켜 조총을 개량하게 했다.

효종은 10년 동안 10만 명의 군사를 길러 준비한 뒤 청을 정벌하자고 했지만 모든 신하가 찬성한 것은 아니었다. 임금의 권력이 지나치게 커지는 것을 염려한 신하들, 북벌 준비로 인해 백성들의 부담이 커지는 것을 염려한 신하들은 북벌론에 반대했다. 하지만 신하들이 반대하지 않았다고 하더라도 효종의 북벌론은 현실적으로 매우 어려운 계획이었다. 청은 이미 명에 이어 중국 전체를 지배하는 강한 나라로 성장했기 때문이었다.

심화 북벌론은 조선의 제17대 임금인 효종이 죽은 뒤 수그러들었다가 제19대 임금인 숙종 때에 다시 등장했다. 중국에서 청에 반대하고 한족의 부흥을 꿈꾸는 반란이 일어나자, 조선에서도 다시금 북쪽의 오랑캐를 정벌하자는 주장이 나온 것이다. 하지만 청이 반란 세력을 진압하고 중국 대륙을 완전히 장악한 뒤에는 북벌론도 자취를 감추게 되었다. 청의 요청으로 **나선 정벌**에 군사를 보내는가 하면, 18세기 이후에는 오히려 청을 배우자는 **북학파**가 등장하기도 했다.

대군 시절에 청에서 볼모 생활을 했던 효종은 군사력을 길러 청을 정벌할 계획을 추진했다. 그에 따라 군사 조직을 정비하고 조총 등의 무기를 개량하며 성곽을 수리하는 데 힘썼다.

북벌론을 주장했던 사람은 송시열, 이완, 김집, 송준길 등이었다. 이들은 문화가 높은 조선이 문화가 낮은 오랑캐(청)에게 당한 치욕을 씻기 위해서라도 북벌이 필요하다고 주장했다.

일본으로 가려다 태풍 때문에 조선으로 흘러들어온 헨드릭 하멜은 도성 수비를 맡고 있는 기관인 훈련도감에서 일했다. 이때 효종의 명령으로 조총의 성능을 좋게 만들기 위한 작업에 참여하기도 했다.

시대 조선 시대 | 더 찾아보기 박제가, 박지원, 병자호란, 서학, 실학, 열하일기, 정묘호란, 조선, 청, 홍대용

청의 학문과 기술을 받아들이자고 주장한 실학자들

북학파

개요 조선 후기에 청나라의 학문과 기술을 받아들이자고 주장한 학자들을 가리키는 말이다. '북학'이란 청의 학문이나 문물을 뜻한다.

풀이 조선은 정묘호란과 병자호란을 겪으며 청에게 무릎을 꿇었지만, 마음속으로는 청을 인정하지 않았다. 조선이 청에 비해 군사력은 약하지만 문화에서는 앞선다고 생각했기 때문이다. 하지만 조선과 청의 교류가 늘어나면서 학자들도 청의 학문과 문물을 살펴볼 기회가 많아지자 차츰 생각이 바뀌었다. 청이 군사력뿐 아니라 학문과 문화에서도 크게 발전했음을 알게 된 학자들은 이를 받아들이는 것이 조선 사회의 개혁에 도움이 된다고 생각했다. 이들이 바로 북학파이다.

북학파는 조선 후기의 실학자들이 많았다. 박제가와 박지원, 홍대용, 유득공 등이 북학파에 속했다. 박제가가 지은 《북학의》나 박지원의 《열하일기》는 이들이 청에서 보고 들은 것에 자신의 생각을 곁들여 청을 소개한 책이다.

북학파는 조선 사회를 개혁하려면 상업을 발달시키고 무역을 늘려야 한다고 주장했다. 물자를 풍요롭게 해야 가난한 백성을 구하고 조선이 부강해진다고 생각한 것이다. 이들은 청의 과학 기술이나 생활 양식을 받아들여 백성들의 생활이 나아지게 하자고 제안했다. 예를 들어 물자를 손쉽게 옮기기 위해서는 수레를 사용하고, 수레 사용을 늘리기 위해 길을 넓히며, 튼튼한 벽돌로 집을 짓자는 식이었다.

또한 북학파는 조선의 농업 문제를 해결하기 위해 생산량을 늘리는 방안을 내놓았다. 농기구를 성능 좋은 것으로 바꾸고, 새로운 농사 기술을 받아들이며, 관개 시설(농사에 필요한 물을 대거나 빼는 시설)을 늘리자고 주장했다. 북학파는 이런 방안이 조세나 토지 제도를 개혁하는 것보다 오히려 더 효과적이라고 생각했다.

심화 북학파는 농업이나 상업 문제뿐 아니라 청에 들어와 있던 서학에도 관심을 가졌다. 이들이 서양의 학문이나 발달된 과학 기술을 접하면서, 중국이 세계의 중심

이고 중국 문화가 가장 뛰어나다는 생각에 변화가 생기기 시작했다. 그리고 이런 생각은 훗날 개화 사상에도 영향을 끼쳤다.

실학자 박지원은 청 황제의 생일을 축하하는 사절단으로 갔다가 열하(중국 허베이 성 청더 지역) 지방을 돌아보고, 청의 문물과 제도를 소개하는 책인 《열하일기》를 썼다.

박제가는 청의 풍속과 제도를 소개한 《북학의》를 썼고, 홍대용은 청의 과학 기술을 돌아본 뒤 혼천의를 만들었으며, 유득공은 상업을 장려해야 한다고 주장했다.

●○○
조선의 학자들은 문화 수준이 낮다며 청을 무시했지만, 조선 후기에는 오히려 청을 배우자는 이들이 나타났다. 북학파라고 불리던 이들은 청의 학문과 기술을 받아들여 조선 사회를 개혁하자고 주장했다.

회색 바탕흙에 하얀 흙을 발라 구운 조선의 자기

분청사기

개요 **조선** 시대에 만들어진 자기이다. 회색 계통의 바탕흙 위에 하얀 흙으로 표면을 꾸민 뒤 유약을 발라 굽는다.

풀이 **고려** 말기에 **청자**가 쇠퇴하면서 조선 초기에는 다른 모습의 도자기가 나타났는데, 그것이 바로 분청사기이다. 청자에 비해 제작 과정이 간단해 15세기 초에는 분청사기의 생산량이 크게 늘어나 전성기를 이루었다. 그러다 16세기에 들어서면서 이전까지의 모습과는 달리 하얀 흙으로 만들기 시작했고, **임진왜란** 후에는 점차 수가 줄어들었다. 전쟁의 여파로 도자기 생산이 중단된 데다 **백자**의 생산량이 늘어났기 때문이다. 이후 분청사기는 백자에 밀려 더 이상 발전하지 못하고 점점 찾아보기 어렵게 되었다.

심화 분청사기에는 청자나 백자에서는 볼 수 없는 자유분방함이 있다. 모습도 화려한 청자와 달리 실용적이며 여러 가지 기법을 사용한 점이 특징이다. 지금까지 남아 있는 대표적인 분청사기로는 분청사기 박지연어문 편병과 분청사기 조화어문 편병 등이 있다.

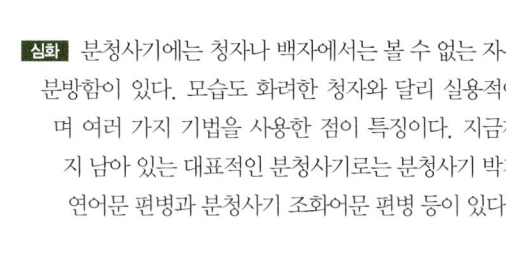

국보 제179호로 지정된 박지연어문 편병. 표면에 연꽃잎과 그 속에서 노니는 물고기를 생동감 있게 표현한 분청사기이다. 편병은 짧은 목이 달려 있는 납작하고 둥근 자기를 뜻하며, 자라를 닮았다고 하여 '자라병'이라고도 부른다. 주로 외출할 때 술병으로 썼다.

시대 삼국 시대 더 찾아보기 고려, 국보, 김정희, 당, 몽골, 석탑, 선덕 여왕, 설총, 신라, 원효, 임진왜란, 조선

원효 대사의 숨결과 국보급 석탑이 남아 있는 신라의 절

분황사

개요 경상북도 경주시에 있는 **신라** 시대의 절이다. 신라 **선덕 여왕** 때인 634년에 세워졌으며, 절 안에는 **국보** 제30호로 지정된 분황사 **석탑**이 있다.

풀이 분황사는 신라의 유명한 승려인 자장과 **원효**가 머물렀던 곳으로 유명하다. 특히 원효는 분황사에 머무르는 동안 《화엄경소》를 비롯하여 수많은 책을 썼다고 전해진다. 원효가 죽은 뒤 그의 아들 **설총**은 뼛가루와 찰흙으로 아버지의 모습을 만들어 이 절에 모셨으며, 솔거가 그린 〈관음보살도〉도 분황사에 있었다고 한다. 경덕왕 때에는 구리 30만 근 이상이 들어간 커다란 약사여래동상이 있었지만 **임진왜란** 때 잃어버렸다.

분황사는 신라의 큰 절답게 많은 문화재를 가지고 있었으나 **몽골**의 침략과 임진왜란으로 인해 대부분 불에 타거나 사라졌다. 근처에는 황룡사터가 있으며, 분황사 안에는 분황사 석탑과 화쟁국사비부, 분황사 석정(돌우물) 등이 남아 있다.

분황사 석탑은 모전탑이다. 모전탑이란 돌을 벽돌처럼 다듬어서 쌓은 탑을 뜻한다. 원래 9층이었으나 임진왜란 때 무너지고 현재는 3층만 남아 있다. 1층 몸돌에는 네 면마다 문을 만들고, 문 양쪽에는 힘찬 모습의 인왕상을 조각해 놓았다. 또한 석탑의 네 모퉁이에는 사자 모양의 석상이 있다. 분황사 석탑은 현재 남아 있는 신라의 석탑 가운데 가장 오래된 것으로 추측된다.

화쟁국사비부는 원효 대사를 기리는 비의 받침돌이다. **고려**의 제15대 임금인 숙종은 원효 대사를 기릴 만한 마땅한 기념물이 없음을 안타깝게 여겨 '대성화쟁 국사'라는 시호를 내리고 비석을 세우도록 했다. 이후 화쟁국사비부는 오랫동안 방치되었는데, **조선** 시대에 와서 **김정희**가 절 근처에서 발견해 이를 확인하는 글귀를 받침돌에 새겨 놓았다. 비석은 임진왜란 후까지도 있었다고 전해지지만 지금은 받침돌만 남아 있다.

분황사 석정은 지금까지 남아 있는 통일 신라의 돌우물 가운데 가장 크고 우수하

다. 조선 시대에는 불교를 억압하는 정책 때문에 수난을 당하기도 했으나 지금도 사용할 만큼 잘 보존되었다.

심화 분황사의 석정에는 다음과 같은 전설이 있다. 분황사와 금학산 동천사의 우물에는 나라를 지키는 세 마리의 용이 살고 있었다. 어느날 당나라의 사신이 용들을 물고기로 변신시킨 뒤 잡아 길을 떠났다. 그러자 두 여인이 왕을 찾아가 이 사실을 말하며 남편을 찾아 달라고 호소했고, 왕은 사람을 시켜 물고기를 되찾은 뒤 각각의 우물에 놓아 주었다. 그 뒤부터 물고기로 변한 세 마리 용의 우물이란 뜻에서 '삼룡변어정'이라 부르게 되었다고 한다.

분황사보다 더 값지고 유명한 분황사 석탑. 신라의 석탑 가운데 가장 오래된 것으로, 규모가 매우 큰 편이다.

원래 9층이었던 것이 임진왜란 때 부서져 3층만 남아 있으나, 여전히 9.3미터에 이를 정도로 높다.

석탑 안의 감실로 들어가는 입구에는 인왕상을 조각해 놓았다. 인왕상은 악귀를 다스리고 부처를 지키는 신으로, 보통 절이나 탑의 문에 세운다. 절마다 조금씩 차이가 있지만 매우 용맹한 모습으로 표현된다.

고구려와 백제는 중국을 거쳐, 신라는 고구려를 거쳐 전해지다
불교의 전래

개요 기원전 6세기경 인도에서 석가모니에 의해 창시된 불교가 **삼국 시대**에 한반도에 전해졌다. **고구려**와 **백제**, **신라**는 불교를 받아들인 뒤 나라를 다스리는 데 이용하면서 적극적으로 불교 문화를 발전시켰다.

풀이 삼국 중에서 불교를 가장 먼저 받아들인 나라는 고구려였다. **소수림왕** 때인 372년에 순도가 중국의 전진이라는 나라에서 불상과 불경을 가지고 돌아오면서 전해졌다. 백제는 침류왕 때인 384년에 중국의 동진에서 마라난타가 건너와 불교를 전했다. 마라난타는 원래 인도의 승려인데, 중국을 거쳐 백제까지 들어온 것이다. 이후 백제는 국가 체제를 정비하면서 왕실을 비롯한 지배층들이 사회 통합을 위한 도구로 불교를 적극 내세웠다. 이는 고구려도 마찬가지였다. 고구려와 백제는 사람들을 하나의 사상으로 묶어 나라의 힘을 키우고자 했고, 불교 신앙은 이런 목적을 이루는 데 알맞았다.

반면 신라는 고구려를 통해 불교를 받아들였다. 불교가 처음 들어온 때는 정확하지 않지만 고구려와 신라의 외교 관계로 볼 때, 눌지왕이 다스리던 무렵 아도라는 승려가 전했을 것으로 추측된다. 그러나 고구려나 백제와는 달리 신라에서는 귀족들이 불교를 받아들이는 데 반대했다. 신라 왕실은 불교를 통해 임금의 권위를 높이고 권력을 강화하고자 했지만, 귀족들은 자신들의 힘이 약해질 것을 걱정했기 때문이다. 그러다 **법흥왕** 때인 527년에 **이차돈**이 순교하면서 비로소 불교가 인정되었다.

왕권의 강화를 원했던 삼국의 왕실은 모두 새로운 신앙이 필요했다. 불교에서는 현실에서 누리는 복과 괴로움이 전생에서 자신이 행한 행동의 결과라고 여겼으므로 지배층이 누리는 특권을 합리화할 수 있었다. 즉 왕족이나 귀족들은 전생에서 잘 살았기 때문이고, 가난한 백성들은 전생에 지은 죄 때문에 고통을 겪는다고 설득할 수 있었던 것이다. 이 때문에 초기에 불교를 반대하던 귀족도 점차 불교를 받아들이게 되었다.

삼국 시대에 한반도로 들어온 불교는 처음에는 지배층의 권력 유지에 이용되었지만, 차츰 백성들의 생활 속에 깊숙이 스며들었다. 사람들은 현재의 고통을 잘 견디고 자비를 실천하면 다음 생에는 복을 받을 수 있다는 불교의 가르침에 위안을 받았다.

심화 불교는 삼국 시대와 **고려** 시대를 거쳐 오랫동안 존중되었지만, **조선** 시대에 와서는 지배층의 배척을 받았다. 조선의 지배층은 유교의 가르침에 따라 나라를 다스리고자 했기 때문에 유교는 존중하고 불교는 배척하는 숭유억불 정책을 펼쳤다.

불교가 오랫동안 우리 민족의 종교로 자리잡아 온 까닭에 한반도에는 불교와 관련된 많은 유물과 유적이 남아 있다. 국보나 보물로 지정된 것이 있는가 하면 전국 곳곳에 향토 문화재로 보존되는 것들도 많다. 그림은 통일신라의 불교 유적이다.

시대 삼국 시대　　더 찾아보기 국보, 다보탑, 법흥왕, 삼국유사, 석가탑, 세계 유산, 석굴암, 신라, 임진왜란, 조선

부처의 가르침을 건축물에 담아 표현한 신라의 절

불국사

개요 경상북도 경주시 토함산에 있는 통일 신라 시대의 절이다. 1995년 12월에 석굴암과 함께 유네스코 세계 유산으로 지정되었다.

풀이 불국사를 누가 처음 지었는지에 대해서는 두 가지 의견이 있다. 《삼국유사》에 따르면 신라 경덕왕 때인 751년에 김대성이 짓기 시작했다고 한다. 전생의 부모를 위해 석굴암을 짓고, 현생의 부모를 위해 불국사를 지었다는 것이다. 다만 김대성이 미처 다 짓지 못하고 세상을 떠나자 이후 나라에서 맡아 30여 년 만에 완성했다.

반면 김대성은 불국사를 처음 지은 사람이 아니라 중건한 사람이라는 주장도 있다. 법흥왕 때인 528년에 처음 짓기 시작했고, 경덕왕 때인 751년에 김대성이 크게 고쳐 지었다는 것이다. 이때 탑이나 돌다리가 만들어졌고 이후에도 오랫동안 불국사의 여러 시설이 세워져 큰 규모의 절로 완성되었다고 한다.

불국사는 신라 시대만 해도 대웅전이나 다보탑, 석가탑, 극락전, 무설전, 비로전 등 무려 80개가 넘는 건물과 탑이 있어 매우 웅장한 모습이었다. 하지만 조선 시대에 일어난 임진왜란으로 인해 대부분의 건물이 불타 버리고 말았다. 그러다 1969년부터 1973년까지 옛 모습을 조사하고 다시 지어 지금의 모습을 갖게 되었다.

불국사에는 여전히 많은 문화유산이 남아 있다. 통일 신라 시대에 만들어진 다보탑과 석가탑, 자하문으로 오르는 청운교와 백운교, 극락전으로 오르는 연화교와 칠보교 등이 국보로 지정되었다.

심화 불국사는 신라 사람들이 생각한 불국(佛國), 즉 부처님이 사는 나라를 땅에 옮겨 놓은 것이다. 불국사에 있는 여러 전각들은 불교의 여러 부

석단에서 극락전을 향해 있는 돌다리인 연화교·칠보교. 아래 다리인 연화교에는 연꽃잎이 새겨져 있고, 위 다리인 칠보교에는 연꽃 문양이 없다. 국보 제22호로 지정되었다.

석단에서 대웅전을 향해 있는 돌다리인 청운교·백운교. 계단의 수는 33개로, 이는 부처님의 세계로 들어가기 위한 33가지의 단계를 뜻한다. 위에 있는 계단인 청운교는 푸른 청년의 모습을, 아래에 있는 백운교는 흰머리 노인의 모습을 빗대어 표현한 것이다. 국보 제23호로 지정되었다.

처들이 살고 있는 세계를 표현했다. 즉, 석가모니 부처가 살고 있는 인간 세계는 대웅전, 아미타 부처가 있는 극락세계는 극락전, 비로자나 부처가 있는 연화장세계는 비로전이다.

또한 불국사는 돌로 만든 단(석단)을 경계로 크게 둘로 나뉘어져 있다. 석단은 그 아래와 위의 세계가 전혀 다르다는 것을 나타내는데, 석단의 위는 부처님의 나라인 불국이고, 그 밑은 아직 불국에 이르지 못한 일반 사람들의 세계를 나타낸다.

절 안에 있는 건물들을 알맞게 배치하는 것을 '가람 배치'라고 하는데, 불국사는 자하문과 대웅전, 무설전이 직선으로 배치되어 있다. 불국사의 중심이 되는 대웅전 앞에는 다보탑과 석가탑이 대칭을 이루듯 서 있다.

예전에는 청운교 아래에 '구품연지'라는 큰 연못이 있었다고 한다. 석단에는 아직도 배수구가 남아 있으며, 이곳을 통해 물이 흘러들었을 것이다.

시대 조선 시대　더 찾아보기 광해군, 노론, 사림파, 서원, 선조, 영조, 이이, 이황, 인조반정, 정조, 조선, 탕평책, 훈구파

조선의 사림들이 정치적인 입장이나 학맥에 따라 만든 집단

붕당

개요 조선 중기에 권력을 잡았던 사림들이 정치적인 입장이나 학맥에 따라 만든 집단이다. 대표적인 붕당으로는 동인과 서인, 남인, 북인, 노론, 소론 등이 있다.

풀이 조선 초기에 권력을 잡았던 훈구파는 신진 세력인 사림파와 대립했다. 훈구파는 여러 번 사화(사림이 당한 재앙)를 일으키며 사림파들을 몰아내려고 했지만, 조선 중기에는 결국 사림파가 대부분의 관직을 차지하고 권력을 잡았다. 그런데 권력을 잡은 뒤 사림파는 훈구파를 어떻게 처리할 것인지, 나라는 어떻게 이끌 것인지를 두고 의견이 갈렸다. 이때 같은 입장을 취한 사람들끼리 집단을 이루며 붕당이 생겨났다.

붕당은 학문적으로 통하거나 같은 학교를 나온 사람들끼리의 관계를 뜻하는 학맥에 따라서도 갈렸다. 사림들은 일찍이 지방 곳곳에 서원을 세우고 존경할 만한 학자에게 제사를 지내면서 함께 공부해 왔다. 그런데 어떤 학자를 모시고 어느 서원에서 공부했는가 하는 것이 붕당을 구분하는 기준이 된 것이다. 관직은 한정되어 있는데 관리가 되고자 하는 사림들은 많아지면서 붕당 간의 경쟁은 더욱 치열해졌다.

선조 때 중심이 되었던 붕당은 동인과 서인이었다. 동인은 이황의 사상을 따랐고, 서인은 이이를 지지했다. 동인은 이후에 다시 북인과 남인으로 나뉘어졌고, 서인은 노론과 소론으로 갈라졌다. 광해군 때는 북인이 정권을 잡았으나, 인조반정 후에는 서인들이 정권을 장악했고 여기에 남인들이 도전했다. 이후 몇 차례 바뀌긴 했으나 기본적으로는 서인이, 그중에서도 강경파인 노론이 주도권을 가졌다.

붕당 간의 경쟁이 심할 때는 특정 붕당이 정권을 잡은 뒤 다른 붕당을 모조리 제거하고자 했다. 때로는 임금이 왕권을 강화하기 위해

붕당은 관직의 높고 낮음이나 속해 있는 관청과는 상관이 없고, 주로 정치적인 입장이나 학맥에 따라 갈렸다.

붕당의 대립을 이용했다. **영조**와 **정조** 때는 이런 폐단을 없애기 위해 붕당에 관계없이 두루두루 인재를 등용하는 **탕평책**을 펴기도 했지만, 붕당을 완전히 없애지는 못했다.

<mark>심화</mark> 일제는 우리나라를 식민 지배하면서 붕당을 조선의 특징이자 망국의 원인으로 꼽았다. 나라의 이익보다 자기 붕당의 이익을 우선하고 단결하지 못한다는 것이다. 그러나 이것은 우리의 붕당 정치를 제대로 이해하지 못한 것이다. 붕당 정치는 장점도 있었다. 붕당이 서로 경쟁하면서 비판과 견제가 가능했고, 학문 연구가 활발해졌으며, 관직에 나아가지 못한 지방 양반들까지 붕당을 통해 정치에 참여하면서 다양한 의견이 반영될 수 있었기 때문이다.

●○●
조선의 몇몇 임금들은 왕권을 강화하기 위해 편을 갈라 다투는 붕당 정치를 이용하기도 했다. 조선의 제19대 임금인 숙종은 붕당을 번갈아가며 몰아내는 '환국 정치'를 펼쳤는데, 이로 인해 붕당 간의 경쟁이 더욱 심해졌다.

●○●
붕당 정치는 특정 붕당이 권력을 독차지하기 위해 다른 붕당의 사람들을 제거하는 양상으로 전개되기도 했다.

●○●
최초의 붕당인 동인과 서인은 궁궐을 중심에 두고 주로 동쪽에 사는 사람들, 혹은 서쪽에 사는 사람들을 가리키는 말에서 비롯되었다. 그러다 남인, 북인, 노론, 소론 등으로 갈라졌다.

시대 조선 시대 　더 찾아보기 국보, 수령, 승정원, 승정원일기, 6조, 의정부, 임진왜란, 조선, 흥선 대원군

조선 시대에 문무 대신이 모여 나랏일을 결정하던 회의 기구
비변사

개요 　**조선** 시대에 군사와 관련된 중요 업무를 의논해 결정하던 회의 기구이다. **임진왜란** 때 권한과 기능이 강화된 이후에 **흥선 대원군**이 원래대로 축소하기 전까지 나랏일을 결정하는 최고 기구 역할을 이어갔다.

풀이 　조선 시대에 국방이나 군사에 관련된 업무를 맡아하는 관청은 병조였다. 중요한 일은 최고 기구인 **의정부**에 보고하여 결정했다. 하지만 외적이 쳐들어오거나 전쟁이 일어나면 병조뿐 아니라 의정부와 **6조**의 대신, 각 지방의 **수령**이나 장군들이 함께 모여 대책을 논의했다.

　그런데 외적이 침입한 뒤에 회의를 소집하면 이미 늦다는 지적이 나오면서 새로운 기구를 설치하자는 의견이 제시되었다. 이에 조선 조정은 국방에 관한 대책을 미리 의논하기 위해 중종 때인 1517년에 새로운 기구인 비변사를 설치했다. 하지만 이때에도 비변사는 논의가 필요할 때만 활동하는 임시 기구의 성격이 강했다.

　비변사가 상시적인 정부 기구로서 제대로 돌아가기 시작한 것은 임진왜란이 일어나면서였다. 나라 안의 모든 관청과 조직이 전쟁 대책을 세우는 데 온힘을 기울이게 되자, 비변사는 국방뿐 아니라 외교와 산업, 교통, 통신 등 거의 모든 일을 의논하고 결정하는 최고 기구가 되었다. 이렇게 비변사의 기능이 강화되면서 원래 중요한 나랏일을 결정하는 최고 기구였던 의정부나 결정된 일을 집행하는 6조의 기능은 차츰 약해졌다.

　임진왜란이 끝난 뒤 비변사의 힘이 너무 크고, 다루는 일의 종류나 양도 너무 많다는 비판이 제기되었지만 기능이 줄어들지는 않았다. 이렇게 조선 후기에 최고 기구의 역할을 하던 비변사는 흥선 대원군이 집권하면서 원래의 기능으로 축소되었다. 흥선 대원군은 비변사에서 하던 기능 가운데 행정에 관한 일은 의정부로, 군사에 관한 일은 삼군부로 넘긴 뒤 결국에는 폐지했다.

●●●
비변사에서 다루는 문제는 주로 국방이나 군사에 관한 것이었다. 하지만 전쟁 중에는 중요한 나랏일을 모두 의논하고 결정하게 되면서 점차 기능과 권한이 커졌고, 나중에는 정부의 조직 가운데 최고의 관청이 되었다.

심화 왕의 명령을 전달하고 보고하는 관청인 승정원에서 날마다 일어난 일을 기록한 《승정원일기》처럼, 비변사에서도 회의 기록을 책으로 남겼다. 1년에 한 번씩 비변사에서 논의한 내용을 정리한 《비변사등록》이 바로 그 책이다. 비변사가 처음에는 국방에 관한 문제를 의논하다가 나중에는 모든 분야의 나랏일을 다루면서 《비변사등록》에 담긴 내용도 방대해졌다. 이 때문에 역사를 기록하는 사관들조차 이 책을 참고했다고 한다. 조선 후기 정치를 이해하는 중요한 자료로서 가치를 인정하여 1973년에 국보 제152호로 지정되었다.

비변사는 문무의 최고 관리들이 모여 나랏일을 의논하던 관청이었다. 의정부의 3정승은 물론 6조의 대신들, 그리고 변방의 사정을 잘 알고 있는 관찰사들, 병마절도사나 수군절도사를 지낸 관리들이 모두 참여했다.

시대 선사 시대 | 더 찾아보기 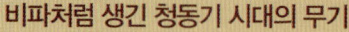 고인돌, 고조선, 민무늬 토기, 삼국사기, 세형동검, 일본, 청동기 시대

비파처럼 생긴 청동기 시대의 무기
비파형 동검

개요 **청동기 시대**의 무기이다. 중국에서 들어온 악기인 비파를 닮아 '비파형 동검'이라고 부른다. 하지만 중국 랴오닝(요녕) 지역에서 많이 발견되었다는 뜻에서 '랴오닝식 동검', **고조선**을 상징하는 유물이라는 뜻에서 '고조선식 동검'이라고도 부른다.

풀이 비파형 동검은 길이 30~40센티미터 정도의 단검이다. 날과 자루를 따로 만들어 조립하는데, 자루는 나무나 뼈, 청동 등으로 만든 뒤 날에 묶어 사용했다. 검의 중앙에는 동물의 등뼈처럼 도드라진 마디가 있는데, 이것은 다른 동검과 구별되는 비파형 동검만의 특징이다. 동검의 모양으로 보아 실제로 사용하기 위해 만든 것이라기보다 의식을 위해 만들어진 장식용이라고 추측한다.

비파형 동검이 발견된 곳은 중국의 동북 지방, 함경도를 제외한 우리나라 전 지역이다. 특히 서해안 지역에서 비파형 동검이 많이 발견되었고, 대부분은 **고인돌**에서 나왔다. 여기에서는 청동 단추, 청동 손칼, 부채꼴 청동 도끼 등도 함께 발견되었다.

그러나 청동기 시대 사람들이 누구나 비파형 동검을 가졌던 것은 아니다. 청동은 당시에도 귀한 것이었기 때문에 비파형 동검의 출현은 청동기 시대에 지배 계층이 생겨났음을 뜻한다. 또한 비파형 동검은 **민무늬 토기**인 미송리형 토기와 함께 고조선의 '표지 유물'로 꼽힌다. 표지 유물이란 어떤 사물을 다른 것과 구별할 때 표시나 특징이 되는 유물을 가리킨다.

심화 비파형 동검이 출토되는 지역을 따라가면 고조선의 영역을 짐작해 볼 수 있다. 비파형 동검이 발견된 지역은 같은 문화권이라고 볼 수 있기 때문이다. 비파형 동검이 많이 발견된 지역은 중국 랴오닝 지역으로, 특히 랴오둥 반도의 끝부분인 여대시에서는 대량으로 발견되기도 했다. 비파형 동검은 랴오허 강(요하)에서부터 만주 지방을 거쳐 한반도 전역으로 퍼져나갔다. '한국식 동검'이라고 부르는 **세형동검**은 비파형 동검 이후에 나타난 것인데, 세형동검이 주로 한반도 지역에서만 발견되는

것으로 보아 고조선의 중심지는 북쪽에서부터 남쪽으로 서서히 이동한 것으로 추측된다.

Tip 동검과 모양이 비슷한 악기 '비파'

비파는 중국에서부터 우리나라와 일본, 동남아 지역으로 퍼져갔지만, 그 이전에는 서양에서 중국으로 전해진 것이라고 추측한다. 우리나라에는 5세기경에 들어와 조선 시대까지 연주되었다. 《삼국사기》에는 비파가 본래 북쪽 오랑캐들이 말 위에서 연주하던 현악기라는 기록이 있고, 이후 역사책이나 그림에도 비파를 연주한 기록이나 연주하는 사람의 모습이 등장한다.

비파는 바이올린이나 기타처럼 현(줄)을 타 연주하는데, 몸통은 길쭉한 물방울처럼 생겼다. 우리나라에는 향비파와 당비파가 있으며, 둘은 생김새나 연주법이 조금씩 달랐다. 향비파는 줄이 다섯 개이고 대나무 술대로 연주하는 반면, 당비파는 줄이 네 개이고 손톱 모양의 기구로 연주한다.

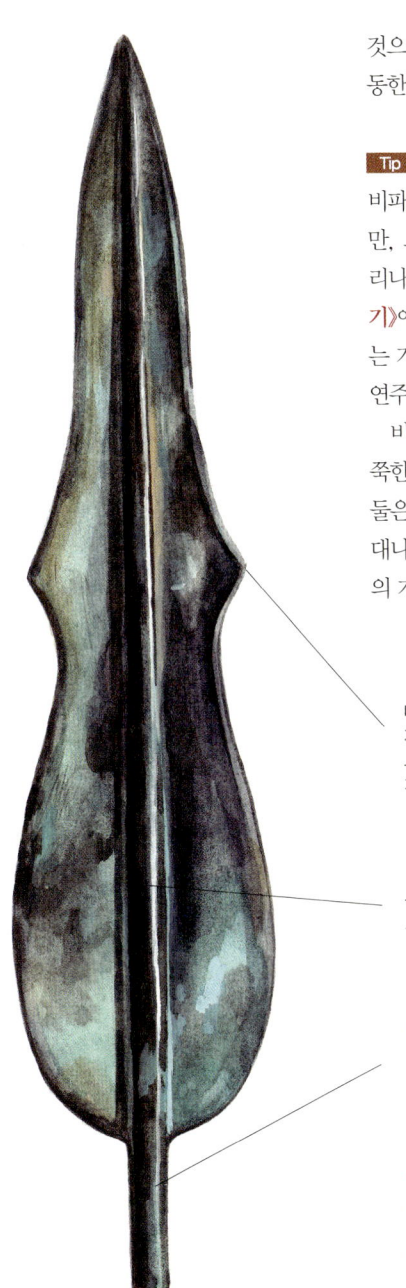

비파형 동검의 날은 무기로 사용할 만큼 날카롭지 않다. 이는 비파형 동검이 무기가 아닌 장신구로 사용되었음을 알려 준다. 청동기 시대의 지배 계층이 권위를 상징하는 도구로 사용한 것이다.

동물의 등뼈처럼 도드라진 부분은 비파형 동검에서만 나타나는 특징이다.

이 부분에 자루를 연결하여 검을 완성한다. 비파형 동검의 날만 발견되는 까닭은 나무나 뼈로 만든 자루는 오랜 시간이 흐르는 동안 부식되어 사라진 탓이다. 단, 청동으로 만든 자루는 날과 함께 발견되기도 한다.

●○○
청동기 시대의 대표적인 유물 중 하나인 비파형 동검. 끝부분은 비교적 날카롭게 다듬어져 있지만 손잡이 쪽으로 갈수록 조금씩 두터워져, 전체적으로는 중국의 악기인 비파와 비슷한 모양이다.

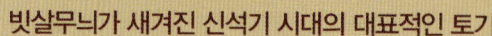

빗살무늬가 새겨진 신석기 시대의 대표적인 토기

빗살무늬 토기

개요 신석기 시대에 주로 사용했던 무늬 있는 그릇을 말한다. 머리빗과 같이 무늬를 새길 수 있는 도구로 그릇의 표면을 누르거나 그어 점, 선, 동그라미 등의 무늬를 만들었다.

풀이 나무나 동물의 뼈, 조개껍데기 등으로 무늬 새기개를 만든 다음, 그릇 바깥쪽에 짤막한 줄이 나타나도록 누르거나 그어서 새긴 무늬를 빗살무늬라고 부른다. 무늬의 형태는 여러 가지인데, 우리나라에서 가장 많이 나타나는 것은 짧은 줄을 한쪽 방향으로 또는 서로 방향을 바꾸어 가면서 물고기 뼈처럼 새긴 것이다.

빗살무늬를 새긴 이유는 토기를 단단하게 만들기 위한 것으로 추측된다. 신석기 시대만 해도 토기를 만드는 기술이 발달하지 않았다. 진흙으로 빚은 긴 띠를 돌려 모양을 만들었는데, 이것이 잘 붙도록 하기 위해 혹은 토기를 불에 구울 때 갈라지는 현상을 막기 위해 무늬를 새긴 것이다. 또한 선사 시대에는 빗살무늬가 물을 상징하는 것이므로 더 많은 식량을 구하려는 바람이 담겨 있다고 보는 주장도 있다.

신석기 시대에는 그릇을 굽기 위한 별도의 시설은 만들지 않은 채 땅에 구덩이를 파고 장작불을 피워 구웠다. 이 때문에 온도가 높은 가마에서 구워낸 도자기와 달리 단단하지 못했다.

그릇의 모양은 밑이 납작한 것도 있지만 뾰족하게 생긴 것도 많다. 모래 같은 곳에 묻어두고 사용했기 때문에 밑을 뾰족하게 만든 것으로 추측된다. 또한 구멍이 뚫려 있는 토기도 발견되었는데, 그 이유는 줄을 매어 벽에 걸어 보관하려는 의도로 보인다.

토기의 색깔은 갈색이 많으며 크기는 여러 가지가 있다. 크기가 다른 그릇들은 각각 다른 용도로 사용되었을 것으로 추측된다. 대형은 간장독이나 쌀독처럼 곡식을 저장할 때, 중간 크기는 음식을 해먹을 때, 작은 것은 음식을 담아 먹거나 요리할 때 사용되었을 것이다.

심화 우리나라의 빗살무늬 토기와 닮은 토기들은 북유럽과 시베리아, **몽골**, 연해 주까지 매우 넓은 지역에서 발견되고 있다. 우리나라에서 빗살무늬 토기가 발견된 곳은 황해북도 봉산군 지탑리, 서울특별시 강동구 암사동, 경상남도 김해시 수가동 등 신석기 시대 유적지이다. 주로 바닷가나 강가, 섬 등에서 나왔는데, 특히 **조개더미**(패총)가 있는 곳이나 신석기 시대의 집터에서 많이 발견되었다. 이는 신석기 시대 사람들이 물가에 정착하면서 토기를 만들어 사용했음을 보여 주는 것이다. 하지만 토기가 발견된 장소나 함께 발견된 유물들로 미루어 보면, 빗살무늬 토기를 사용한 사람들은 농사보다 물고기를 잡거나 사냥을 하고 열매를 따먹으면서 살았던 것으로 추측된다.

신석기 시대를 대표하는 유물 인 빗살무늬 토기. 우리나라 곳곳에서 발견되고 있는데, 주로 강가나 바닷가에 있는 신석기 유적에서 나왔다.

토기 바깥쪽에 빗살무늬가 선 명하게 드러나 있다. 빗살무 늬는 단순히 모양을 내기 위 한 것이 아니라 토기를 더욱 단단하게 만들기 위해 새긴 것이다.

빗살무늬 토기의 아래쪽은 달걀이나 원뿔처럼 뾰족한 것이 특징이지만 납작한 것 도 있다. 밑이 뾰족하면 바로 세울 수 없기 때문에 모래에 파묻어 쓰거나 받침대를 사 용한 것으로 보인다.

시대 조선 시대 | 더 찾아보기 고려, 공민왕, 발해, 신라, 6조, 의정부, 조선, 태종, 홍문관

조선 시대에 왕과 관리들을 감시·비판하던 관청

사간원·사헌부

사간원

개요 조선 시대에 왕에게 충고나 비판하는 업무를 담당한 관청이다. 태종 때인 1401년에 처음 설치되었으며, 홍문관, 사헌부와 함께 '3사'라고 불렸다.

풀이 사간원은 왕의 행실이나 정책은 물론 신하들의 잘못을 지적해 꾸짖으며, 지방의 양반이나 백성들의 여론을 왕에게 전달하는 역할을 했다. 또한 왕과 신하의 토론 시간인 경연에 참석해 유교의 경전이나 정책에 대해 토론하고, 의정부나 6조와 함께 법률 제정에 참가하기도 했다. 5품 이하 관리를 선발할 때는 거부권을 행사할 수도 있었다. 사간원은 학문이 높고 인품이 강직한 사람을 뽑았으며, 왕도 쓴 소리를 하는 사간원 관리들을 함부로 대하지 않고 존중하려 애썼다. 그러나 왕을 비판하는 글을 올렸다가 노여움을 사 쫓겨나거나 죽임을 당하는 경우도 많았다.

사헌부

개요 조선 시대에 관리들의 부정부패를 감시하고 처벌하던 관청이다. 오늘날의 정부 기구인 감사원과 비슷하다고 볼 수 있다.

풀이 관리들을 감찰하는 기구는 조선 시대 이전부터 있었다. 신라의 사정부나 발해의 중정대, 고려의 낭사나 어사대 등도 사헌부와 비슷한 역할을 맡아 했다. 사헌부라는 이름도 고려 공민왕 때 확정되어 조선 시대로 이어졌다. 사헌부를 둔 이유는 권력을 가진 관리들을 단속해 나라의 기강을 바로잡을 뿐 아니라 왕권을 견제하기 위해서였다. 왕이 관리를 임명하거나 법률을 만들 때 참여하는 것을 '서경권'이라고 하는데, 사헌부는 관리의 자격을 심사하거나 법률안에 대해 거부 의견을 내면서 왕이 권력을 지나치게 휘두르는 것을 막았다. 또한 사헌부는 백성들의 억울한 사연을 해결하는 역할도 맡았다.

시대 조선 시대 | 더 찾아보기 거란, 고려, 세종, 여진, 조선

조선 세종 때 압록강과 두만강 지역에 만든 군사 기지

4군 6진

개요 조선 세종 때 여진족을 몰아낸 뒤 군사적인 목적으로 만든 행정 구역이다. 4군은 평안도 지역에 있고 6진은 함경도 지역에 있었다.

풀이 조선 초기에는 한반도 북쪽에 살고 있는 여진의 여러 부족들이 종종 국경을 침범했다. 그들은 국경 지역에 있는 민가에 침입해 재산을 빼앗거나 불을 지르는 등 조선 백성들을 괴롭혔다. 이에 조선의 제4대 임금인 세종은 여진의 침입에 맞서 강력한 대응이 필요하다고 느끼게 되었다.

세종은 최윤덕과 이천을 연이어 평안도 도절제사(무관직)로 임명한 뒤, 여진족을 몰아내도록 했다. 그런 다음 압록강 상류 지역에 4군을 설치했다. 최윤덕과 이천 등은 여연군, 자성군, 무창군, 우예군 등에 성을 쌓고 방어 진지를 만들었다. 또한 세종은 김종서를 함길도(함경도) 도절제사로 삼아 동북쪽의 여진족을 몰아내게 했다. 그런 다음 두만강 하류 지역에 6진을 설치했다. 6진은 종성, 온성, 회령, 경원, 경흥, 부령 등이며 4군과 함께 조선의 북쪽 국경을 이루게 되었다. 세종은 4군 6진을 설치한 뒤, 남쪽의 백성을 이주시켜 살게 했다.

심화 고려 시대까지만 해도 압록강과 두만강 지역은 거란이나 여진 등 북방 민족이 들어와 살고 있었기 때문에 고려의 영토라고 할 수 없었다. 그러다 조선 초기에 이들로 인해 자꾸만 말썽이 일어나자 세종은 영토를 회복하기로 결심하고 적극적으로 정벌에 나섰다. 결과적으로 4군 6진의 개척은 압록강과 두만강 유역을 우리의 국경선으로 삼는 중요한 계기가 되었다. 이로 인해 압록강과 두만강 이남의 땅이 조선의 영토가 되어 오늘날 우리 국토의 모양을 이루게 된 것이다.

조선 세종 때 개척한 4군과 6진. 압록강 상류와 두만강 하류 지역 여러 곳에 성을 쌓고 방어 진지를 만들어 그 이남의 땅이 조선의 영토임 분명히 했다. 그리고 이때 만들어진 국경선은 오늘날까지 이어지게 되었다.

시대 조선 시대 | 더 찾아보기 노론, 시호, 영조, 정조, 조선

영조의 명령으로 뒤주 속에 갇혀 굶어 죽은 비운의 왕세자

사도 세자

개요 조선의 제21대 임금인 영조의 아들이자 정조의 아버지이다. '장헌 세자'라고도 한다. 스물여덟 살이 되던 해인 1762년에 영조의 명령으로 뒤주 속에 갇혀 굶어 죽었다.

풀이 사도 세자는 영조의 두 번째 아들로, 후궁이던 영빈 이씨 사이에서 태어났다. 첫 번째 아들인 효장 세자가 죽은 후 태어나 왕과 조정의 관심과 기대를 모았다. 사도 세자의 부인이자 정조의 어머니인 혜경궁 홍씨가 쓴 《한중록》에 따르면, 사도 세자의 위엄을 세우기 위해 태어난 지 100일 만에 친어머니에게서 떼어 내서 별도의 거처에서 키우게 했다고 한다. 그는 1년 만에 영조의 뒤를 이을 왕세자로 책봉되었고, 열 살이 되던 해에는 혜경궁 홍씨와 혼인했다. 어려서부터 열심히 학문을 익혀 정치적인 안목이 높고, 자신이 지은 글을 신하들에게 나누어 주는 등 매우 총명했다고 한다.

그런데 어려서 소론의 영향을 받은 세자가 영조의 뒤를 이어 임금이 되면 자신들이 불리해질 것을 걱정한 노론 세력은 세자의 잘못을 영조에게 과장하여 고자질했다. 이때마다 영조는 세자를 불러 꾸짖었고, 세자는 정신적으로 심한 고통을 받게 되었다. 그것은 함부로 궁녀를 죽이거나 궁궐을 몰래 빠져나가는 등 돌발적인 행동으로 나타났다. 결국 영조는 세자의 잘못을 적어 올린 상소문을 보고 크게 화를 내며 세자를 폐위한 뒤 뒤주 속에 가두어 굶어 죽게 했다.

심화 영조는 자신의 가혹한 행동을 뉘우치면서 그에게 '사도'라는 시호를 내렸다. 결국 당쟁에 휘말려 희생양이 된 사도 세자는 나중에 그의 아들 정조에 의해 '장헌'으로 추존되었고, 그의 묘도 경기도 화성의 현륭원(융건릉)으로 옮겨졌다. 정조는 자주 능행을 하며 백성들에게 효의 모습을 보여 주었다.

더 찾아보기 고려, 길재, 노론, 붕당, 사간원, 사헌부, 사화, 서원, 선조, 성리학, 세조, 연산군, 유교, 유향소, 이성계, 조선, 향리, 향약, 홍문관, 훈구파

성리학을 숭상하며 훈구파와 대립했던 조선의 지배층

사림파

개요 조선 중기에 성리학을 바탕으로 정치를 주도한 양반 지배층을 뜻한다. 조선 초기에 권력을 잡았던 훈구파와 대립했으며, 조선 중기 이후에는 사림파의 여러 세력들이 갈라져 붕당을 이루었다.

풀이 훈구파는 이성계가 조선을 건국할 때 적극 참여해 공신의 칭호를 받은 사람들의 후손이다. 이들은 조선의 제7대 임금인 세조가 정변을 일으켜 임금이 되는 과정에서 공을 세워 권세를 이어갔다. 반면 사림파는 고려에 대한 충성을 지켜 조선 건국에 참여하지 않고 지방으로 내려간 사람들의 후손이다. 이들은 세조가 자신의 조카이자 제6대 임금인 단종을 몰아내고 임금이 된 것에도 비판적인 생각을 가지고 있었다.

사림은 성리학을 사상의 기반으로 삼고 유교 경전을 중시했으며, 의리와 명분, 절개를 강조했다. 이들은 지방에 머물면서 소유한 토지를 경제적 기반으로 했고, 유향소라는 자치 기구를 통해 수령과 향리(지방의 하급 관리)를 견제하는 역할을 했다.

사림들이 중앙의 정치에 본격적으로 진출하기 시작한 것은 제9대 임금인 성종 때였다. 성종은 세조 때부터 중요 관직을 독차지하고 있던 훈구파 공신들을 견제하기 위해 사림을 사간원, 사헌부, 홍문관 등 3사의 관리로 등용했다. 당시 사림파의 중심 인물은 김종직이었는데, 그는 고려에 절개를 지켜 경상도에 낙향했던 길재의 학풍을 이은 인물이었다.

이후 사림파와 훈구파는 치열한 경쟁을 벌였는데, 사림파는 훈구파의 공격으로 여러 차례 커다란 피해를 입었다. 이를 사림이 당한 재앙(화)이라는 뜻에서 사화라고 한다. 연산군 때의 무오사화와 갑자사화, 중종 때의 기묘사화, 명종 때의 을사사화 등 대규모 사화만 4차

사림파는 성리학에 바탕을 둔 정치를 지향하는 양반들이었다. 이들은 평소 성리학을 익히고 연구하는 한편, 적극적으로 나랏일에 개입하여 자신들의 주장을 펼치곤 했다.

례나 있었다. 그러나 사림은 제14대 임금인 선조 때 결국 권력을 잡고 성리학에 바탕을 둔 정치를 펼쳐 나갔다.

심화 훈구파와의 경쟁에서 여러 차례 큰 피해를 당했는데도 결국 사림이 권력을 차지할 수 있었던 것은 지역적인 기반 덕분이었다. 사림은 지방에서 서원이나 향약을 중심으로 힘을 키웠으며, 훈구파를 견제하려는 임금의 뜻도 사림이 중앙 권력을 다시 찾는 데 도움을 주었다.

사림은 자신이 공부한 학문의 계통에 따라 학맥을 형성했으며, 성리학의 해석과 이를 현실 사회에 적용하는 방안에서도 차이를 보였다. 그래서 권력을 차지한 이후 학맥이나 정치적인 입장에 따라 동인과 서인, 다시 남인과 북인, 노론과 소론 등 여러 붕당으로 갈라졌다.

사림파들은 과거 시험을 통해 관직을 얻고 중앙 정치로 나아갔다. 따라서 부와 권력을 세습하는 훈구파들을 맹렬히 비판하기도 했다.

조선 중기까지만 해도 사림파들은 종종 임금과 훈구파들로부터 견제를 받아 소외되기도 했다. 때로는 귀향을 가거나 목숨을 잃는 일도 있었다.

권력을 잡은 뒤 사림파는 학문 또는 정치적 입장에 따라 여러 붕당으로 갈라졌다. 그리고 조선 후기에는 붕당 간의 다툼, 즉 당쟁이 심해졌다.

시대 조선 시대 더 찾아보기 서산 대사, 선조, 왜, 일본, 임진왜란, 조선, 한양

임진왜란 때 승병을 모아 일본군과 맞서 싸운 승병장

사명 대사(유정)

개요 **임진왜란** 때 승병을 일으켜 **일본**군을 크게 물리친 **조선**의 승려이다. 법명(승려가 된 후에 부르는 이름)은 '유정'이며, **서산 대사**의 제자이기도 하다.

풀이 사명 대사는 부모가 모두 돌아가시자 열다섯 살 때 승려가 되었다. 이후 승과에 급제하고 직지사 주지를 지냈다. 봉은사 주지를 권유받았으나 사양하고, 묘향산의 보현사에 있는 서산 대사의 제자가 되었다.

사명 대사는 금강산과 태백산 등의 명승지를 돌아다니며 불도를 닦았는데, 그러던 중에 임진왜란이 일어났다. 그는 군사를 일으켜 나라를 구하라는 서산 대사의 글을 받고 승병을 모아 서산 대사와 함께 일본군과 싸웠다. 승군을 지휘해 평양성 전투에서 공을 세웠고, **한양** 근처에서 **왜**군을 크게 물리쳐 '선교양종판사'라는 벼슬을 받았다. 정유재란 때는 울산과 순천에서도 승리했다. 전쟁 후에는 **선조**의 친서를 가지고 일본에 건너가 강화를 맺고 잡혀간 조선인 3,000여 명을 데리고 돌아왔다.

사명 대사는 스승인 서산 대사의 뜻을 받들어 임진왜란 때 승군을 이끄는 승병장으로 활약했다. 그는 전투에서 여러 번 승리했을 뿐 아니라 전쟁 후 일본에 잡혀간 조선인 포로를 데리고 오기도 했다.

심화 사명 대사가 위기에 빠진 나라를 위해 크게 활약한 탓인지, 지금도 사명 대사에 대한 신비한 설화가 전해지고 있다. 일본으로 건너갔을 때 뜨겁게 달군 방에서 살아남았다거나, 서산 대사와 처음 만났을 때 서로 도술을 겨루며 바늘 국수를 먹고 계란을 여러 개 세웠다는 내용이다. 밀양의 표충사와 묘향산의 수충사도 사명 대사의 업적을 기리기 위해 세운 절이다.

시대 삼국 시대 | 더 찾아보기 고구려 고분 벽화, 고려, 고분, 능산리 고분, 무용총, 민화, 백제, 삼국 시대, 선조, 송산리 고분, 조선

동서남북 네 방위를 상징하는 수호신을 그린 그림
사신도

개요 동서남북의 네 가지 방위를 상징하는 신을 그린 그림이다. **고구려 고분 벽화**에 주로 나타나고 일부는 **백제**의 **고분**에서도 찾아볼 수 있다. 방위신은 모두 동물의 모습을 하고 있는데 동쪽이 청룡, 서쪽은 백호, 남쪽은 주작, 북쪽은 현무이다.

풀이 네 가지 방위를 상징하는 신, 즉 사신에 대한 믿음은 아주 오래되었다. 중국의 전국 시대부터 오행 사상을 바탕으로 형성되었는데, 우리나라는 **삼국 시대**에 중국 문화가 들어오면서 시작된 것으로 보인다. 초기에는 사신의 모습이 풍속화와 함께 나타나다가 점차 무덤 안의 네 벽에 따로 그려졌다. 사신도가 자주 나타나는 것은 고구려 고분 벽화이고 군대에서 깃발을 만들 때, 혹은 민간에서 수호신을 숭배할 때에도 사신이 등장한다. 고구려 고분 벽화의 경우, 사신이 우주를 지키는 신으로서 별자리 그림에 표현되기도 했다.

사신도가 나오는 대표적인 고구려 고분 벽화는 **무용총**, 쌍영총, 강서대묘, 강서중묘 등이다. 이중에서 강서대묘의 사신도는 가장 아름다우면서도 살아 있는 듯하여 고구려의 벽화 수준이 매우 뛰어났음을 보여 준다. 고구려의 영향을 받아 그린 백제의 고분 벽화로는 공주의 **송산리 고분**과 부여의 **능산리 고분**이 있고, **고려**와 **조선** 시대에도 사신도의 전통은 계속 이어졌다. 조선 시대에는 백성들이 그린 **민화**에도 사신이 많이 등장하며, 조선의 제14대 임금 **선조**가 잠든 목릉에도 사신도가 그려져 있다.

심화 사신은 방위신이자 우주의 질서를 수호하는 신이다. 청룡은 푸른빛이 나는 용의 모습을 하고 있는데, 몸에는 뱀의 비늘이 있고 머리에는 뿔이 나 있다. 커다랗게 부릅뜬 눈과 입에서 내뿜는 화염이 씩씩한 기상을 상징하여, 조선 시대에는 군대의 깃발에 청룡을 그렸다.

백호는 하얀빛이 나는 호랑이의 모습을 하고 있다. 본래 우리나라에서는 오래 전부터 하얀 호랑이를 신성한 동물로 여겼는데, 대부분 날카로운 이빨을 드러내며 혀

강서대묘의 백호도. 백호는 방위로는 서쪽, 색깔로는 하얀색을 상징한다.

를 내밀어 두려움을 느끼게 한다. 청룡과 백호는 각각 동쪽과 서쪽을 상징하여 남쪽을 바라보고 섰을 때 '좌청룡 우백호'라는 말이 생겨나기도 했다.

붉은 봉황의 모습을 하고 있는 주작은 남쪽을 상징하는 신으로, 보통 무덤방의 앞쪽에 쌍으로 그려져 있다. 전설에 나오는 죽지 않는 새인 불사조가 주작이라는 이야기도 있다. 또한 현무는 커다란 거북의 모습을 하고 있는데 청룡이나 백호, 주작과는 달리 뱀과 함께 그려지기도 한다.

강서대묘는 평안남도 강서군에 있는 고구려의 고분이다. 우리나라 고분 벽화 가운데 가장 아름답고 뛰어난 것으로 평가받고 있는 사신도가 그려져 있다. 고분은 하나의 널방과 널길로 이루어져 있으며, 사신도는 널방의 네 벽면을 채우고 있다.

강서대묘의 현무도. 현무는 방위로는 북쪽, 색깔로는 검은색을 상징한다.

강서대묘의 청룡도. 청룡은 방위로는 동쪽, 색깔로는 푸른색을 상징한다.

강서대묘의 주작도. 주작은 방위로는 남쪽, 색깔로는 붉은색을 상징한다.

단종에 대한 충절을 지키려다 목숨을 잃은 6명의 충신

사육신

개요 계유정난으로 권력을 잡은 **세조**를 몰아내고 단종을 다시 임금으로 받들려다 목숨을 잃은 6명의 충신들을 가리킨다. **성삼문**, 박팽년, 하위지, 이개, 유성원, 유응부 등이다.

풀이 **수양 대군**은 **세종**의 둘째 아들이자 문종의 동생이었는데, 문종의 아들인 단종이 어린 나이에 임금이 되자 계유정난을 일으켜 권력을 잡았다. 2년 뒤인 1455년에는 단종을 몰아내고 임금(세조)이 되었다.

세종과 문종의 신임을 받았던 신하들은 수양 대군의 행동이 의롭지 못하다고 여겼다. 특히 문종으로부터 어린 세자를 잘 지켜 달라는 유언을 들은 신하들은 크게 분노했다. 당시 **집현전** 학사로 일하던 성삼문과 박팽년, 하위지, 이개, 유성원과 임금을 호위하는 별운검으로 일하던 유응부는 단종을 다시 임금으로 받들 것을 결의하고 기회를 노렸다. 마침내 1456년에 **명**의 사신을 위한 잔치에서 세조와 그를 지지하는 신하들을 제거하기로 계획했다. 하지만 이 계획이 실행되지 못하자, 거사에 참여하기로 했지만 불안감을 느낀 김질의 밀고로 체포되었다.

세조는 관련된 자들을 직접 고문하며 죄를 따져 물었다. 성삼문은 시뻘겋게 달군 쇠로 다리가 지져지고 팔이 잘려나가는 잔인한 고문을 받으면서도 당당했다. 박팽년은 그의 재주를 아낀 세조가 죄를 부인하면 살려 주겠다고 했지만, 되레 세조를 '나리'라고 낮추어 부르며 맞섰다.

결국 성삼문과 박팽년, 유응부, 이개는 죄인의 다리를 두 대의 수레에 한쪽씩 묶어서 몸을 두 갈래로 찢어 죽이던 형벌인 거열형을 당했다. 하위지는 칼로 목이 베이는 형을 당했고, 유성원은 집에서 아내와 함께 자살했다. 이후 사육신 집안의 모든 남자는 죽임을 당했고, 여자는 **노비**가 되었으며, 집현전도 폐지되었다.

심화 사육신은 한동안 역적 취급을 당했지만, 제19대 임금인 숙종 때에는 충절과

의기를 높이 평가해 관직을 돌려주었다. 1691년부터는 노량진의 동산 묘소 아래에 민절 서원을 세워 제사도 지내게 했다. 1955년에는 서울시가 사육신 묘비를 세우고 묘역을 정비했고, 1972년에는 묘역을 서울특별시 유형 문화재 제8호로 지정했다.

한편, 사육신처럼 죽임을 당하지는 않았지만 벼슬을 버리며 단종에 대한 충절을 지킨 이맹전, 조여, 원호, 김시습, 성담수, 남효온(또는 권절) 등은 '생육신'이라고 부른다. 이 중 남효온이 쓴 《추강집》에 단종 복위 운동의 주도자로 사육신의 이름이 처음 나온다.

●○●
사육신의 단종 복위 계획이 실천에 옮기기도 전에 탄로 나자 세조는 이들을 잡아 혹독하게 고문했다. 하지만 사육신은 잔인하게 처형되는 순간까지 당당하고 의연했다. 이들은 비록 역적으로 몰려 죽임을 당했지만 나중에는 최고의 충신으로 존경을 받게 되었다.

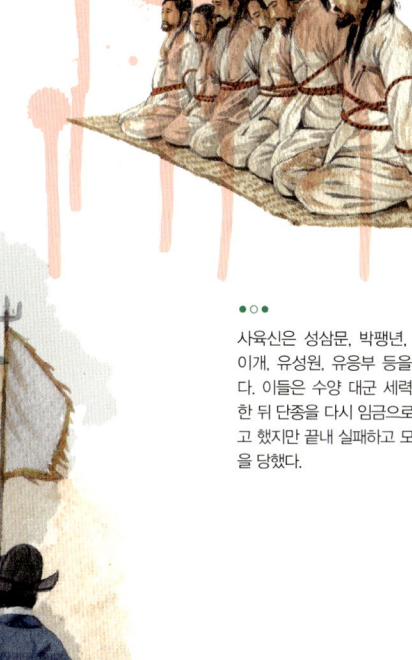

●○●
사육신은 성삼문, 박팽년, 하위지, 이개, 유성원, 유응부 등을 가리킨다. 이들은 수양 대군 세력을 제거한 뒤 단종을 다시 임금으로 세우려고 했지만 끝내 실패하고 모두 죽임을 당했다.

학생과 시민들이 부정 선거를 저지른 이승만 정부를 무너뜨린 사건

4·19 혁명

개요 학생과 시민들이 **이승만**과 자유당 독재 정권을 무너뜨린 사건이다. 이로써 부패하고 부정 선거를 저지른 이승만 정부의 제1공화국이 막을 내리고 제2공화국이 시작되었다.

풀이 **대한민국** 초대 정부인 이승만 정부는 계속되는 독재 정치와 경제적 어려움으로 국민들의 지지를 잃어 갔다. 이 때문에 1960년 3월 15일에 시행될 정·부통령 선거에서 패할 것이 우려되자 경찰과 행정 기관을 시켜 대규모 부정 선거를 저질렀다.

선거 당일 마산에서는 부정 선거에 항의하는 시위가 벌어졌다. 정부는 최루탄과 총을 발사하며 폭력으로 시위를 진압했다. 그러나 부정 선거를 규탄하는 시위는 다른 지역에서도 일어났고, 시위대는 이승만 대통령의 퇴진을 요구했다. 그러던 중 4월 11일에 마산 시위 때 행방불명이었던 마산 상고 학생 김주열의 시체가 최루탄이 눈에 박힌 채 바다에서 발견되었다. 이에 분노한 국민들의 시위는 전국으로 확산되었고, 시위도 한층 거세졌다.

4월 19일에는 서울과 부산 등 전국 곳곳에서 학생과 시민들이 들고 일어났다. 이날 시위는 부정 선거 이후 최대 규모로 발전했는데, 경찰이 총을 쏘아 115명이 죽고 727명이 부상당하는 비극이 일어났다. 이승만 정부는 계엄령을 선포하고 군대를 동원해 분노한 국민들의 시위를 막으려고 했지만, 계엄군조차 섣불리 진압에 나서지 않아 시위는 계속되었다.

이승만 정부는 부통령에 당선된 이기붕을 물러나게 해 사태를 수습하려고 했다. 그러나 국민들은 계속 대통령인 이승만이 물러날 것을 요구했다. 4월 25일의 시위에서는 대학 교수들도 "학생들의 피의 대가에 보답하라."며 참여했다. 이승만 대통령의 퇴진을 요구하는 시위가 그칠 줄 모르자, 미국도 더 이상 이승만 정부를 지지하지 않았다. 결국 4월 26일, 이승만 대통령은 물러나겠다는 하야 성명을 발표하고 미국으로 망명을 떠났다. 이로써 12년에 걸친 제1공화국도 끝이 났다.

> 4·19 혁명은 학생들과 시민들이 힘을 합쳐 독재 정부를 무너뜨린 뒤 민주주의를 실현한 사건이었다. 국민의 힘으로 정권을 바꾸었기 때문에 '혁명'이라고 부르게 되었다.

심화 4·19 혁명은 우리나라 민주주의 발전의 역사에서 매우 중요한 사건이었다. 처음에는 학생들이 중심이 되었으나 차츰 시민들이 참여하면서 국민적인 민주화 운동으로 발전했고, 결국 국민들의 힘으로 부패한 독재 정부를 무너뜨려 민주주의를 되찾았기 때문이다. 이후 대한민국 정부는 4·19 혁명을 계승할 것이라고 발표했다.

4·19 혁명의 직접적인 원인은 1960년 3월 15일에 시행되었던 정·부통령 선거에서 이승만 정부가 부정 선거를 저지른 일이었다.

시위는 전국으로 퍼져 나갔다. 특히 1960년 4월 11일에 최루탄에 맞아 숨진 김주열 학생의 시체가 바다에서 발견된 일이 온 국민들의 분노를 샀다.

시대 조선 시대   더 찾아보기 붕당, 사림파, 서원, 세조, 선조, 성리학, 연산군, 조광조, 조선, 향약, 훈구파

조선의 지배층인 훈구파와 사림파가 서로 충돌하여 벌어진 사건
사화

개요 조선 중기에 지배층이 권력을 놓고 다투다 일어난 사건이다. 더 큰 권력을 잡고 있었던 훈구파에 의해 많은 사림들이 죽임을 당하거나 유배 등의 벌을 받고 중앙 정치에서 쫓겨났다. 사화라는 말도 '사림이 당한 화'라는 뜻이다.

풀이 조선 중기의 양반 지배층은 훈구파와 사림파로 나뉘었다. 훈구파는 세조의 즉위에 공을 세우거나 왕의 측근으로 권력을 장악한 세력이었고, 사림파는 주로 지방에 근거지를 두고 성리학을 연구하면서 향촌 사회의 지배에 힘을 쏟았다. 조선의 제9대 임금인 성종은 임금의 자리에 오른 뒤 훈구파를 견제하기 위해 사림을 등용했다. 사림들은 이때부터 본격적으로 중앙 정치에 발을 들여놓았다. 하지만 사림 세력이 성장하면서 훈구파와 갈등을 빚게 되었고, 이는 사화로 이어졌다.

사화는 15세기 말엽부터 16세기 사이에 일어났다. 이 시기는 농업 기술이 보급되고 수공업이 확대되면서 조선 사회가 경제적으로 크게 발전하던 때였다. 훈구파는 자신들이 가진 권력을 이용해 경제 발전에 따른 이익을 독차지하려고 했다. 이들은 토지를 개간하거나 다른 사람의 토지를 합치는 등의 방법으로 토지를 넓혀 갔다. 그런데 이는 지방에 근거를 두고 있던 사림들을 위협하는 것이었다. 이에 사림들은 훈구파가 자신들의 경제적 이익을 위해 권력을 이용한다며 비판했고, 훈구파의 부정부패를 파헤쳤다. 그리고 조선 사회를 성리학의 정신에 따라 운영하고, 향촌 질서를 바로잡아 농민의 생활을 안정시켜야 한다고 주장했다.

훈구파와 사림파의 충돌은 결국 사화를 불러왔다. 1498년의 무오사화, 1504년의 갑자사화, 1519년의 기묘사화, 1545년의 을사사화 등이 이 시기에 일어난 대표적인 사화이다. 무오사화는 유자광과 이극돈 등의 훈구파가 역사 기록의 문제를 트집 잡아 김일손, 권오복 등의 사림파를 몰아낸 사건이고, 갑자사화는 연산군의 친어머니이자 왕비의 자리에서 쫓겨난 윤 씨 문제로 일어났다. 또한 기묘사화는 남곤과 심정, 홍경주 등의 재상들이 조광조와 김정, 김식 등 개혁을 주장하는 사림들을 반역

> 사화는 조선의 지배층이 권력을 잡기 위해 서로 다투는 과정에서 일어난 사건이다. 사림들이 입은 화를 뜻하는 '사화'라는 이름에서도 알 수 있듯이, 많은 사림들이 사화로 인해 죽임을 당하거나 유배 등의 벌을 받았다.

죄인으로 몰아 제거한 사건이고, 을사사화는 인종과 명종의 외척이었던 윤 씨 세력끼리 다투다 인종의 외척들을 몰아낸 사건이다.

심화 훈구파와의 대립으로 사림파는 큰 화를 당했지만 완전히 몰락한 것은 아니었다. 중앙 정치에서 쫓겨난 사림들은 다시 지방으로 내려가 성리학을 연구하며 앞날을 준비했다. 이들은 서원과 향약을 세워 제자들을 가르치는 한편, 향촌 사회에서 그들의 영향력을 키워 갔다. 그리고 선조 때인 16세기 말부터 다시 중앙 정치에 참여해 벼슬을 얻고 권력을 잡았다. 사림들은 그동안 연구해 온 성리학을 바탕으로 나라 운영을 도맡았고, 뜻이 맞는 사람들끼리 붕당을 이루어 서로 경쟁하기도 했다.

훈구파는 공신이거나 왕의 측근 세력이었다. 이들은 권력을 이용해 경제적인 이익을 얻는 한편, 자신들을 위협하는 사림들에게 누명을 씌우거나 비판해 중앙 정치에서 몰아냈다.

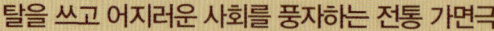

탈을 쓰고 어지러운 사회를 풍자하는 전통 가면극
산대놀이

개요 탈을 쓰고 하는 우리의 전통 가면극이다. 처음에는 궁중에서 하던 연극이었으나 차츰 어지러운 사회를 해학적으로 풍자하는 민중 연극으로 바뀌었다.

풀이 산대놀이는 원래 중국에서 섣달그믐(음력으로 한 해의 마지막 날)에 잡귀를 쫓아내던 의식에서 비롯되었다. 이것이 고려 초기에 한반도에 전해져 궁중 연극이 되었다. 조선 시대에는 궁중에 산대도감을 두고 나라의 행사나 중국 사신을 맞이하는 연회에서 산대놀이를 공연했다고 한다.

이후 산대놀이는 백성들에게도 퍼져 나갔다. 조선 인조 때 산대도감이 폐지되자, 여기에 속해 있던 연기자들이 녹번리와 애오개, 노량진, 퇴계원, 사직골 등 한양 주변에 흩어졌다. 그러고는 오늘날의 극단과 같은 조직인 산대패를 만들고 공연했다. 이들을 '본산대'라고 하는데, 안타깝게도 지금은 본산대 놀이가 전해지지 않는다. 다만 이들에게 배운 사람들이 지방에서 공연한 양주 별산대, 송파 산대놀이, 봉산 탈춤, 통영 오광대놀이 등만이 전해지고 있다.

산대놀이는 '마당'이라고 부르는 몇 개의 장으로 나뉜다. 지역마다 내용에는 조금씩 차이가 있지만 지배층에 대한 비판과 민중의 저항 정신이 들어 있는 것은 같다. 양반의 위선이나 승려의 타락을 풍자하고, 청춘 남녀의 사랑을 통해 가부장 제도의 모순을 폭로하며, 억압 받는 조선 여성들의 고통과 좌절을 보여 준다. 또한 서민 생활의 어려움을 해학적으로 그려 내기도 한다. 산대놀이는 시작할 때와 끝마칠 때 무당이 나와 소원을 빌거나 넋두리를 하는데, 이를 통해 민중들의 소망을 표현한다.

심화 중부 지방의 탈춤에는 '산대'라는 이름을 붙이는 경우가 많은데, 일반적으로는 탈을 쓰고 하는 독립적인 공연이라면 모두 산대놀이라고 할 수 있다. 산대놀이와 구분되는 대표적인 탈놀이는 하회 별신굿 탈놀이이다. 하회 별신굿 탈놀이는 독립적인 공연이 아니라 굿의 한 부분으로 탈놀이가 이루어지기 때문이다.

시대 일제 강점기 | 더 찾아보기 일본, 조선, 조선 총독부

한반도를 일본의 쌀 공급처로 삼기 위해 실시한 정책
산미 증식 계획

개요 일제가 한반도를 **일본**의 쌀 공급처로 삼기 위해 1920년부터 1934년까지 실시한 농업 정책이다. 산미 증식 계획은 **조선**의 쌀 생산을 늘리는 계획이라는 뜻이다.

풀이 1920년대 이후 일본 사회는 도시와 공업이 발달하면서 식량이 모자라게 되었다. 사람들이 도시에 몰리고 일터를 공장으로 옮기면서 쌀 생산량이 줄어든 것이다. 이로 인해 쌀값이 치솟고 서민들의 불만이 높아지는 등 사회 문제가 생겨났다. 이에 **조선 총독부**는 일본에 필요한 쌀을 한반도에서 거둘 계획을 세우고 쌀 생산량을 늘리는 산미 증식 계획을 시행했다. 겉으로는 조선을 위한 사업인 양 발표했지만, 실제로는 일본의 식량 부족을 해결하고 일본의 쌀값을 안정시키기 위한 정책이었다.

조선 총독부는 먼저 한반도에서 대규모 토지 개량 사업을 벌였다. 저수지와 수로 등 수리 시설을 만들었고, 농지를 반듯하게 규격화했으며, 새로운 농토를 개간하기도 했다. 또한 새로운 품종이나 농법을 도입하고 비료 사용도 권장했다. 그 결과, 한반도에서의 쌀 생산량은 크게 늘어났다. 하지만 늘어난 양보다 훨씬 더 많은 쌀이 일본으로 수출되면서 조선에서는 쌀 부족 현상이 더욱 심해졌다.

조선 총독부는 한반도에서 거두어들인 쌀의 대부분을 일본으로 가져갔다. 이에 따라 수확철이 되면 주요 항구와 역에는 일본으로 수출될 쌀이 산더미처럼 쌓이곤 했다.

심화 대규모로 쌀이 일본으로 빠져나간 것은 지주제 때문이었다. 당시 농지는 절반 이상이 일부 조선인 지주나 일본인, 조선 총독부의 소유였다. 이들은 조선인 농민에게 땅을 빌려준 뒤 수확한 쌀의 50% 가량을 소작료로 가져갔다. 그리고 이렇게 거두어들인 쌀의 대부분을 시장에 내놓았다. 일본 상인들은 조선 시장에 나온 쌀을 일본보다 훨씬 싼 가격에 무더기로 사들여 일본으로 가져갔던 것이다.

시대 삼국 시대 | 더 찾아보기 고구려, 수, 을지문덕

고구려군이 청천강 지역에서 수나라 군대를 크게 물리친 싸움

살수 대첩

개요 612년에 고구려를 침략한 수나라 군대를 을지문덕이 이끄는 고구려군이 크게 무찌른 싸움이다. 살수는 지금의 청천강 지역을 뜻하며, 30만 명의 수나라 군사 중 불과 2,700여 명만이 살아서 돌아갔다.

풀이 6세기 말 수나라의 임금인 문제는 300여 년 동안 분열되었던 중국을 통일했다. 중국 대륙에 커다란 나라가 들어서자 고구려를 비롯한 주변의 나라들은 위협을 느낄 수밖에 없었다. 머지않아 수가 침략해 올 것을 예상한 고구려는 전투에서 유리한 곳을 차지하기 위해 영양왕 때인 598년에 요서 지방을 먼저 공격했다. 이에 수의 문제도 육군과 수군 30만 명을 이끌고 고구려로 쳐들어왔으나 질병과 배고픔으로 인해 피해만 입은 채 물러갔다.

그 후 두 나라는 잠시 평화를 유지했지만, 문제의 뒤를 이어 양제가 임금의 자리에 오르면서 다시 전쟁이 시작되었다. 수의 양제는 612년에 113만여 명의 군사들을 이끌고 직접 쳐들어왔다. 바닷길로 평양성 부근에 도착한 수나라의 수군 4만여 명은 고구려군의 강력한 저항에 부딪혀 많은 희생을 내고 물러났다. 랴오허 강을 건너 요동성을 포위한 육군도 마찬가지였다.

이에 수 양제는 우중문과 우문술이 이끄는 별동대 30만 명을 다시 평양성으로 보냈다. 중심부에 타격을 주려는 속셈이었다. 하지만 고구려군을 이끌고 있던 을지문덕은 지혜로운 전술로 이들과 맞섰다. 그는 후퇴하는 척 하면서 수나라 별동대를 평양성 밖으로 유인했고, 승리한 줄 알고 기세가 오른 수나라군은 맹렬하게 고구려군을 뒤쫓았다. 그런데 고구려군이 치고 빠지기만을 되풀이 하자 수나라군은 차츰 지치기 시작했다. 게다가 오랜 전투로 식량까지 떨어져 어려움을 겪었다.

결국 수나라군은 후퇴를 결정했고, 비로소 고구려군의 공격이 시작되었다. 고구려군은 수나라군이 살수를 건널 때를 기다렸다가 일제히 공격해 전멸시켰다. 이후에도 수는 여러 차례 고구려를 침략했지만 모두 실패했고 국력이 약해져 멸망하고 말았다.

살수 대첩은 지금의 청천강 지역에서 벌어졌다. 고구려군은 수나라 군대가 강을 건너는 순간을 기다렸다가 한꺼번에 공격했다. 강을 건너느라 주의가 흐트러지는 틈을 이용한 것이다.

심화 을지문덕은 수나라군이 지쳐 있을 때 수의 장군 우중문에게 한 편의 시를 보냈다. 겉으로는 수나라군이 이겼다고 인정했지만 실제로는 조롱을 담은 내용이었다. 한편으로는 지친 수나라군의 후퇴를 유도하는 작전이기도 했다. 을지문덕의 시는 다음과 같다.

"그대의 신기한 책략은 하늘의 이치를 다했고
오묘한 계획은 땅의 이치를 다했노라.
전쟁에 이겨서 그 공이 이미 높으니
만족함을 알고 그만두기를 바라노라."

고구려군을 이끈 을지문덕은 적군의 약점을 이용할 줄 알았다. 수나라군은 먼 거리를 이동해 왔기 때문에 쉽게 지쳤고 식량이나 무기도 충분하지 않았다. 이 때문에 전면전은 피하면서 알맞은 때를 기다린 것이다.

시대 조선 시대　**더 찾아보기** 세종, 양반, 유학, 정조, 조선, 한

조선 세종 때 백성들을 가르치기 위해 만든 윤리 그림책

삼강행실도

개요 **조선 세종** 때인 1434년에 만든 윤리책이다. 중국과 우리나라의 충신과 효자, 열녀의 이야기를 담았으며, 성종 때인 1481년에는 한글로 뜻을 풀어 쓴 언해본도 만들었다.

풀이 삼강이란 중국 **한**나라의 **유학**자인 동중서와 반고가 말한 세 가지 덕목을 뜻한다. 세 가지 덕목은 군위신강(君爲臣綱), 부위자강(父爲子綱), 부위부강(夫爲婦綱) 등이다. 이를 풀이하면 임금은 신하에게, 어버이는 자식에게, 남편은 부인에게 근본이라는 뜻이다. 즉, 신하는 임금에게 충성을 다하고, 자식은 어버이에게 효도하며, 아내는 남편을 사랑하고 존중하라는 것이다.

　조선은 유교의 윤리를 바탕으로 사회 질서를 유지하고자 했기 때문에 삼강을 매우 중요시했다. 그래서 **양반**은 물론이고 평민들에게도 충과 효, 열을 강조했다. 여기서 열이란 부인이 두 남편을 섬기지 않는 것, 즉 절개를 뜻한다. 《삼강행실도》는 백성들에게 삼강을 가르칠 목적으로 만들었다. 내용은 삼강의 도리를 다한 충신이나 효자, 열녀에 대한 이야기이다. 평민이나 아이들도 이해하기 쉽도록 그림도 넣었는데, 이 때문에 그림을 뜻하는 '도'가 제목에 들어갔다.

　《삼강행실도》에는 113명의 충신과 110명의 효자, 95명의 열녀가 소개되어 있다. 이야기의 주인공은 대부분 중국 사람이고, 우리나라 사람은 충신 6명, 효자 4명, 열녀 6명이 실려 있다. 우리나라 효자 이야기 한 편을 소개하면 다음과 같다. 용안(지금의 전라북도 익산 지방)에 사는 이보는 아버지가 병으로 위독해지자, 자신의 손가락을 잘라 약을 만들어 먹게 했다고 한다. 이후 신기하게도 아버지는 병이 씻은 듯이 나았고, 사람들은 이보를 하늘이 낸 효자라고 칭찬했다.

심화 유학에서 삼강 못지않게 중요시하는 덕목은 오륜이다. 인간이 지켜야 할 다섯 가지 윤리를 뜻하는 오륜은 부자유친(父子有親), 군신유의(君臣有義), 부부유별(夫

●●●
《삼강행실도》는 충신과 효자, 열녀의 이야기를 엮은 책이다. 유교의 윤리로 나라를 다스리고자 했던 조선은 백성들이 이 책을 통해 삼강을 깨우치고 실천하기를 바랐다.

婦有別), 장유유서(長幼有序), 붕우유신(朋友有信) 등을 가리킨다. 아버지와 아들 사이에는 사랑, 임금과 신하 사이에는 의리, 남편과 아내 사이에는 구별, 어른과 아이 사이에는 질서, 친구 사이에는 믿음이 있어야 한다는 뜻이다. **정조** 때인 1797년에는 《삼강행실도》와 마찬가지로 《오륜행실도》도 만들어졌다.

조선의 아이들은 일찍부터 유교의 윤리를 배우며 자랐다. 특히 삼강은 양반뿐 아니라 평민들에게도 가르쳤다.

《삼강행실도》는 그림책이다. 충신과 효자, 열녀의 이야기를 글뿐 아니라 그림으로 알기 쉽게 설명해 놓았다. 이는 삼강을 양반뿐 아니라 평민들에게도 가르치기 위해서였다.

시대 고려 시대 **더 찾아보기** 거란, 견훤, 고구려, 고려, 궁예, 김부식, 백제, 신라, 요, 유학, 후삼국 시대

고려의 학자 김부식이 삼국 시대의 역사를 정리해 만든 책

삼국사기

개요 **고려** 인종 때인 1145년에 **김부식**이 펴낸 역사책이다. **고구려**와 **백제**, **신라** 등 삼국의 역사에 대해 적어 놓았으며, 현재까지 전해 오는 우리나라 역사책 중에서 가장 오래된 것이다.

풀이 본래 고려에는 삼국의 역사를 적은 책이 있었지만, **거란(요)**과의 전쟁 중에 불타 없어졌다. 고려의 제17대 임금인 인종은 전쟁 이후 새로 역사책을 펴내 민족 의식을 높이려고 했다. 이에 김부식은 임금의 명령에 따라 《삼국사기》를 편찬했다.

김부식은 책의 앞쪽에 〈진삼국사표〉라는 머리말을 실었다. 그는 여기에서 "글을 아는 사람도 우리나라의 역사를 잘 모르는 현실이 안타까워 《삼국사기》를 펴낸다."고 적었다. 또한 모든 사람들이 역사를 통해 잘한 것과 잘못한 것을 가려내어 교훈을 삼으라고 당부했다.

《삼국사기》는 임금의 일을 적은 〈본기〉와 여러 가지 제도에 대해 적은 〈지〉, 과거의 사건을 일어난 순서에 맞추어 표로 정리한 〈연표〉, 임금 외에 중요한 인물에 대해 적은 〈열전〉 등으로 이루어져 있다. 이렇게 역사적 사실을 성격에 따라 나누어 기록하는 방법을 기전체라고 한다. 중국이나 우리나라에서 국가가 펴낸 대부분의 역사책은 기전체로 썼다.

《삼국사기》에는 삼국 중에서도 신라의 역사를 가장 자세히 적어 놓았다. 신라 계통의 경주 김씨였던 김부식이 신라를 삼국의 중심으로 보았기 때문이다. 또한 그는 신라가 삼국을 통일한 일을 매우 높이 평가한 반면, **후삼국 시대**의 **견훤**이나 **궁예**는 부정적으로 표현했다. 하지만 다른 부분에서는 객관적인 태도를 보이려고 노력했다.

《삼국사기》는 이밖에도 가뭄이나 홍수, 병충해처럼 농사에 영향을 주는 재해를 자세히 기록했다. 당시에는 농업이 매우 중요한 산업이었기 때문이다. 또한 일식과 월식, 유성 등 하늘의 현상과 지진이나 화재 등 천재지변도 기록했다. 이 기록들은 매우 정확하여 당시 과학 기술의 수준이 매우 높았음을 알 수 있게 해 준다.

●●●
김부식은 정치에서 물러난 뒤 임금의 명령에 따라 역사책 만들기를 시작했다. 젊은 학자들과 함께 고구려, 백제, 신라 등 옛 나라의 자료를 모은 뒤에 꼼꼼하게 정리하여 《삼국사기》를 완성했다.

심화 고려는 불교의 나라였지만 정치에서는 유교의 가르침을 따르려고 했다. 특히 **유학**자였던 김부식은 《삼국사기》를 통해 유교의 이념을 확산시키려고 했다. 책의 곳곳에 유교의 덕목이나 예법을 강조하는 글을 넣고, 충과 효의 모범이 되었던 사람들을 소개한 것은 이 때문이다. 하지만 유학자라고 해서 무조건 중국을 높이 받들고 우리 역사는 낮추는 자세를 가졌던 것은 아니다. 임금들에 대해 쓴 내용을 황제에 관한 기록인 〈본기〉로 분류한 것은 우리 역사를 자주적으로 생각했음을 보여 준다.

《삼국사기》는 〈본기〉와 〈지〉, 〈연표〉, 〈열전〉 등으로 이루어져 있다. 여기에는 삼국 시대의 임금과 신하들, 사회 제도, 주요 사건에 관한 내용이 자세히 실려 있다.

시대 삼국 시대 　더 찾아보기 고구려, 고려, 김춘추, 당, 백제, 신라, 옥저, 의자왕, 조선, 한사군

고구려와 백제, 신라가 한반도의 주도권을 두고 다투던 시대

삼국 시대

개요 고구려와 백제, 신라 등 세 나라가 각각 세워진 때부터 660년 백제의 멸망에 이어 고구려가 멸망한 668년까지, 약 700년간의 시기이다.

풀이 삼국은 주변의 여러 작은 나라들을 차지하면서 강력한 고대 국가로 성장했다. 먼저 고구려는 옥저와 한의 요동군, 현도군을 차지하고 1세기 말에 나라의 기틀을 잡았다. 이후 한사군 가운데 낙랑군과 대방군을 정복해 평양 지역까지 장악했으며, 요동의 중심지인 서안평을 발판으로 영토를 확대해 나갔다. 백제는 남쪽의 마한 지역을 차지하면서 국가로 성장했다. 3세기 후반에는 넓어진 영토와 주민을 효과적으로 다스리기 위해 중앙의 통치 조직을 정비했다.

한편, 신라는 여러 세력이 합쳐서 건국되었기 때문에 초기에는 박씨, 석씨, 김씨 등 3개의 성씨 세력이 돌아가면서 임금이 되었다. 신라는 남동쪽 해안은 물론이고 동해안 지역과 낙동강 주변의 작은 나라들을 차례차례 정복했다. 4세기 말에는 왕권이 강해졌고, 6세기 초반에는 처음으로 '신라'라는 나라 이름을 사용했다. 또한 이때부터 왕이라는 칭호를 사용했고 법령도 반포했다.

세 나라는 오랫동안 서로 한반도의 주도권을 차지하기 위해 경쟁하고 싸웠다. 먼저 고구려가 신라와 연합하여 백제를 압박했고, 기세가 오른 고구려가 남진 정책을 추진하면서 신라와 백제가 연합해 고구려에 대항했다. 신라가 급격히 세력을 키운 뒤에는 삼국의 통일 전쟁이 시작되었다.

백제는 의자왕 초기인 642년에 신라를 공격해 서쪽 변방의 40여 개 성을 빼앗았다. 위기에 몰린 신라는 김춘추를 고구려에 보내 군사 지원을 요청했으나 거절당했다. 그러자 신라는 김춘추를 당에 보내 나당 연합을 맺고, 백제와 고구려가 내부 분열로 혼란한 틈을 타 백제와 고구려를 공격했다. 결국 660년에 백제, 668년에 고구려를 차례로 멸망시켰다. 이로써 삼국 시대는 막을 내렸다. 이어 신라는 한반도 전체를 지배하려는 당을 물리치고 대동강 이남의 한반도를 통일했다.

●●○
삼국 시대는 고구려와 백제, 신라 등 세 나라가 한반도의 주도권을 놓고 다투던 시기였다. 세 나라는 저마다 특색을 가진 문화를 발전시키며 성장했다.

심화 삼국 시대는 한반도의 민족 국가들이 성장한 시기이자 고대 문화가 꽃피운 시기이기도 했다. 고구려와 백제, 신라는 저마다 특색을 가진 문화를 발전시키며 훌륭한 유산을 많이 남겼다. 통일 국가인 신라나 고려, 조선 등은 이 시기의 문화유산을 바탕으로 성장할 수 있었다.

고구려는 한반도 북쪽과 만주 지역을 지배했다. 5세기에 전성기를 누렸으며, 중국의 여러 나라도 함부로 하지 못하는 강한 나라였다.

신라는 한반도의 남동쪽을 차지하며 세 나라 중에서 가장 늦게 국가로 발전했지만, 결국 통일 전쟁에서 승리하고 한반도의 주인이 되었다.

백제는 한반도의 남서쪽을 차지한 뒤 4세기에 전성기를 이루었다. 바다 건너 왜에 학자를 파견할 정도로 발달한 문화를 자랑했다.

시대 고려 시대 | **더 찾아보기** 고구려, 고려, 고조선, 단군 신화, 백제, 삼국사기, 신라, 원, 일연

고려의 승려 일연이 쓴 삼국 시대의 역사책
삼국유사

개요 **고려** 후기 충렬왕 때 승려였던 **일연**이 펴낸 역사책이다. 《**삼국사기**》와 함께 **고구려**, **백제**, **신라**의 역사를 기록한 대표적인 책으로 꼽힌다. '유사'란 '예로부터 전해 내려오는 일'이라는 뜻으로, 《삼국유사》에는 신화나 설화, 민간에서 사사로이 전해 오는 야사가 많이 실려 있다.

풀이 일연은 충렬왕의 명령에 따라 1277년부터 1281년까지 청도의 운문사에서 머물면서 불교를 일으키는 데 힘썼다. 《삼국유사》는 바로 이 무렵에 쓰기 시작한 것으로 추측된다. 일연은 승려였기 때문에 《삼국유사》에도 불교와 관련된 내용이 많이 담겨 있다. 특히 이름난 승려들이 한 일이나 불교에 관한 설화가 많이 실려 있으며 절이나 탑, 불상에 관한 중요한 자료도 싣고 있다.

《삼국유사》는 여러 자료의 내용을 다듬어서 쓴 《삼국사기》와는 달리 전하는 이야기를 그대로 실은 것이 많다. 그래서 글이 세련되지 않고 때로는 허황되어 보이는 이야기도 나온다. 심지어 사실이나 자료들과 맞지 않는 내용도 있다. 하지만 오히려 이런 점 때문에 역사 자료로 가치가 높다고 평가받기도 한다. 《삼국유사》는 《삼국사기》를 비롯한 다른 역사책에서는 찾아볼 수 없는 일이나 사건까지 다루고 있기 때문이다.

《삼국유사》는 지금까지 보존된 책 중에서는 가장 먼저 **단군 신화**와 **고조선**의 역사를 쓰고 있다. 단군 신화를 우리 민족의 건국 신화로, 고조선을 최초의 국가로 인정하는 데 《삼국유사》가 큰 역할을 한 셈이다. 일연이 《삼국유사》에 단군 신화에 대해 쓴 까닭은 당시 고려가 **원**의 간섭을 받으면서 민족의식과 자주성을 표현하려는 의도로 보인다.

심화 《삼국유사》에는 삼국의 역사나 불교에 관한 내용 외에도 여러 가지 자료가 실려 있다. 신라의 노래인 향가 14수가 실려 있어 국문학 연구에 도움이 될 뿐 아니

라, 이두로 된 비석의 글과 옛 지명이나 인명들도 찾아볼 수 있다. 여기서 이두란 한자의 음과 뜻을 빌려 우리말을 적는 방법을 뜻한다. 이 때문에 우리는 신라 때 사용했던 문자를 좀 더 쉽게 연구하게 되었다.

《삼국유사》에는 단군 신화를 비롯하여 고주몽이나 박혁거세, 김알지 등 삼국을 세운 이들의 건국 신화가 나온다. 선덕 여왕이나 김춘추처럼 역사적으로 중요한 인물들의 이야기, 불교의 힘으로 일어난 기적 같은 설화들도 찾아볼 수 있다.

고려 시대의 승려인 일연은 불교의 이론뿐 아니라 역사에 대한 지식도 풍부한 인물이었다. 그는 불교를 일으키는 데 힘쓰면서도 학자들조차 어려워하는 삼국 시대의 역사책을 펴냈다. 일연은 《삼국유사》를 통해 삼국의 역사를 알리고 우리 민족의 자긍심을 높여 주었다.

시대 **삼국 시대** 더 찾아보기 고구려, 당, 무열왕, 문무왕, 발해, 백제, 진흥왕, 화랑도

신라가 고구려와 백제를 멸망시키고 통일 국가를 세운 일

삼국 통일

개요 신라가 고구려와 백제를 멸망시킨 뒤, 당을 몰아내고 676년에 하나의 나라를 세운 일이다. 고구려의 옛 영토까지 차지하지는 못했으며, 곧이어 발해가 들어서면서 남북국 시대로 이어졌다.

풀이 고대 한반도에서는 고구려와 백제, 신라가 각각 영토를 차지한 뒤 경쟁하며 성장했다. 한강 유역을 차지하기 위해 세 나라가 서로 다투었고, 때로는 상대를 바꾸어 가며 동맹 관계를 맺기도 했다. 신라는 처음에는 삼국 중에서 영토가 가장 작고 힘도 약한 나라였다. 지리적 위치도 한반도의 동남쪽이어서 중국을 통해 전해지는 문물을 받아들이기에도 불리했다.

그러나 6세기에는 나라의 힘이 커지고 영토도 크게 넓어졌다. 신라의 제24대 임금인 **진흥왕**은 적극적으로 정복 정책을 펼쳤다. 그는 먼저 **화랑도**를 통해 인재를 키우고 대규모 불교 집회를 열어 백성들의 마음을 하나로 모으는 등 나라의 기반을 다졌다. 그런 다음 백제와 동맹을 맺고 한강 유역에 있는 고구려 성을 공격해 승리했고, 다시 백제와 싸움을 벌여 한강의 상류와 하류 지역 모두를 차지했다. 이로써 신라는 한반도의 중심부를 영토로 얻는 한편, 중국과 교류할 수 있는 길을 열었다.

이렇게 힘을 키운 신라는 제29대 임금인 **무열왕** 때 당나라와 손을 잡고 백제를 멸망시켰다. **문무왕** 때는 고구려까지 무너뜨렸다. 전쟁에서 승리한 뒤 당이 고구려와 백제 땅을 차지하고 신라 정치까지 간섭하자, 신라는 다시 당과 전쟁을 벌여 승리를 거두었다. 그 결과, 신라는 대동강 이남의 지역을 확보하여 한반도에 통일 국가를 세우게 되었다.

심화 신라의 삼국 통일은 우리나라 역사상 처음으로 여러 나라의 문화를 합쳐 민족 문화의 토대를 마련했다는 점에서 의미가 크다. 하지만 고구려의 옛 영토인 만주 지역을 포함하지 못했고, 곧이어 발해가 건국되면서 하나의 통일 국가로 발전시키

호시탐탐 한반도를 지배할 기회를 엿보던 중국 대륙의 당나라. 신라와 손을 잡고 고구려와 백제를 무너뜨렸으나 결국 신라에 패하고 물러났다.

6~7세기 한반도는 고구려와 백제, 신라 등 세 나라가 서로 치열하게 경쟁하는 각축장이었다. 여기에 당나라까지 한반도를 차지하려고 들었으나 결국 한반도 통일 국가의 주인은 신라가 되었다.

지는 못했다는 한계를 지니기도 했다. 비록 완전한 통일은 아니었지만 신라는 넓어진 땅을 다스리기 위해 법과 제도를 정비하는 등 이전보다 발전된 국가로 나아갔다.

한반도의 북쪽 지역을 차지한 고구려. 5세기 장수왕 때 가장 넓은 영토를 차지하며 전성기를 누렸으나 나당 연합군에 의해 멸망했다.

한반도의 서남쪽을 차지한 백제. 4세기 근초고왕 때 전성기를 누리다 고구려와 신라의 압박을 받아 차츰 쇠퇴했다.

한반도의 동남쪽을 차지한 신라. 삼국 중 가장 작고 약한 나라였으나 꾸준히 힘을 길러 강대국이 되었다. 당과 동맹을 맺은 뒤 고구려와 백제를 무너뜨리고 삼국 통일을 이룩했다.

시대 고려 시대 | 더 찾아보기 개경, 고려, 몽골, 무신 정권, 최충헌

고려 시대에 최씨 무신 정권이 만든 특수 부대

삼별초

개요 **고려** 후기에 최씨 **무신 정권**이 만든 특수 부대이다. 처음에는 최우가 자신을 호위하기 위해 만든 사병 부대였으나 **몽골**과의 전쟁 과정에서 많은 공을 세웠다. 하지만 몽골과의 강화에 반대하며 끝까지 저항하다 고려와 몽골의 연합군에게 무너졌다.

풀이 1231년 몽골이 침입했을 때 고려는 무신 정권의 지배 아래 있었다. **최충헌**의 뒤를 이어 권력을 잡은 최우는 고려의 백성들이 전국 곳곳에서 몽골군과 맞서 힘겨운 싸움을 벌이고 있는데도 서둘러 도성을 강화도로 옮겼다. 그런 다음 삼별초 등 군사 조직을 정비하여 강화도를 지키게 한 뒤 이전과 다름없이 백성들에게 거둔 세금으로 호화로운 생활을 했다.

사실 삼별초는 최우가 **개경**에 도둑이 극성을 부리자, 이를 막고 자신을 호위하도록 하기 위해 만든 사병 조직이었다. 처음 이름도 '밤을 지키기 위해 특별히 뽑은 군인'이라는 뜻의 야별초였다. 그러다 나중에 군사의 수가 많아지자 야별초를 좌별초와 우별초로 나누었고, 몽골과의 전쟁 이후에는 몽골군에게 포로로 잡혔다가 탈출한 병사들로 조직된 신의군까지 합쳐 삼별초라 부르게 되었다.

삼별초는 나라의 군대라기보다는 최씨 정권이 부리는 사병의 성격이 강했지만 몽골과의 전쟁에서 많은 공을 세웠다. 그런데 몽골에 맞서 끝까지 싸우자고 주장한 최의가 죽고 무신 정권도 사실상 몰락하게 되자, 고려 왕실은 몽골과 강화를 맺고 다시 개경으로 돌아갔다. 이 과정에서 삼별초는 해산 명령을 받았지만 배중손의 주도로 힘을 모은 뒤 반란을 일으켰다.

삼별초는 왕과 관리를 뽑아 새로운 정부를 만든 다음, 전라남도 진도로 근거지를 옮겨 저항을 시작했다. 고려 안에 또 다른 고려 정부가 생긴 셈이었다. 하지만 얼마 못 가 진도는 몽골군에게 함락되었고 우두머리인 배중손도 목숨을 잃었다. 삼별초는 다시 김통정을 중심으로 조직을 정비한 다음에 제주도로 근거지를 옮겨 저항했

다. 이후 삼별초를 역적으로 규정한 고려 조정은 몽골과 연합군을 만들어 토벌에 나섰다. 삼별초는 마지막까지 거세게 저항했지만 결국 4년 만에 진압되고 말았다.

심화 삼별초의 항쟁은 외세에 맞서 용감하게 싸우는 고려의 자주 정신을 잘 보여 주는 사례였다. 진도로 도읍을 옮길 때 무려 1,000여 척의 배가 강화도를 떠났다는 사실만 보더라도 그들이 많은 고려 백성들의 지지를 받고 있었음을 알 수 있다. 하지만 삼별초는 고려의 군대가 아닌 무신 정권의 사병 부대로서 권력 다툼에 이용되었을 뿐 아니라, 자신들의 지위와 권력을 지키기 위해 반란을 일으켰다는 비판도 함께 받고 있다. 또한 전라도 남해안 근처에 살던 백성들은 고려 조정과 삼별초 양측의 눈치를 보느라 어려움을 겪기도 했다.

삼별초는 몽골과의 전쟁에서 강력하고 끈질기게 저항했다. 백성들까지 실은 배를 타고 강화도에서 진도로, 다시 제주도로 근거지를 옮겨 가면서도 저항을 멈추지 않았다. 이 때문에 삼별초는 고려의 자존심을 지킨 군대로 알려졌지만, 자신들의 권력 유지를 위해서였다는 비판을 받기도 한다.

삼별초는 최고 권력자였던 최우의 사병들로 이루어졌지만, 군사의 수가 많아지고 몽골과 전쟁을 치르면서 점차 나라의 군대로 성격이 바뀌었다.

시대 현대 | 더 찾아보기 대한민국, 4·19 혁명, 이승만, 장면

제4대 대통령 선거 때 자유당 정부가 부정을 저지른 사건
3·15 부정 선거

개요 1960년 3월 15일 시행된 제4대 대통령 및 제5대 부통령 선거에서 자유당 정부가 저지른 부정 선거이다. **4·19 혁명**이 일어나게 된 직접적인 원인이 되었다.

풀이 1960년에 치러진 정·부통령 선거에서 정권을 잡고 있던 자유당은 대통령 후보로 **이승만**, 부통령 후보로 이기붕을 내세웠다. 이에 맞선 민주당은 대통령 후보로 조병옥, 부통령 후보로 **장면**을 선정했다. 당시는 지금과는 달리 대통령과 부통령을 뽑아 대통령에게 무슨 일이 생기면 부통령이 대신 통치하도록 했다.

그런데 자유당이 미리 국민들의 마음을 알아보고 선거 결과를 예측해 보니 매우 불리한 상황이었다. 대통령 후보였던 조병옥이 사망하면서 이승만은 당선이 확실했지만, 부통령 선거에서는 이기붕의 당선이 어려워 보였다. 그동안 자유당이 너무 오랫동안 정권을 잡고 있었던 데다 부정부패를 일삼고 경제가 어려워지면서 많은 국민들이 자유당 정부에 등을 돌리고 있었기 때문이다.

위기를 느낀 자유당은 경찰과 공무원을 동원해 조직적인 부정 선거를 벌였다. 선거일 전에 투표하기, 3~9명씩 묶어서 공개적으로 투표하기, 미리 찍어 놓은 표가 있는 투표함으로 바꿔치기 등 갖가지 방법이 동원되었다. 이러한 부정 선거로 자유당은 승리를 거두는 듯 보였다. 그러나 부정 선거에 분노한 시민들이 선거 무효와 자유당 정부의 퇴진을 주장하는 시위를 벌이기 시작했고, 그 열기는 전국으로 확산되었다. 결국 국민들의 분노는 4·19 혁명으로 이어져 이승만 대통령의 퇴진과 자유당 정부의 몰락을 가져왔다.

심화 4·19 혁명으로 대통령 자리에서 물러난 이승만은 하와이에 머물다 다시 돌아올 것을 원했지만, 정부가 허락하지 않아 그곳에서 세상을 떠났다. 부통령 선거에 나섰던 이기붕은 성난 국민들을 피해 경무대관사에 있다가 가족과 함께 자살했다. 이기붕이 살던 집은 몰수된 뒤, 현재 4·19 혁명 학생 도서관으로 꾸며졌다.

시대 일제 강점기 | 더 찾아보기 고종, 대한민국 임시 정부, 민족 대표 33인, 손병희, 유관순, 이승훈, 2·8 독립 선언, 일본, 최남선, 토지 조사 사업, 한용운, 한일 강제 병합, 회사령

일제 강점기에 일어난 최대의 민족 운동

3·1 운동

개요 1919년에 전 민족이 일어나 일제의 식민 지배에 항의하며 벌인 독립운동이다. 3월 1일에 탑골 공원에서 독립 선언서를 낭독한 것을 시작으로, 전국은 물론이고 해외에까지 확산되었다.

풀이 **한일 강제 병합** 이후 일제는 우리 민족을 강압적으로 다스렸다. 군과 경찰을 동원하여 민족 운동을 억누르고, 사람들의 일상생활을 철저히 통제했으며, **토지 조사 사업**과 **회사령** 등으로 우리 경제의 발전을 막고 수탈했다. 그러던 차에 제1차 세계 대전이 막을 내렸고, 미국의 윌슨 대통령은 "각 민족의 운명은 그 민족 스스로 결정해야 한다."며 민족 자결주의를 선언했다.

이에 우리나라의 민족 지도자들은 민족 자결주의를 근거로 독립운동을 추진했다. 종교 단체와 학생들은 뜻을 모아 시위를 계획했고, **최남선**에 의해 독립 선언서가 만들어졌다. 1919년 2월에는 **일본** 유학생들이 **2·8 독립 선언**을 발표했는데, 이 소식은 국내의 독립 의지를 더욱 높이는 계기가 되었다. 게다가 **고종**이 갑작스럽게 세상을 떠난 이유가 일본의 독살 때문이라는 소문이 퍼지면서 많은 사람들이 분노했다.

이윽고 1919년 3월 1일, 서울 종로의 태화관에서 **민족 대표 33인**의 이름으로 독립 선언식이 치러졌다. 선언식에는 **손병희**와 **이승훈**, **한용운** 등 29명이 참여했는데, 이들은 선언식 후 곧바로 일본 경찰에게 잡혀갔다. 하지만 탑골 공원에 모여 있던 수천 명의 학생과 시민들은 스스로 독립 선언식을 가진 뒤 거리로 나가 만세 시위를 벌였다. 그리고 이 시위는 대도시에서 중소도시로, 다시 농촌으로 퍼져 나갔다. 뿐만 아니라 만주와 연해주, 미국 등 해외에서도 만세 시위가 이어졌다.

만세 시위가 확산되자 일제는 군대까지 동원해 무력으로 진압했고, 이 과정에서 많은 사람들이 죽거나 감옥에 갇혔다. 이화 학당에 다니던 **유관순**도 고향에 내려가 만세 시위를 주도하다 체포되어 고문을 받다 죽었다. 경기도 화성군 제암리에서는 마을 사람들이 일본 경찰에게 학살되기도 했다.

심화 3·1 운동은 일제의 무자비한 탄압으로 진압되었다. 그러나 3·1 운동은 이후 우리 민족이 독립에 대한 희망과 자신감을 갖게 하는 계기가 되었다. 조직적이고 체계적인 독립운동이 필요함을 느낀 지도자들이 모여 **대한민국 임시 정부**를 세웠고, 무장 투쟁을 위한 독립군 부대도 만들어졌다. 뿐만 아니라 200만 명에 이르는 사람들이 만세 시위에 참여해 세계의 이목을 끌면서, 우리의 자주독립 의지를 널리 알리는 기회가 되었다. 중국과 인도에서는 한반도에서 일어난 3·1 운동의 영향으로 5·4 운동과 비폭력 저항 운동 등 민족 운동이 일어나기도 했다.

●○○
만세 시위는 서울에서 시작되어 전국 곳곳으로 퍼져갔다. 해외에서도 독립 선언식과 만세 시위가 이어졌다. 일본 경찰과 군대의 무자비한 탄압으로 인해 많은 사람들이 죽거나 감옥에 갇혔지만, 우리 민족의 독립 의지는 더욱 굳건해졌다.

3·1 운동은 탑골 공원에서 독립 선언서를 낭독한 뒤 거리로 나가 만세 시위를 벌이는 것으로 시작되었다. 사람들은 시위를 통해 일제의 식민 지배를 규탄하고 독립을 요구했다.

시대 조선 시대 | 더 찾아보기 남한산성, 몽골, 병자호란, 세종, 여진, 일제 강점기, 조선, 청, 청일 전쟁

병자호란 때 청에 패해 굴욕적으로 세운 비석

삼전도비

개요 **병자호란** 직후 **청**의 요구로 삼전도에 세운 비석이다. 원래 이름은 '대청황제 공덕비'이다. 청나라 임금인 태종의 공덕을 칭송하는 내용으로 되어 있으며, 서울특별시 송파구 석촌동에 있다.

풀이 병자호란 때 청의 침공을 받은 **조선**은 당시 임금이었던 인조와 조정 신하들이 **남한산성**으로 피신해 싸웠지만, 견디지 못하고 40여 일 만에 항복했다. 삼전도는 조선 **세종** 때 만들어진 한강의 나루 중 하나로, 도성과 남한산성을 잇는 요충지였다. 인조는 이곳에서 청 태종에게 절을 하고 군신 관계를 맺는 치욕적인 항복 의식을 치렀다. 이후 청은 삼전도에 청 태종의 공덕을 알리는 기념비를 세울 것을 요구했다. 이에 따라 세워진 비석이 바로 삼전도비이다.

삼전도비에는 청이 조선에 출병한 이유, 전쟁의 결과, 청이 회군하면서 조선에 아무런 피해도 주지 않았다는 사실 등이 철저히 청의 입장에서 기록되어 있다. 삼전도비는 비의 높이 3.95미터에 귀부(거북 모양 받침)와 이수(용을 새긴 머릿돌)를 합친 전체 높이 5.7미터, 너비 1.4미터의 거대한 비석이다. 하지만 비석의 내용이나 규모보다는 치욕적인 역사의 상징으로 널리 알려져 있다.

심화 삼전도비는 치욕의 역사를 간직하고 있다는 사실 때문에 여러 차례 수난을 당했다. **청일 전쟁** 이후 강물에 버려졌다가 **일제 강점기**에 다시 세웠으며, 해방 이후 주민들이 땅에 묻었던 것이 홍수로 드러나기도 했다. 이후에도 페인트로 훼손된 것을 다시 복구했다. 한편, 삼전도비는 앞면의 왼쪽은 **몽골** 글자, 오른쪽은 만주 글자, 뒷면은 한자로 쓰여 있어 만주어 및 몽골 어를 연구하는 데 도움이 되고 있다.

시대 조선 시대 | 더 찾아보기 군역, 군포, 암행어사, 조선, 진주 농민 봉기, 홍경래의 난, 환곡

전정·군정·환곡 등의 제도가 혼란스러워진 현상

삼정의 문란

개요 조선 후기의 세금 제도인 삼정의 운영이 혼란스러워진 현상이다. 이로 인해 백성들의 생활이 어려워졌고 농민 봉기의 원인이 되었다.

풀이 삼정은 전정과 군정, 환정(**환곡**)을 일컫는다. 이 제도는 백성들에게 세금을 거두어 나라의 재정을 튼튼히 하는 동시에 백성들을 돕기 위해 만들었다. 전정은 땅(토지)에 매기는 세금을 뜻하고, 군정은 병사로 일하는 대신 **군포**를 납부할 수 있도록 한 제도이다. 한창 바쁜 농번기에 어른 남자가 **군역** 때문에 자리를 비우면 살림이 어려워지므로 군포로 대신하도록 한 것이다. 또한 환정은 흉년이나 식량이 떨어진 춘궁기에 나라에서 곡식을 빌려주는 제도였다.

그런데 조선 후기에는 삼정이 관리들의 수탈과 부정부패로 인해 혼란스러워지면서 백성들의 생활이 매우 고단해졌다. 먼저 전정의 문란은 땅을 조사하는 사업인 양전이 제대로 시행되지 않은 것이 중요한 원인이었다. 세금을 매길 기초 자료가 없자, 관리들은 백성들에게 제 마음대로 세금을 거두었다. 못 쓰는 땅이나 실제로 존재하지 않는 땅에 세금을 매기기도 했다.

군정도 문란하기는 마찬가지였다. 군역은 16세 이상, 60세 이하의 남자에게 부여되는 의무였다. 하지만 탐관오리들은 어린아이나 이미 죽은 사람의 몫까지 군포를 거두고, 군포를 내지 않고 도망칠 경우 이웃이나 친척에게 군포를 내게 했다.

삼정 가운데 백성들을 가장 많이 괴롭힌 것은 환곡이었다. 배고픔에 시달리는 백성들을 위해 곡식을 빌려주면서 지나치게 높은 이자를 받는 바람에 백성들의 생활은 더욱 고달프고 가난해졌다. 뿐만 아니라 환곡을 운영하는 관리들은 쌀을 빼돌린 뒤에 거짓 장부를 꾸미기도 했다.

심화 정부에서는 **암행어사**를 보내 지방 관리들의 부정을 단속하도록 했지만 상황을 바로잡지는 못했다. 이에 백성들은 무리를 지어 저항하기 시작했다. **홍경래의 난**, **진주 농민 봉기** 등도 삼정 문란이 원인이 되어 일어났다.

시대 선사 시대 | 더 찾아보기 가야, 고조선, 단군왕검, 백제, 소도, 신라, 청동기 시대

기원전 1세기~ 3세기경에 한반도 남쪽에 있었던 연맹 국가

삼한

개요 **청동기 시대**부터 한반도 남쪽에 생겨난 마한, 진한, 변한을 묶어 부르는 말이다. 마한과 진한, 변한은 다시 여러 개의 작은 부족 국가들로 이루어졌다. 삼한은 강하고 체계적인 나라로 발전하지는 못하고 각각 **백제**와 **신라**, **가야**로 흡수되었다.

풀이 삼한은 여러 개의 부족 국가들로 이루어진 연맹 국가였다. 연맹이란 나라나 단체들이 공동의 목적을 이루기 위해 서로 돕는 것을 뜻한다.
　마한은 지금의 경기도와 충청도, 전라도 일대에 있던 54개의 작은 부족 국가들을 뜻한다. 이중에서 목지국이 가장 강했지만 온조의 세력이 한강 유역에 백제를 세운 뒤 흡수되었다. 또한 진한은 지금의 대구와 경주 근처에 있던 12개의 작은 부족 국가들을 뜻한다. 진한에서는 사로국이 가장 강했는데, 이웃 국가들을 통합한 뒤 신라로 발전했다. 한편 변한은 지금의 김해, 마산 근처에 있던 작은 부족 국가들이었다. 변한은 질 좋은 철을 생산해 수출하면서 부강해졌고, 이후 가야로 발전했다.
　삼한은 기름진 땅을 바탕으로 벼농사가 발달했다. 이를 위해 저수지를 만들었는데 제천의 의림지, 김제의 벽골제, 밀양의 수산제가 오늘날까지 남아 있다. 씨 뿌리기가 끝난 5월과 추수가 끝난 10월에는 하늘에 제사를 지내며 축제를 벌였다. 다른 나라에서 가을이나 겨울에 한 번 지내는 제사를 두 번이나 했다는 것은 그만큼 삼한에서 농업이 발달했음을 보여 준다.

심화 삼한은 **고조선**과 달리 제정 분리 사회였다. 제정 분리란 제사와 정치가 나누어져 있다는 뜻이다. 고조선은 **단군왕검**이 제사와 정치 모두를 주관했지만, 삼한은 정치적인 일을 맡아 하는 지도자 외에 '천군'이라는 제사장이 따로 있었다. 천군은 부족장 못지않은 권위와 명예를 누렸다. 예를 들어 삼한에서 제사를 드리는 신성한 장소를 **소도**라고 했는데, 이곳에 죄인이 도망쳐 오면 함부로 잡아갈 수 없었다고 한다.

시대 삼국 시대~남북국 시대 더 찾아보기 김유신, 김춘추, 법흥왕, 선덕 여왕, 신라, 진골, 화백

화백 회의를 이끌며 귀족을 대표하던 신라의 최고 관직

상대등

개요 귀족 세력을 대표하는 **신라**의 최고 관직이다. 왕을 도와 나랏일을 보는 한편 귀족 세력을 대표하면서 **화백** 회의를 이끌었다.

풀이 신라에서는 중요한 나랏일을 화백 회의에서 결정했다. 화백 회의는 신라의 귀족들이 모여 나랏일을 결정하는 최고의 회의 기구였다. 이 회의에 참가하는 귀족들을 '대등'이라고 불렀는데, 대부분 **진골** 이상의 신분을 가진 귀족들이었다. 그리고 이들 중에서 한 사람을 뽑아 우두머리로 삼았다. 그가 바로 신라의 귀족 세력을 대표하는 상대등이었다.

상대등은 화백 회의 의장 역할뿐 아니라 나랏일을 총괄하는 수상 역할도 맡았다. 신라의 제23대 임금인 **법흥왕** 때 처음 상대등 제도가 마련되었는데, 상대등이 된 사람은 화백 회의를 이끄는 것뿐 아니라 왕권을 견제하고 귀족 세력의 이익을 대변하기도 했다. 그래서 때로는 왕권과 맞서고 때로는 협력하면서 신라 사회를 이끌어 나갔다.

하지만 상대등과 화백 회의는 **김춘추**가 임금(무열왕)의 자리에 오른 뒤, 왕권을 강화하면서부터 차츰 힘이 약해졌다. 대신 행정에 관한 일을 맡아 하는 최고 관청인 집사부와 그 우두머리인 중시(시중)의 권한이 커졌다. 이들은 주로 왕의 명령을 시행하고 비밀 업무를 맡아 했는데, 이것은 왕권이 그만큼 강해졌다는 것을 뜻했다. 상대등의 권력이 다시 커진 것은 신라 말기였다. 왕권이 약해지자 귀족 세력을 대표하는 상대등이 임금의 자리를 놓고 다툴 정도로 힘이 커졌다.

심화 왕권을 견제하려는 귀족 세력과 왕권을 강화해 중앙 집권적 통치를 하려는 왕실 세력이 대립하면서 벌어진 대표적인 사건이 비담의 난이었다. 비담은 제27대 임금인 **선덕 여왕** 때의 상대등이었는데, 여왕이 정치를 잘못하고 있다며 반란을 일으켰다. 선덕 여왕은 반란 도중에 세상을 떠났고, 비담의 난은 **김유신**과 김춘추에 의해 진압되었다.

시대 남북국 시대　　더 찾아보기 국보, 성덕 대왕 신종, 신라, 조선

우리나라에서 가장 오래된 범종
상원사 동종

개요 강원도 평창군 진부면 동산리 상원사에 있는 통일 신라의 범종이다. 성덕왕 때인 725년에 만들어졌으며, 현재 우리나라에 남아 있는 동종 가운데 가장 오래된 것이다. **국보** 제36호로 지정되었다.

쇠줄을 연결하여 종을 매다는 용뉴. 좌우에 종이 만들어진 시기가 기록되어 있다.

풀이 상원사 동종은 원래 안동의 문루에 걸려 있었는데, **조선** 예종 때 지금의 자리로 옮겨 놓았다. 조각 수법이 뛰어나고 한국 종의 고유한 특색을 모두 갖추고 있어 매우 귀중한 유물로 인정받고 있다. 한국 종의 고유한 특색이란 소리의 울림을 도와주는 음통, 안으로 오므라든 종 모양, 네 곳에 있는 유곽 등을 뜻한다. 이후에 만들어진 종은 대부분 상원사 동종의 특징을 고스란히 이어갔다.

한편 상원사 동종은 맑고 깨끗하며 풍부한 종소리를 가지고 있지만 지금은 종의 일부에 작은 균열이 생겨 사용하지 않는다.

심화 범종이란 절에서 사용하는 종으로, 시각을 알리거나 사람을 불러 모을 때 친다. 불교에서는 종소리를 듣는 동안 사람들이 번뇌에서 벗어나 부처의 가르침을 느낄 수 있다고 믿는다. 세계 곳곳에서 범종을 만들어 사용해 왔지만 우리나라의 범종은 독특하면서도 우수하여 그 가치를 인정받고 있다. 특히 상원사 동종이나 **성덕 대왕 신종** 등 **신라**의 범종들은 모양이 우아하고 아름다울 뿐 아니라 특유의 은은하고 맑은 소리 때문에 세계적으로도 유명하다.

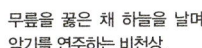
무릎을 꿇은 채 하늘을 날며 악기를 연주하는 비천상.

시대 조선 시대 | 더 찾아보기 갑오개혁, 경복궁, 고려, 고종, 일본, 조선, 흥선 대원군

조선 숙종 때 만들어져 널리 쓰인 동전

상평통보

개요 조선 후기에 사용했던 구리로 만든 화폐이다. 흔히 '엽전'이라고도 부르며, 조선 숙종 때 만들어진 이후 가장 널리 사용되었다.

풀이 우리나라 최초의 화폐는 고려 성종 때 쇠로 만든 건원중보였다. 이후 구리로 만든 동전이 나왔고, 조선 시대에는 종이로 지폐를 만들어 사용하기도 했다. 하지만 조선 전기까지는 화폐가 널리 사용되지 못했다. 사람들은 여전히 쌀이나 옷감 등을 물건을 교환하는 데 사용했다.

그러다 조선 후기에 상업이 발달하면서 화폐의 필요성이 커졌다. 조선 조정은 동전을 만들자는 주장을 받아들여 화폐를 널리 유통시키는 정책을 추진했다. 이를 위해 만든 것이 상평통보였다. 화폐를 사용했더니 물건을 사고파는 데 편리할 뿐 아니라 상업이 발달하고 재산을 모으는 데에도 좋았다.

하지만 상평통보를 유통시키는 데에는 어려움도 따랐다. 상평통보에는 일정한 분량의 구리를 넣어 만드는데, 구리를 살 때 드는 비용이 만만치 않았던 것이다. 돈보다 구리의 값이 높아지는 현상도 나타났다. 상평통보를 화폐로 사용하는 것이 아니라 녹여서 구리로 파는 사람들까지 생겨나는 바람에 제대로 유통되지 않아서 경제 활동에 지장을 받는 경우도 있었다.

그렇지만 상평통보는 가장 널리 쓰이는 화폐가 되었다. 상평통보는 1894년 **갑오개혁**으로 화폐 제도가 바뀌면서 발행이 중단되었는데, 사람들은 이후에도 상평통보를 사용했다. 그러다 1905년에 탁지부에 고문으로 파견된 **일본**인의 주도로 화폐 정리 사업이 진행되면서 상평통보는 더 이상 쓰지 못하게 되었다.

심화 조선 **고종** 때 **흥선 대원군**은 상평통보보다 100배 비싼 돈인 당백전을 만들어 **경복궁**을 다시 세우는 비용으로 썼다. 하지만 당백전을 만드는 데 들어가는 구리의 양은 상평통보의 약 5배 정도였다. 그러니까 국가가 화폐를 20배나 높은 가격으로

●○○
쌀이나 옷감으로 필요한 물건을 바꾸던 것과 달리 상평통보를 만들어 사용하니 여러 모로 좋았다. 상평통보와 같은 화폐는 가지고 다니기 쉬워서 물건을 사고팔 때 편리했고, 번 돈을 보관할 때에도 간편했다. 그러자 거래가 늘어나고 상업이 발달했다.

판 것이다. 그러자 사람들은 당백전의 사용을 꺼리거나 본래 금액보다 훨씬 적게 인정했다. 이 때문에 물가가 크게 오르자 조선 조정은 당백전의 발행을 중지했다. 이후 흥선 대원군에 이어 권력을 잡은 민씨 정권도 새로운 화폐를 만들었다. 이들은 상평통보보다 5배 비싼 화폐인 당오전을 만들어 썼는데, 이때에도 물가가 크게 오르는 현상이 일어났다.

상평통보는 구리로 만든 동전이었다. 둥근 모양의 동전 가운데에 줄을 꿸 수 있도록 네모 모양의 구멍을 뚫었다. 그리고 위아래와 양 옆에 상(常), 평(平), 통(通), 보(寶)라는 글자를 새겼다.

1970년대에 정부의 주도로 이루어진 지역 개발 운동
새마을 운동

개요 1970년대 박정희 정부의 주도 아래 전국적으로 이루어진 지역 사회 개발 운동이다. '근면, 자조, 협동'이라는 구호 아래 낙후된 농촌 환경의 개선과 경제 발전에 기여했으나, 당시의 독재 정치를 정당화하는 데 이용한다는 비판도 받았다.

풀이 1960년대 대한민국은 경제가 급격히 성장하면서 사회 발전을 이루었다. 그러나 농촌은 도시에 비해 발전 속도가 느려 여러 가지 면에서 뒤떨어진 상태였다. 도시와 농촌의 수준 차이가 자꾸만 벌어지자, 박정희 정부는 그 대책의 하나로 새마을 운동을 추진했다.

1970년 박정희 대통령이 지방 장관 회의에서 제안하면서 시작된 새마을 운동은 근면, 자조, 협동을 3대 정신으로 삼았다. 그런 다음에 생활 태도와 환경 개선, 소득 증대를 이루는 것을 목표로 내세웠다. 이후 전국 곳곳에서 도로 확장과 하천 정비, 농촌 주택 개량, 전기와 전화 시설 확충, 농경지 확장 등 농촌의 생활 기반을 개선하는 활동이 이어졌다. 처음에는 주로 농촌 지역에서 시행되었으나 차츰 도시로 확대되어 전국적인 운동이 되었다. 운동의 성격도 '잘살기 운동'에서 올바른 정신을 강조하는 정신 운동으로 바뀌어 갔다.

새마을 운동은 당시의 낙후된 농촌 환경을 개선하고 우리 경제를 발전시키는 데 도움이 되었다. 세계적으로도 농촌 개발의 좋은 사례로 평가받아, 아프리카의 빈곤 지역에서 이 운동을 본 딴 지역 개발 운동이 이루어지고 있다.

하지만 새마을 운동은 한계를 보이기도 했다. 먼저 농촌 주민들의 소득이나 생활을 실질적으로 향상시키기보다는 주택의 지붕을 바꾸거나 마을 길을 넓히는 것과 같이 겉으로 드러나는 성과에 치중하는 경향을 보였다. 또한 주민들 스스로 이끌어 가는 민주적인 '풀뿌리 운동'이 되지 못하고 정부가 주도한 운동이었다. 게다가 박정희 정부가 새

1970년대의 새마을 운동은 풀뿌리 운동이 아니라 정부 주도의 운동이었지만, 도로를 닦거나 지붕을 바꾸는 일 등은 마을 주민들의 손으로 이루어졌다.

마을 운동이 10월 유신을 실천하는 것이라고 주장하면서 독재 정치를 정당화하는 데 이용한다는 비판을 받았다.

심화 1979년 박정희 대통령이 10·26 사태로 인해 세상을 떠나고 새로운 정부가 들어서면서 새마을 운동은 크게 약화되었다. 정부의 지원은 물론 국민들의 관심도 예전에 비해 급격히 줄어들었기 때문이다. 이후 새마을 운동은 별도의 중앙 조직(새마을운동중앙회)이 세워지면서 민간 중심의 운동으로 바뀌게 되었다.

새마을 운동 노랫말 2절에는 "초가집도 없애고 마을 길도 넓히고 푸른 동산 만들어 알뜰살뜰 다듬세."라는 대목이 나온다. 이것은 새마을 운동에서 가장 중요한 목표로 삼았던 '농촌 환경의 개선' 활동을 잘 보여 준다. 실제로 새마을 운동이 한창이었던 시기에 전국 곳곳에서는 도로를 넓히거나 지붕을 바꾸는 공사가 벌어졌다.

시대 조선 시대　더 찾아보기 성리학, 양반, 이이, 이황, 조선, 조식

이기론을 연구해 조선의 성리학 발전에 이바지한 학자

서경덕

개요 **조선** 중기의 뛰어난 **성리학**자이다. 세상의 이치를 설명하는 이기론을 연구해 조선의 성리학 발전에 큰 업적을 남겼으며 **이이, 이황**과 함께 조선의 3대 성리학자로 꼽힌다.

풀이 서경덕은 1489년에 가난한 **양반** 집안에서 태어났다. 그의 어머니는 공자의 사당에 들어가는 꿈을 꾸고 그를 낳았다고 하는데, 예사롭지 않은 태몽처럼 그는 어린 시절부터 학문의 수준이 높았다고 한다. 다만 그의 공부 방법은 여느 성리학자들과 달랐다.

서경덕은 한 가지 주제를 놓고 이치를 깨달을 때까지 생각하고 또 생각했다. 예를 들어 그는 열네 살이 되던 해에 《서경》을 익히다 태음력에 대한 의문이 생겼는데, 보름 동안 의문을 풀기 위해 고심하다 스스로 깨달았다고 한다. 이런 공부 방법은 어른이 되어서도 계속되었다. 그는 벽에 사물의 이름을 써 붙여 놓고는 무릎을 꿇고 앉아 이치를 깨달을 때까지 생각에 잠기곤 했다.

서경덕은 평생 동안 벼슬에 뜻을 두지 않고 학문 연구와 교육에만 힘썼다. 나라에서 그에게 벼슬을 내리고자 할 때에도 한사코 거절했다. 하지만 그는 세상의 이치를 설명하는 이기론을 연구해 조선의 성리학 발전에 크게 기여했다. 수많은 제자들이 그를 따르면서 서경덕의 이름이 높아지자, 사람들은 그를 박연 폭포, 황진이와 함께 '송도삼절'로 꼽기도 했다. 송도삼절은 송도(개성)에서 가장 유명한 세 가지라는 뜻이다.

심화 서경덕은 세상의 모든 사물은 기(氣)로 이루어져 있으며, 기는 고정되어 있는 것이 아니라 끊임없이 변화한다고 생각했다. 삶과 죽음도 마찬가지여서 시작도 끝도 없고 끊임없이 이어지는 연속 상태라고 생각했다. 그의 사상은 **조식**의 사상과 어우러져 기 중심 학파를 이루었다.

시대 조선 시대 | 더 찾아보기 고구려, 고려, 당, 서원, 성균관, 유학, 조선, 태학, 향교

조선 시대에 있었던 초등 교육 기관
서당

개요 **조선** 시대에 초등 교육을 맡아 했던 사립 학교이다. 오늘날의 초등학교와 비슷하지만 규모는 훨씬 작았고, 주로 **유학**에 바탕을 둔 한문 교육이 이루어졌다.

풀이 초등 교육 기관은 오래 전부터 있었다. **고구려** 때 이미 '경당'이라는 교육 기관이 있었고, **고려** 때도 마을마다 서당과 비슷한 학교가 있었다는 기록이 있다. 조선 시대에는 유학의 중요성이 커지면서 전국 곳곳에 서당이 생겨났다.

서당은 나라에서 세운 지방의 공립 학교인 **향교**나 사림들이 세운 **서원**처럼 일정한 조건이나 규정이 없었기 때문에 자유롭게 세워지고 또 없어졌다. 마을에서 선생님을 모셔와 서당을 차리는 경우도 있었고, 양반 유학자가 자기 집에 서당을 차려 동네 아이들을 가르치는 경우도 있었다. 조선 후기에는 상민들도 자식들을 공부시키려 해 수요가 늘었고, 몰락한 양반들도 많아져 이들이 생계를 위해 서당을 차리면서 서당의 수가 크게 늘어났다. 학부모들은 봄과 가을에 곡식을 거둬 서당의 선생님인 훈장에게 수업료로 냈다.

서당을 다니는 학생의 인원이나 나이, 학문 수준도 서당마다 달랐다. 그러나 대체로 7~16세 정도의 학생들이 가장 많았다. 공부 내용은 주로 《천자문》을 통해 한자의 음과 뜻을 익힌 후에 《명심보감》, 《격몽요결》 등을 통해 짧은 문장을 외우고 교훈적인 내용을 익히는 것이었다.

한 권의 교재를 다 외우고 이해하면 훈장님께 감사하며 떡과 음식을 준비해 '책거리(책씻이)'를 하고 다음 책으로 넘어갔다. 이후 《십팔사략》이나 《자치통감》 같은 역사책을 읽고, 《소학》을 통해 유학의 기본을 공부한 후에 본격적으로 유교 경전인 〈사서삼경〉으로 넘어갔다. 이 때쯤이면 이제 서당을 벗어나 향교나 서원, 혹은 과거를 거쳐 **성균관**으로 옮겨가는 것이 보통이었다.

서당은 서양식 근대 학교가 세워진 후에도 상당히 오랜 기간 유지되었으나 현재는 그 명맥이 거의 끊어져 버렸다.

●○○
스승의 가르침은 지식뿐 아니라 생활 태도나 정신 자세에 이르기까지 폭넓게 이루어졌다. 공부를 게을리 하거나 잘못된 행동을 했을 때 종아리를 맞는 일도 낯선 풍경이 아니었다.

심화 서당의 교육 방법은 주로 책 읽고 외우기, 질의응답 등이었다. 학생들은 글자와 뜻을 깨우칠 때까지 읽고 외우기를 반복했고, 유교 경전을 배우는 단계에서는 훈장과 학생이 질문과 답변을 주고받았다. 한 권의 책 내용을 완전히 익혀야 다음 책으로 넘어갔으므로, 함께 시작했더라도 학생에 따라 진도를 달리하는 개별 학습이 이루어졌다. 배운 것은 매일 평가했고 정기적으로(5일이나 10일 또는 한 달) 시험을 보았다. 시험 결과는 보통 5등급으로 나뉘었는데, 가장 낮은 등급은 낙제를 받아 다시 배워야 했다. 반면 성적이 좋은 학생은 상장을 붙이거나 종이와 먹 등의 상품을 받았다.

서당에서 한 교육은 주로 글자를 익히고 문장을 외우는 것이다. 교재는 《천자문》과 《명심보감》 등이었는데, 이것은 훗날 《사서삼경》과 같은 수준 높은 학문을 익히기 위해 꼭 익혀야 할 기초 과목이었다.

시대 대한 제국 시대~현대 **더 찾아보기** 대한 제국, 무단 통치, 3·1 운동, 유관순, 일제 강점기, 조선 총독부, 8·15 광복, 한일 강제 병합, 헌병 경찰 통치

독립운동가와 민주화 운동가들이 갇혀 고통받았던 감옥
서대문 형무소

개요 **대한 제국** 말기에 세운 뒤 1987년까지 운영되었던 형무소이다. **일제 강점기**에는 독립운동가, 해방 이후에는 민주화 운동가들이 이곳에 갇혀 고통을 겪었다. 지금은 공원과 역사관으로 바뀌었다.

풀이 1908년 통감부는 대한 제국 정부에 요청해 한성 감옥을 만들었다. 그리고 이듬해에는 대한 제국의 사법권과 감옥 사무권을 빼앗아 이곳을 자신들 마음대로 사용할 수 있도록 했다. 1910년 **한일 강제 병합** 이후에는 **무단 통치(헌병 경찰 통치)**에 저항하는 사람들이 많아 감옥이 부족해졌다. **조선 총독부**는 1912년에 '조선 감옥령'이라는 법을 만들어 감옥을 늘리거나 크게 짓기로 했다. 1912년에는 서울 마포구 공덕동에 경성 감옥을 지었다. 한성 감옥은 고쳐서 크게 지었는데, 이름을 '서대문 감옥'으로 바꾸었다가 1923년에 다시 서대문 형무소로 정했다.

일제 강점기 동안 서대문 형무소에는 많은 독립운동가들이 갇혀 고통을 받았다. **3·1 운동**을 계획한 민족 대표들이 이곳에 갇혔으며, 만세 운동을 주도한 **유관순**도 여기에서 세상을 떠났다. 또한 일본 총독인 사이토를 저격한 강우규도 이곳에서 사형을 당했다. 서대문 형무소는 **8·15 광복** 이후에도 계속 운영되었다. 이름은 '서울 형무소'로 바뀌었으나 감옥으로 운영되기는 마찬가지였다. 독재 정치를 비판하는 많은 민주화 운동가들이 이곳에 갇혀 고통을 당했다.

서울특별시 서대문구 현저동에 있었던 서대문 형무소의 모습. 지금은 역사의 교훈을 전해 주는 공원과 역사관으로 바뀌었다.

심화 1980년대 이후 서대문 형무소를 그대로 운영하는 데 대한 비판이 나오기 시작했다. 이에 정부는 1987년에 경기도 의왕시에 새로운 교도소를 세워 옮겼고, 감옥 건물 중 일부와 사형장은 역사의 교훈을 전하기 위해 보존하기로 했다. 지금은 서대문 독립 공원과 서대문 형무소 역사관이 만들어져 있다.

시대 **삼국 시대** | 더 찾아보기 **무왕, 백제, 삼국유사, 신라**

백제 무왕이 신라의 선화 공주를 유혹하기 위해 지은 노래
서동요

개요 **백제**의 서동이 **신라**의 선화 공주를 유혹하기 위해 지었다는 노래이다. 서동은 백제의 제30대 임금인 **무왕**의 왕자 시절 이름이다. 노래와 노래에 얽힌 설화는 **《삼국유사》**에 실려 있다.

풀이 《삼국유사》에 실려 있는 서동의 이야기는 다음과 같다. 백제 무왕은 어렸을 때 어머니와 함께 사비(지금의 부여 지방)의 남쪽 연못가에 살았다. 그는 마를 캐어 장에 내다 팔며 살았는데, 어느 날 신라 진평왕의 셋째 딸인 선화 공주가 예쁘다는 소문을 듣게 된다. 소문만 듣고도 사랑하게 된 서동은 선화 공주를 아내로 맞기로 결심한다. 그러고는 승려 차림으로 변장한 뒤 신라의 수도인 경주로 간다. 그곳에서 서동은 아이들에게 마를 나누어 주며 서동요를 부르게 한다.
　"선화 공주님은 남몰래 사귄 서동 남편을 밤에 안고 간다."
　이 노래는 아이들의 입을 통해 경주 안에 퍼지다가 마침내 진평왕의 귀에까지 들어가게 된다. 딸의 행동에 화가 난 진평왕이 선화 공주를 궁궐에서 쫓아내자, 기다리던 서동이 공주 앞에 나타난다. 그는 선화 공주에게 사랑을 고백하고 함께 백제로 돌아가 결혼하게 된다. 이후 서동은 백제의 왕자였음이 밝혀져 임금의 자리에 오르게 되고, 선화 공주는 백제의 왕비가 된다.

심화 학자들은 서동 이야기가 사실이 아니라고 이야기한다. 당시 백제와 신라는 영토 문제로 사이가 좋지 않아 자주 전쟁을 벌이곤 했다. 이런 상황에서 백제의 왕자가 적국인 신라로 건너가서 공주를 유혹했을 리 없다는 것이다. 그렇지만 〈서동요〉는 한자의 음과 뜻으로 우리말을 표기하는 방법인 이두로 적혀 있어서, 당시 글자를 연구하는 데 좋은 자료가 되고 있다.

시대 조선 시대 | 더 찾아보기 명, 사명 대사, 선조, 성균관, 양반, 왜, 일본, 임진왜란, 조선, 한양

임진왜란 때 승병을 모아 일본군과 맞서 싸운 승병장
서산 대사(휴정)

개요 임진왜란 때 승병을 일으켜 일본군을 크게 물리친 조선의 승려이다. 법명(승려가 된 후에 부르는 이름)은 '휴정'이며, 사명 대사의 스승이기도 하다.

풀이 서산 대사는 1520년에 양반 집안에서 태어났다. 그의 어머니는 한 노파가 찾아와 아들을 잉태했다며 축하해 주는 태몽을 꾸었다고 한다. 열 살 때 어머니에 이어 아버지마저 돌아가시자, 그는 양아버지를 따라 한양으로 올라와 성균관에서 글과 무예를 익힌 뒤 과거 시험을 보았지만 떨어지고 말았다. 이후 지리산의 절에 머물며 불경을 연구하다 깨달음을 얻어 승려가 되었다. 이후 서산 대사는 열심히 불법을 갈고 닦아 승과에 급제했고 봉은사 주지가 되었다. 그러나 벼슬은 승려의 본분이 아니라고 생각해 승직을 버리고 금강산, 묘향산 등을 다니며 불법을 닦았다.

1592년에 임진왜란이 일어나자, 그는 선조의 부름을 받고 승병을 모으기 시작했다. 뿐만 아니라 전국의 사찰과 승려들에게 나라를 구하는 일에 앞장서야 한다는 글을 보내기도 했다. 이에 제자인 사명 대사와 처영 등이 승병을 모아 왜군을 물리치는 데 큰 공을 세웠다. 임진왜란 때 그는 일흔 살이 넘는 노인이었으나 1,500명의 승군을 이끌며 전투에 참여했다. 사명 대사와 합류한 뒤에는 명나라 군대와 힘을 합쳐 한양을 되찾고 '팔도선교도총섭'이라는 직책도 받았다. 그러나 벼슬은 사명 대사에게 물려주고 묘향산에 들어가 나라의 평안을 기원하며 수도 생활을 계속하다 1604년에 세상을 떠났다.

심화 서산 대사는 삼교 통합론을 주장하기도 했다. 삼교 통합론이란 우리 민족이 믿어온 세 종교, 즉 유교와 불교, 도교는 결국 같다고 주장하는 종교 이론을 뜻한다.

• ○ ○
서산 대사는 불법으로 이름을 떨친 승려이자 임진왜란 때 승병을 모아 일본군과 싸운 장수이기도 하다. 서산 대사의 활약은 우리나라 호국 불교의 전통을 잘 보여준다.

시대 삼국 시대 | 더 찾아보기 국보, 고구려 고분 벽화, 백제, 일본

'백제의 미소'를 머금은 암벽 위의 불상

서산 용현리 마애여래 삼존상

개요 충청남도 서산시 운산면 가야산 절벽에 새겨진 **백제**의 마애 불상이다. '백제의 미소'로 널리 알려져 있으며 '서산 마애 석불' 또는 '운산 마애 석불'이라고도 부른다. 백제 말기에 돌로 만든 불상 가운데 가장 아름답고 뛰어난 작품으로 손꼽히고 있으며, **국보** 제84호로 지정되었다.

풀이 서산 용현리 마애여래 삼존상이 있는 가야산 근처는 백제 시대에 매우 중요한 길목이었다. 백제는 도읍지인 부여에서 태안을 거쳐 중국에 이르는 길을 개척해 교류 활동을 벌였는데, 이 불상이 있는 곳이 바로 부여와 태안 사이에 위치하고 있었던 것이다. 마애 석불도 중국과의 문화 교류 과정에서 전해진 것으로 보인다.

서산 용현리 마애여래 삼존상이라는 이름에 나오는 '마애불'은 돌로 된 벽에 새긴 불상을 뜻하고, '삼존'이란 세 명의 부처를 가리킨다. 불상의 가운데에는 으뜸 불상인 본존상이 있고, 오른쪽에는 구슬을 든 미륵보살 입상, 왼쪽에는 앉아서 생각하는 모양의 반가사유상이 있다.

1965년에 비바람으로부터 불상을 보호하기 위해 집 모양의 보호각을 설치했는데, 오히려 그로 인해 습기가 차서 불상을 손상시킨다는 의견에 따라 2005년에는 앞문과 벽면을, 2007년 12월에는 보호각 전체를 철거했다.

심화 암벽에 부처의 모습을 새긴 마애불은 우리나라를 비롯한 아시아 지역 곳곳에서 발견된다. 마애불이 처음 만들어진 곳은 기원전 2~3세기 인도 지역이다. 처음에는 **고구려 고분 벽화**처럼 부처의 일대기나 전생 설화 등을 새기다 차츰 불상으로 만들게 되었다. 인도 지역에는 많은 마애불이 있지만 마애불은 중국을 거쳐 한국, **일본**까지 전해졌다. 서산시와 붙어 있는 태안군 태안읍 동문리 백화산에도 백제 시대의 마애 삼존 불상이 있다. 태안 동문리 마애 삼존불 입상은 서산 용현리 마애여래 삼존상보다 이른 시기에 제작된 것으로 추정된다.

서산 용현리 마애여래 삼존상에 새겨진 세 명의 부처는 불교에서 가장 중요하게 여기는 경전인 《법화경》에 나오는 수기삼존불이다. 즉 가운데 본존불이 석가모니불, 양손을 모아 구슬을 든 부처는 미륵보살, 반가부좌 자세로 앉아 있는 부처는 제화갈라보살이다.

백제의 문화유산 가운데 가장 뛰어난 작품으로 손꼽히는 서산 용현리 마애여래 삼존상. 높이는 2.8미터 정도이며 주변의 아름다운 경치와 어우러져 한국의 미를 잘 표현하고 있다.

'백제의 미소'라고 부르는 본존상의 얼굴. 통통하고 둥근 얼굴과 입가에 머금은 웃음이 따뜻하면서도 부드러운 인상을 준다. 신기하게도 빛이 드는 방향이나 시각, 보는 각도 등에 따라 부처의 표정이 다르다고 한다.

1988년 우리나라에서 처음으로 개최된 올림픽 대회
서울 올림픽 대회

개요 1988년 9월에 서울에서 개최된 제24회 올림픽 대회이다. 우리나라는 이 대회를 계기로 국제 사회에서 위상이 높아졌으나 준비 과정에서 도시 빈민들이 소외되거나 생활의 터전을 잃는 등 부작용도 있었다.

풀이 올림픽 경기 대회는 국제 올림픽 위원회(IOC)가 4년마다 개최하는 국제 스포츠 대회이다. 고대 그리스에서 제우스를 위해 바치는 제전 경기에 뿌리를 두고 있지만, 지금과 같은 형식의 근대 올림픽은 1896년 그리스 아테네에서 시작되었다. 이후 올림픽 경기 대회에 참가하는 나라들이 점점 늘어나면서 지금은 전 세계 사람들이 즐기는 평화로운 스포츠 축제로 자리 잡았다.

올림픽 대회는 나라의 위상을 널리 알리고 경제적인 이익을 얻을 수 있기 때문에 많은 나라들이 자국에서 열리도록 힘써 왔다. 이는 우리나라도 마찬가지였다. 그 결과, 1988년 서울에서 처음 올림픽 대회를 열 수 있게 되었다.

서울 올림픽은 12년 만에 서방국과 사회주의 국가들이 모두 참여해 역사상 가장 큰 규모로 열렸다는 점에서 세계의 주목을 받았다. 이전에 열린 1980년 모스크바 올림픽에는 소련의 아프가니스탄 침공에 항의해 미국 등 서방국들이 불참했고, 1984년 로스앤젤레스 올림픽에는 소련을 비롯한 사회주의권 국가들이 불참했다.

서울 올림픽은 1981년 개최가 확정된 이후 오랫동안 철저하게 준비해 대회 운영이 매우 성공적이었다는 평가를 받았다. 스포츠 발전 면에서도 성과가 컸다. 서울 올림픽에서만 세계 신기록 33개, 올림픽 신기록 225개 등 풍성한 기록이 나왔기 때문이다. 한국도 금메달 12개, 은메달 10개, 동메달 11개를 얻었다. 금메달 기준으로 집계하는 성적이 세계 4위를 기록하면서 올림픽 참가 역사상 가장 좋은 결과를 얻었다.

심화 우리나라는 올림픽 대회의 개최로 국제 사회에 **대한민국**의 이름을 알릴 수 있었다. 또한 서울 올림픽을 계기로 우리나라는 사회주의 국가들과 수교를 하거나

서울 올림픽 대회에는 IOC 회원 160개국에서 1만 3,626명의 선수가 참가했다. 이들은 23개 정식 종목과 3개 시범 종목, 2개 전시 종목의 경기를 치렀다.

문화 교류를 넓히는 계기를 마련했다. 비록 대회를 준비하면서 논의되었던 남북한 공동 개최나 남북 단일팀 참가는 끝내 이루어지지 못했지만 통일 문제에 대한 사회의 관심도 높아졌다.

그러나 서울 올림픽은 우리 사회에 커다란 그늘을 남기기도 했다. 정부는 도시를 깨끗이 정비한다면서 노점상을 강력히 단속하고 무허가촌을 강제로 철거했는데, 이 과정에서 도시 빈민들의 생활이 더욱 어려워지거나 살 곳을 잃어버렸기 때문이다. 또한 올림픽 이후 과소비와 사치 풍조가 널리 퍼지는 부작용을 낳기도 했다.

올림픽 대회의 상징인 오륜기는 창시자인 쿠베르탱이 만든 것이다. 이 원은 각각 다섯 개의 대륙을 상징한다.

성화는 올림픽 대회의 발상지인 그리스 아테네에서 채화되어 세계 곳곳을 돌다 개최지로 향한다. 우리나라에서는 1988년 9월에 처음 올림픽 성화가 타올랐다.

서울 올림픽에서는 각종 신기록이 풍성하게 쏟아져 나왔고, 우리나라도 세계 4위라는 놀라운 성적을 거두었다.

시대 조선 시대 | 더 찾아보기 고종, 군역, 노비, 붕당, 사림파, 사화, 성리학, 소수 서원, 유학, 이황, 조선, 훈구파, 흥선 대원군

조선 시대에 사림들이 지방에 세운 사립 학교

서원

개요 **조선** 시대 사림들이 지방에 세운 사립 학교이다. 본받을 만한 옛 유학자들을 사당에 모신 뒤 제사를 지내고 학생들을 모아 **유학**을 가르쳤다. 조선 후기에는 **붕당**의 근거지가 되면서 수가 늘어나 나라 재정에 부담이 되었고, **흥선 대원군** 때 일부를 제외한 대부분의 서원이 폐쇄되었다.

풀이 최초의 서원은 조선 중종 때인 1542년 풍기 군수 주세붕이 세웠다. 이곳에서는 유학자 가운데 안향을 모시고 제사 지냈으며, '백운동 서원'이라고 불렀다. 이후 지방에 내려간 사림들이 곳곳에 서원을 세운 뒤 옛 성인들을 기리면서 **성리학**을 보급하여 유학자들을 길러냈다. **훈구파**에 맞서다 **사화**를 겪으며 몰락했던 **사림파**가 재기할 수 있었던 것은 바로 서원을 통해 지방을 장악하고 계속 후계자를 길러냈기 때문이다.

이황을 비롯한 사림들은 좋은 인재를 기르기 위해 나라 차원에서 서원을 적극적으로 후원해야 한다고 주장했다. 조선의 제13대 임금인 명종은 이 건의를 받아들여 백운동 서원에 직접 **'소수 서원'**이라는 이름을 지어 간판을 내려보냈다. 또한 책과 토지는 물론 노비를 하사하고 세금도 면제해 주었다. 소수 서원과 같이 나라의 지원을 받은 서원을 '사액 서원'이라고 했다. 사액 서원은 서원의 이름을 적은 현판을 받은 곳이라는 뜻이다.

이후 사림파가 조정의 중요한 관직을 차지하고 권력을 잡으면서 서원은 더욱 늘어났다. 명종 이전에는 29개에 불과했던 서원의 수가 제19대 임금인 숙종 때에는 400여 개를 훌쩍 넘어설 정도였다. 400여 개의 서원 가운데 사액 서원만 130여 개에 이르렀으니, 정부 차원에서도 적극적으로 지원했음을 알 수 있다.

그런데 서원이 나라의 지원을 바탕으로 크게 발달하면서 조선 후기에는 오히려 커다란 골칫거리가 되었다. 서원이 붕당의 뿌리 역할을 하면서 당쟁을 격화시키고 권력을 휘두르는 근거지가 되었기 때문이다. 특히 사액 서원은 나라에 세금을 내지

●○○
서원은 오늘날의 중·고등학교나 지방 대학 같은 곳으로서, 학생들은 이곳에서 과거 시험을 준비하며 열심히 공부했다. 하지만 서원에서 글공부만 했던 것은 아니다. 서원은 보통 번잡한 도시를 떠나 경치 좋은 산천에 자리 잡는 경우가 많았는데, 가까운 산에서 운동하는 시간을 갖기도 하면서 몸과 마음 모두를 수련했다.

않아도 되었을 뿐 아니라 서원에 다니는 학생이나 서원에서 잡일을 하는 **노비**들도 **군역**을 면제받았기 때문에 나라의 재정에 큰 부담이 되었다.

이에 사액 서원부터 서서히 숫자를 줄여 서원 문제를 해결하자는 의견이 나왔으나 양반들의 반발로 실현되지는 못했다. 그러다 1864년 제26대 임금인 **고종** 때 권력을 잡은 흥선 대원군이 서원의 모든 특권을 폐지한 뒤, 모범이 될 만한 47개의 서원을 제외한 나머지를 모두 폐쇄해 버렸다.

심화 서원은 조선의 학문 사상을 발전시키고 인재를 길러내는 데 기여했지만 폐단도 컸다. 특히 지방의 양반들이 세력을 이루는 근거지 역할을 하면서 주변 농민들에게 큰 부담을 주었다. 농민들에게 강제로 서원 땅에서 농사짓게 하거나 주변의 땅을 헐값에 사들이면서 농민들을 괴롭히는 대지주가 되었기 때문이다. 흥선 대원군이 서원을 철폐할 때 "백성을 괴롭힌다면 공자가 살아 돌아온다 해도 용서치 않으리라."고 한 이유도 바로 이런 폐단 때문이었다.

학생들의 수업이 이루어지는 곳은 강당이었다. 도산 서원의 전교당이나 소수 서원의 강학당 등의 건물이 여기에 해당한다. 학생들은 이곳에서 스승으로부터 〈사서삼경〉 등 유교의 경전을 배우거나 토론 수업을 받았다.

대표적인 사액 서원 중 하나인 소수 서원 전경.

시대 조선 시대~현대 | 더 찾아보기 갑신정변, 개화파, 김옥균, 독립신문, 독립 협회, 박영효, 3·1 운동, 양반, 애국 계몽 운동, 일본, 조선, 8·15 광복

갑신정변을 주도하고 미국에서 독립운동을 벌인 인물

서재필

개요 계몽 운동가이자 독립운동가이다. **조선** 말기에는 우리 민족의 계몽을 위해 **독립 협회**를 세우고 최초의 민간 신문인 **《독립신문》**을 펴냈으며, 나라를 빼앗긴 후에는 미국에서 독립운동을 벌였다.

풀이 조선 말기인 1864년에 **양반** 집안에서 태어난 서재필은 한학을 배우며 자랐다. 청년기에는 개화 사상에 눈을 떠, 스무 살이 되던 해인 1884년에 **김옥균**과 **박영효** 등 **개화파**들과 함께 **갑신정변**을 일으켰다. 하지만 갑신정변이 3일 만에 실패로 끝나자, **일본**으로 망명했다가 4개월 후에 미국으로 건너가 의학 공부를 했다. 역적의 죄명이 벗겨진 뒤에는 국내로 돌아와 **애국 계몽 운동**을 벌였다. 그는 먼저 자주 정신을 일깨워 외세에 맞서도록 하기 위해 1896년에 순 한글로 된 《독립신문》을 간행했다. 《독립신문》은 영문판으로도 만들어져 외국인들에게 우리나라 소식을 알리는 역할을 했다.

서재필은 독립 협회에도 적극적으로 참여했다. 독립 협회는 자주권을 위협하는 외세의 침략에 맞서기 위해 지식인들이 중심이 되어 만든 단체였다. 이들은 국민들에게 독립 정신을 일깨우는 한편, 민주주의 사상을 비롯한 서양의 문화와 국제 정세를 알리기 위해 노력했다.

이후 서재필은 정치적인 탄압을 받아 미국으로 다시 건너갔는데, **3·1 운동**이 일어나자 자신의 재산을 독립운동 자금으로 내놓고 우리나라의 독립을 세계 여론에 호소했다. 1925년에는 하와이에서 개최된 범태평양 회의에 우리나라 대표로 참석해 일제의 만행을 세계에 알리는 등 독립을 위한 여러 가지 외교 활동을 벌였다.

심화 서재필은 **8·15 광복** 후 미국의 요청을 받아 국내로 돌아왔다. 그는 미군정에 참여하면서 활동했지만, 국내의 정치 상황이 어지러워지면서 다시 미국으로 돌아갔고 1951년에 세상을 떠났다.

더 찾아보기 광해군, 노론, 명, 박연, 박제가, 박지원, 벨테브레이, 병자호란, 북학파, 선조, 소현 세자, 실학, 이승훈, 정약용, 정조, 조선, 지봉유설, 천주교 박해, 청, 헨드릭 하멜, 홍대용

조선 후기에 중국을 거쳐 들어온 천주교와 서양 문물

서학

개요 **조선** 후기에 중국을 거쳐 한반도에 들어온 천주교와 서양 문물을 뜻한다. **실학**에 많은 영향을 주었으며, 천주교를 서양의 종교라는 뜻에서 '서교'라고 부르기도 했다.

풀이 서학은 **명**나라에 갔던 사신들에 의해 전해졌는데, 본격적으로 알린 사람은 이수광이었다. 그는 **선조**와 **광해군** 때에 세 번이나 명에 다녀왔는데, 이때의 경험을 《**지봉유설**》이라는 책으로 펴냈다. 그는 이 책에서 예수회 선교사인 마테오리치가 쓴 《천주실의》를 소개했다.

1631년에는 정두원이 명에 다녀오면서 망원경과 서양 대포, 자명종, 폭죽용 화약, 만국 지도, 서양 풍속을 담은 책, 천주교 서적 등을 가져왔다. **병자호란** 때 **청**에 볼모로 끌려갔던 **소현 세자**도 서양인들과 교류한 뒤에 독일 예수회의 선교사인 아담 샬에게서 천문학책과 수학책, 천주교 서적, 천체의(우주를 본떠 만든 모형) 등을 선물로 받아 가져왔다. 그런가 하면 풍랑으로 표류하다 조선에 온 네덜란드인 **벨테브레이(박연)**와 **헨드릭 하멜**도 조선에 서양의 문물을 소개했다.

서학은 남인 세력이나 정권에서 밀려난 학자들의 관심을 끌었는데, 서학을 대하는 태도는 사람마다 달랐다. 신후담이나 안정복 등은 서학이 조선 사회의 전통과 질서를 해칠 것이라며 서학을 비판하는 책을 펴냈다. 반면 일부 학자들은 서학을 적극적으로 받아들여 천주교 신자가 되었다. **정약용**과 정약전, 정약종 형제는 물론이고 권철신과 이벽, **이승훈** 등이 여기에 속한다. 특히 이승훈은 우리나라 최초로 세례 교인이 되었다. 그런가 하면 서학을 새로운 학문으로 받아들이고 연구한 사람들도 있었다. **박제가**나 **박지원**, **홍대용** 등 **북학파** 학자들은 사회의 발전과 개혁에 서학이 도움이 된다고 생각하고 연구했다.

심화 조선 조정은 처음에는 서학에 대해 별다른 반응을 보이지 않았다. 그러나 천

주교를 믿는 사람이 점점 늘어나자 사회를 어지럽힌다는 이유로 박해하기 시작했다. 문제가 된 것은 천주교의 평등 사상과 제사를 지내지 않는 교리였다. 조선 조정은 이것이 조선의 신분 질서와 전통 윤리를 무너뜨린다고 보았다. 하지만 조선 조정이 항상 천주교를 박해했던 것은 아니다. **천주교 박해**는 정치적인 상황과 관련이 깊었다. 남인 벼슬아치가 많았던 **정조** 때는 천주교 박해가 적었지만, 정조 이후 **노론**이 권력을 잡았을 때에는 심해졌다.

●○○
서학이 조선에 처음 알려졌을 때는 다른 학문과 마찬가지로 연구의 대상이었다. 학자들은 이전에는 알지 못했던 새로운 학문과 문물에 관심을 보였고, 일부는 조선 사회를 개혁하는 데 큰 도움이 될 것이라고 생각했다.

서학을 알게 된 사람 중에는 적극적으로 천주교를 받아들여 신자가 된 사람도 많았다. 이들은 사람들의 눈을 피해 모임을 갖고 미사를 보았다.

슬기로운 외교 담판으로 거란의 침입을 막아 낸 장수
서희

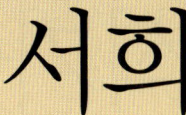

개요 **거란의 침입** 때 외교 담판에 나섰던 **고려**의 외교관이자 장수이다. 슬기로운 외교술로 **거란**과의 전쟁을 막았을 뿐 아니라 **강동 6주**를 얻어내는 공을 세웠다.

풀이 서희의 외교 능력은 일찍부터 인정받았다. 그는 982년에 **송**에 사신으로 갔는데, 당시 송은 10여 년간 고려와 외교 관계가 끊어져 불만이 커진 상태였다. 서희는 거란과 **여진**에 의해 길이 막혀 사신을 보낼 수 없었다고 설명하면서 송과 고려가 정식으로 외교 관계를 맺도록 했다.

하지만 서희의 가장 큰 업적은 거란(요)과 담판을 벌여 강동 6주를 얻어낸 일이다. 당시 중국에서는 거란과 송이 힘을 겨루고 있었는데, 거란은 송과 싸울 때 위협이 될 수 있는 고려를 껄끄러워 했다. 이에 거란은 993년에 80만 대군을 이끌고 고려에 쳐들어왔다. 당시 고려 조정은 서경(평양)의 북쪽 지역을 넘겨주고 거란을 달래자는 의견이 많았지만, 서희는 이에 반대하며 자신이 거란의 장수 소손녕을 만나 담판을 짓겠다고 나섰다.

소손녕은 서희에게 "옛 신라 영토에 나라를 세운 고려가 거란의 땅을 침범하고 송과 외교를 맺는 까닭이 무엇인가?" 하고 물었다. 서희는 소손녕의 질문을 듣고 거란이 원하는 것은 전쟁이 아니라 고려와 국교를 맺는 것임을 알아챘다. 이에 서희는 "고려는 이름에서 알 수 있듯이 고구려의 후계자이고, 거란과 외교 관계를 맺지 못하는 까닭은 여진이 막고 있기 때문"이라고 설명했다. 따라서 거란으로 가는 길목인 압록강 유역을 돌려달라고 요청했다. 이에 소손녕은 거란의 임금에게 고려의 뜻을 보고한 뒤 군대를 물려 되돌아갔다.

심화 서희의 담판으로 고려는 전쟁을 피했을 뿐 아니라 압록강 유역의 여진까지 몰아낼 수 있었다. 그리고 압록강 유역에 6개의 성을 쌓았는데, 이것이 바로 강동 6주이다.

시대 남북국 시대 | 더 찾아보기 감은사지 3층 석탑, 국보, 다보탑, 무구 정광 대다라니경, 백제, 불국사, 아사녀, 아사달

우리나라 돌탑의 원형이 된 통일 신라의 불탑

석가탑

개요 경주 불국사에 있는 통일 신라의 돌탑이다. 다보탑과 함께 우리나라에서 가장 대표적인 돌탑이기도 하다. 정식 이름은 '불국사 3층 석탑'이며, 국보 제21호로 지정되었다.

풀이 석가탑의 원래 이름은 '석가여래상주설법탑'이다. 이것을 줄여 석가탑이라고 부르기 시작한 것이다. 석가탑은 별다른 장식 없이 비례로만 최고의 미를 표현한 작품이다. 이후 대부분의 탑이 석가탑을 모방할 정도로 한국형 돌탑의 원형이 되었다. 구조는 2단의 기단과 3층의 탑으로 이루어졌다. 감은사지 3층 석탑이나 고선사지 3층 석탑처럼 이전의 3층탑 형식을 이어받은 것이라고 할 수 있다. 2층의 기단은 탑 전체의 무게를 버틸 수 있도록 튼튼하게 만들었고, 기단의 모서리마다 돌을 깎아 목탑처럼 기둥 모양을 만들었다. 3층탑의 몸 부분에도 기둥을 새겼으며, 지붕돌의 모서리는 모두 하늘을 향해 치켜 올려져 경쾌한 느낌을 준다. 탑의 머리 장식인 상륜 부분은 깨져 있었으나 1973년에 남원 실상사 3층 석탑의 머리 장식을 본떠 다시 만들었다.

석가탑은 불국사 대웅전 앞에 다보탑과 함께 나란히 서 있다. 동쪽에 있는 것이 다보탑이고 서쪽에 있는 것이 석가탑이다. 두 탑을 대칭으로 나란히 세운 이유는 불교에서 가장 중요하게 여기는 경전인 《법화경》에 따른 것이다. 탑은 부처를 상징하는데, 현재의 부처인 석가여래와 과거의 부처인 다보불이 같다는 내용을 표현했다.

한편 석가탑은 1966년 9월 도굴꾼들에 의해 탑이 손상되는 일이 있었다. 이때 탑을 수리하기 위해 해체 작업에 들어갔는데, 2층의 몸돌 앞면에서 사각형의 공간을 발견하게 되었다. 부처의 사리함을 넣는 이 공간에서는 《무구 정광 대다라니경》을 비롯한 여러 가지 유물이 나왔다. 《무구 정광 대다라니경》은 현재 남아 있는 목판 인쇄물 중 세계에서 가장 오래된 것이다.

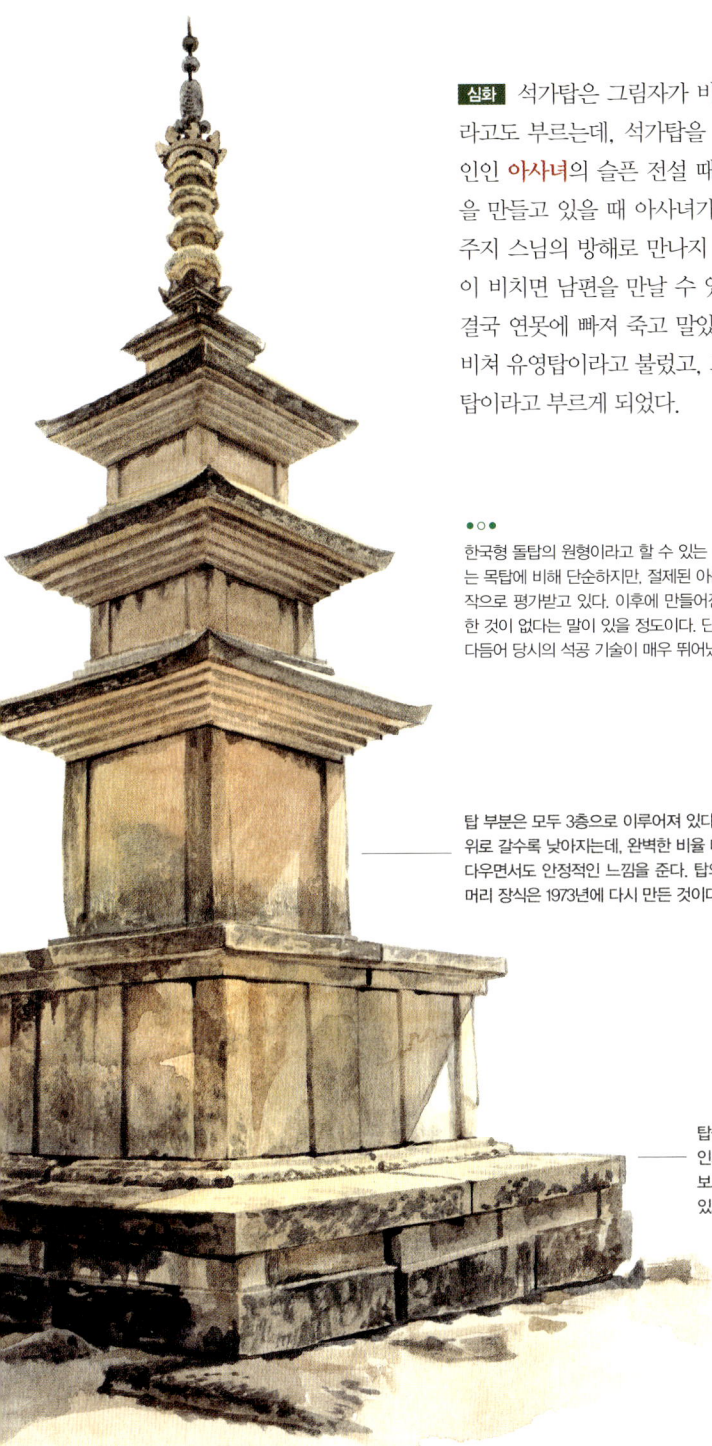

심화 석가탑은 그림자가 비치지 않는 탑이란 뜻에서 '무영탑'이라고도 부르는데, 석가탑을 만든 **백제**의 석공 **아사달**과 그의 부인 **아사녀**의 슬픈 전설 때문에 붙여진 이름이다. 아사달이 탑을 만들고 있을 때 아사녀가 멀리 백제에서 남편을 찾아왔는데, 주지 스님의 방해로 만나지 못했다고 한다. 영지라는 연못에 탑이 비치면 남편을 만날 수 있다는 말만 믿고 기다리던 아사녀는 결국 연못에 빠져 죽고 말았다. 그때 다보탑은 연못에 그림자가 비쳐 유영탑이라고 불렀고, 그림자가 비치지 않은 석가탑은 무영탑이라고 부르게 되었다.

●○○
한국형 돌탑의 원형이라고 할 수 있는 석가탑. 화려한 장식이 있는 목탑에 비해 단순하지만, 절제된 아름다움을 잘 표현해 낸 걸작으로 평가받고 있다. 이후에 만들어진 돌탑 가운데 석가탑 만한 것이 없다는 말이 있을 정도이다. 단단한 돌을 완벽한 비율로 다듬어 당시의 석공 기술이 매우 뛰어났음을 보여 준다.

탑 부분은 모두 3층으로 이루어져 있다. 각 층의 높이는 위로 갈수록 낮아지는데, 완벽한 비율 때문에 탑이 아름다우면서도 안정적인 느낌을 준다. 탑의 꼭대기에 있는 머리 장식은 1973년에 다시 만든 것이다.

탑을 받치는 역할을 하는 기단 부분. 어떤 조형물이 탑인지 아닌지를 구분하는 것은 기단이 있는지 없는지를 보고 판단한다. 석가탑의 기단은 모두 2개로 이루어져 있으며, 기단의 모서리는 기둥 모양으로 꾸몄다.

시대 **남북국 시대** | 더 찾아보기 **국보, 불국사, 삼국유사, 세계 유산, 신라, 일제 강점기, 임진왜란**

신라인의 뛰어난 건축술과 예술미를 보여 주는 석굴 사원

석굴암

개요 경상북도 경주시 토함산에 있는 통일 신라의 절이다. 단단한 돌을 사람의 손으로 직접 다듬어 만든 놀라운 건축술을 보여 주고 있으며, 예술성도 뛰어나 **국보** 제24호 및 유네스코 **세계 유산**으로 지정되었다.

풀이 《**삼국유사**》에 따르면 석굴암은 **신라** 경덕왕 때인 751년에 김대성이 임금의 명을 받아 지었다고 한다. 김대성은 현생의 부모를 위해 **불국사**를, 전생의 부모를 위해 석굴암을 지었는데, 다 완성하지는 못하고 세상을 떠났다. 이후에는 나라에서 맡아 지었다. 당시에는 석굴암이 아니라 '석불사'라고 불렀다. 그러다 **임진왜란** 때 큰 피해를 입은 뒤에는 불국사의 작은 암자라는 뜻에서 '석불암'으로, **일제 강점기**부터는 석굴암이라고 부르게 되었다.

석굴암은 단단한 화강암을 이용하여 만들었다. 입구에는 직사각형의 방이 있고 그 뒤에 복도로 이어진 원형의 방이 나온다. 직사각형의 방에는 왼쪽과 오른쪽에 각각 4개씩의 팔부신장상이 조각되어 있으며, 복도 입구에는 금강역사상, 복도에는 동서남북 사방을 지키는 사천왕상이 2개씩 서 있다. 둥근 방 입구에는 8각의 돌기둥 2개가 세워져 있으며, 방의 가운데에는 본존불이 높은 연꽃무늬의 받침대 위에 앉아 있다. 본존불 주위 벽면에는 보살상과 제자상들이 있는데, 원래는 40개였으나 지금은 38개만 남아 있다. 석굴암 안의 모든 조각들이 뛰어나지만 그중에서도 본존불의 예술성이 가장 돋보인다.

부처님의 몸에서 나오는 빛을 나타내는 광배는 다른 불상처럼 불상의 몸에 붙어 있지 않고 뒷벽에 둥근 연꽃무늬로 조각되어 있다. 보는 사람이 직사각형 방의 중간쯤에 서면 광배의 중앙에 부처의 머리가 놓이도록 설계된 것이다. 뿐만 아니라 석굴암은 자연스럽게 공기가 순환되도록 설계되었다. 안타깝게도 일제가 석굴암을 보수한다며 해체한 이후부터 습기가 차기 시작해

●○○
본존불은 신라인들의 뛰어난 조형술을 보여 주는데, 세계의 어떤 불상보다 뛰어난 아름다움을 자랑한다. 부처가 앉아 있는 방향은 동남쪽 30도로, 동해에서 태양이 떠오르면 은은하게 불상을 비추도록 설계한 점도 놀랍다.

지금은 에어컨을 틀어 강제로 습기를 제거하고 있다. 이처럼 석굴암에는 뛰어난 과학 원리가 담겨 있으며, 아름다운 건축 기술과 조형 감각을 가진 세계적인 걸작으로 평가받고 있다.

심화 불국사는 석굴 사원이다. 석굴 사원은 인도에서 처음 지어졌다. 인도에서 석굴 사원을 지을 수 있었던 것은 그 지역의 돌인 사암이 비교적 무른 성질을 가지고 있었기 때문이다. 우리나라의 산은 화강암으로 이루어진 경우가 많은데, 이 돌은 매우 단단한 성질을 가지고 있어 석굴을 파기 어렵다. 따라서 김대성은 인도나 중국 등 다른 나라처럼 암벽을 파서 만들지 않고 여러 개의 다듬은 돌을 끼워 맞추어 석굴암을 지었다. 사람의 손으로 직접 만든 인공 석굴은 세계 어느 나라에서도 찾아보기 어렵다.

석굴암은 돌판을 한 장씩 쌓아 만든 석굴이다. 접착제를 사용하지 않고도 단단한 짜임을 유지한다는 점, 돌판과 돌판이 정교하게 맞물려 아름다운 곡선을 만들어 냈다는 점 등은 세계를 놀라게 할 정도이다. 특히 천장의 중앙은 무려 20톤 무게의 연꽃 모양의 덮개돌로 마무리해 감탄을 자아낸다. 안타깝게도 지금은 세 조각으로 깨져 있는 상태이다.

석굴암은 크게 두 공간으로 이루어져 있다. 앞쪽은 직사각 모양의 방, 뒤쪽은 원형 모양의 방이 있는데, 두 공간은 복도로 연결되었다.

앞쪽 공간에는 팔부신장상, 복도 입구에는 금강역사상, 복도에는 동서남북을 지키는 사천왕상이 있다. 이들은 모두 불법과 부처를 지키는 역할을 하는 신이다.

원형의 뒤쪽 방 중앙에는 본존불이 있고 그 주변에는 보살상과 제자상 등 총 38개의 불상이 배열되어 있다.

시대 삼국 시대~조선 시대　**더 찾아보기** 고종, 삼국사기, 삼국 시대, 삼국유사, 신라, 영조, 조선

별도의 냉각 시설 없이 땅속에 만든 천연 냉장고

석빙고

개요 얼음을 저장하기 위해 돌로 만든 창고이다. 별도의 냉각 시설 없이 과학적인 설계를 바탕으로 만들어 한여름에도 얼음을 보관할 수 있었다. 얼음 보관 창고는 **삼국 시대**부터 만들어졌으나 경주 석빙고와 안동 석빙고 등 지금까지 남아 있는 석빙고는 모두 **조선** 시대에 만들어진 것이다.

풀이 예전에도 겨울에 얼음이 얼면 강에서 잘라내어 얼음 창고(빙고)에 저장했다가 여름에 사용했다. 얼음이 잘 녹지 않도록 땅을 파고 지하에 보관했는데, 기록을 보면 얼음을 저장하는 일은 **신라** 시대부터 있었고, 빙고전이라는 관아에서 그 일을 맡아 했다고 한다. 초기의 빙고는 나무로 만들었지만 지금 남아 있는 것은 모두 조선 시대에 돌로 만들어진 석빙고이다. 대개 성 밖의 강에서 멀지 않은 곳에 만들었으며, 현재 지명에 남아 있듯이 한강에도 동빙고와 서빙고라는 얼음 창고가 있었다.

　석빙고를 만든 방법과 크기는 대부분 비슷하다. 땅을 깊게 판 다음 돌벽을 세우고 바닥은 비스듬하게 만들어 얼음이 녹은 물이 빠지도록 했다. 천장은 무지개처럼 둥글게 돌을 쌓아올렸으며 바람이 통하는 구멍이 있다. 천장 위에는 흙을 덮고 잔디를 심어 바깥의 온기를 차단했다. 석빙고를 바깥에서 보면 무덤처럼 보이는데, 그것은 흙을 쌓고 위에 잔디를 심었기 때문이다.

　석빙고 옆에는 만든 때와 관계된 사람의 이름을 적은 비석이 있다. 비석을 보면 지금 남아 있는 석빙고가 대부분 조선의 제21대 임금인 **영조** 때 만들어진 것임을 알 수 있다. 보물 제66호로 지정된 경주 석빙고와 보물 제305호 안동 석빙고, 보물 제310호 창녕 석빙고, 보물 제323호 청도 석빙고, 보물 제673호 현풍 석빙고, 사적 제169호 영산 석빙고 등이 지금까지 남아 있는 석빙고들이다.

심화 《**삼국유사**》에 따르면 신라 제3대 유리왕 때부터 얼음을 저장하여 사용했다. 또한 《**삼국사기**》 중 〈신라 본기〉에도 얼음 저장고에 관한 기록이 있다. "지증왕 6년

석빙고는 공기의 대류 현상, 열 전달의 차단 등 과학 원리를 적절히 이용한 건축물이다. 이 때문에 별도의 냉각 시설을 사용하지 않고도 한여름까지 얼음을 보관할 수 있었다.

얼음을 보관하려면 물과 습기를 차단하는 것이 중요하다. 우선 물이 빨리 밖으로 빠져나갈 수 있도록 배수로를 만들었다.

11월에 유사라는 사람에게 명하여 얼음을 저장하도록 했다."는 기록으로 보아 신라 왕실에서 빙고를 관리했음을 알 수 있다. 조선 시대에는 건국 초기부터 장빙 제도를 실시해 관원들이 얼음을 관리했는데, 이는 조선 말기인 고종 때까지 계속되었다. 5품관 이하의 관원 중에 빙고라는 직책을 따로 두어 얼음을 관리했을 정도로 규모도 컸다. 이렇게 보관한 얼음은 '반빙 제도'를 통해 나누어 주었는데, 대부분은 왕과 정2품 이상의 벼슬아치들이 이용했다.

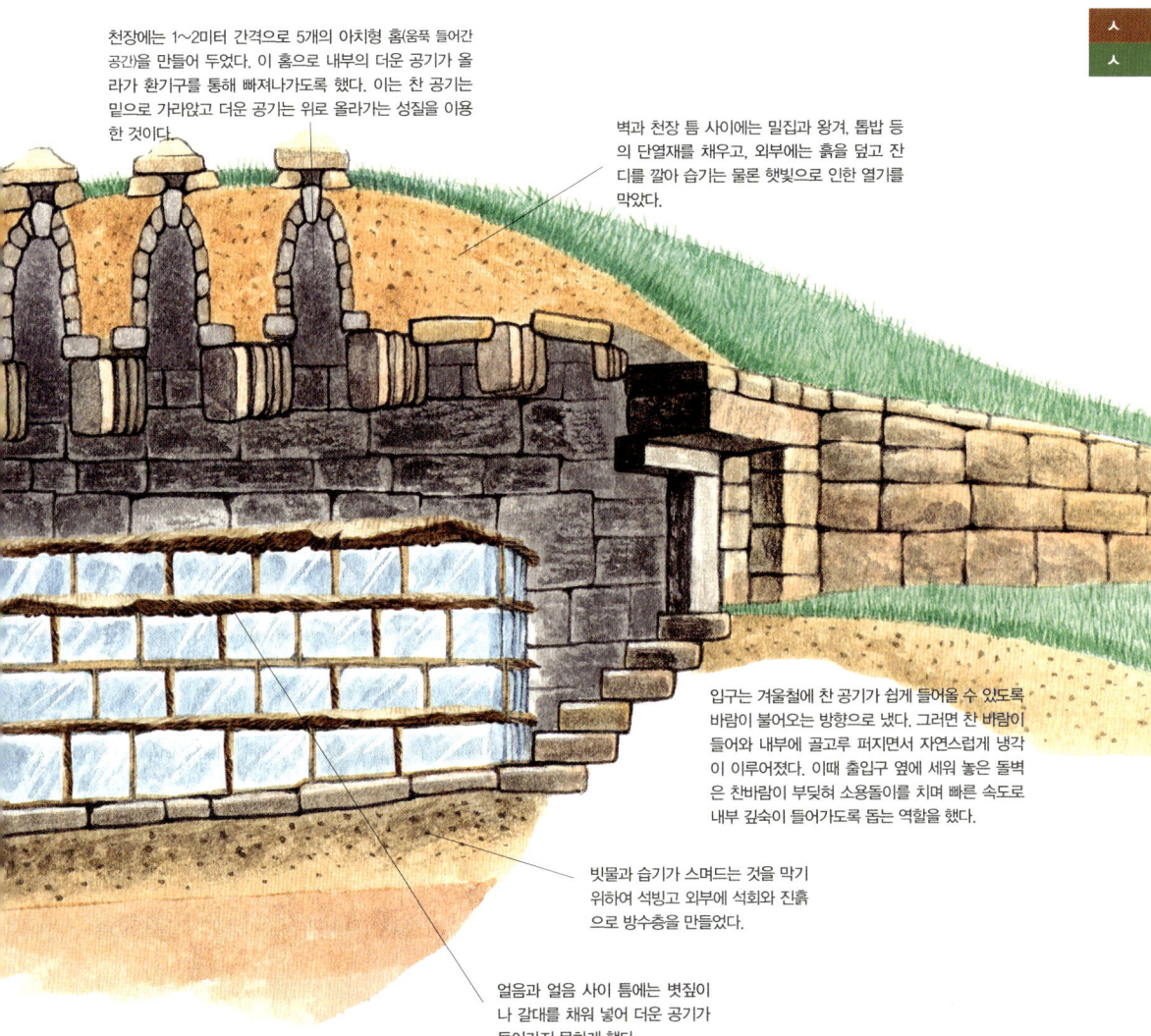

천장에는 1~2미터 간격으로 5개의 아치형 홈(움푹 들어간 공간)을 만들어 두었다. 이 홈으로 내부의 더운 공기가 올라가 환기구를 통해 빠져나가도록 했다. 이는 찬 공기는 밑으로 가라앉고 더운 공기는 위로 올라가는 성질을 이용한 것이다.

벽과 천장 틈 사이에는 밀짚과 왕겨, 톱밥 등의 단열재를 채우고, 외부에는 흙을 덮고 잔디를 깔아 습기는 물론 햇빛으로 인한 열기를 막았다.

입구는 겨울철에 찬 공기가 쉽게 들어올 수 있도록 바람이 불어오는 방향으로 냈다. 그러면 찬 바람이 들어와 내부에 골고루 퍼지면서 자연스럽게 냉각이 이루어졌다. 이때 출입구 옆에 세워 놓은 돌벽은 찬바람이 부딪혀 소용돌이를 치며 빠른 속도로 내부 깊숙이 들어가도록 돕는 역할을 했다.

빗물과 습기가 스며드는 것을 막기 위하여 석빙고 외부에 석회와 진흙으로 방수층을 만들었다.

얼음과 얼음 사이 틈에는 볏짚이나 갈대를 채워 넣어 더운 공기가 들어가지 못하게 했다.

시대 삼국 시대 | **더 찾아보기** 고구려, 널무덤, 독무덤, 돌무지무덤, 백제, 비류, 삼국사기, 삼국유사, 온조왕, 일제 강점기, 장군총

고구려 양식으로 만들어진 백제 초기의 무덤들이 있는 곳

석촌동 고분군

개요 서울특별시 송파구 석촌동에 있는 **백제** 시대의 무덤들을 말한다. **고구려**의 영향을 받은 **돌무지무덤**이 많으며, 지배층의 무덤뿐 아니라 크기가 작은 평민들의 무덤도 섞여 있어 백제의 문화와 역사 연구에 큰 도움이 되고 있다.

풀이 '석촌동'이라는 이름은 돌이 많은 마을이라는 뜻이다. 처음에는 '돌마리'라고 불렀는데, 이것을 한자음으로 써 석촌동이 된 것이다. 이 지역에 돌이 많은 이유는 백제 초기부터 돌로 쌓아 만든 무덤이 많았기 때문이다. 무덤의 수는 지금보다 훨씬 더 많았다고 한다. **일제 강점기**에 조사했을 때에만 하더라도 약 90여 개 였지만 지금은 대형 돌무지무덤 7개, **널무덤**과 **독무덤** 등 작은 무덤 30여 개 정도만 남아 있다.

　석촌동 고분군의 가장 큰 특징은 고구려의 영향을 받은 돌무지 무덤이 많다는 것이다. 특히 3호 무덤은 고구려 초기부터 많이 나타난 무덤 형식인 기단식 돌무지무덤이다. 무덤의 크기는 옛 고구려 땅에 있는 **장군총**보다 크다. 지금은 3단의 기단이 남아 있으며, 규모가 큰 대형 무덤인 것으로 보아 백제 초기의 왕이나 귀족 등 지배층의 무덤일 것이라고 추측한다.

　또한 석촌동 고분군에는 3호 무덤이나 4호 무덤과 같이 지배 층의 것으로 보이는 큰 무덤 외에도 평민들의 것으로 보이는 작은 크기의 널무덤이나 독무덤도 섞여 있다. 이것은 석촌동 고분군이 오랫동안 여러 계급의 사람들의 묘지로 이용되었음 을 알려 준다. 실제로 고분 중에는 시대가 달라지면서 겹치게 만들어진 것도 있다. 이 무덤들은 가락동 고분군, 방이동 고분 군과 함께 백제 초기의 문화와 역사를 알려 주는 중요한 자료가 되고 있다.

심화 《삼국사기》나 《삼국유사》에 따르면 백제를 세운 **온조왕**의 아버지는 고구려를 세운 동명왕이라고 한다. 하지만 온조는 고구려에서 정착하지 못하고 남쪽 지방으로 내려와 새로운 나라를 세웠다. 형제인 **비류**도 함께 내려와 나라를 세웠지만 오래지 않아 병으로 죽었고, 비류를 따르던 무리도 온조의 나라로 몰려들었다. 온조왕이 처음에 나라 이름을 '십제'라고 지었다가 '백제'로 바꾼 것도 자신을 따르는 백성들이 많아졌기 때문이다.

백제의 건국 설화에서도 알 수 있듯이 백제를 세운 사람들은 고구려에서 온 이민자들이었다. 백제 초기의 무덤들이 모여 있는 석촌동 고분군에 고구려 양식의 무덤이 많다는 점은 바로 이런 사실을 뒷받침해 준다. 이후 만들어진 백제의 고분은 다양한 형식을 보이는데, 이는 백제가 여러 나라의 문화를 받아들이며 성장해 갔음을 뜻하는 것이다.

석촌동 고분군에서 가장 규모가 크고 대표적인 무덤인 3호 무덤. 주인이 누구인지 정확히 알 수는 없지만 백제 초기의 왕이나 귀족일 것으로 추측된다.

석촌동 고분은 백제의 무덤이지만 고구려의 영향을 많이 받았다. 높은 지형을 평평하게 만든 뒤에 크고 긴 돌로 기단을 쌓고 흙을 덮었는데, 3단으로 이루어진 이 형태가 바로 고구려의 무덤 형식인 기단식 돌무지무덤이다.

돌로 만든 불탑이자 한국의 미를 잘 보여 주는 조형물
석탑

개요 돌로 만든 불교식 탑이다. 우리나라에 불교가 전해진 4세기 무렵에는 목탑을 많이 만들었지만 7세기부터는 석탑을 만들기 시작했다. 현재 우리나라에는 아름답고 뛰어난 석탑이 많이 남아 있다.

풀이 우리나라에는 나무로 만든 목탑, 벽돌로 만든 전탑, 돌로 만든 석탑, 돌을 벽돌처럼 쌓아 만든 모전 석탑, 청동탑, 금동탑 등 여러 가지 불탑이 남아 있다. 이중에서 가장 수가 많은 것은 석탑으로, 석탑이 한국 불탑의 중심이라고 할 수 있다. 우리나라에 유독 석탑이 많은 까닭은 질 좋은 화강암이 많고 일찍부터 돌을 다루는 기술이 발달했기 때문이다. 인도나 중국을 '전탑의 나라', **일본**을 '목탑의 나라'라고 한다면 우리나라는 '석탑의 나라'라고 할 수 있다.

  석탑이 본격적으로 만들어지기 시작한 것은 **삼국 시대**이다. **백제**에서는 목탑과 비슷하게 만들었고, **신라**에서는 전탑을 모방하여 석탑을 만들었다. **삼국 통일** 후에는 백제와 신라의 탑 양식이 합쳐져 한국 석탑의 독특한 모습을 이루게 된다. **감은사지 3층 석탑**과 고선사지 3층 석탑, 불국사 3층 석탑(**석가탑**)은 한국 석탑의 특징이 잘 드러난 석탑들이다.

  고려 시대에는 불교 문화가 번성하면서 전국 곳곳에서 많은 석탑이 만들어졌다. 통일 신라 시대까지는 주로 3층 석탑을 만들었으나, 고려 이후에는 **월정사 8각 9층 석탑**처럼 여러 개의 각과 층을 가진 다각다층 석탑이 유행했다.

  조선 시대는 불교가 쇠퇴하면서 불교 문화도 많이 쇠퇴했다. 조선 조정이 **유학**을 장려하여 불교를 억제하는 정책을 펼쳤기 때문이다. 이 시기에는 고려의 양식을 계승한 낙산사 7층 석탑, 원각사지 10층 석탑 등이 세워졌다.

심화 불교에서 탑은 무덤이기도 했다. 석가모니가 세상을 떠나기 전에 탑을 세운 뒤 자신의 사리를 그 속에 보관하라고 하면서부터 탑을 만들기 시작한 것이다. 사리란 화장한 뒤에 남는 뼈, 즉 유골을 뜻하는 말이지만 차츰 구슬 모양의 것만을 이르게 되었다. 탑 속에는 사리 외에도 옷가지나 발우(스님들이 사용하는 식기), 책 등도 함께 넣었다. 우리나라에서도 탑을 보수하다 여러 가지 유물이 발견되기도 했다. 탑은 처음에는 사람들이 오가는 거리에 세웠으나 점차 절에 탑을 짓기 시작했고 탑의 형태는 나라마다 다르게 발전했다.

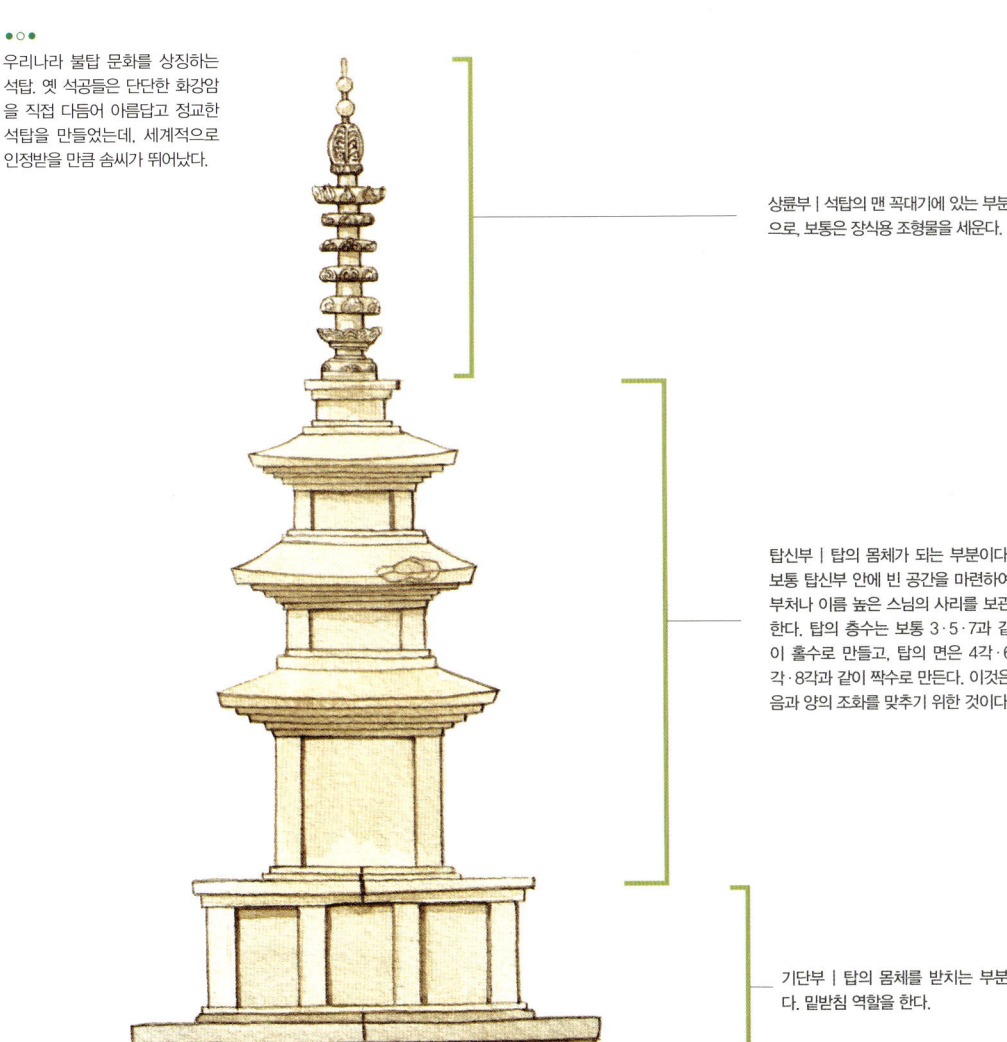

우리나라 불탑 문화를 상징하는 석탑. 옛 석공들은 단단한 화강암을 직접 다듬어 아름답고 정교한 석탑을 만들었는데, 세계적으로 인정받을 만큼 솜씨가 뛰어났다.

상륜부 | 석탑의 맨 꼭대기에 있는 부분으로, 보통은 장식용 조형물을 세운다.

탑신부 | 탑의 몸체가 되는 부분이다. 보통 탑신부 안에 빈 공간을 마련하여 부처나 이름 높은 스님의 사리를 보관한다. 탑의 층수는 보통 3·5·7과 같이 홀수로 만들고, 탑의 면은 4각·6각·8각과 같이 짝수로 만든다. 이것은 음과 양의 조화를 맞추기 위한 것이다.

기단부 | 탑의 몸체를 받치는 부분이다. 밑받침 역할을 한다.

시대 삼국 시대 | 더 찾아보기 고구려, 골품 제도, 김유신, 김춘추, 당, 백제, 분황사, 삼국유사, 상대등, 성골, 신라, 조선, 첨성대, 황룡사 9층 목탑

불교 문화를 발전시킨 신라의 임금이자 우리나라 최초의 여왕

선덕 여왕

개요 신라의 제27대 임금이자 우리나라 최초의 여왕이다. 632년부터 647년까지 신라를 다스리는 동안 당의 문화를 적극적으로 받아들였으며, 김유신과 김춘추 등 뛰어난 인재를 등용했다.

풀이 신라의 제26대 임금인 진평왕은 아들 없이 세상을 떠났다. 신라는 성골 출신의 왕족 중에서 임금이 나왔는데, 성골 남자가 모두 사라지자 덕만 공주가 임금의 자리에 올랐다. 그녀가 바로 우리 역사상 최초의 여자 임금인 선덕 여왕이다. 신라에서 처음 여왕이 나온 것은 당시 신라 사회가 남녀의 차이보다 골품 제도를 더 중요시했음을 보여 준다.

선덕 여왕은 불교에 관심이 많았다. 임금의 권위를 세우고 신라를 불법으로 다스리기 위해서였다. 그녀는 임금의 자리에 있는 동안 분황사를 비롯해 무려 25개의 절을 세우고, 황룡사 9층 목탑과 같은 불탑과 불상을 많이 만들게 했다. 첨성대도 선덕 여왕 때 만들어진 것으로 추측된다.

선덕 여왕 후반기에는 백제의 잦은 침입으로 위기를 맞았다. 이때 전략적으로 매우 중요한 곳인 대야성을 비롯해 40여 개의 성을 백제에게 빼앗겼다. 선덕 여왕은 당과 고구려에 김춘추를 사신으로 보내 도움을 요청했지만 거절당했고, 당의 임금인 태종은 "신라는 여왕이 다스리기 때문에 약하다."며 비아냥거리기도 했다.

여왕이 나라를 다스리는 데 대한 불만은 신라 안에도 있었다. 신라 최고의 벼슬인 상대등이었던 비담은 647년에 여왕의 통치를 문제 삼아 난을 일으켰다. 비담의 난은 김춘추와 김유신에 의해 실패로 돌아갔지만, 선덕 여왕은 난을 진압하는 와중에 세상을 떠났다. 선덕 여왕에 대한 평가는 유교 사상이 강했던 조선 시대까지는 비판적이었다. 하지만 현대에 와서는 김춘추와 김유신과 같은 인재를 적절하게 등용한 지혜로운 왕으로 평가받고 있다.

심화 《삼국유사》에는 선덕 여왕의 지혜가 돋보이는 이야기가 몇 편 소개되어 있다. 당의 태종이 선덕 여왕에게 모란 그림과 씨앗을 보냈는데, 선덕 여왕은 그림을 보고 "이 꽃은 향기가 없다."라고 말했다. 그런데 실제로 씨앗을 심어 꽃을 피워 보니 향기가 없었다. 이에 신하들이 어떻게 알았냐고 묻자 "꽃에 나비가 없는 것을 보고 알았다. 이는 결혼하지 않은 나를 조롱한 것이다."라고 했다는 것이다. 이밖에도 그녀는 개구리 우는 모습을 보고 백제의 공격을 눈치 챘고, 자신의 무덤 자리를 예견하기도 했다.

선덕 여왕은 우리 역사상 최초의 여자 임금이다. 남녀의 차이보다 골품을 중요시했던 신라의 사회 제도 덕분에 여왕이 될 수 있었다.

선덕 여왕 때 만들어진 것으로 추측되는 첨성대. 선덕 여왕이 임금의 자리에 있는 동안 신라에서는 분황사나 황룡사 9층 목탑 등 많은 불교 유적과 유물이 만들어졌다. 그녀는 불교를 통해 왕권을 강화하고 나라를 안정시키고자 했다.

시대 선사 시대 | 더 찾아보기 간석기, 구석기 시대, 뗀석기, 신석기 시대, 철기 시대, 청동기 시대

역사의 기록이 남아 있지 않은 인류의 원시 시대
선사 시대

개요 역사의 기록이 남아 있지 않은 인류의 원시 시대를 가리킨다. 선사는 '역사 이전'이라는 뜻이며, 선사 시대는 **구석기 시대**와 **신석기 시대**, **청동기 시대**, **철기 시대**로 구분된다.

풀이 역사는 문자로 쓴 기록을 바탕으로 연구하는 것이 보통이다. 따라서 예전에는 문자가 만들어지지 않았던 선사 시대에 대해서는 깊게 연구하지 않았다. 그러다 고고학이 발달하면서 많은 유물과 유적이 발굴되었고, 이것을 바탕으로 선사 시대에 대해 본격적으로 연구하기 시작했다.

선사 시대는 인류가 사용하는 도구를 기준으로 나눈다. 돌을 깨뜨려 만든 **뗀석기**를 사용했던 시기는 구석기 시대, 돌을 갈아서 **간석기**를 만들어 사용했던 시기는 신석기 시대라고 한다. 또한 구리에 주석이나 아연을 녹여서 합친 청동으로 도구를 만들었던 시대를 청동기 시대, 철을 가지고 도구를 만들어 사용한 시대를 철기 시대라고 한다.

선사 시대의 구체적인 생활 모습이나 발전 단계 등은 지역에 따라 매우 다르다. 예를 들어 신석기 시대라고 해도 사람들은 여전히 앞 시대에서 썼던 뗀석기를 사용했다. 청동기 시대에 농기구를 만들 때 돌을 많이 사용한 것도 마찬가지 사례이다. 그런가 하면 지역에 따라 한층 발전한 도구를 사용하는 곳이 있고, 반대로 발전한 기술이 전해지지 않아 예전의 도구를 사용하는 곳도 있었다.

심화 도구의 재료에 따라 선사 시대를 석기나 청동기, 철기 시대로 구분한다고 해서 사람들이 돌과 금속만 사용한 것은 아니다. 선사 시대에는 돌이나 금속 외에 나무나 짐승의 뼈, 조개껍데기 등도 널리 이용했다. 돌이나 금속을 나무 막대기에 묶어 농기구나 무기로 쓰기도 했고, 짐승의 뼈나 조개껍데기로 바늘이나 긁개 같은 작은 생활 도구를 만들기도 했다.

| 시대 조선 시대 | 더 찾아보기 경복궁, 권율, 도요토미 히데요시, 명, 사림파, 여진, 왜구, 유학, 의병, 이순신, 일본, 임진왜란, 조선, 한양

임진왜란을 막지 못해 무능하다고 비판받는 조선의 임금

선조

개요 **조선**의 제14대 임금이다. 처음에는 나라를 바르게 이끌기 위해 애썼으나, 대비 없이 **임진왜란**을 겪으면서 나라를 위기에 빠뜨린 무능한 임금이라는 평가를 받고 있다.

풀이 선조는 1552년에 제11대 임금인 중종의 서자인 덕흥군의 셋째 아들로 태어났다. 왕족 시절에는 하성군이라고 불렸다. 그런데 제13대 임금인 명종이 아들이 없이 죽자, 명종의 왕비인 인순 왕후의 추천을 받아 임금의 자리에 올랐다.
　선조는 처음에는 나라를 바르게 이끌기 위해 많은 인재를 등용하고 **유학**을 장려했다. 이때 기묘사화로 물러났던 많은 사림들이 중앙 정치로 돌아왔다. 그러나 **사림파**가 동인과 서인으로, 동인은 다시 남인과 북인 등의 붕당으로 나뉘면서 당쟁이 심해졌다. 어지러운 정치는 나라의 힘을 점차 약하게 만들었고, 북쪽의 **여진**족과 남쪽의 **왜구**들의 침입이 잦아졌다. 특히 **도요토미 히데요시**가 **일본**을 통일하고 권력을 잡자, 선조는 황윤길과 김성일을 통신사로 보내 상황을 파악하고자 했다. 하지만 일본에 다녀온 두 사람이 서로 다른 의견을 보이자, 선조와 조선 조정은 대책을 세우지도 못한 채 1592년에 임진왜란을 맞게 되었다.
　일본군이 침략한 지 보름 만에 **한양**으로 진격하자, 선조는 도성을 버리고 의주까지 도망쳤다. 백성들은 도성을 버린 임금을 원망했으며, 전쟁의 과정에서 **경복궁**을 비롯한 여러 궁궐이 불타기도 했다. 다행히 **의병**의 활약과 **이순신**, **권율** 등이 이끄는 조선군의 승리, **명**나라의 지원군 등에 힘입어 임진왜란은 수습되었다.

심화 선조는 임진왜란이 끝난 뒤 복구 사업에 힘을 기울였으나, 흉년이 거듭되고 동인과 서인이 당쟁을 이어가면서 성과를 거두지 못했다. 결국 선조는 전쟁을 막지 못한 무능한 임금이라는 평가를 받으며 1608년에 세상을 떠났다.

시대 삼국 시대~조선 시대 | 더 찾아보기 고려, 교종, 당, 무신 정권, 신라, 왕건, 6두품, 조선, 태조, 호족

참선과 개인의 수양을 중요시하는 불교의 종파

선종

개요 참선으로 사람의 마음속에 들어 있는 부처의 성질을 깨우고 깨달음을 얻는 불교의 종파이다. 8세기경 **신라**에 처음 들어와 **호족**들을 중심으로 발달했고, **고려**를 거쳐 **조선** 시대까지 이어졌다.

풀이 선종을 처음 만든 사람은 달마 대사이다. 그는 인도에서 태어났지만 중국의 소림사에서 9년 동안 벽을 보며 수도하다 깨달음을 얻었다고 한다. 선종은 **당**나라에서 크게 발전했는데, 우리나라에는 8세기경에 유학 갔던 도의 선사가 들여왔다.

선종은 신라 말기에 지방 호족들을 중심으로 크게 번창했다. 이때 선종에서 규모가 큰 9개의 종파를 '선종 9산' 또는 '9산문'이라고 불렀다. 산문이란 절의 바깥문을 가리키는 말이지만 선종의 종파라는 의미로 사용된다. 9산은 같은 선종이지만 교리를 풀이하거나 실천하는 방법에서 차이를 보였다.

선종은 개인의 수양과 깨달음을 중요시하는 불교였다. 또한 강력한 왕권을 뒷받침하는 **교종**과는 달리 국왕이나 중앙 정부 중심의 사회 체제를 인정하지 않는 경향을 띠었다. 선종의 승려들도 중앙 권력에서 밀려난 **6두품** 이하의 하급 귀족이나 지방 호족 출신이 많았다. 이 때문에 선종은 중앙 정부의 간섭과 통제에서 벗어나고 싶었던 호족 세력의 관심을 끌었고, 이들은 선종의 각 산문을 보호하면서 경제적인 지원을 해 주었다. 그리고 이때부터 선종은 호족 세력의 성장을 도왔다. 고려 **태조**인 **왕건**도 선종의 지원을 받으면서 나라를 세우고 후삼국을 통일했다.

심화 고려가 후삼국을 통일한 뒤에는 다시 교종이 번성했다. 교종과 선종을 통합하려는 움직임이 있었으나 성공하지는 못했고, **무신 정권** 때는 귀족들을 견제하기 위해 다시 선종을 후원했다. 조선 시대에는 불교를 억압하는 동시에 종파를 통합하여 줄이는 정책을 폈다. 그 결과, 불교의 여러 종파를 교종과 선종으로 통합했다.

시대 남북국 시대 **더 찾아보기** 삼국사기, 삼국유사, 성골, 세종, 신라, 신문왕, 원효 대사, 유학, 6두품, 조선, 진골, 최치원, 훈민정음

향찰(이두)을 체계적으로 정리한 신라의 대학자

설총

개요 향찰(이두)을 체계적으로 정리한 **신라**의 대학자이다. **최치원**, 강수 등과 함께 신라의 3대 문장가로 꼽혔다.

풀이 설총은 신라의 이름난 승려인 **원효 대사**와 요석 공주 사이에서 태어났다. 언제 태어났는지는 정확히 알 수 없지만, 신라의 제35대 임금인 경덕왕 때 주로 활동한 것으로 추측된다. 그의 신분은 **6두품**이었다. 6두품은 신라 사회에서 왕족 다음가는 신분을 가리킨다. **성골**이나 **진골**을 제외한 두품 중에서는 으뜸으로, 아찬이라는 높은 벼슬까지 지낼 수 있었다.
《**삼국유사**》에 따르면 설총은 어려서부터 재주가 많고 똑똑했다고 한다. 유교의 경전은 물론이고 역사에도 남다른 지식을 가지고 있었으며, 많은 제자들에게 **유학**을 가르쳤다. 하지만 그가 남긴 가장 큰 업적은 향찰을 체계적으로 모아 정리한 일이다. 향찰이란 한자의 음과 훈을 빌려 우리말을 표기하는 방법 중 하나를 뜻한다. **조선** 초기에 **세종**이 **훈민정음**을 창제하기 이전에는 향찰과 같이 한자로 우리말을 표현하는 경우가 많았다. 설총이 향찰을 정리하면서 한자를 쉽게 읽을 수 있게 되어 유학과 한학의 연구가 활발하게 진행될 수 있었다.

심화 안타깝게도 설총이 쓴 책 가운데 지금까지 전해 오는 것은 없다. 그러나 《**삼국사기**》에 따르면 그가 신라의 제31대 임금인 **신문왕**에게 '화왕계'라는 우화를 들려주었다고 한다. 화왕계는 유교적인 도덕 정치를 강조한 이야기로, 임금이 나라를 잘 다스리려면 아첨하는 사람의 말보다 충직한 신하의 충고를 잘 들어야 한다는 내용이 담겨 있다.

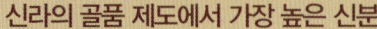

신라의 골품 제도에서 가장 높은 신분
성골

개요 **신라**의 신분 제도인 **골품 제도**에서 가장 높은 신분이다.

풀이 신라의 골품 제도는 성골과 **진골**, 그리고 6개의 두품으로 이루어져 있었다. 이중 최고 신분은 왕족인 성골과 진골이었다. 성골과 진골이 어떻게 다른지에 대해서는 여러 가지 의견이 있다. 첫 번째는 성골이 부모가 모두 왕족인 순수 혈통인 데 반해 진골은 부모 가운데 한쪽만 왕족이거나 그 후손이라는 의견이다. 두 번째는 진골 가운데 일부 가문이 자신들을 돋보이게 하기 위해 스스로 성골이라고 불렀다는 의견이다. 세 번째는 임금과 함께 궁궐에 살 수 있는 왕족이 성골이고, 임금이 바뀌면서 촌수가 멀어져 궁궐에서 나오게 되면 진골로 떨어진다는 의견이다.

최근에는 두 번째 의견이 맞다고 보는 역사학자들이 많은데, 실제로 진평왕은 스스로 성골이라고 주장했다. 영토를 크게 넓혀 신라를 강대국으로 만든 제24대 임금인 **진흥왕**에게는 동륜과 사륜이라는 왕자가 있었는데, 태자인 동륜이 일찍 죽자 그 아우 사륜이 임금(진지왕)이 되었다. 그러나 진지왕은 왕이 된 지 4년 만에 정치를 못한다고 쫓겨났고, 동륜 태자의 아들인 백정이 임금(진평왕)이 되었다. 이때 진평왕은 **법흥왕**-진흥왕-동륜 태자-진평왕으로 이어지는 혈통을 부처의 혈통인 석가족과 같다며 스스로 '성스러운 골품', 즉 성골이라고 불렀다.

심화 신분의 높고 낮음으로만 보면 임금은 성골 출신이 되어야 마땅하겠지만, 실제로는 그렇지 않았다. 스스로를 성골이라고 주장한 진평왕에게는 아들이 없었다. 따라서 임금의 자리는 진평왕의 딸인 **선덕 여왕**과 사촌인 **진덕 여왕**으로 이어졌다. 두 여왕이 여자의 몸으로 임금이 될 수 있었던 것은 그만큼 '성골 의식'이 강했기 때문이었다. 하지만 진덕 여왕 이후 진평왕의 혈통, 즉 성골이 끊어지면서 임금의 자리는 진골 귀족에게로 넘어갔다. 진덕 여왕의 뒤를 이어 신라의 제29대 임금이 된 사람은 진지왕의 손자이자 진골이었던 **김춘추**(무열왕)였다.

시대 고려 시대~조선 시대 **더 찾아보기** 갑오개혁, 고구려, 고려, 과거 제도, 국자감, 노비, 서원, 신라, 조선, 태학, 한양

고려 시대부터 조선 시대까지 있었던 최고의 국립 대학

성균관

개요 고려 말기부터 조선 시대까지 있었던 최고의 국가 교육 기관이다. 오늘날의 국립 대학과 비슷하다. 유교의 경전이나 역사, 문학 등 수준 높은 교육이 이루어져 장차 관리가 될 인물을 길러 냈다.

풀이 인재를 기르기 위해 나라에서 학교를 지어 운영하는 전통은 매우 오래되었다. 고구려의 태학이나 신라의 국학, 고려의 국자감 등은 시대마다 이름을 달리 하며 있었던 최고 교육 기관이다. 성균관은 고려 충선왕 때인 1308년 국자감(당시에는 국학이라고 부름)을 고쳐 부른 이름이다. 조선 시대에 한양에 옮겨 지으면서 성균관이 계속 이어졌다.

성균관은 크게 두 가지 일을 했다. 첫째는 공자의 위패를 모시는 사당인 대성전에서 제사를 지내는 것이었고, 둘째는 명륜당을 중심으로 학생들을 가르치는 것이었다.

성균관에서 공부하는 유생은 200명 정도였는데, 1차 과거 시험인 소과에 합격한 사람이 우선 성균관에 들어올 수 있었다. 이들은 성균관 안에 있는 기숙사인 동재와 서재에서 먹고 자면서, 엄격한 규칙에 따라 공부하며 생활했다. 〈사서삼경〉을 비롯한 유교

오늘날의 국립 대학과 비슷한 교육 기관인 성균관. 성균관은 공자를 비롯한 유교의 성현들에게 제사를 지내고 학생들을 가르치는 곳이었다. 특히 명륜당에서는 장차 나라의 관리가 될 인재를 길러 내는 수준 높은 교육이 이루어졌다.

경전, 중국과 우리나라의 역사책, 유명한 학자들의 문집 등을 공부하고 나라의 정책이나 쟁점에 대해 토론하는 수업을 했다. 꼬박꼬박 출석해야 하는 것은 물론이고 시험 성적이 좋아야 관리가 되는 시험인 대과에 응시할 자격이 주어졌기 때문에 학생들의 경쟁이 치열했다.

성균관 유생들은 자치회도 운영했다. 국가의 정책이 잘못되었다고 생각될 경우에 자치회에서 의논해 집단 상소를 올리거나 수업 거부, 등교 거부를 하는 경우도 있었다. 나라에서는 성균관 유생들이 마음 놓고 공부할 수 있도록 땅과 농사지을 노비까지 제공했다. 왕이 제주도에서 올라온 귤 같은 귀한 진상품을 유생들에게 나누어 주는 경우도 있었다.

심화 유능한 관리를 키워 내는 최고 교육 기관 역할을 하던 성균관은 조선 후기에는 나라의 지원이 줄어들고 과거 제도가 불공정하게 운영되면서 중요성이 낮아졌다. 유능한 인재들도 성균관보다는 힘 있는 서원으로 몰리면서 옛날만큼의 이름값을 누리지 못했다. 그러다 1894년 갑오개혁으로 과거 제도가 폐지되자 성균관은 유명무실한 기관이 되었다.

교육 내용은 성리학의 이상을 추구하는 나라의 최고 교육 기관답게 주로 유교의 경전이나 역사, 문학 등이었다. 성균관에서 공부하는 유생들은 기숙사에서 먹고 자면서 엄격하게 생활했고 치열한 경쟁을 거친 뒤에야 대과에 응시할 수 있었다.

시대 남북국 시대 **더 찾아보기** 국보, 삼국 통일, 상원사 동종, 신라

아름다운 조각과 웅장한 소리를 자랑하는 신라의 범종

성덕 대왕 신종

개요 경상북도 경주시 국립경주박물관에 있는 통일 신라의 종이다. 우리나라에 남아 있는 종 가운데 가장 크고, 종의 몸통에 새겨진 비천상 무늬와 조각이 아름다우며, 종소리가 웅장하다. 종에 얽힌 전설 때문에 '에밀레종'이라고도 부른다. 강원도 **상원사 동종**과 함께 통일 신라의 종을 대표하며, **국보** 제29호로 지정되었다.

풀이 성덕 대왕 신종은 **신라**의 제35대 임금인 경덕왕이 아버지인 성덕왕의 업적을 널리 알리기 위해 만들기 시작했다. 그러나 경덕왕은 종의 완성을 보지 못한 채 세상을 떠났고, 아들인 혜공왕이 771년에 완성했다.

성덕 대왕 신종은 봉덕사에 걸려 있던 종이라는 뜻에서 '봉덕사종', 종을 만들 때 아기를 시주하여 넣었는데, 완성된 종을 치자 '에밀레'라는 소리가 들렸다는 전설 때문에 '에밀레종'으로 부르기도 한다. 하지만 에밀레종의 이름에 대한 전설은 사실이 아니다. 전설의 내용은 종을 만들던 당시에 종을 완성하고도 소리가 나지 않자 쇳물에 아기를 넣어 다시 만들었더니 비로소 소리가 났다는 것인데, 종의 성분 조사에서도 근거가 없는 것으로 밝혀졌다.

성덕 대왕 신종은 종의 크기와 구조, 조각과 소리의 아름다움으로 높은 평가를 받고 있다. 종의 윗부분에는 소리의 울림을 도와주는 음통과 종을 거는 고리인 용뉴가 있는데, 특히 음통은 우리나라 종에서만 찾아볼 수 있는 독특한 것이다. 우리나라 범종을 특별히 '한국 종(Korean bell)'이라고 구분하여 부르는 까닭도 이것 때문이다.

종에 새겨진 화려한 무늬와 조각은 **삼국 통일** 후 신라의 금속 공예술이 매우 높은 수준에 올랐음을 보여 준다. 몸통에 새겨진 1,000여 개의 글자에는 종의 유래와 만든 사람의 이름이 적혀 있어서 신라 역사를 연구하는 데 좋은 자료가 된다.

심화 성덕 대왕 신종은 소리가 수 킬로미터 떨어진 곳까지 울려 퍼지는데, 이것은 맥놀이 현상 덕분이다. 맥놀이 현상이란 두 개의 소리가 규칙적으로 커졌다 작아졌

다 반복하는 현상으로, 두 소리가 서로 섞이면서 일반 종소리보다 멀리 가게 된다. 우리나라 범종 소리를 잘 들어 보면 끊어질 듯 끊어질 듯하면서도 계속 이어지는 맥놀이 현상을 느낄 수 있다.

맥놀이 현상은 종의 두께나 재질, 모양 등에 의해 만들어진다. 성덕 대왕 신종은 종의 위아래와 배 부분의 두께가 다르기 때문에 서로 다른 진동을 가진 두 개의 소리가 나온다. 이 두 개의 소리가 서로 섞여 은은하면서도 여운이 긴 종소리를 만들어 낸다.

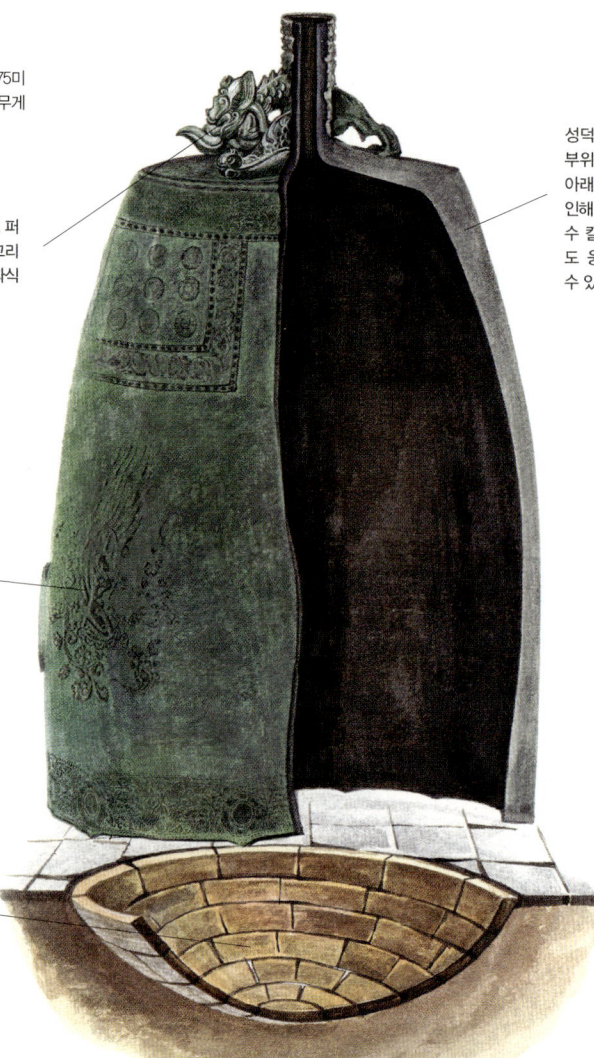

● ○ ○
성덕 대왕 신종은 거대한 종이다. 높이 3.75미터, 지름 2.27미터, 두께 11~25센티미터에 무게는 18.9톤이나 된다.

종소리의 잡음을 제거하고 소리를 사방으로 퍼져나가게 하는 음통과 종을 걸 수 있도록 고리 역할을 하는 용뉴. 이 부분은 문무왕과 만파식적 설화와 관련이 있다고도 한다.

불교의 천사를 새긴 비천상. 무릎을 꿇고 부처에게 공양하는 모습을 표현했는데, 매우 아름답고 정교하다.

성덕 대왕 신종의 두께는 부위마다 다르다. 특히 위아래의 차이가 큰데, 이로 인해 맥놀이 현상이 일어나 수 킬로미터 떨어진 곳에서도 웅장한 종소리를 들을 수 있다.

종 아래에는 움푹 들어간 공간을 두었는데, 이것은 '명동'이라는 장치이다. 이 장치 때문에 종소리의 울림 효과가 커져 더 멀리까지 가게 된다.

시대 고려 시대~조선 시대 | **더 찾아보기** 고려, 삼강행실도, 송, 신진 사대부, 실학, 유학, 이이, 이황, 조선, 한

개인의 수양과 예를 중요시하는 유학의 한 갈래

성리학

개요 중국 송나라 때 완성된 유학의 한 갈래이다. 주희가 정리했다고 하여 '주자학'이라고도 부른다. 성리학을 나라를 다스리는 근본 사상으로 삼은 조선 시대에 크게 발달했다.

풀이 유학은 한나라 때부터 발전했지만 당시에는 주로 유교 경전의 내용을 풀이하는 데 치중했다. 그러다 송나라 때 인간의 마음과 사회 관계, 사물의 근본 이치와 우주의 원리 등을 탐구하는 성리학이 발달했다.

성리학에서는 개인의 수양을 중요시했다. 자신의 몸과 마음을 닦은 뒤에 세상에서 뜻을 펼치는 것이 바람직하다고 본 것이다. 이를 위해 인(仁), 의(義), 예(禮), 지(智), 신(新)이라는 덕목을 실천하라고 권했다. 또한 성리학은 사회 속의 인간 관계를 중요시하며 '예'를 강조했다. 주희는 유교의 경전을 정리해 《대학》, 《논어》, 《맹자》, 《중용》 등의 책을 펴냈다. 《대학》과 《중용》은 원래 《예기》로 묶여 있었지만, 주희가 독립적인 책으로 만든 것이다.

성리학은 고려 후기에 우리나라에 들어왔지만 조선 시대에 크게 발달했다. 조선을 세우는 데 중심적인 역할을 한 신진 사대부들은 성리학을 사회 곳곳에 알리는 데 힘썼고, 조선 조정도 성리학을 나라를 다스리는 사상으로 삼았다. 뿐만 아니라 일반 백성들에게도 성리학의 정신을 가르치기 위해 《삼강행실도》나 《오륜행실도》 등을 만들어 나누어 주었다.

하지만 성리학을 지나치게 중요시하면서 조선 사회에서는 다른 학문이나 사상이 발달하지 못했다. 조선 후기에는 지나치게 추상적인 논의만 하는 성리학을 비판하면서, 실생활에 도움을 주는 학문과 사회 개혁을 주장하는 실학이 나타났다. 하지만 실학도 성리학 중심의 조선 사회를 바꾸지는 못했다.

심화 조선의 학자들은 어디에서든 토론을 벌이며 성리학을 연구했다. 그 덕분에

조선의 성리학은 중국 못지않게 높은 수준에 이르렀다. 특히 이기론은 조선의 성리학에서 가장 발달한 분야였다. 이(理)는 사물의 보편적인 이치고, 기(氣)는 이가 사회에 나타난 모양을 뜻한다. 예를 들어 자동차의 설계도가 '이'라면, 설계도에 따라 만들어진 자동차는 '기'라고 할 수 있다. 조선의 대표적인 성리학자 **이황**은 만물의 근원인 이를 강조했고, **이이**는 기가 있어야 이도 의미가 있다고 주장했다.

● ○ ●
유학의 한 갈래인 성리학은 인간의 마음과 사회 관계, 사물의 근본 이치와 우주의 원리 등을 탐구하는 학문이다. 우리나라에는 고려 시대에 들어왔지만 조선 시대에 크게 발달했다. 이는 조선 조정이 성리학을 나라를 다스리는 근본 사상으로 삼았기 때문이다.

조선의 사대부들은 서로 토론을 벌이며 성리학을 연구하고, 성리학에서 중요시하는 덕목을 실천하기 위해 힘썼다. 그 덕분에 조선의 성리학은 매우 높은 수준으로 발전했지만, 지나치게 성리학만 고집하면서 다른 학문과 사상의 발전은 이루어지지 못했다.

시대 조선 시대 **더 찾아보기** 사육신, 세조, 세종, 수양 대군, 신숙주, 정인지, 조선, 집현전, 훈민정음

훈민정음 창제에 공을 세우고 단종에 대한 충절을 지킨 조선의 학자

성삼문

개요 조선 시대의 학자이자, 단종의 복위를 위해 힘쓰다 죽은 사육신 가운데 한 사람이다. 세종 때에는 집현전 학사로서 훈민정음을 만드는 데 큰 공을 세웠다.

풀이 성삼문은 1418년에 태어났다. 그가 태어날 때 하늘에서 "낳았느냐?"고 묻는 소리가 세 번 들려와 이름을 '삼문(三問)'이라고 지었다는 이야기가 전한다. 성삼문은 학문과 글재주가 뛰어나 세종의 아낌없는 사랑을 받았다. 집현전 학사로서 여러 가지 책을 편찬했으며, 세종이 훈민정음을 만들기 위해 세운 정음청에서는 정인지, 신숙주, 최항, 박팽년, 이개 등과 함께 일했다. 그는 특히 정확한 음운 연구에 힘써 훈민정음을 창제하는 데 큰 공을 세웠다.

성삼문은 세종에 이어 문종, 단종을 임금으로 모셨다. 그런데 수양 대군(세조)이 계유정난을 일으킨 뒤 임금이 되려고 하자 그를 비판하는 상소를 올렸다. 결국 수양 대군이 임금의 자리에 오른 뒤인 1456년 아버지인 성승, 박팽년, 이개, 유성원, 하위지, 유응부 등과 함께 단종 복위 계획을 세웠다. 하지만 단종 복위 계획은 김질의 밀고로 탄로가 나고 말았다. 성삼문은 죄를 심문하는 자리에서 세조를 '나리'라고 부르며 떳떳하게 인정했다. 다리를 태우고 팔을 잘라 내는 모진 고문을 받으면서도 뜻을 굽히지 않았고, 그를 설득하러 온 신숙주에게는 세종과 문종을 배신한 불충을 크게 꾸짖었다. 결국 성삼문은 팔과 다리를 찢어 죽이는 거열형을 당했다. 이때 그의 아버지와 동생, 아들까지 함께 죽임을 당했다.

세조에게 잔인하게 죽임을 당했지만 조선을 대표하는 충신으로 손꼽히는 성삼문.

심화 성삼문은 사형장인 새남터로 끌려가며 시를 읊었다고 한다. 시에는 담담하면서도 슬픈 그의 심정이 잘 나타나 있다.
"북소리 목숨 앗길 재촉하는데 머리 돌려 바라보니 해도 저무네.
황천엔 객점 하나 없다 하거니 오늘 밤 뉘 집에 가 잠을 자리오."

시대 삼국 시대 | 더 찾아보기 가야, 고구려, 백제, 삼국사기, 신라, 진흥왕

쇠약해진 백제를 다시 일으켜 세우는 데 힘쓴 임금
성왕

개요 백제의 제26대 임금이다. 약해진 백제의 힘을 다시 키우고 옛 영토를 되찾기 위해 노력했지만, 신라에 패해 뜻을 이루지 못했다.

풀이 성왕은 523년에 무령왕의 뒤를 이어 백제의 임금이 되었다. 태자 시절의 이름은 '명농'이었다. 그는 도읍지를 웅진에서 사비로 옮기고 나라 이름도 '남부여'로 바꾼 뒤 백제의 부흥을 꾀했다.

551년에는 고구려에게 빼앗긴 한강 유역의 땅을 찾기 위해 신라, 가야와 동맹을 맺고 영토 전쟁에 나서 승리했다. 이 전쟁을 통해 백제는 한강의 하류를 되찾았고, 신라는 한강 상류의 땅을 차지했다. 그러나 승리의 기쁨이 채 가시기도 전에 신라의 진흥왕이 동맹 관계를 깨뜨리고 백제를 공격해 왔다. 백제는 강하게 맞섰지만 결국 신라에 패해 한강의 하류 지역을 빼앗기고 말았다.

분노한 성왕은 554년에 신라의 관산성(지금의 충청북도 옥천 지방)으로 군사를 보내 공격했다. 처음에는 백제군의 기세가 높았다. 곧 승리할 것이라고 생각한 성왕은 친위대 50여 명만을 데리고 관산성으로 향했다. 당시 관산성 전투를 이끌고 있던 태자를 격려하기 위해서였다. 그런데 성왕은 뜻밖에도 기습을 받아 신라군에게 붙잡혔고, 목이 잘리는 비참한 최후를 맞았다. 결국 관산성 전투에서는 신라군이 승리했다.

심화 성왕은 고구려와 신라의 기세에 눌려 쇠약해진 백제를 되살리기 위해 노력한 임금이다. 《삼국사기》에도 "영민하고 비범하며 결단력이 있어 나라 사람이 성왕으로 칭했다."라고 기록되어 있다. 하지만 백제의 영웅이었던 그가 신라군에 잡혀 치욕적인 죽임을 당하면서, 백제는 멸망하는 순간까지 신라와 적대적인 관계를 유지하게 되었다.

시대 현대 | 더 찾아보기 경주 역사 유적 지구, 고구려, 고인돌, 남한산성, 동의보감, 불국사, 새마을 운동, 석굴암, 수원 화성, 승정원일기, 5·18 민주화 운동, 의궤, 조선 왕릉, 조선왕조실록, 종묘, 종묘 제례, 직지심체요절, 창덕궁, 판소리, 해인사 장경판전, 훈민정음

유네스코에서 전 세계가 함께 보호해야 할 유산으로 지정한 것

세계 유산

개요 유네스코가 인류를 위해 보호해야 할 문화적, 자연적 가치가 있다고 인정하여 지정한 유산이다. 문화유산과 자연 유산, 복합 유산으로 구분된다. 유네스코는 세계 유산과는 별도로 세계 기록 유산과 인류 무형 문화유산도 지정하여 보호하고 있다.

풀이 세계 유산은 1972년에 열린 유네스코 정기 총회에서 인류의 소중한 유산이 파괴되는 것을 막고 보호하기 위한 제도로 만들어졌다. 그리고 유산의 특성에 따라 문화유산과 자연 유산, 복합 유산 등으로 나누었다. 문화유산은 인류 문화의 자취를 연구하는 데 중요한 유적지나 사찰, 궁전, 주거지 등처럼 건축물을 대상으로 한다. 자연 유산은 모습이 특별히 아름다운 자연, 지질학의 가치가 있는 자연 생성물, 멸종 위기에 처한 동식물 서식지, 세계적으로 가치 있는 자연 지역 등을 대상으로 한다. 복합 유산은 문화유산과 자연 유산의 특성을 동시에 가지고 있는 유산을 뜻한다.

2016년 8월 기준으로 세계 유산은 165개국 1,052점이다. 이 중 문화유산이 814

●○○
유네스코는 인류를 위해 보호해야 할 가치가 있는 유산들을 지정해 보호하고 있다. 1972년 유네스코 정기 총회에서 처음 제도로 만들어졌고, 현재 1,000개가 넘는 유산들이 세계 곳곳에서 지정 보호되고 있다.

세계 유산(문화유산, 자연 유산)	해인사 장경판전, 종묘, 석굴암과 불국사, 창덕궁, 수원 화성, 고창·화순·강화 고인돌 유적, 경주 역사 유적 지구, 제주 화산섬과 용암 동굴, 조선 왕릉, 한국의 역사 마을(하회와 양동), 남한산성, 백제 역사 유적 지구
인류 무형 문화유산	종묘 제례 및 종묘 제례악, 판소리, 강릉 단오제, 강강술래, 남사당 놀이, 영산재, 처용무, 제주 칠머리당 영등굿, 가곡, 대목장, 매사냥술, 줄타기, 택견, 한산모시 짜기, 아리랑, 김장 문화, 농악, 줄다리기, 제주 해녀 문화
세계 기록 유산	《훈민정음》, 《조선왕조실록》, 《직지심체요절》(하권), 《승정원일기》, 팔만대장경판 및 제경판, 조선 왕조 《의궤》, 《동의보감》, 《일성록》, 5·18 민주화 운동 기록물, 《난중일기》, 새마을 운동 기록물, 한국의 유교책판, KBS특별생방송 '이산가족을 찾습니다' 기록물

점, 자연 유산이 203점, 복합 유산이 35점이다. 매해 새로운 유산이 지정되면서 늘어나고 있다. 한국에서는 해인사 장경판전을 시작으로 2015년 백제 역사 유적 지구까지 모두 11개가 문화유산으로 지정되었다. 자연 유산으로는 제주 화산섬과 용암 동굴 1개가 있다. 북한에서는 **고구려** 고분군과 개성 역사 유적 지구 등 2개가 문화유산으로 지정되어 있다.

심화 유네스코는 세계 유산과는 별도로 기록 유산과 인류 무형 문화유산도 지정해 보호하고 있다. 기록 유산은 인류 문화를 계승하는 데 중요한 기록을 담고 있는 것이다. 오래된 문서나 문헌은 물론이고 영상 자료나 전자 기록도 포함된다. 형태가 없는 언어나 공연 예술, 지식이나 전통 기술 등은 인류 무형 문화유산에 속한다. 2016년 기준, 우리나라 기록물로는 《훈민정음》, 《조선왕조실록》을 비롯한 13개가 세계 기록 유산으로 등재되었다. 인류 무형 문화유산으로는 종묘 제례와 종묘 제례악, 판소리, 농악 등 19가지가 있다.

시대 조선 시대 | 더 찾아보기 비변사, 삼정의 문란, 정조, 조선, 홍경래의 난, 흥선 대원군

조선 후기에 임금의 외척 세력이 권력을 독차지하고 펼친 정치

세도 정치

개요 임금으로부터 권한을 위임받은 사람과 그를 따르는 세력이 권력을 장악하여 하는 정치를 뜻한다. 조선 후기에 주로 왕실과 혼인 관계에 있는 집안이 세도 정치를 펼쳤다.

풀이 세도 정치는 조선의 제22대 임금인 정조 때 권세를 휘둘렀던 홍국영에게서 시작되었다. 하지만 본격적인 세도 정치는 정조 이후 순조와 헌종, 철종으로 이어진 3대 60년 동안 왕실과 혼인 관계를 맺은 안동 김씨, 풍양 조씨 등의 외척 세력들에 의해 이루어졌다.

정조의 아들인 순조가 12살의 어린 나이로 제23대 임금이 되자 장인인 안동 김씨 김조순이 권력을 차지했고, 순조의 뒤를 이어 헌종이 8살에 임금의 자리에 오르자 외할아버지인 풍양 조씨 조만영이 권력을 잡았다. 또한 김조순의 뒤를 이어 김좌근, 김병기 등이 조만영 집안과 경쟁하면서 세도 가문을 이어갔다. 이들은 조선 후기의 최고 권력 기관이었던 비변사의 주요 관직을 차지하고 군사력을 장악하여 권력을 유지했다. 게다가 헌종이 대를 이을 아들을 낳지 못하고 세상을 떠나자, 안동 김씨 세력은 강화도에서 평범하게 살아가던 헌종의 먼 친척(철종)을 임금의 자리에 앉히고 김문근의 딸을 왕비로 삼아 세도 정치를 이어 갔다.

안동 김씨와 풍양 조씨 세력은 다른 집안의 사람들은 배제한 채 모든 권력을 독차지했기 때문에 임금마저 이들의 눈치를 볼 수밖에 없었다. 이로 인해 실력이 뛰어난 인재들이 중요한 나랏일에 참여할 수 없었다. 또한 이들은 나라의 벼슬을 돈을 받고 파는 등 부정부패를 일삼았다. 돈을 주고 벼슬을 산 관리들은 이를 채우려고 일반 백성들에게 세금을 가혹하게 거두었기 때문에 백성들의 생활은 더욱 어려워졌다. 삼정의 문란이 극심해진 것도 이때였다.

심화 봉건 사회가 몰락하고 세도 정치가 극심하게 이루어지자 농민들은 잘못된 사회를 비판하며 저항하기 시작했다. 1811년 **홍경래의 난** 이후 농민 봉기가 꾸준히 이어졌고, 1862년에는 전국 각지에서 봉기가 일어났다. 이에 세도 정치를 하던 사람들도 이대로는 권력을 지키기가 어려울 것으로 보고 농민들의 요구를 받아들여 삼정을 일부 개혁하기도 했다. 하지만 근본적인 개혁은 외면했기 때문에 상황은 나아지지 않았다. 그러다 1863년 **흥선 대원군**이 권력을 잡고 안동 김씨 세력을 몰아내면서 세도 정치는 막을 내리게 되었다.

조선 후기에 세도 정치를 휘두른 이들은 안동 김씨와 풍양 조씨 등 주로 임금의 외척이 되는 집안의 사람들이었다. 이들은 중요한 벼슬을 모두 차지하고 정치를 자신들의 뜻대로 했다.

시대 삼국 시대 | 더 찾아보기 삼국사기, 신라, 진흥왕, 화랑도

화랑들이 인생을 살면서 꼭 지켜야 했던 다섯 가지 계율

세속 오계

개요 신라의 화랑들이 인생을 살면서 꼭 지켜야 한다고 여겼던 다섯 가지 계율이다. 신라의 승려인 원광이 화랑들을 위해 알려 주었다.

풀이 《삼국사기》에 따르면 귀산과 추항은 어린 시절부터 친구였다고 한다. 둘은 바람직한 사람이 되기 위해 늘 배우려고 노력했는데, 때마침 원광 법사의 소문을 들었다. 원광은 신라 진흥왕 때 중국에 가서 불경을 연구하고 자신이 공부한 것을 강의하며 이름을 떨친 승려였다. 귀산과 추항은 원광을 찾아가 자신들은 아는 게 별로 없으니 살아가면서 지켜야 할 것이 무엇인지 가르쳐 달라고 부탁했다. 이에 원광이 다섯 가지 계율을 일러 주었는데, 이것이 바로 세속 오계이다.

이후 세속 오계는 귀산과 추항뿐 아니라 화랑도에 속한 청소년들이 꼭 지켜야 할 계율이 되었다. 화랑도는 신라의 청소년들이 몸과 마음을 단련하는 수련 단체였다. 우두머리인 화랑과 그를 따르는 낭도들로 이루어진 이 단체는 세속 오계를 계율로 받아들이면서 한층 발전했다. 세속 오계의 내용은 다음과 같다.

세속 오계	한자	뜻
사군이충	事君以忠	임금을 충성으로 섬긴다.
사친이효	事親以孝	어버이에게 효도를 다한다.
교우이신	交友以信	벗을 사귈 때는 믿음을 가진다.
임전무퇴	臨戰無退	싸움에 임해서는 물러서지 않는다.
살생유택	殺生有擇	산 것을 죽일 때는 가려서 한다.

심화 화랑도는 세속 오계뿐 아니라 삼교와 삼덕도 계율로 삼았다. 삼교란 유교와 불교, 도교 등 세 가지 종교를 가리킨다. 화랑도의 청소년들은 이 종교의 가르침을 따른다는 뜻이다. 그리고 삼덕은 겸허함과 검소함, 순후함(온순하고 인정이 많음)을 가리킨다.

시대 조선 시대   더 찾아보기 경국대전, 사육신, 세종, 성삼문, 여진, 6조, 의정부, 정인지, 조선, 집현전, 호패법

정변을 일으켜 왕이 된 뒤 왕권 강화에 힘쓴 조선의 임금
세조(수양 대군)

개요 **조선** 초기에 왕권 강화에 힘쓴 제7대 임금이다. 계유정난을 일으켜 단종을 쫓아낸 뒤 임금이 되었다. 그러나 토지 제도와 군사 제도를 개혁해 나라의 재정과 국방을 튼튼히 하고 《**경국대전**》을 편찬하는 등 많은 업적도 쌓았다.

풀이 세조는 1417년에 조선의 제4대 임금인 **세종**의 둘째 아들로 태어났다. 왕자 시절에는 수양 대군이라고 불렀으며, 그는 어릴 때부터 학문과 무예에 뛰어났다고 한다. 아버지인 세종의 명을 받아 토지 제도 개혁을 이끌었고, 형인 문종 때에도 나랏일을 도왔다.

병약했던 문종이 임금이 된 지 2년 3개월 만에 세상을 떠나자, 열두 살의 어린 세자(단종)가 임금이 되었다. 이후 김종서와 황보인 등 의정부 대신들이 권력을 잡게 되면서 세종 때의 안정된 왕권과 정치는 크게 약화되었다. 이에 수양 대군은 **정인지**, 한명회, 권람 등을 이끌고 1453년에 계유정난을 일으켰다. 그는 김종서와 황보인 등 권력을 잡고 있던 대신들과 강력한 경쟁자였던 안평 대군을 죽이고 권력을 잡았다. 그리고 1455년에는 단종을 압박해 임금의 자리를 물려받았다.

하지만 세조에 반발하는 움직임은 계속 이어졌다. **성삼문**을 비롯한 **집현전** 학사들이 단종 복위를 계획했고, 동생인 금성 대군도 단종 복위 운동을 벌였다. 결국 세조는 **사육신**과 금

세조는 수양 대군 시절에 계유정난을 일으켜 권력을 잡았다. 이 정변으로 인해 김종서와 황보인은 물론 수양 대군의 동생인 안평 대군까지 모두 죽임을 당했다. 또한 임금이 된 후에는 사육신과 금성 대군, 어린 단종도 목숨을 잃었다.

성 대군은 물론 어린 단종까지 죽였다. 이어 왕권 강화에 걸림돌이 된다고 생각한 집현전, 임금이 신하들과 토론하며 공부하는 제도인 경연도 폐지했다. 최고 행정 기관인 의정부의 기능을 줄이고 왕이 직접 나랏일을 살피는 6조 직계제를 운영하기도 했다.

심화 세조는 나라를 효율적으로 다스리고 중앙 집권 체제를 강화하기 위해 여러 제도를 가다듬었다. 그는 토지와 인구의 비례에 맞도록 군현제를 정비했고, 직전법 실시 등으로 토지 제도를 개혁해 나라의 재정을 풍족하게 만들었다. 또한 군사 제도를 개혁하고 호패법을 강화해 국방을 튼튼히 했으며, 북방 개척에도 관심을 기울여 두만강 유역의 여진족을 몰아냈다. 조선의 기본 법전인 《경국대전》을 펴냈으며 불경과 역사 편찬에도 힘썼다.

세조는 어린 조카로부터 임금의 자리를 빼앗았다는 비난을 받았지만, 조선의 중앙 집권 체제를 강화하면서 많은 업적을 남기기도 한 임금이다. 토지 제도나 군사 제도, 지방 제도 등이 세조 때 정립되었고, 《경국대전》을 편찬해 조선을 법치 국가로 이끌었다.

문종이 일찍 세상을 떠나면서 열두 살의 나이에 임금이 된 단종.

시대 조선 시대 더 찾아보기 노비, 농사직설, 박연, 앙부일구, 왜구, 이방원, 자격루, 장영실, 조선, 집현전, 태종, 훈민정음

훈민정음을 창제하고 민족 문화를 꽃피운 조선의 임금
세종

개요 **훈민정음**을 창제하고 우리 역사상 가장 뛰어난 민족 문화를 꽃피운 **조선**의 제4대 임금이다. 안정된 왕권을 바탕으로 훌륭한 인재를 등용해 수많은 업적을 남겼다.

풀이 세종은 1397년에 **태종 이방원**의 셋째 아들로 태어났다. 왕자 시절에는 충녕 대군이라고 불렸다. 본래 태종의 뒤를 이을 세자는 맏아들인 양녕 대군이었으나 됨됨이를 인정받아 1418년에 임금의 자리에 올랐다.

세종은 어려서부터 눈병이 날 정도로 독서와 공부에 열중했고, 그런 습관은 임금이 된 후에도 계속되었다. 세종이 **집현전** 학자들을 모아놓고 "나는 한 번 읽은 책은 절대로 잊지 않는다. 또한 궁중에 있을 때도 책을 놓고 한가롭게 지낸 적이 한 번도 없다."고 말했을 정도였다. 그의 성실함과 높은 학문, 백성에 대한 깊은 애정 덕분에 수많은 업적이 만들어졌다.

세종은 학문 연구 기관인 집현전을 만들어 인재 기르기에 힘썼다. 집현전 학자들에 의해 유교 정치의 기반이 되는 의례와 제도가 정비되었고, 다양하고 방대한 편찬 사업이 이루어졌다. 세종이 1446년에 집현전 학자들과 함께 만든 훈민정음은 가장 훌륭한 문화유산으로 꼽히고 있다.

세종 때에는 인쇄술에서도 큰 발전을 이루어 갑인자 등 새로운 활자와 인쇄기가 만들어졌고, 인쇄 속도도 매우 빨라졌다. 또한 그는 과학 기술에도 관심을 기울였다. **노비**였던 **장영실**을 등용해 간의나 혼천의 같은 천문 기구는 물론이고 **앙부일구**나 **자격루** 등 여러 가지 기구를 만들었고, 서운관을 설치해 농사의 기본이 되는 천문 연구를 발전시켰다.

백성들의 생활을 나아지게 하기 위해 농사법 개량에 힘썼으며, 발전된 농사법을 전파하기 위해 《**농사직설**》을 편찬했다. 의약 서적인 《향약집성방》과 《의방유취》도 세종 때 나왔다. 또한 세종은 음악에도 관심이 깊어 **박연**으로 하여금 아악을 정비

우리 역사상 가장 위대한 임금으로 존경받고 있는 세종 대왕. 그는 훈민정음을 비롯한 수많은 업적을 쌓아 조선의 부흥을 이끌었다.

하고, 편경과 편종을 대량으로 만들게 했다. 직접 〈여민락〉과 같은 곡을 만들어 그 악보를 '정간보'에 싣기도 했는데, 정간보는 오늘날에도 국악에 사용되고 있다.

국방 분야에서는 군사 훈련과 화기의 개발, 병서의 간행 등에 힘을 기울였다. 이종무에게 왜구의 본거지인 쓰시마 섬을 정벌하게 했다. 김종서를 두만강 유역에 보내 6진을 개척하게 했으며, 압록강 유역에는 4군을 설치해 두만강과 압록강 남쪽 지역을 조선의 영토로 삼았다.

심화 우리 역사상 가장 위대한 임금이었으나, 태어날 때부터 몸이 약했던 세종은 피부병과 눈병, 당뇨 등 여러 가지 질병으로 고생했다. 1442년부터는 나랏일을 돌볼 수 없을 정도로 병이 악화되어 세자이자 맏아들인 문종이 대리청정을 했다. 대리청정이란 세자나 세제 등 왕족 중 한 사람이 임금을 대신해 정치를 맡아 하는 것을 뜻한다. 병석에 누웠던 세종은 쉰세 살이 되던 해인 1450년에 세상을 떠났다.

세종 대왕의 가장 큰 업적으로 손꼽히는 것은 훈민정음, 즉 한글의 창제이다.

세종 대왕이 칭송받는 데에는 뛰어난 인재들을 등용해 그들의 능력이 나라를 위해 쓰일 수 있도록 이끌었다는 이유도 있다. 황희나 맹사성, 김종서, 성삼문, 신숙주, 정인지, 장영실, 박연 등은 세종 시대에 빛났던 위인들이다.

청동기 시대부터 철기 시대까지 사용한 한국식 동검

세형동검

개요 **청동기 시대** 후기부터 **철기 시대** 전기에 사용했던 청동으로 만든 무기이다. **비파형 동검**에 비해 폭이 좁고 가늘기 때문에 세형동검이라고 부른다.

풀이 비파형 동검이 북방에서 전래된 것이라면 세형동검은 우리나라에서 개발된 것이다. 이 때문에 비파형 동검을 중국 랴오닝식이라고 하고, 세형동검은 한국식 동검이라고 부른다. 대부분 청천강 남쪽에서 발견되었는데, 세형동검을 만들 때 사용하는 모양틀인 거푸집은 한반도 곳곳에서 발견된다. 뿐만 아니라 러시아 연해주 지역이나 일본 규슈 지역 야요이 시대 독무덤에서도 발견되어 고대 문화가 어떻게 전파되었는지 이해하는 데 도움을 준다.

세형동검은 30센티미터 정도로, 짧은 자루가 달려 있고 칼집을 끼우도록 되어 있다. 칼날 부분에는 줄무늬가 있고 손잡이 부분에는 띠를 매도록 되어 있다. 세형동검도 비파형 동검처럼 제사나 의식에 사용했던 것으로 보인다.

심화 세형동검은 **고조선** 후기의 대표적 유물이다. 주로 청천강 이남의 한반도에서 발견되어, 이를 근거로 고조선의 중심지가 요동에서 한반도로 이동했다고 보기도 한다. 또한 청동으로 만든 여러 가지 무기, 정교한 무늬로 장식한 잔무늬 거울 등도 함께 발견되어 당시의 청동 공예 기술이 절정에 이르렀음을 알게 해 준다.

'한국식 동검'이라고 부르는 세형동검. 칼날 부분이 비파형 동검에 비해 좁고 가는 것이 특징이다. 한반도 곳곳에서 발견되고 있다.

시대 선사 시대~현대 | 더 찾아보기 삼국 시대, 삼한, 장승

소도 · 솟대
하늘에 제사를 지내던 곳 · 마을을 지키는 신령한 상징물

개요 소도는 마한, 진한, 변한 등 주로 삼한 지역에서 제사를 지내던 장소를 뜻한다. 또한 긴 막대 위에 오리 모형을 얹어 만든 솟대는 사람들과 마을의 안녕을 비는 상징물이다. 삼국 시대 이전에 생겨나 지금까지 이어지고 있다.

풀이 삼한에는 제사를 맡아서 지내는 사람이 따로 있었다. 그를 '천군'이라고 불렀는데, 천군은 소도에서 제사를 지냈다. 소도는 높이 솟아있는 나무라는 뜻의 '솟대'나 '솔대'에서 나온 말이다. 실제로 소도에는 큰 나무를 세운 뒤에 나무 위에 방울과 북을 매달아 놓고 신에게 제사를 지냈다.

소도는 아무도 함부로 할 수 없는 신성한 곳이었다. 임금의 권력도 소도에는 미치지 못했다. 설령 어떤 사람이 죄를 짓고 소도로 도망쳐 들어온다고 해도 관군은 천군의 허락을 받지 않고서는 죄인을 붙잡아갈 수 없었다. 천군은 소도를 관리하고 제사를 지내면서 임금 못지않은 권위를 누렸다. 하지만 나라가 커지고 정치 제도가 정비되면서 소도는 점차 일반 행정 구역에 포함되었다.

소도는 차츰 사라졌지만 솟대는 오랫동안 한반도 곳곳에서 마을의 수호신 역할을 했다. 지금도 시골에 가면 장승만큼이나 흔히 솟대를 찾아볼 수 있다. 솟대는 기다란 장대 끝에 오리 모양의 조각물을 올려 만든 뒤 마을 어귀에 세워 두었다. 정월 보름날에 농악 놀이를 할 때 마당 한복판에 세우기도 했다. 오리 모양의 조각물을 올리는 까닭은 오리가 땅과 물, 바다를 오가는 동물이기 때문이다. 사람들은 오리가 농사에 필요한 물을 가져다주고, 홍수를 막아 주며, 하늘의 신에게 사람들의 바람을 전해 줄 것이라고 생각했다.

솟대 위의 오리는 몇 마리를 세우느냐, 어느 쪽을 보게 하느냐에 따라 그 뜻이 달라진다. 또한 솟대만 세우거나 장승과 함께 세우는 등 마을마다 세우는 방식도 다르다.

심화 솟대 타기는 기다란 장대를 기둥처럼 세운 뒤 광대가 꼭대기에 올라가 재주를 피우는 전통 놀이이다. 광대는 솟대 꼭대기에서 몸을 날려 위아래로 휘돌리는 등 묘기에 가까운 재주넘기를 보여준다. 흔히 '솟대 타기'라는 이름 때문에 소도나 솟대

에서 유래되었다고 생각하지만, 실제로는 관련이 없다. 여기서 솟대는 단지 솟대처럼 기다란 막대를 뜻하는 것이다.

솟대는 소도에서 제사를 지낼 때 세우던 높은 나무에서 유래되었다. 하지만 솟대는 대부분의 소도가 사라진 뒤에도 오랫동안 사람들 곁에 남았다. 지금도 시골에 가면 장승만큼이나 흔히 볼 수 있다. 사람들은 솟대를 마을의 수호신이자 사람들의 소망을 하늘에 전달하는 전령으로 생각해 마을 어귀에 세우고 소중하게 대했다.

시대 조선 시대 | 더 찾아보기 고려, 사간원, 성리학, 안향, 이황, 조선, 흥선 대원군

주세붕이 세운 조선 시대 최초의 사액 서원

소수 서원

개요 우리나라에서 최초로 임금이 서원의 이름을 지어 내린 사액 서원이다. 경상북도 영주시 순흥면에 있다.

풀이 **조선** 중종 때인 1542년에 풍기 군수 주세붕은 **고려** 시대의 유학자 **안향**에게 제사를 지내기 위해 사당을 세웠다. 이듬해에는 이곳의 이름을 '백운동 서원'이라고 짓고 유생들을 가르치기 시작했다. 그러다 명종 때인 1550년에 **이황**이 왕에게 요청하여 '소수 서원'이라는 사액과 함께 나라의 인정과 지원을 받게 되었다. 소수 서원은 조선 후기에 **흥선 대원군**이 서원을 철폐할 때 살아남은 47개 서원 중 하나이며, 지금도 매년 봄과 가을에 제사를 지내고 있다.

한편 소수 서원의 자리는 원래 통일 신라 시대의 절인 숙수사가 있던 곳이다. 지금도 법회 때 쓰는 깃발을 세우던 기둥인 당간 지주와 주춧돌(초석) 등이 남아 있다. 원래 절이 있던 곳에 서원을 세우는 경우를 종종 볼 수 있다. 이것은 불교보다 유교가 우월함을 나타내려는 것이었다.

소수 서원은 초기의 서원이기 때문에 다른 서원들에 비해 건물이 자유롭게 배치되었다. 정문으로 들어서면 강당인 명륜당이 있고, 학생들이 머물며 공부하는 일신재와 직방재가 연속으로 서 있다. 강당 좌우에 대칭으로 동재와 서재를 두는 일반 서원의 건물 배치와 다르다.

심화 주세붕은 조선 시대의 학자로, 일생 동안 **성리학**을 알리기 위해 힘썼다. 1495년 경상남도 칠원에서 태어나 문과에 급제한 뒤 홍문관과 **사간원** 등에서 일했고, 1541년에는 풍기 군수가 되었다. 이후 황해도 관찰사로 일하던 1551년에도 해주에 수양 서원을 세웠다.

시대 삼국 시대 | 더 찾아보기 고구려, 광개토 대왕, 백제, 태학

소수림왕

불교를 인정하고 율령을 반포해 나라를 안정시킨 고구려의 임금

개요 **고구려**의 제17대 임금이다. 불교를 공식적으로 인정하고 율령을 반포하는 등 사회 체제를 정비해, **백제**와의 전쟁으로 위기에 처했던 고구려를 안정시켰다.

풀이 소수림왕은 371년에 아버지인 고국원왕이 백제와의 싸움에서 전사하자 임금의 자리에 올랐다. 그는 임금이 되자마자 백제와의 전쟁으로 위기를 겪은 고구려를 안정시키기 위해 온 힘을 기울였다.

먼저 그는 오늘날의 국립 대학과 같은 교육 기관인 **태학**을 세웠다. 유교의 정치 이념을 익힌 인재를 길러 임금에게 충성하는 세력으로 키우기 위해서였다. 태학은 우리 역사상 최초로 만들어진 교육 기관이기도 한데, 소수림왕이 목표로 삼았던 왕권 강화에 큰 도움이 되었다. 그런 다음 국가의 기본법이라 할 수 있는 율령을 반포해 국가 조직을 정비했다. 율령은 소수림왕이 나라를 다스리는 데 큰 도움이 되었다.

소수림왕은 372년에 불교를 공식적으로 인정했고, 나아가 백성들이 불교를 받아들이도록 격려했다. 이는 불교를 통해 고구려인들을 단결하게 만들고, 그 힘을 바탕으로 고구려를 강한 나라로 만들기 위해서였다. 또한 불교는 사람들에게 자비와 평화를 가르치는 종교이므로 임금으로서 백성들을 다스리는 데 도움이 되었다.

심화 소수림왕이 펼친 정책들로 인해 고구려는 위기를 극복하고 안정적인 나라로 변해갔다. 사회가 안정되면서 고구려는 차츰 힘이 커지기 시작했고, 소수림왕의 조카인 **광개토 대왕** 때에는 영토 확장으로 이어져 전성기를 맞게 되었다.

청에 인질로 끌려갔다가 선진 문물을 배우고 돌아온 조선의 왕자

소현 세자

개요 **조선**의 제16대 임금인 인조의 맏아들이다. **병자호란** 후 인질로 끌려갔다가 **청**나라의 발달한 문물을 배우고 돌아왔으나, 의문의 죽음으로 세상을 떠났다.

풀이 소현 세자는 1612년에 **선조**의 손자인 능양군의 맏아들로 태어났다. 능양군은 1623년에 **인조반정**을 일으켜 광해군을 몰아내고 임금이 되었고, 이에 따라 소현 세자도 세자의 자리에 올랐다.

인조반정 이후 조선은 두 차례에 걸친 청의 침입(**정묘호란**, 병자호란)으로 수많은 사람이 죽고 국토가 황폐해졌다. 인조는 삼전나루에 나가 세 번 무릎 꿇고 아홉 번 머리를 조아리는 굴욕을 겪으며 항복했다. 이때 소현 세자는 청에 인질로 보내졌다. 소현 세자는 비록 인질이었으나 청의 문화를 접하면서 많은 것을 배웠다. 베이징에서는 아담 샬이라는 독일인 신부에게 천주교와 서양의 과학을 소개받고 천문학책과 지구의, 천주상 등도 선물 받았다.

조선에 돌아온 소현 세자는 새로 알게 된 학문과 사상을 널리 알리고자 했다. 하지만 조선 조정은 여전히 청에 반대하고 **명**과 가깝게 지내는 반청친명 정책을 지키고 있었으므로 그를 못마땅하게 여겼다. 아버지인 인조마저도 그를 꾸짖으며 멀리했다. 인조와 대신들의 미움과 견제를 받던 소현 세자는 1645년에 갑자기 병이 나 고생하다가 사흘 만에 숨을 거두었다.

심화 소현 세자의 시체는 마치 독살당한 사람과 같았다고 한다. 이 때문에 백성들 사이에 독살설이 떠돌기도 했다. 소현 세자의 부인인 세자빈 강씨는 임금의 수라상에 독을 넣었다는 죄로 죽임을 당했고, 그의 세 아들도 유배지에서 죽었다. 이후 인조의 둘째 아들인 봉림 대군(효종)이 세자가 되었다.

한국인 최초로 일제 강점기에 올림픽 금메달을 딴 마라톤 선수

손기정

개요 한국인 최초로 올림픽 대회에서 금메달을 딴 마라톤 선수이다. **일제 강점기**인 1936년에 베를린 올림픽 대회에 참가해 마라톤에서 우승했다.

풀이 1912년에 신의주에서 태어난 손기정은 가난한 집안 환경 때문에 어려운 생활을 해야 했다. 하지만 달리기를 비롯한 스포츠 경기에 재능을 보여, 남승룡과 함께 **일본**의 올림픽 마라톤 대표 선수로 선발되었다. 그는 제11회 베를린 올림픽 대회에 참가해 마라톤에서 우승했다. 그는 2시간 29분 19초 만에 결승선을 통과했는데, 이는 당시 세계 신기록이었다. 손기정과 함께 출전한 남승룡도 동메달을 목에 걸었다.

한편, 《조선중앙일보》와 《동아일보》는 손기정의 우승 소식을 사진과 함께 전하며 그의 유니폼에 그려진 일장기를 지워버린 후 신문을 발행했다. 일제는 '일장기 말소 사건'을 문제 삼아 《조선중앙일보》와 《동아일보》의 발행을 정지시키고 이 기사와 관련된 사람들을 구속했다.

이후 손기정은 일본의 메이지 대학 법학과에서 공부했고, 조선 저축 은행의 은행원으로 일했다. 해방 후에는 마라톤 코치로 일하다 여러 스포츠 단체에서 활동했고, 1988년의 **서울 올림픽 대회**에서는 성화 봉송자로 뛰었으며, 2002년에 세상을 떠났다.

심화 손기정은 베를린 올림픽 대회에서 우승 상품으로 그리스의 고대 청동 투구를 받았다. 하지만 이 투구는 독일에 보관되어 있다가 1986년에 국내로 들어왔다. 손기정이 이 투구를 국가에 기증해 지금은 국립중앙박물관에서 전시되고 있다.

손기정은 한국인 최초의 올림픽 금메달리스트이지만, 당시 그는 '손기테이'라는 이름의 일본 대표로 참여했다. 이 때문에 그는 금메달을 목에 걸면서도 어두운 표정을 지을 수밖에 없었다.

시대 고려 시대 | 더 찾아보기 고려, 노비, 조선

고려 시대에 있었던 재산 상속에 관한 공평한 재판
손변의 재판

개요 **고려** 시대에 있었던 재산 상속에 관련된 재판이다. 경상도 안찰부사였던 손변이 공평하게 판결했기 때문에 '손변의 재판'이라고 부른다.

풀이 손변은 고려 후기의 문신이다. 그가 경상도 안찰부사로 있을 때 부모의 유산 상속을 둘러싼 남매의 소송 사건이 있었다. 남매의 아버지가 세상을 떠나면서 전 재산을 누나에게 물려주고 남동생한테는 검은색 옷 한 벌과 모자 하나, 신발 한 켤레, 종이 한 장만 남겨 주었다. 그러자 남동생이 유서의 내용이 부당하다고 소송을 냈다. 이에 손변이 남매의 사정을 들어 보니 남매의 아버지가 세상을 떠날 무렵 누이는 시집을 간 상태였고 남동생은 어린아이였다.

손변은 "부모의 마음은 아들에게나 딸에게나 똑같은 것이다. 어찌 다 자라 결혼한 딸에게 후하고 어미도 없는 어린 아들에게만 박하겠느냐? 내가 보기에는 너희 아버지는 아들이 자라 어른이 된 다음, 물려받은 종이에 소장을 써서 검은 옷을 입고 모자를 쓰고 신발을 신고 관아에 호소하면 장차 이 일을 판단해 줄 사람이 있으리라 생각한 것이다. 아버지가 아들에게 네 가지 물건만 남겨 준 뜻은 바로 그 때문이 아니겠느냐."라고 말했다. 이후 손변은 남매에게 재산을 반반씩 나누도록 명령했다. 손변의 재판은 고려 시대의 재산 상속에 관한 풍습을 알아볼 수 있는 가장 중요한 사료로 꼽히고 있다.

손변은 부모의 유산을 두고 여러 해 동안 다투던 남매의 재판을 공평하게 처리했다. 손변은 성품이 곧고 실력이 뛰어난 관리로서 가는 곳마다 백성들의 칭송을 받았다고 한다.

심화 고려는 **조선**보다 남녀의 사회적 지위가 균등한 나라였다. 먼저, 재산 상속에 아들과 딸의 차별이 없었다. 부모가 별도의 유언을 남기지 않았을 경우에는 균분 상속, 즉 재산을 똑같이 나누는 게 원칙이었다. 뿐만 아니라 남편과 아내의 재산도 따로 구분했다. 예를 들어 아내가 시집올 때 데려온 **노비**는 아내의 것이므로, 아내가 자식을 두지 않고 죽으면 노비는 다시 친정으로 돌아갔다.

시대 조선 시대~일제 강점기 | **더 찾아보기** 동학, 동학 농민 운동, 민족 대표 33인, 3·1 운동, 을사조약, 일본, 일제 강점기, 조선, 천도교, 최시형

천도교의 제3대 교주이자 3·1 운동을 이끈 민족 지도자

손병희

개요 **동학(천도교)** 의 제3대 교주이자, **3·1 운동** 을 계획한 **민족 대표 33**인 중의 한 사람이다. 1894년에 일어난 **동학 농민 운동**에 참여했고, **최시형**에 이어 동학 교주가 되었으며, **일제 강점기**에는 항일 운동에 앞장섰다.

풀이 손병희는 청년 시절에 동학교도가 되어 동학의 제2대 교주인 최시형을 도와 동학 농민 운동에 참여했다. 하지만 동학 농민 운동이 실패하고 최시형이 처형되자, 동학의 제3대 교주가 되었다. 그는 무너진 동학을 다시 일으키는 데 온 힘을 기울였지만, **조선** 정부와 외세의 탄압으로 인해 난관에 부딪혔다. 그는 급변하는 국제 정세를 살피는 한편 동학을 다시 일으킬 방법을 찾기 위해 **일본**으로 건너갔고, 그곳에서 근대 사상을 받아 들였다. 이후 손병희는 신도들에게 머리를 깎고 간편한 옷을 입게 하는 등 생활 개선에 힘썼고, 동학의 이름을 '천도교'로 바꾸었다.

한편, 그가 망명 생활을 하는 동안 국내 활동을 맡아보던 이용구 등은 동학의 일부 세력을 모아 친일 단체인 일진회를 만들고 **을사조약**을 지지하는 등 친일 활동에 앞장섰다. 이에 손병희는 국내로 돌아와 천도교와 일진회는 서로 관계가 없음을 밝히고 그들을 모두 교단에서 쫓아냈다.

이후 손병희는 출판사인 보성사를 세우고 보성 학원을 인수해 교육 문화 사업에 힘을 기울였다. 또한 3·1 운동을 계획하고 천도교 측의 대표로 독립 선언서에 서명했다. 1919년 3월 1일에는 다른 민족 대표들과 함께 서울특별시 종로구의 태화관에서 독립 선언식을 가진 뒤 일본 경찰에게 체포되었다.

심화 손병희는 3·1 운동을 주도한 일로 재판을 받고 감옥에 갇혔다. 감옥살이를 하는 동안 병을 얻고 건강이 나빠져 1920년에 보석으로 풀려났지만, 끝내 건강을 되찾지 못하고 1922년에 세상을 떠났다.

시대 조선 시대 | 더 찾아보기 김개남, 동학, 동학 농민 운동, 일본, 전봉준, 조선, 청일 전쟁, 최제우, 한양

조선 후기에 전봉준과 함께 동학 농민 운동을 이끈 지도자

손화중

개요 조선 후기에 동학 농민 운동이 일어났을 때 농민군을 이끈 지도자이다. 전주 화약 이후 나주성 전투에서 패배하고, 동료의 밀고로 관군에게 붙잡혀 처형되었다.

풀이 손화중은 스무 살이 되던 해인 1881년에 동학교도가 되었다. 청년 시절에는 주로 고향인 정읍에서 활동하다 차츰 활동 범위를 넓혀갔다. 1892년부터는 동학교의 교주인 최제우의 명예를 되찾고 동학을 전파할 자유를 인정해 달라고 요구하는 교조 신원 운동에 앞장섰다. 그리고 1892년의 전라북도 삼례 집회, 1893년의 광화문 집회와 충청북도 보은 집회에서 뛰어난 지도력을 보여 동학교단의 중심 인물로 성장했다. 이 무렵에 손화중이 고창의 선운사에 속한 암자인 도솔암 석불의 배꼽에서 세상을 바꿀 비결을 꺼냈다는 소문이 퍼지자, 그를 따르는 사람들의 행렬이 끝도 보이지 않았다는 이야기도 전해 온다.

1894년에는 고부 군수 조병갑의 횡포를 참다못한 농민들이 봉기에 나서면서 동학 농민 운동이 일어났다. 손화중은 이때 전봉준, 김개남과 함께 농민군을 이끌었다. 조선 정부와 전주 화약을 맺고 전주성에서 물러난 뒤에는 전라남도 나주 지방에서 집강소를 지도했다. 얼마 후 일본이 청일 전쟁을 일으키고 조선 정부가 전주 화약을 지키지 않자 다시 농민군을 이끌고 봉기했지만, 나주성에서 조선의 관군과 일본군의 공격을 받아 패하고 말았다.

심화 손화중은 나주성 전투에서 패배한 뒤 피신했으나 동료인 이봉우의 밀고로 붙잡혔다. 이때 동학 농민 운동을 이끌던 중심 인물들이 대부분 체포되었다. 그는 전주 감영과 한양으로 보내졌다가 1895년에 전봉준 등과 함께 처형되었다.

시대 고려 시대 | 더 찾아보기 거란, 고려, 과거 제도, 금, 당, 몽골, 성리학, 여진, 요

당나라 이후 중국을 통일해 문화 강대국으로 발전한 나라

송

개요 10세기부터 13세기까지 중국에 있던 나라이다. **당**이 멸망한 뒤 분열된 중국을 다시 통일했다. **거란**과 **여진**에 밀려 중국 대륙 남쪽으로 이동한 이후인 1127년부터는 '남송'이라고 부른다. 상업과 문화가 크게 발달했지만, 1279년에 **몽골**에 의해 멸망했다.

풀이 907년에 당이 멸망하자 곳곳에서 무인들이 일어나 나라를 세우면서 중국은 여러 나라로 갈라졌다. '후주'라는 나라의 장군이었던 조광윤이 새롭게 나라를 세운 것도 이 시기였다. 그는 960년에 송을 세운 뒤 972년에는 중국을 통일했다.

조광윤은 황제의 권한을 강화하기 위해 힘을 가진 무신들을 억누르는 정책을 폈다. **과거 제도**를 실시해 관리를 뽑고, 문신들을 중심으로 나라를 다스렸다. 강남 지방, 즉 양쯔 강의 아래 지방을 본격적으로 개발해 경제적으로 크게 번성했고 상업과 무역이 발전했다. 활자를 적극적으로 사용하면서 문학과 학문도 발전했다.

송은 **고려**와 국교를 맺고 만주 지방의 거란과 여진을 경계했다. 거란이 나라 이름을 **요**로 바꾼 뒤 세력이 커지며 송을 위협하자, 해마다 많은 선물을 보내 겨우 침략을 막기도 했다. 하지만 송은 여진이 세운 **금**에게 화북 지방을 빼앗기고 강남 지방으로 수도를 옮겨 남송이 시작되었다. 남송은 바닷길을 통한 무역에 힘을 쏟으며 제2의 부흥을 위해 노력했다. 나침반과 지도 만드는 기술은 물론이고 항해술도 크게 발전했다. 하지만 송은 결국 금을 정복한 몽골에 의해 멸망했다.

심화 송은 문신 중심으로 나라를 다스리면서 문화와 상업이 발달해 부유해졌다. **성리학**을 비롯한 송의 문화는 고려에 전해지기도 했다. 하지만 군사력은 크게 약해져 거란이나 여진, 몽골 등 유목 민족의 침략에 시달려야 했다. 법을 새롭게 고쳐 부국강병을 추진했으나 성공하지 못한 채, 잦은 외침에 대비한 군사비의 증가 등으로 경제적인 어려움을 겪다가 몽골에게 멸망했다.

시대 삼국 시대 　**더 찾아보기** 고구려, 고분, 굴식 돌방무덤, 능산리 고분군, 무령왕릉, 백제, 사신도, 일제 강점기

무령왕릉을 포함한 백제의 무덤들이 모여 있는 곳
송산리 고분군

개요 충청남도 공주시 금성동에 있는 **백제**의 무덤들이다. 금성동의 옛 이름이 '송산리'여서 송산리 고분군이라고 부르게 되었다. 송산리 고분군에는 1~6호분과 **무령왕릉** 등 모두 7기의 고분이 있다.

풀이 송산리 고분군의 7개 무덤 중 1호분부터 5호분까지는 널방(시신을 넣은 나무 관을 보관하는 방)을 돌로 쌓아 만든 뒤 무덤의 입구와 널길(복도)로 연결한 **굴식 돌방무덤**이다. 무덤에 따라 차이가 있지만 널길은 길이 2미터에 폭 1미터이고, 돌방은 길이와 폭이 3미터 안팎인 사각 모양에 천장과 벽에는 회를 발랐다. 이것은 한성 시대부터 내려오던 백제식 무덤의 특징이다. 6호분과 무령왕릉은 벽돌을 쌓아 만든 무덤으로 중국 남조의 영향을 받은 것으로 보인다.

　무령왕릉을 제외한 나머지 6개 무덤은 **일제 강점기**에 도굴 등의 이유로 껴묻거리가 남아 있지 않다. 따라서 왕이나 왕족의 무덤으로 추측할 뿐 정확한 주인이 밝혀지지 않았다. 이에 반해 1971년 6호분에 물이 드는 것을 막기 위한 공사를 하다 우연히 발견한 무령왕릉은 무덤의 주인을 알려 주는 지석(誌石)과 수많은 껴묻거리가 온전히 발견되어 백제 연구에 큰 도움이 되고 있다.

심화 6호분은 벽에 청룡, 백호, 주작, 현무의 **사신도**와 해와 달, 별로 이루어진 일월도가 그려져 있어 '송산리 고분 벽화'라고 부르기도 한다. 무덤 안에 벽화를 그린 것은 **고구려 고분** 문화의 특징으로, 백제와 고구려의 문화 교류가 활발했음을 보여 준다. 한편, 6호분은 무령왕의 다음 임금인 성왕의 것으로 추측하는 견해도 있다.

시대 조선 시대 | 더 찾아보기 고려, 일본, 조선, 청

조선 시대에 개성을 중심으로 장사하던 상인
송상

개요 개성을 중심으로 장사하던 상인을 뜻한다. 개성의 다른 이름인 송도의 상인이라는 뜻에서 송상이라고 불렀다. **고려** 시대에도 개성에는 상인들이 많았지만 **조선** 시대에는 개성 상인들의 활동이 더욱 활발해졌다. 보통 송상이라고 하면 조선 시대의 개성 상인들을 가리킨다.

풀이 조선이 세워진 뒤 개성(송도) 사람들은 벼슬길에 오르기 어려웠다. 이 때문에 실력 있는 사람들 중에는 상인이 되려는 이가 많았고, 상업과 화폐의 유통이 활발해진 조선 후기에는 송상이 전국에서 이름난 상인 집단이 되었다.

송상은 곳곳에 '송방'이라고 부르는 지점을 만들고 전국을 무대로 장사했다. 또한 의주 상인이나 동래 상인과 함께 **청**나라나 **일본**과 무역도 했다. 송상이 거래한 가장 대표적인 물품은 인삼이었다. 송상은 자연에서 채집하거나 자신들이 직접 재배한 인삼을 국내는 물론 청과 일본에 팔았다. 때로는 인삼을 홍삼으로 가공해 더 비싼 값에 팔았고, 갓에 쓰이는 말총이나 종이를 모두 사들였다가 되파는 식으로 이익을 남겼다. 그런가 하면 수공업자들에게 미리 돈을 주고 물건을 만들게 하거나 광산을 경영해 큰 돈을 벌었다.

송상의 성장은 조정의 보호를 받으며 특권을 누리고 있던 상인들에게는 커다란 위협이 되었다. 그리고 조선의 조정이 상업 정책을 바꾸는 데 중요한 역할을 했다. 하지만 송상은 조선이 외국에 문호를 연 이후, 외국 상인과 자본에 효과적으로 대처하지 못하면서 점차 쇠퇴했다.

심화 송상은 장사 수완이 뛰어났다. 그들은 '개성 부기'라고 불리는 체계적인 장부 정리법도 개발했는데, 이는 세계에서 가장 오래된 복식 부기법이다. 개성 부기에서는 거래처마다 장부를 따로 만들었다. 주는 사람과 받는 사람, 주는 물건과 받는 물건, 현금과 어음 거래 등을 구분했으며, 거래에 들어가는 비용도 일일이 기록했다.

시대 조선 시대 더 찾아보기 노론, 북벌론, 성리학, 예송 논쟁, 이이, 조광조, 조선

북벌론을 주장하고 노론 세력을 이끌었던 조선의 학자

송시열

개요 조선 후기의 학자이자 정치가이다. 효종 때 북벌론을 주장했으며, 제16대 임금인 인조 때부터 제19대 임금인 숙종 때까지 서인의 노론 세력을 이끄는 영수(우두머리)로서 활약했다.

풀이 조선 선조 때인 1607년에 충청북도 옥천에서 태어난 송시열은 김장생의 제자가 되어 성리학과 예학을 배웠다. 조광조에서 이이, 김장생으로 이어지는 학문의 계통을 이어받은 것이다. 그리고 스물일곱 살에 과거 시험에 장원으로 급제한 이후 서인 세력의 중심 인물로 성장했다.

송시열이 정치에 본격적으로 참여한 것은 그의 제자였던 봉림 대군(효종)이 인조의 뒤를 이어 임금이 되면서였다. 그는 벼슬길에 나가 나랏일을 보기 시작했는데, 효종과 북벌 계획을 상의하기도 했다. 그런데 효종이 갑작스럽게 세상을 떠나자, 효종의 계모인 조대비가 입을 상복을 두고 서인과 남인 사이에 예송 논쟁이 벌어졌다. 이 논쟁은 효종의 왕비인 인선 왕후가 세상을 떠났을 때에도 이어졌다. 송시열은 당파 간 다툼(당쟁)으로 번진 예송 논쟁 끝에 귀양살이를 하게 되었다.

송시열이 정치에서 떠나 있는 동안 임금이 숙종으로 바뀌었다. 어린 숙종이 그를 불렀지만 송시열은 제자인 윤증과의 불화로 정치에서 물러나 청주로 내려갔다. 하지만 숙종이 후궁 장씨를 희빈으로 책봉하고 그녀의 아들을 원자로 삼자, 이에 반대하는 상소를 올렸다가 사약을 받았다. 1689년에 그는 죄인이 되어 세상을 떠났지만 서인 세력이 다시 권력을 잡은 뒤 그의 명예도 회복되었다.

심화 송시열에 대한 평가는 엇갈린다. 그는 서인 중에서 강경파였던 노론 세력의 중심 인물이었기 때문에 조선 시대 당쟁의 책임자로 비판받기도 한다. 반면 조선 후기의 사회를 이상적인 사회로 만들고자 했던 개혁가로 평가하면서, 공자와 주자를 잇는 '송자'라고 칭송하는 사람들도 있다.

시대 삼국 시대 | **더 찾아보기** 고구려, 당, 돌궐, 한

6세기 후반에 중국을 통일하고 고구려에 침입했던 나라

수

개요 **한**나라가 멸망한 뒤 370여 년 동안 분열되어 있던 중국을 다시 통일한 나라이다. 무리한 대운하 건설과 정복 전쟁으로 인해 나라의 힘이 약해져 38년 만에 멸망했다. **고구려**에 네 차례나 침입했지만 모두 실패했다.

풀이 중국은 220년에 한이 멸망한 뒤 나라가 남북으로 갈라졌다. 양쯔 강 북쪽 지방에 있었던 북조는 북위와 동위, 서위, 북제, 북주 등 북방 민족들의 나라로 이어졌다. 또한 양쯔 강 남쪽 지방에 있었던 남조는 동진, 송, 제, 양, 진 등 한족들의 나라로 이어졌다. 그러다 북주의 양견이 581년에 어린 황제로부터 임금의 자리를 물려받아 수를 세운 뒤, 589년에 남조의 진을 정복해 중국을 통일했다.

수의 첫 황제가 된 양견(문제)은 전국 곳곳을 다스릴 수 있도록 중앙 집권 체제를 갖추며 나라의 기틀을 다졌다. 문제에 이어 황제가 된 양제는 대운하를 건설하면서 수의 부흥을 위해 노력했다. 그는 서쪽 지방의 **돌궐**을 정복하고 고구려에도 쳐들어갔다. 하지만 네 차례나 공격했던 고구려 원정에서는 모두 실패했다.

이후 수는 나라 사정이 어려워지기 시작했다. 대규모의 운하를 만들면서 백성들을 가혹하게 착취했고, 무리하게 이웃 나라에 쳐들어가 정복 전쟁을 벌이느라 돈과 물자를 너무 많이 썼기 때문이다. 양제의 사치스럽고 방탕한 생활과 흉년이 계속 이어진 것도 나라 사정을 어렵게 만들었다. 중국 곳곳에서는 살기 어려워진 농민들이 폭동을 일으켰고, 618년에는 이연이 일으킨 군대에 의해 멸망했다.

심화 수는 오랫동안 남북으로 갈라져 있던 중국을 통일하고도 고작 38년밖에 유지되지 못했다. 하지만 수나라 때 정비된 제도는 통일 국가를 이어간 **당**의 발전에 도움이 되었으며, 대운하는 중국의 경제 교류와 물자 운반에 큰 역할을 했다.

시대 조선 시대 더 찾아보기 병마절도사, 왜구, 이순신, 임진왜란, 조선

조선 시대에 각 도의 수군을 지휘하던 사령관

수군절도사

개요 조선 시대에 각 도의 수군을 지휘하고 감독하던 사령관을 뜻한다. 수군절도사를 줄여 '수사'라고도 불렀으며, 문신이 많았던 병마절도사와는 달리 무신 출신이 많았다.

풀이 수군이란 바다를 지키는 군사를 뜻하는 말로, 오늘날의 해군과 같다. 한반도는 국토의 3면이 바다로 둘러싸여 있고 남쪽에서 왜구의 침입이 잦았기 때문에 조선 조정은 수군을 조직해 바다를 지키도록 했다. 그리고 수군을 지휘하고 감독하는 사령관으로 수군절도사를 두었다.

수군절도사는 해안 방어가 중요했던 경상도와 전라도, 함경도에는 3명을, 경기도와 충청도, 평안도에는 2명을, 황해도와 강원도에는 1명을 두었다. 하지만 도의 우두머리인 관찰사나 육군 사령관인 병마절도사가 수군절도사를 겸하는 경우가 많았기 때문에 실제로는 주로 남쪽 지방에만 수군절도사를 배치했다. 경상도와 전라도는 각각 2명씩, 경기도, 충청도는 각각 1명씩 두어 총 6명의 수군절도사가 있었다. 특히 경상도와 전라도는 각각 좌수사와 우수사를 두어 왜구의 침입에 효과적으로 대응할 수 있도록 했다.

심화 임진왜란 중에 수군절도사들이 각각 따로 움직여 왜군에 신속하게 대응하지 못하자 경상도와 전라도, 충청도의 수군을 총괄하는 3도 수군통제사 제도가 새로 만들어졌다. 당시 전라 좌수사였던 이순신이 초대 3도 수군통제사가 되었다.

수군절도사는 해안 지역에 설치한 군사 시설인 수영에서 군사들을 훈련시키고 전투선을 만들어 바다로 침입하는 외적이나 해적들을 막아 냈다.

시대 삼국 시대~조선 시대 · 더 찾아보기 고구려, 고려, 고종, 세도 정치, 신라, 조선, 진흥왕

왕실의 여자 어른이 어린 임금 대신 정치하는 제도
수렴청정

개요 나이 어린 세자(태자)가 임금이 되었을 때, 어머니나 할머니가 국왕을 대신해 나랏일을 결정하는 정치 형태이다. **조선** 시대에 여러 차례 시행되었다. 수렴청정이란 "발(수렴)을 치고 정치를 듣는다."는 뜻이다.

풀이 옛날에는 왕실의 여자가 남자 대신을 만날 때에는 직접 얼굴을 마주하지 않고 발을 내린 채 만나는 것이 법도였다. 임금을 대신해 왕실의 여자 어른이 정치를 할 때에도 수렴을 치고 임금의 뒤에 앉아 신하들과 나랏일을 의논했다. 이것을 '수렴청정'이라고 한다.

수렴청정을 하는 경우는 대부분 나이 어린 세자(태자)가 임금이 되었을 때였다. 임금이 너무 어려 나랏일을 하기 어려울 때 왕대비(왕의 어머니)나 대왕대비(왕의 할머니)가 그를 대신하거나 돕도록 한 것이다. 하지만 수렴청정은 여자 왕족이 임시로 임금의 역할을 맡아 하는 것일 뿐, 임금이 성년이 되면 그치도록 되어 있었다.

우리 역사에서 수렴청정이 가장 많았던 때는 조선 시대였다. 조선 왕조 500여 년 동안 모두 8번의 수렴청정이 있었다(아래 표 참고). 하지만 그 이전 시대에도 수렴청정을 했다는 기록이 전해 온다. **고구려** 태조왕 때, **신라 진흥왕**과 혜공왕 때, 그리고 **고려** 헌종, 충목왕, 충정왕, 우왕 때 각각 수렴청정이 있었다.

임금		기간	관계	왕비
제8·9대	예종·성종	7년	할머니	정희 왕후
제13대	명종	8년	어머니	문정 왕후
제14대	선조	1년	양어머니	인순 왕후
제23대	순조	4년	증조할머니	정순 왕후
제24대	헌종	7년	할머니	순원 왕후
제25대	철종	6년	양어머니	순원 왕후
제26대	고종	2년	양어머니	신정 왕후

심화 수렴청정을 한 왕후들 중에는 자신의 친정 세력을 등용해 권세를 누리며 혼란을 불러온 사람도 있었다. 조선의 제11대 임금인 중종의 부인인 문정 왕후는 아들인 명종을 대신하여 수렴청정을 했는데, 이때 친정 세력인 윤씨 가문이 권세를 누리며 부정부패를 일삼고 사화를 일으켰다. 또한 제23대 임금인 순조 이후 **고종** 때까지 수렴청정이 계속되면서 왕권이 약해지고 왕의 외가인 안동 김씨, 풍양 조씨 등의 가문이 권세를 독점하는 **세도 정치**가 계속되었다.

정치를 하기에는 너무 어린 임금. 조선 시대에 수렴청정을 받은 임금들의 즉위 나이는 8~18세였다. 이들은 성년이 될 때까지 대비와 신하들의 도움을 받아야 했다.

수렴청정은 왕실의 여자 어른 가운데에서도 임금의 정식 아내였던 사람, 즉 왕후가 맡아했다. 이들은 임금의 어머니나 할머니였는데, 자신이 낳은 아들이나 손자가 아닌 경우는 양어머니의 자격으로 수렴청정을 맡았다. 임금의 친어머니라고 해도 후궁인 경우는 수렴청정을 할 수 없었다. 왕대비나 대왕대비는 임금이 후계자를 정하지 못하고 세상을 떠났을 때, 왕실의 최고 어른으로서 다음 임금을 정할 권한이 있었기 때문에 정치에 미치는 영향도 컸다.

임금이 나랏일을 보는 곳인 편전에서 발(수렴)을 치고 왕실 최고의 어른인 왕대비 또는 대왕대비가 신하들과 회의하는 모습. 발 뒤편에 앉은 대비는 이렇게 어린 임금을 대신하여 중요한 나랏일을 의논하거나 결정했다.

시대 고려 시대~조선 시대 | **더 찾아보기** 고려, 9주 5소경, 신라, 6조, 조선, 8도, 향리

중앙 정부가 지방을 다스리기 위해 파견한 관리

수령

개요 **고려** 시대에서부터 **조선** 시대에 이르기까지 중앙 정부가 지방에 파견한 관리들을 통틀어 일컫는 말이다. 맡은 임무는 중앙 정부의 뜻에 따라 지방을 다스리는 것이었으며, '사또' 또는 '원님'이라고도 불렸다.

풀이 **신라**는 삼국을 통일하면서 **9주 5소경**으로 지방 제도를 정비했고, 고려도 후삼국을 통일한 후 여러 단계를 거쳐 오도 양계의 지방 제도를 정비했다. 조선도 건국 후에 **8도** 체제를 갖추었으며, 도 아래에는 다시 고을의 크기나 중요도에 따라 부, 목, 군, 현을 두어 지방관을 파견했다. 이때 파견한 지방관을 수령이라고 하며, 군과 현의 우두머리를 뜻하는 태수(군수)와 현령을 합치거나 줄여 부른 데서 유래되었다고 한다.

수령의 임무는 중앙 정부의 뜻에 따라 지방을 다스리는 일이었다. 농사가 잘 되도록 하고, 인구가 늘도록 하며, 학교를 늘리거나 백성들을 교육하고, 부역을 공평하게 부과하는 등 지방 행정에 관한 모든 것이 수령의 책임이었다. 뿐만 아니라 수령은 범죄 수사와 재판을 이끌어 흉악한 범죄가 일어나지 않도록 하고, 지방의 군사를 관리하며 지역을 방어할 의무도 있었다.

심화 부, 목, 군, 현의 수령들은 위로는 각 도의 관찰사에게 감독과 통제를 받아야 했다. 관찰사는 조선 시대에 각 도에 파견된 관리로, 지방 행정의 최고 책임자라고 할 수 있다. 관찰사는 해마다 두 번 수령들의 업무 능력을 4단계로 평가해 왕에게 보고했다. 수령의 임기는 보통 5년이었으며, 평가 성적에 따라 승진이 좌우되었다.

또한 아래로는 **향리**들의 도움을 받았다. '아전'이라고도 부르는 향리는 중앙 정부의 **6조**처럼 이·호·예·병·형·공의 6방으로 나누어졌는데, 이들은 각각의 전문 영역에 따라 지방 행정의 실제 임무를 맡았다.

수령은 지방의 행정뿐 아니라 재판관의 역할도 맡아 했다. 백성들 사이에 갈등이 생기거나 누군가가 범죄를 저지르면 관아에서 재판이 이루어졌는데, 수령은 재판을 통해 사정을 살핀 뒤 판결을 내렸다.

수령을 도와 지방 행정을 담당하던 향리들. 이·호·예·병·형·공의 6방에 소속된 향리 중 이방이 가장 우두머리였다.

재판의 결과에 따라 엄한 처벌이 내려지기도 했다. 수령은 흉악한 범죄를 저지른 사람에게는 볼기를 때리는 태형을 명령하는 등 엄격히 처벌하여 질서를 유지했다.

시대 삼국 시대 | 더 찾아보기 고구려, 고구려 고분 벽화, 일본

여러 개의 인물 풍속화가 그려진 고구려 고분 벽화
수산리 고분 벽화

개요 평안남도 강서군 수산리에 있는 고분에 그려진 벽화이다. 당시 **고구려** 사람들의 생활문화를 알 수 있는 인물 풍속화가 그려져 있으며, **일본** 나라 지방의 다카마쓰 고분 벽화에도 영향을 주었다.

풀이 1971년 수산리 고분을 발견하던 때 무덤은 도굴된 상태였고 천장과 북쪽, 동쪽의 벽화 일부분이 손상되어 있었다. 하지만 남은 벽화만으로도 5세기에 살았던 고구려 귀족의 생활 모습을 잘 나타내고 있다.

수산리 고분의 널방에는 동서남북 네 벽에 모두 다른 그림이 그려져 있다. 북쪽 벽에는 무덤 주인공이 실내에서 생활하는 모습이 그려져 있고, 동쪽 벽화는 알아보기 힘들 정도로 지워졌지만 주인공이 신하와 대화를 나누는 장면과 북을 두드리며 행진하는 모습이 남아 있다. 서쪽 벽은 가운데 띠를 두고 위와 아래에 다른 그림을 그렸는데, 위에는 주인 부부가 시종들을 데리고 곡예를 구경하는 모습이 담겼다. 남자는 동쪽, 여자는 서쪽에 대비시켜 그렸으며, 서쪽 벽 아래에는 주인의 행차를 기다리는 남녀 여러 명을 표현했다. 남쪽 벽에는 꽃 양산을 든 인물과 그것을 받으며 걸어가는 사람이 그려져 있고, 천장 벽화는 현재 거의 알아볼 수 없다.

심화 수산리 고분 벽화는 고구려와 일본의 문화 교류를 보여 주는 근거가 된다. 1972년 일본의 나라 지방에서 발견된 다카마쓰 고분 벽화가 수산리 고분 벽화와 거의 같았기 때문이다. 벽화에 나오는 여성의 옷차림은 고구려 사람들의 복장이었고, 머리를 묶은 모습도 고구려 사람들과 비슷했다. 이에 일본 학자들 사이에서 다카마쓰 고분 벽화가 고구려계 사람들의 생활 모습을 그린 것인지 여부를 놓고 논쟁이 벌어졌으며, 결국 고구려 계통의 고분 벽화로 결론을 내렸다. 현재는 보존을 위해 봉쇄된 상태이고 모조품을 만들어 전시하고 있다.

시대 조선 시대 더 찾아보기 경복궁, 김정호, 문화재, 영조, 조선, 한양

조선 후기에 만들어진 가장 정확하고 뛰어난 도성 지도

수선 전도

개요 **조선** 시대에 만들어진 서울(**한양**)의 지도이다. 조선 순조 때인 1825년경 **김정호**가 만든 것으로 전해지며, 도성 지도 가운데 가장 정확하고 뛰어나다.

풀이 〈수선 전도〉는 1820년대 서울의 모습을 정확하게 그린 지도이다. '수선'은 조선의 도읍지인 한양의 또 다른 이름이다. 지도는 세로 25.4센티미터, 가로 22.2센티미터 정도의 크기로 만들어졌으며 주요 도로와 시설, 마을과 산, 절까지 자세하게 나타나 있다. 부분적으로 색을 칠하기도 했다.

〈수선 전도〉는 정확성과 크기로 보아 서울 도성 지도 가운데 가장 뛰어난 지도로 평가받고 있다. 또한 목판으로서도 제작 솜씨가 매우 훌륭한데, 당시의 판각 인쇄술을 알려 주는 중요한 자료가 된다. 판목의 보존 상태 또한 매우 양호해 **문화재**로서의 가치도 크다. 〈수선 전도〉는 목판본으로 인쇄되어 널리 전해졌다. 원본은 국립중앙도서관에 있으며 지도의 목각판은 보물 제853호로 지정되었고 고려대학교박물관에 보관 중이다.

심화 〈수선 전도〉가 언제 제작되었는지에 대한 기록은 없다. 다만, 지도 속의 지명 가운데 '경모궁'과 '경우궁'이 쓰여 있고, **경복궁**이 폐허 상태로 표현된 것으로 보아 대략 1825년 즈음에 만들어졌을 것이라고 추정한다. 경모궁은 **영조** 때인 1776년에 세웠으며, 경우궁은 1824년에 세운 사당이다.

© 국립중앙박물관

19세기 초 서울의 모습을 자세히 그린 〈수선 전도〉. 도로는 물론이고 마을이나 산 등이 세세하게 그려져 있다.

시대 조선 시대 | 더 찾아보기 거중기, 고려, 김홍도, 남한산성, 붕당, 사도 세자, 실학, 영조, 6·25 전쟁, 일본, 일제 강점기, | 546
임진왜란, 정약용, 정조, 조선, 풍수지리설, 한양

정조의 꿈과 과학 기술이 잘 어우러진 조선의 성

수원 화성

개요 **정조**가 그의 아버지인 **사도 세자**의 묘를 옮기면서 수원에 건설한 성이다. 군사적인 방어 기능과 상업적인 기능을 두루 갖춘 실용적인 성이면서도 매우 아름답다는 평가를 받고 있다. 1997년 유네스코 세계 문화유산으로 등재되었다.

풀이 **조선**의 제22대 임금인 정조의 아버지 사도 세자는 **붕당** 정치의 혼란 속에서 억울하게 희생되었다. 사도 세자는 자신의 아버지이자 정조의 할아버지인 제21대 임금인 **영조**의 명령에 따라 뒤주 속에서 세상을 떠났는데, 정조는 아버지의 불행한 죽음을 몹시 안타까워했다. 이에 정조는 임금의 자리에 오른 뒤 사도 세자의 능을 양주에서 화산으로 옮겼다. **풍수지리설**에 따라 명당 자리에 능을 새롭게 만든 뒤 아버지를 기리고자 한 것이다. 그리고 화산 주변의 백성들을 수원 지역에 옮겨 살게 하면서 화성을 짓기 시작했다.

물론 수원 화성을 지은 이유가 사도 세자를 기리기 위한 것만은 아니었다. 정조는 **임진왜란** 때 큰 피해를 입었던 **한양**의 남쪽에 방어 기지가 필요하다는 생각을 하고 있었고, 당쟁이 심했던 당시의 분위기를 새롭게 하여 왕권을 튼튼히 하려는 계획을 세우고 있었기 때문이다. 이에 따라 화성은 정조의 통치 철학과 당시의 과학 기술이 잘 어우러진 신도시로 건설되었다.

수원 화성 건설에는 **김홍도**, 채제공, **정약용** 등 최고의 지식인들이 함께 참여했다. 화성은 다른 성에 비해 적은 비용으로 짧은 기간(2년 반)에 완성했는데, 이는 **실학** 사상의 영향을 받아 만든 과학적인 설비와 발달된 기술이 있었기 때문이다. 대표적인 것이 정약용이 설계하여 만든 **거중기**이다.

수원 화성은 중국과 **일본** 등 다른 아시아 국가의 궁궐에서도 찾아볼 수 없는 독특한 형태를 가지고 있다. 특히 동서양의 군사 시설 이론을 바탕으로 외부의 침입을 막아 내는 방어 기능이 뛰어나다. 예를 들어 약 6킬로미터에 달하는 성벽, 저마다 다른 모양을 한 4개의 성문 등은 아름다우면서도 기능적이다. 또한 조선의 성곽은 일반적으로 사람들이 생활하는 읍성과 전쟁 시 피난처로 삼는 산성을 분리하는데, 화성은 산성을 별도로 짓지 않고 읍성의 방어력을 강화한 건축물이다.

심화 수원 화성은 **일제 강점기**와 **6·25 전쟁**을 겪으면서 일부 성곽이 부서지기도 했으나 《화성성역의궤》를 참고하여 옛 모습대로 복원되었다. 《화성성역의궤》란 정조의 명령을 받은 김종수가 화성 공사에 대해 기록해 놓은 책이다. 이 책에는 화성 건설의 기본 계획과 축조 방법, 사용된 기계, 도구, 재료, 정조의 지시 사항 등 모든 것이 자세히 실려 있다.

화성의 북쪽에 있는 장안문. 한양의 숭례문처럼 당당한 모습을 하고 있으며, 2층의 누각이 멋스럽다. 바깥쪽에 있는 반원 모양의 옹성과 적대, 총구 등은 외부의 적이 쉽게 다가서지 못하도록 하기 위해 만든 방어 시설이다.

> **Tip** '행궁'이란?

임금이 궁 밖으로 나들이 할 때에 머물던 별궁이다. '행재소' 또는 '이궁'이라고도 한다. **고려** 및 조선 시대의 임금들은 본궁 외에 전국에 행궁을 지었다. 그런 다음 지방을 순행할 때 머무는 숙소로, 전쟁이 일어났을 때 피난처로, 더위와 추위를 피하거나 병을 치료하기 위한 별장으로 사용했다. 때로는 나라를 효과적으로 다스리기 위해 지방의 중요한 곳에 행궁을 지은 뒤 돌아가면서 머물기도 했다.

고려 시대에는 풍수지리 사상의 영향으로 행궁을 많이 지었다. 지금까지 남아 있는 고려 시대의 행궁으로는 인종 때의 대화궁과 의종 때의 수덕궁 등이 있다. 또한 조선 시대의 것으로는 숙종 때 지은 **남한산성**의 행궁, 정조 때의 수원 행궁 등이 있다.

옛날의 화성 모습을 재현한 지도. 6킬로미터의 성벽으로 둘러싸여 있는 화성은 오늘날의 도시와 견주어도 손색이 없는 조선의 성이다. 성 안에는 임금이 머무르는 행궁과 백성들이 거주하는 집, 그리고 성을 가로지르는 하천이 짜임새 있게 자리했다. 또한 성의 안팎을 드나드는 4개의 커다란 문과 공심돈, 봉돈 등 여러 가지 군사 시설이 어우러져 있다.

화성의 서쪽에 있는 화서문과 서북 공심돈. 누각을 1층만 올린 화서문은 장안문과 달리 옹성의 한쪽이 트여 있다. 그리고 북쪽으로 조금 떨어진 곳에 서북 공심돈이 연결되어 있다. '돈'이란 성곽 주변을 감시하는 곳을 뜻하고, '공심돈'이란 안쪽 공간이 빈 시설을 가리킨다. 화성에는 모두 세 곳의 공심돈이 있다.

시대 조선 시대   더 찾아보기 강화도 조약, 고종, 김홍집, 일본, 조선, 조선책략, 청

19세기 후반에 조선 정부가 일본에 파견한 외교 사절
수신사

개요 1876년 강화도 조약을 체결한 이후 **조선** 정부가 두 차례에 걸쳐 **일본**에 파견한 외교 사절이다. 이전까지는 '통신사'라고 불렸으나 **강화도 조약** 이후 수신사로 이름이 바뀌었다. **고종**과 조선 정부는 문호 개방 후 외국의 새로운 문물을 받아들일 필요성을 느껴 수신사를 파견했다.

풀이 1876년에 조선과 일본 정부 사이에 이루어진 강화도 조약에 따라, 일본은 조선에 사절을 보냈고 조선에게도 사신을 보내라고 요청했다. 이에 조선 정부는 같은 해 4월에 예조참의 김기수를 수신사로 하여 76명의 사절단을 파견했다.

김기수 일행은 일본에 20여 일을 머무르면서 일본의 신식 기관과 문물을 둘러보았다. 이들은 외국 문물을 적극적으로 받아들여 발전한 일본의 상황을 그대로 조선 정부에 보고했다. 조선 정부는 이를 계기로 서양 문물을 도입할 필요성을 더욱 느꼈으며, 국제 정세에도 관심을 가지게 되었다.

조선 정부의 태도에 변화가 느껴지자 일본은 기다렸다는 듯 부산에 이어 원산과 인천까지 개항할 것을 강요했다. 또한 부산 해관에서 조선 상인에게 관세를 징수하던 것을 중지하라고 요구하고, 쌀 수출의 금지를 거두라는 압박을 가했다. 이에 조선 정부는 1880년에 **김홍집**을 수신사로 삼아 58명의 사절단을 2차로 파견해 문제를 해결하려 했다. 하지만 일본의 성의 없는 태도로 뜻을 이루지는 못했다.

심화 제2차 수신사 파견 때 일본에 갔던 김홍집은 《**조선책략**》이라는 책을 가지고 돌아와 고종에게 바쳤다. 《조선책략》은 일본에서 활동하는 **청**나라 외교관 황준센이 지은 책이다. 조선이 중국과 일본은 물론 미국과 외교 관계를 맺어야 하며, 유럽 여러 나라와도 통상하면서 서양의 기술을 익혀 나라를 튼튼히 하라는 조언이 담겨 있었다. 《조선책략》은 당시 개화 정책에 반대하는 유생들의 반발을 불러와 위정 척사 운동이 일어났고, 나라 안의 갈등은 더욱 깊어졌다.

시대 선사 시대~삼국 시대 | **더 찾아보기** 가야, 고구려, 부여, 조선 왕릉, 지증왕

장례를 치를 때 시중들던 사람을 함께 묻는 풍습

순장

개요 지배층에 속한 사람이 죽었을 때, 평소 그의 시중을 들던 사람을 함께 묻는 풍습이다. 죽은 이가 계속 편안하게 생활하기를 바라는 마음에서 시작된 풍습인데, 사람의 목숨을 빼앗는 일에 대한 윤리적인 문제점이 지적되어 고대 이후에는 대부분 사라졌다.

풀이 옛사람들은 죽은 뒤에도 삶이 이어질 것이라고 생각했다. 그래서 죽은 이가 편안하게 생활할 수 있도록 필요한 것들을 함께 묻어 주었다. 이것을 '부장'이라고 한다. 그런데 죽은 이와 함께 묻는 대상에는 '사람'도 있었다. 죽은 이의 시중을 들던 노비나 첩은 물론이고 신하나 무사처럼 죽은 이의 일이나 생활과 관계된 사람들까지 함께 묻기도 했는데, 이것이 바로 순장이다.

순장은 세계적으로 나타나는 장례 풍습이었다. 중국에서는 일찍이 은나라 때 순장이 유행했고, 그리스를 비롯한 고대 유럽과 서남아시아에서도 순장하는 풍습이 있었다. 우리나라에서도 순장에 관한 기록이 있고, 일부 고분에서는 순장의 흔적이 발견되었다. 대표적인 곳은 경상북도 고령군과 경상남도 양산시에 있는 **가야**의 옛 무덤이다. 특히 고령 지산동의 무덤에서는 시종과 무사, 창고지기 등 다양한 일을 맡은 사람들이 무덤의 주인공과 함께 묻혔음을 확인할 수 있다.

역사 기록에 따르면 **부여**에서는 높은 지위의 사람이 죽으면 산 사람을 죽여서 함께 묻었다고 한다. **고구려**에서는 동천왕이 죽자 신하들이 임금을 따라 죽으려고 했다. 이에 다음 임금인 중천왕이 말렸으나 결국 장례일이 되자 많은 사람이 스스로 목숨을 버렸다고 한다.

순장은 죽은 이를 염려하는 마음에서 시작되었지만, 살아 있는 사람의 목숨을 빼앗는 일이므로 윤리적인 문제가 매우 컸다. 또한 사회에서 일할 수 있는 사람을 줄어들게 만드는 폐해도 있었다. 그래서 신라의 제22대 임금인 **지증왕**은 502년에 순장을 금지했다.

심화 순장이 법으로 금지되었지만 죽은 뒤에도 삶이 이어질 것이라는 생각이 바뀐 것은 아니었다. 이에 사람들은 순장할 사람을 대신해 사람을 본떠 만든 조각물을 무덤에 넣기 시작했다. 무덤을 지키는 호위병도 석상으로 바꾸었다. **조선 왕릉**에 있는 무신상이 대표적인 사례이다.

고대에는 높은 지위를 가진 사람이 죽으면 그가 평소 사용하던 물건은 물론이고 시중을 들던 사람들까지 함께 무덤에 묻었다. 이를 순장이라고 한다. 순장은 죽은 사람이 무덤 또는 내세에서도 계속 편안하게 생활하기를 바라는 마음에서 시작되었다. 내세란 사람이 죽은 뒤에 다시 태어나게 되는 세상을 뜻한다.

죽은 사람을 계속 돌보기 위해 함께 묻은 노비나 신하.

죽은 사람이 평소에 사용하던 물건과 죽은 뒤 필요할 것을 짐작해서 준비한 물건.

살아 있었을 때 높은 지위의 사람이라고 추측되는 무덤의 주인. 순장은 임금이나 귀족처럼 지배층이 죽었을 때 이루어졌다.

시대 조선 시대 　더 찾아보기 국보, 문화재, 세종, 조선, 태조, 풍수지리설, 한양, 흥인지문

한양 도성의 정문이자 가장 크고 아름다운 성문

숭례문(남대문)

개요 조선 시대 한양에 있었던 도성의 정문이다. 도성을 둘러싸고 있는 성문 가운데 남쪽에 있는 큰 문이라는 뜻에서 '남대문'이라고도 부른다. 2008년에 방화 사건으로 불타기 전까지, 서울의 성곽 중에서 제일 오래된 목조 건축물이자 15세기를 대표하는 건축물이었다. 국보 제1호로 지정되어 있다.

풀이 조선의 도읍지였던 한양에는 도성을 둘러싼 4개의 문이 있었다. 남쪽의 숭례문, 북쪽의 숙청문, 동쪽의 흥인지문, 서쪽의 돈의문 등이다. 각각의 성문은 조선 태조 때인 1396년에 지었는데, 네 개의 문 가운데 정문은 남쪽의 숭례문이다. 숭례문의 '숭례'는 예를 숭상한다는 뜻이다. 문의 위쪽에 걸린 현판은 조선의 제4대 임금 세종의 형인 양녕 대군이 썼다고 알려져 있다.

　숭례문은 여러 번 고쳐 지은 것이다. 1398년에 창건한 이후 세종 때인 1448년, 성종 때인 1479년에 크게 고쳐 지었다. 여러 번 고쳐 지은 것은 풍수지리설에 따라 경복궁과 도성을 보호하기 위해서였다. 1962년에도 대대적인 보수 공사가 있었고, 2008년에 방화 사건으로 건물의 대부분이 불타 없어져 지금은 옛 모습으로 복원하여 다시 지었다.

　숭례문은 거대한 석축 기단과 2층의 다포집, 그리고 우진각 지붕으로 이루어져 있다. 다포집은 기둥 위에 여러 개의 공포(나무쪽)를 올려 짓는 집을 뜻하고, 우진각 지붕은 앞에서 보면 사다리꼴이고 옆에서 보면 삼각형인 지붕을 가리킨다. 석축 기단 가운데에는 사람이 드나들 수 있는 문이 있는데, 무지개 모양을 하고 있어서 '홍예문'이라고 부른다.

　숭례문의 현판은 다른 문과 달리 세로로 걸려 있다. 풍수지리설에 따르면 서울 남쪽에 있는 관악산은 불의 기운이 강한 곳이라고 한다. 이 때문에 숭례문의 현판을 세로로 걸어 불의 기운을 막고자 한 것이다.

심화 숭례문 방화 사건은 2008년 2월 10일 저녁에 일어났다. 숭례문 2층 누각에서 불길이 일어나자 소방대가 출동하여 진화 작업을 벌였으나 화재를 막지 못해 결국 누각을 받치고 있는 석축과 현판, 홍예문을 제외한 모든 부분이 불에 타 버리고 말았다. 개인적인 불만 때문이었다는 범인의 어처구니없는 방화로 인해 국보 제1호의 문화재가 불길 속에 사라진 것이다. 숭례문 방화 사건은 범인뿐 아니라 서울특별시와 문화재청, 중구청, 소방 당국 등의 관리 소홀과 잘못된 진화 작업이 비판받았다.

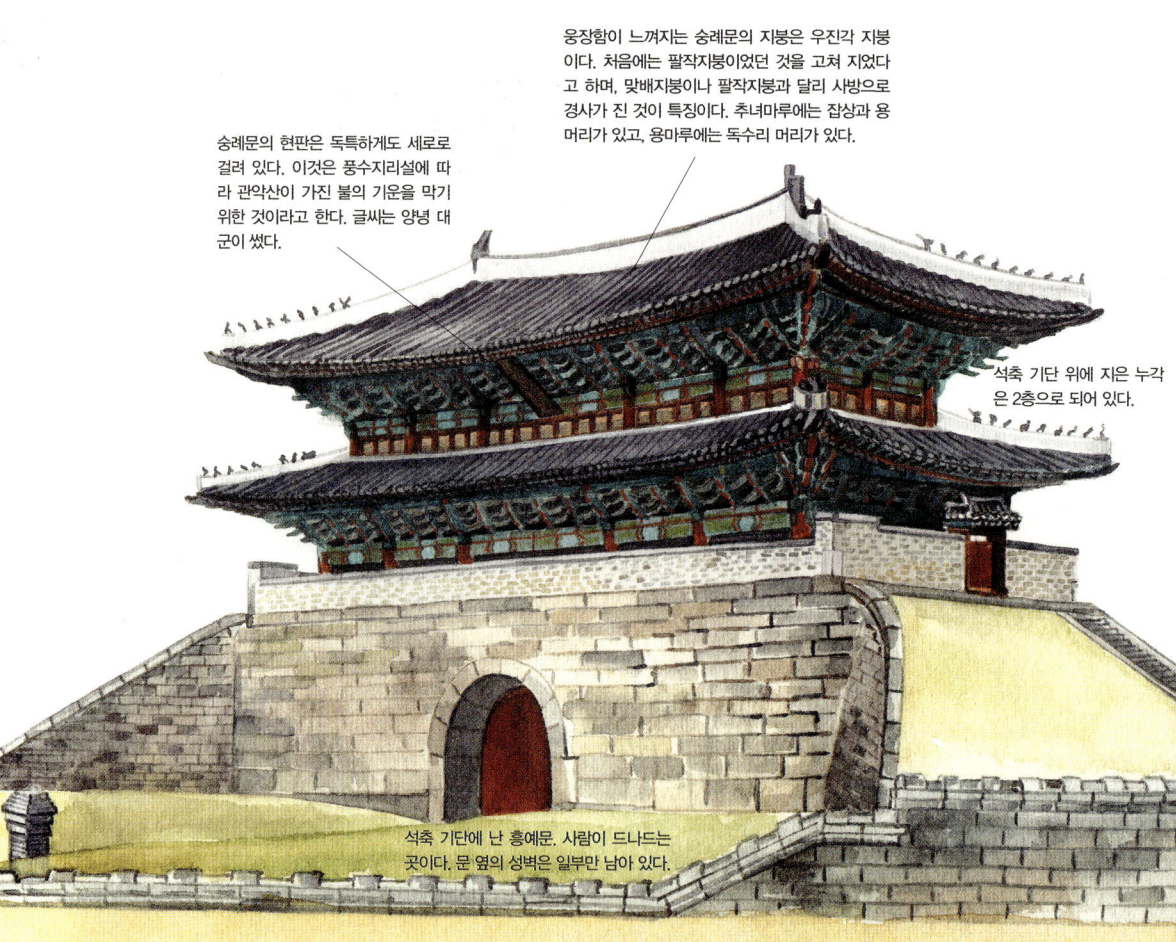

숭례문의 현판은 독특하게도 세로로 걸려 있다. 이것은 풍수지리설에 따라 관악산이 가진 불의 기운을 막기 위한 것이라고 한다. 글씨는 양녕 대군이 썼다.

웅장함이 느껴지는 숭례문의 지붕은 우진각 지붕이다. 처음에는 팔작지붕이었던 것을 고쳐 지었다고 하며, 맞배지붕이나 팔작지붕과 달리 사방으로 경사가 진 것이 특징이다. 추녀마루에는 잡상과 용머리가 있고, 용마루에는 독수리 머리가 있다.

석축 기단 위에 지은 누각은 2층으로 되어 있다.

석축 기단에 난 홍예문. 사람이 드나드는 곳이다. 문 옆의 성벽은 일부만 남아 있다.

우리나라 성문 가운데 가장 규모가 클 뿐 아니라 웅장하고 아름다운 목조 건축물의 대명사로 통하는 숭례문. 경복궁을 둘러싼 성곽의 남쪽에 있으며, 조선 시대 도성의 정문이었다.

시대 조선 시대 　더 찾아보기 고려, 고종, 송, 승정원일기, 6조, 의정부, 임진왜란, 조선, 중추원

조선 시대에 왕명을 전달하던 비서 기관
승정원

개요 **조선** 시대 임금의 비서 기관이다. 오늘날의 대통령실 또는 대통령 비서실과 비슷하다. 주로 왕명(임금의 명령)을 신하들에게 전달하는 역할을 했다.

풀이 승정원은 조선 시대에 **의정부**나 **6조**, 3사와 함께 나라의 중요한 기관이었다. 왕명을 신하나 여러 관청에 전달하는 일뿐 아니라 임금이 나랏일을 결정할 때 옆에서 조언하고, 상소를 비롯한 중요한 문서들을 임금에게 전달하거나 보고하는 역할을 맡아 했다. 또한 임금이 지방으로 행차를 떠나거나 나들이를 갈 때에도 가장 가까운 곳에서 임금을 보좌했다. 이 때문에 승정원은 경우에 따라 의정부나 6조보다 강한 권세를 누리기도 했다.

승정원과 같은 비서 기관은 **고려** 시대에도 있었다. **중추원**이라고 부르던 기관인데, 이때에도 주된 역할은 왕명을 전달하는 것이었다. 중추원은 중국 **송**나라에 있었던 추밀원을 본떠 만든 것으로, 고려 성종 때인 991년에 왕권을 강화하기 위해 설치했다. 조선 시대에 와서는 승정원이 그 역할을 이어갔으며, 조선 **고종** 때인 1894년에는 이름을 '승선원'으로 고쳐 부르기도 했다.

임금의 비서실이었던 승정원의 중요한 임무는 임금의 명령을 신하에게 전달하고, 상소와 같은 중요한 문서를 임금에게 올리는 일이었다.

심화 승정원은 왕의 명령과 자신들의 업무를 일기로 기록했다. 이것이 바로 조선 시대의 역사를 자세히 담은 《**승정원일기**》이다. 《승정원일기》는 승정원에 속해 일하는 관리인 주서가 맡았다. 주서는 보통 글을 잘 쓰는 사람으로 뽑았는데, 이들은 사관들과 함께 매일매일 궁궐에서 일어나는 모든 일을 기록했다. 안타깝게도 조선 전기의 역사를 담은 《승정원일기》는 **임진왜란** 때 불타버렸고, 인조 임금 이후의 것만 남아 조선 시대를 연구하는 중요한 자료가 되고 있다.

시대 조선 시대 　더 찾아보기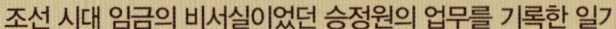

조선 시대 임금의 비서실이었던 승정원의 업무를 기록한 일기
승정원일기

개요 조선 시대에 승정원에서 매일 취급한 문서와 사건을 기록한 책이다. 서울대학교 규장각에 있는 《승정원일기》의 원본은 1999년에 국보 303호로 지정되었고, 2001년에는 유네스코 세계 기록 유산으로 등재되었다.

풀이 승정원은 임금의 비서실과 같은 곳이었다. 승정원의 관리인 승지들은 임금의 명령을 신하들에게 전달하거나 임금에게 올리는 글을 받아서 전하는 일을 했는데, 이에 관한 모든 것을 기록으로 남겼다. 그것이 바로 《승정원일기》이다.

《승정원일기》는 조선을 세운 직후부터 쓰기 시작했지만, 초기의 것은 임진왜란 때 불에 타서 없어졌다. 이괄의 난이 일어났을 때 다시 한 번 불에 타 사라졌고, 영조 때에도 승정원에 화재가 일어나 대부분 잃어버렸다. 이에 조선 조정은 《승정원일기》를 다시 편찬하려고 했는데, 특히 선조와 광해군 때의 역사 자료가 거의 사라져서 1623년 이후의 것만 다시 만들었다. 지금까지 남아 있는 《승정원일기》는 인조 때인 1623년부터 고종 때인 1910년까지 약 288년간의 기록이다.

《승정원일기》는 매일 적는 실록과 달리 매달 만들었다. 한 달에 한 권씩 만드는 것이 원칙이었지만, 기록할 것이 많을 때는 2권 이상을 만드는 경우도 있었다. 그 달의 일기는 다음 달에 완성해 보관했고, 임금의 확인을 받기 전까지는 내용이 밖으로 새어 나가지 못하게 막았다. 또한 《승정원일기》는 《조선왕조실록》을 만들 때 가장 중요한 기초 자료로 이용했다.

심화 《승정원일기》는 세계 최대의 역사 기록물이다. 288년간의 기록이 3,243권의 책으로 남아 있다. 게다가 이 책은 《조선왕조실록》처럼 활자로 찍은 것이 아니라 손으로 쓴 기록이다. 《조선왕조실록》은 888권의 책에 5,400만 자의 글자를 새겼지만, 《승정원일기》는 무려 4배가 넘는 2억 4,000만여 자의 글자가 기록되어 있다. 이는 중국의 실록이나 역사책도 따라올 수 없는 대단한 기록이다.

시대 삼국 시대~조선 시대 | 더 찾아보기 고려, 국보, 삼국 시대, 신라, 조선

승려의 유골이나 사리를 모신 작은 탑

승탑

개요 승려(스님)의 유골(뼈)이나 사리를 모신 조형물이다. 삼국 시대부터 만들어졌으며 전국 곳곳의 절 주변에서 발견된다. 승탑은 부처의 이름을 따서 '부도'라고도 부른다.

풀이 승탑은 스님의 유골이나 사리를 모신 탑이다. 스님의 이름이 밝혀진 경우는 '구례 연곡사 소요 대사 탑'과 같이 이름 뒤에 '탑'을 붙이고, 스님의 이름을 알 수 없는 경우는 '여주 고달사지 승탑'과 같이 '승탑'으로 부른다.

승탑은 통일 신라 말기부터 만들어졌다. 대중의 신뢰와 존경을 많이 받는 승려일수록 많은 노력을 들여 승탑을 만들었다. 승탑은 대부분 절 주변의 한적한 곳에 세우는데, 승탑 앞에는 주인의 생애와 활동을 기록한 비를 세운다. 통일 신라의 승탑은 대부분 팔각형이었지만, 고려 이후에는 사각형이나 종 모양과 비슷한 승탑들도 나타났다. 승탑의 구조는 일반 탑과 마찬가지로 상륜부, 탑신부, 기단부로 나뉘는데, 꼭대기에는 지붕 모양의 장식을 한다.

심화 지금까지 남아 있는 대표적인 승탑은 신라 시대의 전흥 법사 염거 화상 탑과 쌍봉사 철감 선사탑, 고려 시대의 흥법사 진공 대사 탑과 법천사 지광 국사 현묘탑, 정토사 홍법 국사 실상탑, 조선 시대의 청룡사 보각 국사 정혜원융탑과 법주사 복천암 수암 화상탑 등이 있다. 이중 가장 오래된 승탑은 신라 문성왕 때인 844년에 세운 전흥 법사 염거 화상 탑이다. 전흥 법사 염거 화상 탑은 국보 제104호로 지정되었다.

●○○
승탑은 기단 위에 둥글거나 팔각 모양의 탑을 세운 뒤 지붕을 얹어 만든다. 탑 안쪽에는 스님의 뼈나 사리가 보관되어 있다.

●○○
승탑은 흔히 '부도'라고 한다. 부도의 어원은 부처를 뜻하는 말인 '붓다(Buddha)'에서 나왔다. 하지만 부처님의 사리를 모신 것은 탑이라고 부르고, 스님의 유골이나 사리를 모신 것은 부도라고 부른다.

시대 고려 시대 | **더 찾아보기** 고려, 양인, 연등회, 유학, 조선, 최승로, 팔관회, 호족

고려 성종 때 최승로가 올린 28가지 개혁안

시무 28조

개요 **고려** 성종 때인 982년에 **최승로**가 건의한 28가지의 개혁안이다. 국방과 **호족**에 관한 정책은 물론이고 여러 가지 사회 제도, 중국과의 관계, 불교, 왕실 등 나랏일에 관한 의견이 두루 담겨 있다. 28개의 조항 가운데 22개만이 전해지고 있다.

풀이 고려의 제6대 임금인 성종은 임금의 자리에 오르자마자 신하들에게 나라를 바르게 다스리기 위한 의견을 받았다. 이때 **유학**자이자 정치가인 최승로는 유교 사상에 바탕을 둔 개혁안인 시무 28조를 올렸다. 시무란 '지금 바로 해야 할 일'이라는 뜻이고, 28조는 28가지의 개혁안을 뜻한다. 최승로는 시무 28조에서 임금은 법에 따라 올바른 정치를 하되, 유교를 나라를 다스리는 근본으로 삼고, 승려들의 횡포나 지나친 불교 행사를 금지하라고 건의했다. 시무 28조의 주요 내용은 다음과 같다.

- 관리의 의복과 백성의 의복을 달리해야 한다.
- 임금과 신하, 부모와 자식 간의 도리는 중국의 것을 따른다.
- 국가의 큰 행사(**연등회, 팔관회**)는 백성의 부담이 크므로 삼간다.
- 불교보다는 유교에 따라 통치한다.
- 왕은 교만하지 말고 아랫사람을 공손히 대한다.
- 관리를 공정히 선발한다.
- **양인**과 천인을 뚜렷이 구별해 아랫사람이 윗사람을 모욕하지 못하게 한다.

심화 성종은 고려가 건국된 이후 비로소 나라의 기틀을 완성한 임금이다. 그는 중국 정치 제도의 장점을 본받아 중앙 관청인 3성 6부를 만들고, 지방을 다스리기 위한 12목을 설치하는 등 나라의 체제를 정비했다. 이때 만들어진 정치 체제는 수정과 발전을 거쳐 **조선** 시대까지 이어졌다. 또한 그는 불교를 멀리 하고 유교의 가르침을 바탕으로 나라를 다스렸다.

박정희 정부가 장기 집권을 위해 시행한 비상 조치

10월 유신

개요 1972년에 박정희 정부가 시행한 비상 조치이다. 국가를 안정시키고 국력을 높여 평화 통일을 이루기 위한 것이라고 했지만, 실제로는 권력을 오랫동안 독차지하기 위한 조치로 비판받았다.

풀이 박정희는 1971년 대통령 선거에 이겨 세 번씩이나 대통령 자리에 올랐지만, 국민들의 거센 비판을 받았다. 장기 집권과 독재에 반대하는 민주화 운동도 이어졌다. 박정희 정부는 이를 억누르고자 1971년 국가 비상 사태를 선언했다. 안보를 국가의 최우선으로 삼아야 한다는 구실을 내세워 대통령이 비상 대권을 가질 수 있도록 했다. 비상 대권이란 나라에 위급한 일이 생겼을 때에는 법에 따르지 않고 조치를 내릴 수 있는 권한을 뜻한다.

그리고 이런 조치는 1972년에 10월 유신으로 이어졌다. 박정희 정부는 1972년 10월 17일 비상 계엄령을 선포하여 헌법의 효력을 일부 정지시키고 국회를 해산한 다음, 10월 27일에는 새로운 헌법인 유신 헌법을 만들었다. 11월 21일에 유신 헌법이 국민 투표로 확정되자, 이에 따라 박정희가 대통령에 다시 선출되었다.

유신 헌법은 국민이 아닌 통일 주체 국민 회의 대의원이 대통령을 뽑는 간접 선거를 치르도록 되어 있었다. 대통령의 임기는 6년으로 늘어났고, 대통령에 출마하는 횟수의 제한도 없어져 영구 집권이 가능하게 되었다. 또한 대통령이 법관을 임명하고, 국회 의원의 1/3을 추천하며, 대통령의 판단으로 법의 효력을 정지시킬 수 있는 긴급 조치권까지 갖게 되면서 독재 체제가 만들어졌다.

심화 박정희 정부는 유신 체제를 '한국적 민주주의의 토착화'라고 선전했다. 그러나 자유 민주주의 원칙을 무시한 10월 유신으로 우리나라의 민주주의는 크게 후퇴했다. 이에 따라 1973년 유신 헌법 개정 100만인 서명 운동, 1976년 민주 구국 선언, 1979년 부마 민주 항쟁 등 민주화 운동이 활발히 전개되었다.

시대 조선 시대 | **더 찾아보기** 갑오개혁, 고려, 금난전권, 신라, 정조, 조선, 한양

조선 시대에 한양에서 독점으로 장사하던 상인
시전 상인

개요 시장 거리에 있었던 큰 가게를 시전이라고 하고, 시전에서 장사하는 사람들을 시전 상인이라고 한다. 고려 시대부터 있었으나 조선 시대에 나라에서 필요로 하는 물품을 제공하는 대신 독점으로 상업 활동을 하던 한양의 상인을 뜻하는 말이 되었다.

풀이 근대 이전의 사회에서는 정부도 상업을 억제하는 정책을 폈다. 상업이 발달해 백성들이 너도나도 장사에 뛰어들면 농업이 위축되어 국가가 어려워진다고 생각했기 때문이다. 나라에 세금을 내는 사람들은 대부분 농민이었으므로 정부에서는 모든 정책을 농업 중심으로 펼칠 수밖에 없었던 것이다.

이 때문에 신라의 금성(지금의 경주)에 있던 시장도 나라의 통제를 받았고, 고려 시대에도 시전은 관청의 허가를 받아야 장사를 할 수 있었다. 조선 시대에도 나라가 나서서 한양 안에 쌀, 옷감, 수산물 등 품목별로 시전을 설치할 곳을 정해 준 다음, 그곳에서만 장사를 하도록 했다.

시전을 이용해 장사를 하는 상인들은 상업 활동을 허락해 준 대가로 나라가 필요로 하는 물품을 제공하거나 여러 가지 세금을 냈다. 나라에서는 시전 상인들에게 허가받지 않은 장사치, 즉 난전을 단속할 수 있는 금난전권도 주었다. 시전 상인들 외에는 한양에서 장사를 할 수도, 특정한 물품을 취급할 수도 없었던 것이다. 그러나 정조 때 금난전권이 폐지되면서 난전과의 경쟁에 내몰린 시전은 결국 1894년 갑오개혁 때 완전히 사라졌다.

심화 허가받지 않은 상인을 뜻하는 난전은 오랫동안 시전 상인들의 횡포에 시달렸다. 하지만 조선 후기에는 수공업과 상업의 발달로 난전의 수는 급격히 늘어났다. 게다가 난전들이 시전에서도 구할 수 없는 여러 가지 상품을 팔면서 경쟁력을 키우자 시전은 서서히 몰락할 수밖에 없었다.

임금이나 업적이 많은 신하가 죽은 뒤 지어 주는 이름
시호

개요 임금이나 많은 업적을 남긴 신하, 뛰어난 학자가 죽은 뒤에 그 공덕을 기리며 붙이는 이름이다.

풀이 시호는 살아 있을 때 세운 업적을 바탕으로 하여 붙이는 이름이다. 예를 들어 **이순신**의 시호인 '충무공'은 무예로 충성을 다한 사람이라는 뜻이다. **조선**의 제3대 임금인 **태종(이방원)**은 국가 기강을 확고히 세웠다는 뜻으로 '공정'이라고 했고, 뒤이어 임금이 된 **세종**은 태종이 만든 규범을 잘 지켰다는 뜻에서 '장헌'이라고 했다.

시호 중에서도 나라에서 가장 신경을 쓴 것은 죽은 임금에게 시호를 올리는 일이었다. 임금에게 시호를 붙이는 것은 **신라** 때도 이미 있었지만, 시호 제도가 어떻게 운영되었는지에 대한 기록이 없어 확실하지 않다. 조선 시대에는 시호도감이라는 관청을 세우고 예법을 적은 책과 신하들의 의견을 참고해 시호를 정했다.

그런데 임금을 부를 때 시호보다 익숙한 것은 **태조**나 태종, 세종과 같은 이름이다. 이 역시 임금이 죽은 다음에 공덕을 칭송하여 붙이는 시호의 하나이지만, 시호와 구분해 '묘호'라고 부른다. 임금의 정식 이름은 묘호 뒤에 시호를 붙여 완성한다. 따라서 태종의 정식 이름은 '태종공정대왕', 세종은 '세종장헌대왕'이 된다.

심화 묘호는 나라를 세운 임금의 이름에는 '조', 그 뒤를 이은 임금의 이름에는 '종'을 붙이는 것이 원칙이었다. 그런데 나중에는 나라를 세운 것에 버금가는 업적을 쌓은 임금에게도 '조'를 붙였다. **세조**는 왕실의 위엄을 세웠다는 의미로, **선조**와 인조는 **임진왜란**과 **병자호란**을 잘 극복했다고 평가를 받은 것이다. 하지만 '종'을 붙인 임금이라고 해서 업적이 작은 것은 아니다. 세종의 경우는 조선 시대에서 가장 훌륭한 임금으로 평가받고 있기 때문이다. 임금의 자리에서 쫓겨난 **연산군**이나 **광해군**은 임금으로 인정하지 않아 묘호를 붙이지 않았다. '군'은 왕자를 가리키는 말로, 임금이 아니라 임금의 자손이라는 사실만을 인정한 것이다.

시대 일제 강점기 | **더 찾아보기** 광주 학생 운동, 3·1 운동, 이상재, 일본, 일제 강점기, 조선

일제 강점기에 있었던 가장 큰 규모의 사회단체

신간회

개요 1927년에 민족주의 운동가와 사회주의 운동가들이 독립의 뜻을 모아 만든 사회단체이다. **일제 강점기**에 있었던 합법적인 단체 가운데 가장 규모가 컸다. 일제의 탄압과 조직 내부의 갈등으로 인해 1931년에 해체되었다.

풀이 **3·1 운동** 이후 여러 민족 운동 단체들이 생겨났다. 1920년대 중반 이를 통합해 이념과 노선을 넘어선 민족 운동 단체를 세우자는 움직임이 일어났다. 이에 따라 **이상재**와 안재홍 등을 중심으로 민족주의와 사회주의 운동 세력을 통합한 신간회가 만들어졌다. 신간회는 출범하자마자 활발하게 활동해 국내외에 140여 개의 지회와 약 3만여 명의 회원을 가지게 되었다.

신간회는 정치나 경제에서 외국의 간섭에서 벗어나고, 기회주의에 반대하며, 우리 민족끼리 단결해야 한다는 기본 입장을 밝혔다. 그리고 언론·집회·출판의 자유, **조선**인 위주의 교육, 경작권 확립, 부당한 세금 반대, 조선 민족을 억압하는 법 철폐 등을 위해 적극적인 대중 운동을 펼쳤다. **광주 학생 운동**이 일어나자 진상을 조사해 널리 알렸고, 일제의 탄압에 항의해 민중 대회를 계획하기도 했다. 이에 **일본** 경찰은 민중 대회 계획을 당장 중지하라고 명령했다. 하지만 신간회 회원들이 계속 집회를 준비하자, 일본 경찰은 신간회 간부 40여 명을 구속해 버렸다. 이로 인해 신간회는 큰 타격을 입게 되었다.

심화 사실 신간회는 초기부터 민족주의 계열과 사회주의 계열 간의 갈등이 있었다. 그러다 1920년대 말부터 신간회가 실질적으로 민족을 위해 한 일이 없고, 변화된 상황에 대처하지 못해 대중 운동을 지도할 능력을 잃어버렸다는 비판이 일어났다. 이에 사회주의자들은 차라리 신간회를 없애고 새롭게 민족 해방 운동을 지도할 조직(반제국주의 통일 전선)을 만들자고 주장했다. 결국 신간회는 창립한 지 4년 만인 1931년에 스스로 해산했다.

시대 고려 시대 | 더 찾아보기 고려, 공민왕, 권문세족, 노비, 양인

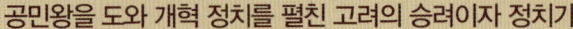

공민왕을 도와 개혁 정치를 펼친 고려의 승려이자 정치가

신돈

개요 공민왕을 도와 개혁 정치를 펼친 고려 말기의 승려이다. 신돈의 권력이 지나치게 커진 것을 염려한 공민왕과 권문세족의 모함으로 처형되었다.

풀이 신돈은 고려 말기에 옥천사라는 절에서 노비로 일하던 어머니 밑에서 자랐다. 천한 신분이었지만 어릴 때부터 매우 총명했다고 하며, 승려가 된 이후 공민왕의 눈에 띄어 정치의 길로 나섰다. 공민왕은 한 승려가 자신을 죽이려는 강도로부터 구해주는 꿈을 꾸었는데, 김원명이 데려온 신돈을 보고 깜짝 놀랐다고 한다. 신돈이 꿈에서 본 승려의 얼굴과 똑같았기 때문이다.

고려의 개혁을 위해 새로운 인물이 필요했던 공민왕은 신돈을 자신의 사부로 임명하고 개혁 정치를 맡겼다. 신돈은 우선 전민변정도감이라는 관청을 세웠다. 전민변정도감이란 친원파를 비롯한 권문세족들에게 빼앗긴 토지를 백성들에게 돌려주고, 강제로 노비가 된 사람들에게 양인의 신분을 되찾아 주기 위한 기관이었다. 이에 백성들은 신돈의 정책을 지지했지만 권문세족들에게는 미움을 샀다. 이에 더해 신돈은 과거 시험을 실시해 새로운 인재를 등용하면서 권문세족들을 위협했다.

결국 권문세족들은 신돈이 반역을 꾀한다고 모함했다. 그들은 신돈이 겉으로는 성인인 척 하면서 뒤로는 부패한 행동을 일삼는 '요승'이라고 비난했고, 신돈은 1371년에 반역자로 몰려 처형당하고 말았다.

심화 신돈이 죽음에는 공민왕의 뜻도 있었다. 공민왕은 처음에는 신돈을 깊이 신뢰했지만, 신돈의 과격한 개혁으로 인해 원성이 높아진 데다 지나치게 그의 권력이 커지자 부담스러워하기 시작했다. 결국 공민왕은 신하들의 요구를 받아들여 신돈을 처형하라고 명령했다.

| 시대 조선 시대~대한 제국 시대 | 더 찾아보기 단발령, 대한 제국, 동학 농민 운동, 명성 황후, 양반, 을미사변, 을사조약, 의병, 일본, 조선, 한양

조선 말기에 '태백산 호랑이'라고 불렸던 평민 출신의 의병장

신돌석

개요 조선 말기에 활동한 평민 출신의 항일 의병장이다. 의병 활동으로 일본군에게 큰 타격을 주어 '태백산 호랑이'라고 불렸다.

풀이 신돌석은 1878년 경상북도 영해의 평민 집안에서 태어났다. 신분은 비록 평민이었지만 일찍이 글을 익혔고, 동학 농민 운동을 지켜보면서 민족의식을 키웠다. 그러다 일본이 자객들을 보내 명성 황후를 시해한 을미사변과 단발령에 격분해 열아홉 살이 되던 해인 1895년에 의병 부대에 들어갔고, 뛰어난 전투력과 지도력을 인정받아 의병장이 되었다.

일본이 을사조약을 맺어 대한 제국의 외교권을 빼앗자, 전국에서는 다시 의병 운동이 활발하게 일어났다. 신돌석도 의병 부대를 이끌고 일본 군선을 파괴하는 등 본격적인 활동에 나섰다. 그는 경상도에서부터 강원도에 이르는 동해의 해안선을 따라 기습전을 벌여 많은 일본군을 무찔렀다.

1907년에는 일본에 의해 해산된 군인들이 참여하면서 의병 활동이 더욱 거세졌다. 전국 13도의 의병이 연합해 한양으로 진격하기 위한 회의가 양주에서 열렸다. 신돌석도 경상도 의병을 대표해 회의에 참석했다. 하지만 의병 부대를 재편하는 과정에서 그는 평민 출신이라는 이유로 의병장이 되지 못했다. 또한 의욕적으로 준비한 한양 침공 계획도 끝내 이루어지지 못했다.

신돌석은 다시 경상도로 돌아와 의병 활동을 벌였으나 끈질긴 일본군의 방해 공작으로 여의치 않았다. 이에 그는 부하들을 집으로 돌려보내고 자신은 만주에서 항일 운동을 계속할 계획을 세웠다. 하지만 현상금에 눈이 먼 부하 김상렬 형제의 계략에 빠져 1908년에 목숨을 잃고 말았다.

심화 신돌석의 의병 부대는 군율이 매우 엄격하고 일반 백성들에게 피해를 주지 않도록 훈련되어서 가는 곳마다 환영을 받았다고 한다. 신출귀몰한 게릴라 전법으

로 일본군을 크게 무찔렀고, **양반** 출신 의병들이 평민 출신인 그를 존경하며 따랐을 정도로 리더십도 뛰어났다. 백성들 사이에서는 신돌석이 "바위처럼 큰 돌을 한 손으로 옮겼다."든가 "천릿길을 하루에 갔다."든가 하는 설화가 퍼져나갔는데, 이는 신돌석이 그만큼 뛰어난 장수였음을 보여 주는 것이라고 할 수 있다.

●○●
신돌석은 조선 말기에 외세의 침략으로부터 나라를 구하기 위해 의병에 뛰어들었다. 그는 비록 평민 출신이었지만 수많은 의병들을 이끄는 장수로서 일본군에 큰 타격을 입혔고, 백성들로부터 '태백산 호랑이'라는 별명도 얻었다.

수많은 의병들이 신돌석을 믿고 따랐다. 심지어 양반 출신의 의병들 중 일부는 스스로 그의 부하로서 참여했다고 한다.

시대 삼국 시대~후삼국 시대 | **더 찾아보기** 가야, 견훤, 고구려, 고려, 9주 5소경, 궁예, 김유신, 김춘추, 나당 전쟁, 녹읍, 당, 무열왕, 문무왕, 박혁거세, 백제, 법흥왕, 신문왕, 왕건, 이차돈, 장보고, 지증왕, 진골, 진흥왕, 청해진, 호족, 후고구려, 후백제

7세기 후반에 삼국을 통일하고 천 년의 문화를 꽃피운 나라
신라

개요 기원전 57년에 **박혁거세**가 경주 지방에서 세운 나라이다. **고구려**와 **백제**에 비해 늦게 발달했지만, 삼국을 통일하고 천 년의 문화를 꽃피웠다. 8세기 후반부터 귀족들의 왕위 다툼과 지배층의 부패로 나라가 어지러워지기 시작했으며, 935년에는 **고려**를 세운 **왕건**에게 항복해 멸망했다.

풀이 진한 지역에 있었던 열두 나라 중 하나인 사로국은 금성(경주)을 중심으로 발달했다. 사로국은 주변의 작은 나라들을 정복하면서 크고 강한 나라가 되었다. 제22대 임금인 **지증왕**은 나라 이름을 사로국에서 '신라'로 바꾸고 임금의 이름도 '왕'으로 고쳤다. 제23대 임금인 **법흥왕**은 **이차돈**의 순교를 계기로 불교를 공식적으로 받아들였고 나라의 기틀을 다졌다. 제24대 임금인 **진흥왕**은 영토 확장에 힘써 **가야**를 정복하고, 한강 유역뿐 아니라 낙동강 유역과 동북 해안의 마운령까지 진출해 영토를 크게 넓혔다.

이후 신라는 삼국을 통일해 한반도의 주인이 되려는 노력을 기울이기 시작했다. 제29대 임금인 태종 **무열왕(김춘추)** 때에는 **당**과 연합을 맺은 뒤 **김유신**을 앞세워 백제를 멸망시켰고(660년), 제30대 임금인 **문무왕** 때에는 고구려를 멸망시켰다. 이후 연합을 맺은 당이 백제와 고구려 땅을 차지하려 하자 당과도 전쟁을 벌여 승리했다. **나당 전쟁**에서 패한 당은 대동강 이북으로 물러났고, 신라는 한반도의 중남부 지역을 통일하는 데 성공했다.

통일 후 신라는 넓어진 영토를 다스리기 위해 행정 구역을 개편하고 제도를 정비했다. **신문왕**은 전국을 9주로 나눈 뒤 5소경을 두었으며(**9주 5소경**), 중앙군 9서당과 지방군 10정을 두어 나라를 지켰다. 또한 벼슬아치들에게 주던 **녹읍**을 없애고 관료전을 주어 왕권도 안정시켰다. 이후 신라는 전쟁으로 잠시 멀어졌던 당과 교류하며 여러 나라와 해상 무역을 벌였다. 당에는 신라인들의 집단 거주지인 신라방, 이들을 위한 관청인 신라소와 절인 신라원이 생겼고, **장보고**는 해적을 소탕하기 위

해 **청해진**을 세운 뒤 해상 무역을 주도했다.

심화 신라는 8세기 후반부터 지배층이 사치에 빠져 부패하고, **진골** 귀족들 사이에 왕위 다툼이 벌어져 나라가 어지러워졌다. 전국 곳곳에서는 살기 어려워진 백성들이 봉기를 일으켰고, 지방에서는 **호족**들이 힘을 키웠다. 특히 가장 힘이 셌던 호족인 **견훤**과 **궁예**는 각각 나라를 세우고 신라를 위협했다. 결국 신라는 **후백제**와 **후고구려** 등 세 나라로 갈라져 수십 년간 경쟁하다 고려를 세운 왕건에게 항복해 멸망했다.

●○○
삼국 시대에 신라의 전성기를 이끈 인물은 진흥왕이다. 그는 신라의 영토를 크게 넓히고 여러 곳에 순수비를 세웠다.

●○○
신라는 원래 소박한 문화를 이어왔으나 통일 후 자신의 문화를 바탕으로 고구려 백제의 문화를 종합하고 당의 문화까지 아들여 화려한 문화를 꽃피웠다. 불국사 석굴암, 성덕 대왕 신종 등은 통일 신라를 대표하는 예술품들이다.

신라 진흥왕 때 만든 청소년 단체인 화랑은 신라가 한반도의 주인이 되는 데 크게 이바지했다. 대표적인 인물이 김유신과 관창이다.

신라장적

통일 신라의 지방 사정을 기록해 보고한 문서

개요 통일 신라의 촌주가 마을의 사정을 기록해 중앙 정부에 보고한 문서이다. '신라 민정 문서'라고도 한다. 신라 조정은 이 문서를 바탕으로 지방의 사정을 파악하고 세금을 걷었다.

풀이 예나 지금이나 중앙 정부는 각 지방의 형편과 주민들의 생활을 조사한다. 그래야 올바른 정책을 세우고 세금을 거둘 수 있기 때문이다. 삼국 통일 후 신라도 비슷한 조사를 했다. 촌의 우두머리인 촌주들에게 3년마다 한 번씩 마을의 사정을 자세히 기록해 보고하도록 한 것이다. 보고서에서 중심이 되는 내용은 세금을 걷는 데 필요한 정보인 땅과 노동력에 관한 것이었다.

예를 들어 1933년 일본의 도다이지라는 절에서 발견된 한 문서에서도 신라의 이 같은 조사 내용이 나왔다. 절의 보물 창고라고 할 수 있는 쇼소인에서 발견된 이 문서는 신라의 서원경 부근에 있는 4개 촌의 사정을 기록한 것이었다. 서원경은 지금의 청주 지방에 있었던 5소경의 하나로, 문서가 기록된 시기는 경덕왕 때인 755년이나 헌강왕 때인 875년으로 추측된다.

문서에 기록된 내용은 마을의 전체 크기, 집의 수, 인구 수, 소나 말과 같은 가축의 수, 논밭의 면적, 뽕나무나 호두나무 같은 과실나무의 수 등이다. 이중에서 인구는 상민과 노비를 구분해 성별, 연령별로 6등급으로 나누어 적었다. 또한 집은 일할 수 있는 성인 남자의 수와 가지고 있는 논밭의 면적에 따라 9등급으로 구분할 정도로 매우 구체적이었다.

심화 신라 조정이 이렇듯 세밀하게 토지를 조사한 이유는 기본적으로 땅은 나라(임금)의 것이라고 생각했기 때문이다. 관리에게 땅을 줄 때에도 땅을 경작할 수 있는 수조권만 허락하고, 성인 남자에게 정전을 나누어 준 뒤 세금을 나라에 바치게 한 것도 마찬가지 이유였다.

시대 조선 시대 | 더 찾아보기 노비, 사헌부, 수령, 연산군, 영조, 의금부, 조선, 태종, 한양

조선 시대에 백성들의 억울한 일을 풀어 주기 위해 설치한 북

신문고

개요 **조선** 시대에 백성들의 억울한 일을 풀어 주기 위해 대궐 밖에 달았던 북이다. **태종** 때 처음 설치되었으며, 억울한 판결에 대해 항소하는 절차를 거친 뒤 마지막 단계에서 이용할 수 있었다.

풀이 조선의 제3대 임금인 태종은 1401년 백성들의 억울한 일을 해결해 주기 위해 신문고를 설치했다. 신문고란 대궐 밖 문루에 북을 달아 두고, 억울한 일을 당한 백성들이 북을 울리면 그 사연을 들어 해결해 주는 제도였다. 임금의 지휘를 받는 사법 기관인 **의금부**가 신문고를 관리했다.

조선 시대에는 백성들이 억울한 판결을 받았을 때 다음과 같은 절차를 거쳐 항소할 수 있었다. 지방에서 일어난 범죄의 경우 **수령**이 먼저 판결을 내리고, 관찰사가 이를 다시 살펴본 다음, 그래도 억울하면 **사헌부**에 호소하는 것이다. 이렇게 해도 해결이 안 되면 신문고를 울릴 수 있었다.

태종은 중국 송나라의 태조가 북을 달아 백성들의 사연을 들었다는 고사에서 착안해 대궐 밖 문루에 신문고를 만들었다. 이 때문에 처음에는 '등문고'라고 불리기도 했다.

심화 신문고는 아무나 마음대로 울릴 수 있는 것은 아니었다. 하급자가 상급자를 고발하거나 노비가 주인을 고발하는 것은 역모 이외에는 인정되지 않았고, 오직 집안의 명예나 목숨이 걸린 누명에 대해서만 신문고를 울릴 수 있었다. 이런 규정에도 불구하고 억울한 사연을 가진 백성들이 신문고에 몰려 관리가 힘들어지자, 나중에는 더욱 엄격히 제한했다. 그 결과, 신문고는 **한양**의 관리나 가끔 이용했고, 일반 백성이나 지방민, **노비**들은 거의 이용할 수 없었다. 그나마 제10대 임금인 **연산군** 때는 신문고가 아예 폐지되었다가 제21대 임금인 **영조** 때 겨우 부활되었다.

시대 남북국 시대 **더 찾아보기** 고구려, 9주 5소경, 국학, 나당 전쟁, 녹읍, 만파식적, 문무왕, 삼국유사, 삼국 통일, 신라

삼국 통일 후 왕권을 강화하고 체제를 정비한 신라의 임금

신문왕

개요 **신라**의 제31대 임금이다. 국가 제도를 새롭게 정비하고 왕권을 강화해 **삼국 통일** 후의 신라를 안정시켰다. 신비한 피리인 **만파식적** 설화의 주인공이기도 하다.

풀이 신문왕은 **고구려**를 정복하고 **나당 전쟁**에서 승리해 삼국을 통일한 **문무왕**의 둘째 아들이다. 신문왕에게는 형(소명 태자)이 있었지만 병으로 일찍 죽었기 때문에 태자로 임명되었다. 그는 문무왕이 세상을 떠난 해인 681년에 임금이 되었으며, 아버지가 이룬 통일 왕국의 기틀을 닦기 위해 여러 가지 노력을 기울였다.

신문왕은 먼저 왕실의 권위를 높이기 위해 애썼다. 그가 임금의 자리에 오른 지 얼마 되지 않아 일어난 진골 귀족 김흠돌의 난을 진압하고, 자신에게 반대하는 세력을 철저히 제거했다. 그런 다음 유교를 정치 이념으로 삼고 **국학**을 세웠다. 국학은 통일 후 신라의 인재를 길러 낸 최고의 교육 기관이었다.

또한 신문왕은 늘어난 영토를 효과적으로 다스리기 위해 **9주 5소경** 제도를 완성했다. 군사 조직도 정비해 9서당 10정제를 채택했고, 나랏일을 보는 관리들에게 땅을 주는 제도인 **녹읍**을 폐지하고, 수조권(땅을 경작할 수 있는 권리)만을 인정하는 관료전을 주었다. 이는 귀족들이 땅과 농민들을 지배하면서 세력을 키우지 못하도록 막은 것이다.

만파식적 설화는 신문왕이 통일 후의 신라를 잘 다스려 태평한 나라를 이루었음을 보여 준다.

심화 《삼국유사》에 따르면 신문왕은 임금으로 있는 동안 신비한 피리인 만파식적을 얻었다. 이 피리를 불면 왜적의 침입을 막아내는 등 나라가 평온해졌다고 한다. 이 설화는 신문왕이 강력한 왕권을 바탕으로 나라를 평화롭게 잘 다스렸음을 보여 준다.

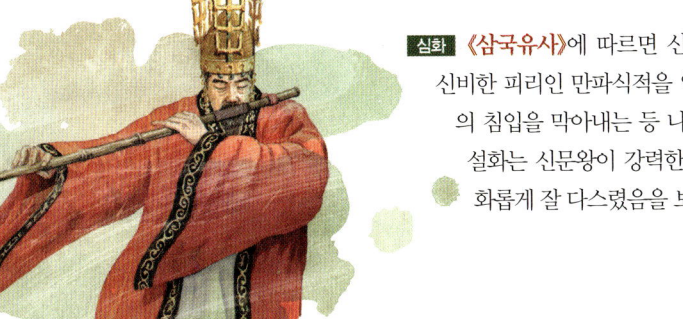

시대 조선 시대 | **더 찾아보기** 고종, 병인양요, 제너럴셔먼호 사건, 조선, 척화비, 한양, 흥선 대원군

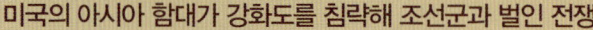

미국의 아시아 함대가 강화도를 침략해 조선군과 벌인 전쟁

신미양요

개요 조선 고종 때인 1871년에 미국의 아시아 함대가 강화도를 침략해 조선군과 벌인 전쟁이다. 미군은 치열한 전투 끝에 강화도의 광성보를 점령했으나, 예상 외로 강한 조선군의 저항에 놀라 결국 스스로 물러났다.

풀이 미국은 1866년 제너럴셔먼호 사건을 계기로 조선의 문호 개방에 관심을 가지기 시작했다. 제너럴셔먼호 사건이란 미국의 상선인 제너럴셔먼호가 서해에서 대동강을 거슬러 올라와 통상을 요구하며 행패를 부리다 배가 불태워지고 선원들이 죽임을 당한 일을 뜻한다. 기회를 엿보던 미국은 1871년에 함대를 이끌고 강화도로 쳐들어왔다. 겉으로 내세운 이유는 5년 전에 일어난 제너럴셔먼호 사건의 책임을 묻는 것이었지만, 속셈은 강제로 조선의 문호를 열고 진출하려는 것이었다.

미국은 모두 5척의 군함과 1,200여 명의 병력을 보냈다. 우두머리는 아시아 함대의 사령관인 로저스였다. 미국은 먼저 조선과의 통상을 요구했지만 조선 정부는 곧바로 이를 거절했다. 그러자 미국은 조선 정부의 허락도 받지 않고 서울로 가는 물길을 조사하겠다며 강화도 주변을 탐색하기 시작했다. 조선의 수도인 한양으로 들어가는 길목인 강화도 수로에 다른 나라 배가 마음대로 드나들자, 방어를 맡고 있던 조선의 손돌목 포대는 이들을 향해 대포를 쏘았다. 그러자 미군은 기다렸다는 듯이 이를 구실로 강화도를 공격해 왔다.

단숨에 강화도의 초지진과 덕진진을 점령한 미군은 북쪽으로 올라오면서 강화도에서 가장 규모가 큰 포대가 있는 광성보를 공격했다. 광성보의 조선군은 미군에 비해 불리한 상황이었지만 물러서지 않고 맞서 싸웠다. 한동안 치열한 전투가 이어졌으나 끝내 광성보는 미군에게 점령당했다. 미군은 광성보까지 손에 넣었으나 예상 외로 완강한 조선군의 저항에 놀라 주춤했다. 그리고 더 이상 무력으로 조선을 굴복시키는 것이 어렵다고 판단하고 강화도에서 물러났다.

심화 제너럴셔먼호 사건과 **병인양요** 등을 겪으며 조선 사람들이 가지고 있던 서양에 대한 거부감은 신미양요로 인해 더욱 커졌다. 또한 조선을 위협하던 미군이 결국 강화도에서 철수하자 **흥선 대원군**은 자신감을 얻고 통상 수교 거부 정책을 강화하게 되었다. 그는 전국 곳곳에 '서양과 화해를 주장하는 것은 매국'이라는 내용을 담은 **척화비**를 세웠고, 조선 사회에는 서양 배척 풍조가 한층 강해졌다.

광성보는 강화도에서 가장 큰 포대가 있는 곳이었다. 미군은 엄청난 화력으로 광성보를 공격했고, 조선군도 이에 맞서 포를 쏘고 화살을 퍼부었다. 광성보의 용두돈대에는 지금도 당시의 포가 보존되어 있다.

광성보에서 이틀에 걸쳐 벌어진 전투는 매우 치열했다. 조선군은 무기의 수준이 떨어지고 군사의 수도 적었지만 어재연과 어재순 형제의 지휘에 따라 용감하게 싸웠다. 탄환과 화살이 떨어진 후에는 맨손으로 싸울 정도였다.

시대 대한 제국 시대~일제 강점기   **더 찾아보기** 대성 학교, 대한 제국, 안창호, 애국 계몽 운동, 오산 학교, 의병, 일본, 한일 강제 병합

대한 제국 말기에 국권을 지키기 위해 만든 비밀 운동 조직

신민회

개요 1907년에 애국 계몽 운동가들이 국권(나라의 주권과 통치권) 회복을 위해 만든 비밀 조직이다. **한일 강제 병합** 이후에는 무장 독립운동을 준비하기도 했다. 1911년에 일제에 의해 조직이 탄로나 해체되었다.

풀이 20세기 초반에 **일본**이 **대한 제국**을 식민지로 만들기 위한 속셈을 노골적으로 드러내면서, 국내에서는 국권을 지키기 위한 **애국 계몽 운동**이 일어났다. 하지만 이미 대한 제국의 정치에 깊숙이 간여하고 있는 일본이 반일 운동 단체들을 탄압하면서 운동은 순탄하지 못했다.

이에 **안창호**, 양기탁, 이동휘를 비롯한 민족 운동가들은 비밀리에 활동할 조직을 만들었다. 조직의 이름은 '신민회'였다. 신민회는 일제에 알려지면 방해와 탄압을 받을 것이 분명했기 때문에 회원을 받아들이는 절차도 조심스러웠다. 엄격한 심사를 거친 회원들의 수는 800여 명 정도였다.

신민회의 목표는 국권 회복을 통해 자유 독립국을 세우고, 국민이 나라의 주인인 공화국을 만드는 데 있었다. 목표를 이루려면 무엇보다 나라의 힘과 실력을 길러야 했기 때문에 신민회는 먼저 교육 운동에 뛰어들었다. 인재를 양성하는 새로운 교육 기관인 **대성 학교**와 **오산 학교**를 세워 민족주의 교육을 실시했고, 잡지와 책을 출판하기 위해 태극서관을 만들었다. 그리고 일제의 경제 침략을 막기 위해 민족 자본으로 회사를 세워 운영하며 민족 자본을 만들고자 노력했다.

또한 신민회는 독립 전쟁 준비도 했다. 일제의 감시와 탄압이 심한 국내에서는 준비가 어려웠기 때문에 만주에 독립운동 기지를 만들었고, 무장 독립 투쟁의 중견 간부를 길러 내기 위한 신흥 강습소를 세웠다. 이러한 활동은 대한 제국 말기의 애국 계몽 운동이 **의병** 부대와 연결되는 계기가 되었다. 신민회는 1911년에 일제가 꾸민 '데라우치 총독 암살 미수 사건'에 엮이면서 비밀 조직의 모습이 드러났고 곧이어 해체되었다. 하지만 신민회 회원들이 이후에도 계속 독립운동을 이어갔다.

신민회를 이끈 중심 인물은 안창호와 양기탁, 이동휘 등이었다. 안창호는 3·1 운동 이후 대한민국 임시 정부의 내무 총장이 되어 독립운동을 이끌었고, 양기탁과 이동휘는 105인 사건으로 고초를 겪었지만 감옥을 나온 뒤에도 독립운동을 이어갔다.

심화 '데라우치 총독 암살 미수 사건'이란 1910년 12월에 안명근이 조선 총독인 데라우치를 죽이려다 실패한 사건을 뜻한다. 안명근은 데라우치가 압록강 철교 준공식에 참석할 때 암살할 계획이었지만 미처 실천하기도 전에 계획이 탄로 났다. 일제는 이 사건을 민족 운동가들을 탄압하는 기회로 삼았다. 양기탁과 이동휘 등 신민회의 많은 회원들도 이 사건을 빌미로 잡혀가 모진 고문을 받았다. 일제는 무려 600여 명을 잡아 가두고 고문한 끝에 105명을 재판정에 세우고 처벌했다. 사건과 관계없는 사람들까지 범죄자로 몰아 조작한 이 사건은 '105인 사건'으로 부르기도 하며, 신민회에 큰 타격을 주었다.

일제가 조작한 사건인 '105인 사건'으로 인해 끌려가는 신민회 회원들. 이 사건으로 인해 많은 신민회 회원들이 체포되면서 신민회는 사실상 해체되었다.

양기탁 등 신민회의 회원들이 참여해 만들었던 《대한매일신보》의 편집국 모습. 신민회는 신문과 잡지, 책 등 인쇄 매체를 이용해 일제의 침략을 알리고 국민들의 자주독립 의지를 키우기 위해 노력했다.

시대 일제 강점기 | 더 찾아보기 메이지 유신, 일본, 조선, 조선 총독부, 중일 전쟁

일제 강점기에 일본의 조상신을 모신 사당에 참배를 강요당한 일

신사 참배

개요 1930년대부터 일제가 우리나라 사람들이 **일본**의 조상신을 모신 사당에 참배하도록 강요한 일이다. 일제는 식민 지배와 대륙 침략을 위해 '일본과 **조선**이 한 몸'이라는 내선 일체 정책을 폈는데, 신사 참배도 그것을 위한 수단이었다.

풀이 신사는 본래 일본 고유의 민간 종교 시설이었다. 그러다 **메이지 유신** 이후 일본 국민의 통합을 위해 종교적인 의미보다는 천황의 지배를 튼튼히 하는 수단으로 이용되기 시작했다. 이때부터 신사는 일본 고유의 신을 비롯해 왕실의 조상과 국가에 큰 공을 세운 사람까지 신으로 모시는 나라의 사당이 되었다.

신사는 비단 일본 내 정치적인 목적뿐 아니라 한반도 문화 침략을 위한 수단이 되기도 했다. 일제는 1930년대부터 우리나라 사람들이 신사에 참배하도록 강요했다. 신사를 중심으로 애국반이 만들어졌고, 애국반은 조선인이 참배를 잘 하는지 감시했다. 1936년에는 신사 제도가 개정되면서 신사의 수도 크게 늘어났다. 1936년에는 524개였던 것이 1945년에는 1,062개에 달할 정도였다.

일제의 신사 참배 강요는 사람들의 반발을 불러왔다. 하지만 신사 참배 거부를 트집 잡은 탄압이 이어지자 반대하던 국내의 종교 단체들도 차츰 신사 참배를 하게 되었다. 평양 신학교 학생들을 중심으로 신사 참배 거부 운동이 일어나기도 했지만, 주기철 목사 등 반대 운동에 나선 종교인들이 붙잡혀 수난을 당하면서 차츰 수그러들었다.

심화 신사는 1945년에 일제의 지배로부터 해방이 되면서 사람들에 의해 대부분 불타거나 파괴되었다. 최근에는 일본의 보수 정치인들이 야스쿠니 신사에 참배해 국제적인 비판을 받고 있다. 야스쿠니 신사에는 일제가 벌인 침략 전쟁에 책임이 있는 전쟁 범죄자들이 모셔져 있는데, 이에 참배하는 것은 과거를 반성하지 않는 모습이기 때문이다.

조선 시대를 대표하는 모범 여성이자 뛰어난 예술가

신사임당

개요 조선 중기의 여성 예술가이자 율곡 이이의 어머니이다. 호는 사임당이다. 여러 편의 아름다운 그림과 시를 남겼으며, 깊은 효심과 훌륭한 자녀 교육으로 조선 시대를 대표하는 모범 여성으로 이름을 떨쳤다.

풀이 신사임당은 1504년에 강원도 강릉의 외가에서 태어났다. 어려서부터 글공부와 수 놓기를 좋아했으며 그림과 글씨에 뛰어난 재능을 보였다. 여성의 사회 활동이 제약을 받았던 조선 시대인데도 신사임당이 일찍이 학문을 익히고 예술적 재능을 계발할 수 있었던 것은 외가의 자유로운 분위기 덕분이었다. 그녀의 아버지와 어머니가 자식들을 열심히 가르친 덕택도 있었다.

   신사임당은 풀이나 벌레, 포도 등을 아주 잘 그렸다고 한다. 어렸을 때 마루에서 빨간 열매가 달린 꽈리나무 위에 메뚜기 한 마리가 앉아 있는 그림을 그리고 있었는데, 잠깐 방에 들어간 사이 수탉이 진짜 벌레인줄 알고 마구 쪼아 먹으려고 했다는 이야기가 전해 올 정도이다. 또한 그녀는 시에도 남다른 재능을 보였다. 그녀가 지은 대표 시인 〈유대관령망친정〉을 소개하면 다음과 같다. '유대관령망친정'이란 '대관령을 넘으면서 친정을 돌아보다.'라는 뜻이다.

"늙으신 어머님을 고향에 두고
외로이 서울 길로 가는 이 마음
머리 돌려 북평 땅을 한 번 바라보니
흰 구름만 저문 산을 날아 내리네."

   신사임당은 아내와 어머니로서도 모범적인 생활을 했다. 열아홉 살이 되던 해에 이원수와 결혼한 이후 그녀는 한동안 친정에 머무르면서 아들 넷과 딸 셋을 낳아 키웠다. 어려서부터 바른 습관을 갖도록 엄격하게 교육시켜 모두 훌륭하게 자랐는데,

그 가운데서도 셋째 아들인 율곡 이이의 인품과 학문은 따를 사람이 없었다. 남편인 이원수는 사임당의 조언을 들어 당쟁으로 인한 화를 면했다고도 한다.

심화 이이는 어머니인 신사임당의 예술적인 재능과 어진 성품을 자세히 기록하여 남겼다. 강릉시 죽헌동에 위치한 오죽헌에는 사임당의 초충도 병풍, 큰 딸 매창의 매화도, 이이의 《격몽요결》, 넷째 아들 옥산의 초서 병풍 등이 전시되어 있다.

●○●
신사임당은 조선 시대를 대표하는 모범 여성으로 꼽힌다. 그녀는 충과 효, 열 등 유교의 윤리에서 권장하는 여성의 덕목을 잘 실천했을 뿐 아니라, 시와 그림에 뛰어난 예술가로서도 업적을 남겼다.

신사임당은 결혼한 뒤에도 오랫동안 친정인 강릉에 살면서 자식들을 낳아 길렀다. 그녀는 스스로 모범을 보이며 자식들을 가르쳐 훌륭한 인재로 키워 냈는데, 특히 셋째 아들인 율곡은 조선을 대표하는 학자가 되었다.

시대 선사 시대 | **더 찾아보기** 간석기, 빗살무늬 토기, 씨족 사회, 움집, 조개더미

간석기와 토기를 만들고 농사를 지으며 정착 생활을 하던 시기

신석기 시대

개요 **간석기**를 도구로 사용하던 시대이다. 빙하기가 끝난 약 1만 년 전(기원전 8,000년경)부터 시작되었다. 이 시기 인류는 **움집**을 만들어 살았고 **빗살무늬 토기**를 사용했다.

풀이 지금으로부터 약 1만 년 전, 지구는 빙하기가 끝나고 기후가 따뜻해지면서 자연환경이 바뀌었다. 이에 따라 사람들의 생활에도 커다란 변화가 일어났다. 특히 농사를 지어 먹을 것을 얻으면서 인류의 생활은 근본적으로 바뀌었다. 사람들은 농사를 짓는 동시에 짐승을 잡아 농작물처럼 기르기 시작했다. 목축을 하자 더 이상 위험한 사냥을 하지 않아도 쉽게 고기를 얻을 수 있었다.

변화는 이뿐만이 아니었다. 사람들은 농사지은 곡식을 저장하기 위해 토기를 만들어 사용했다. 농사를 지으려면 한곳에 오랫동안 머물러야 하기 때문에 튼튼한 집도 지었다. 이 집에서 정착을 해서 핏줄을 중심으로 가족을 이루어 안정적으로 살아가는 **씨족 사회**가 형성되었다. 이처럼 인류의 생활을 크게 바꾸어 놓은 이 시기의 변화를 통틀어 '신석기 혁명'이라고 한다.

우리나라에서도 신석기 시대 사람들의 생활을 짐작할 수 있는 유적이 전국 곳곳에서 발견되었다. 신석기 유적은 주로 바닷가나 강가에서 발견되는데, 이는 신석기 시대의 사람들이 주로 물가에 정착해 살았기 때문이다. 서울의 암사동이나 강원도 양양의 오산리, 부산의 동삼동, 제주도 고산리 등은 잘 알려진 신석기 유적지이다.

신석기 시대에 주로 사용된 도구는 간석기이다. 간석기란 돌을 갈아 만든 도구라는 뜻이다. 간석기 외에도 짐승의 뼈나 뿔로 만든 골각기, 나뭇가지로 만든 도구 등도 함께 사용했다. 또한 신석기 시대에는 땅을 파고 튼튼한 나무로 기둥을 세운 뒤 풀로 덮은 움집을 만들어 살았다. 움집 안에는 창고를 두거나 난방 시설을 하기도 했다. 신석기 시대의 움집터에서는 빗살무늬 토기도 발견되었다. 빗살무늬는 불에 구울 때 갈라지는 현상을 막기 위해 새긴 것이다.

심화 신석기 시대의 농사는 대부분 밭농사였다. 그러다 신석기 시대 말기에는 일부 지역에서 논농사도 시작되었다. 농사를 지었지만 열매를 따거나 물고기를 잡고 사냥하는 일도 계속했다. 물고기 외에 조개도 잡아먹었는데, 신석기 시대의 사람들이 먹고 버린 조개가 쌓여서 만들어진 유적이 바로 **조개더미**(패총)이다.

빙하기가 끝난 뒤 인류의 생활은 크게 바뀌었다. 농사를 짓고 목축을 했으며, 물가에 정착해 집을 짓고 가족을 이루어 살았다. 이 시기를 신석기 시대라고 한다.

한곳에 머물러 농사를 짓기 시작하면서 인류는 정착 생활을 하게 되었다.

목축을 하면서 사냥의 위험이 크게 줄어들었다. 짐승을 잡아 농작물처럼 기르면 언제든 쉽게 고기를 얻을 수 있었다.

신석기 시대의 사람들은 튼튼한 움집을 짓고 살았다. 땅을 파고 기둥을 세운 뒤 풀을 덮어 만든 움집 안에는 화로를 놓아 추위를 막기도 했다.

돌을 갈아 간석기를 만들고 있는 모습

농사지은 곡식을 담아 보관하거나 요리를 하기 위해 토기를 만들었다. 신석기 시대의 대표적인 토기는 빗살무늬 토기이다.

시대 조선 시대 | 더 찾아보기 명, 사육신, 세조, 세종, 수양 대군, 여진, 조선, 집현전, 훈민정음

훈민정음 창제와 세조의 왕위 등극을 도운 조선의 문신
신숙주

개요 조선 초기의 정치가이자 학자이다. 세종 때 훈민정음 창제를 도왔을 뿐 아니라 수많은 책을 편찬하고 외교와 국방 분야에서 큰 공을 세웠다. 하지만 수양 대군(세조)이 단종을 밀어내고 임금이 되는 것을 적극적으로 도와 비판을 받기도 했다.

풀이 신숙주는 일찍부터 학문에 능통하고 글재주가 뛰어났다고 한다. 세종에게 능력을 인정받아 집현전에서 일하면서 훈민정음을 만드는 데 큰 공을 세웠다. 그는 세종의 뒤를 이어 임금의 자리에 오른 문종 때 수양 대군과 함께 명나라에 다녀오면서 친분을 쌓게 되었다. 이듬해인 1453년에 수양 대군이 일으킨 계유정난을 지지해 공신의 지위를 누리게 되었다. 그리고 수양 대군이 단종을 몰아내고 임금이 되는 것을 적극적으로 도왔다.

신숙주는 충절을 지킨 사육신과 비교되면서 많은 비난을 받았다. 하지만 그는 세종, 문종, 단종, 세조, 예종, 성종 등 여섯 임금을 섬기는 동안 여러 분야에서 많은 업적을 남긴 인물이기도 하다. 세조 때에는 동북 방면에서 여진족의 침입이 잦아지자 전쟁터에 나가 여진족을 토벌했고, 《동국통감》과 《국조오례의》, 《해동제국기》 등 많은 책을 편찬했다. 또한 외교와 국방 분야의 능력이 뛰어나 당시의 외교 문서 대부분이 그의 손을 거쳤고, 열세 차례나 과거 시험 감독관을 지내기도 했다.

심화 숙주나물은 본래 '녹두나물'이라고 불렸지만, 신숙주에 대한 조롱이 담기면서 이름이 바뀌었다고 전해진다. 녹두의 싹을 틔워 기르는 숙주나물은 끓는 물에 잠깐만 데쳐도 금세 숨이 죽고 부드러워진다. 신숙주가 단종을 져버린 행동을 숙주나물의 성질에 빗대 조롱한 셈이다.

시대 조선 시대 **더 찾아보기** 갑오개혁, 개화파, 대성 학교, 대한 제국, 서당, 서원, 성균관, 실력 양성 운동, 안창호, 오산 학교, 유학, 육영 공원, 이승훈, 일본, 조선, 한양, 향교

조선이 문호를 개방한 뒤 세운 근대 학교

신식 학교

개요 **조선** 정부가 **일본**과 서양에 문호를 개방한 뒤 세워진 근대 학교이다. 조선 정부는 물론이고 서양의 선교사들과 민족 운동가들이 학교를 세운 뒤 전통 교육 외에도 서양의 학문과 기술을 가르쳤다.

풀이 조선에는 **한양**의 **성균관**을 비롯해 **서원**이나 **향교**, **서당** 등 여러 종류의 교육 기관이 있었지만 **유학**만을 가르쳤다. 그런데 통상을 요구하는 서양 세력이 자주 나타나고, 중국과 일본이 서양에 문호를 개방하자, 조선에서도 서양의 학문과 기술을 배워야 한다고 생각하는 사람들이 늘어났다. 이에 따라 새로운 학문을 가르치는 학교, 즉 신식 학교들이 생겨났다.

처음으로 서양의 학문을 가르친 학교는 1883년 세워진 원산 학사였다. **개화파** 관리들과 원산 지역의 유지들이 세운 이 학교는 전통 교육 외에도 영어와 역사, 지리, 법률 등 근대 학문을 가르쳤다. 조선에 들어온 기독교 선교사들도 근대 학교를 세웠다. 1885년에는 배재 학당, 이듬해에는 최초의 여학교인 이화 학당을 시작으로 기독교 계통의 근대 학교들이 생겨났다. 선교사들은 이 학교들을 통해 기독교를 알리는 한편, 서양의 문물을 소개했다.

조선 정부도 1883년에 영어를 가르치는 교육 기관인 동문학을 만들었고, 1886년에는 **육영 공원**을 세운 뒤 서양의 선교사를 초빙해 근대 교육을 시작했다. 이후 조선 정부는 본격적으로 신식 학교를 세웠다. **갑오개혁** 때 개편한 교육 제도를 바탕으로 소학교(지금의 초등학교)를 세웠고, 소학교에서 일할 교사를 양성하기 위해 사범 학교도 세웠다. 1897년에 나라의 이름을 **대한 제국**으로 바꾼 뒤에는 나라를 부유하고 강하게 만드는 정책을 실시했는데, 이때부터는 소학교와 중학교는 물론이고 여러 가지 산업 기술을 가르치는 전문학교도 세웠다.

심화 민족 운동가들도 **실력 양성 운동**의 하나로 신식 학교를 세웠다. 인재를 기르

는 일이야말로 우리나라가 자주독립을 지킬 수 있는 길이라고 생각했기 때문이다. 평양에 설립된 **안창호**의 **대성 학교**와 **이승훈**이 평안북도 정주에 세운 **오산 학교**가 대표적이다. 서울에도 신식 학교가 많이 설립되었다. 이 중 광성 의숙과 양정 의숙, 진명 여학교, 중동 학교, 명신 여학교, 보성 학교 등은 지금까지 이어지고 있다.

●○○
신식 학교는 발달한 서양의 학문과 기술을 익혀 조선의 실력을 기르기 위해 세웠지만, 얼마 못 가 일본의 간섭과 탄압을 받았다. 을사조약 이후 조선의 정치에 간섭한 일본은 1908년에 사립 학교령을 만들어 사립 학교의 설립을 제한하고 민족 교육을 방해했다.

조선 정부와 서양의 선교사들, 민족 운동가들이 세운 신식 학교는 건물부터 이전의 교육 기관과는 달랐다. 이들은 서양식 건물을 지은 뒤에 교육을 받기 원하는 사람이라면 누구든 학교에 다닐 수 있도록 했다.

〈미인도〉와 〈단오풍정〉 등 아름다운 풍속화를 그린 조선의 화가

신윤복

개요 **조선** 후기에 활동한 화가이다. 조선 여인의 아름다움을 잘 표현한 〈미인도〉를 비롯해 뛰어난 작품을 많이 남겼다. **김홍도**, 김득신과 함께 조선의 3대 풍속화가로 꼽힌다.

풀이 신윤복은 조선 **영조** 때인 1758년에 태어났다. 그의 할아버지와 아버지도 그림을 잘 그려 도화서의 화원으로 일했다. 도화서란 조선 시대에 그림에 관한 일을 맡아 보던 관청을 뜻한다. 신윤복도 **정조** 때 도화서에 들어가 화원이 되었다가 남녀의 사랑을 너무 노골적으로 보여 주는 그림을 그렸다고 쫓겨난 것으로 전해진다.

신윤복은 직업 화가로서 많은 풍속화를 그렸는데, 섬세한 붓선과 아름다운 채색으로 매우 세련된 감각과 분위기를 지니고 있다는 평가를 받는다. 그는 조선 시대에 술이나 음식을 팔던 주막의 풍경을 비롯해 기생이나 무당이 나오는 풍류 그림, 남녀 간의 낭만이나 애정을 다룬 풍속화로 이름을 날렸다. 신윤복의 풍속화는 당시의 살림은 물론이고 옷차림이나 풍속 등을 사실적으로 표현하고 있어 조선 후기의 생활 모습을 생생하게 전해 준다.

심화 신윤복이 그린 풍속화를 엮어 만든 책으로 《혜원풍속화첩》이 전한다. **국보** 제135호로 지정된 이 화첩(그림책)에는 여자들이 개울가에서 목욕하는 모습을 담은 〈단오풍정(단오도)〉, 한밤중에 젊은 선비와 쓰개치마를 쓴 여인이 은밀하게 만나는 모습을 담은 〈월하정인〉, **양반**과 기생들이 뱃놀이를 즐기는 모습을 담은 〈주유청강〉 등 30여 점의 그림이 실려 있다. 이밖에 신윤복이 그린 〈미인도〉는 조선 여인의 아름다움을 잘 드러낸 걸작으로 손꼽히고 있다.

조선 시대에 민간에서 불리던 판소리를 발전시킨 작가

신재효

개요 **조선** 후기의 판소리 작가이자 이론가이다. 광대들의 소리를 모아 **판소리** 6마당을 만들었으며, 판소리를 민족 문학(판소리 사설 문학)으로 발전시키는 데 이바지했다.

풀이 신재효는 조선 순조 때인 1812년에 전라북도 고창에서 태어났다. 그는 **양반** 집안에서 태어나 호조참판이라는 높은 벼슬까지 지냈지만, 여느 양반들처럼 시나 그림을 즐기기보다 판소리에 관심이 많았다. 부유한 집안 환경을 바탕으로 판소리에 뛰어난 재능을 보이는 광대들을 후원하고, 직접 판소리를 연구해 가르치기도 했다. **고종** 때 **경복궁** 낙성연에서 판소리를 공연한 진채선도 그의 가르침을 받아 여자이면서도 최고의 명창이 되었다.

신재효는 특히 판소리의 예술적 가치를 높이기 위해 노력했다. 주로 백성들 사이에서 공연되던 광대들의 소리를 통일해 〈춘향가〉와 〈심청가〉, 〈박타령〉, 〈토별가〉, 〈적벽가〉, 〈변강쇠가〉 등 판소리 6마당으로 체계화했다. 또한 판소리의 노랫말을 판소리 사설 문학으로 발전시켰으며, 〈박타령〉과 〈토끼 타령〉은 창극으로 만들기도 했다. 판소리 발전을 위해 노력하던 그는 조선 고종 때인 1884년에 세상을 떠났다.

심화 신재효는 판소리 외에도 30여 편의 노래를 지었다. 그가 지은 노랫말에는 재산을 모으는 방법이나 서양 세력의 침입을 걱정하는 등 사회적인 내용이 담기기도 했다. 예를 들어 그가 지은 대표적인 노래 중 하나인 〈치산가〉는 "부지런코 검박하면 가장기물 절로 있네. 사치하고 무도하면 범법수죄 자주 하고, 패가망신 아조 쉽네."라고 노래한다. 치산이란 살림살이를 돌보거나 재산을 다루는 일을 뜻한다.

시대 고려 시대~조선 시대　**더 찾아보기** 경국대전, 고려, 공민왕, 권문세족, 길재, 몽골, 성리학, 원, 유학, 이색, 이성계, 정도전, 정몽주, 조선, 향리

고려 후기에 새롭게 등장해 조선을 건국한 사회 세력

신진 사대부

개요 고려 후기에 등장해 조선을 건국한 사회 세력이다. 성리학의 이념을 바탕으로 고려 조정에 개혁을 요구하다, 이성계와 손을 잡고 새로운 나라인 조선을 세웠다.

풀이 원래 '사'는 공부하는 사람, '대부'는 관직을 얻은 사람을 뜻한다. 신진 사대부들은 인간의 본성과 우주의 근본 이치를 탐구하는 새로운 유학인 성리학을 받아들여 이를 바탕으로 고려 사회의 개혁을 주장했다. 이색, 정몽주, 길재 등이 대표적인 신진 사대부였다. 이들은 몽골족이 세운 원을 낮추어 보았고, 원과 친하면서 권력을 누리는 권문세족들도 비판했다.

신진 사대부는 대부분 하급 관리나 향리 집안 출신으로, 부유하지는 않았지만 가난한 처지는 아니었다. 이 때문에 청렴한 생활을 유지했고 부정부패를 저지르는 권문세족들을 자유롭게 비판할 수 있었다. 이들은 권문세족들이 불법으로 넓은 땅을 얻은 뒤부터 백성들과 나라의 재정이 어려워졌음을 지적하면서, 토지 제도를 개혁해 백성들에게 땅을 돌려주어야 한다고 주장했다.

이들은 불교에 대해서도 비판적이었다. 속세와 인연을 끊고 승려가 되거나 윤회를 주장하는 것은 인간의 윤리와 도덕을 해친다는 것이었다. 절이 권문세족의 도움으로 많은 땅을 차지하고 백성들을 못살게 구는 소굴이 되었다고 비판하기도 했다.

마침 원의 간섭으로부터 벗어나고자 했던 충선왕은 신진 사대부들을 많이 등용했고, 공민왕 때에는 본격적인 반원 정책이 시행되어 신진 사대부들이 권문세족에 대항할 수 있을 정도로 성장했다. 하지만 공민왕의 개혁이 실패로 돌아가자 신진 사대부 중 일부는 혁명을 꿈꾸게 되었다. 정도전, 조준 등 혁명파 신진 사대부들은 이성계와 손을 잡고 조선을 건국했다.

심화 사대부는 조선을 이끌어 가는 중심 세력이자 상류층이 되었다. 그들은 유교에 바탕을 둔 예의를 매우 중요시했는데, 나라에서도 사대부의 몸가짐을 법률로 정

할 정도였다. 조선 시대의 최고 법전인 《경국대전》에는 사대부와 사대부 가족들이 지켜야 할 생활 수칙까지 기록되어 있다. 사대부는 농업이나 공업, 상업 등을 멀리 하고 오로지 성리학을 연구하거나 관리로 나아가 유학의 정치 이념을 실현하는 것을 이상으로 삼았다.

고려의 부패한 정치를 개혁하자고 주장한 신진 사대부들. 주로 하급 관리 출신의 젊은 유학자들이었지만, 권문세족들을 거세게 비판하며 중앙 정치에 참여하게 되었다.

머리에 쓴 유건은 유학자들이 실내에서 쓰는 관모이다. 검은 모시와 베로 만들었다.

사대부들이 입었던 옷. 고려 말에 성리학과 함께 전래되었는데, 여자들의 치마처럼 폭이 넓은 것이 특징이다. 조선 시대의 유학자들도 격식이 있는 자리에서는 이 옷을 예복으로 입었다.

시대 조선 시대~일제 강점기 | **더 찾아보기** 고구려, 국채 보상 운동, 단군왕검, 대한매일신보, 민족주의 사학, 부여, 성균관, 신민회, 유학, 의열단, 일본, 일제 강점기, 한일 강제 병합, 황성신문

일제 강점기에 민족주의 사학을 정립한 역사학자이자 독립운동가

신채호

개요 독립운동가이자 민족주의 역사학자이다. 호는 '단재'이다. 일제 강점기에 민족주의 역사관을 정립해, 중국 중심의 사대주의 역사관은 물론 일제의 왜곡된 식민 사학에서 벗어나는 계기를 마련했다.

풀이 신채호는 1880년에 충청남도 대덕(지금의 대전광역시)에서 태어났다. 유학을 익히며 성장해 성균관에 입학했지만 차츰 개화 사상에 눈을 뜨게 되었다. 청년기에는 《황성신문》과 《대한매일신보》 등의 논설위원으로 활동하며 우리나라의 독립을 주장했고, 이후에는 신민회와 국채 보상 운동에 참여했다. 1910년에 한일 강제 병합으로 나라를 빼앗기자 중국으로 건너가 적극적인 항일 투쟁을 벌였다. 특히 신채호는 외교론과 실력 양성론을 비판하면서 무력으로 일본과 맞서 싸울 것을 주장했다. 이런 이유로 의열단의 부탁을 받아 '조선 혁명 선언'을 쓰기도 했다. 그리고 1936년에 일본 경찰에게 체포되어 여순 감옥에서 세상을 떠났다.

신채호는 역사 분야에서도 큰 업적을 남겼다. 그는 《조선상고사》와 《조선상고문화사》 등 고대사를 다룬 역사책을 썼다. 그는 역사를 '아와 비아의 투쟁 기록'이라고 주장했다. 여기서 아(我)란 나 자신을 뜻하고, 비아(非我)란 내가 아닌 다른 모든 것을 뜻한다. 즉 역사를 우리 민족과 다른 민족의 투쟁이라고 본 것이다. 또한 그는 우리의 고대 역사를 단순한 신화가 아니라 체계적인 사실로 정리했다. 단군왕검과 부여, 고구려를 우리 역사의 중심으로 보았으며, 중국과 유교 중심의 사대주의는 강하게 비판했다. 뿐만 아니라 우리 역사의 무대를 한반도에서 중국의 동북 지역과 요서 지방까지 확대했다.

심화 신채호는 우리나라 근대 역사학을 본격화했으며, 일제가 왜곡하고 날조한 한국사를 바로잡아 민족 정신을 높인 민족주의 역사학자로 높이 평가받는다. 그러나 지나친 민족 중심의 역사 인식으로 역사 서술이 객관성을 잃었다는 비판도 받고 있다.

신탁 통치 반대 운동

해방 후 한반도의 신탁 통치안에 반대하던 국민 운동

개요 모스크바 3국 외상 회의에서 결정한 신탁 통치안에 대해 반대하던 국민 운동이다. 신탁 통치란 스스로 나라를 다스릴 능력이 없는 경우에 다른 나라가 대신 통치한다는 뜻이다. 모스크바 3국 외상 회의의 결정 사항은 우리 국민들 사이에서 신탁 통치에 대한 찬성과 반대의 입장이 엇갈려 결국 시행되지 못했다.

풀이 1945년 12월에 미국, 영국, 소련 등 3개국의 외무 장관이 모스크바에서 모여 제2차 세계 대전 후의 문제에 대해 의논했다. 이 회의에서는 한반도에 관한 문제도 논의되었는데, 3국의 외무 장관들은 한반도에 자주적인 독립 국가를 세우기로 합의했다. 그리고 이를 위해 민주적인 임시 정부를 구성한 다음에 미국과 영국, 중국, 소련 등 4개국이 최장 5년 동안 신탁 통치를 한다고 결정했다. 그런데 국내에는 논의 결과 가운데 한반도에서 신탁 통치를 실시한다는 부분만 부각되어 전해졌다.

일제의 식민 지배에서 벗어난 기쁨으로 들떠 있던 우리 국민들은 거세게 반발했다. 35년간의 식민 통치에서 이제 막 벗어났는데 또다시 외국의 지배를 받는다는 것은 도저히 받아들일 수 없다는 것이었다. 특히 김구를 비롯한 임시 정부 출신 사람들은 신탁 통치에 반대하고, 즉시 독립을 요구하며 운동에 앞장섰다. 1946년과 1947년에는 모스크바 3국 외상 회의에서 결정된 사항에 대한 실천 방안을 협의하기 위해 미소 공동 위원회가 열렸는데, 이때에는 반탁 운동 단체들이 만들어져 조직적인 운동을 벌였다.

한편, 공산주의자들은 처음에는 신탁 통치를 반대했지만 얼마 지나지 않아 모스크바 3국 외상 회의의 결정이 자주 독립 국가를 건설하는 현실적 방법이라며 지지했다. 이후 우리나라는 모스크바 3국 외상 회의의 결정과 신탁 통치 안을 놓고 우익과 좌익의 의견이 반대와 찬성으로 갈라졌다. 이때 신탁 통치에 반대하는 경우를 반탁, 찬성하는 경우를 찬탁이라고 불렀다. 반탁과 찬탁의 의견을 가진 사람들은 서로 의견을 좁히지 못한 채 극심하게 대립했다.

심화 결국 신탁 통치를 둘러싼 우리 국민들끼리의 갈등으로 인해 좌우익을 통합한 통일 민족 국가 건설은 이루어지지 못했다. 사회 일부에서는 반탁을 주장하는 것이 애국자인 것처럼 여기는 풍조도 생겨났다. 이 과정에서 친일파들도 반탁을 주장하여 지난날의 잘못을 덮어 버리고 사회적 영향력을 행사했다.

●○○
1945년 12월 28일에 신탁 통치안이 보도되자 우리나라 사람들은 크게 술렁였다. 일제의 식민 지배에서 비로소 해방되었는데, 다른 나라가 대신 통치한다는 사실이 우리 민족의 자존심을 크게 상하게 했기 때문이다. 또한 독립 국가를 세우지 못할지도 모른다는 불안감도 커졌다.

●○○
국민들은 거리로 몰려나와 신탁 통치 반대 시위를 벌였다. 이 시위는 1945년 12월 30일에 반탁 전국 대회가 열린 것을 시작으로 1947년 6월에 미소 공동 위원회가 완전히 결렬될 때까지 계속되었다.

시대 조선 시대   더 찾아보기 금난전권, 시전 상인, 육의전, 조선

금난전권을 폐지하고 자유로운 상업 활동을 허락한 조처

신해통공

개요 조선 후기인 1791년에 시전 상인들만 할 수 있었던 상업 활동을 다른 상인들에게도 허용한 조처이다. 조처가 시행된 1792년이 신해년이어서 신해통공이라고 부른다. 통공이란 '모든 사람에게 통한다.'는 뜻으로, 독점권의 폐지를 가리킨다.

풀이 조선 시대의 상인은 시전과 난전으로 나뉜다. 시전은 나라의 허가를 받아 장사하는 상인으로, 상업 활동을 통해 얻은 이익의 일부를 세금으로 냈다. 또한 시전은 관청에서 필요한 물품을 공급하면서 친밀한 관계를 맺었다. 반면, 난전은 허가를 받지 않고 물건을 거래하는 상인들이었다.

조선 전기에는 시전이 상업을 주도했지만, 조선 후기에는 상업이 발달하면서 난전이 크게 늘어났다. 이에 시전 상인들은 불법으로 장사하는 난전을 단속하고 자신들을 보호해 줄 것을 요구했다. 조선 조정도 나날이 규모가 커지고 있는 시장의 질서를 바로잡을 필요가 있다고 생각했다. 또한 나라에 세금을 내는 시전을 보호하기 위해 시전 상인들에게 금난전권을 주었다. 금난전권이란 관청이 나서지 않아도 시전 상인 스스로 난전을 단속할 수 있는 권리를 뜻한다.

그러나 시전 상인들이 마음대로 난전을 단속하면서 새로운 문제가 생겨났다. 시전이 상품 거래를 독점하다 보니 물건 값이 올라서 백성들이 받는 피해가 커졌고, 시전 상인들의 금난전권에 맞서는 난전 상인들의 저항이 계속되어 사회가 더욱 혼란스러워진 것이다. 이에 조정 안에서도 금난전권을 없애고 모든 상인이 자유롭게 상업 활동을 할 수 있도록 해야 한다는 주장이 나왔다. 고심하던 조정은 결국 가장 규모가 큰 상점인 육의전을 제외한 다른 시전 상인들의 금난전권을 폐지하고, 상인들의 자유로운 상업 활동을 허락하게 되었다.

심화 금난전권을 폐지한 신해통공으로 인해 조선에서는 시전 상인들이 점차 몰락하고 자유 상인이 크게 늘어났다. 또한 금난전권으로 인해 위축되었던 조선의 상업도 활기를 띠며 발달했다.

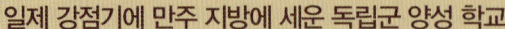

일제 강점기에 만주 지방에 세운 독립군 양성 학교
신흥 무관 학교

개요 1919년에 만주 지역에 세워진 독립군 양성 학교이다. 신민회가 독립군을 키우기 위해 세운 신흥 강습소에 청년들이 몰려들면서 신흥 무관 학교로 발전했다.

풀이 대한 제국 말기의 민족 운동 단체이자 비밀 조직인 신민회는 만주에 독립운동 기지를 세우기 위해 노력했다. 이후 '경학사'라는 항일 독립운동 단체가 만들어졌고, 민족 교육과 군사 교육을 실시하는 신흥 강습소를 세웠다. 이 신흥 강습소가 바로 신흥 무관 학교로 발전했다.

신흥 강습소를 설립하는 데는 많은 경비와 인력이 필요했다. 이에 이회영의 6형제와 이동녕 등이 자신들의 재산으로 땅을 사들이고 건물을 지어 강습소를 마련했다. 신흥 강습소에는 일반 교육 과정인 본과와 무관을 양성하는 무과를 두었다. 1913년에는 신흥 중학교로 이름을 바꾸어 중학반과 군사반을 두었으나 주로 군사반에 힘을 기울여 청년들을 길러 냈다.

3·1 운동 이후에는 국내의 많은 청년들이 신흥 강습소로 몰려들었다. 일본의 육사를 졸업한 지청천을 비롯해 김경천 등이 이때 신흥 강습소를 찾았다. 하지만 입학을 원하는 청년들이 너무 많아 작은 강습소로는 부족해지자, 1919년에 중국 지린성 류허 현 고산자로 장소를 옮긴 뒤 학교 이름을 신흥 무관 학교로 바꾸었다. 신흥 무관 학교에는 2년제 고등 군사반을 두어 고급 간부들을 키우고, 여러 곳에 분교를 세워 독립군을 키우는 가장 대표적인 교육 기관이 되었다.

심화 신흥 무관 학교는 일제의 탄압과 학생 피살 사건, 마적에 의한 간부 납치 사건 등이 일어나면서 2년도 되지 않아 문을 닫았다. 하지만 짧은 기간 동안 무려 2,100여 명의 독립군이 배출되었다. 폐교 후 일부는 홍범도 부대에, 또 다른 일부는 김좌진 부대에 들어가 독립군으로 활약했다.

시대 조선 시대 | 더 찾아보기 대한 제국, 문맹 퇴치 운동, 3·1 운동, 일본, 조선 물산 장려 운동

자주독립을 위해 우리 민족의 실력을 기르자는 운동

실력 양성 운동

개요 민족의 실력을 길러서 나라의 주권을 지키자는 운동이다. 일본의 식민지가 되기 전인 대한 제국 때는 자주독립을 지키자는 운동이었으며, 3·1 운동 이후인 1920년대에는 사회·경제·문화 운동으로 전개되었다.

풀이 3·1 운동 이후, 한반도에는 독립을 이루기 위한 여러 가지 방법을 고민하는 사람들이 늘어났다. 독립운동을 지도할 수 있는 조직을 만들거나 무장 투쟁을 준비하는 사람들이 있는가 하면, 우리 민족의 실력을 기르자고 주장하는 사람들도 있었다. 이들은 국민 한 사람, 한 사람이 스스로 힘을 길러야 나라의 독립도 이룰 수 있다고 생각해 주로 사회와 경제, 문화 분야에서 실력 양성 운동을 벌였다.

전국 곳곳에 청년회가 만들어져 교육과 사회 개선 운동을 벌였다. 민족주의자들은 일제의 식민 지배를 벗어나려면 먼저 경제적으로 자립해야 한다고 주장했다. 이들은 경제 자립을 위해 절약하는 습관을 들이고 국산품을 애용하자며 조선 물산 장려 운동을 벌였다. 또한 우리 민족의 힘으로 대학을 세우는 것을 목표로 민립 대학 설립 운동도 벌어졌다.

하지만 실력 양성 운동은 조직적이거나 체계적으로 진행되지는 못했다. 운동의 내용이나 방법 등을 두고 내부에서 의견 차이도 생겨났다. 게다가 실력 양성 운동을 민족 운동으로 본 일제의 방해로 인해 더 이상 발전하지 못했다. 결국 1920년대 후반에는 대부분 흐지부지되고 말았다.

심화 1930년대에는 좀 더 문화적인 실력 양성 운동이 일어났다. 도시에서 교육을 받은 학생이나 지식인들이 교육에서 소외된 농촌이나 빈민촌을 찾아가 글을 가르치는 문맹 퇴치 운동이 벌어졌고, 지식인들의 한글 연구가 활발해지면서 한글을 바로 알고 쓰자는 한글 운동이 펼쳐졌다. 하지만 이런 운동마저도 일제의 방해와 탄압으로 인해 지속적으로 이루어지지는 못했다.

시대 조선 시대 | 더 찾아보기 규장각, 김정호, 대동여지도, 박제가, 박지원, 병자호란, 성리학, 수원 화성, 양반, 영조, 이익, 임진왜란, 정약용, 정조, 조선 | 594

조선 후기에 사회 개혁을 주장했던 학문과 사상

실학

개요 **조선** 후기에 사회 개혁을 주장했던 학문이나 사상을 뜻한다. 나라를 다스리거나 사람들이 살아가는 데 실제로 도움이 되는 학문이라는 뜻에서 '실학'이라고 불렀다.

풀이 조선 후기에 실학이 나타난 것은 당시 조선의 형편 때문이었다. **임진왜란**과 **병자호란**을 겪은 조선은 임금의 힘이 약해지면서 권력을 차지한 일부 **양반**들이 나랏일을 제 마음대로 했다. 농업과 상공업이 발달했지만, 일부 사람들이 넓은 땅을 차지하는 바람에 농민들은 농사지을 땅이 없어 어려운 생활을 했다. 벼슬아치들의 부정과 부패도 심해져 백성들의 고통을 더욱 커졌다. 그렇지만 조선의 지배층이 나라를 다스리는 원리로 삼았던 **성리학**은 사회 문제를 해결하는 방안을 제시하지 못했다. 이에 대한 반성에서 나온 것이 실학이다.

실학자들은 당시 백성들의 어려운 삶을 나아지도록 만들기 위한 방법을 제시했다. **이익**이나 **정약용** 등은 실제로 농사를 짓는 농민들에게 땅을 나누어 주어야 한다고 주장했다. 또한 **박지원**이나 **박제가** 등은 상공업을 발전시켜 사람들에게 필요한 생활필수품을 유통시켜야 한다고 주장했다. 실학자들은 이외에도 여러 가지 분야에 관심을 가졌다. 중국 중심의 사고에서 벗어나 자주적으로 우리의 역사와 지리를 연구하고, 일부는 천문학이나 바다 생물, 또는 한글에 대해서도 연구했다. **김정호**의 〈**대동여지도**〉를 비롯해 여러 가지 지도가 만들어진 것도 이 무렵이었다.

심화 실학자들의 주장은 **영조**와 **정조**가 조선의 임금이었던 시기에는 국가 정책에 반영되기도 했다. 특히 사회 개혁에 적극적이었던 정조는 실학자들을 관리로 삼아 기존의 정치 세력을 견제하고, 자신의 개혁 정책을 지원하는 세력으로 키우려고 했다. 그는 궁궐 안에 **규장각**을 만들어 실학자들이 연구하는 공간으로 쓰게 하고, **수원 화성**을 지을 때 이들의 학문과 기술을 이용했다. 하지만 정조의 개혁 정책은 끝내 성공하지 못했고, 실학자들도 더 이상 자신의 뜻을 펴지 못했다. 이후 실학자들의 주장은 개화 사상가들의 개혁론으로 이어졌다.

조선 후기의 실학자들. 이들은 백성들의 고달픈 생활에는 관심이 없고 추상적인 논의만 하는 성리학을 비판했다. 그런 다음 백성들의 생활에 실제로 도움이 되는 학문과 기술을 연구하고, 사회를 개혁할 수 있는 여러 가지 방법을 제안했다.

시대 현대 | 더 찾아보기 박정희, 5·18 민주화 운동, 전두환

1979년 10월 26일에 박정희 대통령이 살해된 사건

10·26 사태

개요 1979년 10월 26일에 중앙정보부장이었던 김재규가 대통령인 **박정희**를 살해한 사건이다. 민주화 운동이 점점 확산되자 대처 방법을 놓고 박정희 정부 내부에서 갈등이 벌어지면서 발생했다.

풀이 1970년대 말에는 박정희 정부의 유신 체제에 저항하며 민주주의를 요구하는 국민들의 움직임이 거세졌다. 대학생이나 지식인들의 민주화 요구가 잇달았고, 노동 운동과 농민 운동이 활기를 띠었다. 하지만 박정희 정부는 경찰과 정보 기관을 동원해 민주화 운동을 억누르려고 했다. 그러던 중 1979년 10월에 부산과 마산 지역에서 학생과 시민들이 유신 철폐와 민주주의 회복을 요구하면서 시위를 벌인 '부마 민주 항쟁'이 일어났다.

　박정희 정부는 사태의 심각함을 깨닫고 부산에는 비상 계엄령, 마산과 창원 지역에는 위수령을 내렸다. 그런 다음 군대를 동원해 시위를 진압했다. 하지만 민주화 운동의 열기는 쉬 가라앉지 않았다. 권력층 안에서는 점점 확산되고 있는 민주화 운동에 대한 대처 방법을 놓고 갈등이 벌어졌다. 당시 대통령의 경호실장인 차지철은 민주화 운동을 강하게 진압할 것을 주장한 반면, 중앙정보부장인 김재규는 온건하게 대처해야 한다고 주장했다. 이후 박정희 대통령의 의견이 강경책으로 기울자, 김재규는 10월 26일 박정희와 차지철을 총으로 살해했다. 이로써 박정희 정부의 유신 체제도 끝이 났다.

심화 10·26 사태 이후 많은 사람들은 독재 정치가 끝나고 민주주의가 회복될 것으로 기대했다. 그러나 **전두환**을 중심으로 한 신군부는 12·12 정변을 일으켜 권력을 장악했다. 1980년 봄 학생과 시민들의 민주화 요구가 거셌지만, 신군부는 제주도를 제외한 전국으로 비상계엄을 확대하고 **5·18 민주화 운동**을 무력으로 진압했다. 이로써 민주 정부 수립도 수포로 돌아갔다.

시대 조선 시대　　**더 찾아보기** 개경, 고려, 공민왕, 몽골, 원, 이성계, 천리 장성

원나라가 고려를 지배하기 위해 설치했던 통치 기구
쌍성총관부

개요 원나라가 고려 동북부 지역을 지배하기 위해 함경도 화주 지역에 설치했던 통치 기구이다. 고려와 몽골 간의 전쟁 중에 설치되었다가 공민왕 때 폐지되었다.

풀이 1258년 몽골군이 천리 장성을 넘어 쳐들어오자, 화주 지역의 세력가들은 고려의 장수를 죽이고 몽골에 항복했다. 몽골은 이 지역에 쌍성총관부를 설치하고 항복한 세력가들에게 '천호'라는 벼슬을 주었다. 천호란 1,000개의 집을 다스리는 관리라는 뜻이었다. 이로써 철령 이북 지역은 사실상 몽골의 차지가 되었다.

고려 조정은 몽골에 대항했지만 결국 강화를 맺고 말았다. 1270년 항쟁의 중심이었던 강화도에서 개경으로 수도를 옮긴 뒤부터는 원(몽골의 새로운 나라 이름)의 간섭을 받는 처지가 되었다. 이후 원 간섭기 동안 쌍성총관부는 그대로 유지되었다. 원에 협력했던 지역 가문들이 고려 조정의 명령을 받지 않은 채 이 지역을 독립적으로 다스렸다.

심화 고려의 제31대 임금인 공민왕은 원의 간섭으로부터 벗어나기 위해 개혁 정책을 펴면서 1356년 쌍성총관부를 공격했다. 당시 쌍성총관부의 천호였던 이자춘은 공민왕을 도와 쌍성총관부에서 원을 몰아냈다. 이 공로로 이자춘의 아들 이성계는 고려의 중앙 정치로 나가게 되었다.

시대 선사 시대 | 더 찾아보기 신석기 시대, 청동기 시대

같은 핏줄을 가진 사람들로 이루어진 사회
씨족 사회

개요 같은 핏줄을 가진 사람들로 이루어진 사회를 뜻한다. **신석기 시대**에 만들어졌으며, 부계이든 모계이든 같은 조상을 둔 사람들이 구성원이다.

풀이 씨족이란 공동의 조상을 가진 사람들로 이루어진 공동체를 뜻한다. 즉, 아버지나 어머니가 같은 사람들과 그의 후손들로 이루어진 집단이라는 뜻이다. 따라서 집단의 구성원은 자신과 피를 나눈 친족이나 친척이 된다.

씨족 사회는 아버지 계통으로 구성되는 부계 사회와 어머니 계통으로 구성되는 모계 사회로 크게 나눌 수 있다. 부계 사회나 모계 사회 모두 구성원들끼리 함께 살아가면서 서로 돕고 단결했다. 이들은 재산을 공동으로 소유하면서 같은 문화와 전통을 가지고 생활했다. 하지만 결혼은 다른 씨족의 사람과 하는 것이 일반적이었고, 씨족의 구성원 사이에는 신분의 차이도 없었다.

씨족 사회는 대체로 농업이 시작된 신석기 시대에 만들어졌다. 그러다 다른 씨족과 교류하는 일이 많아지면서 2개 이상의 씨족이 합치는 경우가 생겨났다. 씨족과 씨족이 합치면 농사를 짓기도 편하고, 다른 씨족의 공격을 막아 내는 일도 쉬웠기 때문이다.

이렇게 씨족이 합쳐지면서 여러 씨족의 연합체인 부족이 생겨났다. 부족이라는 공동체는 사회 질서를 유지하기 위한 제도와 구성원들의 역할 분담을 필요로 했다. 이런 제도와 사회 구성원들 간의 관계를 바탕으로 **청동기 시대**에 접어들어 국가가 생겨났다.

심화 씨족은 점차 가족으로 의미가 바뀌었다. 근대까지만 해도 우리나라 농촌에는 씨족 사회의 전통이 남아 있었지만 현대에는 사회를 이루는 가장 기본적인 단위가 가족이 되었다. 최근에는 부모와 자식으로 이루어진 핵가족, 한 사람으로 이루어진 1인 가족까지 좁혀졌다.

시대 조선 시대 **더 찾아보기** 경복궁, 경운궁, 고종, 단발령, 대한 제국, 덕수궁, 명성 황후, 을미사변, 의병, 일본, 조선

고종과 왕세자가 러시아 공사관으로 거처를 옮긴 일

아관 파천

개요 1896년에 **고종**과 왕세자가 러시아 공사관으로 거처를 옮긴 뒤 나랏일도 그곳에서 처리한 일이다. '아관'이란 러시아 공사관을 가리키고, '파천'이란 임금이 난리를 피해 거처를 옮긴다는 뜻이다.

풀이 **명성 황후**가 **경복궁**에서 **일본**군과 무사들에 의해 무참히 살해된 뒤, 고종은 늘 위협을 느끼며 살았다. **조선**에서 세력 확장을 꾀하던 러시아는 고종의 안전을 보장하겠다며 러시아 공사관으로 거처를 옮길 것을 권유했다. 이에 고종은 왕세자와 함께 궁궐을 몰래 빠져나와 러시아 공사관으로 향했다. 당시 조선 사회는 **을미사변**과 **단발령**에 대한 반발로 **의병**이 일어나 혼란스러운 상태였는데, 이를 진압하느라 일본군의 경계가 소홀해진 틈을 타서 임금의 거처를 옮긴 것이다.

러시아 공사관에 도착한 고종은 친일 관료를 처단하라는 명령을 내린 뒤 러시아와 가까운 인물을 등용했다. 친일 내각이 무너지고 친러 내각이 들어서면서 러시아는 조선의 정치에 깊이 관여하기 시작했다. 조선의 군사 제도가 러시아식으로 바뀌었고, 러시아는 조선의 국가 산업에 관한 여러 가지 이권을 가져갔다. 그러자 서양의 다른 열강들도 러시아와 동등하게 대우해 줄 것을 요구했다. 정치적인 영향력이 줄어든 일본까지 경제적인 이권을 요구하며 압박했다. 고종은 이들의 요구를 거절할 수 없어 많은 이권이 일본과 서구 열강들에게 넘어갔다. 이로 인해 조선의 재정은 더욱 어려워졌고 나라의 위상도 큰 상처를 입게 되었다.

심화 아관 파천 후에도 여전히 일본과 서양 열강의 압력이 계속되자, 조선 정부 내에서는 고종이 궁궐로 돌아와 자주적으로 통치해야 한다는 목소리가 높아졌다. 결국 고종은 1897년 2월 **경운궁**(**덕수궁**)으로 돌아왔다. 그리고 국내외에 국호를 **대한 제국**, 연호를 광무라 고침을 알리고 황제 자리에 올랐다.

● ● ●
명성 황후가 일본인들의 손에 잔인하게 살해당한 뒤 러시아 공사관으로 피신한 고종.

시대 삼국 시대 | 더 찾아보기 백제, 불국사, 석가탑, 신라

불국사의 석가탑을 만들었다는 백제의 석공 부부
아사달·아사녀

개요 신라에서 석가탑을 건설할 때 참여한 백제의 석공과 그의 아내이다. 오랫동안 입에서 입으로 전해온 설화의 주인공으로, 실제 인물인지는 정확히 알려지지 않았다.

풀이 오랫동안 전해오는 이야기에 따르면, 불국사를 창건한 김대성은 절 안에 불탑을 세우기 위해 백제의 석공을 불렀다. 당시 백제는 석탑(돌탑)을 만드는 기술이 뛰어났는데, 그중에서도 아사달이 가장 솜씨가 좋았다고 한다. 아사달은 김대성의 요청을 받아들여 신라로 가서 석탑을 만들게 되었다.

그런데 아사달이 불탑을 만든다며 신라로 간 지 여러 해가 지나도록 돌아오지 않자, 그의 아내인 아사녀는 남편을 만나기 위해 신라로 향했다. 어렵사리 불국사에 도착한 아사녀는 남편을 찾았지만, 아직 불탑이 완성되지 않아 만날 수 없다며 사람들이 막아섰다. 당시 사람들은 불탑을 만들 때 여자를 만나면 안 된다고 생각했기 때문이다. 하는 수 없이 아사녀는 날마다 불국사 앞을 서성거리며 기다렸다.

하염없이 기다리기만 하는 아사녀를 가엾게 여긴 한 스님이 그녀에게 귀띔했다. 불국사 가까이에 있는 연못에서 정성껏 기도를 드리면 탑이 완성되었을 때 탑의 그림자가

아사달의 부인인 아사녀는 몇 해째 얼굴을 보지 못한 남편을 그리워했다. 그녀는 불국사 근처에 있는 영지라는 연못에서 남편을 기다리다 스스로 목숨을 끊었다.

연못에 비칠 것이라는 이야기였다. 이후 아사녀는 매일매일 연못을 들여다보며 탑의 그림자가 비치기를 기다렸다. 하지만 아무리 기다려도 그림자는 볼 수 없었다. 기다림에 지쳐 상심한 아사녀는 결국 외로움을 견디지 못하고 연못에 몸을 던져 죽고 말았다.

그녀가 죽은 지 얼마 지나지 않아 아사달이 석가탑을 완성했다. 아내가 그리웠던 그는 서둘러 아사녀를 만나기 위해 나섰지만, 아무리 헤매도 아내를 찾을 수 없었다. 결국 그는 홀로 백제로 돌아갈 수밖에 없었다. 훗날 사람들은 아사녀가 빠져 죽은 연못을 '영지', 석가탑을 '무영탑'이라고 불렀다. 무영탑이란 그림자가 비치지 않는 탑이라는 뜻이다.

심화 아사달은 신라를 떠나기 전에 바위에 아내의 모습이 어른거리는 것을 보고 그녀의 모습을 새겼다고 한다. 그런데 완성한 뒤의 모습을 보니 마치 부처와 같았다. 지금까지 경주에 남아 있는 영지 석불 좌상은 바로 아사달이 아내를 위해 만든 것이라는 이야기가 전해 온다.

설화에 따르면 석가탑을 만든 아사달은 백제의 석공이었다고 한다. 백제의 석탑 만드는 기술은 삼국 가운데에서 가장 **뛰어났**기 때문에 김대성은 불국사를 세울 때 아사달을 불러들였다.

시대 현대 | 더 찾아보기 김대중, 김영삼

1997년에 외환 부족으로 인해 IMF의 지원을 받은 일
IMF 경제 위기

개요 김영삼 정부 때인 1997년 11월에 우리나라가 가진 외환이 너무 부족해 국제 통화 기금(IMF)으로부터 자금 지원을 받은 사건이다.

풀이 1970년대와 1980년대 한국과 동남아시아는 미국이나 유럽보다 빠르게 발전했다. 1990년대에는 많은 외국 자본이 아시아로 흘러들어왔다. 우리나라도 금융 자유화와 금융 시장 개방 등으로 인해 외국 자본이 빠르게 늘어났다. 금융 기관들은 이 자본을 빌려 기업이 발행한 어음을 사들였고, 자연스럽게 외국에 진 빚도 늘어났다. 그런데 어음을 발행한 기업이 부도가 나자, 그 어음을 사들인 금융 기관들도 어려움을 겪게 되었다.

1997년에는 동남아시아 국가들의 경제가 어려워졌는데, 외국 투자자들은 빌려주거나 투자한 자본을 거두어들이기 시작했다. 이 때문에 동남아시아의 여러 나라들은 국제 통화인 달러가 부족해 자국의 화폐 가치가 크게 떨어지는 외환 위기를 겪었다. 외국 투자자들은 우리나라 경제에도 불안감을 느껴 투자한 자본을 거두어들였다. 여기에는 우리나라의 우수 기업을 망하게 한 다음 싼 가격으로 사들이려는 목적도 있었다.

외국 자본이 빠져나가면서 많은 기업들이 문을 닫게 되었고, 우리나라가 가진 외환은 급속히 줄어들었다. 정부는 어쩔 수 없이 국제 통화 기금(IMF)에 긴급 자금을 요청했다. IMF는 한국에 지원을 해주는 대신, 기업의 구조 조정과 공기업의 민영화, 자본 시장의 추가 개방, 기업의 인수 합병 간소화 등 여러 조건들을 내걸었다. 정부는 조건을 수락함과 동시에 IMF의 관리를 받아 국가 경제를 운영하기로 약속하고 자금을 지원받았다.

김영삼 대통령에 이어 **김대중** 대통령이 집권하면서 정부는 독점 재벌의 해체, 공기업의 민영화, 부실 기업 정리, 노동자 정리 해고의 간편화, 소비 촉진 등 경제 구조를 개편하고 경제 정책도 크게 바꾸었다. 그 결과, 2001년 8월에 IMF에게 빌린

●○○
1997년에 일어난 IMF 경제 위기는 우리 사회 전체를 뒤흔들었다. 많은 기업이 문을 닫고 실업자가 늘어나는 등 경제가 크게 위축되었다. 하지만 정부와 국민들이 의연하게 대처하면서 예상보다 빨리 위기를 극복할 수 있었다.

돈을 모두 갚고 IMF 관리 체제를 예정보다 일찍 끝낼 수 있었다. 이로써 IMF 경제 위기도 막을 내렸다.

심화 우리나라는 IMF 경제 위기를 잘 극복해 냈지만 후유증도 만만치 않았다. 많은 회사들이 문을 닫았고 우수한 기업들이 헐값에 외국 자본가들의 손으로 넘어갔다. 그에 따라 실업자도 크게 늘어났다. 또한 노동자의 해고가 쉬워지고 정규직 대신 비정규직 노동자가 크게 늘어나 고용이 불안정해졌다. 소비 촉진 정책을 위해 카드 발급과 사용을 크게 늘리면서 카드 빚을 갚지 못하는 신용 불량자도 늘어나 '카드 대란'의 원인이 되기도 했다.

정부는 1997년 11월에 우리나라가 심각한 외환 위기를 맞았다고 발표한 뒤 IMF에게 지원을 요청했다.

우리나라 경제가 위기에 처하자 국민들은 금을 모으기 시작했다. 국민들이 내놓은 금을 정부와 기업이 사들여 외환과 바꾸는 식으로 외환 위기를 극복하고자 한 것이다. 이 때문에 '금 모으기 운동'은 '제2의 국채 보상 운동'이라고 불리기도 했다.

시대 삼국 시대 | 더 찾아보기 백제, 왜, 일본

왜(일본)에 건너가 백제의 문화를 전파한 학자들
아직기·왕인

개요 왜(일본)에서 활동한 백제의 학자들이다. 백제 임금의 명령을 받고 왜에 건너가 왕실의 스승이 되었고, 백제의 발달한 문화를 전파해 일본의 문화 발전에 큰 영향을 주었다.

풀이 아직기와 왕인 두 사람에 대한 기록은 우리나라에는 남아 있지 않다. 하지만 일본의 역사책인 《일본서기》에 따르면 4세기에서 6세기 사이에 왜에 건너가 백제의 문화를 전해 준 학자들이다. 여기서 '왜'란 일본을 가리키는 말로, '일본'이라는 이름은 8세기경부터 사용했다.

아직기는 말 두 필을 왜왕(일왕)에게 선물로 주었고, 말을 돌보는 일을 했다. 하지만 아직기의 학문이 뛰어남을 알게 된 일왕이 그를 태자의 스승으로 삼았다. 이후 아직기는 왜왕에게 백제의 또 다른 학자인 왕인을 추천해 그와 함께 백제의 문화를 전파했다.

한편, 왕인은 《논어》 10권과 《천자문》 1권을 가져가 태자의 스승이 되었고, 왜왕의 요청으로 신하들에게도 학문을 가르쳤다. 또한 왕인과 함께 갔던 많은 재봉녀와 직공, 도공, 화원 등 기술자들이 백제의 문화를 전파해 일본이 아스카 문화를 발달시키는 계기가 되었다. 왕인의 자손들은 대대로 일본에 남아 역사를 기록하는 일을 했으며, 왕인의 묘는 아직까지 오사카에 남아 있다.

심화 아직기와 왕인이 활약한 시기가 4세기인지 6세기인지는 여전히 논란거리로 남아 있다. 또한 오랫동안 왕인을 칭송하던 일본은 최근에는 왕인이 중국인이라고 추측하는가 하면, 실제 인물이 아니라고 주장하며 일본의 교과서에서도 그의 이름을 삭제하고 있다.

시대 조선 시대 | **더 찾아보기** 당, 삼국 시대, 세조, 세종, 송, 조선, 종묘, 종묘 제례

조선 성종 때 중국과 우리 음악을 총정리한 음악책

악학궤범

개요 조선 성종 때인 1493년에 만들어진 음악책이다. 성현을 비롯한 학자와 음악가들이 왕명을 받아 편찬했다. 국가 행사나 왕실 행사의 기록, 악보 등은 물론이고 중국의 자료들을 참고해 정리했다.

풀이 예부터 궁궐에서 행사가 열리면 사람들은 음악을 연주했다. 예를 들어 조선 시대에는 나라의 중요한 의식은 물론이고 좋은 일이 생겨 축하하는 행사, 종묘에서 왕실의 조상들에게 지내는 제사, 중국 사신을 맞이하는 연회 등에 음악을 연주했다.
　그런데 음악은 아무렇게나 연주하는 것이 아니었다. 여러 가지 의례에서 사용하는 음악은 절차나 방법이 제도적으로 정해져 있었다. 특히 조선은 나라가 안정되자마자 행사 때 사용하는 음악을 정비하고 체계화하는 작업에 들어갔다. 세종 때는 궁중에서 사용되는 음악의 종류를 정하고 악보를 만들었으며, 악기의 음률도 바로잡았다. 세조 때는 종묘에서 제사를 지낼 때 쓰는 음악인 종묘 제례악을 만들기도 했다.
　하지만 조선 초기 조정의 노력에도 불구하고 음악을 체계화하는 일은 여전히 부족했다. 그래서 성종 때는 성현과 유자광 등이 틀린 것, 오래되어 사정에 맞지 않는 것, 빠진 것 등을 손질해《악학궤범》을 만들었다. 중국의 음악 이론을 살펴본 뒤에 삼국 시대부터 전해 내려오던 고유 음악인 향악, 고려 시대에 전해진 중국(당과 송)의 음악인 당악, 궁중 음악인 아악 등을 정리했다. 또한《악학궤범》에는 종묘나 사직의 행사는 물론이고 궁중 연회의 절차, 연주할 때 쓰는 악기의 종류와 배치, 음악의 악보 등이 매우 자세하게 담겨 있다.

심화 《악학궤범》은 옛 노래의 가사를 한글로 적어 놓아서 국문학 연구에도 도움이 되고 있다. 특히 '동동'과 '정읍사'의 한글 가사는《악학궤범》에만 실려 있다. 이밖에 악기와 연회 옷을 그림으로 설명하고, 춤을 추는 무인들의 배치를 도표로 만들어 놓는 등 무용이나 의복의 역사를 연구하는 데도 큰 도움이 되고 있다.

시대 조선 시대~대한 제국 시대 | **더 찾아보기** 대한 제국, 의병, 일본, 조선

조선 말기에 일본군과 맞서 싸운 머슴 출신의 의병장
안규홍

개요 조선 말기의 의병장이다. 머슴 출신이지만 의병이 되어 일본군과 싸웠으며, 용맹함과 지도력을 인정받아 의병장으로 활약했다.

풀이 안규홍은 1879년에 매우 가난한 집안에서 태어났다. 생활이 힘들었던 그는 어린 시절에 홀어머니를 모시고 부잣집에 들어가 머슴살이를 하며 자랐다. 그가 성인으로 성장할 무렵, 일본은 조선 침략의 욕심을 노골적으로 드러내고 있었다. 1907년에는 대한 제국의 군대마저 강제로 해산시키기에 이르렀다. 이에 전국 곳곳에서 의병이 일어났다.

안규홍도 머슴살이를 하던 동료들과 함께 의병 부대에 들어갔다. 그는 누구보다 열심히 싸우며 의병 활동에 앞장섰다. 나중에는 그의 용맹함과 지도력을 인정받아 의병장으로 추대되었다. 안규홍은 주로 전라도 일대에서 활동하며 일본군과 맞서 싸웠는데, 그의 의병대는 산악의 지리를 이용해 지혜로운 전술로 적을 무찔러 일본군을 압박했다. 원봉이라는 곳에 주둔하고 있던 일본군 부대는 안규홍 부대의 기습을 받아 큰 피해를 입기도 했다.

심화 의병들은 일본군과 맞서 용감하게 싸웠지만 전세는 점점 불리해졌다. 일본의 탄압이 심해지자 의병대를 이탈하는 대원들도 부쩍 늘어났다. 안규홍은 더 이상 의병대를 유지할 수 없다고 판단해 해산을 명령했다. 그러고는 자신도 고향으로 돌아가던 중 일본군에게 붙잡혔다. 그는 광주 감옥에 갇혔다가 대구로 옮겨진 뒤 심한 고문을 받다가 1909년에 세상을 떠났다.

시대 **삼국 시대** | 더 찾아보기 고구려, 당, 말갈, 삼국사기, 수, 연개소문, 조선

고구려가 당나라군의 침공을 물리친 전투
안시성 싸움

개요 645년에 **고구려**가 안시성에서 **당**나라 군대를 물리친 전투이다. 고구려군은 백성들과 힘을 합쳐 용감하게 싸워 안시성을 지켜 냈다.

풀이 **수**나라에 이어 중국 대륙의 주인이 된 당은 호시탐탐 고구려 침략의 기회를 노리고 있었다. 그러다 고구려에서 **연개소문**이 제27대 임금인 영류왕을 죽이고 권력을 차지했다는 소식을 들은 뒤, 이를 트집 잡아 쳐들어왔다.

당의 임금인 태종은 이세적을 선봉 장수로 내세운 뒤 직접 고구려 공격에 나섰다. 당의 육군과 수군은 동시에 고구려를 공격했고 개모성과 비사성, 요동성, 백암성 등을 차례로 함락시켰다. 이들은 기세를 몰아 안시성으로 향했다. 안시성은 험준한 곳에 있어 군사적으로 매우 중요한 요새였고, 주변에는 무기의 재료가 되는 철광석이 풍부한 데다 기름진 땅이 있어 식량 걱정이 없었다.

당의 군대가 안시성으로 향하자 고구려도 더 이상 요충지를 빼앗길 수 없어 지원에 나섰다. 고구려 조정은 고연수와 고혜진이 지휘하는 고구려군과 **말갈** 병사 15만 명을 보내 안시성을 지키게 했다. 그러나 이들은 당나라군을 얕잡아 보고 성급하게 싸움을 벌인 끝에 패하고 말았다. 이에 자신감을 얻은 당의 군대는 안시성을 향한 총공격에 나섰다.

하지만 안시성은 호락호락 성문을 열지 않았다. 안시성의 고구려군은 성주 양만춘의 지휘 아래 백성들과 힘을 합쳐 당나라군의 거센 공격을 막아냈다. 거듭되는 적군의 공격을 번번이 물리치면서 기세도 높아졌다. 도저히 성안으로 들어갈 수 없었던 당나라군은 50만 명을 동원해 안시성의 성벽보다 높은 흙산을 쌓아 성을 공격하기로 했다. 그러나 흙산의 한 부분이 무너지면서 되레 고구려군에게 빼앗기고 말았다. 진전 없이 싸움이 계속되는 동안 시간은 흘러 겨울이 되었다. 날씨가 추워지고 식량이 떨어지자 군사들은 지쳐 갔고, 당 태종은 어쩔 수 없이 철수를 명령하고 본국으로 돌아갔다.

심화 안시성 성주의 이름은 《삼국사기》나 중국의 기록에는 나오지 않지만, **조선** 후기의 책들에는 '양만춘'이라고 전하고 있다. 연개소문이 정변을 일으켜 권력을 장악했을 때에도 안시성 성주는 굴복하지 않았다. 연개소문은 어쩔 수 없이 안시성의 통치권을 그대로 인정했다고 한다. 안시성이 함락되지 않자 당은 직접 평양성을 공격하려는 생각도 했지만, 고구려군이 당나라군의 뒤를 칠 것을 우려해 안시성을 계속 공격하다가 실패했다.

안시성 싸움은 약 3개월간 이어졌다. 안시성의 성주 양만춘과 백성들은 힘을 모아 끈질기게 싸웠고, 그 결과 당시 세계 최강이라고 불리던 당의 군대를 물리쳤다.

시대 삼국 시대 | 더 찾아보기 고구려, 고구려 고분 벽화, 고분, 국보, 세계 유산

안악 3호분

가장 큰 벽화가 그려진 고구려 고국원왕의 무덤

개요 황해남도 안악군에 있는 **고구려**의 **고분**이다. 무덤 내부에는 **고구려 고분 벽화** 가운데 가장 크고 화려한 그림이 그려져 있다. 북한의 **국보** 문화 유물 제67호로 지정되었고, 2004년에는 다른 고구려 고분들과 함께 유네스코 **세계 유산**에 등재되었다.

풀이 안악 3호분 속에는 무덤이 만들어진 때와 무덤의 주인에 대한 기록이 있는데, 이에 따르면 고구려의 제16대 임금인 고국원왕의 무덤으로 추측된다. 무덤의 크기도 다른 무덤들보다 훨씬 크고 벽화의 내용이 여러 가지여서 고구려의 국력과 문화 수준, 생활 양식 등을 짐작할 수 있다.

안악 3호분은 널방에서 보이는 벽면과 천장이 그림으로 가득 차 있다. 서쪽 칸에는 화려한 비단옷을 입은 무덤 주인이 관리들을 거느리고 나랏일을 보는 모습이 있고 동쪽 칸에는 부엌과 우물, 방앗간, 외양간, 마구간 등이 그려진 벽화가 있다. 회랑에는 왕의 관을 쓰고 수레를 탄 주인공이 250여 명에 달하는 인물들의 호위를 받으며 나아가는 대행렬도가 그려져 있다.

심화 안악 3호분은 커다란 판석을 대어 만든 벽돌무덤이다. 고분 벽화도 돌벽 위에 직접 그린 것이다. 오랜 세월이 흐르는 동안 석회가 떨어져 나가 알아보기 힘든 것도 많지만, 고구려인들이 돌을 다루는 솜씨나 미술 수준이 매우 뛰어났음을 보여 준다.

안악 3호분에는 인물 풍속화가 많아 당시 고구려 사람들의 유행이나 생활문화를 연구하는 데 큰 도움이 되고 있다.

시대 삼국 시대 | 더 찾아보기 동국여지승람, 문무왕, 삼국사기, 신라

신선 사상이 잘 녹아 있는 신라의 인공 연못
안압지

개요 경상북도 경주시 인교동에 있는 **신라**의 연못이다. 정식 이름은 '임해전지'이며, 사람의 손으로 직접 땅을 파서 만든 인공 연못이다.

풀이 안압지는 신라의 제30대 임금인 **문무왕** 때 만들어졌다. 《**삼국사기**》 문무왕 편에는 "궁 안에 연못을 파고 산을 만들어 화초를 심고 진기한 새와 짐승을 길렀다."고 기록되어 있고, 《**동국여지승람**》에도 "문무왕이 궁궐 안에 못을 파고 돌을 쌓아 산을 만들었다."고 적혀 있다. 실제로 문무왕 때에는 왕궁의 연못인 안압지와 주변 건물에서 나라의 경사를 기념하는 연회나 귀한 손님을 맞이하는 행사를 열었다. 이때까지만 해도 안압지는 '월지'라고 불렸으나 신라가 멸망한 뒤에는 폐허가 되어 버린 연못에 기러기와 오리가 날아든다고 하여 안압지라고 부르기 시작했다고 한다.

  안압지는 동서로는 200미터, 남북으로는 180미터, 둘레는 1,000미터에 이르는 큰 연못이다. 전체 모양은 커다란 갈고리와 비슷하고, 연못 안에는 크고 작은 3개의 섬과 12개의 봉우리를 만들어 놓았다. 또한 물을 끌어오는 도랑인 도수로와 물이 빠지는 배수로, 연못의 기슭과 섬이 깎이거나 패이지 않도록 처리한 시설 등이 매우 과학적이면서도 정교하게 만들어져 있다.

  1975년부터 안압지와 주변 건물 터의 발굴 조사가 있었는데, 이때 3만여 점의 유물이 발견되었다. 아름다운 무늬나 당의 연호가 새겨진 기와를 비롯하여 금동여래삼존상과 금동보살상, 나무조각에 글귀를 새긴 목간, 나무로 만든 배 등이 대표적이다. 이 유물들은 무덤에서 발굴한 것과는 달리 실생활에서 사용되었던 것들로, 신라의 역사나 문화를 이해하는 데 중요한 자료가 되고 있다. 현재 국립경주박물관 안압지관에 전시되어 있다.

심화 정식 이름인 임해전지에서 알 수 있듯이, 안압지는 임해전이라는 건물의 정원이었다. 임해전이라는 이름은 '바다 가까이에 있는 궁전'이라는 뜻으로, 건물은 봉

물을 끌어들이기 위한 수
이곳을 통해 물이 흘러들었다

래산을 본떠 지었다. 중국의 전설에 나오는 봉래산은 동쪽 바다 한가운데에 있는 신성한 산으로, 먹으면 죽지 않는 신비한 약초가 자라고 신선이 살았던 곳이라고 한다. 따라서 경주 월성 동쪽에 위치한 안압지는 바다를, 임해전은 봉래산을 상징하도록 꾸민 것이다. 임해전은 현재 터만 남아 있다. 이곳에서는 많은 유물이 발견되었는데, 나무로 만든 주사위인 목제 주령구나 화려한 가위는 물론 덩굴무늬가 새겨진 기와인 보상화문전이 나와 임해전이 매우 화려한 건물이었음을 짐작하게 해 준다.

신라의 뛰어난 정원 건축술을 잘 보여 주는 인공 연못인 안압지. 예전에는 이곳에서 잔치를 벌이고 나무배를 띄우기도 했다. 신라 말기에 경순왕이 고려의 태조 왕건을 위해 연회를 열기도 했다.

신라 때의 궁전인 임해전. 지금은 건물이 모두 사라지고 터만 남아 있으며 많은 유물이 발견되었다. 연못과 맞닿은 부분을 직각으로 만든 까닭은 땅을 표현하기 위해서이다. 즉 바다를 상징하는 안압지와 달리 임해전이 있던 자리는 땅을 상징하는 셈이다.

안압지 안에 있는 섬은 중국의 전설에 나오는 삼신산을 표현한 것이다. 이 산에는 예부터 신선이 살았다고 전해 온다.

안압지의 물이 빠져나가는 배수로.

구불구불한 연못가에는 신선 사상을 바탕으로 12개의 봉우리를 만들었다. 옛날에는 이곳에 사슴이나 산양, 거위 등 동물들이 살았다고 하며 실제로 동물의 뼈가 발견되기도 했다.

일본으로부터 울릉도가 조선 땅임을 확인한 의로운 어부

안용복

개요 조선 숙종 때 울릉도를 지킨 의로운 어부이다. 일본으로부터 울릉도가 조선 땅이라는 확인서를 받아내 영토 의식을 높였다.

풀이 어부였던 안용복은 1693년 3월에 울릉도 근처로 고기잡이를 나갔다가 조선의 바다에 무단으로 들어온 일본 어부들을 발견했다. 그는 일본 어부들에게 "이곳은 조선의 바다이니 당장 돌아가라."고 나무라다가 도리어 일본으로 잡혀갔다. 안용복은 조선의 수군으로 있으면서 왜관에 자주 드나들어 일본 말을 잘했다고 한다. 그는 일본에 붙잡혀 있는 동안 '울릉도는 조선 땅'이라고 강력하게 주장했다. 더 나아가 일본의 막부(군사 정부)로부터 울릉도가 조선 땅이라는 확인서까지 받아냈다.

안용복은 1696년에도 울릉도에서 일본 어선을 발견했는데, 이때는 스스로 일본에 건너가 강력하게 항의하고 사과를 받은 뒤 돌아왔다. 이듬해인 1697년에 일본 정부는 쓰시마 도주를 통해 공식적으로 사과하고 다시는 조선 바다에서 고기잡이를 하지 않겠다고 약속했다. 그런데 조선 조정은 나라의 허락을 받지 않고 외국을 드나들었고, 일본 막부에 항의할 때 관원 행세를 했다는 이유를 들어 안용복을 붙잡아 가두었다. 심지어 조정 안에서는 처형해야 한다는 의견까지 나왔다. 하지만 몇몇 대신들이 울릉도를 지킨 공을 인정해야 한다고 주장해 귀양을 보내는 것으로 마무리되었다.

안용복은 울릉도에 침범한 일본인들을 꾸짖는 것은 물론이고, 직접 일본에 건너가 사과와 재발 방지의 약속을 받아내기도 했다.

심화 당시 조선은 울릉도와 독도에 대해 섬을 비워 분쟁의 가능성을 없애는 공도 정책을 펴고 있었다. 하지만 평범한 어부였던 안용복의 의로운 행동 덕분에 영토 의식이 높아졌고, 철종 때까지는 울릉도를 두고 일본과 다투지 않게 되었다. 또한 오늘날의 독도 문제에도 큰 도움이 되고 있다.

시대 대한 제국 시대~현대 | **더 찾아보기** 고종, 대한민국, 대한 제국, 3·1 운동, 일본, 일제 강점기, 8·15 광복

일제 강점기에 애국가를 만들어 발표한 음악가

안익태

개요 **일제 강점기**에 애국가를 작곡한 음악가이다. 어려운 환경에서도 음악 재능을 키워 세계적인 지휘자가 되었으며, 세계 여러 나라에서 연주 활동을 하다 스페인에서 세상을 떠났다.

풀이 안익태는 1906년에 평양에서 태어났다. 어린 시절에 선교사로부터 바이올린을 배우기 시작한 그는 평양의 숭실 중학교에 입학해 첼로 연주를 포함한 음악 교육을 받았다. 1919년에는 **3·1 운동**에 참여했다는 이유로 퇴학을 당했는데, 교장 선생님의 배려로 **일본**에 건너가 음악 공부를 계속할 수 있었다. 1920년대에는 국내에 들어와 첼로 독주회를 갖기도 했다.

1932년에는 미국으로 건너가 연주 활동과 음악 공부를 이어갔고, 2년 뒤에는 유럽에 가서 지휘와 작곡을 공부했다. 그는 주로 독일과 오스트리아에서 지휘자로 활동하며 빈 필과 베를린 필, 런던로열 필 등 이름난 교향악단을 이끌었다. 1938년에는 아일랜드 국립 교향악단을 지휘해 〈한국 환상곡〉을 발표했는데, 이 음악은 1948년에 **대한민국** 정부가 수립되면서 국가로 지정되었다.

이후 안익태는 스페인 여성과 결혼해 스페인의 마요르카에서 살았다. **8·15 광복** 후에는 국내에 들어와 여러 음악회에서 지휘를 맡기도 했지만, 다시 유럽으로 돌아가 활동하다 1965년에 스페인에서 세상을 떠났다. 그가 살았던 스페인의 마요르카에는 그를 기념하는 '안익태 거리'가 있다.

심화 안익태가 만든 애국가 이전에도 국가는 있었다. **고종**은 **대한 제국**을 세우면서 독일인 음악가에게 국가를 만들게 했고, 일제 강점기에는 스코틀랜드 민요인 〈올드 랭 사인〉의 곡조에 가사를 붙인 노래를 국가로 부르기도 했다.

시대 조선 시대 | 더 찾아보기 고려, 고조선, 단군왕검, 신채호, 실학, 영조, 정조, 조선, 향약

우리 민족 중심의 역사책인《동사강목》을 쓴 조선의 실학자

안정복

개요 **조선** 후기의 역사학자이자 **실학**자이다. 중국 중심에서 벗어나 우리 민족 중심의 역사를 기록한《동사강목》을 썼다. 훗날 **신채호**를 비롯한 민족주의 역사학자들에게 큰 영향을 주었다.

풀이 조선 숙종 때인 1712년에 남인 집안에서 태어난 안정복은 어려서부터 몸이 허약한 데다 잦은 이사로 인해 열 살이 되어서야 공부를 시작했다. 그가 처음 익힌 책은《소학》이었는데, 일정한 스승이 없이 스스로 공부했다고 한다. 오랫동안 홀로 공부하던 그는 늦은 나이에 실학자인 이익의 제자가 되었다.

안정복은 천문과 지리, 의약, 소설, 군사 등 여러 가지 분야에 두루 능통했다. 그의 높고 넓은 학문이 세상에 알려지면서 **영조** 때는 잠깐 동안 벼슬길에 나서기도 했다. 그는 당시 세손이었던 **정조**의 교육을 맡았는데, 정조가 임금의 자리에 오른 뒤 목천 현감으로 임명되어 **향약**을 실시했다.

안정복은 유교의 경전 풀이와 역사 분야에서 뛰어난 능력을 보여 많은 책을 남겼다. 특히 중국 중심의 역사관에서 벗어나 우리 민족 중심의 역사를 기록한《동사강목》이 유명하다. 이 책은 우리 역사의 시작을 **단군왕검**이 세운 **고조선**으로 보고 **고려**까지의 역사를 담았다. 철저한 사료 수집을 바탕으로 20권 분량을 썼으며, 훗날 신채호를 비롯한 민족주의 역사학자들에게 큰 영향을 주었다.

심화 안정복은 1791년에 세상을 떠나기 전까지, 조선의 전통적인 가치와 유교 이념을 지키면서도 합리적으로 사회를 바꾸는 방법에 대해 연구했다. 그는 남인 출신의 실학자였지만 당시 많은 남인 학자들이 믿었던 천주교에 대해서는 부정적이었고, 잘못된 외래 문화가 들어오는 것도 경계했다고 한다.

시대 조선 시대~대한 제국 시대　**더 찾아보기** 국채 보상 운동, 대한 제국, 의병, 이토 히로부미, 일본, 조선, 한일 신협약

조선 침략의 주범인 이토 히로부미를 사살한 독립운동가

안중근

1909년에 조선 침략의 주범이었던 이토 히로부미를 죽인 독립운동가 안중근. 그는 독립을 위해 싸우는 의병장일뿐 아니라 한국·중국·일본 세 나라가 서로 도와 동양의 평화를 지켜야 한다고 주장한 사상가이기도 했다.

개요 1909년에 만주 하얼빈 역에서 **조선** 침략의 주범이었던 **이토 히로부미**를 사살한 독립운동가이다. 한국·중국·**일본** 세 나라가 서로 도와 동양의 평화를 지켜야 한다고 주장한 사상가이기도 하다.

풀이 1879년에 황해도 해주에서 태어난 안중근은 천주교와 함께 개화 사상을 받아들인 집안의 영향을 받아 일찍이 신학문을 배웠다. 어린 시절부터 남달리 총명했던 그는 외세의 침략으로 위기에 처한 나라의 현실을 지켜보면서 독립 정신을 키웠다. 청년 시절에는 교육 운동과 **국채 보상 운동** 등에 참여했다.

1907년에 일제가 **한일 신협약**을 통해 사실상 **대한 제국**의 주권을 빼앗자, 안중근은 러시아로 건너가 의병대를 만든 뒤 항일 운동에 들어갔다. 의병대의 참모 중장에 임명된 그는 여러 의병장들과 함께 두만강 근처에서 국내 진입을 위한 군사 작전을 벌였다. 이때 일본군과 전투를 벌여 몇 차례 승리를 거두기도 했다.

이후 일본군의 탄압으로 **의병** 활동이 어려워지자, 그는 다른 방법을 찾기 시작했다. 그는 뜻을 같이하는 동료들과 함께 비밀 조직을 만든 뒤 손가락을 잘라 '단지 동맹'을 맺고 독립운동을 다짐했다. 그러던 중 1909년에 조선 침략의 핵심 인물이었던 이토 히로부미가 만주를 시찰하러 온다는 소식을 듣게 되었다. 그는 동료들과 함께 이토 히로부미를 저격하기로 결정하고, 하얼빈 역에서 러시아 군인의 영접을 받던 이토 히로부미를 향해 방아쇠를 당겼다. 이토 히로부미는 그 자리에서 숨졌고, 안중근은 러시아 헌병대에 붙잡힌 뒤 일본 영사관으로 넘겨졌다. 이후 뤼순 감옥에 갇혀 지내다가 1910년에 사형되었다.

심화 안중근은 재판을 받는 동안 "나는 한국 의병 참모중장의 신분으로 이토 히로부미를 사살했으므로 전쟁 포로로 대해 달라."고 요구했다. 실제로 그는 두만강 근처에서 의병 활동을 하다 붙잡은 일본군 포로를 국제법에 따라 풀어준 적도 있었다. 이는 그가 일본을 상대로 벌인 항거를 국가 간 전쟁으로 생각했음을 보여 준다. 또한 그는 "우리나라와 중국, 일본이 서로 힘을 합쳐 동양의 평화를 지켜야 한다."고 주장했다. 따라서 조선의 주권을 빼앗고 동양의 평화를 해친 이토 히로부미를 저격한 것은 죄가 될 수 없다고 주장했다. 안중근의 의거와 사상은 이후 우리나라뿐 아니라 중국이나 베트남에서도 항일 투쟁의 본보기가 되었다.

안중근은 동료들과 함께 '단지 동맹'을 맺었다. 단지란 손가락을 자른다는 뜻으로, 독립운동의 의지를 굳건하게 다지는 의식이었다.

일본의 총리이자 조선 침략의 주범인 이토 히로부미는 만주 하얼빈 역에서 안중근이 쏜 총에 맞아 숨졌다. 안중근은 재판에서 자신은 우리나라 의병의 장교로서 동양의 평화를 해친 주범을 저격한 것이니 죄가 될 수 없다고 주장했다.

시대 조선 시대~일제 강점기 **더 찾아보기** 김좌진, 대성 학교, 대한민국 임시 정부, 대한 제국, 독립 협회, 만민 공동회, 3·1 운동, 신민회, 신채호, 오산 학교, 윤봉길, 을사조약, 이승훈, 일본, 일제 강점기, 조선, 최남선

실력 양성 운동과 애국 계몽 운동에 앞장선 독립운동가

안창호

개요 조선 말기와 일제 강점기에 활약했던 독립운동가이자 교육자이다. 호는 '도산'이다. 민족의 실력을 기르기 위한 교육 활동과 우리나라의 주권을 되찾기 위한 독립운동에 앞장섰으며, 신민회와 대성 학교, 흥사단 등을 세웠다.

풀이 1878년에 평안남도 강서에서 태어난 안창호는 일찍이 신학문과 기독교를 받아들였고, 나라의 힘을 키우기 위해서는 민족의 실력 양성이 중요함을 깨달았다. 이후 독립 협회에 가입해 활동하면서 경기도와 황해도, 평안도 등지에서 열린 만민 공동회에 참여해 민족의 계몽과 교육의 중요성에 대해 연설했다. 그는 뛰어난 말솜씨로 대중들의 호응을 이끌어 냈는데, 그의 연설을 듣고 감동한 이승훈이 후에 오산 학교를 설립했다는 일화가 전해지기도 한다.

대한 제국 정부에 의해 독립 협회가 강제로 해산당한 뒤, 안창호는 교육 운동을 하려면 더 많은 공부가 필요하다고 생각해 미국으로 유학을 떠났다. 그는 미국에서도 교포들의 계몽을 위해 힘쓰면서 한인 민족 운동 단체를 만들어 활동했다. 그러다 1905년에 일제가 을사조약을 맺어 외교권을 빼앗았다는 소식을 듣고는 동료들과 함께 항일 운동에 나서기로 결심했다.

국내로 돌아온 안창호는 신채호 등과 함께 신민회를 만들어 독립운동을 하는 한편, 대성 학교를 세워 교육 운동을 벌였다. 또한 최남선, 김좌진 등과 함께 청년 학우회를 만든 뒤 민족 지도자들을 길러 내기 위해 노력했다. 하지만 일제의 핍박이 더욱 강해지자 그는 중국과 러시아를 거쳐 미국으로 간 뒤 민족 운동 단체인 흥사단을 만들었다.

미국에서 3·1 운동 소식을 들은 안창호는 독립운동 자금을 모아 대한민국 임시 정부로 갔다. 그는 독립운동을 위한 국내외 연락 조직인 연통제를 만들고, 흩어져 있던 독립운동 세력들을 하나로 모으기 위해 노력했다. 중국과 미국을 오가며 활동하던 그는 1932년 윤봉길의 의거가 일어났던 날에 일본 경찰에게 붙잡혔고, 감옥살

이를 하면서 얻은 병이 악화되어 1938년에 세상을 떠났다.

심화 안창호의 사상은 민족 개조론을 바탕으로 하고 있다. 개조란 더욱 좋아지게 하거나 잘못된 것을 고친다는 뜻이다. 그는 자주독립을 이루려면 민족의 실력을 길러야 한다고 생각했으며, 그에 따라 교육이 중요하다고 생각했다. 참됨에 힘쓴다는 뜻의 무실, 신의와 믿음을 뜻하는 충의, 불의에 맞서는 용기를 뜻하는 용감, 실천의 중요성을 뜻하는 역행 등 안창호의 사상을 담은 단체인 흥사단은 지금까지 활동이 이어지고 있다.

안창호는 평생 동안 나라의 독립과 교육을 위해 살았던 인물이다. 자주독립을 위해서는 무엇보다 우리 민족의 실력을 길러야 한다고 믿었으며, 이에 따라 대성 학교, 흥사단 등을 세우고 교육 활동에 힘썼다. 또한 독립운동에 앞장서 신민회와 대한민국 임시 정부 등에서도 활약했다.

1919년 10월에 대한민국 임시 정부 국무원을 설립했을 때의 모습. 앞쪽 가운데 앉은 사람이 바로 안창호이다.

시대 조선 시대 **더 찾아보기** 고려, 고려사, 몽골의 침입, 무신 정권, 성리학, 소수 서원, 원, 유학, 조선

우리나라에 처음으로 주자학(성리학)을 들여온 고려의 학자

안향

개요 **고려** 후기의 **유학**자이다. 중국으로부터 주자학(**성리학**)을 처음 들여와 전했다. **원**나라의 학자들도 주자학에 능통한 안향을 '동방의 주자'라고 부르며 칭송했다고 한다.

풀이 안향은 고려의 **무신 정권** 시기인 1243년에 태어났다. 당시 고려 사회는 무신들이 권력을 잡고 나라를 다스리면서 정치적으로 매우 불안정했다. 모범을 보여야 할 불교계가 부패하자 무속이 성행했으며, **몽골의 침입**으로 인해 많은 사람들이 죽고 국토도 황폐해졌다.

안향은 고려 사회가 겪고 있는 위기를 극복할 수 있는 방법에 대해 고민했다. 그러던 중 1289년에 충렬왕과 공주를 모시고 원에 갔다가 돌아왔다. 그는 원에서 주자학을 접한 뒤 고려의 위기를 극복할 방법이 바로 주자학에 있다고 생각했다. 그래서 직접 베껴 쓴 《주자전서》와 직접 그린 공자와 주자의 초상화를 가지고 돌아왔다. 이후에도 그는 여러 차례 원을 방문했는데, 더욱 더 주자학에 빠져들어 고려에 주자학을 전하기 위해 노력했다.

안향은 고려 왕실에 학교를 세우고 장학 기금을 만들자고 건의했다. 주자학을 가르쳐 인재를 길러 내는 일이 고려의 미래를 위해 도움이 된다고 생각했기 때문이다. 또한 그는 원을 오가는 사람들에게 부탁해 공자의 초상과 주자학에 관한 책을 계속 들여왔으며, 1306년에 세상을 떠나기 전까지 제자들을 가르쳤다.

심화 **조선** 중종 때 세워진 백운동 서원(나중에 **소수 서원**으로 이름이 바뀜)은 안향에게 제사 지내는 서원이다. 안향의 위패가 모셔져 있다. 안향은 고려뿐 아니라 조선 시대의 모든 성리학자들에게도 큰 스승이기 때문이다. 《고려사》에도 안향을 '늘 인재 양성과 학문 부흥을 위해 애쓴 인물'이라고 표현하고 있다.

시대 조선 시대 | **더 찾아보기** 갑신정변, 고종, 광혜원, 제중원, 조선

조선 말기에 선교사로 들어와 조선 왕실의 의사로 활동한 인물

알렌(호러스 알렌)

개요 **조선** 말기에 활동한 미국 선교사이자 조선 왕실의 의사이다. 한국 이름은 '안연'이다. 의료 활동뿐 아니라 **고종**의 정치 고문도 맡아 했으며, **제중원**(**광혜원**)을 세워 후진을 양성했다.

풀이 호러스 알렌(Horace Newton Allen)은 1858년에 미국의 오하이오에서 태어났다. 대학에서 신학과 의학을 공부한 그는 의료 선교사가 되어 중국에서 활동하다가 1884년에 조선에 들어왔다. 종교의 자유가 보장되지 않던 당시 선교사 신분은 위험했기 때문에 주한 미국 공사관 소속 의사로 활동했다.

1884년 **갑신정변** 때 민영익을 치료한 것이 계기가 되어 조선 왕실의 의사 겸 고종 황제의 정치 고문이 되었다. 그 뒤 제중원을 세우고 의사와 교수로 일하다가 미국으로 돌아갔다. 하지만 얼마 뒤에 다시 주한 미국 공사관의 서기관으로 돌아와 외교 활동을 시작했다. 이때 그는 전등과 전차 선로 등을 부설할 권리를 미국에 넘겨주었다. 1905년에 미국으로 돌아갔으며, 1932년에 그곳에서 세상을 떠났다.

심화 알렌은 의료 선교사로서 우리나라의 의학 발전에 기여했지만, 미국의 이익을 위해 우리나라의 여러 가지 이권을 넘기는 데 앞장섰다는 비판을 받았다. 2010년에는 드라마 '제중원'이 방영되어 알렌의 이야기가 소개되기도 했다.

신석기 시대의 유물과 유적이 가장 많이 나온 곳

암사동 선사 유적지

개요 서울특별시 강동구 암사동에 있는 **신석기 시대**부터 **삼국 시대**에 걸친 유적지이다. 이 중 신석기 유적지는 지금까지 우리나라에서 발견된 곳 가운데 규모가 가장 크다. 마을 형태를 고스란히 유지하고 있고 많은 유물이 나와 당시 생활 모습을 살필 수 있는 중요한 유적이다.

풀이 암사동 선사 유적지는 1925년 대홍수가 일어나 한강이 넘쳤을 때 유물이 포함된 지층이 드러나면서 발견되었다. 발굴 조사를 벌인 결과, 이곳에서는 시대가 다른 3개의 문화층이 발견되었다.

가장 아래층인 제1층은 움집터가 있고 내부에서 **빗살무늬 토기**와 신석기 시대의 유물이 발견되었다. 그리고 중간의 제2층은 빗살무늬 토기와 **민무늬 토기**를 비롯해 신석기 시대 후기 또는 **청동기 시대**의 유물이 발견되었고, 제3층은 삼국 시대인 **백제** 초기의 토기 조각과 **독무덤**, 건물터 등이 발견되었다.

유물과 유적이 가장 많이 남아 있는 층은 제1층인 신석기 문화층이다. 이곳에서는 빗살무늬 토기와 움집터를 비롯하여 돌도끼와 돌화살촉, 긁개 등의 생활 도구와 돌낫, 보습 등의 농사용 석기, 새 뼈와 도토리 등이 발견되었다. 특히 빗살무늬 토기와 움집터는 암사동 선사 유적지를 대표하는 유물로 꼽힌다.

움집터에는 지하로 1미터 정도 땅을 판 뒤 집을 지은 흔적이 남아 있는데, 집터 가운데에는 불을 피운 화덕 자리와 저장을 위해 판 것으로 보이는 구덩이가 있다. 출입구는 주로 남쪽을 향하고 있으며, 네 모서리에 기둥을 세우고 지붕을 덮어 **움집**을 세운 것으로 추측된다.

또한 암사동 선사 유적지에서는 바닥이 뾰족한 빗살무늬 토기가 발견되었다. 토기의 표면에는 빗살이나 생선 뼈 등의 무늬가 새겨져 있고, 토기의 색깔은 붉은빛이 도는 갈색이다. 이것은 주로 높지 않은 온도에서 구운 토기가 가지는 특징으로, 당시에는 특별한 시설 없이 구덩이에 장작불을 피워 토기를 구웠음을 짐작할 수 있다.

심화 암사동 선사 유적지는 선사 유적 공원으로 꾸며져 공원 안에 움집과 움집터를 옛 모습대로 복원해 놓았다. 체험 움집에 들어가면 신석기 시대의 가족이 생활하는 모습을 모형으로 꾸며 놓아 발굴된 유물이 어떻게 쓰였는지 확인해 볼 수 있고, 신석기 시대에 관한 여러 가지 정보를 알 수 있는 멀티미디어와 전시관, 박물관 등이 마련되어 있다.

신석기 시대의 유물과 유적이 가장 많이 발견된 암사동 선사 유적지를 옛 모습대로 상상한 그림. 이곳에서는 기원전 4000~3000년 무렵에 사람들이 살았던 집터와 당시에 사용했던 여러 가지 도구들이 발견되었다.

신석기 시대 후기와 청동기 시대를 대표하는 움집. 땅을 파고 기둥을 세운 뒤 이엉을 덮어 만드는데, 암사동에서 그 흔적이 발견되었다. 지금은 옛 모습대로 복원한 움집을 볼 수 있다.

시대 **조선 시대** 더 찾아보기 **고종, 마패, 수령, 조선**

조선 시대에 임금의 명령을 받아 수령을 감찰한 비밀 관리

암행어사

개요 **조선** 시대에 임금의 명령을 받아 비밀리에 지방을 돌아다니며 **수령**의 잘못을 밝히고 민심을 살피던 관리이다. '암행'이란 비밀리에 돌아다닌다는 뜻이고, '어사'란 임금의 명령을 수행하는 관리를 가리킨다. **고종** 때인 1892년에 마지막으로 파견된 뒤 폐지되었다.

풀이 암행어사는 조선 중기 이후에 본격적으로 파견되었다. 이들은 왕에게 봉서와 《사목》, 유척, 그리고 **마패**를 받고 지방으로 떠났다. '봉서'란 암행할 지역과 임무가 적혀 있는 비밀 편지이고, 《사목》은 암행어사의 할 일을 적어 놓은 책이었다. 또한 '유척'은 시체를 검시할 때 쓰는 자였고, '마패'는 역에서 말을 빌리거나 역졸을 부릴 수 있는 권한을 증명하는 패였다.

암행어사는 평상복으로 해당 지역을 몰래 돌아다니며 수령이 일을 제대로 하고 있는지 민심을 살폈다. 문제가 발견되면 역졸을 거느리고 관아에 출두해 수령들을 벌했고, 백성들의 억울한 사연을 들어주었으며, 임무를 마친 뒤에는 임금에게 자세히 보고했다.

암행어사는 임금을 대신해 수령의 잘못을 조사하거나 벌할 수 있었다. 수령의 잘못된 정책을 바로잡거나 억울하게 옥살이하는 사람을 풀어 주기도 했다.

마패는 봉서와 함께 암행어사의 신분을 증명하는 중요한 패였다.

시대 조선 시대 | **더 찾아보기** 세종, 임진왜란, 장영실, 조선, 종묘

세종 대왕 때 장영실이 만든 솥 모양의 해시계

앙부일구

개요 **조선** 시대에 사용한 해시계이다. 네 발 달린 솥처럼 생겼기 때문에 가마솥 부(釜)를 넣어 '앙부일구(仰釜日晷)'라고 부르게 되었다.

풀이 앙부일구는 1434년에 조선의 제4대 임금인 **세종**이 **장영실**에게 명하여 만들었다. 그러나 장영실이 만든 앙부일구는 **임진왜란** 때 없어졌고, 현재 국립고궁박물관에 보관된 2개의 앙부일구는 18세기에 만들어진 것이다. 이 앙부일구는 청동으로 몸통을 만든 뒤 글자와 선을 은으로 새겨 넣어 예술적으로도 뛰어난 작품이며, 보물 제845호로 지정되었다.

조선 초기에는 왕실에서 만든 앙부일구가 전부였다. 대궐 외에는 종로 네거리와 **종묘**에 앙부일구가 설치되었는데, 이것은 우리나라 최초의 공중 시계였다고 할 수 있다. 이후 관청에도 앙부일구가 설치되었고, 개인이 지닌 앙부일구의 수도 늘어났다. 보물 제852호로 지정된 휴대용 크기의 앙부일구는 1871년에 강건이 만들었는데, 지금까지 남아 있는 앙부일구 가운데 가장 작고 정교하며 옥으로 만들어 고급스럽다.

앙부일구는 오목한 시계판에 세로선 7줄과 가로선 13줄이 있다. 세로선은 시각선, 가로선은 계절선이다. 안쪽에는 영침이 있는데, 햇빛을 받아 생긴 영침의 그림자 길이로 시각과 절기를 알 수 있었다. 앙부일구 중에는 12가지 띠 동물 그림이 새겨진 것이 있었다. 덕분에 글을 모르는 사람들도 시각을 알 수 있었다.

심화 조선 전기에는 여러 가지 해시계가 만들어졌다. 휴대용인 현주일구와 천평일구는 기둥에 실을 연결한 뒤 눈금이 새겨진 원판에 드리운 그림자의 방향에 따라 시각을 알 수 있도록 했다. 정확히 남쪽을 가리키는 해시계라는 의미의 정남일구는 규모가 비교적 크고 정밀한 해시계였다. 수직으로 세운 기둥의 그림자 길이를 기준으로 1년의 날수와 24절기를 알아내는 규표도 해시계의 원리를 이용한 것이다.

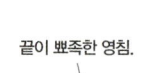

시각과 계절을 나타내는 시계판.

끝이 뾰족한 영침.

시대 대한 제국 시대 **더 찾아보기** 고종, 대한 제국, 러일 전쟁, 신민회, 을사조약, 일본, 황성신문

대한 제국 때 교육과 산업을 길러 자주독립을 지키자던 운동
애국 계몽 운동

개요 대한 제국 고종 황제 때 교육과 산업을 발달시켜 자주독립을 지키자며 벌인 운동이다. 민족 독립운동의 큰 방향을 제시했지만 일본의 침략에 제대로 맞서지 못해 더 이상 발전하지 못했다.

풀이 러일 전쟁에서 승리한 일본은 1905년에 대한 제국과 강제로 을사조약을 맺고 외교권을 빼앗았다. 주권을 빼앗긴 우리나라 국민들은 분노하고 슬퍼했지만 나라의 힘이 약해 부당한 조약을 되돌릴 수 없었다. 이에 교육과 언론, 종교 등을 통해 국민들을 일깨우고 힘과 실력을 길러 국권을 지키자는 운동이 활발히 일어났다. 이것이 바로 애국 계몽 운동이다. 여기서 '애국'이란 나라 사랑이라는 뜻이고, '계몽'이란 지식 수준이 낮거나 잘못된 풍습에 젖어 있는 사람들을 가르치고 깨우침을 의미한다.

지식인들은 대한 자강회, 대한 협회, 신민회 등 많은 계몽 운동 단체를 만들고 《황성신문》과 《제국 신문》 등의 언론을 통해 대중을 계몽하고 애국심을 일깨웠다. 또한 나라의 독립을 유지하려면 인재를 길러 내야 한다고 생각해서 사립 학교를 세우기도 했다. 보성과 중동, 양정, 숙명, 진명 학교 등이 이때 세워졌다. 그런가 하면 해외에는 무관 학교를 세워 현대적 교육을 받은 유능한 장교를 길러 내려고 했다. 실제로 무관 학교에서 배출된 장교들은 독립군이 되어 일본과 맞서 싸웠다.

심화 애국 계몽 운동은 대중 계몽과 교육을 통해 실력을 높이고, 학교를 세워 인재를 기르며, 민족 독립운동의 큰 방향을 제시했다는 점에서 의미가 크다. 그러나 실력을 기르는 데에만 치중한 나머지 일본의 침략에 적극적으로 맞서지 못했고, 당시 일본과 서구 열강의 제국주의를 비판하는 데 철저하지 못했다. 또한 을사조약 이후 일본이 적극적으로 애국 계몽 운동에 대해 간섭하거나 방해하면서 점차 쇠퇴했다. 애국 계몽 운동가 일부는 일제에 협력하는 경향마저 보이기도 했다.

시대 조선 시대 | 더 찾아보기 갑오개혁, 경국대전, 공명첩, 과거 제도, 군역, 양인, 음서, 조선, 천민

조선 시대의 지배층으로, 문관과 무관을 합쳐 이르는 말

양반

개요 조선 시대의 지배층이다. 문관과 무관을 합쳐 양반이라고 불렀으며, 군역의 의무는 없으면서 높은 관직에 오를 수 있는 등 여러 가지 특권을 누렸다. 갑오개혁 때 신분 제도가 폐지되면서 사라졌다.

풀이 조선 시대에는 임금이 관리들을 모아 조회를 열 때, 문관은 동쪽에 서는 반면 무관은 서쪽에 섰다. 그래서 문관을 동반, 무관을 서반이라고도 불렀다. 양반은 '두 개의 반'이라는 뜻으로, 문관과 무관을 합쳐 부르는 말이었다. 양반은 나라의 관청에서 일하고 있는 높은 관리들을 뜻했지만, 나중에는 관리를 한 적이 있거나 관리가 될 수 있는 지배층 모두를 가리키는 말로 쓰였다.

《경국대전》에 따르면 천인(천민)이 아닌 사람은 다 양인이며, 양인은 모두 과거 시험을 볼 자격이 있었다. 법적으로는 양반과 상민(평민)의 구분이 없었던 것이다. 그러나 상민은 과거 시험 공부에만 전념할 수 있을 만큼 경제적인 여유가 없었다. 이에 따라 과거 공부를 뒷바라지할 수 있는 집안에서만 관리가 나오게 되었고, 이들이 양반층을 형성했다. 단, 집안의 힘만으로 관직에 나아갈 수 있었던 것은 아니다. 고려 시대에는 과거 제도 외에 음서를 통해 관리가 되는 경우가 많았지만, 조선 시대에는 과거 제도가 정착되어 양반이라도 과거 시험에 합격하지 않으면 높은 관리가 되기 어려웠다.

양반은 다른 신분에 비해 많은 특권을 누렸다. 양반 남자라면 누구에게나 주어지는 군역을 면제받았고, 반역의 죄를 짓지 않는 이상 함부로 취급당하지 않았다. 오히려 상민이나 천인이 양반을 모욕하면 중대한 범죄로 처벌을 받았다.

노비들이 일하는 모습을 감시하고 있는 양반. 조선 시대의 양반은 나랏일을 하는 관리를 뜻했지만, 실제로는 부와 권력을 누리는 지배층 사람들을 가리켰다. 이들은 많은 땅과 노비를 거느리며 편한 생활을 했고, 부와 권력은 자식에게 대대로 이어졌다.

심화 조선 후기에는 양반의 권위가 크게 떨어졌다. 어려워진 재정을 보충하기 위해 일정한 돈만 내면 명예 관직 임명장인 **공명첩**을 주었기 때문이다. 게다가 수공업과 상업의 발달로 부유해진 상민들이 돈을 주고 족보를 사거나 위조하는 경우도 있어 양반의 수가 크게 늘어났다. 17세기까지 5~20%에 불과했던 양반이 지역에 따라서는 70%에 달할 정도였다. 따라서 관직을 얻지 못하거나 가난한 양반은 부유한 상민만도 못한 신세가 되었다.

조선 시대의 양반 여자들은 아버지와 남편, 자식에게 매여 살았지만 그래도 다른 신분의 여자들보다는 한결 편안한 생활을 했다. 나이가 들고 남편이 세상을 떠나 집안의 최고 어른이 되면 양반 남자 못지않은 대접을 받았다.

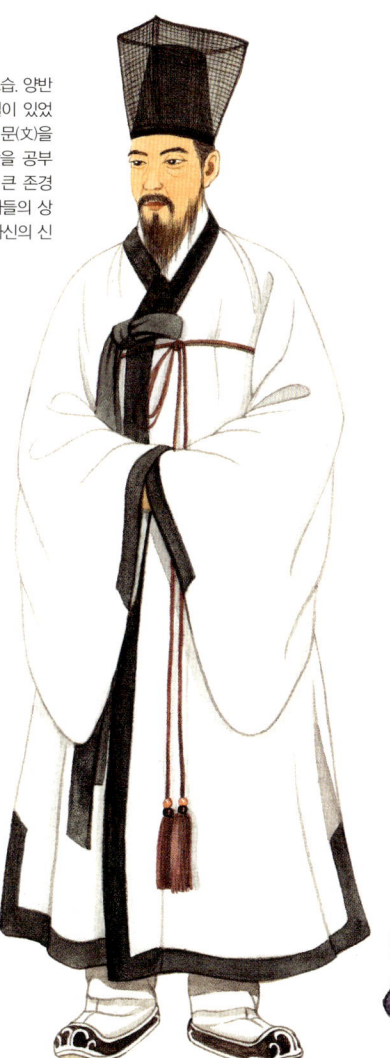

조선 시대 양반 남자의 모습. 양반에게도 보이지 않는 서열이 있었다. 조선은 무(武)보다는 문(文)을 숭상했기 때문에 성리학을 공부해 문관이 된 사람이 더 큰 존경을 받았다. 이들은 유학자들의 상징인 관모와 옷을 입어 자신의 신분을 드러냈다.

시대 조선 시대 | 더 찾아보기 갑오개혁, 경국대전, 공납, 양반, 조선, 중인, 천민

조선 시대 신분 제도에서 양반과 천민 사이에 있었던 계층
양인

개요 **조선** 시대의 신분 제도에서 **천민**이 아닌 사람을 뜻한다. **양반**과 상민(평민)이 모두 양인에 속했으나 실제로는 양반의 지배를 받던 상민만을 이르는 말이 되었다.

풀이 조선 시대의 신분 제도를 한마디로 표현하면 양천 제도라고 할 수 있다. 조선의 백성을 양인과 천인으로 나누는 것이다. 실제로 조선 최고의 법전인 《**경국대전**》에는 "천인이 아닌 사람은 모두 양인"이라고 적고 있다. 또한 양인은 과거를 볼 수 있었으나 국역의 의무를 져야 한다고 규정했다. 하지만 양인이라는 말은 점차 양반의 지배를 받는 상민을 가리키는 말이 되어갔다. 16세기 이후에는 조선의 신분이 양반과 **중인**, 양인(상민), 천인 등 4개로 나누어졌기 때문이다.

양인의 대부분은 농민이었으며, 수공업자나 상인도 있었다. 농민들은 자기 땅에서 농사지은 수확의 일부를 전세로, 자기 고을의 특산물을 **공납**으로 바쳐야 했으며, 때가 되면 군대에 가거나 나라 일에 동원되는 역의 의무도 져야 했다. 상인이나 수공업자들은 농민보다 낮은 직업으로 여겼으며, 나라의 통제 아래 장사나 일을 하면서 나라가 필요로 하는 물품을 제공해야 했다.

조선 후기에는 양인 가운데 의술, 외국어, 그림 등을 익혀 과거 시험을 보고 관직에 나가거나 장사를 해서 부를 쌓은 이들이 중인 계급이 되었다. 이들이 양반 못지않은 권세를 누린 반면, 양반은 차츰 몰락의 길을 걸으면서 신분의 구분은 흐려졌다. 그러다 **갑오개혁**으로 신분 제도가 폐지되면서 양인은 현대 국가의 국민으로 변화되었다.

심화 양인 중에는 그 당시로서는 천한 일에 종사하는 사람들도 있었다. 소금을 굽거나, 대장장이 일을 하거나, 도자기를 굽거나, 바다에서 물고기를 잡거나, 봉수대에서 일하거나, 광대로 일하는 사람들이었다. 신분은 양인이지만 하는 일은 천하다는 뜻으로 이들을 '신량역천'이라고 불렀는데, 일정한 기간 동안 국역을 마치면 양인 신분이 되었다. 하지만 신분이 올랐다고 해도 대부분 기피하는 고된 직업을 가졌기 때문에 천시하는 풍토는 계속되었다.

●○○
도자기를 굽는 '사기간'이나 금속을 다루는 '철간' 등은 일정한 기간 동안 국역을 마치면 양인이 되었다. 전문 기술로 나라에 봉사했지만 이들은 양인 가운데 가장 천대 받는 계층이었다.

●○○
대부분의 양인은 농사를 짓는 농민이었다. 인구도 제일 많았다. 농민들이 생산하는 농산물이 세금의 대부분을 차지했기 때문에 조선 사회에서는 없어서는 안 될 존재였다.

●○○
상인도 양인 신분이었다. 상인은 농민에 비해 천시되었으나 조선 후기에는 상업이 발달하면서 이들의 세력이 커졌다. 외국과 무역을 하거나 한양에서 독점적으로 장사를 하여 커다란 부를 쌓은 상인들은 양반 못지않은 권세를 누리기도 했다.

어린이들이 씩씩하게 자라날 수 있도록 하기 위해 만든 기념일

어린이날

개요 어린이를 아끼고 존중하며, 어린이들이 씩씩하게 자라날 수 있는 환경을 만들기 위해 제정한 기념일이다. **방정환**이 주도한 천도교 소년회에서 1922년 5월 1일 처음 '어린이의 날' 행사를 했다. 이후 5월 5일로 바뀌어 시행되고 있다.

풀이 어린이날은 1922년 천도교 소년회가 개최한 '어린이의 날' 행사에서 비롯되었다. 이를 주도한 인물은 방정환이었다. 방정환은 3·1 운동 이후 아이들이 제대로 대우 받지 못하는 현실에 눈을 뜨고 본격적으로 소년 운동을 펼쳤다. 방정환이 처음 쓴 '어린이'라는 말은 인격을 가진 한 사람의 독립된 사회 구성원이라는 의미였다.

그는 1923년 3월에 색동회를 만들고 《어린이》라는 잡지를 창간했다. 색동회는 5월 1일을 '어린이날'로 정착시키고 해마다 다양한 기념행사를 했다. 기념행사의 표어는 "희망을 살리자, 내일을 살리자."와 "잘 살려면 어린이를 위하라."였다. 어린이가 미래의 희망임을 강조한 것이다. 1927년부터는 좀 더 많은 사람이 참여할 수 있도록 어린이날 행사를 5월 첫째 일요일에 열었다. 이때 동화와 동요 대회, 미술 전람회 등 어린이들이 직접 참가하거나 관람할 수 있는 행사들이 많이 열렸다.

어린이 운동이나 어린이날 행사가 민족의식을 높일 것을 염려한 일제는 1934년에 《어린이》를 폐간시켰다. 1937년부터는 어린이날 행사조차 금지시켰다. 그러다 **8·15 광복** 이듬해인 1946년에 《어린이》가 다시 발행되기 시작했고, 이때부터 어린이날이 5월 5일로 바뀌어 시행되었다.

심화 사실 어린이날 행사는 8·15 광복 이후에도 한동안 제대로 이루어지지 못했다. 그러다 1970년에 어린이날이 공휴일로 지정되면서 활발해졌다. 지금은 정부와 지방 자치 단체들이 나서 어린이들이 즐길 수 있는 행사나 공연을 마련하고 있고, 어려운 처지에 있는 어린이들을 지원하고 있다.

시대 현대 　더 찾아보기 이승만, 제주 4·3 사건, 8·15 광복

제주 4·3 사건 진압을 거부한 군인들이 일으킨 사건

여수·순천 10·19 사건

개요 1948년에 전라남도 여수에 주둔하던 군부대의 군인들이 **제주 4·3 사건** 진압을 거부하며 일으킨 사건이다. **8·15 광복** 이후 좌익과 우익이 대립하는 어지러운 정치 상황에서 많은 사람들이 죽거나 다친 비극적인 사건이었다.

풀이 1948년 4월 3일 제주도에서는 남한만의 단독 정부 수립에 반대하는 민중 봉기가 일어났다. 군과 경찰이 봉기를 강경 진압하자, 봉기에 참여한 사람들은 한라산으로 들어가 저항했다.

이승만 정부는 1948년 10월에 여수에 주둔하고 있던 국군 제14연대를 제주 4·3 사건 진압을 위해 파견하기로 했다. 그러나 제14연대의 일부 군인들은 출동을 거부하고 반란을 일으켰다. 이들은 친일파 처벌과 남북 통일 등을 주장하며 들고일어나 여수와 순천을 장악한 뒤, 주변 지역으로 세력을 확대했다. 정부는 여수와 순천 일대에 계엄령을 선포하고, 미군사 고문단의 협조 아래 반란군을 진압했다. 이 과정에서 반란군은 물론이고 많은 민간인이 죽거나 다쳤다. 반란군 중 일부는 지리산에 들어가 빨치산이 되어 저항하기도 했다. 이후 이승만 정부는 군부대 안에서 좌익계 군인들을 처벌하면서 광복군 출신의 군인은 물론이고 이승만 정부에 비판적인 군인들까지 함께 쫓아냈다.

심화 이승만 정부는 이 사건을 계기로 국가 보안법을 제정하고 강력한 반공 정책을 실시했다. 학교에는 학도 호국단을 만들어 학생들에게도 반공 교육과 군사 훈련을 받게 했다.

여수·순천 10·19 사건은 제주 4·3 사건 진압을 거부한 군인들에 의해 일어났다. 이들은 여수와 순천 지역을 장악한 뒤 이승만 정부에 대항했지만 며칠 만에 진압되었다.

시대 조선 시대~현대 | **더 찾아보기** 김일성, 대한민국 임시 정부, 3·1 운동, 손기정, 신민회, 애국 계몽 운동, 일본, 일제 강점기, 조선 건국 준비 위원회, 태평양 전쟁, 파리 강화 회의, 8·15 광복

조선 건국 동맹을 만들어 광복에 대비한 독립운동가이자 정치가

여운형

개요 일제 강점기와 광복 후에 활동한 독립운동가이자 정치가이다. 8·15 광복 후에는 독립 국가 건설과 좌우 합작 운동에 힘을 썼다.

풀이 여운형은 대한 제국 시기 **신민회** 활동과 **애국 계몽 운동** 등 민족 운동을 벌였다. 1918년에 중국으로 건너간 뒤에는 신한청년당을 만들었고, **파리 강화 회의**에 우리나라 대표로 김규식을 파견했다. **대한민국 임시 정부**에서는 임시 의정원 의원으로 활동했고, **3·1 운동** 후 우리나라의 자치 문제를 의논하자는 **일본**의 초청을 받기도 했다. 하지만 그는 일제의 제안을 비판하면서 즉각적인 독립을 주장했다.

이후 여운형은 소련과 중국을 오가며 항일 운동을 벌이다 경찰에 붙잡혀 3년간 감옥살이를 했다. 《조선중앙일보》의 사장을 맡은 뒤에는 올림픽에서 우승한 **손기정** 선수의 사진에서 일장기를 지운 뒤 보도한 '일장기 말소 사건'을 주도했다. 이 사건으로 《조선중앙일보》는 폐간되고 그는 사장직에서 물러나야 했지만, 1944년에 조선 건국 동맹을 만들어 일본의 패망과 광복에 대비했다.

마침내 1945년에 일제가 **태평양 전쟁**에서 항복을 선언하자, 그는 **조선 건국 준비위원회**를 결성해 정부 수립을 준비했다. 하지만 미군정이 들어오면서 조선 건국 준비 위원회는 해체되었다. 이후 그는 통일을 위해 좌우 합작 운동에 앞장섰고, 평양을 방문해 **김일성**과 회담을 갖기도 했다.

심화 여운형은 1947년에 한지근이라는 우익 청년에게 암살당한 뒤 2005년에 독립 유공자로 인정되기까지, 공산주의자라는 이유로 공을 인정받지 못했다. 하지만 그는 독립운동에 앞장선 지도자였을 뿐 아니라 남한과 북한에서 대중적 지지를 받았던 정치인이었다.

일제 강점기의 독립운동과 해방 후 좌우 합작 운동을 펼쳤던 여운형. 미국의 몇몇 언론은 그를 '위대한 민주주의자'라고 평가하기도 했다.

시대 고려 시대~조선 시대 **더 찾아보기** 거란, 고려, 금, 당, 동북 9성, 말갈, 명, 몽골, 발해, 병자호란, 삼국 시대, 송, 수, 요, 원, 윤관, 정묘호란, 조선, 청, 후금

만주 지방에 흩어져 살다 금과 청을 세우고 중국을 지배했던 민족

여진

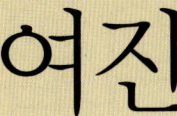

개요 오랫동안 만주 지역에 살았던 민족이다. **삼국 시대**에는 **말갈**, **고려** 시대에는 여진, **조선** 후기에는 만주족이라고 불렀다. **수**, **당**, **발해**, **거란** 등의 지배를 받기도 했지만 **금**과 **후금**, **청** 등의 나라를 세우며 번성하기도 했다.

풀이 여진은 발해의 구성원이었던 말갈의 후손들로, 발해가 멸망한 이후에도 계속 만주 지방에 살았다. '여진'이라는 이름은 중국 **송**나라 때인 10세기부터 부르기 시작했다.

여진은 **고려**에 활과 말, 모피 등을 조공으로 바치며 비교적 평화로운 관계를 유지했다. 하지만 13세기 초에 여진의 우야소가 세력을 키운 뒤에는 고려의 국경 지역을 자주 침입하면서 문제가 되었다. 이에 고려의 **윤관**은 여진을 토벌하고 **동북 9성**을 쌓았다. 여진은 뒤늦게 침입과 약탈에 대해 사과하며 성을 돌려달라고 요청했고, 성을 관리하는 데 어려움을 겪고 있던 고려는 조공을 받는 조건으로 돌려주었다.

1115년에는 우야소의 후손인 아구타가 여진의 여러 부족을 통일해 금을 세웠다. 아구타는 고려에 형제 관계를 요구했으나 고려 조정은 이를 물리쳤다. 1125년에 거란이 세운 **요**와 한족의 나라인 북송까지 멸망시킨 뒤에는 고려를 압박하며 신하의 예를 강요하기도 했다. 하지만 금은 차츰 힘이 약해지다 1234년에 **몽골**에 의해 멸망했다. 이후 여진족은 **원**과 **명**의 지배를 받았고, 조선에는 조공을 바치게 되었다.

심화 여진족은 16세기 후반부터 명의 힘이 약해진 틈을 타 다시 세력을 키웠다. 특히 추장 누르하치는 이웃 부족을 통합한 뒤 1616년에 선양에서 후금을 세웠다. 조선에는 형제의 예를 요구하며 압박하다 1627년에 **정묘호란**을 일으키기도 했다. 후금은 1636년에 나라 이름을 '청'이라 바꾸고 조선을 침공해 **병자호란**을 일으켰다. 결국 조선은 청에 항복하고 조공을 바치게 되었다. 이후 청은 계속해서 명을 공격하며 세력을 넓혔고, 명이 멸망한 뒤에는 중국 대륙을 통일해 통치했다.

천체의 움직임을 살펴 시간과 날짜를 구분하는 방법

역법

개요 천체의 움직임을 살펴 시간과 날짜를 구분하는 방법이다. 날짜와 시간을 계산하는 일은 농업은 물론이고 일상생활에서도 매우 중요했기 때문에 **조선** 시대에는 역법 연구가 활발하게 이루어졌다.

풀이 역법은 오늘날의 달력이나 시계와 비슷한 역할을 했다. 달이나 해, 별이 움직이는 주기를 살펴 날짜와 시간을 구분했기 때문이다. 무엇의 움직임을 기준으로 삼느냐에 따라 날짜와 시간의 계산 방법은 달랐다.

우리나라는 중국에서 사용하던 역법을 받아들여 사용했다. 조선의 제4대 임금인 **세종** 때는 **원**나라에서 사용하던 역법을 연구한 뒤 새롭게 고친 《칠정산》 내외 편을 만들었고, 조선의 제17대 임금인 효종 때는 **청**나라를 통해 서양의 역법인 시헌력을 받아들였다.

갑오개혁 이후에는 세계적인 흐름에 따라 음력 대신 양력을 국가의 공식적인 역법으로 채택했다. 하지만 이후에도 한동안 민간에서는 여전히 음력이 널리 사용되었다. 지금도 설이나 추석 같은 명절은 음력을 기준으로 지내고 있다.

심화 역법은 크게 음력과 양력으로 나눈다. 음력은 달이 지구를 한 바퀴 도는 것을 1개월로 하고, 이를 기준으로 날짜를 구분한다. 양력은 지구가 스스로 한 바퀴 도는 것(자전)을 1일로 하고, 태양의 둘레를 한 바퀴 도는 것(공전)을 1년으로 하여 날짜를 구분한다. 우리나라에서는 갑오개혁 이전에는 음력을 사용했는데, 달의 움직임만을 기준으로 하는 순수 음력인 태음력은 아니었다. 달의 움직임을 기본으로 하지만 태양의 움직임에 따른 계절의 변화를 고려한 태음태양력을 사용했다.

시대 조선 시대 | 더 찾아보기 고려, 마패, 몽골, 삼국 시대, 조선

도성과 지방을 연결하던 조선의 교통 및 통신 제도
역원 제도

개요 **조선** 시대에 도성과 지방을 연결하던 교통 및 통신 제도이다. 전국 주요 지점에 말을 관리하는 '역'과 숙소인 '원'을 두어 나랏일을 보는 관리들이 이용하도록 했다.

풀이 역이란 말을 준비해 놓은 곳이고, 원이란 사람들이 쉬거나 잠을 자는 곳이었다. 도로로 연결된 중요한 곳에 역과 원을 설치해 교통이나 통신을 돕도록 하는 것이 바로 역원 제도이다. 중국에서는 일찍이 춘추 전국 시대부터 있었고, **몽골**은 이 제도를 바탕으로 동서양을 아우르는 대제국을 건설할 수 있었다.

우리나라의 역원 제도는 **삼국 시대**부터 시작되었다. 몽골의 침입을 겪었던 **고려** 시대에는 전국에 역과 원을 세웠고, 그것은 조선 시대에도 이어졌다. 조선 시대 주요 도로에는 대략 30리마다 하나씩, 전국적으로 500여 개의 역이 있었다. 나랏일 때문에 여행길에 오른 관리들은 이곳에 들러 **마패**를 제시한 다음, 말을 이용했다. 역에서 일하는 관리들은 중요한 공문은 물론이고 임금에게 올리는 진상품이나 지방에서 걷은 세금을 운반하기도 했다.

원은 나라에서 운영하는 공공 여관이었다. 대개 역 주변에 세웠으며, 나랏일 때문에 여행하는 관리들이 들러 쉬거나 잠을 잤다. 사리원이나 조치원, 장호원 등은 원이 있었던 지역의 이름이다.

심화 조선 시대에는 오늘날처럼 큰 도로가 없었다. 도시와 마을을 잇는 길이 따로 있는 것도 아니었고, 있다고 해도 사람이나 말이 겨우 다닐 수 있는 정도였다. 따라서 나랏일을 보는 관리는 물론이고 일반 백성들도 여행 중에는 길을 잃기 쉬웠다. 이때 역과 원은 중요한 이정표가 되어 주었으며, 도둑이나 맹수로부터 피난처 역할을 했다.

고구려 말기에 당의 침입을 막아 낸 재상이자 최고 권력자

연개소문

개요 **고구려** 말기에 최고의 권력을 가졌던 재상이다. 영류왕과 반대 세력을 제거하고 권력을 잡은 뒤, 막리지가 되어 **당**의 침입을 막아 냈다.

풀이 연개소문은 대대로(고구려의 제1관등 벼슬) 집안에서 태어났다. 그가 아버지의 자리를 물려받으려 하자 고구려의 귀족들이 강하게 반대했다. 연개소문은 당에 대해 강경책을 주장했지만 귀족들은 전쟁을 원하지 않았기 때문이다. 연개소문은 귀족들을 설득해 겨우 대대로가 되었지만, 자신의 입장을 바꾸지 않았다. 이에 영류왕과 귀족들은 연개소문을 제거할 계획을 세웠으나 미리 눈치 챈 연개소문에 의해 죽임을 당했다. 연개소문은 영류왕의 조카(보장왕)를 허수아비 임금으로 앉힌 뒤 자신은 최고 벼슬아치인 막리지가 되었다.

연개소문은 '강한 고구려'를 목표로 삼고 외세에 맞섰다. **백제**의 침략에 시달리던 **신라**가 **김춘추**를 보내 도움을 요청했을 때에도 고구려의 옛 땅을 돌려주는 조건을 내걸며 거절했다. 김춘추는 옥에 갇혔다가 겨우 풀려났는데, 이후 고구려와 신라는 적대적인 관계가 되었다.

한편, 연개소문은 호시탐탐 고구려를 노리던 당의 침입을 거듭 막아 냈다. 당 태종은 645년에 고구려를 공격했으나 안시성에서 물러났고, 660년에 신라와 함께 백제를 멸망시키자마자 고구려로 진격했지만 실패하고 말았다. 이후 당은 연개소문이 죽을 때까지 고구려를 침략하지 못했다.

심화 고구려는 666년에 연개소문이 세상을 떠난 뒤 아들들의 권력 다툼으로 인해 무너졌다. 신라를 두둔하는 입장을 가졌던 **김부식**은 《**삼국사기**》에서 연개소문을 잔인한 독재자로 표현했지만, 고구려 입장에서 보면 기울어져 가는 나라를 지킨 영웅이기도 하다.

시대 삼국 시대~현대 | 더 찾아보기 고려, 삼국 시대, 신라, 왕건, 조선, 진흥왕, 태조, 팔관회

불을 밝힌 등을 내걸어 부처의 공덕을 기리는 불교 행사

연등회

개요 신라 진흥왕 때 시작되어 고려 시대에는 나라의 행사로 치러진 불교 행사이다. 불을 밝힌 등을 내걸어 부처의 공덕을 기리고, 나라의 안녕이나 개인의 소원을 빌었다. 연등회는 지금도 4월 초파일에 전국 곳곳의 절을 중심으로 이어지고 있다.

풀이 연등회는 불을 밝힌 등을 내걸고 부처의 덕을 찬양하는 행사이다. 연등은 어둡고 어지러운 세상을 밝히는 부처의 덕과 가르침을 뜻하는데, 사람들이 연등을 내거는 것은 몸과 마음을 밝고 바르게 한다는 뜻도 담겨 있다.

연등회의 뿌리는 인도에서 부처에 대한 존경을 드러내기 위해 사람들이 하던 의식에서 출발했다. 그러던 것이 중국을 거치며 정기적인 행사로 발전했고, 삼국 시대에는 신라에까지 전해졌다. 신라의 제24대 임금인 진흥왕 때 연등회를 열었다는 기록이 남아 있다.

하지만 연등회가 가장 활발했던 시기는 불교를 나라의 종교로 받들던 고려 시대였다. 고려를 세운 태조 왕건은 세상을 떠나면서 '훈요 10조'라는 유언을 남겼는데, 여기에서도 연등회를 비롯한 불교 행사를 잘 치르라고 당부하기도 했다. 고려는 연등회를 팔관회와 함께 나라의 큰 행사로 여기고 백성들도 참여하여 성대하게 치렀다. 하지만 불교를 억압했던 조선 시대에는 차츰 쇠퇴해, 절이나 신도들을 중심으로 치르게 되었다.

심화 고려 초기에는 연등회를 1월 15일에 열었다고 한다. 그러다 나중에는 2월 15일로 바뀌었고, 석가모니(부처)가 태어난 4월 초파일(음력 4월 8일)에도 연등회를 열었다. 4월 초파일에 하는 연등회는 조선 시대를 거쳐 오늘날까지 이어지고 있다.

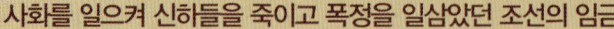

연산군

사화를 일으켜 신하들을 죽이고 폭정을 일삼았던 조선의 임금

개요 조선의 제10대 임금이다. 임금의 자리에 있었던 12년 동안 많은 신하들을 죽이고 포악한 정치를 일삼다 중종반정으로 쫓겨났다.

풀이 연산군은 1476년에 조선의 제9대 임금인 성종의 맏아들로 태어났다. 그는 1494년에 임금의 자리에 올랐는데, 첫 해에는 국방을 튼튼히 하고 가난한 백성들을 구제하는 정책을 폈다. 하지만 이듬해부터 어머니인 폐비 윤씨의 신분을 되찾아 주는 일을 추진하다 이에 반대하는 사림파 신하들과 갈등을 빚었다. 분노한 연산군은 무오사화와 갑자사화 등 두 차례의 사화를 일으켜 많은 신하들을 죽였다. 이때 성종의 두 후궁이 그의 손에 죽임을 당한 것은 물론이고 할머니인 인수 대비도 구타당한 후유증으로 세상을 떠났다.

이후 연산군은 강력해진 왕권을 바탕으로 정치를 제멋대로 했다. 왕명에 반대하는 사간원을 없애고, 왕과 신하들이 학문과 정치를 논의하는 경연을 열지 않았다. 연산군을 비판하는 한글 벽서가 붙자 한글 사용을 금하기도 했다. 사냥과 술자리를 자주 했으며 예쁜 여성을 뽑아 놀이를 즐겼다. 성균관과 원각사(세조가 한양에 세운 절)까지 술 마시고 노는 장소로 만들 정도였다. 결국 1506년에 성희안, 박원종 등이 연산군의 배다른 동생인 진성 대군을 새 임금으로 내세우며 중종반정을 일으켰다. 연산군은 임금의 자리에서 쫓겨나 강화도에서 귀양살이를 하다 병으로 세상을 떠났다.

심화 '흥청대다'는 말은 연산군 때 만들어졌다. 향락과 쾌락에 빠져 있던 연산군은 연회를 열어 기생들과 어울려 놀기를 좋아했다. 그는 전국에서 기생들을 뽑아 각 고을에서 관리하도록 했는데, 이들 가운데에서 대궐로 뽑혀온 기생들에게 '흥청'이라는 이름을 내렸다. 이후 흥청은 흥에 겨워 거드럭거림을 표현하는 말이 되었다.

시대 조선 시대 더 찾아보기 갑오개혁, 명, 박제가, 박지원, 병자호란, 북학파, 여진, 열하일기, 조선, 청, 홍대용

조선 조정이 청나라에 파견했던 사신단

연행사

개요 조선 시대에 청나라에 파견한 사신이다. 연행사라는 명칭은 '청의 수도인 연경(지금의 베이징)에 가는 사신'이라는 뜻이다.

풀이 연행사는 처음에는 매년 청의 황제·황후·황태자의 생일, 밤이 가장 긴 날인 동지, 정월 초하루(음력 1월 1일)에 맞춰 파견되었다. 그러나 청이 도읍을 연경으로 옮긴 뒤에는 1년에 한 차례, 동지사로 통합되었다. 갑오개혁을 했던 1894년까지 연행사가 청에 간 횟수는 총 507회에 달했다.

연행사가 한 번 청에 다녀오는 데에는 최소한 50~60일의 시간이 필요했다. 청에서 머무는 날짜까지 합하면 출발에서 돌아올 때까지 5개월 정도 걸렸다. 그래서 10월과 11월에 조선에서 출발해 12월에 연경에 도착하고, 동지와 정월을 보낸 뒤인 2월에 연경을 떠나 3월이나 4월에 돌아오는 경우가 많았다. 정식 사절단은 30명 안팎이지만, 수행원이나 상인들까지 합하면 보통 200~300명 정도의 규모였다.

심화 조선은 큰 나라를 섬기는 것을 외교의 기본으로 삼으면서도, 유독 청나라는 인정하지 않으려는 경향이 강했다. 청은 조선이 오랫동안 오랑캐라고 낮추어 보던 여진족이 세운 나라였기 때문이다. 청나라가 1636년 병자호란을 일으켜 조선을 침략한 이유 가운데에는 명나라만을 섬기는 데 대해 불만을 품은 탓도 있었다.

하지만 조선 조정은 여러 번의 연행을 통해 청나라의 발달된 문물을 직접 경험한 뒤 조금씩 태도를 바꾸었다. 조선 후기에는 홍대용, 박지원, 박제가, 유득공 등 연행을 다녀온 학자들을 중심으로 청을 배워야 한다는 주장이 나오기도 했다. 이들이 바로 북학파였다. 특히 박지원은 연행 도중 청나라 황제의 피서지인 열하를 둘러본 뒤 《열하일기》를 써 청나라에 비해 뒤떨어진 조선의 현실을 비판했다.

시대 삼국 시대~현대 | 더 찾아보기 고구려, 고려, 고종, 광개토 대왕, 대조영, 대한 제국, 발해, 신라, 왕건, 일제 강점기, 조선, 진덕 여왕, 진흥왕, 태조, 8·15 광복, 한, 한일 강제 병합 | 640

임금의 자리에 올라 나라를 다스린 연도의 순서를 나타낸 이름

연호

개요 임금이 임금의 자리에 올라 나라를 다스린 연도의 순서를 나타내기 위해 붙이는 이름이다. 예를 들어 **고종**이 **대한 제국** 황제가 된 1897년을 광무 1년, 1898년을 광무 2년과 같은 식으로 표기한다.

풀이 중국에서는 **한**나라 때 연호 제도가 마련되었다. 우리나라는 국가나 임금에 따라 독자적인 연호를 사용하기도 하고, 중국 황제의 연호를 받아서 쓰기도 했다.

문헌에 나타난 우리나라 최초의 연호는 **고구려 광개토 대왕**이 사용한 '영락'으로, 영원히 편안함을 누린다는 뜻이다. **신라**에서도 **진흥왕** 때부터 **진덕 여왕** 때까지 독자적인 연호를 사용했는데, 이후에는 중국의 연호를 썼다. **발해**는 **대조영**이 나라를 세운 뒤 계속 독자적인 연호를 사용했다. **고려** 시대에는 **태조 왕건**과 제4대 임금인 광종 등이 독자적인 연호를 사용하다 중국의 연호로 바꾸었다.

중국과 사대 관계를 유지했던 **조선**은 처음부터 독자적 연호를 사용하지 않았다. 그러다 1895년 을미개혁 때 건양을 연호로 사용해 중국 연호에서 벗어났다. 1897년에는 고종이 나라 이름을 대한 제국으로, 연호를 광무라고 고쳐 중국과 대등한 황제국임을 내세웠다. 고종의 뒤를 이은 순종은 융희를 연호로 삼았다.

심화 1910년에 **한일 강제 병합**으로 나라를 빼앗긴 뒤 연호도 사라졌다. **일제 강점기**에는 메이지나 다이쇼, 쇼와 등 일본의 연호를 사용했다. 그러다 **8·15 광복** 후 미군정 때에는 서력기원으로 바뀌었고, 1948년부터는 단군기원을 사용했다. 대한민국 정부가 수립된 1948년은 단기 4281년이었다. 하지만 1961년에 '연호에 관한 법률'을 정하고 다시 서력기원을 쓰기 시작해 오늘날까지 이어지고 있다.

시대 조선 시대 | 더 찾아보기 갑오개혁, 경국대전, 고려, 성리학, 조선

조선 시대에 절개를 지킨 여성을 기리고자 세운 기념문

열녀문

개요 **조선** 시대에 남편을 위해 절개를 지키거나 희생적인 삶을 산 여인을 기리고자 세운 기념문이다.

풀이 조선 시대에는 **성리학**을 중시해 특히 충과 효, 그리고 열을 강조했다. 열이란 곧 절개를 뜻하고, 절개란 믿음과 순결을 끝까지 지키려는 마음을 가리킨다. 즉 신하는 임금에게 충성을 다해야 하고, 자식은 부모에게 효도해야 하며, 아내는 남편을 위해 믿음과 순결을 지켜야 한다는 것이다.

특히 열의 의무는 결혼한 여성들에게는 필수적인 덕목이었다. 조선 전기에 완성된 최고의 법전인 **《경국대전》**은 한 번 결혼한 여성은 다시 결혼해서는 안 된다는 '과부의 재혼 금지'를 법으로 정해 놓았다. 어쩔 수 없는 사정으로 재혼을 한 경우에 그 자식은 양반의 신분을 가졌다고 하더라도 벼슬길에 나갈 수 없었다. 뿐만 아니라 남편이 죽으면 아내는 3년간 무덤을 지켜야 했고, 이후에는 평생 상복을 입고 지내도록 강요당했다. 심지어 죽은 남편을 위해 아내가 스스로 목숨을 끊는 경우도 있었다. 이렇듯 한 남편만을 위해 평생 정절을 지킨 아내들에게는 나라에서 상으로 열녀문을 세워 주었다.

이밖에도 조선 시대에는 이름 난 충신이나 효자를 기리기 위해 정려문을 세워 주었다. 열녀문도 정려문의 하나라고 볼 수 있으며, 유교의 최고 덕목인 삼강오륜을 잘 지킨 행실이 바른 사람에게는 삼강문을 내리기도 했다.

심화 **고려** 시대까지만 해도 남편을 잃은 아내가 다시 결혼하는 것은 죄가 아니었다. 유독 여성에게만 정조를 강요하던 차별적인 조선의 풍속은 근대 이후에는 흔들리기 시작했다. 동학 농민군도 조선 조정에 과부의 재혼을 허용하라고 요구했고, **갑오개혁**이 시행되면서 공식적으로 허용되었다.

굳은 절개를 가진 여성을 기리기 위해 세운 열녀문 모습. 절개를 상징하는 붉은 문과 함께 비석(열녀비)을 세우기도 했다.

시대 조선 시대 | 더 찾아보기 박지원, 성리학, 실학, 양반, 정조, 조선, 청

실학자 박지원이 청나라를 여행하고 돌아와 쓴 기행문집

열하일기

개요 조선 정조 때 실학자인 박지원이 청나라를 여행하고 돌아와 쓴 기행문집이다. 발달한 청나라의 문물이 두루 소개되어 있고, 사회를 풍자한 소설도 실려 있다.

풀이 조선 정조 때인 1780년에 박지원은 청의 황제인 건륭제의 칠순을 축하하는 사절단을 따라 중국에 다녀왔다. 이때 겪었던 일을 날짜 순서에 따라 항목별로 적은 책이 바로 《열하일기》이다. 열하는 중국 허베이 성 청더 지방으로, 당시 청의 황제가 여름 휴가를 보내던 곳이다.

박지원은 《열하일기》를 통해 중국의 자연환경이나 관광지, 중국의 교통 제도, 의술, 천문학, 음악 등 청의 문물에 대해 두루 소개했다. 또한 그는 중국의 학자들과 만나 세계의 정치 상황이나 종족, 종교 등에 대해 나눈 대화를 싣고 자신의 생각을 덧붙였다. 박지원은 당시 청이 경제를 발전시켜 사람들의 생활을 풍요롭게 하는 데 힘쓰고 있음을 지적하면서, 청의 문물과 기술을 배우고 받아들이자는 북학론을 주장했다.

《열하일기》는 지식인층 사이에 널리 읽혀지며 관심을 끈 반면, 청을 조선보다 뒤떨어진 나라로 생각했던 보수적인 성리학자들은 이 책을 비판했다. 그럼에도 불구하고 《열하일기》는 조선의 지식인들이 세계를 보는 안목을 넓혀 주었으며, 실학자들의 개혁 사상에도 많은 영향을 주었다.

심화 《열하일기》에는 고전 소설로 잘 알려진 《호질》과 《허생전》도 실려 있다. 박지원은 이 소설을 통해 당시 조선의 신분 제도나 사회 관념을 비판했다. '호랑이가 꾸짖는다'는 뜻의 《호질》에서는 위선적인 행동을 일삼는 학자와 과부의 이야기로 겉치레와 형식에 얽매인 사회 제도를 꼬집었고, 《허생전》에서는 장사로 돈을 벌어 새로운 세계를 만들어 가는 허생의 이야기로 명분과 체면에 얽매인 양반 사회를 비판했다.

시대 조선 시대 | **더 찾아보기** 강화도 조약, 일본, 조미 수호 통상 조약, 청

선진 문물을 배우기 위해 청나라에 파견했던 시찰단

영선사

개요 개화기 때 선진 문물을 배우기 위해 청나라에 파견했던 시찰단이다. 무기 제조 기술을 배우고 미국과의 수교 문제를 의논한 뒤 돌아왔다.

풀이 **강화도 조약**으로 나라의 문을 연 조선은 선진 문물을 배우기 위해 **일본**과 청나라에 시찰단을 파견했다. 이중 1881년 청나라에 파견된 시찰단이 영선사이다.

당시 청나라는 영국과 벌인 아편 전쟁에서 패배한 이후 서구 문물을 받아들이자는 양무운동을 펼쳐, 특히 군사 부분에서 많은 성과를 내고 있었다. 나라 문을 연 이후 강대국의 침략 위협에 시달리던 조선도 청나라에 전해진 선진 군사 기술을 배워오기 위해 김윤식을 우두머리로 하는 영선사를 파견한 것이다. 영선사 일행은 무기 제조 기술을 익힐 38명의 학생들도 함께 데려갔다. 이들은 청나라에 머물면서 무기 제조의 이론과 기술을 익혔다.

이밖에도 김윤식은 청나라 정부와 접촉하면서 미국과 수교하는 문제를 의논했다. 조선에 대한 주도권을 일본에 빼앗길까 염려한 청나라는 미국과의 수교를 적극 권했다. 조선도 나날이 커지고 있는 일본 세력을 견제하고자 했다. 이에 따라 조선은 1882년 일본에 이어 두 번째로 미국과 통상 조약을 맺게 되었다.

심화 영선사 파견은 국력이 약한 조선이 선진 문물을 받아들여 힘을 키우고 외교를 통해 위기를 해결하고자 했던 중요한 활동이었다. 하지만 목적한 만큼의 성과를 거두지는 못했다. 서양과 맺은 최초의 조약인 **조미 수호 통상 조약**만 해도 조선에 불리한 불평등 조약이었다. 조선 내에서 외국인이 범죄를 저지른다 해도 조선의 법률로 다스릴 수 없다는 치외 법권을 인정했기 때문이다. 결국 조선은 이후의 모든 조약을 조미 수호 통상 조약을 기준으로 맺을 수밖에 없었다.

탕평책과 균역법 등을 실시해 조선을 부흥시킨 임금

영조

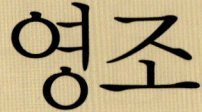

개요 **조선**의 제21대 임금이다. **탕평책**과 **균역법** 실시 등 많은 업적을 쌓고 나라를 부흥시켰다. 조선은 영조와 그의 손자인 **정조**가 다스리는 동안 재정이 튼튼해지고 학문과 문화가 발달했으나 당쟁이 매우 심해지기도 했다.

풀이 영조는 1694년에 조선의 제19대 임금인 숙종의 둘째 아들로 태어났다. 어머니는 궁궐에서 잡일을 하던 천한 신분 출신의 후궁이었지만, 영조는 어려서부터 남달리 총명했다고 한다. 이후 배다른 형인 경종이 죽자 임금의 자리에 올랐다.

당시 조선은 **노론**과 소론 등 **붕당** 간의 권력 다툼(당쟁)이 심했다. 이에 영조는 임금이 되자마자 당파와 상관없이 실력에 따라 인재를 등용하는 탕평책을 썼다. 천대 받던 서자(본부인이 아닌 여자가 낳은 아들)도 관리가 되어 일할 수 있도록 했다. 뿐만 아니라 영조는 백성들을 위한 여러 가지 정책을 시행했다. 나라의 근본이 되는 농업을 장려하고, 균역법을 실시해 세금 부담을 줄여 주었으며, **양반**들이 백성들에게 사사로이 형벌을 주지 못하도록 했다. 또한 **신문고**를 다시 설치해 백성들이 억울한 일을 임금에게 직접 알리도록 했다.

영조는 학문을 무척 좋아했다고 한다. 조선의 임금들 가운데 경연(임금이 학식 높은 신하들과 함께 공부하는 자리)을 가장 많이 연 이가 바로 영조였다. 그는 새로운 학풍에 대한 관심과 이해도 깊어 **실학**이 발전하는 바탕을 만들었다. 또한 인쇄술을 개량해 많은 책을 펴냈고, 요긴한 정보가 담긴 책은 백성들도 볼 수 있도록 더 많이 만들었다. 책을 편찬하는 과정에서 배운 점들은 곧바로 나랏일에 적용했다. 일례로, 우리나라 최초의 백과사전인 《동국문헌비고》를 편찬하면서 **측우기** 만드는 법을 익힌 뒤 전국에 만들어 보내 강우량을 보고하도록 했다.

한편, 영조는 국방을 튼튼히 하기 위해 **화차**를 개발하고, 수어청에서 총을 만들게 했다. 북쪽 국경을 지키는 군사들에게 **조총** 쏘는 법을 훈련시켰으며, 전국에 있는 군사 시설을 정비했다.

심화 영조는 여러 모로 모범이 되는 임금이었다. 그는 전국에 금주령(술 마시기를 금지하는 법)을 내리고 여자들의 가채를 금지하는 등 사치와 낭비 풍조를 막기 위해 노력했는데, 수라상에 오르는 반찬을 줄이거나 해어진 옷을 입는 등 스스로 검소한 생활을 했다. 반면 영조는 아들인 **사도 세자**를 뒤주 속에 가두어 굶겨 죽이는 가혹한 모습을 보이기도 했다. 역사학자들 중에는 당파의 이익을 위해 신하들이 이간질을 일삼아, 사도 세자가 억울하게 희생되었다고 보는 이들도 있다. 영조는 당쟁을 막기 위해 노력했지만 결과적으로는 큰 성과를 거두지 못했다.

조선의 제21대 임금인 영조는 강하고 검소한 임금이었다. 그는 왕권을 튼튼히 하면서 당쟁을 막기 위해 탕평책을 펼쳤고, 백성들을 보살피는 여러 가지 정책을 실시했다. 자신부터 열심히 공부하고 절약하는 모습을 보여 모범이 되기도 했다.

시대 조선 시대 **더 찾아보기** 성리학, 이이, 이황, 조선

성리학의 예법을 어떻게 풀이할지를 두고 벌인 논쟁

예송 논쟁

개요 **조선** 시대에 **성리학**의 예법을 어떻게 풀이할지를 두고 학자와 정치인들이 벌인 논쟁이다. 논쟁이 된 주제는 "왕이나 왕비가 죽었을 때, 어머니나 시어머니인 대비가 상복을 얼마 동안 입는 것이 알맞은가?"였다. 예송 논쟁은 학문적 논쟁인 동시에 서인과 남인의 권력 다툼이었다.

풀이 예송 논쟁은 크게 두 차례에 걸쳐 일어났다. 첫 번째 논쟁은 인조의 둘째 아들로 왕위에 오른 효종이 죽자 그 어머니인 조대비가 얼마 동안 상복을 입어야 하느냐를 두고 일어났다. 서인은 효종이 조대비의 둘째 아들이므로 성리학의 예법에 따라 1년 동안 상복을 입어야 한다고 주장했다. 주자가 정리한 '가정에서 지켜야 할 예법(주자 가례)'에는 장자가 죽었을 경우, 부모는 3년 동안 장례의 예를 갖춰야 하고, 차남 이하는 1년간 해야 한다고 되어 있었다. 그러나 남인은 효종이 비록 둘째 아들이지만 임금이 되었으므로 장남과 같이 대우하여 3년(만 2년)간 상복을 입어야 한다고 맞섰다. 결국 조대비가 상복을 입는 기간은 1년으로 결정되었고, 논쟁에서 승리한 서인이 정치의 주도권을 잡았다.

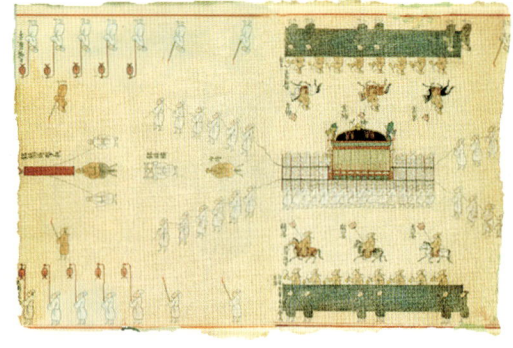

조선 왕실의 장례 의식을 한눈에 볼 수 있는 《의궤》 그림. 예송 논쟁은 왕이나 왕비가 죽었을 때 대비의 복상 기간(상복을 입는 기간)에 관한 논쟁에서 비롯되었다.

두 번째 논쟁은 효종의 아들이었던 현종이 임금이 된 후에 효종의 왕비였던 인선 왕후가 죽자 시어머니인 조대비가 얼마 동안 상복을 입어야 하는지를 두고 벌어졌다. 주자 가례에는 첫째 며느리의 경우는 1년, 둘째 며느리에게는 9개월간 장례의 예를 치르도록 하고 있다. 서인은 인선 왕후가 조대비의 둘째 며느리이므로 성리학의 예법에 따라 9개월 동안 상복을 입어야 한다고 주장했다. 반면 남인은 이전과 마찬

가지로 효종이 둘째 아들이라도 임금이 되었으므로 장자로 대우해야 하며, 인선 왕후에게도 장자의 며느리에 해당하는 예를 갖추어야 한다고 주장했다. 이 논쟁에서는 조대비가 1년 동안 상복을 입어야 하는 것으로 결정되었고, 논쟁에서 승리한 남인과 이에 동조한 세력이 권력을 잡았다.

심화 예송 논쟁은 겉으로는 장례의 예법에 대한 논란이었다. 그렇지만 이 논쟁은 임금이라고 하더라도 일반 사람과 똑같은 예법을 적용하느냐, 왕위의 계승 원칙은 어떻게 정해야 하느냐 등 현실 정치의 핵심적 문제를 둘러싼 논란이기도 했다. 또한 학파에 따라 성리학의 해석을 달리하는 학문 논쟁의 성격도 띠었다. 이이의 학풍을 계승한 서인과 이황의 학문을 이어받은 남인이 학파 간 대립을 벌이기도 했다.

효종의 장례 절차를 두고 벌어진 첫 번째 예송 논쟁에서는 송시열을 비롯한 서인 세력이 승리해 정치의 주도권을 잡았다.

송시열

두 번째 예송 논쟁은 효종의 둘째 부인인 인선 왕후의 장례 절차에 관한 논쟁으로 시작되었으며, 이때는 허목을 비롯한 남인 세력이 승리했다.

허목

시대 대한 제국 시대~현대 **더 찾아보기** 대성 학교, 민족 대표 33인, 3·1 운동, 신채호, 안창호, 6·25 전쟁, 을사조약, 이광수, 이승훈, 일제 강점기, 조만식, 8·15 광복

이승훈이 민족 교육을 위해 정주에 세운 학교
오산 학교

개요 1907년에 **이승훈**이 민족 교육을 위해 평안북도 정주에 세운 4년제 중등 과정의 학교이다. 민족의식을 가진 실력 있는 인재를 길러 나라의 자주독립을 이루는 것을 목표로 삼았다.

풀이 **을사조약** 이후 일제의 내정 간섭이 더욱 심해지자, 민족 운동가들은 민족 운동의 방법으로 학교를 세우는 데 힘썼다. 젊은이들의 민족의식을 높이고 실력을 기르는 것이 자주독립을 유지할 수 있는 길이라고 생각한 것이다. 이에 이승훈은 1907년 평안북도 정주에 민족 교육과 서양의 근대 교육을 실시하는 오산 학교를 세웠다. 오산 학교는 수신, 역사, 지리 등과 같이 민족의식과 관련된 과목은 물론이고 영어, 물리, 생물, 천문학 등의 과학 과목과 체조, 훈련 등의 신체를 다지는 과목을 두루 가르쳤다.

오산 학교는 일제의 탄압을 받았다. 이승훈이 1919년에 **3·1 운동**에 **민족 대표 33인**으로 참가하고 학생들이 만세 운동에 적극 가담하자 학교 건물이 불태워졌다. 하지만 1년 6개월 후에 건물을 다시 세우고 학교의 문을 열었으며, 1926년에는 오산 보통학교로 인가를 받아 민족 교육을 계속했다. **8·15 광복** 후에는 북한 정부와 갈등을 빚다가 **6·25 전쟁** 중에 남쪽으로 학교를 옮겼다. 1956년에 서울특별시 용산구 보광동에 자리를 잡았으며, 지금의 오산 중학교와 오산 고등학교에 이르고 있다.

심화 이승훈이 오산 학교를 세운 것은 애국 계몽 운동 단체인 **신민회**의 민족 운동 노선에 따른 것이었다. 신민회는 자주독립의 힘을 기르는 방법으로 학교 설립을 추진했으며, 오산 학교는 **안창호**가 세운 평양의 **대성 학교**와 함께 이때 세워진 대표적인 학교였다. 대성 학교는 1회 졸업생만을 내고 문을 닫았지만, 오산 학교는 **일제 강점기**에 계속 유지되었다. 오산 학교에서는 **조만식**, **신채호**, **이광수**, 염상섭 등 유명 지식인들이 교사로 학생들을 가르쳤다.

시대 현대 | 더 찾아보기 국제 연합, 김구, 대한민국, 미소 공동 위원회, 유엔, 이승만, 제헌 헌법

우리 역사상 처음으로 국민의 대표인 국회 의원을 뽑은 선거
5·10 총선거

개요 1948년 5월 10일에 치러진 제1대 국회 의원 총선거이다. 이 선거를 통해 당선된 국회 의원들이 최초의 헌법인 **제헌 헌법**을 만들었다.

풀이 한반도에 한국인 정부를 세우는 방안을 마련하기 위해 열린 **미소 공동 위원회**가 성과를 거두지 못하고 끝나자, 미국은 한반도 문제를 **국제 연합**으로 넘겼다. 1947년에 열린 **유엔** 총회는 "1947년의 인구를 기준으로 남북한 주민들이 자유롭게 총선거를 실시하고 통일 정부를 만든다."고 결정했다. 그리고 이 결정에 따라 감시 위원단이 구성되어 서울에 들어왔다. 하지만 북한과 소련은 한반도 문제를 유엔에서 처리하는 것에 반대하며 감시 위원들이 북한에 들어오는 것을 막았다. 이에 유엔은 소총회를 열어 가능한 지역만이라도 총선거를 치르기로 했다.

당시 남한에서는 단독 정부 수립을 두고 의견이 갈라졌다. **이승만** 세력은 단독 정부 수립에 찬성했지만 **김구**, 김규식 등은 통일 정부를 구성해야 한다고 주장했다. 이후 김구와 김규식은 단독 정부 수립을 막기 위해 평양에 가서 북한과 남북 협상을 추진하기도 했는데, 성과를 얻지는 못했다. 이에 따라 1948년 5월 10일에 우리 역사상 처음으로 국민의 대표인 200명의 국회 의원을 선출하는 총선거가 이루어졌다. 총선거를 통해 당선된 국회 의원들은 국회를 구성하여 제헌 헌법을 만들고 이승만을 대통령으로 선출했다. 이어 1948년 8월 15일에는 **대한민국** 정부가 수립되었다.

심화 5·10 총선거는 보통·평등·비밀·직접 선거라는 선거의 4대 원칙에 따라 시행되었다. 만 21세 이상 국민 한 사람이 1표의 선거권을 가졌으며, 25세 이상의 국민은 국회 의원 후보가 되어 선거에 나갈 수 있었다. 다만, 뚜렷한 친일 행위를 한 일부 사람들은 국회 의원 후보가 될 수 없었다. 국회 의원의 정원은 300명으로, 한 선거구 당 1명을 뽑는 소선거구제였다. 북한 지역에 배당된 100명을 제외하고 200명만을 대상으로 선거를 실시했다.

시대 현대 | 더 찾아보기 박정희, 4·19 혁명

박정희가 이끄는 군부 세력이 정변을 일으켜 권력을 차지한 사건

5·16 군사 정변

개요 1961년에 박정희를 비롯한 일부 군인들이 힘으로 정권을 빼앗은 사건이다. 이로써 4·19 혁명 이후 민주적인 선거로 구성된 제2공화국이 무너지고 군사 통치가 시작되었다.

풀이 4·19 혁명 이후 민주적인 선거로 민주당 정부가 들어섰다. 그러나 개혁의 방향과 속도를 둘러싸고 갈등이 일어났고 사회 혼란도 여전했다. 민주당 정부의 개혁이 지지부진한 틈을 이용해 박정희를 비롯한 일부 군인들이 정변을 일으켰다. 군대 안의 진급 제도에 불만이 있었던 군인들도 참여했다. 이들은 무기를 앞세워 서울에 들어와 정권을 차지한 뒤, 국가 재건 최고 회의를 구성하고 군정을 실시했다.

정변을 일으킨 군인들로 이루어진 군사 정부는 정치인들의 활동을 금지하고, 사회 단체를 해산시켰으며, 집회와 시위는 물론이고 단체를 만드는 일까지 못하게 막았다. 또한 언론과 출판을 통제하고 군부 내의 반대파까지 제거해 버렸다. 군사 정변을 이끈 박정희는 양심적인 정치가에게 정부를 넘긴 뒤 군대로 돌아갈 것이라고 여러 번 말했지만 약속을 지키지 않았다.

심화 군부 세력은 권력을 계속 이어나가기 위해 치밀하게 준비했다. 먼저 제2공화국의 헌법을 고쳐 대통령이 강력한 권한을 가지도록 했고, 비밀리에 중앙 정보부를 만들어 권력을 유지하는 데 필요한 정보를 모았다. 그리고 공화당을 만들어 자신들을 지지하는 정치 세력을 모은 뒤에는 대통령 선거를 실시했다. 1963년에 치러진 제5대 대통령 선거에서는 계획했던 대로 박정희가 당선되었다. 이후 박정희는 1979년까지 모두 5차례 대통령을 하면서 계속 권력을 지켰다.

1961년 5월 16일에 군사 정변을 일으켜 권력을 잡은 박정희 소장과 그의 부하들.

신군부 세력에 맞서 광주 시민들이 벌인 민주화 운동
5·18 민주화 운동

개요 1980년 5월에 광주 시민들이 벌인 민주화 운동이다. 정변을 일으켜 정권을 차지한 신군부 세력과 그들이 내린 계엄령에 반대하고 민주화를 요구했다.

풀이 1979년에 10·26 사태로 박정희 대통령이 세상을 떠나자, 사람들은 독재 정치가 끝나고 민주주의가 이루어질 것이라고 생각했다. 그러나 전두환과 몇몇 장교들로 이루어진 신군부 세력이 정변을 일으켜 권력을 잡았다. 이에 정치인과 대학생들은 1980년 봄부터 유신 철폐와 신군부의 퇴진, 민주화 등을 요구하며 시위를 벌이기 시작했다.

신군부 세력은 5월 17일에 사회 혼란을 막는다며 제주도를 제외한 전국으로 계엄령을 확대했다. 그러고는 민주주의를 요구하는 사람들을 잡아 가두고 군인들이 대학에 들어가 대학생들을 감시하도록 했다. 이튿날인 5월 18일에는 광주에서 대학생과 시민들이 계엄령에 반대하는 시위를 벌이자, 공수 부대로 구성된 계엄군을 보내 무자비하게 진압했다.

계엄군에 의해 목숨을 잃은 아버지의 영정 사진을 들고 있는 아이. 이 모습은 당시 광주 시민들이 입은 피해와 함께 외국 언론에 소개되기도 했다.

하지만 분노한 광주 시민들이 나서면서 시위는 더욱 확대되었다. 5월 21일에는 계엄군이 시위대에게 총을 쏘기 시작해 많은 시민들이 죽거나 다쳤다. 이에 광주 시민들은 경찰서와 예비군의 무기고를 열어 스스로 무장한 뒤 시민군을 조직해 계엄군에 저항했다. 시민군의 강력한 저항으로 계엄군은 시 바깥으로 물러날 수밖에 없었다. 시민군은 계엄군과 협상을 벌였지만 계엄군은 병력을 보강한 뒤 다시금 광주 시내로 들어가 시민군을 진압했다. 5월 27일 새벽에 도청에서 이루어진 진압 작전으로 인해 많은 시민들이 목숨을 잃었으며, 이로써 5·18 민주화 운동도 끝을 맺었다.

심화 5·18 민주화 운동 기간 동안 광주 시민들이 입은 피해는 엄청났다. 죽거나 행방불명이 된 사람이 수백 명, 부상자만 수천 명에 이를 정도였다. 신군부는 광주 시민들의 시위와 민주화 요구를 폭동이라고 선전했지만, 차츰 실상이 밝혀지면서 민주화 운동으로 인정을 받게 되었다. 1995년에는 '5·18 특별법'이 제정되어 5월 18일을 국가 기념일로 지정했고, 희생자들도 국가 유공자로 인정받아 보상이 이루어졌다. 하지만 발포 명령자가 누구인지, 희생자가 얼마나 되는지 등은 아직도 정확하게 밝혀지지 않고 있다.

1980년 5월 21일 전남 도청 앞에 모인 광주 시민들은 민주화를 요구하며 시위를 벌였다. 평화적인 시위였지만 공수 부대로 이루어진 계엄군은 시위대를 향해 총을 쏘기 시작했다. 이로 인해 많은 사람들이 죽거나 다치는 등 광주 시민들이 큰 피해를 입었다.

시대 선사 시대　**더 찾아보기** 고구려, 민며느리제, 부여, 위만 조선, 한군현

기원전 2세기부터 함경도 지방에 자리 잡았던 작은 나라

옥저

개요 기원전 2세기부터 56년까지 함경도의 동해안 지방에 있었던 작은 나라이다. **부여** 세력 가운데 일부가 갈라져 나와 세운 것으로 추측된다. 풍속이나 문화는 **고구려**와 비슷했으며, 크고 강한 나라로 성장하지는 못한 채 고구려에게 정복당했다.

풀이 부여에서 갈라져 나온 일부 사람들이 함경도 지방에 자리를 잡으면서 옥저가 생겨났다. 옥저 사람들은 바닷가 근처의 기름진 평야 지역에서 농사를 짓고 해산물을 잡으면서 비교적 풍족하게 살았다.

　옥저는 사람들의 용맹스러운 성품이나 음식, 옷, 예절 등의 문화가 고구려와 매우 비슷했지만 다른 점도 있었다. 고구려에서는 사위가 될 사람이 신부가 될 여자의 집 옆에 '서옥'이라는 작은 집을 짓고 살다가 혼인하는 것이 일반적이었다. 반면 옥저에서는 신부가 열 살이 되면 약혼을 한 뒤 신랑의 집에 가서 어른이 될 때까지 살았다. 그러다 신랑이 신부의 몸값을 치르면 비로소 결혼을 했다. 이를 **민며느리제**라고 한다.

　또한 옥저에서는 독특한 장례 풍습이 있었다. 사람이 죽으면 곧바로 무덤에 묻지 않고 다른 곳에 묻어 보관했다. 그러다 시간이 지나면 뼈만 추려내 가족의 공동 묘에 함께 묻었다.

심화 옥저는 한반도의 변두리 지역에 위치한 탓에 외부의 발달한 문화를 받아들이지 못했다. 게다가 **위만 조선**과 **한군현**, 고구려 등 주변에 있던 큰 나라의 지배를 받느라 세력을 키우지도 못했다. 여러 부족을 다스리는 임금도 없다 보니 나라의 체계도 튼튼하지 못했다. 결국 옥저는 한군현을 몰아내고 성장한 고구려에 흡수되고 말았다.

과학적인 원리를 이용한 우리나라 고유의 난방 장치
온돌

개요 철기 시대부터 사용해 온 우리나라 고유의 난방 장치이다. 아궁이에 불을 때면 열기가 방바닥 아래의 빈 공간을 지나면서 구들장을 덥히고, 따뜻해진 구들장의 열기가 방 전체에 전달되는 과정을 통해 난방이 된다. 여기서 구들장은 방바닥 아래에 깔아두는 넓적한 돌을 가리킨다.

풀이 온돌은 중국에는 없는 한국의 전통적인 난방법이다. 온돌이 언제부터 사용되었는지는 확실하지 않다. 다만 중부 지방에 있는 철기 시대 초기의 집터 유적에서 구들이 발견되는 것을 보면, 아주 오래 전부터 널리 보급되었음을 알 수 있다.

삼국 시대에도 온돌을 사용했다. 고구려 살림집에는 온돌 시설이 있다는 기록이 있고, 실제로 고구려 초기의 집터 유적에서 온돌의 흔적이 발견되었다. 고구려를 이어받은 발해에서도 온돌을 사용했으며, 백제와 신라의 여러 유적에서 구들의 흔적이 나왔다. 다만 백제와 신라는 남쪽에 위치하고 있기 때문에 고구려에 비해 난방 시설을 한 집이 많지 않았다.

고려 때는 온돌이 더 널리 보급되었다. 남부 지방의 일반 백성들도 집에 온돌을 설치하면서 보편적인 난방 방식이 되었다. 이후 온돌은 현대에 이르기까지 한옥의 주된 난방 방식으로 사용되다가 최근에는 보일러 시설로 대체되고 있다.

심화 온돌은 과학적인 원리를 바탕으로 하고 있다. 먼저 아궁이에서 불을 때면 그 열기가 방 바닥에 깔아 놓은 구들장으로 전해지는데, 이것은 열의 전도 원리이다. 또한 데워진 구들장에서 나온 열기가 방 전체에 퍼지는 것은 열의 복사 현상이며, 방 안의 공기가 위아래로 순환되면서 훈훈해지는 것은 대류 현상이라고 할 수 있다. 열의 전도와 복사, 대류 현상이 알맞게 조화되면서 추운 겨울도 따뜻하게 보

방 한쪽에 구멍을 뚫어 만든 아궁이는 장작에 불을 붙여 열기를 만드는 곳이다. 이곳에서 만들어진 열기가 전달되어 방을 덥히게 된다.

낼 수 있는 것이다.

뿐만 아니라 온돌은 열의 효율이 높고 위생적인 난방법이다. 또한 여간해서는 고장이 나지 않으며 잔손질이 별로 필요 없어 경제적이다. 다만 방바닥과 윗면의 온도 차가 심하고, 방을 따뜻하게 하는 데까지 시간이 오래 걸리는 단점이 있다. 또한 온도를 유지하려면 환기를 할 수 없어 방이 건조해지기 쉽다.

우리나라 고유의 난방 장치인 온돌은 아궁이와 구들장, 부넘기, 방고래, 개자리, 연도, 굴뚝 등으로 이루어져 있다.

아궁이에서 장작을 땔 때 나온 연기는 방고래와 연도를 거쳐 굴뚝으로 나간다. 굴뚝은 보통 방 옆에 세우지만 연도를 길게 만들어 뒷마당에 세우기도 한다.

아궁이에서 방고래로 이어지는 부분에는 '부넘기'를 만들었다. 이곳에 턱을 만들면 열기가 치우치지 않고 골고루 퍼지며 아궁이의 재가 방고래로 넘어가는 현상을 막을 수 있다.

구들장 아래에 만들어 둔 공간을 '방고래'라고 한다. 아궁이에서 만들어진 열기가 머물며 구들장을 데우며, 연기는 이곳을 따라 연도와 굴뚝으로 나가게 된다.

개자리는 열기가 방고래에 머물러 구들장에 잘 스며들게 하도록 만들어 놓은 고랑이다. 보통 온돌방의 윗목 쪽에 방고래보다 더 깊이 파둔다.

연도는 연기가 빠져나가는 길을 뜻하는 말로, 방고래를 거쳐 온 연기가 굴뚝으로 잘 빠져나가도록 만든 공간이다.

시대 선사 시대 | **더 찾아보기** 고구려, 백제, 부여, 삼국사기, 삼국유사, 삼한, 주몽

고구려의 시조인 주몽의 아들이자 백제를 세운 임금
온조왕

개요 백제를 세운 임금이자, 고구려를 세운 임금인 주몽의 아들이다. 형인 비류 왕자와 함께 한강 유역으로 내려와 나라를 세웠으며, 주변 지역을 복속시켜 차츰 큰 나라로 성장시켰다.

풀이 《삼국사기》와 《삼국유사》에 따르면, 고구려를 세운 주몽에게는 아들이 여럿 있었다. 그가 동부여를 떠날 때 두고 온 부인에게서 낳은 아들 유리, 졸본에서 결혼한 소서노가 낳은 아들 비류와 온조 등이다. 그런데 주몽이 맏아들인 유리를 태자로 삼자, 온조와 비류는 고구려를 떠나기로 결심했다. 온조와 비류는 자신들을 따르는 백성들을 이끌고 남쪽으로 향했다.

기원전 18년에 형인 비류는 미추홀(지금의 인천 지방)에 나라를 세웠지만, 동생 온조는 위례성(지금의 한강 유역)에 도읍을 정한 뒤 나라의 이름을 '십제'라고 했다. 십제는 10명의 신하들이 따른다는 뜻이다. 그런데 비류는 나라를 세운 지 얼마 되지 않아 세상을 떠났다. 비류의 백성들은 미추홀 지역이 생활하는 데 마땅치 않은 데다 임금마저 잃어버렸기 때문에 온조에게로 갔다. 나라의 규모가 커지자 온조는 나라 이름을 '백제'라고 고쳤다. 백제는 만백성이 따른다는 뜻이다.

이후 온조왕은 동명왕릉을 세우고 성을 주몽과 같은 부여 씨라고 했다. 그들의 뿌리가 부여이며, 주몽의 정통성을 잇고 있음을 보여 준 것이다. 온조는 나라를 다스리다 기원후 28년에 세상을 떠났다.

심화 온조가 처음 나라를 세울 무렵, 한반도의 중서부 지역은 삼한 가운데 마한의 영역이었다. 백제도 마한에 속한 작은 나라였다. 하지만 백제는 미추홀을 시작으로 주변 지역을 복속시키면서 차츰 강한 나라로 성장해 갔다.

궁예를 몰아낸 뒤 고려를 세우고 후삼국을 통일한 임금
왕건(태조)

개요 고려를 세우고 후삼국을 통일한 임금이다. 후고구려의 임금인 궁예를 몰아내고 고려를 세운 뒤 신라와 후백제를 정복해 한반도의 주인이 되었다. 혼인 정책과 불교 장려 정책 등으로 나라를 안정시켰다.

풀이 왕건은 877년에 송악(지금의 개성 지방)에서 태어났다. 송악의 호족이었던 왕건의 아버지 왕륭은 후고구려를 세운 궁예에게 충성을 맹세하고 지방 장관으로 임명되었다. 아버지를 따라 궁예의 신하가 된 왕건은 전쟁터에 나가 공을 세우고 궁예로부터 신임을 얻으며 자신의 세력을 키워 갔다. 이후 궁예가 난폭한 행동을 일삼자 918년에 홍유, 신숭겸, 복지겸, 배현경 등의 장수들과 함께 궁예를 몰아내고 고려를 세웠다.

임금이 된 왕건은 신라와는 우호적인 관계를 유지했는데, 927년에 후백제의 견훤이 신라를 공격해 경애왕을 죽이자 대구의 팔공산에서 후백제와 전투를 벌였다. 하지만 그는 후백제군에게 포위되는 위급한 상황에 빠졌고, 그의 부하인 신숭겸의 희생 덕분에 간신히 위기를 벗어났다. 이후 왕건은 후백제에게 계속 밀리다 930년에 일어난 고창(지금의 안동 지방) 전투에서 크게 승리하면서 후삼국의 주도권을 쥐게 되었다. 935년에는 신라를 합병했고, 936년에는 후백제를 멸망시켜 마침내 후삼국을 통일했다.

후삼국 통일 후 왕건은 고려가 고구려를 이어 받은 나라임을 밝히고, 청천강 하류에서 영흥 지방까지 영토를 넓혔다. 또한 발해를 멸망시킨 거란에 의해 핍박받던 발해 유민들을 따뜻하게 맞아들이고 거란과는 외교를 끊었다. 왕건은 정치를 안정시키기 위해 지방의 토착 세력(호족)들과 혼인 관계를 맺고, 각 지

왕건은 신라에 이어 한반도에 통일 왕국을 세운 임금이다. 송악(개성)을 중심으로 세력을 키운 뒤 때로는 강하게, 때로는 따뜻한 포용 정책으로 통일을 완성했다.

방의 힘 있는 자들에게 왕씨 성을 내렸다. 불교를 적극 장려해 백성들의 마음을 안정시켰으며, 후대의 임금들이 나라를 잘 다스리도록 훈요 10조를 남기기도 했다.

심화 왕건은 943년에 세상을 떠나기 전까지, 무려 29명의 부인과 34명의 자식을 두었다. 왕건이 많은 부인을 둔 것은 지방 세력과 우호 관계를 맺기 위해서였다. 그들의 딸을 부인으로 맞아 자신을 지지하는 세력으로 만든 것이다. 하지만 이러한 혼인 정책은 왕건이 죽은 뒤 치열한 권력 다툼으로 이어지는 계기가 되기도 했다.

왕건은 통일 후의 고려 사회를 안정시키기 위해 노력했다. 특히 호족들의 딸과 결혼을 하고, 자신의 성씨를 상으로 주는 등 지방의 토착 세력을 끌어안는 포용 정책을 펼쳤다. 이에 따라 전국 곳곳에 있는 호족들이 그의 신하가 되어 충성을 약속했다.

시대 삼국 시대 더 찾아보기 당, 신라

신라 승려인 혜초가 인도를 여행하며 쓴 기행문
왕오천축국전

개요 **신라** 성덕왕 때인 727년에 승려 혜초가 쓴 인도 여행기이다. 8세기 인도와 중앙아시아에 관한 기록으로는 세계에서 유일하여 가치가 큰 작품이다. 현재 파리 국립도서관에 보관되어 있다.

풀이 《왕오천축국전》은 오천축국으로 여행 갔던 기록이라는 뜻이다. 여기서 '천축국'은 인도를 가리키며, '오천축'은 다섯 개의 지방으로 나눈 인도를 한꺼번에 부르는 이름이다. 이 책은 1908년 3월 프랑스의 탐험가였던 펠리오가 중국에서 발견했다. 원래 3권이었던 것으로 추측되지만, 현재 남아 있는 것은 그 책을 간략하게 요약하여 꾸민 것으로 앞뒤 부분이 사라진 상태이다.

《왕오천축국전》을 쓴 혜초는 신라의 승려로, 일찍이 **당**나라로 건너가 남인도에서 온 승려인 금강지에게서 불법을 배웠다고 한다. 이후 바닷길을 따라 인도에 건너가 불교의 성지를 순례한 뒤 육로를 통해 당으로 돌아와 불경을 번역하며 살다 오대산에서 세상을 떠났다. 신라인이지만 신라에서 활동하지는 않았고 우리나라에서는 최초로 이슬람 국가까지 여행한 사람이었다.

《왕오천축국전》을 바탕으로 추측해 본 혜초의 여행길. 당의 장안을 출발해 인도는 물론 페르시아 지역까지 거쳤던 어마어마한 거리였다.

심화 《왕오천축국전》에는 인도를 비롯한 중앙아시아와 서아시아 여러 나라의 종교나 풍속, 문화 등에 관한 내용이 담겨 있다. 원래의 내용을 요약한 책이기 때문에 지역의 이름이 빠져 있거나 배경 설명이 생략되는 등 자세하지는 않다. 하지만 당시 중앙아시아 여러 나라의 풍속을 알 수 있는 정보들은 충분하다. 석가모니가 깨달음을 얻은 곳인 부다가야의 풍경, 나체로 생활하는 사람들의 이야기, 누이를 아내로 맞는 독특한 혼인 풍습 등 혜초가 여행하는 동안 보고 느낀 것이 그대로 기록되어 있기 때문이다.

조선 시대에 일본과의 교역을 위해 만든 장소

왜관

개요 조선 시대에 일본과의 교역을 위해 만든 곳이다. 관사와 숙소, 교역장 등을 지어 일본인들이 머무르게 했으며, 외교 관계 변화에 따라 설치와 폐쇄가 반복되었다.

풀이 조선은 초기에 왜구의 노략질을 막기 위해 일본인의 왕래와 무역을 정식으로 인정해 주었다. 그러나 일본인들이 경상도의 여러 항구에서 함부로 상업 활동을 하며 말썽을 일으키자, 제3대 임금인 태종(이방원)은 왜관을 세우고 일본 상인들의 활동 범위를 제한했다. 즉 일본 상인들은 왜관 안에서만 상업 활동을 할 수 있도록 한 것이다. 이는 일본인들이 함부로 한반도를 드나들거나 돌아다니는 것을 막고, 일본 상품이 조선의 시장에 밀려들지 못하도록 하며, 국가의 기밀을 보호하기 위한 조치였다.

제4대 임금인 세종은 남해안에서 노략질을 일삼는 왜구를 토벌하기 위해 쓰시마(대마도) 정벌을 명령했는데, 이때 왜관을 모두 폐쇄해 버렸다. 그러나 일본이 계속 교역을 허락해 달라고 요청하자 부산포(부산)와 염포(울산), 제포(진해) 등 세 곳에 왜관을 다시 설치했다.

임진왜란 직전에는 일본과의 관계가 나빠져 부산포를 제외한 다른 왜관은 모두 문을 닫았고, 임진왜란 후에는 부산포 왜관마저 폐쇄했다. 그러나 일본과 외교 관계가 회복되면서 부산 초량 지방에 다시 왜관이 설치되어 강화도 조약 전까지 일본과의 교역이 이루어졌다.

심화 초량 왜관의 모습을 그린 〈왜관도〉에 따르면 조선 시대의 왜관은 무역과 외교의 중심지였다. 상인들이 묵는 객사들과 일본 사신을 접대하는 연향대청, 외교관 숙소와 무역소 등이 마련되어 있었고 조선인 관리 뿐 아니라 수많은 일본인들이 생활했다. 출입문은 엄격히 통제되었지만 항구에는 수시로 무역선이 드나들었다.

시대 고려 시대~조선 시대 **더 찾아보기** 개경, 고려, 문무왕, 삼국 시대, 세종, 신라, 왜관, 이성계, 일본, 임진왜란, 조선, 최무선, 최영

고려와 조선의 해안 지역에 침입해 약탈을 일삼던 일본 해적

왜구

개요 **고려** 시대부터 **조선** 시대까지 우리나라와 중국의 해안 지역에 쳐들어와 약탈을 일삼던 **일본** 해적들을 뜻한다. 고려와 조선 조정은 군사를 보내 물리치거나 협상을 벌여 달래면서 침입과 약탈을 막으려고 했지만 완전히 없애지는 못했다.

고려와 조선 조정은 왜구들의 잦은 침입과 약탈로 인해 골머리를 앓았다. 때로는 대규모 군사들을 보내 왜구들의 근거지를 쳐부수고, 때로는 평화적인 교역 활동을 하라는 뜻에서 왜관도 만들어 주었지만 이들의 침입과 약탈은 완전히 사라지지 않았다.

풀이 왜구는 고려 고종 때인 1200년대 초에 모습을 드러내기 시작하다 1350년대 이후에는 약탈과 만행이 매우 심해졌다. 충정왕 때부터 우왕에 이르는 40여 년 동안에는 수백 척의 배로 떼를 지어 다니며 약탈과 노략질을 일삼았다. 경상도와 전라도, 충청도의 해안 지역은 물론이고 내륙 깊숙이까지 쳐들어오기도 했다. 강화도나 예성강 하구, **개경** 부근까지 위협할 정도였다. 특히 지방에서 세금으로 거둔 곡식을 개경으로 나르는 조운선은 왜구의 좋은 먹잇감이었다. 조운선이 곳곳에서 약탈당해 국가 재정이 크게 흔들린 고려에서는 도읍지를 옮기자는 주장까지 나왔다.

고려 조정은 여러 차례 사신을 일본에 보내 왜구를 단속해 줄 것을 요청했지만 효과는 없었다. 이에 고려는 군사력을 길러 왜구를 막고자 했고, 이 과정에서 새로운 무인 세력이 이름을 떨치게 되었다. 1376년에 **최영**은 홍산에서 왜구를 크게 물리쳤

고, 1380년에는 **최무선**이 화약과 화포로 진포에 나타난 왜구의 배 500여 척을 불살랐다. 또한 **이성계**는 육지로 도망친 왜구들을 황산에서 크게 물리쳤고, 1389년에 박위는 100척의 군함을 이끌고 왜구의 근거지인 쓰시마 섬(대마도)을 정벌해 큰 타격을 입혔다.

왜구를 토벌하는 데 공을 세워 이름을 알렸던 이성계는 후에 조선을 세웠다. 그러나 조선도 왜구 때문에 골머리를 앓았다. 조선은 왜구를 막기 위해 회유책과 강경책을 함께 썼다. 일본인들의 평화적인 교역을 허락해 그들이 원하는 물자인 쌀이나 불경 등을 사갈 수 있도록 허락하는 한편, 해안 방어를 튼튼히 해서 왜구의 침입에 대비했다. 예를 들어 **세종**은 이종무를 시켜 쓰시마 섬을 정벌하게 하면서도 남해안 3곳의 항구에 **왜관**을 두어 일본인들의 왕래와 교역을 허락했다. 왜관에 일본인들이 드나들면서 말썽이 일어나기도 했지만 이런 회유책은 **임진왜란** 때까지 계속되었다.

심화 사실 왜구의 침입은 **삼국 시대**부터 있었다. **신라**의 제30대 임금인 **문무왕**이 "내가 죽으면 용이 되어 왜적을 막겠다."며 자신을 바다에 묻어 달라고 부탁했던 것도 그만큼 왜구의 침입이 골칫거리였기 때문이다. 왜구의 침입이 끊이지 않고 이어진 까닭은 일본의 어지러운 나라 사정과 관계가 깊었다. 몰락한 무사들이나 농민들은 살기가 힘들어지면 해적이 되어 고려와 중국의 해안 지방에 침입해 쌀을 빼앗거나 사람들을 잡아가 노예로 팔았다. 쓰시마 섬을 비롯한 몇몇 섬 지방의 지배자들이 이들을 단속하기는커녕 적극적으로 지원하면서 왜구의 침입이 끊이지 않았던 것이다.

왜구는 일본의 무사와 농민 등 민간인으로 이루어진 해적이었지만, 쓰시마 섬을 비롯한 섬 지방 지배자들의 지원을 받고 있었다. 이들은 군인들 못지않은 무기를 지니고 쳐들어와 약탈과 납치, 살인 등 만행을 저질렀다.

시대 조선 시대 | 더 찾아보기 고려, 세종, 월인천강지곡, 이성계, 정인지, 조선, 태조, 태종, 훈민정음

조선 왕조를 칭송한 시이자 한글로 엮은 최초의 책

용비어천가

개요 조선 세종 때인 1445년에 정인지와 안지, 권제 등이 조선 왕조를 칭송한 시이다. 한글(훈민정음)로 만든 최초의 책이며, 석가모니의 공덕을 노래한 《월인천강지곡》과 함께 대표적인 악장 문학으로 꼽힌다.

풀이 《용비어천가》는 모두 125장으로 이루어져 있다. 태조 이성계의 고조할아버지인 목조에서부터 증조할아버지인 익조, 할아버지인 도조, 아버지인 환조, 태조, 그리고 세종의 아버지인 태종이 세운 업적을 중국의 고사에 비유하여 칭송했다. 또한 조선 건국이 하늘의 명에 따라 이루어졌다는 점, 조상들의 공적을 후세의 임금들이 잊어서는 안 된다는 점, 통치자가 지켜야 할 행동 규범 등을 강조했다.

세종이 《용비어천가》를 짓게 한 이유는 왕조가 바뀌면서 혼란스러워진 민심을 바로잡고 한글을 보급하기 위해서였다. 《용비어천가》는 우리나라 최초로 한글로 쓴 시가이고, 고려 말과 조선 초의 역사에 대한 기록뿐 아니라 당시 지리 연구에도 중요한 자료로 평가받고 있다. 모두 10권으로 이루어져 있으며 대구 계명대학교와 서울역사박물관, 서울대학교 규장각 등에 보관된 책이 보물 제1463호로 지정되었다.

심화 《용비어천가》는 역사와 설화를 소재로 지은 서사시이다. 한글로 쓴 뒤 한자로도 풀이해 놓았는데, 총 125장 가운데 사람들에게 널리 알려진 것은 제2장이다. 제2장의 내용은 다음과 같다.

"뿌리 깊은 나무는 바람에 흔들리지 않으니 꽃이 좋고 열매가 많다.
샘이 깊은 물은 가뭄에 마르지 않으니 내를 이루어 바다로 간다."

동학 농민군이 우금치에서 조선·일본의 연합군과 벌인 싸움

우금치 전투

개요 동학 농민 운동이 벌어지던 때인 1894년 11월에 충청남도 공주의 우금치에서 농민군과 조선·일본의 연합군 사이에 벌어진 싸움이다. 농민군은 치열하게 싸웠지만 연합군에게 패배했고, 이로써 동학 농민 운동도 실패했다.

풀이 동학 농민 운동에 참가했던 농민군은 조선 정부와 전주에서 화약을 맺고 해산했다. 그러나 조선에 들어온 일본군이 내정 간섭을 하는 데다 약속한 개혁마저 제대로 추진되지 않자, 농민군은 다시 일어났다. 농민군은 논산에 모여 한양으로 진격할 계획을 세웠다. 이를 위해 한양으로 올라가는 길목이자 충청 감영이 있는 공주를 공격했다. 공주 남쪽에서 관군을 격파한 농민군은 계속해서 공주로 향했으나 일본군과 관군의 연합군은 이미 공주에서 진을 치고 농민군의 공격에 대비하고 있었다.

양측 병력은 공주로 들어가는 길목에 있는 고개인 우금치 일대에서 치열한 전투를 벌였다. 당시 일본군은 잘 훈련되었을 뿐 아니라 기관총과 신식 소총 등 최신 무기를 갖추었고, 전투에 유리한 위치를 차지하고 있었다. 반면 농민군은 구식 화승총과 죽창 등으로 무장하고 돌격 위주의 단순한 전술로 싸웠다. 농민군은 우금치 고개와 주변 능선을 맹렬히 공격했지만 일본군을 당해낼 수 없었고, 결국 주력을 거의 잃어버린 뒤 후퇴하고 말았다.

농민군은 병력을 정비해 논산과 김제 등지에서 반격을 시도했지만 실패하고 해산했다. 이로써 동학 농민 운동은 실패로 돌아갔고 전봉준과 김개남, 손화중 등 농민군 지도자들도 대부분 체포되어 처형당했다.

심화 우금치는 충청남도 공주시 금학동에 있는 고개이다. 높지는 않지만 공주에서 부여, 논산 등 남쪽으로 가려면 거쳐야 하는 길목이다. 우금치의 고갯마루 근처에는 동학 혁명군 위령탑이 세워져 있다. 이 탑은 1973년 천도교 공주 교구가 우금치 전투에서 죽은 농민군의 넋을 위로하기 위해 박정희 정부의 지원을 받아 만든 것이다.

그러나 탑에는 5·16 군사 정변과 10월 유신으로 동학 혁명의 정신을 계승한다는 내용이 새겨져 있어서 사람들의 분노를 사기도 한다.

●○○
우금치 전투는 매우 치열했다. 동학 농민군은 일본군과 달리 제대로 된 무기도 갖추지 못했지만 물러서지 않고 싸웠다. 큰 피해를 입으면서도 여러 차례 공격했고, 우금치에서 물러난 이후에도 반격을 시도했다.

●○○
농민군은 관군과 일본군을 향해 돌진했지만 일본군의 맹렬한 반격으로 많은 희생을 남긴 채 후퇴할 수밖에 없었다. 우금치 전투가 끝나자 1만여 명에 달하던 농민군 중 약 500여 명만이 살아남았다.

시대 **삼국 시대** | 더 찾아보기 고구려, 고려, 백제, 삼국사기, 삼국 시대, 신라, 조선, 지증왕

한반도 동쪽 바다의 울릉도에 있었던 작은 나라

우산국

개요 **삼국 시대**에 울릉도에 있었던 작은 나라이다. **고구려**나 **백제**, **신라**처럼 체계를 갖춘 큰 나라로 성장하지는 못했고, 512년에 신라에 정복당했다.

풀이 울릉도는 한반도 동쪽 바다에 있는 섬이다. 높은 산과 깎아지른 듯한 절벽으로 이루어진 화산섬이지만, 물이 많고 농사도 지을 수 있는 데다 해산물이 풍부해 사람들이 생활하는 데 어려움이 없었다. 언제부터 울릉도에 사람이 살았는지는 확실치 않다. 다만 삼국 시대에 이미 우산국이라는 이름의 나라가 있었다고 전해진다.

《삼국사기》에 따르면 신라는 제22대 임금인 **지증왕** 때 우산국을 정벌해 복속시킬 계획을 세웠다. 당시 하슬라주(지금의 강원도 강릉 지방)를 맡아 다스리던 이사부가 512년에 정벌군을 이끌고 우산국으로 향했다. 하지만 이사부는 우산국 사람들과 전면전을 치를 생각이 없었다. 그는 전쟁보다는 항복을 받아낼 생각으로 뱃머리에 나무로 깎은 사자상을 세운 뒤 우산국 사람들을 위협했다. 이사부가 "항복하지 않으면 사자를 풀어 우산국 사람들을 밟아 죽이겠다."고 하자 우산국 사람들은 크게 두려워하며 항복했다고 한다.

심화 우산국 사람들은 신라에 항복한 이후 해마다 공물을 바치며 평화롭게 살았다. 하지만 **고려**와 **조선** 시대에는 울릉도와 그 주변의 섬들에 공도 정책을 펼쳐 예전처럼 많은 사람들이 살지는 않았다. 고려와 조선 조정은 울릉도가 육지에서 멀리 떨어져 있어 관리하기 어려운 탓에 주민들을 육지에 와서 살게 했다. '공도'란 말도 사람이 살지 않는 빈 섬을 뜻한다.

오늘날의 울릉도는 경상북도에 속한 섬으로서 동해의 풍부한 해산물을 거두는 어업 전진 기지 역할을 하고 있다. 울릉도에 살고 있는 주민들도 1만 명이 넘는다.

시대 조선 시대 | 더 찾아보기 갑신정변, 역원 제도, 조선

조선 후기에 만들어진 최초의 우체국
우정국

개요 조선 후기에 우편 업무를 맡았던 관청이다. 1884년 11월에 설치되었으며 우리나라 최초의 근대적 우편 행정 관청이기도 했다.

풀이 조선 정부는 원래 역원 제도를 통해 공문을 주고받았으나 우정국이 설립되면서 근대적인 통신 우편 체제를 갖추었다. 그리고 외국과도 우편물 교환 협정을 맺어 해외 통신도 가능해졌다.

그러나 1884년 12월에 우정국의 개설을 축하하는 연회장에서 갑신정변이 일어나 여러 대신이 죽고 다치는 사태가 발생하자 폐쇄되었다. 10년이 지난 1895년에 우체사가 만들어져 우정국의 뒤를 이었다.

서울특별시 종로구 견지동에 있는 우정국 전경.

시대 조선 시대 | 더 찾아보기 강화도 조약, 메이지 유신, 일본, 조선, 흥선 대원군

일본의 군함이 강화도를 침범해 조선군과 전투를 벌인 사건
운요호 사건

개요 1875년 9월에 **일본** 군함인 운요호가 강화도에 침입해 **조선**군과 일본군이 충돌한 사건이다. 일본은 이 사건을 트집 잡아 조선에 군대를 보냈고, 조선 정부를 무력으로 압박해 **강화도 조약**을 맺었다.

풀이 **메이지 유신**으로 근대화를 추진하던 일본은 서양 열강이 그랬던 것처럼 자신들도 해외로 세력을 넓히고자 했다. 가장 먼저 노린 곳은 조선이었다. 조선은 일본과 지리적으로 가까울 뿐 아니라 서구 열강의 관심이 적었기 때문이다. 일본의 메이지 정부는 조선 정부에 새롭고 근대적인 외교 관계를 맺자고 제안했다. 하지만 조선 정부는 조선과 일본 사이에는 이미 전통적인 외교 질서가 있으니 새로운 관계를 맺을 필요가 없다며 거절했다.

조선에서 권력을 잡고 있던 **흥선 대원군**이 물러나자, 일본은 힘으로라도 조선의 문을 열 계획으로 운요호를 조선으로 보냈다. 운요호는 1875년 9월에 부산 앞바다에 나타나 힘을 뽐내며 시위를 벌인 뒤, 연안 측량(해안 지역의 높이나 깊이, 넓이 등을 재는 일)을 한다며 서해안을 따라 올라와 강화 해협을 침범했다. 이에 강화도에 있던 초지진 포대에서 포를 쏘자 운요호도 함포로 맞서며 공격했다. 그들은 초지진 포대를 무너뜨린 뒤, 영종도에 상륙해 조선 사람들을 죽이거나 약탈하고 관청을 불태우는 등 만행을 저질렀다.

심화 다른 나라에 군함을 보내 포를 쏘고 사람들을 죽였음에도 불구하고, 일본은 이 사건의 책임이 조선에 있다고 주장했다. 그런 다음 조선에 개항을 요구했다. 이것은 미국이 일본과 통상 조약을 맺을 때 사용했던 방법으로, 일본은 자신들이 당한 방법을 그대로 조선에 써먹은 것이다. 조선은 일본의 압박과 문호를 개방해야 한다는 조선 내의 일부 여론에 따라 강화도 조약을 맺었다.

●○●
운요호 사건은 일본이 계획적으로 저지른 사건이었다. 조선의 해안에 나타나 시비를 건 뒤 조선이 공격에 나서면 이를 트집 잡아 자신들에게 유리한 통상 조약을 맺을 속셈이었던 것이다. 실제로 운요호는 부산에서 서해안을 따라 올라온 뒤 강화도를 침범했고, 운요호에서 내린 일본군이 다시 작은 배를 타고 강화도 초지진에 접근하자 초지진의 포대가 포를 쏘았다. 그러자 일본군은 운요호로 돌아가 함포를 쏘며 조선군과의 전투가 시작되었다.

연안을 측량한다는 구실로 조선을 침략한 운요호.

정착 생활을 하면서 짓기 시작한 선사 시대의 집
움집

개요 땅을 파서 바닥을 다진 뒤 기둥을 세우고 풀이나 갈대, 짚 등을 덮어 만든 옛 집이다. 신석기 시대부터 삼국 시대 초기까지 널리 이용되었다.

풀이 신석기 시대 움집터는 주로 큰 강이나 바닷가의 모래 퇴적지, 혹은 이와 가까운 구릉지에서 발견된다. 이후에는 점차 내륙의 구릉지나 널찍한 평지로 옮겨 갔다. 움집은 집 짓는 기술이 발달하지 않았던 선사 시대에 비바람을 피하고 추위를 막을 수 있는 요긴한 생활 공간이었다.

움집은 바닥을 다진 뒤 기둥을 세우고 지붕을 얹는 순서로 만들었다. 먼저 땅을 판 뒤, 진흙을 깔고 불을 때 바닥을 단단하게 다졌다. 그런 다음 마른 풀이나 짐승 가죽을 깔아 푹신하고 따뜻하게 했다. 기둥은 수직으로 세우거나 엇비스듬하게 박았으며, 기둥과 기둥 사이에 굵은 나뭇가지를 엮고 흙이나 풀, 나무 등으로 이은 뒤에 지붕을 얹었다. 벽은 별도로 만들지 않았는데, 그 이유는 땅을 파면서 생긴 흙벽이 있었기 때문이다. 흙벽은 그대로 두거나 가죽으로 덮어 두었다. 움집의 형태는 처음에는 둥근 것과 네모난 것이 함께 있었지만, 점차 네모난 형태로 바뀌었다. 나중에는 대부분의 움집이 길쭉한 네모 형태를 띠게 되었다.

움집 내부에는 음식물을 저장하기 위해 구덩이를 파 놓았고, 난방을 위해 화덕을 만들었다. 실제로 발굴된 움집터에서는 중앙에 화덕의 흔적이 발견되고 있다. 화덕 주변의 공간에서는 여러 가지 도구를 만들었던 것으로 보인다. 움집 한 채에는 5명 정도의 가족이 함께 살았다. 남자들은 주로 출입구 가까운 곳에, 여자들은 움집 안쪽에서 생활했다. 신석기 시대에는 이러한 움집 4~5채가 모여 하나의 부락을 이루었다.

심화 움집은 선사 시대에는 매우 요긴한 주거 공간이었지만 단점도 많았다. 땅에서 올라오는 한기를 완전히 막을 수 없었고, 창을 낼 수 없어 햇빛이 들어오지 않거나 환기를 시키는 데에도 불편했다. 이런 문제 때문에 집은 점차 땅 위에 짓게 되었다. 땅 위에 지은 집(지상 가옥)은 움집과 달리 벽과 지붕이 모두 있었으며, 난방 시설로는 **온돌**을 사용했다. 지상 가옥이 점차 많아지면서 움집은 창고와 같은 저장 시설로 이용되었다.

동굴 생활에서 벗어난 선사 시대의 사람들은 차츰 한곳에 정착하여 살면서 비바람과 추위를 막아줄 집을 짓기 시작했다. 이때 등장한 것이 바로 움집이다.

한 부락에는 보통 4~5개의 움집이 있었고, 한 움집에는 4~5명의 가족이 생활했다.

움집의 크기는 5명 안팎의 가족이 함께 생활할 수 있을 정도로 넉넉했다. 둥근 움집의 경우는 지름이 6미터, 네모난 움집의 경우는 한 변의 길이가 6미터 남짓 되었고 전체 면적은 20~30제곱미터 정도였다.

푹신하고 따뜻하게 만들기 위해 깔아 둔 짚.

움집 중앙에 설치한 화덕.

움집은 땅을 파고 바닥을 단단하게 다진 뒤 기둥을 세우고 풀이나 짚으로 엮은 지붕을 얹어 지었다. 바닥의 깊이는 보통 60센티미터 정도였다.

일제 강점기에 박중빈이 창시한 민족 종교

원불교

개요 일제 강점기인 1916년에 박중빈이 창시한 종교이다. 원불교는 불상이 아니라 일원상을 신앙의 대상으로 삼고 있다. 일원상이란 우주의 근원이면서 막힘이 없는 법을 뜻하며 원(○) 모양이다. 원불교라는 이름도 여기에서 나왔다.

풀이 원불교의 창시자 박중빈은 일찍부터 우주와 자연 현상에 대해 의구심을 품고 수도를 시작했다. 또한 그는 농민들의 어려운 생활을 보면서 이들을 구제할 방안을 고민했고, 의병의 저항과 한일 강제 병합 과정을 지켜보면서 민족의식이 높아졌다. 20여 년의 수도 끝에 깨달음을 얻은 박중빈은 자신이 깨달은 진리를 실천하기 위해 사람들을 모아 공동체를 만들었다. 그런 다음에 사람들과 함께 제방을 쌓고 농토를 만들며 자력 갱생 사업을 벌였다.

박중빈이 만든 공동체는 노동 공동체이자 신앙 공동체였다. 박중빈이 살아 있을 때는 '불법 연구회'라고 불렀고, 그가 1943년에 세상을 떠난 뒤 제2대 교주 때부터 원불교라고 불렀다.

박중빈이 깨달은 진리는 불교의 경전인 〈금강경〉과 비슷하고, 석가모니를 선각자로 존중한다. 하지만 원불교는 불교의 한 종파가 아니라 새로운 종교라고 할 수 있다. 박중빈이 깨달음을 얻는 과정에서 불교와의 연관성이 나타나지 않았기 때문이다. 또한 원불교는 동학처럼 낡은 세상이 가고 새로운 세상이 온다는 후천 개벽 사상을 가지고 있어서 민족 종교의 성격도 띠었다.

심화 원불교는 일제 강점기에 토지를 개간하고, 사람들을 교화하며, 생활 의식을 바꾸기 위해 노력했다. 그리고 이런 활동으로 인해 일제의 탄압을 받았다. 8·15 광복 후에는 본격적인 포교 활동에 나섰고, 교세가 확장되면서 교육이나 자선, 문화 운동에 힘썼다. 교육 기관과 보육 시설, 병원도 지었으며 지금도 포교 활동이 계속되고 있다.

처음으로 서양의 근대 학문을 가르친 학교

원산 학사

개요 1883년에 원산에 세워진 중등학교로, 우리나라에서는 처음으로 근대 학문을 가르쳤다. 원산의 유지들과 관리들이 새로운 지식을 가진 인재를 기르기 위해 세웠다. 전통적인 유교 교육은 물론이고 서양 학문과 일본어도 가르쳤다.

풀이 조선은 일본과 강화도 조약을 맺은 뒤에 원산과 부산, 인천 등 세 항구의 문을 열었다. 갑자기 개항장이 된 원산에는 일본인이 많이 드나들었다. 일본인이 머무는 거류지가 생기고 일본 상인들의 활동도 활발해졌다. 그러자 원산 사람들은 위기감을 느끼기 시작했다. 이대로 지켜만 보다가는 일본과 서양 세력에 밀려 조선과 원산의 사람들이 설 곳이 없어질지도 모른다는 생각이 들었던 것이다. 원산의 유지(지역에서 이름이 높고 영향력이 큰 사람)들과 관리들은 근대 지식을 갖춘 인재를 길러야 한다고 생각하고 학교를 세우기로 뜻을 모았다.

하지만 학교를 세우는 일은 만만치 않았다. 이들은 서당을 고쳐 지어 근대 학문을 가르치는 학교로 만들었다. 이름은 원산 학사라고 했고, 교육 과정은 문예반과 무예반을 나누어 운영했다. 학생은 나이가 적으면서 똑똑한 지역 사람의 자식들로 뽑았다. 문예반은 50명, 무예반은 200명이었다.

원산 학사는 갑오개혁 이후 소학교와 중학교로 분리되었다. 원산 소학교는 일제 강점기에 원산 보통학교가 되어 8·15 광복 때까지 유지되었다.

일제 강점기의 원산 소학교 모습. 원산 학사는 소학교와 중학교로 나누어졌는데, 원산 소학교는 다시 원산 보통학교가 되었다.

심화 원산 학사에서 학생들은 공통 과목으로 산술(수학)과 격물치지(물리), 농업, 양잠 등을 배웠다. 점차 일본어와 법률, 지리, 만국 공법 등의 과목이 추가되었다. 문예반에서는 경서를, 무예반에서는 병서와 사격을 가르쳤다. 원산 학사의 학생들은 매달 시험을 치렀고, 연말에는 문예반 1명과 무예반 2명을 뽑아 과거 시험의 초시에 합격한 것과 똑같은 자격을 주었다.

시대 선사 시대~현대 | 더 찾아보기 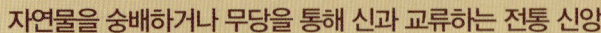 바위그림, 박정희, 성리학, 솟대, 장승, 조선

자연물을 숭배하거나 무당을 통해 신과 교류하는 전통 신앙
원시 신앙

개요 원시 사회에서 생겨났지만 사람들의 생활에 계속해서 영향을 미친 신앙이다. 자연 현상을 두려워하고 자연물을 숭배하는 경향을 띤다.

풀이 원시 신앙은 사람의 힘으로는 해결하기 어려운 문제를 자연의 힘에 의존하거나 도움을 받고자 하는 마음에서 생겨났다. 신앙의 대상은 산이나 바다와 같은 자연, 바위나 나무 등과 같은 구체적인 자연물, 산신이나 용왕처럼 성스러운 존재, 가상 속의 동물 등 여러 가지이다.

원시 신앙은 크게 애니미즘, 토테미즘, 샤머니즘으로 나뉜다. 애니미즘은 모든 만물이나 자연 현상에는 영혼이 있다고 생각하고, 이를 숭배하는 사상이다. 토테미즘은 자신이 속한 집단과 관련이 깊은 동물이나 식물을 숭배한다. 동물이나 식물에 신이 깃들어 있다고 믿는 것이다. 샤머니즘은 신과 대화를 할 수 있는 존재인 무당(샤먼)을 통해 신과 교류하면서 불행을 막거나 병을 치료한다. 하지만 애니미즘이나 토테미즘, 샤머니즘 등은 정확하게 나눌 수 있는 것은 아니다. 두 개나 세 개의 신앙이 섞이기도 한다.

원시 신앙이 나타난 대표적인 유적은 동굴 벽화나 **바위그림**, **장승**, **솟대**, 서낭당 등이다. 원시 시대의 사람들은 짐승이나 물고기를 많이 잡게 해달라거나 자식을 많이 낳게 해달라고 빌면서 사냥하는 그림이나 출산하는 그림을 그렸다. 또한 혹시 일어날지 모를 재앙을 막기 위해 장승이나 솟대를 세우고 서낭당을 지었다. 지역에 따라서는 커다란 바위나 나무에 제사를 지내거나 동물에게 제물을 바치는 곳도 있었다.

심화 원시 신앙은 국가가 생기고 종교가 발달한 다음에도 사라지지 않았다. 때로는 불교나 기독교처럼 외부에서 들어온 종교에 영향을 받아 형식이 바뀌기도 하고, 반대로 외부의 종교가 우리 사회에 뿌리를 내리는 과정에서 영향을 주기도 했다. 조

●●●
원시 신앙은 사람의 힘으로 어쩌지 못하는 문제를 해결하기 위해 생겨났다. 사람들은 가뭄이나 홍수, 폭풍우, 번개, 지진과 같은 자연 현상은 세상을 지배하는 거대한 존재의 노여움 때문에 일어난다고 믿고 이를 막아 달라고 빌었다.

선 시대 이후에는 **성리학**자들이 원시 신앙을 미신으로 여겨 멀리했으며, 1960년대 후반부터는 **박정희** 정부가 추방 정책을 펼치기도 했다. 하지만 원시 신앙은 사람들의 관습이나 생활 속에 뿌리를 내려 여전히 유지되고 있다.

마을을 지키는 서낭신에게 빌고 있는 여인들. 아직도 전국 곳곳에는 토속 신을 모시는 서낭당이나 솟대, 장승 등이 남아 있다.

원시 시대의 동물은 사냥의 대상이자 신앙의 대상이었다. 때로는 가상의 동물을 숭배하는 경우도 있었다.

불교의 대중화에 힘쓴 신라의 승려
원효

개요 불교의 대중화에 힘쓴 **신라**의 승려이다. **의상**과 함께 신라의 불교계를 이끌며 왕실과 귀족 중심의 불교를 대중화시키는 데 큰 공을 세웠다.

풀이 원효는 **삼국 통일** 이전인 617년에 태어났다. 그의 신분은 **6두품** 귀족이었으며, 열다섯 살에 승려가 되었다.

전해 오는 이야기에 따르면, 원효는 의상과 함께 **당**나라 유학길에 오르던 중 토굴에서 하룻밤을 지내게 되었다. 그는 자다가 목이 말라 바가지에 담긴 물을 마셨는데, 아침에 일어나 보니 그것은 해골에 괴어 있던 빗물이었다. 깜짝 놀란 그는 연신 구역질을 하다가 '모든 일은 마음 갖기에 달려 있다.'는 깨달음을 얻고, 유학을 포기한 채 다시 서라벌로 돌아갔다. 이후 원효는 태종 **무열왕(김춘추)**의 딸인 요석 공주와 사랑에 빠져 **설총**을 낳았다. 그는 이 사건을 계기로 자신을 '소성거사'라고 일컬으며 승려의 규율에서 벗어나 자유롭게 살았다고 한다.

원효는 백성들과 함께 생활하며 불교의 가르침을 노래로 지어 부르게 했다. 또한 '나무아미타불'이라는 염불을 계속 외우면 극락에 갈 수 있다고 가르쳤는데, 이는 백성들에게 어렵게만 느껴지던 불교를 한층 쉽고 가깝게 만들기 위한 방법이었다. 원효는 불교의 대중화뿐 아니라 불교의 경전을 연구하고 그것을 설명하는 책을 많이 지었다. 《금강삼매경론》이나 《화엄강목》 등은 그가 쓴 불교책이다.

심화 원효는 686년에 세상을 떠나기까지, 무엇에도 구애받지 않는 자유인으로 살았다. 그의 이런 삶은 무애의 정신을 바탕으로 한 것이다. 또한 그는 불교의 특정 종파에 치우치지 않고 전체를 조화롭게 받아들이는 화쟁, 사람이 본래 지닌 마음으로 돌아가는 일심, 그리고 실천을 강조했다.

시대 조선 시대 더 찾아보기 세조, 세종, 수양대군, 용비어천가, 조선

세종이 석가모니의 생애를 담아 지은 노래
월인천강지곡

개요 **조선**의 제4대 임금인 **세종**이 지은 노래이다. 석가모니의 생애를 서사시의 형태로 적은 뒤 노래로 만들었다. 〈월인천강지곡〉의 노랫말은 〈**용비어천가**〉와 함께 우리나라에서 가장 오래된 한글 문학이다.

풀이 1446년에 세종의 왕비였던 소헌 왕후가 죽자, 둘째 아들인 **수양 대군**이 어머니의 명복을 기리기 위해 《석보상절》을 지어 올렸다. 《석보상절》은 수양 대군이 불교의 경전과 불교에 관한 여러 가지 책을 바탕으로 석가모니의 생애를 정리한 책이다.

아버지인 세종은 아들이 쓴 책을 읽고 크게 감동해 《석보상절》을 바탕으로 〈월인천강지곡〉을 지었다. '월인천강'은 하늘에 하나밖에 없는 달의 자취가 수많은 강에 비춘다는 뜻이다. 이는 석가모니는 하나이지만 수많은 세계에 나타나 중생을 구제한다는 뜻을 빗댄 것이다. 즉, 〈월인천강지곡〉은 부처를 칭송하는 불교 찬가인 셈이다. 수양 대군은 훗날 임금(**세조**)의 자리에 올라 《석보상절》과 〈월인천강지곡〉의 내용을 하나로 합쳐 《월인석보》라는 이름의 책을 만들었다.

심화 〈월인천강지곡〉은 불교 찬가이지만 〈용비어천가〉와 함께 우리나라에서 가장 오래된 한글 문학이기도 하다. 독특한 것은 한글을 위주로 쓰고, 한자는 작은 글씨로 주석(풀이)을 다는 데 이용했다는 점이다. 그래서 〈월인천강지곡〉은 초기의 한글을 연구하는 데 귀중한 자료로 쓰이고 있다. 또한 글의 형식에서도 한시에서 가사 문학으로 넘어가는 중간 다리 역할을 하고 있다.

고려 초기의 다각다층 석탑을 대표하는 불탑

월정사 8각 9층 석탑

개요 강원도 평창군의 월정사에 있는 **고려** 시대의 석탑이다. 월정사의 대웅전 앞뜰에 위치해 있다. 우리나라 중부 이북 지방에 주로 유행했던 다각다층 석탑의 하나이며, 고려 전기의 석탑을 대표한다. **국보** 제48호로 지정되었다.

풀이 **삼국 시대**의 탑은 주로 4각형의 평면이었지만 고려 때부터는 북부 지방을 중심으로 다각다층 석탑이 유행하기 시작했다. 다각다층 석탑은 각이 많고 층이 여러 개여서 이전에 비해 한층 화려하고 아름다워졌다. 월정사 8각 9층 석탑도 고려 초기에 만들어진 다각다층 석탑이다.

월정사 8각 9층 석탑은 모두 9층으로 이루어져 있다. 층이 많음에도 불구하고 늘씬한 모습을 보이고 있으며, 폭이 좁지만 안정된 느낌을 준다. 지붕 모양으로 장식한 탑신부는 당시 불교 문화의 화려하고 귀족적인 모습을 잘 보여 준다. 또한 청동으로 만들어진 풍경과 금동으로 만들어진 머리 장식은 고려의 뛰어난 금속 공예 기술을 자랑하고 있다.

이 탑은 **6·25 전쟁** 때 절이 불에 타면서 큰 피해를 입기도 했다. 이 때문에 1970년에 보수 공사를 했는데, 탑신부를 해체하면서 여러 가지 귀한 유물이 발견되었다. 탑신부의 제1층에서 사리공과 사리 장치가, 제5층에서 은으로 도금한 여래입상이 나온 것이다. 또한 2001년 이후 몇 차례에 걸쳐 이루어진 발굴 조사에서는 이 석탑이 12세기경에 만들어졌고, 조선 **세종** 때인 1446년과 **광해군** 때인 1610년에 월정사를 고쳐 지었다는 사실이 밝혀졌다.

심화 월정사 8각 9층 석탑 앞에는 독특한 석상이 하나 있다. 머리에는 원통 모양의 관을 쓰고 직사각형의 얼굴에는 온화한 미소를 띤 석조보살좌상이다. 보물 제139호로 지정된 이 불상은 월정사 8각 9층 석탑을 향해 공양을 올리는 자

탑을 향해 공양하는 모습을 조각한 석조보살좌상.

세를 하고 있다. 즉, 정중하게 오른쪽 무릎을 꿇고 왼쪽 다리를 세운 채 두 손을 모으고 탑을 바라보는 모습이다. 석조보살좌상은 자신을 불태워 팔만사천탑에 공양했다는 약왕보살의 전설을 표현한 것으로 짐작된다.

신라 선덕 여왕 때 자장 대사가 처음 세운 절인 월정사. 자장 대사는 오대산이 문수보살이 머무는 성지라고 생각해 이곳에 작은 암자를 지었고, 이후 지금의 모습으로 완성되었다.

● ○ ●
월정사 8각 9층 석탑은 크게 세 부분으로 이루어져 있다. 2중의 기단과 9층의 탑신부, 탑의 머리 장식인 상륜부 등이다. 전체 높이는 15.2미터에 달하고 고려 초기에 유행하기 시작한 다각다층 석탑의 대표적인 모습을 하고 있다. 각 층 8곳의 귀퉁이마다 풍경을 달아 놓았다.

시대 삼국 시대 | 더 찾아보기 고구려, 몽촌 토성, 백제, 삼국사기, 삼국 시대, 온조, 풍납동 토성

백제 초기에 임금이 살았던 왕성

위례성

개요 **백제** 초기의 도읍지이다. '위례'라는 명칭의 유래는 확실하지 않지만, 왕이 생활하는 성 또는 커다란 성을 뜻하는 것으로 보인다.

풀이 **온조**와 비류는 **고구려**에서 갈라져 나온 뒤 남쪽으로 내려와 위례를 도읍으로 삼았다. 그런데 《**삼국사기**》에는 백제의 도읍에 대한 두 가지 내용이 나온다. 하나는 온조가 하남 위례성에 도읍을 했다는 것이고, 다른 하나는 온조 13년에 한강 남쪽에 목책을 세우고 위례성의 백성들을 옮겼다는 내용이다. 앞의 기록에 따르면 위례성은 처음부터 한강 남쪽에 있었지만, 뒤의 기록에 주목하면 한강 북쪽에 있었다가 한강 남쪽으로 옮겼다고 본다. 이때 옮기기 전의 위례성을 하북 위례성, 옮긴 후의 위례성을 하남 위례성이라고 부르기도 한다.

　백제가 처음부터 하남 위례성에 도읍을 정했는지, 아니면 다른 곳에서 하남 위례성으로 옮겼는지에 대해서는 의견이 맞서고 있다. 하지만 서울특별시 강동구 올림픽 공원 안에 있는 **몽촌 토성**과 그 근처에 있는 **풍납동 토성** 일대를 하남 위례성으로 보는 것이 일반적이다. 몽촌 토성에서는 성의 방어 시설인 해자와 목책, 백제 초기의 움집터 등이 확인되었으며, 뼈 갑옷과 기와, 토기 등 각종 생활 도구가 발견되었다. 풍납 토성에서도 **삼국 시대** 초기의 집터와 제사 유적, 포장된 도로 등이 확인되었으며, 토기와 기와, 철기 등이 대량으로 발굴되었다.

심화 충청남도 천안이나 경기도 하남 등지에서는 향토 사학자들을 중심으로 위례성이 자기 지역에 있었다는 주장이 계속되고 있다. 그러나 이를 뒷받침할 만한 유물이 거의 나오지 않아 학계의 별다른 지지를 얻지 못하고 있다. 다만, 일시적으로 도읍의 역할을 하거나 왕이 이들 지역에 머물렀을 것으로 추정하기도 한다.

준왕을 몰아낸 위만과 그의 자손이 다스렸던 고조선

위만 조선

개요 위만이 준왕을 몰아내고 임금의 자리에 오른 뒤부터 한나라에게 멸망당할 때까지의 고조선을 뜻한다. 기원전 194년부터 기원전 108년까지 87년간 이어졌다.

풀이 위만은 기원전 2세기경에 중국 연나라에서 1,000여 명의 무리를 이끌고 고조선으로 왔다. 당시 고조선의 임금은 준왕이었는데, 준왕은 위만의 무리를 흔쾌히 맞아 주었다. 또한 위만의 능력을 인정해 박사로 임명한 뒤 고조선의 서쪽 변방을 지키게 했다. 그런데 위만은 국경 수비의 책임자에 만족하지 않았다. 그는 점차 자신의 세력을 키운 뒤 준왕을 내쫓고 임금의 자리에 올랐다. 위만은 나라 이름을 고치지 않고 그대로 이어받아 고조선을 다스렸다.

위만이 다스리는 고조선, 즉 위만 조선은 제1대 임금인 위만부터 손자인 우거에 이르기까지 3대에 걸쳐 이어졌다. 위만 조선은 지리적으로 한을 비롯한 주변 나라들의 중간 지대에 위치하고 있었다. 위만과 그의 후대 임금들은 이웃 나라들과 교류하기 좋은 지리적 이점을 이용해 무역 활동을 벌이며 부를 쌓았다. 또한 발달된 철기 문화를 바탕으로 주변 세력을 누르며 강국으로 성장했다.

위만 조선의 힘이 나날이 커지자, 당시 중국을 통일해 기세를 떨치던 한은 위협을 느끼기 시작했다. 한의 임금인 무제는 고조선에 사신을 보내 신하의 예를 갖추라고 했지만 고조선은 이를 거절했다. 이에 한은 대규모의 군대를 내세워 위만 조선을 침략했다. 위만 조선은 한의 군대에 맞서 거의 1년간 치열한 전투를 계속했지만, 결국 기원전 108년에 왕검성이 함락되어 멸망하고 말았다.

심화 위만이 어느 나라 사람이었는지는 확실치 않다. 연의 장군이었다는 주장이 있는가 하면, 연에 살던 고조선 사람이었다는 주장도 있다. 중국의 역사책인 《사기》와 《한서》에는 고조선에 대한 기록이 있는데, 여기에 따르면 위만이 고조선에 올 때 고조선 사람처럼 상투를 틀고 고조선의 옷을 입고 있었다고 한다.

시대 조선 시대 　더 찾아보기 고종, 단발령, 서학, 성리학, 신민회, 아관 파천, 유학, 을미사변, 을사조약, 의병, 일본, 조선, 흥선 대원군

조선의 전통 사상을 지키고 서양 사상을 물리치자는 운동
위정척사 운동

개요 **조선**의 전통적인 사상을 지키고 서양 사상을 물리치자는 운동이다. 처음에는 **서학**에 반대하다 차츰 서양과의 통상 반대 운동으로, **일본**에 맞선 항일 **의병** 운동으로 발전했다.

풀이 위정척사 사상이 본격적으로 나타난 것은 조선 후기였다. 조선 사회에 점점 서학이 퍼져가자, **성리학**자들은 충효나 예의 가치를 지키기 위해 서학을 금지해야 한다고 주장했다. 이것이 바로 위정척사 사상이다. '위정척사(衛正斥邪)'란 올바른 것(정)을 지키고 나쁜 것(사)을 물리친다는 뜻이다. 여기서 올바른 것은 조선의 전통이고 나쁜 것은 서학을 비롯한 서양 문화인 셈이다. 조선 조정도 이들의 주장을 지지했다.

19세기 중반에는 한반도 주변에 서양의 배들이 나타나 통상을 요구했는데, 위정척사 사상은 서양과의 통상을 반대하는 운동으로 바뀌었다. 조선보다 먼저 서양의 문물을 받아들인 일본이 조선에 통상을 요구하자, 유생들은 일본도 서양과 똑같다며 반대했다. 이들은 서양과 통상을 하게 되면 천주교의 전파를 막을 수 없어서 조선의 풍속이나 사회 질서가 무너질 것이라고 생각했다. 게다가 서양의 공산품이 밀려들고 조선의 농산물이 빠져나가면 조선이 경제적으로 커다란 피해를 보게 될 것이라고 지적했다.

흥선 대원군에 이어 권력을 잡은 민씨 정권이 문호를 개방한 뒤에 개화 정책을 추진하자, 유생들은 전국적으로 들고일어나 조정을 비판했다. 하지만 유생들의 반발에도 불구하고 조선 조정은 개화 정책을 계속했고, 서양의 문물과 일본 세력이 밀려들었다. 특히 일본은 조선의 정치에 깊이 간섭했는데, **을미사변**이 일어나고 **단발령**까지 내려지자 유생들은 항일 의병을 일으켰다. **아관 파천** 이후 **고종**의 명령으로 잠시 주춤했던 유생들의 의병 활동은 **을사조약**을 계기로 다시 확산되었다가 이후에는 차츰 쇠퇴했다.

심화 조선이 문호를 연 이후 서양의 문물이 본격적으로 들어오자, 유생들 중 일부는 이를 받아들여 사회 개혁을 이루자고 주장했다. 이들을 새로운 것을 받아들인 **유학**자라는 뜻으로 '개신 유학자'라고 부른다. 개신 유학자들은 계몽 운동가들과 손을 잡고 **신민회** 등의 단체를 만든 뒤에 민족 운동을 벌였으며, 일본에 나라를 완전히 빼앗긴 뒤에는 만주와 중국에서 독립운동에 참여하기도 했다.

조선의 성리학자들은 서학의 확산을 그대로 두면 조선의 풍속이나 사회 질서가 무너질 것이라고 생각해 강하게 위정척사 운동을 벌였으나 개화를 막지는 못했다. 이후 위정척사파들은 서양과의 통상에 반대하고 일본의 내정 간섭에 맞서 의병 투쟁을 벌이기도 했다.

조선 사회에 서학이 점점 퍼져나가자 위기 의식을 느낀 유생들이 대궐 앞에서 상소를 올리며 서학 금지를 요구하는 모습. 조선의 성리학자들은 조정에 건의할 때 상소를 올리곤 했는데, 위정척사 운동을 펼치는 동안 여러 명의 이름을 적은 '연명 상소'를 올리며 강하게 반발했다.

이성계가 고려 조정의 명을 거부하고 위화도에서 군사를 돌린 사건

위화도 회군

개요 고려 말인 1388년에 요동 정벌을 위해 출정했던 **이성계**가 압록강의 위화도에서 군대를 돌려 권력을 잡은 사건이다. 위화도 회군 이후 권력을 잡은 이성계는 **조선**을 세우고 스스로 임금이 되었다.

풀이 고려는 중국에서 **원**나라의 힘이 약해지는 것을 틈타 원의 간섭에서 벗어났다. 고려 안에 있는 친원 세력을 몰아내고, 원에게 빼앗겼던 평안도와 함경도의 영토도 되찾았다. 그러나 원을 몰아내고 중국 대륙을 장악한 **명**나라도 고려에 많은 공물을 요구해 갈등을 빚고 있었다.

그 무렵 명은 예전에 원이 지배했던 철령 지역을 자신들이 다스리겠다고 요구했다. 이에 분노한 **최영** 등 일부 신하들은 고려가 먼저 요동 지역을 공격해 명의 압력을 뿌리치자고 주장했다. 반면 이성계는 큰 나라를 치는 것은 옳지 않으며, 여름철이라 농사를 망칠 것이며, 그 틈을 타 **왜구**가 쳐들어 올 것이고, 더운 계절이라 병사들이 전염병에 걸릴 것이라는 이유를 들어 반대했다. 이성계의 이 주장을 '4불가론'이라고 한다.

최영과 이성계는 서로 주장을 굽히지 않고 대립했는데, 우왕은 최영의 주장을 받아들여 요동 정벌이 결정되었다. 전국에서 군사를 동원하고 최영을 요동 정벌의 최고 책임자인 8도 도통사, 이성계를 우군 통도사, 조민수를 좌군 통도사로 삼아 원정군을 출동시켰다. 최영은 **개경**에 남아 전쟁을 전체적으로 지휘하고, 실제 군대의 통솔은 이성계와 조민수가 맡기로 했다.

고려의 원정군은 압록강 가운데 있는 위화도에서 진격을 멈추었다. 이성계 등은 병사들의 사기가 떨어져 도망치는 일이 잦고, 여름철이라 활을 제대로 사용할 수 없다며 군대를 되돌리게 해달라고 요청했다. 그러나 고려 조정은 이를 받아들이지 않고 계속해서 요동 정벌에 나설 것을 지시했다. 이에 이성계는 함께 출동한 다른 장수들을 설득해 도성으로 되돌아왔다. 그런 다음 최영 세력을 제거하고 권력을 잡았다.

이성계는 위화도에 도착한 뒤 진군을 멈추었다. 얼마 지나서 장마철이 되자 오랜 행군과 더위에 지친 군사들의 사기는 더욱 떨어졌다.

심화 위화도 회군 이후 권력을 잡은 이성계는 **정도전**, 조준 등의 **신진 사대부** 세력과 손을 잡고 개혁 정치를 펼쳤다. **과전법**을 실시해 토지 제도를 개혁하고, 부패한 관리와 **권문 세족**을 몰아냈다. 이후 이성계와 급진파 신진 사대부들은 고려의 임금을 쫓아내고 새로운 나라인 조선을 세웠다. 그리고 이성계는 조선의 첫 번째 임금이 되었다.

●○○
위화도 회군이란 위화도에서 군사들을 돌린다는 뜻이다. 명을 공격하기 위해 요동으로 떠났던 고려의 군사들은 이성계를 따라 위화도에서 방향을 바꾸어 개경으로 향했다. 임금과 고려 조정의 명령을 거스른 행동이었으므로 반란과 다름없었다.

시대 대한 제국 시대~일제 강점기　　더 찾아보기 3·1 운동, 서대문 형무소, 일본, 조선 총독부

3·1 운동 때 만세 시위를 주도하다 붙잡혀 순국한 독립운동가

유관순

개요 여성 독립운동가이다. 1919년에 **3·1 운동**이 일어나자 이화 학당의 학생들과 함께 참여했고, 아우내 장터에서 만세 시위를 주도했다. **일본** 경찰에게 붙잡혀 모진 고문을 받으며 감옥살이를 하다가 1920년에 세상을 떠났다.

풀이 유관순은 1902년에 충청남도 천안에서 태어났다. 일찍이 기독교를 받아들인 유관순의 아버지는 교육 활동에 힘쓰던 계몽 운동가였다. 유관순은 선교사의 소개로 열네 살이 되던 해인 1916년에 서울에 있는 사립 여자 학교인 이화 학당에 들어가 공부했다. 그녀는 평소 잔 다르크처럼 나라를 구하는 소녀가 되겠다고 말했다고 한다.

그러던 중 1919년 3월 1일에 서울 도심에서 많은 군중들이 만세 시위를 벌이기 시작했다. 3·1 운동이 일어난 것이다. 유관순도 이화 학당의 학생들과 함께 만세 시위에 참여했다. 만세 시위가 여러 날 계속되면서 확산되자, **조선 총독부**는 3월 10일에 중등학교 이상의 학교에 임시 휴교령을 내렸다. 유관순이 다니던 이화 학당도 예외는 아니었다.

학교가 문을 닫자 유관순은 고향인 천안으로 내려갔다. 그녀는 마을의 지도자인 조인원 등과 함께 아우내 장날에 만세 시위를 벌이기로 계획했다. 마침내 4월 1일, 그녀는 아우내 장터에서 "나라를 되찾아 독립을 이루자."는 내용의 연설을 한 뒤 '독립 만세'를 부르며 시위에 나섰다. 일본의 헌병과 경찰들은 총검을 휘두르며 시위 군중을 탄압했다. 이 과정에서 유관순의 부모는 헌병의 총칼에 찔려 죽임을 당했고, 그녀도 주동자로 붙잡혀 심한 고문을 받았다.

유관순은 재판을 받는 동안 일제의 침략을 규탄하고 만세 시위의 정당함을 주장해 징역 3년형을 언도받았다. 하지만 **서대문 형무소** 안에서도 그녀는 만세 시위를 멈추지 않았다고 한다. 그때마다 끌려가 모진 고문을 받던 그녀는 결국 열아홉 살에 감옥 안에서 세상을 떠났다.

1919년 4월 1일에 충청남도 천안의 아우내 장터에서 시작된 만세 시위. 유관순의 연설과 만세 선창으로 시위가 벌어지자, 일본의 헌병과 경찰들은 총검을 휘두르며 잔혹하게 진압에 나섰다. 이 과정에서 유관순의 아버지와 어머니는 헌병의 총검에 죽임을 당했다.

심화 일제는 유관순이 감옥에서 세상을 떠난 뒤에도 참혹한 고문의 흔적을 보이지 않기 위해 한참 동안 시신을 내어주지 않았다고 한다. 이에 이화 학당의 교장과 선교사 등이 일제의 부당한 행동을 국제 사회에 알리겠다며 항의해 겨우 시신을 돌려받았다. 유관순은 서울의 이태원 공동묘지에 묻혔다가, 일제가 그곳을 군사 기지로 만드느라 묘를 옮기던 중에 시신이 사라졌다. 현재 충청남도 천안에 있는 그녀의 묘는 시신이 없는 초혼묘이다.

잔 다르크처럼 나라를 구한 소녀가 되고 싶어했던 유관순. 간절한 기도와 바람대로 그녀는 1919년 3·1 운동 때 만세 시위를 이끌어 일제 강점기 독립운동의 영웅이 되었다.

시대 현대 | 더 찾아보기 노태우, 6·29 민주화 선언, 전두환

대통령 직선제와 민주화를 요구하며 시민들이 벌인 민주화 운동

6월 민주 항쟁

개요 1987년 6월에 전국 곳곳에서 일어났던 민주화 운동이다. **전두환** 정부의 강압적인 통치를 무너뜨리고, 정치뿐 아니라 사회 전반에 걸쳐 민주화를 앞당기는 계기가 되었다.

풀이 1980년대 중반에는 학생들과 야당 정치인들, 그리고 일반 시민들 사이에서 민주화를 요구하는 목소리가 한층 높아졌다. 특히 국민이 대통령을 직접 뽑는 '대통령 직선제'는 가장 중요한 요구 사항이었다. 전두환 정부는 처음에는 직선제로 바꾸라는 여론을 무시했지만, 국민들의 요구가 거세지자 어쩔 수 없이 헌법 개정에 대해 논의하기 시작했다.

그런데 1987년 4월 13일에 갑자기 '호헌 선언'이 발표되었다. 호헌이란 헌법을 보호하거나 지킨다는 뜻이다. 즉, 이전의 헌법대로 대통령을 간접 선거로 뽑겠다는 선언이었다. 전두환 정부는 대통령 선거를 앞두고 헌법을 개정할 시간이 부족하고, 정치인들이 서로 뜻을 모으지 못했다는 이유를 들어 직선제 요구를 거부했다. 그러고는 6월에 집권당인 민주정의당의 대통령 후보로 **노태우**를 뽑았다.

이에 분노한 시민들은 '호헌 철폐'와 '독재 타도' 등을 외치며 민주화를 요구하는 시위에 들어갔다. 그해 초에 고문을 받다 숨진 박종철 사건과 시위 도중에 최루탄을 맞아 숨진 이한열 사건으로 인해 시민들의 분노는 더욱 커졌다. 1987년 6월 10일 전국 곳곳에서 거의 동시에 시작된 시위는 20일간 매일 계속되었다. 처음에는 학생들이 중심이 되었으나 차츰 일반 시민들의 수가 늘어나 국민 운동으로 발전해 갔다. 회사원들도 점심 시간이나 업무를 마친 뒤 넥타이를 맨 채 시위에 참여해 '넥타이 부대'라는 말까지 생겨났다.

당시 연세대학교 학생이었던 이한열 군이 시위를 벌이다 최루탄에 맞아 죽는 사건이 발생하자, 분노한 시민들에 의해 6월 민주 항쟁의 열기는 더욱 뜨거워졌다.

결국 전두환 정부는 국민들의 민주화 요구에 굴복해 대통령 직접 선거와 국민의 기본권 보장, 구속되거나 연금된 정치 인사들의 석방 등을 내용으로 하는 **6·29 민주화 선언**을 발표했다. 이에 따라 헌법이 개정되었고, 국민들은 16년 만에 대통령을 자신의 손으로 뽑을 수 있게 되었다.

심화 6월 민주 항쟁은 시민들의 민주주의 의식을 크게 높이는 계기가 되었다. 이후 노동자, 농민, 도시 빈민 등 사회 여러 계층에서 자신들의 권리를 요구하는 목소리가 이어졌으며 시민운동도 활발해졌다.

6월 민주 항쟁은 1987년 6월 10일에 전국 곳곳에서 시위가 벌어지면서 본격화되었다. 학생들을 비롯해 일반 시민까지 참여한 시위가 20일간 이어지자, 결국 전두환 정부는 국민들의 직선제 요구를 받아들이는 6·29 민주화 선언을 발표했다.

시위는 전국의 주요 도시 한복판에서 매일 벌어졌다. 학생들과 시민들은 '호헌 철폐'와 '독재 타도'를 외치며 시위를 벌였다.

시대 조선 시대~일제 강점기 | 더 찾아보기 간도, 강화도 조약, 단발령, 병인양요, 성리학, 위정척사 운동, 유학, 을미사변, 의병, 조선, 한양, 한일 강제 병합

조선 말기에 위정척사 운동과 항일 운동에 앞장섰던 인물
유인석

개요 조선 말기에 위정척사 운동을 벌인 유학자이자 의병장이다. 일생 동안 항일 운동에 앞장서다 건강이 나빠져 세상을 떠났다. 호는 의암이다.

풀이 유인석은 1842년에 강원도 춘천에서 태어났다. 청년 시절에 유학자인 이항로의 제자가 되어 "중국을 존중하고 오랑캐는 물리쳐야 한다."는 존화양이 사상을 익혔다. 1866년에 병인양요가 일어났을 때에는 스승인 이항로를 따라 한양에 올라왔고, 1876년에 강화도 조약이 체결되자 동료 학자들과 함께 상소를 올려 개항 반대 운동을 벌이기도 했다.

이후 1895년에 을미사변이 일어나고 단발령이 발표되자, 그는 의병을 일으켜 제천, 충주 등지에서 커다란 활약을 했다. 한때는 그의 의병 부대가 3,000명을 넘을 정도로 기세를 떨쳤지만, 결국 관군에게 패해 흩어지고 말았다. 이후 유인석은 만주로 건너가 항일 운동을 이어갔다.

1910년에는 연해주 의병 세력의 통합체인 13도의군의 도총재가 되었다. 그러나 본격적으로 무력 항쟁을 시작하기도 전인 그해 8월에 한일 강제 병합으로 나라가 망해 버렸다. 게다가 일제가 항일 운동에 대한 대대적인 탄압에 나서면서 '13도의군'도 해체되었다. 유인석은 무장 투쟁이 어려워지자 간도로 자리를 옮겨 독립운동을 벌이다 1915년에 병으로 세상을 떠났다.

심화 '위정척사'란 바른 것을 지키고(위정), 사악한 것은 배척(척사)한다는 뜻이다. 조선 후기에 유학자들이 전통적인 가치, 즉 성리학에서 가르치는 윤리와 질서를 지키기 위해 내세운 주장이다. 이들은 성리학은 바른 것이며, 성리학 이외의 것(특히 천주교를 비롯한 서양 문물)은 그릇된 것이라고 믿고 외세를 배격하는 위정척사 운동을 벌였다.

시대 선사 시대~조선 시대　**더 찾아보기** 고구려, 고려, 국자감, 명, 백제, 삼국 시대, 삼국 통일, 성리학, 송, 신라, 신문왕, 신진 사대부, 이성계, 청, 태학, 한

공자의 사상이나 가르침을 근본으로 삼는 학문

유학

개요 공자의 사상이나 가르침을 근본으로 삼는 학문이다. 중국의 춘추 전국 시대에 처음 나타나 **한**나라 때부터 발달했다. 우리나라에는 **삼국 시대** 이전에 한자와 함께 전해져 정치와 사회, 문화 등 모든 분야에 커다란 영향을 미쳤다.

풀이 기원전 8세기부터 춘추 전국 시대가 계속되는 동안 중국에서는 많은 사상가들이 나타났다. 그중 공자는 효와 제(공손함)를 사회 생활의 기본으로 삼고, 인과 예로 나라를 다스려야 한다고 주장했다. 공자의 사상은 증자와 맹자를 비롯한 제자들로 이어지면서 한층 발전했다. 이처럼 공자의 사상을 이어받은 사람들을 유가, 이들의 사상을 유교, 학문을 유학이라고 한다.

　유교는 춘추 전국 시대를 통일한 진나라의 탄압을 받았지만, 한나라 때부터는 나라를 다스리는 사상이 되었다. 자신의 신분이나 사회적 지위에 맞게 생활해야 한다는 유교의 가르침이 나라를 다스리는 데 도움이 되었기 때문이다. 유교가 정치 이념이 되면서 유학도 더욱 발달했다. 한나라 때는 유교 경전의 내용을 해석하는 훈고학이 발달했고, **송**나라 때는 우주의 원리와 인간의 심성을 다루는 **성리학**이 발달했으며, **명**나라 때는 아는 것과 행동하는 것이 하나가 되어야 한다는 양명학, **청**나라 때는 실증적이고 객관적으로 학문을 연구하는 고증학이 발달했다.

　유학은 삼국 시대 이전에 한문과 함께 우리나라에 들어왔다. 삼국 시대에는 **고구려**와 **백제**, **신라** 모두 학교에서 유학을 가르쳤다. 불교의 나라였던 **고려**도 나라를 다스리는 원리로 유학을 받아들였다. 고려 후기에는 성리학이 들어왔는데, **신진 사대부**들은 **이성계**를 도와 조선을 세우면서 성리학을 정치 이념으로 삼도록 했다. 이후 성리학은 조선의 지배층이 사회의 질서를 유지하는 근본 원리가 되었다. 조선의 성리학은 중국 못지않게 높은 수준으로 발달했지만, 성리학만을 지나치게 고집해 다른 학문이나 사상은 발달하지 못했다. 조선 후기에는 일부 학자들이 양명학이나 고증학에 관심을 가졌지만 크게 확산되지는 못했다.

심화 학교에서 유학을 가르치는 것은 삼국 시대부터 시작되었다. 고구려는 국립 교육 기관인 **태학**과 사립 교육 기관이었던 경당에서 유교의 경전을 가르쳤다. 백제에서는 유교의 다섯 가지 경전에 능숙한 사람을 박사로 임명하는 오경박사 제도가 있었다. 신라는 **삼국 통일** 직후인 **신문왕** 때 국학을 세우고 유학을 가르쳤으며, 시험 성적에 따라 관리를 채용하는 독서삼품과 제도를 시행했다. 또한 고려에서도 **국자감**이나 향학은 물론이고 사립 교육 기관인 사학12도에서 유학을 가르쳤다.

유학은 공자의 사상과 가르침을 근본으로 삼는 학문이다. 공자의 가르침을 받은 증자나 맹자로 이어지면서 체계적인 학문으로 발전했고, 이후 주자나 왕수인 등에 의해 성리학이나 양명학 등 여러 갈래의 학문으로 발달했다.

공자는 살아 있을 때 따르는 제자만 무려 3,000명에 달했다고 한다. 이후에는 더 많은 사람들이 그의 제자가 되었고, 맹자나 주자처럼 공자의 사상을 더욱 발전시킨 사상가들도 나왔다.

공자는 춘추 전국 시대의 중국 사상가이다. 그는 본래 노나라 사람이었지만, 여러 나라를 돌아다니면서 '인'을 가르쳤다. 그의 가르침을 엮어 만든 책이 바로 유교의 경전 중 하나인 《논어》이다.

시대 조선 시대　**더 찾아보기** 반계수록, 병자호란, 실학, 영조, 인조, 임진왜란, 정약용, 조선

조선 중기에 《반계수록》을 지어 실학을 체계화한 유학자

유형원

개요 조선 중기의 실학자이다. 벼슬길을 마다하고 농촌에 살면서 《반계수록》을 지어 실학을 최초로 체계화했다. 토지 제도를 비롯한 여러 가지 사회 제도를 개혁해 이상 국가를 이루자고 주장했다.

풀이 조선 인조 때인 1622년에 태어난 유형원은 1673년에 세상을 떠나기까지 한 번도 벼슬길에 나서지 않았다. 일곱 살 때 이미 유교의 경전을 읽었을 정도로 총명했고, 높은 학문이 알려져 관리로 추천을 받았지만 그때에도 한사코 사양했다. 그는 오직 학문을 연구하고 글을 쓰는 데에만 힘썼다.

　유형원이 남긴 대표적인 책은 《반계수록》이다. 임진왜란과 병자호란 이후 황폐해진 나라와 전쟁의 후유증으로 고통을 겪는 백성들을 지켜보면서, 그는 나라와 백성들에게 도움이 되는 정보를 전하고 싶어했다. 실제로 《반계수록》에는 오랫동안 농촌에 살면서 유형원이 직접 체험한 내용을 바탕으로 그의 사상이 체계적으로 정리되어 있다.

　유형원은 농업이 나라를 부강하게 만드는 근본 산업이라고 생각했다. 농업을 발전시키고 백성들의 생활을 안정시키려면 먼저 토지 제도를 개혁해야 한다고 주장했다. 뿐만 아니라 군사 제도와 세금 제도, 관리 제도, 신분 제도, 교육 제도 등 여러 분야의 사회 제도를 개혁하면 이상 국가를 만들 수 있을 것이라고 믿었다.

심화 유형원의 《반계수록》은 현종 때 완성되었지만, 영조 때 세상에 알려져 높은 평가를 받았다. 이후 그의 주장과 사상은 이익과 안정복, 정약용 등에게 이어져 실학이라는 새로운 학문으로 발전했다. 이 때문에 유형원을 '실학의 시조' 또는 '실학의 아버지'라고 부른다.

시대 삼국 시대~남북국 시대 | 더 찾아보기 고려, 골품 제도, 설총, 성골, 신라, 원효, 진골, 최치원, 호족

신라 골품 제도에서 성골·진골 다음의 귀족
6두품

개요 **신라**의 **골품 제도**에서 정한 신분 등급으로, 왕족인 **성골**과 **진골**을 제외한 사람들 중 가장 높은 신분의 귀족을 가리킨다. 왕족 이외의 사람들은 모두 6등급으로 나누어져 있으며, 등급별로 오를 수 있는 관직이 달랐다.

풀이 신라의 독특한 신분 제도인 골품 제도는 왕족인 성골과 진골, 그리고 6개의 두품으로 나뉘었다. 성골과 진골은 최고 귀족으로서 신라 사회를 다스렸고, 그 아래에는 6두품에서 4두품까지의 귀족들이 여러 관청에 소속되어 나랏일을 맡아 했다.

두품은 숫자가 높을수록 지위가 높았다. 즉 6두품은 성골이나 진골보다는 낮았지만 두품 중에서는 가장 높은 신분이었다. 6두품은 귀족이기는 하지만 6등급의 관직인 아찬 이상은 올라갈 수 없었고, 여러 가지 면에서 성골이나 진골에 비해 차별 대우를 받았다. 이렇게 출세가 제한되자 6두품 중 몇몇은 관직을 포기하고 승려가 되거나 학문에 힘써 이름을 날리려 했다. 원광 법사나 **원효** 대사, **설총**, **최치원** 같은 사람들이 대표적이다.

신라 말기에 진골 귀족들이 왕위 쟁탈전을 벌여 정치가 흐트러지자, 6두품은 골품 제도의 잘못을 지적하며 신라에 반대하고 **호족** 편에 서는 경우가 많았다. 이들은 학식과 경험을 바탕으로 호족의 참모 역할을 했으며, 후삼국 통일 이후에는 공을 인정받아 **고려**의 귀족으로 성장했다.

심화 학문이나 능력은 뛰어났지만 골품 제도 때문에 출세에 한계가 있었던 6두품 중에는 신라 사회에 비판적이거나 반신라적인 활동을 하는 경우도 생겨났다. '신라 3최'라고 불리는 최치원, 최승우, 최언위도 그런 사람들이었다. 최치원은 진성 여왕 때 사회 개혁을 주장하는 시무 10조를 올렸으나 시행되지 않았다. 최승우는 견훤을 도와 후백제에서 활동했으며, 최언위는 고려에서 벼슬을 했다.

시대 일제 강점기 **더 찾아보기** 고종, 대한 제국, 명성 황후, 3·1 운동, 신간회, 일본, 조선, 창덕궁, 한일 강제 병합

대한 제국 순종 황제의 장례일에 맞춰 일어난 만세 운동
6·10 만세 운동

개요 순종의 장례일인 1926년 6월 10일에 일어난 만세 운동이다. 순종은 조선 왕조의 마지막 임금이자 대한 제국의 황제였다.

풀이 3·1 운동 이후 국내에서는 민족 운동이 활발해졌다. 여러 계층의 사람들이 민족 운동 단체를 조직해 활동했다. 1926년 4월 25일에 대한 제국 황제인 순종이 세상을 떠나자, 민족주의자나 사회주의자, 학생 등 여러 계층의 사람들이 모여 대규모 만세 운동을 계획했다. 3·1 운동의 정신을 이어받되, 시위를 벌일 날짜는 순종의 장례일로 잡았다. 일부 계획은 사전에 일본 경찰에 발각되어 물거품이 되었지만, 6월 10일에 주로 학생들을 중심으로 만세 시위가 벌어졌다. 순종의 장례 행렬이 지나는 곳마다 학생과 시민들이 합세하여 만세를 불렀고, 서울뿐 아니라 전국 곳곳에서 학생들이 만세 시위를 벌였다.

6·10 만세 운동은 1919년에 있었던 3·1 운동만큼 크게 확산되지는 않았지만, 일본 제국주의에 맞선 뜻깊은 투쟁이었다. 준비 과정을 통해 사회주의자와 민족주의자 일부가 서로 뜻을 모아 신간회를 만드는 데 영향을 주었다. 또한 국내에서 민족 운동과 학생 운동이 활발해지는 계기가 되었다.

6·10 만세 운동은 대한 제국의 마지막 황제인 순종의 장례일에 일어났다.

심화 순종은 조선 왕조의 제27대 임금이었다. 고종과 명성 황후 사이에 둘째 아들로 태어나 세자가 되었고, 대한 제국이 수립된 이후에는 황태자가 되었다. 그는 고종의 뒤를 이어 대한 제국의 황제가 되었지만, 일제의 간섭으로 인해 허수아비나 다름없었다. 한일 강제 병합 이후 일본은 순종을 '황제'에서 '왕'으로 낮춰 불렀다. 그로부터 16년 후에 창덕궁에서 세상을 떠났다.

우리나라 최초의 근대적 공립 학교

육영 공원

개요 조선 후기에 세운 우리나라 최초의 근대적 공립 학교이다.

풀이 강화도 조약 이후 근대 문물의 도입이 시급하다고 생각한 정부는 개화파의 건의를 받아들여 1866년 근대적 교육 기관인 육영 공원을 설립했다. 육영 공원은 '젊은 영재를 기르는 공립 학교'라는 뜻이다. 육영 공원은 호머 헐버트를 비롯한 외국인을 교사로 채용하고, 젊은 현직 관리와 양반 자제를 학생으로 받아들여 외국어 교육에 집중했다. 이는 발달된 서구 문물을 빨리 받아들이기 위해서였다.

심화 육영 공원은 우리나라 최초의 근대 학교이긴 했지만 지나치게 영어 교육만 강조해 종합 교육이 이루어지지 못했다. 또한 입학할 수 있는 자격을 양반으로 한정하면서 국민 교육 기관으로 발전하지 못했다. 이후 학교 재정에 어려움이 겹치면서 설립한 지 8년 만인 1894년에 폐교되었다.

육영 공원의 교사였던 헐버트가 학생들을 가르치는 모습. 육영 공원은 발달된 서구 문물을 받아들이기 위해 외국인 교사들을 채용했다.

시대 조선 시대 | 더 찾아보기 금난전권, 보부상, 시전 상인, 조선, 정조, 한양

조선 시대 한양 운종가에 있었던 여섯 종류의 큰 상점
육의전

개요 조선 시대에 나라에 필요한 물품을 공급하던 여섯 종류의 큰 상점이다. 이들은 특정 상품에 대한 독점권, 난전을 단속할 수 있는 금난전권을 가지고 있어 조선 시장에 커다란 영향을 미쳤다. 주로 도성 안의 운종가에 점포를 두고 장사했다.

풀이 옛날에는 장사를 하려면 나라의 허락을 받도록 했다. 상업이 지나치게 발달하면 나라의 근본 산업인 농업이 어려워진다고 생각했기 때문이다. 조선 시대에도 상인들은 관청의 허가를 받은 뒤에야 장사를 할 수 있었는데, 이렇게 허가받은 상점들을 '시전'이라고 했다. 시전 상인들은 나라가 필요로 하는 물품을 대거나 장사한 뒤 남은 수익의 일부를 세금으로 바쳤다.

이후 한양에는 운종가(종로)를 따라 시전 상인들이 자리를 잡으면서 큰 규모의 시장이 만들어졌다. 그런데 시전 상인들 가운데에서도 규모가 큰 거상들이 생겨났다. 비단과 명주, 무명, 모시, 종이, 생선 등을 취급하는 점포였다. 시기마다 이름은 조금씩 달랐지만 보통은 비단을 파는 상점은 선전, 명주는 면주전, 무명은 면포전, 모시는 저포전, 종이는 지전, 생선은 내외어물전이라고 했다. 그리고 이러한 6개의 상점을 일반 시전과 구분하여 '육의전'이라고 불렀다.

육의전에는 한양에서 장사할 수 있는 권리뿐 아니라 특정 상품을 자신만 취급할 수 있는 독점권이 주어졌다. 또한 허가받지 않은 상점인 난전을 단속할 수 있는 금난전권도 있었다. 예를 들어 저포전 상인이 허가도 받지 않은 채 종이를 팔고 있는 난전을 발견했다면, 관청에 신고하거나 관원을 부르지 않고도 직접 판매 행위를 막

육의전이란 말 그대로 '6개의 주요 점포'를 뜻한다. 면포전, 면주전, 저포전, 선전, 지전, 내외어물전이 바로 그 점포들이다. 취급하는 품목은 모시, 명주, 무명, 비단, 종이, 생선 등이었다.

모시

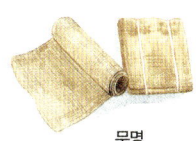
명주

무명

비단

종이

생선

을 수 있었던 것이다.

　육의전은 나라에서 준 특권을 이용해 규모를 키워 갔다. 그러나 18세기에 접어들어 큰 자본을 가진 상인들의 활동이 활발해지고 권력을 가진 사람들의 비호를 받는 상인들도 생겨나자 육의전도 점차 쇠퇴하기 시작했다.

　심화 **정조**는 시전 상인의 독점권을 줄여 시장 질서를 바로잡으려고 했으나 육의전의 특권은 한동안 계속되었다. 한편 조선 후기에는 이미 수공업과 상업이 급속도로 발달해 난전과 **보부상**들의 수는 더욱 늘어났다. 이에 육의전은 다른 시전 상인이나 난전, 보부상들과 경쟁하는 처지가 되었고 점차 영향력이 줄어들었다. 그러다 조선이 외국에 문호를 개방한 이후에는 독점권을 잃고 몰락했다.

●○●
한양의 운종가를 따라 자리 잡은 조선 최대의 시장. 나라의 허가를 받아 장사하는 시전들이 몰려 있는 운종가는 늘 사람들로 북적였으며, 조선 상업의 중심지가 되었다. 특히 육의전은 운종가의 시전 가운데 규모는 물론이고 권리와 권한이 가장 컸다.

시대 현대 | 더 찾아보기 김대중, 노태우, 6월 민주 항쟁, 전두환

국민들의 대통령 직선제 요구를 수용해 발표한 선언

6·29 민주화 선언

개요 1987년 6월 29일에 당시 민주정의당의 대통령 후보였던 **노태우**가 국민들의 직선제 개헌 요구를 받아들여 발표한 특별 선언이다.

풀이 12·12 군사 정변과 5·17 군사 정변으로 정권을 잡은 신군부는 국민들의 민주화 요구를 무시한 채 간접 선거를 실시해, 전두환을 임기 7년의 대통령으로 뽑았다. 그러나 민주화 움직임이 사회 곳곳에서 일어나면서 특정 세력이 대통령을 독자치할 수 있는 간접 선거에 대한 반발이 커졌다. 1987년에는 대통령을 직접 뽑자는 운동이 봇물처럼 터져 **6월 민주 항쟁**으로 이어졌다.

전두환 정부는 경찰력을 동원해 6월 민주 항쟁을 진압하려고 했지만 독재 정치에 대한 국민들의 거센 저항과 민주화 요구를 이겨낼 수 없었다. 결국 집권 여당인 민주정의당의 대통령 후보였던 노태우는 국민들의 요구를 받아들여 6·29 민주화 선언을 발표했다. 6·29 민주화 선언에는 헌법을 개정해 대통령을 직접 선거로 선출한다는 내용이 담겼다. 또한 야당의 정치 지도자인 **김대중**의 활동 제한 조치 해제, 민주화를 요구하다 감옥에 갇힌 사람들의 석방, 언론 자유의 보장, 사회 각 부분의 자유와 자치 보장, 대학의 자율화와 자유로운 정당 활동 보장 등도 담겼다.

심화 6·29 민주화 선언은 당시 민주정의당 대통령 후보였던 노태우의 결단인 것처럼 발표되었다. 그는 전두환 정부가 자신의 선언을 받아들이지 않을 경우 대통령 후보직에서 물러나겠다고 했다. 하지만 6·29 민주화 선언은 대통령이었던 전두환과 협의해 발표했음이 나중에 밝혀졌다. 노태우에 대한 좋은 이미지를 심어서 장차 시행될 대통령 선거를 유리하게 이끌기 위한 의도였다.

시대 현대 | 더 찾아보기 국제 연합, 대한민국, 유엔, 이승만, 인천 상륙 작전

1950년 6월 25일 한반도에서 일어난 비극적인 전쟁

6·25 전쟁

개요 1950년 6월부터 1953년 7월까지 3년 1개월간 한반도에서 일어난 전쟁이다. 남북한은 물론이고 미국을 비롯한 자본주의 진영의 국가와 중국을 비롯한 공산주의 진영의 국가가 참전한 국제 전쟁이었다.

풀이 1950년 6월 25일 새벽, 중무장한 북한군이 북위 38도선을 넘어 전면적인 공격을 하였다. **유엔(국제 연합)**은 북한의 남침을 침략 행위로 규정하고 북한군에게 38도선 이북으로 물러날 것을 요구했다. 하지만 북한은 이를 무시하고 남침을 계속했고, 미처 응전할 태세를 갖추지 못했던 남한은 속절없이 밀려났다.

소련과 중국의 도움을 얻어 빠르게 군사력을 키워 전쟁을 준비해 온 북한군은 전쟁이 시작된 지 3일 만에 서울을 점령하고, 8월에는 부산을 제외한 남한의 대부분을 장악했다. 이에 미국을 비롯한 16개국 병사들로 구성된 유엔군이 처음으로 조직되어 전쟁에 참여했다. 이로써 전쟁은 내전이 아닌 국제 전쟁의 성격을 띠게 되었다. 국군과 유엔군은 전력을 정비해 낙동강 전선에서 반격을 시작했고, 9월 15일에는 유엔군의 주력 부대인 미군과 한국군이 **인천 상륙 작전**으로 전세를 역전시켰다.

이후 국군과 유엔군은 북쪽으로 진격했고, 10월 말에는 대부분의 북한 지역을 장악했다. 하지만 전세는 중국군의 참전으로 역전되었고, 1951년 1월 초에는 서울이 다시 중국과 북한군의 손에 들어갔다. 전력을 가다듬은 국군과 유엔군은 3월에 서울을 탈환하고 38도선 근처까지 진격했다. 이후 38도선 근처에서 밀고 밀리는 싸움이 계속되었다.

전쟁이 시작된 지 1년 만인 1951년 6월, 소련이 유엔 대표를 통해 휴전을 제의했다. 유엔도 이 제의를 받아들였다. 그 결과, 1953년 7월 27일에 휴전 협정이 이루어지고 전쟁도 막을 내렸다. 휴전 협정에는 유엔군 대표, 중국과 북한 대표가 서명했다. 그러나 한국군의 작전권은 유엔군이 가지고 있었던 데다 **이승만** 대통령의 반대로 **대한민국** 대표는 참석하지 않았다. 이후 남한과 북한 사이에는 군사 분계선과 비

피난길에 오른 사람들. 6·25 전쟁의 피해는 고스란히 남북한의 주민들이 입어야 했다.

무장 지대가 설치되었고 휴전 상태는 오늘날까지 계속되고 있다.

심화 3년 1개월에 걸쳐 이어진 6·25 전쟁은 남북한 모두에게 커다란 피해를 가져다 주었다. 약 450만 명의 사람들이 목숨을 잃거나 다쳤고, 약 1,000만 명의 이산가족이 생겼으며, 공장이나 도로 등 산업 시설이 파괴되고 국토는 황폐해졌다. 게다가 남북한이 서로 큰 적대감을 갖게 되면서 이념 대결이 더욱 심해지고 분단 상황도 굳어졌다. 1990년대 이후 휴전 협정을 종전 협정(전쟁을 완전히 마무리짓는 협정)으로 바꾸자는 의견이 나오고 있으나 오늘날까지 눈에 띄는 진전은 없는 상태이다.

1950년 9월 15일 맥아더 사령관의 주도로 유엔군이 인천 상륙 작전을 감행했다. 이 작전을 계기로 전세가 바뀌어 국군과 유엔군은 북쪽으로 진격했다.

미국과 북한, 중국의 대표가 모여 이루어진 휴전 협정. 이 협정이 이루어지면서 남북한은 군사 분계선을 기준으로 다시 나누어졌고 오늘날에 이르고 있다.

시대 현대 | 더 찾아보기 김대중, 김영삼, 김일성, 김정일, 남북 기본 합의서, 남북 정상 회담, 대한민국, 조선민주주의인민공화국, 8·15 광복

남북한의 정상이 만나 통일 문제를 의논한 뒤 발표한 선언
6·15 남북 공동선언

개요 대한민국의 김대중 대통령과 조선민주주의인민공화국의 김정일 국방 위원장이 남북 정상 회담을 가진 뒤, 2000년 6월 15일에 발표한 공동 선언이다. 8·15 광복 이후 남북 최고 지도자가 합의하여 발표한 최초의 선언이다.

풀이 1980년대부터 남북한은 정상 회담을 추진했다. 1994년에는 남한의 김영삼 대통령과 북한의 김일성 주석이 남북 정상 회담을 열기로 합의했다. 하지만 김일성 주석이 갑자기 사망하면서 정상 회담은 이루어지지 못했다. 그러다 김대중 대통령이 취임 후, '남북 기본 합의서' 이행과 북한에 대한 지원을 약속하며 남북 정상 회담을 제안했다. 김일성 주석의 뒤를 이어 최고 권력자가 된 김정일 국방 위원장은 김대중 대통령의 제안을 받아들였다. 이에 따라 분단된 이후 처음으로 남북한의 최고 지도자들이 만나 화해와 협력에 대한 여러 가지 문제를 의논하게 되었다.

남북 정상 회담은 2000년 6월 13일부터 3일간 평양에서 이루어졌다. 두 사람은 특히 우리 민족의 평화 통일을 이루자는 데 뜻을 모은 뒤, 그 내용을 공동 선언문에 담았다. 6월 15일에 발표한 남북 공동 선언문의 내용을 정리하면 다음과 같다.

❶ 통일 문제는 우리 민족끼리 힘을 합쳐 자주적으로 해결한다.
❷ 통일을 위한 남한의 연합제안과 북한의 연방제안의 공통점을 인정하고 함께 노력한다.
❸ 이산가족과 비전향 장기수 문제를 인도적으로 해결한다.
❹ 서로 힘을 모아 민족 경제를 발전시키고, 다른 분야에서도 교류해 신뢰를 쌓는다.
❺ 이 사항을 실천하기 위해 빠른 시일 안에 남북 대화를 마련한다.

심화 6·15 남북 공동 선언은 분단과 통일에 대한 문제를 평화적으로 풀어 가려는 노력에서 나왔고, 남북한 모두에게 희망을 준 사건이었다. 또한 남북이 서로 교류하

6·15 남북 공동 선언은 분단된 지 55년 만에 처음으로 이루어진 남북 정상 회담 끝에 이루어졌다. 남한의 김대중 대통령과 북한의 김정일 국방 위원장은 평양의 백화원 영빈관에서 만나 4시간여의 회의를 거쳐 공동 선언문을 만들어 냈다.

고 협력할 수 있는 길을 열었다는 점에서 좋은 평가를 받고 있다. 하지만 북한의 김정일 위원장은 서울에 와서 회담을 다시 열겠다는 약속을 지키지 않은 채 세상을 떠났고, 북한의 핵 개발 문제 등이 불거지면서 남북한의 갈등도 심해져 6·15 남북 공동 선언의 효과도 중단된 상태이다.

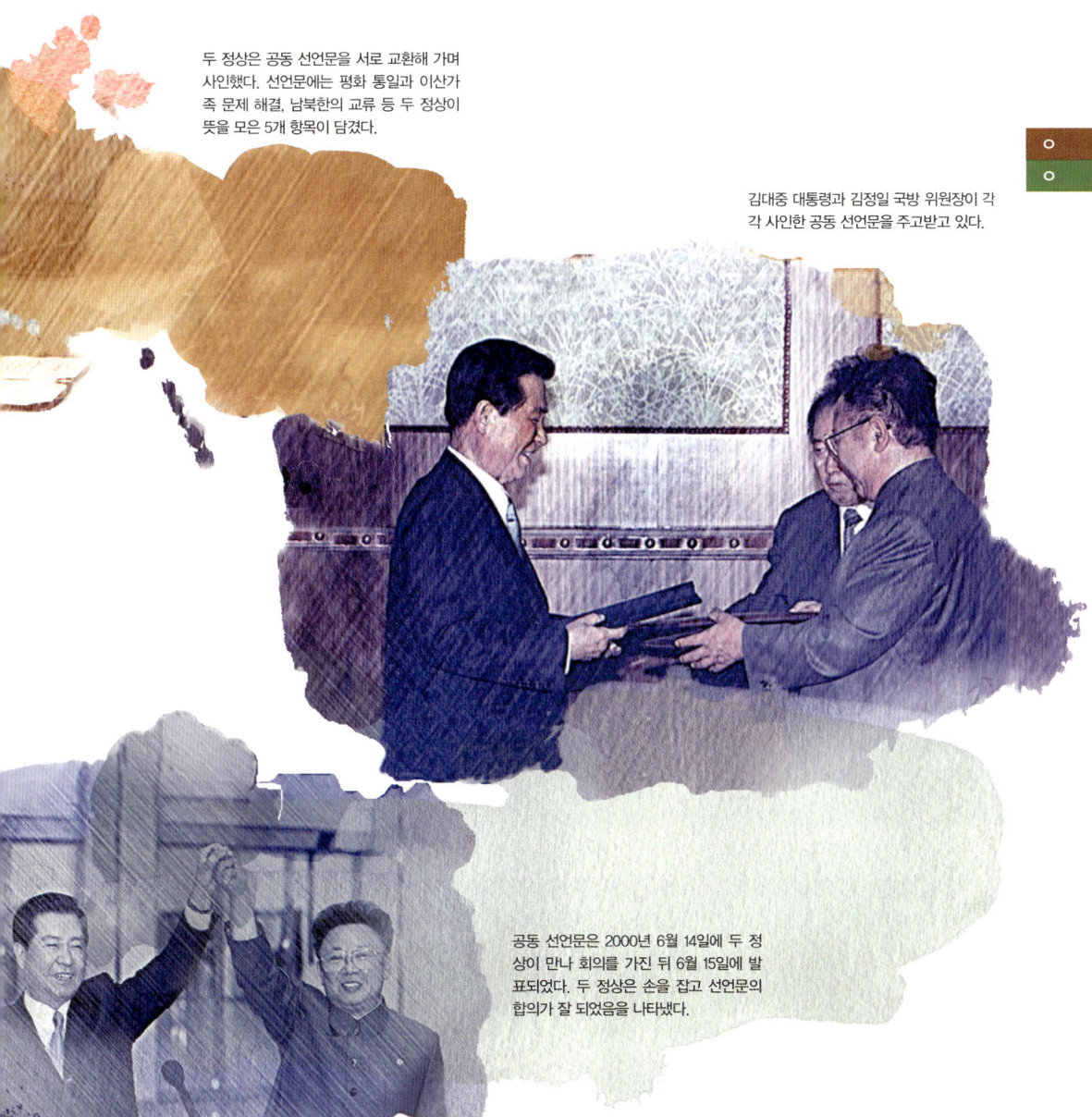

두 정상은 공동 선언문을 서로 교환해 가며 사인했다. 선언문에는 평화 통일과 이산가족 문제 해결, 남북한의 교류 등 두 정상이 뜻을 모은 5개 항목이 담겼다.

김대중 대통령과 김정일 국방 위원장이 각각 사인한 공동 선언문을 주고받고 있다.

공동 선언문은 2000년 6월 14일에 두 정상이 만나 회의를 가진 뒤 6월 15일에 발표되었다. 두 정상은 손을 잡고 선언문의 합의가 잘 되었음을 나타냈다.

조선 시대에 나랏일을 나누어 맡아 하던 중앙 관청

6조

개요 **조선** 시대에 나랏일을 나누어 맡아 처리하던 중앙 관청이다. 이·호·예·병·형·공 등 모두 6개의 조직으로 이루어져 있으며, 각각의 부서에서 고유의 일을 맡아 처리했다.

풀이 **고려** 시대의 중앙 관청은 2성 6부제로, **중서문하성**과 상서성 아래에 6개의 부를 두었다. 하지만 2성이 6부의 일까지 직접 관장했기 때문에 고려의 6부는 스스로 일을 맡아 하지는 못했다. 심지어 이름과 하는 일이 시기에 따라 바뀌는 경우도 있었다. 그러다 조선 시대에는 **의정부**와 함께 이조, 호조, 예조, 병조, 형조, 공조 등의 6조 체제가 정착되었다. 조선의 6조는 고려 시대의 6부에 비해 훨씬 더 체계적이고 독자적으로 나랏일을 맡아 했다.

  6조의 부서별로 하는 일을 살펴보면 다음과 같다. 먼저 이조는 관리를 뽑거나 알맞은 부서로 배치하는 인사에 관한 일을 맡아 했고, 호조는 세금과 예산에 관한 일을 맡아 했으며, 예조는 나라의 행사나 제사를 관장하고 과거 시험을 진행했다. 또한 병조는 국방과 병사에 관한 일을 맡아 했고, 형조는 범죄와 법률에 관한 일을 맡아 했으며, 공조는 토목 공사나 공업에 관한 일을 맡아 했다. 각 조의 우두머리는 '판서'라고 했는데, 판서는 정2품 이상의 관리가 맡도록 했다.

심화 조선 초기에는 의정부가 나라의 중요한 일을 의논해 결정했고, 6조는 의정부에서 결정한 일을 집행하는 기관에 불과했다. 그러나 제3대 임금인 **태종**과 제7대 임금인 **세조**는 의정부의 권한을 줄이는 대신 6조의 책임과 권한을 늘렸다. 나라의 중요한 일을 의정부가 결정하고 임금은 승인만 하는 형식이 왕권을 약하게 만든다고 생각했기 때문이다. 태종과 세조는 임금이 직접 6조의 보고를 받는 6조 직계제를 시행했는데, 당초 의도와 달리 이 제도는 오래가지 못했다. 임금 혼자 모든 일을 결정하거나 직접 보고받는 것은 효율성이 떨어졌기 때문이다.

●○●
조선 시대의 중앙 관청들이 모여 있었던 광화문 앞. 특히 6조의 각 관청들이 길 양쪽에 늘어서 있다고 하여 '6조 거리'라고 불렀다.

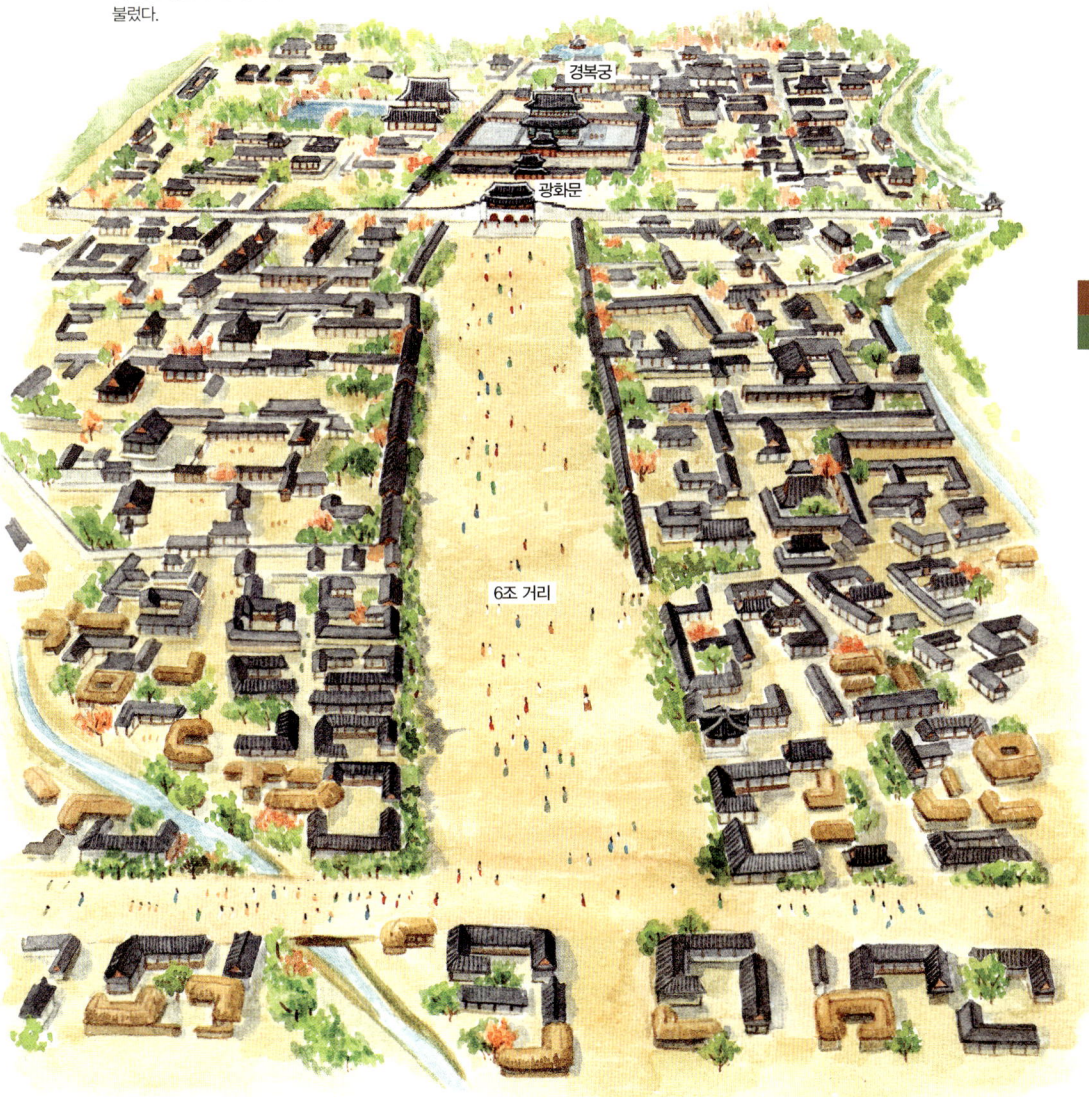

경복궁
광화문
6조 거리

●○●
6조 거리는 임금이 살고 있는 궁궐을 포함하여 조선을 움직이는 심장부라고 할 수 있었다. 중요한 나랏일들은 모두 이곳에 있는 6조의 각 관청을 통해 집행되었기 때문이다. 고종 때인 1902년에 세운 비석인 '비전'도 6조 거리 앞에 있는데, 이 비전이 바로 오늘날 모든 국도의 원점, 즉 시작점이 되고 있다.

여진을 정벌하고 함경도 일대에 동북 9성을 쌓은 인물
윤관

개요 **고려** 예종 때인 12세기 초에 활약한 문신이자 장군이다. 특수 부대인 **별무반**을 만든 뒤 **여진**을 정벌하고, 함경도 일대에 **동북 9성**을 쌓았다.

풀이 **거란**과 전쟁을 치른 지 100여 년이 흐른 뒤인 12세기 초, 고려의 북쪽 국경 너머에서는 여진이 세력을 뻗치기 시작했다. 여진은 본래 **발해**의 지배를 받다가 발해가 멸망한 뒤에는 고려를 부모로 섬기던 민족이었다. 하지만 이들은 차츰 세력을 키워 두만강과 함경도 일대를 차지한 뒤 고려를 위협했다.

이에 고려 조정은 윤관을 총사령관으로 하는 정벌군을 보내 여진의 기세를 꺾도록 했다. 하지만 여진의 힘은 예상보다 컸다. 그들은 강한 기병대를 앞세워 고려군을 물리쳤다. 몇 차례의 전투에서 패한 윤관은 고려의 임금 예종에게 "고려도 강한 기병대를 가져야 한다."고 건의한 뒤 '별무반'이라는 특수 부대를 만들었다. 별무반은 기병 부대인 신기군, 보병 부대인 신보군, 승병 부대인 항마군으로 이루어졌다. 이후 윤관은 별무반의 활약을 바탕으로 여진을 물리치고, 함경도에서 전략적으로 중요한 9곳에 성을 쌓았다. 이것이 바로 동북 9성이다.

윤관은 그 공으로 최고 벼슬인 문하시중까지 올랐다. 이후 자식들도 높은 벼슬을 하면서 윤관의 집안은 고려를 대표하는 문벌 귀족의 하나로 성장했다.

심화 동북 9성이 있는 함경도 일대는 발해가 멸망한 이후 여진의 주요 무대였다. 따라서 고려군이 여진의 진영 깊숙이 들어가 성을 지키는 데 어려움이 많았다. 때마침 살 곳을 잃어버린 여진이 고려에 조공을 바치겠다는 조건으로 돌려주기를 원하자, 고려 조정도 이를 허락했다. 하지만 이 때문에 윤관은 그를 견제하려는 대신들에 의해 패장(전쟁에서 패한 장수)이라는 비난을 받기도 했다. 이후 윤관은 벼슬에서 물러나 1111년에 세상을 떠났다.

시대 대한 제국 시대~현대 더 찾아보기 대한민국, 대한민국 임시 정부, 박정희, 4·19 혁명, 5·16 군사 정변, 이승만, 일본, 일제 강점기, 8·15 광복

내각 책임제 아래에서 대한민국 제4대 대통령을 경험한 정치인

윤보선

개요 대한민국의 제4대 대통령이다. 대한민국 임시 정부의 의정원 의원과 서울시장, 국회 의원, 야당 총재 등으로 활동했다.

풀이 1897년에 태어난 윤보선은 일제 강점기에 사업가로 활동하던 아버지의 영향으로 부유한 환경에서 자랐다. 그는 대한민국 임시 정부의 의정원 의원으로 활동하다 영국에서 유학 생활을 했다. 국내로 돌아온 뒤에는 적극적으로 독립운동에 참여하지 않았지만 일본에 협조하지 않으며 은둔하듯 살았다.

8·15 광복 이후에는 한국민주당에서 정치 활동을 시작했다. 대한민국 정부 수립 후 서울시장, 상공부 장관 등을 했지만, 이승만 정부가 노골적인 독재 정치를 하자 갈라섰다. 1954년 야당인 민주당 후보로 국회 의원에 당선되었고, 민주당 중앙 위원회 의장과 최고 위원을 지냈다. 1960년에 4·19 혁명이 일어나 이승만 정부가 물러나고 민주당이 집권하자, 윤보선은 대통령으로 선출되었다. 하지만 당시에는 대통령제에서 내각 책임제로 헌법을 고쳤기 때문에 권한과 역할은 크지 않았다. 주로 우리나라를 대표하는 국가 원수로서의 역할만을 맡아 했다.

이듬해인 1961년에 박정희에 의해 5·16 군사 정변이 일어난 뒤, 윤보선은 대통령의 자리에서 물러나게 되었다. 이후 그는 군정(군사 정부) 연장 반대 운동을 벌이다 1963년에 실시된 대통령 선거에 출마했다. 하지만 당시 민주공화당의 대통령 후보로 출마한 박정희에게 적은 표 차이로 떨어졌다. 당시 그는 부정 선거로 인해 자신이 낙선(선거에서 떨어짐)했다고 주장했으나 결과를 바꾸지는 못했다.

심화 윤보선은 1967년에도 제6대 대통령 선거에 나갔으나 박정희 후보에게 패해 떨어졌다. 이후 신한당과 신민당, 국민당 등 야당 정치인으로서 계속 활동하다 1990년에 세상을 떠났다.

일왕의 생일 축하 행사장에 폭탄을 던진 독립운동가

윤봉길

개요 일제 강점기에 활약한 독립운동가이다. 1932년 상하이 훙커우 공원에서 일왕의 생일과 전쟁 승리를 기념하는 행사장에 폭탄을 던져 일제에게 피해를 입혔다. 이 의거는 하얼빈에서 이토 히로부미를 저격한 안중근의 의거와 함께 '한국 독립운동의 2대 쾌거'로 평가받고 있다.

풀이 윤봉길은 한일 강제 병합이 일어나기 2년 전인 1908년에 태어났다. 그는 열아홉 살이 되던 해부터 농촌에서 야학을 열어 청소년을 가르치고, 직접 쓴 《농민독본》을 농민들에게 읽도록 해서 독립 정신을 일깨우기 위해 노력했다.

1930년에는 본격적으로 독립운동에 뛰어들기로 결심하고 만주로 건너갔다. 처음에는 독립군이 되고자 했지만, 당시 만주의 독립군 부대는 여러 갈래로 나뉘어 침체기를 겪고 있었다. 이에 윤봉길은 대한민국 임시 정부가 있는 상하이로 갔고, 그곳에서 이봉창의 의거 소식을 들었다. 그는 곧바로 김구를 찾아가 자신도 의거에 나서겠다는 의지를 보였다. 그리고 마침내 한인 애국단에 입단한 뒤 거사를 준비했다.

당시 일제는 중국과 벌인 전쟁인 '상해 사변'을 승리로 이끌면서 기세가 한층 높아진 상태였다. 이에 상하이의 훙커우 공원에서 일왕의 생일과 상해 사변 승리를 축하하는 행사를 준비하고 있었다. 1932년 4월 29일 천장절이 되자, 윤봉길은 물통 모양의 저격용 폭탄 1개와 도시락 모양의 자결용 폭탄 1개를 지니고 행사장으로 향했다. 그리고 행사장 한복판에 폭탄을 던졌다. 윤봉길이 던진 폭탄으로 인해 상하이의 일본군 사령관 시라카와와 거류민 단장 가와바다는 그 자리에서 죽었고, 많은 일본군 장교들과 중요 인물들이 중상을 입었다.

윤봉길은 의거 직후 현장에서 붙잡혔다. 그는 일본 군법 회의에서 사형을 선고받고, 일본의 오사카로 옮겨진 뒤 같은 해 12월 19일에 총살당했다.

심화 윤봉길의 의거는 침체기를 맞고 있던 대한민국 임시 정부와 독립운동 세력에

윤봉길의 폭탄이 터진 행사장은 금세 아수라장이 되었다. 이날 일본군 장교와 일본의 중요 인물들은 죽거나 심하게 다치는 등 큰 피해를 입었다.

게 힘을 불어넣었고, 본격적인 무장 독립 투쟁의 계기를 만들었다. 또한 중국의 국민당 주석 장제스는 윤봉길의 의거를 보고 김구와 회담을 가진 뒤 우리의 군사 교육을 지원하겠다고 약속했다. 당시 장제스는 "4억 중국인이 하지 못한 일을 윤봉길 의사 혼자의 힘으로 이루어 놓았다."라며 극찬했다고 한다.

윤봉길은 독립을 위해 투쟁하던 한인 애국단의 단원으로서 일왕의 생일 축하 행사장에 폭탄을 던진 용감한 독립운동가이다. 그의 의거는 당시 다소 수그러들었던 독립운동 세력에게 큰 힘을 주었다.

윤봉길은 의거 전에 수류탄과 총을 들고 태극기 앞에서 기념사진을 찍었다. 가슴에는 한인 애국단에 입단할 때 쓴 선언문이 달려 있었다. 이 장면은 윤봉길이 얼마나 굳은 결심으로 의거를 준비했는지는 물론이고 스스로 의거를 자랑스러워 했음을 보여 준다.

시대 조선 시대 | 더 찾아보기 경복궁, 고종, 단발령, 대한 제국, 명성 황후, 양반, 의병, 일본, 조선, 청, 청일 전쟁, 흥선 대원군

일본이 조선 침략의 방해자로 여긴 명성 황후를 시해한 사건

을미사변

개요 **조선 고종** 때인 1895년에 **일본**의 군인과 무사들이 **경복궁**에 침입해 왕비인 **명성 황후**를 시해한 사건이다. 을미년에 일어난 큰 사건이라는 뜻에서 '을미사변'이라고 부른다.

풀이 일본은 **청일 전쟁**의 승리로 많은 것을 얻었다. 중국의 랴오둥 반도와 타이완 섬은 물론이고 조선에 대해 간섭할 수 있는 권리를 얻은 것이다. 일본은 **청**과 친했던 관리들을 몰아내고 친일 관리를 두어 조선의 일을 일본 마음대로 하려고 했다. 이에 고종과 명성 황후는 러시아와 손을 잡고 일본 세력과 맞섰다. 러시아도 일본의 욕심을 눈치 채고 프랑스, 독일 등을 끌어들여 일본을 견제했다.

  이에 일본은 차츰 불안해지기 시작했다. 그들은 조선 정부에 친러 세력이 많아지는 것이 명성 황후 때문이라고 생각하고 그녀를 시해할 계획을 세웠다. 그리고 마침내 1895년 10월 8일 새벽, 총칼로 무장한 군인과 무사들이 경복궁에 침입했다. 일본 공사 미우라는 궁궐의 문을 열어 주지 않을까봐 무사들을 **흥선 대원군**을 지키는 호위병으로 위장시키기도 했다. 이들은 곧장 경복궁 안쪽에 있는 건청궁으로 향했다. 당시 고종과 명성 황후가 건청궁에서 지내고 있었기 때문이다. 명성 황후는 미처 피하지 못하고 이들에게 붙잡혀 잔인하게 죽임을 당하고 말았다.

  일본은 자신들이 저지른 일을 감추기 위해 명성 황후의 시신을 불태운 뒤 뒷산에 묻어 버렸지만, 당시 이 사건을 직접 본 사람들이 많았다. 교관이었던 미국인 다이, 러시아 인 사바틴, 많은 궁녀들과 궁중 하인들도 현장에 있었다. 하지만 명성 황후가 세상을 떠났음에도 불구하고 장례식은 곧바로 치러지지 못했다. 고종이 **대한 제국**을 세운 뒤에 왕비를 황후의 지위로 올린 뒤 비로소 장례식이 치러졌다. 을미사변이 일어난 지 2년여의 시간이 지난 뒤였다.

심화 일본은 명성 황후 시해의 범인이 흥선 대원군과 조선의 궁궐 수비대라고 선전했지만, 러시아 공사를 비롯한 서양 외교관들의 증언으로 들통 나고 말았다. 일본은 어쩔 수 없이 미우라 공사 등 사건 관련자 몇 명을 가두었으나 증거 불충분으로 곧 풀어 주었다. 을미사변은 **단발령**과 함께 조선의 **양반**과 유생들에게 큰 충격을 주었고, 이에 대한 반발로 **의병**이 일어나기도 했다.

일본은 조선 침략에 방해가 된다고 여긴 명성 황후를 잔인하게 시해했다. 자신들이 저지른 짓을 감추기 위해 명성 황후의 시신을 불태우고 산에 묻기도 했다. 하지만 러시아 인의 증언에 의해 결국 세상에 알려졌고, 조선인들의 반발은 물론 국제적인 비난을 받았다.

새벽에 갑자기 이루어진 공격이었기 때문에 명성 황후는 미처 자신을 죽이러 온 일본인들을 피하지 못했다. 일본인들은 명성 황후를 비롯해 그녀를 닮은 궁인들까지 모조리 살해했다.

시대 조선 시대~일제 강점기 　**더 찾아보기** 고종, 대한 제국, 러일 전쟁, 민영환, 을사조약, 의병, 이완용, 이토 히로부미, 일본, 장지연, 청일 전쟁, 한양, 한일 강제 병합, 황성신문

외교권을 빼앗긴 을사조약에 찬성하고 서명한 다섯 명의 대신들

을사오적

개요 **을사조약**에 찬성해 서명한 다섯 명의 대신들을 가리킨다. 학부대신 **이완용**, 내부대신 이지용, 외부대신 박제순, 군부대신 이근택, 농상공부대신 권중현 등이다.

풀이 19세기 후반부터 **일본**은 조선의 지배권을 차지하기 위해 이웃 나라들과 전쟁을 벌였다. 1894년에는 **청일 전쟁**, 1904년에는 **러일 전쟁**을 일으켰다. 두 전쟁에서 모두 승리한 이후에는 본격적으로 침략의 야욕을 드러냈다.

일본이 가장 먼저 한 일은 **대한 제국**의 외교권을 빼앗고 본격적으로 정치에 간섭할 기구를 만드는 것이었다. **이토 히로부미**는 1905년 11월 17일에 주조선 일본군 사령관과 헌병들을 데리고 어전 회의(임금이 신하들과 함께 나랏일을 의논하는 자리)에 들어와 조약을 맺자고 강요했다. 회의장 밖에서는 총칼로 무장한 일본 군인들이 시위를 벌이고 있었다.

당시 대한 제국의 황제였던 **고종**은 조약에 반대했지만 일본에 정면으로 맞서지는 못했다. 그는 건강이 좋지 않다며 회의에 참석하지 않은 채 조약에 관한 일을 신하들에게 떠넘겼다. 오늘날의 국무총리와 같은 참정대신 한규설은 끝까지 강하게 반대했지만, 회의장에 있었던 이완용, 이지용, 박제순, 이근택, 권중현 등 다섯 명의 대

이완용과 이지용, 박제순, 이근택, 권중현 등은 '나라의 외교권을 팔아넘긴 다섯 명의 도적'이라는 뜻에서 '을사오적'이라고 불렀다.

학부대신 이완용　　내부대신 이지용　　외부대신 박제순　　군부대신 이근택　　농상공부대신 권중현

신들이 조약서에 서명했다. 이후 이들은 '을사오적'이라고 불리게 되었다.

이들이 서명하여 을사조약이 체결되면서 대한 제국은 외교에 관한 모든 일을 할 때 일본의 허락을 받게 되었다. 일본은 통감부를 세우고 외교뿐 아니라 정치까지 일일이 간섭했다. 그 공로로 을사오적은 승승장구했다. 이들은 1910년에 **한일 강제 병합**이 이루어지자 일왕으로부터 은사금을 받았다. 은사금이란 일본이 대한 제국을 합병할 때 도움을 준 데 대해 고맙다는 뜻으로 준 돈을 뜻한다. 또한 이들은 일본의 벼슬을 받고 귀족의 작위까지 얻었다.

심화 을사조약 체결 이후 전국 곳곳에서는 을사오적을 규탄하고 일본과 맞서 싸우려는 움직임이 일어났다. 언론인인 **장지연**은 **《황성신문》**에 글을 써서 을사오적을 비판했고, **민영환**과 조병세 등은 스스로 목숨을 끊어 을사조약의 부당성을 알렸다. 뿐만 아니라 전국 곳곳에서 **의병**이 일어나 일본군과 싸웠으며, **한양**의 상인들이 을사조약에 항의하며 파업을 벌이기도 했다.

'을사오적'이라고 부르는 다섯 명의 대신들은 대한 제국의 외교권을 일본에게 넘긴다는 조약서에 서명했고, 일본으로부터 많은 돈과 높은 벼슬을 받아 부와 권력을 누렸다.

시대 조선 시대 | 더 찾아보기 강화도 조약, 고종, 대한 제국, 러일 전쟁, 민영환, 을사오적, 의병, 이완용, 일본, 장지연, 한양, 황성신문

일본이 대한 제국의 외교권을 빼앗으려고 강제로 맺은 조약
을사조약(을사늑약)

개요 1905년에 일본이 대한 제국의 외교권을 빼앗기 위해 강제로 맺은 조약이다. 1905년이 을사년이어서 을사조약이라고 한다. 조약은 나라와 나라 사이의 합의로 맺어지는데, 을사조약은 일본이 일방적으로 강요한 것이어서 '을사늑약'이라고 부르기도 한다.

풀이 러일 전쟁에서 승리한 일본은 대한 제국의 외교권을 빼앗아 보호국으로 만들려는 속셈을 드러냈다. 일본은 먼저 영국과는 영일 동맹, 미국과는 가쓰라 태프트 협정을 맺어 대한 제국을 보호국으로 만들 때 동의해 주기로 약속을 받았다. 또한 러시아와도 포츠머스 조약을 맺어 동의를 구했다.

이렇듯 치밀하게 준비를 마친 일본은 대한 제국을 보호해 주겠다며 을사조약을 맺으라고 강요했다. 당시 대한 제국의 황제였던 고종은 을사조약에 반대했지만, 일본과 맞서지는 못하고 신하들에게 떠넘겼다. 이후 일본 군인들이 무기를 들고 시위를 벌이는 가운데 조약을 맺기 위한 회의가 열렸다. 오늘날의 국무총리와 같은 참정대신 한규설은 끝까지 강하게 반대했지만, 학부대신인 이완용과 군부대신 이근택, 내부대신 이지용, 외부대신 박제순, 농상공부 대신 권중현 등은 조약에 찬성했다. 이들을 을사오적이라고 부른다.

을사조약에 따라 대한 제국은 외교에 관한 모든 일을 할 때 일본의 허락을 받게 되었다. 다른 나라에 할 말이 있어도 일본을 통해야 했던 것이다. 일본은 통감부를 세우고 일본인 통감을 두어 대한 제국의 외교에 관한 일을 맡겼다. 개항장을 비롯한 주요 지역에도 일본인 이사관을 두어 관리했다. 또한 통감부는 외교뿐 아니라 내정까지 일일이 간섭했다.

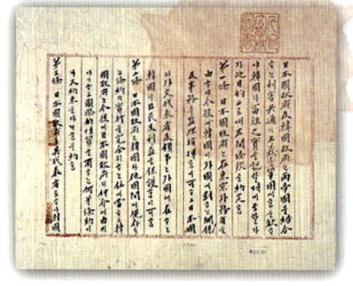

대한 제국을 보호국으로 삼는다는 내용이 담긴 을사조약의 문서.

심화 을사조약 후 전국 곳곳에서는 조약이 잘못되었음을 항의하거나 일본과 맞서 싸우려는 움직임이 일어났다. 언론인인 **장지연**은 《**황성신문**》에 '시일야방성대곡(오늘 목 놓아 우노라.)'이라는 글을 써서 을사조약의 문제점을 지적하고 을사오적을 비판했다. 또한 **민영환**과 조병세 등은 스스로 목숨을 끊어 을사조약의 부당성을 알렸다. 뿐만 아니라 전국 곳곳에서 **의병**이 일어나 일본군과 싸웠으며, **한양**의 상인들이 을사조약에 항의하며 파업을 벌이기도 했다.

을사조약은 덕수궁 중명전에서 맺었다. 중명전 주변에는 총칼을 찬 일본 헌병이 드나들었고, 궁궐 주변에서는 일본군이 시위를 벌이며 무시무시한 분위기를 만들었다.

을사조약은 이토와 하세가와 등 일본의 대표들과 대한 제국의 대신들이 참석한 회의에서 이루어졌다. 대한 제국 대표로 참석한 이들은 한규설과 민영기, 이하영, 이완용, 이근택, 이지용, 박제순, 권중현 등이었다. 이들 중에서 조약에 찬성한 다섯 사람을 '을사오적'이라고 부른다.

살수에서 수나라의 군대를 크게 물리친 고구려의 장군
을지문덕

개요 **고구려** 영양왕 때인 612년에 **살수 대첩**을 승리로 이끈 고구려의 장군이다.

풀이 6세기 말에 중국을 통일한 **수**는 호시탐탐 고구려 침략의 기회를 노렸다. 612년 수의 임금인 양제는 113만 명의 대규모 병력으로 고구려를 침공했다. 그러나 요동성에서 고구려의 완강한 저항에 부딪혀 더 이상 진군하지 못했다. 그러자 수의 군대는 우중문과 우문술로 하여금 별동대 30만 명을 이끌고 직접 평양성을 공격하게 했다. 그러나 고구려 장수 을지문덕은 유인 전술로 이들에게 맞섰다. 공격하는 척하다가 후퇴하는 전략으로 수의 군대를 평양성 근처까지 깊숙이 끌어 들였다. 수의 병사들은 매우 지친 데다 군량까지 떨어져 더 이상 공격을 계속할 수 없는 상태에 이르렀다. 어쩔 수 없이 수의 군대는 철수하기 시작했다.

하지만 을지문덕은 그때부터 비로소 총공격을 명령했다. 고구려군은 수나라군이 살수(청천강)를 건널 때를 기다렸다가 일제히 공격해 전멸시켰다. 압록강을 건너 요동에 도착한 군사의 수가 2,700명에 불과할 정도였다. 을지문덕의 뛰어난 지도력과 지혜로운 전술 덕분에 고구려는 대승을 거두었고, 수는 고구려와의 전쟁에서 입은 피해를 극복하지 못하고 멸망했다.

심화 을지문덕이 언제 태어나서 언제 죽었는지는 알 수 없다. 그러나 살수 대첩과 우중문을 조롱하기 위해 지었다는 다음 시의 내용에 비추어 문(문장)과 무(무술)를 고루 갖춘 뛰어난 장수였음을 알 수 있다.

"신기한 그대의 작전은 하늘의 원리에 통달하였고
오묘한 꾀는 땅의 이치를 꿰뚫었다.
전쟁에서 승리한 공이 이미 높으니
만족할 줄 알고 그만둠이 어떠한가."

과거 시험을 보지 않고 관리가 될 수 있었던 제도
음서

개요 **고려** 시대와 **조선** 시대에 과거 시험을 보지 않고도 관리가 될 수 있었던 제도이다. 주로 공을 세웠거나 높은 벼슬을 하는 귀족이나 양반 자손들이 이 제도의 혜택을 받았다. '문음' 또는 '음직'이라고도 한다.

풀이 고려의 제4대 임금인 광종은 **과거 제도**를 실시해 공평하고 공정하게 관리를 뽑도록 했다. 이것은 능력이 있으면서도 임금에게 충성하는 새로운 인물을 등용해 **호족** 세력을 견제하고 왕권을 강화하기 위한 정책이었다. 하지만 귀족들은 여전히 과거 시험을 보지 않고도 관리가 될 수 있는 방법이 있었다. 조상이 높은 관직에 있었거나 나라를 위해 공을 세운 경우, 그 자손들에게 관직을 내려 주었던 것이다. 이것이 바로 음서이다.

음서는 고려 제7대 임금인 목종이 997년에 처음 실시했다. 음서 제도의 혜택을 받을 수 있는 관리는 5품 이상이었다. 원칙적으로 장자(맏아들)에 한했지만 예외도 많았다. 제11대 임금인 문종 때는 관직뿐 아니라 대대로 소유할 수 있는 땅인 공음전도 주었다. 이로 인해 고려는 부와 권력이 일부 귀족들에게 집중되고, 대대로 세습되는 사회가 되었다. 특히 왕실과 혼인 관계를 맺은 몇몇 힘 있는 가문들의 힘이 더욱 세지면서 **문벌 귀족**이 나타났다.

심화 조선 시대에도 음서 제도는 계속되었지만, 고려 시대에 비해 혜택을 받는 범위가 크게 줄어들었다. 나라를 위해 공을 세운 공신이나 2품 또는 3품 이상 관리의 자손만이 음서를 통해 관리가 될 수 있었으며, 음서를 통해 올라갈 수 있는 관직의 등급도 한계가 있었다. 조선 시대에는 과거 제도가 강화되면서 핏줄이나 집안보다는 실력을 우선시하는 분위기가 만들어졌다.

시대 조선 시대 | 더 찾아보기 규장각, 문화재, 병인양요, 선조, 임진왜란, 수원 화성, 일본, 일제 강점기, 정조, 조선, 조선왕조실록, 조선 총독부

조선 시대에 나라의 큰 행사에 관한 모든 것을 기록한 책

의궤

개요 조선 시대에 왕실이나 나라에서 개최한 주요 행사의 내용을 정리한 책이다. 행사가 어떻게 치러졌는지 처음부터 끝까지 자세하게 기록해 후세가 참고할 수 있도록 했다. 2007년 6월에는 조선 시대에 만든 의궤 가운데《조선 왕실 의궤》가 유네스코 세계 기록 유산에 지정되었다.

풀이 조선 시대에는 왕실이나 나라의 큰 행사가 있을 때마다 행사의 모든 것을 기록했다. 조선의 왕들이 임금의 자리에 있는 동안 일어난 일을 적은 **《조선왕조실록》**에도 나라의 중요한 행사에 대해 기록해 놓았지만,《의궤》에는 자세한 내용이 실려 있다. 나라의 큰 행사는 기록해야 할 내용이 훨씬 더 많고, 그림으로 설명해야 할 부분도 있기 때문에 따로 기록을 남긴 것이다.

《의궤》에 기록하는 행사는 왕비나 세자 등 왕실 인사의 책봉 의례, 왕실 가족의 결혼, 장례식과 제사 등이다. 그 밖에 여러 가지 자료를 모아 책을 만들 때, 궁궐의 여러 건물을 짓거나 수리할 때에도 그 과정을 기록했다. **정조** 때에는 **수원 화성**을 건설하는 과정을《의궤》에 자세히 적어 남겼다.

조선은 1392년부터《의궤》를 만들어《조선왕조실록》을 비롯한 여러 가지 서적들과 함께 **규장각**, 오대산·태백산·정족산의 사고에 나누어 보관했다. 하지만 1866년 **병인양요** 때 프랑스군이 외규장각에 있는《의궤》를 약탈해 갔고, **일제 강점기**에는 **조선 총독부**가 오대산 사고에서 보관하던 왕실 서적을 **일본**으로 가져갔다. 프랑스에 있던《의궤》는 한국인 학자에 의해 발견된 이후 우리나라 정부가 지속적으로 돌려줄 것을 요구하여, 2011년에 임대 형식으로 반환되었다. 또한 2010년 11월에는 일본이 가져간 **문화재**에 대해서도 반환 협상이 이루어져《조선 왕실 의궤》167책이 돌아오게 되었다.

심화 《의궤》는 행사가 끝난 뒤 책임을 맡은 담당자가 도감과 관련 기록들을 모아

작성했다. 지금 남아 있는 《의궤》는 모두 **임진왜란** 이후에 만들어진 것으로, **선조** 때인 1600년에 작성된 《의인 왕후 빈전혼전도감 의궤》와 《의인 왕후 산릉도감 의궤》가 가장 오래된 것이다. 《빈전혼전도감 의궤》는 왕이나 왕비가 죽었을 때 장례를 치르는 과정과 절차를 적은 책이고, 《산릉도감 의궤》는 왕과 왕비의 능을 정하거나 의식을 치르는 과정을 적은 책이다.

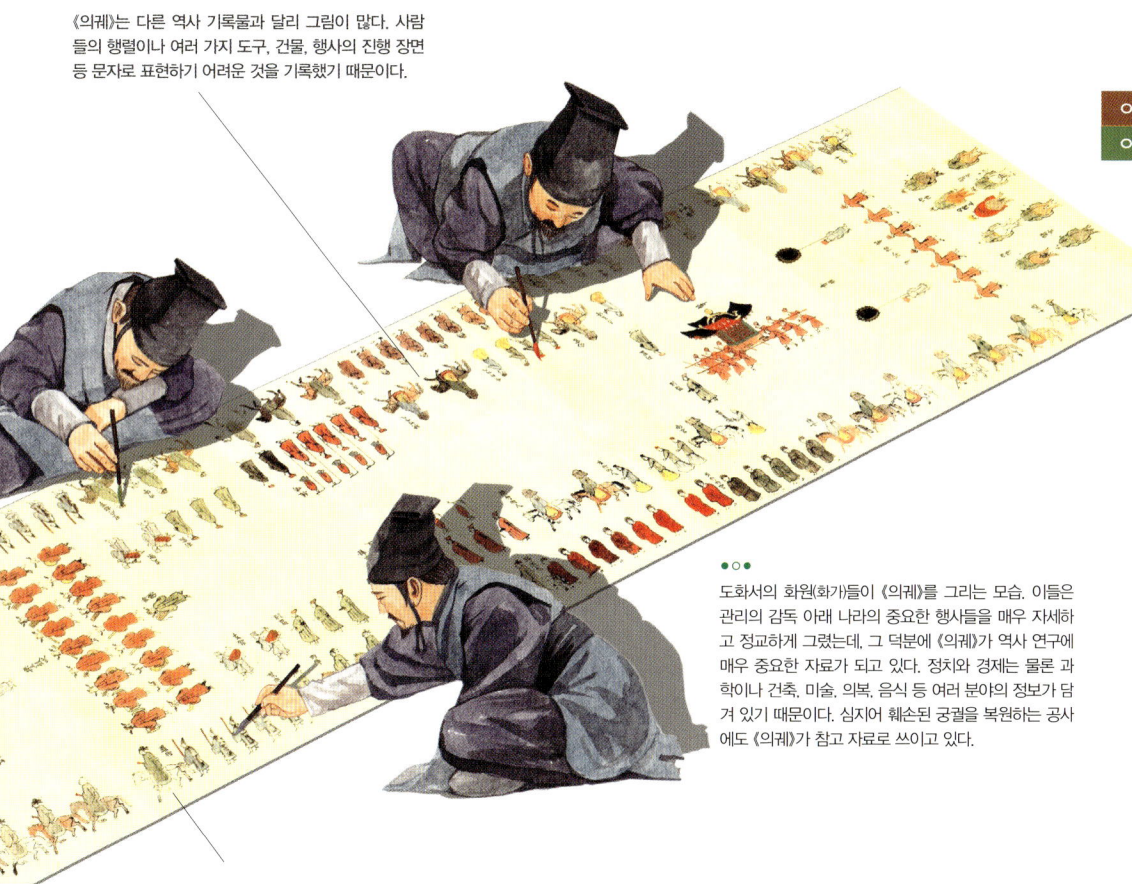

《의궤》는 다른 역사 기록물과 달리 그림이 많다. 사람들의 행렬이나 여러 가지 도구, 건물, 행사의 진행 장면 등 문자로 표현하기 어려운 것을 기록했기 때문이다.

도화서의 화원(화가)들이 《의궤》를 그리는 모습. 이들은 관리의 감독 아래 나라의 중요한 행사들을 매우 자세하고 정교하게 그렸는데, 그 덕분에 《의궤》가 역사 연구에 매우 중요한 자료가 되고 있다. 정치와 경제는 물론 과학이나 건축, 미술, 의복, 음식 등 여러 분야의 정보가 담겨 있기 때문이다. 심지어 훼손된 궁궐을 복원하는 공사에도 《의궤》가 참고 자료로 쓰이고 있다.

《의궤》는 행사의 준비나 장면 등이 매우 자세하게 기록되어 있다. 특히 그림의 경우는 행사에 누가 참석했는지, 어떤 옷을 입었는지, 행사는 어떤 내용으로 채워졌는지 등이 매우 정밀하게 묘사되어 있다. 행사 장면도 천연색으로 그려 놓아 마치 커다란 사진을 보는 듯 사실적이다.

의금부 · 의정부

조선 시대의 사법 기관과 최고 행정 기관

의금부

개요 조선 시대에 중대한 범죄를 다루던 사법 기관이다.

풀이 조선 시대에 범죄를 다스리는 기관은 의금부와 **사헌부**, 형조 등이 있었다. 의금부는 주로 신하들이 반역을 꾀하거나 왕족이 관련된 사건, 자식이 부모를 해치거나 노비가 주인을 해친 반인륜 범죄 등 중대한 범죄의 재판을 맡아 다루었다. 이에 반해 사헌부는 관리들의 부정부패를 감시하여 처벌하는 일을 했고, 형조는 백성들이 저지르는 일반 범죄의 소송과 재판을 맡아 했다. 하지만 나중에는 사헌부나 형조에서 판결하기 곤란한 재판도 의금부에서 떠맡았다. 또한 의금부는 백성들이 억울한 일이 있을 때 이용하는 **신문고**를 관리하고, 사형을 받은 범죄자에 대한 3심을 진행하는 최고 재판소 역할도 했다.

의정부

개요 조선 시대의 최고 행정 기관이다.

풀이 제2대 임금인 정종은 1400년에 의정부를 설치해 **6조**를 관할하고 나랏일을 처리하도록 했다. 의정부의 우두머리는 영의정, 좌의정, 우의정 등 세 명의 정승이었다. 6조의 각 관청이 나랏일을 보고하면, 의정부에서 이를 의논하여 임금에게 보고한 뒤 처리했다. 그러나 제3대 임금인 **태종**은 왕권을 강화하기 위해 6조 직계제를 실시했다. 6조 직계제란 임금이 직접 6조의 보고를 듣고 정책을 결정하는 제도로, 의정부의 권한을 줄인 것이다. 이후 의정부는 강화와 약화가 반복되다가 조선 중기에 **비변사**가 최고 관청으로 운영되면서 이름만 있는 관청이 되었다.

시대 조선 시대~일제 강점기 **더 찾아보기** 갑오개혁, 고종, 곽재우, 단발령, 러일 전쟁, 명, 명성 황후, 사명 대사, 서산 대사, 신돌석, 아관 파천, 양반, 왜, 유인석, 유정, 유학, 을사조약, 일본, 임진왜란, 조헌, 천민, 청일 전쟁, 최익현, 한양, 홍범도, 휴정

나라가 위기에 처하자 스스로 일어나 싸운 의로운 병사들
의병

개요 외적의 침입으로 나라가 위기에 처하자 스스로 일어나 싸운 의로운 병사들을 뜻한다. **양반**과 상민, **천민** 등 신분을 가리지 않고 참여했으며, 특히 **임진왜란**과 일제 침략기에 크게 활약했다.

풀이

임진왜란 때의 의병

1592년 4월 13일에 부산 앞바다에 나타난 **왜**군은 불과 수십 일 만에 **한양**을 점령했고, 곧이어 평양까지 쳐들어가 한반도 대부분을 차지했다. 외적이 우리 땅을 차지하고 우리 민족을 죽이는 것을 본 사람들은 스스로 무기를 들고 일어났다. 특히 지방에서 어른 역할을 하던 양반 **유학**자들이 의병 활동을 주도했다.

이들은 먼저 자기 집 노비나 소작농민에게 무기를 들게 하고, 농민들을 설득해 의병을 일으켰다. 전국 각지에서 수많은 농민들이 의병에 참여했다. 다음 해인 1593년에 일어난 의병만 2만 2,600여 명이었다. 이는 관군의 1/4에 해당하는 규모인데, 전쟁이 일어난 첫 해에는 이보다 훨씬 많았을 것으로 짐작된다.

오랫동안 그 지역에서 살아온 의병들은 지형을 이용한 매복이나 기습으로 왜군을 공격했다. 의병의 활약으로 왜군의 이동 속도가 늦어졌고, 식량이나 무기는 물론이고 병력의 보급이 끊기는 경우가 많아졌다. 의병이 활약하는 사이, 다시 힘을 모은 관군은 **명**에서 보낸 원군과 함께 전세를 역전시킬 수 있었다.

임진왜란 때의 대표적인 의병장으로는 **곽재우**, 고경명, **조헌** 등이 있다. 곽재우는 처음으로 경상도에서 의병을 일으켰다. 붉은 옷에 흰 말을 타고 스스로 '하늘에서 내려온 홍의 장군'이라고 부르며 기세를 올렸다. 곽재우 부대는 낙동강을 오르내리며 왜군과 싸워, 왜군이 함부로 낙동강을 오가지 못하게 하고 전라도로 진출하는 것을 막았다.

의병은 외적의 침입으로 나라가 위기에 처하자 스스로 일어나 싸운 의로운 사람들이다. 양반이나 상민, 천민 등 신분을 가리지 않고 참여했다. 초기에는 주로 양반 유학자들이 의병들을 이끌었으나 나중에는 평민 출신의 의병장이 중심이 되었다.

고경명은 전라도 각지에서 일어난 의병을 하나로 모아 금산에서 왜군과 정면으로 맞섰다. 고경명이 이끄는 호남 의병은 수천 명에 달했지만 체계적인 훈련도 받지 못하고 무기도 허술했기 때문에 크게 패했다. 고경명도 아들과 함께 전사했다. 조헌은 충청도에서 의병을 일으켜 2,000여 명의 병력으로 청주성을 되찾았다. 그리고 금산으로 이동해 그곳에 머물고 있던 왜군을 공격했다. 그러나 관군의 지원을 받지 못해 조헌 부자를 비롯한 700여 명의 의병이 모두 죽고 말았다. 금산에는 이들을 함께 묻은 칠백의총이 지금까지 남아 있다.

고경명, 조헌의 부대처럼 의병은 왜군과의 전투에서 지기도 했지만, 왜군에게도 큰 피해를 입혔다. 의병들의 활약 덕분에 충청도 일부와 전라도 지방이 왜군의 침입으로부터 무사할 수 있었다. 이외에도 **서산 대사 휴정**, **사명 대사 유정** 등 스님들도 승군을 일으켜 왜군을 물리치는 데 앞장섰다.

일제 침략기의 의병

1894년에 일어난 **청일 전쟁**에서 이겨 주도권을 잡은 **일본**이 **갑오개혁**을 추진했다. 그러나 러시아 세력의 영향이 점점 커지자 위기를 느끼고, 1895년에 **명성 황후**를 시해하는 만행을 저질렀다. 이후 일본은 친일파를 앞세워 을미개혁을 추진했는데, 그중 **단발령**은 큰 반발을 불러왔다. 국모를 살해하고 전통을 무너뜨리며 우리나라를 집어삼키려는 일본에 맞서, 1895년 말부터 양반 유학자들을 중심으로 의병이 일어났다. 1896년에는 **유인석**이 이끄는 충청도 의병이 충주를 점령했고, 서울과 부산, 원산 등 일본인이 많이 살고 있는 지역을 중심으로 의병 활동이 활발하게 일어났다.

의병의 봉기로 정부 안의 상황이 어수선해지고 일본군이 의병 진압을 위해 출동한 틈을 타서, **고종**과 측근 세력은 거처를 러시아 공사관으로 옮기는 **아관 파천**을 시행했다. 아관 파천으로 정부 안의 친일파도 몰락하자 고종은 의병들에게 해산할 것을 명령했다. 양반 유학자들은 이에 따랐지만 의병에 참가했던 농민들 중 일부는 활빈당, 영학당 같은 이름으로 일본인이나 무능하고 부패한 관리, 탐욕스러운 양반들을 계속 공격했다.

호시탐탐 기회를 노리던 일본은 1904년에 **러일 전쟁**에서 승리하고, 이듬해에 **을사조약**을 강요했다. 이 조약에서 외교권을 빼앗은 사실이 알려지자 전국 곳곳에서 다시 의병이 일어났다. 특히 충청도 홍주에서 일본군과 끝까지 싸운 민종식 부대, 전라도에서 일어난 **최익현** 부대가 유명했다. 임금이 보낸 관군과 싸울

일제 침략기에 일어난 의병 부대 모습. 이들은 전국 곳곳에서 일어나 우리나라를 집어삼키려는 일제에 맞서 용감하게 싸웠다.

수 없다며 의병을 해산하고 붙잡힌 최익현은 쓰시마 섬으로 유배되어 그곳에서 죽었다. 경상도에서는 **신돌석** 부대가 크게 활약했다. 신돌석은 농민 출신이었지만 의병장으로서 많은 승리를 거두어 '태백산 호랑이'로 불렸다. 함경도에서는 **홍범도**를 비롯한 사냥꾼들이 소총을 들고 의병이 되는 경우가 많았다. 이 무렵부터는 평민 출신의 의병장이 많이 나왔고 의병 전쟁의 중심에 서게 되었다.

1907년에 일본이 우리 군대를 해산하자 의병은 독립 전쟁 수준으로 발전했다. 부대에서 쫓겨난 군인들이 무기를 들고 의병에 합류했기 때문이다. 특히 장교였던 민긍호는 부대를 이끌고 의병이 되어 강원도 지역에서 크게 활약했다. 의병이 전국 곳곳에서 일어나면서 곳곳에서 일본인이 살해되고 관청이 파괴되었다. 일본군이 주둔한 주요 도시를 제외한 대부분의 농촌 지역은 의병이 다스릴 정도였다.

사기가 오른 의병은 힘을 모아 서울로 쳐들어가 일본을 몰아내고자 했다. 1908년 1월, 경기도 양주에 1만여 명의 의병이 모였다. 의병은 일본군의 방어를 피해 부대별로 나누어 서울로 쳐들어가 동대문 밖에서 모이기로 작전을 세웠다. 그러나 총대장 이인영이 부친상을 당해 고향으로 내려가 버리고, 선봉대가 동대문 밖에서 일본군에게 크게 패하면서 이 작전은 실패로 돌아갔다.

이후 의병은 일본군과 정면 대결하기보다는 소규모 병력으로 일본군을 기습하는 쪽으로 작전을 바꿨다. 1907에서 1909년까지 의병이 일본군을 공격한 횟수는 2,700여 회나 되었고, 참가한 의병만 14만여 명에 달했다. 이에 일본은 의병에 대한 공격을 한층 강화했다. 특히 의병 활동이 가장 활발한 전라도 지역을 대상으로 1909년 9월부터 '남한 대토벌 작전'을 벌였다. 이때 죽임을 당하거나 붙잡힌 의병장만 103명에 이르렀다. 1910년 대한 제국이 일본에게 완전히 병합되자 의병 활동은 크게 약화되었다.

심화 일제가 우리의 주권을 완전히 빼앗은 이후에도 의병 활동이 사라진 것은 아니었다. 1914년에는 의병장 임병찬 등 54명이 전국적으로 의병을 다시 일으키려다 발각되어 체포되는 독립 의군부 사건이 일어나기도 했다. 하지만 이전처럼 의병 활동을 벌일 수는 없어 만주나 연해주로 건너간 의병들은 독립군의 뿌리가 되었다.

의병들을 제압하지 않고서는 한반도를 완전히 차지할 수 없다고 생각한 일본은 대대적인 토벌 작전을 시작했다. 특히 '남한 대토벌 작전'으로 전라도의 많은 의병들이 잔인하게 죽임을 당하거나 붙잡혔다.

당에서 들여온 화엄 사상을 전파한 신라의 승려
의상

개요 화엄종을 창시한 **신라**의 승려이다. **원효**와 함께 신라 불교계의 양대 산맥을 이루었다. 중국에서 화엄 사상을 들여와 화엄종을 만들었으며, 나라의 지원을 받아 전국 곳곳에 많은 절을 지었다.

풀이 의상은 신라가 **삼국 통일**을 이루기 이전인 625년에 태어났다. 그는 청년 시절에 원효와 함께 **당**나라 유학길에 올랐으나, 고구려군에게 첩자로 오해받아 붙잡혔다가 풀려나 신라로 돌아왔다. 이후 다시 혼자 당으로 건너가 지엄으로부터 화엄 사상을 공부했다. 설화에 따르면 지엄은 의상이 오기 전날 밤에 신라가 있는 동쪽에서 큰 나무가 자라 중국까지 이르는 꿈을 꾸었다고 한다. 이 꿈 덕분에 지엄은 의상이 자신을 찾아올 것을 알았다는 것이다.

의상은 당에서 약 8년간 머물렀다. 그동안 그는 불교의 경전 중 하나인 《화엄경》의 뜻을 깨달아 깊은 경지에 이르렀다고 한다. 당시 의상이 연구했던 화엄 사상의 핵심 내용은 "우주에 있는 모든 것은 서로 조화를 이룬다."는 것이었다.

공부를 마치고 신라로 돌아온 의상은 자신이 깨달은 화엄 사상을 전파하기 위해 노력했다. 나라의 지원을 받아 낙산사와 부석사 등 많은 절을 세웠으며, 수많은 제자들을 길러 내 불교계의 큰 스승이 되었다. 의상은 적극적인 교화 활동을 펼치다 702년에 세상을 떠났다.

심화 의상은 원효와 함께 신라 불교계를 대표하는 승려이지만, 불교 사상을 전파하는 방법은 달랐다. 원효는 일반 백성들에게 쉽게 불교를 가르쳐 대중화의 길을 걸은 반면, 의상은 평생 동안 철저한 수행을 통해 자신의 사상을 전파하려고 했다.

시대 일제 강점기 | **더 찾아보기** 김상옥, 김원봉, 나석주, 대한민국 임시 정부, 동양 척식 주식회사, 3·1 운동, 신채호, 신흥 무관 학교, 일본, 조선 총독부

암살과 폭탄 투척 등 의거 활동에 앞장선 독립운동 단체

의열단

개요 일제의 중요한 인물을 암살하거나 일제의 통치 기관을 파괴할 목적으로 만들어진 독립운동 단체이다. 1919년에 만주에서 시작되었으며, 여러 차례 의거 활동을 벌여 일제에 타격을 주었다.

풀이 3·1 운동이 일어난 후 중국 상하이에 대한민국 임시 정부가 세워졌다. 당시 임시 정부는 주로 외교 활동을 통한 독립운동에 힘을 쏟았는데, **김원봉** 등 **신흥 무관 학교**를 나온 독립운동가 13명이 이전보다 강력한 독립운동을 해야 한다고 생각했다. 이에 만주에서 모임을 갖고 의열단을 만들었다.

1922년 **신채호**가 쓴 〈조선 혁명 선언〉에는 의열단의 활동 방향이 잘 정리되어 있다. 신채호는 "지금 힘이 없으니 훗날을 준비하자."거나 "우리 힘이 약하니 외교를 통해 도움을 받자."는 주장에 반대했다. 당장 무력으로 일제의 중요 인물이나 통치 기관을 공격해야 한다고 주장했다. 암살이나 파괴 같은 과격한 방법도 마다하지 않아야 일제에 타격을 줄 수 있고, 세계의 관심도 끌 수 있다고 생각한 것이다.

이런 활동 방침에 따라 의열단은 조선 국내에 다량의 폭탄을 들여오려고 했고, **일본**의 식민지 통치 기관을 폭파할 계획을 세웠다. 1921년 의열단원인 김익상은 **조선 총독부**에, 1923년 김상옥은 종로 경찰서에, 1926년 나석주는 **동양 척식 주식회사**에 폭탄을 던졌다. 김상옥은 도망치면서 서울 한복판에서 일본 경찰과 총격전을 벌이기도 했다. 해외에서도 무장 투쟁이 계속되었다. 1922년 중국 상하이에서 의열단원 3명이 중국에 주둔하고 있는 일본군 사령관을 저격했으며, 1924년에는 김지섭이 일본 황궁을 파괴하려고 폭탄을 던졌다.

심화 의열단은 목숨을 걸고 의거 활동을 벌였지만, 독립을 이루는 데에는 한계가 있음을 깨닫고 사회주의 사상을 받아들였다. 이들은 민중들이 혁명을 일으켜 침략이나 계급이 없는 평등 사회를 만들어야 한다고 주장했다.

시대 삼국 시대 | **더 찾아보기** 고구려, 김춘추, 당, 백제, 신라, 황산벌 전투

백제의 부흥을 꿈꾸었지만 끝내 나라를 잃은 마지막 임금

의자왕

개요 **백제**의 마지막 임금이다. 왕권을 튼튼히 하고 **신라**를 공격해 영토를 넓혔지만, 나당 연합군의 공격을 받아 나라를 잃었다.

풀이 의자왕은 어린 시절부터 남달리 효심과 우애가 깊어 '해동증자'라고 불렸다. 해동이란 바다 건너 동쪽에 있는 나라(백제)를 뜻하고, 증자는 남달리 효심이 뛰어났던 공자의 제자 이름이다.

641년에 임금의 자리에 오른 의자왕은 백제의 부흥을 위해 애썼다. 그는 지나치게 힘이 커진 귀족들을 쫓아내 왕권을 튼튼히 했고, 신라를 공격해 영토를 넓혔다. **김춘추**의 딸과 사위가 지키던 대야성을 함락했는가 하면, **고구려**와 연합해 신라와 **당**의 교통로인 당항성을 공격했다. 또한 당이 고구려를 공격할 때 신라 서쪽에 있는 7개의 성과 한강 유역에 있는 30여 개의 성을 되찾았다.

하지만 나중에는 잦은 전쟁과 사치스러운 생활 때문에 귀족들과 갈등을 빚으며 위기를 맞았다. 자신에게 바른말을 한 신하인 성충을 감옥에서 굶겨 죽이기도 했다. 그러던 중인 660년에 신라와 당의 연합군이 백제를 공격해 왔고, 백강 전투와 **황산벌 전투**에서 패하면서 순식간에 수도인 사비성이 함락되었다. 웅진성으로 피했던 의자왕은 결국 항복을 선언했다. 이후 그는 포로가 되어 당으로 끌려갔고 얼마 후 병으로 세상을 떠났다.

심화 '의자왕' 하면 흔히 삼천 궁녀를 떠올리고, 의자왕의 사치나 방탕이 백제를 멸망하게 만든 중요한 원인이라고 알려졌다. 그러나 이는 승리한 신라의 입장에서 만들어진 이야기일 가능성이 크다. 백제의 멸망 원인은 신라와 당의 연합 세력에 비해 국력이 약했다거나, 권력 다툼으로 인한 지배층의 분열 등 여러 요인이 꼽히고 있다.

시대 고려 시대 | 더 찾아보기 고려, 교종, 선종, 송, 수, 신라, 지눌

천태종을 창시하고 불교의 통합을 위해 노력한 고려의 승려
의천

개요 불교의 한 종파인 천태종을 창시하고, 불교계의 통합을 위해 노력한 **고려**의 승려이다.

풀이 의천은 1055년에 고려의 제11대 임금인 문종의 넷째 왕자로 태어났다. 하지만 그는 일찍이 왕자의 신분을 버리고 승려가 되었으며, 학문을 익히는 데 힘써 승려이자 학자로서 이름을 날렸다. 의천은 그에 만족하지 않고 **송**나라로 건너가 많은 종파의 고승들을 만나 불교에 관한 토론을 벌였다. 다시 고려로 돌아온 의천은 **수**나라 승려였던 천태 대사 지의의 기본 사상(천태종)을 바탕으로 불교의 화합을 이루기 위해 노력했다.

당시 고려는 선 사상을 중시하는 세력과 **교종** 세력이 강하게 대립하고 있었다. **신라** 후기부터 발달한 선 사상은 "문사와 상관없이 마음으로 깨달아 부처가 될 수 있다."고 믿는 데 반해, 교종은 불교의 경전을 중시했다. 의천은 불교의 모든 종파가 단결할 수 있는 이론적 배경을 천태종의 교관겸수 사상에서 찾았다. 교관겸수란 교(경전 공부)와 관(선 수행)을 함께 닦는다는 뜻으로, 의천이 불교 수행의 바른 길로 제시한 방법이다.

의천은 평생 동안 불교 교단의 통일과 고려의 발전을 위해 노력했고, 해박한 지식과 견문을 바탕으로 많은 책을 남기는 등 왕성하게 활동하다 1101년에 세상을 떠났다.

심화 의천의 교관겸수 사상은 **지눌**의 정혜쌍수 사상과 함께 우리나라 불교의 전통 사상으로 이어져 내려왔다. 지눌의 정혜쌍수 사상이란 정(선 수행)과 혜(경전 공부)를 함께 닦아야 한다는 이론이다. 의천이 교종 중심의 통일을 주장했다면, 지눌은 **선종** 중심의 통일을 주장한 셈이다.

조선 중기의 무신인 이괄이 새 임금을 내세우며 일으킨 반란

이괄의 난

개요 **인조반정** 때 공을 세운 이괄이 1624년에 일으킨 반란이다. 한때 **한양**을 점령하기도 했지만 반란군 내부의 분열과 관군의 반격으로 실패했다.

풀이 이괄은 조선의 제15대 임금인 **광해군** 때부터 인조 때까지 무신으로 활동했다. 그는 서인 세력이 1623년에 광해군을 임금의 자리에서 쫓아내고 인조를 새로운 임금으로 세우는 데 큰 공을 세웠다. 하지만 그는 인조반정 후 권력을 잡은 사람들과 사이가 나빠 공을 세우고도 좋은 대접을 받지 못했다.

그러던 중 이괄은 **후금**이 북쪽의 국경을 위협해 국방 문제가 심각해지자 평안북도 **병마절도사**로 가게 되었다. 그런데 1624년에 문회와 허통 등이 이괄과 그의 아들이 역모(나라를 배반하거나 왕의 권력을 빼앗는 일)를 꾸몄다고 고발했다. 이에 이괄과 관련된 사람들이 잡혀가 고문을 당하며 조사를 받았지만 역모의 증거는 나오지 않았다. 나중에는 이괄의 아들까지 한양으로 불러들여 조사하려고 하자 이괄은 반란을 일으켰다.

이괄은 군사들을 이끌고 내려와 한양을 점령했다. 그러고는 **선조**의 아들인 흥안군을 새 임금으로 내세웠다. 하지만 이괄은 그를 배신한 부하 장수들에게 죽임을 당했고, 장만이 이끄는 토벌군에 의해 반군도 진압당하고 말았다.

심화 우리 역사상 처음으로 반군이 한양을 점령했을 정도로, 이괄의 난은 기세가 높았다. 하지만 반란은 성공하지 못했고, 관군의 대대적인 진압에서 벗어난 몇몇 반군들은 **조선**을 떠나 후금으로 도망쳤다. 이들은 후금에 가서 중립 외교를 펼친 광해군을 쫓아낸 것은 잘못한 일이라며 조선의 상황을 알렸고, 조선을 침략할 기회를 엿보던 후금은 이를 트집 잡아 **정묘호란**을 일으켰다.

시대 조선 시대~현대 **더 찾아보기** 대한민국 임시 정부, 독립신문, 동학, 오산 학교, 6·25 전쟁, 2·8 독립 선언, 일본, 태평양 전쟁, 8·15 광복

근대 문학 발전에 기여했지만 일제 말 친일 행위를 한 문학가
이광수

개요 우리나라의 근대 문학 발전에 공을 세운 문학가이다. 한때 **2·8 독립 선언**서를 쓰며 독립운동에 참여하기도 했지만, 이후에는 변절해 일제를 찬양하는 글을 쓰고 친일 행동에 앞장섰다.

풀이 이광수는 1892년에 가난한 집안에서 태어나 일찍 부모를 잃고 불우한 어린 시절을 보냈다. **동학**에 참여했다가 일진회 유학생으로 선발되어 **일본**에서 공부했으며, 국내로 돌아와 **오산 학교** 교사로 일했다. 1915년에는 일본의 와세다 대학에 들어가 공부하던 중 장편 소설인 《무정》을 《매일신보》에 연재해 이름을 알렸다. 1919년에는 2·8 독립 선언서를 썼고, 이후에는 상하이로 건너가 **대한민국 임시 정부**의 기관지인 《**독립신문**》을 맡아 글을 썼다.

하지만 1921년에 일본 경찰에게 붙잡혀 조사를 받은 뒤부터는 친일파로 변신했다. 그는 우리 민족을 비하하고 일제를 찬양하는 글을 발표하기 시작했다. 1922년에 쓴 '민족 개조론'에서는 우리 민족이 고난을 겪는 이유가 도덕적으로 타락했기 때문이라고 주장했다. 일제가 1941년에 **태평양 전쟁**을 일으켰을 때에는 "우리나라 청년들도 학도병으로 나서자."는 내용의 글을 썼고, 곳곳을 돌아다니며 연설을 하기도 했다. **8·15 광복** 후 그는 친일 행적으로 인해 감옥에 갇혔으나 병 보석으로 풀려 났다. 1950년 **6·25 전쟁** 때 북한으로 끌려가 세상을 떠났다.

심화 이광수는 옛 관습에서 벗어나 근대 문학 발전에 앞장섰으며 시, 수필, 희곡, 전기 등 여러 분야에서 작품을 남겼다. 《무정》은 최초의 근대 소설로 평가받는다. 그러나 자신의 재능을 이용해 친일 행적을 벌이면서 더 큰 비난을 받았다.

경제 성장을 내세우고 '4대강 살리기' 사업을 벌인 대한민국의 제17대 대통령

이명박

개요 **대한민국**의 제17대 대통령이다. 기업인으로 활동하다 정치를 시작했으며, 제14대와 제15대 국회 의원과 제32대 서울특별시장을 지내기도 했다. 대통령 재임 동안 신자유주의 개방 정책을 펼쳤다.

풀이 이명박은 **일본** 오사카에서 태어났으나, 해방 직후 국내로 들어왔다. 고려대학교에 다닐 때 학생회 간부로서 한일 협상을 반대하는 6·3 시위를 주도했다. 졸업 후에는 현대 건설에 들어가 40대에 사장이 되는 등 기업가로서 능력을 발휘했다. 국회 의원과 서울특별시장을 거쳐 2007년 12월에 시행된 제17대 대통령 선거에서 당선되었다.

　대통령을 하는 동안 '작은 정부, 큰 시장'을 내세워 행정 조직을 줄이고 개방을 원칙으로 하는 경제 성장에 힘썼다. 친서민 중도 실용을 표방하고 한국 경제의 선진화도 약속했다. 그러나 특정 지역이나 출신에 집중된 인물을 발탁하고, 미국 쇠고기 수입 협상으로 논란을 빚는 등 집권 초기부터 비판을 받았다. 또한 대기업 중심의 경제 정책과 신자유주의 개방 정책은 커다란 사회적 갈등을 불러일으켰으며, 환경 보호와 경제 성장을 같이 한다면서 내세운 '저탄소 녹색 성장'은 별다른 성과를 거두지 못했다. 특히 집권 기간에 시행한 대표 정책이었던 4대 강 살리기 사업은 오히려 환경을 파괴했다는 비판과 많은 의혹에 휩싸여 있다.

심화 이명박 대통령의 대외 정책은 '미국과의 긴밀한 관계 유지' 및 '북한과의 거리 두기'였다. 이전의 **김대중**과 **노무현** 정부가 북한에 대해 펼친 온건 정책을 되풀이하지 않겠다는 의도였다. 이 때문에 상생(함께 살아감)과 공영(함께 번영함)을 내세웠음에도 불구하고 북한과의 관계는 계속 나빠졌다. 연평도 포격 사건이나 북한의 핵 개발 등 남북이 대립하는 긴장 상태가 지속되었고, 금강산 관광객 피살 사건까지 일어나 남북 화해의 상징인 금강산 관광도 중단되었다.

시대 고려 시대~조선 시대 **더 찾아보기** 고려, 고려사, 군역, 노비, 세종, 신문고, 여진, 6조, 의정부, 이성계, 정도전, 정몽주, 조선, 태조

조선 초기에 왕권을 튼튼히 하고 사회를 안정시킨 임금

이방원(태종)

개요 **조선**의 제3대 임금이다. 왕자의 난을 일으켜 임금이 된 뒤 왕권 강화에 힘썼으며, 정치 제도와 조세 제도를 정비하는 등 여러 가지 개혁 정책을 펼쳐 사회를 안정시켰다.

풀이 이방원은 1367년에 **이성계**의 다섯째 아들로 태어났다. **고려**의 충신이었던 **정몽주**를 선죽교에서 죽이는 등 아버지를 도와 조선을 세우는 데 앞장섰으며, 아버지가 임금(**태조**)이 된 후에는 정안군에 봉해졌다.

하지만 태조가 **정도전** 등과 함께 배다른 동생인 이방석을 세자로 책봉하자, 그는 1398년에 제1차 왕자의 난을 일으켰다. 이때 그는 이방석과 정도전을 제거하고 자신의 둘째 형인 이방과(정종)를 세자로 추대했다. 그로부터 2년 뒤인 1400년에는 넷째 형인 이방간과 권력을 놓고 다툰 제2차 왕자의 난이 일어났다. 이 싸움에서 이방원은 이방간을 제거하고 세자의 자리에 올랐다.

사실상 최고 권력자가 된 이방원은 왕권을 튼튼히 하기 위한 조치를 시행했다. 가장 먼저 개인이 군사(사병)를 거느리지 못하게 했으며, 이전까지 개인이 거느렸던 사병들은 모두 나라에 속하게 했다. 또한 노비변정도감을 실시해 불법으로 빼앗은 **노비**는 원래 주인에게 돌려주고, 노비의 신분이나 상속 관계가 잘못된 것은 바로잡아 공신들의 힘을 약화시켰다.

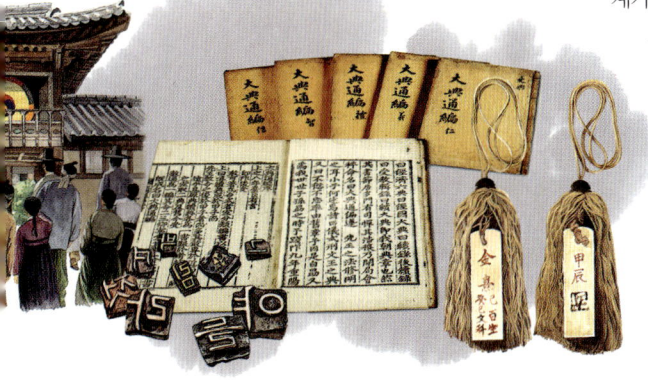

두 차례에 걸친 왕자의 난을 통해 조선의 제3대 임금이 된 이방원은 권력을 안정시키기 위한 여러 가지 개혁 정책을 펼쳤다.

같은 해에 정종으로부터 임금(태종)의 자리를 물려받은 뒤에는 본격적으로 권력을 안정시키기 위한 개혁에 들어갔다. 문하부를 폐지하고 **의정부**를 설치했으며, 의정부의 일을 **6조**에서 나누어 맡도록 했다. 어지럽던 지방 제도도

8도로 고쳐 정비했으며, 불교를 억압하는 정책을 펼쳐 전국의 많은 절을 없앤 뒤 절이 갖고 있던 토지와 노비를 모두 거둬들였다. 그리고 16세 이상의 남성에게는 신분에 관계없이 오늘날의 신분증과 같은 호패를 가지고 다니도록 하여, 전국의 인구를 파악하고 **군역**을 징수했다.

태종은 국방에도 힘써 노략질을 일삼는 **여진**을 물리쳤으며, 활자를 만드는 주자소를 세운 뒤 동활자인 계미자를 만들어 《**고려사**》 등을 편찬하게 했다. 집집마다 베를 거두었던 호포제를 폐지했고, 백성들의 억울한 사정을 풀어주기 위해 **신문고**를 설치했다.

> **심화** 태종은 임금의 자리에 있는 동안 왕권을 튼튼히 하는 데 온 힘을 쏟았다. 이 때문에 그를 도왔던 신하들이나 외척들은 공을 세우고도 쫓겨나는 처지가 되었다. 태종은 세력이 지나치게 커진 공신들은 귀양을 보내고, 자신의 처가뿐 아니라 왕자들의 처가 세력까지 모두 왕실 주변에서 몰아냈다. 심지어 그가 권력을 잡고 임금의 자리에 오르는 데 공을 세운 처남 4형제를 처형했을 정도였다. 태종은 1418년에 셋째 아들인 충녕 대군(**세종**)에게 임금의 자리를 물려주었다. 상왕이 된 다음에도 세종의 장인을 죽이고 장모를 노비로 삼는 등 왕권의 안정을 위해 힘쓰다가 1422년에 세상을 떠났다.

태종 이방원은 셋째 아들인 충녕 대군(세종)에게 임금의 자리를 물려준 뒤에도 외척 세력을 제거하는 등 왕권 안정책을 계속 폈다.

시대 조선 시대~현대 　더 찾아보기 김좌진, 대한민국, 대한민국 임시 정부, 신흥 무관 학교, 여운형, 이승만, 일본, 일제 강점기, 청산리 대첩, 한국광복군

일제 강점기에 항일 무장 투쟁을 이끈 독립운동가이자 정치가

이범석

개요 독립운동가이며 정치가이다. **일제 강점기**에는 무장 독립운동에 참여했고, 해방 이후에는 국무총리와 국방부 장관 등 정치가로 활동했다.

풀이 1900년에 서울에서 태어난 이범석은 열다섯 살이 되던 해에 **여운형**과 함께 중국으로 건너갔다. 그는 상하이에서 민족 지도자들을 만나 독립운동에 뛰어들기로 결심하고, 독립군이 되기 위한 군사 교육을 받았다. 이후 그는 **신흥 무관 학교**는 물론 북로 군정서를 비롯한 여러 독립군 부대에서 교관으로 활동하다가 **청산리 대첩**에 참여했다. 그는 이 전투에서 **김좌진**과 함께 **일본**군 부대를 크게 무찔렀다.

독립군 부대의 지휘관으로서 무장 항일 투쟁을 벌이던 그는 **대한민국 임시 정부**가 1940년에 창설한 **한국광복군**의 특수부대 OSS 대장에 임명되었다. OSS 부대는 제2차 세계 대전 당시 미국군을 도와 일본군에 맞서는 합동 작전에 참여하기도 했다.

이후 OSS 부대는 한국광복군의 국내 진공 작전에 대비했다. 이 작전은 한국광복군이 국내로 진격해 일본군을 물리치고 우리 손으로 독립을 이루려는 계획이었다. 하지만 이 작전은 일본의 갑작스러운 항복 선언으로 실행되지 못했다. 또한 미군정이 한국광복군을 연합군의 하나로 인정하지 않아 그는 개인 자격으로 1946년에 국내로 돌아왔다.

심화 고국에 돌아온 뒤 이범석은 우익 단체인 조선 민족 청년당을 만들어 활동했다. 1948년에 **대한민국** 정부가 수립된 후 초대 국무총리와 국방부 장관을 겸임했고, 1950년에는 내무부 장관을 지냈다. 1951년에는 **이승만**의 지시로 자유당을 만든 뒤 부당수로 활동했다. 1952년에 자유당 후보로 부통령 선거에 출마했지만 정부의 방해로 낙선했고, 이듬해에는 자신을 지지하던 청년단 세력과 함께 자유당에서 숙청되었다. 이후 이승만과 갈라섰지만 1960년에는 초대 참의원에 당선되어 정치가로서 활동을 이어가다 1972년에 병으로 세상을 떠났다.

시대 대한 제국 시대~일제 강점기 | 더 찾아보기 김구, 대한민국 임시 정부, 안중근, 일본, 일제 강점기, 한인 애국단

일제 강점기에 일왕에게 수류탄을 던진 독립운동가
이봉창

개요 일제 강점기인 1932년에 한인 애국단의 단원으로서 일왕에게 수류탄을 던진 독립운동가이다. 비록 수류탄이 빗나가 일왕 암살의 뜻을 이루지는 못했지만, 당시 우리의 독립운동에 큰 힘이 되었다.

풀이 1901년에 서울에서 태어난 이봉창은 일찍이 일본인이 경영하는 상점에서 점원으로 일하면서 수모와 설움을 받으며 자랐다. 이후 그는 만주의 남만에 있는 철도 회사에서 일하다, 조카의 도움을 받아 일본으로 건너가 여러 가지 노동일을 하며 살았다. 그는 조선인들이 받는 차별을 직접 경험하면서 이 모든 것이 일제에게 나라를 빼앗긴 탓임을 깨닫고 독립운동에 뛰어들기로 마음먹었다.

이봉창은 중국으로 건너가 김구가 만든 비밀 항일 단체인 한인 애국단에 가입했다. 그는 자신이 나서 일왕을 암살하겠다는 계획을 밝혔고, 김구는 그의 굳은 의지를 확인한 뒤 의거를 지원하기 위해 자금을 모으고 수류탄 2개를 구해 주었다. 이봉창은 1931년 12월 13일에 안중근의 동생 집에서 의거를 위한 선서식을 가졌다. 그는 양손에 수류탄을 들고 활짝 웃으며 기념 촬영을 마친 뒤 의거를 실행하기 위해 일본의 도쿄(동경)로 떠났다.

1932년 1월 8일, 이봉창은 동경의 경시청 앞에서 궁성으로 향하는 일왕의 행차를 기다렸다. 마침내 일왕 히로히토 일행이 도착하자 그는 힘껏 수류탄을 던졌다. 하지만 수류탄은 일왕을 명중시키지 못했고, 이봉창은 그 자리에서 '대한 독립 만세'를 부른 뒤 일본 경찰에게 붙잡혔다. 이후 그는 일본의 동경 법원에서 사형 선고를 받고, 같은 해 10월 10일에 처형되었다.

심화 비록 이봉창의 의거는 실패했지만 일본의 수도인 동경에서 일왕을 공격한 일은 세계를 깜짝 놀라게 만들었다. 특히 일본과 맞서고 있던 중국에서는 우리 민족의 독립운동을 다시 보는 계기가 되었다. 당시 중국의 신문들은 이봉창의 거사 실패를

안타까워하며 우호적으로 보도했는데, 이로 인해 중일 관계가 악화되기도 했다. 또한 당시 침체기를 맞고 있던 **대한민국 임시 정부**의 활동은 이봉창의 의거로 인해 큰 힘을 얻게 되었다.

1931년 12월 13일에 안중근의 동생 집에서 의거를 위한 선서식을 한 뒤 기념 촬영을 하는 이봉창. 태극기 앞에서 양손에 수류탄을 들고 선서를 목에 건 채, 그는 활짝 웃으며 결의를 다졌다.

이봉창은 의거 직후 붙잡혔다. 의거는 실패했지만 그는 품에서 태극기를 꺼내 흔들며 '대한 독립 만세'를 외쳤고, 곧바로 일본 경찰에게 붙들려 끌려갔다.

시대 조선 시대 | 더 찾아보기 일본, 임진왜란, 조선

임진왜란 때 끌려가 일본 도자기의 시조가 된 조선 도공
이삼평

개요 임진왜란 때 일본에 끌려간 조선인 도공(도자기 기술자)이다. 뛰어난 솜씨로 일본 아리타 도자기의 시조(맨 처음 조상)가 되었다.

풀이 임진왜란을 일으킨 일본은 많은 조선인들을 해치고 국토를 파괴한 것은 물론, 수많은 문화재를 약탈하고 여러 분야에서 솜씨 좋은 장인들을 붙잡아갔다. 특히 조선의 도공들은 임진왜란 중에 대규모로 일본에 끌려갔다. 당시 일본은 도자기를 만드는 기술이 떨어져 조선처럼 아름다운 자기를 만들어 내지 못했는데, 혼란스러운 전쟁을 이용해 솜씨 좋은 조선의 도공들을 납치해 간 것이다. 이삼평도 임진왜란 때 끌려간 도공들 중 한 사람이었다.

이삼평은 함께 끌려간 도공들을 이끌고 일본의 아리타에 가마를 만든 뒤 처음으로 백자를 구워 냈다. 이 도자기는 '아리타 도기'라는 이름으로 일본 곳곳에 퍼져 나갔고, 아리타는 일본의 도자기 중심지가 되었다. 이후 이삼평은 다른 조선인 도공들과 함께 이곳에서 품질 좋은 도자기를 생산하고 기술을 개발하다가 1656년에 죽었다. 죽은 후에 이곳에서는 이삼평을 도조(도자기의 시조)로 떠받들고 있다.

심화 임진왜란 때 납치된 도공들의 숫자는 수백 명에 이르렀다. 일본은 이들이 가진 기술을 바탕으로 도자기 산업을 발전시켰고, 17세기 중엽 이후에는 유럽에까지 수출해 '일본은 도자기의 나라'라는 명성을 얻었다. 반면 솜씨 좋은 대부분의 도공을 빼앗긴 조선은 점점 도자기 문화가 후퇴했다.

헤이그의 만국 평화 회의에 파견되었던 특사이자 독립운동가

이상설

개요 **조선** 말기와 **일제 강점기**에 활동한 독립운동가이자 정치가이다. **고종**의 비밀 명령을 받아 네덜란드 헤이그에서 열린 만국 평화 회의에 특사로 파견되었다.

풀이 1870년에 충청북도 진천에서 태어난 이상설은 스물다섯 살이 되던 1894년에 과거 시험에 합격해 벼슬길에 나갔다. **을사조약**이 체결된 1905년에는 **의정부**참찬으로 일했다. **일본**의 방해로 회의에 참여하지 못한 그는 을사조약의 부당함을 알리며 스스로 목숨을 끊으려고 했지만 실패했다.

1907년에는 이준, 이위종과 함께 만국 평화 회의가 열리는 네덜란드의 헤이그로 향했다. **대한 제국**의 외교권을 박탈한 일본의 침략 행위를 알리라는 고종의 비밀 명령을 받들기 위해서였다. 하지만 서양의 강대국들이 서로의 이익을 위해 일본의 침략 행위를 인정하는 바람에 을사조약의 부당함과 일본의 침략을 폭로하려던 헤이그 특사의 노력은 실패로 돌아갔다.

이후 미국에 머무르다 러시아 연해주로 건너간 그는 땅을 사서 동포들을 이주시킨 뒤 최초의 독립운동 기지인 '한흥동'을 세웠다. 그는 연해주를 무대로 **의병**을 모아 항일 운동을 시작했고 사관 학교를 세워 독립군을 길렀다. 또한 1914년에는 이동휘, 이동녕 등과 함께 대한 광복군 정부를 세우기도 했다.

심화 평생 독립을 위해 싸웠던 이상설은 결국 뜻을 이루지 못하고 1917년에 러시아에서 세상을 떠났다. 그는 마지막 순간에 "조국의 광복을 이루지 못했으니 모든 것을 불태우고 제사도 지내지 말라."고 유언했다고 한다.

시대 조선 시대~일제 강점기 | **더 찾아보기** 고종, 독립 협회, 만민 공동회, 3·1 운동, 서재필, 신간회, 유학, 일본, 일제 강점기, 조선

독립 협회와 만민 공동회를 이끌고 민중 계몽에 힘쓴 인물

이상재

개요 조선 말기와 일제 강점기에 활동한 민족 운동가이다. 서재필과 함께 독립 협회를 조직해 만민 공동회를 열었으며, 평생 동안 민중 계몽과 교육 운동에 힘을 쏟았다.

풀이 1850년에 태어난 이상재는 전통적인 조선의 유학 교육을 받으며 자랐지만, 1881년에 조사 시찰단의 한 사람으로서 일본에 다녀온 뒤 개화 운동에 뛰어들었다. 조사 시찰단이란 고종이 일본의 새로운 문물과 제도를 둘러보고 오라고 보낸 시찰단을 뜻한다. 이후 학무국장이 된 그는 신교육 제도를 제안해 사범학교와 중학교, 소학교, 외국어 학교 등을 세웠다. 의정부 총무국장이 된 후에는 1896년에 서재필과 함께 독립 협회를 만들고 만민 공동회를 열기도 했다.

이후 이상재는 황성 기독교 청년회(YMCA)의 초대 교육부장이 되어 민중 계몽에 힘썼다. 또한 기독교 청년회를 더욱 발전시켜 '조선 기독교 청년회 전국 연합회'를 만들었는데, 이것은 기독교가 3·1 운동에 적극 참여하는 발판이 되었다. 1920년부터는 물산 장려 운동, 소년 척후대(보이 스카우트) 운동, 학생 청년회 운동 등을 이끌었다. 1920년에는 조선 교육회를 세워 회장으로 활동했고, 1924년에는 《조선일보》의 사장이 되었다. 1927년에는 신간회의 창립 회장으로 추대되었으나 그해에 병으로 세상을 떠났다.

심화 이상재의 장례는 최초의 사회장으로 치러졌다. 사회장이란 사회적으로 큰 공을 세운 사람이 죽었을 때 여러 사회단체들이 힘을 합쳐 공동으로 치르는 장례를 뜻한다. 당시 이상재의 장례에는 수많은 경성(서울) 사람들이 몰려들어 추모했다고 한다.

시대 고려 시대 　**더 찾아보기** 고려, 공민왕, 과거 제도, 길재, 성리학, 신진 사대부, 원, 위화도 회군, 이성계, 정도전, 정몽주, 조선, 향리

고려가 망하는 순간까지 고려에 대한 지조를 지킨 대학자

이색

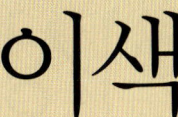

개요 고려 말기에 끝까지 지조를 지킨 학자이자 정치가이다. **정몽주**, **길재** 등과 함께 '고려의 삼은'이라고 부른다.

풀이 고려 말기에는 **성리학**을 공부한 많은 **신진 사대부**들이 **과거 제도**를 통해 중앙 정치에 나섰다. 1328년에 **향리** 집안에서 태어난 이색도 마찬가지였다. 그는 어린 나이에 진사시에 합격한 뒤 **원**나라에서 성리학을 공부했다. 고려로 돌아온 뒤에는 **공민왕**의 개혁 정치에 참여했다. 그는 과거 제도와 토지 제도는 물론이고 불교도 개혁해야 한다고 주장했다. 또한 **정도전**과 권근, 길재 등 뛰어난 제자들을 길러 냈다.

당시 신진 사대부들은 고려의 틀 안에서 개혁을 이루려는 온건파와 전면적인 개혁을 주장하는 급진파로 나뉘었다. 급진파는 주로 **이성계**와 뜻을 같이 하는 사람들이었다. 이색은 처음에는 이성계의 **위화도 회군**을 반대하지 않았다. 하지만 이성계가 우왕을 임금의 자리에서 몰아내자, 온건파와 함께 우왕의 아들인 창왕이 임금에 오르도록 도왔다. 그러다 이성계가 창왕을 몰아내고 공양왕을 임금으로 내세우는 과정에서 탄핵을 받아 귀양을 가게 되었다. 이후 이성계는 고려를 무너뜨리고 **조선**을 세웠다. 이색은 함께하자는 이성계의 제안을 거절하고 1396년에 고향으로 돌아가 세상을 떠났다.

심화 이색은 고려 말기의 대학자이자 뛰어난 문장가로 존경을 받았다. 조선을 함께 세우자는 이성계의 제안을 거절한 뒤에는 쓸쓸한 삶을 살다 죽었지만, 그의 학문은 길재에서 사림으로 이어져 조선의 정치 사상에 많은 영향을 끼쳤다.

시대 고려 시대~조선 시대 | **더 찾아보기** 개경, 고려, 과전법, 권문세족, 명, 신진 사대부, 쌍성총관부, 왜구, 원, 위화도 회군, 이방원, 조선, 최영, 태종, 한양, 홍건적

위화도 회군으로 권력을 잡은 뒤 조선을 세운 임금

이성계(태조)

개요 조선을 세운 임금이다. 묘호(임금이 죽은 뒤 붙이는 이름)는 나라를 처음 열었다는 뜻에서 '태조'이다. 고려의 장수였을 때는 홍건적과 왜구를 물리치는 공을 세웠으며, 조선을 세운 뒤에는 수도를 한양으로 옮겨 나라의 기틀을 닦았다.

풀이 이성계는 1335년에 대대로 원나라의 벼슬을 지낸 군인 집안에서 태어났다. 하지만 그는 아버지인 이자춘과 함께 쌍성총관부를 되찾는 데 공을 세우고 고려의 벼슬을 받았다. 쌍성총관부는 고려가 원에게 빼앗긴 지역이었다. 또한 그는 홍건적과 왜구의 침입을 물리치고 최영과 함께 최고 실력자가 되었다.

하지만 이성계는 곧 난관에 부딪혔다. 당시 중국에서 세력이 커진 명이 철령 이북 지역을 자기 영토라고 주장하며 철령위를 설치하려고 하자, 고려 조정은 이성계에게 요동을 정벌하라고 명령했다. 이성계는 '4불가론'을 들어 정벌을 반대했으나 받아들여지지 않았다. 할 수 없이 군사들을 이끌고 압록강의 위화도까지 올라갔던 이성계는 결국 군사들을 돌려 개경으로 돌아왔다(위화도 회군).

이성계는 최영을 죽이고 우왕을 임금의 자리에서 몰아낸 뒤 창왕을 세워 권력을 자신의 손에 넣었다. 그리고 이듬해에는 창왕 대신 공양왕을 임금으로 세우고 개혁을 단행했다. 이때 예전의 토지 문서를 모두 불태워 권문세족이 가지고 있었던 넓은 땅을 거두어들인 뒤 과전법을 실시했다. 그런 다음 1392년에 신진 사대부의 지지를 받으며 공양왕을 압박해 임금의 자리를 물려받았다.

이성계는 자신이 다스릴 나라의 이름을 '조선'이라고 지었다. 도읍지를 한양으로 옮긴 뒤 궁궐과 도성을 짓고 여러 가지 제도를 개혁했다. 흉년이 들었을

●●●
이성계는 고려를 위해 싸운 장수였지만, 나중에는 고려를 무너뜨리고 새 나라를 세웠다. 그는 신진 사대부의 지지를 받으며 임금의 자리에 올랐고, 어지러운 사회를 바로잡기 위해 개혁 정치를 펼쳤다.

때 곡식을 빌려주는 의창 제도를 실시했고, 관찰사가 지방을 다스리도록 했으며, 병농일치제를 시행했다. 또한 사원(절)을 정리하면서 억불 정책을 실시하고, 조선 최초의 법전인 《경제육전》을 편찬했다.

심화 이성계는 쉰여덟 살에 임금이 되었는데, 왕자들의 권력 다툼으로 인해 불행한 말년을 보냈다. 그가 둘째 부인인 강씨에게서 낳은 이방석을 세자로 삼자, 불만을 품은 다섯째 아들 **이방원(태종)**이 1398년에 제1차 왕자의 난을 일으켰다. 1400년에는 넷째 아들 이방간과 이방원이 권력을 놓고 무력 충돌한 제2차 왕자의 난이 일어났다. 이성계는 제1차 왕자의 난이 일어나자 둘째 아들인 방과(정종)에게 임금의 자리를 물려 주었다. 제2차 왕자의 난 이후에는 이방원과 심한 갈등을 빚기도 하다가 1408년에 세상을 떠났다.

이성계는 요동을 공격하라는 고려 조정의 명령을 받들지 않았다. 압록강에 있는 섬인 위화도에서 군대를 돌려 반대 세력을 제거하고 권력을 잡았다.

시대 조선 시대 | 더 찾아보기 거북선, 권율, 명량 대첩, 수군절도사, 시호, 이이, 일본, 임진왜란, 정조, 조선, 한산도 대첩

임진왜란 때 나라를 구한 조선의 명장

이순신

개요 **임진왜란** 때 활약한 **조선**의 명장이다. **일본**의 거센 진격을 막아 임진왜란의 불리한 전세를 바꾸었을 뿐 아니라, 나라를 잃을 처지에 놓인 조선을 구해 영웅이 되었다. **한산도 대첩**과 **명량 대첩** 등 일본군과 23번 싸워 모두 이겼다.

풀이 이순신은 서른두 살이라는 늦은 나이에 무과에 급제해 벼슬길에 나섰다. 하지만 불의와 타협하지 않는 강직한 성품 때문에 승진이 늦고 모함을 받는 등 어려움을 겪었다. 일례로 이조 판서 **이이**가 만나자고 하자 "이 판서는 집안의 웃어른이므로 먼저 찾아뵈어야 하지만, 그분이 관리들을 임명하는 자리에 있으니 지금 만나면 누가 될 것"이라며 거절했다고 한다.

이순신은 1590년에 좌의정 유성룡의 추천으로 전라좌도 **수군절도사**가 되었다. 그는 이때 군사들을 훈련시키는 한편 **거북선**을 만들고 군량미를 확보해 불과 1년 만에 강력한 수군을 만들었다. 이듬해인 1592년에 임진왜란이 일어나자, 옥포에서 일본 수군과 첫 해전을 벌여 크게 이겼다. 이어 사천에서는 거북선을 처음 사용해 10여 척의 적선을 격파했고, 당포 해전과 당항포 해전, 부산포 해전 등에서도 크게 이겼다. 한산도 대첩에서는 거북선을 앞세워 학이 날개를 펼친 모양의 '학익진'이라는 진법으로 일본 수군을 대파했다. 계속되는 해전에서 모두 승리한 이순신은 전라도, 경상도, 충청도의 수군 전체를 지휘하는 삼도 수군통제사가 되었다.

하지만 1597년에는 이순신의 전공을 시기한 사람들과 일본의 흉계로 인해 적의 장수를 놓아주었다는 모함을 받아 감옥에 갇히게 되었다. 가까스로 죽음을 면한 이순신은 도원수 **권율** 밑에서 직책이 없는 보통 병사로 백의종군했다. 그런데 그해 삼도 수군통제사가 된 원균이 칠천량에서 크게 패해 함선과 군사를 모두 잃고 전사하는 일이 벌어졌다. 이순신은 다시 삼도 수군통제사에 임명되어 명량에서 13척의 함선과 120여 명의 병력을 거느리고 133척의 적군과 대결해 크게 이겼다. 이후 이순신은 노량에 집결한 일본군과 싸우다 총탄을 맞아 1598년에 세상을 떠났다. 노

량 해전에서도 조선 수군은 일본 수군의 함대 200여 척을 격침시키는 대승을 거두었다.

심화 제16대 임금인 인조는 무신에게 주는 최고의 시호인 '충무공'을 내렸다. 제21대 임금인 정조는 직접 비문을 지어 이순신의 묘에 세우기도 했다. 임금이 신하의 묘에 비문을 지은 것은 오직 이것 하나뿐이다. 이순신은 시와 글에도 재능이 뛰어나 《난중일기》와 시조 등 훌륭한 작품을 남겼다. 오늘날 백 원짜리 동전에는 이순신의 초상이 들어 있다.

이순신이 나라를 구한 영웅이 될 수 있었던 것은 그의 강직한 성품과 철저한 준비 덕분이었다. 그는 전라좌도 수군절도사로 임명된 뒤 철저히 준비해 조선 수군을 막강한 군대로 만들어 놓았고, 전투에 나가서는 물러섬 없이 싸워 23전 23승의 신화를 일구어 냈다.

이순신은 판옥선의 이점을 지혜롭게 활용했다. 조선의 남쪽 바다는 섬이 많고 물살이 험한데, 판옥선은 밑이 편평해 거친 물살에서도 자유로웠다. 또한 몸체가 큰 판옥선에 화포를 많이 실어 일본의 군함에 포 공격을 퍼부었다.

시대 조선 시대~현대 | 더 찾아보기 대한민국, 대한민국 임시 정부, 독립 협회, 모스크바 3국 외상 회의, 4·19 혁명, 3·15 부정 선거, 3·1 운동, 서재필, 애국 계몽 운동, 6·25 전쟁, 일본, 일제 강점기, 8·15 광복

독립운동가이자 4·19 혁명으로 물러난 대한민국의 초대 대통령

이승만

개요 대한민국의 초대 대통령이자 독립운동가이다. 일제 강점기에는 주로 미국을 비롯한 해외에서 독립운동을 펼쳤다. 8·15 광복 후 대통령으로 선출되었으나, 부정한 방법으로 권력을 이어가다 4·19 혁명으로 물러났다.

풀이 이승만은 1895년 배재 학당에서 신학문을 배웠다. 그러다 미국에서 돌아온 서재필이 만든 협성회에 참여해 활동했고, 독립 협회에 가입한 뒤에는 애국 계몽 운동에 앞장섰다.

1904년에는 미국으로 건너가 독립운동을 벌였는데, 박사 학위를 받은 뒤에는 다시 국내로 돌아와 교육과 기독교 활동에 전념했다. 하지만 일제의 탄압으로 국내에서 활동이 어려워지자 다시 미국으로 떠났고, 3·1 운동 이후에는 대한민국 임시 정부의 초대 대통령에 임명되어 잠시 상하이에 머물렀다. 1925년에는 미국 대통령에게 우리나라를 국제 연맹이 통치하도록 요청했다는 사실이 알려져 대한민국 임시 정부로부터 탄핵을 당해 물러났다.

해방이 되던 해인 1945년 10월에 국내로 돌아온 이승만은 미국의 지지를 받는 우익 지도자로서 세력을 키워 갔다. 모스크바 3국 외상 회의에서 결정된 신탁 통치에 반대하며 남한 내의 좌익 세력을 제압한 후, 남한만의 단독 정부 수립을 주장했다. 1948년 대한민국 정부가 수립되자 국회에서 초대 대통령에 선출되어 과거사 청산보다는 국가의 안정과 반공을 앞세우는 정책을 수행했다.

6·25 전쟁 중 헌법을 바꿔 대통령에 다시 선출되었고, 전쟁 후에는 대통령 연임 규정을 없애는 헌법 개정안을 불법적으로 통과시켜 세 번째로 대통령에 당선되었다. 1960년에는 또다시 3·15 부정 선거에 분노한 국민들이 4·19 혁명을 일으키면서 결국 대통령 자리에서 물러났다. 이후 그는 하와이로 망명했다가 그곳에서 1965년에 세상을 떠났다.

이승만은 대한민국의 초대 대통령으로서 국가의 기틀을 마련했다. 그러나 친일 세력을 몰아내지 않았으며, 반공을 내세워 반대 세력을 억누르고 장기 집권을 꾀했다. 결국 그는 부정한 방법으로 권력을 이어가다 4·19 혁명으로 쫓겨났다.

대한민국 정부 수립 후 초대 대통령으로 선출되어 선서를 하고 있는 이승만.

심화 이승만은 우리나라 초대 대통령으로서 근대 국가의 틀을 마련하는 데 기여했다는 평가를 받았다. 하지만 자신이 권력을 잡기 위해 분단 정부의 수립을 주도하고, 친일 세력을 완전히 몰아내지 못했으며, 권력을 오랫동안 차지하기 위해 민주주의의 발전을 막았다는 비판을 받기도 한다.

6·25 전쟁 때 유엔군을 이끌고 한반도에 들어온 맥아더와 이승만.

해방 후 우리나라에서 대표적인 정치 지도자로 손꼽히던 김구와 이승만.

시대 조선 시대 | 더 찾아보기 서학, 천주교 박해, 청

우리나라 사람으로는 최초로 영세를 받은 천주교인

이승훈

개요 우리나라 사람으로는 처음으로 천주교의 영세를 받은 교인이다. 1801년 신유박해 때 서대문 밖에서 목이 잘리는 참수형으로 순교했다.

풀이 이승훈은 1756년에 강원도 평창에서 태어났다. 열다섯 살이 되던 해에 예비 과거 시험 중 하나인 진사시에 합격했지만 벼슬길에는 나가지 않았고, 남인들 사이에서 학문으로 연구되던 **서학**(천주교)에 빠져들었다.

때마침 아버지가 **청**나라에 사신으로 가게 되자 그도 함께 여행길에 올랐다. 베이징에 머무는 동안 이승훈은 선교사들로부터 천주교의 교리를 배우고, 우리나라 사람으로는 최초로 영세를 받았다. 세례명은 베드로였다. 1784년에 국내로 돌아온 그는 이벽, 정약종 형제 등에게 세례를 주고 정기적으로 종교 집회를 열었다. 하지만 종교 모임이 발각되자 어머니의 눈물 어린 설득으로 배교(종교를 바꾸거나 배신함)했다.

그 후에도 이승훈은 몇 차례 더 배교를 반복했다. 조상에게 지내는 제사를 금한다는 베이징 주교의 명령이 도착했을 때, 천주교 책을 만들었다는 이유로 감옥에 갇혔을 때 배교했지만 그는 다시 교인으로 돌아왔다. 그러다 **천주교 박해**가 대대적으로 이루어진 1801년에 참수되어 세상을 떠났다.

심화 이승훈은 몇 번이나 배교했지만 결국 신앙을 져버리지 않고 천주교인으로서 순교했다. 그의 집안에서만 4대에 걸쳐 순교자를 냈다고 하며, 이승훈의 활동과 희생을 바탕으로 한국 천주교가 성립될 수 있었다.

일제 강점기에 활동한 교육자이자 민족 대표 33인 중 한 사람

이승훈

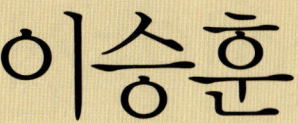

개요 일제 강점기에 활동한 교육자이자 독립운동가이다. 3·1 운동 때는 민족 대표 33인 중 한 사람으로서 독립 선언서에 서명했고, 오산 학교를 세워 교육 사업에 힘을 기울였다.

풀이 이승훈은 1864년에 평안북도 정주에서 태어났다. 청년 시절에는 기업가로서 많은 돈을 벌기도 했지만, 1907년에 민족 교육의 중요성을 강조한 안창호의 강연을 듣고 민족 운동에 뛰어들었다. 이후 이승훈은 안창호가 만든 비밀 조직인 신민회에 들어가 활동했다. 그리고 민족의 힘을 기르려면 인재를 길러야 한다고 생각해 평안북도 정주에 신식 학교인 오산 학교를 세웠다.

1911년에 일제가 105인 사건을 일으켰을 때 그도 함께 체포되어 감옥에 갇혔다. 105인 사건이란 일제가 '데라우치 총독의 암살을 계획했다.'는 죄목을 씌워 신민회 간부와 민족 운동가들을 붙잡아 고문하고 감옥에 가둔 사건을 뜻한다. 이승훈은 이때 일제의 재판부로부터 10년의 징역형을 선고받았다.

1915년에 감옥에서 풀려난 뒤 오산 학교와 교회 일에 전념하던 그는 1919년에 기독교계의 대표로서 3·1 운동을 계획했다. 그는 민족 대표 33인의 한 사람으로서 독립 선언서에 서명했고, 이 일로 인해 다시 체포되었다가 풀려났다. 그는 1930년에 세상을 떠날 때까지 교육 운동과 물산 장려 운동 등 민족 운동에 온 힘을 쏟았다.

심화 이승훈은 죽기 전에 자신의 유골을 표본으로 만들어 학생들을 가르칠 때 사용하라고 당부했다고 한다. 교육과 독립에 관한 그의 뜻을 널리 전하려는 뜻이었으나 일제의 방해로 이루어지지는 못했다.

일제 강점기에 교육자이자 독립 운동가로 활약한 이승훈.

시대 조선 시대 | 더 찾아보기 병인양요, 신미양요, 일본, 조선, 흥선 대원군

조선 후기에 한반도 바닷가에 나타났던 서양의 배
이양선

개요 조선 후기에 한반도 바닷가에 나타났던 서양의 배를 뜻한다. 당시 서양의 배는 그 모습이 조선의 배와 달랐기 때문에 '모양이 이상한 배'라는 뜻에서 이양선이라고 불렸다.

풀이 이양선은 18세기 중반부터 나타났지만, 중국이 서양에 문호를 개방한 19세기 중엽에 크게 늘어났다. 19세기 초까지는 영국이나 프랑스 배들이 대부분이었지만, 19세기 중엽부터는 미국이나 러시아 배들도 나타났다.

이양선들은 처음에는 일본이나 중국으로 가려다 길을 잘못 들거나 풍랑으로 표류해 들어오는 경우가 많았다. 그러다 점차 해안을 측량한다는 이유로 나타나 조선에 통상을 요구하기도 했다. 실제로 1832년에는 영국 배인 애머스트호가 충청도 해안에 나타나 통상을 요구했고, 이후 많은 이양선들이 나타났다. 조선 조정은 처음에는 이들을 너그럽게 대했다. 표류한 배에는 식량을 주고, 배가 부서져 육지에 올라온 사람들에게는 배를 내주거나 안내인을 붙여 중국으로 보내 주었다.

하지만 이양선들이 말썽을 일으켜 심각한 문제가 일어나기도 했다. 외국 선원들이 해안에 올라와 주민을 폭행하거나 약탈하는 일이 생긴 것이다. 때로는 강압적으로 통상을 요구하기도 했다. 조선 조정은 이런 행위에 단호하게 맞서며 이양선을 쫓아냈고, 서양인들이 몰래 들어와 천주교를 전파하는 것도 금지했다.

조선의 바다에 나타난 이양선 모습. 당시 서양의 배는 조선의 배와 모양이 달랐기 때문에 사람들은 서양의 배를 이양선이라고 불렀다.

심화 이양선을 비롯한 서양 세력을 배척하는 정책은 흥선 대원군이 권력을 잡고 있었던 1860년대에 더욱 강화되었다. 조선 조정은 천주교 신자들을 찾아내 처벌했고, 프랑스와 미국은 이를 빌미 삼아 조선을 압박했다. 그 결과, 조선과 서양 세력 사이에 무력 충돌이 벌어졌다. 조선과 프랑스 함대가 싸운 병인양요, 조선과 미국 함대가 싸운 신미양요가 대표적인 사례였다.

| 시대 조선 시대~일제 강점기 | 더 찾아보기 고종, 아관 파천, 양반, 육영 공원, 을사오적, 을사조약, 이토 히로부미, 일본, 일제 강점기, 한일 강제 병합, 흥선 대원군

을사조약과 한일 강제 병합을 주도한 매국노
이완용

개요 을사조약과 한일 강제 병합을 주도한 정치가이다. 우리 민족을 배반한 을사오적 중 한 사람이며, 나라를 팔아먹은 대표적인 매국노로 꼽힌다.

풀이 이완용은 1858년에 가난한 양반 집안에서 태어났지만, 흥선 대원군의 친구이자 사돈이었던 이호준의 양아들이 된 이후에는 많은 지원을 받으며 자랐다. 일찍이 육영 공원에서 영어와 신학문을 배웠고, 미국에 건너가 외교관 생활을 했으며, 국내로 돌아와서는 아관 파천이 일어난 1896년까지 친러파 정치인으로 활동했다.

하지만 일본의 힘이 점점 강해지자 친일파 정치인으로 돌아섰고, 1905년에는 이토 히로부미의 제안을 받아 을사조약을 주도했다. 그는 을사조약을 맺을 수 있도록 고종을 협박해 우리나라의 외교권이 박탈되는 수모를 겪게 만들었다. 또한 1907년에는 헤이그에 특사를 보낸 고종에게 황제의 자리에서 물러날 것을 강요하는 등 일본에 적극적으로 협력했다.

이완용은 1909년에 이재명 의사에 의해 세 번이나 칼에 찔렸으나 죽지 않았고, 1910년에는 한일 강제 병합을 주도해 우리나라를 일본에게 완전히 넘겨주고 말았다.

을사조약과 한일 강제 병합을 주도해 '나라를 팔아먹은 대표적인 매국노'로 꼽히는 이완용.

심화 이완용은 일제의 보호 속에서 평생 동안 부귀영화를 누리다 1926년에 세상을 떠났다. 민족을 배반한 대가로 후작의 칭호를 받았으며, 그의 후손들도 일본 귀족의 자손으로서 부귀영화를 누리며 살았다. 해방 후 이완용의 후손들이 재산권 소송을 벌였으나, 일제 강점기에 획득한 재산권 행사를 금지하는 판결이 내려졌다.

시대 고려 시대 | 더 찾아보기 고려, 고려사, 무신 정권, 무신 정변, 신라, 정중부, 최충헌

고려 무신 정권 때 최고 권력자가 된 천민 출신의 무신
이의민

개요 **고려**의 무신이다. 천한 신분이었지만 **무신 정변**에서 공을 세우고 벼슬길에 올랐고, 경대승에 이어 **무신 정권**의 최고 권력자가 되었다.

풀이 이의민은 소금장수인 아버지와 절의 노비였던 어머니 밑에서 자랐다. 어려서부터 힘이 세고 무술이 뛰어나 군인이 되었고, 1170년에 **정중부**가 일으킨 무신 정변에 참여해 벼슬을 얻었다. 《고려사》에는 그가 출세한 이유를 사람을 많이 죽였기 때문이라고 적고 있다. 1173년에는 의종을 죽이고 대장군이라는 칭호를 받았고, 이 듬해에는 반란을 진압해 무신 중 최고의 벼슬인 상장군에 올랐다.

1179년에 경대승이 정중부를 죽이고 권력을 잡자, 정중부의 가까운 부하였던 이의민도 잠시 물러났다. 하지만 경대승이 서른 살의 나이에 병들어 죽자, 당시 임금이었던 명종은 이의민을 불러들였다. 정중부와 경대승에 이어 무신 정권의 최고 권력자가 된 것이다. 그는 무신들을 우대하는 한편, 막강한 권력을 휘두르며 백성들을 수탈했다.

이의민은 1196년에 **최충헌**에 의해 죽임을 당했다. 사건은 이의민의 아들인 이지영이 최충헌의 동생인 최충수의 비둘기를 빼앗은 일로부터 시작되었다. 평소 이의민을 못마땅해 하던 최충헌은 동생의 일을 빌미삼아 군사들을 일으켜 이의민을 죽이고 권력을 잡았다.

심화 고향이 경주인 이의민은 임금의 자리에 오르기 위해 **신라** 부흥 운동을 지원했다고 한다. 실제로 신라가 멸망한 지 250여 년이 지난 이때까지도 경주 일대에서는 옛 신라를 그리워하는 움직임이 있었다. 하지만 이는 최충헌 측이 이의민을 제거한 일을 정당화하기 위해 지어낸 이야기로 보는 견해가 일반적이다.

시대 **조선 시대** | 더 찾아보기 대동법, 붕당, 선조, 신사임당, 이황, 조선, 향약

조선의 대표적인 성리학자이자 정치가
이이

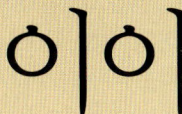

개요 **조선** 중기의 대학자이자 정치가이다. 호는 '율곡'이다. 문인이자 예술가였던 **신사임당**의 아들이며, 퇴계 **이황**과 함께 조선의 대표 학자로 손꼽힌다. **붕당** 가운데 서인은 이이의 학풍을 이어받았다.

풀이 이이는 1536년에 강원도 강릉에서 태어났다. 그의 아버지인 이원수는 사헌부 감찰이었으며, 어머니인 신사임당은 덕이 높고 학문과 글, 그림에 능한 문인이자 예술가였다. 이이는 일찍이 어머니에게 학문을 배웠는데, 세 살 때 글을 깨우칠 정도로 총명했다고 한다. 열세 살에 처음 진사 초시에서 장원으로 합격했고, 이후 아홉 번에 걸쳐 장원으로 급제하면서 '구도장원공'이라고 불렸다.

이이는 명종과 **선조**를 임금으로 모시며 두터운 신임을 받았다. 하지만 잘못된 정치에 대해서는 과감하게 상소를 올려 바로잡기를 청했다. 그의 상소로 인해 명종 때 권력을 휘두르며 횡포를 일삼던 외척 윤원형이 관직에서 물러났고, 선조 때는 심통원이 물러나기도 했다.

이이는 중요한 나랏일에 대해 자신의 생각을 담은 《동호문답》과 《만언봉사》 등을 써서 임금에게 올렸다. 또한 병조 판서로 일하면서 국방 부문에서 개선해야 할 점을 정리한 시무 6조도 지어 올렸다. 그가 올린 시무 6조의 내용은 첫째로 어질고 재능 있는 인재를 뽑을 것, 둘째로 군사와 백성을 기르고 돌볼 것, 셋째로 부족한 재물을 채울 것, 넷째로 국경과 병영을 튼튼하게 할 것, 다섯째로 전쟁용 말을 갖출 것, 여섯째로 올바른 가르침으로 이끌 것 등이다. 도성에 2만, 각 도에 1만씩의 군사를 길러 변란에 대비해야 한다는 십만양병설도 주장했다고 전해지지만 사실 여부는 확실하지 않다. 하지만 그의 개혁안은 받아들여지지 않았고, 그는 동인의 탄핵을 받아 물러난 뒤 1584년에 세상을 떠났다.

한편, 이이는 백성의 구제에도 관심을 기울여 **대동법** 실시를 건의했고, 백성을 올바른 길로 이끌기 위해 **향약** 규범을 만들어 실천을 강조했다.

심화 이이는 이미 학문의 경지가 높아진 스물세 살 때, 대학자인 퇴계 이황을 찾아가 학문과 사상에 대해 토론했다고 한다. 당시 이황은 그의 재능에 크게 감탄했고, 이이는 이황을 선배로 모시고 존경을 표했다. 그런데 이이와 이황은 모두 조선의 대학자로서 쌍벽을 이루었지만 사는 모습은 서로 달랐다. 이이가 서인의 대표로서 현실 정치에 참여해 실질적인 개혁에 힘쓴 반면, 동인을 대표하던 이황은 학문을 연구하고 제자를 기르는 데 힘썼다. 또한 이이의 사상을 이어받은 제자들은 중부 지방을 중심으로 기호학파를 이루었고, 이황의 제자들이 주장한 주리론과 달리 주기론을 발전시켰다.

일찍이 과거 시험에서 아홉 번이나 장원으로 급제한 이이는 뛰어난 학식을 바탕으로 임금을 섬기며 나랏일을 도왔다. 대사헌과 대제학, 병조 판서 등 높은 벼슬을 지내며 여러 가지 사회 개혁을 추진하기도 했다.

●●● 율곡 이이는 퇴계 이황과 함께 조선의 대학자로서 쌍벽을 이룬 인물이다. 이황이 성리학의 체계를 만들고 제자를 길러낸 반면, 그는 현실 정치에 참여해 개혁을 추진했다.

시대 고려 시대 | 더 찾아보기 고려, 문벌 귀족

고려의 문벌 귀족이자 스스로 임금이 되려고 반란을 일으킨 인물

이자겸

개요 **고려** 시대의 정치가이다. 고려의 제17대 임금이자 외손자인 인종을 몰아낸 뒤 임금이 되려고 반란을 일으켰으나, 부하였던 척준경의 배신으로 실패한 뒤 귀양지에서 죽었다.

풀이 **문벌 귀족** 집안에서 태어난 이자겸은 그의 둘째 딸을 제16대 임금인 예종의 왕비로 올린 뒤, 외손자인 인종이 임금의 자리에 오르자 막강한 권력자로 떠올랐다. 그는 우선 반대 세력들을 제거하고, 자신의 권력을 계속 지키기 위해 인종의 이모인 두 딸을 왕비로 앉히기까지 했다. 이후 이자겸의 권력은 임금을 능가할 정도로 커졌다. 그는 제멋대로 권력을 휘두르며 백성들의 토지를 강제로 빼앗는 등 자신의 이익을 얻는 데만 관심을 두었다.

　차츰 외할아버지가 두려워진 인종은 그를 없애려고 했지만, 이미 낌새를 눈치 챈 이자겸이 먼저 반란을 일으켰다. 그는 인종을 자신의 집에 가두고 정치를 마음대로 주물렀다. 하지만 이자겸의 권력은 오래가지 못했다. 인종은 이자겸과 그의 심복이었던 척준경의 사이를 벌어지게 만든 뒤 척준경이 이자겸을 제거하도록 명령했다. 결국 이자겸은 반란을 일으킨 죄로 귀양살이를 하다가 1126년에 세상을 떠났다.

심화 이자겸의 집안은 고려 시대의 문벌 귀족인 경원 이씨 집안이었다. 경원 이씨 집안은 고려의 제11대 임금인 문종 때부터 여러 명의 딸을 왕비로 올려 외척 세력으로 자리를 잡았다. 이후 이들은 막강한 권력을 휘두르며 자손들에게 높은 벼슬과 재산을 대대로 물려주는 등 갖은 횡포를 일삼았다.

신라 법흥왕 때 불교를 위해 목숨을 바친 순교자

이차돈

개요 **신라 법흥왕** 때 불교를 위해 목숨을 바친 순교자이다. 이차돈의 순교 이후 신라는 불교를 공식적으로 인정하게 되었다.

풀이 신라의 제23대 임금인 법흥왕은 귀족 세력을 약화시키고 왕권을 강화하기 위해 새로 들어온 불교를 인정하고자 했다. 그러나 이런 정책은 귀족들의 강한 반대에 부딪쳤다. 이차돈은 임금의 고민을 눈치 채고 법흥왕을 찾아갔다. 그는 법흥왕에게 자신을 죽여 불교를 받아들이라고 간청했다.

이후 이차돈이 천경림에 절을 짓는다며 공사를 시작하자, 화가 난 귀족들은 임금에게 몰려갔다. 하지만 법흥왕은 자신은 전혀 알지 못한 일이라고 시치미를 떼면서 이차돈을 잡아들이라고 명령했다. 붙잡혀 온 이차돈은 "나라의 평안을 위해 행한 일이므로 잘못이 아니다."라고 주장하며 맞섰다. 이에 귀족들이 더욱 분노하자 법흥왕은 이차돈과 비밀리에 약속한 대로 그의 목을 베라고 명령했다.

《삼국유사》에 따르면, 이차돈의 목을 베자 "잘린 목에서 흰 젖이 높이 치솟았고, 갑자기 캄캄해진 하늘에서 아름다운 꽃이 떨어졌으며, 땅이 진동했다."고 한다. 현장에 있던 사람들은 모두 깜짝 놀라며 두려워 했고, 이후 신라는 불교를 공식적으로 인정하게 되었다. 법흥왕은 천경림에 흥륜사를 지어 이차돈을 추모했다.

심화 신라는 **고구려**와 **백제** 등 삼국 가운데 가장 늦게 불교를 받아들였다. 하지만 이차돈의 순교가 있었던 527년 이후부터는 불교를 적극적으로 받아들였고, 수많은 불교 유물과 유적을 남겼다.

시대 조선 시대~대한 제국 시대 | **더 찾아보기** 고종, 대한 제국, 메이지 유신, 안중근, 을사조약, 일본, 청일 전쟁

조선 말기에 우리나라를 침략하는 데 앞장선 일본의 정치인

이토 히로부미

개요 **일본**의 정치가이다. **메이지 유신** 이후 일본의 총리대신으로서 우리나라를 일본의 식민지로 만드는 데 주도적 역할을 했다. 1909년에 중국의 하얼빈 역에서 **안중근** 의사에게 사살되었다.

풀이 이토 히로부미는 1841년에 가난한 농민의 아들로 태어났지만, 일본의 하급 무사 집안에 양자로 들어가 자랐다. 일찍이 재능을 인정받아 1863년에는 영국 유학 길에 올라 서양의 군사학을 공부하는 등 발달한 서양 문물을 접했다.

일본으로 돌아온 뒤에는 정치계에 뛰어 들었다. 그는 1868년에 메이지 정부가 들어서자 메이지 헌법의 기초를 마련하고 의회 정치를 수립하는 데 공헌했다. 이후 4번이나 총리대신으로 일했고, 서양과 맺은 불평등 조약을 고쳐 다시 외교 조약을 맺도록 하는 데 성공했다. 또한 **청일 전쟁**을 승리로 이끌며 일본의 국력을 키우는 데 기여했다.

이후 이토 히로부미는 **고종**과 **대한 제국** 정부를 압박해 **을사조약**을 맺도록 한 뒤 초대 조선 통감이 되었다. 그는 대한 제국을 식민지로 만들고 일본이 아시아 대륙을 침략하는 데 앞장섰다. 결국 이에 격분한 독립운동가 안중근이 1909년 10월에 중국의 하얼빈 역에 도착한 그를 저격해 세상을 떠났다.

심화 이토 히로부미는 일본의 입장에서 보면 일본의 근대화에 크게 기여한 인물이다. 반면 우리나라를 비롯한 아시아 여러 나라의 입장에서는 남의 나라를 강제로 빼앗으려는 침략자로 평가받고 있다.

1919년에 일본 유학생들이 우리나라의 독립을 요구한 선언

2·8 독립 선언

개요 1919년 2월 8일 일본에서 공부하던 조선인 유학생들이 도쿄 한복판에서 우리나라의 독립을 요구한 선언이다. 3·1 운동에도 커다란 영향을 미쳤다.

풀이 제1차 세계 대전에서 승리한 미국의 윌슨 대통령은 국제 문제에 대해 민족 자결주의 원칙을 선언했다. 민족 자결주의 원칙이란 다른 민족의 간섭이나 지배를 받지 않고 민족 스스로 자신의 문제를 결정함을 뜻한다. 이 원칙은 제1차 세계 대전에서 패한 나라들이 과거에 점령한 식민지 문제를 해결하기 위해 발표된 것이었다.

윌슨의 민족 자결주의 원칙은 당시 일본에서 공부하던 한국 유학생들에게 큰 감동을 주었다. 이에 유학생 60여 명은 도쿄에 모여 독립 선언서와 결의문을 낭독했다. 이들은 "조선 청년 독립단은 우리 이천만 민족을 대표하여 정의와 자유의 승리를 득한(얻은) 세계 만국 앞에 독립을 기성하기를(이루기를) 선언하노라." 라고 시작되는 〈2·8 독립 선언서〉를 읽어내려 갔다.

이들은 〈2·8 독립 선언서〉를 통해 한일 강제 병합은 우리 민족의 뜻과 반대되는 것이며, 선진국도 이에 대한 책임이 있다고 지적했다. 그런 다음 일본에게 우리나라의 독립을 요구하면서, 이 요구를 듣지 않을 경우에 일본을 상대로 영원히 투쟁할 것이라고 경고했다.

우리나라의 독립을 요구한 일본 유학생들과 독립 선언서.

심화 〈2·8 독립 선언서〉를 〈3·1 독립 선언서〉와 비교하면 다른 점이 있다. 〈3·1 독립 선언서〉가 일제의 도덕적이지 못한 부분에 대해 호소하는 데 비해, 〈2·8 독립 선언서〉는 한층 투쟁의 의지가 강하게 드러나 있다는 점이다. 〈2·8 독립 선언서〉는 당시 독립 운동을 준비하고 있던 국내의 민족 지도자나 종교계의 지도자, 학생들에게 영향을 주어 3·1 운동이 일어나는 계기가 되었다.

시대 조선 시대 **더 찾아보기** 광해군, 권율, 명, 사간원, 선조, 일본, 임진왜란, 정철, 조선, 한양, 홍문관

임진왜란 때 공을 세운 조선의 문신이자 '오성과 한음'의 주인공

이항복

개요 조선 중기의 문신이다. **임진왜란** 때 왕실을 호위하고 **명**나라의 지원을 이끌어 내는 등의 공을 세웠다.

풀이 이항복은 1556년에 서울에서 태어났다. 스물네 살이 되던 해인 1580년에는 과거 시험에 합격해 벼슬길에 나아갔고, **사간원**과 **홍문관** 등에서 일했다. 임진왜란이 일어난 1592년에는 도승지로 있었는데, **일본**군의 공격이 **한양** 가까이에 이르자 임금(**선조**)과 그의 가족들을 호위해 피신시켰다. 그는 이때의 공으로 병조 판서로 임명되었고, 이후 조선군을 정비하는 일을 맡아 했다.

임진왜란 중에는 이덕형과 함께 명에 구원병을 요청하자고 건의했고, 평양성과 한양을 되찾는 데 공을 세웠다. 특히 그는 외교 분야에서 뛰어난 재능을 보였는데, 명의 사신들도 어려운 일이 있을 때면 그를 찾았다고 한다.

또한 이항복은 당쟁이 있을 때마다 잘잘못을 공평하게 가려내어 소신 있게 행동한 것으로 유명하다. 상대 당파인 **정철**이 모함을 받자 그를 찾아가 위로했고, 정철의 죄를 제대로 다루지 않았다는 비판을 받아 벼슬에서 물러나기도 했다. **광해군** 때는 북인들이 인목 대비를 폐위하려 하자 적극 반대하다가 관직에서 쫓겨났는데, 이후 황해도 북청에서 귀양살이를 하다 1618년에 세상을 떠났다.

심화 **권율**의 사위이기도 한 이항복은 그가 어린 시절에 벌인 재미있는 일화가 많이 전해 온다. 특히 이덕형과 죽마고우로 지내며 벌인 재치 있는 일들은 '오성과 한음 설화'로 전해 오고 있다. '오성'은 이항복, '한음'은 이덕형의 호이다.

성리학을 체계화해 '동방의 주자'라고 불린 조선의 대학자
이황

개요 **조선** 중기의 대학자이다. 호는 '퇴계'이다. 평생 동안 학문 연구에 힘써 **성리학**(주자학)을 체계화했고, 도산 서당을 세워 제자를 길러 내는 데 힘썼다. 율곡 **이이**와 함께 조선의 대학자로서 쌍벽을 이루었으며, **붕당** 가운데 동인이 그를 시조로 떠받들었다.

풀이 이황은 1501년 경상북도 예안(지금의 안동 지방)에서 태어났다. 어릴 때부터 남달리 총명했던 그는 독서를 즐기는 모범생으로 자랐고, 열두 살 때 《논어》를 익힐 정도로 학문 수준도 높았다.

이황은 비교적 늦은 나이인 서른네 살 때 과거 시험에 합격했다. 이후 벼슬길에 나가 중종과 인종, 명종, **선조** 등 조선의 제11대~제14대 임금을 섬겼다. 그는 위로는 임금으로부터 아래로는 수많은 관리와 선비들의 지극한 존경을 받았다. 그러나 건강이 나빠지자 더 이상 나랏일을 볼 수 없다며 고향으로 돌아가 학문 연구에 몰두했다. 그는 벼슬자리에서 물러나면서 어린 나이에 임금이 된 선조에게 《성학십도》를 바쳤다. 이 책은 선현과 자신의 **유학** 사상을 한데 모은 것이다.

이황은 성리학(주자학)을 집대성한 대학자로서 '동방의 주자'라는 칭송을 받았다. 하지만 그는 주자의 이기이원론을 더욱 발전시켰다. 이것은 자식이 부모를 공경해야 하는 것과 마찬가지로, 아무리 세상이 변해도 변치 않는 법칙인 '리'를 '기'보다 중요하게 여겨야 한다는 주장이다. 이황의 제자인 유성룡, 김성일, 정구 등은 주리론을 계승해 영남학파를 이루었다. 주로 영남 지방을 중심으로 활약한 영남학파는 중부 지방의 기호학파와 경쟁하며 주리론을 더욱 발전시켰다. 기호학파는 이황과 함께 대학자로 일컬어지는 이이의 주기론을 계승한 세력이었다.

한편, 이황은 벼슬자리에서 물러난 뒤 1570년에 세상을 떠나기 전까지 후진 양성과 학문 연구에 몰두했다. **임진왜란** 후에는 그의 문집이 **일본**에도 전해져 당시 일본의 성리학 발전에 큰 영향을 끼쳤다.

이황은 벼슬자리에서 물러난 뒤 학문을 연구하고 제자들을 가르치며 남은 생을 보냈다. 그가 후진을 길러 내기 위해 세운 도산 서당은 훗날 도산 서원으로 발전했다. 수많은 조선의 선비들이 그의 가르침을 따랐으며, 제자들은 그의 주리론을 계승해 영남학파를 이루었다.

심화 이황이 세운 도산 서당은 훗날 **도산 서원**으로 발전했다. 그가 세상을 떠난 뒤 제자들은 도산 서당 뒤에 도산 서원을 짓고 해마다 제사를 지내며 그의 뜻을 기렸다. 2005년까지 발행된 천 원짜리 화폐 한 면에 이황의 초상이, 다른 한 면에 도산 서원의 전경이 들어 있다.

이황은 성리학(주자학)을 체계화했을 뿐만 아니라, 주자의 이론을 더욱 발전시켜 '동방의 주자'라는 칭송을 받은 조선의 대학자이다.

시대 조선 시대 | 더 찾아보기 광해군, 명, 병자호란, 선조, 임진왜란, 정묘호란, 조선, 후금

서인 세력이 광해군을 몰아내고 인조를 임금으로 세운 사건

인조반정

개요 조선 광해군 때인 1623년에 서인 세력이 정변을 일으켜 인조를 새로운 임금으로 세운 사건이다.

풀이 광해군은 선조의 후궁이 낳은 둘째 아들이었지만 뛰어난 능력을 인정받아 임금의 자리에 올랐다. 광해군은 임금이 되자마자 임진왜란으로 인해 어지러워진 나라를 안정시키는 데 힘을 쏟았다. 또한 서로 대립하는 명과 후금 사이에서 중립 외교를 펼쳐 조선이 또다시 전쟁에 휘말리지 않도록 노력했다.

그러나 광해군은 임금이 되는 과정에서 자신을 반대했던 서인 세력과는 사이가 좋지 않았다. 서인은 선조의 왕비였던 인목 왕후가 영창 대군을 낳았을 때 세자를 광해군에서 영창 대군으로 바꾸려고 했었다. 여전히 자신을 못마땅하게 여기는 서인 세력이 반란을 일으킬지도 모른다고 의심하던 광해군은 결국 배다른 동생인 영창 대군을 죽이고 인목 대비를 대비에서 폐하고 서궁(경운궁)에 가두었다. 인목 대비는 광해군을 낳지는 않았지만 선조의 왕비였으므로 공식적으로는 그의 어머니였다. 또한 광해군은 오랫동안 갈등을 빚어온 친형 임해군도 처형했다.

이에 서인 세력은 광해군을 어머니를 가두고 형과 동생을 죽인 패륜아라고 비난하며 반정을 일으켰다. 광해군의 중립 외교도 임진왜란 때 조선을 도와준 명과의 의리를 저버린 행위라고 비판했다. 반정 세력은 광해군을 왕의 자리에서 쫓아내 강화도로 귀양을 보내고, 선조의 손자인 능양군을 임금의 자리에 올렸다. 그리고 일반 백성의 지위로 떨어뜨린 인목 대비의 지위도 되찾아 주었다.

심화 인조반정에 참여한 서인 세력들은 공신이 되어 권력을 잡았다. 그러나 반정에 큰 공을 세웠으면서도 권력층에서 밀려난 이괄은 난을 일으키기도 했다. 이후 서인 정권은 명에 대한 의리를 내세워 후금을 멀리 했는데, 이로 인해 조선은 정묘호란과 병자호란을 겪게 되었다.

시대 현대 | 더 찾아보기 국제 연합, 유엔, 6·25 전쟁

맥아더가 이끄는 유엔군이 인천에 상륙해 북한군의 후방을 공격한 일

인천 상륙 작전

개요 6·25 전쟁 중인 1950년에 국제 연합군(유엔군)이 인천에 상륙해 북한군의 후방을 공격한 일이다. 이 작전으로 유엔군과 국군은 서울을 되찾았고 불리하던 전세를 뒤바꿔 놓았다.

풀이 1950년 6월 25일에 전쟁이 일어난 이후, 8월부터는 국군과 북한군이 낙동강 지역에서 치열한 전투를 계속했다. 어느 한 쪽 편도 결정적인 승리를 거두지 못하는 상태였다. 이때 맥아더가 이끄는 유엔군은 북한군의 후방에 상륙하여 적을 앞뒤에서 공격할 계획을 세우고 치밀한 준비 끝에 인천 상륙 작전을 펼쳤다. 후방이란 군대의 뒤편 또는 군사나 무기를 공급하는 뒤쪽 부대를 뜻한다. 북한군도 유엔군의 후방 공격 계획을 눈치 챘지만 구체적으로 어디에 상륙할지는 알지 못했다. 게다가 낙동강 전선에 대부분의 병력을 보냈기 때문에 이 작전에 제대로 대비하지 못했다.

인천 상륙 작전은 당시 유엔군 사령관이었던 맥아더가 맡았다. 유엔군은 국군과 함께 월미도에 처음 상륙한 뒤 서울로 진격해 북한군의 후방을 공격했다.

1950년 9월 15일 새벽, 국군과 유엔군 해병대가 월미도에 도착하면서 인천 상륙 작전이 시작되었다. 국군과 유엔군 해병대는 상륙하자마자 인천으로 나아가기 시작해 이튿날인 9월 16일에는 인천 지역 전체를 완전히 장악했다. 9월 17일에는 육군 부대도 상륙해 인천과 김포 일대의 북한군을 물리치고 서울로 진격했다. 9월 19일에는 국군과 유엔군이 한강을 넘었고, 9월 28일에는 서울 지역을 되찾았다.

심화 인천 상륙 작전이 성공하면서 국군과 유엔군은 전쟁의 주도권을 잡았다. 이후 낙동강 전선의 국군과 유엔군도 총반격에 나서서 북한군을 앞뒤에서 공격했다. 결국 북한군은 급격히 무너져 후퇴하기 시작했고, 국군과 유엔군은 기세를 몰아 38도선 남쪽 지역의 대부분을 되찾았다. 이어 10월 1일에는 국군이 38도선을 지나 전쟁 이전의 북한 지역으로 진격하게 되었다.

시대 선사 시대~현대　**더 찾아보기** 고구려, 고려, 구석기 시대, 대한 제국, 도요토미 히데요시, 러일 전쟁, 만주 사변, 메이지 유신, 백제, 삼국 시대, 신라, 신석기 시대, 왜구, 6·25 전쟁, 일본군 위안부, 임진왜란, 조선, 중일 전쟁, 청동기 시대, 청일 전쟁

우리와 오랫동안 교류하면서도 갈등을 빚어 온 이웃 나라

일본(왜)

개요 아시아 동북부에 있는 나라이다. 홋카이도와 혼슈, 시코쿠, 규슈 등 4개의 섬과 그 밖의 많은 섬으로 이루어져 있다. 우리나라와는 오랫동안 교류하면서도 침략을 일삼고 역사 문제를 일으켰다.

풀이 일본의 여러 섬에는 **구석기 시대**부터 사람들이 살았다. **신석기 시대**와 **청동기 시대**를 거치면서 점차 작은 국가들이 나타났고, 6세기에 비로소 통일 국가가 세워졌다. 이전에는 주로 '왜'라고 불렀지만 '일본'이라는 이름도 사용했다. 12세기 말에는 무인들이 권력을 잡고 실질적으로 통치를 하는 막부(바쿠후) 정권이 성립되어 19세기 후반까지 700년 가까이 지속되었다.

일본은 19세기 중반에 미국을 비롯한 서양 여러 나라에 문호를 개방하면서 커다란 사회 변화를 맞았다. 1868년에 막부 정권을 무너뜨리고 **메이지 유신**을 단행하면서 왕(천황) 중심의 근대 국가를 세웠다. 이후 일본은 서양 제국주의 국가들이 그랬던 것처럼 아시아 대륙으로 진출하기 시작했다. **청일 전쟁**, **러일 전쟁**의 승리를 바탕으로 1910년에는 **대한 제국**을 강제로 병합했고, 1931년에 **만주 사변**을 일으킨 데 이어 1937년에는 **중일 전쟁**을 일으켜 중국 대륙 침략을 본격화했다. 1941년에는 하와이 진주만에 있는 미국 해군 기지를 공격하면서 제2차 세계 대전에 뛰어들었지만 실패하고, 1945년 8월 15일에 항복했다.

패전 이후 일본은 연합군의 통치를 받으면서 군국주의에서 벗어난 민주 국가 건설을 추진했지만, 자유 진영과 공산 진영이 대립하는 냉전 체제가 형성되면서 민주화의 움직임은 후퇴하고 동아시아 반공 기지의 역할을 했다. 1950년 **6·25 전쟁** 이후 경제 발전을 이루었지만, 1990년대 초 부동산 가격과 주식의 폭락 등으로 경제가 급속히 후퇴하고 장기 불황을 겪었다. 1990년대부터는 전쟁을 할 수 없도록 규정된 헌법 개정과 군대 재무장을 추진하는 등 보수화 경향이 뚜렷하게 나타나고 있다.

대한 제국을 강제로 병합하고 중국 대륙을 침략한 데 이어 제2차 세계 대전에 뛰어든 일본. 하지만 연합국에 패하고 1945년 9월 2일 전함 미주리호에서 항복 문서에 사인했다.

심화 우리나라와 일본 사이에는 오랫동안 많은 교류가 있었다. **삼국 시대**에는 **백제**를 비롯해 **신라**, **고구려**의 문물이 일본에 전해져 통일 국가 수립에 커다란 영향을 미쳤다. **고려**와 **조선** 시대에도 일본 상인들이 드나들면서 교역을 했다. 그러나 전쟁이나 충돌, 갈등도 잦았다. 이미 신라 때부터 일본 해적인 **왜구**가 자주 침략해 약탈 행위를 했는데, 고려 말과 조선 초에는 더욱 심해져 해안 지방 사람들이 살기 힘들 정도였다.

1592년에는 일본을 통일한 **도요토미 히데요시**가 조선을 대규모로 침공해 **임진왜란**이 일어났다. 조선 후기에는 통신사가 일본을 왕래하는 등 평화로운 관계를 유지했으나 메이지 유신 이후에는 다시 침략적 진출을 본격화했다. 1910년에 대한 제국을 강제로 합병해 35년간 가혹한 식민 통치를 했다. 최근에는 **일본군 위안부** 문제 등 식민 지배 기간에 벌인 수탈과 비인도적 행위를 인정하지 않고, 오히려 지난날의 침략을 미화하는 등 역사 왜곡과 분쟁을 일으키고 있다.

일본은 12세기 말부터 676년간 무사들이 권력을 잡고 나라를 다스렸다. 흔히 '사무라이'라고 부르는 무인 세력의 집권 시기를 '막부 정권'이라고 한다.

흔히 일본을 일컬어 '가깝고도 먼 나라'라고 한다. 우리나라와 지리적으로 가깝고 교류도 잦았지만 갈등이 매우 깊었기 때문이다. 일본은 번번이 우리나라를 침략했을 뿐 아니라 오늘날에도 지난날의 침략에 대해 반성하지 않고 있다.

갈라진 일본을 통일하고 조선을 침략했던 도요토미 히데요시. 하급 무사의 집안에서 태어났지만 반대파를 제거하며 성장해 일본 최고의 권력자가 되었다.

일제 강점기에 성노예 생활을 강요당한 여성들

일본군 '위안부'

개요 일제 강점기에 일본군 위안소에 끌려가 성노예 생활을 강요당한 여성을 뜻한다. 일본군에 의해 조직적이고 강압적으로 동원되었다.

풀이 일본군은 만주 침략(만주 사변) 직후인 1932년에 군위안소 제도를 처음 마련했다. 일본군의 사기를 높이고 성병을 예방하며 강간을 막기 위해서라는 명분을 내세웠다. 군위안소는 1937년 중일 전쟁 이후 본격적으로 운영되었는데, 처음에는 일본인 직업 여성이 위안부로 동원되었다. 그러다 조선과 중국, 필리핀, 인도네시아 등 점령지 여성들을 강제로 끌어가기 시작했고, 최소 5만 명에서 많게는 수십만 명으로 짐작되는 여성들이 동원되었다. 특히 조선인 여성이 가장 많았다.

일제는 학교를 보내 준다거나 취직을 시켜 준다며 여성들을 모집해 군위안소로 넘겨 버렸다. 이렇게 일제에 속아 군위안부가 된 여성들은 하루에도 수십 명의 군인들을 상대하며 치욕과 고통 속에 살아야 했다. 심지어 전쟁 막바지에는 일제가 자신들의 만행이 드러나는 것을 막기 위해 위안부를 집단 학살하는 일까지 저질렀다.

일본군 '위안부'로 끌려갔던 여성들은 해방 후에도 자신의 피해를 드러내 말하지 못하고 숨죽여 살아야 했다. 1980년대부터 조금씩 군위안부 문제가 드러나기 시작했고, 용기 있는 할머니들의 증언이 잇달아 터져 나왔다. 그 결과 1990년 한국 정신대 문제 대책 협의회(정대협)가 구성되었고, 그 이듬해에 위안부 할머니들을 위한 '나눔의 집'이 세워졌다.

심화 1992년부터는 정대협을 중심으로 군위안부 할머니들이 일본 대사관 앞에서 매주 수요 집회를 열어 일본의 사과와 배상을 요구했다. 1992년부터 유엔 인권 위원회에서도 일본군 '위안부' 문제가 토론되었고, 1996년에는 이를 심각한 전쟁 범죄로 규정한 보고서가 채택되었다.

그러나 일본 정부는 여전히 군위안부는 민간 업자들이 모집해 운영한 것으로, 일본군이나 정부는 관여하지 않았다면 배상을 거부하고 있다. 1992년 자료를 통해 일본군의 동원과 강제성이 드러나자 마지못해 형식적 사과를 했지만, 배상 문제는 **한일 협정**을 통해 모두 마무리되었다는 입장을 유지하고 있다.

일제에 속거나 강제로 군위안소에 끌려가 치욕과 고통의 나날을 보낸 여성들. 위안부는 조선과 중국, 필리핀, 인도네시아 등 일본의 점령지 여성들이었으며 그중에서도 조선인 여성들이 가장 많았다.

일본 대사관 앞에 세워진 일본군 위안부 평화비. 당시 꽃다운 나이에 끌려간 소녀의 모습을 표현했다.

위안부로 끌려가 고통을 당하고도 숨죽여 살아야 했던 위안부 할머니들. 하지만 일본 정부는 여전히 배상을 거부하고 있어 위안부 할머니들의 눈물은 계속되고 있다.

시대 일제 강점기 | **더 찾아보기** 대한민국 임시 정부, 만주 사변, 무단 통치, 문화 정치, 봉오동 전투, 산미 증식 계획, 3·1 운동, 윤봉길, 이봉창, 일본, 조선 총독부, 창씨개명, 청산리 대첩, 태평양 전쟁, 토지 조사 사업, 한국광복군, 한일 강제 병합, 헌병 경찰 통치,

일제가 우리의 주권을 빼앗고 탄압과 약탈을 일삼았던 시기

일제 강점기

개요 **일본**에게 나라를 빼앗긴 1910년부터 해방된 1945년까지, 우리 민족이 수난을 겪었던 시기를 뜻한다. 우리 민족은 가혹한 탄압과 약탈을 일삼는 일제에 맞서 독립운동을 벌였다. 일제 강점은 **태평양 전쟁**을 일으킨 일본이 1945년에 연합국에 항복하면서 끝이 났다.

풀이 **한일 강제 병합**으로 나라의 주권을 강탈한 일제는 **조선 총독부**를 설치하고 일본군의 대장을 총독으로 임명한 뒤 행정과 입법, 사법 및 군대까지 손에 쥐고 **무단 통치(헌병 경찰 통치)**를 펼쳤다. 우리나라 사람들의 모든 정치 활동을 금지시켰고, 민족의식을 기를 수 있는 모든 활동들은 철저하게 탄압했다. 또한 우리말과 우리 역사를 가르치는 교과서와 영웅들의 이야기를 담은 책들을 사용하지 못하게 했다. **토지 조사 사업**을 실시해 식민 통치를 쉽게 할 수 있도록 토지 제도를 정비하고 토지세를 거두었으며, **회사령**을 실시해 민족 자본의 성장을 막았다. 심지어 교사들에게도 제복을 입히고 칼을 차게 했다.

이에 우리 민족이 단합하여 1919년에 **3·1 운동**을 일으키자, 일제는 우리 민족을 달래려는 **문화 정치**를 실시했다. 회사령을 폐지하고 헌병 경찰제에서 보통 경찰제로 바꾸었다. 교육의 기회를 확대한다고 발표했고, 한글로 된 신문의 간행을 허용했다. 그러나 이는 우리 민족을 분열시키고 더 교묘한 방법으로 탄압하려는 속셈에서 이루어진 것이었다. 일제는 **산미 증식 계획**을 실시해 많은 양의 쌀을 일본으로 가져갔고, 그로 인해 우리나라 사람들은 심각한 식량난에 시달려야 했다.

1931년에는 일제가 **만주 사변**을 일으켜 대륙 침략을 본격화했다. 한반도에서는 민족 정신을 철저히 없애는 황국 신민화 정책이 추진되었다. 성과 이름을 일본식으로 고치는 **창씨개명**은 물론 일본 왕실의 조상을 모시는 신사에 참배하고, 일본의 왕에게 충성을 맹세하는 '황국 신민의 서사'를 외우도록 강요했다. 또한 일제는 침략 전쟁에 필요한 물자를 공급하기 위해 식량뿐 아니라 무기의 재료로 쓸 놋그릇, 수저

●○○
1910년 일본에게 나라의 주권을 완전히 빼앗긴 뒤, 우리 민족은 가혹한 시련을 겪게 되었다. 일제는 우리나라 사람들의 기본권을 철저히 제한하고 독립운동을 탄압했으며, 갖은 이유를 들어 강제로 전쟁에 동원했다. 이처럼 일제의 식민 지배를 받았던 어두운 시대를 일제 강점기라고 부른다.

회사령

까지 강제로 빼앗아 갔다. 사람들을 강제로 끌고 가서 광산이나 공장에서 일하게 했고, 많은 젊은이들을 전쟁터로 내보냈으며, 여성들은 성 노예 생활을 하게 했다.

심화 우리 민족은 일제에 맞서 독립운동을 벌였다. 1920년에는 독립군 부대가 **봉오동 전투**, **청산리 대첩**에서 큰 승리를 거두었고, 애국지사들은 국내외에서 비밀 조직을 결성해 일제의 식민 통치 기관을 폭파하거나 일본인 관료와 친일파들을 사살하는 의열 투쟁을 벌였다. 중국 상하이에 세워진 **대한민국 임시 정부**는 조직적인 독립운동을 이끌었으며, **이봉창**과 **윤봉길** 등은 의거를 일으켜 국내외에 임시 정부의 존재를 알렸다. 1940년대에는 태평양 전쟁을 일으킨 일제에 맞서 선전 포고를 하고 **한국광복군**을 연합군의 일원으로 참전시키기도 했다. 한국광복군은 한반도에 진입할 계획을 세웠으나 일제의 갑작스런 항복으로 실행하지는 못했다.

3·1 운동과 무장 독립운동 등 우리 민족의 저항과 투쟁은 일제 강점기 내내 이어졌다.

식민 지배에 저항하는 우리나라 사람들을 잔혹하게 탄압하는 일제의 군인과 경찰들.

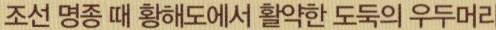

조선 명종 때 황해도에서 활약한 도둑의 우두머리

임꺽정

개요 조선 명종 때 활동한 백정 출신의 도적이다. 부패한 관리나 양반들로부터 빼앗은 재물을 백성들에게 나누어주어 '의적'이라고 불렸다.

풀이 임꺽정은 경기도 양주에서 백정으로 태어나 황해도에서 갈대로 바구니 등을 만드는 일을 하면서 살았다. 그는 한때 왜구들을 물리치는 데 큰 공을 세우기도 했는데, 신분이 백정인 탓에 아무런 보상도 받지 못했다. 이에 임꺽정은 공평하지 못한 세상에 불만을 품기 시작했다.

명종이 다스리던 당시 조선 사회는 정치 혼란과 계속된 흉년으로 온 나라가 어려움을 겪고 있었다. 특히 관리들의 부정부패가 매우 심해 백성들의 불만이 쌓였다. 임꺽정은 뜻을 같이 하는 사람들을 모아 도적떼를 만들고 우두머리가 되었다. 무리가 늘어나자 황해도 구월산 등을 근거지로 삼아 활발하게 활동했다. 단순한 도적질을 넘어서 관아를 습격하고, 양반의 창고를 털어 가난한 사람들에게 곡식을 나누어 주기도 했다. 한양에 연락책을 두고 조정의 움직임을 살필 정도였다. 이에 백성들은 임꺽정의 무리를 의적이라고 여기고, 관군의 토벌이 있을 경우 미리 정보를 알려 주었다.

임꺽정의 세력이 점점 커지자, 조선 조정은 대대적인 토벌 작전에 나섰다. 이 과정에서 임꺽정의 아내와 많은 부하들이 붙잡히면서 임꺽정의 세력도 크게 약해졌다. 임꺽정은 구월산에서 끝까지 저항하다 1562년에 죽었다.

심화 임꺽정의 활약은 오랫동안 사람들의 입에서 입으로 전해졌다. 조선 영조 때에는 실학자 이익이 임꺽정을 홍길동, 장길산과 함께 '조선의 3대 도둑'이라고 설명했고, 일제 강점기에는 유명한 문장가인 홍명희가 그의 활약을 소설로 담아내기도 했다.

시대 조선 시대~현대 | **더 찾아보기** 가야, 광개토 대왕릉비, 백제, 삼국사기, 삼국유사, 신라, 왜, 일본, 조선

고대에 일본이 한반도 남부를 지배했다는 주장

임나일본부설

개요 일본이 4세기 후반 한반도에 진출하여 남부의 나라들을 지배했다는 주장이다. 임나(가야)에 일본부를 두었다고 하여 '임나일본부설'이라고 부르며, 일본의 조선 침략에 이용되었다.

풀이 일본의 역사책인 《일본서기》에는 369년 일본군이 한반도 남부로 진출했고, 이후 임나(가야) 지역에 일본부를 설치해 다스렸으며, 562년 신라에 의해 쫓겨났다는 내용이 있다. 광개토 대왕릉비의 일부 문구도 "391년에 왜가 바다를 건너와 백제와 임나, 신라를 격파하고 신민으로 삼았다."고 풀이해 일본이 일찍이 한반도를 지배했다고 주장했다. 임나일본부설은 조선 침략을 정당화하는 이론이 되었다. 일제가 패망한 뒤에도 이런 주장은 계속되었으며, 심지어 지금도 일본의 역사 교과서에는 고대 일본 세력이 한빈도 남부에 진출했다고 서술되어 있다.

그러나 《일본서기》는 부정확하거나 나중에 덧붙여진 내용이 많아 믿기 어렵고, 《삼국유사》나 《삼국사기》 등 당시 우리의 역사책에는 임나일본부에 대한 기록이 전혀 없다. 고고학적으로도 한반도나 일본에서 임나일본부설을 명확히 뒷받침할 만한 유물이나 유적이 발견되지 않았다. 광개토 대왕릉비의 해당 내용은 해석을 달리하거나 변조되었을 가능성뿐만 아니라 당시 일본의 문화적 수준은 한반도에 비해 한참 뒤떨어져 있었으므로 일본이 신라와 백제, 가야 등을 지배했다는 것은 현실적으로 맞지 않다. 일본이라는 명칭도 7~8세기부터 사용되었기 때문에 4~6세기에 '일본부'라는 기관이 있었다는 주장은 납득하기 어렵다.

심화 임나일본부설은 일본 내에서도 비판을 받고 있다. 《일본서기》나 광개토 대왕릉비의 기록은 과장되었거나 해석을 달리하는 학자들이 많기 때문이다. 그런데도 일본의 일부 학자들이 임나일본부설이 마치 역사적 사실인 양 주장하고 있는 것은 문제라고 지적되고 있다.

시대 삼국 시대   더 찾아보기 신라, 진흥왕, 화랑도

신라의 두 청년이 학문과 충도의 실천을 위해 만든 비석

임신서기석

개요 경상북도 경주시에 있는 신라 시대의 비석이다. 신라 청소년들의 유교 도덕 실천 사상을 엿볼 수 있는 귀중한 자료로, 국립경주박물관에 전시되어 있다.

풀이 임신서기석에는 총 74자의 문자가 새겨져 있는데, 내용은 다음과 같다.
"임신년 6월 16일 두 사람이 함께 맹세하고 기록한다. 지금부터 3년 이후에 충도(忠道)를 지니고 지키며 과실이 없기를 맹세한다. 만약 이를 어기면 하늘로부터 큰 벌을 얻을 것을 맹세한다. 만약 나라가 불안하고 세상이 크게 어지러워져도 모름지기 실행할 것을 맹세한다. 또한 지난 신미년 7월 22일에 크게 맹세하기를 시·상서·예기·전을 차례로 3년 동안 습득할 것을 맹세했다."
여기서 '충도'란 나라에 충성하는 마땅한 도리를 뜻하며, '시·상서·예기·전'이란 유교 경전인 《시경》과 《서경》, 《예기》, 《춘추》를 가리키는 것이다. 비석의 내용으로 보아 신라의 두 청년이 만나 학문에 대한 마음가짐을 새로이 하고, 신미년에 맹세했던 내용을 다시 한 번 확인한다는 뜻에서 만든 것이라고 추측된다.

심화 임신서기석은 임신년에 세운 비석이라는 뜻이다. 여기서 '임신년'이 언제인지에 대해서는 학자들마다 의견이 다르다. 그러나 신라 성덕왕 때인 732년, 혹은 진흥왕 때인 552년이나 진평왕 때인 612년 중에 하나일 것이라고 추측하고 있다. 이것은 비문의 내용에 신라의 교육 기관인 국학에서 배우는 유교의 경전이 나온다는 점, 화랑도의 근본 정신인 충도에 대해 말하고 있다는 점 등을 근거로 추측한 것이다.

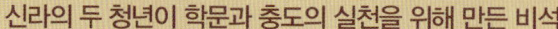

임신서기석은 두께가 약 2센티미터, 길이는 약 30센티미터 정도 되는 비석이다. 전체 모양은 윗부분이 넓은 표주박처럼 생겼는데, 위쪽의 너비는 약 12센티미터 정도 된다. 여기에 총 74자의 문자가 새겨져 있다.

시대 조선 시대 | 더 찾아보기 강화도 조약, 개화파, 고종, 명성 황후, 별기군, 일본, 조선, 청, 흥선 대원군

신식 군대에 비해 차별 대우를 받은 구식 군인들이 일으킨 반란
임오군란

개요 조선 고종 때인 1882년에 구식 군대의 군인들이 신식 군대에 비해 차별 대우를 받는 것에 항의하고, 민씨 정권에 반대하며 일으킨 반란이다. 임오년에 군인들이 일으킨 반란이라는 뜻에서 임오군란이라고 부른다.

풀이 조선 정부는 일본과 강화도 조약을 맺은 뒤 서양 문물을 받아들이는 개화 정책을 추진했다. 이 정책 중 하나로 군사 제도를 개편하고 신식 군대인 별기군을 만들었다. 그런데 군사 제도를 바꾸는 과정에서 구식 군대의 많은 군인들이 직업을 잃었다. 또한 군대에 남게 된 군인들도 13개월이나 월급을 받지 못하는 등 별기군에 비해 나쁜 대우를 받았다.

구식 군인들의 불만이 높아지자 조선 정부는 13개월 만에 1개월치 월급을 쌀로 주었다. 하지만 월급 대신 받은 쌀에는 모래가 반이나 섞여 있었고 양도 크게 부족했다. 화가 난 구식 군인들이 선혜청에 몰려가 항의하자 당시 권력을 장악하고 있던 민씨 세력은 주동자를 체포해 고문한 뒤 처형하려고 했다. 이에 구식 군인들이 분노해 폭동을 일으켰다. 폭동에는 민씨 세력의 개화 정책에 불만을 가지고 있던 백성들도 참여했다.

이들은 무기고를 습격한 뒤 개화파 관료들의 집은 물론 일본 공사관을 공격했다. 이 과정에서 민씨 세력의 일부 관료들이 살해되었다. 명성 황후는 장호원으로 피신했고, 일본 공사는 일본으로 탈출했다. 두려워진 고종은 민씨 세력에 의해 밀려났던 흥선 대원군에게 도움을 요청했다. 다시 권력을 잡은 흥선 대원군은 민씨 세력을 몰아내고 임오군란을 수습했다. 또한 민씨 세력이 추진하던 개화 정책을 폐지하고 개혁 정치를 시작했다.

한편, 공사관을 공격당한 일본은 임오군란의 책임자를 처벌하고 일본이 입은 피해를 배상하라며 군대를 출동시켰다. 또한 조선에서 영향력을 강화할 수 있는 기회를 엿보던 청나라도 군대를 파견했다. 흥선 대원군은 일본을 견제하기 위해 청의 군

대가 빨리 한성에 들어올 것을 부탁했으나 청은 오히려 그를 납치해 청으로 데려갔다. 이로써 흥선 대원군의 정권은 무너지고 다시 민씨 정권이 들어서게 되었다.

심화 임오군란 이후 조선에는 청과 일본의 군대가 동시에 주둔하게 되었다. 조선은 일본과 제물포 조약을 맺고 막대한 피해 배상을 했다. 임오군란을 수습하고 민씨 정권을 다시 세운 청은 조선의 정치에 적극적으로 개입했다. 조선 안에서 청과 일본 세력 사이의 갈등도 깊어갔다. 그러나 민씨 정권은 근본적인 개혁보다는 청에 의존하여 권력을 유지하는 데 힘을 기울였다.

신식 군대에 비해 차별 대우를 받은 구식 군인들이 분노해 반란을 일으켰다. 이들은 무기를 보관해 놓은 관청을 습격한 뒤 부패한 관리들을 죽이고 일본 공사관을 공격했다. 또한 궁궐에 침입해 명성 황후와 민씨 세력을 제거하려고 했다.

구식 군인들이 일본 공사관을 공격할 때 일본인 13명이 목숨을 잃었고, 일본 공사는 몰래 도망쳤다. 이에 일본은 피해 보상을 요구하며 군대를 이끌고 조선에 들어왔다.

시대 조선 시대 | **더 찾아보기** 경복궁, 권율, 김시민, 도요토미 히데요시, 명, 문화재, 불국사, 선조, 양반, 여진, 의병, 이순신, 일본, 조선, 한양, 후금

1592년에 일본이 조선을 침략해 벌어진 7년간의 전쟁

임진왜란

개요 **조선 선조** 때인 1592년부터 1598년까지 **일본**이 조선을 침략하면서 일어나 7년간 계속된 전쟁이다. 처음에는 일본이 우세했지만 **이순신**과 **권율** 등이 이끄는 조선군과 **의병**의 활약, 그리고 **명**과 힘을 합쳐 만든 조명 연합군의 반격으로 전세를 뒤집었다. 이후 일본은 전쟁을 일으킨 **도요토미 히데요시**가 죽자 조선에서 물러나 돌아갔다.

풀이 일본에서는 15세기 말부터 각 지역을 다스리던 영주들이 으뜸의 권력, 즉 패권을 차지하기 위해 서로 다투었다. 약 100여 년간 영주들끼리 전쟁을 벌인 이 시기를 전국 시대라고 한다. 그런데 1587년에 도요토미 히데요시가 혼란스러운 전국 시대를 끝냈다. 그는 영주들을 차례로 굴복시켜 일본을 통일한 뒤 아시아 전체를 차지하려는 계획을 세웠다.

도요토미 히데요시는 먼저 조선에 수교를 요구했다. 그러면서 자신들이 명을 정벌할 테니 일본군이 조선을 통과할 수 있도록 길을 열어달라고 했다. 하지만 명과 사대 관계(약한 나라가 강한 나라를 받들어 섬기는 관계)를 맺고 있던 조선이 이런 요구를 들어줄 리 없었다. 자신의 요구가 거절되자, 도요토미 히데요시는 약 20만 명의 군사를 일으켜 조선을 침략했다.

당시 조선에서는 **양반** 지배층들 간에 권력 다툼이 일어나 일본의 침략에 맞설 준비가 되어 있지 않았다. 일부에서는 일본의 침략을 걱정하며 이에 대비해야 한다는 의견도 나왔지만 대부분의 관리들은 이를 무시했다. 그러다 끝내 전쟁이 일어났다. 1592년 4월 13일에 부산에 상륙한 일본군은 엄청난 기세로 쳐들어와 불과 보름 만에 **한양**을 점령했다. 선조와 신하들은 궁궐을 버리고 나와 평양을 거쳐 의주까지 피난했다. 일본군은 5월 말에는 개성을 점령했고, 전쟁이 시작된 지 두 달 만인 6월 13일에는 평양성까지 함락시켰다.

육지에서는 대부분의 조선군이 일본군의 공격을 받고 무너졌지만, 바다에서는 이

순신이 이끄는 조선 수군이 일본군을 연달아 격파했다. 이순신의 활약으로 서해를 통해 수군을 북상시켜 육군과 합류하게 하려는 일본의 계획은 물거품이 되었다. 또한 바다를 통해 식량과 무기를 공급하려던 계획도 차질을 빚었다. 그런가 하면 전국 곳곳에서 의병이 일어나 일본군을 공격했다. 이로 인해 일본군은 점차 육지에서도 식량이나 무기를 공급받기가 어려워졌다. 게다가 자꾸만 뒤를 공격당하는 바람

혼란스러웠던 일본을 통일한 도요토미 히데요시는 "명을 정벌할 테니 길을 내 달라."며 조선을 침략했다. 불과 두 달 만에 한반도 대부분이 일본군에게 점령당하면서 조선의 운명이 위태로워졌다.

에 군대의 힘을 하나로 모으기 힘들었다. 조선 수군과 의병이 활약하며 일본군을 주춤거리게 만드는 사이, 조선의 육군도 점차 힘을 되찾아 일본군에게 반격을 가했다. 진주성에서는 **김시민**이 지휘하는 관군이 의병과 힘을 합쳐 전라도로 진격하려는 일본군을 크게 격파하기도 했다.

한편, 의주로 피난한 조선 조정은 명나라에 구원을 요청했다. 명은 일본군이 자국까지 침략할 것을 우려해 지원군을 보냈다. 조선과 명의 연합군은 힘을 모아 1593년 1월에 평양성을 탈환했고, 지쳐 있던 일본군은 한양으로 물러났다.

이후 일본군은 경상도 일대로 후퇴해, 그곳에 성을 쌓고 근거지를 튼튼히 했다. 일본과 명은 휴전 협상을 벌였지만 일본의 무리한 요구로 별다른 성과를 거두지 못했다. 이에 일본은 힘으로 자신들의 요구를 얻어내고자 1597년에 다시금 조선을 침략했다. 이를 임진왜란과 구분해 정유재란이라고 부른다. 임진왜란은 1598년 도요토미 히데요시가 죽자 일본군이 철수하면서 끝났다.

심화 7년에 걸쳐 이어진 임진왜란은 조선과 명, 일본 모두에게 커다란 피해를 주었다. 먼저 조선은 전쟁이 벌어진 무대였기 때문에 가장 많은 사람이 죽었고, 토지가 황폐해졌으며, 많은 **문화재**와 서적이 훼손되거나 도둑을 맞았다. **경복궁**을 비롯한 한양의 궁궐들은 물론 **불국사**를 비롯한 전국의 많은 사찰들이 불에 타기도 했다.

일본도 조선에 보낸 많은 군인들이 목숨을 잃었고, 전쟁을 위해 식량이나 무기를 가져오면서 일본 백성들의 생활이 어려워졌다. 그러나 전쟁 중에 조선에서 빼앗아 간 서적과 문화재는 일본의 문화를 발달시키는 데 도움이 되었고, 일본에 끌려간 조선의 도공들은 일본의 도자기를 발전시키는 주인공이 되었다.

한편, 명은 조선에 지원군을 보내느라 나라 살림에 어려움을 겪었다. 명의 힘이 약해진 틈을 타서 **여진**족이 만주 지방에서 세력을 크게 키운 뒤 **후금**을 세우고 명을 위협했다.

도요토미 히데요시에게 무릎을 꿇고 신하가 된 일본의 영주들은 앞을 다투어 조선과의 전쟁에 뛰어들었다. 이들은 조선군과 백성들을 무자비하게 죽였을 뿐 아니라 조선의 많은 문화재들을 약탈해 갔다.

당시에는 신무기였던 조총으로 무장한 일본군은 엄청난 기세로 조선을 공격했다. 전쟁 준비가 되어 있지 않던 조선군은 삽시간에 밀려드는 일본군에 의해 속속 무너질 수밖에 없었다.

임진왜란이 일어난 뒤 한반도 곳곳에서 전투가 벌어졌다. 처음에는 일본군이 우세했으나 조선군과 의병, 조명 연합군의 반격으로 일본은 차츰 물러날 수밖에 없었다. 그런데 임진왜란에는 조선과 일본, 명 등 세 나라가 나섰으나 전쟁의 주요 무대는 한반도였다. 이로 인해 조선은 가장 큰 피해를 입었다.

전국 곳곳에서 의병들도 일어났다. 이들은 기세를 올리며 진격하던 일본군을 후방에서 기습 공격하여 타격을 주었다. 의병들의 공격으로 인해 일본군의 진격도 주춤해졌다.

1593년에는 권율이 행주 산성에서 일본군을 물리쳤다. 조선군과 백성들이 하나가 되어 승리한 이 전투가 바로 '행주 대첩'이다.

전라도 지역으로 진격하려는 일본군의 발목을 잡은 진주 대첩. 김시민은 조선군과 백성들을 이끌고 수 만의 일본군을 물리쳤다.

바다에서는 이순신이 이끄는 조선 수군이 일본군과 맞서 싸웠다. 한산도 대첩과 명량 대첩 등은 불리해진 전쟁의 분위기를 뒤바꿀 정도로 대단한 승리였다.

조선 세종 때 과학자 장영실이 만든 자동 물시계
자격루

개요 자동으로 시각을 알려 주는 장치가 되어 있는 물시계이다. **조선**의 제4대 임금인 **세종**의 명을 받아 **장영실**이 만들었다.

풀이 물시계는 **삼국 시대**부터 사용되었다. 《**삼국사기**》에 따르면 신라 성덕왕 때인 718년에 '누각'이라는 이름의 물시계를 만들었다고 한다. 물시계는 주로 날씨가 흐린 날이나 해가 진 저녁 시간과 같이 해시계를 사용할 수 없을 때 사용된 것으로 짐작된다. 또한 우리나라뿐 아니라 중국이나 아라비아에서도 물시계를 사용했다.

물시계의 작동 원리는 다음과 같다. 먼저 물을 채운 항아리에 구멍을 뚫고 일정한 양의 물이 다른 항아리에 흘러가게 한다. 그런 다음 이동한 물의 양을 재어 시간을 측정한다. 초기의 물시계는 사람이 직접 물의 양을 재어야 했지만, 조선 시대에는 자동으로 시각을 알려 주는 장치를 달아 일일이 물의 양을 재지 않게 되었다.

조선 세종 때인 1434년에 장영실이 만든 자격루는 시각에 따라 종이나 북, 징이 울리고 나무 인형이 팻말을 들고 나타나 현재 시각을 알려 주었다. **경복궁** 남쪽 보루각에 설치되었으나 21년 만에 고장이 난 뒤에는 사용하지 못했다. 지금 남아 있는 자격루는 조선 중종 때 다시 만든 것으로, 쇠 구슬이 굴러 자동으로 소리를 내던 부분이 없어진 채 물통 부분만 남아 있다. **국보** 제229호로 지정되었으며, 국립고궁박물관에서 보관하고 있다.

심화 장영실이 만든 자격루 안에는 물을 보내는 항아리인 '파수호'와 물을 받는 항아리인 '수수호'가 마련되어 있다. 파수호에서 흘러내린 물은 길쭉하게 생긴 수수호로 들어가는데, 수수호에는 길다란 잣대가 있어 물과 함께 떠올랐다. 이 잣대가 구슬을 떨어뜨려 인형들을 움직이고, 인형들은 소리를 내거나 팻말을 들고 밖으로 튀어나와 시각을 알려 주었다. 각각의 장치가 톱니처럼 맞물려 돌아가며 작동했기 때문에 자격루는 조선의 표준 시계가 될 만큼 정확했다고 한다.

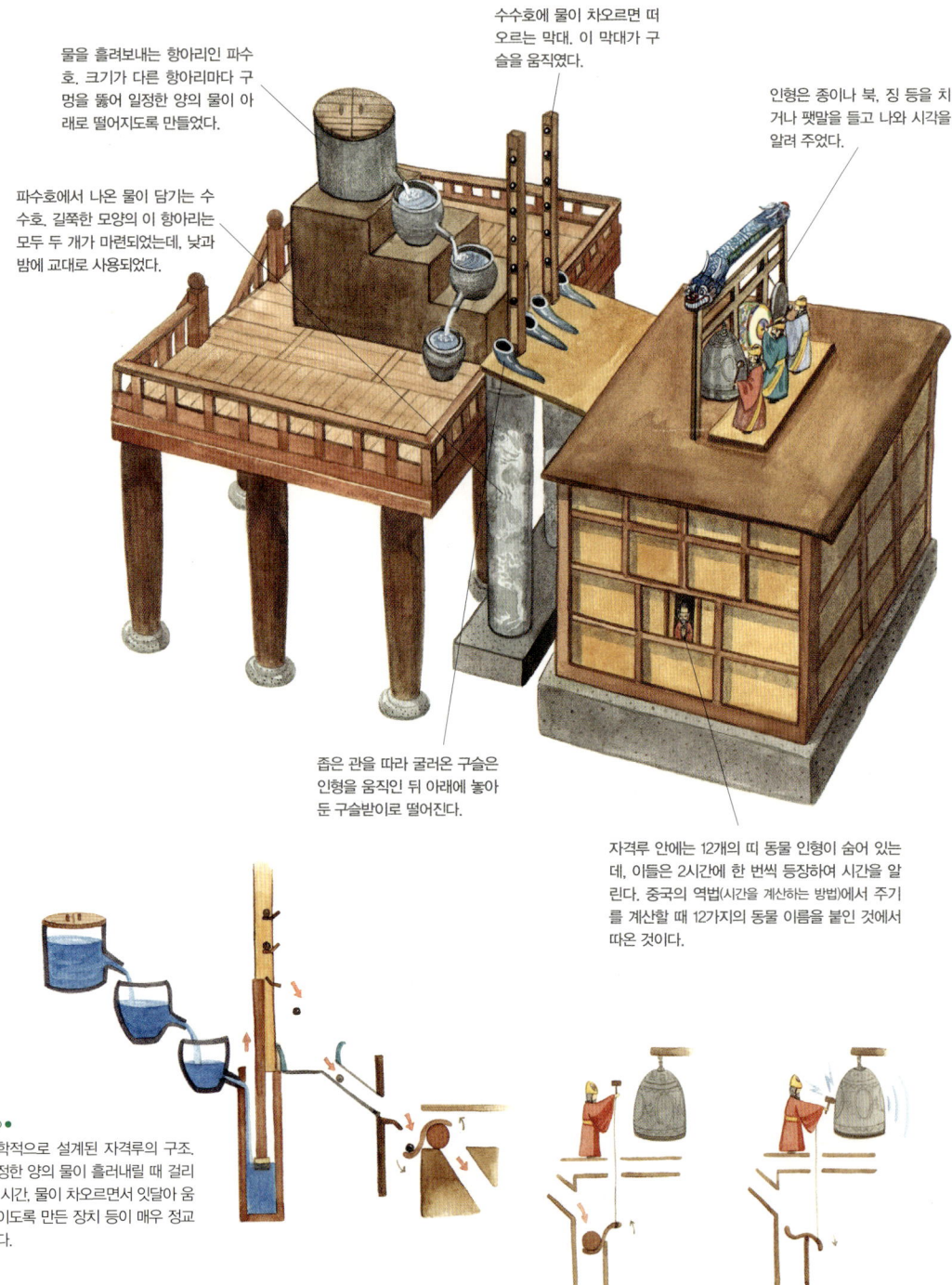

물을 흘려보내는 항아리인 파수호. 크기가 다른 항아리마다 구멍을 뚫어 일정한 양의 물이 아래로 떨어지도록 만들었다.

수수호에 물이 차오르면 떠오르는 막대. 이 막대가 구슬을 움직였다.

인형은 종이나 북, 징 등을 치거나 팻말을 들고 나와 시각을 알려 주었다.

파수호에서 나온 물이 담기는 수수호. 길쭉한 모양의 이 항아리는 모두 두 개가 마련되었는데, 낮과 밤에 교대로 사용되었다.

좁은 관을 따라 굴러온 구슬은 인형을 움직인 뒤 아래에 놓아 둔 구슬받이로 떨어진다.

자격루 안에는 12개의 띠 동물 인형이 숨어 있는데, 이들은 2시간에 한 번씩 등장하여 시간을 알린다. 중국의 역법(시간을 계산하는 방법)에서 주기를 계산할 때 12가지의 동물 이름을 붙인 것에서 따온 것이다.

●○○ 과학적으로 설계된 자격루의 구조. 일정한 양의 물이 흘러내릴 때 걸리는 시간, 물이 차오르면서 잇달아 움직이도록 만든 장치 등이 매우 정교하다.

시대 삼국 시대 더 찾아보기 고구려, 광개토 대왕, 광개토 대왕릉비, 돌무지무덤, 백제, 석촌동 고분군, 온조, 장수왕

광개토 대왕이나 장수왕의 것으로 추측되는 피라미드형 돌무지무덤

장군총

개요 중국 지린 성 지안 현에 있는 **고구려** 시대의 무덤이다. 7층으로 된 돌무지무덤으로, 광개토 대왕이나 장수왕의 것으로 추측된다.

풀이 장군총이 누구의 무덤인지에 대해서는 정확하게 밝혀지지 않았다. 무덤 안에 있던 유품이 모두 도굴당했기 때문이다. 고구려 19대 임금인 **광개토 대왕**과 그의 아들인 **장수왕**의 무덤이라는 두 가지 견해가 있다. 장군총을 장수왕릉으로 보는 학자들은 **광개토 대왕릉비**와 가까운 거리에 있으며 규모도 더 큰 태왕릉을 광개토 대왕의 무덤으로 추정한다. 그러나 태왕릉과 광개토 대왕릉비의 방향이 다르고, 평양으로 도읍을 옮긴 장수왕의 무덤을 구태여 옛 도읍지에 세울 필요가 있느냐는 이유를 들어 장군총을 광개토 대왕릉으로 보는 의견들도 있다.

장군총이 만들어진 시기는 대략 4세기 후반~5세기 전반으로 추측된다. 무덤의 전체 모양은 이집트의 고대 무덤인 피라미드와 비슷하고 형식은 돌무지돌방무덤이다. 먼저 화강암으로 널방을 만든 다음에 길게 다듬은 장대석 1,100여 개를 7층에 걸쳐 쌓았다. 무덤의 높이는 약 13미터에 이르며, 무덤 꼭대기에는 기둥을 세우고 지붕을 씌웠던 흔적이 남아 있다.

심화 장군총과 비슷한 모양을 가진 **돌무지무덤**은 주로 고구려의 영토였던 만주 지역과 대동강 유역에 분포하고 있다. 그런데 **백제**의 영토였던 한강 유역에서도 이와 비슷한 무덤이 발견되었다. 서울 **석촌동 고분군**의 돌무지무덤은 고구려의 것과 매우 비슷해 백제를 세운 주요 세력이 고구려 계통이라는 '**온조**' 설화가 사실임을 뒷받침해 준다. 온조는 백제를 세운 임금으로, 설화에 따르면 고구려를 세운 동명왕의 아들이라고 한다.

피라미드를 닮은 장군총 모습.

시대 조선 시대 | 더 찾아보기 실학, 영조, 임꺽정, 조선, 조선왕조실록

조선 숙종 때 구월산을 중심으로 활동한 도둑의 우두머리

장길산

개요 조선 숙종 때 황해도의 구월산을 중심으로 활동한 도둑의 우두머리이다. 홍길동, 임꺽정 등과 함께 '조선의 3대 도둑'으로 꼽힌다.

풀이 장길산이 언제, 어디서 태어나 자랐는지는 정확히 알려진 것이 없다. 다만, 그는 본래 광대였다가 황해도 일대에서 도적떼를 모아 그들의 우두머리가 되었다고 전해진다. 조선 조정은 그가 황해도 일대에서 활약하던 때부터 붙잡으려고 했지만 번번이 실패했다.

《조선왕조실록》에는 "1692년에 평안도 양덕현에서 장길산을 잡으려 했지만 실패해 그 고을 현감을 좌천시켰다."는 기록이 전하고 있다. 1697년에는 장길산이 금강산의 승려들과 손을 잡고 반역을 도모했다는 고발이 있었지만, 사실 여부나 사건의 진상은 확실하지 않다. 장길산이 붙잡히지 않자 숙종은 다음과 같은 명령을 내렸다.

"극적 장길산은 날래고 사납기가 견줄 데가 없다. 여러 도로 왕래해 그 무리들이 번성한데, 벌써 10년이 지났으나 아직 잡지 못하고 있다. 지난번 양덕에서 군사를 징발하여 체포하려고 포위했지만 끝내 잡지 못했으니, 역시 그 음흉함을 알 만하다…. 별도로 군사를 징발해 체포해서 뒷날의 근심을 없애는 것도 의논하여 아뢰도록 하라."

조정에서는 많은 상금을 걸고 각 도의 관찰사와 병사들에게 명령을 내려 장길산을 잡게 했다. 그러나 장길산은 끝내 잡히지 않았으며, 장길산 무리의 실체도 제대로 알려지지 않았다.

심화 가난과 굶주림에 시달리던 조선의 하층민들은 고향과 일터를 떠나 도적이 되는 경우가 많았는데, 장길산의 신출귀몰한 활약은 훗날 여러 가지 설화를 남겼다. 조선 영조 때의 실학자 이익은 장길산을 홍길동, 임꺽정 등과 함께 조선의 3대 도적이라고 설명했다. 장길산의 활동은 1970~1980년대 소설의 소재가 되어 인기를 끌기도 했다.

시대 일제 강점기~현대　**더 찾아보기** 대한민국, 박정희, 4·19 혁명, 3·15 부정 선거, 5·16 군사 정변, 유엔, 이승만, 일제 강점기, 8·15 광복

내각 책임제의 대한민국 제2공화국에서 국무총리를 지낸 정치가

장면

개요 **일제 강점기**에 활동한 교육자이자 해방 후 국무총리를 지낸 정치가이다. **4·19 혁명** 이후 내각 책임제를 도입한 **대한민국** 제2공화국에서 국무총리로 선출되었지만, **5·16 군사 정변**으로 인해 9개월 만에 물러났다.

풀이 장면은 1925년에 한국 천주교 청년회 대표로서 미국 유학을 떠났다가 돌아왔다. 이후 천주교 평양 교구에서 일하다 동성 상업학교 교장과 계성 학교 교장 등을 지냈다.

1948년 **8·15 광복** 후에는 정치에 뛰어들어 국회 의원에 당선되었다. 같은 해에 열린 **유엔** 총회에 한국 대표로 참석해 대한민국이 국제적 승인을 얻는 데 공헌했고, **6·25 전쟁** 때에는 주미 대사로서 유엔군의 파병을 요청하는 데 큰 역할을 담당했다. 이후 장면은 자유당의 독재 정치에 맞서 싸우며 민주당을 조직하는 데 참여했다. 1956년에는 부통령이 되었으며, 1960년에도 다시 부통령 선거에 나갔으나 **3·15 부정 선거**로 인해 자유당 후보였던 이기붕에게 밀려 낙선했다.

독재 정치와 3·15 부정 선거를 규탄하는 4·19 혁명으로 **이승만**과 자유당 정권이 무너진 뒤, 장면은 내각 책임제를 도입한 제2공화국의 국무총리로 선출되었다. 그는 민주주의에 대한 요구를 수용하고 경제 개발 계획을 수립해 바른 정치를 펴고자 했지만, 사회 혼란과 민주당 내의 파벌 싸움으로 인해 어려움을 겪었다. 결국 이를 빌미삼은 **박정희**와 군부 세력이 5·16 군사 정변을 일으키자 9개월 만에 총리직에서 물러났다.

심화 5·16 군사 정변 이후 장면은 정치 활동을 금지당하고 감옥살이를 하는 등 고난을 겪었다. 감옥에서 풀려난 뒤에는 신앙 생활에 전념하다가 간염으로 인해 세상을 떠났다.

시대 남북국 시대 | **더 찾아보기** 골품 제도, 당, 신라, 일본, 진골, 청해진

청해진을 세워 바다의 질서를 바로잡은 신라의 장군
장보고

개요 **신라** 말기에 활약한 장군이자 정치가이다. 지금의 완도 지방에 군사 기지인 **청해진**을 세운 뒤 해적을 소탕해 바다의 질서를 바로잡았다. 주변 국가들과의 무역으로 막대한 부를 쌓아 '해상왕'이라고 불렸으며, 846년에 그를 시기한 귀족들에 의해 암살당했다.

신라 말기에 활약한 장수 장보고. 당나라에서 장수가 된 그는 신라로 돌아와 청해진을 세우고 해상 질서를 확립했다. 그의 활약으로 신라는 동북아시아에서 국제 무역의 중심지로 발돋움했다.

풀이 장보고는 천하고 가난한 집안에서 태어났지만 어려서부터 무술에 뛰어난 능력을 보였다고 한다. 그의 어린 시절 이름은 '궁복' 또는 '궁파'라고 알려져 있는데, 이는 활을 잘 쏘는 사람이라는 뜻이다. 청년으로 자란 뒤에는 중국의 **당**으로 건너가 군인이 되었다. 신라의 엄격한 **골품 제도**에서는 천한 신분으로 태어난 그가 재능을 인정받기 어려웠기 때문인 것으로 추측된다. 당에서 그는 뛰어난 활약을 바탕으로 무령군 소장이라는 자리에까지 올랐다.

그 무렵 신라는 어지러운 정치로 인해 나라의 힘이 약해지기 시작했는데, 국방이 허술해진 틈을 타 해적들이 해안 지방을 공격하는 일이 잦았다. 해적들은 식량이나 귀중품을 약탈해 가는 것은 물론이고 신라의 많은 백성들을 당으로 끌고가 노예로 팔았다. 신라인들이 당에서 비참한 노예 생활을 하는 모습을 본 장보고는 신라로 돌아와 흥덕왕에게 간청했다. "청해(지금의 완도 지방)에 군사 기지를 세워 바다의 무역로를 보호하고 해적을 소탕하자."는 것이었다. 이에 흥덕왕은 장보고의 청을 받아들이고 그를 청해진 대사로 임명했다.

장보고는 즉시 군대를 조직하고 청해진을 건설했다. 신라인들을 괴롭히는 해적들을 소탕하는 것은 물론이고 신라의 서남쪽 바다를 오가는 상인들도 국적에 관계없이 안전하게 보호했다. 장보고의 활약으로 신라는 바닷길이 안전해졌을 뿐 아니라 국제 무역이 활발해졌다. 장보고 자신도 당과 **일본**을 잇는 무역을 통해 막대한 부를 쌓아 '해상왕'이라고 불리게 되었다.

심화 신라의 제42대 임금인 흥덕왕이 죽은 뒤 신라 왕실에서는 임금의 자리를 놓고 치열한 권력 다툼이 벌어졌다. 왕권 경쟁에서 밀려난 김우징(신무왕)은 청해진으로 도망을 쳤는데, 장보고는 김우징을 도와 그가 임금의 자리에 오르는 데 큰 공을 세웠다. 이후 신무왕의 아들(문성왕)이 임금이 되자 장보고는 자신의 딸을 왕비로 올리고자 했다. 하지만 **진골** 귀족들은 장보고의 세력이 지나치게 커진 것을 시기하고 있었다. 이에 장보고의 옛 부하를 시켜 그를 암살하도록 했다. 장보고가 죽은 지 얼마 되지 않아 청해진도 신라의 중앙군에 의해 정벌되고 말았다.

시대 **삼국 시대** | **더 찾아보기** 고구려, 광개토 대왕, 광개토 대왕릉비, 국내성, 나제 동맹, 백제, 송, 신라, 위례성, 충주 고구려비

북방 외교와 남진 정책으로 고구려의 전성기를 이끈 임금
장수왕

개요 **고구려**의 제20대 임금이다. 고구려 역사상 가장 넓은 영토를 다스리며 전성기를 이끌었다. 아버지인 **광개토 대왕**이 만주 지방의 넓은 영토를 개척한 데 더해, 그는 남진 정책으로 한반도 중부 지방까지 영토를 넓혔다.

풀이 394년에 광개토 대왕의 아들로 태어난 장수왕은 스무 살이 되던 해인 413년에 임금의 자리에 올랐다. 그는 중국의 여러 나라와 적극적인 외교 관계를 맺어 나라를 안정시켰고, 왕실의 권위와 광개토 대왕의 업적을 널리 알리기 위해 **광개토 대왕릉비**를 세웠다. 또한 **국내성** 지역을 바탕으로 부와 권력을 쌓은 귀족 세력의 힘을 누르고 왕권을 강화하기 위해 427년에 도읍을 국내성에서 평양성으로 옮겼다.

또한 천도(도읍지를 옮김)를 계기로 삼아 남쪽으로 영토를 확장시키는 남진 정책을 펼쳤다. 장수왕의 명령을 받은 고구려군은 한강 유역으로 쳐들어가 백제의 **위례성**을 점령했으며, 백제의 개로왕을 사로잡아 죽이기도 했다. 이 때문에 백제는 도읍지를 웅진(지금의 공주 지방)으로 옮길 수밖에 없었다. 이후 고구려군은 한강 유역을 따라 남쪽으로 더 내려가 소백산맥까지 이르렀다. 충청북도 충주에 있는 **충주 고구려비**는 장수왕이 다스리던 때인 5세기경에 세워진 것으로 추측되는데, 이는 당시 고구려의 영토가 남한강 상류까지 이르렀음을 보여 준다.

장수왕은 처음에는 **신라**와 우호 관계를 유지했다. 하지만 신라가 그의 남진 정책에 놀라 백제와 동맹(**나제 동맹**)을 맺자, 481년에 신라를 공격해 여러 개의 성을 빼앗았다. 충주 고구려비가 세워진 충주 지역도 신라의 영토였다.

심화 장수왕은 '길다'는 뜻의 장(長)이라는 한자에 '목숨'을 뜻하는 수(壽)를 합쳐 지은 이름이다. 실제로 장수왕은 이름처럼 오래 살다가 아흔여덟 살이 되던 해인 491년에 세상을 떠났다. 그는 무

장수왕은 고구려 역사상 가장 넓은 영토를 다스리며, 여러 사회 제도와 문화를 발달시킨 임금이다. 그가 임금의 자리에 있었던 78년간은 고구려가 동아시아에서 최강대국으로 군림했던 시기이기도 하다.

려 78년이나 임금의 자리에 있었는데, 그동안 외교 정책과 정복 전쟁을 두루 이용하면서 고구려의 전성기를 이끌었다. 중국의 북위와 송 등과는 외교 관계를 맺어 북쪽 국경을 안정시키고, 백제와 신라는 남진 정책으로 압박하면서 고구려를 동아시아에서 가장 힘이 센 최강대국으로 만든 것이다.

장수왕이 다스리던 5세기경의 고구려 영토. 북쪽으로는 요동을 포함한 만주 지방, 남쪽으로는 남한강 상류를 포함한 한반도 중부 지역 전체에 이르렀다.

고구려군은 동아시아 최강의 군대였다. 신라와 백제가 고구려의 남진 정책에 놀라 동맹을 맺어 대항했지만, 결국 여러 개의 성을 함락당한 채 위축되고 말았다.

마을이나 절 입구에 세운 사람 모양의 기둥

장승

개요 마을이나 절 입구에 세운 사람 모양의 기둥이다. 예부터 마을이나 절의 수호신이자 사람들이 소원을 비는 신앙의 대상이었다. 때로는 마을을 구분하는 경계 표시나 이정표로 이용되기도 했다.

풀이 장승이 왜, 언제부터 만들어졌는지는 정확히 알 수 없다. 하지만 장승이 고대에도 있었던 것만은 분명하다. 장승은 아주 오래 전부터 사람들이 사는 곳 주변에 세워져 여러 가지 기능을 했다. 마을 어귀에 세워진 장승은 '여기부터 마을'이라는 경계의 표시가 되었고, 마을에 들어오려는 악귀나 나쁜 기운을 막는 역할도 했다. 때로는 장승에 주변 고을의 방향과 거리를 표시해 나그네들을 위한 길 안내판이 되기도 했다.

절의 입구에 세워진 장승도 마찬가지였다. 절의 영역을 보여 주는 경계이면서 절로 가는 길을 보여 주는 안내판의 역할을 했다. 물론 절로 들어가려는 잡귀도 막았다. 통도사 국장생석표와 같이 나라의 명령으로 절의 영역을 나타내는 장승을 세우기도 했다. 이처럼 장승은 나쁜 기운을 막는 힘을 가졌다고 믿었으므로, 사람들은 장승 앞에서 병을 낫게 해달라거나 소원을 이루게 해 달라고 빌곤 했다.

장승은 나무로 만든 것이 가장 많지만, 돌로 만든 석장승도 꽤 많다. 장승은 사람과 닮은 모습을 하고 있지만 팔과 다리가 없이 얼굴과 몸통으로 이루어져 있다. 얼굴은 대개 눈이 크고 코가 우뚝하며, 입을 크게 벌려 이빨이 드러나는 경우가 많다. 목이 따로 없어 얼굴과 몸통이 바로 연결되는 것도 특징이다. 간혹 장승을 무서워하는 사람도 있지만, 자세히 살펴보면 사람의 모습을 해학적으로 표현했음을 알 수 있다.

장승은 대개 남녀 한 쌍으로 세워진다. 남자 장승은 머리에 관모를 쓰고 있지만, 여자 장승은 관이 없다. 남녀 장승에는 각각 '천하대장군', '지하여장군'이라는 이름이 새겨 있는 경우가 많다.

장승은 때로 나그네들을 위한 이정표 노릇도 했다. 길을 가다 장승이 나오면 그로부터 얼마 떨어지지 않은 곳에 마을이나 절이 있음을 알 수 있었다. 또한 장승이 있는 곳에서부터 마을이 시작됨을 알리는 경계 표시의 역할도 했다.

심화 지금도 전국 곳곳에서 장승을 어렵지 않게 찾아볼 수 있다. 장승은 **솟대**와 함께 대중성과 역사성을 가진 우리의 풍속이다. 그래서 최근에는 지방 자치 단체들이 앞장서 장승 공원을 만들거나 장승 축제를 열어 지역을 홍보하고 전통 풍속을 보존하기 위해 노력하고 있다.

장승은 대부분 마을 어귀나 절 입구에 세워져 있다. 나쁜 기운으로부터 마을이나 절을 보호하고, 사람들의 소원을 들어주는 역할을 했다.

시대 조선 시대 | 더 찾아보기 고려, 보부상, 삼국 시대, 조선

조선 후기에 상업이 발달하면서 자리 잡은 정기적인 시장

장시

개요 조선 후기에 상업이 발달하면서 전국 곳곳에 자리 잡은 정기 시장이다. 5일마다 한 번씩 열리는 5일장이 가장 많았으며, 일반 사람들과 여러 종류의 상인들이 이곳에서 생활에 필요한 물건을 사고팔았다.

풀이 삼국 시대에도 시장이 있었다. 이때는 주로 물건과 물건을 맞바꾸는 물물 교환이 이루어졌다. 고려 시대에는 매일 열리는 상설 시장과 농촌에서 정기적으로 열리는 향시가 있었고, 조선 전기에는 정기적으로 장시가 열렸다. 그러나 장시가 본격적으로 발달한 것은 조선 후기였다. 조선 후기에는 장시의 수가 크게 늘어나 전국 곳곳에서 열렸는데, 이것은 사회적인 변화 때문이었다. 농민들은 자신이 먹을 곡식 외에 장시에 내다 팔기 위한 상품 작물을 재배하기 시작했고, 수공업이 발달해 여러 가지 공산품이 만들어졌으며, 화폐가 널리 쓰이면서 물건을 사고팔기가 쉬워졌기 때문이다. 19세기 초에는 전국적으로 1,000개가 넘는 장시가 섰다고 한다.

정기적으로 열리는 장시는 대부분 5일장이었다. 주변의 다섯 개 지역을 하나로 묶은 뒤 날짜를 달리 하여 시장을 열었다. 이러한 5일장 조직은 전국을 벌집 모양으로 연결했다. 장시에서는 여러 종류의 상인들이 활동했다. **보부상**들은 장시를 돌아다니며 장사했고, 객주는 사람들의 물건을 보관해 주거나 거래를 연결해 주었으며, 감고는 곡식의 양을 측정해 준 대가를 받아 돈을 벌었다. 한강 포구에 있는 큰 규모의 장시에는 많은 양의 곡물과 소금, 어물 등을 사고팔면서 숙박업을 하던 여각도 있었다.

장시에서는 주로 가까운 지역에서 생산된 일상 용품을 사고팔았다. 곡물이나 옷감, 고기, 술과 같은 식품은 물론이고 농기구, 칼, 도끼 등과 같은 생활 도구 등 다양한 농산물과 수공업 제품들이 장시에 나왔다. 그러나 지역이나 시기에 따라서 특별한 물건을 파는 장시도 있었다. 가축 시장, 땔감 시장, 한약재를 사고파는 약령시, 고기잡이 철이면 열리는 파시 등은 한 종류의 상품을 주로 다루는 전문 시장이었다.

심화 정기적으로 열리는 장시는 차츰 상설 시장으로 바뀌었다. 대도시 주변의 장시는 규모가 더욱 커지기도 했다. 현대에는 백화점이나 슈퍼마켓, 할인 마트 등이 생겨나면서 장시가 줄어들었다. 하지만 최근에는 정부와 지방 자치 단체가 정기적으로 열리는 전통 시장과 매일 열리는 재래시장을 보존하고 활성화하기 위해 노력하고 있다.

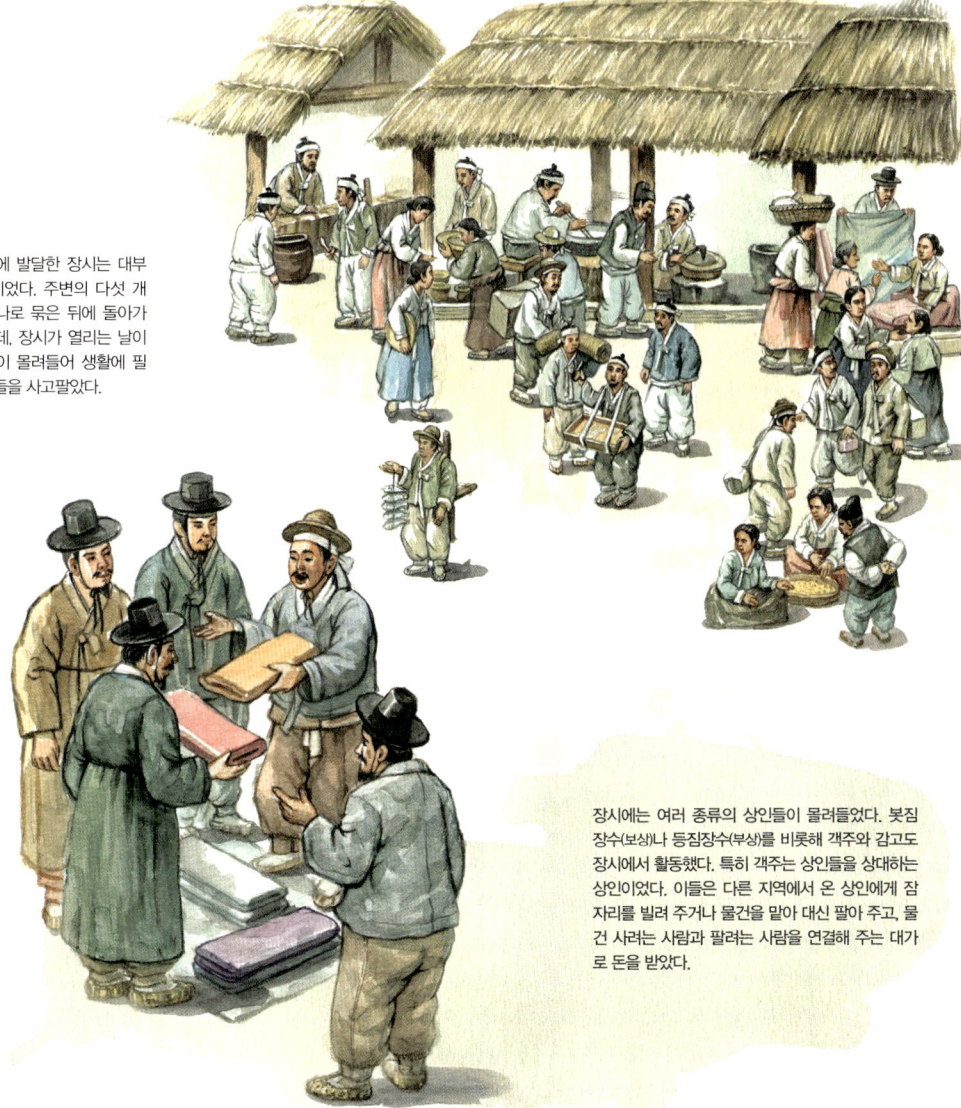

조선 후기에 발달한 장시는 대부분 5일장이었다. 주변의 다섯 개 지역을 하나로 묶은 뒤에 돌아가며 열었는데, 장시가 열리는 날이면 사람들이 몰려들어 생활에 필요한 물건들을 사고팔았다.

장시에는 여러 종류의 상인들이 몰려들었다. 봇짐장수(보상)나 등짐장수(부상)를 비롯해 객주와 감고도 장시에서 활동했다. 특히 객주는 상인들을 상대하는 상인이었다. 이들은 다른 지역에서 온 상인에게 잠자리를 빌려 주거나 물건을 맡아 대신 팔아 주고, 물건 사려는 사람과 팔려는 사람을 연결해 주는 대가로 돈을 받았다.

조선 세종 때 활약한 노비 출신의 천재 과학자

장영실

개요 조선 초기에 활약한 노비 출신의 천재 과학자이다. 세종의 지원을 받으며 자격루를 비롯한 여러 가지 과학 기구들을 발명했다.

풀이 장영실이 언제, 어디서 태어났는지는 알려지지 않았다. 다만 그는 본래 경상도 동래현의 관아에 속한 노비였다고 한다. 그의 어머니는 동래현에 속한 기생이라고 알려져 있다. 장영실은 어려서부터 기구를 다루거나 고치는 솜씨가 좋아서 태종 때 궁중 기술자로 뽑혀 일하게 되었다. 그러다 그의 재능을 알아본 세종의 아낌없는 지원을 받으며 본격적으로 과학 기구를 연구하게 되었고, 노비의 신분에서 벗어나 상의원 별좌라는 관직에까지 올랐다.

이후 장영실은 과학 분야에서 우리 역사상 가장 뛰어난 업적을 남겼다. 그는 중국에 가서 천문 기기를 연구하고 돌아왔고, 여러 가지 과학 기구들을 만들었다. 천문을 관측하는 간의, 천체의 운행과 위치를 측정하는 혼천의, 금속 활자인 갑인자, 한국 최초의 물시계인 자격루, 솥단지 모양의 해시계인 앙부일구, 휴대용 해시계인 현주일구, 하천의 범람을 막기 위해 강물의 양을 재는 수표 등이 그가 만든 대표적인 과학 기구들이다.

심화 장영실은 출생뿐 아니라 어떻게 세상을 떠났는지도 알려진 것이 없다. 세종이 병을 치료하기 위해 이천으로 온천욕을 떠나는 길에 장영실이 만든 임금의 수레가 부서지는 사고가 일어났는데, 그 책임으로 곤장 80대를 맞고 관직에서 쫓겨났다는 기록만 있을 뿐이다.

시대 조선 시대~일제 강점기 | 더 찾아보기 대한 제국, 을사조약, 일본, 전명운, 한일 신협약

1908년에 친일파 미국인인 스티븐스를 저격한 독립운동가

장인환

개요 1908년에 친일 미국인 스티븐스를 죽인 독립운동가이다. 이 때문에 10년간 감옥살이를 했으며, 이후 미국에서 생활하다가 1930년에 세상을 떠났다.

풀이 1876년에 평양에서 태어난 장인환은 1904년에 미국으로 이민을 떠났다. 처음 2년간은 하와이 사탕수수 농장에서 일했고, 1906년 미국 본토의 샌프란시스코로 이주하여 주로 노동일을 하며 살았다. 그러다 일제가 **을사조약**을 맺어 **대한 제국**의 외교권을 빼앗고 정치 간섭을 일삼는다는 소식을 듣고, 대동보국회에 가입해 독립운동을 시작했다.

그는 대한 제국에서 친일 행위를 일삼던 미국인 스티븐스가 1908년에 미국으로 돌아와 "**일본**의 지배가 한국에 도움이 된다."고 기자 회견을 하자, 스티븐스를 처단하기로 결심했다. 스티븐스는 당시 대한 제국에서 활동하던 외교 고문으로, 을사조약과 **한일 신협약** 체결을 도와 일제가 대한 제국을 식민지로 만드는 데 앞장선 인물이었다.

마침내 1908년 3월 23일, 그는 미국 오클랜드 선창에서 워싱턴으로 가는 배를 타려던 스티븐스를 권총으로 쏴 사살했다. 당시 현장에는 그와 똑같은 목적으로 온 독립운동가 **전명운**이 있었는데, 그는 전명운과 함께 곧바로 구속되었다.

심화 재판의 과정에서 미국 내 한인들은 장인환의 구명에 힘썼다. 장인환의 행위가 '지나친 애국심에서 나온 정신 착란 행위'라고 하면서 무죄를 주장했다. 이에 반해 일본 측은 장인환의 살인을 입증하기 위해 노력했다. 검사는 사형을 구형했지만, 장인환은 정신 착란에 의한 2급 살인으로 처리되어 25년형을 받았다. 그러나 투옥 후에도 계속된 한인들의 석방 노력으로 10년 만에 풀려 나왔다. 장인환은 1927년 일시 귀국하기도 했지만, 일제의 감시로 미국으로 돌아가 어렵게 살다가 죽었다.

시대 조선 시대~일제 강점기 | 더 찾아보기 국채 보상 운동, 독립 협회, 만민 공동회, 애국 계몽 운동, 을사오적, 을사조약, 일제 강점기, 조선, 한일 강제 병합, 황성신문

을사조약의 부당함을 알리는 글을 쓴 언론인
장지연

개요 조선 말기와 일제 강점기에 활동한 언론인이다. 을사조약 당시 《황성신문》에 '시일야방성대곡'이라는 글을 써 조약의 부당함을 주장했다. 하지만 나중에는 친일 행적을 보이기도 했다.

풀이 1864년에 경상북도 상주에서 태어난 장지연은 독립 협회와 만민 공동회에 가입해 활동하다 《황성신문》의 사장이 되었다. 1905년에 을사조약이 체결되자 《황성신문》에 '시일야방성대곡'이라는 글을 써서 조약에 담긴 일제의 속셈과 을사오적의 매국 행위를 폭로하였다. 그는 이 일로 경찰에 붙잡혔다가 65일 후 풀려났고, 《황성신문》도 발간이 중단되었다. 이후 그는 애국 계몽 운동과 국채 보상 운동에 뛰어들었으며, 신문과 잡지 등에 논설을 써서 국민들의 참여를 호소했다.

1908년에는 일제의 탄압을 피해 러시아의 블라디보스토크로 망명한 뒤 《해조신문》의 기자로 활동했다. 중국으로 건너갔다가 괴한의 습격을 받아 부상을 입기도 했으며, 국내로 돌아온 뒤에는 일제의 헌병대에 붙잡혔다가 풀려나기도 했다. 이후 《경남일보》의 신문기자로서 일제의 침략 행위를 알리기 위해 노력했다.

을사조약의 부당함을 규탄하는 글을 써 《황성신문》에 게재한 장지연.

심화 장지연은 언론인으로서 독립을 위해 애썼지만 한일 강제 병합 이후에는 친일 행적을 보였다. 1914년부터 1918년까지 《매일신보》 주필로 활동하면서 일제를 찬양하는 글을 게재한 것이다. 그는 1921년에 세상을 떠났는데, 말년에 그가 한 친일 행동은 지금까지 논란거리가 되고 있다.

더 찾아보기 김영삼, 노태우, 대한민국, 박정희, 서울 올림픽 대회, 10·26 사태, 5·16 군사 정변, 5·18 민주화 운동, 6월 민주 항쟁, 6·29 선언

군사 정변으로 권력을 잡고 민주화 운동을 탄압한 대한민국의 대통령

전두환

개요 대한민국의 제11대, 제12대 대통령이다. 10·26 사태 이후 민주화를 요구하는 국민들을 무시한 채 12·12 군사 정변을 일으켜 권력을 잡은 뒤 5·18 민주화 운동을 무력으로 진압하고 대통령이 되었다.

풀이 전두환은 1955년에 육군 사관 학교를 졸업하고 군인의 길로 들어섰으며, 5·16 군사 정변이 일어나자 이를 지지해 박정희의 신임을 얻었다. 보안사령관이었던 1979년에 박정희 대통령이 피살된 10·26 사태가 일어나자, 어수선한 사회 분위기를 틈타 군인들의 사조직인 하나회를 이끌고 군사 정변(12·12 사태)을 일으켜 육군 참모총장 정승화를 강제로 체포하고 권력을 잡았다. 1980년 5월에는 비상계엄을 전국으로 확대한 다음 5·18 민주화 운동을 무력으로 진압했다. 이어 대통령에 올라 헌법을 개정하고 간접 선거로 다시 대통령에 당선되었다.
그는 대통령으로 있는 동안 서울 올림픽 대회를 유치하고 아시안 게임을 개최했으며, 경제 부문에서는 3저(저유가·저금리·저달러) 현상에 힘입어 무역 흑자 달성 등 경제적인 성과를 거두었다. 하지만 정치적으로는 민주화 운동을 탄압하고 자유를 억압하는 정책을 펼쳤다. 임기 내내 대학생들의 시위가 이어졌으며, 1987년에는 대학생 박종철이 고문을 받다 죽는 사건이 일어나기도 했다. 이후 국민들의 민주화 요구가 거세지며 6월 민주 항쟁이 일어나자, 당시 여당의 대통령 후보였던 노태우를 통해 직선제 개헌을 포함한 6·29 선언을 발표했다.

심화 대통령에서 물러난 이후 전두환은 국회 청문회에서 제5공화국 권력 비리와 5·18 민주화 운동의 무력 진압에 대해 조사를 받았다. 김영삼 정부 때인 1997년에는 재판을 받고 무기 징역과 2205억 원의 벌금을 선고받았으나 같은 해 12월에 특별 사면으로 풀려났다.

1908년에 친일파 미국인인 스티븐스를 저격한 독립운동가
전명운

개요 1908년에 일본의 우리나라 침략을 도운 친일 미국인 스티븐스를 저격한 독립운동가이다.

풀이 1884년에 서울에서 태어난 전명운은 일찍이 부모를 여의었다. 그는 스물한 살이 되던 해인 1905년에 미국으로 건너가 노동자로 일하며 항일 단체인 공립 협회의 회원이 되었다. 당시 일본은 침략의 야욕을 본격적으로 드러내고 있었고, 같은 해 11월에는 대한 제국의 외교권을 빼앗은 을사조약을 체결했다. 전명운은 이를 강하게 비판하며 나라의 주권을 회복하기 위한 운동을 벌였다.

1908년에는 스티븐스 암살 계획을 세웠다. 대한 제국의 외교 고문으로 활동하던 스티븐스는 을사조약과 한일 신협약 체결을 도와 일제가 대한 제국을 식민지로 만드는 데 앞장선 인물이었다. 그런 스티븐스가 미국으로 돌아와 일본의 침략을 찬양하는 기자 회견을 하자, 전명운은 직접 그를 심판하기로 마음먹었다.

마침내 1908년 3월 23일, 전명운은 미국 오클랜드 선창에서 일본 영사와 함께 자동차에서 내리던 스티븐스를 향해 총을 쏘았다. 하지만 총알은 빗나갔다. 의거가 실패하자 전명운은 스티븐스에게 달려들어 격투를 벌였다. 그런데 때마침 전명운과 같은 목적으로 온 장인환의 총에 스티븐스가 중상을 입었다. 결국 전명운은 장인환과 함께 구속되었으나 무죄를 선고받고 풀려났다.

심화 전명운은 의거 후에도 독립운동을 계속했지만, 가난한 살림살이 때문에 몹시 고생하며 살았다고 한다. 1945년에 해방이 되었음에도 국내로 돌아오지 못했고, 1947년에 미국에서 세상을 떠났다.

시대 조선 시대 　**더 찾아보기** 고부 농민 봉기, 김개남, 동학, 동학 농민 운동, 서당, 손화중, 양반, 우금치 전투, 일본, 조선, 청, 청일 전쟁, 한양

'녹두 장군'이라고 불리며 동학 농민 운동을 이끈 지도자

전봉준

개요 조선 후기에 동학 농민 운동을 이끈 지도자이다. '녹두 장군'이라고 불리며 농민군을 이끌었는데, 부패한 관리를 벌하고 일본의 침략에 맞서 싸워 많은 농민들의 지지를 받았다.

풀이 전봉준은 1855년에 몰락한 양반 집안에서 태어났다. 집안 형편이 넉넉하지 않아 작은 논밭을 일구어 농사를 짓는 한편 서당을 열고 아이들을 가르치며 생계를 꾸려 나갔다. 그러다 아버지가 군수의 잘못된 정치에 항의하는 글을 올렸다가 심한 매질을 당한 끝에 목숨을 잃자, 어지러운 사회를 개혁하겠다는 뜻을 품게 되었다.

그는 서른다섯 살이 되던 해에 동학에 입교해 고부 지방의 책임자인 접주로 임명되었다. 당시 고부 군수 조병갑은 농민들로부터 과도한 세금을 걷고 부당한 방법으로 재산을 빼앗는 등 학정을 일삼았다. 이에 전봉준은 1984년에 분노한 1,000여 명의 농민과 동학교도를 이끌고 고부 관아를 습격했다. 그는 세금으로 거둔 곡식을 백성들에게 나누어 주고 부패한 관원들을 감옥에 가두었다. 하지만 조선 조정에서는 고부 민란(고부 농민 봉기)의 책임을 동학교도에게 돌리며 탄압했다.

전봉준은 손화중, 김개남과 함께 농민군을 조직한 뒤 본격적으로 동학 농민 운동을 일으켰다. 농민군은 금세 전라도 일대를 장악하고 전국으로 세력을 넓혀 갔다. 그런데 동학 농민 운동을 빌미 삼아 청과 일본의 군대가 조선에 들어오자, 그는 나라의 운명이 위태롭다고 여겨 조정과 전주 화약을 맺었다. 그리고 전라도 지방에 자치 기구인 집강소를 설치하고 문제들을 하나하나 바로잡아 나갔다.

그러나 청일 전쟁에서 이긴 일본이 드러내 놓고 조선의 정치에 간섭하자, 그는 다시 봉기했다. 봉기는 한반도 중남부는 물론 함경도와 평안도까지 확대되었고, 농민군은 충청남도 논산에 집결한 뒤 한양으로 진격하고자 했다. 전봉준이 이끄는 농민군은 서울로 가는 길목인 충청남도 공주를 공격했지만, 우수한 무기로 무장하고 잘 조직된 일본군과 관군의 반격을 받아 크게 지고 말았다. 전국 곳곳의 농민군들도 관

군과 양반 유생들이 조직한 군대에게 패했다. 전봉준은 부하의 밀고로 붙잡혀 1895년에 처형되었다.

심화 전봉준은 동학 농민 운동을 이끌며 '보국안민'을 기치로 내세웠다. 보국안민이란 나랏일을 돕고 백성들을 편안하게 한다는 뜻이다. 그는 전라도 일대를 점령했을 때 농민군에게 군율을 엄격히 지키도록 했다. 살인이나 약탈을 금지했고, 충효를 다하며 외세를 몰아내도록 격려한 것이다. 농민군이 다스리는 동안 백성들은 어느 때보다 평화로운 시기를 보낼 수 있었다고 한다.

●○○
'녹두 장군'이라고 불렸던 전봉준은 당시 조선 농민들의 진정한 지도자였다. 그는 탐관오리를 벌하고 조정에 개혁안을 제시하는 등 동학 농민 운동을 단순한 민란이 아닌 사회 개혁 운동으로 발전시켰다.

전봉준이 '보국안민'을 기치로 내걸고 봉기하자 수많은 농민들이 몰려들었다. 처음 봉기가 이루어진 고부에 모인 농민군만 1만 3000여 명에 달할 정도였다.

시대 고려 시대~조선 시대 | **더 찾아보기** 고려, 과전법, 병자호란, 삼국 시대, 세종, 왕건, 임진왜란, 조선, 태조

농민들이 농사를 짓는 대가로 나라에 바치던 세금

전세

개요 농민들이 농사를 짓는 대가로 수확의 일부를 나라에 바치던 세금이다. **삼국 시대**부터 이미 있었던 것으로 추측되지만, **고려** 시대부터 체계적으로 시행되었다.

풀이 근대 이전의 중국과 우리나라에서는 '나라의 모든 땅은 임금의 것'이라는 생각이 있었다. 그러므로 원래 임금의 땅에서 농사를 짓는 농민들은 그에 대한 대가로 세금을 바쳐야 했다. 이를 땅, 즉 '전(田)'에 대한 세금'이라는 뜻에서 전세라고 했다.

고려 시대 이전에도 전세가 있었으나 얼마나 거두었는지에 대해서는 정확하게 알려지지 않았다. 다만 후삼국 시대에는 가을걷이로 거둔 곡식의 절반 이상을 전세로 내게 하는 바람에 농민들의 불만이 매우 높았다고 한다. 이에 고려를 건국한 **태조 왕건**은 수확량의 10분의 1만 세금으로 내도록 기준을 세웠다.

조선 시대에는 농민들의 부담을 줄여 주기 위해 **과전법**을 실시했다. 조정은 토지 1결 당 최고 30두(斗)까지만 전세를 걷었다. 여기서 1결은 300~400두의 곡식을 수확할 수 있는 땅의 면적을 뜻하며 고려 시대와 같이 10분의 1만 내는 기준이 유지되었다.

제4대 임금인 **세종**은 이에 더해 공법을 실시했다. 공법은 그해 농사의 손실 정도를 조사해서 세금을 깎아 주던 답험손실법을 더욱 세심하게 다듬은 제도였다. 즉 풍년이냐 흉년이냐에 따라 9등급, 땅이 좋으냐 나쁘냐에 따라 6등급으로 나누어 세금을 거두도록 한 것이다. 그리고 토지 1결 당 거둘 수 있는 세금의 한도를 4~20두로 정해 두어 농민들의 세금 부담을 줄여 주었다.

심화 **임진왜란**과 **병자호란** 등 잇달아 큰 전쟁을 치른 조선은 농토가 황폐해지고 농민들이 부랑자처럼 떠돌면서 농업 생산성이 크게 떨어졌다. 이때 조선 조정은 농업을 안정시키기 위해 전세를 1결당 4두로 고정시키는 영정법을 시행했다. 영정법으로 전세 부담은 크게 줄었으나 이로 인해 국가 재정이 어려워졌고, 다시 여러 가지 이름으로 세금이 만들어져 농민들의 부담은 여전했다.

고려 시대에 관리의 등급에 따라 토지를 나누어 준 제도
전시과

개요 **고려** 시대에 관리들이 나라를 위해 일한 대가로 땅을 주었던 제도이다. 관리의 등급에 따라 차등을 두어 농지(농사짓는 데 쓰는 땅)와 삼림(나무가 우거진 숲)을 나누어 주었다.

풀이 고려 조정은 관직을 모두 18등급으로 나누었는데, 등급에 따라 차등을 두어 농사지을 수 있는 땅인 전(田)과 땔나무인 시(柴)를 얻을 수 있는 땅을 주었다. 이것이 바로 전시과이다.

전시과 제도를 통해 토지를 받는 사람은 현재 나랏일을 하고 있는 관리와 군인, 공신 등이었다. 왕실이나 관청도 운영 경비로 토지를 받았다. 하지만 전시과는 땅을 직접 준 것이 아니라 그 땅에서 세금을 거둘 수 있는 권리를 준 것이다. 즉 실제로는 농민들이 소유하고 있는 땅을 관리에게 나누어 주고, 관리들은 그 땅에서 나오는 세금을 가져갔던 것이다.

그러나 토지 제도가 어지러워진 고려 중기 이후 권세 있는 집안에서는 지급 받은 토지를 사실상 자신이 소유하는 땅으로 만들었다. 그리고 "산과 내를 경계로 삼았다."는 기록이 있을 만큼 큰 규모의 농장을 경영했다.

심화 전시과는 나라를 위해 일한 대가로 주는 것이므로 기본적으로는 자식에게 물려줄 수 없었다. 관직에서 물러나면 전시과도 돌려주어야 했다. 하지만 5품 이상의 고급 관리들은 예외였다. 그들은 공음전을 받았는데, 이 땅은 대대로 물려줄 수도 있어 부(재산)를 쌓는 데 밑거름이 되었다.

시대 조선 시대~현대 **더 찾아보기** 대한 제국, 문화재, 숭례문, 일본, 일제 강점기, 8·15 광복

전기의 힘으로 시가지에 설치한 궤도 위를 달리는 차량

전차

개요 전기의 힘으로 궤도 위를 달리는 차량을 뜻한다. 우리나라에는 **대한 제국** 때인 1898년에 처음 궤도를 만들었으며, 1969년에 궤도를 완전히 철거할 때까지 도시의 중요한 교통수단으로 이용되었다.

풀이 전차라는 이름은 전기로 달리는 자동차라는 뜻이다. 고무바퀴를 달고 일반 도로를 달리는 무궤도 전차도 있지만, 전차라고 하면 보통 궤도 위를 달리는 차를 뜻한다. 전차는 19세기 전반에 미국에서 시작되어, 19세기 후반에는 세계 각지로 퍼져 나갔다.

우리나라에 전차가 처음 들어온 것도 19세기 말이었다. 1898년 2월에 미국인 콜브란이 대한 제국 황실과 함께 한성 전기 주식회사를 세운 뒤 서울 서대문과 청량리 사이에 전차 궤도를 만들었다. 1899년에는 종로와 **숭례문**(남대문) 간의 궤도가 만들어졌고, 1900년에는 용산까지 연장되어 전차를 운행했다. 이는 아시아에서는 **일본**에 이어 두 번째로 빠른 것이었다. 하지만 전차의 궤도가 숭례문과 돈의문의 한가운데를 통과하는 바람에 **문화재**를 훼손하는 문제점을 낳기도 했다.

사람이나 말의 힘을 빌리지 않고 스스로 움직이는 전차를 처음 본 사람들은 깜짝 놀라며 두려워했다. 게다가 전차가 개통된 지 일주일 만에 탑골 공원 앞에서 다섯 살짜리 어린이가 전차에 치어 목숨을 잃는 사고가 발행하자, 성난 사람들이 몰려들어 전차를 불태우는 사건이 일어나기도 했다. 그러나 차츰 전차를 이용하는 사람이 늘어나면서 전차는 우리나라에서도 중요한 교통수단이 되었다. **일제 강점기**에는 서울의 전차 노선이 확대되었고, 부산과 평양에도 전차가 개통되었다. 대한 제국 황실은 따로 황실 전용 전차를 만들기도 했다.

심화 20세기에는 버스가 보급되면서 전차는 차츰 줄어들었다. **8·15 광복** 이후 우리나라에서도 버스가 주요 교통수단이 되었다. 나중에는 전차가 자동차의 소통에

지장을 준다는 이유로 철거하기 시작해 1969년에는 완전히 사라졌다. 그러나 최근에는 자동차의 배기가스가 환경 오염의 중요한 원인으로 지적되면서 전차가 다시 관심을 끌고 있다. 전기를 이용해 움직이는 전차는 매연이 거의 없기 때문이다.

1889년에 종로와 숭례문 사이에 궤도가 만들어지면서 전차가 오가게 되었다. 전차는 사람들이 도시 한가운데에서 편리하게 이동할 수 있게 해 주었지만, 문화재를 훼손하는 주범이기도 했다.

19세기 말에 전차가 도입되었다고는 해도 사람들은 여전히 말이나 소 등의 힘을 빌어 물건을 운반했다.

노동자들의 권리를 찾기 위해 자신을 희생한 노동 운동가
전태일

개요 노동 운동가이다. 청계천의 평화 시장의 한 공장에서 일하다 열악한 노동 현실에 눈을 뜬 뒤 노동 환경을 개선하고 노동법을 지키라고 주장하면서 분신자살했다. 그의 희생은 노동 운동 발전과 근로 환경 개선에 큰 영향을 끼쳤다.

풀이 전태일은 1948년 8월 26일에 대구의 가난한 집안에서 태어났다. **6·25 전쟁** 후에는 서울에 올라와 살았는데, 아버지가 사업에 실패하면서 집안은 더욱 어려워졌다. 당시 초등학교에 다니고 있던 전태일은 학교를 그만두고 동대문 시장에서 잡일을 하며 생계를 이어가기 시작했다.

열일곱 살이 되던 해에는 평화 시장의 학생복 제조 업체에 보조원으로 취직이 되었다. 가족을 위해 밤낮이 따로 없을 정도로 열심히 일하며 재봉을 배운 전태일은 얼마 지나지 않아 재봉사가 되었다. 그런데 시간이 지나면서 그는 차츰 어렵고 열악한 노동 현실에 대해 눈을 뜨기 시작했다. 당시 전태일이 일하던 평화 시장에는 의류를 만드는 제조 공장들이 많았는데, 햇볕조차 들지 않는 좁은 공간에서 많은 노동자들이 하루 14시간 이상의 장시간 노동에 시달리고 있었다. 그는 특히 나이 어린 소녀나 여성 노동자들이 더욱 고통받는 환경에 대해 안타까워했다.

그런데 전태일은 뒤늦게 노동자들의 기본적인 권리를 정한 법(근로 기준법)이 있음을 알게 되었다. 그는 동료들을 모아 '바보회'를 만들어 근로 기준법이 현실에서 적용될 수 있도록 하기 위해 노력했다. 평화 시장의 노동 환경과 실태를 조사해 노동청에 근로 조건의 개선을 요구하는 진정서도 제출했다. 하지만 경제 성장을 최우선으로 여기던 **박정희** 정부는 그들의 요구를 받아주지 않았다. 결국 그는 1970년 11월 13일에 다른 노동자들과 함께 평화 시장에서 시위를 벌였다. 하지만 경찰의 제지로 시위가 무산될 위기에 놓이자, 전태일은 휘발유를 자신의 몸에 붓고 불을 붙여 분신자살했다.

심화 전태일은 죽는 순간에 "근로기준법을 준수하라.", "우리는 기계가 아니다."라고 외쳤다. 그의 외침과 희생은 이후 우리나라 노동 운동 발전에 중요한 계기가 되었다. 전태일이 자신의 몸을 불태웠던 청계천의 다리에는 그의 동상이 세워졌으며, 전태일의 삶을 기록한 책인 《전태일 평전》과 영화 〈아름다운 청년 전태일〉이 만들어지기도 했다.

●○○ 전태일은 가난한 집안에서 태어나 노동자로 일하다 우리나라의 열악한 노동 현실에 눈을 떴다. 이후 근로 환경 개선을 위해 노력하다 1970년에 자신의 몸을 불살라 희생했다.

1960년대 청계천 평화 시장에는 적은 임금을 받으며 좁은 공간에서 14시간 이상의 장시간 노동에 시달리는 노동자들이 많았다.

전태일의 어머니 이소선도 자식의 뜻을 이어 노동 운동에 뛰어들었다. 그녀는 '노동자들의 어머니'로 불리며 활동하다 2011년에 세상을 떠났다.

전태일이 분신한 청계천의 버들 다리 위에는 그의 동상이 세워져 있다.

조선 중기 이후 널리 퍼진 나라 운명에 관한 예언서

정감록

개요 **조선** 시대에 널리 퍼진 예언서이다. 조선 왕조가 망한 뒤 정도령이 나타나 정씨 왕조를 세우고 계룡산으로 도읍을 옮긴다는 내용이 들어 있다. 당시 어려운 생활을 하며 조선 조정을 원망하던 백성들에게 큰 인기를 끌었다.

풀이 《정감록》은 조선의 선조인 이심이라는 사람이 정씨의 조상인 정감에게서 들었다는 이야기를 정리한 책이다. 그렇지만 이심이나 정감은 실제로 있었던 사람이 아니었다. 책을 신비하게 보이도록 하기 위해 꾸며낸 인물이다. 《정감록》은 여러 가지 비기(비밀리에 전해지던 기록)의 내용을 모아 엮었고, 음양오행에 따라 미래를 예언하는 참위설이나 **풍수지리설**, **도교** 사상 등이 섞여 있다.

《정감록》은 여러 가지 종류가 전해지고 있고 책에 따라 내용도 다르다. 하지만 공통된 내용 가운데 왕조와 도읍지의 변화에 관한 것이 사람들의 큰 관심을 끌었다. 정감이 이심에게 조선 이후 나라의 운명이 어떻게 될지 예언했기 때문이다. 《정감록》에 따르면 **이성계**의 후손인 이씨의 **한양**, 그 이후에는 정씨의 계룡산, 조씨의 가야산, 범씨의 완산, 왕씨의 송악(개성) 순서로 왕조와 도읍이 이어질 것이라고 했다. 그리고 왕조와 도읍은 몇 백 년을 주기로 바뀔 것이라고 했다.

《정감록》은 다소 허황된 이야기임에도 불구하고 백성들에게 희망을 주었다. 당시 조선의 백성들은 **세도 정치**와 탐관오리들의 수탈로 인해 어려운 생활을 하고 있었기 때문이다. 이들은 《정감록》의 이야기를 들으면서 나라가 바뀌고 새로운 세상이 열리기를 기대했다.

《정감록》은 19세기에 일어난 민중 운동에도 영향을 미쳤다. 조선 조정에 반대하며 난을 일으키려던 사람들은 《정감록》의 예언을 이용해 사람을 모으고 세력을 키웠다. 이들은 스스로 계룡산에 새로운 왕조를 세울 '정도령'이라고 주장했다. 이후에도 조선 사회에서는 계속해서 정도령이라고 주장하는 사람들이 나타났고, 심지어 오늘날에도 나타나고 있다.

심화 《정감록》은 흥미로운 내용이 담긴 책이지만 사회를 어지럽게 만드는 폐해를 낳기도 했다. 전쟁이 일어나거나 사회가 어지러워지면, 사람들은 《정감록》에 나오는 중요한 장소로 줄줄이 피난을 떠났다. 이들 중 일부는 그곳에서 공동체를 만들어 생활하기도 했다. 특히 한양 다음의 도읍이 된다는 계룡산이나 완산의 모악산, 지리산 주변에서는 새로운 종교가 창시되는 일도 많았다.

《정감록》의 인기는 새로운 세상에 대한 백성들의 기대를 높였고, 조선 후기에 일어난 민중 운동에도 영향을 미쳤다. 사람들은 좀 더 나은 세상을 만들기 원하는 마음으로 조선 조정에 맞서 일어난 반란에 참여했다.

《정감록》은 정씨의 시조인 정감에게 들은 예언을 정리한 책이다. 정감은 조선 왕조가 멸망한 뒤 '정도령'이라는 영웅이 나와 백성들을 구제하고 계룡산에서 새로운 왕조를 세울 것이라고 예언했다. 이에 따라 스스로 정도령이라고 내세우는 사람들이 나타났다.

시대 고려 시대~조선 시대 　더 찾아보기 경복궁, 고려, 공민왕, 권문세족, 명, 성리학, 원, 위화도 회군, 이방원, 이색, 이성계, 정몽주, 조선, 한양, 향리

조선을 세우고 기틀을 닦는 데 공을 세운 재상이자 학자
정도전

개요 고려를 무너뜨리고 조선을 세우는 데 공을 세운 정치가이자 학자이다. 한양을 조선의 도읍지로 정하고 경복궁의 건설을 지휘했으며, 《조선경국전》을 지어 법률 체제를 마련하는 등 조선의 기틀을 닦았다.

풀이 1342년에 고려의 향리 집안에서 태어난 정도전은 일찍이 대학자 이색의 제자가 되어 학문에 힘썼다. 공민왕 때 벼슬길에 올랐지만 원을 가까이 하고 명을 멀리하자는 친원배명 정책에 반대하다 귀양살이를 했다. 유배지에서 돌아온 그는 고향에서 학문을 연구하다 삼각산 밑에 초가를 짓고 제자들을 가르치며 살았다. 이후 한동안 유랑 생활을 하기도 했는데, 이 시기에 백성들의 어려운 생활을 몸소 느끼고 민본 정치(백성을 근본으로 삼는 정치)를 연구하게 되었다.

9년간의 유배와 유랑 생활을 접은 정도전은 당시 함경도 지방의 사령관으로 있던 이성계를 찾아가 인연을 맺었다. 그리고 위화도 회군으로 권력을 잡은 이성계를 도

• ○ ○
한 나라를 집에 비유한다면, 정도전은 집을 설계하고 기틀을 마련한 사람이라고 할 수 있다. 위화도 회군 이후 권력을 잡은 이성계를 도와 조선을 세웠고, 새로운 나라에 걸맞은 여러 가지 정책을 마련해 추진했다.

와 새로운 나라를 세우기 위한 정치와 경제의 토대를 마련했다. **정몽주**, 조준 등의 신진 세력과 함께 개혁안을 건의했으며, 오랫동안 권력을 쥐고 있던 **권문세족**을 고려 조정에서 몰아냈다.

이방원이 왕조를 바꾸는 역성 혁명에 반대하던 정몽주를 죽인 뒤 정도전은 조준, 남은 등과 함께 이성계를 임금으로 추대하고 조선을 세우는 데 앞장섰다. 그는 조선 개국의 1등 공신으로서 재상의 자리까지 올라 조선 왕조의 설계사와 같은 역할을 맡아 했다. 먼저 새로운 나라 조선의 도읍지를 한양으로 정한 뒤 경복궁을 건설했다. '경복'이라는 이름은 물론 각 전각의 이름도 모두 정도전이 직접 지었다. 또한 《조선경국전》을 지어 법률 체제의 기본을 만들었으며, 《불씨잡변》을 써서 불교를 배척하고 유교를 국가 이념으로 삼았다. 정도전은 마지막 순간까지 조선을 **성리학**적인 이상 국가로 만들기 위해 노력했다.

심화 조선 건국 이후 정도전은 이방원과 갈등을 겪었다. 임금과 신하가 조화롭게 나라를 다스려야 한다고 믿었던 정도전과 달리, 이방원은 강력한 왕권 중심 국가를 원했다. 정도전을 비롯한 조선 건국의 공신 세력에게 소외된 이방원이 세자 책봉 과정에서도 밀려나자, 1398년에 제1차 왕자의 난을 일으켜 정도전을 제거했다. 이후 정도전은 오랫동안 역적처럼 취급받다가 조선 말기에 간신히 명예를 회복했다.

조선의 도읍인 한양은 사실상 정도전의 작품이었다. 그는 한양을 새로운 도읍지로 추천했고, 천도가 결정된 후에는 경복궁 건설을 직접 주도했다. 큰 복을 누리며 번영하라는 뜻의 '경복궁', 임금의 덕이 온 나라를 비춘다는 뜻의 '광화문' 등의 이름도 정도전이 직접 지었다.

정도전은 나라 운영의 기본이 되는 법률 체제의 기본을 만들고 유교를 국가 이념으로 삼았다. 《조선경국전》과 《불씨잡변》 등에는 새 나라 운영에 관한 그의 생각이 잘 담겨 있다.

시대 고려 시대 　더 찾아보기 고려, 공민왕, 명, 몽골, 원, 이성계, 일본, 조선, 태조

원나라가 일본 정벌을 위해 고려에 세운 관청

정동행성

개요 고려 후기에 원나라가 고려에 두었던 관청이다. 처음에는 일본 정벌을 위해 만들었지만 나중에는 고려의 내정에 간섭하기 위해 이용했다.

풀이 몽골의 제5대 칸(군주)이자 원나라를 세운 쿠빌라이(세조)는 고려를 침략해 강화를 맺은 데 이어 일본까지 정벌하고자 했다. 그리하여 1274년 군사를 보내 일본을 공격했다. 이 원정길에는 몽골의 강요로 고려군도 함께 나섰는데, 처음에는 쓰시마(대마도)를 점령하고 기세를 올리는 듯했으나 일본의 강력한 저항과 태풍으로 인해 뜻을 이루지 못했다.

1차 원정의 실패에도 불구하고 쿠빌라이는 일본 정벌의 욕심을 포기하지 않았다. 그래서 고려 땅에 만든 관청이 바로 정동행성이다. 정동행성의 정식 이름은 '정동행중서성'인데, 여기서 '정동'이란 일본을 정벌한다는 뜻이다. 또한 '행중서성'은 원나라의 중앙 관청인 중서성의 지점을 가리킨다. 즉 일본을 정벌하기 위해 고려에 둔 작은 관청인 셈이다.

원은 정동행성을 전진 기지로 두고 다시 일본 원정을 준비했다. 하지만 1280년에 감행한 2차 원정도 1차 원정과 똑같이 실패로 끝났다. 일본의 강력한 저항과 태풍으로 인해 막대한 손실만 입고 물러난 것이다. 이후 원은 군사를 물려 돌아갔지만 정동행성은 폐지하지 않았다. 정동행성은 원의 사신들이 머무는 숙소로 이용되다가 1299년부터는 원이 고려의 내정에 간섭하기 위한 도구로 쓰였다. 그러다 고려 말기에 원의 간섭으로부터 벗어나기 위해 반원 정책을 펼친 공민왕이 1356년에 폐지했다.

심화 정동행성은 '태평관'이라고도 불렸는데, 조선 시대에도 태평관이 있었다. 조선을 세운 태조 이성계가 숭례문 근처에 외국 사신을 접대하기 위한 숙소를 지은 뒤 태평관이라고 이름을 붙인 것이다. 고려의 정동행성이 원나라 사신들이 머물던 곳이었던 데 반해, 조선의 태평관에는 주로 명나라 사신이 머물렀다.

고려를 지키고자 했던 대표적인 유학자
정몽주

개요 **고려**의 마지막 충신이자 **유학**자이다. '**성리학**의 창시자'라는 칭송을 들을 정도로 학문이 높았고, 고려 말기에 여러 가지 개혁 정책을 추진했다. 하지만 **이성계**의 세력이 **조선**을 세우는 데 협조하지 않아 선죽교에서 죽임을 당했다.

풀이 1337년에 경상도 영천의 한미한 집안에서 태어난 정몽주는 학문이 높아 일찍부터 이름을 떨쳤다. 고려 말기의 대학자인 **이색**이 성리학의 창시자라고 인정했을 정도였다. 정몽주의 높은 학문 수준을 보여 주는 일화가 전해진다. 정몽주는 **성균관** 박사 시절에 유교의 경전을 강의한 적이 있는데, 고려에 있는 하나뿐인 《주자집주》를 해석해 뜻을 풀이해 주었다. 이후 중국에서 유교의 경전 여러 권이 들어와 내용을 살펴보니 정몽주의 풀이가 정확하게 맞아 사람들을 놀라게 했다.

정몽주는 외교 문제를 해결하는 데에도 뛰어난 재능을 보였다. **공민왕**이 죽은 뒤 **명**의 사신이 친원파들에 의해 살해당하는 사건이 일어나자, 그는 명으로 건너가 자칫 오해하기 쉬운 사건을 정확하게 해명해 외교적인 마찰을 없앴다. 이후에도 친원파들은 정몽주를 제거할 목적으로 관계가 껄끄러웠던 **일본**에 사신으로 보냈는데, 그는 오히려 수백 명의 포로를 데려오는 성과를 거두었다.

정승의 자리에 오른 정몽주는 어지러운 고려 사회를 개혁하기 위해 노력했다. 유학을 가르치고 관리를 양성하는 공립 학교를 세웠고, 흉년 때 가난한 백성들에게 곡식을 빌려주는 의창을 세우기도 했다. 하지만 고려의 기운은 이미 기울어질 대로 기울어져 큰 성과를 거두지는 못했다. 그래도 정몽주는 끝까지 고려를 유지하고자 했지만, 이성계를 지지하면서 새로운 나라를 세우려는 세력에게 죽임을 당했다.

심화 정몽주는 처음에는 **위화도 회군**을 통해 권력을 잡은 이성계를 지지했다. 창왕을 폐하고 공양왕을 세울 때에도 뜻을 같이 했다. 하지만 개혁에 대한 두 사람의 의견은 오래지 않아 크게 갈렸다. 정몽주는 고려 왕조 안에서 개혁이 이루어져야 한

다고 생각한 반면, 이성계는 새 나라를 세워 모든 문제를 일시에 해결해야 한다고 생각했다. 정몽주는 **정도전**과 조준, 남은 등을 탄핵해 귀양을 보내면서 이성계 세력과 맞섰고, 위협을 느낀 이성계의 아들 **이방원**이 1392년 3월에 선죽교 위에서 그를 살해했다.

이방원은 정몽주를 죽이기 전에 술자리에서 그의 생각을 떠보았다고 한다. 이방원은 자신들과 함께 하자는 뜻을 담아 〈하여가〉라는 시를 읊었고, 정몽주는 고려에 충성하겠다는 뜻으로 〈단심가〉를 지어 응수했다. 제안을 거절당하자 이방원은 즉시 부하들에게 정몽주를 죽이라고 지시했다.

정몽주는 말에서 떨어져 다친 이성계를 병문안하고 돌아가는 길에 이방원이 보낸 부하들에게 죽었다. 이후 오랫동안 그가 죽은 장소인 선죽교에는 정몽주의 핏자국이 남아 사라지지 않았다고 한다.

후금이 광해군 폐위 문제를 구실로 조선에 쳐들어와 벌인 전쟁

정묘호란

개요 조선 인조 때인 1627년에 후금이 조선을 침략하여 벌어진 전쟁이다. 후금은 광해군 폐위 문제를 구실로 쳐들어왔다가 조선과 협상을 벌인 뒤 강화를 맺고 돌아갔다. 두 나라는 이 전쟁을 계기로 '형제'의 관계를 맺었으나 오래가지는 못했고 9년 뒤 병자호란이 일어났다.

풀이 인조반정 후 조선은 명나라와 가깝게 지내고 후금과는 거리를 두는 '친명 배금'의 입장을 취했다. 조선의 이러한 정책은 명과 전쟁을 벌이고 있던 후금에게는 걱정거리였다. 명과 전쟁을 하는 사이 조선의 공격을 받을 수도 있다고 생각했기 때문이다.

때마침 인조반정 이후 일어난 이괄의 난이 실패로 돌아가자, 난에 참여했던 사람들 중 일부가 후금으로 탈출해 광해군이 임금의 자리에서 쫓겨난 것이 부당하다고 주장했다. 후금은 이를 구실로 조선에 쳐들어왔다. 후금의 침략을 받은 조선 조정 안에서는 강화(싸움을 멈추고 평화적인 관계를 맺음)를 하자는 주장과 끝까지 싸우자는 주장이 엇갈렸다. 그러던 중 명과 전쟁에 신경을 쓰고 있던 후금이 강화를 요청하자 조선은 이를 받아들이기로 했다.

조선은 후금의 사신과 벌인 강화 협상에서 두 나라가 '형제 관계'를 맺을 것을 약속했다. 단, 조선과 명은 오랫동안 가까운 사이였으므로 조선이 명을 적대하지 않아도 된다는 양해를 받았다. 또한 두 나라 사이의 경계는 압록강으로 삼기로 했다.

심화 정묘호란 때 조선과 후금이 맺은 강화의 조건은 두 나라에 모두 불만스러운 것이었다. 조선은 오랑캐라고 여긴 후금과 형제 관계를 맺은 것을 굴욕적으로 생각했고, 후금은 조선이 명과 계속 가깝게 지내는 것이 불안했다.

강화 이후 조선과 후금은 조공 문제 때문에 갈등을 일으켰다. 조선은 처음에는 후금의 요구대로 조공을 주었으나, 후금이 차츰 엄청난 양의 조공을 요구하자 이를 들

어주지 않았다. 특히 후금은 명과의 전쟁에서 우세해지자 조선에게 군신 관계를 맺은 뒤 황제국으로 받들라고 요구했다. 즉, 이전에는 형제 관계였으나 앞으로는 신하가 되어 후금을 임금으로 모시라는 뜻이었다.

여전히 후금을 경계하던 조선은 즉시 이를 거부했다. 두 나라의 관계는 한층 나빠졌고, 결국 나라 이름을 '청'으로 고친 후금이 1636년에 대규모 병력을 동원해 조선에 쳐들어왔다. 이것이 바로 병자호란이다.

Tip 인조와 달랐던 광해군의 외교

인조 이전의 임금인 광해군은 후금과의 전쟁을 원하지 않았다. **임진왜란**의 피해로 인해 나라의 사정이 어려운데, 후금과 전쟁을 하면 더욱 어려워질 것이라고 보았기 때문이다. 광해군은 명과 후금 중 누구의 편도 들어주지 않는 중립의 태도를 보이기로 했다. 하지만 조선 조정 안에서는 임진왜란 때 조선에 지원군을 보내준 명을 도와야 한다는 의견이 많았다. 이에 광해군은 명과 후금 두 나라 모두와 관계를 유지할 수 있는 방법을 찾아냈다. 그는 명에 지원군을 보내면서, 지원군의 장수 강홍립에게 전쟁에서 명이 질 것 같으면 후금에 항복한 뒤 건너가라고 했다. 실제로 강홍립은 광해군의 명령에 따라 후금에 투항한 뒤, 조선이 명에 지원군을 보낸 것은 어쩔 수 없는 일이었다고 설명했다. 광해군이 중립적인 태도로 실리를 얻는 외교 정책을 펼친 덕분에 광해군 때는 후금과의 전쟁이 일어나지 않았다. 하지만 광해군의 이같은 외교는 명과 가까운 관계를 고집하던 서인 세력의 반발을 샀고, 인조반정이 일어나는 이유 중 하나가 되었다.

임진왜란으로 인한 전쟁의 상처가 채 아물기 전에 조선은 후금의 침략을 받았다. 1627년에 일어난 정묘호란으로 인해 조선의 백성들은 또다시 고통을 겪어야 했다.

화성 건설을 이끌고 실학사상을 완성한 조선 후기의 뛰어난 학자
정약용

개요 **조선** 후기에 **실학**사상을 체계적으로 완성한 실학자이다. 호는 '다산'이다. **정조**의 신임과 지원을 받으며 **수원 화성** 건설을 지휘했고 《경세유표》와 《목민심서》, 《흠흠신서》 등 사회 개혁 방안을 담은 책을 남겼다.

풀이 1762년에 경기도 광주에서 태어난 정약용은 스물두 살에 **성균관**에 입학한 뒤, 스물여덟 살에 대과에서 2등으로 합격해 벼슬길에 나섰다. 그는 매형(누나의 남편)인 **이승훈**을 통해 이익의 학문을 접하면서 실생활에 필요한 학문과 사상에 관심이 많았다. 이벽을 통해서는 서양의 자연 과학과 천주교에 대한 이야기를 전해 듣고 **서학**에 관심을 두기 시작했다. 그는 **성균관**에 다닐 때 이미 정조의 눈에 들었고, 관직에 있는 동안 정조가 추진한 여러 가지 개혁 정책을 도우며 수원 화성 건설을 이끌었다.

하지만 정조가 세상을 떠난 뒤인 1801년에 천주교인들이 **청**나라 신부 주문모와 함께 역모를 꾀했다는 죄목으로 천주교를 탄압하는 신유박해가 일어났다. 이때 정약용의 셋째 형인 정약종은 처형되었고, 그와 둘째 형인 정약전은 귀양을 가게 되었다. 정약용은 귀양살이를 하던 강진에서 백성들의 어려운 생활을 체험하고, 실생활에 도움이 되는 학문 연구에 더욱 힘쓰게 되었다.

1818년에 정약용은 유배에서 풀려났지만 고향에 돌아가 연구와 저술 활동을 계속했다. 정약용이 1836년에 세상을 떠나기 전까지 남긴 책은 무려 500여 권에 이른다. 그는 책을 통해 조선 후기의 실학사상을 체계적으로 정리하고, 백성들이 잘 살 수 있도록 정치 기구나 지방 행정, 토지 제도, 노비 제도 등 사회 전반에 대한 개혁 방안을 제시했다. 대표적인 책인 《경세유표》는 나라를 다스리는 제도에 관한 내용을, 《목민심서》는 관리들이 지방을 다스리는 도리

정조는 정약용에게 수원 화성 건설의 책임을 맡겼다. 정약용은 선진 기술을 바탕으로 거중기와 같은 기구를 만들어 효율적으로 공사를 진행했고, 화성은 아름답고 튼튼한 궁성이자 신도시로 완성되었다.

와 방법에 관한 내용을, 《흠흠신서》는 사람의 목숨을 다루는 형벌에 관한 내용을 담았다.

심화 정약용은 특히 선진 기술이나 새로운 사상에 관심 많았다. 정조 때 한강에 배 80여 척을 연결한 뒤 그 위에 판자를 놓아 배다리를 만든 일이나, 수원 화성을 건설할 때 거중기를 만들어 공사 기한을 앞당긴 것은 선진 기술에 대한 그의 관심과 응용력을 잘 보여 준다. 그는 위로는 임금부터 아래로는 일반 백성에 이르기까지, 자신의 역할을 다하는 사회 질서를 세워야 한다고 보았다. 농민들이 땅을 공동으로 소유하고 경작하도록 하자고 주장하거나 지전설을 인정하는 등 당시로서는 매우 앞선 생각을 보이기도 했다.

●○○
정약용은 여러 분야에 두루 능통한 천재 학자였다. 그는 성리학뿐 아니라 사회 제도나 건축, 의학 등에서도 뛰어난 재능을 보였다. 백성들의 어려운 생활을 몸소 체험한 그는 실학을 체계적으로 연구해 집대성하는 업적을 남기기도 했다.

조선 중기에 혁신적인 사상을 바탕으로 대동계를 만든 사상가

정여립

개요 **조선 선조** 때의 정치가이자 사상가이다. 누구든 자격을 갖추면 임금이 될 수 있다는 혁신적인 사상으로 대동계를 만들었다가, 반역자로 몰리자 스스로 목숨을 끊었다.

풀이 정여립은 1546년에 전라도 전주에서 태어나 스물네 살이 되던 해에 문과에 급제해 벼슬길에 올랐다. 그는 조선의 선비이자 관리였지만, 매우 혁신적인 생각을 가지고 있었다. 그는 "천하는 모두의 것이므로 일정한 주인이 없다."고 주장했고, "백성이 임금보다 중요하므로 왕위 계승은 혈통보다 자격을 갖추었는지가 더 중요하다."고 강조했다. 정여립의 사상은 왕조 국가이자 신분제 국가인 조선 사회에서는 받아들여지기 힘들었다.

결국 정여립은 조정에서 물러나 고향인 전라도 죽도에서 대동계를 만들었다. 대동계에는 신분의 제약이 없었다. **양반**은 물론 **노비**까지 동등하게 가입할 수 있었기 때문에 대동계는 금세 세력이 커졌고, 전라도를 넘어 전국적인 조직으로 발전했다. 정여립의 대동계는 전라도 일대를 침공해 횡포를 부리던 **왜구**를 격퇴하는 데 큰 공을 세우기도 했다. 하지만 1589년에 대동계가 반역을 꾀한다는 고발이 조정에 들어갔다. 졸지에 역모의 주동자가 된 정여립은 죽도에서 스스로 목숨을 끊었다.

심화 정여립이 실제로 역모를 계획했는지는 확실하지 않다. 그런데 **정철**을 비롯한 서인 세력은 이 사건을 동인 세력 제거에 이용했다. 이를 기축옥사라고 한다. 이후 전라도는 '반역을 하는 지역'이라는 낙인이 찍히게 되었고, 호남 출신의 인재는 조정에 나가기가 어려워졌다. 하지만 훗날 **민족주의 사학**자인 **신채호**는 정여립을 두고 '동양의 위인'이라고 높이 평가했다.

시대 대한 제국 시대~현대 **더 찾아보기** 문화 정치, 민족주의 사학, 박은식, 신채호, 6·25 전쟁, 일제 강점기, 8·15 광복, 한일 강제 병합

일제 강점기에 독립운동과 계몽 운동을 벌인 한학자

정인보

개요 일제 강점기 때 '국학'이라는 말을 처음 사용한 한학자이자 교육가이다. 중국에서 독립운동을 하다 국내에 들어와 우리 역사를 바로 알리기 위한 민족 계몽 운동을 벌였다.

풀이 정인보는 일제의 침략이 본격화되기 시작한 1893년에 태어났다. 청년기에 **한일 강제 병합**이 이루어져 나라를 잃는 슬픔을 겪은 그는 독립운동을 위해 중국으로 건너갔다. 그는 그곳에서 **신채호, 박은식** 등과 함께 독립운동 단체인 '동제사'를 만들어 활동했다.

정인보는 아내가 아이를 낳다 세상을 떠났다는 소식을 듣고 국내로 돌아왔다. 이후에는 연희 전문학교 등에서 한문학과 역사학을 강의했고, 민족의식을 높이는 신문 사설을 기고했다. 이 무렵부터 정인보는 검은색 한복만을 입고 다녔는데, 이는 아내에 대한 추모와 나라 잃은 슬픔을 자신의 방식으로 표현한 것이었다.

일제의 **문화 정치**로 우리 문화가 말살될 위기에 처하자, 학자들 사이에서는 우리의 것을 되찾자는 움직임이 일어났다. 정인보도 우리나라와 관련된 학문을 일컫는 '국학'이라는 말을 처음 사용하며 우리 역사를 연구했다. **8·15 광복** 후에는 우리 역사를 바로 알리기 위한 《조선사 연구》를 간행했으며, **6·25 전쟁** 때 공산군에 의해 납북되어 사망한 것으로 추측된다.

심화 정인보의 역사 인식은 신채호와 같은 **민족주의 사학** 입장이었다. 다만 독립 투쟁의 방법으로 민족사 연구를 했던 신채호와는 달리, 그는 정확한 사료에 의한 사실적 입장에서 역사를 연구했다.

시대 조선 시대 | 더 찾아보기 규장각, 금난전권, 박제가, 사도 세자, 세도 정치, 수원 화성, 시호, 신해통공, 실학, 암행어사, 영조, 정약용, 조선, 탕평책

조선 후기에 개혁 정치를 펼치고 문화를 꽃피운 임금

정조

개요 **조선**의 제22대 임금이다. 개혁 정치를 펼치고 문화를 꽃피워 조선 후기의 황금 시대를 이룩했다. **탕평책**을 실시해 인재를 고루 등용하고, **실학**과 자유로운 상업 활동을 장려했으며, 활자를 개발해 수많은 책을 펴냈다. **규장각**과 친위 부대인 장용영을 설치해 왕권을 튼튼히 하는 데에도 힘썼다.

풀이 정조는 1752년에 **영조**의 맏아들인 **사도 세자**와 혜경궁 홍씨 사이에서 태어났다. 아버지인 사도 세자가 뒤주 속에 갇혀 죽임을 당한 후인 1759년에 세손이 되었고, 1776년에 영조의 뒤를 이어 임금의 자리에 올랐다.

정조는 자신을 반대했던 세력은 물론이고 임금의 신임을 등에 업고 **세도 정치**를 하던 홍국영마저 내쫓은 뒤 왕권 강화에 힘썼다. 그리고 영조의 탕평책을 이어받아 당파에 관계없이 관리를 뽑고, 자신이 직접 신하들을 가르치거나 시험으로 능력을 평가하는 등 개혁적인 인재 정책을 펼쳤다.

또한 규장각을 강화해 젊은 인재들이 학문을 연구하고 정치의 바른 길을 토론하는 문화의 중심지로 삼았다. **박제가**, 이덕무, 유득공과 같은 서얼 출신 실학자를 규장각 검서관으로 임명하면서 서얼에 대한 차별을 없애는 데에도 힘썼다. 또한 **정약용**과 같은 실학자들을 지원해 주면서 새로운 과학 기술에도 많은 관심을 보였다. 정조는 제도 개편에도 힘써 심한 형벌은 금지시키고, 지방에는 **암행어사**를 자주 보내 관리들의 횡포를 막았으며, **금난전권**을 없애는 **신해통공**을 실시해 자유로운 상업 활동을 보장해 주었다.

한편, 정조는 학문을 매우 좋아하는 임금이었다. 그는 중국에 보내는 사신들을 통해 3만여 권의 책을 가져왔고, 새로운 활자를 개발해 많은 책을 펴냈다. 법에 따라 나라를 다스리기 위해 대대로 내려온 법전들을 모아 《대전통편》을 편찬했고, 임금으로서는 처음으로 자신의 문집인 《홍재전서》를 펴냈다. 또한 무예를 익히는 데도 노력을 아끼지 않아 전투 기술을 다룬 훈련서인 《무예도보통지》를 펴내기도 했다.

정조는 늘 공부하는 임금이었다. 그는 수많은 책과 상소를 밤새워 읽으며 나랏일을 구상했고, 신하들을 직접 가르칠 정도로 학문과 소양이 높았다. 그와 규장각의 학자들로부터 나온 여러 가지 개혁 정책들 덕분에 조선은 세종 시대에 이어 황금 시대를 맞았다.

심화 정조는 남달리 효성이 지극했다. 그는 아버지인 사도 세자의 처참한 죽음을 항상 슬퍼했는데, 아버지에게 장헌 세자라는 시호를 올린 뒤 묘를 수원으로 옮겨 극진히 보살폈다. 그리고 수원 화성을 쌓고 신도시를 만든 뒤 자주 성묘를 다녀오곤 했다. 정조는 훗날 자신이 죽으면 아버지의 능 옆에 묻어 달라고 유언했는데, 실제로 1800년에 세상을 떠난 뒤 사도 세자의 묘인 현륭원 옆(건릉)에 묻혔다.

수원 화성은 정조의 꿈과 개혁 의지는 물론이고 아버지인 사도 세자에 대한 효심이 고루 담긴 결과물이었다.

고려 의종 때 정변을 일으켜 권력을 잡은 무신

정중부

개요 **고려** 의종 때 **무신 정변**을 일으켜 권력을 잡은 무신이다. 의종을 쫓아내고 명종을 임금으로 세운 뒤, 경쟁자들을 제거하고 사실상 최고 권력자가 되었다. 비록 9년 만에 부하에게 살해되었지만, 그가 세운 **무신 정권**은 100여 년간 계속되었다.

풀이 정중부는 1106년에 황해도 해주에서 태어났다. 《고려사》에 따르면 그는 키가 7척이 넘을 정도로 풍채가 좋고 당당하며, 이마가 넓고 수염이 아름다웠다고 한다. 재상이었던 최홍재가 그를 보고 범상한 사람이 아니라고 여겨 군사로 뽑았고, 나중에는 대장군의 자리까지 올랐다.

하지만 당시 고려의 무신들은 문신들에 비해 심한 차별 대우를 받았다. 한번은 궁중에서 **김부식**의 아들 김돈중이 장군이었던 정중부의 수염을 촛불로 태운 일이 있었다. 그러나 김부식은 아들의 잘못은 덮어둔 채 오히려 정중부를 꾸짖었다. 아름다운 수염을 자랑으로 여기던 정중부는 손자뻘인 김돈중의 오만한 장난으로 자존심이 상했지만 참을 수밖에 없었다. 이후 의종의 행차 때 김돈중의 실수로 화살이 임금의 수레에 떨어졌는데, 오히려 무신들이 죄 없이 귀양을 가는 일까지 일어났다. 이를 지켜본 무신들은 불만이 더욱 깊어졌다.

당시 의종은 문신들과 함께 자주 궁 밖으로 나가 연회를 즐겼는데, 이때 무신들의 임무는 임금과 문신들이 벌인 잔치의 보초를 서고 호위하는 일이었다. 1170년에 의종이 보현원이라는 곳으로 행차하는 중에 젊은 문신인 한뢰가 나이가 많은 장군 이소응의 뺨을 때린 사건이 일어났다. 그렇지 않아도 무신을 업신여기는 문신들의 태도에 분노하고 있던 정중부는 이고와 이의방 등 다른 무신들과 함께 그날 밤 보현원에서 문신들을 모조리 죽였다. 의종을 임금의 자리에서 쫓아내 귀

보현원에서 일어난 무신 정변은 참혹했다. 연회에 참석하기 위해 온 문신들과 임금의 행차를 돕던 환관들은 모두 무신들의 손에 죽임을 당했다.

양을 보냈고, 1179년에는 부하인 **이의민**을 보내 살해하기까지 했다. 무신 정변의 성공으로 정중부는 권력을 잡고 무신 정권 시대를 열었다.

심화 무신 정변으로 권력을 잡았으나 정중부의 시대는 오래가지 못했다. 이미 그는 일흔 살이 넘은 노인이었던 데다, 그동안 억눌려 지내온 무신들이 서로 권력을 차지하기 위해 다투었기 때문이다. 정중부는 경쟁자인 이고와 이의방을 죽인 뒤 이후 정치를 안정시키기 위해 노력했지만 성과를 거두지 못했고, 1179년에 젊은 무신인 경대승에 의해 죽임을 당하고 말았다.

정중부는 의종이 연회를 즐기기 위해 보현원에 행차한 기회를 이용해 문신들을 모조리 죽였다. 의종은 귀양을 보냈고 새 임금으로는 의종의 동생인 명종을 내세웠다. 이후 정중부는 이고, 이의방 등의 무신들과 함께 조정을 장악한 뒤 무신 정권 시대를 열었다.

아름다운 가사와 시조를 남긴 조선 중기의 문인이자 정치가

정철

개요 **조선** 중기의 정치가이자 문인이다. 호는 '송강'이다. 가사 문학의 대가로서 〈성산별곡〉과 〈관동별곡〉 등 4편의 가사와 〈훈민가〉와 〈성은가〉 등 시조 107수를 지어 남겼다. 서인의 중심 인물이며, 동인과의 권력 다툼에서 강경한 태도를 취한 정치가이기도 하다.

풀이 정철은 벼슬길에 나가기 전에 전라도에서 임억령에게 시를 배우고 송순, 기대승 등과 같은 대학자에게 학문을 배웠다. **이이**, 성혼 등 당대의 이름 높은 학자들과 가까운 친구로 사귀기도 했다.

정철은 스물여덟 살이 되던 해인 1563년에 문과에 장원으로 급제해 벼슬길에 나섰다. 그는 여러 분야의 벼슬을 두루 거쳤는데, 주로 관찰사로서 강원도와 전라도, 함경도 등 지방을 돌아다닐 때 가사와 시조를 지어 문인으로서의 재능을 드러냈다. 그는 특히 우리말과 글로 가사를 지어 우리 문학사에 뛰어난 업적을 남겼다. 가사란 조선 시대에 유행했던 우리나라 고유의 문학 양식으로, 산문에 가까운 시의 한 갈래이다. 그가 남긴 대표적인 작품으로는 〈성산별곡〉, 〈관동별곡〉, 〈사미인곡〉, 〈속미인곡〉 등 4편의 가사와 〈훈민가〉, 〈성은가〉 등 107수의 시조가 있다.

정철은 주로 임금과 백성에 대한 사랑과 자연의 아름다움 등을 주제로 삼아 작품을 만들었다. 훗날 후손들이 그의 시를 엮어 《송강집》을, 가사를 엮어 《송강가사》를 만들었다.

심화 정철은 아름다운 문학 작품을 많이 남긴 문인이지만, 서인을 대표하는 강경파 정치가의 모습을 보이기도 했다. 그는 누구보다 앞장서 당쟁을 주도했는데, 이 때문에 벼슬길에서 물러났다 다시 돌아오기를 반복했다. **정여립**이 반역을 꾀했다는 고발이 들어오자 이를 빌미 삼아 동인들을 대대적으로 탄압해 비판을 받기도 했다.

시대 남북국 시대 | **더 찾아보기** 고구려, 고구려 고분 벽화, 굴식 돌방무덤, 당, 발해, 유학

고구려와 당나라의 양식이 어우러진 발해의 공주 무덤

정효 공주 묘

개요 발해의 제3대 임금인 문왕의 넷째 딸 정효 공주의 무덤이다. 고구려와 당나라의 양식이 어우러진 무덤으로, 중국의 지린 성 허룽 현에 있다.

풀이 정효 공주 묘는 문왕의 둘째 딸인 정혜 공주 묘와 몇 가지 면에서 자주 비교가 된다. 정혜 공주 묘가 굴식 돌방무덤으로 주로 고구려의 양식을 따랐다면, 정효 공주 묘는 벽돌무덤으로 당나라와 고구려의 영향을 고루 받았기 때문이다. 즉 벽돌로 무덤 벽을 쌓은 것은 당나라 양식과 비슷하고 돌로 공간을 줄여 나가면서 천장을 쌓은 것은 고구려 양식과 닮았다. 이것은 발해의 무덤에서는 보기 드문 특이한 형식이다. 하지만 무덤 내부에 벽화를 그린 방법이 고구려 고분 벽화와 매우 비슷해 발해가 고구려를 계승한 나라임을 증명하고 있다.

 정효 공주 묘는 발견되기 이전에 이미 도굴되어 유물이 제대로 남아 있지 않았다. 다만 발굴 과정에서 남녀의 뼈가 발견된 것으로 보아 공주와 남편의 관이 함께 있었던 것으로 보인다. 또한 글자가 새겨진 벽돌 3장, 흙으로 만든 인형 조각, 질그릇, 묘비 등이 발견되어 발해의 생활 양식과 문화를 엿볼 수 있다. 이 유물들은 현재 연변조선족자치주박물관에 보관되어 있다.

심화 정효 공주 묘에서 발굴한 유물 가운데 가장 뜻 깊은 것은 벽화와 묘비이다. 벽화는 지금까지 남아 있는 발해의 유일한 벽화로, 모두 12명의 인물이 그려져 있다. 무사나 내시, 악사 등 주로 공주를 위해 시중을 들던 사람들인데, 공주가 죽은 뒤에도 그녀를 위해 봉사하라는 뜻에서 그린 것으로 보인다. 또한 묘비에는 모두 728자가 새겨져 있는데, 주로 유교의 경전과 역사서의 구절을 인용한 내용이다. 이를 통해 당시 발해 사회에 유학이 퍼져 있었음을 확인할 수 있다.

시대 조선 시대 | 더 찾아보기 고종, 박규수, 병인양요, 신미양요, 조선, 흥선 대원군

미국 상선이 통상을 요구하며 만행을 저지르다 불탄 사건
제너럴셔먼호 사건

개요 **조선 고종** 때인 1886년에 미국의 무역선인 제너럴셔먼호를 대동강에서 불태운 사건이다. 제너럴셔먼호 선원들은 통상을 요구하며 조선의 관리를 납치하고 민간인을 죽이는 등 만행을 저지르다 평양 주민들의 공격을 받았다.

풀이 **병인양요**가 일어나기 전인 1886년에 미국의 무역선인 제너럴셔먼호가 평양 대동강을 거슬러 올라왔다. 이들은 무역에 필요한 서양 물건을 비롯해 대포와 총까지 갖추고 있었는데, 무장한 미국인 선원들이 나와 조선과의 통상을 요구했다. 당시 조선 정부는 다른 나라와의 통상을 법으로 금지하고 있었기 때문에 평안도 관찰사 **박규수**는 항구에 배가 들어오지 못하도록 경고한 뒤 조선에서 빨리 떠날 것을 명령했다.

하지만 제너럴셔먼호의 선원들은 경고를 무시한 채 평양에 들어왔다. 평양의 관리나 주민들은 이들의 불법 행동에도 불구하고 손님들을 잘 대접해야 한다는 우리의 전통 예절에 따라 세 차례나 음식물을 가져다 주는 등 도움을 아끼지 않았다. 그러나 제너럴셔먼호 선원들은 조선의 관리들을 잡아 가둔 뒤 이들을 풀어주는 대가로 쌀과 금, 은, 인삼 등을 교역할 것을 요구했다. 또한 총을 쏘아 민간인을 죽이기도 했다. 평양의 관리들과 백성들은 이들의 만행에 분노해 제너럴셔먼호를 공격하고 불태워 버렸다. 이로 인해 제너럴셔먼호 승무원들도 불에 타거나 물에 빠져 죽었다.

심화 제너럴셔먼호 사건으로 인해 조선에서는 서양 세력에 대한 거부감이 매우 높아졌다. 이후 **흥선 대원군**은 서양과의 교류를 일절 거부하는 통상 수교 거부 정책을 펼쳤다. 한편, 미국은 제너럴셔먼호 사건을 계기로 조선에 대해 관심을 갖기 시작했으며, **신미양요** 때는 이 사건의 책임을 묻는다는 구실로 강화도를 침범하기도 했다.

시대 일제 강점기 | 더 찾아보기 3·1 운동, 일본

3·1 운동 때 일본군이 제암리 주민들을 학살한 사건
제암리 학살 사건

개요 1919년 3·1 운동 때 일본군이 경기도 화성에 있는 제암리 교회에서 주민들을 학살한 사건이다. 일본군은 사람들을 교회당에 가둔 채 불을 지르고 총을 쏘는 등 만행을 저질렀다.

풀이 1919년에 3·1 운동이 전국적으로 퍼져나가면서 제암리에서도 만세 운동이 일어났다. 마을 청년을 비롯한 제암리 사람들은 장날을 이용해 '대한 독립 만세'를 외치며 시위를 벌였다. 일본 경찰은 총칼을 휘두르고 매질을 하는 등 무력으로 이를 진압했다. 그러나 주민들은 이후에도 장날에 만세를 부르고 봉화를 올리는 등 시위를 계속했다.

그런데 일본의 경찰과 군인들은 4월 5일에 있었던 만세 시위 때 주민들에게 저지른 폭력에 대해 사과한다며 15세 이상의 남자들을 제암리 교회로 모이라고 했다. 4월 15일 교회당에 마을 사람들이 모이자, 아리타 도시오 일본 육군 중위를 비롯한 일본군은 교회당 문을 걸어 잠그고 불을 질렀다. 불을 피해 밖으로 빠져나오려는 사람들은 총을 쏘아 죽였다.

그뿐이 아니었다. 일본군은 근처에 있는 고주리로 가서 마을을 불태우고 주민을 학살했다. 제암리 학살 사건으로 30여 명, 고주리 학살 사건으로 40여 명의 주민들이 일본군에게 잔인하게 목숨을 잃었다.

심화 일본은 제암리에서 벌인 학살의 만행을 숨기려 했지만 이 사건은 결국 세계에까지 알려졌다. 당시 조선에서 선교사로 있던 스코필드가 이때의 일을 사진에 담아 미국에 보고했다. 1982년 9월 29일에는 정부와 경기도가 함께 합동 장례식을 치르고 희생자들을 위로했다. 제암리는 현재 사적 제299호로 지정되어 보존 중이다.

시대 현대 더 찾아보기 노무현, 5·10 총선거, 8·15 광복

제주 4·3 사건

제주도 주민들이 미군정과 경찰에 항의하며 무장 봉기한 일

개요 1948년 4월 3일에 경찰 및 우익 청년단의 탄압 중지와 단독 정부 수립 반대 등을 내걸고 일어난 제주도의 무장 봉기와 이후 계속된 무력 충돌, 그리고 진압 과정에서 많은 주민들이 희생된 일을 일컫는 사건이다. 한라산을 중심으로 1954년까지 무장 투쟁이 계속되었다.

풀이 8·15 광복 이후 제주도는 다른 지역보다 민족주의적 경향이 강해 통일 정부를 요구하는 사람들이 많았으나, 미군정과 경찰은 이런 요구를 힘으로 억눌렀다. 게다가 친일파였던 사람들이 미군정 아래에서 다시 관리나 경찰이 되어 돌아오자 주민들의 불만이 높아졌다. 이런 분위기에서 1947년에 삼일절 28주년 기념 행사가 열렸다. 그런데 행사 도중 경찰의 말발굽에 어린아이가 치이는 사건이 일어났고, 많은 사람들이 경찰에 몰려가 항의했다. 당황한 경찰은 몰려든 사람들에게 총을 쏘아 6명이 죽고 6명이 심각한 부상을 입게 되었다. 이에 분노한 제주도민들은 총파업에 들어갔다. 하지만 미군정과 경찰은 이것이 공산주의자들의 선동 때문이라고 판단하고 수천 명의 주민들을 잡아 가두거나 고문했다.

주민 탄압이 계속되자, 이듬해인 1948년 4월 3일에 제주도민들이 무장을 한 뒤 미군 즉시 철수와 단독 선거 반대 등을 요구하며 들고일어났다. 경찰과 군은 봉기한 주민들을 강하게 진압했고, 이에 맞서 봉기 세력의 일부는 한라산에 들어가 유격대 활동을 벌였다. 이 때문에 1948년 5월 10일 시행된 총선거(5·10 총선거)에서 제주도의 선거구 3곳 중 2곳의 투표자가 과반수에 못 미쳐 무효가 되었다. 군인과 경찰이 한라산의 유격대를 강경 진압하는 과정에서 수만 명의 주민이 억울하게 죽었고, 산간 마을의 95%가 불에 타는 엄청난 피해를 낳았다. 50여 년 뒤 제정된 '제주 4·3 특별법'에 의한 조사 결과만 보아도 사망자가 1만 4,000여 명(토벌대에 의한 희생 1만 995명·무장대에 의한 희생 1,764명·기타)에 달할 정도였다.

한라산의 유격대는 1년여의 시간이 지나면서 차츰 세력이 약해졌다. 하지만 일부

●●●
제주 4·3 사건은 8·15 광복 이후 정치와 사회가 매우 어지러운 상황에서 일어난 비극이었다. 수많은 제주도 주민들이 죽거나 다쳤고, 일부는 생활의 터전마저 잃어버렸다. 이후 오랫동안 알려지지 않았다가 1980년대 후반 이후 진상 규명 작업이 진행되었으며, 2000년대가 되어서야 정부 차원의 조사와 보상이 이루어졌다.

는 한라산에 계속 남아 투쟁을 이어갔고, 제주 4·3 사건은 유격대가 완전히 토벌되고, 1954년 9월 21일에 한라산 입산 금지 조치가 해제되면서 비로소 끝이 났다.

심화 제주 4·3 사건은 오랫동안 진실이 제대로 밝혀지지 않았고, 수많은 주민들의 피해와 희생도 그대로 묻혔다. 그러다 1980년대 후반부터 이 사건을 밝히려는 사람들의 노력으로 조사가 이루어졌고, 1990년대 후반부터는 정부 차원의 진상 규명 작업이 진행되었다. 1999년에 '제주 4·3 사건 진상 규명 및 희생자 명예 회복을 위한 특별법'이 국회에서 통과되었고, 이 법에 따라 조사가 진행되어 2003년 3월에는 보고서를 확정했다. 또한 조사 위원회의 의견에 따라 2003년 10월에 노무현 대통령이 국가 권력에 의해 생겨난 대규모 희생에 대해 제주도민에게 공식적으로 사과했다.

제주 4·3 사건의 피해자들이 묻힌 백조일손지묘. 제주도 서귀포시에 있는 섯알오름에서 군인과 경찰에 의해 몰살당한 200여 명의 시신이 묻혀 있다. 사건이 있은 지 6년 후에 유해를 발굴했는데, 누구의 시신인지 알 수 없을 정도로 뒤엉켜 있어 한 자리에 묻었다고 한다.

제주 북촌리에서도 주민 400여 명이 희생되었다. 제주도는 이들의 억울한 죽음과 영혼을 위로하기 위해 위령탑과 기념관을 세웠다.

시대 선사 시대~조선 시대 **더 찾아보기** 고구려, 고려, 동예, 부여, 삼국 시대, 삼한, 신라, 신석기 시대, 조선, 철기 시대, 팔관회

하늘을 숭배하고 풍년을 빌며 지내는 제사

제천 행사

개요 하늘을 숭배하고 소원을 빌기 위해 제사를 지내는 행사이다. 우리나라에서는 **삼국 시대** 이전부터 국가의 중요한 행사이자 온 백성이 참여하는 축제로 치러졌다. **부여**의 영고나 **고구려**의 동맹, **동예**의 무천 등이 대표적이다.

풀이 '제천(祭天)'이란 하늘에 제사를 지낸다는 뜻으로, 제천 행사는 농업 사회라면 세계 어디에서든 흔히 찾아볼 수 있는 의식이다. 논밭에 씨를 뿌린 뒤 농사가 잘되게 해달라고 빌거나, 가을걷이를 한 뒤 하늘에 감사하는 마음으로 제사를 지냈다.

한반도에서 이루어진 제천 행사는 역사가 매우 오래되었다. **신석기 시대** 이후 한반도 곳곳에 농업이 보급되면서 제천 의식을 하는 사람들이 많아졌고, **철기 시대**에는 아예 국가의 행사로 정착되었다. 이 시기의 국가들은 국가 행사에 걸맞은 절차를 만든 뒤에 온 백성이 참여하는 의식으로 성대하게 치렀다. 대표적인 사례가 부여와 고구려, 동예, **삼한** 등에 있었던 제천 행사들이다.

먼저 부여에서는 농사가 끝나고 사냥이 본격적으로 시작되는 음력 12월에 제천 행사를 열었다. 사람들은 하늘에 제사지낸 뒤 음식을 먹고 노래하며 춤추는 축제를 벌였고, 이것을 영고라고 불렀다. 동예에서도 무천이라는 제천 행사가 있었다. 무천(舞天)이란 '하늘을 향해 춤을 춘다.'는 뜻으로, 동예 사람들도 무천이 열리면 한자리에 모여 여러 날 술을 마시고 노래를 부르며 놀았다고 한다.

이밖에 고구려에서는 음력 10월에 동맹이라는 제천 행사가 열렸고, 삼한에서는 곡식의 씨를 뿌리고 난 후인 5월과 가을걷이가 끝난 10월에 각각 제천 행사를 열었다.

고대의 제천 행사는 모두 온 국민이 참여하는 나라 전체의 축제로 치러졌다. 사람들은 아름답고 화려한 옷을 입고 나와 먹고 마시며 즐겼고, 임금은 반역의 죄를 저지른 경우가 아니라면 자비를 베풀어 죄수들을 풀어 주었다. 고대 국가들은 제천 행사를 통해 풍년을 기원하고 온 국민이 화합하는 계기를 마련했던 것이다.

제천 행사는 말 그대로 하늘에 제사를 지내는 의식을 뜻했다. 사람들은 하늘과 대지의 도움으로 마련한 여러 가지 음식을 제사상에 올린 뒤 이듬해에도 풍년이 될 수 있게 해 달라고 빌었다.

심화 제천 행사의 전통은 이후에도 여러 가지 모습으로 이어졌다. **신라**와 **고려**는 불교의 나라였지만 제천 행사를 계승한 **팔관회**를 열었다. 뿐만 아니라 원구단에서 제사를 지내는 의식이나 태양과 달, 별에 제사를 지내는 초제도 제천 행사를 계승한 것이다. 유교의 이념과 예법을 중시한 **조선** 시대에는 국가 차원에서 제천 행사를 하지 않았지만, 민간에서는 여전히 제천 행사가 계속되었다.

고대 국가에서는 제천 행사를 나라의 행사로 치렀다. 따라서 제사를 주관하는 제사장은 최고 신분을 가진 임금이 맡았다.

시대 현대 | 더 찾아보기 대한민국, 박정희, 4·19 혁명, 3·1 운동, 이승만, 일제 강점기, 전두환

1948년 7월 17일에 발표한 우리나라 최초의 헌법
제헌 헌법

개요 1948년 7월 17일 공포된 우리나라 최초의 헌법이다. **대한민국**을 민주적으로 통치하고 국민의 기본권을 보장하기 위한 근본적인 법률이었다. 제헌 헌법이 공포되면서 대한민국은 민주 공화국으로 출범할 수 있었다.

풀이 1948년 5월 10일, 대한민국은 해방 후 최초로 국회 의원을 뽑는 총선거를 실시했다. 그 결과, 198명의 국회 의원이 당선되어 제헌 국회가 열렸다. 제헌 국회는 헌법 기초 위원회를 구성해 헌법을 만들기 시작했고, 대통령제와 단원제 국회를 내용으로 하는 제헌 헌법이 완성되었다. 단원제란 의회를 두 개의 조직으로 구성하는 양원제와 달리, 하나만 두는 것을 뜻한다. 제헌 헌법은 1948년 7월 17일 공포되었고 이 헌법에 따라 8월 15일 **이승만**을 대통령으로 하는 대한민국 정부가 수립되었다.

제헌 헌법은 전문에서 "**3·1 운동**으로 대한민국을 건립한 독립 정신을 계승한다."고 밝히고 '대한민국은 민주 공화국'임을 제1조로 내세웠다. 또한 민주적이고 자유로운 국민의 기본권을 폭넓게 보장했으며, 모든 국민이 균등하게 교육받을 권리가 있음을 명시했다. 특히 경제적 자유를 인정하면서도 사회 정의와 균형 있는 경제 발전을 위해 이 자유를 제한할 수 있으며, 중요한 자원과 기업은 나라가 운영하고, 노동자들이 기업의 이익을 균등하게 나누어 받을 수 있다고 밝혔다. **일제 강점기**의 반민족 행위를 처벌할 수 있는 근거 규정도 부칙에 두었다.

심화 제헌 헌법이 제정된 이후 모두 여덟 번에 걸쳐 개정이 이루어졌다. 처음에는 이승만 대통령이 집권을 계속하기 위해 전쟁 중인 1952년과 1954년 두 번에 걸쳐 무리하게 개정했다. 이로 인해 **4·19 혁명**이 일어나 이승만 대통령은 대통령직을 잃고 물러났다. 이후 **박정희** 대통령과 **전두환** 대통령도 헌법을 고쳐 대통령직을 이어갔다. 그러나 1987년에 민주화 운동이 일어나면서 대통령 직선제와 5년 단임제를 중심으로 하는 9차 개헌이 이루어졌고 오늘날까지 계속되고 있다.

● ● ●
제헌 헌법은 우리나라가 일제 강점에서 벗어나 독립 국가로 발돋움할 수 있는 기초가 되었다. 이 헌법에는 대한민국이 3·1 운동의 독립 정신을 계승하고 있으며, 민주 공화국임을 밝히고 있다.

먹고 버린 조개껍데기가 쌓여 만들어진 선사 시대의 유적

조개더미

개요 **선사 시대** 사람들이 버린 조개껍데기와 생활 쓰레기가 쌓여 만들어졌다. 조개 무덤이라는 뜻에서 '패총'이라고도 부르며, 부산 동삼동 패총이 가장 유명하다.

풀이 조개더미는 농사를 짓기 전이나 원시 농업의 단계, 혹은 사냥이나 물고기를 잡던 시대에 만들어졌다. 우리나라에서는 **신석기 시대**와 **청동기 시대**에 만들어진 조개더미가 발견되는데, 부산 동삼동 패총은 신석기 시대에 만들어졌다. 넓이가 10 제곱미터에 불과한 작은 조개더미가 발견되는가 하면, 1만 제곱미터에 이르는 매우 큰 것도 있다. 두께도 20센티미터부터 3미터가 넘는 것이 확인되는 등 규모가 다양하다. 조개더미는 조개껍질 속의 석회질 성분 때문에 그 안에 묻힌 토기나 석기, 짐승의 뼈와 뿔 등이 잘 보전되어 역사 연구에 도움이 되고 있다.

심화 조개더미의 주변에서는 조개더미를 만든 사람들의 공공장소인 광장이나 집터가 발견되기도 한다. 이것은 조개더미 안에서 나온 다양한 유물과 함께 선사 시대의 문화와 자연환경, 사람들의 생활 모습 등을 연구하는 데 중요한 유적이다.

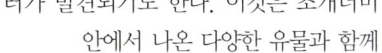
조개더미는 함경도의 동해안, 황해도의 서해안, 그리고 부산을 비롯한 남해안 지역에서 발견되었다. 지금도 조개더미가 새롭게 발굴되고 있는데, 미처 알아보지 못해 훼손되거나 파괴되는 경우도 있다고 한다.

시대 조선 시대   더 찾아보기 사간원, 사림파, 사헌부, 사화, 성리학, 연산군, 유학, 조선, 향약, 훈구파

조선 중종 때 왕도 정치와 개혁을 추진했던 학자이자 정치가

조광조

개요 조선 중기의 학자이자 정치가이다. 사림파의 중심 인물로서 유교에서 권장하는 왕도 정치를 이루려다 반대파의 모함을 받아 목숨을 잃었다. 조광조와 사림들이 죽거나 다친 기묘사화로 인해 개혁 정치도 대부분 무산되었지만, 그의 사상은 사림들에 의해 계속 이어졌다.

풀이 조광조는 폭정을 일삼은 연산군을 몰아내고 임금의 자리에 오른 중종이 사림들을 등용할 때 벼슬길에 나가 신임을 얻었다. 여기서 사림이란 '선비들의 무리'라는 뜻으로, 조선 초기에 지방에서 유학 연구에 힘쓰던 문인들을 가리킨다. 중종은 연산군의 폭정을 반복하지 않기 위해 유교 정치의 부흥을 꿈꾸었고, 자신을 도와줄 인재들로 유학자들인 사림을 선택한 것이다.

조광조는 중종의 신임을 받으며 왕도 정치의 실현을 주장했다. 왕도 정치란 유교적인 덕목을 갖춘 임금이 덕으로 백성들을 보살피며 나라를 다스리는 것을 뜻한다. 그는 중종에게 건의해 천거로 관리를 선발하는 현량과를 설치했고, 현량과를 통해 많은 사림들을 중앙 정치로 불러들였다. 그리고 학식 높은 신하들이 임금과 학문에 대해 토론하는 자리인 경연을 활성화하고, 임금에게 바른 말을 하는 일을 맡은 사간원과 사헌부를 강화해 왕도 정치를 이루려 하였다.

조광조의 개혁은 여러 분야에서 이루어졌다. 당시 궁중에서 하늘의 여러 신들에게 나라의 안녕과 백성의 평안함을 구하고 재앙을 없애게 해

●●●
조선 중종 때 왕도 정치의 실현과 개혁을 추진했던 조광조. 비록 훈구파의 모함을 받아 사약을 받고 세상을 떠났지만, 많은 사림들이 그를 스승으로 모시며 사상을 이어받았다.

달라고 비는 행사를 주관하던 관청인 소격서를 없애 **성리학** 외의 종교와 관련된 행사를 폐지하도록 했다. 그리고 거짓 공훈으로 공신이 된 사람들이 많으니 그들을 공신에서 삭제하자고 주장해 4분의 3에 해당하는 공신의 공적이 취소되었다. 그런가 하면 성리학의 생활 규범을 적은 소학과 **향약**을 널리 보급해 성리학을 일상생활 속에 뿌리내리도록 했다.

조광조의 개혁은 사림들의 지지를 받았지만, 그동안 권세를 누려온 공신들이나 **훈구파**에게는 반발을 불러왔다. 나중에는 중종도 사사건건 간섭하며 바른 소리만 하는 조광조에게 지쳐갔다. 결국 조광조는 훈구파가 꾸민 계략으로 인해 유배되었다가 1519년에 사약을 받고 세상을 떠났다.

심화 훈구파는 조광조를 제거하기 위한 구실을 만들었다. 궁중의 나인들에게 시켜 나뭇잎에 '주초위왕'이라는 글씨를 꿀물로 써 두게 했다. 주초위왕(走肖爲王)이란 '조씨가 임금이 된다.'는 뜻을 가진 말이었다. 주(走)와 초(肖)를 합치면 조(趙)가 되는데, '조'란 곧 조광조를 가리키는 것이니 이는 역모를 꾀하는 것이나 다름없었다.

나뭇잎에 꿀물로 글씨를 써 두었기 때문에 단 향기에 모여든 벌레들이 글자대로 나뭇잎을 파먹었고, 훈구파는 이를 중종에게 보였다. 이들은 "조광조가 역모를 할 징조"라며 중종을 설득했고, 중종은 조광조를 내치기로 마음먹게 되었다. 조광조를 벌주는 과정에서 사림파의 많은 신하들이 함께 목숨을 잃었는데, 이 사건을 기묘사화라고 한다. **사화**란 '사림들이 입은 화'라는 뜻이다.

조광조를 모함한 훈구파는 '주초위왕(走肖爲王)'이라는 글자를 이용했다. 이 글자는 '조광조가 임금이 된다.'는 뜻을 담고 있었고, 중종은 훈구파의 설득을 받아들여 조광조와 사림들을 죽이거나 조정에서 쫓아냈다.

일제 강점기의 독립운동가이자 해방 후 반탁 운동을 벌인 정치가

조만식

개요 일제 강점기에 물산 장려 운동과 신간회 활동에 앞장선 민족 운동가이다. 해방 후에는 북한 지역에서 신탁 통치 반대 운동을 벌였다.

풀이 1883년에 평안남도 강서군에서 태어난 조만식은 평양의 숭실 중학교를 거쳐 일본 유학길에 올랐다. 그는 일본 도쿄(동경)에서 유학 중에 간디의 무저항주의를 알게 되어 민족 운동의 본보기로 삼았다. 메이지 대학 졸업 후 조국으로 돌아온 그는 이승훈이 세운 오산 학교의 교장으로 일했으나 3·1 운동에 참가해 감옥살이를 했다.

감옥에서 풀려난 조만식은 오산 학교로 돌아갔으나 일제의 탄압으로 다시 교단에서 물러나야만 했다. 그 후 오윤선과 함께 조선 물산 장려회를 만들고(1922년) 국산품 애용 운동을 벌였다. 또한 신간회에 참여하고《조선일보》등 언론을 통해 민족 운동을 벌였으며, 민족 지도자를 기르는 데 힘쓰는 등 지속적인 항일 운동을 벌였다. 이러한 항일 운동은 간디의 사상인 비폭력·무저항·불복종 원칙에 따라 이루어졌다.

8·15 광복 후 조만식은 평안남도 건국 준비 위원회를 구성해 위원장으로 활동했다. 또한 북한에서 조선민주당을 창당(1945년)하고 신탁 통치 반대 운동(반탁 운동)을 벌였다. 그는 이 일로 소련군에 의해 연금당한 후 감금 생활을 했다. 이후 그의 행적에 대해서는 구체적으로 알려지지 않았다. 다만 6·25전쟁 때 북한군이 평양에서 철수하는 도중에 그를 총살했다고 전해진다.

심화 조만식은 평양의 숭실 중학교에 다닐 때 기독교인이 되었는데, 평생을 기독교 정신의 실천가로서 생활하며 민족 운동에 헌신했다. 대한민국 정부는 1970년에 그에게 건국 훈장을 수여했고, 서울특별시 광진구 능동의 어린이 대공원과 경기도 파주시의 통일 전망대에는 그의 동상이 세워져 있다.

시대 조선 시대 | 더 찾아보기 강화도 조약, 고종, 일본, 조선, 청

조선이 미국과 맺은 불평등한 통상 조약
조미 수호 통상 조약

개요 **조선 고종** 때인 1882년에 조선과 미국 사이에 맺은 수교와 무역에 대한 조약이다. 치외 법권을 인정하고 최혜국 조항을 넣은 불평등한 조약이었다.

풀이 1876년에 조선이 **일본**과 **강화도 조약**을 체결하자 미국도 조선과 수교를 서둘렀다. 수교란 나라와 나라 사이에 외교 관계를 맺는 것을 뜻한다. 미국은 **청**에게 조선과 수교할 수 있도록 도와줄 것을 요청했다. 강화도 조약 이후 조선에서 일본의 세력이 커지는 것을 경계하던 청은 조선에게 미국과 수교할 것을 권했다.

그 결과, 1882년 제물포에서 조미 수호 통상 조약이 진행되어 조선은 미국과 수교를 맺었다. 조약에는 두 나라 가운데 한 나라가 다른 나라의 침략을 받으면 서로 돕는다는 내용이 들어 있고, 강화도 조약과는 달리 조선에 들어오는 미국 상품에 관세를 매길 수 있었다.

하지만 조미 수호 통상 조약도 강화도 조약과 마찬가지로 불평등 조약이었다. 먼저 미국은 조선에서 치외 법권을 인정받았다. 치외 법권이란 다른 나라의 영토에 있으면서도 그 나라의 법에 따르지 않아도 될 권리를 뜻한다. 즉, 미국인이 조선의 영토에서 죄를 지어도 조선의 법으로 다스릴 수 없는 것이다. 또한 조약에는 앞으로 조선이 다른 나라와 수교를 할 때 미국보다 유리한 조건을 허락하면 미국에게도 그 권리를 인정해 준다는 최혜국 조항까지 들어갔다.

● ○ ○
미국은 조선이 통상 요구를 거절하면 힘으로라도 조선의 문을 열려고 했다. 그러던 중에 청나라의 도움을 받았고, 결국 1882년에 조선과 통상 조약을 맺게 되었다.

심화 조미 수호 통상 조약을 맺은 뒤 조선은 영국과 독일, 러시아, 프랑스 등 서구 열강들과 차례대로 통상 조약을 맺었다. 하지만 조미 수호 통상 조약의 내용이 본보기가 되어, 이 나라들과 맺은 통상 조약에도 불평등한 조항들이 그대로 들어가게 되었다.

시대 조선 시대 | 더 찾아보기 강화도 조약, 개화파, 고종, 수신사, 일본, 조선, 흥선 대원군

조선 고종 때 일본의 근대 문물을 배우기 위해 파견한 시찰단

조사 시찰단

개요 1881년 일본의 근대 문물을 배워 오기 위해 조선 정부가 파견한 시찰단이다. '조사(朝士)'는 조선의 선비라는 뜻이다. 당시에는 '신사 유람단'이라고 부르기도 했지만, 사절단의 취지를 살려 조사 시찰단으로 명칭을 바꾸어 사용하고 있다.

풀이 조선 후기에 나라의 문호를 닫고 쇄국 정책을 펼쳤던 흥선 대원군이 물러나자, 제26대 임금인 고종은 새로운 문물을 적극적으로 받아들이는 개화 정책을 펼쳤다. 일본과 강화도 조약을 맺은 데 이어 일본에 수신사를 파견했고, 개화 정책을 추진하기 위해 '통리기무아문'이라는 관청도 설치했다. 1881년에는 일본의 근대 문물을 배워 오도록 조사 시찰단을 파견했다. 일본이 빠른 시간 안에 강대국이 된 이유를 알아보기 위한 목적도 있었다.

조사 시찰단에는 박정양, 어윤중, 홍영식 등 개화파 젊은 관리들이 뽑혔다. 이들은 위정척사파의 반대를 피하기 위해 비밀리에 부산에 모인 뒤 일본으로 건너갔다. 이름도 여행하는 선비들이라는 뜻에서 '신사 유람단'이라고 했다. 이들은 정부의 사신이 아니라 민간 사절이라고 밝혔지만, 일본은 정부 차원에서 환영하고 극진히 대접했다. 젊은 개화파들이 일본에 호감을 갖도록 하기 위해서였다.

조사 시찰단은 일본에 2개월 반 정도 머물면서 정부의 여러 부처와 육군, 세관, 무기 공장, 산업 시설, 도서관, 박물관 등을 견학했다. 이를 통해 일본의 근대 문물을 보다 자세히 알게 되었고, 개화사상이 더욱

●○○
고종은 개화파 젊은 관리들로 구성된 조사 시찰단을 일본에 파견했다. 일본의 발전한 근대 문물을 배워오도록 하기 위해서였다. 하지만 당시 조선 정부 내에서는 여전히 개화에 반대하는 대신들의 목소리가 높았던 시기였으므로 조사 시찰단의 파견은 비밀리에 이루어졌다.

폭넓게 전파되는 계기가 되었다.

심화 조사 시찰단이 파견될 당시 조선 안에서는 일본이나 서양과 교류를 하거나 문물을 받아들이는 것을 반대하는 위정척사 운동이 한창이었다. 그래서 조사 시찰단은 겉으로는 개인 자격으로 일본을 방문하는 것으로 했다. 조사 시찰단 단원들은 일본 정부가 제공하는 숙소 대신 민가에서 지냈고, 돌아올 때도 몇 차례로 나누어 귀국했다.

조사 시찰단은 한양에서 부산으로 내려가 배를 타고 일본으로 건너갔다. 고종의 은밀한 명령으로 이루어진 일이었으므로 이들은 부산까지는 암행어사의 자격으로 내려갔다고 한다. 이후에는 임금의 명령을 받은 시찰단으로서 일본에 머무르며 일본의 근대 시설들을 둘러본 뒤 다시 부산을 거쳐 한양으로 돌아왔다.

시대 조선 시대 | **더 찾아보기** 경복궁, 고려, 고종, 노비, 대한 제국, 동학, 백자, 병자호란, 민화, 성리학, 세도 정치, 세종, 신진 사대부, 실학, 앙부일구, 양반, 영조, 위화도 회군, 이성계, 일본, 임진왜란, 자격루, 정조, 중인, 천민, 측우기, 탈춤, 태종, 판소리,

14세기 후반부터 20세기 초반까지 유교 문화를 꽃피운 나라

조선

개요 이성계가 고려를 무너뜨리고 1392년에 세운 나라이다. 일제에게 나라를 빼앗긴 1910년까지 519년 동안 27명의 임금이 다스렸다. 성리학을 나라를 다스리는 근본 사상으로 삼아 유교 문화를 꽃피웠으며, 수많은 문화유산을 남겼다.

풀이 고려 말기에 위화도 회군으로 힘을 키운 이성계는 급진파 신진 사대부들과 함께 공양왕을 몰아내고 임금이 되어 조선을 세웠다. 그는 성리학을 나라의 근본 사상으로 삼았으며, 도읍을 한양으로 옮겨 경복궁을 짓고 새 왕조의 터전을 닦았다. 제3대 임금인 태종은 관직 제도를 개혁하고 전국을 8도로 나누는 한편 호패법을 실시하는 등 강력한 왕권 강화 정책을 추진했다. 이어 제4대 임금인 세종은 조선 건국의 정당함을 백성들에게 알리고, 유교를 널리 가르치기 위해 훈민정음을 만들었다. 또한 정치와 경제, 문화 등을 고루 발전시켜 전성기를 이루었다.

조선은 엄격한 신분 사회였다. 신분은 양반, 중인, 상민, 천민 넷으로 나뉘었고 양반이 지배층을 이루었다. 농민이 대부분인 상민들은 나라에 세금을 냈다. 관리는 과거를 통해 뽑았다. 하지만 온종일 농사일을 하는 일반 백성이 과거를 준비하는 것은 불가능했기 때문에 실제로 벼슬을 얻는 사람은 소수의 지배층이었다. 여자와 노비들은 아예 응시 자격조차 없었다.

조선은 16세기 말에서 17세기에 임진왜란과 병자호란을 겪으며 나라가 몹시 어려웠으나, 제21대 임금인 영조 때에는 백성들의 생활이 안정되고 문화가 발전했다. 뒤이어 임금이 된 정조는 인재를 고루 쓰고 실학을 크게 발전시켰다. 그러나 19세기에 이르자 안으로는 세도 정치와 관리들의 부정부패에 대항해 곳곳에서 농민 봉기가 일어났고, 밖으로는 일본과 서양 강대국들의 압력과 간섭을 받게 되었다. 제26대 임금인 고종은 1897년에 대한 제국으로 나라 이름을 바꾸고 개혁을 실시했지만, 결국 1910년에 일본의 강압으로 한일 강제 병합이 이루어져 나라의 주권을 빼앗기게 되었다.

조선 중기에는 왜란과 호란을 겪으며 위기를 겪었으나 이순신과 권율 등의 뛰어난 장수와 일반 백성들로 이루어진 의병들의 활약으로 극복해 냈다.

조선이 남긴 가장 위대한 문화유산으로 손꼽히는 훈민정음.

8도, 한양, 한일 강제 병합, 호패법, 훈민정음

심화 조선은 유교 문화뿐 아니라 과학 기술이 발달해 **자격루**, **측우기**, **앙부일구**, 간의, 혼천의 등 훌륭한 유산을 남겼다. 초기 미술에서는 문인화가 유행했고, 공예에서는 **백자**가 높이 평가되었다. 후기에는 **판소리**, 한글 소설, **탈춤**, **민화** 등 서민 문화가 발달했다. 또한 **동학**과 기독교라는 새로운 사상과 종교가 등장해 백성들의 생활에 큰 영향을 미쳤다.

태조 이성계는 조선을 세운 뒤 한양을 도읍으로 삼았다. 한양은 한반도의 중앙에 위치해 교통이 편하고, 한강과 기름진 평야가 있어 살기 좋은 곳이었다.

고려를 무너뜨리고 조선을 세운 태조 이성계.

성리학을 나라를 다스리는 이념으로 삼은 조선은 이황과 이이 등 많은 학자들을 배출하기도 했다.

조선의 문화를 크게 발전시킨 세종.

조선은 과거 제도를 실시해 관리를 뽑았다. 관리들은 관직의 높고 낮음을 나타내는 품계에 따라 승진하며 나랏일을 보았다.

시대 현대 | 더 찾아보기 여운형, 이승만, 일본, 조선 총독부, 태평양 전쟁, 8·15 광복

8·15 광복 후 처음으로 만들어진 건국 준비 단체

조선 건국 준비 위원회

개요 1945년 **8·15 광복**과 함께 만들어진 최초의 건국(나라를 세움) 준비 단체이다. **여운형**이 위원장을 맡았으며, 인민 대표들을 모아 '조선인민공화국' 수립을 발표한 뒤 해산했다. 그러나 미군정청은 이들이 세운 새 정부를 인정하지 않았다.

풀이 1945년 8월 초, **태평양 전쟁**에서 **일본**의 패배가 가까워졌음을 안 **조선 총독부**는 패전 이후 한반도에서 일본인들의 안전한 철수를 비롯한 여러 문제에 협력을 얻기 위해 우리의 민족 지도자를 찾았다. 이미 1년 전부터 일본의 패전을 예상하고 비밀리에 조선 건국 동맹을 만들어 독립에 대비하던 여운형은 조선인 정치범의 석방, 치안권과 행정권의 이양, 건국 사업 협력 등을 조건으로 이에 응했다.

8월 15일 일본이 무조건 항복하자, 여운형은 조선 건국 동맹을 토대로 여러 민족 지도자들을 모아 조선 건국 준비 위원회를 만들었다. 조선 건국 준비 위원회는 위원장에 여운형, 부위원장에 안재홍 등 지도부를 갖추고, 전국 곳곳에 지부를 결성해 나라를 세우기 위한 준비 사업에 들어갔다.

조선 건국 준비 위원회는 치안을 확보하고, 건국 사업을 위해 민족의 힘을 모으며, 교통·통신·금융·식량 등의 대책을 마련하는 데 힘썼다. '① 완전한 독립 국가의 건설을 기함 ② 전민족의 정치적, 사회적 기본 요구를 실현할 수 있는 민주주의 정권의 수립을 기함 ③ 일시적 과도기에 있어서 국내 질서를 자주적으로 유지하여 대중 생활의 확보를 기함'을 강령으로 내세웠다.

조선 건국 준비 위원회는 많은 지역에서 치안과 행정에 커다란 역할을 했다. 그러나 내부에서 좌익과 우익 등 여러 세력 간에 갈등이 일어나 어려움을 겪었다. 더구나 연합군은 한국인의 어떤 행정 조직도 인정하지 않았고, 미군정이 정식으로 시작될 때까지는 조선 총독부가 그대로 행정권을 행사한다고 발표했다. 미군의 한반도 상륙이 다가옴에 따라 조선 건국 준비 위원회는 9월 6일 전국 인민 대표자 회의를 소집해 '조선인민공화국' 수립을 발표하고 다음날 공식적으로 해산했다.

심화 조선인민공화국은 주석에 이승만, 부주석에 여운형, 총리에 허헌 등을 지명했다. 그러나 국내의 일부 우익 세력은 조선인민공화국과 대립했으며, 미군정도 조선인민공화국을 인정하지 않았다. 이승만을 비롯한 주요 직책에 임명된 사람들도 상당수 취임을 거부하면서 조선인민공화국은 해체되었다.

1945년 8월 17일에 YMCA에서 열린 조선 건국 준비 위원회 모습. 여운형 위원장을 중심으로 한자리에 모인 준비 위원들은 한반도에 새롭게 나라를 세우기 위해 필요한 일에 대해 의논했다.

조선 건국 준비 위원회의 위원장은 여운형이 맡았다. 여운형은 대한민국 임시 정부에도 참여했던 독립운동가이자 《조선중앙일보》의 사장으로 활동한 언론인이었다. 그는 1944년에 조선 건국 동맹을 만들어 독립 후를 준비하고 있었다.

한인 사회주의자들이 중국 화북 지방에서 만든 독립운동 단체

조선 독립 동맹

개요 1942년에 김두봉, 최창익 등의 한인 사회주의자들이 중국 화북 지방에서 만든 독립운동 단체이다. 조선 의용군을 이끌고 일제에 맞서 싸웠으며, 해방 후에는 북한 정부를 세우는 데 참여했다.

풀이 일본이 만주에 이어 중국을 침략하자, 만주와 중국에서 독립운동을 벌이던 한인 사회주의자들은 중국 공산당에 들어가 중국인들과 함께 싸웠다. 당시 중국 공산당은 중국 국민당과 손을 잡고(2차 국공 합작) 화북 지방에서 팔로군이 되어 일본군과 싸웠는데, 팔로군에는 한인 사회주의자들도 많았다.

1941년에 팔로군의 근거지인 타이항 산에서 항일전에 참여하고 있던 한인 대표들이 모임을 가졌다. 이들은 모든 한인들이 이념에 관계없이 힘을 합쳐야 한다고 호소했다. 이 소식을 듣고 화북의 한인들이 타이항 산으로 몰려들었다. 최창익 등 조선 의용대원 150여 명까지 화북으로 넘어오자 그 규모는 더욱 커졌다.

이에 1942년 김두봉을 위원장으로 조선 독립 동맹이 만들어졌다. 화북으로 건너온 조선 의용대는 조선 의용군으로 이름을 바꾸고 조선 독립 동맹의 군대가 되었다. 무정은 조선 의용군 사령관이 되어 타이항 산 부근에서 여러 차례 일본군과 싸워 이겼다. 이후 조선 독립 동맹과 조선 의용군은 중국 공산당의 지시에 따라 1943년 후방인 옌안으로 이동했다. 이들은 옌안에서 군사 교육을 받으면서, 일본군 점령지에 몰래 들어가 정보를 수집하는 활동을 벌였다.

심화 해방 후 조선 독립 동맹의 지도자들은 북한으로 갔다. 김두봉은 당시 북한의 정부 역할을 했던 북조선 임시 인민위원회에서 부위원장(위원장은 김일성)을 맡았다. 조선 독립 동맹 계열의 사람들은 1946년 2월에 조선 신민당을 만들었다. 조선 신민당은 북조선 공산당과 합쳐 북조선 노동당이 되었다. 하지만 6·25 전쟁 이후 옌안파는 김일성에 의해 대부분 제거됐다.

일제 강점기에 우리 민족 경제의 자립을 이루자며 벌인 운동
조선 물산 장려 운동

개요 일제 강점기인 1920년대에 국산품을 사용하여 우리 민족 경제의 자립을 이루자는 운동이다.

풀이 나라의 주권을 일제에 빼앗긴 뒤 한반도에는 일본 상품이 밀려들어 왔다. 이 때문에 우리의 민족 산업은 매우 어려워졌다. 많은 기업이 더 이상 상품을 팔지 못해 문을 닫거나, 비싼 이자를 내고 일본인의 돈을 빌려야 했다. 이런 현상이 계속되다 보니 경제에서도 일본의 지배는 한층 심해졌다.

이에 지식인들을 중심으로 조선 물산 장려 운동이 벌어졌다. 이들은 우리 민족 경제의 자립을 주장하며, 운동 조직인 조선 물산 장려회도 만들었다. 1920년 평양에서 가장 먼저 만들어졌고, 1923년 1월에는 서울에서도 만들어지면서 조선 물산 장려회는 전국적인 조직으로 발전했다.

조선 물산 장려회는 '내 살림 내 것으로!'라는 구호를 내걸고 국산품 사용하기, 소비 줄이기, 금주하기, 금연하기 등의 운동을 벌였다. 많은 사람들이 이 운동에 적극적으로 참여하면서, 조선 물산 장려 운동은 전국적인 운동으로 확대되었다. 하지만 일제는 조선 물산 장려 운동을 새로운 민족 운동으로 보고 탄압하기 시작했다. 일제의 감시와 탄압이 심해지면서 더 이상 발전하지 못했고, 사람들의 열기도 줄어들어 결국 운동도 실패하고 말았다.

심화 조선 물산 장려 운동은 3·1 운동을 통해 민족의식이 성장하면서 나타난 자연스러운 현상이었다. 운동에 앞장선 지식인들은 민족 기업을 세우고 국산품을 애용해 경제 자립의 토대를 닦고자 했다. 그러나 이 운동으로 인해 일부 생활용품의 가격이 오르는 부작용도 나타났고, 가난에 시달리던 민중들에게는 현실감 있게 다가오지 않아 지속적인 참여와 지지를 얻을 수 없었다.

시대 현대 | 더 찾아보기 김대중, 김일성, 김정일, 남북 정상 회담, 대한민국, 유엔, 6·25 전쟁, 6·15 남북 공동 선언, 일본, 8·15 광복

해방 이후 한반도 북쪽에 들어선 공산주의 국가

조선민주주의인민공화국

개요 1948년 9월 9일에 한반도의 북위 38°선 이북 지역에 들어선 공산주의 국가이다. '북한' 또는 '조선'이라고도 부른다.

풀이 8·15 광복 이후 우리나라에는 미국과 소련의 군정이 실시되었다. 군정 이후 통일 정부를 수립하려고 했지만 실패하고 남쪽과 북쪽에 각각 다른 정부가 들어섰다. 조선민주주의인민공화국은 북위 38°선을 기준으로 북쪽에 들어선 정부이다.

조선민주주의인민공화국은 대한민국과는 다른 이념을 내세웠다. 북한은 주체사상과 군이 앞장서는 정치인 '선군 정치'를 이념으로 삼고, 모든 권력은 조선 노동당에 집중되었다. 주석인 김일성에 이어 아들이자 국방위원장인 김정일이 후계자가 되면서 독재 체제를 바탕으로 한 북한식 사회주의가 확립되었다.

북한은 1950년 6월 25일에 전쟁을 일으켰다. 이로 인해 한반도 전체가 크게 파괴되고 많은 사람이 죽었으며, 가족들이 흩어져 이산가족이 생겨났다. 6·25 전쟁은 1953년에 휴전 협정을 맺으면서 멈추었지만, 휴전선을 경계로 남북한이 대치하며 긴장 상태가 계속되고 있다.

1990년대부터는 남북한의 냉랭한 관계가 잠시 수그러들기도 했다. 1991년에 남북 간 고위급 회담이 열렸고, 국제적으로는 남북한이 동시에 유엔에 가입하면서 미국이나 일본과의 관계가 이전에 비해 나아졌다. 1993년에는 북한의 핵 개발 의혹으로 한반도의 긴장이 높아졌으나 북한과 미국 간의 회담으로 해소되었다. 이어 남북 정상 회담이 추진되었지만 김일성의 사망으로 이루어지지 못했다.

2000년에는 김대중 대통령과 북한의 김정일 국방위원장이 평양에서 남북 정상 회담을 갖고 6·15 남북 공동 선언을 발표했다. 이후 남북한 금강산 개발 등 경제 협력을 추진하고, 이산가족들이 만날 수 있는 자리를 마련했다. 그러나 북한의 핵 개발과 연평도 포격을 비롯한 서해상의 무력 충돌로 남북 관계는 다시 어려워졌다.

북한은 군이 앞장서는 선군 정치를 내세우고 있다. 그만큼 나라 운영에 군이 미치는 영향력이 크다고 할 수 있다.

심화 1990년대 이후 북한은 심각한 경제 위기에 빠져들었다. 다른 나라와의 교류를 꺼리는 폐쇄적인 나라 운영으로 경제가 발전하지 못한 데다, 핵무기 개발로 국제 사회의 제재를 받으면서 경제적인 어려움이 커진 것이다. 1990년대 중반에는 거듭된 흉년으로 식량난이 심각해져 어려움을 겪었으나 남한과 국제 사회의 원조 등으로 헤쳐 나갈 수 있었다. 2000년대 들어 북한의 핵 문제를 해결하기 위한 한국, 북한, 미국, 일본, 중국, 소련의 6자 회담이 열렸지만, 북한의 계속된 핵 실험과 미사일 발사 등으로 성과를 거두지 못하고 있다.

우리나라의 분단은 해방 이후 미국과 소련이 한반도의 남쪽과 북쪽에서 각각 군정을 실시하면서 시작되었다.

조선민주주의인민공화국, 즉 북한은 북위 38°선을 기준으로 이북 지방에 들어선 국가이다. 6·25 전쟁 이후에는 휴전선을 경계로 북쪽 지방을 차지하고 있다.

북한은 사회주의 국가이면서도 지도자의 지위가 왕조 시대처럼 자식에게 대물림되고 있다. 김일성에 이어 최고 지도자가 된 사람은 아들인 김정일이었고, 지금은 손자인 김정은이 뒤를 잇고 있다.

시대 일제 강점기 더 찾아보기 3·1 운동, 일본, 8·15 광복

일제의 민족 문화 말살 정책에 맞서 우리말과 글을 연구한 학술 단체
조선어 학회

개요 1921년에 우리말과 글을 연구하기 위해 만든 단체이다. 장지영, 김윤재, 최현배 등이 중심이 되어 활동했으며, 잡지인 《한글》을 만들고 《조선어 사전》 편찬을 시작했다. 1942년에는 일제의 탄압으로 인해 해체될 위기를 맞기도 했으며, 8·15 광복 후에는 '한글 학회'로 이름을 바꾸었다.

풀이 3·1 운동으로 터져 나온 우리 민족의 독립 의지에 놀란 일제는 1920년대부터 우리 문화를 말살하려는 정책을 폈다. 이에 장지영, 김윤재, 최현배 등은 우리말과 글을 연구하기 위한 학회를 만들었다. 여기서 '학회'란 학문을 깊이 있게 연구하기 위해 만든 모임을 뜻한다. 장지영을 비롯한 국어학자들은 일제의 정책을 그대로 따르면 우리 고유의 말과 글마저 잃어버릴 수 있다고 생각한 것이다.

이들은 처음에는 '조선어 연구회'라는 이름으로 활동했다. 국어에 대한 연구와 강연 활동을 주로 했으며, 1927년부터 《한글》이라는 잡지를 펴냈다. 1929년에는 《조선어 사전》을 편찬하기 시작했으나 일제의 탄압으로 인해 끝을 맺지는 못했다. 1931년에는 학회의 이름을 '조선어 학회'로 고쳤고, 1933년에는 오늘날에도 한글 표기의 기준이 되고 있는 한글 맞춤법 통일안을 발표했다.

조선어 학회는 1942년에 일어난 조선어 학회 사건으로 위기를 맞았다. 일제는 1937년부터 모든 관공서에서 일본어만 쓰게 했고, 1940년부터는 학교에서 우리말을 아예 못 쓰게 했다. 우리의 말과 글은 물론 역사와 민족 정신을 말살하기 위해서였다. 그런 다음 작은 사건을 꼬투리 잡아 조선어 학회를 무너뜨리려고 했다. 몇몇 사람들을 모질게 고문해 조선어 학회가 학술 단체를 가장한 독립운동 단체라는 거짓 자백을 받아냈고, 이를 구실로 회원 33명을 잡아간 뒤 28명을 감옥에 가둔 것이다. 결국 모진 고문과 고통스러운 감옥 생활 끝에 이윤재, 한징 등은 목숨을 잃었다.

우리의 말과 글을 지키기 위해 조선어 학회에 참여한 학자들. 이들 중 상당수는 조선어 학회 사건으로 인해 모진 고문을 받거나 감옥 생활을 하는 등 고통을 겪었다.

심화 일제가 조작한 조선어 학회 사건 이후 조선어 학회는 큰 타격을 입고 위축되

었으나 8·15 광복 후에는 다시 활동을 시작했다. 1949년에는 학회의 이름을 한글 학회로 바꾸고 현재까지 활동하고 있다. 한글 학회는 1929년에 시작한 《조선어 사전》 편찬 사업을 이어받아, 1957년에 6권의 《큰사전》을 펴냈다.

조선어 학회는 국어를 연구하는 것은 물론이고 강연과 잡지 출간, 사전 편찬 등의 활동을 벌였다. 특히 조선어 학회의 학자들은 《조선어 사전》을 편찬하는 일에 힘을 쏟았는데, 일제의 탄압으로 끝을 맺지는 못했다. 사전은 해방 후 한글 학회로 이름을 바꾼 뒤에 완성되었다.

8·15 광복 후에 조선어 학회가 만들고 미군정청의 학무국이 펴낸 첫 교과서인 《한글 첫 걸음》.

조선어 학회 사건으로 감옥 생활을 했던 국어 운동가 최현배가 쓴 글씨. 우리 글 사랑의 마음이 담겨 있다.

시대 조선 시대 | 더 찾아보기 고려, 광해군, 세계 유산, 연산군, 조선, 태조, 풍수지리설

세계 유산으로 지정된 조선 시대 역대 왕들의 무덤
조선 왕릉

개요 **조선** 시대 역대 왕들의 무덤이다. 우리나라에 남아 있는 왕릉 가운데 가장 완전한 형태를 갖추고 있으며 총 40개이다. 단종의 무덤인 장릉과 북한 지역에 있는 능을 제외한 모든 무덤이 서울이나 서울 주변에 있다.

풀이 1392년 **고려** 왕조가 막을 내리고 탄생한 조선 왕조는 1910년까지 519년이라는 긴 세월을 이어갔다. 세계의 역사를 살펴볼 때에도 하나의 왕조가 500년 이상 지속된 경우는 찾아보기 힘들다. 이렇듯 기나긴 역사를 가진 조선 왕조에는 모두 27명의 왕과 왕비 및 추존왕과 왕비가 있는데, 이들의 무덤을 통틀어 조선 왕릉이라고 한다.

왕릉은 **풍수지리설**에 따라 자연 경관이 뛰어나고 배산임수의 조건을 갖춘 곳에 만들었다. 배산임수(背山臨水)란 남쪽에는 물이 있고 뒤로는 언덕이 있으며 전체적으로는 산으로 둘러싸여 능을 보호하는 모양을 뜻한다. 왕릉의 터를 이렇듯 신중하게 고른 까닭은 왕실의 권위를 높이고 선조에 대한 존경심을 드러내기 위한 것이라고 할 수 있다.

왕릉도 왕실의 권위를 잘 드러내면서 아름답게 보이도록 만들었다. 구조는 크게 진입 공간과 제향 공간, 능침 공간으로 나뉜다. 진입 공간은 살아 있는 사람의 공간으로, 후손과 신하들이 이곳에서 제사를 준비한다. 또한 제향 공간은 제례 의식을 치르는 곳이고, 능침 공간은 왕의 무덤이 자리하고 있다.

심화 조선 왕릉은 역사적, 예술적으로 뛰어난 가치를 인정받아 지난 2009년 **세계 유산**으로 등재되었다. 단, 북한에 있는 **태조**의 왕비 신의 왕후의 제릉, 정종과 정안 왕후의 후릉, 임금의 자리에서 쫓겨난 **연산군**과 **광해군**의 묘 등 4기는 제외되었다. 그러나 왕릉 하나하나의 완전성은 물론이고 한 시대의 왕조를 이끌었던 역대 왕과 왕비의 무덤이 모두 보존되어 있다는 점에서 유산으로서의 가치가 매우 크다.

조선 왕릉 대부분은 서울의 사대문으로부터 100리(약 4킬로미터) 안에 위치해 있다. 조선 최고의 법전인 《경국대전》에도 '능역은 한양성 사대문 밖 100리 안에 두어야 한다.'고 적고 있다.

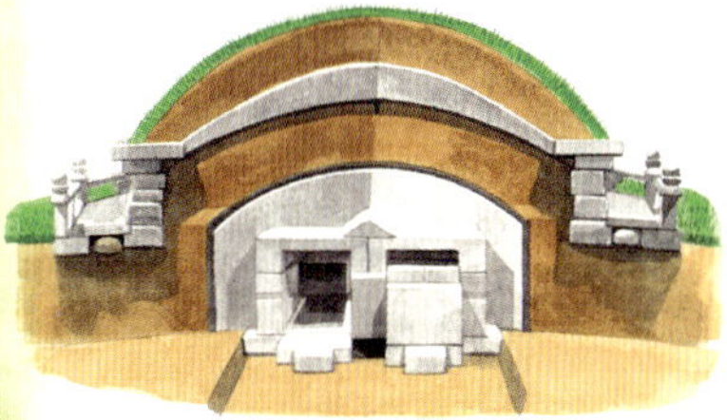

능침 공간_ 능침(무덤)은 왕릉의 중심이 되는 곳이다. 돌로 만든 무관과 문관, 말 등의 석상을 비롯하여 능침 주위를 둘러싼 난간석과 병풍석 등은 모두 능을 보호하기 위해 세운 것이다.

혼유석_ 봉분 앞에 둔 넓적한 직사각형의 돌이다. 음식을 올려놓는 탁자가 아니라 영혼이 쉬는 곳이다. 혼유석이라는 이름도 '넋이 나와 놀도록 한 돌'이라는 뜻이다.

참도_ 능의 주인, 즉 영혼이 이용하는 길과 살아 있는 임금이 이용하는 길이 달랐다. 영혼의 길은 신도, 현 임금의 길은 어도라고 불렀다.

제향 공간_ 참도를 따라 이어진 정자각에서는 선조를 위해 제사를 올렸다.

진입 공간_ 살아 있는 사람들이 제사를 준비하는 공간이다. 수라간이나 수복방 등에서는 제사에 필요한 음식과 도구를 준비하거나 관리인이 대기했다.

홍살문_ 이곳이 신성한 장소임을 알리는 문이다. 붉은색으로 만든 것도 나쁜 기운을 쫓기 위한 장치라고 할 수 있다.

시대 조선 시대 | 더 찾아보기 광해군, 승정원일기, 6·25 전쟁, 이괄의 난, 일본, 일제 강점기, 임진왜란, 조선, 창덕궁, 태조, 8·15 광복, 한양

조선 태조부터 철종 때까지의 역사를 기록한 책
조선왕조실록

개요 **조선**의 제1대 임금인 **태조**부터 철종 때까지 25대 472년간의 역사를 기록한 책이다. **일제 강점기**에 **일본**인이 만든 《고종실록》과 《순종실록》은 왜곡된 것이 많아 포함시키지 않으며, 1997년 10월에 유네스코 세계 기록 유산으로 지정되었다.

풀이 《조선왕조실록》은 조선의 역사가 담긴 방대한 기록이다. 임금이 죽으면 실록청을 세우고 그 임금이 다스리던 때의 역사적인 사실을 일어난 순서대로 정리했다. 실록의 내용은 《승정원일기》나 《비변사등록》과 같은 관청의 기록, 관청이 보관하고 있는 문서, 그리고 평소에 써둔 기록인 사초 등을 참고해 썼다.

실록을 만드는 관리는 사관이라고 불렀다. 그들은 궁궐에 들어가 임금의 말이나 행동, 임금과 신하가 나랏일을 의논한 내용을 보고 들은대로 기록해 사초를 만들었다. 사관은 높은 지위는 아니었지만 다른 사람의 간섭을 받지 않고 독립적으로 일했고, 역사를 사실 그대로 기록하기 위해 사초는 비밀이 보장되었다. 설령 임금이라고 해도 사초를 함부로 볼 수 없었다.

물론 그렇다고 해서 실록의 내용이 정치적 영향에서 완전히 벗어난 것은 아니었다. 《선조실록》이나 《현종실록》, 《경종실록》 등은 이미 만들어진 것을 다시 고쳐 만들기도 했다. 예컨대 《선조실록》은 **광해군** 때 만들었는데, 반정으로 광해군을 몰아낸 서인 세력은 《선조실록》의 내용을 고쳐 《선조수정실록》을 만들었다.

《조선왕조실록》은 중요한 기록이므로 자칫 훼손되지 않도록 보관에도 각별한 주의를 기울였다.

심화 《조선왕조실록》은 국가의 중요한 기록이기 때문에 혹시 잃어버리거나 훼손될 때를 대비해 여러 개를 만들어 전국 곳곳의 사고(책을 보관하는 창고)에 보관했다. 그런데도 《조선왕조실록》은 여러 차례 수난을 겪었다. 조선 전기에는 **한양**의 춘추관과 성주, 충주, 전주의 사고에 나누어 보관했는데, **임진왜란** 때 대부분의 사고가 불에 타

고 전주 사고의 실록만 무사히 보존되었다. 이에 조선 조정은 전주 사고의 실록을 바탕으로 4부를 다시 만들어서 춘추관과 오대산, 태백산, 적상산, 마니산(나중에 정족산으로 옮김.) 등 깊은 산속에 보관했다.

하지만 춘추관의 실록은 1624년 **이괄의 난** 때 또다시 불에 타 사라졌다. 적상산의 실록은 나중에 **창덕궁**에 있는 장서각으로 옮겼는데, **8·15 광복** 직후 일부를 도난당했고 나머지는 **6·25 전쟁** 때 북한이 가져가 김일성 대학에 보관 중이다. 일본이 빼앗은 태백산과 정족산본은 8·15 광복 후 돌려받았으나, 오대산본은 1923년 간토 대지진 때 대부분 불에 타 2006년에 나머지만 돌려받았다.

《조선왕조실록》은 1392년부터 1863년까지의 역사를 담은 조선 조정의 공식적인 기록이다. 472년 동안 일어난 일을 정리한 것이기 때문에 양도 매우 많다. 최근에는 한자로 쓴 것을 한글로 번역해 일반 사람들도 쉽게 볼 수 있도록 만들었다.

실록을 만드는 사람을 사관이라고 했다. 이들은 임금의 말과 행동, 중요한 나랏일 등을 매일 적어 두었다가 실록으로 만들었다.

시대 일제 강점기 **더 찾아보기** 김원봉, 대한민국 임시 정부, 의열단, 일본, 일제 강점기, 조선 독립 동맹, 중일 전쟁, 한국 광복군

중국군과 함께 일제에 맞서 싸우기 위해 만든 독립운동 부대

조선 의용대

개요 **일제 강점기**인 1938년에 **김원봉** 등이 일제에 맞서 싸우기 위해 만든 독립운동 부대이다. 중국의 임시 수도인 한커우에서 활동했다. 부대원 중 일부는 조선 의용군이 되었고, 또 다른 일부는 **한국광복군** 부대에 합류했다.

풀이 일제는 1937년에 **중일 전쟁**을 일으킨 뒤, 1938년에는 중국의 수도인 난징을 점령했다. 중국은 수도를 한커우로 옮겼으나 그곳도 일제의 공격에 시달리기는 마찬가지였다. 당시 **의열단**을 이끌던 김원봉을 비롯해 많은 독립운동가들도 중국 정부를 따라 한커우에 머물고 있었다.

이들은 일제의 침략에 맞서기 위해 중국군과 힘을 합쳐야 한다고 생각했다. 특히 2차 국공 합작으로 중국 공산당군도 국민당 정부 아래에서 독자 부대로 활동하고 있었기 때문에 조선인 독립운동 부대도 독자 부대를 만들어야 한다고 생각했다. 이에 따라 200여 명의 독립운동가들은 2개 부대로 조선 의용대를 창설했다. 조선 의용대는 중국 정부를 따라 구이린, 충칭으로 옮겨가면서 장제스의 지원 아래 군사 훈련을 계속했다. 처음에는 200명으로 출발한 조선 의용대는 1940년에는 300여 명으로 늘어났다. 의용대원들 중에는 사회주의자들이 많았다.

조선 의용대는 중국 정부의 통제를 받아 직접 전쟁터에 나가지 못했다. 몰래 **일본**군 점령 지역을 정탐하거나 정보를 수집하고, 일본인 포로를 조사하거나 일본군의 문서를 번역하며, 일본군에 대한 방송이나 선전 공작을 맡아 했다.

심화 조선 의용대의 대원 중 일부는 중국 국민당 정부의 소극적인 항일 투쟁에 불만이었다. 1941년에는 일제와 직접 맞서 싸우기 위해 중국 공산당군(팔로군)이 전투를 벌이고 있던 화북 지방으로 떠났다. 이들은 화북 지방에 있던 **조선 독립 동맹**에 합류해 조선 의용군이 되었다. 남은 의용대원들은 1942년에 한국광복군에 합류했고, 김원봉은 한국광복군 부사령관 겸 **대한민국 임시 정부**의 군무부장이 되었다.

청나라 외교관이 조선의 외교 정책에 대해 쓴 책

조선책략

개요 청나라 외교관인 황쭌셴이 조선의 외교 정책에 대해 쓴 책이다. 조선이 청과 일본, 미국과 협력해 러시아를 견제하고, 서양 문물을 받아들여 나라를 부강하게 하라는 조언이 담겨 있다. 1880년에 일본에 갔던 김홍집이 가져왔으며, 책 내용을 두고 격렬한 논쟁이 일어났다.

풀이 황쭌셴은 일본에 있는 청나라 공사관의 관리였다. 그는 조선의 외교 정책에 대한 자신의 생각을 정리해 《조선책략》을 썼다. 그는 이 책에서 조선은 남쪽으로 진출하려는 러시아를 경계해야 하며, 이를 위해 청과 일본, 미국과 협력해야 한다고 주장했다. 또한 서양 국가들과 공평한 조약을 맺어 자주권을 지키고, 무역을 통해 나라를 부강하게 하며, 천주교는 물론이고 서양의 학문과 기술을 받아들이라고 조언했다. 《조선책략》은 조선의 외교 관계를 바라보는 청나라 정부의 생각을 반영한 것이었다.

1880년 수신사로 일본에 갔던 김홍집은 《조선책략》을 갖고 돌아와 고종에게 바쳤다. 조정 안에서는 책의 내용을 두고 논란이 벌어졌지만, 결국 조정의 개화 정책을 알리는 데 도움이 될 것이라 생각하고 널리 읽게 했다. 그러자 전국의 유림들이 들고일어나 조정의 정책을 비판하며 책을 없애고 김홍집을 처벌하라고 주장했다. 이만손을 비롯한 영남 지역의 유생들은 '영남만인소'를 올려 책의 내용을 조목조목 비판했고, 강원도의 홍재학은 일본과의 통상에 반대하며 관리들과 임금까지 비판했다.

심화 유림들의 비판이 빗발치자 조정은 《조선책략》을 가져온 김홍집을 관직에서 물러나게 했다. 그러나 비판 상소를 올린 유림들은 더 크게 벌했다. 이만손은 귀양을 보냈고, 임금을 비판한 홍재학은 참혹하게 처형했다. 그러고는 서양의 나라들과 통상 조약을 체결하는 등 개화 정책을 밀어붙였다. 이후 유림 중에서도 서양의 앞선 기술을 받아들여야 한다고 주장하는 사람들이 나타났다.

시대 일제 강점기 | 더 찾아보기 만주 사변, 무단 통치, 문화 정치, 민족 말살 정책, 3·1 운동, 을사조약, 일본, 일제 강점기, 조선, 중일 전쟁, 중추원, 한일 강제 병합

일제 강점기에 조선을 지배했던 최고 식민 통치 기구

조선 총독부

개요 일제 강점기에 조선을 지배했던 식민 통치 기구이다. 35년간 사실상 한반도의 정부 노릇을 했으며, 민족정기를 말살하고 조선인을 탄압하는 정치를 폈다.

풀이 1905년 일본은 을사조약을 맺어 조선의 외교권을 빼앗은 뒤, 통감부를 설치하고 국내 정치에 간섭했다. 그러다 1910년 한일 강제 병합으로 주권을 완전히 빼앗은 뒤에는 통감부 대신 조선 총독부를 설치해 한반도를 다스렸다. 이때부터 우리나라는 완전히 일본의 지배 아래 놓이게 되었다.

조선 총독부의 우두머리는 총독이었다. 총독은 일본의 육군이나 해군 대장 가운데 임명되었는데, 한반도에서는 임금에 버금가는 권한을 가지고 있었다. 총독은 조선에 머물고 있는 일본군을 지휘해 조선을 지배하고, 조선의 정치를 도맡으며, 조선에 적용할 법을 만들어 발표할 수 있었다. 조선인들의 의견을 듣는다며 친일파 조선인들을 일부 참여시킨 중추원을 두기도 했지만, 실제로는 총독과 일본인 관리들이 모든 것을 결정했다.

조선 총독부는 1910년대에는 군인인 헌병에게 경찰의 임무를 맡기고 조선인의 모든 권리를 무시하는 무단 통치를 일삼았다. 이때에는 학교 선생님들조차 군복을 입고 칼을 찬 채 교실에 들어와 수업할 정도로 조선인들을 위협했다. 그러다 1920년대에는 3·1 운동과 일본 내 민주주의 발전의 영향으로 '문화 정치'가 실시되었다. 그 결과 몇 개의 우리말 신문이 창간되고 단체를 만드는 것도 가능해졌다. 하지만 이때에도 조선인을 감시하고 억압하는 경찰의 숫자는 계속 늘어났다.

1931년의 만주 사변, 1938년의 중일 전쟁 등 침략 전쟁을 확대하면서 조선 총독부는 조선인과 조선의 물자를 전쟁에 마구 동원했다. 뿐만 아니라 '일본과 조선은 조상이 같다.(일선동조)'거나 '일본과 조선은 하나다.(내선일체)' 같은 주장을 내세우며, 우리말과 역사를 배우지 못하게 했다. 또한 일본식 이름을 강요하고 일본 왕에게 참배하게 하는 등 민족 말살 정책을 폈다. 이렇게 조선을 지배하던 조선 총독부

●●●
조선의 법궁인 경복궁 안에 세웠던 조선 총독부. 조선의 임금들이 나랏일을 보던 근정전을 가로막고 서 있었다. 이 건물은 해방 후 중앙청과 국립중앙박물관으로 사용되다가, 1995년 김영삼 정부 때 완전히 철거되어 지금은 사라지고 없다.

는 1945년 일본이 패망하면서 해체되었다.

심화 조선 총독은 일본 내각의 통제를 받지 않는 천황의 직속 관료로, 육·해군 대장 중에서 임명되었다. 조선총독을 거쳐 일본 수상이 된 사람이 여럿 있을 만큼 중요한 자리였다. 1920년대 이후는 문관도 총독에 임명될 수 있었지만, 실제 문관 총독은 한 명도 없었다. 총독 아래 문관인 정무총감을 두어 보좌했으며, 5부와 9국을 두어 식민지 조선을 통치했다.

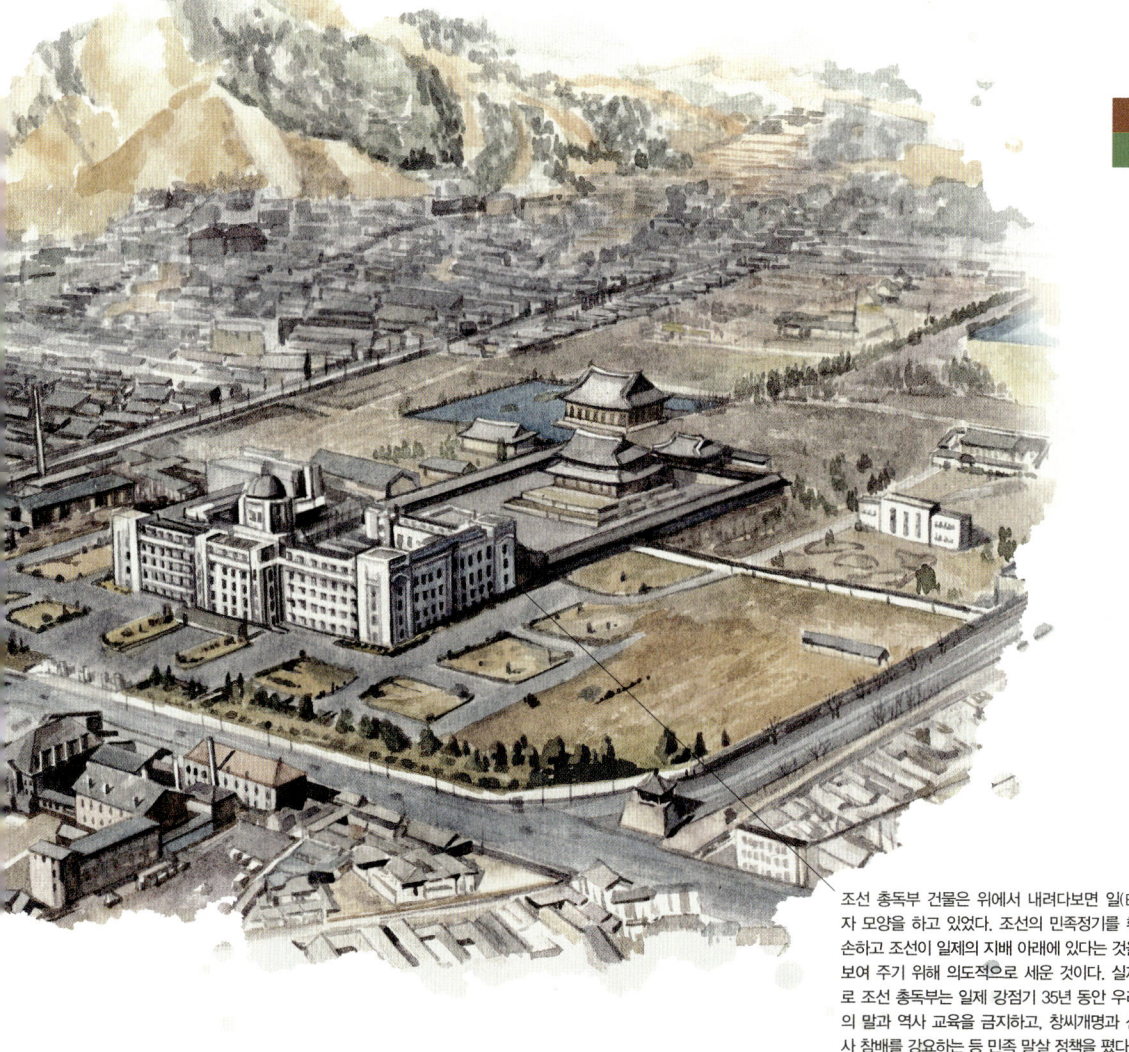

조선 총독부 건물은 위에서 내려다보면 일(日)자 모양을 하고 있었다. 조선의 민족정기를 훼손하고 조선이 일제의 지배 아래에 있다는 것을 보여 주기 위해 의도적으로 세운 것이다. 실제로 조선 총독부는 일제 강점기 35년 동안 우리의 말과 역사 교육을 금지하고, 창씨개명과 신사 참배를 강요하는 등 민족 말살 정책을 폈다.

시대 조선 시대 | 더 찾아보기 도요토미 히데요시, 선조, 왜구, 유학, 이방원, 일본, 임진왜란, 조선, 태종

조선 조정이 일본에 파견했던 외교 사절

조선 통신사

개요 조선에서 일본에 파견한 외교 사절이다. 일본에서도 일본국왕사를 보내 조선과 일본 간 문화 교류가 이루어졌다. 임진왜란 때 중단되기도 했으나 평화 외교를 위해 지속적으로 파견했다.

풀이 조선과 일본은 일찍부터 외교 사절을 주고받았다. 조선은 태종(이방원) 때인 1404년에 일본과 처음 외교 관계를 맺고 일본에 통신사를 파견했다. 일본도 조선에 일본국왕사를 파견해 외교 활동을 벌였다. 조선 전기에 통신사를 파견한 주요 목적은 조선의 남쪽 지방에 넘어와 노략질을 일삼던 왜구를 단속해 달라고 요구하는 것이었다.

조선과 일본의 외교 관계는 선조 때인 1592년 일본이 임진왜란을 일으키면서 끊

조선 조정이 파견한 통신사 일행의 모습을 담은 그림. 일본의 최고 권력자인 쇼군은 자신의 정통성을 과시하기 위해 조선 통신사를 파견해 달라고 요청하곤 했고, 이 때문에 통신사 일행을 극진히 대접하며 환영 행사를 벌였다. 지금도 쓰시마에서는 조선 통신사 행렬을 재현하는 행사를 벌이고 있다.

어졌다. 그러다 1603년 도쿠가와 이에야스가 일본에 에도 막부를 세우면서 다시 외교 관계가 맺어졌다. 막부란 무사 정권을 뜻하는 말이며, 도쿠가와 이에야스는 무사들의 우두머리이자 최고 통치자인 쇼군이었다. 도쿠가와 이에야스는 <u>도요토미 히데요시</u>와는 달리 평화적인 관계를 원했기 때문에 조선은 통신사를 다시 파견했다. 이때에는 주로 임진왜란 때 끌려간 포로를 되돌려 보내는 일 등 전쟁을 마무리 짓는 문제를 논의했다.

조선과 일본 사이에 평화 관계가 정착된 이후부터 통신사는 막부의 새로운 쇼군을 축하하는 사절의 역할을 했다. 일본은 쇼군이 바뀔 때마다 정통성을 과시하기 위해 조선에 통신사 파견을 요청했고, 조선 통신사 행렬이 도착하면 극진히 대접했다. 조선 조정은 통신사를 통해 남쪽의 국경을 위협해 온 일본의 사정을 파악하기 위해 노력했다. 그러나 통신사 파견의 궁극적인 목적은 주변 나라들과의 외교 관계를 잘 관리해 평화를 지키기 위한 것이었다.

심화 조선 통신사는 한번 파견되면 300~500명에 이르는 사절들이 6개월~1년 정도 머무르다 돌아왔다. 이들은 쓰시마(대마도)→시모노세키→사카이(오사카)→교토→에도(도쿄)에 이르는 동안 문화 교류 활동을 벌였다. 조선 통신사가 머무는 곳에서는 언제나 <u>유학</u>과 한문학에 대한 토론이 벌어질 정도였다. 이때 통신사들이 쓴 견문록과 보고서를 묶어 《해행총재》라는 책이 만들어졌고, 일본에는 조선 통신사들이 남긴 글이나 이들의 행렬을 그린 그림이 많이 남아 있다.

실천을 강조하는 사상으로 남명학파를 이룬 조선 중기의 대학자

조식

개요 조선 중기의 대학자이다. 호는 '남명'이다. 성리학 연구와 후진 양성에 온 힘을 쏟아 남명학파를 이루었다. 조식은 이황과 쌍벽을 이루는 대학자였으나 벼슬길에 나가지 않고 오직 학문 연구에 정진했다.

풀이 조식은 열다섯 살이 되던 해인 1515년에 지방의 군수로 임명된 아버지를 따라다니며 관아에서 생활했다. 그는 이때 백성들의 어려움을 직접 눈으로 보고, 이를 개선할 방법을 학문에서 찾았다고 한다.

열아홉 살이 되던 해에는 기묘사화가 일어나 작은아버지를 비롯한 작은집 가족이 모두 죽임을 당했는데, 이후에도 계속된 사화를 지켜보면서 벼슬에 대한 욕심을 버리고 유학의 본질을 깨닫는 학문에만 전념하게 되었다.

그는 제자들에게 "경(敬)으로 마음을 곧게 하고, 의(義)로서 실천하라."고 가르쳤다. 여기에는 아는 것에 그치지 말고 실행에 옮겨야 한다는 뜻이 담겨 있었다. 또한 그가 제자들에게 특히 강조한 것은 철저한 자기 절제를 통해 불의와 타협하지 않는 강한 절개와 의리였다.

조식은 몇 차례에 걸쳐 조정의 부름을 받았지만 번번이 사양하고 학문에만 정진했다. 명종의 부름을 거절하며 올린 '단성소'라는 사직 상소에서는 타락한 권력과 정치의 부패를 적나라하게 비판하기도 했다.

심화 조식의 사상을 이어받은 남명학파에는 곽재우와 정인홍 등 수많은 인재들이 있었다. 실천을 강조하는 사상의 영향을 받아 특히 임진왜란 때 의병을 일으킨 인물이 많았다.

시대 고려 시대~조선 시대 | **더 찾아보기** 갑오개혁, 고려, 대동법, 왜구, 조선

전국 곳곳에서 거둔 조세를 배로 운반하던 제도

조운

개요 **고려**와 **조선** 시대에 나라에서 거둔 세(조세)를 강이나 바다를 이용해 배로 운반하도록 한 제도이다.

풀이 화폐가 발달하기 이전에는 대부분의 조세를 곡식으로 거두었기 때문에 이를 운반하기가 쉽지 않았다. 곡식은 부피가 크고 무거운 데다 육로로 갈 경우 마차 외에는 교통수단이 마땅치 않았기 때문이다. 이에 배를 이용해 강이나 바다 등의 수로로 운반하는 방법이 마련되었다.

먼저 지역마다 조창이라는 조세 창고를 마련한 뒤, 주변 지역에서 거둔 조세를 모아 두었다. 그런 다음 조세를 배에 싣고 서울에 있는 창고인 경창으로 운반했다. 조창은 중간 집결지이고, 경창은 최종 집결지였던 셈이다. 다만 평안도와 함경도는 외국 사신을 접대하는 일이 많고, 국경을 지키는 군사들을 위해 군량미도 많이 필요했으므로 조세를 경창으로 보내지 않았다. 제주도도 도성과의 거리가 너무 멀어 조운에서 제외되었다. 조선 후기에는 **대동법**을 실시하여 전세 이외에 공납까지 쌀로 통일하여 거두었기 때문에 조운이 더욱 활발해졌다.

심화 조운 제도는 부피 큰 조세를 효과적으로 운반할 수 있었지만 단점도 많았다. 조선에 건너와 노략질을 일삼던 **왜구**의 표적이 되기도 했고, 탐관오리들이 빼돌리기도 쉬웠으며, 풍랑으로 배가 침몰하는 경우도 있었기 때문이다. 그런데 조세를 잃어버리면 부족한 양을 다시 거두면서 백성들의 부담이 더욱 커졌다. 결국 **갑오개혁** 이후에 조세를 모두 돈으로 내게 하면서 조운은 사라졌다.

조선 시대 전국에 있었던 조창은 조읍포창, 금곡포창, 소양강창, 공진창, 흥원창, 가흥창, 덕성창, 법성포창, 영산창 등 9개였다. 이 조창은 대부분 큰 강이나 바닷가와 가까운 지역에 있었다. 이곳에서 출발한 조세는 군자창, 풍저창, 광흥창 등 3곳의 경창으로 운반되었다.

시대 조선 시대 | 더 찾아보기 나선 정벌, 대한 제국, 의병, 일본, 임진왜란, 조선, 청, 헨드릭 하멜

임진왜란 이후 조선의 군대가 사용한 주력 무기
조총

개요 **조선** 중기 이후에 사용했던 총이다. 조선 조정은 **임진왜란** 때 조총의 위력을 깨닫고 군대에서 조총을 사용하도록 했다.

풀이 조총은 총에 화약을 넣고 심지에 불을 붙여 발사한다. 방아쇠를 당기면 불붙은 심지(화승)가 총 안으로 들어가면서 화약에 불이 옮겨 붙어 총알이 발사된다. 그래서 나중에는 '화승총'이라고 불렀다. 조총은 원래 서양에서 사용했으나, 16세기에 포르투갈 인에 의해 **일본**에 전해졌다. 일본 사신이나 쓰시마 도주의 선물로 조선에도 몇 차례 조총이 들어왔지만, 조선 조정은 별다른 관심을 두지 않았다. 그러다가 임진왜란 때 일본군이 사용하는 것을 보고 그 위력을 깨닫게 되었다.

전쟁이 끝난 후 조선 조정은 조총의 제작과 성능 향상에 힘을 기울였다. 일본에서 수천 정의 조총을 수입했으며, 조총 제작 기술을 아는 일본군 포로들을 활용했다. 효종 때는 표류하다 제주도에 도착한 네덜란드 인 **헨드릭 하멜** 일행을 훈련도감에 소속시켜 조총을 개발했다. 이런 노력으로 조선의 조총 성능은 크게 개선되었으며, 조총 부대는 **청**나라 요청으로 **나선 정벌**에 나가 공을 세우기도 했다.

대한 제국 때 일어난 **의병**들도 조총을 사용했다. 그러나 일본군은 이미 총의 뒷부분에 총알을 넣고 발사하는 후장식 양총을 사용하고 있어 성능이 훨씬 떨어졌다.

심화 조총은 몸통이 길고 심지가 타들어 가는 동안 조준을 할 수 있어 정확한 반면, 발사 속도가 느렸다. 이 때문에 앞줄의 병사가 총을 쏜 직후에 다음 줄의 병사가 교대로 쏘는 전술을 사용했다.

조총은 심지가 타들어가는 동안 조준해서 쏘았기 때문에 목표물을 맞히기 쉬웠다. 조총 이전의 총은 별도의 발사 장치가 없었기 때문에 발사가 빠른 반면 명중률이 낮았다.

조총(鳥銃)은 새를 맞힐 수 있을 만큼 뛰어난 무기라는 뜻으로 붙인 이름이다. 새처럼 생겼다는 뜻도 있었다.

시대 조선 시대 | **더 찾아보기** 곽재우, 권율, 도요토미 히데요시, 명, 성균관, 유학, 의병, 이이, 일본, 임진왜란, 조선, 한양

조선 중기의 유학자이자 임진왜란 때 활약한 의병장

조헌

개요 조선 중기에 이이의 학문을 계승한 유학자이자, 임진왜란 때 활약한 의병장이다. 금산 전투에서 의병 700여 명과 함께 전사했다.

풀이 1544년에 경기도 김포에서 태어난 조헌은 스물두 살에 성균관에 입학했고, 스물여덟 살에는 문과에 급제해 벼슬길에 나섰다. 그는 쓴 소리를 주저하지 않는 강직한 성품을 가졌기 때문에 동료는 물론이고 임금의 미움을 사기도 했다. 1591년에는 일본의 도요토미 히데요시가 사신을 보내 명을 칠 길을 내달라고 하자, 한양으로 올라와 대궐문 밖에서 "일본 사신을 처단하고 일본의 침략에 대비해 군사력을 키워야 한다."고 상소를 올렸다.

마침내 1592년에 임진왜란이 일어나자 조헌은 호남의 고경명·김천일, 영남의 곽재우·정인홍과 함께 의병을 일으켰다. 조헌의 의병 부대는 주로 옥천 지방에서 활동했다. 그는 일본군이 보은으로 가는 통로를 차단하고, 승병 영규와 함께 청주성을 되찾는 전과를 올렸다.

이후 그는 금산의 일본군이 충청도 일대로 세력을 넓힐 것이라는 소식을 들었다. 이에 700여 명의 의병을 이끌고 금산으로 나아가 일본군과 대치했다. 본래는 권율 장군과 힘을 합쳐 공격할 계획이었지만, 일본군이 기습적으로 공격하는 바람에 이른 전투가 벌어졌다. 조헌 부대는 일본군에게 큰 피해를 입혔으나, 전투에 참여했던 700여 명의 의병 모두가 전사했다.

심화 금산 전투는 갑자기 벌어졌지만 매우 치열했다. 조헌이 이끄는 의병들은 온 힘을 다해 싸우며 시간을 벌었고, 결국 조선군은 금산을 되찾을 수 있었다. 금산은 호남 지역을 방어하는 데 전략적으로 매우 중요한 근거지였다.

시대 조선 시대 더 찾아보기 이성계, 일제 강점기, 조선, 조선 총독부, 종묘 제례, 창경궁, 창덕궁, 한양

조선의 역대 왕과 왕비의 신위를 모신 왕실의 사당

종묘

개요 **조선**의 역대 왕과 왕비의 신위를 모신 사당이다. 여기서 신위(신주)란 죽은 사람의 영혼이 머무는 자리를 뜻하는 말로, 죽은 사람의 초상이나 지방, 위패 등을 가리킨다. 종묘는 조선을 세운 태조 **이성계**가 **한양**에 도읍을 정한 뒤에 가장 먼저 지은 건물이며, 1995년에 유네스코 세계 문화유산으로 지정되었다.

풀이 조선은 유교를 나라를 다스리는 이념으로 삼았다. 유교에 따르면 조상 숭배가 매우 중요하기 때문에 살아 있는 사람들은 조상의 영혼을 위로하고 존경을 표현하는 의식에 각별한 정성을 기울였다. 죽은 사람의 육체가 머무는 무덤과 영혼이 머무는 사당을 잘 꾸미고 관리했던 것도 유교의 이념에 따른 것이다.

영녕전_ 그림에는 나타나 있지 않지만 정전 왼쪽의 뒤편에는 영녕전이 있다. 세월이 흐르면서 왕과 왕비의 신위가 늘어나자 서쪽에 추가로 지은 것이다. 영녕전은 16칸으로 이루어져 있으며 왕과 왕비 34명의 신위가 모셔져 있다.

종묘는 왕과 왕비의 영혼을 모시는 사당이기 때문에 규모나 들이는 정성이 가장 컸다. 조선 시대의 사람들은 종묘를 단순히 왕실의 사당이 아닌 나라의 근본이라고 생각했다. 종묘와 더불어 나라의 근본으로 꼽는 것에는 '사직'도 있는데, 사직은 토지와 곡식의 신을 모신 곳을 뜻한다. 이를 통해 우리는 조선이 강력한 군주 국가이자 농업 사회임을 알 수 있다.

종묘는 크게 정전과 영녕전으로 이루어져 있다. 왕과 왕비의 신위를 모신 정전은 종묘의 중심이 되는 건물이다. 영녕전은 정전에 미처 다 모시지 못한 왕과 왕비의 신위를 모신 곳으로, 나중에 지었다. 현재 왕의 4대조까지는 정전에 모시고 그 이후에는 영녕전으로 옮기는 것이 원칙이지만, 생전에 업적이 많은 경우는 정전에 모시기도 했다. 현재 정전에는 임금 19명의 신위가, 영녕전에는 15명의 신위가 모셔져 있다.

심화 서울 한복판인 종로에 위치한 종묘는 본래 **창덕궁**과 **창경궁**에 연결되어 있었다. 그러던 것이 **일제 강점기**에 **조선 총독부**가 궁궐과 종묘 사이에 맥을 끊기 위해 길을 내면서 전혀 다른 공간이 되어 버렸다.

조선 시대에는 이곳에서 매년 왕과 왕족, 신하 등 700여 명이 참가하는 제사가 치러졌다. 큰 제사 5회, 작은 제사 17회 등 모두 22회에 달했지만 현재는 매년 5월 첫 번째 일요일에 한 번씩 제례가 행해진다. 이때 거행되는 **종묘 제례**와 연주되는 종묘 제례악은 유네스코 인류 무형 유산으로 지정되었다.

정전_ 조선의 역대 임금과 왕비의 신위를 모신 건물이다. 길게 수평을 이룬 지붕 선이 간결하면서도 우아하다. 조상의 영혼을 모시는 사당이므로 엄숙함을 강조하기 위해 화려한 단청이나 장식물이 없는 점도 특징이다. 처음에는 7칸이었지만 나중에는 더 늘어났다. 신위를 모신 태실 19칸이 중앙에 있고, 양쪽에는 2칸씩 협실이 있다.

월대_ 궁궐의 중요한 건물 앞에 설치한 넓은 단을 월대라고 하는데, 종묘의 월대는 특히 규모가 크고 아름다워 장중한 느낌을 준다. 가로 110미터, 세로 70미터의 크기로 얇고 넓적한 돌을 촘촘하게 깔아 만들었다. 종묘 제례는 바로 이곳에서 이루어진다.

시대 조선 시대 　더 찾아보기 고려, 일제 강점기, 조선, 종묘, 8·15 광복

조선의 역대 임금과 왕비에게 올리는 제사 의식
종묘 제례

개요 **조선** 시대에 왕실의 조상에게 올리던 제사 의식이다. 조선의 역대 임금과 왕비의 신주(이름을 적은 위패)를 모신 **종묘**에서 지냈다고 하여 '종묘 제례'라고 한다. 1964년에 중요 무형 문화재 제1호로 지정되었고, 2001년에는 종묘 제례악과 함께 유네스코의 세계 무형 유산으로 선정되었다.

풀이 조선 시대에는 왕실의 조상에게 제사를 지내는 것이 나라의 큰 행사였다. 왕실의 제사는 임금과 왕비의 신주를 모신 종묘에서 지냈다. 종묘의 정전에 신주가 있는 역대 임금과 왕비에게는 1년에 다섯 차례 제사를 올리고 이를 '대례'라고 했다. 죽은 다음에 임금이나 왕비로 받들어진 이들의 신주를 모신 영녕전에서는 1년에 두 차례 제사를 지냈다. 그밖에 나라에 좋은 일이나 나쁜 일이 있을 때에도 종묘에서 제례를 올렸다.

종묘 제례를 이끄는 사람은 임금이었다. 임금은 왕비와 왕세자, 조정의 모든 높은 관리들을 거느리고 직접 참가해 제사를 지냈다. 제사를 지내는 동안 악사들과 무인들은 장엄한 음악을 연주하고 춤을 추었다. 종묘 제례는 참여 인원만 700여 명에 달하는 대규모 행사였다. 또한 제사는 엄격하게 정해진 절차에 따라 진행되었다.

그러나 **일제 강점기**에는 정전의 제사가 1년에 네 차례로 줄어들고, 의식의 절차도 매우 간단하게 축소되었다. **8·15 광복** 후에도 종묘 제례는 제대로 시행되지 못하다가 1975년에 종묘 제례를 올리기 위한 위원회가 구성되면서 다시 시작되었다. 지금은 매년 5월 첫째 일요일에 전통적인 의식대로 대제를 지내고 있다.

종묘 제례를 할 때에는 장엄한 음악을 연주하고 춤도 추었다. 이를 종묘 제례악이라고 한다. 종묘 제례악에는 조선을 세운 왕실의 조상을 기리고 칭송하는 의미를 담았다.

심화 종묘 제례에는 노래와 음악, 춤이 포함된다. 이를 '종묘 제례악'이라고 한다. 종묘 제례악은 고려 때부터 사용되었다. 조선에서는 왕실 조상들의 공덕을 기리고, 새롭게 나라를 세운 것을 기념하는 내용을 종묘 제례악에 담았다. 종묘 제례악은 제사의 절차에 맞춰 음악과 춤의 내용이 세밀하게 정해져 있다.

종묘 제례는 왕실의 조상에게 제사를 지내는 의식이다. 조선은 왕실의 조상을 나라의 뿌리처럼 여겼기 때문에 종묘 제례를 나라의 큰 행사로 치렀다. 따라서 왕실 가족은 물론 조선 조정의 높은 관리들까지 모두 참석했다.

종묘 제례를 이끄는 제주인 임금.

시대 선사 시대 | 더 찾아보기 구석기 시대, 뗀석기, 선사 시대

구석기 시대를 대표하는 도끼 모양의 뗀석기

주먹 도끼

개요 주먹에 쥐고 사용하는 도끼 모양의 **뗀석기**이다. 주로 **구석기 시대** 전기에 사용되었으며, 경기도 연천군 전곡읍 전곡리와 파주시 적성면 가월리 등의 유적지에서 발견되었다.

풀이 주먹 도끼는 돌을 깨뜨려 도구를 만들었던 구석기 시대를 대표하는 유물이다. 대부분 한 손으로 쥘 수 있는 정도의 크기이며 가장자리에 날카로운 날이 있거나 뾰족해 일반적인 도끼와는 다른 모습이다.

세부적인 모양이나 만드는 방법은 여러 가지가 있다. 세계적으로도 약 20여 가지의 주먹 도끼가 발견된다. 우리나라에서는 주로 두툼한 몸돌을 여러 각도에서 깨뜨린 뒤 끝을 뾰족하게 만든 것, 몸돌의 한쪽을 칼날처럼 날카롭게 만들고 다른 한쪽은 손으로 쥘 수 있게 다듬은 것이 발견되고 있다.

주먹 도끼는 짐승을 사냥할 때, 짐승의 가죽을 벗길 때, 짐승의 뼈를 다듬어 도구로 만들 때, 땅을 파서 풀이나 나무뿌리를 캘 때 사용했다. 주먹 도끼가 발견되는 곳은 주로 강가나 바닷가이며 우리나라뿐 아니라 유럽, 아프리카 등 **선사 시대**의 유적이 있는 곳에서는 두루 발견되고 있다.

심화 주먹 도끼가 가장 많이 발견된 곳은 경기도 연천군 전곡읍 전곡리의 선사 유적지이다. 이곳은 1978년에 한탄강 근처에 갔던 한 미군 병사가 우연히 발견했다. 이곳에서는 무려 4,000여 점이 넘는 유물이 발견되었고, 특히 유럽과 아프리카에서만 발견되었던 주먹 도끼가 나와 세계를 깜짝 놀라게 했다.

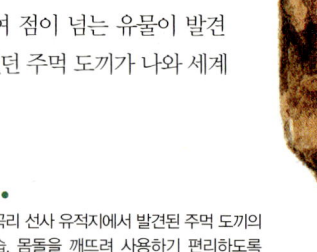

전곡리 선사 유적지에서 발견된 주먹 도끼의 모습. 몸돌을 깨뜨려 사용하기 편리하도록 만들었다.

부여에서 독립해 졸본 땅에서 고구려를 세운 임금

주몽

개요 **고구려**를 세운 임금이다. 주몽 설화에 따르면 그는 하늘의 임금과 인간 여자 사이에서 태어난 하늘 자손이며, **부여**로부터 독립한 뒤 졸본 땅에서 고구려를 세웠다고 한다.

풀이 주몽은 기원전 58년에 천제의 아들인 해모수와 유화 부인 사이에서 태어났다. 《삼국사기》와 《삼국유사》에는 주몽의 탄생 설화와 건국 신화가 실려 있는데, 그 내용은 다음과 같다.

하백의 딸 유화는 부모의 허락 없이 천제의 아들 해모수와 혼인해 집에서 쫓겨났다. 그녀는 집 없이 떠돌다 태백산 남쪽의 우발수에서 동부여의 금와왕을 만났는데, 금와왕은 그녀를 불쌍하게 여겨 자신의 궁궐로 데려갔다. 얼마 후 따스한 햇볕이 비치자 그녀는 큰 알을 낳았다. 금와왕은 그 알을 짐승들의 먹이로 주었는데, 이상하게도 짐승들은 알을 먹거나 건드리지 않았다. 이를 불길한 징조로 여긴 금와왕이 알을 깨뜨리려고 했지만 깨지지 않자, 그는 다시 알을 유화 부인에게 돌려주었다. 이후 알에서는 영리하게 생긴 한 남자아이가 나왔다. 아이는 무럭무럭 자랐다. 일곱 살에 이미 스스로 활과 화살을 만들어 쏘았는데, 쏘는 것마다 백발백중이었다. 이 때문에 사람들은 아이의 이름을 '활을 잘 쏘는 사람'이란 뜻으로 주몽이라고 불렀다.

한편, 금와왕의 왕자들이 주몽을 질투하고 미워해 죽이려는 것을 알아 챈 유화 부인은 주몽을 도망치게 했다. 주몽은 오이, 마리, 협보 세 사람과 함께 남쪽으로 도망치다가 큰 강을 만나게 되었다. 뒤에는 군사들이 쫓아오고 타고 갈 배가 없자 안타까운 마음에 "나는 천제의 아들이요, 하백의 외손자다. 군사들이 쫓아오니 어찌면 좋겠는가?" 하고 외쳤다. 그러자 물고기와 자라들이 떠올라 다리를 만들어 주었다. 무사히 강을 건너 졸본이라는 곳에 도착한 주몽은 자신의 성을 고씨로 정한 뒤, 기원전 37년에 고구려를 세워 임금이 되었다. 졸본의 위치는 지금의 중국 랴오닝 성 환런 현으로 추정되고 있다.

심화 주몽 설화는 **단군 신화**와 마찬가지로 임금이 하늘의 자손임을 강조해 왕권을 신성시하려는 의도가 담겨 있다. 실제로 고구려인들은 첫 임금인 주몽을 하늘의 자손으로 떠받들며 통합의 상징으로 삼았다. 뿐만 아니라 우리는 설화를 통해 부여의 일부 세력이 졸본의 여러 세력과 합쳐 고구려를 세웠음을 알 수 있다.

●○○
주몽은 부여에서 자신을 따르는 세력을 이끌고 나와 졸본에서 고구려를 세웠다. 주몽이라는 이름이 '활을 잘 쏘는 사람'이라는 사실에서도 알 수 있듯이, 고구려를 세운 이들은 활과 철갑으로 무장한 강력한 군사력을 바탕으로 새 나라를 세웠다.

시대 조선 시대~일제 강점기 | 더 찾아보기 개화파, 독립신문, 무단 통치, 서재필, 신식 학교, 애국 계몽 운동, 양반, 일제 강점기, 조선, 지석영, 한일 강제 병합, 헌병 경찰 통치

대한 제국 시대와 일제 강점기에 우리말과 글을 연구해 보급한 국어학자

주시경

개요 조선 말기와 일제 강점기에 활동한 국어학자이자 교육자이다. 우리 민족의 계몽을 위해 우리말을 연구해 대중들에게 가르쳤으며, 《국어 문법》과 《국어사전》 등을 펴냈다.

풀이 주시경은 1876년에 태어났다. 그 무렵 조선은 어렵사리 개항이 이루어졌지만 정치와 사회, 문화 모든 면에서 매우 어지러운 시기였다. 보수적인 양반층은 위정척사를 주장하며 외세를 배격했고, 개화파 지식인들은 서양을 본받아 근대화를 해야 한다고 주장했다. 생활이 어려운 백성들은 백성들대로 개혁을 요구했다.

주시경은 우리 민족이 자주권을 지키려면 우리말을 잘 알고 지켜야 한다고 생각했다. 그는 신식 학교인 배재 학당에 입학해 공부하는 중에도 우리글을 연구했다. 당시 배재 학당 교사로 있던 서재필의 신임을 받아 한글로 된 《독립신문》의 교정을 맡아 한글 실력을 인정받았다. 다른 분야의 학문도 공부하긴 했지만 항상 연구의 중심은 국어학이었다.

국어를 연구해 교육하는 일이 가장 효과적인 애국 계몽 운동이라고 생각한 그는 국어 강습회를 열기 시작했다. 그의 강의는 인기가 높아 수많은 학교에서 강연회가 열리게 되었다. 이 무렵 그가 항상 책들을 보따리에 싸고 다니는 바람에 '주보퉁이'라는 별명이 생겼을 정도로 학문과 교육에 열정을 다했다. 이후에는 지석영 등과 함께 국문 연구소에서 한글을 연구했다. 그리고 연구 결과를 순한글로 정리해 《국어 문법》을 발간했다.

1910년에 한일 강제 병합으로 일제에게 나라를 빼앗기자 그는 《국어사전》을 편찬했다. 학생들에게 자주독립 정신을 심어주기 위한 우리말 강연도 더욱 열심히 했다. 일제의 무단 통치(헌병 경찰 통치)로 국내에서 민족 운동이 힘들어지자 주시경은 중국 망명을 준비했다. 하지만 그러던 중인 1914년에 갑자기 병을 얻어 세상을 떠나고 말았다.

심화 주시경이 세운 가장 큰 업적은 한자에 비해 여전히 천대를 받고 있던 우리말을 과학적, 논리적으로 체계화했다는 점이다. 일제의 탄압에도 불구하고 기울인 그의 노력 덕분에 우리의 국어학은 새롭게 정립될 수 있었다. 또한 그의 영향을 받아 민족의식을 갖게 된 제자들이 독립운동에 뛰어들기도 했다.

주시경은 조선 말기와 일제 강점기에 우리 민족의 자주독립을 위해 우리말과 한글을 연구했다. 그는 우리말을 과학적으로 체계화해 국어학을 정립하고, 수많은 제자들을 길러 냈으며, 《국어 문법》과 《국어사전》 등을 펴냈다.

주시경의 곁에는 늘 제자들이 따랐다. 주시경이 주관하는 국어 강습회에는 수많은 사람들이 몰려들었고, 그는 늘 열정을 다해 우리말과 글을 가르쳤다.

시대 고려 시대 | 더 찾아보기 고려, 당, 몽골의 침입, 무신 정권, 원, 의정부, 조선

고려 시대에 나랏일을 맡아 하던 최고 관청

중서문하성

개요 고려 시대 최고의 정치 기구이다. 나라의 정책과 임금의 명령을 다루면서 이, 병, 호, 형, 예, 공 등 6부를 다스렸다.

풀이 고려는 나랏일을 맡아 하는 관청을 만들 때 당의 3성6부제를 모방했다. 3성이란 중서성과 문하성, 상서성을 뜻하고 6부란 이, 병, 호, 형, 예, 공의 부서를 가리킨다. 하지만 고려는 3성 중에서 나라의 정책을 결정하는 관청인 중서성과 임금의 명령을 전달하는 문하성을 합쳐서 중서문하성을 두었다. 즉 고려의 중앙 관청은 2성6부제였던 것이다.

중서문하성은 나라의 정책과 임금의 명령을 함께 다루는 곳이므로 가장 높은 관청이었다. 상서성과 6부 등 다른 관청들은 중서문하성에서 결정한 사항을 각각의 분야에 맞게 집행하는 일을 했다. 중서문하성의 우두머리는 '문하시중'이라고 불렀는데, 오늘날의 수상이나 총리처럼 최고 결정권자(임금)를 보좌하면서 6부를 다스렸다.

심화 중서문하성은 고려 최고의 관청이지만 국방과 관련된 중요한 문제는 도병마사라는 회의 기구에서 다루었다. '병마'란 병사와 말이 합쳐진 말로, 도병마사란 군사적인 문제를 상의하는 곳이라는 뜻이다. 이 회의에는 중서문화성을 비롯한 주요 관청의 높은 관리들이 참석했다. 도병마사는 무신 정권 때는 제 기능을 못하다가 몽골의 침입 이후에 다시 강화되었고, 원의 간섭을 받으면서 도평의사사로 이름을 바꾸었다. 조선의 제2대 임금인 정종 때에는 의정부로 개편되었다.

시대 조선 시대 | 더 찾아보기 갑오개혁, 과거 제도, 노비, 박지원, 사림파, 양반, 양인, 일본, 조선, 천민, 향리

조선 시대에 양반과 상민 사이에 있었던 신분 계층
중인

개요 **조선** 시대에 지배층인 **양반**과 피지배층인 상민(평민) 사이에 있었던 중간 계층의 신분을 뜻한다. 주로 전문 지식이나 기술을 가진 하급 관리들이 중인에 속했다.

풀이 조선 초기만 해도 신분은 크게 **양인**과 천인(**천민**)으로 나뉘었다. 양인은 양반과 상민을 뜻했고, 천인은 **노비**나 잡척(잡직에 있던 사람)이 속했다. 그러다 **사림파**가 정권을 잡은 조선 중기 이후 전문 지식이나 기술을 가진 사람들이 관청에서 일하기 시작하면서 중인 신분이 만들어졌다. 본래 상민이었으나 차츰 지위가 높아진 사람을 중인이라고 부르게 된 것이다.

중인은 **과거 제도**에서 잡과 시험에 합격해 기술관이 된 화원, 역관, 의관 등이었다. 이에 더해 본처가 아닌 첩에게서 얻은 자식을 뜻하는 서얼, 관청에서 일하는 하급 관리인 서리, 지방 관아에서 일하는 하급 관리인 **향리**도 중인이었다. 이들은 주로 양반을 도와 일반 백성을 다스리는 일을 했는데, 신분과 직업은 자식에게 물려주었다.

중인은 관청에서 일하는 관리였지만 오를 수 있는 벼슬에는 한계가 있었다. 양반에 비하면 차별 대우를 받았으나 상민에 비하면 처지가 훨씬 나았다. 중인들 중에는 대대로 이어오는 전문 지식과 행정 경험을 바탕으로 양반 못지않게 부자가 된 사람도 생겨났다. 예를 들어 **일본**어 역관이었던 변승업은 청·일 무역으로 큰 부자가 되어 이름을 떨쳤다. **박지원**이 쓴 《허생전》에서 허생에게 돈을 빌려주는 변부자는 변승업을 모델로 한 것이다.

심화 조선 후기에는 중인들의 경제력이 커지면서 이들이 사회에 미치는 영향력도 커졌다. 이들은 자신들끼리 모임을 만들고 풍류를 즐기기도 했는데, 19세기 들어 신분 제도가 흔들리자 양반의 차별 대우에 맞서 신분 향상 운동을 벌이기도 했다. 중인은 1894년 **갑오개혁**으로 신분 제도가 폐지되면서 사라졌고, 이후 중인들은 자신의 전문 지식을 활용해 근대 사회를 앞당기는 역할을 했다.

●○●
기술관이 된 화원은 주로 예조에 속한 관청인 도화서에서 일했다. 도화서 화원들은 임금의 초상인 어진을 그리거나, 왕실의 의례와 나라의 중요한 행사를 그림으로 기록하는 의궤를 만들었다. 김홍도나 신윤복 등도 도화서의 화원이었다.

●○●
잡과를 거쳐 의관이 되면 내의원에서 왕족의 건강을 돌보거나, 혜민서에서 아픈 백성들을 치료하거나, 전의감에서 의약에 관한 일을 맡아 했다. 간혹 양반 중에도 의술을 익힌 사람이 있었는데, 그들은 '유의'라고 불렀다.

●○●
역관은 중국(명)이나 몽골, 여진, 일본 등의 외국어를 익힌 뒤 외교나 무역에 관련된 일을 했다. 이들은 조정에서 사신을 보낼 때나 외국에서 사신이 왔을 때 통역을 맡아 하고, 중요한 외교 문서를 번역했다. 양반 못지않은 지식과 부를 가졌지만 차별 대우를 받아 불만이 많았으며, 조선 후기에는 신분 해방 운동에 앞장서기도 했다.

시대 일제 강점기 | 더 찾아보기 만주 사변, 일본, 일제 강점기, 태평양 전쟁

일제 강점기에 일본이 중국을 침략해 벌인 전쟁

중일 전쟁

개요 일제 강점기에 일본이 어려워진 경제 문제를 해결하기 위해 중국과 벌인 전쟁이다. 1937년에 시작되어 1945년에 제2차 세계 대전에서 패한 일본이 연합국에 항복할 때까지 계속되었다.

풀이 1920년대 말에 일어난 경제 대공황으로 인해 나라 사정이 어려워진 일본은 산업에 필요한 원료와 자원을 얻기 위해 중국을 침략했다. 1931년에는 만주 사변을 일으킨 뒤 괴뢰 정부인 만주국을 세웠다. 괴뢰 정부란 다른 나라가 조종하는 대로 움직이는 꼭두각시 정부를 뜻한다. 만주 지역을 점령한 이후에도 일본은 중국 대륙을 차지하려는 욕심을 버리지 않고 기회를 노렸다.

그러던 중 1937년에 중국의 수도인 베이징 근처 루거우차오에서 중국군과 일본군이 충돌하는 사건이 일어났다. 일본은 기다렸다는 듯이 이를 트집 잡아 대대적인 공격에 나섰다. 일본군은 병사와 무기를 모두 끌어모아 짧은 시간에 전쟁을 끝내려고 했지만 중국도 거세게 맞섰다. 당시 중국 사람들은 국민당과 공산당으로 갈라져 있었는데, 일본이 전쟁을 일으키자 힘을 합쳐 싸웠다. 일본군은 중국 동부의 도시와 도로들을 점령했지만, 중국군의 저항에 부딪혀 더 이상 나아가지 못했다.

이후 일본은 1940년에 독일, 이탈리아와 함께 3국 동맹을 맺고, 1941년에는 미국을 공격해 태평양 전쟁을 일으켰다. 처음에는 일본이 승리를 거두는 듯했지만, 연합군의 반격으로 거듭 패하다가 1945년에 무조건 항복했다. 이로써 중일 전쟁도 끝을 맺었다.

심화 중일 전쟁이 벌어지는 동안 일본군은 중국에서도 많은 사람들을 죽였다. 특히 1937년 12월에는 난징을 점령한 뒤 수십만 명의 민간인과 중국군 포로를 살해했다. 이를 '난징 대학살'이라고 하며, 세계로부터 거센 비판을 받았다.

시대 조선 시대　**더 찾아보기** 사림파, 사화, 성균관, 연산군, 유학, 조선, 훈구파

조선 제10대 임금인 연산군을 몰아내고 중종을 임금에 올린 사건

중종반정

개요　1506년에 조선 제10대 임금인 연산군을 몰아내고 배다른 아우인 진성 대군(중종)을 임금의 자리에 올린 사건이다. 배다른 아우란 아버지는 같고 어머니가 다른 동생을 뜻한다. 그러나 반정을 일으킨 훈구 세력들이 권력을 장악해 정치 개혁은 제대로 이루어지지 않았다.

풀이　조선의 제9대 임금인 성종 때 중앙의 관리로 등용되기 시작한 사림파는 오랫동안 권력을 누려온 훈구파와 대립했다. 이에 훈구파는 연산군 때 무오사화와 갑자사화를 일으켜 사림파와 일부 훈구파 세력을 중앙 정치에서 몰아냈다. 그런데 이 과정에서 일부 사람들이 권력을 독차지하게 되어 지배층 안에서 불만이 커져 갔다.

　게다가 두 번의 사화가 일어나는 동안 연산군의 정치는 매우 포악해졌다. 그는 성종의 왕비였던 친어머니 윤씨가 쫓겨나 사약을 받고 죽은 일을 문제 삼아 자신에게 비판적인 관리와 선비들을 모두 벌주거나 내쫓았다. 그러고는 나랏일은 뒷전으로 미루고 매일 잔치를 열고 즐기는 데 바빴다. 임금이 학자들과 공부하는 경연을 폐지하고, 최고 유학 교육 기관인 성균관을 먹고 즐기는 곳으로 만들었다.

　연산군의 방탕한 생활은 점차 백성들로부터 미움을 사게 되었다. 이 기회를 틈타 박원종과 유순정, 성희안 등은 연산군의 가까운 신하인 임사홍과 신수근 등을 죽이고 반정을 일으켰다. 그들은 궁궐로 쳐들어가 연산군을 임금의 자리에서 물러나게 한 뒤, 진성 대군을 다음 임금이 되도록 했다.

심화　중종반정으로 인해 포악한 임금인 연산군은 쫓겨났다. 연산군은 강화도 교동으로 유배를 떠났다가 그곳에서 병들어 세상을 떠났다. 이후 조선 사회는 안정을 찾는 듯했지만, 반정에 공을 세운 사람들이 권력을 잡으면서 사회의 여러 가지 문제들은 고쳐지지 않았다.

시대 고려 시대 | 더 찾아보기 고려, 송, 승정원, 일제 강점기, 조선, 조선 총독부, 중서문하성

고려 시대에 임금을 돕고 군사 기밀을 다루었던 중앙 관청

중추원

개요 **고려** 시대에 임금의 명령을 전하고 중요한 군사 관련 일을 논의했으며 궁궐을 지키던 중앙 관청이다. 중서문하성과 더불어 최고 관청의 역할을 했다.

풀이 오늘날의 청와대 비서실과 경호실을 합쳐 놓은 것과 비슷하다. 고려의 제6대 임금인 성종 때 **송**나라의 추밀원을 본떠 만들었는데, 제14대 임금인 헌종 때부터는 송의 이름 그대로 추밀원이라고 고쳐 불렀다.

중추원은 **중서문하성**과 함께 고려에서 가장 중요한 관청 중 하나였다. 임금의 명령을 전달하면서 나라의 정책을 결정하는 데 자문 역할까지 맡아 했기 때문이다. 또한 중추원의 관리는 밤에 궁궐에 머물면서 궁궐을 지켰으며, 국방과 관련된 중요한 일도 맡아 보았다.

중추원의 고관(지위가 높은 벼슬아치)은 중서문하성의 고관과 함께 도병마사를 구성했다. 도병마사는 국방을 비롯한 국가의 중요 업무를 결정하는 기구였다. 이는 두 기관으로 하여금 서로 견제하게 하려는 뜻을 가진 것이었다.

중추원은 **조선** 시대에도 '중추부'라는 이름으로 유지되었지만, 별다른 권력을 가지지 못한 기구였다. 군사 기능은 병조와 삼군부가 담당했으며, 임금의 비서 기능은 **승정원**으로 넘어갔다.

심화 **일제 강점기**에 **조선 총독부**의 자문 기관도 중추원이라고 불렀다. 일제가 조선의 국권을 빼앗는 데 공을 세운 친일파 관리들에게 작위를 내린 뒤 중추원의 관리로 임명했다. 이들은 조선 총독부에 적극 협력하면서 우리 민족의 탄압은 물론이고 일제의 아시아 침략을 돕는 등 친일 행위에 앞장섰다.

교종과 선종의 화합과 조화를 위해 노력한 고려 중기의 승려

지눌

개요 고려 중기의 승려이다. 시호는 '보조국사'이다. 교종과 선종의 화합과 조화를 위해 노력했으며, 대각국사 의천과 함께 한국 불교 사상에 큰 영향을 끼쳤다.

풀이 지눌은 고려 중기인 1158년에 황해도 서흥에서 태어났다. 그는 어려서부터 몸이 몹시 허약했는데, 그의 부모가 아들이 살 수만 있다면 부처에게 바치겠다고 기도한 뒤 건강해졌다고 한다. 지눌의 부모는 약속대로 그를 출가시켰고, 이후 지눌은 스물네 살이 되던 해인 1182년에 승과에 급제해 승려가 되었다.

그런데 당시 고려의 불교계는 경전을 통한 수행을 강조하는 교종과 마음을 닦아 깨달음을 강조하는 선종으로 나뉘어져 대립하고 있었다. 선종의 승려였던 지눌은 "선종과 교종은 서로가 별개의 수행법이 아니며, 이를 함께 닦아야 한다."고 강조하며 화합을 이끌었다. 또한 "먼저 마음을 닦아 자신이 부처임을 깨닫고 난 다음에 잘못된 것을 차례로 고쳐가는 실천이 필요하다."고 보았으며, "깨달음을 얻기 위해서는 불경의 연구가 필요하다."고 주장했다. 이는 자신의 수양을 강조하는 선종의 입장에서 교종을 받아들이는 것이었다. 그리고 타락하고 부패한 불교의 개혁을 위해 전라도 조계산 송광사에 수선사(修禪社)라는 조직을 만들어 개혁 운동을 펼쳤다.

심화 지눌은 1210년에 세상을 떠나기 전까지 불교의 화합을 위해 노력했다. 수행과 불경을 연결시킨 그의 사상은 우리나라 선종의 중요한 수행법이 되었다. '조계종'이라는 이름은 조선 세종 때 모든 불교 종파를 교종과 선종으로 통합할 때 사라졌다. 그러다 일제하에서 전국의 사찰을 정리하고 불교 교단 조직을 정비할 때 다시 사용하기 시작해 오늘날에 이르고 있다.

조선 중기에 실학자 이수광이 쓴 백과사전

지봉유설

개요 조선 중기의 학자인 이수광이 쓴 책이다. 우리나라 최초로 천주교와 서양 문물을 소개했으며, 조선 후기에 발달한 실학 사상에 큰 영향을 주었다.

풀이 이수광은 조선 중기의 학자이자 정치인이다. 그는 임진왜란 때 함경도에서 백성들의 마음과 생활을 안정시키는 선무 활동을 벌여 공을 세웠고, 조선 조정의 벼슬을 두루 거치며 실력을 인정받았으며, 세 차례나 사신으로 명나라에 다녀왔다. 《지봉유설》은 그가 명에 갔을 때 보고 들은 이야기를 바탕으로 1614년에 펴낸 책이다.

《지봉유설》은 오늘날의 백과사전과 비슷하다. 천문과 지리에 관한 내용부터 병사 업무, 관직, 유교 경서, 글, 인물, 식물, 동물과 벌레에 이르기까지 매우 다양한 내용이 담겨 있다. 또한 중국은 물론 일본, 류큐(일본 남부의 섬들), 안남(베트남), 말레이시아, 인도네시아, 프랑스, 영국 등 세계 여러 나라의 정보도 소개되어 있다.

《지봉유설》이 특히 관심을 끄는 것은 조선에서는 드물게 서양 문물을 소개한 책이라는 점이다. 우리 역사에서는 처음으로 천주교를 소개하는 내용도 포함되어 있다. 그는 이 책에서 마테오리치가 쓴 《천주실의》를 소개하면서 교황이나 천주교 교리에 대해서도 썼다. 마테오리치는 이탈리아 출신의 예수회 선교사로 명에 들어와서 활동했던 사람이다. 《지봉유설》에 소개된 《천주실의》는 나중에 우리나라 천주교 성립에 큰 역할을 했다.

심화 《지봉유설》이 오늘날의 백과사전과 비슷하다는 것은 다양한 내용이 담긴 것뿐 아니라 책을 유형별로 나누어 편집했기 때문이다. 책 제목에 붙인 '유설'이라는 이름도 '유형에 따라 하고 싶은 말'이라는 뜻이다. '지봉'은 이수광의 호이니 결국 《지봉유설》은 이수광이 알게 된 여러 가지 정보를 갈래에 맞게 분류해 정리했다는 뜻이 된다.

우리나라 사람에게 최초로 종두법을 실시한 예방 의학자
지석영

개요 우리나라 사람에게 최초로 종두법(천연두 예방 접종)을 실시한 예방 의학자이다. 무서운 전염병 중 하나였던 천연두를 예방하는 데 공을 세웠다. **주시경**과 함께 한글 가로쓰기를 주장하기도 했다.

풀이 1855년에 서울의 **중인** 집안에서 태어난 지석영은 일찍이 서양 학문을 접했다. 특히 그는 제너가 쓴 《종두법》을 읽고 종두에 관심을 갖게 되었다. 하지만 책으로 종두법을 알기에는 한계가 있음을 느낀 지석영은 **일본** 해군이 부산에 세운 제생 병원 의사들을 찾아가 실제로 종두법을 배웠다. 그리고 서울로 돌아오는 길에 잠시 처가에 들러 처남을 비롯한 40여 명에게 종두법을 실시해 성공했다. 이후 그는 **수신사** 일행에 섞여 일본으로 건너가 천연두 예방약인 두묘 제조법을 배운 뒤 국내로 돌아와 종두법 보급에 힘썼다.

1894년에 **동학 농민 운동**이 일어나자 지석영은 대구 감영 판관으로 농민군 토벌에 나서기도 했다. 그 공으로 동래부사와 부산항 재판소 판사를 역임했다. 1899년에는 조정에 청원해 서양 의학을 가르치는 의학교를 세웠고, 초대 교장에 임명되어 의학 교육에 힘을 기울였다.

심화 지석영은 의학뿐 아니라 서양 문물에도 관심을 두어 개화의 필요성을 주장했다. 또한 개화가 늦어지는 이유가 한문을 쓰는 데 있다고 생각하고 쉬운 한글 사용을 주장했다. 1909년에는 암살된 **이토 히로부미**를 위해 추도사를 낭독하는 등 친일 행동을 하기도 했지만, 1910년에 **한일 강제 병합**으로 나라를 빼앗기자 관직에서 물러났다. 일제의 권유를 뿌리치고 은둔 생활을 하다가 1935년에 세상을 떠났다.

시대 조선 시대 | 더 찾아보기 박지원, 실학, 영조, 조선, 청, 홍대용

지전설

지구가 스스로 한 바퀴 돌아서 낮밤이 생긴다는 주장

개요 지구가 스스로 한 바퀴 돌아서 낮과 밤이 생긴다는 주장이다. 지구가 스스로 움직인다는 뜻에서 '지동설'이라고도 하지만, 지구가 태양의 둘레를 돈다는 뜻은 아니다. 17세기 이후 조선의 실학자들 중에도 지전설을 주장하는 사람이 있었다.

풀이 우리 역사에서 지전설을 처음 주장한 사람은 조선 숙종 때의 학자인 김석문이다. 그는 지구는 둥글고, 남북을 축으로 하여 제자리에서 매일 1번씩 돌며, 1년으로 계산하면 모두 366번 회전한다고 주장했다. 또한 우주는 9개의 하늘로 이루어져 있는데, 가장 안쪽에 지구가 있고 바깥 하늘에 달, 태양·수성·금성, 목성, 토성, 항성이 차례로 있으며 가장 바깥은 태극 세계라고 보았다. 김석문은 지구뿐 아니라 달과 태양, 행성과 항성들도 자전을 하며, 지구와 모든 천체들은 오랜 주기를 두고 우주의 중심을 회전한다고 주장했다.

이어서 실학자인 이익과 **홍대용**도 지전설을 주장했다. 특히 홍대용은 지구가 둥글고 스스로 돈다는 이론을 체계적으로 정리했다. 그는 지구가 9만 리나 되는 넓은 땅을 12시에 한 바퀴씩 돌아서 밤과 낮의 하루를 만들어 내며, 회전하는 속도는 번개나 포탄보다 빠르다고 생각했다. 또한 지구가 돌 때 땅에서는 위로 작용하는 힘이 있어서 둥글어도 사람들이 떨어지지 않는다고 보았다. **박지원**은 **청**나라 학자들에게 홍대용의 지전설을 소개하면서 "서양 학자들은 지구가 둥글다고만 했으나 홍대용은 지구의 자전까지 이야기했으므로 그의 학설이 독창적이다."라고 했다.

심화 우리나라의 몇몇 학자들이 지전설을 주장할 무렵, 조선에는 중국을 통해 서양의 천문책과 기기들이 들어오고 천문 지식이 알려지기 시작했다. 실학자들의 지전설도 서양 천문학의 영향을 받은 것으로 보인다. 하지만 중국에 서양의 학문을 전한 선교사들은 오히려 지구의 자전을 믿지 않았다. 그런 점에서 김석문이나 홍대용의 지전설은 동서양의 우주관을 자신의 관점에서 독창적으로 재구성한 것이다.

우리나라에서 최초로 지전설을 주장한 학자인 김석문은 달과 별, 태양과 여러 행성에 대해서도 연구했다. 그는 지구를 중심에 놓고 주위에 달, 태양·수성·금성, 화성, 목성, 토성, 항성들이 차례로 위치하고 있다고 보았다.

천문 지식이 뛰어나 혼천의를 만들기도 했던 실학자 홍대용도 지전설을 주장했다. 그의 주장은 김석문보다 한층 체계적이었고, 지구가 스스로 도는 자전의 원리를 잘 설명했다.

지구와 달, 태양 등을 보며 우주를 연구하는 김석문.

시대 조선 시대 | 더 찾아보기 마립간, 법흥왕, 순장, 신라, 우산국, 진흥왕

중국의 문물을 받아들여 국가 체제를 만든 신라의 임금

지증왕

개요 **신라**의 제22대 임금이다. 중국의 문물을 적극적으로 받아들여 국가 체제를 세웠다. 나라 이름을 '신라'로 정하고, 임금의 호칭을 '왕'으로 고쳤으며, 지방관 제도와 우경법을 실시하고 **우산국**(지금의 울릉도)을 정벌했다.

풀이 지증왕은 437년에 갈문왕 습보와 조생 부인 김씨 사이에서 태어났다. 제21대 임금인 소지왕이 자식을 낳지 못하고 세상을 떠나자, 예순네 살의 나이에 신라의 새로운 임금이 되었다. 지증왕은 나이가 많았지만 몸집이 크고 용감하며 사람들을 잘 다스렸다고 한다.

지증왕은 중국의 정치 제도를 받아 들여 신라 사회를 안정시켰다. 중앙 집권을 강화하기 위해 전국을 주와 군으로 나눈 뒤 관리를 보내 다스렸고, **마립간**이라고 부르던 임금의 명칭을 중국과 마찬가지로 왕이라고 부르게 했다. 당시 '사라' 또는 '사로'로 부르던 나라 이름도 신라로 바꾸었다.

또한 그는 이사부에게 군사를 주어 우산국을 정벌하게 했으며, 처음으로 소를 이용해 농사짓는 우경법을 실시해 농업을 발전시켰다. 사람이 죽었을 때 그를 따르거나 돌보던 산 사람을 함께 묻던 관습인 **순장**을 금지시키기도 했다. 지증왕의 이러한 노력은 나라의 안정을 가져와, 이후 신라는 **법흥왕**과 **진흥왕**을 거치면서 전성기를 맞게 되었다.

심화 지증왕이 나라 이름으로 삼은 신라는 '덕업일신(德業日新), 망라사방(網羅四方)'이라는 말에서 유래했다. 이는 어질고 착한 업적이 날로 새로워지고, 동서남북의 세상을 널리 다스린다는 뜻으로, 신라 발전을 염원하는 마음이 담겨 있다.

| 시대 조선 시대~현대 | 더 찾아보기 김좌진, 대한민국 임시 정부, 3·1 운동, 신흥 무관 학교, 일본, 일제 강점기, 8·15 광복, 한국광복군

일제 강점기에 활동한 독립운동가이자 한국광복군의 총사령관

지청천

개요 일제 강점기에 활동한 독립운동가이자 한국광복군의 총사령관이다. 호는 '백산'이다. 일본에서 받은 근대적인 군사 교육을 바탕으로 독립군의 무장 독립 투쟁을 이끌었다.

풀이 지청천은 1888년에 서울에서 태어났다. 그는 일찍이 아버지를 여의고 강직한 성품을 가진 어머니 아래에서 엄격한 교육을 받으며 자랐다. 배재 학당과 한국 무관 학교에서 공부했으며, 나라의 지원을 받아 일본의 육군 사관 학교에서 근대적인 군사 교육을 받고 일본군 중위가 되었다.

지청천은 일본에서 받은 근대적인 군사 교육을 항일 투쟁에 이용한 독립군이자 일제 강점기에 우리 군을 대표한 총사령관이었다.

하지만 지청천은 3·1 운동이 일어난 1919년에 만주로 망명했다. 일본에서 배운 군사 지식을 무장 독립운동을 위해 쓰기로 한 것이다. 그는 신흥 무관 학교에서 독립군 양성에 힘쓰는 한편, 김좌진 등과 함께 대한 독립 군단을 조직한 뒤 일본군에 맞서 싸웠다. 김좌진이 암살당한 후에는 한국 독립당을 세우는 데 참여했으며, 다른 한편으로는 한국 독립군을 만들어 총사령관이 되었다. 지청천이 이끄는 한국 독립군은 중국군과 힘을 합쳐 쌍성보 전투, 대전자령 전투 등에서 일본군에게 승리를 거두었다. 그러나 일본군의 공격이 거세지자 이를 피해 부대를 이끌고 중국 관내로 이동했다. 이후 대한민국 임시 정부가 1940년에 한국광복군을 창설하자 총사령관이 되었다.

심화 지청천은 한국광복군 총사령관이었지만, 8·15 광복 후 개인 자격으로 돌아왔다. 미군정이 대한민국 임시 정부와 한국광복군을 인정하지 않았기 때문이다. 귀국한 뒤에는 여러 우익 청년 단체들을 통합해 대동청년단을 만들고 단장이 되었다. 이후 지청천은 국회 의원 등 정치가로 활동하다 1957년에 세상을 떠났다.

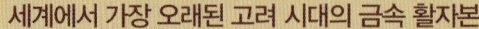

세계에서 가장 오래된 고려 시대의 금속 활자본

직지심체요절

개요 고려 우왕 때인 1377년에 인쇄된 금속 활자본이다. **금속 활자**로 인쇄된 책 가운데 세계에서 가장 오래된 것으로, 원래의 제목인 '백운화상초록불조직지심체요절'을 줄여 직지심체요절 혹은 '직지'라고 부른다.

풀이 《직지심체요절》은 고려 **공민왕** 때인 1372년에 백운 화상이라는 승려가 **원**나라에서 받아온 《불조직지심체요절》의 내용을 풀이하여 상·하 2권으로 엮은 책이다. 책의 중심 내용이기도 한 '직지심체(直指心體)'는 사람이 마음을 바르게 가졌을 때 그 심성이 곧 부처님의 마음임을 깨닫게 된다는 뜻이다.

백운 화상이 쓴 《직지심체요절》은 1377년에 청주의 흥덕사에서 금속 활자로 인쇄되었다. 이것은 독일의 구텐베르크가 금속 활자로 인쇄하여 만든 《성서》보다 70여 년이나 앞선 것으로, 세계에서 가장 오래된 금속 활자본으로 공인되어 2001년 9월에 유네스코 세계 기록 유산으로 등록되었다.

금속 활자로 인쇄된 《직지심체요절》은 현재 하권 1책뿐이다. 이것은 1800년대 말에 프랑스 공사 플랑시가 프랑스로 가져갔으며, 경매에 넘겨졌다가 지금은 프랑스 국립도서관에서 보관하고 있다.

심화 《직지심체요절》은 금속 활자로 찍은 것과 나무판에 새긴 것 두 종류가 있다. 우리나라에서 보관하고 있는 것은 목판본이다. 이 목판본은 고려 우왕 때인 1378년 여주 취암사에서 백운 화상의 제자 법린 등이 금속 활자본을 바탕으로 만들었다. 흥덕사와 달리 목판본을 만든 이유는 인쇄 기술이 떨어져 금속 활자본을 만들거나 책을 많이 찍어내기 어려웠기 때문으로 보인다.

시대 삼국 시대 **더 찾아보기** 고구려, 고구려 부흥 운동, 골품 제도, 김유신, 김춘추, 무열왕, 삼국 통일, 성골, 신라, 진덕 여왕, 호족

신라 골품제 사회를 지배했던 높은 등급의 귀족

진골

개요 신라의 독특한 신분 제도인 골품 제도에서 높은 등급에 속했던 귀족이다. 최고 등급인 성골과 함께 신라 사회를 지배했으며, 대부분 왕족 출신이었다.

풀이 신라의 신분 제도는 '골'과 '품'으로 이루어져 있었는데, 성골이나 진골이 가장 높은 지배층 귀족이었다. 주로 신라의 왕족이었던 김씨나 박씨, 석씨 등이 진골 귀족이었다. 또한 신라가 정복한 큰 나라의 왕족도 진골로 받아들였다. 예를 들어 금관가야의 왕족인 김해 김씨는 신라에 항복하면서 진골이 되었고, 삼국 통일을 이끈 김유신도 그 후손이었다. 고구려가 망한 뒤 고구려 부흥 운동을 일으켰던 보덕국왕 안승도 김씨 성을 내린 뒤 진골 귀족으로 받아들였다.

하지만 새로운 진골 귀족은 원래 진골에 비해 차별 대우를 받았다. 김유신의 아버지 김서현도 신라의 왕족이었던 만명 부인과의 결혼이 순조롭지 못했고, 김유신의 누이도 김춘추와 결혼하기까지 어려움을 겪어야 했다. 진골은 원래 신라의 임금이 되지 못했으나 진덕 여왕이 세상을 떠난 뒤에는 성골이 사라지면서 진골 출신의 귀족이 임금이 되었다. 그 첫 번째 임금이 바로 태종 무열왕 김춘추이다. 이때부터 신라는 진골 귀족이 왕위에 오르게 되었다.

심화 신라의 골품 제도에서는 신분에 따라 오를 수 있는 벼슬이 한계가 있었다. 그런데 진골은 5등급 대아찬 이상의 최고 벼슬에 오를 수 있어 장관직을 독점했고, 나라에서 녹읍을 받아 호사스러운 생활을 했다. 이들은 왕위 쟁탈전에 뛰어들기도 했는데, 신라 후기에는 이 다툼이 치열해지면서 왕권이 약해지고 나라가 크게 흔들렸다. 이때 진골 중심의 신라에 반대하는 지방 세력, 즉 호족이 등장하면서 신라는 후삼국으로 분열되었다.

일제 강점기에 우리 역사와 문화를 연구하기 위해 만든 학술 단체
진단 학회

개요 **일제 강점기**인 1934년에 우리의 역사와 문화를 연구하기 위해 만들어진 학술 단체이다. 이병도와 고유섭 등의 역사학자들이 참여했으며, **조선어 학회** 사건으로 활동이 위축되었다가 해방 후에 다시 이어졌다.

풀이 1910년에 일제가 우리나라를 강제로 점령한 이후, 우리 역사나 문화에 대한 연구는 **일본**인들이 주도하게 되었다. 일본인들은 한민족을 낮추어 보는 식민 사관을 바탕으로 우리 역사를 연구한 뒤 일본어로 연구 성과를 발표했다. 한민족은 옛날부터 열등했기 때문에 다른 나라의 지배를 받을 수밖에 없다는 식의 내용이었다.

이병도, 고유섭 등 우리나라 학자들은 일본 학자들의 연구 발표에 크게 반발했다. 이들은 우리 역사와 문화를 우리 손으로 연구한 뒤 우리 글로 발표하기 위해 1934년에 진단 학회를 만들었다. 진단 학회는 회원들의 연구 성과를 모아 1년에 4차례 《진단 학보》를 펴냈다.

그러나 일제는 이런 순수한 학문 연구조차 내버려 두지 않았다. 1942년에 일어난 조선어 학회 사건 때 진단 학회 회원인 이윤재와 이희승, 이병기도 일본 경찰에 붙잡혀 모진 고문을 받았다. 이에 따라 진단 학회 활동도 중지되었다.

진단 학회에서 활동한 학자들은 주로 역사적인 사실 자체를 밝히는 데 힘썼으므로 연구 자료나 방법에서 일본인 학자들과 큰 차이가 없었다. 일부 학자들은 일제가 식민 사학 연구와 보급을 위해 만든 단체에 참여하기도 했다.

심화 진단 학회는 **8·15 광복** 후 다시 활동을 시작해 우리나라 역사학의 중심이 되었다. 일제하의 활동에 대한 비판과 반성이 일어났지만, 일제하에서 활동했던 인물들이 학회를 주도했고 연구 방법도 크게 달라지지 않았다. 이 때문에 식민 사관에서 벗어나지 못했다는 비판이 계속되었다.

시대 삼국 시대 | 더 찾아보기 고구려, 고려, 노비, 삼국사기, 삼국 시대, 조선, 환곡

가난한 백성을 구하기 위해 실시한 고구려의 제도
진대법

개요 봄에 백성들에게 곡식을 빌려 주고 가을에 갚도록 한 제도이다. 고구려에서 가난한 백성들을 구하기 위해 실시했다.

풀이 고구려에서 진대법을 시행하게 된 계기는 삼국 시대의 역사를 기록한 책인 《삼국사기》에 실려 있다. 이 책에 따르면 고구려의 제9대 임금인 고국천왕이 가난한 백성을 만나 깨달음을 얻고 이 제도를 시행했다고 한다. 《삼국사기》에 담긴 일화는 다음과 같다.

194년 10월 고국천왕이 사냥을 갔다 오는 길에 주저앉아 울고 있는 사람을 만났다. 고국천왕이 이를 이상하게 여겨 까닭을 물으니, 그는 "품을 팔아 어머니를 모셔 왔는데, 올해는 흉년이 들어 품을 팔 곳이 없어 울고 있다."고 대답했다. 고국천왕은 측은한 생각이 들어 신하들에게 대책을 의논하도록 했다. 당시 고구려의 재상이었던 을파소는 매년 식량이 떨어지는 봄부터 여름까지 나라의 곡식을 빌려 주었다가 추수하는 가을에 이자를 조금 붙여 갚도록 하자고 건의했다. 고국천왕은 을파소의 건의를 받아들여 당장 시행하도록 했는데, 이것이 바로 진대법이다.

당시에는 흉년이 들면 가난한 농민들이 먹고살 방법이 없어 귀족의 노비로 떨어지는 경우가 많았다. 그런데 농민이 줄고 노비가 늘어나면 세금을 낼 사람들도 줄어 나라의 재정에도 부담이 되었기 때문에 정부에서는 가난한 농민들을 구제하는 정책을 실시했다.

심화 진대법과 같은 제도는 고려와 조선 시대에도 이어졌다. 대표적인 것이 의창과 상평창이다. 의창은 평상시에 곡식을 저장해 두었다가 흉년 때 가난한 백성들에게 나누어 주도록 한 제도이고, 상평창은 저장해 둔 곡식이나 옷감을 값이 비싸지는 흉년 때 풀어 물가를 조절하던 기관이었다. 환곡도 진대법과 비슷한 제도였는데, 조선 후기에는 탐관오리들의 부정으로 오히려 백성들을 괴롭히기도 했다.

시대 삼국 시대 | **더 찾아보기** 고구려, 골품 제도, 김유신, 김춘추, 당, 백제, 삼국 통일, 선덕 여왕, 신라, 진골

삼국 통일의 기틀을 마련하기 위해 애쓴 신라의 두 번째 여왕

진덕 여왕

개요 **신라**의 제28대 임금이다. **선덕 여왕**에 이어 두 번째 여왕이 되었다. 임금으로 있었던 8년 동안 **김춘추**, **김유신**과 함께 나라를 안정시키고 **삼국 통일**의 기틀을 닦기 위해 노력했다.

풀이 진덕 여왕은 진평왕의 외삼촌인 갈문왕 국반과 월명 부인 사이에서 태어났다. 647년에 사촌 언니인 선덕 여왕이 비담의 난을 토벌하던 도중에 세상을 떠나자, 여성의 몸으로 임금의 자리에 올랐다. 선덕 여왕과 마찬가지로 진덕 여왕이 임금이 될 수 있었던 것은 혈통과 신분을 중시하는 신라의 **골품 제도** 때문이었다.

진덕 여왕은 임금이 된 지 9일 만에 비담의 난을 진압했으나, 신라가 혼란한 틈을 타 **백제**에 이어 **고구려**까지 신라를 공격해 와 어려움을 겪었다. 이에 진덕 여왕은 백제와 고구려를 견제하기 위해 **당**나라와 협력을 강화했다. 김춘추를 당에 보내 군사적 지원을 약속받고 나당 연합을 이끌어냈으며, 당의 연호를 사용하고 의복 제도를 따랐다.

심화 진덕 여왕은 김춘추, 김유신과 함께 왕권을 튼튼히 해 사회를 안정시키는 한편, 개혁 정치와 국방 강화로 삼국 통일의 기틀을 마련하고자 노력했다. 하지만 진덕 여왕의 치세는 그리 오래가지 못했다. 그녀는 임금이 된 지 8년 만인 654년에 세상을 떠났고, 왕위는 **진골** 귀족인 김춘추에게로 이어졌다.

시대 남북국 시대 **더 찾아보기** 견훤, 궁예, 당, 신라, 6두품, 진골, 최치원

왕의 다툼 등으로 혼란한 신라를 바로잡지 못한 세 번째 여왕

진성 여왕

개요 **신라**의 제51대 임금이자 세 번째 여왕이다. **진골** 귀족들 간의 왕위 다툼으로 인한 정치적 혼란, 지방 세력의 성장, 농민에 대한 과도한 세금 징수 등으로 어지러웠던 신라 사회를 바로잡지 못했다. 이 때문에 신라 왕실의 지배권은 크게 줄어들었다.

풀이 진성 여왕은 제48대 임금인 경문왕과 문의 왕후의 딸로 태어났다. 오빠인 헌강왕에 이어 동생인 정강왕이 887년에 자식을 낳지 못하고 죽자, 여성의 몸으로 임금의 자리에 올랐다.

신라는 진성 여왕이 다스리는 동안 매우 어지러워졌다. 처음에는 조세를 면제해 주는 등 백성들을 위한 정책을 펼쳤지만 별다른 성과를 거두지 못했다. 이후 신라는 진골 귀족들의 사치와 권력 다툼, 탐관오리들의 횡포가 이어지면서 점점 약해졌다. 여기에 지방 세력들이 들고일어나 각 지역에서 독립적으로 정부 행세를 하면서 세금이 제대로 들어오지 않자, 신라의 중앙 정부는 관리를 보내 농민들에게 세금을 내라고 독촉했다. 중앙 정부와 지방 호족들에게 이중으로 세금을 내야할 처지에 이른 데다 흉년이 들고 전염병까지 돌자 농민들은 곳곳에서 봉기했다. 애노와 원종은 사벌주(지금의 경상북도 상주)에서 난을 일으켰고, 896년에는 붉은 색 바지를 입어 '적고적'이라고 부르는 도적이 경주를 위협하기도 했다.

한편 양길과 **궁예**는 북원(지금의 강원도 원주)에서 반기를 들었으며, **견훤**은 완산주(지금의 전라북도 전주)에서 독자적인 세력을 형성하는 등 지방 세력의 독립도 본격화했다. 결국 거듭된 정책 실패를 인정한 진성 여왕은 897년에 스스로 물러났고, 그해에 세상을 떠났다.

심화 **6두품**으로 **당**나라에 유학을 갔다가 귀국한 **최치원**은 어지러운 신라 사회를 바로잡기 위한 '시무책 10조'를 진성 여왕에게 올렸다. 그러나 자신들이 가진 권리를 잃을 것을 우려한 진골 귀족들의 반대로 시행되지 못했다.

진덕 여왕에 이어 신라의 세 번째 여왕이 된 진성 여왕.

시대 조선 시대 | 더 찾아보기 동학 농민 운동, 박규수, 삼정의 문란, 세도 정치, 조선

조선 후기에 진주 지역의 탐관오리에 맞서 농민들이 일으킨 봉기

진주 농민 봉기

개요 조선 철종 때인 1862년, 경상도 진주에서 관리들의 횡포에 저항하며 농민들이 일으킨 봉기이다. 이 해 전국 곳곳에서 농민 봉기가 잇달았으며, 고종이 임금이 된 후에도 계속되어 1894년에 일어난 **동학 농민 운동**에 큰 영향을 주었다.

풀이 19세기에 조선은 **세도 정치**와 **삼정의 문란**으로 인해 사회가 매우 어지러웠다. 특히 관청에서 일하면서 수탈을 일삼는 벼슬아치들 때문에 농민들의 생활이 무척 어려웠다. 하지만 농민들도 이전과는 생각이 달라져서 관리들의 횡포를 그냥 참고 견디지 않았다. 농민들은 집단으로 들고일어나 탐관오리들에게 저항하거나 조세 제도의 개혁을 요구하기도 했다.

진주 농민 봉기의 직접적인 원인도 삼정의 문란 때문이었다. 당시 경상 우병사로 있던 백낙신과 진주 목사 홍병원이 갖가지 이름으로 농민들에게 과중한 세금을 거두어들였다. 참다못한 유계춘과 이귀재 등이 항의 문서를 만들어 관청에 고발했지만 받아들여지지 않았다. 이에 화가 난 진주 지역의 농민들이 들고일어나 관청을 공격하고 진주성을 점령했다.

진주 지역에서 농민들이 봉기했다는 소식이 전해지자, 조선 조정은 사건의 원인을 알아보기 위해 '안핵사'라는 직책의 조사관을 내려 보냈다. 안핵사로 파견된 **박규수**는 농민 봉기의 원인이 관리들의 횡포와 수탈에 있음을 확인했다. 이후 조정은 문제가 된 관리들을 내쫓았지만, 봉기에 앞장선 주동자들도 체포해 처형했다.

심화 진주 농민 봉기는 비슷한 처지에 있는 다른 지역의 농민들에게 커다란 자극을 주었다. 충청도와 전라도, 경상도 등에서 민란이 잇따랐고, 이는 점차 전국으로 퍼져 함경도와 제주도에서도 농민 봉기의 조짐을 보였다. 이 시기에 잇달아 일어난 농민 봉기를 1862년이 임술년이므로 '임술 농민 봉기'라고 한다.

진주를 비롯해 전국 곳곳에서 농민 봉기가 일어나자, 조정도 사태의 심각성을 깨

진주 지역의 탐관오리들이 갖가지 이름으로 과도한 세금을 거두며 수탈을 일삼자, 참다못한 농민들이 들고일어났다. 당시 조선 사회에서는 삼정의 문란으로 인해 대부분의 농민들이 고통을 받았기 때문에 전국 곳곳에서 농민 봉기가 잇따랐다.

닫고 삼정의 문란을 바로잡고 정치와 사회의 개혁을 추진할 방안을 의논했다. 하지만 당시 지배층과 관리들이 이에 반대하면서 근본적인 해결책은 나오지 못했다. 반면 농민 봉기를 통해 농민들의 의식은 크게 성장했으며, 1894년에 일어난 동학 농민 운동에 큰 영향을 주었다.

농민들은 과도한 세금으로 인해 당장 끼니를 걱정해야 할 처지에 놓였다. 이에 부당한 세금 징수를 고발해도 받아들여지지 않자 농민들은 들고일어나 관청을 공격하고 진주성을 점령했다.

시대 조선 시대 더 찾아보기 김시민, 의병, 이순신, 일본, 임진왜란, 조선, 조총, 한산도 대첩, 행주 대첩

임진왜란 때 진주성의 조선군과 백성들이 일본군을 물리친 싸움

진주 대첩

개요 1592년에 진주성에서 김시민이 이끄는 조선군과 백성들이 일본군을 물리친 전투이다. 한산도 대첩, 행주 대첩과 함께 임진왜란의 3대 대첩으로 꼽힌다.

풀이 임진왜란 초기 일본은 승승장구하면서 빠르게 북쪽으로 올라가 평양성까지 점령했지만, 이순신의 수군에 패해 바닷길을 통한 병력 수송과 물자 보급을 할 수 없었다. 이에 일본군은 육지를 통해 전라도를 장악할 목적으로 경상도에서 전라도로 가는 길목에 있는 진주성을 공격하기로 했다. 진주성의 조선군은 성벽을 수리하고 해자를 깊이 파는 등 일본군의 공격에 대비했고, 성 밖에서는 의병 부대가 지원했다.

마침내 1592년 10월 초, 하세가와와 나가오카 등이 이끄는 3만여 명의 일본군은 진주성을 총공격했다. 이들은 조총을 쏘면서 사다리를 놓고 성벽을 기어오르는 등 맹렬히 공격해 왔다. 진주 목사 김시민이 지휘하는 수천 명의 조선군은 백성들과 힘을 합쳐 성을 방어했다. 이들은 활과 총통뿐 아니라 무기가 될 만한 것은 무엇이든 이용해 결사적으로 맞섰다. "성안에 기와와 돌, 초가지붕, 나무 등이 남아 있지 않았다."고 할 정도였다.

전투가 마무리될 즈음 김시민은 일본군의 총격을 받고 죽었지만, 곤양 군수 이광악이 그를 대신해 전투를 지휘하여 혼란을 막

전투는 치열하게 이어졌다. 병사들은 포를 쏘거나 불화살을 날렸고, 백성들은 기어오르는 일본군에게 돌을 던지거나 뜨거운 기름을 쏟아 부었다. 진주 대첩의 승리는 조선군과 백성들이 하나가 되어 이룬 것이었다.

았다. 결국 6일간의 치열한 전투 끝에 일본군은 진주성 공격을 포기하고 물러났다. 진주성 전투의 패배로 인해 일본군은 더 이상 서쪽으로 진격하지 못했고, 전라도는 일본군의 위협에서 벗어날 수 있었다.

심화 일본군은 1593년 6월 다시 7만여 명에 달하는 병력을 동원해 진주성을 공격했다(제2차 진주성 전투). 진주성 전투의 패배를 설욕하고, 부산 일대에 주둔하고 있던 일본군의 안전을 확보하려는 목적이었다. 경상우병사 최경회, 충청병사 황진, 의병장 김천일 등이 이끄는 수천 명의 조선군은 이때에도 백성들과 힘을 합쳐 일본군과 치열하게 싸웠다. 그리고 9일에 걸쳐 벌어진 전투 끝에 진주성은 일본군에게 함락되고 말았다. 조선군 병사와 지휘관들도 대부분 목숨을 잃었다. 그러나 이 전투에서 타격을 받은 일본군은 더 이상 서쪽으로 진격하지 못하고 한반도 동남부의 거점으로 돌아갔다.

●○○
진주성은 경상도에서 전라도로 가는 길목에 있었다. 일본군은 진주성의 지리적인 중요성을 알고 쳐들어왔다. 하지만 김시민이 이끄는 조선군과 백성들은 이들을 물리쳐 일본군의 전라도 진출을 막을 수 있었다.

전투를 지휘한 김시민.

시대 삼국 시대 | 더 찾아보기 가야, 고구려, 백제, 법흥왕, 신라, 진흥왕 순수비, 화랑도

영토를 한강 유역까지 넓히고 신라의 전성기를 이끈 임금
진흥왕

개요 신라의 전성기를 이끈 제24대 임금이다. 대대적인 정복 활동을 통해 한강 유역까지 영토를 넓히고, 내부적으로는 정치적 안정을 꾀하여 신라가 삼국을 통일할 수 있는 기반을 마련했다.

풀이 진흥왕은 534년에 법흥왕의 동생인 입종 갈문왕의 아들로 태어났다. 갈문왕이란 왕과 가까운 인척 집안의 장(우두머리나 최고 어른)을 가리킨다. 그런데 540년에 법흥왕이 아들을 낳지 못한 채 세상을 떠나자, 조카인 진흥왕이 일곱 살의 나이에 임금이 되었다. 처음에는 어머니인 지소 부인이 섭정을 했지만, 열여덟 살이 된 후에는 직접 나라를 다스리면서 정복 군주로서의 위엄을 보였다.

진흥왕은 신라의 발전을 위한 정복 사업에 나섰다. 그는 먼저 백제의 성왕과 연합해 고구려를 공격한 뒤 한강 유역을 얻었고, 다시 백제와 동맹을 깨고 백제가 차지하고 있던 한강 하류 땅까지 빼앗았다. 이로써 한강 유역이 모두 신라 땅이 되었다. 한강 유역은 인구와 물자가 모이는 중요한 교통의 요지인 데다 중국과의 교류를 할 수 있는 중요한 길목이었다. 진흥왕이 한강 유역을 모두 점령하면서 신라는 한반도에서 주도권을 잡을 수 있었다.

또한 진흥왕은 가야 연맹을 이끌고 있던 대가야를 점령해 남으로는 낙동강 유역을 차지하고, 북동쪽으로는 동해안을 따라 함흥 평야까지 진출했다. 그런 다음 새로 점령한 영토를 기념하기 위해 순수비를 세웠다. 순수비란 임금이 살피며 돌아다닌 곳을 기념하여 세우는 비석을 뜻한다. 진흥왕 순수비는 창녕과 북한산, 황초령, 마운령 등 4곳에 남아 있다. 순수비를 통해 진흥왕이 넓힌 주요 영토를 확인할 수 있다.

심화 진흥왕은 신라의 영토를 크게 넓혔지만 단순히 정복에만 힘쓴 임금은 아니었다. 그는 576년에 세상을 떠나기 전까지 신라의 정치를 안정시키기 위해 노력했다. 불교를 적극적으로 장려해 황룡사를 비롯한 많은 절을 짓게 하고, 불교 행사를 크게

●○○
진흥왕은 신라의 영토를 크게 넓힌 임금이었다. 그는 고구려, 백제, 가야 등과 전쟁을 벌여 한양 유역은 물론이고 낙동강 유역과 함흥 평야에 이르는 넓은 영토를 개척했다. 이로써 삼국 가운데 가장 힘이 약했던 신라는 강대국으로 발전했다.

열어 국가의 발전과 평안을 빌었다. 또한 청소년 수련 단체인 **화랑도**를 나라의 조직으로 개편했고, 거칠부에게 역사책인 《국사》를 편찬하게 하여 왕실의 권위를 세웠다. 이처럼 진흥왕이 안팎으로 국력을 비약적으로 발전시킨 결과, 신라는 삼국을 통일할 수 있는 기반이 마련되었다.

진흥왕은 새로 점령한 영토를 기념하기 위해 순수비를 세웠다. 진흥왕 순수비가 세워진 곳은 창녕과 북한산, 황초령, 마운령 등 4곳이었다.

시대 삼국 시대 | 더 찾아보기 가야, 국보, 김정희, 신라, 조선, 진흥왕

신라 진흥왕이 새로 넓힌 영토를 돌아보고 세운 비석

진흥왕 순수비

개요 신라 진흥왕이 새로 넓힌 영토를 직접 돌아보고 세운 비석이다. 비석이 세워진 위치와 비석의 내용을 통해 당시 신라의 국경과 신라 사회를 이해할 수 있다.

풀이 진흥왕은 가야와 한강 유역의 땅을 차지하고 함경도까지 진출하는 등 신라의 영토를 넓히고 삼국을 통일하는 기초를 닦은 왕이다. 임금이 나라 안을 두루 살피며 돌아다니던 일을 '순수'라고 하는데, 진흥왕은 새롭게 신라 땅이 된 지역을 순수한 뒤 기념 비석을 세웠다. 그것이 바로 진흥왕 순수비이다.

현재까지 발견된 진흥왕 순수비는 모두 4개이다. 서울의 북한산 비봉 정상에 세워진 북한산비, 경상남도 화왕산에 있던 창녕비, 함경남도 장진군 황초령에 세워진 황초령비, 함경남도 이원군 마운령에 세워진 마운령비 등이다. 진흥왕 순수비 4개가 모두 높고 가파른 산이자 군사적으로 중요한 지역에 세워졌다는 공통점이 있다.

심화 진흥왕 순수비 가운데 북한산비는 조선 시대에 김정희의 조사로 밝혀졌다. 이 비석은 국보 제3호로 지정되었는데, 비석이 닳고 상하는 것을 막기 위해 지금은 국립중앙박물관에서 보관하고 있다. 비석에는 진흥왕의 업적과 수행한 사람들의 관직 및 이름이 쓰여 있다.

북한산에 있는 진흥왕 순수비. 높이가 1.54미터 정도이며, 직사각형 모양이다. 바위 위에 2단의 층을 만들어 세웠다. 심하게 훼손된 상태로 발견된 데다 상태가 더욱 나빠질 것을 염려해 지금은 국립중앙박물관으로 옮겨 보관하고 있다.

시대 삼국 시대~남북국 시대　더 찾아보기 김춘추, 무열왕, 상대등, 신라, 진덕 여왕, 화백

나랏일을 맡아 하던 신라 최고의 행정 기관

집사부

개요 **신라**의 최고 행정 기관이다. 오늘날의 청와대 비서실과 비슷했으나 기능이 강화된 이후에는 행정부와 다름없는 역할을 맡아 했다.

풀이 집사부는 나라의 재정을 관리하거나 왕실의 비서실 역할을 맡아 했던 관청인 '품주'를 고쳐 만든 것이다. **진덕 여왕** 때인 651년에 새롭게 관리들을 임명하여 구성했고, **무열왕**은 귀족 세력을 누르기 위해 집사부의 역할을 더욱 강화했다.

집사부가 하는 일은 주로 임금을 보좌하면서 임금의 명령(왕명)을 집행하는 것이었다. 집사부 아래에 설치한 여러 관청들은 왕명을 자신의 분야에 맞게 나누어 집행했다. 집사부의 강화는 신라가 귀족들의 집단 지도 체제에서 왕 중심의 중앙 집권적 통치 체제를 갖게 되었음을 뜻했다.

집사부의 우두머리는 '중시'라고 불렸다. 중시는 집사부를 이끄는 일뿐 아니라 임금과 가장 가까운 자리에 있으면서 신하들에게 임금의 명령을 전하거나 집행하는 역할을 맡았다.

심화 신라는 원래 **화백** 회의에서 나라의 중요한 일을 결정하는 체제였다. **김춘추**는 화백 회의로 대표되는 귀족 세력을 누르기 위해 진덕 여왕 때 왕의 비서 기관인 집사부를 설치하면서 중시를 두었다. 그리고 자신이 임금이 된 뒤에는 중시와 집사부를 더욱 강화했다. 이전에는 귀족의 대표이자 화백 회의의 의장인 **상대등**이 나라의 수상 역할을 맡았으나, 무열왕(김춘추) 이후에는 중시가 수상과 다름없는 권한을 누리게 되었다. 중시는 경덕왕 때인 747년에 '시중'으로 바꾸어 부르게 되었다.

시대 조선 시대 | 더 찾아보기 고려, 고려사, 규장각, 농사직설, 삼강행실도, 세조, 세종, 연산군, 용비어천가, 월인천강지곡, 정조, 조선, 홍문관, 훈민정음

조선 세종 때 만든 학문 연구 기관
집현전

개요 **조선 세종** 때 궁중에 설치한 학문 연구 기관이다. **고려** 시대에도 있었지만 이름뿐이었고, 1420년에 세종이 실질적인 학문 연구 기관으로 만들었다. 세종의 **훈민정음** 창제를 도왔고, 여러 가지 책을 만들어 내는 등 세종 때의 문화 발전에 크게 이바지했다.

풀이 조선 제4대 임금인 세종은 좋은 정치를 펼치려면 무엇보다 뛰어난 인재를 기르고 학문을 발전시켜야 한다고 생각했다. 이에 고려 시대부터 내려온 도서관인 집현전을 학문 연구 기관으로 만들고 학자 20여 명을 뽑아 일하게 했다.

집현전에서 일하는 학자들에게 가장 중요한 일은 왕과 신하의 학술 토론인 경연과 왕세자에 대한 교육인 서연을 준비하는 것이었다. 이를 통해 전문 지식을 가진 학자들이 왕과 왕세자가 바른 정치를 펼 수 있도록 도운 것이다. 뿐만 아니라 집현전 학자들은 외교 문서를 작성하거나 과거 시험의 시험관이 되거나, 실록 편찬에 참여하기도 했다.

세종은 집현전 학자들을 위해 많은 책을 내려 주었고, 관청의 일에서 벗어나 공부에만 전념할 수 있도록 배려했다. 그 결과, 집현전은 학문 연구를 바탕으로 훈민정음 창제를 돕고 《**고려사**》와 《**농사직설**》, 《팔도지리지》, 《**삼강행실도**》, 《**용비어천가**》, 《**월인천강지곡**》 등 많은 책을 펴냈다.

그러나 **세조** 때인 1456년 집현전에서 일하던 여러 명의 학자들이 단종 복위 운동을 벌이다 죽임을 당하면서 집현전도 폐지되었다. 이후 집현전의 역할은 **홍문관**이 대신하다가 **정조** 때 **규장각**으로 이어졌다.

집현전은 조선 세종 때의 학문 발전과 문화 부흥의 산실이었다. 조선에서 가장 뛰어난 인재들이 이곳에 모였으며, 임금의 전폭적인 지원을 받아 학문 연구에 몰두할 수 있었다. 세종의 가장 뛰어난 업적으로 평가받는 훈민정음도 집현전에서 완성되었다.

심화 세종은 집현전의 학사들을 위해 사가독서 제도도 만들었다. 사가독서란 집현전에서 일하는 젊은 학사들에게 휴가를 주어 학문 연구에만 몰두할 수 있도록 지원하는 제도였다. 이것은 세종이 학문 발전에 기울인 관심과 정성이 얼마나 컸는지를 알 수 있게 해 준다. 제9대 임금인 성종도 사가독서를 장려하여 학사들이 머물며 공부할 수 있는 공간인 독서당을 마련해 주기도 했다. 사가독서는 제10대 임금인 **연산군** 때 폐지되었다.

경복궁에 있었던 집현전. 임진왜란 때 경복궁이 불에 타 파괴되면서 집현전의 옛 건물은 사라졌고, 지금은 수정전이라는 전각이 들어서 있다.

사전 속의 사전

알쏭달쏭 나라별 도읍지 한눈에 보기

도읍지란 한 나라의 수도(서울)를 삼은 곳으로서 정치나 경제, 문화의 중심지를 뜻한다. 도읍지에는 왕이 사는 궁궐은 물론이고 나라를 이끌어 가는 중앙 정부가 있었으며, 시대나 정치 상황에 따라 바뀌기도 했다. 우리 역사에 기록된 나라별 도읍지는 다음과 같다.

나라	도읍지	특징
고조선	평양성, 아사달, 장당경, 왕검성	평양성과 아사달, 장당경 등은 《삼국유사》에서 단군이 도읍지로 삼았다고 기록된 곳이다. 또한 왕검성은 고조선의 임금이 된 위만이 도읍지로 삼았던 곳인데, 정확한 위치가 어디인지는 아직 밝혀지지 않았다.
고구려	졸본, 국내성, 평양	졸본은 고구려의 시조 주몽이 처음 자리 잡은 곳이고, 국내성은 제2대 임금인 유리왕이 새롭게 도읍지로 삼은 곳이다. 427년에는 장수왕이 평양으로 옮겼다.
백제	위례성, 웅진(공주), 사비(부여)	위례성은 백제를 세운 온조왕이 정착한 곳이고, 웅진은 문주왕이 고구려의 위협을 피해 475년에 새롭게 정한 도읍지이다. 성왕 때인 538년에는 왕권을 튼튼히 하기 위해 다시 사비로 옮겼다.
신라	경주	경주는 신라가 탄생한 곳이자 약 1000년간 신라의 도읍지였던 곳이다. 처음에는 '서라벌'이라고 불렀다.
발해	동모산, 중경, 상경, 동경	발해의 시조인 대조영이 동모산 근처에서 나라를 세운 뒤에 중경, 상경, 동경 등으로 도읍지가 바뀌었다.
후고구려	송악(개성), 철원	북원(원주) 지역에서 활동하던 궁예는 후고구려를 세운 뒤에 송악을 도읍지로 삼았다. 이후 나라 이름을 '태봉'으로 바꾸고 철원으로 옮겼다.
후백제	완산주(전주)	신라의 호족이었던 견훤이 나라를 세우고 도읍지로 삼은 곳이다.
고려	개경(개성)	왕건이 고려를 세우고 도읍지로 삼은 곳이다. 서경(평양), 동경(경주), 남경(한양)과 함께 '사경'이라고 부르기도 했다.
조선	한양(서울)	이성계가 조선을 세우고 도읍지로 삼은 곳이다. 한반도의 중앙에 위치하고 있으며, 오늘날에는 대한민국의 수도로 이어지고 있다.

시대 일제 강점기 | 더 찾아보기 일본군 위안부, 조선, 중일 전쟁, 태평양 전쟁

일제가 침략 전쟁을 위해 강제로 군인과 노동자를 뽑아 간 일

징병·징용

개요 일제가 침략 전쟁을 수행하기 위해 **조선**의 젊은이들을 군인으로 뽑아간 일을 '징병'이라고 하고, 전쟁의 지원을 위해 수많은 조선인들에게 특정한 노동을 하도록 강요한 일을 '징용'이라고 한다.

풀이 우리나라의 주권을 강제로 빼앗아 식민지로 만든 일제는 1930년대 들어 대외 침략을 본격화했다. 1931년에는 중국의 만주 지역을 점령했고, 1937년에는 **중일 전쟁**을 일으켜 승리했으며, 1941년에는 미국을 상대로 **태평양 전쟁**을 일으켰다.

하지만 잇달아 전쟁을 벌이면서 병력과 무기가 부족해지자 일제는 조선인들을 이용할 계획을 세웠다. 그것이 바로 징병과 징용이다. 징병이란 전투를 치를 병사와 전쟁터 주변에서 일하는 군속으로 입대하는 것을 뜻한다. 또한 징용이란 무기나 군사 시설을 만들고 광산에서 광물을 캐는 등 전쟁을 지원할 노동자를 뽑는 일이다.

징병제와 징용령이 정식으로 적용된 것은 1944년이지만, 인력 동원은 이전부터 있었다. 일제는 1938년부터 지원병 제도를 실시해 조선의 젊은이들을 전쟁터로 보냈다. 당시 2만여 명의 조선 젊은이들이 지원병으로 입대했고, 약 12만 명의 조선인들이 군속으로 일하게 되었다. 또한 400만 명 이상의 조선인들이 징용되었는데, 이중에서 150만이 넘는 사람들은 해외로 끌려가 강제 노동에 시달렸다. 심지어 '여자 정신대'라는 이름으로 약 20만 명의 여자들이 끌려갔고, 이중 일부는 **일본군 위안부** 생활을 강요당했다.

심화 강제로 끌려간 조선인들은 모진 고통을 겪었다. 조선인 병사들은 최전선에 배치되어 '총알받이' 역할을 하는 경우가 많았고, 수많은 조선인들이 비참하게 목숨을 잃거나 끝내 고국으로 돌아오지 못했다.

일제가 벌인 침략 전쟁으로 인해 수많은 조선인들이 전쟁터로 내몰렸다. 강제로 군인이 된 사람들은 최전선에서 변변한 무기도 들지 못한 채 '총알받이'가 되었는가 하면, 여성들은 강제 노동이나 위안부 생활을 해야 했다.

시대 선사 시대~현대 | **더 찾아보기** 고구려, 고려, 단군 신화, 단군왕검, 동예, 부여, 선사 시대, 일제 강점기, 제천 행사, 조선, 철기 시대

단군왕검이 하늘에 제사 지내기 위해 쌓았다는 제단

참성단

개요 인천광역시 강화군의 마니산 정상에 있는 제단이다. 마니산에 있다는 뜻에서 '마니산 참성단' 또는 '마니산 제천단'이라고도 부른다. **단군왕검**이 제사를 지내기 위해 제단을 지었다고 알려져 있으나 확실하지 않다.

풀이 참성단은 하늘을 숭배하고 제사를 지내는 의식, 즉 **제천 행사**가 열리는 곳이다. 제천 행사는 **선사 시대**부터 시작되었다. 사냥과 채집으로 식량을 구하던 시대에서 벗어나 농사를 짓게 되면서 사람들에게는 날씨나 자연환경이 중요해졌는데, 이때부터 하늘을 숭배하는 의식이 생겨났다. 그러다 **철기 시대**에는 제천 의식이 나라의 행사로 정착되었다. **부여**의 영고나 **동예**의 무천, **고구려**의 동맹 등이 대표적인 예이다. 각각의 나라는 제천 행사를 통해 나라 구성원들의 결속력을 다지고 단합하는 계기를 마련했고, 이런 전통은 **고려**와 **조선** 시대에도 계속되었다.

고려와 조선 시대에는 왕의 이름으로 나라에서 제사를 지냈다. 참성단의 제사는 정기적인 것과 비정기적인 것이 있었다. 정기적인 제사는 봄과 가을에 지냈는데, 제사의 목적은 국가의 안녕과 평화를 기원하는 것으로 추측된다. 비정기적인 제사는 외적의 침입이나 가뭄 등 자연 재해가 있을 때 수시로 지냈다.

참성단은 우리 민족의 시조이자 첫 임금인 단군왕검이 처음 제단으로 지었다고 알려져 있다. 조선 순조 때 이동환이 아버지 이종휘의 글을 엮어서 편찬한 《수산집》의 〈동사〉 편에는 "단군이 바다와 마니산 언덕에 성을 쌓고 단을 만들어 제천단이라고 했다."고 적혀 있다. 조선 숙종 때 참성단을 보수한 뒤 세운 비에도 '단군께서 쌓아 제단으로 하여 한얼께 제사를 지낸 곳'이라는 표현이 나온다. 하지만 오랜 세월이 흐르는 동안 여러 번 고쳐 쌓았기 때문에 참성단의 원래 모습을 찾아볼 수 없다.

전국 체전 때 참성단에서 봉화를 채화하는 의식이 열리고, 개천절에는 관련 단체의 제천 행사가 이루어지고 있다.

심화 참성단을 단군과 관련시켜 이해하는 경향은 근대에 생겨난 대종교

이후 더욱 강해졌다. 대종교는 단군 신화에 나오는 환인과 환웅, 환검의 삼위일체인 '한얼님'을 숭배하는 민족 종교로 1909년에 나철이 창시했다. 일제 강점기에는 가혹한 탄압에도 불구하고 교인들이 항일 독립 운동에 적극적으로 참여하기도 했다.

한편 마니산에는 참성단을 다시 고쳐 지었음을 기록한 비석이 있다. 가파른 암벽에 가로 50센티미터, 세로 105센티미터 크기의 비석 모양을 조각한 것이다. 비석에는 강화 유수인 최석항이 참성단이 무너진 것을 보고 부하에게 명하여 고쳤다는 내용이 담겨 있다.

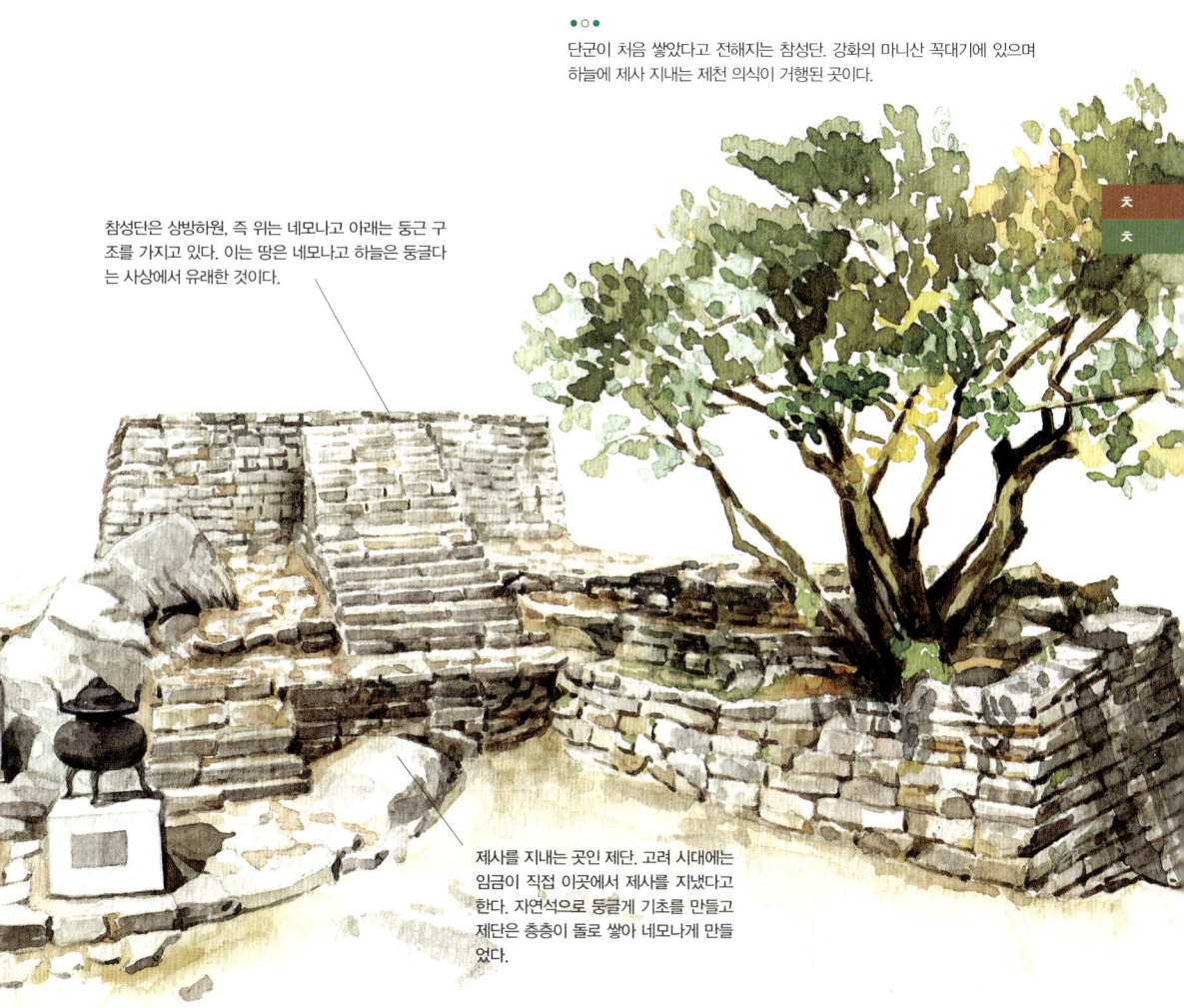

단군이 처음 쌓았다고 전해지는 참성단. 강화의 마니산 꼭대기에 있으며 하늘에 제사 지내는 제천 의식이 거행된 곳이다.

참성단은 상방하원, 즉 위는 네모나고 아래는 둥근 구조를 가지고 있다. 이는 땅은 네모나고 하늘은 둥글다는 사상에서 유래한 것이다.

제사를 지내는 곳인 제단. 고려 시대에는 임금이 직접 이곳에서 제사를 지냈다고 한다. 자연석으로 둥글게 기초를 만들고 제단은 층층이 돌로 쌓아 네모나게 만들었다.

세종의 아버지인 태종과 조선의 왕비들이 머물렀던 궁궐
창경궁

개요 　**조선**의 궁궐 중 하나로, 서울특별시 종로구에 있다. **창덕궁**과 담을 사이에 두고 이웃하고 있어 창덕궁과 함께 '동궐'이라고 불렸다. 남쪽으로는 역대 왕과 왕비의 신위를 모신 **종묘**와 담장을 사이에 두고 맞닿아 있었으나 일제가 사이에 큰 길을 내고 궁궐을 훼손하기도 했다.

풀이 　조선의 제4대 임금인 **세종**은 상왕이 되어 물러난 아버지 **태종**이 머무를 집으로 창덕궁 동쪽에 수강궁을 지었다. 이후 제9대 임금인 성종은 1483년에 수강궁을 다시 크게 지어 할머니, 어머니, 작은어머니를 위한 궁궐을 짓고 이름을 창경궁이라고 했다.

창경궁은 **임진왜란** 때 **경복궁**, 창덕궁 등과 함께 불에 탔다가 **광해군** 때 다시 세워졌다. 그 뒤에도 여러 차례 불이 나서 다시 짓는 일을 되풀이했다. 조선 후기에는 임진왜란 때 불타버린 경복궁이 복원되지 않아 광해군 때 다시 지은 창덕궁이 정궁(임금이 거주하면서 정사를 담당하는 궁궐)의 역할을 했다. 이 때문에 창덕궁에 붙어 있던 창경궁에서도 중요한 일들이 많이 일어났다. TV 역사 드라마에 자주 등장하는 장희빈이 생활했던 취선당이 창경궁에 있었고, **영조**의 아들인 **사도 세자**는 창경궁 안뜰에 놓인 뒤주 속에서 8일이나 갇혀 있다가 죽음을 맞이했다.

심화 　창경궁은 일제의 통치를 받으면서 크게 훼손되었다. 일제는 창경궁에 일본식 건물과 정자를 짓고 곳곳에 **일본**을 상징하는 벚나무를 심었으며, 창경궁 전체를 동물원과 식물원으로 만들었다. 또한 창경궁 안의 높은 곳에 일본식 건물을 지어 박물관으로 사용하고, 이름을 '창경원'으로 바꾸었다. 뿐만 아니라 조선의 맥을 끊기 위해 창경궁과 종묘 사이의 흙을 파내어 큰 길을 냈다.

창경궁은 해방 이후에도 오랫동안 **일제 강점기** 때 모습 그대로 있었다. '창경원'이라는 이름도 그대로 사용되었다. 그러다 1980년대 들어 복원 사업이 이루어졌다.

1983년에 궁궐의 이름을 창경궁으로 고친 뒤에 1984년부터는 없어진 일부 건물을 다시 세우고 유적을 정비하여 1986년에 공사를 끝냈다. 현재 창경궁 내에는 국보인 명정전과 보물 7점, 등록 문화재 1점이 보존되어 있다.

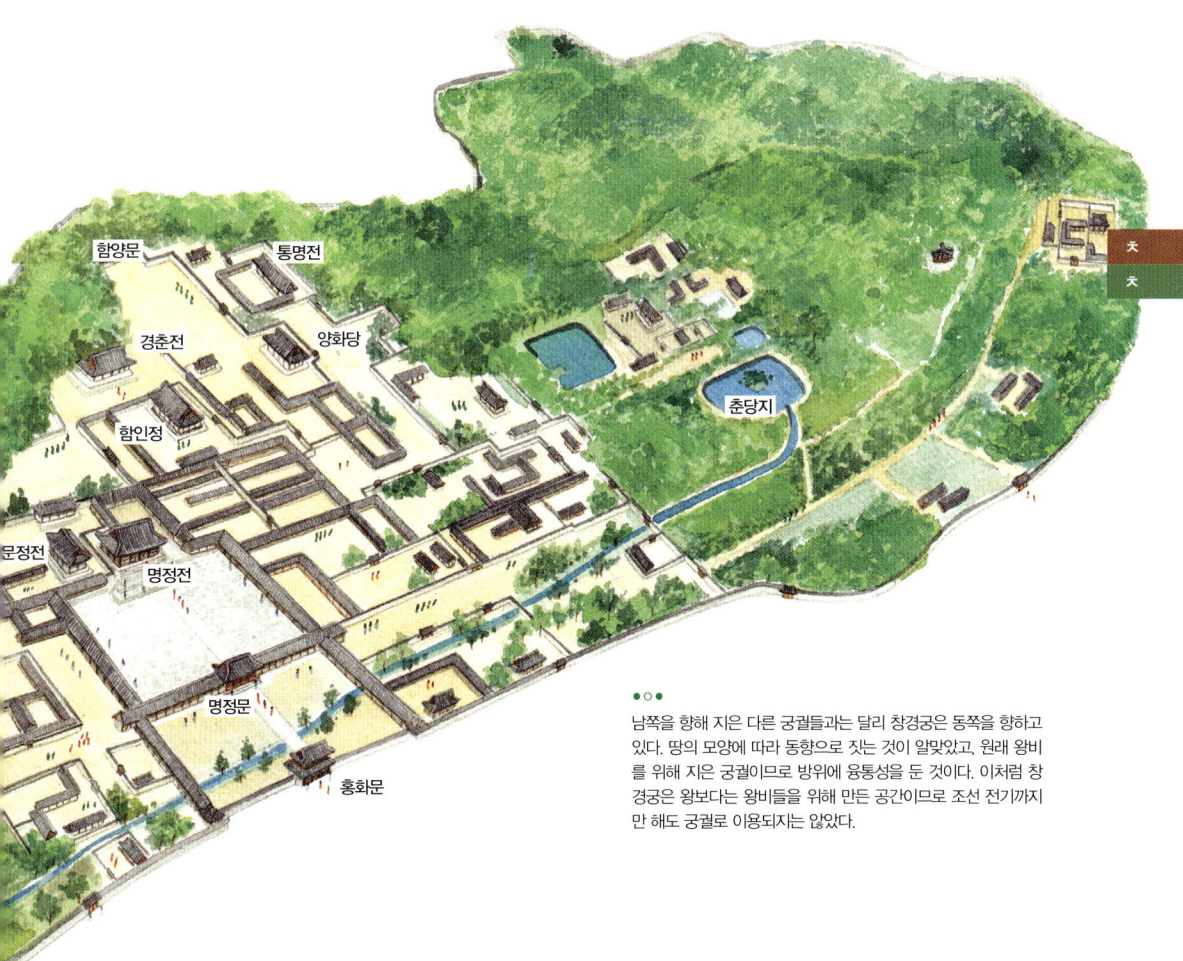

남쪽을 향해 지은 다른 궁궐들과는 달리 창경궁은 동쪽을 향하고 있다. 땅의 모양에 따라 동향으로 짓는 것이 알맞았고, 원래 왕비를 위해 지은 궁궐이므로 방위에 융통성을 둔 것이다. 이처럼 창경궁은 왕보다는 왕비들을 위해 만든 공간이므로 조선 전기까지만 해도 궁궐로 이용되지는 않았다.

| 시대 조선 시대 | 더 찾아보기 경복궁, 국보, 대한민국, 문화재, 임진왜란, 조선, 창경궁

세계 유산으로 지정된 가장 아름다운 조선의 궁궐
창덕궁

개요 서울특별시 종로구에 있는 **조선** 시대의 궁궐이다. 지금까지 남아 있는 조선의 궁궐 5곳 가운데 가장 많은 시간 동안 임금이 머물렀던 곳이기도 하다. 자연 지형을 잘 이용한 아름다운 건축물로서 1997년에 유네스코 세계 문화유산으로 등재되었다.

풀이 국왕이 살면서 정사를 베푸는 궁궐을 정궁이라고 하고, 필요할 때 임시로 머물기 위해 지은 궁궐을 이궁이라고 한다. 창덕궁은 원래 태종 때 정궁이었던 **경복궁**의 이궁으로 지었다. 그렇지만 창덕궁은 조선 전기부터 국왕이 정치나 외교 업무를 하는 데 자주 이용되었다.

임진왜란 때 창덕궁은 경복궁, **창경궁**과 함께 불에 탔다. 창덕궁과 창경궁은 광해군 때 다시 지었지만, 경복궁은 불에 탄 채 그대로 두었다. 그래서 조선 후기 왕들은 주로 창덕궁에 머물면서 통치했는데, 이 때문에 창덕궁이 경복궁 대신 정궁 역할을 한 것이다. 창덕궁은 이후에도 여러 차례 큰 화재가 발생하여 불에 타고 복원하는 일을 되풀이했다.

창덕궁은 왕과 관리들이 행정 업무를 담당하는 외전과 왕실 사람들의 생활 공간인 내전, 그리고 후원으로 구성되어 있다. 지금은 궁궐 건물 13동과 후원 건물 28동 등 모두 41동의 건물이 남아 있다. 이 가운데 왕과 신하들이 조회를 여는 정전은 인정전으로, **국보** 제225호로 지정되었다. 창덕궁의 정문인 돈화문 등 6개의 건축물이 보물로 지정되었고 후원은 연못과 정자, 나무, 돌들이 어우러져 아름다움을 자랑한다.

창덕궁은 오랜 세월이 흐르는 동안 훼손되거나 피해를 입었지만, 임금이 살았던 궁궐로서 원래의 모습을 잘 간직하고 있다. 특히 조선의 궁궐 중에서는 보존 상태가 제일 좋은 편이다. 게다가 지형과 잘 어울려 지은 각각의 건물들은 조선의 뛰어난 궁궐 건축술을 보여 주는 귀중한 **문화재**이다.

연못에 돌기둥을 세운 뒤 누각을 지어 만든 부용정. 이곳에서 분합문을 열고 바라본 부용지의 모습은 그림처럼 아름답다.

창덕궁에서 가장 아름답다고 알려진 부용지와 부용정, 희우정의 모습이다. TV 역사 드라마에서 왕이나 왕비가 산책하는 장면의 배경으로 종종 나오는 곳이기도 하다.

부용정보다는 규모가 작은 희우정. 본래 이름은 '취향정'이었으나 숙종 때 이곳에서 기우제를 지낸 뒤 비가 내려 '희우정'으로 이름을 바꾸었다.

부용지 한가운데에 있는 원도(둥근 섬)와 소나무.

심화 조선의 국권을 강탈한 일제는 1917년 화재로 불에 탄 창덕궁을 복원할 때 경복궁에 있던 건물들을 뜯어다 지었다. 또한 일부 건물의 모양이나 크기를 이전과 다르게 바꾸고 내부를 서양식으로 고치는 등 원래 모습을 크게 훼손했다. 심지어 창덕궁과 창경궁에 거주하던 왕실 사람들의 정원이었던 후원을 일반인들에게 공개해 구경거리로 삼았다. 이후 창덕궁은 본래 이름보다는 '비원'으로 불리며 궁궐로서의 품위가 크게 떨어졌다.

그러다 1980년에 창덕궁이라는 이름을 되찾았고, 1990년부터 1999년까지 대규모 복원을 통해 제모습을 찾았다. 이후 대한민국 정부는 창덕궁을 관람할 때 인원이나 시간 등에 제한을 두어 궁궐을 보존하고 있다.

❶ 창덕궁의 남쪽에 있는 문인 돈화문.
❷ 나라의 중요한 행사나 외국 사신을 접견하는 정전으로, 조선 왕조를 상징하는 건물인 인정전.
❸ 임금이 신하들과 나랏일을 의논하거나 사무를 보는 편전인 선정전.
❹ 임금이 평상시에 생활하는 공간인 희정당.
❺ 왕이 잠을 자는 곳인 침전과 왕비가 생활하는 공간인 내전이 있는 대조전.
❻ 후궁이나 대비 등 주로 왕실 여인들이 생활했던 공간인 낙선재.
❼ 창덕궁에서 가장 아름다운 공간으로 손꼽히는 후원인 부용지와 부용정.
❽ 조선 후기 왕실 도서관이자 학술 연구원인 규장각이 있었던 주합루.
❾ 왕과 왕실 가족의 건강을 돌보고 약을 짓던 관청인 내의원.

창덕궁은 유네스코 세계 문화유산에 지정될 만큼 보존 가치가 높고 아름다운 궁궐이다. 산을 평평하게 깎아 터를 닦는 식이 아닌 자연 그대로의 지형을 살려 지었으며, 궁궐 안의 모든 건물은 조선의 뛰어난 건축술을 가장 잘 보여 준다.

시대 일제 강점기 | 더 찾아보기 만주 사변, 민족 말살 정책, 일본, 일제 강점기, 조선, 중일 전쟁, 징병, 징용, 태평양 전쟁

일제가 조선인의 이름을 일본식으로 바꾸도록 강요한 명령

창씨개명

개요 일제 강점기에 조선인의 성과 이름을 일본식으로 바꾸도록 강요한 일이다. 창씨개명을 하지 않으면 '불령선인(후테이센진)'이라고 부르며 여러 가지 불이익을 주었다.

풀이 일제는 1931년 만주 침략(만주 사변)을 시작으로 전쟁 야욕을 높여갔다. 1937년에 중일 전쟁을 일으킨 뒤에는 동남아시아로 진출했고, 1941년에는 미국 하와이의 진주만을 공습하여 태평양 전쟁을 일으켰다.

이 무렵 한반도에서는 황민화 정책을 펼쳤다. 황민화 정책이란 조선인들을 일본의 왕에게 충성하는 국민으로 만들겠다는 것으로, 이를 위해 우리의 민족의식을 없애는 민족 말살 정책을 함께 추진했다. 즉 우리말과 글을 사용하지 못하게 하고, 우리 역사를 가르치지 못하게 했으며, 일본의 왕에게 충성을 다짐하는 '황국 신민의 서사'를 외우게 하고, 일본 왕실의 조상을 모신 신사에 참배하도록 했다. 조선인을 일본인으로 만들겠다는 심산이었다. 창씨개명도 이때 이루어졌다.

일제가 모든 조선인들에게 이름을 일본식으로 바꾸라고 명령한 것은 1939년이었다. 이름을 바꿀 수 있는 기간은 1940년 2월 11일부터 6개월간이었고, 이 기간에 신고하지 않은 사람들에게는 여러 가지 불이익을 주었다. 각급 학교에 들어가기 어려웠으며, 청년들은 징병이나 징용 대상자가 되었다. 일반인들은 식량 배급에서 차별을 받았다. 조상이 물려준 성과 이름을 바꿀 수 없다며 끝까지 이를 거부하는 경우도 있었지만, 당시 80% 정도의 조선인들이 일제의 강요에 못 이겨 일본식으로 성과 이름을 바꿨다.

심화 일제는 창씨개명을 거부한 사람들을 '불령선인'이라고 부르며 탄압했다. 불령선인이란 불온하거나 불량한 조선인이라는 뜻으로, 일제에 반대하는 사람들을 경멸하거나 차별할 때 사용하는 말이었다. 나중에는 독립운동을 하는 조선인들을 지칭하는 말로 쓰였다.

처인성 전투

처인성의 백성들과 승병, 고려군이 몽골군과 싸워 이긴 전투

개요 **고려** 고종 때인 1232년에 고려군과 승병, 백성들이 처인성에서 **몽골**군과 싸워 이긴 전투이다. 이 전투에서 승병장 김윤후가 몽골의 장수 살리타이를 사살했다.

풀이 몽골은 제1차 침입 이후, 고려에 엄청난 공물을 바치라는 등 무리한 요구를 계속했다. 이에 고려 **무신 정권**의 최고 권력자였던 최우는 몽골의 침입에 맞서 끝까지 저항하기로 결정하고 도읍을 강화도로 옮겼다. 몽골은 즉시 살리타이를 총사령관으로 내세워 고려로 쳐들어왔다. 그러고는 몽골의 허락을 받지 않고 강화도로 도읍을 옮긴 것을 비난하며 육지로 나올 것을 요구했다. 하지만 고려는 이를 거절했다.

살리타이는 군사들을 나누어 강화도와 **개경**으로 보냈다. 그리고 자신은 개경을 거쳐 처인성(지금의 경기도 용인 지방)에 도착했다. 당시 처인성은 고려 사회에서 천대받던 신분의 사람들이 사는 지역이었다. 처인성에는 이 지역에 살고 있는 농민들뿐 아니라 주변 지역에서 전투를 피해 온 군인들과 승병들, 그리고 승병을 이끌던 김윤후가 함께 있었다.

몽골군의 공격이 시작되자 처인성의 백성들과 승병들, 군인들이 모두 힘을 합쳐 반격에 나섰다. 치열한 전투가 벌어졌으나 김윤후가 총사령관인 살리타이를 사살하자 몽골군의 기세는 크게 꺾였다. 결국 몽골군은 더 이상 전투할 힘을 잃고 고려에서 물러났다.

심화 나라에서 필요로 하는 물품을 생산하는 **향·소·부곡**은 사회적인 지위가 낮은 사람들이 거주하는 특별 구역이었다. 그 중에서 처인성은 '부곡'이었다. 하지만 처인성 전투의 승리로 처인 부곡은 처인현으로 승격되었다. 또한 전투를 승리로 이끄는데 공을 세운 김윤후는 대장군에 임명되었으나 그는 끝내 사양했다. 그 뒤 김윤후는 몽골의 제5차 침입 때도 노비군을 이끌고 **충주성 전투**에서 승리했다.

시대 조선 시대 더 찾아보기 고종, 병인양요, 신미양요, 일본, 임오군란, 조선, 청, 흥선 대원군

서양 세력의 침략에 맞서 싸우자는 결의를 담은 비석
척화비

개요 조선 고종 때 **흥선 대원군**이 서양 세력의 침략으로부터 나라를 지키고 이들과 맞서 싸우자는 결의를 다지기 위해 세운 비석이다.

풀이 조선은 1866년에 프랑스 함대의 침공으로 **병인양요**를 겪었고, 1871년에는 미국 함대와 맞서 싸우며 **신미양요**를 치렀다. 당시 권력을 잡고 있던 고종의 아버지 흥선 대원군은 문호를 개방하고 통상을 하라는 서양 세력의 요구를 단호하게 거부했다. 이에 프랑스와 미국은 차례로 함대를 앞세워 조선을 굴복시키려고 했지만, 조선군의 완강한 저항으로 뜻을 이루지 못하고 물러나고 말았다.

두 차례의 전쟁에서 서양 세력을 물리친 흥선 대원군은 전국 곳곳에 비석을 세워 서양 세력과 교류를 하지 않겠다는 뜻을 온 백성에게 알리고 결의를 다졌다. 비석에는 다음과 같은 내용을 새겼다.

"양이침범 비전즉화 주화매국(洋夷侵犯 非戰則和 主和賣國)"

한자로 쓴 이 말의 뜻은 "서양 오랑캐가 침입하는데 싸우지 않으면 화친하자는 것이니, 화친을 주장함은 나라를 파는 것이다."이다. 이후 흥선 대원군은 권력을 고종에게 넘겨주는 1873년까지 통상 수교 거부 정책을 폈다.

심화 척화비는 1882년에 **임오군란**을 수습하던 흥선 대원군이 **청**나라로 끌려간 뒤 대부분 철거되었다. 임오군란을 빌미로 조선에 들어온 **일본**이 척화비 철거를 요구했기 때문이다. 오늘날에 볼 수 있는 척화비들은 땅에 묻힌 것을 다시 세운 것이거나 박물관에 전시된 것들이다.

충청남도 홍성에 있는 척화비의 모습. 서양 세력과 맞서 싸우자는 내용의 문구가 새겨져 있다.

시대 고려 시대 | 더 찾아보기 거란, 고구려, 고려, 당, 여진, 연개소문

고려 시대에 북방 민족의 침입을 막기 위해 쌓은 성

천리 장성

개요 고려 시대에 거란과 여진 등 북방 민족의 침입을 막기 위해 쌓은 성이다. 길이가 약 1,000리에 이를 정도로 긴 성이라는 뜻에서 천리 장성이라고 부르게 되었다. 고구려의 천리 장성과 구분하여 '고려 장성'이라고도 부른다.

풀이 고려는 거란의 침입을 세 차례나 겪으면서 적을 막아 내기 위한 방어 시설을 만들어야 할 필요성을 깨달았다. 이에 따라 1033년 고려의 제9대 임금인 덕종은 유소에게 명해 압록강 어귀에서부터 동해의 도련포까지 성을 쌓도록 했다.

천리 장성은 우리나라 역사에서 가장 규모가 크고 긴 성이었다. 높이는 8미터, 길이는 1,000리(약 393킬로미터)에 달했다. 성은 돌로 쌓았는데, 공사에는 많은 사람들이 참여했고 시간도 12년이나 걸렸다. 성을 한꺼번에 쌓은 것이 아니라 예전부터 있었던 중요한 성들을 연결하는 방식으로 만들었다. 이후 천리 장성은 고려의 국경이자 외적의 침입을 막는 방어 진지의 역할을 하게 되었다.

심화 고구려도 천리 장성을 쌓았다. 고구려의 천리 장성은 영류왕 때인 631년에 쌓기 시작해 16년 만에 완성되었다. 천리 장성 쌓는 일을 지휘한 사람은 연개소문이었다. 그는 당시 고구려를 위협하던 당나라의 침입에 대비하여 국경 지역에 성을 쌓았는데, 지금은 중국의 영토인 부여성에서부터 비사성까지 1,000리에 달하는 긴 성이었다. 연개소문은 천리 장성을 쌓으면서 세력이 커져 고구려 최고의 권력자가 되기도 했다.

고려 시대에 북쪽의 국경선을 따라 쌓은 천리 장성. 압록강이 시작되는 곳에서부터 지금의 의주 지역인 위원과 흥화, 영흥 지방인 요덕과 도련포까지 이어지는 매우 긴 성이었다.

북한에서 경제 발전을 위해 추진한 사회 운동

천리마 운동

개요 1950년대 후반부터 북한에서 일어난 노력 동원 및 사상 개조 운동이다. 천리마란 하루에 1,000리(400킬로미터)를 달릴 수 있을 정도로 좋은 말을 뜻한다. 즉, 천리마를 탄 것과 같은 마음가짐으로 열심히 일해 나라 발전에 이바지하자는 뜻으로 이름을 붙인 것이다.

풀이 6·25 전쟁이 끝난 다음해인 1954년부터 1956년까지 북한은 전후 복구 3개년 계획을 시행해 전쟁으로 파괴된 산업 시설을 복구하고 생산을 늘렸다. 이어 1957년부터는 5개년 경제 계획을 시행했다. 그러나 1950년대 후반에 소련과 동유럽 사회주의 국가들의 원조가 크게 줄어들면서 경제가 어려워졌다. 이에 북한은 주민을 총동원해 생산을 늘리고 경제 건설을 하려는 목적으로 천리마 운동을 시작했다.

천리마 운동은 주민들이 서로 경쟁하는 체제로 운영되었다. 맡은 일에서 좋은 성과를 거둔 작업반이나 개인에게는 '천리마 영웅'이라는 칭호를 주었다. 천리마 영웅의 호칭은 북한 주민들에게는 훈장과 같은 것이었다. 그리고 천리마 정신은 북한 사회 전 분야로 확대되었다.

심화 천리마 운동은 처음에는 효과를 거두어 생산량의 증가와 북한 경제의 발전에 도움이 되었다. 그러나 기술의 발전이나 사회 기반 시설의 확대가 없이 주민 총동원과 정신 자세를 강조하는 것만으로는 한계가 있었다. 1960년대 중반이 되면서 북한의 경제 발전은 벽에 부딪혔으며, 천리마 운동은 주민을 통제하는 정치적 목적으로 이용되었다.

북한에서 경제 발전을 위해 추진한 천리마 운동의 상징인 천리마 동상. 1,000리를 달리는 말처럼 열심히 일하자는 뜻이었다.

시대 삼국 시대 | **더 찾아보기** 고구려, 고분, 국보, 돌무지덧널무덤, 마립간, 무용총, 신라, 우산국, 지증왕

천마도가 그려진 말다래가 나온 신라의 옛 무덤

천마총

개요 경상북도 경주시 황남동에 있는 **신라** 시대의 옛 무덤이다. 1973년 이전까지는 155호 **고분**으로 부르다 발굴 조사를 하는 도중 천마도가 그려진 말다래가 나와 천마총이라고 부르게 되었다.

풀이 천마총을 발굴 조사할 때 가장 눈길을 끈 것은 천마도가 그려진 '천마도 장니'였다. 이것은 말을 탄 사람에게 흙이 튀지 않도록 안장에 달거나 덮어씌우는 말다래라는 장비였다. 나무껍질을 여러 겹 덧대어 말다래를 만든 뒤 머리에 뿔이 달린 천마(하늘의 말)가 불을 뿜으며 날고 있는 모습을 그렸다. 이 그림을 천마도라고 부르는데, 천마도는 유일하게 지금까지 남아 있는 신라 시대의 그림이다. 천마의 모습이나 테두리의 덩굴무늬는 **고구려**의 **무용총**이나 고분 벽화와 비슷하여 신라의 그림이 고구려의 영향을 받았음을 짐작하게 한다. 천마도 장니는 **국보** 제207호로 지정되었다.

천마총은 지름 47미터, 높이 12.7미터나 되는 커다란 무덤으로, 다른 신라 시대의 무덤처럼 **돌무지덧널무덤** 형식이다. 돌무지덧널무덤은 다른 고분에 비해 상대적으로 도굴이 어렵기 때문에 천마도 말다래 외에도 신라인의 뛰어난 금 세공 기술을 짐작하게 하는 많은 껴묻거리가 나왔다. 껴묻거리는 시체와 함께 묻는 물건을 말하는데, 돌무지덧널무덤들에서는 신라 금관을 비롯하여 금관모, 금 허리띠와 띠드리개, 금동 봉황환두대도 등이 나왔다.

심화 천마총은 규모나 출토된 유물로 보아 신라의 임금이 잠들어 있는 곳으로 추측된다. 신라 제21대 소지 **마립간**(소지왕)의 것이라고 보는 학자들도 있지만 대부분은 신라 제22대 임금인 **지증왕**의 무덤이라고 보고 있다. 지증왕은 신라의 국가 체제를 세운 왕으로, '마립간'이라고 부르던 군주의 이름을 중국식으로 '왕'으로 고쳐 부르고 **우산국**을 정벌하는 등의 업적을 세웠다.

신분 제도에서 가장 낮은 위치에 있었던 계층

천민

무당

사공

개요 신분 제도를 둔 사회에서 가장 낮은 위치에 있었던 계층을 뜻한다. 양인과 달리 천한 신분을 가진 사람이라는 뜻에서 '천인'이라고도 불렀다. 조선 말기에 갑오개혁으로 신분 제도가 철폐되면서 사라졌다.

풀이 고려의 신분은 지배층인 귀족과 중류층, 피지배층인 양민과 천민으로 나뉜다. 천민은 노예이거나 재인(광대), 화척(도축업자), 진척(뱃사공) 등이었다.

조선에서는 신분을 크게 양인(양민)과 천인(천민)으로 나누는 양천 제도를 시행했다. 천민은 조세나 군역의 의무는 없었지만 자유를 구속당하고 인간다운 대접을 받지 못했다. 또한 같은 죄를 짓더라도 더욱 엄한 벌을 받았으며 지정된 곳에서만 살아야 했다.

천민은 대부분 노비였다. 노비는 개인이나 관청에 매여 있으면서 허드렛일을 하거나 농사를 지었다. 즉 재인이나 광대, 백정, 갖바치, 기생, 무당, 사공 등 사회적으로 천하게 여기는 일을 하는 사람들로 사실상 모두 천민 취급을 받았다.

천민의 신분은 양인과 마찬가지로 자손들에게 세습되었다. 부모 가운데 한 사람만 노비여도 자식은 노비 신분으로 살아야 했으며, 양인을 모욕하거나 신분을 속이면 매우 엄한 벌을 받았다. 단, 양인이라고 해도 중죄를 지은 경우는 신분을 천민으로 떨어뜨리는 벌을 받기도 했다.

심화 원칙적으로 천민은 신분이 세습되었으며 벼슬을 할 수 없었다. 그러나 전쟁에서 공을 세우거나 나라에 돈을 낼 경우 천민에서 벗어나는 경우도 있었다. 조선 후기에는 군량미의 확보나 흉년 때 백성을 구할 목적으로 정부에서 돈을 받고 노비를 해방시키는 정책이 전면적으로 실시되었다. 사회의 혼란을 틈타 도망치는 경우도 늘어나면서 조선 후기 천민의 숫자는 크게 줄어들었다. 한편, 특별한 재능으로 사회에서 인정을 받아 천민이 벼슬을 하는 경우도 있었다. **세종** 때 과학자로서 공을 세워 종3품의 벼슬까지 오른 **장영실**은 관청의 노비였다.

오늘날에는 전문 직업인으로서 높은 대우를 받는 사람들이 조선 시대에는 천민 취급을 받았다. 재주를 넘는 재인이나 광대, 짐승을 잡아 고기를 만드는 백정, 짐승 가죽으로 신발 등 여러 가지 생활용품을 만드는 갓바치, 술을 파는 기생, 굿을 하거나 점을 치는 무당, 배를 띄우고 노를 젓는 사공 등도 모두 천민에 속했다.

천민은 신분이 가장 낮은 사람들이었다. 따라서 양인과 달리 인간적인 대접을 받지 못했고 마음대로 사는 곳을 옮기거나 직업을 바꿀 수도 없었다.

재인
광대
갓바치
기생

시대 조선 시대 | 더 찾아보기 고구려, 국보, 이성계, 조선, 태조

고구려의 천문도를 바탕으로 만든 조선 시대의 하늘 지도
천상열차분야지도

개요 하늘의 별자리를 그려 놓은 옛 지도이다. **조선** 태조 때인 1395년에 **고구려**의 천문도를 바탕으로 돌에 새겨 만들었다. 태조 때 만든 석각본은 **국보** 제228호로 지정되었으며 국립고궁박물관에서 보관하고 있다.

풀이 천상열차분야지도의 '천상(天象)'은 하늘의 생김새, '열차(列次)'는 하늘을 12차로 나누어 배열한 것, '분야(分野)'는 하늘의 별자리를 마치 땅처럼 구역을 나누어 놓은 것을 뜻한다. 말 그대로 하늘을 땅처럼 구분하여 지도를 만든 것이다.

옛날에는 천문도가 왕조의 권위를 상징하는 것이기 때문에 역대 임금들은 대부분 천문도를 갖고 싶어했다. **태조 이성계**도 조선을 건국하자마자 천문이나 기상에 관한 일을 하는 서운관에 천문도를 만들 것을 명했다. 전해 오는 이야기에 따르면 당시 조선에는 천문도가 없어 고심 중이었는데, 마침 한 노인이 고구려의 옛 천문도를 왕실에 바치면서 만들어졌다고 한다. 새 왕조를 세운 태조는 임금으로서의 표식을 얻은 것처럼 기뻐했다.

태조의 명을 받은 권근 등 11명의 학자들은 고구려의 천문도를 바탕으로 하여 하늘 지도를 완성했다. 다만 고구려의 천문도는 너무 오래되고 틀린 것도 있어 새롭게 관측된 내용을 더하고 고쳐 만들었다. 천상열차분야지도는 하늘의 태양 궤도 근처를 12지역으로 나누고 별자리를 자세히 그려 넣어 만든 새로운 천문도였다. 그리고 이 천문도는 이후에 만들어진 천문도의 바탕이 되었다.

심화 천상열차분야지도는 여러 가지가 있다. 돌에 새긴 것을 탁본하여 만든 석각본, 나무에 새긴 것을 찍은 목판본, 손으로 베껴 쓴 필사본 등이다. 이 가운데 조선 태조 때 만든 석각본은 세계에서 두 번째로 오래된 천문도로 인정받았고, 이것을 바탕으로 숙종 때 다시 만든 복각본은 보물 제837호로 지정되었다. 또한 조선 후기에 직접 손으로 그려 만든 필사본은 가장 세밀하다.

●●●
태조 때 만든 천상열차분야지도는 표면이 심하게 깎여 알아보기 힘들고, 숙종 때 다시 만든 것이 보존 상태가 좋다. 그림은 숙종 때 다시 만든 복각본 중에서 하늘 모습만 재구성한 것이다.

천상열차분야지도는 가로 1미터, 세로 2미터의 돌에 새겨져 있다. 지름 76센티미터의 원 안에는 하늘의 모습이 그려져 있고, 원 바깥쪽에는 우주에 대한 설명이 적혀 있다.

바깥 원의 주위에는 북극성을 중심으로 28개의 구역을 나눈 28수 이름이 적혀 있다.

원 안에는 북극을 중심으로 모두 1,464개의 별이 그려져 있고, 위도의 기준선인 적도와 태양이 지나는 길인 황도도 표시되어 있다. 적도와 황도가 만나는 두 지점이 절기인 춘분과 추분을 나타낸다.

시대 조선 시대 | 더 찾아보기 고종, 병인양요, 서학, 세도 정치, 양반, 유학, 정조, 조선

조선 후기에 천주교 신자들을 탄압한 일
천주교 박해

개요 조선 후기에 천주교가 널리 퍼지는 것을 염려한 조정이 천주교 신자들을 박해한 일이다. 박해란 못살게 굴거나 해롭게 한다는 뜻으로, 많은 천주교 신자들이 처형되거나 유배의 벌을 받았다.

풀이 조선 후기에 들어온 천주교에 먼저 관심을 보인 것은 남인 학자들이었다. 이들은 천주교를 서학이라고 부르며 학문의 대상으로 삼았다. 그러다 점차 천주교를 신앙으로 믿는 사람들이 늘어났다. 천주교는 남인을 비롯해 하층 양반, 조선 사회에서 억압을 받던 여성들 사이에서 퍼져 나갔다.

조선 조정은 처음에는 천주교에 너그러운 태도를 보였다. 그러나 천주교의 평등 사상이 조선의 신분 질서를 위협할 수 있다는 우려와 천주교도들이 조상의 제사를 지내지 않는다는 사실이 알려지면서 박해가 시작되었다. 조선 정조 때인 1791년에 전라도 진산에 살고 있던 유학자 윤지충이 어머니가 돌아가셨는데도 제사를 지내지 않았다는 사실이 알려지자 박해가 본격화되었다. 윤지충은 불효자라며 비판받다가 끝내 관청에 잡혀가 처형되었다.

이후 천주교에 대한 박해는 계속 이어졌다. 조선 사회는 유교에 바탕을 둔 윤리를 중요시했기 때문에 천주교에서 가르치는 평등 사상이나 생활 윤리가 잘 맞지 않았다. 이 때문에 조선의 지배층은 사회 질서가 어지러워질 것을 염려해 천주교를 배척하며 없애려고 한 것이다.

사건	시기	내용
신해박해	1791년	진산의 양반 윤치충과 권상연 처형
신유박해	1801년	선교사 주문모와 신자 100여 명 처형, 400여 명 유배
기해박해	1839년	프랑스 선교사를 포함한 천주교도 100여 명 처형
병인박해	1866년	프랑스 선교사 9명을 포함한 8,000여 명 처형

심화 천주교 박해는 사회 질서를 어지럽히는 사람들을 처벌한다고 했지만, 조선의 지배층은 이를 정치적으로 이용하기도 했다. 헌종 때 일어난 기해박해는 당시 **세도 정치**를 펼치고 있던 풍양 조씨 세력이 경쟁자인 안동 김씨의 권력을 빼앗기 위해 벌인 사건이었다. 그런가 하면 **고종** 때 일어난 병인박해는 프랑스 함대가 출동해 강화도를 침범하는 **병인양요**로 이어지기도 했다.

● ○ ○
조선 후기에 한반도에 들어온 천주교는 100여 년 동안 모진 박해를 받았다. 조선의 지배층은 천주교의 가르침이 조선의 신분 제도와 전통 풍습을 해친다고 생각했기 때문이다. 이로 인해 많은 선교사와 신자들이 죽임을 당하거나 혹독한 벌을 받았다.

조선의 관리들은 천주교 신자들에게 배교, 즉 신앙을 버리면 살려 주겠다고 했다. 하지만 많은 신자들이 이를 거부하고 처형당했다. 서울의 절두산 성지에는 박해를 받아 순교한 천주교도들의 무덤이 남아 있다.

철기 시대

철로 만든 도구를 사용하고 정비된 국가가 세워진 시기

개요 철로 만든 도구를 사용하게 된 시기이다. 한반도에서는 기원전 4세기경부터 철기를 사용했으며, 변한이나 **가야** 등은 우수한 철기를 만들어 이름을 떨쳤다.

풀이 철기 시대는 구리와 주석 등을 섞어 도구를 만들었던 **청동기 시대**의 뒤를 이은 시기이다. 처음에는 장신구나 단검 등을 철로 만들었지만, 철의 생산량이 늘어나면서 농기구는 물론이고 일상 용품과 무기도 철로 만들었다. 이후 철은 사람들이 살아가는 데 없어서는 안 될 금속이 되었다.

석기나 청동기에 비해 단단하고 날카로운 철로 농기구를 만들어 사용하자 생산량이 크게 늘어났다. 땅을 일구거나 농작물을 베어 수확하는 등 여러 가지 농사일도 한결 편해졌다. 또한 철제 무기를 먼저 사용한 나라는 군사력도 커져 강한 나라를 세울 수 있었다.

한반도에서는 기원전 4세기경부터 철기를 사용했다. **고조선**과 지리적으로 가까운 중국의 연나라에서 전해진 것으로 추측된다. 실제로 고조선은 철제 무기를 사용하던 연과의 전쟁에서 패해 많은 영토를 잃어버렸다. 기원전 2세기 초에는 철제 무기로 무장한 위만이 고조선의 준왕을 몰아내고 임금의 자리에 올랐다. 그러나 기원전 2세기 말에 고조선은 더욱 강력한 철제 무기를 사용하던 **한**나라에게 패해 멸망했고, 고조선 땅에는 낙랑군 등의 **한군현**이 설치되었다.

이후 낙랑군을 통해 중국의 철기 문화가 한반도 곳곳에 빠르게 전해졌다. 남쪽의 **삼한**에서는 철제 농기구 사용이 일반화되면서 농작물의 생산량이 크게 늘어났다. 특히 변한에서는 우수한 철이 생산되어 주변 지역은 물론이고 낙랑군과 대방군, **왜**로 수출되었고, 철을 화폐처럼 사용하기도 했다. 변한의 뒤를 이은 가야도 우수한 철기를 만들어 수출했다.

철기 시대에 만들어진 철제 농기구들. 철로 만든 농기구를 사용하면서부터 농업 생산량이 크게 늘어났다. 철은 매우 단단한 금속이기 때문에 땅을 일구거나 농작물을 베어 수확하는 등 농사일도 한결 편해졌다.

심화 철기도 석기나 청동기처럼 세계 곳곳으로 퍼져갔다. 본격적으로 사용한 것은 기원전 3000~2000년 서아시아 지방에서였다. 기원전 1400년경에는 히타이트 족이 철을 독차지한 뒤 이 지역을 정복했고, 기원전 1200년경에 히타이트가 멸망하자 철기는 빠르게 퍼져나갔다. 중국에서는 기원전 5세기부터 철기를 본격적으로 사용했고, 기원전 4세기에는 한반도에까지 전해졌다.

한반도 남쪽에 자리 잡았던 변한과 가야는 이름난 철기 생산국이었다. 이곳에서 생산되는 철은 품질이 매우 우수했다. 게다가 변한과 가야 사람들이 철을 다루는 기술이 뛰어나 주변 나라에 수출까지 할 수 있었다.

가마에 광석을 넣어 녹인 뒤 철을 분리해 내고, 열을 식혀 굳힌 철을 두드려 여러 가지 도구를 만드는 가야 사람들.

시대 조선 시대 더 찾아보기 경부선, 경인선, 고종, 대한 제국, 러일 전쟁, 아관 파천, 의병, 일본, 조선

일본이 한반도 침략의 발판으로 이용했던 철도 건설의 권리

철도 부설권

개요 한반도에 철도를 건설할 수 있는 권리를 뜻한다. **조선(대한 제국)** 정부가 **일본** 등 외국인들에게 철도 부설권을 주었는데, 대부분 일본이 맡아 철도를 놓은 뒤 한반도 침략의 발판으로 이용했다.

풀이 **고종**이 일본의 위협을 피해 러시아 공사관으로 피신(**아관 파천**)한 뒤, 러시아는 우리나라의 광산을 개발하거나 산림을 벌목할 수 있는 여러 가지 이권을 차지했다. 그러자 다른 나라들도 똑같은 대우를 요구하면서 이권 쟁탈전이 벌어졌다. 그 결과 미국인 제임스 모스가 1896년에 **경인선** 부설권을 얻어냈지만, 정작 철도 건설에 필요한 돈을 끌어모으는 데 실패하고 말았다. 이후 모스는 오랫동안 한반도 침략의 기회를 엿보고 있던 일본에게 철도 부설권을 팔아 버렸고, 일본은 1899년에 경인선 철도를 완공했다.

경인선 공사를 마친 일본은 **경부선** 철도 부설권도 얻어냈다. 부산은 일본에서 가장 가까운 곳이었기 때문에 서울까지 이어줄 철도를 놓아야 한반도 장악이 쉬울 것이라는 계산 때문이었다. 경부선 철도는 1901년에 공사를 시작해 1905년에 개통되었다. 일본의 철도 부설은 여기에서 그치지 않았다. 1904년에 **러일 전쟁**이 시작되자 일본은 한반도를 가로질러 만주까지 갈 수 있는 철도가 필요했기 때문이다. 이에 따라 일본은 서둘러 경의선을 건설했으며, 우리나라를 강제로 병합한 뒤에는 경원선까지 건설했다.

심화 일본은 한반도에 철도를 놓는 과정에서 기차역을 세울 땅은 물론이고 기찻길 주변의 막대한 땅까지 차지했다. 논밭을 가로지르고 조상의 묘를 파헤치면서 철도가 놓이자, 많은 사람들이 이에 반대하며 일어났다. **의병**들도 철도를 파괴하고 전신주를 자르며 저항했지만 일본의 강력한 탄압으로 인해 진압당하고 말았다.

철도 건설 현장에는 조선의 백성들이 동원되었다. 이 과정에서 많은 백성들이 가혹한 노동에 시달리고 죽거나 다쳤다.

시대 조선 시대 | 더 찾아보기 사도 세자, 삼정의 문란, 세도 정치, 수렴청정, 정조, 조선

강화도에서 농사를 짓다 갑자기 추대된 조선의 임금

철종

개요 조선의 제25대 임금이다. 강화도에서 농사를 지으며 살던 그는 헌종이 대를 이을 자식 없이 죽자 갑자기 임금으로 추대되었다. 그러나 안동 김씨의 세도 정치로 인해 자기 나름의 정치를 제대로 펼치지 못했다.

풀이 철종은 1831년에 전계 대원군의 아들로 태어났다. 전계 대원군은 정조의 이복동생인 은언군의 아들이었으므로, 그는 사도 세자의 증손자인 셈이었다. 하지만 철종의 가족들은 왕족의 지위를 누리지 못하고 강화도에서 농사를 지으며 살았다.

그런데 헌종이 1849년에 자식을 두지 못한 채 세상을 떠나자, 철종은 대비인 순원 왕후의 명령으로 궁중에 들어가 임금이 되었다. 한동안 순원 왕후가 수렴청정을 했으며, 김문근의 딸을 왕비로 맞아들인 뒤에는 김문근을 비롯한 안동 김씨의 세도 정치가 계속되었다.

철종이 왕위에 오를 당시 조선은 왕실의 가까운 친척이나 신하가 강력한 권세를 잡고 온갖 나랏일을 마음대로 하는 세도 정치가 계속되어 왕권이 무너지고 삼정의 문란으로 곳곳에서 농민 항쟁이 일어났다. 철종은 1852년부터 직접 정치를 하기 시작하여 한동안은 무너진 통치 기강을 바로잡기위해 부정 비리를 벌하고, 삼정 개혁을 시도하는 등 적극적으로 정치에 참여했다. 그러나 안동 김씨 세력에 의해 번번이 좌절을 겪게 되자, 결국 향락에 빠져 살다 건강이 나빠져 1863년에 세상을 떠났다.

심화 철종은 일명 '강화 도령'이라고 불렸다. 왕족이지만 왕족의 지위를 누리지 못한 처지를 빗댄 표현이다. 그가 임금의 자리에 오르기 전에 살던 집인 용흥궁이 강화도에 남아 있다. 원래는 민가였지만 임금이 된 후 지금과 같은 건물을 세웠다.

시대 삼국 시대 | **더 찾아보기** 고구려, 고려, 국보, 삼국 시대, 선덕 여왕, 신라, 역법, 조선왕조실록

신라 선덕 여왕 때 만들어진 동양에서 가장 오래된 천문대
첨성대

개요 **신라**의 제27대 임금인 **선덕 여왕** 때 만들어진 천문대이다. 경상북도 경주에 있어 '경주 첨성대'라고도 부른다. 지금까지 남아 있는 기상 관측소 가운데 동양에서 가장 오래된 것이며, **국보** 제31호로 지정되었다.

풀이 첨성대는 하늘을 관찰하기 위해 만들었다고 알려져 있지만, 그 쓰임에 대해서는 여러 가지 의견이 있다. 천문학의 상징물로 만들었다거나 하늘에 제사를 지내기 위한 제단이었다고 보는 것인데, 대부분은 첨성대가 천문대였다고 보고 있다.

천문대란 천문(天文), 즉 하늘과 우주의 법칙을 관찰하기 위해 만든 단을 뜻한다. 실제로 첨성대가 만들어진 **삼국 시대**에는 나라의 운명을 점치기 위한 주술적인 목적으로, 또는 날씨를 예측하기 위한 목적으로 하늘에서 일어나는 변화를 주의 깊게 살피고는 했다. 특히 날씨를 예측하기 위한 관찰 활동은 **역법**으로 발전되었다. 역법은 해와 달은 물론 지구에서 가까운 다섯 개의 별이 어떻게 움직이는지 살펴 절기를 구분하는 방법으로, 이후 날씨를 예측하거나 달력을 만드는 데 이용되었다.

옛사람들이 이렇듯 천문대를 지어 하늘을 관찰한 가장 큰 이유는 농사 때문이다. 당시 농업은 지금과 달리 날씨에 따라 많은 것이 결정되었고, 농사는 국가 경제의 기초였기 때문에 천문학이 매우 중요했다.

첨성대는 건물을 지을 때부터 천문학을 바탕으로 했다. 첨성대를 짓는 데 사용된 돌의 개수는 362개로, 이는 1년의 날 수인 365와 비슷하다. 그리고 362개의 돌로 총 28단을 쌓아 올렸는데, 이는 별자리의 28수를 상징한다. 네모난 창의 아래와 윗부분은 각각 12단의 석단으로 이루어져 있는데, 이는 1년의 12달과 24절기를 의미한다. 또한 13단과 15단 사이 남쪽으로 난 창에는 사다리를 걸친 흔적이 남아 있다. 이 흔적은 창을 통해 드나들었음은 물론 이 창을 통해서도 하늘을 관측했음을 알려 준다. 실제로 첨성대의 창을 통해 들어오는 빛의 양으로 춘분이나 하지, 추분 등 절기를 측정할 수 있다.

●●○
첨성대의 모양은 신라의 토기처럼 원통 모양이다. 위로 올라갈수록 좁아져 안정적인 느낌을 준다. 가장 약한 부분에는 창을 냈고, 몸통 부분을 단단히 하기 위해 정자석을 올려놓기도 했다. 이 같은 건축 방법은 100년 전에 세운 프랑스의 에펠 탑과 비슷한 것으로, 우리의 건축 기술이 얼마나 우수했는지 알려 준다.

심화 하늘을 관찰하는 천문대는 신라뿐 아니라 **고구려**나 **고려**에도 있었던 것으로 보인다. 《**조선왕조실록**》이나 《신증동국여지승람》과 같은 역사책에는 고구려에도 첨성대가 있었음을 알려 주는 기록이 있다. 또한 개성의 만월대 근처에는 '첨성대'라는 이름을 가진 건축물이 남아 있으며, 조선 시대에는 천문 기구를 설치한 간의대가 있었다.

맨 위에는 '井(정)' 자 모양의 돌을 놓았는데, 각각의 면은 정확히 동서남북의 방향과 일치한다.

첨성대 중간쯤에 난 창문은 출입문이기도 했다. 이곳에 사다리를 걸쳐 놓고 연구원들이 드나들었으며, 사다리를 걸쳐놓은 흔적이 지금까지 남아 있다.

첨성대는 오랜 세월이 흘렀지만 매우 견고하다. 크기가 다른 돌을 맞물려 쌓아 쉽게 무너지지 않았고, 문이 있는 12단까지는 흙과 작은 돌을 다져 넣어 벽이 단단하게 견딜 수 있었다.

●○○
첨성대는 하늘을 관측하는 천문대였다. 이곳에서 일월오성의 움직임을 살폈다. 일월오성이란 해와 달, 금성, 목성, 수성, 화성, 토성을 뜻한다.

시대 조선 시대 | 더 찾아보기 금, 명, 병자호란, 북학파, 실학, 여진, 정묘호란, 조선

만주족의 누르하치가 세운 중국의 마지막 통일 왕조

청(후금)

개요 1616년에 만주족의 우두머리인 누르하치가 세운 나라이다. 처음에는 나라 이름을 '후금'이라고 했다가 '청'으로 바꾼 뒤 명을 무너뜨리고 중국 대륙을 차지했다. 청은 중국에서 이민족(다른 민족)이 세운 나라 가운데 가장 오랫동안 중국을 지배했다. 한족의 정치가인 쑨원을 중심으로 신해 혁명이 일어나 1912년에 멸망했다.

풀이 **금**나라가 **명**나라에 의해 멸망한 1234년 이후 **여진**족은 부족 단위로 뿔뿔이 흩어져 살았다. 그러다 16세기 후반부터 명이 차츰 약해진 틈을 타서 세력을 키우기 시작했다. 이때부터 여진족은 만주족이라고 불렀다. 만주족의 우두머리였던 누르하치는 부족들을 통합해 후금을 세웠다. 그의 아들 홍타이지는 나라 이름을 청으로 바꾸고 세력을 떨쳤는데, 농민 반란으로 명이 멸망한 틈을 타서 중국 전체를 지배했다.

청은 처음에는 자신들을 오랑캐라며 무시하는 중국의 한족을 탄압하기도 했지만, 기본적으로는 유교 질서와 한족의 전통을 존중하고 한족의 인재를 받아들여 화합을 꾀했다. 또한 제4대 임금인 강희제부터 옹정제와 건륭제가 다스리는 동안에 주변 나라를 정복해 영토를 크게 넓히고 전성기를 이루었다. 현재 중국 영토의 대부분은 이 시기에 만들어졌다. 또한 청은 광둥성을 중심으로 서양과 무역 활동을 벌여 부를 쌓았다.

그러나 제6대 임금인 건륭제 말기부터 지나친 정복 전쟁과 계속되는 황실의 사치로 나라 사정이 어려워졌다. 지배층의 횡포와 관리들의 부패로 인해 곳곳에서 반란도 일어났다. 게다가 19세기에는 영국과 프랑스, 미국, 러시아 등 서구 열강이 중국에서의 이권을 차지하기 위해 다투면서 혼란은 더욱 심해졌다. 결국 한족인 쑨원이 공화정을 세우자고 일으킨 신해 혁명으로 인해 청은 역사 속으로 사라졌다.

후금의 제2대 칸(임금)이자 나라 이름을 '청'으로 고친 태종 홍타이지. 그는 내몽골을 평정한 뒤 조선을 침략해 병자호란을 일으킨 장본인이기도 하다.

심화 청은 **정묘호란**과 **병자호란** 등 두 차례나 전쟁을 일으켜 **조선**에 많은 피해를 주었다. 국토가 파괴된 것은 물론 많은 사람들이 죽거나 다쳤고, 조선의 임금은 굴욕적인 항복 의식을 강요당했다. 이후 조선은 겉으로는 청을 임금의 나라로 섬겼지만 실제로는 인정하지 않고 북벌 정책을 추진했다. 하지만 조선 후기에는 청을 통해 선진 문물을 받아들이면서 **북학파** 학자들이 생겨나 **실학**을 발전시켰다.

●○○
오늘날의 중국 영토는 대부분 청의 전성기에 이룬 것이다. 청의 제4대 임금인 강희제와 옹정제, 건륭제 등은 정복 전쟁을 벌여 중국 대륙 대부분을 차지했다.

명과 청 시대에 황제가 살았던 궁전인 자금성. 방의 개수만 9,000여 개에 달할 정도로 지금의 중국의 귀중한 역사 유물들을 보관, 전시하는 박물관으로 운영되고 있다. 규모가 매우 크고 웅장하다.

시대 선사 시대 　더 찾아보기 간석기, 고인돌, 비파형 동검, 세형동검, 신석기 시대, 일본, 일제 강점기, 8·15 광복

청동기를 도구로 사용하고 국가가 세워진 시기

청동기 시대

개요 청동기를 도구로 만들어 사용하던 시기이다. 청동은 구리에 주석이나 아연, 납 등을 섞어서 만들었다. 이 시기에는 농업 생산량이 늘어나고 사회 규모가 커지면서 국가가 생겨났다.

풀이 청동기 시대는 **간석기**를 사용한 **신석기 시대**의 뒤를 이은 시기이다. 처음에는 주로 장신구와 제사 용품을 청동으로 만들었지만, 점차 무기도 청동으로 만들었다. 하지만 청동기는 돌처럼 단단하지는 않아 농기구는 여전히 돌로 만들어 사용했다.

요동 지역과 한반도에서 발견되는 청동기 시대의 대표적인 유물은 청동검과 청동 거울이다. 청동검은 **비파형 동검**에서 점차 몸체가 가는 **세형동검**으로 바뀌었다. 청동 거울로는 다뉴경이 많이 발견된다. 다뉴란 꼭지가 여러 개란 뜻이며, 모습을 비추어 보는 거울이 아니라 제사를 지낼 때 빛을 반사하는 등 종교적인 목적으로 사용하던 도구였다.

청동기 유적에서 발견된 유물들. 세형동검과 청동 방울, 다뉴경 등이다.

청동기 시대에는 신석기 시대에 비해 농업이 크게 발달했다. 신석기 시대의 끝 무렵에 시작된 벼농사가 널리 보급되었고, 토기를 굽는 기술이 발전해 무늬 없는 토기를 만들었다. 청동기 시대에도 많은 사람들이 물가에서 살았지만, 물가에서 멀리 떨어진 내륙의 구릉 지대에서 생활하는 사람도 늘어났다. 마을의 규모도 신석기 시대보다 훨씬 커졌다.

농업 생산이 늘어나면서 부자와 가난한 자가 생겨났고, 마을의 규모가 커지면서 사회를 다스리기 위한 제도가 만들어졌다. 다른 집단으로부터 필요한 물품을 빼앗아오기 위한 전쟁이 잦아졌고, 전쟁에서 이긴 집단은 진 집단의 사람들을 노예로 부리기도 했다. 이에 따라 자연스럽게 계급이 생겨났다. 지배자들은 힘을 뽐내기 위해 **고인돌**이나 선돌처럼 커다란 조형물

농사짓는 모습이 새겨진 청동기.

을 만들기도 했다. 선돌은 기념물이나 신앙의 대상으로 삼기 위해 땅 위에 세운 크고 길쭉한 돌이다.

심화 일제 강점기에 일본 학자들은 한반도에는 청동기 시대가 없었다고 주장했다. 하지만 8·15 광복 후 한반도 곳곳에서 청동기 유적이 발견되면서 한반도에 살던 사람들도 청동기를 널리 사용했음이 확인되었다. 이제까지 발굴된 청동기 유물에 비추어 우리나라의 청동기 시대는 기원전 15세기~20세기에 시작된 것으로 보인다. 하지만 청동기 시대의 시작이 언제인지는 아직까지 논란이 되고 있다.

청동기 시대에는 씨족들이 합쳐져 마을 규모가 커지고, 다시 마을이 합쳐져 부족 국가가 생겨났다. 이에 따라 사회를 다스리기 위한 제도도 만들어졌고 지배자도 나타났다.

청동기 시대에는 사람들 사이에 계급도 생겨났다. 부족 간의 전쟁에서 진 사람들은 이긴 부족에게 끌려가 노예가 되었고, 부자나 지배층은 많은 재산을 모으기도 했다.

시대 일제 강점기 | 더 찾아보기 간도, 김구, 김좌진, 대한민국 임시 정부, 독립신문, 봉오동 전투, 3·1 운동, 일본, 조선 의용대, 지청천, 한국광복군, 홍범도

독립군 연합 부대가 청산리에서 일본군을 크게 물리친 싸움

청산리 대첩

개요 1920년 10월에 **김좌진**의 북로 군정서와 **홍범도**의 대한 독립군 등 독립군 연합 부대가 두만강 상류에 있는 청산리 일대에서 **일본**군과 싸워 크게 이긴 전투이다. 크고 작은 전투가 약 일주일에 걸쳐 벌어졌으며, 청산리 대첩은 이 전투들을 통틀어 이르는 말이다.

풀이 **3·1 운동** 이후 우리 민족의 독립운동이 본격적으로 시작되었다. 상하이에 **대한민국 임시 정부**가 세워졌는가 하면, 만주 지역에서는 독립군이 만들어져 일본군에 맞서 싸웠다. 특히 **봉오동 전투**에서 홍범도가 이끄는 대한 독립군과 국민회군, 군무도독부 등이 일본군을 격파하자 일본은 위협을 느끼기 시작했다. 이에 일본은 **간도** 지방의 독립군을 없앨 방법을 찾기 위해 노력했다.

그러던 중 일본은 중국의 마적단(말을 타고 떼를 지어 다니는 도둑)에게 일본의 영사관을 공격하도록 했다. 마적단 토벌을 구실 삼아 독립군을 공격하려는 속셈이었다. 일본은 무려 2만 5000명의 군사들을 출동시켰다. 일본군이 대규모 토벌 작전에 나서자, 독립군 부대는 백두산의 밀림 지역으로 이동했다. 독립군이 일본군과 전투를 벌이면 일반 사람들이 많이 죽거나 다칠 것을 걱정해 전투를 피하려고 한 것이다.

청산리 대첩은 독립군 연합 부대가 청산리 일대에서 약 일주일간 치른 전투를 뜻한다. 독립군 부대들은 때로는 지형을 이용하고, 때로는 '치고 빠지는' 지혜로운 전술을 써 일본군을 무찔렀다.

하지만 일본군은 이에 아랑곳하지 않고 독립군을 뒤쫓았다. 마침내 1920년 10월 21일, 이동 중인 독립군과 뒤쫓아 오던 일본군이 청산리에서 만났다. 첫 싸움은 김좌진 장군이 이끄는 북로 군정서 부대가 맡았다. 김좌진의 북로 군정서는 백운평 골짜기에 진을 치고 숨은 뒤 일본군이 들어오길 기다렸다. 그리고 일본군이 줄지어 들어온 것을 확인한 뒤 기습적으로 공격을 퍼부었다. 일본군은 물러날 길이 좁아 우왕좌왕하다 죽거나 다치는 등 많은 피해를 입고 물러났다.

한편, 완루구 지역에서는 홍범도 부대가 일본군의 공격을 받고 있었다. 홍범도 부

김좌진이 이끄는 독립군 부대인 북로 군정서는 백운평 골짜기에 진을 치고 있다가 일제히 공격에 나섰다. 골짜기로 들어온 일본군을 포위하고 퍼부은 공격 때문에 일본군은 많은 병사들이 죽거나 다치는 피해를 입고 물러났다. 이 백운평 전투가 바로 청산리 대첩의 시작이었다.

대는 한때 남북으로 협공하는 일본군의 포위 속에 빠졌지만, 지혜롭게 빠져나왔다. 그러고는 중앙으로 진격한 일본군의 한 부대를 공격했다. 이때 중앙의 일본군을 독립군으로 착각한 다른 일본군 부대도 자기편을 공격하는 일이 벌어졌다. 이들은 홍범도 부대가 이미 중앙에서 빠져나온 것을 모르고 홍범도 부대와 함께 자기편을 공격한 것이다.

이밖에도 청산리 일대에서는 크고 작은 전투가 연이어 벌어졌다. 독립군들은 약 일주일 동안 이어진 전투에서 일본군에 맞서 용감하게 싸웠고, 대부분의 전투에서 승리했다.

심화 대한민국 임시 정부에서 만든 《**독립신문**》의 보도에 따르면 청산리 대첩은 매우 치열했을 뿐 아니라 일본군에게 엄청난 피해를 주었다. 독립군은 1920년 10월 21일부터 26일 새벽까지 10여 차례의 전투를 벌인 끝에 적의 연대장을 포함한 1,200여 명을 사살했고, 독립군 측은 전사자 100여 명을 냈다는 것이다. 이렇듯 청산리 대첩은 독립군이 일본군과 대결한 가장 커다란 싸움이었고, 독립군이 거둔 가장 빛나는 승리였다.

청산리 전투에서 독립군이 승리할 수 있었던 것은 독립군의 전투 능력이 그만큼 뛰어났음을 뜻한다. 하지만 많은 농민들이 가난한 살림에도 불구하고 무기를 구할 수 있도록 돈을 내고, 식량과 옷을 마련해 주는 등 헌신적으로 도왔기 때문이기도 하다. 당시 배포된 《독립신문》에 따르면 독립군 부대 주변의 마을 사람들이 직접 밥을 지어 독립군에게 먹였다고 한다.

Tip 독립군의 무장 독립 전쟁

봉오동 전투나 청산리 대첩이 있었던 1920년대를 지나 1930년대에도 독립군의 무장 독립 전쟁은 계속되었다. 1930년대 초 만주 북부에서는 **지청천**의 한국 독립군이 활동했고, 만주 남부에서는 양세봉이 이끄는 조선 혁명군이 활동했다. 이들은 쌍성보나 흥경성 전투 등에서 일본군과 맞서 싸웠고, 때로는 중국과 연합 작전을 펼치기도 했다.

1930년대 말에는 김원봉이 이끄는 **조선 의용대**가 중국 내륙의 우한 지역에서 활동했으며, 1940년대에는 **김구**와 지청천이 이끄는 **한국광복군**이 충칭 지역에서 무장 독립 전쟁을 벌였다. 김두봉 등은 사회주의 조직인 조선 의용군을 이끌었는데, 이들은 공산당 팔로군과 함께 항일 투쟁을 벌이다 해방 후에는 북한군으로 들어갔다.

시대 조선 시대 | **더 찾아보기** 경복궁, 동학 농민 운동, 일본, 조선, 청

1894년에 조선의 지배권을 두고 청과 일본이 벌인 전쟁

청일 전쟁

개요 1894년에 청과 일본이 조선의 지배권을 차지하기 위해 싸운 전쟁이다. 일본군이 청의 함정을 공격하면서 시작되어 일본의 승리로 끝났다. 일본은 많은 배상금을 얻었고, 타이완 섬도 식민지로 삼았다.

풀이 1894년에 동학 농민 운동이 일어나자 조선 정부는 청나라에 군대를 요청했다. 이에 조선을 침략할 기회를 찾고 있던 일본도 군대를 보냈다. 두 나라 군대가 동시에 조선에 들어와 갈등이 일어나자, 조선 정부는 서둘러 동학 농민군과 화해하고 두 나라에게 되돌아갈 것을 요청했다.

하지만 일본은 이를 거부하고 조선에 개혁이 필요하다며 경복궁을 점령한 뒤 친일 내각을 세웠다. 그리고 이 기회에 청을 꺾기로 마음먹었다. 1894년 6월 아산만에 머물고 있던 청의 함정을 공격해 침몰시켰고, 평양에서 청군을 격파한 뒤 만주로 진격해 랴오둥 반도의 뤼순을 함락시켰다. 이후 일본은 미국의 중재로 청과 시모노세키 조약을 맺고 엄청난 배상금과 랴오둥 반도, 타이완 펑후 섬 등을 넘겨받았다.

하지만 일본이 중국 대륙으로 진출하는 것을 꺼리던 러시아는 프랑스, 독일 등과 힘을 합쳐 시모노세키 조약을 문제 삼았다. 이들은 시모노세키 조약이 국제 평화에 이롭지 못하다며 랴오둥 반도를 청에게 돌려주라고 압박했다. 이를 '삼국 간섭'이라고 한다. 일본은 어쩔 수 없이 랴오둥 반도를 청에 돌려주었다. 이후 조선과 랴오둥 지역 문제를 놓고 일본과 러시아의 대립이 시작되었다.

심화 청일 전쟁 이후 중국은 더 이상 동아시아의 중심 국가로 인정받지 못했다. 조선도 동학 농민 운동이 실패하고 자주적인 개혁을 이룰 수 없게 되었으며, 일본과 러시아의 압력을 받아야 했다. 반면 일본은 중국을 대신할 새로운 강자로 떠올랐다. 일본은 청일 전쟁의 승리로 얻은 많은 배상금, 식민지로 만든 타이완에서 거두어들이는 이익 등을 바탕으로 빠르게 발전했다.

시대 고려 시대 | 더 찾아보기 개경, 고려, 남북국 시대, 분청사기, 송, 향·소·부곡

세계가 극찬하는 고려 시대의 푸른 자기
청자

개요 푸른빛의 자기이다. 만드는 과정에서 흙과 잿물의 특정 성분이 작용하여 푸른빛을 띤다. **고려** 시대에 만들어진 고려청자는 세계적으로 예술적인 아름다움을 인정받고 있다.

풀이 우리나라 사람들은 **남북국 시대**까지 주로 토기를 만들어 사용했다. 그러다 고려 시대에 중국 **송**나라의 영향을 받아 자기를 만들기 시작했는데, 기술이나 예술성 면에서 송나라의 것보다 훨씬 뛰어났다. 송나라의 한 사신이 "고려의 비색(푸른빛)은 천하제일"이라고 말할 정도였다.

청자는 800~1300도에 달하는 높은 온도의 가마에서 두 번 구워 만든다. 첫 번째 굽기와 두 번째 굽기 사이에는 잿물을 바르는데, 잿물 속의 철 성분과 흙이 반응하여 푸른빛을 띠게 된다. 초기에는 '비색'이라고 부르는 순수한 푸른빛의 순청자가 대부분이었다. 그러다 자기를 만드는 기술이 더욱 발전하면서 상감 청자가 나오기 시작했고 고려청자는 전성기를 맞았다. 상감 청자는 자기 표면의 흙을 파낸 뒤 다른 색의 흙을 채워 무늬를 만든다. 이 때문에 일반 청자에 비해 화려하고 다채로운 멋을 풍기는 것이 특징이다.

tip

구 분	자 기	도 기	토 기
굽는 온도	가장 높다.	보통이다.	비교적 낮다.
유 약	사용	사용	사용하지 않거나 조금 사용
비쳐 보았을 때	밝게 비친다.	빛이 통과되지 않는다.	빛이 통과되지 않는다.
두들겨 보았을 때	맑은 소리	탁한 소리	탁한 소리
용 도	얇은 식기	두꺼운 식기	기와, 토관, 화분

도자기는 도기와 자기, 토기 등을 통틀어 일컫는 말이다. 도기는 붉은 진흙으로 모

양을 빚어 구운 뒤에 잿물을 입혀 다시 구운 것이고, 토기는 잿물을 바르지 않고 구운 그릇을 뜻한다. 청자는 자기에 속하는데, 흰색 또는 회색을 띠는 흙인 고령토로 모양을 빚어 구운 뒤에 잿물을 입혀 다시 굽는다. 자기는 도기와 토기에 비해 높은 온도에서 구워 낸다.

심화 청자는 '**소**'라는 특별 지역에 사는 사람들이 주로 만들었으며, 전국에 청자를 만들던 도요지가 있었다. 특히 강진과 부안은 유명한 청자 도요지였다. 이곳은 흙의 품질이 좋고 기온과 강수량이 알맞아 최고의 청자가 생산되었다. 강진과 부안의 청자는 바닷길을 이용해 **개경**으로 운반되거나 중국으로 수출되었다.

청자는 고려의 귀족들이 사용하던 고급품이었으나 고려 말기에는 차츰 비색을 잃고 무늬도 단순해지면서 쇠퇴했다. 이후에는 **분청사기**라는 새로운 자기가 만들어지게 되었다.

고려청자의 전성기에 만들어진 상감 청자. 상감이란 도자기 표면에 무늬를 새긴 뒤에 파인 부분에 다른 색깔의 흙을 채워 넣는 기법을 뜻한다. 고려청자는 특유의 아름다운 비색과 화려한 문양으로 세계의 찬사를 받아 왔다.

고려청자의 상감 기법
❶ 도자기 표면에 무늬를 그린다.
❷ 그림대로 표면에 홈을 판다.
❸ 흰색이나 붉은색 흙을 개어 바른다.
❹ 끌로 홈 이외에 묻은 흙을 긁어 낸다.

시대 남북국 시대 | 더 찾아보기 당, 신라, 일본, 장보고

신라 시대에 장보고가 설치했던 군사 기지이자 무역항

청해진

개요 통일 신라 흥덕왕 때 장보고가 지금의 전라남도 완도에 설치한 군사 기지이다. 중국과 일본을 오가는 교통의 요지였으며, 무역이 활발하게 이루어지는 국제도시 역할을 했다.

풀이 일찍이 당나라로 건너가 군인이 된 장보고는 해적에게 잡혀와 노비가 되어 고생하는 신라 사람들을 보고 신라로 다시 돌아왔다. 그는 흥덕왕을 찾아가 당나라 해적을 막기 위한 군사 기지를 만들 것을 건의했고, 흥덕왕은 장보고를 대사로 임명하여 지금의 완도인 청해에 '진'을 설치하도록 했다. 진(鎭)이란 적군의 침입이나 공격을 막기 위해 짠 군사들의 대오나 기지를 뜻한다.

청해진은 수심이 깊어 큰 배를 대기 쉽고, 남해안에서 당나라로 가는 바닷길을 감시하기 좋은 곳에 위치하고 있어 군사 기지로 알맞았다. 장보고가 군대를 조직하여 신라의 무역선을 보호하자 해적은 차츰 자취를 감추었다. 장보고는 국제 무역의 중요성을 깨닫게 했던 당나라에서의 경험을 살려 청해진을 무역항으로 만들었다. 이후 청해진은 일본 상인은 물론 아라비아 상인들까지 왕래하는 국제도시로 발돋움했고, 장보고는 남해와 황해를 주름잡으며 '청해진 대사'라고 불렸다.

심화 신라를 국제 무역의 중심지로 만드는 데 보루 역할을 했던 청해진은 장보고의 죽음과 함께 사라지고 말았다. 장보고의 세력이 너무 커질까봐 걱정하던 신라 귀족이 자객 염장을 보내 장보고를 살해한 것이다. 이후 청해진의 주민들이 전라북도 김제의 벽골군으로 옮겨 가면서 청해진은 완전히 해체되고 말았다.

시대 조선 시대~현대 | **더 찾아보기** 대한 제국, 반민 특위, 3·1 운동, 일본, 중인, 이광수, 이승만, 진흥왕 순수비, 태평양 전쟁, 8·15 광복, 한일 강제 병합

계몽 운동과 3·1 운동에 참여했지만 친일파로 변절한 인물

최남선

개요 우리나라 근대 문학을 이끈 계몽 운동가이자 역사학자이다. 3·1 운동 때 독립 선언서의 초안을 쓰기도 했지만, 나중에는 친일파로 돌아서 많은 비판을 받았다.

풀이 최남선은 1890년에 중인의 아들로 태어났다. 어려서는 한학을 배웠으나, 계몽 운동이 활발한 사회 분위기 속에서 한글을 스스로 깨우치고 일본어도 배웠다. 1904년 대한 제국 황실 유학생으로 일본에 건너갔다가 귀국했으나, 1906년 자신의 돈으로 다시 일본에 건너가 와세다 대학 고등사범학부 역사지리과에 입학했다. 학교에서 개최한 모의 국회가 한국의 식민 문제를 주제로 내걸자, 다른 한국 유학생들과 함께 "이 주제는 한국의 황실을 모독한 사건"이라며 항의했다. 이 사건을 계기로 학교를 자퇴하고 귀국한 최남선은 조선 광문회를 만들어 한국의 고전을 간행했다. 그리고 이광수 등과 함께 우리나라 최초의 근대 잡지인 《소년》을 창간하고, 여기에 최초의 신체시인 〈해에게서 소년에게〉를 발표했다. 이후 여러 잡지를 발행하며 계몽 운동에 힘썼다. 역사 연구에도 힘을 써 우리 역사의 시작을 단군 신화에서 찾았고, 마운령에 있는 진흥왕 순수비를 발견해 역사 연구에 공헌했다.

그런데 3·1 운동 때 독립 선언서를 쓴 일로 감옥살이를 한 뒤부터는 일본에 적극적으로 협력하기 시작했다. "조선과 일본은 같은 뿌리에서 나왔다."는 일본의 역사 왜곡에 동참했고, 일제가 만주에 세운 대학의 교수로 일했다. 또한 태평양 전쟁이 일어나자 조선 청년들에게 학도병에 지원하라는 연설과 글을 써 비난을 받았다.

심화 8·15 광복 후 최남선은 친일파 처벌을 위해 설립된 반민 특위에 1949년 1월 체포되어 투옥되었다. 그는 민족과 역사 연구의 성과를 지키기 위해 협력했다고 변명하면서 참회의 뜻을 담은 반성문을 재판부에 제출했다. 그러나 이승만 정부와 일부 정치인들이 친일 인사를 감싸면서 반민특위를 공격하자 병 보석을 신청해 석방됐다.

시대 고려 시대 | 더 찾아보기 고려, 벽란도, 왜구, 이성계

고려 말기의 장수이자 화약 무기를 발명한 과학자
최무선

개요 우리 역사상 최초로 화약을 이용해 무기를 만든 발명가이자 장수이다. **고려** 최초의 화약 무기 제조 관청인 화통도감을 건의해 세웠으며, 자신이 개발한 화약 무기로 금강 하구에 침입한 **왜구**를 격퇴했다.

풀이 최무선은 1325년에 경상북도 영천에서 태어났다. 아버지는 고려 시대에 벼슬아치들의 녹봉을 관리하고 전국에 운반되는 곡식을 책임지는 관청인 광흥창에서 일하던 관리였다. 어려서부터 성품이 밝고 총명했던 최무선은 병법에 대해 익히는 것을 좋아했는데, 왜구들이 경상도와 전라도 해안에 침입해 곡식을 약탈해 가는 모습을 지켜보면서 일찍이 화약 연구에 뜻을 두었다.

최무선은 벼슬길에 나선 뒤에도 화약 연구에 골몰했다. 하지만 당시에는 화약 재료를 구하기가 쉽지 않았다. 특히 화약을 만들 때 가장 중요한 재료 중 하나인 염초를 구할 수가 없었다. 그는 고려 시대의 최고 무역 항구인 **벽란도**에서 중국 상인들을 만나 화약 재료를 구하려고 애썼고, 그러다 중국의 강남 지방에서 온 이원을 만나 염초 제조법을 알아냈다. 최무선은 즉시 화약을 만들기 위한 기관을 만들자고 나라에 건의했다.

1377년에 마침내 '화통도감'이라는 관청이 세워졌다. 그는 이곳에서 본격적으로 화약과 화포 등 화약 무기를 개발하기 시작했다. 대장군, 이장군, 화포, 신포, 화통 등의 총포는 물론이고 화전, 철령전, 피령전 등의 발사물이 만들어졌다. 질려포와 같은 폭탄, 주화 등의 로켓 화기, 신호탄 등 독창적인 무기도 개발되었다. 이 화약 무기들은 1380년에 금강 하구에 침입한 왜구들을 격파할 때 사용되었다. 고려군은 여러 가지 화약 무기로 무장한 전함을 이끌고 나가 크게 승리했다.

최무선은 1395년에 세상을 떠났다. 그의 화약 기술은 아들인 최해산으로 이어졌고, 최해산의 화약 기술은 다시 조선 화약 연구로 이어졌다.

조선 세종 때 만들어진 신기전은 최무선과 최해산으로 이어진 화약 기술이 바탕이 된 것이었다.

심화 1380년에 금강 하구(지금의 전라북도 옥구군)에서 벌어진 진포 대첩은 최무선이 만든 첨단 화약 무기가 빛을 발한 전투였다. 최무선은 자신이 만든 화약 무기를 실은 전함을 이끌고 직접 전투에 나갔는데, 그는 파괴력이 뛰어난 화포 등을 이용해 왜구가 이끌고 온 군함을 모두 격침시켰다. 살아남은 왜구들은 육지로 도망갔는데, **이성계**가 이끄는 고려군이 이들까지 모두 섬멸해 버렸다.

일찍이 병법에 대해 익히는 것을 좋아했던 최무선은 벼슬길에 오른 뒤에도 화약 연구에 몰두했다. 중국 상인 이원에게서 염초 제조법을 알아낸 뒤에는 조정에 건의해 화통도감을 세우고 화약 무기를 개발했다. 그가 개발한 화약 무기는 왜구를 물리치는 데 큰 효과를 발휘했다.

시대 고려 시대 | **더 찾아보기** 고려, 신라, 왕건, 유학, 6두품, 태조

시무 28조를 올려 유교 정치를 제안한 고려의 문신

최승로

개요 **고려** 초기의 문신이자 학자이다. 성종에게 시무 28조를 올려 유교에 바탕을 둔 중앙 집권 정치를 주장했다.

풀이 최승로는 927년에 **신라**의 **6두품** 가문에서 태어났다. 하지만 그가 여덟 살이 되던 해인 935년에 신라는 멸망했다. 그는 어려서부터 매우 총명했는데, 열두 살 때 **태조 왕건** 앞에서 **유학**의 경전인 《논어》를 외워 칭찬을 받았다고 한다. 이후 최승로는 벼슬길에 나가 정치에 참여했다.

고려의 제6대 임금인 성종은 임금이 되자마자 신하들에게 나라를 바르게 다스리게 위한 방법을 상소로 올리라는 명령을 내렸다. 이에 많은 상소문들이 올라왔고, 그 중 최승로의 상소문인 시무 28조가 채택되었다. '시무'란 시급히 해결해야 할 일이라는 뜻이다. 최승로는 상소문에서 태조부터 경종까지 다섯 명의 임금이 잘한 점과 부족한 점을 지적하고, "유교가 나라를 다스리는 근본이 되어야 한다."고 주장했다. 성종은 그의 제안을 적극적으로 받아들여 유교에 바탕을 둔 정치 제도를 마련했다. 최승로가 올린 시무 28조의 주요 내용은 다음과 같다.

"임금의 권한이 지나치게 강해서는 안 된다. 신하를 예의로 대하고 그들의 의견을 귀 기울여 들어야 한다. 또한 지나친 불교 행사를 자제해야 한다. 북방의 오랑캐에 대비해 군사를 길러야 한다."

이후 최승로는 성종을 보좌하여 고려의 통치에 중요한 역할을 했으며, 가장 높은 벼슬인 문하시중까지 올랐다.

심화 최승로가 올린 시무 28조는 이후 고려 정치 제도의 기본적인 틀이 되었다. 시무 28조는 28개의 조항 가운데 22개의 조항만 전해 오고 있다.

시대 일제 강점기~현대   더 찾아보기 일본, 조선, 태평양 전쟁

세계적으로 재능을 인정받은 우리나라 최초의 현대 무용가

최승희

개요 우리나라 최초의 여성 현대 무용가이다. **일본**에서 서구식 현대 무용을 배운 뒤 우리나라 무용계를 주도하며 대중들의 사랑을 받았다.

풀이 최승희는 1911년에 경성(서울)에서 태어났다. 숙명 여학교를 졸업한 뒤 일본으로 건너가 일본의 현대 무용가인 이시이 바쿠에게서 무용을 배웠다. 일본에서 공연 활동을 하던 그녀는 1929년에 국내로 돌아와 자신의 이름으로 무용 연구소를 세웠고, 여러 차례 창작 공연을 했다. 현대 사회의 여러 문제를 춤으로 표현하거나 전통과 현대 무용을 접목하는 등 다양한 작품을 발표했다.

최승희는 국제 무대에서도 재능과 실력을 인정받았다. 1936년 말부터 약 4년간 국제 무대에 진출했는데, 미국과 유럽, 남미 등을 돌며 한국이나 동양적인 소재를 현대의 춤으로 구성한 작품을 여러 차례 공연해 찬사를 받았다. 특히 칼춤과 승무는 **조선**의 정취를 예술적으로 잘 표현했다는 평가를 받았다.

최승희는 아름다운 외모는 물론이고 전통적인 소재를 세련된 춤으로 소화해 내는 재능 때문에 대중에게 큰 사랑을 받았다. 하지만 **태평양 전쟁** 중에 일본군을 위해 위문 공연을 한 것 때문에 해방 후에는 친일파라는 비난에 시달리기도 했다.

심화 최승희는 공산주의자인 남편 안막을 따라 1947년에 월북했다. 이후에는 북한의 무용계를 위해 활동하다가 1969년에 세상을 떠났다. 남한에서는 최승희가 월북했다는 사실 때문에 오랫동안 주목을 받지 못했다. 최근에는 그녀의 춤 세계에 대해 새로운 연구가 이루어지고 있다.

시대 조선 시대 | 더 찾아보기 동학, 동학 농민 운동, 손병희, 일본, 전봉준, 조선, 최제우

동학의 종교 체제를 완성하고 교세 확장에 힘쓴 제2대 교주

최시형

개요 **동학**의 제2대 교주이다. 동학의 종교 체제를 완성했으며, 교주로 있는 동안 교세 확장에 온 힘을 쏟았다.

풀이 1821년에 가난한 집안에서 태어난 최시형은 1861년에 동학교도가 되었다. **최제우**의 가르침을 받으며 수행하다, 그의 뒤를 이어 제2대 교주가 되었다.
　조선 조정의 탄압으로 최제우가 처형된 이후 최시형은 관헌의 감시를 피해 다니며 동학을 널리 알리는 데 힘썼다. 그는 조정의 탄압을 피해 은둔하며 동학의 창시자 최제우가 지은 경전인 《동경대전》과 《용담유사》를 발간했고, 동학 조직을 강화하는 데 힘써 종교로서의 체제를 갖추었다.
　동학의 교세가 크게 성장하자, 최시형은 1892년부터는 억울하게 죽은 동학의 교조 최제우의 죄를 사면시키기 위해 조정과 교섭을 시도했다. 세 차례에 걸쳐 벌어진 교조 신원 운동에서 수만 명의 신도와 함께 대규모 시위를 벌여 교세를 떨쳤다. 1894년에는 **전봉준**이 고부 관아를 습격한 것을 시작으로 **동학 농민 운동**을 일으켰는데, 최시형도 동학교도들과 함께 투쟁에 참여했다. 하지만 **일본**군의 개입으로 동학 농민 운동이 진압된 이후에는 **손병희**를 제3대 교주로 추대하고, 자신은 관군의 추격을 피하면서 포교에 전념했다. 1898년에 원주에서 체포되어 처형되었다.

심화 동학 농민 운동이 일어났을 때 최시형은 처음에는 '비폭력주의'를 주장하며 소극적인 태도를 보였다. 하지만 적극적으로 참여하자는 동학교도들의 뜻을 받아들여 2차 봉기 때는 농민군에 합류했다.

"사람을 한울님처럼 섬기라."고 가르쳤던 동학의 제2대 교주 최시형.

왜구와 홍건적을 물리치고 고려를 지키기 위해 노력한 장수

최영

개요 **고려** 말기의 장수이자 재상이다. **왜구**와 **홍건적**의 침입을 물리쳤으며, 기울어져 가는 고려를 끝까지 지키기 위해 노력했다. **명**나라의 위협에 맞서 요동을 정벌하자고 주장했으나, 반대파였던 **이성계**가 권력을 잡게 되면서 처형당했다.

풀이 최영은 1388년에 대대로 높은 벼슬을 지낸 명문가에서 태어났지만, "황금 보기를 돌같이 하라."는 아버지의 유언을 지키며 청렴하게 살았다. 그리고 전투에 나서면 항상 승리를 거두는 명장으로 이름을 떨쳤다. **공민왕** 때는 왜구가 전라도 해안으로 쳐들어오자 왜선 400여 척을 격파했고, 고려로 쳐들어 온 홍건적을 물리치기도 했다. 공민왕에 이어 우왕이 임금이 된 후에도 왜구의 침입은 끊이지 않았는데, 그는 늙은 나이에도 불구하고 직접 군사들을 이끌고 전쟁터에 나갔다. 그리고 홍산 대첩을 비롯해 곳곳에 침입한 왜구들과 싸워 크게 이겼다. 이후 고려 조정에서 최영의 영향력은 점점 커졌다. 딸이 우왕의 왕비가 된 이후에는 사실상 최영이 고려 조정을 이끌었다.

한편, 중국에서는 새롭게 세워진 명이 기세를 높이고 있었다. 명은 고려 조정에게 철령 이북의 땅을 자신들의 땅으로 삼겠다는 통보를 해왔다. 분개한 최영은 군사를 출동시켜 명이 관할하고 있는 요동 지역을 정벌하자고 주장했다. 당시 조정에서는 요동 정벌을 두고 찬성과 반대의 의견이 엇갈렸는데, 이성계와 **신진 사대부**들은 최영의 주장에 반대했다. 하지만 최영은 우왕을 설득했고, 이성계에게 군사들을 이끌고 요동을 공격하라고 명령했다.

이성계는 요동으로 가는 도중에 위화도에 머물며 정벌을 반대하는 상소를 올렸다. 그리고 상소가 받아들여지지 않자 군사를 돌려 **개경**으로 돌아왔다. 결국 최영은 권력을 잡은 이성계에 의해 1316년에 처형당하고 말았다. 이후 고려는 이성계에 의해 멸망했고, 새로운 왕조인 **조선**이 세워졌다.

심화 최영은 이성계의 세력에 의해 처형되었다. 죄목은 "임금을 무시하고 권력에 대한 욕심을 부려 무리하게 요동 정벌을 추진했다."는 것이었다. 하지만 그는 처형장에서 의연한 모습으로 "내게 탐욕이 있었다면 무덤에서 풀이 자랄 것이고, 결백하다면 풀이 자라지 않을 것"이라는 유언을 남겼다. 실제로 오랫동안 최영의 무덤에서는 풀이 자라지 않았다고 한다.

● ○ ○
최영은 끝까지 고려 왕조를 지키려고 애쓴 충신이자 명장이었다. 그는 북으로는 홍건적, 남으로는 왜구를 물리치며 고려를 지켰을 뿐 아니라 전투에 나갈 때마다 물러섬 없이 싸워 승리했다. 하지만 고려 말기에 세력을 키운 이성계 세력과 불화를 거듭한 끝에 처형되고 말았다.

1376년에 최영이 출정한 홍산 대첩은 고려의 왜구 토벌 전쟁에서 가장 빛나는 승리 중 하나로 꼽힌다. 그는 삼면이 절벽에 둘러싸인 홍산의 계곡에서 고려군 모두 두려워할 때 스스로 앞장서며 전투를 이끌었고 크게 승리했다.

시대 조선 시대　**더 찾아보기** 강화도 조약, 경복궁, 단발령, 서원, 유학, 을미사변, 을사오적, 을사조약, 의병, 일본, 조선, 흥선 대원군

을미사변과 단발령에 반발해 의병을 일으킨 조선의 유학자

최익현

개요 **조선** 말기의 **유학**자이자 **의병**장이다. 외세에 반대하는 위정척사파로서 **일본**의 침략에 반대하며 의병을 일으켰으며, 스스로 붙잡혀 일본의 쓰시마 섬에서 감옥살이를 하다가 세상을 떠났다.

풀이 1833년에 경기도 포천에서 태어난 최익현은 스물세 살이 되던 해에 과거에 급제해 벼슬길에 올랐다. 강직한 성품을 가진 그는 관리로 일하는 동안 여러 번 귀양살이를 했다. **흥선 대원군**이 **경복궁** 중건(수리하거나 고쳐서 다시 지음)을 위해 당백전을 발행하자, 이에 반대해 상소를 올렸다가 관직에서 물러났다. 다시 관직에 올라서도 **서원** 철폐에 반대하는 상소를 올렸다가 제주도로 유배되었고, **강화도 조약** 때도 강력히 반대하다가 흑산도에서 귀양살이를 했다. 귀양에서 풀려난 뒤 20여 년 동안은 제자들을 가르치며 학문에만 전념했다.

　그러던 중 **을미사변**이 일어나고 이어서 **단발령**이 내려졌다. 스승인 이항노의 위정척사 사상을 이어받은 최익현은 이때에도 나라의 잘못된 정치를 바로잡고 일본을 멀리할 것을 요구하는 상소를 올렸다. 그리고 **을사조약**이 체결되자 나라를 팔아먹은 **을사오적**을 처벌하고, 조약이 무효임을 국내외에 밝힐 것을 주장하며 의병을 일으켰다. 하지만 그는 관군과 대치하게 되자 "일본군이라면 죽음으로 싸워 물리치겠지만, 동족끼리 피를 볼 수는 없다."며 스스로 붙잡혔다. 그리고 일본의 쓰시마 섬으로 끌려가 감옥살이를 하다가 1906년에 세상을 떠났다.

심화 최익현은 1876년 강화도 조약이 이루어지자 '지부소'를 올린 것으로 유명하다. 지부소란 도끼를 들고 상소를 올린 뒤 임금의 명령을 기다리는 것을 뜻한다. 임금이 죽으라고 명령하면 언제든 스스로 목숨을 끊겠다는 비장한 각오로 상소를 올린 것이다.

시대 조선 시대 더 찾아보기 노비, 동학, 서학, 세도 정치, 양반, 조선, 천민, 최시형

조선 말기에 민족 종교인 동학을 창시한 초대 교주

최제우

개요 조선 말기에 민족 종교인 **동학**을 창시한 초대 교주이다. 동학은 유교와 불교, 도교는 물론 우리의 민속 신앙을 합쳐 만들었으며 '사람이 곧 하늘'이라는 인내천 사상을 기본으로 삼았다. 동학의 교리를 담은 《동경대전》과 《용담유사》를 지었으며, 조선 조정의 동학교도 탄압 때 처형되었다.

풀이 최제우는 1824년에 몰락한 **양반**인 아버지와 재가한 어머니 사이에서 태어났다. 양반이라고는 해도 서자나 다름없는 신분이었다. 그는 열세 살이 되던 해에 결혼해 가정을 꾸렸는데, 집안 살림이 어려워져 여기저기 떠돌아다니며 살았다.

방랑 생활을 하는 동안 그는 혼란에 빠진 나라와 곤경에 빠진 백성들의 모습을 고스란히 지켜보았는데, 이런 경험은 그의 사상에 큰 영향을 미쳤다. 특히 서양 열강이 중국을 침략하고 **서학**이 들어와 전통 사회를 어지럽히는 것을 보고, 그는 조선에 민족 고유의 종교가 필요하다고 느꼈다고 한다.

그러던 중인 1860년, 최제우는 '한울님'의 목소리를 듣는 신비한 종교 체험을 하고 새로운 종교를 창시했다. 이 종교는 유교, 불교, 도교 교리를 바탕으로 옛날부터 우리 민족이 믿어오던 한울님 사상을 합쳐 '사람이 곧 하늘'이라는 인내천 사상으로 발전했다. 최제우는 자신이 창시한 종교의 이름을 서양에서 들어온 서학(천주교)에 대항한다는 뜻에서 '동학'이라고 지었다. 이후 그는 자신이 거느리고 있던 **노비**를 며느리와 양녀로 맞아들이며 인내천 사상을 몸소 실천했다.

동학은 **세도 정치** 아래에서 고통을 받아온 농민과 **천민**들에게 환영을 받아 전국적으로 퍼져 나갔다. 조선 조정은 인간 존엄과 평등 사상에 기반을 둔 동학이 빠르게 확산되는 것에 두려움을 느끼고 동학교

최제우는 유교와 불교, 도교는 물론이고 우리 민족 고유의 한울님 사상을 합쳐 동학의 교리를 완성했다. 그리고 이를 《동경대전》과 《용담유사》두 권의 경전에 담았다.

도들을 탄압하기 시작했다. 결국 최제우는 "올바르지 않은 종교를 만들어 민심을 어지럽게 했다."는 죄목으로 붙잡혀 1864년에 처형당하고 말았다. 이후 동학은 제2대 교주 **최시형**이 이끌게 되었다.

심화 최제우는 깨달음을 얻은 이후 자신의 사상을 정리해 두 권의 경전을 펴냈다. 《동경대전》과 《용담유사》에는 인내천 사상을 바탕으로 한 동학의 교리가 잘 담겨 있다. 《동경대전》은 한문으로 쓰여 있어 양반을 비롯한 지식인층을 위한 것이고, 《용담유사》는 노래 형식으로 쓰여져 글을 모르는 백성들을 위한 것이었다.

최제우는 사회가 어지러워진 조선 말기에 민족 종교인 동학을 창시한 인물이다. 젊은 시절엔 여기저기 떠돌아다니며 방랑 생활을 하다가 깨달음을 얻었고, 동학을 창시한 이후에는 인내천 사상을 몸소 실천하며 동학교도들을 이끌었다.

동학은 특히 세도 정치의 폐해로 가장 크게 고통 받던 하층민들의 지지를 받았다. 사람을 존중하며 평등을 가르치는 동학의 교리는 훗날 동학 농민 운동의 바탕을 이루기도 했다.

시대 고려 시대 | 더 찾아보기 개경, 고려, 만적의 난, 무신 정권, 무신 정변, 이의민, 정중부

고려의 무신 정권 시대에 최고의 권력을 누렸던 무신
최충헌

개요 고려의 무신 정권 시대에 최고의 권력을 누렸던 정치가이자 무신이다. 당시 최고 권력자였던 이의민을 죽이고 권력을 잡았으며, 교정도감과 도방을 이용해 고려를 다스렸다. 이후 그의 후손들에 의해 최씨 정권이 60여 년간 이어졌다.

풀이 최충헌은 1149년에 개경의 무신 집안에서 태어났다. 그가 청년으로 성장할 무렵, 고려는 정치적으로 큰 혼란을 겪고 있었다. 1170년에 문신과의 심한 차별에 불만을 품은 정중부가 무신들과 함께 무신 정변을 일으켜 성공한 뒤 무신들 간에 권력 다툼이 벌어진 것이다. 처음에는 정중부가 중심이었으나 경대승이 그를 죽이고 권력을 잡았고, 경대승이 서른 살의 젊은 나이에 병으로 죽자 정중부의 부하였던 이의민이 최고의 자리에 올랐다.

최충헌은 처음에는 무신 정변에 그리 적극적이지는 않았으나, 무신들이 중앙 정치를 장악하면서 벼슬길에 나섰다. 하지만 이의민이 권력을 잡으면서 벼슬길이 막히자 동생과 함께 반란을 일으켜 이의민을 살해했다. 이후 최충헌은 동생과의 권력 다툼에서 승리한 뒤 고려에서 사실상 최고의 권력을 가지게 되었다.

그는 먼저 문란한 정치를 바로잡기 위해 10개의 조항이 담긴 '봉사십조'를 임금에게 올리고, 이규보처럼 학식이 높은 문신을 등용해 정치를 안정시켜 나갔다. 또한 무신들의 최고 권력 기관인 교정도감을 설치해 나라를 다스리고, 도방이라는 사병 조직을 만들어 자신의 권력을 튼튼히 했다. 최충헌은 평생 동안 임금을 4명이나 바꿔 세우는 등 임금보다 더한 부와 권력을 누리다 1219년에 세상을 떠났다.

심화 최충헌 이후 고려의 권력은 그의 후손들에게 대물림되어 무려 60여 년간이나 최씨 정권이 이어졌다. 하지만 무신 정권이 계속 이어지는 동안 나라의 혼란은 가라앉지 않았다. 이의민처럼 신분이 낮은 사람들까지 권력을 잡자, 곳곳에서 신분 상승을 위한 난이 일어났다. 대표적인 난이 최충헌의 노비가 일으킨 만적의 난이다.

●○○
1170년에 무신 정변이 일어난 뒤 고려는 무신들의 권력 다툼으로 어지러웠다. 정중부에서 경대승, 이의민이 차례로 권력을 잡았으나 최충헌이 이의민을 죽인 뒤에는 그의 후손들이 권력을 이어갔다.

●○○
최충헌은 교정도감과 도방을 이용해 고려를 다스렸다. 교정도감은 무신들의 최고 권력 기관이었으며, 도방은 최충헌의 사병 조직이었다. 문신들도 정치에 참여했지만 중요한 일은 모두 무신들이 결정했다.

시대 남북국 시대 | 더 찾아보기 고려, 골품 제도, 당, 신라, 6두품, 진골, 진성 여왕

신라 말기에 '시무책 10조'를 올려 개혁을 제안한 6두품 출신의 대학자
최치원

개요 **신라** 말기의 학자이자 문장가이다. **당**나라에서 유학하고 신라로 돌아온 뒤 어지러운 정치를 바로잡기 위해 **진성 여왕**에게 시무책 10조를 올렸으나 받아들여지지 않았다.

풀이 최치원은 857년에 신라의 **6두품** 집안에서 태어났다. 당시 신라는 **골품 제도**가 엄격한 사회였는데, 6두품은 아무리 재능이 뛰어나도 신라의 17관등(벼슬 등급) 가운데 여섯 번째인 아찬까지만 오를 수 있었다. 이 때문에 6두품 출신의 인재들은 높은 관직에 오르는 데 한계가 있음을 알고 당으로 유학을 떠나곤 했다. 최치원도 그들 중 하나였다.

최치원은 열여덟 살이 되던 해에 당의 과거 시험에 당당히 장원(1등)으로 합격했다. 이후 그는 높은 벼슬을 얻었을 뿐만 아니라 명문장으로 이름을 떨쳤다. 당시 당은 황소가 중심이 되어 일으킨 농민 반란으로 인해 어지러웠는데, 이때 최치원이 황소의 잘못을 꾸짖은 '토황소격문'을 써서 화제가 되었다. 설화에 따르면 최치원의 글을 읽은 황소가 책상에서 나동그라질 정도로 놀랐다고 하며, 황소의 난이 진압된 후 당의 황제는 최치원에게 상을 내리기도 했다.

최치원은 884년에 신라로 돌아와 벼슬을 얻었다. 그는 신라의 관리로 일하는 동안 **진골** 귀족들의 부패와 세금 강요로 인해 불만을 품은 백성들의 반란, 지방 세력의 등장 등 신라 사회의 문제들을 지켜보았다. 이에 그는 잘못된 정치를 바로잡기 위해 10개 항의 시무책을 담은 개혁안을 진성 여왕에게 올렸다. 시무책의 구체적인 내용은 전해지지 않지만, 골품제에서 벗어나 유교의 정치 이념을 중심으로 중앙 집권 체제를 강화하라는 내용이었을 것으로 추측된다. 하지만 그의 개혁안은 진골 귀족들의 반대에 부딪쳐 끝내 좌절되고 말았다.

심화 최치원은 자신이 올린 개혁안이 받아들여지지 않자 크게 실망했다. 결국 그

는 관직을 버리고 학문을 연구하면서 글을 쓰는 일에만 열중했다. 이때 남긴 대표적인 저서가 바로 《계원필경》이다. 최치원의 개혁은 귀족들의 반대에 부딪쳐 실패로 돌아갔지만, 그의 사상은 훗날 고려가 정치 이념을 세우는 데 많은 영향을 주었다.

●○○
최치원이 당에서 유학하고 돌아왔을 때 진성 여왕이 다스리던 신라 사회는 몹시 어지러웠다. 귀족들과 관리들은 부패했고, 백성들은 불만을 품고 난을 일으켰다. 또한 지방 세력이 커지면서 중앙 정치의 힘도 점점 약해졌다.

●○○
당에서 높은 벼슬까지 지냈던 최치원은 고국인 신라로 돌아와 10개 항의 시무책을 담은 개혁안을 올렸다. 시무책이란 '당장 시급한 일을 해결하기 위한 방법'이라는 뜻이다. 이는 최치원이 신라의 어지러운 정치 문제를 바로잡기 위해 내놓은 개혁안이었다.

시대 조선 시대 | **더 찾아보기** 수령, 암행어사, 양반, 조선, 판소리, 한양

신분을 뛰어넘은 사랑을 그린 조선 후기의 고전 소설
춘향전

개요 **조선** 후기에 만들어진 고전 소설이다. 지은이나 만들어진 시기는 확실하지 않으며, 춘향전 이야기를 담은 책들만 100종이 넘게 전해진다. 한글로 쓴 것도 있지만 한문으로 쓴 것도 있으며, **판소리** 춘향가도 있다.

풀이 《춘향전》의 줄거리는 다음과 같다. 남원부사의 아들인 이몽룡은 단오에 산책을 하다가 광한루에서 그네를 타고 있는 기생의 딸 춘향을 만난다. 둘은 정을 나누지만 이몽룡은 임기가 끝난 아버지를 따라서 **한양**으로 돌아가게 된다. 한양으로 가기 전 둘은 다시 만나서 혼인하기로 약속한다.

그런데 뒤이어 부임한 변 사또(**수령**)는 춘향의 아름다움에 반해 자신의 시중을 들라고 요구한다. 춘향은 자신이 이미 혼인을 약속했으므로 다른 남자의 시중을 들 수 없다고 거절한다. 이에 변 사또는 춘향에게 벌을 내리고 옥에 가둔다. 그때 과거 시험에 장원 급제해 **암행어사**가 된 이몽룡이 나타나 변 사또를 벌주고 춘향을 구한다. 이몽룡은 춘향을 부인으로 맞이해 행복하게 산다.

사실 《춘향전》의 내용은 당시의 사회 현실과는 맞지 않는 점들이 많다. **양반**인 이몽룡이 기생인 춘향과 결혼한다든지, 이몽룡이 불과 몇 년 사이에 장원 급제해 암행어사로 파견되는 것은 불가능한 일이었다. 따라서 《춘향전》은 신분 제도가 무너지기 시작한 조선 후기의 현실을 바탕으로 꾸며낸 이야기라고 볼 수 있다. 그런데도 《춘향전》은 고전 소설 중 오랫동안 가장 널리 읽혔다. 현대에도 《춘향전》을 소재로 한 소설이나 연극, 영화, 오페라 등이 만들어지고 있다.

심화 이몽룡과 춘향이 만나 사랑을 나누었다는 광한루는 실제로 전라북도 남원시에 있다. 조선 초에 지은 정자를 중심으로 정원도 꾸며 놓았는데, 조선 시대의 대표적인 정원의 모습을 보여 준다. 광한루는 보물 제281호로, 광한루의 정원인 광한루원은 명승 제33호로 지정되었다.

《춘향전》은 신분을 뛰어넘은 사랑 이야기로 널리 읽혀진 고전 소설이다. 여자 주인공인 춘향의 신분은 천민인 기생이고, 남자 주인공인 이몽룡은 양반이자 암행어사이다. 둘은 난관을 극복하고 사랑을 이루게 된다.

신임 사또의 명령을 거부하고 고난을 겪게 된 춘향. 암행어사가 되어 돌아온 이몽룡이 그녀를 구한다. 춘향의 어머니인 월매는 영웅처럼 돌아온 사위가 반가워 덩실덩실 춤을 춘다.

시대 삼국 시대 | 더 찾아보기 고구려, 광개토 대왕릉비, 국보, 문화재, 백제, 신라, 장수왕, 진흥왕 순수비

고구려 장수왕이 남한강 지역을 점령한 기념으로 세운 비석

충주 고구려비(중원 고구려비)

개요 **고구려**의 제20대 임금인 **장수왕**이 남한강 유역의 여러 성을 점령한 기념으로 세운 비석이다. 국내에서 발견된 유일한 고구려비로, 충청북도 충주시에 있다. '중원 고구려비'라고도 부르며, 1981년에 **국보** 제205호로 지정되었다.

풀이 충주 고구려비는 높이 2미터가 넘는 큰 비석이다. 폭은 55센티미터, 두께는 33센티미터이다. 현재 우리나라에 남아 있는 고구려 **문화재**는 손에 꼽을 정도로 매우 적은데, 국내에서 발견된 유일한 고구려비라는 존재만으로도 역사적인 가치가 매우 크다.

하지만 비석의 중요성을 몰랐던 동네 주민들은 예부터 마을을 지키는 돌로만 여겨 별다른 보호 조치를 하지 않았다. 이 때문에 비석에 새겨진 글이 심하게 훼손된 채 발견되었다. 특히 뒷면과 오른쪽 면은 글씨를 알아보기 힘들고, 앞면과 왼쪽 면의 일부 내용만 읽기가 가능하다.

비석의 모양은 **광개토 대왕릉비**와 비슷하다. 기둥 모양의 자연돌을 이용하여 네 면에 글을 새긴 4면비이다. 비문의 앞부분에는 고구려와 **신라**가 사이좋게 지내던 시기의 일이 적혀 있고, 뒷부분에는 **백제**와 신라가 힘을 합해 고구려에 대항한 내용이 새겨져 있다.

심화 충주 고구려비는 영토를 넓힌 다음 경계를 표시하기 위해 세운 비석이다. 그런 점에서 훗날 신라가 세운 **진흥왕 순수비**와 성격이 비슷하다. 이 비석은 주로 한반도 북쪽 지역을 지배하던 고구려가 한반도 중부 지역까지 진출하여 영토가 충주 지역까지 넓어졌음을 알려 주는 징표가 된다. 또한 비석이 세워진 시기에 고구려와 신라, 백제 등 삼국의 관계를 밝혀 주는 귀중한 자료라고 할 수 있다.

고려의 백성과 병사들이 충주성에서 몽골군을 물리친 싸움

충주성 전투

개요 **고려**군과 백성들이 충주성에서 **몽골**군과 벌인 싸움이다. 1231년과 1253년 두 차례에 걸쳐 일어났다. 1253년의 전투에서는 김윤후의 지휘 아래 병사뿐 아니라 충주성 백성들까지 함께 싸워 이겼다.

풀이 고려와 몽골 사이의 전쟁은 몽골 사신 저고여가 죽은 일을 트집 잡은 몽골이 1231년에 침입하면서 시작되었다. 살리타이가 이끄는 몽골군은 북쪽 지방을 함락시킨 뒤 고려 조정과 강화 회담을 하는 한편, 남부 지방으로 진격하기 위해 충주성을 공격했다. 하지만 충주성을 지켜야 할 장수와 관리들은 몽골군의 기세에 놀라 달아나 버렸고, 충주성에는 병사 일부와 **노비**, 백성들만 남아 있었다. 이들은 죽음을 무릅쓰고 몽골군과 싸워 몽골군을 물리쳤다.

　1253년의 충주성 전투는 1253년에 몽골의 장수 야굴 등이 군사를 이끌고 고려에 쳐들어와 다시금 충주성을 공격하면서 시작되었다. 이때 충주성을 지킨 장수는 처인성에서 살리타이를 죽인 김윤후였다. 그는 몽골군을 맞아 백성들과 함께 용감하게 싸웠다. 그는 충주성 전투에서 승리하면 신분을 가리지 않고 모두 벼슬을 주겠다고 약속하고, 실제로 노비 문서를 불태우는 등 백성들의 사기를 높였다. 그 결과, 백성들은 힘을 다해 성을 지켰고 몽골군은 70여 일 만에 물러갔다. 그리고 이듬해 2월에는 전투에 공을 세운 병사는 물론 노비와 **백정**에게까지 실제로 벼슬과 상이 내려졌다.

심화 제1차 충주성 전투에서 외부의 도움 없이 스스로의 힘만으로 몽골군을 물리친 경험은 훗날 제5차 **몽골의 침입** 때 가장 치열했던 싸움인 제2차 충주성 전투를 승리로 이끄는 밑거름이 되었다. 또한 몽골이 삼남으로 진격하는 것을 막아 전쟁을 진정시키고 화의를 맺을 수 있도록 하는 계기가 되었다.

조선 세종 때 강우량을 측정하기 위해 만든 기구

측우기

개요 **조선** 시대에 비의 양을 측정하던 기구이다. 조선 **세종** 때 처음 측우기를 만들었고, 이후 매해 비가 오는 양을 측정하여 기록했다. 헌종 때인 1837년에 만든 금영 측우기는 보물 제561호로 지정되었으며, 현재 기상청에 보관되어 있다.

풀이 날씨를 예측하는 일은 예부터 매우 중요한 관심거리였다. 특히 농사를 지을 때 큰 도움이 되는 빗물의 양을 재는 데에 관심이 많았다. 그러나 전통적인 강우량 측정법은 정확하지 않았기 때문에 과학적인 측정법이 필요하게 되었다. 조선의 제4대 임금인 세종은 1441년에 서운관에 명하여 측우기를 만들었다. 이후 경제에 관한 일을 맡아보던 호조에서 측우기 설치를 건의하여 다음 해에 **한양**과 각 도에 측우기를 설치하게 되었다.

측우기가 설치되기 전에는 각 지방의 강우량을 알기가 매우 불편했다. 비가 내릴 때 흙 속의 어느 정도까지 빗물이 스며들었는지 일일이 조사했는데, 지방마다 흙의 마르고 젖은 정도가 같지 않아 강우량을 정확히 알아낼 수가 없었던 것이다. 그런데 측우기가 발명된 후에는 일정 기간 동안 측우기 속에 고인 빗물의 깊이를 측정하면 되었으므로 이전보다 훨씬 정확하게 강우량을 측정할 수 있었다.

심화 측우기로 측정한 초기의 기록은 사라졌고, 지금은 1770년 이후 한양의 강우량을 관측한 기록만 남아 있다. 하지만 남아 있는 기록만 해도 무려 140여 년분에 달하는 방대한 양이다. 현대의 관측 자료까지 합하면 210년 이상의 연속 관측이 가능한 것이다. 이 덕분에 우리나라는 세계 최장의 관측 기록을 보유하게 되었으며, 측우기를 가장 먼저 발명하여 사용한 나라가 되었다.

측우기는 빗물을 받아 강우량을 측정하는 기구이다. 지금까지 남아 있는 측우기는 대부분 원통 모양인데, 이는 조선 세종 때 만들어진 측우기를 따른 것이다.

시대 현대 | 더 찾아보기 김일성, 박정희, 10월 유신, 6·25 전쟁

남북한이 통일 문제에 대해 의논하고 뜻을 모아 발표한 성명
7·4 남북 공동 성명

개요 1972년 7월 4일에 남북한의 대표가 통일 문제에 대해 의논한 뒤 발표한 공동 성명이다. 분단 이후 최초로 남북한이 뜻을 모아 발표한 성명이었으며, 성명서에는 '통일의 3대 원칙'이 담겼다.

풀이 남북한 정부는 우리 민족의 염원인 통일을 이루기 위해 1971년부터 판문점에서 비밀 회담을 열었다. 이 자리에는 남북한의 적십자사 대표가 참석해 통일 문제에 대해 의논했다. 그리고 이듬해 7월 4일에 두 정부는 각각 서울과 평양에서 '통일의 3대 원칙'을 비롯한 여러 가지 합의 사항을 담은 성명을 발표했다. 성명이란 어떤 문제에 대한 의견이나 입장을 공개적으로 발표하는 것을 말한다.

7·4 남북 공동 성명에서 밝힌 통일의 3대 원칙은 다음과 같다. 첫째, 통일은 외세에 의존하거나 외세의 간섭 없이 자주적으로 해결해야 한다. 둘째, 통일은 서로 상대방을 반대하는 무력이 아니라 평화적인 방법으로 한다. 셋째, 사상과 이념, 제도의 차이를 넘어서 하나의 민족으로서 단결해야 한다.

이외에도 남북한은 상대방에 대해 근거 없이 헐뜯지 말고, 같은 민족으로서 대하며, 자주적인 평화 통일을 이루기 위해 서로 교류하고, 남북 적십자 회담 본회담이 이루어질 수 있도록 노력할 것이라고 발표했다. 또한 서울과 평양 사이에 언제든 연락할 수 있도록 직통 전화를 설치하기로 뜻을 모았다.

심화 7·4 남북 공동 성명은 6·25 전쟁 이후 적대적이었던 남북한이 처음으로 평화적인 대화를 통해 뜻을 모았다는 점에서 의미가 크다. 미국과 중국이 국교를 맺는 등 국제적인 화해의 분위기도 한몫을 했다. 하지만 이 성명은 남북한의 지도자에 의해 정권 안정을 위한 도구로 이용되기도 했다. 성명을 발표한 직후 남한의 박정희 정부는 10월 유신을 선포하고 영구적으로 권력을 이어가려고 했고, 북한의 김일성도 사회주의 헌법을 공포한 뒤 주석의 자리에 올라 모든 권력을 독점했다.

시대 삼국 시대 | 더 찾아보기 국보, 근초고왕, 백제, 일본

백제 왕이 일본 왕에게 내린 칼
칠지도

개요 백제의 왕이 일본의 왕에게 내렸다고 알려진 칼이다. 칼의 몸통 오른쪽과 왼쪽에 작은 칼이 나뭇가지처럼 나와 있다. 중앙의 칼날과 양쪽에 3개씩 난 칼날을 합치면 모두 7개가 되므로 '칠지도'라는 이름이 붙었다. 1953년에 일본 국보로 지정되었고, 일본 나라 현 이소노카미 신궁에 보관되어 있다.

풀이 칠지도를 누가 만들었는지, 왜 만들었는지에 대해서는 여러 가지 의견이 있다. 일본은 백제의 왕이 바친 것이라고 주장하지만 칠지도 옆면에 새겨진 글귀를 보면 신빙성이 없다. 칼의 앞면에는 무쇠를 백 번 두들겨 칠지도를 만들었으며, 이 칼은 모든 적을 막아낼 것이고 후왕에게 준다고 적혀 있다. 또한 뒷면에는 "왜왕을 위해 만들어 주는 것이니, 후세에 전하여 보이라."는 글귀가 적혀 있고, 일본의 역사서인 《일본서기》에 "백제가 일본에 하사했다."는 기록이 있는 것으로 보아 백제의 왕이 일본의 왕에게 내렸다는 것이 타당하다. 역사학자들은 칠지도가 백제의 제13대 임금인 근초고왕 때 일본으로 전해진 것으로 추측한다.

심화 칠지도는 백제의 뛰어난 제철 기술을 보여 주는 유물이다. 단단한 철을 두드려 펴서 만든 칼로, 칼의 양쪽 옆면에는 상감 기법으로 금을 채워 60개의 글자를 새겨 넣었다. 상감 기법이란 표면에 홈을 판 뒤에 다른 색이나 성질을 가진 물질을 채워 넣는 방법을 뜻한다. 칠지도의 전체 길이는 74.9센티미터이며, 싸움을 위한 것이 아니라 장신구용으로 만들어진 것이다.

나뭇가지처럼 생긴 장신구용 칼 칠지도.

우리나라의 독립 문제가 의논된 최초의 국제 회담

카이로 선언

개요 1943년에 미국과 영국, 중국 등의 대표가 이집트의 카이로에 모여 제2차 세계 대전에 관한 여러 가지 문제에 대해 의논한 내용을 발표한 공동 선언이다. 우리나라에 독립 국가를 세우게 한다는 내용도 담겼으며, 12월 1일에 발표되었다.

풀이 제2차 세계 대전 중이던 1943년 11월 27일에 연합국 지도자인 미국의 루스벨트, 영국의 처칠, 중국의 장제스가 이집트의 카이로에 모였다. 이들은 힘을 합쳐 **태평양 전쟁**을 일으킨 **일본**에 대해 군사 행동을 하기로 뜻을 모았다. 또한 전쟁에서 승리한 뒤 일본이 점령하고 있는 영토를 어떻게 할 것인지에 대해 의논했다.

세 나라의 대표들은 의논 끝에 다음과 같이 결정했다. 첫째, 미국과 영국, 중국 등 세 나라는 일본의 침략을 막기 위해 압력을 가한다. 둘째, 세 나라는 어떤 이득을 요구하지도 않고 영토 확장의 뜻도 없다. 셋째, 제1차 세계 대전 이후 일본이 얻은 태평양의 섬을 빼앗고, 만주와 타이완 등은 중국에게 돌려준다. 세 대표들은 선언문에 "한국민이 노예 상태에 있다는 데 유념하여, 앞으로 적절한 절차를 거쳐 한국에 자유와 독립을 줄 것을 결의한다."는 특별 조항도 넣었다. 우리나라의 독립 문제가 국제적으로 논의된 것은 카이로 회담이 처음이었다.

카이로 회담에는 중국의 장제스, 미국의 루스벨트, 영국의 처칠이 참여했다. 이들은 제2차 세계 대전에 관한 여러 가지 문제에 대해 의논했다.

심화 우리나라 독립에 관한 문제는 1945년 7월 26일에 열린 포츠담 회담에서도 나왔다. 미국과 영국, 소련, 중국 대표들은 항복을 선언한 독일에 대한 처리 문제를 의논하면서 일본에게 무조건 항복을 요구하고 일본의 영토를 혼슈, 홋카이도, 큐슈, 시코쿠와 연합국이 결정하는 작은 섬들에 한정시켜 한국의 독립을 다시 한 번 확인했다. 일본은 처음에는 포츠담 선언을 거부했지만 미국의 원자 폭탄 공격을 받은 뒤 이 선언을 받아들였다.

시대 조선 시대 　**더 찾아보기** 산대놀이, 삼국 시대, 일제 강점기, 조선, 8·15 광복, 하회 별신굿 탈놀이, 한양

탈을 쓰고 춤을 추면서 하는 전통 연극

탈춤

개요 탈(가면)을 쓰고 춤을 추면서 하는 전통 연극이다. 처음에는 궁중 행사에서 광대들이 공연하는 정도였으나 **조선** 후기에는 민중 문화로 발전했다. 신분 사회를 풍자하거나 민중들의 고달픈 삶을 해학적으로 그렸으며 **하회 별신굿 탈놀이**, 북청 사자놀음, 봉산 탈춤 등이 전해지고 있다.

풀이 가면을 쓰고 하는 놀이는 농경 사회 초기부터 있었다. 가을걷이에 감사하고 풍년을 기원하는 제사를 지내거나 굿을 할 때 가면을 쓰고 춤을 추었다. **삼국 시대**에는 궁중에서 열리는 연회나 불교 행사 때 탈춤 공연이 마련되었고, 조선 시대에는 산대도감이라는 관청을 두어 국가 행사가 있을 때 가면극을 상연했다. 그러다 조선 후기에 민간에 보급되면서 탈춤은 전성기를 맞았다. 나중에는 전국 곳곳을 돌아다니면서 탈춤을 전문적으로 추는 집단도 생겨났다.

　대표적인 탈춤으로는 경상북도 안동의 하회 별신굿 탈놀이, 함경도의 북청 사자놀음, 황해도의 봉산 탈춤과 은율 탈춤, 경상남도 통영의 오광대놀이 등이 꼽힌다. 강원도 강릉의 단오굿에서도 관노비들의 탈춤을 볼 수 있으며, **한양** 주변에서는 **산대놀이**가 자주 공연되었다. 산대놀이는 인조 때 산대도감이 폐지되자, 여기에 소속되어 전문적으로 춤을 추던 사람들이 나가 공연을 하면서 생겨났다. 서울의 송파 산대놀이나 경기도 양주의 별산대놀이가 오늘날까지 전해 온다.

　탈춤의 내용은 지배층이나 특권층을 풍자적으로 비판하는 내용이 많았다. 특히 조선 후기의 탈춤은 무능하고 부패한 양반이나 계율을 어기고 문란한 생활을 하는 파계승을 조롱하고, 그릇된 남녀 관계나 가난한 서민들의 생활 모습을 풍자하는 경우가 많았다. 그리고 이런 내용은 몇 개의 장면으로 나누어 공연했다.

　탈춤은 마을의 공터나 언덕 등 사람들이 많이 모일 수 있는 장소에서 대중 공연으로 행해지는 것이 보통이었다. 먼저 풍물패가 마을을 돌면서 길놀이를 하여 사람들에게 홍보를 하고, 마을 사람들이 모이면 공연이 시작되었다. 사람들은 단순히 탈춤

● ○ ○
탈춤 가운데 가장 예술성이 높다고 평가받고 있는 봉산 탈춤. 불교의 계율을 어기고 타락한 생활을 하는 스님을 혼내기 위해 부처의 명령을 받고 사자가 찾아온다는 내용을 담고 있다. 탈춤은 춤과 음악, 연극이 어우러진 종합 예술이다.

을 관람하는 것이 아니라, 공연에 호응하면서 함께 즐기고, 억눌렸던 감정들을 겉으로 드러내면서 스트레스를 풀고 소망을 빌었다.

심화 탈춤은 **일제 강점기**와 **8·15 광복** 이후 산업화를 거치면서 점차 사라졌다. 텔레비전과 같은 미디어의 발달과 서양 문화가 들어오면서 전통 연극에 대한 관심이 줄어든 까닭도 있었다. 그러다 최근에는 전통문화에 대한 관심이 다시 높아지면서 탈춤도 계승하고 보존하기 위한 움직임이 일어나고 있다. 이에 따라 각 지역의 탈춤은 중요 무형 문화재로 지정되었고, 전통 탈춤을 출 수 있는 사람들은 기능 보유자로 선정되어 탈춤 보존을 위해 노력하고 있다.

봉산 탈춤을 지켜보는 조선 시대의 민중들. 탈춤은 조선 후기에 대중적인 공연이자 놀이로 정착되었는데, 당시 사회 문제를 날카롭고 재미있게 풍자해 일반 백성들 사이에 인기가 높았다.

여자에 빠져 불교의 계율을 어긴 파계승.

구박을 받지만 씩씩하고 익살스러운 늙은 여자를 표현한 미얄할미.

시대 조선 시대 더 찾아보기 노론, 붕당, 사림파, 사도 세자, 사화, 성균관, 성리학, 세도 정치, 영조, 정약용, 정조, 조선, 훈구파

조선 후기에 붕당의 대립을 막기 위해 펼친 정책

탕평책

개요 조선 영조 때와 정조 때 붕당의 대립을 막기 위해 골고루 인재를 등용한 정책이다. '탕평'이란 어느 쪽에도 치우치지 않음을 뜻하는 '탕탕평평'에서 나온 말이다.

풀이 몇 번의 사화를 거치며 훈구파에 밀려났던 사림파는 지방에서 다시 세력을 키워 정권을 잡은 뒤 붕당을 이루었다. 처음에는 붕당끼리 서로 존중하며 경쟁했지만, 조선 후기에는 대립이 극심해졌다. 조선의 제21대 임금인 영조는 정치 혼란의 가장 큰 원인이 붕당의 대립 때문이라고 생각하고, 이를 막기 위해 탕평책을 실시했다.

영조는 당시 대립하고 있던 노론과 소론을 화해시키고, 이에 반대하는 자들을 쫓아냈다. 중요한 관직에 노론과 소론을 골고루 등용했으며, 성균관에는 탕평비도 세웠다. 그러나 이런 노력에도 불구하고 붕당 간의 대립은 계속 되었다. 소론 중 일부가 반란을 일으켰는가 하면, 붕당의 대립으로 인해 영조가 아들인 사도 세자를 뒤주에 가두어 죽이는 일까지 일어났다.

영조의 뒤를 이어 정조도 탕평책을 펼쳤다. 자신이 생활하는 곳을 '탕탕평평실'이라 이름 짓고, 남인인 채제공을 영의정으로 삼았으며, 정약용 등 남인의 인재를 과감히 등용했다. 또 능력만 있으면 서얼에게도 관직을 주었다. 그러면서도 한편으로는 노론·소론과도 원만한 관계를 유지하려 애썼다. 그러나 정조 때부터 이미 특정 가문이 권력을 독점하기 시작했고, 순조 때부터는 본격적으로 세도 정치가 기승을 부렸다.

심화 똑같이 탕평책을 실시했지만 영조의 탕평책과 정조의 탕평책은 커다란 차이가 있었다. 영조의 탕평책은 붕당 간의 옳고 그름을 따지기보다는 타협을 중시했다. 그래서 온건파들이 중심이 되었다. 그렇지만 정조는 성리학의 원칙에 따라 옳고 그름을 따져 옳은 사람을 붕당의 구별 없이 중용했다. 그래서 강경한 인물들을 중심으로 조정이 운영되었다.

태극 무늬와 네 개의 괘가 있는 우리나라의 국기

태극기

개요 우리나라의 국기이다. 흰 바탕에 가운데는 태극 무늬가 있고, 네 귀퉁이에는 건, 곤, 감, 리의 4괘가 있다. **조선 고종** 때 **박영효**가 처음 만들었고, 1948년에 지금의 모습으로 통일되었다.

풀이 조선 조정은 **일본**에 이어 물론 서양의 여러 나라와 통상 조약을 체결하고 외교 관계를 맺으면서 국기의 필요성을 깨달았다. 그래서 중국의 국기 등을 참고해 조선의 국기를 만들기로 했다. 그러던 중 1882년 8월 **수신사**로 일본의 문물을 시찰하러 가던 박영효가 배 안에서 태극기를 만들었다. 박영효는 조선으로 돌아와 자신이 만든 태극기를 고종에게 보고했고, 이후 태극기는 우리나라 국기로 사용되었다.

태극기는 우리 민족과 나라를 상징하게 되었다. **3·1 운동**과 같은 민족 운동 때 사람들은 태극기를 손에 들고 만세를 불렀다. 독립군들은 태극기에 독립을 위해 자신의 몸과 마음을 바치겠다는 맹세를 써넣기도 했다. 1945년 8월 15일에 일본이 항복하자, 미처 태극기를 구하지 못한 사람들은 일장기의 붉은 원에 파란색을 칠해 태극 무늬로 바꾸고 4괘를 그려 넣어 임시로 만든 태극기를 들고 나와 만세를 부르기도 했다.

태극기는 가운데 태극 모양이나 4괘의 위치가 통일되지 않아 사용하는 깃발마다 서로 달랐다. 그러다 1948년에 **대한민국** 정부가 수립되면서 태극기에 관한 규정을 만들어 오늘날과 같은 모양으로 통일되었다.

심화 태극기는 국경일을 비롯해 현충일과 국군의 날, 사회에 큰 공을 세운 사람이 죽었을 때 치르는 국장이나 국민장, 그밖에 정부가 지정한 날에 달도록 되어 있다. 하지만 개인에 따라 언제나 달아도 괜찮으며, 비가 올 때도 달 수 있다. 다만 태극기가 훼손될 우려가 있을 때는 거두어야 한다. 태극기를 달 때는

초기에 만들어진 태극기들은 모양이 제각각이었다. 태극의 모양이나 괘의 위치가 서로 다른 것들도 많았다. 그러다 1948년에 지금의 모양으로 통일되었다.

깃발을 깃대의 위쪽에 매야 한다. 그러나 현충일, 국장이나 국민장 등 애도를 표할 때는 기폭만큼 내려서 조기(기의 높이만큼 아래로 내려 다는 것)를 단다.

'국기에 대한 경례'를 할 때에는 오른손을 왼쪽 가슴 위에 얹고 바른 자세로 서서 태극기를 응시하면 된다.

흰색 바탕은 평화를 사랑하는 우리 민족을 뜻한다.

4괘는 하늘(건)과 땅(곤), 물(감), 불(리)을 뜻한다.

태극기에는 여러 가지 상징이 들어 있다. 조선 고종 때의 개화파 관리였던 박영효는 우리 민족의 정신과 전통을 나타낼 수 있는 무늬와 색깔로 태극기를 고안했다. 태극과 네 개의 괘도 그런 뜻에서 선택한 것이다.

태극은 우리 민족의 이상을 표현한 것이다. 태극의 푸른색은 음, 붉은 색은 양을 뜻한다. 음과 양은 세상 만물의 근본 이치이기도 하다.

시대 현대 | 더 찾아보기 일본, 태평양 전쟁

1940년대 초부터 일본과 연합국 사이에 벌어진 전쟁

태평양 전쟁

개요 제2차 세계 대전 중인 1941년부터 1945년까지 일본과 연합국 사이에 벌어진 전쟁이다. 미국이 원자 폭탄으로 일본 본토를 공격한 직후 일본이 '무조건 항복'을 선언하면서 끝이 났다.

풀이 1940년대 초반에 미국을 비롯한 서양의 연합국은 일본과 맞서고 있던 중국을 도우면서 일본 경제에 봉쇄 정책을 썼다. 그러자 일본은 동아시아 지역에 있는 서구 열강의 식민지를 빼앗아 산업에 필요한 자원을 얻으려고 했다. 1941년 12월 8일에는 미국의 해군 기지가 있는 하와이 진주만을 기습 공격했다. 피해를 입은 미국도 곧바로 일본에 선전 포고를 하고 맞섰다. 태평양 전쟁이 시작된 것이다.

태평양 전쟁 초기에는 일본이 승승장구했다. 진주만 공격과 동시에 필리핀을 공격해 함락시키고, 동남아시아와 태평양의 뉴기니와 과다가날 섬까지 진출해 오스트레일리아를 위협하기도 했다.

하지만 미국의 반격이 시작되면서 전세는 점차 바뀌었다. 1942년 6월에 하와이 북서쪽에 있는 미드웨이 해전에서 일본이 크게 패하면서 미국은 전쟁의 주도권을 잡게 되었다. 이후 미국을 비롯한 연합국은 1944년까지 일본이 점령했던 지역 중 대부분을 되찾았다. 미국은 필리핀과 사이판 섬을 점령한 뒤 본격적으로 일본 본토를 공격하기 시작했다. 1945년 4월에는 오키나와를 점령하고 중심부로 쳐들어갈 준비를 마쳤으며, 1945년 8월에는 히로시마와 나가사키에 원자 폭탄을 떨어뜨렸다. 뒤이어 소련까지 전쟁에 뛰어들자 일본은 무조건 항복을 선언했다.

심화 미국의 원자 폭탄 공격은 일본의 항복과 연합국의 태평양 전쟁의 승리를 가져왔지만, 원자 폭탄의 엄청난 피해에 대해 반성하는 계기가 되기도 했다. 가장 큰 피해를 입었던 히로시마에는 당시의 참상을 그대로 보여 주는 건물인 원폭 돔이 보존되어 있으며 평화 기념관이 세워졌다.

소수림왕 때 만들어진 고구려의 국립 대학

태학

개요 **고구려**에 있었던 국립 교육 기관이다. **소수림왕** 때인 372년에 처음 세웠으며, 기록에서 확인되는 우리나라 최초의 학교이다. 태학은 **백제**의 박사 제도나 **신라**의 국학과 함께 **삼국 시대**에 인재를 양성하는 최고 교육 기관이었다.

풀이 고구려의 제17대 임금인 소수림왕은 고구려가 5세기에 전성기를 누릴 수 있는 기틀을 마련한 임금이다. 그는 371년에 백제와 전쟁 중에 죽은 고국원왕의 뒤를 이어 임금의 자리에 올랐는데, 나라의 힘을 기르고 체제를 정비하는 데 온 힘을 기울였다. 중국의 전진으로부터 불교를 받아들여 백성들의 마음을 하나로 모으고, 율령을 반포하여 나라를 안정적으로 다스렸으며, 교육 제도를 정비해 나라의 인재를 기르는 데 힘썼다. 이때 만들어진 것이 바로 태학이다.

　태학은 오늘날의 국립 대학과 같은 곳이었다. 하지만 실력만 좋다고 입학할 수 있는 것은 아니었고 주로 지배층의 자제들이 다니는 귀족 학교였다. 입학 후에는 유교 경전을 익히거나 무예를 수련했는데, 이 중에서 뛰어난 인재들은 중앙 정부의 관리로 등용했다. 태학은 소수림왕이 왕권을 강화하고 중앙 집권적인 정치를 펼치기 위한 발판이 되었던 셈이다.

심화 우리나라는 옛날부터 교육에 대한 관심이 높았다. 삼국 시대부터 이미 학교를 만들었고, 이것은 전통으로 이어졌다. 시대별 학교를 살펴보면 다음과 같다.

나라	국·공립 학교	사립 학교
고구려	태학	경당
백제	박사 제도	-
신라	국학, 화랑도	-
발해	주자감	-
고려	국자감, 향교, 학당	12도
조선	성균관, 향교, 학당	서당, 서원

시대 조선 시대 | 더 찾아보기 동국여지승람, 붕당, 실학, 조선

조선 후기의 한반도 지리에 관한 종합 정보가 실린 책

택리지

개요 조선 후기의 **실학**자인 이중환이 쓴 지리책이다. 단순히 자연환경이나 지리적인 특징만 써넣은 것이 아니라 사람들의 생활과 관련된 정보를 함께 실었다.

풀이 실학자 이중환이 살았던 17세기에는 **붕당**끼리 대립하는 일, 즉 당쟁이 치열한 시기였다. 이중환도 당쟁에 휘말려 젊었을 때부터 여러 차례 귀양을 갔으며, 나이가 들어서도 제대로 벼슬을 하지 못한 채 떠돌아 다녔다. 그런데 이중환의 불행한 경험은 오히려 그에게 도움이 되었다. 이중환은 전국 곳곳을 돌아다닌 덕분에 지리에 관한 지식을 쌓고, 그렇게 얻은 정보를 《택리지》에 담았다.

《택리지》는 한반도에 대한 종합 정보가 담긴 지리책이다. **《동국여지승람》**을 비롯한 이전의 지리책은 조선 시대의 지역 단위인 군현마다 지리적인 특성과 사람들의 생활을 적어 놓은 게 전부였다. 하지만 《택리지》에는 지역뿐 아니라 한반도 전체에 대한 특성에 대해서도 써 놓았고, 주제에 따라 정보를 볼 수 있도록 해 놓았다.

예를 들어 《택리지》는 사대부의 지나온 역사나 경력을 적은 다음, 8도의 특성에 대해 써 놓았다. 8도를 설명할 때에도 8도의 역사와 지리를 간략하게 소개한 다음, 각 도의 산줄기나 물줄기, 역사, 인물, 사건 등을 설명했다. 그리고 각 도를 다시 소지역으로 나눈 뒤 지리와 역사, 생업, 경치 등을 종합적으로 다루었다.

심화 《택리지》에는 사람이 살기 좋은 곳도 소개하고 있다. 이중환이 살기 좋은 곳의 조건으로 꼽은 것은 다음과 같다. 먼저 풍수학적으로 좋은 곳, 생산물이 풍부하고 유통이 편한 곳, 인심과 풍속이 좋은 곳, 산과 물이 있는 곳 등이다. 그는 땅의 모양이나 지리적 조건에 따라 인심도 달라진다고 생각해, 특정 지역을 좋지 않게 생각하는 편견을 보이기도 했다.

조선 시대의 학자 이지함이 쓴 예언서
토정비결

개요 조선 중기의 학자인 이지함이 지었다는 예언서이다. '토정'은 이지함의 호이고, '비결'은 사람의 길흉화복을 적어 놓은 책을 뜻한다. 조선 후기에 백성들 사이에 널리 퍼진 뒤 지금까지 운세를 점치는 도구로 쓰이고 있다.

풀이 이지함은 조선 **선조** 때 포천과 아산에서 현감을 지냈다. 그는 이때 백성들의 어려운 삶을 보며 안타까워했다. 그래서 현감으로 일하는 동안 걸인이나 노인, 굶주린 사람을 구하고 돌보는 데 힘썼다. 이후 이지함은 **한양**의 마포 강변에 흙으로 움막집을 짓고 검소하게 살았다. 그가 의학과 점술에 밝다는 소문이 나자, 사람들이 찾아와 운세를 점쳐달라고 부탁하곤 했다. 이에 이지함은 자신이 알고 있는 관련 지식을 정리해 책으로 엮었다. 그것이 바로 《토정비결》이다.

하지만 《토정비결》은 이지함 혼자 쓴 것이 아니라고 보는 의견이 많다. 후대의 사람들이 고치고 덧붙여서 지금의 《토정비결》이 되었다는 것이다.

《토정비결》에서는 사람이 태어난 해와 월, 날짜를 가지고 그해의 운세를 점친다. 어떤 해의 전체의 운세와 월별 운세가 설명되어 있다. 하지만 운세를 설명한 내용은 비유의 표현으로 되어 있어서 해석에 따라 달라질 수 있다. 경우에 따라서는 예언이 맞는지 틀리는지를 확인하기 어렵기도 하다.

《토정비결》은 조선 후기에 나온 다른 예언서와 마찬가지로 백성들 사이에 널리 퍼졌다. 그것은 어지러운 정치와 탐관오리의 수탈로 어려운 생활을 하던 백성들이 《토정비결》을 통해 미래의 희망을 얻고자 했기 때문이다.

심화 《토정비결》은 무당이나 점술사가 점을 치는 것과는 달랐다. 이 책은 사람의 사주(태어난 연월일시)를 바탕으로 한 해와 월의 운세를 세분화해 설명했는데, 이렇듯 구체적으로 예언한다는 점이 당시 사람들에게 믿음을 주었다. 또한 현대에도 많은 사람들이 연초에 《토정비결》을 보면서 그해의 운수를 점치고 있다.

시대 일제 강점기 | 더 찾아보기 대한 제국, 일본, 조선, 조선 총독부, 한일 강제 병합

일제가 한반도 지배를 위해 토지 소유권을 조사한 일

토지 조사 사업

개요 일제가 **대한 제국**을 강제 병합한 직후인 1910년부터 1918년까지 한반도의 토지에 대해 조사한 일이다. 식민 지배에 알맞게 토지 제도를 바꾸고 **일본** 경제의 기반을 튼튼히 할 목적으로 시행했다.

풀이 **한일 강제 병합** 직후 일제는 한반도에서 땅을 가진 모든 사람에게 소유한 땅의 면적, 가격, 모양 등을 신고하도록 했다. 이렇게 토지의 소유권을 조사한 것은 식민 지배에 편리하도록 제도를 정비하고, 토지세를 거두어 통치 비용으로 사용하기 위해서였다.

그런데 토지 조사 사업에서 일반 지주(땅의 주인)는 권리를 인정받았지만, 왕실이나 관청의 토지처럼 개인의 것이 아닌 토지는 **조선 총독부**의 소유가 되었다. 조선 총독부는 이렇게 거두어들인 땅을 조선을 지배하는 데 필요한 비용으로 쓰거나 일본인들에게 싼 값에 팔았다. 이를 통해 많은 일본인들이 **조선**에 건너와 지주가 되었다.

더 큰 문제는 땅을 빌려 농사짓던 소작농이나 땅을 새로 일구어 농사짓던 사람들의 권리는 인정을 받지 못했다는 점이다. 이들은 하루아침에 일할 곳을 잃어버려 생활이 매우 어려워졌다. 토지 조사 사업 이전에는 왕실이나 관청의 땅에서 농사를 짓거나 땅을 새로 일군 경우에 그 권리가 인정되어 사고팔 수 있었다. 그런데 일제가 이를 무시하고 소유권만 인정하면서 지주가 아닌 농민들은 큰 피해를 입게 된 것이다.

심화 일제의 토지 조사 사업으로 인해 많은 농민들이 더욱 나쁜 환경에서 농사를 짓게 되었다. 지주의 땅을 빌려 경작하는 농민들은 거의 매년 새로 소작 계약을 맺어야 했는데, 이전보다 더 많은 소작료를 내야 하는 경우가 크게 늘어났다. 이로 인해 산으로 들어가 나무와 풀을 태운 뒤 밭을 일구어 살아가는 화전민이 되거나, 만주와 연해주 등 살 곳을 찾아 고향을 떠나는 농민들이 많아졌다.

연합국의 대표들이 제1차 세계 대전의 뒤처리를 의논한 회의

파리 강화 회의

개요 제1차 세계 대전이 끝난 뒤 전쟁의 뒤처리를 의논한 회의이다. 1919년 1월부터 6월까지 파리에서 열렸다. 이 회의에서 미국의 윌슨 대통령은 민족의 일은 다른 민족의 간섭을 받지 않고 스스로 해야 한다는 '민족 자결주의'를 주장했다.

풀이 제1차 세계 대전에서 승리한 영국과 프랑스, 미국 등의 연합국은 전쟁의 책임을 묻고 평화를 유지하기 위한 여러 가지 방법을 의논하기 위해 모였다. 프랑스 파리에서 열린 이 회의는 미국의 윌슨 대통령이 주장한 민족 자결주의와 집단 안전 보장의 원칙을 바탕으로 이루어졌다. 민족 자결주의란 어떤 민족이 다른 민족을 간섭해서는 안 된다는 뜻이다. 이 원칙은 일제의 식민 지배를 받고 있던 우리나라에도 알려져 큰 감동을 주었고, 3·1 운동에도 큰 영향을 끼쳤다.

결국 연합국들은 다른 나라를 침략해 빼앗은 주권과 영토를 돌려주고, 연합국들이 서로 안전하게 지켜 주자고 뜻을 모았다. 이에 따라 전쟁을 일으킨 나라들은 점령지와 식민지를 포기했다. 독일은 알자스로렌 지역을 프랑스에 돌려주었고, 오스트리아는 헝가리와 체코슬로바키아를 독립시켰다. 불가리아는 그리스와 유고슬라비아에 영토 일부를 나누어 주었고, 러시아에 속해 있던 일부 민족들도 독립했다.

1919년에 파리에서 열린 파리 강화 회의 모습. 제1차 세계 대전에서 승리한 연합국을 포함해 모두 27개국의 대표가 참석했다.

심화 파리 강화 회의는 민족 자결주의를 원칙으로 삼아 세계 대전으로 인한 피해를 수습했지만, 불공평한 면도 있었다. 민족 자결주의의 원칙이 세계 대전에서 패배한 나라들에게만 적용되었던 것이다. 승리한 연합국도 식민지를 가지고 있었지만 그들은 주권을 돌려주지 않았다. 당시 대한민국 임시 정부도 이 회의에 김규식을 대표로 보냈지만 독립은 얻지 못했다. 이때는 일본이 승리한 연합국 쪽이었기 때문이다. 한편, 파리 강화 회의 이후 이루어진 새로운 국제 질서를 '베르사유 체제'라고 한다.

시대 조선 시대 　더 찾아보기 봉수 제도, 임진왜란, 조선

중요한 문서나 위급한 소식을 전하는 조선의 통신 제도

파발

개요 **조선** 시대의 통신 제도이다. 국경 지역에서 위급한 일이 일어났을 때 신속하게 조정에 알리거나, 조정의 명령을 각 지방에 전달할 때 **봉수 제도**와 함께 중요한 통신 체계 역할을 했다. 조선 말기에 전화와 전신 등이 들어오면서 폐지되었다.

풀이 **임진왜란**으로 인해 큰 피해를 입은 조선은 국방을 튼튼히 하는 것 못지않게 조정과 지방 관청 간에 신속하면서도 정확한 통신 체계가 필요하다고 생각했다. 외적의 침입과 같이 위급한 소식을 전달하던 봉수 제도가 있었지만 전달할 내용이 많아 문서로 작성해야 할 때, 혹은 내용을 비밀스럽게 전달해야 할 때에는 마땅치 않았다. 이에 조선 조정은 사람이 직접 소식을 전달하는 파발 제도를 만들었다.

파발은 사람이 직접 걷거나 뛰어가서 전달하는 '보발'과 말을 타고 달려가 전달하는 '기발' 등 두 가지가 있었다. 처음에는 보발이 대부분이었지만 차츰 말을 이용하는 기발이 도입되었다. 그러다 제16대 임금인 인조 때에는 전국에 세 개의 파발 길을 만들고, 중간중간에 '참'이라는 시설을 두어 안정적인 통신 체계를 갖추도록 했다.

인조 때 확정된 파발 길은 서울~황해도~평안도, 서울~강원도~함경도, 서울~충청도~경상도 등이었다. 방위로 보면 서쪽과 북쪽, 남쪽 지역과 도성을 잇는 것이었다. 가장 중요한 파발 길은 중국으로 이어지는 황해도~평안도 구간이었다. 이곳에서는 주로 말을 이용했고 나머지 구간은 도보로 가도록 했다. 말을 이용할 경우는 25리마다, 도보로 갈 경우는 60리마다 참을 두어 파발을 교대하도록 했다.

심화 파발 길 중간에 마련된 참은 관원이 상주하면서 파발꾼과 교대하거나 이들이 사용할 말을 관리하는 곳이었다. 이런 시설을 일반적으로 '역'이라고 했기 때문에 참은 '역참'이라고도 불렸다. 육로에 설치한 육참과 강가나 바닷가에 설치한 수참이 있었지만, 역참은 보통 육참을 가리켰다. 역참 제도는 몽골, 페르시아와 같은 커다란 제국들에서 흔히 찾아볼 수 있다.

파발은 걷거나 뛰어가는 '보발'과 말을 타고 가는 '기발' 등 두 가지가 있었으나, 차츰 속도가 빠른 기발이 대부분을 차지하게 되었다.

시대 조선 시대 | 더 찾아보기 고종, 신재효, 조선, 춘향전, 탈춤, 8·15 광복

이야기를 가락이 있는 소리로 들려주는 전통 극음악
판소리

개요 줄거리를 가진 이야기를 가락이 들어간 소리로 들려주는 전통 극음악이다. 조선 후기에 널리 불렀으며, 오늘날에는 신재효가 정리한 판소리 가운데 5마당이 전해 온다. 2003년 11월 유네스코 '인류 구전 및 세계 무형 유산 걸작'에 선정되어 인류 무형 유산으로 지정되었다.

풀이 노래나 이야기를 듣는 놀이 모임은 예전부터 있었지만, 판소리가 발달한 때는 조선 후기인 18세기였다. 이 시기는 신분 제도가 서서히 무너지면서 서민 문화가 발달했는데, 판소리는 탈춤과 함께 가장 인기 있는 공연이었다.

판소리 공연은 광대와 고수 두 사람이 했다. 광대는 이야기를 노래로 들려주는 소리꾼이었고, 고수는 북을 치며 장단을 맞추어 주는 역할을 했다. 가사나 가락은 광대들 사이에 전해지면서 오랜 시간에 걸쳐 정리되었는데, 옛날이야기는 물론이고 〈심청전〉이나 〈흥부전〉, 〈춘향전〉 등 서민들이 좋아하는 소설까지 다양한 이야기가 판소리로 만들어졌다.

판소리는 소리와 아니리, 발림 등으로 이루어져 있다. 소리는 광대가 부르는 노래를, 아니리는 말로 하는 대사를, 발림은 춤이나 몸짓을 뜻한다. 이밖에 고수나 관중이 "좋다." 혹은 "얼씨구." 하며 감탄사로 흥을 돋우는 것을 추임새라고 한다.

조선 후기에 널리 불리던 판소리는 모두 12마당이었지만 조선 고종 때 신재효가 6마당으로 정리했다. 여기서 마당이란 사람들이 모이는 넓은 공간을 뜻하는 말로, 판소리나 탈춤의 단락을 셀 때 사용하는 단위를 가리킨다. 신재효가 정리한 판소리는 춘향가, 심청가, 박타령(흥부가), 가루지기타령, 토끼타령(수궁가), 적벽가 등이며 오늘날에는 가루지기타령을 제외한 5마당만 전해지고 있다.

판소리는 입에서 입으로 전해졌기 때문에 사람마다 혹은 지역마다 가락을 넣는 방법이 다르다. 따라서 판소리의 종류는 전라도의 섬진강 동쪽에서 불리던 동편제, 섬진강 서쪽에서 불리던 서편제, 경기도와 충청도에서 불리던 중고제(중편제)로 나

뉜다. 동편제는 뱃속에서 우러나오는 힘차고 웅장한 창법을 사용하는 반면, 서편제는 곱고 부드러우면서도 구성진 창법으로 부르고, 중고제는 동편제와 서편제의 중간 성격을 띤다.

심화 판소리는 일제가 우리 고유의 문화를 말살하는 정책을 펴면서 쇠퇴하기 시작했다. 8·15 광복 이후에도 서양 문화에 밀려 관심을 받지 못하다가, 1960~1970년대에 다시 전통문화에 대한 관심이 높아지면서 판소리를 계승하고 보존하려는 움직임이 시작되어 중요 무형 문화재로 지정되었다. 또한 1970년대에 발표된 이청준의 소설 《서편제》와 1993년에 임권택 감독이 만든 영화 〈서편제〉는 판소리에 대한 관심을 높이는 계기를 만들어 주었다.

광대는 소리꾼이자 이야기꾼이었다. 광대는 고수의 북장단에 맞추어 관중들에게 재미있는 이야기를 소리로 들려주었다. 대부분 남자였지만 고종 때는 여자 광대가 경회루 낙성식에서 판소리를 공연하기도 했다.

판소리는 전문 광대와 고수가 관중들 앞에서 연주하는 '음악'이다. 하지만 판소리 사설이라고도 부르는 가사는 시나 설화, 소설 등으로 이루어져 있기 때문에 '문학'이라고도 할 수 있다.

고수는 광대가 소리를 하는 동안 북을 치면서 장단을 맞추었다. 서양 음악의 반주자와 비슷하지만 고수는 소리하는 도중에 추임새로 흥을 돋우기도 한다.

조선 시대에 수군이 사용했던, 밑이 평평하고 옥상이 있는 군함

판옥선

개요 **조선** 시대 수군이 사용했던 전투선이다. **임진왜란** 때는 조선 수군의 주된 군함으로 이용되어 해상 전투에서 큰 성과를 올렸다. 배의 바닥이 평평하고 윗부분에 판옥(옥상)을 만든 것이 특징이다.

풀이 판옥선은 조선 명종 때인 1555년에 일어난 을묘왜변을 계기로 만들었다. **왜구**들이 60여 척의 배를 이끌고 전라남도 해남에 쳐들어와 난동을 피우자, 조선 수군은 해상 전투에 대비해 판옥선을 만들었다.

판옥선은 위 갑판(판옥)과 아래 갑판 등 2층 구조로 되어 있었다. 아래 갑판에서는 격군들이 노를 젓고, 위 갑판에서는 병사들이 적선을 내려다보며 공격할 수 있었다. 판옥은 배의 갑판 네 귀퉁이에 기둥을 세우고, 기둥의 사면을 판자로 둘러 가린 다음, 그 위에 판판한 나무를 덮어 만든 옥상을 뜻한다. 판옥선이라는 이름도 판자로 옥상을 만든 배라는 뜻에서 붙인 것이다.

판옥선은 **일본** 배에 비해 크기가 크고 선체가 높았다. 그래서 일본 배보다 더 많은 병력과 무기를 실을 수 있었다. 임진왜란 때 일본 수군의 기본 전술은 상대의 배에 다가가 총을 쏘거나, 병사들이 상대의 배에 옮겨 탄 뒤 백병전(무기를 가지고 몸으로 맞붙어 싸우는 전술)을 벌이는 것이었다. 반면 조선 수군의 전술은 적선과 거리를 두고 대포나 활로 공격하는 것이었다. 판옥선은 크고 높아서 일본군이 뛰어 오르기 어려웠고, 일본 배보다 화력이 월등했다. 따라서 빠르기는 해도 화력이 떨어지는 일본 수군의 작은 전투선을 효과적으로 공격할 수 있었다.

심화 판옥선의 단점은 이동 속도가 느린 것이었다. 임진왜란 때 조선 수군을 이끌었던 **이순신**은 판옥선의 단점을 보완해 **거북선**을 만든 뒤 돌격선으로 삼았다. 속도가 빠른 거북선을 먼저 돌진시켜 적의 대열을 흩뜨린 다음, 판옥선에서 화포 공격을 퍼부었다.

●●○
판옥선은 조선 수군의 주된 군함이었다. 배의 아랫부분이 평평해 빠르고 거친 물살을 잘 견디며, 판옥을 올려 많은 병사들이 한꺼번에 화포 공격을 할 수 있었다.

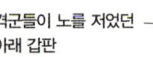

판옥을 만든 위

격군들이 노를 저었던 아래 갑판

신라와 고려에서 나라의 안녕을 빌었던 종교 행사
팔관회

개요 신라와 고려에서 나라의 안녕을 빌던 종교 행사이다. 불교와 토속 신앙이 어우러진 행사였으며, 임금과 신하가 한자리에서 즐기는 큰 축제이기도 했다.

풀이 팔관회는 신라에서 시작되었다. 《삼국사기》에는 진흥왕 때 팔관회를 열고 신라의 번영을 빌었다는 기록이 있으며, 그 후에도 몇 차례 더 팔관회를 치렀다고 한다. 그러다 고려 시대에는 나라의 큰 행사이자 정기적인 행사로 자리 잡았다. 고려는 매년 개경에서는 11월 15일에, 서경에서는 10월에 팔관회를 열었다. 고려 태조 왕건은 자손들에게 남긴 유언인 훈요 십조에서 연등회와 함께 팔관회를 중시하라고 당부하기도 했다.

팔관회 때는 궁궐에 불을 밝히고 술과 음식을 준비한 뒤 노래와 춤을 구경하면서 임금과 신하가 함께 즐겼다. 그리고 여러 신들에게 나라가 태평하고 왕실이 편안하기를 빌었다. 팔관회가 열릴 때면 송이나 여진, 아라비아 상인들이 선물을 가지고 와 고려의 임금에게 바치기도 했다. 이를 계기로 고려의 팔관회는 커다란 국제 행사가 되었으며, 고려의 무역도 더욱 활발해졌다.

심화 '팔관'은 본래 불교에서 수행할 때 지키는 원칙을 뜻한다. 생명을 빼앗는 일은 물론이고 도둑질, 거짓말, 술 마시기, 사치 등 하지 말아야 할 여덟 가지 나쁜 행동을 가리킨다. 하지만 팔관회는 수행의 원칙을 강조하는 불교 행사가 아니었다. 팔관회는 모든 사람들이 즐기는 축제였으며, 산신이나 땅의 신처럼 토속 신들에게 나라의 안녕을 빌거나 가을걷이에 감사하는 제사를 올리는 토속 신앙의 성격도 띠었다.

시대 고려 시대 더 찾아보기 고려, 국보, 몽골, 한양, 해인사 장경판전

불교의 힘으로 몽골의 침략을 물리치기 위해 만든 경판

팔만대장경

개요 고려 고종 때 부처님의 말씀을 담은 불교 경전을 새긴 나무판이다. 부처님의 힘으로 고려에 침입한 몽골군을 물리치기를 바라는 마음을 담아 만들었다. 해인사 장경판전과 함께 국보 제12호로 지정되었고, 2007년에는 해인사에 보관되어 있는 다른 대장경판들과 함께 유네스코의 세계 기록 유산에 등재되었다.

풀이 '팔만대장경'이라는 이름은 불경을 새긴 나무판의 숫자가 8만여 개여서 붙은 이름이다. 고려 시대에 만들어졌다고 해서 '고려 대장경'이라고도 하고, 현재 경상남도 합천 해인사에 보관되어 있다고 해서 '해인사 대장경'이라고도 부른다.

몽골의 침입으로 인해 이전에 만들었던 대장경(초조대장경)이 불에 타자, 고려 조정은 대장도감이라는 임시 기구를 세우고 온 힘을 기울여 팔만대장경을 만들었다. 고려 고종 때인 1233년에 시작해 16년 만인 1248년에 완성했다. 이 중 나무판에 실제로 대장경을 새긴 기간만 12년에 달했다.

팔만대장경을 만드는 과정은 다음과 같았다. 먼저 경판으로 쓸 나무를 베어 바닷물에 담가 두었다. 그런 다음 필요할 때마다 적당한 크기로 잘라 찌거나 응달에서 말린 후 대패로 다듬었다. 나무판 1개의 크기는 길이가 68~78센티미터, 폭은 약 24센티미터, 두께는 2.7~3.3센티미터 정도였다.

경판의 글자는 사람들을 훈련시켜 글자체를 통일한 뒤 솜씨 좋은 장인들에게 새기게 했다. 그 덕분에 전체 글자 수가 5200만 자가 넘는 대장경판이 마치 한 사람이 쓴 것처럼 만들어졌다. 교정도 꼼꼼하게 보아 오자나 탈자(빠진 글자)도 거의 없다.

심화 팔만대장경은 본래 강화도에서 만들었지만 조선 초기에 한양을 거쳐 해인사로 옮겼다. 해인사가 있는 합천 지역은 산이 험해 전쟁이 일어났을 때 한 번도 피해를 입지 않은 곳이기 때문이다. 그리고 팔만대장경은 과학적인 구조로 설계된 해인사 장경판전에 보관했다.

불교의 힘으로 몽골의 침략을 물리치기 위해 만든 팔만대장경은 단지 종교적인 의식이 아니라 나라의 큰 일이었다. 고려 조정은 승려들은 물론 백성들과 함께 팔만대장경 만들기에 온 힘을 기울였다. 그 결과, 8만 1258개에 달하는 대장경판이 만들어졌다.

경상남도 합천의 해인사 장경판전에 보관 중인 팔만대장경의 경판.

대장경판은 훈련을 받은 사람들이 글씨를 쓰고, 솜씨 좋은 장인들이 글자를 새겨 만들었다. 글씨는 마치 한 사람이 쓴 것처럼 비슷했고 오자나 탈자도 없었다.

경판 위에 먹물을 바른 뒤 종이로 찍어 내면 불경을 손쉽게 인쇄할 수 있었다.

시대 현대 | 더 찾아보기 대한민국 임시 정부, 3·1 운동, 일본, 태평양 전쟁, 한국광복군

우리나라가 일제의 식민 지배에서 벗어나 독립한 일

8·15 광복

개요 일제의 식민 지배로부터 벗어나 독립한 일이다. 1945년 8월 15일에 **일본**이 연합군에 무조건 항복하면서 제2차 세계 대전이 끝났고, 우리나라도 일본의 식민 지배에서 해방되었다.

풀이 1945년 8월 15일, 라디오에서는 일본 천황의 떨리는 목소리가 흘러나왔다. **태평양 전쟁**을 일으킨 일본이 연합군에 무조건 항복한다는 내용이었다. 이에 따라 일본의 식민 통치를 받던 한반도에도 광복의 기쁨이 찾아왔다. 여기서 '광복'이란 빼앗긴 주권을 다시 찾는다는 뜻이다. 비록 일본의 항복과 동시에 완전한 독립 국가를 이루지는 못했지만, 우리 민족은 일제의 식민 지배에서 비로소 벗어날 수 있었다.

8·15 광복은 직접적으로는 연합군이 일본에 승리하면서 얻어진 결과이지만, 우리 민족의 끈질긴 독립운동도 큰 역할을 했다. 1919년의 **3·1 운동**은 우리 민족의 강한 독립 의지를 드러냈고, **대한민국 임시 정부**의 외교와 **한국광복군**의 결성, 만주에서의 무장 독립 전쟁, 연해주와 미국에서 있었던 독립운동 등은 우리 민족의 독립 의지를 국제 사회에 널리 알렸다.

이와 같은 민족 독립 활동은 연합군 진영의 나라들에게도 큰 감동을 주었다. 그 결과, 제2차 세계 대전 중에 열린 카이로 회담에서 한반도의 독립 문제가 의논되었다. 미국의 루스벨트, 중국의 장제스, 영국의 처칠 등의 대표들은 "한국 민중의 노예 상태에 유의해 적당한 절차를 밟아 한국을 자유 독립시키기로 한다."는 결의 내용을 발표했다. 그리고 독일이 연합군에 항복한 뒤 열린 포츠담 회담에서 우리나라의 독립을 다시 한 번 확인했다. 이에 따라 우리나라는 마침내 독립을 이룰 수 있었다.

심화 일본의 항복으로 식민 지배에서 벗어났지만 우리나라는 곧바로 독립 국가가 되지는 못했다. 한반도에서 일본이 물러남과 동시에 외국 군대의 군정이 시작되었기 때문이다. 북위 38도선을 경계로 남쪽에는 미군, 북쪽에는 소련군이 각각 들어

1945년 8월 15일에 일본 천황이 '무조건 항복'을 발표했다는 소식이 전해지자, 우리나라 사람들은 기쁨을 참지 못하고 거리로 나와 만세 시위를 벌였다.

왔다. 이들은 공식적인 독립 정부가 들어설 때까지 임시로 우리나라를 다스렸는데, 우리 민족은 끝내 통일 정부를 세우지 못하고 남쪽과 북쪽에 각각의 정부를 세운 뒤 분단 국가가 되었다.

●○○
8·15 광복은 우리 민족이 오랫동안 바라온 독립 국가를 세울 수 있는 기회를 가져다 주었다. 이 때문에 우리 민족은 매우 기뻐했는데, 안타깝게도 통일 정부를 이루지는 못했다. 미군이 다스리는 남쪽에는 대한민국 정부가, 소련군이 다스리는 북쪽은 조선민주주의인민공화국 정부가 들어서면서 분단 국가가 되었다.

고조선에 있었던 8개 조항의 법률
8조법

개요 고조선에 있었던 우리나라 최초의 법률이다. 모두 8개의 조항으로 이루어져 있으며, '법금 8조' 또는 '8조 금법'이라고도 부른다.

풀이 《삼국지》와 《한서》 등 중국의 옛 기록에 따르면 고조선에는 8개의 법이 있었다. 모두 8개의 조항으로 이루어졌다는 뜻에서 8조법이라고 부르는데, 나중에는 더 많은 조항이 생겼다. 하지만 지금은 아래의 세 가지 조항만 전해 온다.

❶ 살인자는 즉시 사형에 처한다.
❷ 남을 다치게 한 자는 곡식으로 보상한다.
❸ 도둑질한 자는 노예로 삼는다. 용서 받으려면 50만 전(냥)을 내야 한다.

　8조법은 고조선 사회를 이해하는 데 중요한 근거가 되고 있다. 즉 살인자에게 사형의 처벌을 받게 한 것은 고조선이 그만큼 생명을 중시하는 사회였음을 알려 준다. 또한 남을 다치게 했을 때 곡식으로 보상하라고 한 것은 곡식을 화폐처럼 사용했음을 보여 준다. 도둑질한 자를 노예로 삼는다는 항목에서는 고조선 시대에 이미 사유 재산과 신분 제도가 발생했고 빈부 격차도 있었음을 알 수 있다. 단, 50만 전을 내야 한다는 규정만으로 당시에 화폐가 통용되고 있었다고 보기는 어렵다. 시장이 발달하고 화폐가 사용된 것은 한참 후의 일이기 때문이다.

심화 고조선의 8조법은 불문법이라고 할 수 있다. 불문법이란 문자로 써 놓지 않은 법률을 뜻하는 것으로, 오랫동안 지켜온 관습이나 예전의 재판 사례에 따라 적용하는 것이다. 우리나라 최초의 법은 불문법이었지만 **고려**와 **조선** 시대를 거치면서 문자로 써 놓은 법, 즉 성문법으로 자리를 잡았다. 대표적인 것이 바로 조선의 법전인 **《경국대전》**이다.

시대 남북국 시대   더 찾아보기 견훤, 삼국 통일, 신라, 후백제

신라 때 만들어진 돌 도랑이 있는 정원
포석정

개요 경주에 있는 통일 신라 시대의 연회장이다. 현재는 정원만 남아 있으며, **신라**의 왕인 경애왕이 927년에 이곳에서 **후백제**의 왕인 **견훤**의 습격을 받아 스스로 목숨을 끊었다고 알려진 곳이다.

풀이 포석정은 전복 모양의 도랑이 있는 정원이다. 예전에는 근처에 건물이 있었으나 지금은 사라지고 돌로 된 도랑 형태의 구조물만 남아 있다. 만든 시기는 정확하게 알 수 없지만 대부분의 역사학자들이 **삼국 통일** 이후인 통일 신라 때 만들어진 것으로 보고 있다. 880년경에 신라의 제49대 임금인 헌강왕이 포석정에서 놀았다는 기록이 남아 있으나 실제 만들어진 시기는 그 이전인 것으로 추측된다.

포석정의 도랑은 모두 63개의 돌을 이어 붙여 만들었다. 연회가 열리면 도랑에 흐르는 물 위에 술잔을 띄우고 술잔이 자기 앞에 오면 시를 읊으며 즐겼다고 한다. 이런 놀이를 유상곡수연이라고 한다. 유상곡수연 놀이를 즐길 목적으로 만든 도랑은 곡수거라고 부르는데, 이런 놀이는 중국에서도 즐겼다고 전해진다. 그러나 중국에는 포석정처럼 곡수거 유적은 남아 있지 않다.

돌 도랑이 구불구불하게 이어진 포석정. 옛날에는 경주 남산의 계곡에서 흘러내리는 물을 끌어들여 도랑을 채웠다고 하지만, 지금은 비어 있다. 일제 강점기 때 해체한 적이 있어 본래의 모양은 아니다.

심화 역사학자들 중에는 포석정이 귀족들의 놀이터가 아니라 제사를 지내던 사당이 있던 자리라고 주장하는 사람도 있다. 신라 성덕왕 때 김대문이 화랑의 이야기를 적은 책 《화랑세기》에는 '포석사'라는 표현이 나오는데, 포석정이 사당인 포석사와 관련이 있거나 같은 것이라는 주장이다. 실제로 1998년에 이루어진 발굴 조사에서 제사에 사용되는 제기들이 발견되기도 했다.

시대 현대 | 더 찾아보기 일본, 카이로 선언

미·영·소 등 연합국 정상들이 일본과 식민지 처리 문제를 의논한 회담

포츠담 회담

개요 1945년 7월 독일 포츠담에서 미국과 영국, 소련 등 연합국 정상들이 만나 제2차 세계 대전의 처리를 의논한 회담이다. 제2차 세계 대전 후 **일본**과 식민지를 어떻게 처리할지에 대한 문제가 논의되었다.

풀이 1945년 5월 제2차 세계 대전에서 패한 독일은 항복을 선언했다. 하지만 일본은 아랑곳하지 않고 계속 전쟁을 이어갔다. 이에 제2차 세계 대전에서 승리한 연합국의 정상들은 일본을 어떻게 처리할지에 대해 의논하기 위해 독일의 포츠담에서 회담을 가졌다. 미국의 트루먼 대통령, 영국의 처칠 수상, 중국의 장제스 주석 등은 먼저 일본에게 항복을 권유하기로 했다. 그런 다음 일본을 점령한 뒤 일본군의 무장을 해제하고, 전쟁 범죄자를 처벌하며, 군수 산업을 금지하고 민주주의를 부활시키기로 했다.

이 회담에서는 우리나라를 비롯한 식민지 문제에 대해서도 논의되었다. 연합국의 정상들은 식민지 문제는 1943년에 이미 발표된 **카이로 선언**에 따른다고 합의했다. 카이로 선언에는 일본의 식민지는 모두 해방되어야 하고, 특히 "한국 민중의 노예 상태에 유의하여 앞으로 적절한 절차를 거쳐 자유와 독립을 준다."는 내용이 들어 있었다. 또한 연합국의 정상들은 포츠담 회담을 통해 "일본의 주권은 혼슈, 홋카이도, 규슈, 시코쿠의 네 섬과 연합국이 인정하는 작은 섬에 한정된다."고 못 박았다.

심화 일본은 연합국 정상들의 권유를 받아들이지 않았다. 당시 일본은 태평양을 사이에 두고 미국과 막바지 전쟁을 벌이고 있었다. 미국은 일본 열도 남쪽의 섬인 오키나와를 점령하고 일본 본토를 향한 폭격을 본격화했다. 일본은 1945년 8월 6일과 9일 두 번에 걸쳐 히로시마와 나가사키에 원자 폭탄 공격을 받고 8월 15일 무조건 항복을 선언했다.

시대 삼국 시대 | **더 찾아보기** 가락바퀴, 몽촌 토성, 민무늬 토기, 백제, 삼국 시대, 석촌동 고분군, 선사 시대, 위례성

백제 초기의 도읍지인 위례성으로 추측되는 토성 터

풍납동 토성

개요 서울특별시 송파구에 있는 **백제** 시대의 토성 터이다. 정식 이름은 '서울 풍납동 토성'이며, 많은 역사학자들이 **몽촌 토성**과 풍납동 토성을 묶어서 백제 초기의 도읍지였던 **위례성**으로 추측한다. 주변에 있는 몽촌 토성과 **석촌동 고분군**과 함께 초기 백제의 모습을 살필 수 있는 중요한 유적이다.

풀이 풍납동 토성은 원래 둘레가 4킬로미터쯤 되는 큰 규모의 토성이었지만, 1925년 한강 대홍수로 인해 성의 남서쪽 일부가 물에 쓸려나가 현재는 약 2.7킬로미터 정도만 남아 있다. 대홍수 때 다리가 셋 달리고 자루가 있는 청동 냄비인 초두와 금 귀걸이, 과대(허리띠) 금구(장신구), 유리옥 등 왕성(왕이 사는 성)이었음을 추측케 하는 유물이 모습을 드러냈다. 이 때문에 풍납동 토성이 위례성이라는 주장이 대두되었는데, 백제의 방어용 성이라는 주장도 만만치 않았다.

그러다 1997년 아파트 공사 중에 풍납동 일대에서 많은 양의 백제 초기 유물이 발견되었다. 또한 이 성이 흙을 차곡차곡 다져가며 한 쪽씩 쌓아 올린 판축 토성임이 알려지면서 단순한 방어용 성이 아닌 백제의 도성이었다는 주장이 큰 힘을 얻게 되었다. 즉, 풍납동 토성의 규모나 건축 방법으로 볼 때 오랜 기간 수많은 사람들이 참여하여 만든 것이므로 강력한 권력을 가진 왕에 의해 추진된 성이라는 것이다.

심화 풍납동 토성에서는 대부(大夫)라는 글자가 새겨진 토기, 왕이 제사 드릴 때 제물로 바쳤을 것으로 추측되는 10여 개의 말 머리뼈, '呂(여)' 자 모양의 대형 건물 터, 수많은 기와와 바닥에 깔았던 전돌 등이 발견되었다. 또한 풍납동식 **민무늬 토기**, 신라식 토기, 그물추, 물레, **가락바퀴** 등 **선사 시대**부터 **삼국 시대**에 이르는 유물들이 발견되기도 했다.

시대 삼국 시대~조선 시대 | 더 찾아보기 개경, 고려, 신라, 왕건, 조선, 한양, 호족

집을 짓거나 무덤을 만들 때 자연환경을 살피는 이론
풍수지리설

개요 땅의 모양새나 방위에 따라 인간의 생활에 좋은 일 또는 나쁜 일이 일어날 수 있다고 설명하는 이론이다. **신라** 말기에 중국에서 들어와 **고려** 시대에 널리 퍼졌으며, **조선** 시대에는 유교의 조상 숭배 사상과 어울려 사람들의 생활에 영향을 미쳤다.

풀이 풍수지리는 자연환경이 인간의 생활에 영향을 미치는 것을 연구하고 토론하는 학술 분야였다. 하지만 우리 사회에서는 주로 궁궐터나 집터, 무덤 자리를 잡는 데 이용되었다.

풍수지리설이 퍼지기 시작한 것은 신라 말기였다. 10세기경 신라의 지방 곳곳에서는 **호족** 세력이 성장했는데, 이들은 경주에 있는 중앙 정부의 영향을 받지 않으면서 독자적인 힘을 길렀다. 호족들은 자신들이 세력을 키우는 일을 정당하게 보이도록 하기 위해 중국에서 들어온 풍수지리설을 내세웠다. 천 년 동안 도읍지였던 경주는 이제 땅의 기운이 다했으며, 자신들의 근거지가 새로운 정기를 받고 있는 지역이라고 선전한 것이다. 고려를 세우고 후삼국을 통일한 **왕건**도 풍수지리설을 바탕으로 세력을 키웠다.

이후 고려 시대에는 풍수지리설이 널리 퍼져 나갔다. 특히 고려의 왕실은 풍수지리 사상을 존중해 나라의 중요한 정책을 결정하거나 행사를 준비할 때 항상 풍수지리설을 따랐다. 조선 시대의 사대부들은 풍수지리설을 미신이라고 비판했지만, 조상의 무덤 자리를 정할 때는 꼭 풍수지리를 살펴보는 등 사람들의 생활에는 여전히 풍수지리설이 큰 영향을 미쳤다.

심화 고려의 도읍지인 **개경**과 마찬가지로 조선의 도읍지인 **한양**도 풍수지리설을 바탕으로 결정되었다. 풍수지리설에 따르면 한양은 최고의 명당 자리였다. 궁궐이 들어설 자리인 명당을 보호하듯 산이 둘러싸고 있고, 명당 앞에는 명당수(강)가 흘렀기 때문이다.

풍수지리설은 사람들의 생활에 큰 영향을 주었다. 사람들은 집을 짓거나 무덤 자리를 고를 때 풍수지리의 원칙에 알맞은 곳인지 살피곤 했다. 명당을 찾아내 집을 짓거나 무덤을 만들면 그곳의 주인뿐 아니라 후손들도 잘살게 된다고 믿었다.

- 중심이 되는 산인 '주산'
- 명당을 지키듯 감싼 산인 '청룡'
- 명당을 지키는 듯 감싼 산인 '백호'
- 집이나 궁궐 자리인 '명당'
- 명당 앞쪽으로 흐르는 강인 '명당수'

시대 조선 시대   더 찾아보기 박연, 벨테브레이, 일본, 조선, 한양

조선 후기에 우리나라를 유럽에 알리는 책을 쓴 네덜란드 선원
하멜(헨드릭 하멜)

개요 조선 중기에 조선에 14년간 머물다 간 네덜란드 선원이다. 일본으로 가던 중 태풍으로 인해 제주도에 불시착했으며, 고국에 돌아가 조선에서의 경험을 담은 책 《하멜 표류기》를 펴냈다.

풀이 헨드릭 하멜은 1630년 네덜란드의 호르큄에서 태어났다. 그는 네덜란드가 해상 무역으로 막대한 돈을 벌어들이던 시기에 동인도 회사의 소속 선원으로 일했다.

1653년에는 상선 스페르웨르호를 타고 일본에 가던 중 태풍을 만나 표류하다가 일행 36명과 함께 제주도에 도착했다. 제주 목사였던 이원진은 낯선 이방인들을 가두고 조정에 보고했다. 당시 조선인으로 귀화해 살고 있던 네덜란드인 박연(벨테브레이)이 내려와 통역을 맡아 했는데, 박연이 모국어를 잊어버려 의사 소통이 어려웠다고 한다.

하멜은 그후에도 10개월 동안 감금되어 있다가 이듬해에 한양으로 압송되었다. 예전에 포를 다룬 경험이 있어 훈련도감에 소속되었지만 잘 적응하지는 못했다. 하멜은 고국인 네덜란드로 돌아가기 위해 노력하다 실패하고, 전라남도 강진과 여수에 유배되어 전라 병영에 소속되어 생활했다. 그러다 1666년에 동료 7명과 함께 배를 타고 일본으로 탈출했다. 2년 후인 1668년 하멜은 네덜란드로 돌아갔으며, 1692년에 세상을 떠났다.

심화 네덜란드로 돌아간 하멜은 그해에 14년에 걸친 조선의 생활을 담은 《하멜 표류기》를 펴냈다. 조선의 지리나 풍속, 정치, 군사, 교육, 교역 등을 소개한 《하멜 표류기》는 영어는 물론 불어와 독어로도 편찬되어, 유럽에서 조선에 대한 관심을 크게 높였다.

시대 현대 | 더 찾아보기 문화재, 세계 유산, 양반, 임진왜란, 조선

우리나라의 전통문화와 건축 양식이 잘 보존된 민속 마을

하회 마을

개요 경상북도 안동시에 있는 민속 마을이다. 문화유산이 잘 보존되어 있어 1984년에 마을 전체가 국가 지정 문화재로 선정되었고, 2010년 8월에는 경주 양동 마을과 함께 유네스코 세계 유산으로 등재되었다.

풀이 '하회'라는 마을 이름은 땅과 강의 모양에서 유래되었다. 하회는 '물돌이' 또는 '합수머리'라고도 부르는데, 두 갈래 이상의 여러 물줄기가 한데 합쳐지는 곳을 뜻한다. 실제로 하회 마을은 낙동강이 'S' 자 모양으로 마을을 감싸 안고 흐르면서 물줄기가 합쳐지는 곳에 있다.

하회 마을은 풍산 류씨가 600여 년간 대대로 살아온 곳이다. 같은 성씨가 모여 살던 대표적인 씨족 마을인 셈이다. 뿐만 아니라 우리나라의 옛 가옥인 기와집과 초가집이 지금까지 잘 보존되어 있고, 조선 시대 유학자인 겸암 류운룡과 임진왜란 때 영의정을 지낸 서애 류성룡 형제가 태어난 곳으로도 유명하다. 지금도 150여 가구가 이곳에서 살고 있다.

하회 마을에는 전통 생활문화가 잘 보존되어 있다. 대표적인 것이 양반에 대해 풍자하는 민속 탈춤인 '하회 별신굿 탈놀이'이다. 또한 선비들의 풍류놀이였던 '선유줄불놀이'도 지금까지 전해 오고 있다.

심화 하회 마을에는 우리나라 고유의 건축 양식이 잘 보존되어 있다. 전통적인 양반집을 잘 보여 주는 하회 마을 북촌의 양진당과 북촌댁, 남촌의 충효당과 남촌댁을 비롯하여 원지 정사나 하동 고택 등이 대표적인 전통 건축물이다.

경상북도 안동의 하회 마을에 내려오는 탈놀이

하회 별신굿 탈놀이

개요 경상북도 안동의 **하회 마을**에 전해 오는 탈놀이이다. 마을의 공동 제사인 별신굿을 할 때 탈놀이가 공연된다. 하회 별신굿 탈놀이는 중요 무형 문화재 제69호로, **고려** 시대에 만들어진 하회탈은 **국보** 제121호로 지정되었다.

풀이 하회 별신굿 탈놀이는 하회 마을에 내려오는 전설에서부터 시작되었다. 고려 시대에 하회 마을에 사람의 힘으로는 막을 수 없는 큰 재앙이 들었다. 마을의 모든 사람들이 근심하고 있었는데, 어느 날 허 도령이라는 사람의 꿈에 신령이 나타났다. 신령은 허 도령에게 탈을 만들어 쓰고 굿을 하면 재앙이 물러갈 것이라고 알려 주었다. 이에 허 도령이 신령의 말대로 했더니 재앙이 사라졌다.

하회탈의 전설이 실제로 일어난 일인지는 정확히 알 수 없다. 하지만 하회 마을에는 허씨 성을 가진 사람이 많았고, 하회 별신굿 탈놀이는 500여 년째 이어져 왔다. 하회탈은 원래 14점이었으나, 3점이 분실되어 현재 인물 가면 9점, 동물 가면 2점 등 11점만이 전해지고 있다.

하회 별신굿 탈놀이는 마을의 공동 제사인 별신굿의 한 순서로 이루어진다. 별신굿은 마을의 서낭신에게 예를 갖추고 풍년과 풍어를 비는 의식이다. 제사가 끝나면 탈놀이가 시작되는데, 모두 10개의 마당으로 이어진다. 탈놀이의 내용은 파계승(불교의 계율을 어긴 승려)을 조롱하고, 겉으로만 점잖고 착한 체 하는 **양반**과 선비들의 행동을 풍자하는 것이다. 이를 통해 양반과 상민, 남자와 여자 등 신분이나 성별에 따라 사람들을 차별하는 사회를 비판했다.

심화 하회 별신굿 탈놀이는 매년 음력 정월 초에 열렸다. **일제 강점기**인 1928년에 마지막으로 열린 뒤 중단되었다가, 1975년에 하회 별신굿 탈놀이 보존회가 설립되면서 다시 열리게 되었다. 탈놀이의 재능을 인정받아 인간 **문화재**로 지정된 사람들은 제자들을 가르쳐 하회 별신굿 탈놀이가 이어지도록 노력하고 있다.

●○○
하회 별신굿 탈놀이의 내용은 겉으로는 점잖은 체 하면서 나쁜 행동을 일삼는 양반과 선비, 승려 등을 조롱하는 것이다. 탈을 쓴 연기자들은 반주에 맞추어 춤을 추거나 노래를 부르고, 우스꽝스러운 몸짓과 재담을 하는 등 흥미진진하게 놀이를 이끌어 간다.

선비
초랭이
할미
양반

하회탈은 양반, 선비, 중, 백정, 초랭이, 할미, 이매, 부네, 각시, 총각, 떡다리, 별채, 암주지, 숫주지 등 14개였다. 이중에서 총각과 떡다리, 별채 등 세 개의 탈은 전해지지 않는다.

시대 선사 시대 | 더 찾아보기 고조선, 한군현

진에 이은 중국의 두 번째 통일 왕조이자 중국 문화의 기틀을 세운 나라

한

개요 기원전 206년부터 220년까지 중국 대륙을 지배한 나라이다. 한족인 유방이 장안을 도읍으로 삼아 세웠으며, 중국 문화의 기틀이 이 시기에 마련되었다. 한은 고조선의 세력이 커지자 대규모 정복군을 보내 멸망시키고 한군현을 설치한 뒤 지배하기도 했다.

풀이 중국을 최초로 통일한 나라는 '진'이었다. 진은 강한 군사력과 법가 사상을 바탕으로 통일을 이루었지만 불과 15년 만에 멸망했다. 진이 멸망한 까닭은 황제를 비판하는 학자들을 땅에 묻고 책을 불사르는가 하면, 만리장성을 쌓기 위해 백성들을 수탈하는 등 폭력적인 정치를 폈기 때문이다. 진의 힘이 약해지면서 곳곳에 새로운 나라가 생겨났고, 그중 유방이 세운 한이 중국을 통일했다.

한은 유교를 국교로 삼아 나라의 기틀을 세웠다. 제7대 임금인 무제 때는 흉노족은 물론이고 동월과 남월(베트남), 고조선을 정복했다. 이후 한은 서쪽으로도 진출해 정복 전쟁을 이어갔고, 중국과 서방의 교통로인 비단길(실크 로드)을 개척해 전성기를 이루었다. 하지만 이로 인해 경제 사정이 나빠진 데다 외척들이 임금의 자리를 차지하기 위해 다투면서 점점 쇠퇴했고, 결국 반란을 일으킨 왕망에 의해 멸망당했다. 왕망은 나라의 이름을 '신'이라고 지은 뒤 황제가 되었으나, 그 역시 15년 만에 유방의 후손인 유수에게 멸망당했다.

유수는 다시 한을 세워 낙양을 도읍으로 삼고 나라의 기틀을 닦았다. 유방이 세운 한을 '전한'이라고 하고, 유수가 다시 세운 한을 '후한'이라고 부른다. 후한 시대에는 채륜이 세계 최초로 종이를 만들고, 장형이 혼천의와 지동의를 만드는 등 문화가 번창했다. 그러나 또 다시 외척과 환관들의 세력 다툼이 심해지면서 백성들의 삶이 힘들어졌다. 장각이 농민들을 모아 난(황건적의 난)을 일으킨 뒤에는 나라의 힘이 크게 약해졌고, 결국 헌제가 조조의 아들인 조비에게 임금의 자리를 넘겨주면서 후한은 멸망하고 말았다.

심화 한은 400여 년 동안 중국 대륙을 지배했는데, 오늘날 중국의 기초가 이때 자리를 잡았다. 한이 중국을 지배하는 동안 문화가 번창했고, 이것은 이웃 나라에도 커다란 영향을 끼쳤다. 유교의 윤리가 성립되었고, 제각각 사용하던 글자의 모양과 뜻을 통일해 완성했으며, 수많은 책이 출간되었다. 유명한 역사책인 사마천의 《사기》나 반고의 《한서》, 수학책인 《구장산술》, 의학책인 《황제내경》 등이 대표적이다. 중국인들을 뜻하는 '한족'이나 중국의 글자인 '한자'는 바로 한의 이름에서 유래된 것이다.

한은 이웃 나라에 두루 영향을 끼칠 만큼 빛나는 문화를 자랑했다. 유학을 비롯한 여러 분야의 학문과 문자(한자), 종이, 혼천의 등은 한나라 시대의 값진 문화유산들이다.

한의 제7대 임금인 무제. 활발한 대외 원정으로 영토를 넓힌 정복 군주이다. 고조선도 무제의 공격을 받아 멸망했다.

한을 세운 고조 유방. 진나라 말기에 여러 나라로 분열된 중국을 통일했다. 초나라 임금인 항우와의 대결과 경쟁을 그린 고전 소설 《초한지》의 주인공이기도 하다.

시대 현대 | 더 찾아보기 경제 개발 5개년 계획, 박정희, 4·19 혁명, 5·16 군사 정변, 6·25 전쟁, 이승만

6·25 전쟁 이후 대한민국의 경제 성장을 가리키는 말

한강의 기적

개요 6·25 전쟁 이후 이루어진 대한민국의 경제 성장을 가리키는 말이다. 제2차 세계 대전 이후 독일의 경제 발전을 '라인 강의 기적'이라고 부르는 것을 본떠서 붙인 이름이다.

풀이 1950년대의 우리나라 경제는 미국의 원조를 받아 유지했다. 그러나 1950년대 후반부터 미국의 원조가 줄어들면서 우리나라는 스스로 경제를 발전시킬 방안을 찾기 시작했다. **4·19 혁명**으로 **이승만** 정부가 무너진 뒤 들어선 제2공화국은 **경제 개발 5개년 계획**을 세웠다. 그러나 이 계획은 **5·16 군사 정변**으로 제2공화국이 무너지면서 실행되지 못했다.

5·16 군사 정변으로 권력을 잡은 **박정희** 정부는 '근대화'를 나라 정책의 목표로 세우고 경제 개발 5개년 계획을 추진했다. 박정희 정부의 기본적인 경제 성장 정책은 수출을 늘리는 것이었다. 1960년대에는 임금은 적게 받으면서도 일을 잘하는 우리나라 노동자들의 노력을 바탕으로 경공업이 크게 발전했다. 1970년대에는 정유와 조선, 비료 등 중화학 공업의 비중이 늘어났고, 자동차 산업도 차츰 성장하기 시작했다. 성실하고 실력 있는 인력(노동력)도 수출했다. 1960년대에는 독일에 광부와 간호사를 보냈고, 1970년대에는 중동 지역에 건설 노동자를 보내 일하게 했다.

정부와 국민들이 힘써 노력한 결과, 우리나라 경제는 크게 성장했다. 1인당 국민 소득은 1953년 67달러에 불과했지만 1977년에는 1,000달러, 2000년에는 1만 달러를 넘어섰다. 수출은 1957년에 약 2200만 달러이던 것이 1977년에는 100억 달러, 2000년에는 1,700억 달러를 넘어섰다. 불과 30여 년 사이에 수백 배의 성장을 이룬 것이다. 이로 인해 '한강의 기적'이라는 말이 나오게 되었다.

심화 경제는 크게 발전했지만 그로 인해 많은 부작용도 일어났다. 정부가 수출 경쟁력을 높이기 위해 임금을 적게 주는 정책을 계속하면서 노동자들은 1980년대 중

'한강의 기적'이라는 말은 독일의 경제 발전을 표현한 '라인 강의 기적'이라는 말을 본떠 붙인 것이다. 한강은 우리나라의 수도인 서울의 한복판을 가로지르는 강으로, 우리나라를 상징하여 표현한 셈이다.

반까지 힘겨운 생활을 이어가야 했다. 산업과 각종 시설이 수도권과 도시 지역에만 집중되면서 농촌은 소득과 생활 수준이 뒤떨어졌고, 이로 인해 젊은이들이 농촌을 떠나자 농촌 사회는 급격히 고령화되었다. 도시에서도 여러 문제가 생겨났다. 크게 늘어난 인구로 인해 주택이 부족하고 주거 환경이 악화되었다. 교통난이 심해졌으며, 공해와 쓰레기 등 환경 오염도 커다란 사회 문제가 되었다.

6·25 전쟁 이후 우리나라 국민들은 적은 임금을 받으면서도 성실하게 일했다. 사회 곳곳에서, 또한 산업의 모든 분야에서 열심히 일한 덕분에 우리나라는 엄청난 경제 발전을 이룰 수 있었다.

시대 일제 강점기 | 더 찾아보기 김원봉, 대한민국, 대한민국 임시 정부, 이범석, 일본, 조선 의용대, 지청천, 태평양 전쟁, 8·15 광복

1940년에 창설된 대한민국 임시 정부의 정규군
한국광복군

개요 1940년에 창설된 **대한민국 임시 정부**의 정규군이다. 중국군은 물론이고 미국, 영국 등의 군대와 연합해 **일본**군과 맞서 싸웠다. 1945년에 국내로 들어가 나라를 되찾는 전쟁을 벌일 계획이었으나 일본의 갑작스러운 항복으로 뜻을 이루지 못했다.

풀이 대한민국 임시 정부는 중국에 흩어져 있던 병력을 모아 1940년 9월 17일에 한국광복군을 창설했다. 총사령관에는 **지청천**을, 참모장에는 **이범석**을 임명했다. 이전까지는 주로 외교나 선전, 의거 활동만 벌였던 임시 정부가 마침내 정규군을 갖게 된 것이다. 정규군이란 국가에서 조직해 훈련시킨 정식 군인을 뜻한다. 한국광복군은 일제에 맞서 나라를 되찾기 위한 목적으로 만들어졌다. 다만, 당시 임시 정부는 중국 정부의 지원을 받고 있었기 때문에 한국광복군도 처음에는 중국군의 지휘를 받아야 했다.

1941년에 일제가 미국을 침공해 **태평양 전쟁**을 일으키자, 한국광복군도 연합군에 참여해 싸우겠다고 밝힌 뒤 일제에 선전 포고를 했다. 1942년에는 **김원봉**이 이끄는 **조선 의용대**의 일부 군인들도 한국광복군에 참여해 규모는 더욱 커졌다. 한국광복군은 1943년에 영국군과 함께 인도와 버마 전선에 참여했고, 미국에서 파견한 군인으로부터 특수 임무 수행을 위한 훈련을 받기도 했다. 그리고 그간의 활동을 인정받아 1944년에는 중국군의 지휘에서 벗어나 독자적인 지휘권을 갖게 되었다.

한국광복군의 규모는 창설 당시에는 30여 명에 불과했으나, 이후 젊은이들이 꾸준히 찾아와 입대하면서 1945년 4월에는 339명, 같은 해 8월에는 700여 명으로 늘어났다. 일제가 곧 전쟁에서 패할 것이라고 판단한 임시 정부는 우리의 힘으로 우리의 땅을 되찾기 위해 8월에 국내로 들어가 싸울 진공 부대를 꾸렸다. 하지만 일제가 1945년 8월 15일에 무조건 항복을 선언하는 바람에 국내 진공 작전은 계획대로 이루어지지 못했다.

1940년 9월 17일 한국광복군 총사령부 성립 전례식을 마친 뒤 기념 촬영을 하는 장면. 이로써 대한민국 임시 정부는 정규군을 갖게 되었고, 한국광복군은 중국군과 힘을 합쳐 일본군에 맞서 싸울 수 있게 되었다.

심화 8·15 광복 후 한국광복군은 임시 정부와 함께 당당히 귀국하려 했지만, 미 군정은 한반도 안에서 어떤 정부나 군대도 인정하지 않겠다고 발표했다. 결국 한국 광복군은 1946년에 개인 자격으로 국내로 들어와야 했다. 이 때문에 임시 정부의 한국광복군은 **대한민국**의 국군으로 온전히 이어지지는 못했다.

한국광복군으로 활동했던 노능서, 장준하, 김준엽의 모습. 대한민국 임시 정부가 한국광복군을 창설했다는 소식을 전해들은 많은 젊은이들이 먼 길을 마다하지 않고 찾아와 훈련을 받은 뒤 정식 군인이 되었다. 이로 인해 한국광복군의 규모는 점점 커졌다.

한국광복군의 특수 대원들. 한국광복군은 미국에서 온 교관으로부터 특별한 임무를 수행하는 훈련을 받기도 했는데, 이는 국내에 진입해 일제를 몰아내기 위한 준비 작업 중의 하나였다.

한나라가 고조선의 옛 영토를 지배하기 위해 설치한 행정 구역
한군현(한사군)

개요 기원전 108년에 중국의 한나라가 고조선을 무너뜨린 뒤 설치한 행정 구역이다. 낙랑, 임둔, 진번, 현도 등 네 개의 군을 설치해 '한사군'이라고도 부른다. 고조선 유민들의 강한 저항과 고구려의 공격으로 사라졌다.

풀이 진에 이어 중국을 통일한 한은 동쪽에서 세력을 키우는 고조선을 못마땅하게 생각했다. 한은 고조선에게 자신을 큰 나라로 섬기라고 압력을 가했지만, 고조선은 이를 거절했다. 이 과정에서 임무를 완수하지 못한 한의 사신이 책임을 면하기 위해 고조선의 고위 관리를 죽이자, 고조선도 그 복수로 한의 사신을 죽이는 사건이 일어났다. 무제는 이를 빌미로 대규모 병력을 동원해 고조선을 침공했다. 고조선은 한의 군대에 맞서 1년을 넘게 싸웠지만 도성인 왕검성이 함락되면서 기원전 108년에 멸망했다.

한은 고조선의 영토를 다스리기 위해 낙랑, 임둔, 진번, 현도 등 네 개의 군을 설치하고 관리를 보냈다. 하지만 한군현은 고조선 백성들의 거센 저항에 부딪혔다. 이로 인해 진번군과 임둔군은 기원전 82년에 사라졌고, 현도군은 기원전 75년에 서북쪽으로 쫓겨났다. 낙랑군은 313년에 고구려의 공격을 받아 물러날 때까지 한과의 교역을 관리하는 무역 기지 역할을 했다.

심화 《삼국사기》에는 낙랑과 얽힌 설화가 실려 있다. 고구려 대무신왕의 왕자 호동은 사냥을 나갔다가 낙랑 태수의 딸을 만나 사랑하는 사이가 된다. 당시 고구려는 낙랑을 정벌하고자 했지만 위험이 생기면 소리를 내는 신비한 북인 자명고 때문에 번번이 실패했다. 이에 호동은 낙랑 공주를 설득해 자명고를 찢게 했고, 고구려군은 기습 작전을 펼쳐 낙랑을 정복했다. 낙랑왕은 딸을 죽이고 항복했다. 그러나 이 설화에 나오는 낙랑이 '낙랑군'을 가리키는 것인지는 확실치 않다.

시대 선사 시대~조선 시대 | **더 찾아보기** 고구려 고분 벽화, 고종, 백제, 삼국 시대, 삼국 통일, 신라, 일제 강점기, 조선, 청, 흥선 대원군

우리나라 사람들이 오랫동안 입었던 고유의 옷

한복

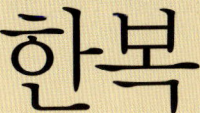

개요 우리나라 사람들이 오랫동안 입었던 고유의 옷이다. 오늘날 사람들이 즐겨 입는 한복은 **조선** 중기 이후에 정착된 것이며, 시대에 따라 종류나 모양은 조금씩 달랐다.

풀이 한복의 기본은 남자의 경우에 바지와 저고리, 여자의 경우에 치마와 저고리이다. 겉옷으로는 마고자와 두루마기를 입는데, 남자는 조끼를 더해 입고 여자는 배자를 더해 입는다. 이중에서 마고자와 조끼, 배자는 개화기 이후에 들어온 것이다.

한복은 북방 민족의 복식을 따르고 있지만 우리 민족 고유의 특징을 함께 가지고 있다. 기원전에 이미 한복이 있었고, **고구려 고분 벽화**나 **신라**와 **백제**의 유물에서도 한복의 모습을 찾아볼 수 있다. 한복은 시대에 따라 모양이 조금씩 바뀌고 종류도 다양해졌지만, 기본적인 전통은 계속 유지되었다. **삼국 시대**의 바지는 기본적으로 통이 좁고 발목에 대님을 매도록 했으나, 넓은 바지와 짧은 바지도 함께 입었다. **삼국 통일** 후에는 여자의 치마가 주름치마, 색동 치마 등으로 다양해졌다. 여자들은 치마 속에 여러 겹의 바지를 입어 치마를 부풀렸는데, 이런 방식은 조선 중기까지 이어졌다.

조선 중기 이후에는 가부장 제도가 강화되면서 여자들이 마음껏 외출을 할 수 없었고, 외출을 하더라도 얼굴을 가려야 했기 때문에 장의와 쓰개치마가 나타났다. 저고리 위에 덧입는 마고자는 조선 말기인 **고종** 때 **청**에 납치되었던 **흥선 대원군**이 돌아올 때 입은 것이 처음이었다. 조끼는 개화기에 들어온 양복의 영향으로 입기 시작했는데, 주머니가 없는 한복의 단점을 보완해 주머니를 단 조끼가 유행했다.

심화 **일제 강점기**에는 서양 문물이 밀려들면서 서양 옷을 입는 사람들이 크게 늘어났다. 반대로 한복을 입는 사람들은 점점 줄어들었다. 이런 현상은 1960년대부터 서구식 근대화를 추진하면서 가속화되었다. 하지만 최근에는 한복의 아름다움과 우

수성이 다시 알려지면서 한복을 부활시키려는 노력이 이루어지고 있다. 전통 한복을 개량하여 만든 생활 한복도 나와 사람들의 관심을 끌었다.

●○○
한복은 우리나라 사람들이 오랫동안 입었던 옷이지만, 모양이나 종류는 시대에 따라 조금씩 달라졌다. 예를 들어 삼국 시대에는 긴 저고리에 통이 좁은 바지나 주름치마를 입었고 이런 전통은 조선 중기까지 이어졌다. 우리가 알고 있는 전통 한복은 조선 중기 이후에 정착된 것이다.

남자 한복은 저고리와 바지를 기본으로 하고, 바지를 입은 뒤에는 허리띠와 대님을 맨다. 겉옷으로는 조끼나 마고자, 두루마기를 입는다.

여자는 속적삼과 바지, 단속곳, 속치마 등 여러 개의 속옷을 입은 뒤 비로소 저고리와 치마를 입는다. 여자 한복은 저고리는 짧고 치마는 길면서 넉넉한 것이 특징이다.

시대 조선 시대 | **더 찾아보기** 거북선, 명, 선조, 왜, 이순신, 일본, 임진왜란, 조선, 조총, 진주 대첩, 한양, 행주 대첩

이순신의 조선 수군이 한산도에서 일본 수군을 크게 물리친 일

한산도 대첩

한산도 대첩은 전쟁 상황을 바꾸어 놓은 매우 중요한 전투였다. 육지에서 연이어 승리를 거두던 일본의 기세가 크게 꺾였고 조선은 다시금 대열을 정비해 일본과 맞설 수 있었다.

개요 **임진왜란** 중인 1592년 7월 8일 한산도 앞바다에서 **이순신**이 이끄는 **조선** 수군이 **일본** 수군을 크게 물리친 싸움이다. **진주 대첩**, **행주 대첩**과 함께 임진왜란 3대 대첩 중 하나로 꼽힌다.

풀이 1592년 4월에 조선을 침략해 임진왜란을 일으킨 일본은 부산진과 동래성을 장악한 뒤 순식간에 **한양**까지 진격했다. 전쟁에 대비하지 못했던 조선의 군사들은 제대로 싸워 보지도 못하고 무너졌다. 신립이 이끄는 결사대가 탄금대에서 신무기인 **조총**으로 무장한 일본군에 패한 뒤엔 한양마저 **왜**군의 손에 들어갔다. 불과 20여 일 만의 일이었다. 이로 인해 조선의 제14대 임금인 **선조**는 평양성을 거쳐 의주까지 피난을 가야 했다.

전쟁 초기에 일본군이 기세를 올리며 한반도를 점령해 가자 조선은 나라의 운명이 위태로워졌다. 하지만 이때 한반도 남쪽 바다에서 승리의 소식이 전해졌다. 이순신이 이끄는 조선 수군이 옥포, 당포, 당항포, 율포 등지에서 일본 수군을 물리쳤던 것이다. 일본은 육지와 달리 바다에서 거듭 패하자 병력과 함선을 한데 모아 조선 수군을 공격하기로 했다.

이에 이순신은 많은 수의 적군과 싸워 이길 수 있는 방법을 고민했다. 그는 한산도 앞바다가 싸움에서 유리할 것이라고 판단하고 일본 수군을 그곳으로 유인했다. 그러고는 일본 수군이 한산도 앞바다에 나타나자, 조선 수군은 함선을 학의 날개 모양으로 펼친 뒤 함포 공격을 퍼부었다. 돌격선인 **거북선**은 혼란에 빠진 일본 수군의 진영을 휘저었다. 일본 수군은 조선 수군의 거센 공격에 우왕좌왕하다가 47척의 배가 바다에 침몰되고 12척을 빼앗긴 채 물러나고 말았다.

심화 일본은 육지를 통해 북쪽으로 빠르게 치고 올라가되, 식량이나 무기와 같은 군수품은 바닷길을 통해 공급받을 계획이었다. 그러려면 일본군의 함선이 남해안을 거쳐 서해로 올라가야 했는데, 한산도 대첩에서 조선 수군에게 크게 패하면서 바닷길이 막히게 되었다. 게다가 일본 수군은 한산도 대첩에서 많은 함선과 병사들을 잃었기 때문에 전력과 사기가 크게 떨어졌다. 전라도 지역에 있는 조선의 육군과 남해를 지배하고 있는 조선 수군이 언제든 뒤를 공격할 수 있어 불안한 상황에 빠지기도 했다. 이에 일본은 조선 점령은 물론 북쪽으로 진격해 **명**을 정벌하려는 작전에 커다란 차질을 빚게 되었다.

한산도 대첩에서는 '학익진' 전술이 쓰였다. 학익진이란 함선을 학의 날개 모양으로 펼친 뒤 적을 공격하는 전술로, 좁은 물길을 막 빠져나온 적선들을 한꺼번에 공격하는 데 알맞았다.

시대 조선 시대　**더 찾아보기** 갑신정변, 고종, 박문국, 박영효, 수신사, 조선

조선 정부가 만든 우리나라 최초의 근대 신문
한성순보

개요　**조선 고종** 때인 1883년에 창간된 우리나라 최초의 근대 신문이다. 조선 정부의 주도로 발행한 관보였으며, 당시 인쇄에 관한 일을 맡아 했던 관청인 **박문국**에서 만들었다.

풀이　조선 말기에 나라의 문호를 연 고종은 주변 나라에 관리를 파견해 선진 문물을 배워오게 하는 정책을 폈다. 이때 **수신사**로서 일본을 다녀온 **박영효**는 지금의 서울 시장에 해당하는 자리인 한성 판윤이 되면서 고종에게 "국민을 계몽하기 위해 신문 발행이 필요하다."고 건의했다. 고종은 이를 허락했지만 실무적 준비가 만만치 않아 신문 발행은 자꾸만 늦어졌다. 그러다 신문과 잡지를 펴내기 위해 박문국이라는 관청을 만들었고, 이곳에서 1883년 8월 17일 처음으로 《한성순보》를 발간했다.

　《한성순보》는 첫 사설인 '순보서'를 통해 신문을 창간하는 이유가 국민들을 계몽하기 위한 것이라고 설명했다. 이를 위해 외국 신문을 많이 번역해 소개하고, 국내 사건을 조사해 알리며, 국민들이 좋고 나쁜 것을 구분해서 선택할 수 있도록 하고, 바른 언론이 될 것임을 강조했다. 하지만 한자가 많아 신문을 읽는 사람은 일부 지식인들에 그쳤다.

　《한성순보》는 나라에서 만들어 발행하는 관보였기 때문에 오늘날의 일반적인 신문과는 달리 관청을 통해 배포되었다. 하지만 원하는 사람은 언제든 구독할 수 있도록 했다. 또한 열흘에 한 번 나오는 신문이나 잡지를 뜻하는 '순보'라는 이름에서도 알 수 있듯이, 《한성순보》도 열흘에 한 번씩 발행했다. 《한성순보》는 1884년 12월 **갑신정변** 때 박문국의 인쇄 시설이 불타는 바람에 폐간되었다.

심화　《한성순보》는 폐간 이후 매주 발간되는 《한성주보》로 명맥을 이어갔다. 《한성주보》는 우리나라 최초의 주간 신문으로, 《한성순보》와 마찬가지로 한글과 한자를 섞어 사용했다. 1888년 박문국이 폐지되면서 120호를 끝으로 폐간되었다.

시대 삼국 시대~조선 시대 　더 찾아보기 개경, 고구려, 고려, 대한민국, 백제, 삼국 시대, 삼국 통일, 선사 시대, 신라, 위례성, 이방원, 이성계, 장수왕, 조선, 태조, 태종, 풍수지리설

조선의 도읍지이자 한반도에서 가장 큰 중심 도시
한양

개요 **조선**의 도읍지이다. 강과 평야를 끼고 있고 교통이 발달해 예부터 중요 도시로 발달해 왔다. **백제**는 이곳을 중심으로 나라를 세웠고, **고려** 시대에는 '남경'이라고 부르며 궁궐을 지었다. 지금은 **대한민국**의 수도로 '서울'이라고 부른다.

풀이 한양의 역사는 매우 오래되었다. 한양 일대에서 **선사 시대**의 유물이 발견되는 것으로 보아 기원전 4000년경부터 사람이 살기 시작했던 것으로 추측된다. 한양은 한강이 흐르고 김포 평야가 맞닿아 있는 등 사람이 살기 좋은 환경을 가지고 있고, 지리적으로도 한반도의 중앙에 위치해 교통의 중심지로 발달했다. 그리고 이런 특성 때문에 **삼국 시대**부터 **고구려**, 백제, **신라** 등 모든 나라가 한양을 차지하기 위해 다투었다.

　한양을 가장 먼저 차지한 나라는 백제였다. 백제는 한양을 도읍지로 삼아 나라의 기틀을 세웠지만, 475년 남진 정책을 펼친 고구려 **장수왕**에게 빼앗겼다. 이후 백제

●●●
풍수지리로 보면 한양은 완벽한 도읍지였다. 풍수지리에서는 주변에 큰 산들이 있어 도성을 보호하고 중앙에서부터 강이 흘러 교통로 역할을 해야 명당으로 꼽기기 때문이다. 실제로 한양 주변에는 인왕산과 남산은 물론 북한산과 도봉산, 관악산 등 높은 산들이 자연 성벽을 이루었고, 도성 안의 작은 지천들이 한강으로 흐르는 구조였다.

●●●
한강은 중요한 교통로였다. 지방의 특산품을 비롯한 여러 가지 물품이 한강의 물길을 따라 운반되었고, 나라 밖에서 온 상인들이 한강의 포구에 머무르기도 했다.

는 잠시 동안 한양을 회복했으나 다시 신라와의 전투에서 지고 말았다. 신라는 한양 일대를 차지하면서 중국과 교류할 수 있는 토대를 마련했고, 나아가 **삼국 통일**의 기반을 만들었다.

고려 시대의 한양은 비록 도읍지는 아니었지만 여전히 중요한 도시였다. 문종 때인 1068년에는 **풍수지리설**의 영향으로 남경이라고 부르기 시작하면서 고려의 사경이 되었다. 사경이란 '네 개의 서울'이라는 뜻으로 **개경**(개성)과 평양, 경주, 한양 등을 가리켰다.

고려 왕조를 무너뜨리고 조선을 건국한 **이성계(태조)**는 개경을 떠나 한양을 도읍지로 삼았다. 그는 풍수지리에 밝은 무학 대사에게 새로운 나라에 걸맞은 수도를 찾도록 했는데, 처음에는 계룡산 등이 거론되었으나 1394년 한양으로 최종 결정했다. 이듬해부터 본격적으로 궁궐과 성곽을 쌓는 공사가 시작되어 한양은 도읍지의 면모를 갖추게 되었다. 한때 조선의 제2대 임금인 정종이 개경으로 수도를 옮기기도 했으나 동생인 **이방원(태종)**이 왕위에 오른 뒤에는 다시 한양으로 옮겨 오늘에 이르고 있다.

심화 한양은 시대에 따라 여러 가지 이름으로 불렸다. 삼국 시대에는 **위례성** 또는 남평양성으로, 고려 시대에는 양주 또는 남경으로, 조선 시대 이후에는 한양이나 한성 또는 경성으로 부르다 지금은 서울이라고 부르고 있다. 서울은 본래 '수도'처럼 한 나라의 도읍지를 뜻하는 말이었으나 지금은 대한민국 수도의 정식 이름이 되었다. 신라의 옛 이름이었던 서벌 또는 서라벌에서 비롯된 것으로 추측된다.

조선을 건국한 태조 이성계는 한양을 도읍지로 정하자마자 궁궐과 성곽을 쌓았다. 경복궁과 숭례문을 비롯한 사대문이 이때 지어졌다.

일제 강점기에 활동한 승려 출신의 독립운동가이자 저항 시인

한용운

개요 일제 강점기에 활동한 승려 출신의 독립운동가이자 저항 시인이다. 호는 '만해'이다. 3·1 운동 때 독립 선언서에 서명한 민족 대표 33인 중 한 사람으로, 불교계를 대표해 참여했다.

풀이 한용운은 1879년에 충청남도 홍성에서 태어났다. 어려서는 한학을 배우며 자랐고 청년 시절에는 동학 농민 운동에 참여했다. 동학 농민 운동이 실패로 끝난 뒤 설악산의 오세암에서 불교를 공부했고, 1905년에는 백담사에서 승려가 되었다. 한용운은 당시 우리나라의 불교계가 점점 침체되어 가는 현실을 안타깝게 여기며 불교의 개혁과 대중화에 앞장섰다. 뿐만 아니라 종교인들의 친일 행위를 강하게 비판했다. 1908년에는 일본을 방문해 새로운 문물을 둘러보았으며, 1910년에 한일 강제 병합으로 나라를 빼앗긴 뒤에는 독립운동에 뛰어들었다. 그는 1913년까지 중국과 만주, 시베리아 등을 돌며 여러 곳에 흩어져 있던 독립군 부대를 방문해 격려하기도 했다.

1919년 3·1 운동 때는 독립 선언서의 행동 강령인 '공약 3장'을 썼고, 민족 대표의 한 사람으로서 참여했다. 그는 이 일로 인해 일본 경찰에게 붙잡혀 감옥살이를 했는데, 감옥에서도 당당하고 의연한 모습을 잃지 않았다고 한다. 사실 한용운은 성품이 매우 강직한 것으로도 유명하다. 친구이자 동료였던 최린이 친일파로 변절하자 곧바로 인연을 끊었고, 집을 지을 때 조선 총독부 쪽으로는 창문도 내지 않았다고 한다.

감옥에서 풀려난 뒤에 한용운은 늘 일제의 감시를 받았지만 독립에 대한 의지를 꺾지 않았다. 신간회 조직에 앞장섰고, 창씨개명에 반대하는 운동을 벌였으며, 조선 총독부의 탄압에 맞서 한국 불교를 지키기 위해 싸웠다. 그러다 1944년에 해방을 불과 1년 앞두고 세상을 떠났다.

심화 한용운은 독립운동가이자 불교의 개혁을 이끈 승려였지만, 훌륭한 문학가이기도 했다. 그가 1926년에 펴낸 시집인 《님의 침묵》은 승려로서의 깨달음과 독립에 대한 의지를 잘 담아냈다. 특히 시집의 표제시인 〈님의 침묵〉은 나라를 잃은 슬픔을 사랑하는 사람과의 이별에 빗대어 표현했다. "우리는 만날 때에 떠날 것을 염려하는 것과 같이 떠날 때에 다시 만날 것을 믿습니다."라는 구절에서 나타나듯 희망도 함께 드러내어 많은 사람들이 그의 시를 즐겨 외웠다. 한편, 이밖에도 한용운은 《죽음》과 《흑풍》, 《철혈미인》 등의 소설을 발표하기도 했다.

만해 한용운은 일제 강점기에 불교계를 대표하는 독립운동가였다. 그는 3·1 운동 때 민족 대표 중 한 사람으로 참여했다가 일본 경찰에게 붙잡혀 감옥살이를 했는데, 감옥에서도 당당하고 의연한 모습을 잃지 않았다고 한다.

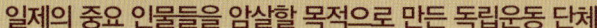

일제의 중요 인물들을 암살할 목적으로 만든 독립운동 단체
한인 애국단

개요 1931년 **김구**가 일제의 중요한 인물들을 암살할 목적으로 중국 상하이에서 만든 독립운동 단체이다. **이봉창**의 도쿄 의거, **윤봉길**의 상하이 의거 등이 한인 애국단의 대표적인 활동이었다.

풀이 일제는 1931년에 중국과 전쟁을 벌여 만주를 점령하고 괴뢰 국가인 만주국을 세웠다. '괴뢰'란 꼭두각시를 뜻하는 말로, 허수아비 임금을 내세워 **일본**이 조종하는 대로 따르는 국가를 세운 것이다. 이 때문에 만주에서 활동하던 독립운동가들은 큰 어려움에 빠졌다. 게다가 일제의 이간질 때문에 중국인들이 한국을 일본의 앞잡이로 보게 되어, 중국에서 활동하던 독립운동가들이 곤욕을 치렀다.

대한민국 임시 정부를 이끌고 있던 김구는 당시의 어려운 상황을 해결할 대책으로 한인 애국단을 만들었다. 한인 애국단은 일제의 침략에 앞장선 인물들을 암살해 우리의 독립 의지를 널리 알리기 위한 조직이었다. 김구는 한인 애국단의 활동을 "한 사람을 죽여 만 사람을 살리는 일"이라고 설명했다.

실제로 한인 애국단원인 이봉창은 1932년 1월 도쿄에서 일왕의 행렬에 폭탄을 던졌다. 말이 다치고 마차가 부서졌지만 일왕은 무사했다. 당시 중국 신문은 이 사건에 대해 "불행하게도 맞추지는 못했다."며 안타까워했다. 또한 그해 4월에는 윤봉길이 상하이 훙커우 공원에서 열린 일왕의 생일 행사에 폭탄을 던져 군 사령관 등 7명을 죽였다.

심화 한인 애국단의 활동은 한국인을 보는 중국인들의 생각을 바꾸어 놓았다. 우리나라와 마찬가지로 일제의 침략 위협에 시달리던 중국인들은 한국을 동지로 생각하게 되었다. 중국 국민당의 주석인 장제스가 "중국의 백만 대군도 못한 일을 일개 조선 청년이 해냈다."며 감탄할 정도였다. 이후 중국 정부는 대한민국 임시 정부를 비롯해 우리의 독립운동가들을 적극 지원하게 되었다.

시대 일제 강점기 　**더 찾아보기** 대한 제국, 러일 전쟁, 안중근, 애국 계몽 운동, 을사조약, 의병, 이완용, 이토 히로부미, 일본, 정미 7조약, 조선, 조선 총독부, 한일 신협약

일제가 강제로 합방 조약을 맺어 한반도를 식민지로 만든 일

한일 강제 병합

개요 일본이 우리나라의 국권을 강제로 빼앗고 식민지로 만들어 버린 일이다. 1910년 8월 29일에 대한 제국과 '합방 조약'을 맺었다고 공포했다.

풀이 일본은 1904년 러일 전쟁에서 승리하면서 한반도를 식민지로 만들기 위한 정책을 본격화했다. 1905년 11월에는 강제로 을사조약을 맺어 대한 제국의 외교권을 빼앗았으며, 1907년 7월에는 한일 신협약(정미 7조약)을 맺어 각 부서의 차관에 일본인을 임명해 행정 업무를 장악했다. 이후 우리 군대를 해산시키고, 신문지법이나 보안법 등을 만들어 일본에 대한 저항을 가로막았다. 또한 1909년에는 일본 각의에서 비밀리에 '한국 병합 관련 내용'을 통과시켰다.

한반도 곳곳에서는 일본의 침략에 맞서 의병이 일어났고, 지식인들은 힘을 길러 자주 독립을 유지하자며 애국 계몽 운동을 벌였다. 하지만 일본은 군대를 동원해 의병을 무자비하게 진압하고 애국 계몽 운동을 탄압했다. 차츰 국내에서 항일 운동이 어려워지자 많은 민족 운동가들은 만주나 시베리아 등으로 떠났다. 1909년 12월에는 안중근이 만주 하얼빈 역에서 이토 히로부미를 사살해 우리 민족의 울분을 대신하기도 했으나, 일본의 강제 병합을 막지는 못했다.

일본은 1910년 3월에 토지 조사국을 만들어 한반도의 토지를 빼앗을 준비를 했고, 5월에는 일본 육군 대신 데라우치가 통감이 되어 강제 병합을 추진했다. 6월에는 헌병 경찰 제도를 만들었고, 7월부터는 한반도에서 모든 집회가 금지되었다. 그리고 8월 22일, 데라우치 통감과 총리대신 이완용이 '합방 조약'을 체결했다. 8월 29일에 공포된 합방 조약에는 모든 통치권을 일본의 임금(천황)에게 넘긴다는 내용이 쓰여 있었다. 조선 왕조 519년, 대한 제국 성립 14년 만에 한반도가 일본의 식민지가 된 것이다.

심화 강제 병합 이후 일제는 통감부를 조선 총독부로 바꾸고, 데라우치를 초대 총

독에 임명해 한반도를 다스렸다. 그들은 우리 민족 고유의 문화를 말살했고, 여러 가지 방법으로 우리 경제를 수탈했으며, 독립운동가들을 무자비하게 탄압하는 등 만행을 일삼았다. 우리 민족은 일본어 사용을 강요당하고, 언론 출판이나 집회의 자유를 비롯한 기본권마저 제한당하는 등의 고통을 받았다.

합방 조약 직후 덕수궁의 석조전 앞에서 기념 사진을 찍은 조선 총독부의 관리들과 대한 제국의 황족들. 가운데에는 고종 황제가 침울한 표정으로 앉아 있다.

경복궁 근정전에 내걸린 일장기. 조선이 건국된 지 519년, 대한 제국이 성립된 지 14년 만에 궁궐의 주인이 일제로 바뀌었다. 일제는 무력을 앞세워 강제 병합을 이룬 뒤 한반도를 식민지로 만들었다.

시대 조선 시대 더 찾아보기 고종, 대한 제국, 을사조약, 의병, 이완용, 이토 히로부미, 일본, 조선, 헤이그 특사

1907년 일제가 우리의 주권을 빼앗기 위해 맺은 조약
한일 신협약(정미 7조약)

개요 1907년 일제가 우리나라의 주권을 빼앗기 위해 강요한 조약이다. 정미년에 맺은, 7개 항목으로 구성된 조약이라는 뜻에서 '정미 7조약'이라고도 부른다.

풀이 대한 제국이 출범한 이후인 1905년 일제가 을사조약을 맺고 외교권을 박탈하자, 당시 황제였던 고종은 이 조약의 부당함을 세계에 알리기 위해 1907년 네덜란드 헤이그에서 열린 만국 평화 회의에 이상설, 이준, 이위종 등 특사를 파견했다.

조선을 식민지로 만들기 위해 일찍부터 주권을 침탈하는 과정을 밟고 있었던 일제는 크게 놀라 헤이그 특사 사건을 추진한 고종을 위협하여 강제로 퇴위시켰다. 그런 다음 고종의 아들인 순종을 제2대 대한 제국 황제로 추대한 뒤, 친일파 총리대신인 이완용을 앞세워 한일 신협약을 맺게 했다.

이완용과 조선 통감 이토 히로부미 사이에 맺어진 이 협약으로 인해 대한 제국은 중요한 정책을 시행하거나 관리를 임명할 때 일제의 승인을 거쳐야 했다. 행정이나 사법 분야의 관리를 임명할 때 조선 통감의 동의를 받아야 했으며, 각 부서에 임명된 일본인 차관들이 실질적으로 나라를 다스렸다. 또한 경찰권을 빼앗기고 군대도 강제로 해산되었다. 언론을 탄압하는 신문지법, 정치의 자유를 빼앗는 보안법까지 시행되면서 대한 제국은 껍데기만 남게 되었다.

한일 신협약으로 대한 제국이 사실상 일본의 식민지로 떨어지자 국민들의 분노도 커졌다. 해산당한 군인들 중 일부는 의병에 합류해 의병 투쟁을 벌이기도 했다.

심화 한일 신협약의 7개 조항은 다음과 같다. 먼저 대한 제국 정부는 시정 개선에 관하여 조선 통감의 지도를 받을 것, 법령을 제정하거나 중요한 행정상의 처분은 미리 통감의 승인을 거칠 것, 사법 사무는 행정 사무와 구분할 것, 고위 관리는 통감의 동의를 받고 임명할 것, 통감이 추천하는 일본인을 관리로 쓸 것, 통감의 동의 없이 외국인을 관리로 임명하지 말 것, 1904년에 맺은 협정서 제1항은 폐지할 것 등이다.

시대 현대 | 더 찾아보기 박정희, 5·16 군사 정변, 일본, 일본군 위안부, 징병, 징용

한국과 일본이 다시 국교를 맺은 협정
한일 협정

개요 1965년 한국과 **일본**이 다시 국교를 맺은 협정이다. 정식 명칭은 '대한민국과 일본국 간의 기본 관계에 관한 조약'이다. 당시 **박정희** 정부가 일제의 식민 지배 피해에 대한 배상 문제를 말끔히 처리하지 않은 채 국교를 맺어 지금까지 비판을 받고 있다.

풀이 제2차 세계 대전 후 일본이 국제 사회에 복귀하면서, 1951년부터 한국과 일본 사이에 다시 국교를 맺는 문제가 논의되었다. 미국은 한국과 일본이 다시 국교를 맺어 공산주의에 대항하기를 원했지만, 한국은 일본이 사과와 배상부터 할 것을 요구하여 협상은 성과를 내지 못했다.

한일 양국의 협상이 본격화된 것은 박정희 정권 때였다. **5·16 군사 정변**으로 정권을 잡은 박정희 정부는 경제 개발에 필요한 자금을 확보하기 위해 적극적으로 협상에 나섰다. 1961년에는 박정희가 일본을 방문해 일본 수상과 한일 국교 정상화에 합의했고, 김종필은 일본 외상과 협의해 쟁점들을 조정해 나갔다.

그러나 한일 회담의 내용이 알려지면서 국민들은 거세게 반대했다. 당시 일본은 식민 지배에 대해 어떠한 사과도 하지 않았고, 한국은 청구권 3억 달러와 경제 차관 3억 달러를 지원받는 대신 식민 지배의 피해에 대한 모든 배상을 포기하기로 약속했기 때문이다. 이런 내용이 알려지면서 1964년 대학생들을 중심으로 한일 회담 반대 투쟁이 격렬하게 일어났다. 특히 6월 3일에 '굴욕적 한일 회담 반대'를 주장하는 대규모 시위가 일어나자, 박정희 정권은 계엄령을 선포하고 군대를 동원해 이를 진압했다. 그런 다음 1965년 마침내 한일 협정을 마무리 지었다.

심화 일제의 **징용**이나 **징병**, **일본군 '위안부'** 피해자들이 일본 기업이나 정부를 상대로 피해 배상을 요구하면 일본은 한일 협정으로 모든 배상이 마무리되었다고 주장하고 있다. 이 때문에 당시의 협정 추진이 성급했다는 비판이 지금까지 이어지고 있다.

시대 조선 시대　더 찾아보기 김정희, 명, 서당, 선조, 양반, 임진왜란, 조선

조선은 물론 중국에까지 이름을 떨친 최고의 명필가
한호(한석봉)

개요 **조선** 최고의 명필가이다. '석봉'이라는 호로 더 많이 알려져 있다. 해서, 행서, 초서 등 여러 가지 서체(글자체)에 두루 능했을 뿐 아니라 자신만의 독특한 글씨로 **명**나라에까지 이름을 떨쳤다.

풀이 한호는 1543년에 가난한 **양반** 집안에서 태어났다. 그는 어려서부터 책과 글씨 쓰기를 좋아했지만 집안이 가난해 **서당**을 다니기 힘들었다고 한다. 심지어 글씨 쓰기를 연습할 먹과 종이도 살 수 없어 항아리나 돌 위에 물을 찍어서 글씨 연습을 할 정도였다. 하지만 그의 어머니는 어려운 살림에도 불구하고 한호를 뒷바라지하며 공부를 시켜 벼슬길에 나서게 했다. 한호의 가난한 어린 시절과 어머니의 훌륭한 가르침에 대해서는 다음과 같은 내용의 설화가 전해지고 있다.

한호의 글씨는 조선은 물론 중국에서도 인기가 높았다. 선조는 그의 글씨를 항상 벽에 걸어두고 감상했고, 도산 서원이나 옥산 서원 등 조선의 이름난 서원에는 그가 쓴 현판이 걸렸다.

어린 시절 한호는 집을 떠나 송악(개성)의 한 스승 밑에서 공부했다. 그의 어머니는 떡을 만들어 팔면서 아들의 공부를 도왔다. 그러던 어느 날, 한호는 홀로 계실 어머니가 걱정이 되어 몰래 집으로 돌아왔다. "왜 돌아왔느냐?"는 어머니의 물음에 한호는 "공부를 많이 해 더는 배울 것이 없다."고 대답했다. 그러자 어머니는 "불을 끄고 떡 썰기와 글씨 쓰기를 해 솜씨를 비교해 보자."고 했다. 불을 켜고 보니 어머니가 썬 떡은 크기나 두께가 모두 고른데, 한호가 쓴 글씨는 크기가 제각각이고 모양이 비뚤비뚤했다. 어머니로부터 큰 가르침을 얻은 한호는 다시 돌아가 더 열심히 공부했다고 한다.

벼슬길에 오른 한호는 사자관(임금이 내리는 문서나 외교 문서를 쓰는 관리)이 되어 국가의 주요 문서를 도맡아 썼다. 또한 사신을 따라 명을 오가며 뛰어난 필체로 이름을 날렸다. **선조**는 한호가 쓴 글씨를 항상 벽에

걸어두고 감상했으며, <mark>임진왜란</mark>과 정유재란 때 조선을 도우러 왔던 명의 장군 이여송도 한호에게 글씨를 부탁해 가져갔다고 한다.

심화 한호는 해서, 행서, 초서 등 여러 가지 서체에 모두 뛰어난 솜씨를 보였다. 하지만 거기서 그치지 않고 자기만의 독특한 글씨체를 만들어 명에까지 이름을 떨쳤다. 그는 추사 <mark>김정희</mark>와 더불어 우리나라를 대표하는 서예가로 활동하다 1605년에 세상을 떠났다.

설화에 따르면, 한호의 어머니는 불을 끄고 떡 썰기와 글씨 쓰기의 솜씨를 비교해 아들에게 깨달음을 주었다고 한다. 이는 한호가 조선 최고의 명필가가 되는 데 어머니의 뒷바라지와 가르침이 있었음을 알게 해 준다.

시대 고려 시대~조선 시대 **더 찾아보기** 고려, 국보, 신라, 팔만대장경

500여 년 동안 팔만대장경을 보관해 온 해인사의 건물

해인사 장경판전

개요 팔만대장경을 보관하고 있는 해인사의 건물이다. 경상남도 합천군에 있으며, 자연환경을 잘 이용한 과학적인 건축물로 알려져 있다. 현재 **국보** 제52호로 지정되어 있으며, 1995년에는 유네스코 세계 문화유산으로도 등재되었다.

풀이 해인사는 통도사, 송광사와 함께 우리나라 3대 사찰 중 하나이다. 해인사의 부속 건물로 지은 장경판전에 경판을 보관하고 있기 때문에 '법보 사찰'이라고 부른다. 장경판전은 해인사에 남아 있는 건물 가운데 가장 오래되었으며, 경판을 보관할 목적으로 지은 세계에서 하나뿐인 건물이다.

장경판전 안에는 지금까지 남아 있는 대장경 가운데 가장 뛰어나다고 평가받고 있는 팔만대장경이 보관되어 있다. 팔만대장경은 부처님의 말씀을 나무판에 새겨 만든 것으로, **고려** 시대에 몽골의 침입을 막아 내기 위해 1236년부터 1251년까지 약 15년 동안 만들었다. 처음에는 강화도 선원사에 두었다가 이후 해인사에 장경판전을 새롭게 지으면서 옮겨 보관하게 되었다.

장경판전의 건물은 모두 4개로 'ㅁ' 자 형태를 이루고 있다. 팔만대장경판을 보관하고 있는 수다라장과 법보전이 남북으로 마주보고 있고, 좌우에 동사간전과 서사간전이 위치해 있다. 또한 장경판전은 환기와 온도, 습도 조절 등의 기능을 자연적으로 해결할 수 있도록 과학적으로 설계되어 경판이 손상되는 것을 예방할 수 있었다. 건물의 각 칸마다 창을 냈고, 남쪽과 북쪽에 난 창의 크기를 서로 다르게 하여 통풍이 잘 되도록 했으며, 건물 안쪽 흙바닥 속에 숯과 횟가루, 소금 등을 모래와 함께 차례로 넣어 습도를 조절했다.

심화 팔만대장경이 지금까지 온전하게 보존되어 있을 수 있었던 것은 장경판전 덕분이다. 가야산 중턱에 위치한 장경판전은 15세기경에 지은 뒤 한

일정한 온도와 습도를 유지하기 위해서는 적절한 환기가 꼭 필요하다. 장경판전은 건물의 각 벽면에 위아래로 두 개의 창을 내었는데 위치와 크기가 서로 달라 공기의 순환이 잘 된다.

번도 화재나 전쟁 등의 피해를 입지 않았다. 사실 해인사는 장경판전을 세우기 훨씬 이전인 **신라** 시대에 지었으나, 여러 번 화재가 일어나 초기에 지은 건물은 대부분 불타 사라졌다. 하지만 장경판전은 다른 건물과 떨어져 있는 데다 튼튼한 담장으로 둘러싸여 있어 500여 년이 넘도록 제 모습을 유지함은 물론 팔만대장경도 온전히 보존할 수 있었다.

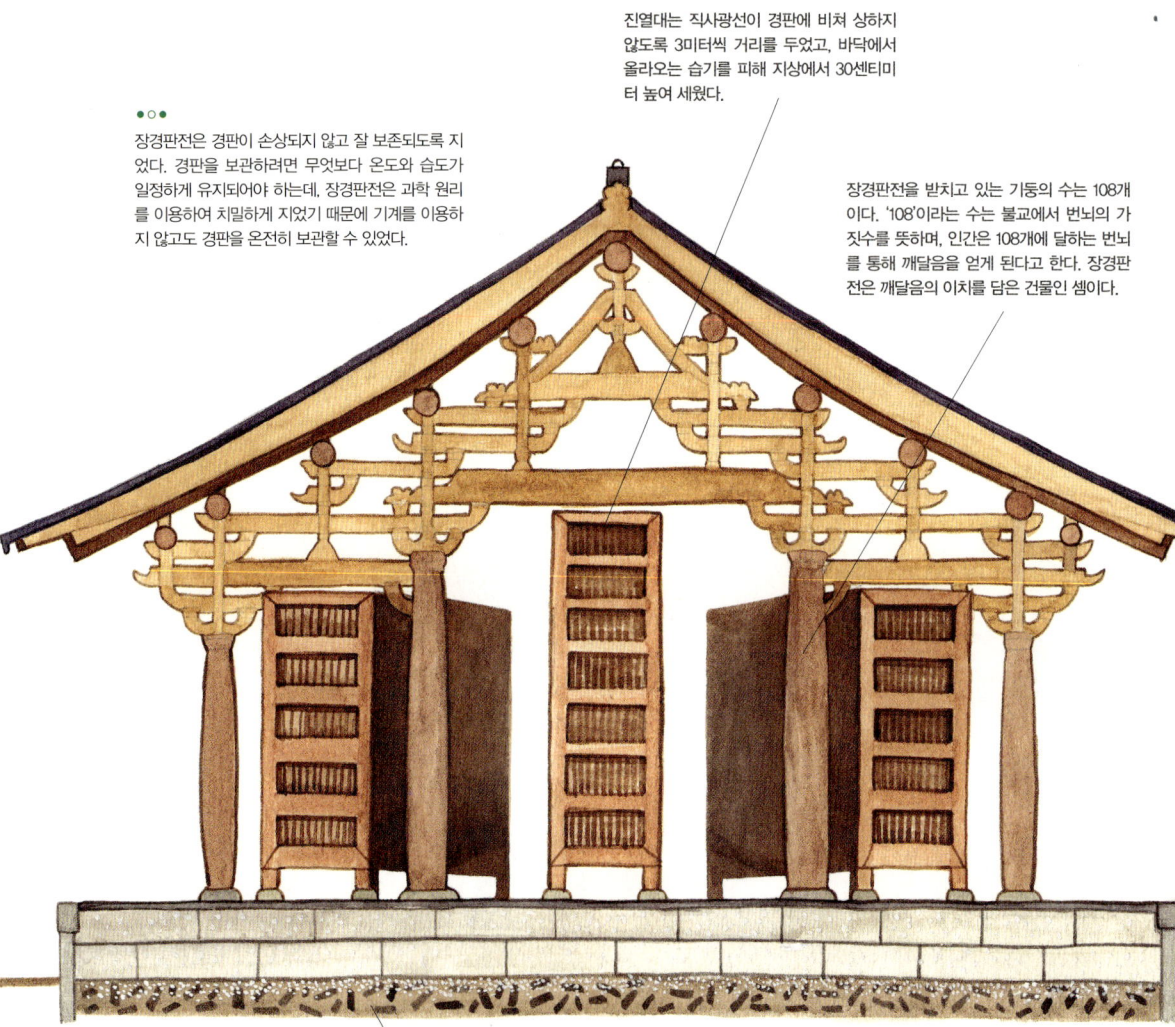

장경판전은 경판이 손상되지 않고 잘 보존되도록 지었다. 경판을 보관하려면 무엇보다 온도와 습도가 일정하게 유지되어야 하는데, 장경판전은 과학 원리를 이용하여 치밀하게 지었기 때문에 기계를 이용하지 않고도 경판을 온전히 보관할 수 있었다.

진열대는 직사광선이 경판에 비쳐 상하지 않도록 3미터씩 거리를 두었고, 바닥에서 올라오는 습기를 피해 지상에서 30센티미터 높여 세웠다.

장경판전을 받치고 있는 기둥의 수는 108개이다. '108'이라는 수는 불교에서 번뇌의 가짓수를 뜻하며, 인간은 108개에 달하는 번뇌를 통해 깨달음을 얻게 된다고 한다. 장경판전은 깨달음의 이치를 담은 건물인 셈이다.

바닥에는 숯, 횟가루, 소금을 모래와 함께 차례로 다져 넣었다. 장경판전의 내부에 습기가 많으면 경판이 썩기 쉬운데, 바닥의 숯이나 횟가루 등이 그런 현상을 막아 주었다. 즉 습기가 많을 때는 습기를 머금고 습기가 없을 때는 내보내는 역할을 한 것이다.

옳고 그름을 가리고 화재를 막아 준다는 전설의 동물

해태

개요 옳고 그름을 가릴 줄 알고, 화재나 재앙을 물리친다고 알려진 상상 속의 동물이다. 본래 이름은 '해치'이다.

풀이 해태는 중국의 전설에 나오는 동물이다. 머리에 뿔이 한 개 달려 있고, 몸 전체는 비늘로 덮였으며, 겨드랑이에는 날개를 닮은 깃털을 가지고 있다. 또한 목에는 방울을 달고 있다. 해태는 성질이 급하지만, 옳고 그름을 가리는 재주를 가지고 있다고 한다. 그래서 옳지 못한 사람을 만나면 뿔로 받는다고 한다.

이 때문에 해태는 사람이 한 행동의 옳고 그름을 가려야 하는 법관이 본받아야 할 상징이 되었다. **조선** 시대에는 관리를 감찰하고 법을 집행하는 **사헌부**의 우두머리인 대사헌이 입는 관복에 해태를 새겼다. 지금도 법을 만드는 국회 의사당과 법을 어기는 사람을 잡아 벌주는 대검찰청에 해태상이 서 있다.

그런가 하면 해태는 불을 막아 주는 상징으로도 쓰였다. **경복궁**의 정문인 **광화문** 앞에는 한 쌍의 해태상이 서 있는데, 이는 **흥선 대원군**이 경복궁을 다시 세우면서 화재를 막기 위해 둔 것이다.

심화 경복궁 앞에 해태상을 둔 것은 **풍수지리설**에 따른 것이다. 경복궁이 있는 곳은 최고의 명당이지만 불에 약한 약점을 가졌다고 한다. 궁궐 앞쪽에 있는 관악산은 불의 기운을 가지고 있는데, 궁궐 뒤의 북악산이 관악산보다 낮아서 불의 기운을 막기 어렵다는 것이다. 이 때문에 조선은 일찍부터 관악산의 불기운을 막기 위해 궁궐 곳곳에 화재 방지를 위한 장치를 만들고, 해태상처럼 불을 막는 상징물도 마련했다.

해태는 옳고 그름을 가리는 법관의 상징이자 화재를 막아 주는 신령한 동물로 통한다.

시대 조선 시대 | 더 찾아보기 권율, 명, 선조, 의병, 이순신, 일본, 임진왜란, 조선, 진주 대첩, 한산도 대첩, 한양, 화차

권율이 이끄는 조선군이 행주 산성에서 일본군을 크게 물리친 싸움

행주 대첩

개요 조선 선조 때인 1593년에 권율이 이끄는 조선군과 백성들이 행주 산성에서 힘을 합쳐 일본군을 크게 무찌른 싸움이다. 진주 대첩, 한산도 대첩과 함께 임진왜란의 3대첩 중 하나로 꼽힌다.

풀이 1592년에 조선을 침략한 일본은 불과 두 달 만에 한반도의 대부분을 점령했다. 일본군의 강한 기세에 곧 조선이 패망할 것처럼 보였지만, 이순신이 이끄는 수군과 의병의 활약으로 일본군의 진격은 주춤하게 되었다.
　이듬해인 1593년 2월에는 평양성을 점령했던 일본군이 조선군과 명군의 반격을 받아 철수하기 시작했는데, 이들은 군사를 이끌고 한양으로 내려왔다. 이에 전라 순찰사였던 권율은 한양의 일본군을 공격할 기회를 엿보기 위해 행주 산성에 진을 쳤다. 일본군은 자신들을 추격하던 명군을 벽제관에서 크게 격파한 다음, 뒤에서 자신들을 공격할지도 모를 행주 산성의 조선군까지 물리치려고 했다.
　일본군은 3만여 명의 군사들을 이끌고 행주 산성으로 쳐들어왔다. 이에 조선군은 9차례에 걸친 일본군의 공격을 치열한 전투 끝에 모두 물리쳤다. 일본군의 공격에 대비해 성벽을 정비하고 목책을 쌓는 등 사전 준비를 철저히 한 데다 성안의 모든 백성들이 힘을 합쳐 싸운 덕분이었다. 화차와 신기전 등을 비롯한 조선군의 새로운 무기도 이 전투에서 큰 힘을 발휘했다. 행주 산성에서 조선군과 백성들의 강한 저항에 무너진 일본군은 결국 한양 점령을 포기한 채 남쪽으로 물러났다.

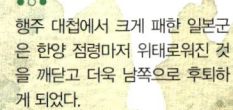
행주 대첩에서 크게 패한 일본군은 한양 점령마저 위태로워진 것을 깨닫고 더욱 남쪽으로 후퇴하게 되었다.

심화 행주치마는 여자들이 부엌일을 할 때 그릇이나 손을 닦기 위해 두른 앞치마이다. 그런데 행주 대첩에서 여자

들이 긴 치마를 짧게 잘라 허리에 두른 뒤 돌을 담아 나른 데서 '행주 대첩'이라는 이름이 붙여졌다고 알려져 있다. 하지만 '행주'나 '행주치마'는 행주 대첩 이전에도 사용했던 말이다. 행주치마와 행주 대첩을 관련지어 생각하게 된 것은 행주 대첩 때 백성들이 그만큼 적극적으로 참여했기 때문인 것으로 보인다.

행주 대첩은 권율 장군의 철저한 준비와 전략, 조선군의 용맹함이 빛난 전투였다. 하지만 무엇보다 조선군과 백성들이 하나가 되어 승리를 이루어 냈다는 점에서 의미가 컸다.

권율이 이끄는 조선군은 행주 산성에 진을 친 뒤 일본군과 치를 전투를 철저히 준비했다. 수적으로 우세한 일본군을 효과적으로 물리치기 위해 목책을 쌓고 화포를 정비했다.

시대 조선 시대 | **더 찾아보기** 갑오개혁, 고려, 과거 제도, 서원, 성균관, 수령, 유학, 임진왜란, 조선, 태조, 한양

조선 시대에 유학 교육을 위해 지방에 세운 공립 학교

향교

개요 **조선** 시대에 나라에서 세운 지방 교육 기관이다. 지방의 학생들에게 **유학**을 가르치면서 선현들에게 제사를 지내는 곳으로, **성균관**과 함께 조선의 교육을 맡아 했던 곳이다.

풀이 지방에 공립 학교를 세우기 시작한 것은 **고려** 시대였다. 이전 시대에는 주로 임금이 있는 도성에 학교를 세웠으나, 고려의 제17대 임금인 인종 때부터는 지방에 학교를 세우고 유능한 학자들을 파견해 유학을 가르치도록 했다. 그러나 향교가 지방 교육의 중심으로 자리를 잡은 것은 조선 시대였다. 조선은 통치 이념이기도 한 유학 교육을 위해 최고 교육 기관인 성균관을 세운 뒤 지방에 향교를 설립했다. **한양**에도 네 개의 향교, 즉 사학이 만들어졌다. 조선을 건국한 **태조**는 고을마다 하나의 향교를 세우라고 했을 정도로 교육 기관 설립에 정성을 기울였다.

이렇게 고을마다 설치된 향교는 공자와 여러 유학자들을 모셔 제사 지내고, 지방의 유생들을 교육시키는 공립 학교로 자리를 잡았다. 조정은 향교에 '학전'이라고 부르는 땅을 주고, 학전을 일구어 거둔 세금으로 학교의 운영비를 충당하도록 했다. 향교 교육이 제대로 되고 있는지 감독하는 일도 꼼꼼하게 관리해, 향교 교육의 성과는 **수령**을 평가할 때 중요한 기준 가운데 하나가 되었다. 향교 교육이 발달할 수 있었던 데에는 **과거 제도**도 한몫을 했는데, 향교는 물론 수령까지 나서 많은 급제자를 내기 위해 노력했다.

향교는 **임진왜란** 때 큰 타격을 받았고, 조선 중기 이후에는 사림들이 세운 사립 학교인 **서원**이 등장해 위축되었다. 이에 조정에서는 향교에 이름을 올리지 않은 사람은 과거 시험을 보지 못하게 하는 방안까지 내놓았으나, 서원에 밀리는 현상은 계속되었다. 그러다 1894년 **갑오개혁**으로 과거 제도가 폐지되면서 사실상 이름뿐인 존재가 되었다.

심화 서원은 '작은 성균관'이라고 할 수 있을 만큼 교육 과정이나 건물의 배치 등이 비슷하다. 교육 과정은 과거 시험에 필수적인 시문 짓기나 유교의 경전, 사서 등을 가르쳤다. 또한 건물 배치는 평지일 경우 앞쪽에 선현의 제사를 위한 건물을 세우고 뒤쪽에는 학생들이 공부하는 강당과 기숙사를 지었으며, 구릉지의 경우는 반대였다. 밀양 향교나 나주 향교, 강릉 향교 등은 조선 시대 향교의 모습을 잘 간직하고 있다.

●○○ 향교는 지방의 교육 기관이었다. 성균관이 오늘날의 국립 대학과 같다면, 향교는 지방 대학이나 공립 고등학교와 같았다. 하지만 교육 못지않게 중요한 일은 공자와 여러 유학자들을 사당에 모신 뒤 제사를 지내는 일이었다.

●○○ 유교의 성현에게 제사 지내는 일은 향교뿐 아니라 고을의 중요한 행사이기도 했다. 따라서 향교에서 제사를 지낼 때면 지방의 내로라하는 양반들이 모두 참석했다.

시대 고려 시대~조선 시대 | 더 찾아보기 고려, 군역, 수령, 6조, 조선 | 1020

고려와 조선 시대에 지방 행정을 맡았던 하급 관리
향리

개요 고려 시대부터 조선 시대까지 지방의 행정을 담당했던 하급 관리를 뜻한다. 관아 앞에 있는 사람들이라는 뜻으로 '아전'이라고도 한다.

풀이 고려 시대에서 조선 시대까지 중앙 정부에서 지방으로 파견되었던 관리, 즉 수령들은 그 지방 사정을 잘 모르는 경우가 많았다. 이 때문에 대대로 그 지방 관청에 속해 있으면서 수령을 도와 지방 행정을 담당하는 향리들이 필요했다. 이들은 상관인 수령을 보좌하면서 백성들을 다스리고, 때로는 수령과 백성들 사이에서 조정하는 역할도 맡았다.

조선 시대의 관아는 중앙 정부의 6조처럼 이·호·예·병·형·공으로 이루어진 6방 체제로 운영되었다. 6방의 일은 향리들의 우두머리인 이방이 관장했고, 수령은 이방의 보좌를 받으며 고을을 다스렸다.

향리들 중 일부는 지방 사정에 어두운 수령 몰래 세금을 빼돌리거나 부정부패를 저지르는 경우도 있었다. 그렇지 않더라도 양민들에게 직접 세금을 걷고 군역이나 요역을 독촉하는 등 궂은일을 도맡았기 때문에 원성을 사는 경우가 많았다. 여기서 요역이란 성을 쌓거나 도로를 건설할 때, 혹은 공물을 운반할 때 백성들의 노동력을 징발하는 제도를 뜻한다. 조세나 군역 못지않게 백성들에게 부담을 주는 의무 가운데 하나였다.

이방	6방 향리들을 대표하는 관리였다. 원래는 주로 향리들의 인사 분야를 맡았지만, 사실상 고을 행정에 관한 모든 일을 다루었다.
호방	고을의 호구를 관리하면서 세금 거두는 일을 맡았다.
예방	지방 관청의 여러 가지 행사나 교육에 관련된 일을 맡았다.
병방	군사들의 훈련이나 군역, 고을의 치안, 여러 가지 시설을 관리하는 일을 맡았다.
형방	고을에서 일어나는 민형사 사건이나 소송, 징벌 등에 관한 일을 맡았다.
공방	산림이나 광산, 토목 등에 관한 일을 맡았다.

심화 지위가 낮은 하급 향리를 '색리'라고 했다. 조선 시대에는 6방을 제외한 대부분의 향리들이 색리였으며, 이들이 지방 관청의 일을 사실상 도맡아 했다. 색리는 6방의 각 부서에 소속되어 있었으며, 천민과 다름없는 색리도 많았다.

●○●
향리는 지방 행정을 맡아 보던 하급 관리였다. 이들은 수령을 도와 백성들을 다스리면서 관청의 살림살이를 맡았다. 체제는 조정과 똑같이 이·호·예·병·형·공 등 6개의 부서로 나뉘어져 있었다.

●○●
향리는 대부분 고을에서 오랫동안 살아온 사람들이기 때문에 고을 사정을 가장 잘 알았다. 이 때문에 고을 사정에 어두운 수령을 잘 보좌할 수 있었다. 하지만 일부는 오히려 이런 점을 악용해 백성들을 수탈하는 데 앞장서기도 했다.

시대 남북국 시대~조선 시대 더 찾아보기 고려, 노비, 망이·망소이의 난, 무신 정권, 백정, 성균관, 신라, 조선, 천민

신라 때부터 조선 시대까지 특별한 일을 맡은 하층민 부락

향·소·부곡

개요 **신라** 때부터 **조선** 시대까지 있었던 특수한 지방의 행정 구역이다. 부곡과 향은 신라에 많았고, 소는 **고려** 시대에 생겼다. 이 지역에 사는 사람들은 나라에서 요구하는 일을 의무적으로 해야 하는 하층민이었다.

풀이 향·소·부곡 등의 행정 구역이 어떻게 생겨났는지에 대해서는 확실히 알려진 것이 없다. 다만 다른 나라에서 넘어와 정착한 사람들이나 전쟁에 패해 항복한 지역의 사람들, 반역의 죄를 지은 사람들, 특별한 물품을 만드는 **천민**들이 모여 살게 되면서 별도로 나라의 관리를 받기 시작한 것으로 추측된다. 이들은 나라를 위해 일하면서도 사회적 지위가 낮았으며 자식들도 그 지역을 벗어나지 못했다.

　신라 때 가장 많았던 부곡은 원래 중국에서 노비나 관비처럼 천민을 가리키는 말이었지만, 신라에서는 하층민이 모여 사는 부락 이름이 되었다. 부곡과 향에 사는 사람들은 대부분 농사를 짓고 살았다. 농사를 짓는다는 점에서는 일반 농민과 다를 바가 없었지만 권리나 의무에서는 큰 차이가 있었다. 부곡민이나 향민은 교육을 받거나 과거 시험을 볼 자격이 없었고, 내야 할 세금도 더 많았으며, 나라에서 요구하면 언제든 불려가 일을 해야 할 의무가 있었다.

　소는 부곡이나 향과는 달리 특별한 물품을 만드는 집단이었다. 주로 왕실이나 국가에서 필요로 하는 금이나 은, 동, 철, 실, 종이, 도자기, 먹 등을 만들었다. 이 물품들을 만들거나 옮기는 등의 관리는 조정에서 직접 맡았다. 소에서 거두는 공물은 전문적인 기술이 필요하거나 매우 귀중한 것이었기 때문에 관리가 엄격했고 거두는 양도 많았다. 이 때문에 소의 주민들이 가혹한 노동에 시달리다 못해 반란을 일으키기도 했다. 고려 **무신 정권** 시기에 일어난 **망이·망소이의 난**은 소에 거주하는 사람들이 일으킨 봉기였다.

　향·소·부곡은 조선 전기까지 이어졌으나 군이나 현 같은 지방의 행정 구역에 속하게 되면서 그 수가 급격히 줄어들었다. 고려 말기에는 향만 138개에 달할 정도였

향·소·부곡의 주민들은 주로 나라에서 요구하는 일을 하며 살았다. 대부분은 농사를 지었지만 고려 시대에 생긴 소는 귀금속이나 도자기, 종이, 먹 등과 같은 특별한 물품을 만드는 부락이었다.

던 것이 조선 시대에는 향·소·부곡을 다 합쳐도 13개에 불과했다. 그러다 16세기부터는 자취를 찾아볼 수 없게 되었다.

심화 조선 시대에는 향·소·부곡과는 다른 천민들의 부락도 있었다. 대표적인 곳이 **성균관** 주변에 있었던 반촌이었다. 이곳에 사는 사람들은 성균관의 잡일을 맡아 하던 **노비**들이었다. 고려 시대에도 학교에 소속된 노비가 있었으며, 조선 시대에는 그 수가 더 많아졌다. 이들은 차츰 가축을 죽여 고기를 만드는 **백정** 집단으로 변해 갔다.

향·소·부곡은 보통의 양인들이 사는 곳과는 별도로 관리되었다. 이곳에 사는 사람들은 마음대로 이주할 수 없었고, 출입도 관청의 허가를 받아야 했다.

시대 조선 시대 | 더 찾아보기 사림파, 서원, 선조, 수령, 이이, 이황, 양반, 유향소, 조광조, 조선, 훈구파

조선 시대 지방 사회에서 지켰던 자치 규약
향약

개요 조선 시대 지방의 양반들이 만든 규약이다. 유교의 가르침을 바탕으로 향촌 사회의 주민들이 지켜야 할 규범을 정해 놓은 것이다.

풀이 조선 시대의 향약은 중국의 여씨향약을 본받은 것이다. 여씨향약이란 11세기 초에 중국 북송의 산시 성에 살았던 여씨 가문이 만든 자치 규약이다. 여씨 가문의 4형제는 학문이 높고 인품이 뛰어나 지역에서 존경을 받았다. 이들은 집안과 향촌 사람들이 지키면서 살아가야 할 규약을 마련했는데, 이를 향약이라고 한다. 향약의 4대 덕목은 좋은 일은 서로 권할 것, 잘못은 고쳐 줄 것, 서로 예의를 지킬 것, 어려운 일이 있을 때는 서로 도울 것 등이었다. 이후 여씨향약이 다른 지방에 모범으로 알려지면서 널리 퍼지게 되었다.

조선에서 향약을 만들고 이를 지키도록 감독한 것은 서원을 중심으로 한 지방의 사림 세력이었다. 제11대 임금인 중종 때 이미 조광조가 유향소를 폐지하는 대신 향약을 보급하자고 주장했지만, 조광조가 기묘사화로 인해 쫓겨나면서 무산되었다. 그러다 선조 이후 사림파가 다시 정권을 잡으면서 전국적으로 향약이 보급되었다.

이황이 만든 향약 규약은 제자들에 의해 영남 등 여러 지방에서 활용되었다. 이이도 충청도 청주와 황해도 해주 등 여러 지역의 향약을 만들었다. 유교의 가르침을 구체화시킨 향약은 지방 양반들이 고을 농민들을 다스리고 통제하는 수단이 되었다. 예를 들어 양반에게 예의를 지키지 않았을 경우, 마을 행사에 필요한 공동 자금을 내지 않았을 경우 등 하나하나 지켜야 할 약속과 벌칙이 정해져 있었다. 마을 농민들은 공식적인 지방 수령의 지배 외에도, 향약을 통해 지방 양반의 지배도 받았던 셈이다.

심화 정권 다툼에서 훈구파에 져 지방으로 밀려난 사림파는 서원과 향약을 통해 서서히 세력을 키워 갔다. 이들은 학문을 연구하고 후진을 기르면서 향촌 사회를 장악했고, 이 힘을 바탕으로 다시금 정권을 잡았다.

시대 조선 시대   더 찾아보기 명, 유학, 조선, 천민, 허난설헌, 홍길동전

《홍길동전》을 지은 소설가이자 개혁을 꿈꾼 조선의 정치가

허균

개요 **조선** 중기의 정치가이자 소설가이다. 조선 시대의 뛰어난 여성 문학가인 **허난설헌**의 동생이기도 하다. 우리나라 최초의 한글 소설이자 조선 사회를 비판한 내용을 담은 **《홍길동전》**을 썼다.

풀이 허균은 1596년에 대대로 학문이 뛰어난 집안에서 태어났다. 다섯 살 때부터 글을 배우기 시작해 아홉 살이 되어서는 시를 지을 정도로 재능이 뛰어났다. 그는 자유분방하면서도 호기심이 많아 새롭고 파격적인 학문을 연구했다. **유학**을 깊이 공부하면서도 당시에는 금지되었던 불교와 도교에 관심을 가져, 도교의 은둔 생활 방법을 다룬 《한정록》을 쓰기도 했다. 그런가 하면 두 차례에 걸쳐 **명**나라에 사신으로 다녀오면서 새로운 문물이 담긴 많은 책과 천주교 기도문을 가져오기도 했다.

허균은 스물여섯 살에 과거에 급제해 벼슬길에 올랐다. 하지만 관직에 있는 동안 여러 차례 탄핵을 받거나 정치적인 사건에 휘말려 벼슬을 잃고 유배를 당하는 어려움을 겪었다. 1613년 자신과 교류하던 서자 출신 학자들이 역모 혐의로 처형되자, 허균은 위기에서 벗어나기 위해 당시 집권 세력이던 대북에 가담했다. 그리고 영창 대군의 처형과 인목 대비의 폐모를 주장해 많은 유학자들의 비판을 받았다. 그러던 중 1618년 외가 쪽 친척인 현응민이 "포악한 임금은 가고 새로운 인물이 온다."는 글을 거리에 붙인 사건이 일어났다. 허균은 이 글을 실제로 지은 인물이라는 혐의를 받아 역모의 죄를 받고 팔다리를 찢어 죽이는 능지처참형을 당했다.

심화 허균은 유교 이외의 사상을 거부감 없이 받아들였을 뿐 아니라 서자나 기생, **천민** 등 조선 사회에서 소외된 이들과 친구로 지내며 그들의 생활에 관심이 많았다. 또한 그는 세상을 바꾸기 위한 개혁 정치에 관심이 많았다. 그의 개혁 사상은 한글 소설인 《홍길동전》에 신분 차별에 대한 비판, 탐관오리의 처벌, 가난한 백성의 구제, 새로운 세계의 건설 등으로 나타나 있다.

불행 속에서도 아름다운 작품을 남긴 조선의 천재 여성 시인

허난설헌

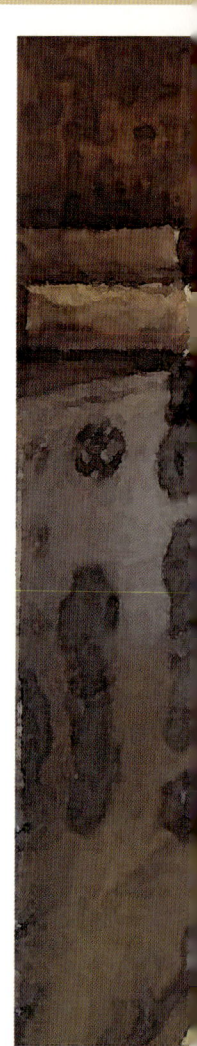

개요 조선의 천재 여성 시인이다. '난설헌'은 호이고, 이름은 '초희'이다. 조선 중기의 정치가이자 소설가인 허균의 누이이기도 하다. 여러 편의 뛰어난 작품을 남겼으나 불행한 가정 생활 끝에 세상을 떠났다.

풀이 허난설헌은 1563년에 당시 동인 세력의 우두머리였던 허엽의 딸로 태어났다. 오빠와 동생 사이에서 어깨너머로 글을 배우기 시작해, 불과 여덟 살 때 시를 지을 정도로 재능이 뛰어났다.

허난설헌은 열다섯 살이 되던 해에 조선의 여느 여인들처럼 어른들이 정해준 집안으로 시집을 갔다. 하지만 남편인 김성립과는 사이가 좋지 않았고, 시어머니의 시집살이가 무척 심했으며, 자식마저 병이나 유산으로 모두 잃었다. 게다가 친정 오빠인 허봉이 귀양살이를 하다 죽고, 동생인 허균마저 유배를 떠나는 등 친정집도 불행이 끊이지 않았다. 허난설헌은 이 모든 불행을 견디며 오직 시를 짓는 일로 위안을 삼았다. 그녀의 시에는 집안에 갇혀 살아야 하는 여인들의 마음과 속세를 떠나고 싶은 마음이 담겼다.

허난설헌은 스물일곱 살이 되던 해인 1589년에 세상을 떠났는데, 마치 자신의 죽음을 예상한 듯 〈몽유광상산〉이라는 시를 남겼다. 그리고 죽기 전 어느 날 가족들에게 "내가 지은 시들을 모두 불태워 없애 달라. 그래서 나처럼 시를 짓다 불행해지는 여인이 다시는 나타나지 않도록 해 달라."는 유언을 남겼다고 한다. 그녀가 지은 〈몽유광상산〉은 다음과 같다.

"푸른 바닷물이 구슬 바다에 스며들고
푸른 난새는 아롱진 난새와 어울렸구나.
부용꽃 스물일곱 붉게 떨어지니
달빛 서리 위에서 차갑기만 해라."

심화 허난설헌이 세상을 떠난 뒤 그녀의 작품은 대부분 불타 사라졌지만, 동생인 허균이 《난설헌집》을 엮으면서 되살아났다. 허균은 누이가 지은 작품 일부를 **명**에서 온 사신인 주지번에게 보여 주었는데, 그는 중국에 돌아가 《난설헌집》이라는 이름의 시집을 펴냈다. 이 시집은 명에서 높은 평가를 받았으며, 나중에는 **일본**에서도 널리 사랑을 받았다.

●○○ 허난설헌은 조선이 낳은 최고의 여성 시인이자 예술가였다. 그녀는 시대를 잘못 만나 재능을 마음껏 피워보지 못한 채 불행한 삶을 살다 세상을 떠났다. 하지만 동생 허균과 명나라 문인인 주지번에 의해 일부가 전해져 오늘날까지 이어지고 있다.

●○○ 허난설헌은 주로 집안에 갇혀 살아야 하는 여인들의 마음과 속세를 떠나고 싶은 마음을 노래했다. 불행한 가정 생활로 인해 늘 외롭고 쓸쓸했던 그녀의 마음은 아름답고 서정적인 작품에 잘 담겨 있다.

《동의보감》을 만든 조선 최고의 의학자이자 왕실의 의사

허준

개요 **조선** 중기의 의학자이다. 당시 최고의 의사로서 **선조**와 **광해군**의 어의를 지냈으며, 우리나라의 현실에 맞는 의학 정보를 정리해 《**동의보감**》을 편찬했다.

풀이 1537년에 **양반** 집안의 서자로 태어난 허준은 의원이 되기로 마음먹었다. 의원은 당시 **중인**이나 서자들이 선호하던 직업이었다. 허준은 스물아홉 살이라는 늦은 나이에 의과에 급제해 궁중의 의약을 맡아 모는 관청인 내의원에 들어갔고, 다음 해에는 능력을 인정받아 임금의 건강을 돌보는 의사인 어의가 되었다.

1592년에 **임진왜란**이 일어나자 임금을 모시고 의주까지 피난을 갔다. 그 공을 인정받아 공신으로 추대되었으나 "중인 신분인데 상이 너무 과하다."는 신하들의 반대로 취소되었다. 임진왜란 중에 선조의 명령을 받아 《동의보감》을 편찬하기 시작했으나 정유재란으로 중단되었다.

허준은 선조가 죽은 뒤 의주로 유배되었다. 그가 임금의 건강을 책임지는 어의였기 때문이다. 하지만 오래지 않아 유배에서 풀려나 광해군의 어의가 되었다. 광해군 때는 주로 의학책을 편찬하는 데 몰두했다. 한의학의 백과사전이라고 불리는 《동의보감》은 이때 완성되었다. 허준은 마지막 순간까지 의술 연구와 의학책 편찬에 힘쓰다 1615년에 세상을 떠났다.

심화 허준의 일생은 여러 차례 소설이나 드라마로 만들어져 인기를 끌었다. 1990년에는 《소설 동의보감》이 간행되어 100만 권 이상이 팔리는 밀리언셀러가 되었다. 이를 원작으로 하는 드라마 〈허준〉도 1999년부터 방영되어 높은 시청률을 기록했고 외국에까지 수출되어 '한류' 현상에 한몫을 했다. 허준을 주인공으로 하는 드라마는 이후에도 여러 차례 제작되었다.

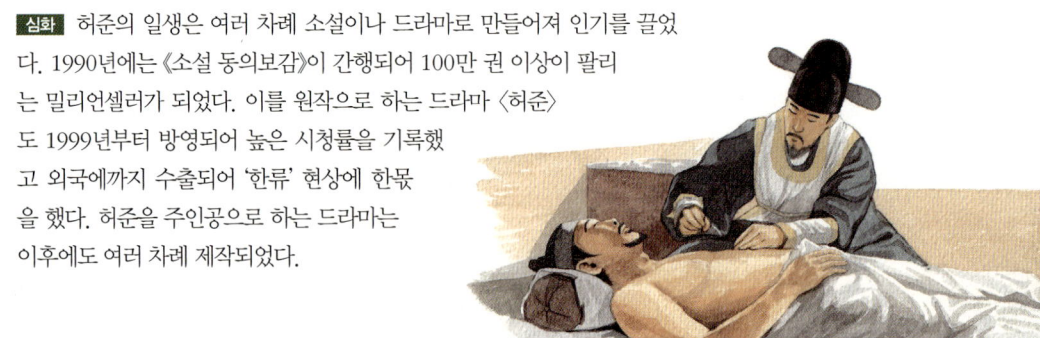

시대 조선 시대~현대 **더 찾아보기** 고종, 대한민국, 대한 제국, 3·1 운동, 서재필, 육영 공원, 을사조약, 일본, 일제 강점기, 조선, 헤이그 특사 파견

조선 말기에 우리의 국권 회복을 위해 애쓴 미국인

헐버트(호머 헐버트)

개요 조선 말기와 **일제 강점기**에 우리나라의 국권 회복 운동을 도운 미국인이다. **을사조약**의 부당함을 알리고자 한 **고종**의 뜻을 미국에 전하려 했으며, 고종에게 **헤이그 특사 파견**을 건의하기도 했다.

풀이 호머 헐버트(Homer Bezaleel Hulbert)는 1863년에 미국에서 태어났다. 1886년에 처음 우리나라에 왔으며, **육영 공원**에서 외국어를 가르쳤다. 1905년에 을사조약이 체결되자, **대한 제국**의 자주독립을 주장하는 고종의 밀서를 가지고 미국으로 건너갔다. 그는 미국의 국무장관과 대통령을 만나려고 했지만 실패했다.

1906년에 다시 우리나라에 와서 영문 월간 잡지인 《한국평론》을 창간해 **일본**의 침략을 폭로했다. 이듬해에는 고종에게 네덜란드 헤이그에서 열리는 제2차 만국 평화 회의에 밀사를 보내도록 건의했다. 그리고 우리 대표단보다 먼저 헤이그에 도착해 《회의시보》에 우리 대표단의 호소문을 싣게 하는 등 한국의 국권 회복 운동을 앞장서 도와주었다. 헐버트는 1908년에 우리나라에서의 생활을 정리하고 미국으로 돌아갔다.

심화 헐버트는 여전히 우리나라에 대한 애정을 가지고 《The History of Korea》 등 한국에 관한 여러 편의 글을 발표했다. 1919년에는 **서재필**이 주관하는 잡지에 **3·1 운동**을 지지하는 글을 발표하기도 했다. **대한민국** 정부가 수립된 후에는 국빈으로 초대받아 한국을 방문했으며, 1949년 세상을 떠난 뒤에는 양화진의 외국인 선교사 묘역에 묻혔다.

시대 조선 시대 | 더 찾아보기 고종, 대한 제국, 을사조약, 이상설, 일본

고종이 헤이그에서 열린 만국 평화 회의에 사절을 보낸 일
헤이그 특사 파견

개요 1907년에 **고종**이 네덜란드 헤이그에서 열린 만국 평화 회의에 특별 사절단을 파견한 일이다. **을사조약**이 **일본**의 강압으로 이루어진 것임을 세계에 알리고 무효로 만들려고 했으나, 일본의 방해로 결국 실패했다.

풀이 1905년 일본은 **대한 제국**의 외교권을 박탈해 한국을 일본의 '보호국'으로 만드는 을사조약을 강제로 체결했다. 1907년 네덜란드의 헤이그에서 세계 40여 개국이 참가하는 제2회 만국 평화 회의가 열리자 고종은 사절단을 파견해 대한 제국의 실상과 을사조약의 부당성을 알리고자 했다. 세계 여론에 호소하여 일본의 침략을 막고자 한 것이다. 고종의 친서를 받은 **이상설**과 이준은 이위종과 함께 헤이그로 갔다.

그러나 대한 제국 대표단은 일본과 영국의 방해, 각국 대표단의 무관심 등으로 인해 회의에서 발언할 기회를 얻지 못했다. 헤이그 만국 평화 회의는 '평화 회의'라는 이름과는 달리, 제국주의 열강이 자신들의 이익을 챙기는 회의였기 때문이다. 어쩔 수 없이 특사 일행은 세계 언론인을 대상으로 대한 제국의 실정을 호소하는 연설을 했다. 이 연설은 세계 각국에 보도되었지만 한반도의 상황을 바꾸는 데 별다른 역할을 하지 못했다. 특사들 가운데 이준은 그곳에서 죽었고, 이상설과 이위종은 국내로 돌아오지 못하고 외국에서 독립운동을 이어갔다.

헤이그의 특별 사절이 된 이준과 이상설, 이위종. 세 사람 중 이준은 헤이그에서 세상을 떠났고 다른 두 사람은 해외에서 독립운동에 참여했다.

심화 헤이그 특사 파견을 알게 된 일본은 자신들에게 적대적인 고종이 있는 한 한반도를 식민지로 만드는 데 방해가 될 것이라고 생각하게 되었다. 이에 고종을 강제로 황제의 자리에서 물러나게 만든 뒤 아들인 순종을 추대했다.

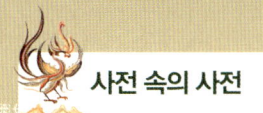

사전 속의 사전

역사를 연구하거나 공부할 때 도움이 되는 연표

♣ **연표란?** | 역사적인 사실을 일어난 순서대로 나타낸 표이다. 역사를 연구하거나 공부할 때 도움이 된다.

♣ **연표의 종류** | 연표에는 여러 가지 종류가 있다. 한 나라나 세계에서 일어난 일을 종합적으로 모아 놓은 연표, 특정 지역이나 단체, 가족 등 범위를 제한해 놓은 연표, 특정 주제와 관련된 사실만을 모아 놓은 연표 등 형식에 따라서도 달라진다.

연표는 역사적 사실이 일어난 순서를 알거나 사실들 간에 시기적으로 얼마나 떨어져 있는지 이해하는 데 도움을 준다. 사실들 간의 상호 관련성을 파악하고, 같은 시기에 다른 지역에서 일어난 사건들을 비교하는 데도 효과적이다. 연표를 적절히 활용하면 시간 개념을 기르고 역사를 체계적으로 이해할 수 있다.

이런 이유 때문에 역사 개설서나 교과서의 뒷부분에는 부록으로 연표를 싣고 있는 경우가 많다. 최근에는 단원의 첫머리나 정리 부분에 중요한 역사적 사실을 연표로 정리하기도 한다.

♣ **연표 만들기** | 연표를 직접 만들어 보면 역사에 대한 친근감을 높이고 역사적 사고력을 기를 수 있다. 역사책이나 신문을 읽고 중요한 사실들을 표기해 종합 연표를 만들어 보거나 학교 연표, 가족 연표, 나의 연표 등 자기 주변에서 일어난 사실들을 시간 순서로 정리하면 된다.

신라 말기와 고려 초기에 세력을 떨친 지방 귀족
호족

개요 **신라** 말기부터 **고려** 초기까지 지방에서 부와 권력을 누리던 세력이다. 지방에서 독자적인 세력을 이루어 자신의 근거지를 다스렸다.

풀이 신라 말기에는 **진골** 귀족의 왕위 쟁탈전으로 인해 정치가 어지러워지면서 지방에 대한 중앙 정부의 통제력이 크게 약해졌다. 이 틈을 타 지방에서는 권력 다툼에서 밀려난 진골 귀족들, **골품 제도**로 인해 출세길이 막힌 지방의 하급 귀족들, 지방의 군사 지휘관 등이 세력을 키우기 시작했다. 이들은 더 이상 중앙 정부의 명령을 듣지 않았고, 독자적인 군사력을 갖추었으며, 자신이 속한 지역을 스스로 다스렸다. 진골 가문이었던 김헌창이나 신라군의 장교였던 **장보고**와 **견훤** 등이 신라 말기에 힘을 키운 대표적인 호족들이다.

결국 신라는 나날이 번성하는 호족들에 의해 분열되었다. 그리고 힘센 호족이 힘 없는 작은 호족들을 거느리고 나라를 세우면서 신라와 **후백제**, **후고구려**(고려) 등 후삼국이 성립되었다. 이중에서 개성 지방의 호족이었던 **왕건**은 자신을 따르는 호족들과 혼인 관계를 맺고, 항복한 호족을 우대하는 정책을 펴 세력을 키웠다. 즉, 호족 세력을 적절히 이용하여 고려를 건국한 뒤 후삼국을 통일한 것이다.

하지만 통일 후에도 호족들이 자신의 세력을 유지하자, 고려 왕실은 고민에 빠졌다. 신라 말기에 그랬던 것처럼 호족은 여전히 왕권을 위협하는 존재였기 때문이다. 이에 **광종**은 **노비안검법**을 실시하는 등 호족 세력을 견제하기 위해 노력했다.

심화 호족들은 **풍수지리설**과 불교의 **선종** 사상을 자신의 세력을 합리화하는 데 이용했다. 풍수지리설을 근거로 신라의 도읍지인 경주의 운수가 다했다며 지방 세력의 성장을 정당화한 것이다. 또한 곳곳에서 선종 계통의 불교 산문(종파)이 만들어졌는데, 이들은 호족의 지원을 받으며 중앙 권력의 간섭에서 벗어나고자 했다.

시대 조선 시대 | 더 찾아보기 군역, 군포, 노비, 양인, 조선, 이방원, 태종

조선 시대에 16세 이상의 양인 남자들에게 신분증을 지니게 한 법

호패법

개요 조선 시대 신분증명서인 호패를 반드시 지니고 다니도록 한 법이다. 호패는 16세 이상의 양인 남자에게 나누어 주었으며, 조세와 군역의 대상자를 알아보기 위해 시행했다.

풀이 호패는 조선 시대의 주민등록증이라고 할 수 있다. 주민등록증 제도는 정부에서 조세와 국방 같은 국민의 의무를 다하게 함은 물론 여러 가지 행정적인 일을 처리하기 위해 실시한다. 조선 시대에도 이와 같은 목적으로 호패를 만들었다. 다만 차이가 있다면 오늘날에 만 18세 이상의 남녀에게 주민등록증이 발급되는 것과 달리, 조선 시대의 호패는 16세 이상의 양인 남자들만 지니게 했다는 것이다. 이는 16세 이상의 양인 남자에게 군역의 의무가 있었던 것과 관계가 있다.

군역을 담당하는 관청에서는 호패법에 따라 백성들의 인적 사항을 기록한 단자를 만든 다음, 그에 따라 군사를 징발하거나 군포를 거두었다. 또한 백성들의 인구를 파악하고 세금을 거두기도 했다. 조선 초기에는 이민족이 불법적으로 들어와 사는 것을 막기 위한 수단으로도 쓰였다.

호패법이 처음 실시된 것은 제3대 임금인 태종(이방원) 때였으나, 농민의 반발과 별다른 효과가 없어 중단되었다가 다시 실시하는 일이 되풀이 되었다. 그러다 제19대 임금인 숙종 때에는 어느 정도 정착되어 고종 때까지 유지되었다. 호패법에 따라 16세 이상의 남자들은 모두 평소에도 호패를 차고 다녀야 했다. 호패를 지니지 않으면 처벌을 받았다.

심화 나라에서는 호패법을 엄격히 시행하려 했지만 실제로는 등록을 피하려는 사람들이 많아 시행에 어려움을 겪었다. 호패를 받으면 곧바로 군역 대상자가 되기 때문이었다. 당시 가난한 백성들에게는 군역이 매우 부담스러웠기 때문에 군역을 피하기 위해 일부러 노비로 등록하는 일까지 있었다. 그래서 조선 시대의 전체 인구 중 호패를 발급받은 사람이 10~20%에 지나지 않았다고 한다.

호패는 신분에 따라 재질이나 모양은 달랐지만 인적 사항을 적는 것은 같았다. 호패에는 호패 주인의 이름은 물론 출생년도와 사는 곳, 과거 급제 사실, 직위, 관청의 확인 등이 적혀 있었다.

시대 조선 시대 | **더 찾아보기** 고종, 군역, 군포, 균역법, 노비, 삼정의 문란, 양반, 양인, 영조, 조선, 흥선 대원군

양반과 상민의 구분 없이 군포를 내도록 한 제도

호포법

개요 조선 시대에 양반과 상민(평민)의 구분 없이 집집(호)마다 군포(포)를 내도록 한 세금 제도이다. 조선 후기에 군역 문제가 어지러워지자 흥선 대원군이 실시했다.

풀이 조선 시대 양인 남자들에게는 누구나 군역의 의무가 있었다. 그런데 농사를 짓는 집안에서 성인 남자 한 명이 군대를 가면 일손이 부족해질 뿐만 아니라 군인으로 있는 동안 의식주도 본인이 감당해야 했기 때문에 엄청난 부담이 되었다. 이에 조선 조정에서는 군역이 여의치 않은 상민들에게는 군포를 내는 것으로 대신하게 했다.

문제는 가난한 집의 경우 군포를 내는 일조차 만만치 않았다는 점이다. 게다가 관리들의 횡포로 어린아이나 노인들에게까지 군포를 징수하고 심지어 가로채는 일까지 벌어져 백성들의 부담은 더욱 커져 갔다. 이 때문에 많은 상민 남자들이 스스로 남의 집 노비가 되거나, 군역을 피해 도망을 치거나, 불법적인 방법으로 양반의 신분을 사서라도 군포 부담에서 벗어나려 했다.

조선 조정은 이런 사태를 막기 위해 양반에게도 군포를 걷는 방안을 논의했으나, 상민과 똑같이 군포를 낼 수 없다는 양반들의 거센 반발로 실현되지 못했다. 이에 영조는 군포를 1필로 줄여 주는 균역법을 실시했는데, 그럼에도 군역 문제는 해결되지 않았다. 결국 고종 때 흥선 대원군은 삼정의 문란을 해결하면서 호포법을 전면적으로 실시했다. 이에 따라 양반과 상민의 신분을 가리지 않고 군포를 거두게 되었다.

심화 조선 말기에 호포법을 시행할 수 있었던 것은 삼정의 문란이 워낙 심각한 데다 신분 제도가 무너져 양반의 힘이 그만큼 약해졌기 때문이다. 하지만 여전히 양반 세력이 강한 지역에서는 호포법도 제대로 시행되지 못했다. 이런 곳에서는 마을이 공동으로 군포를 내는 동포법이 시행되기도 했다.

시대 고려 시대 | 더 찾아보기 개경, 고려, 공민왕, 몽골, 송, 신진 사대부, 원, 이성계, 조선, 최영

원의 지배에 맞서 일어난 한족의 농민 반란군

홍건적

개요 몽골이 세운 원나라의 지배에 맞서 일어난 한족의 농민 반란군이다. 머리에 붉은 수건을 둘렀다고 해서 '홍건적'이라고 불렀으며, 원군에 쫓겨 고려에 침입하기도 했다.

풀이 원의 세력이 약해지자 중국 각지에서는 한족의 반란이 일어났다. 홍건적은 백련교와 미륵교를 믿는 한족 농민들을 중심으로 화북 지방의 허베이 성에서 일어난 반란군이다. 이들은 1355년에 봉기하여 나라 이름을 '송'으로 정하고, 한때 화북 지방의 여러 성으로 세력을 확대했다. 그러나 내부 분열을 겪은 데다 원의 공격을 받아 약화되었다.

원의 군대에 쫓긴 홍건적은 만주를 거쳐 고려로 밀려들었다. 1359년(공민왕 8년) 12월에는 4만여 명의 홍건적이 침입해 서경을 점령했는데, 고려군의 반격으로 고작 300여 명만이 살아 돌아갔다. 1361년에는 10만여 명이나 되는 대규모의 홍건적이 침공해 개경이 함락되고, 공민왕은 경상도 안동까지 피신했다. 그러나 전열을 재정비한 고려군은 이성계, 정세운 등의 지휘 아래 홍건적을 격퇴하고 개경을 되찾았다. 이후 대규모의 홍건적 침공은 더 이상 없었다.

심화 홍건적의 침공은 고려 사회에 커다란 영향을 미쳤다. 공민왕은 홍건적을 격퇴하기 위해 반원 정책을 중단하고 다시 원과 외교 관계를 회복했다. 하지만 전란의 과정에서 호적이 없어지면서 신분 제도가 흔들리고 국가의 통치력도 약해졌다. 토지 대장이 불에 탄 것을 이용해 권세를 가진 사람들은 농장을 대규모로 늘렸고, 이성계와 최영 등 홍건적 격퇴에 공을 세운 무인 세력이 성장했다. 이 중 이성계를 비롯한 일부 무인 세력이 신진 사대부와 손을 잡고 고려를 무너뜨리고 조선을 세웠다.

조선 후기에 홍경래와 농민들이 평안도에서 일으킨 반란

홍경래의 난

개요 조선 순조 때인 1811년 12월에 홍경래가 이끄는 농민들이 평안도에서 일으킨 반란이다. 평안도에 대한 지역 차별과 고단한 생활에 불만을 품고 일어났으나 관군에 의해 진압되었다.

풀이 조선 후기에는 농업 외에 상공업과 광업이 발달하고 신분 제도가 흔들리는 등 경제나 사회 분야에서 커다란 변화가 일어났다. 하지만 사회 체제는 이러한 변화를 따라가지 못했다. 그러던 중 조선 조정은 유독 평안도 지방을 차별하는 정책을 펼쳤다. 본래 평안도 지방은 지리적인 특성 때문에 중국 사신의 왕래가 잦고, 이들을 접대하느라 다른 지역에 비해 부담이 컸다. 하지만 조정으로부터 별다른 대가를 얻거나 이 지역의 인물이 높은 벼슬을 얻는 일도 드물었다. 이로 인해 평안도 지역 사람들은 조선 조정에 반감을 갖게 되었다.

홍경래 등은 부농(부유한 농민)과 상인, 조정에 불만을 가진 몰락한 양반을 끌어들이는 등 10여 년간의 준비 끝에 1811년 12월 봉기를 일으켰다. 봉기군은 불과 10여 일 만에 청천강 이북 지역을 대부분 점령했다. 봉기군이 손쉽게 여러 지역을 점령할 수 있었던 것은 곳곳에 호응하는 세력이 있었던 데다 많은 농민들이 지지했기 때문이다. 그러나 전열을 정비한 관군이 본격적으로 반격에 나서고 내부에서 갈등이 일어나면서 봉기군은 어려움을 겪게 되었다.

결국 봉기군은 안주의 송림동 전투에서 관군에게 패하고 정주성으로 물러났다. 이후 봉기군은 식량 부족과 병력의 열세로 고전하다 결국 1812년 4월에 관군에게 진압당했다. 관군은 성안에 있던 모든 성인 남자들을 처형했다.

심화 홍경래의 난은 실패했지만 농민 의식을 높여 조선 왕조가 무너지는 데 큰 영향을 미쳤다. 사회에서는 다시 봉기가 일어날 것이라는 소문이 퍼졌고, 실제로 탐관오리의 수탈과 조선 조정의 부당한 정책에 맞서 농민들의 봉기가 크게 늘어났다.

시대 조선 시대 | 더 찾아보기 광해군, 수령, 양반, 조선, 천민, 허균

조선 중기에 허균이 한글 소설로 쓴 서자 출신의 영웅 이야기

홍길동전

개요 조선의 제15대 임금인 광해군 때 허균이 지은 한글 소설이다. 한문으로 쓴 책도 있지만, 이것은 원본이 아니라 한글 소설을 한문으로 번역한 것으로 추측된다.

풀이 허균은 신분이나 출신에 따라 차별하는 조선의 사회 제도에 대해 비판적인 생각을 가지고 있었다. 그는 서자(본부인이 아닌 아내가 낳은 아들)들과 어울리면서 이를 개혁하고자 했다. 《홍길동전》에는 허균의 이러한 사상이 반영되어 있다.

《홍길동전》의 줄거리는 다음과 같다. 홍길동은 홍 판서와 천민이었던 어머니 사이에서 태어난 서자였다. 당시 조선 사회에서 서자는 양반으로 인정받지 못한 채 아버지를 아버지로, 형을 형으로 부르지 못하고 살았다. 홍길동은 서자였지만 재주가 매우 뛰어났는데, 이를 불안하게 여긴 집에서는 홍길동을 죽이려고 한다. 이 때문에 홍길동은 집을 나와 전국을 떠돌아다니다 도적 집단인 활빈당의 우두머리가 된다. 홍길동은 도술로 악독한 부자나 부패한 수령을 혼내 주고, 이들의 재물을 빼앗아 가난한 백성들에게 나누어 준다.

나라에서는 홍길동을 잡으려고 온갖 노력을 다하지만 실패하고, 홍길동을 달래기 위해 병조 판서의 벼슬을 내린다. 병조 판서를 하던 홍길동은 이를 그만두고 난징을 향해 떠난다. 그러던 중 율도국이라는 살기 좋은 섬을 발견하고, 그곳에 있던 요괴를 퇴치한 다음, 임금이 되어 나라를 잘 다스리면서 살아간다.

《홍길동전》은 신분 제도, 적자(본부인이 낳은 아들)와 서자의 차별, 탐관오리들의 횡포 등 당시 조선 사회의 문제점을 잘 드러내고 있다. 그리고 새로운 사회와 지도자를 꿈꾸는 백성들의 소망을 잘 나타냈다. 이 때문에 《홍길동전》은 백성들 사이에서 인기가 높았다.

《홍길동전》은 한글로 쓴 것과 한자로 쓴 것 두 가지가 있다.

심화 현재 우리가 읽는 《홍길동전》은 허균이 지은 원본이 아니라 나중에 여러 번 고쳐진 것이다. 하지만 홍길동의 뛰어난 도술과 나쁜 관리를 벌하는 통쾌한 모습 때문에 여전히 인기가 높다. 《홍길동전》은 최초의 한글 소설이지만, 조선의 제11대 임금인 중종 때 채수가 지은 한문 소설 《설공찬전》의 한글본이 발견되면서 한글 소설로는 두 번째가 되었다.

《홍길동전》은 부자나 탐관오리를 혼내 주고 새로운 세상을 만드는 통쾌한 이야기 덕분에 예부터 인기가 높았다. 한글로 썼기 때문에 한자를 모르는 백성들도 널리 읽었으며, 오늘날에는 만화나 애니메이션으로도 만들어졌다.

이야기 속의 홍길동은 서자이지만 재주가 뛰어나고 도술도 부리는 영웅이었다.

책 속의 백성들은 홍길동의 활약을 반겼고, 책 밖의 백성들은 《홍길동전》 읽기를 좋아했다.

시대 조선 시대 | 더 찾아보기 노론, 박제가, 박지원, 북학파, 실학, 조선, 지전설, 청

조선 후기의 실학자이자 지전설을 주장한 과학자

홍대용

개요 조선 후기의 **북학파 실학**자이자 과학자이다. **청**은 물론 서양의 선진 문물을 받아들여야 한다고 주장했으며, 지구가 둥글고 스스로 돈다는 **지전설**을 주장했다.

풀이 홍대용은 1731년에 충청도 천안에서 태어났다. 그의 집안은 대대로 높은 벼슬을 지냈고, 당파 중에서도 권세가 높았던 **노론**이었다. 하지만 그는 출세에는 관심이 없었고 오직 학문만을 좋아했다.

홍대용은 숙부가 서장관으로서 청에 갈 때 군관으로 쫓아가 3개월 동안 머물렀다. 그곳에서 청의 학자들과 토론을 벌였고, 천주당에 가서 서양 문물을 견학했으며, 독일인 선교사를 통해 서양의 과학을 접했다. 그리고 조선에 돌아온 뒤에도 청의 학자들과 편지를 주고받으며 교류했다. 홍대용은 당시 청을 오랑캐로 여기는 유학자들을 비판하면서 "나라가 발전하기 위해서는 청은 물론 서양 문물도 적극 받아들여야 한다."고 주장했다. 또한 신분 차별을 없애고 모든 어린이를 고루 교육해야 한다고 주장했다.

홍대용은 천문학책인 《의산문답》을 통해 "지구는 둥글기 때문에 돌아야 하며, 그렇게 도는 해와 달, 천체 사이에는 고정된 중심이 없고, 땅 위의 모든 장소는 중국이나 조선이나 동등하다."고 주장했다. 또한 서양 과학의 근본이 수학과 관측에 바탕을 두고 있다는 것을 알고 수학책인 《주해수용》을 썼다. 그런가 하면 홍대용은 여러 가지 천문 관측기구를 직접 만들기도 했다.

심화 홍대용의 주장은 당시로서는 매우 파격적인 내용이었다. 지구를 우주의 중심으로 생각하는 사고에서 벗어나 모든 별이 각각 우주를 가지고 있다고 생각하는 무한우주론, 신분이 아니라 재능이나 학문적 능력에 따라 일자리가 주어져야 한다는 평등관 등은 당시 사회의 틀을 벗어난 생각이었다. 그의 지식과 사상은 훗날 **박지원**과 이덕무, **박제가** 등의 실학자에게 영향을 주어 북학파를 이루었다.

시대 조선 시대 | 더 찾아보기 고종, 사간원, 사헌부, 세조, 세종, 연산군, 조선, 집현전

조선 시대에 학문을 연구하고 임금에게 간언하던 관청

홍문관

개요 조선 시대에 왕실의 책이나 문서를 관리하고 정책을 연구해 임금의 정치에 도움을 주었던 관청이다. 대표적인 언론 기관인 **사헌부**, **사간원**과 함께 3사라고 불렀으며 우두머리는 대제학이 맡았다.

풀이 조선의 제4대 임금인 **세종**은 나라의 발전과 백성들을 이롭게 하는 정치를 펼치기 위해 **집현전**을 만들었다. 그런 다음 학식이 높은 신하들을 뽑아 학문을 연구하도록 하고, 그것을 바탕으로 임금에게 조언하게 하며, 장차 임금이 될 왕세자의 교육도 담당하도록 했다. 하지만 제7대 임금인 **세조** 때 집현전 출신의 많은 학사들이 세조를 몰아내고 단종을 복위시키려는 운동에 가담하면서 폐지되었다.

제9대 임금인 성종은 홍문관을 정비해 집현전의 기능을 맡게 했다. 뿐만 아니라 언론 기관으로서의 역할도 강화했다. 언론 기관이란 임금이 바른 정치를 할 수 있도록 간언하는 관청으로, 사헌부나 사간원이 여기에 속한다. 그리고 홍문관과 함께 '3사'라고 부르는 이 관청의 관리들은 임금에게 간언하는 사람들이라는 뜻으로 '언관'이라고 불렀다. 실제로 홍문관의 주된 일은 임금이 어떤 일을 추진하려고 할 때마다 이와 관련된 사례를 찾아 연구하고 조사해 의견을 제시하는 것이었다.

임금의 결정에 영향을 미치자 홍문관은 매우 중요한 관청이 되었다. 조선 시대의 높은 관리들이 대부분 홍문관을 거쳐 갔을 정도였다. 당시에는 홍문관을 '옥당'이라고 부르기도 했는데, 이는 임금의 귀한 인재가 모인 관청이라는 뜻이다. 홍문관의 우두머리인 대제학은 학식과 인품을 두루 갖추어 존경을 받는 사람으로 임명했다.

심화 홍문관은 본래 세조 때의 왕실 도서관인 장서각을 가리키는 이름이었다. 그러다 성종이 기능을 강화하여 다른 성격의 관청으로 만들었고, 이후 여러 번 이름이 바뀌었다. **연산군** 때는 진독청, **고종** 때는 경연원이라고 고쳐 부른 것이다. 하지만 그것은 잠시뿐이었고 대개는 홍문관이라고 불렸다.

시대 조선 시대 | **더 찾아보기** 갑오개혁, 개화파, 고종, 과거 제도, 동학 농민 운동, 수령, 을미사변, 일본, 조선, 청, 청일 전쟁

조선 고종 때 사회 문제를 해결하기 위해 발표한 개혁안

홍범 14조

개요 **갑오개혁**이 이루어지고 있던 때인 1895년 1월에 **고종**이 발표한 개혁안이다. **청**으로부터의 독립, 신분 제도와 **과거 제도** 폐지 등 당시로서는 매우 혁신적인 내용을 담고 있다.

풀이 **동학 농민 운동**의 진압을 빌미로 **조선**에 군대를 보낸 **일본**은 이후 조선에서의 주도권을 놓고 청나라와 전쟁을 벌였다. 그리고 **청일 전쟁**에서 승리한 뒤에는 노골적으로 조선의 내정에 간섭했다. 그들은 일본과 가까운 **개화파** 대신들을 앞세워 친일 내각을 만들고 개혁을 강요했다. 겉으로는 조선을 청으로부터 독립시키기 위한 것이라고 했지만, 실제로는 조선을 식민지로 만들어 지배하려는 속셈이었다.

일본의 침략 의도가 들어 있긴 했으나 갑오개혁은 매우 혁신적이었다. 앞서 일어났던 동학 농민 운동의 요구를 일부 받아들였을 뿐 아니라 조선의 오래된 사회 문제를 해결하기 위한 방안이 추진되었다. 이런 개혁안을 담은 것이 바로 조선의 제26대 임금인 고종이 발표한 홍범 14조였다. 주요 내용은 다음과 같다.

① 청에 의존하지 않는다. ③ 왕은 대신과 의논해 정치를 한다. ④ 나랏일과 왕실 일을 구분한다. ⑥ 세금은 법에 의해 거둔다. ⑨ 예산을 세워 재정을 운영한다. ⑩ 지방 **수령**의 권한을 제한한다. ⑪ 우수한 젊은이를 외국에 파견해 배워 오게 한다. ⑬ 민법, 형법을 만들어 인민의 생명과 재산을 보호한다. ⑭ 문벌을 가리지 않고 널리 인재를 등용한다.

심화 임금 마음대로 나랏일을 추진하지 못하게 한다거나, 신분과 여성에 대한 차별을 없앤다거나, 세금을 공정하게 거두는 등 홍범 14조는 낡은 제도에서 벗어나 근대 국가의 틀을 마련하는 것이었다. 하지만 이 개혁은 오히려 일본의 조선 침략을 가속화시키는 데 이용되어 **을미사변**과 조선 민중들의 반발을 불러오게 되었다.

시대 조선 시대~일제 강점기 더 찾아보기 간도, 김좌진, 대한 제국, 봉오동 전투, 의병, 일본, 일제 강점기, 청산리 대첩, 한일 강제 병합

봉오동 전투와 청산리 대첩을 승리로 이끈 독립운동가
홍범도

개요 일제 강점기에 활약한 의병장이자 독립운동가이다. 봉오동 전투에서 일본군을 크게 물리쳤고, 김좌진의 부대와 연합해 청산리 대첩을 승리로 이끌었다.

풀이 1868년에 평안북도 자성에서 태어난 홍범도는 일찍이 부모를 여의고 사냥과 노동일을 하며 살았다. 1907년에 일제가 대한 제국의 군대를 해산시키자 전국에서 의병이 일어났는데, 일제는 총기를 규제하는 법을 만들어 의병의 힘을 약화시키려고 했다. 전국 곳곳에서 총을 거두어들이기 시작하자 사냥꾼이던 홍범도는 이에 맞서 의병 부대를 만들었다. 그러고는 삼수와 갑산 등 함경도의 산악 지대에서 일본군과 싸웠다. 당시 홍범도의 의병 부대는 여러 차례 승리를 거두었다.

1910년에 일제가 한일 강제 병합으로 대한 제국을 멸망시키자, 홍범도는 만주로 건너가 독립군을 양성하기 시작했다. 이때에도 그는 일본군을 기습적으로 공격하여 피해를 입히곤 했다. 1919년에는 대한 독립군의 총사령관이 되어 유격전을 이끌었고, 이듬해인 1920년에는 두만강 근처 봉오동에서 수백 명의 일본군 부대를 전멸시키는 쾌거를 올렸다. 당시까지 독립군이 벌인 활약 가운데 최고의 성과를 거둔 전투였다.

봉오동 전투에 패해 충격을 받은 일본군은 그해 10월에 대대적인 독립군 공격에 나섰다. 하지만 홍범도의 대한 독립군과 김좌진의 북로 군정서군을 비롯한 독립군 연합 부대는 이미 간도로 진격해 오는 일본군의 공격에 대비하고 있었다. 홍범도와 독립군 연합 부대는 청산리에서 일본군을 다시 크게 무찔렀다. 이것이 바로 청산리 대첩이다.

심화 봉오동 전투와 청산리 대첩에서 크게 패배한 일본군은 이후

사냥꾼이었던 홍범도는 나라가 위기에 처하자 의병 대장이 되었다. 그리고 함경도 일대에서 일본군을 기습해 피해를 입히는 유격전의 영웅으로 떠올랐다. 일제에게 나라를 빼앗긴 뒤에는 대한 독립군의 총사령관으로서 봉오동 전투와 청산리 대첩을 승리로 이끌었다.

에도 독립군에 대한 공격을 멈추지 않았다. 일본군의 대대적인 공세로 독립군의 활동이 어려워지자, 홍범도는 부대를 이끌고 무기와 식량을 지원하기로 약속한 러시아로 건너갔다. 그러나 1921년에 러시아 공산당이 독립군의 무장을 해제시키면서 독립군과 러시아군 사이에 전투가 벌어졌고, 많은 독립군이 목숨을 잃는 자유시 참변(흑하 사변)이 일어났다. 이로써 홍범도는 더 이상 독립군을 지휘할 수 없게 되었고, 이후 소련의 강제 한인 이주 정책에 따라 1937년에 중앙아시아로 이주한 뒤 1943년에 쓸쓸히 세상을 떠났다.

홍범도가 지휘한 봉오동 전투는 당시 독립군 부대가 벌인 활약 가운데 최고의 승전(승리한 전투)이었다. 그는 지형의 이점을 활용해 일본군을 궁지로 몰아넣었고, 독립군은 집중적으로 공격을 퍼부어 일본군 부대를 전멸시켰다.

시대 선사 시대~현대 | **더 찾아보기** 고조선, 단군 신화, 단군왕검, 대한민국 임시 정부, 삼국유사, 일본, 일제 강점기, 8·15 광복

널리 인간 세상을 이롭게 한다는 고조선의 건국 이념

홍익인간

개요 단군왕검이 고조선을 세우면서 삼은 건국 이념이다. 홍익인간이란 '널리 인간 세상을 이롭게 한다.'는 뜻으로, 단군 신화를 소개한 《삼국유사》에 실려 있다. 대한민국 임시 정부의 건국 이념이자 현재 우리나라의 교육 이념이다.

풀이 《삼국유사》에 따르면 하늘을 다스리는 환인의 아들 환웅은 널리 인간 세상을 이롭게 하려는 목적으로 태백산 꼭대기에 있는 신단수에 내려와 신시를 세웠다고 한다. 이것이 바로 홍익인간의 유래이다.

일제 강점기에 독립운동을 하던 사람들은 민족 정신을 높이기 위해 홍익인간을 대한민국 임시 정부의 건국 이념으로 삼았고, 8·15 광복 후에는 우리나라의 교육 이념이 되었다. 미군정의 교육 정책을 자문하기 위해 만들어진 조선 교육 심의회가 홍익인간을 교육 이념으로 채택한 것이다.

당시 일부 위원들은 홍익인간이 옛날 책에 나오는 믿기 어려운 말이라며 비판했다. 또한 일본이 천황 중심의 국가 건설을 목표로 내세웠던 팔굉일우(온 세계가 하나의 집이라는 뜻)와 비슷하다며 반대하는 사람도 있었다. 하지만 1949년에 만들어진 교육법 제1조에 '홍익인간의 이념 아래 교육을 해야 한다.'는 문구를 넣으면서 홍익인간은 우리나라의 교육 이념으로 확정되었다.

심화 1980년대 교육 민주화 운동이 벌어질 때에도 홍익인간의 이념에 대해 문제점을 지적하는 사람들이 있었다. 이들은 홍익인간이 너무 추상적인 데다 현대의 우리 사회에서 교육이 지향해야 할 방향을 제대로 보여주지 못한다는 이유를 들었다. 하지만 홍익인간은 1997년에 교육법을 폐지하고 대신 만든 교육 기본법 제2조에서도 교육 이념으로 계속 이어졌다.

시대 삼국 시대   **더 찾아보기** 계백, 관창, 김부식, 김유신, 삼국사기, 삼국 통일, 세속 오계, 신라, 진흥왕, 황산벌 전투

삼국 통일에 기여한 신라의 청소년 조직

화랑도

개요 **신라** 청소년들의 수련 단체이자 군사 조직이다. 나라를 이끌어 갈 인재를 길러내는 역할을 했으며, 신라가 삼국을 통일하는 데에도 이바지했다.

풀이 화랑도는 신라의 귀족 청소년들을 위한 학교였다. 이들을 한자리에 모아 수련시킨 이유는 장차 나라를 이끌어 갈 인재를 기르기 위해서였다. 단순히 공부만 한 것이 아니라 경치 좋은 산천을 돌아다니며 풍류를 즐기고, 동료들과 함께 어울려 생활하면서 자연스럽게 지도자로서의 자질을 기르게 한 것이다. 실제로 신라의 뛰어난 관리나 장수들은 대부분 화랑도를 통해 나왔다.

화랑도를 귀족 청소년들의 학교에서 나아가 군사 조직으로 정비한 사람은 신라의 제24대 임금인 **진흥왕**이었다. 진흥왕은 아름다운 두 명의 여자를 '원화'라는 이름의 대표로 뽑고, 그 아래에 각 300명씩의 청소년을 두게 하였다. 그런데 그 둘이 서로 질투해 말썽을 일으키자 이를 폐지했다. 이후에는 용모 단정하고 품행이 우수한 '꽃다운 사내'를 뽑아 화랑이라 하고 그를 따라 낭도가 모이도록 했다. 화랑은 3~4명 혹은 7~8명, 이를 따르는 낭도는 수천 명이었다. 낭도를 이끄는 화랑 가운데 최고의 화랑은 국선 또는 풍월주라고 불렀다.

화랑은 삼국이 치열하게 전쟁을 치르던 시기에 낭도를 이끌고 전쟁터에 나아가 군사들의 사기를 북돋우는 역할을 했다. **김유신**과 **계백**이 서로 나라의 운명을 놓고 벌인 **황산벌 전투**에서 자신을 희생해 신라군의 사기를 높인 **관창**이 대표적이다. 관창 외에도 사다함이나 김유신, 죽지랑, 기파랑 등도 화랑의 명예를 드높였다.

화랑도는 원광 법사로부터 받은 **세속 오계**를 반드시 지켜야

• • •
나라가 위기에 처하면 화랑은 낭도를 이끌고 전쟁터에 나아가기도 했다. 실제로 황산벌 전투에서 자신을 희생해 신라군의 승리를 이끌었던 관창은 화랑의 귀감이 되었다.

할 덕목으로 삼았다. 세속 오계는 임금에게 충성을 다한다는 사군이충, 어버이를 효도로 섬긴다는 사친이효, 친구를 믿음으로 사귄다는 교우이신, 전쟁터에서 물러서지 않는다는 임전무퇴, 생명을 함부로 죽이지 않는다는 살생유택 등이다.

심화 화랑도는 **삼국 통일** 이후에는 점차 쇠퇴한 것으로 추측된다. 하지만 성덕왕 때 김대문은 화랑도의 정신을 기리기 위해 《화랑세기》를 펴냈다. 이 책에는 200여 명에 이르는 역대 화랑들의 활약이 담겨 있었는데, 안타깝게도 오늘날에는 전하지 않는다. 다만 **김부식**이 쓴 《삼국사기》에 김대문이 화랑들의 이야기를 담은 책을 썼고, 어진 재상과 충성스러운 신하가 화랑에서 나왔다는 기록만 전할 뿐이다. 최근에는 《화랑세기》를 손으로 옮겨 적은 책이 나오기도 했는데, 이것이 진짜인지 아닌지에 대해서는 확실히 밝혀지지 않았다.

●○○
화랑의 정신을 잘 보여 주는 임신서기석. 신라의 두 화랑이 학문에 전념할 것과 국가에 충성할 것을 맹세한 내용으로 총 74자의 한자가 새겨져 있다.

●○○
화랑도는 학생들에게 단순히 공부만 시키는 교육 기관이 아니었다. 학생들은 경치 좋은 산천을 돌아다니며 풍류를 즐겼을 뿐 아니라 무예도 익히면서 몸과 마음을 고루 단련했다. 하지만 이런 혜택을 누구나 누릴 수 있었던 것은 아니다. 화랑도는 신라 귀족 청소년들을 위한 학교였기 때문이다.

시대 삼국 시대　**더 찾아보기** 고구려, 김유신, 김춘추, 무열왕, 백제, 삼국 시대, 삼국 통일, 상대등, 신라, 진골, 집사부

신라 귀족들이 모여 나랏일을 결정하던 회의 기구

화백

개요 **신라**에서 신분이 높은 관리들이 모여 나라의 중요한 일을 결정하던 최고 회의 기구이다. 귀족 가운데 신분이 가장 높은 **상대등**이 회의를 이끌었으며, 만장일치로 나랏일을 결정했다.

풀이 신라와 **고구려**, **백제** 등 삼국은 주변의 작은 나라를 정복하며 영토를 넓힌 뒤에는 왕권을 튼튼히 하는 정책을 펼치며 국가의 기틀을 닦았다. 하지만 **삼국 시대**는 왕권보다는 귀족들의 힘이 강한 시기였다. 신라도 **삼국 통일** 전까지는 귀족들이 다스리는 나라라고 할 수 있었다.

　신라의 귀족들은 임금으로부터 넓은 땅을 받아 다스리며 부와 권력을 누렸다. 그들 중에서도 **진골** 출신의 높은 신분을 가진 관리들은 한자리에 모여 나랏일을 의논했다. 이 모임을 화백이라고 한다. 화백에 참가하는 귀족을 대등이라고 했고, 회의를 이끌어가는 귀족의 대표가 상대등이었다.

　화백은 신라인들이 신성하게 여기던 금성 주변의 영지에서 열렸다. 동쪽의 청송산, 서쪽의 피전, 남쪽의 우지산, 북쪽의 금강산 등이 바로 화백이 열리던 곳이다. 회의에서는 다음 임금을 추대하거나 이웃 나라와 전쟁을 벌일 것인지와 같은 중요한 일을 결정했다. 한 명이라도 반대 의견을 내면 언제라도 다시 토론하여 모두 찬성하는 결과를 이끌어 냈다. 신라의 최고 귀족들이 만장일치로 뜻을 모은 것이므로 임금도 화백에서 결정된 사항은 존중하고 따르는 것이 보통이었다.

　그러나 **김춘추**가 **김유신**의 도움을 받아 상대등을 제치고 진골 출신으로는 처음으로 임금의 자리에 오르면서 화백의 권위는 많이 약해졌다. **무열왕**(김춘추) 이후 신라는 귀족보다 왕권이 강한 나라가 된 것이다. 이때부터 임금의 명령에 따라 집행하는 행정 기관인 **집사부**와 그 우두머리인 중시의 역할이 강화되었고 화백은 점차 이름만 남게 되었다.

심화 신라뿐 아니라 고구려와 백제에서도 화백과 같은 귀족 회의 제도가 있었다. 고구려는 '가'라고 부르는 최고의 귀족들이 모여 나라의 중요한 일을 의논했는데, 이 회의를 제가 회의라고 했다. 제가 회의를 이끄는 우두머리는 대대로라고 불렀고, 대대로는 임금이 임명하는 것이 아니라 귀족들 스스로 제가 회의를 열어 뽑았다.

백제에 있었던 최고의 귀족 회의는 정사암 회의였다. 정사암이란 나랏일을 의논했던 바위라는 뜻으로, 귀족 회의가 열렸던 장소를 가리킨다. 정사암 회의는 백제 귀족들의 우두머리인 상좌평이 이끌었고, 상좌평 또한 상대등이나 대대로와 마찬가지로 귀족들 스스로 뽑았다.

상대등은 화백을 이끄는 우두머리였다. 귀족 세력과 임금의 사이에서 권력을 조절하는 사람이기도 했다. 귀족의 힘이 강할 때는 상대등이 임금 못지않은 권력을 누렸다. 임금이 마땅한 후계자가 없이 죽은 경우에는 상대등이 다음 임금으로 지목되기도 했다.

●○○
화백은 '대등'이라고 부르는 신라의 최고 귀족들이 모여 나랏일을 의논한 회의 기구였다. 대등은 대부분 진골 출신의 높은 신분으로 귀족을 대표하는 사람들이었다.

시대 조선 시대 | 더 찾아보기 고려, 권율, 세종, 왜, 이방원, 임진왜란, 조선, 조총, 최무선, 태종, 행주 대첩

이동하며 한꺼번에 총통이나 신기전을 쏠 수 있는 무기

화차

개요 이동하면서 한꺼번에 여러 개의 총통이나 신기전을 쏠 수 있게 만든 조선 시대의 무기이다. 종류는 여러 가지가 있지만 현재 복원된 것은 대부분 문종 화차이며, 조선 태종(이방원) 때인 1409년에 처음 만들어졌다.

풀이 화차는 수레처럼 생긴 몸체 위에 화약 무기를 장착하도록 되어 있다. 장착할 수 있는 무기는 화약을 이용해 발사하는 총통기나 화살처럼 생긴 로켓형 무기인 신기전 등이다. 바퀴가 달려 이동이 가능하기 때문에 전투가 벌어졌을 때 빠르게 이동하며 적을 공격할 수 있었다. 또한 여러 개의 화약 무기를 동시에 발사할 수 있기 때문에 파괴력이 큰 무기였다.

화차는 조선 초기에 처음 만들어진 이후, 기능을 강화한 무기로 발전했다. 지금까지 알려진 조선 시대의 화차만 해도 모두 5가지나 된다. 첫 번째 화차는 조선 태종 때 최해산이 화약 무기를 연구하다 완성한 것이다. 최해산은 고려 말기에 여러 가지 화약 무기를 발명하고 진포에 쳐들어온 왜군을 물리쳤던 최무선 장군의 아들이다.

두 번째 화차는 조선의 제5대 임금인 문종이 만든 화차이다. 문종이 직접 아이디어를 내 만들었다고 하여 '문종 화차'라고 부른다. 오늘날 복원된 화차는 대부분 문종 화차이다. 이 화차는 3~4명의 군사로 50~100명이 공격하는 효과를 올릴 수 있는 훌륭한 무기였다. 세 번째 화차는 문종 화차의 총통기에 4전 총통 대신 주자 총통 50개를 설치하여 사용한 것이다.

네 번째 화차는 임진왜란 중인 1592년에 변이중이 문종 화차를 개량하여 만들었다. 수레 위에 40개의 승자총으로 총통기를 설치하고, 총의 심지를 이어서 차례로 쏘게 했다. 변이중의 화차는 권율의 행주 대첩 등 실전에서 큰 성과를 거두었고, 수군이 군함에 설치하여 사용하기도 했다.

다섯 번째 화차는 19세기 초에 사용되었던 것으로, 승자총 대신 조총 50개를 설치한 것이다. 조총 10개를 다섯 층으로 쌓아 장착하도록 되어 있다. 10개 조총이 한

곳에 붙어 있어 한 번에 한 층의 조총을 장전할 수 있도록 했다.

심화 화차에 장착하는 대표적인 무기인 신기전은 조선의 제4대 임금인 **세종** 때 만들어졌다. 고려 말기에 최무선이 발명한 로켓형 무기인 주화를 개량한 것이다. 대나무 화살대에 화약통을 달아 만드는데, 도화선에 불을 붙이면 로켓처럼 날아가 목표 지점에서 터지도록 되어 있다. 신기전은 임진왜란을 비롯한 큰 전쟁에서 요긴하게 사용되었으며, 크기나 기능에 따라 여러 가지 종류가 있다.

●○●
수레 위에 신기전기를 얹어 한꺼번에 여러 개의 신기전을 쏠 수 있도록 만든 문종 화차. 화차는 지금까지 남아 있는 것이 거의 없다. 박물관 등에 전시된 화차는 문종 화차를 복원한 것이다.

여러 개의 구멍을 내어 신기전을 장착할 수 있도록 한 신기전기.

불을 붙이면 로켓처럼 날아가 목표 지점에서 터지는 신기전.

화차는 신기전이나 총통 등을 여러 개 장착하여 한꺼번에 쏠 수 있기 때문에 전투 중에는 매우 큰 힘을 발휘했다. 또한 바퀴가 달려 있어 정지된 상태뿐 아니라 밀고 가면서도 총포를 쏠 수 있어 편리했다.

봄에 곡식을 빌린 뒤 가을에 갚게 했던 제도

환곡

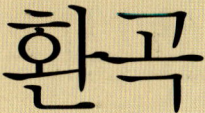

개요 식량이 모자라는 봄에 관청에서 곡식을 빌려준 뒤 가을걷이 후에 이자를 붙여 갚도록 한 제도이다. 가난한 백성들을 구제하기 위해 실시했으나 **조선** 후기에는 오히려 백성들을 가장 괴롭히는 제도가 되어 민란이 일어나는 원인이 되었다.

풀이 환곡과 같이 가난한 백성들을 돕는 제도는 예전에도 있었다. **고구려**의 **진대법**이나 **고려**의 상평창 또는 의창도 비슷한 제도였다. 조선 시대에는 환곡을 제도로 확립해 매년 운영했다. 곡식을 빌린 백성들은 한 해 동안 열심히 농사를 지어 가을걷이를 한 뒤 10~20%의 이자를 붙여 갚았다.

그런데 환곡은 처음과는 달리 차츰 백성들을 괴롭히는 수단이 되어 갔다. **임진왜란** 후 나라의 재정이 어려워지자 관청들이 부족한 재정을 메우기 위해 이전보다 높은 이자를 붙여 거두었기 때문이다. 게다가 탐관오리들이 사사로운 이익을 채우기 위해 환곡을 악용하면서 백성들의 원성을 샀다. 예를 들어 모래와 겨가 섞인 묵은 쌀 한 되를 빌려 주고 깨끗한 햅쌀 두 되로 갚으라는 식이었다. 그렇게 거둔 곡식이나 돈은 탐관오리들이 부정한 방법으로 가로챘다.

가난한 백성들은 당장의 배고픔을 해결하기 위해 환곡을 이용할 수밖에 없었고, 높은 이자로 인해 눈덩이처럼 불어난 빚을 갚지 못해 더욱 가난해졌다. 심지어 환곡을 거부하는 백성들에게까지 강제로 곡식을 빌려 주고 이자를 요구하는 일까지 생기자, 전국 곳곳에서 민란이 일어나게 되었다.

심화 조선 후기에는 **삼정의 문란**으로 민심이 매우 나빠졌다. 삼정은 토지 세금을 뜻하는 전정, **군역**을 대신해 내는 세금인 군정(**군포**), 곡식을 빌려 쓰는 제도인 환곡 등을 뜻한다. 삼정 가운데 백성들을 가장 힘들게 한 것은 환곡이었다. 이에 **흥선 대원군**은 사창 제도를 실시했다. 관청이 환곡 업무에서 손을 떼는 대신, 고을마다 스스로 관리하는 곡식 창고를 두어 어려운 백성을 돕도록 한 것이다.

시대 조선 시대 | 더 찾아보기 고려, 고종, 대한 제국, 독립신문, 명, 삼국 시대, 제천 행사, 조선, 종묘 제례

하늘에 제사 지내기 위해 고종 때 만든 제단

환구단

개요 서울특별시 중구에 있는 **조선** 시대의 제단이다. 조선의 제26대 임금인 **고종**이 황제 즉위식과 **제천 행사**를 치르기 위해 지었다.

풀이 환구단이란 천자가 하늘에 제사를 드리는 제단을 가리킨다. 처음에는 이름을 환구단과 원구단으로 섞어 사용했으나 2005년 문화재청에서 고종이 제사를 지낸 1897년 10월 당시 **독립신문**에 표기된 것을 기준으로 정하면서 '환구단'이라고 부르게 되었다.

제단을 쌓은 뒤 한 임금이 하늘에 감사하거나 기원하는 제사를 드리는 의식은 매우 오래된 전통이다. **삼국 시대**에는 풍년을 바라거나 가뭄을 해소할 비를 기원할 때 제천 의식을 했다는 기록이 있고, **고려** 성종 때는 환구제를 제도로 정착시키기도 했다. 하지만 조선 시대에는 제후국의 왕이 천제를 지내는 것은 맞지 않다는 의견 때문에 폐지되었다. 당시 중국의 **명**나라는 스스로 천자의 나라라고 부르면서 조선은 그보다 낮은 제후의 나라이니 환구제를 하지 말라고 압력을 가했다.

그러다 조선 말기인 고종 때 환구제가 부활되었다. 고종이 1897년 나라 이름을 **대한 제국**이라고 고치고 황제가 되면서 천제를 지낼 수 있게 된 것이다. 고종은 황제의 즉위식을 거행하고 제사를 지낼 목적으로 환구단을 지었다. 하지만 환구단은 오래지 않아 일제에 의해 해체되는 운명을 맞았고 그 자리에는 호텔이 들어섰다. 지금은 3층의 8각 지붕을 가진 황궁우, 돌로 만든 아름다운 조형물인 석고, 대문 등이 남아 있다.

심화 환구제는 국가에서 하는 대표적인 행사, 즉 국가 의례 중 하나였다. 대표적인 국가 의례는 하늘에 제사 지내는 환구 대제(환구제), 땅과 곡식 신에 제사 지내는 사직 대제, 왕실의 조상인 선대 임금에 제사 지내는 **종묘 제례** 등이다. 각각의 행사는 하늘과 땅, 사람을 뜻하며 이는 조선 시대의 세계관을 보여 주는 것이기도 하다.

시대 대한 제국 시대 　**더 찾아보기** 고종, 대한 제국, 독립문, 독립신문, 독립 협회, 만민 공동회, 보부상

대한 제국 정부가 독립 협회에 맞서기 위해 만든 어용 단체

황국 협회

개요 **독립 협회**의 활동을 방해하기 위해 **대한 제국** 정부가 만든 어용 단체이다. 어용 단체란 권력자나 권력 기관의 뜻에 따라 활동해 이익을 챙기는 집단을 뜻한다. 정부 관리와 **보부상**들로 이루어졌다.

풀이 1896년에 만들어진 독립 협회는 **독립문**을 짓고 《**독립신문**》을 펴내면서 국민들의 독립 의식을 드높였다. 1898년에는 **만민 공동회**를 열어 정치 개혁을 주장하기도 했다. 독립 협회는 여기서 한 발 더 나아가 국민의 뜻이 정치에 반영될 수 있도록 의회를 설치할 것을 요구했다. 이는 임금이 나라를 다스리되, 법에서 정하는 대로 통치하는 제도인 입헌 군주제를 목표로 한 온건한 개혁이었다.

하지만 **고종**은 독립 협회의 요구를 황제의 권한에 대한 도전으로 받아들였고, 1898년에 독립 협회에 맞서기 위한 단체인 황국 협회를 만들었다. 황국 협회는 정부 관리들이 중심이 되었고, 수천 명의 보부상이 가입했다. 보부상을 가입시킨 까닭은 정부의 말을 잘 듣고 단결력이 강했기 때문이다.

황국 협회는 독립 협회가 황제를 몰아내고 공화정을 만들려고 한다며 몰아세웠다. 또한 대한 제국은 영원한 황제 국가이니 황제를 중심으로 뭉쳐야 한다고 주장했다. 대한 제국 정부는 이를 구실로 독립 협회의 간부들을 체포하고 모든 단체를 해산한다고 발표했다. 황국 협회도 해산 대상에 포함되었다.

심화 독립 협회를 지지하던 사람들은 해산 지시에 항의하며 서울 한복판에서 만민 공동회를 열었다. 이들은 만민 공동회에서 정부의 조치가 부당하며 정치 개혁을 실시하라고 요구했다. 황국 협회는 보부상 수천 명을 동원해 만민 공동회를 방해했고, 이 때문에 두 단체 회원들이 서울 곳곳에서 충돌했다. 이 다툼은 고종이 직접 나서서야 겨우 진정되었으나 정부는 독립 협회와 만민 공동회를 강제로 해산시켰다. 그러나 역할을 다한 황국 협회도 자연히 해산되었다.

시대 삼국 시대 | 더 찾아보기 고구려, 고려, 당, 몽골, 백제, 삼국유사, 선덕 여왕, 신라, 진흥왕

신라 발전의 꿈을 담아 만들었던 웅장한 불탑

황룡사 9층 목탑

개요 경상북도 경주시에 있었던 **신라**의 목탑이다. **선덕 여왕** 때 자장 대사의 건의로 세워졌다고 하며, **몽골**의 침입 때 불타 사라지고 지금은 터만 남아 있다.

풀이 선덕 여왕이 다스리던 당시의 신라는 밖으로는 **고구려**와 **백제**의 침입, 안으로는 여왕의 통치에 맞서는 반란 등 여러 가지 위협에 시달리고 있었다. 이에 선덕 여왕은 불교 신앙의 힘으로 왕권과 신라를 튼튼히 하려는 계획을 세웠고, 그중의 하나가 황룡사에 커다란 목탑을 세우는 일이었다.

황룡사는 신라의 제24대 임금인 **진흥왕** 때 세운 절로, '신라의 보물'이라고 부를 정도로 중요한 곳이었다. 《**삼국유사**》에 따르면 처음에는 궁궐을 지으려고 했다가 궁터에 황룡이 나타나자 이를 심상치 않게 여겨 공사를 중지하고 절을 지었다고 한다.

황룡사 9층 목탑은 **당**나라에서 유학하고 돌아온 자장 대사의 요청으로 세워졌다. 《삼국유사》에 따르면 자장 대사가 깨달음을 얻기 위해 당나라에서 수행하던 중에 한 신인을 만났는데, 그 신인이 신라로 돌아가 9층의 불탑을 세우면 나라가 편안해질 것이라고 충고했다고 한다. 이에 자장 대사가 선덕 여왕에게 청하여 탑을 짓게 되었다는 것이다.

탑은 80미터에 달하는 매우 거대한 규모로 지었다. 모두 9개의 층으로 이루어져 있는데, 9개의 층은 신라 주변의 아홉 나라를 상징했다. 이는 신라가 동북아시아에서 중심 나라로 발돋움하게 하려는 염원을 담은 것이라고 할 수 있다. 이후 황룡사 9층 목탑은 여러 차례 손질하여 고쳐가며 보전되었지만, **고려** 고종 때인 1238년 몽골이 침입하여 황룡사가 불타 사라질 때 함께 없어졌다.

심화 황룡사 9층 목탑은 신라의 발전을 목적으로 지었지만 정작 탑의 건설은 백제의 장인인 아비지에 의해 이루어졌다. 당시에는 삼국 가운데 백제의 건축 기술이 가

황룡사 9층 목탑은 아파트 30층 높이에 달할 정도로 매우 높았다.

●○○
신라인들의 커다란 꿈이 담겼던 황룡사 9층 목탑을 복원한 모습. 우리나라에 지금까지 남아 있는 불탑은 대부분 돌로 쌓은 석탑이지만, 옛날에는 나무로 만든 목탑도 적지 않았다. 하지만 목탑은 전쟁 중에 불타 대부분 사라졌다. 황룡사 9층 목탑도 몽골이 침입했을 때 불타 없어져 지금은 그 모습을 볼 수 없지만, 기록에 따르면 매우 웅장하고 아름다웠다고 한다.

탑은 모두 아홉 개의 층으로 이루어져 있으며 각각의 층은 신라 주변에 있던 나라를 뜻했다. 즉 일본과 당, 오월, 탐라, 백제, 말갈, 거란, 여진, 예맥 등 아홉 개의 나라를 뜻하는 것이다. 당시 신라인들은 탑을 세우면 이 나라들이 신라를 섬기게 될 것이라고 믿었다.

장 뛰어났기 때문에 선덕 여왕과 신라의 관료들이 백제 기술자에게 목탑 건설을 맡긴 것이다. 《삼국유사》에 따르면 아비지는 탑을 건설하는 도중에 백제가 망하는 꿈을 꾸고 탑 건설을 멈추기도 했다. 하지만 꿈에 한 스님과 힘센 장사가 목탑 기둥을 세우는 모습을 본 다음에 모든 것이 부처의 뜻이라고 생각하여 탑을 완성했다고 한다.

●○●
'신라의 보물'이라고 부를 정도로 중요한 절이었던 황룡사는 몽골의 침입 때 불에 타서 사라졌다. 지금은 석조 일부와 터만 남아 있는데, 6만6,000제곱미터가 넘는 매우 큰 절이었을 것으로 추측된다. 아직까지 발굴이 모두 이루어지지 않았으나 황룡사 터는 삼국 시대의 가람 배치를 잘 보여 주는 유적이다. 가람 배치란 절을 지을 때 불탑과 불상을 모신 불전 등 건축물을 배치하는 방식을 뜻한다.

불탑이나 불전 등 건물의 자리를 알려 주는 초석(기둥을 받치기 위해 바닥에 놓는 돌)들.

시대 삼국 시대 | **더 찾아보기** 계백, 고구려, 관창, 김유신, 김춘추, 당, 백제, 신라, 의자왕

계백의 백제군과 김유신의 신라군이 황산벌에서 벌인 싸움
황산벌 전투

개요 **백제 의자왕** 때인 660년 황산벌에서 **계백**이 이끄는 백제군과 **김유신**이 이끄는 **신라**군이 벌인 큰 전투이다. 황산벌은 지금의 충청남도 연산 지방이다. 이 전투에서 신라군에 패하면서 백제는 멸망의 길로 접어들었다.

풀이 7세기 중반에 백제는 신라 남부에 있는 40여 개의 성을 빼앗으면서 **고구려**와 함께 신라를 압박했다. 이에 위협을 느낀 신라는 **김춘추**를 **당**에 보내 외교 관계를 강화하고 군사 동맹을 맺었다. 이윽고 660년 당은 소정방과 13만 명의 군사를 이끌고 산둥 반도를 출발했고, 신라는 김유신과 품일, 흠춘 등이 이끄는 5만여 명의 병력이 백제로 향했다.

나당 연합군의 침공 소식을 접한 백제의 의자왕은 신하들을 모아놓고 대책을 의논했다. 하지만 백제의 관리들은 당나라군을 먼저 공격하자는 의견과 신라군을 먼저 공격하자는 의견으로 맞서고, 평야에서 싸우자는 의견과 강어귀에서 싸우는 게 낫다는 의견이 엇갈리면서 내분이 일어났다. 그러는 사이 당나라군은 백강(지금의 금강 하구 지역)에 도착했고, 곧이어 백제군을 공격해 승리했다. 김유신이 이끄는 신라군도 어느새 황산벌로 진군하고 있었다.

의자왕은 더 이상 대응을 미룰 수 없어 계백에게 5,000명의 결사대를 조직하여 신라군을 공격할 것을 명령했다. 이에 계백은 전쟁터에 나가기 전에 가족까지 죽이면서 각오를 다진 뒤 황산벌로 향했다. 계백은 신라군보다 일찍 황산벌에 도착한 뒤 가장 험준한 세 곳에 진을 쳤다. 뒤늦게 도착한 신라군도 군사를 세 부대로 나눈 뒤 백제군을 공격했다. 하지만 죽기를 각오한 백제군에 밀려 4차례 모두 패하고 말았다.

그러자 신라에서는 흠춘의 아들 반굴과 품일의 아들 **관창**이 적진에 뛰어들어 용감히 싸우다 죽었다. 젊은 화랑들의 희생은 신라군의 사기를 높였고, 이후 신라군의 총공격이 이어졌다. 이에 백제의 결사대도 용감히 맞서 싸웠으나 결국 수적으로 우

세한 5만 신라군에게 패배했다. 이 전투에서 계백과 수많은 백제군이 전사했고, 좌평 충상 등 20여 명은 신라의 포로가 되었다.

●○○
황산벌 전투는 백제와 신라의 운명을 결정짓는 매우 중요한 싸움이었다. 백제는 용맹한 계백 장군과 결사대 5,000명을 보내 신라군을 막으려 했지만 결국 실패하고 멸망의 길을 걷게 되었다. 반면 신라는 백제를 멸망시키고 삼국 통일의 토대를 닦을 수 있었다.

심화 계백이 이끄는 5,000명의 결사대는 백제에게는 사실상 '마지막 보루'였다. 보루란 적의 침입을 막기 위해 쌓은 방어물을 뜻하는데, 이 마지막 방어물이 사라지자 백제는 멸망의 길로 접어들 수밖에 없었다. 이후 의자왕은 사비성을 나와 옛 도성인 웅진성으로 피난한 뒤 군사를 모아 나당 연합군에 맞서려 했지만 결국 뜻을 이루지 못하고 항복했다.

백제의 결사대를 이끌고 황산벌에서 신라군을 맞이한 계백. 그는 매우 용감하고 실력이 뛰어난 장수였지만 결국 신라군에게 패하고 전사했다.

백제군의 진영으로 진격하는 관창. 백제군과의 전투에서 연이어 패하면서 사기가 떨어진 신라군을 위해 어린 병사인 관창이 홀로 적진에 뛰어들었다. 관창의 용감한 희생으로 인해 신라군은 사기를 되찾고 백제군과 싸워 이겼다.

시대 조선 시대 | **더 찾아보기** 고종, 대한 제국, 독립신문, 독립 협회, 박은식, 을사조약, 장지연, 조선, 한성순보, 한일 강제 병합

조선 말기에 민족의식을 깨우치기 위해 계몽 운동가들이 만든 신문

황성신문

개요 **대한 제국** 때인 1898년 남궁억과 나수연 등이 창간한 일간 신문이다. 한자와 한글을 섞어 만들었으며, 국민들을 계몽하고 민족의식을 높이는 데 앞장섰다. **을사조약**을 비판하는 글로 인해 일제로부터 탄압을 받기 시작해, 1910년 **한일 강제 병합**으로 국권을 완전히 빼앗긴 뒤 폐간되었다.

풀이 1883년 정부의 주도로 우리나라 최초의 신문인 《**한성순보**》가 나온 뒤, 여러 단체나 지식인들도 신문을 발행하기 시작했다. **독립 협회**가 1896년부터 발행한 《**독립신문**》과 1898년 남궁억 등이 창간한 《황성신문》이 대표적이었다. 다만 《황성신문》은 《독립신문》과 달리 한자가 중심이어서 전통 교육을 받은 지식인들의 환영을 받았다.

《황성신문》은 나라의 독립을 지키기 위해 국민들을 깨우쳐 민족의식을 높이고 실력을 쌓아야 한다고 주장했다. 남궁억 외에도 민족주의 역사학자인 **박은식**이나 **장지연** 등이 이 신문에 많은 글을 썼다. 이들은 《황성신문》을 통해 일제의 침략을 폭로하고 비판했기 때문에 일제로부터 탄압을 받았다. 특히 1905년 을사조약이 체결되자 장지연은 《황성신문》에 '시일야방성대곡'이라는 논설을 썼는데, 을사조약을 거침없이 비판한 이 글은 당시 국민들에게 큰 호응을 얻었다. 하지만 글을 쓴 장지연과 신문사 직원들은 체포되었고, 《황성신문》은 발행을 정지당했다. 1910년 한일 강제 병합 이후에는 잠시 《한성신문》이라는 이름으로 발행되다가 얼마 못 가 완전히 폐간되었다.

심화 시일야방성대곡(是日也放聲大哭)이란 '오늘 목 놓아 크게 운다.'는 뜻이다. 장지연은 이 글에서 을사조약에 찬성한 대신들을 "개나 돼지만도 못하다."고 비난하면서, 당시 대한 제국 황제였던 **고종**이 조약에 반대했기 때문에 무효라고 주장했다. 또한 국민들이 이 조약에 반대해 일어설 것을 촉구했다.

시를 잘 짓고 아름다워 유명해진 조선의 기생
황진이

개요 **조선** 중기의 유명한 기생이다. **서경덕**, 박연 폭포와 함께 '송도삼절'로 불렸다. 송도는 개성의 다른 이름이고, 삼절은 뛰어난 존재 세 가지를 뜻한다.

풀이 황진이는 개성에서 황진사와 **노비** 출신의 어머니 사이에서 태어났다고 전해지지만 맹인의 딸이라는 이야기도 있다. 이런 출신 배경으로 인해 조선의 공식 역사책에서는 기록을 찾아보기 어려우며, 여러 야사(민간에서 전하는 이야기를 담은 책)에서 황진이에 대한 다양한 이야기를 찾아볼 수 있다.

황진이는 사서삼경을 깨우칠 정도로 총명한 데다 외모가 아름다워 감탄하는 사람이 많았다. 이웃의 총각이 그녀를 사랑한 나머지 상사병을 얻어 죽었는데, 총각의 상여가 황진이의 집 앞에서 멈추어 움직이지 않았다. 이에 그녀가 저고리로 관을 덮어주니 관이 움직이기 시작했다.

이후 황진이는 천한 신분의 어미에게서 태어난 자신의 신세를 한탄하며 스스로 '명월'이라는 이름을 짓고 기생이 되었다. 그녀는 시를 잘 짓고 노래를 잘 부르는 아름다운 기생으로서 당대의 명사들과 거리낌 없이 교류하며 자유분방하게 살았다. 30년 동안 벽만 보고 수행해서 '살아있는 부처'라고 불리던 지족선사를 파계시켜 유명해졌으나, 대학자 서경덕을 유혹하는 데에는 실패해 그의 제자가 되었다고 한다.

심화 황진이는 뛰어난 작품을 여러 편 남겼다. 그중 왕실 사람으로서 황진이에게 넘어가지 않을 자신이 있다고 장담하던 벽계수를 유혹하기 위해 지었다는 다음의 시조가 유명하다.

"청산리 벽계수야 수이 감을 자랑 마라.
일도창해하면 다시 오기 어려우니
명월이 만공산하니 쉬어 간들 어떠리."

시대 조선 시대 | 더 찾아보기 갑신정변, 갑오개혁, 동학 농민 운동, 성균관, 의병, 일제 강점기, 조선, 한양, 한일 강제 병합

조선 말기의 역사책과 절명시를 남기고 자결한 우국지사

황현

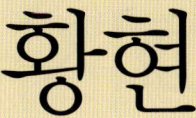

개요 조선 말기의 학자이자 우국지사(나랏일을 걱정하는 애국자)이다. 조선 말기의 역사를 담은 책인 《매천야록》을 지었으며, 1910년에 일제에게 나라를 빼앗기자 4편의 절명시를 남기고 자결했다.

풀이 1855년에 전라도 광양에서 태어난 황현은 1888년에 한양으로 올라와 과거에 급제하고 성균관에 입학했다. 하지만 무능하고 부패한 정치에 실망해 벼슬길에 나서지는 않았다. 특히 갑신정변 이후 민씨 정권의 부패를 한탄하며 고향에 내려가 학문 연구와 후진 양성에 힘썼다.

1910년에 한일 강제 병합으로 나라를 빼앗기자, 황현은 분을 이기지 못하고 며칠 동안 아무것도 먹지 않고 지냈다. 그러다 절명시 4편을 남기고 스스로 목숨을 끊었다. 절명이란 목숨을 끊는다는 뜻이다. 황현은 나라가 망하면 백성 된 도리로서 누구나 죽어야 마땅하다고 생각했고, 특히 사대부들이 자기의 책임을 다하지 못해 나라를 망쳐 놓고도 스스로 뉘우칠 줄 모른다고 탄식했다.

심화 황현은 당시 전해들은 여러 가지 이야기를 엮어 역사책인 《매천야록》을 썼다. 이 책은 잘못 기록된 부분도 있고 유생의 관점에서 동학 농민 운동이나 의병 항쟁 등을 부정적으로 평가했지만, 1864년부터 1910년까지의 일이 자세히 실려 있다. 특히 갑오개혁 이후의 내용이 자세해 역사 연구에 귀중한 자료가 된다. 외세의 침략 과정, 일제의 만행, 친일파의 매국 행위, 우리 민족의 끈질긴 저항 등이 담겨 있어 일제 강점기에는 세상에 알려지지 않다가 해방 후 편찬되었다.

시대 일제 강점기 | 더 찾아보기 동양 척식 주식회사, 무단 통치, 일본, 일제 강점기, 조선, 조선 총독부, 토지 조사 사업, 한일 강제 병합

일제가 조선의 경제 지배를 위해 시행한 제도
회사령

개요 일제 강점기에 조선에서 회사를 설립할 때 조선 총독부의 허가를 받도록 한 명령이다. 이는 조선의 경제를 통제하여 식민 지배를 강화하려는 속셈으로 추진한 정책이었다.

풀이 한일 강제 병합 직후, 일제는 우리의 민족정신을 말살하고 경제적인 수탈을 일삼았다. 정치 활동은 물론이고 우리 고유의 문화를 배우고 익히는 일은 무엇이든 금지시켰고, 토지 조사 사업을 벌인 뒤 조선인들의 땅을 빼앗아 갔다. 1910년부터 1919년까지 일제가 즉결 심판권을 가진 헌병을 앞세워 통치한 이 기간을 '무단 통치기'라고 부른다.

많은 조선인들은 무단 통치기에 땅을 잃고 소작농이 되었다. 조선 총독부와 동양 척식 주식회사 등 일본인에게 넘어간 땅에서 수확량의 절반이나 되는 소작료를 내며 살아야 했던 것이다. 일제의 경제 수탈 정책은 여기에서 그치지 않았다. 조선 총독부는 1910년 12월 조선에서 회사를 설립하려면 허가를 받으라며 회사령을 발표했다. 이 명령에는 이미 회사를 운영하고 있는 사람도 조선 총독부의 명령을 어기면 즉시 해산시킬 수 있다는 내용도 담겨 있었다.

이는 조선의 기업을 탄압하여 조선을 일본의 원료 공급지로 묶어두려는 속셈이었다. 즉, 조선은 일본이 필요로 하는 원료만을 생산하고, 일본은 자국 상품을 마음껏 조선에서 팔 수 있도록 하여 조선의 경제를 더욱 예속시키려고 한 것이다.

심화 회사령을 시행한 이후, 우리 민족의 기업 활동은 크게 위축되었다. 게다가 인삼이나 소금과 같이 잘 팔리는 상품은 조선 총독부가 판매권을 차지하고, 광산업이나 어업도 일본인들이 소유하면서 민족 자본이 만들어질 수 있는 길이 막혀 버렸다. 하지만 우리 민족의 반발이 점점 거세지고 일본의 자본이 조선으로 많이 들어오자, 조선 총독부는 1920년에 회사령을 폐지했다.

시대 후삼국 시대   더 찾아보기 고구려, 고려, 궁예, 신라, 왕건, 조선, 주몽, 호족

후삼국 시대에 궁예가 한반도 중부 지방에 세운 나라

후고구려

개요 신라 말기인 901년에 궁예가 고구려를 계승하겠다며 한반도 중부 지방에 세운 나라이다. 이후 나라 이름을 '마진', '태봉'으로 바꾸었다. 918년에 부하였던 왕건에 의해 멸망했다.

풀이 신라 말기에 지배층의 사치와 관리들의 부정부패로 인해 사회가 어지러워지자, 전국 곳곳에서 호족이 세력을 키우기 시작했다. 궁예는 철원을 중심으로 세력을 키워 국가 체제를 갖추었고, 송악(개성) 지방의 호족이던 왕건이 부하가 되면서 세력이 더욱 커졌다.

궁예는 901년에 송악에서 나라를 세우고 고구려를 이어받겠다는 뜻으로 나라 이름을 후고구려라고 지었다. 904년에는 나라 이름을 마진으로 고치고 정치 체제를 정비했다. 905년에는 철원으로 도읍을 옮겼으며, 911년에는 나라 이름을 태봉이라고 고쳤다.

궁예는 처음에는 병사들과 함께 생활하고 백성들을 돌보는 등 민심을 얻기 위해 노력했다. 이 때문에 후고구려는 백성들의 지지를 받아 후삼국 중에서 가장 넓은 영토를 차지할 정도로 번성했다. 하지만 궁예는 왕권을 강화하면서 차츰 폭력적인 정치를 하기 시작했다. 그는 사람을 보기만 해도 무슨 생각을 하는지 알 수 있다면서 수많은 부하들을 죽였다. 이에 참다못한 신하들이 궁예를 내몰고 왕건을 임금으로 받들었다. 이에 따라 궁예의 태봉은 무너지고 왕건의 고려가 세워졌다.

심화 궁예는 후고구려를 세우고 왕권을 강화할 때 미륵 신앙을 이용했다. 미륵이란 불교에서 중생을 구원하러 온다는 미래의 부처를 뜻한다. 즉, 궁예는 자신을 미륵이라고 선전해 백성들의 지지를 얻어낸 것이다. 이후에도 미륵 신앙은 고려 말기나 조선 후기처럼 사회가 어지러울 때마다 등장해 백성들 사이에서 인기를 끌었다.

시대 후삼국 시대 | 더 찾아보기 견훤, 경순왕, 고려, 신라, 왕건, 일본, 진성 여왕, 호족

후삼국 시대에 견훤이 전라도 지방에 세운 나라
후백제

개요 신라 말기인 900년에 호족이었던 견훤이 완산주를 중심으로 세운 나라이다. 936년 왕건이 세운 고려에 의해 멸망했다.

풀이 견훤은 신라 말기의 이름난 장수였다. 하지만 진성 여왕 때인 9세기 후반부터 신라 사회가 점점 어지러워지자, 신라 조정에 반기를 들고 일어났다. 그는 먼저 무진주(지금의 광주 지방)를 점령한 뒤 900년에 완산주(지금의 전주 지방)에 들어가 새로운 나라를 세웠다. 나라 이름은 백제를 계승한다는 뜻에서 후백제라고 했다.

견훤은 풍부한 경제력과 강한 군사력을 바탕으로 영토를 넓혀나갔다. 일본과 중국에 사신을 보내 후백제의 이름을 알렸고, 관제를 정비해 나라의 기틀을 닦았다. 후백제는 후삼국 중에서 군사력이 가장 강했다. 927년에는 신라가 고려의 편을 들었다는 이유로 경주를 공격해 경애왕을 죽인 뒤 경순왕을 임금으로 세웠고, 신라를 구원하려고 온 고려군과 공산(지금의 경상북도 팔공산 일대)에서 싸워 크게 이겼다.

그러나 후백제의 전성기는 오래 가지 못했다. 후백제는 930년에 고려군과 다시 맞붙은 고창(지금의 안동 지방) 전투에서 크게 패한 뒤 힘을 잃기 시작했다. 게다가 견훤의 아들들 사이에 왕위 다툼이 일어나 견훤이 고려로 탈출하는 일까지 벌어졌다. 결국 후백제는 936년에 고려에 의해 멸망했다.

심화 견훤은 경상도 상주 출신으로 백제와는 관련이 없던 인물이었다. 그런데도 전라도 지역을 근거로 나라를 세우면서 '백제를 계승하고 의자왕의 원한을 갚는다.'는 명분을 내세웠다. 백제가 멸망한 지 230여 년이 지났지만, 여전히 이 지역 사람들에게는 백제를 그리워하는 마음과 전통이 남아 있었기 때문이다. 하지만 견훤은 후백제와 고려 또는 후삼국 간의 경계 지역에 있는 호족들을 자기 편으로 끌어들이지 못했다. 이는 후백제가 고려와의 전쟁에서 패하는 원인 중 하나가 되었다.

신라와 후백제, 후고구려가 서로 경쟁하며 대립하던 시기

후삼국 시대

개요 신라와 후백제, 후고구려가 서로 경쟁하면서 대립하던 시기이다. 신라 말기에 지방의 호족이었던 견훤과 궁예가 각각 나라를 세우면서 시작되어 왕건이 후삼국을 통일한 936년까지 약 35년간 이어졌다.

풀이 신라는 8세기 후반부터 지배층이 나라와 백성의 경제 형편은 아랑곳하지 않고 사치에 빠져 부패하기 시작했다. 또한 진골 귀족들끼리 임금의 자리를 두고 다툼이 벌어져 정치도 매우 어지러워졌다. 이에 전국 곳곳에서는 살기 어려워진 백성들이 들고일어나 난을 일으켰다.

이 틈에 지방에서는 호족 세력이 힘을 키웠다. 호족은 지방의 귀족을 뜻하는데, 그중에서 가장 세력이 컸던 견훤과 승려인 궁예는 각각 나라를 세웠다. 견훤은 900년에 완산주를 도읍으로 삼고 나라 이름을 '후백제'라고 했고, 궁예는 901년에 송악(개성)을 도읍으로 삼고 '후고구려'라고 했다. 궁예는 얼마 후 나라 이름을 '마진'으로 바꾸었다가 철원으로 도읍을 옮긴 뒤 '태봉'으로 바꾸었는데, 궁예가 쫓겨나고 왕건이 임금이 되면서 다시 '고려'로 바뀌었다. 이로써 신라는 통일 이전처럼 세 나라로 나뉘어 후삼국 시대가 되었다.

처음에는 후삼국 중에서 견훤의 후백제가 가장 세력이 강했다. 후백제는 신라가 고려에 기우는 것을 막기 위해 신라를 침략해 경애왕을 죽였다. 신라를 적대시하지 않고 존중하는 정책을 폈던 고려가 신라를 구원하기 위해 출동했지만 견훤의 군대에 크게 패했다. 그러나 뒤이은 고창 전투에서 고려가 끝내 승리하면서 후삼국의 주도권을 잡게 되었다. 신라의 많은 호족들이 고려에 넘어갔고, 신라의 마지막 임금인 경순왕은 935년에 아예 나라를 고려에 넘겼다. 결국 후백제도 임금의 자리를 놓고 왕자들이 대립하다 고려에 의해 멸망하면서 후삼국 시대는 936년에 막을 내렸다.

심화 견훤과 궁예는 백제와 고구려를 이어받는다는 것을 보여 주기 위해 나라 이

름에 '백제'와 '고구려'를 사용했다. 그러나 견훤과 궁예는 백제나 고구려 지역과는 별다른 관련이 없는 사람이었다. 견훤은 경상도 출신이었으며, 궁예도 신라의 왕족 출신이었다. 단지 자신들이 나라를 세운 지역 사람들의 호응을 얻기 위해 백제와 고구려라는 이름을 내세운 것이다. 궁예를 몰아내고 권력을 장악한 왕건이 나라 이름을 '고려'라고 한 것도 이런 이유였다.

●○●
후삼국 시대는 신라 말기에 가장 세력이 컸던 호족인 견훤과 궁예가 각각 나라를 세우면서 시작되었다. 이로써 한반도에서는 다시 신라와 후고구려, 후백제가 서로 경쟁하게 되었다.

고구려를 잇겠다며 송악 지방에 후고구려를 세운 궁예.

신라의 마지막 임금인 경순왕.

백제를 계승한다며 완산주 지방에 후백제를 세운 견훤.

시대 조선 시대 | 더 찾아보기 사림파, 사육신, 사화, 선조, 성리학, 성삼문, 세조, 신숙주, 정인지, 조선

조선 세조 때 공을 세운 뒤 권력을 잡은 정치 세력

훈구파

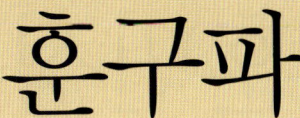

개요 조선의 제7대 임금인 세조가 계유정난을 일으켜 임금의 자리에 오를 때 공을 세워 권력을 잡은 정치 집단이다. 한명회와 권람, 홍윤성, 정인지, 신숙주, 노사신 등이 대표적인 인물이다. 제9대 임금인 성종 이후에는 사림파와 대립했다.

풀이 '훈구'란 오랫동안 임금의 곁에 있으면서 많은 공을 세웠다는 뜻이고, '훈구파'란 공을 세운 사람들의 집단을 가리킨다. 훈구파가 정치 세력으로 자리를 잡은 것은 세조 때였다. 세조는 조카인 단종을 몰아내고 임금이 되었기 때문에 정통성이 부족했다. 이에 한명회와 권람 등 자신과 가까운 신하들을 내세워 왕권 강화 정책을 펼쳤다. 이들은 세조의 반대파들을 없애고 법전이나 유교 이념을 정리한 책을 펴내 조선 왕실의 정통성을 강조하는 등 세조의 왕권 강화를 도왔다. 그리고 이러한 공을 인정받아 중요한 관직과 공신전이라는 넓은 토지를 받아 대대로 부를 누리게 되었다.

훈구파는 새로운 정치 세력을 견제하면서 세조, 예종, 성종 때까지 권력을 독차지했다. 자식을 중요한 관직에 등용시키는 것은 물론, 왕실이나 훈구파 가문들끼리 혼인을 맺어 권력의 기반을 다지기도 했다. 그러나 이들의 지위는 성종 때부터 서서히 흔들렸다. 성종은 처음에는 훈구파에 의존하는 듯했지만, 차츰 지방에서 학문을 닦던 사림들을 등용하기 시작했다. 훈구파는 사화를 일으켜 사림파를 몰아내기도 했으나 결국 제23대 임금인 선조 때는 사림파가 권력을 잡게 되면서 몰락했다.

심화 훈구파는 왕의 권력을 뒷받침해 통치 체제를 안정시키는 역할을 했다. 하지만 왕의 신임을 바탕으로 중앙 권력을 독점했고, 지방의 관리들과 손을 잡고 대규모의 토지를 차지하는 등 지역 사회에서도 경제적인 이익을 넓혀 나갔다. 훈구파의 이러한 행동은 향촌 사회를 기반으로 작은 규모의 토지를 소유하고 살아가던 사림파와의 대립을 불러왔다. 사림파는 공평하고 바른 도리를 강조하는 성리학 정신을 앞세워 훈구파를 공격했으며, 이러한 충돌은 사화로 이어졌다.

한글의 옛 이름이자 한글을 소개한 책
훈민정음

개요 우리나라의 문자인 한글의 옛 이름이자 한글을 소개한 책이다. **조선**의 제4대 임금인 **세종**이 직접 창제했으며, 《훈민정음》은 **국보** 제70호로 지정되는 한편, 유네스코 세계 기록 유산으로 선정되었다.

풀이 훈민정음이란 백성을 가르치는 바른 소리라는 뜻이다. 이름에서도 알 수 있듯이 세종이 백성들을 위해 만든 문자인 것이다. 창제의 목적에 대해 기록한 《훈민정음》 서문에도 "한자가 중국말을 적기 위해 만든 글자라 많은 백성들이 사용하지 못하니, 이를 안타깝게 여겨 누구든지 쉽게 배워서 쓸 수 있는 문자를 만든다."고 소개하고 있다.

문자 훈민정음은 세종과 **집현전** 학자들이 1443년에 만들어 3년 후인 1446년에 반포했다. 처음에는 홀소리(모음)와 닿소리(자음)를 포함한 28개의 글자를 사용했지만 지금은 ㆍ(아래아), ㅿ(반치음), ㆁ(옛이응), ㆆ(여린히읗)을 제외한 24개를 쓰고 있다. 반포 이후 세종은 **용비어천가**를 짓고 불경을 번역하게 하는 등 훈민정음을 보급하기 위해 노력했다.

책 《훈민정음》은 한글 창제의 이유를 설명한 〈훈민정음 예의본〉과 글자의 사용법을 정리한 〈훈민정음 해례본〉으로 이루어져 있다. 다른 나라에서도 새로운 문자를 만든 일은 있지만, 《훈민정음》 같은 책을 펴낸 적은 없었다. 이에 유네스코에서는 1997년 《훈민정음》을 세계 기록 유산으로 선정했다.

심화 훈민정음은 조선 시대에는 '언문'이라고 불리다 **일제 강점기**에는 '국문'으로, 다시 '한글'로 바뀌었다. 한글은 **주시경**이 1913년 어린이 잡지에 처음 쓰면서 널리 알려졌으며, 한국의 글 혹은 큰 글이라는 뜻을 가지고 있다. 이후 한글 보급에 앞장섰던 **조선어 학회**가 훈민정음 반포 480주년을 맞이해 '가갸날'이라는 기념일을 정했다가 '한글날'로 바꿔 부르면서 한글 이름이 정착되었다.

더 찾아보기 경복궁, 고종, 군포, 명성 황후, 병인양요, 삼정의 문란, 서원, 세도 정치, 신미양요, 일본, 임오군란, 임진왜란, 조선, 척화비, 청, 호포법

조선 말기에 개혁 정치와 통상 수교 거부 정책을 펼친 정치가이자 고종의 아버지

흥선 대원군

개요 조선의 제26대 임금인 고종의 아버지이자 정치가이다. 본래 이름은 이하응이다. 권력을 잡고 있는 동안 서원 철폐와 호포법 시행 등 개혁을 이끌었고, 외국과의 교역을 하지 않는 통상 수교 거부 정책을 폈다.

풀이 흥선군 이하응은 1820년에 남연군의 아들로 태어났다. 그는 왕실과는 거리가 먼 왕족이었지만 제25대 임금인 철종이 자식 없이 죽자, 자신의 둘째 아들을 임금의 자리에 올려 '대원군'이 되었다. 대원군이란 임금의 친아버지를 높여 부르던 말이다. 흥선 대원군은 조선 시대 유일한 '살아있는 대원군'이었다.

권력을 잡은 흥선 대원군은 먼저 세도 정치를 일삼으며 나라를 어지럽게 만든 안동 김씨 세력을 몰아냈다. 그런 다음 당파에 관계없이 인재를 고루 등용하고 부패한 벼슬아치들을 쫓아냈다. 당쟁과 부패의 원인이 되었던 서원을 47개만 남기고 모두 없앴으며, 새로운 법전인 《육전조례》를 펴냈다. 또한 삼정의 문란을 해결하기 위해 세금 제도도 고쳤는데, 특히 군포를 폐지하고 호포법을 실시해 양반들도 세금을 내도록 했다. 백성을 힘들게 하던 온갖 잡세를 없앴으며, 국가의 재산을 몰래 빼돌리는 관리들은 엄하게 다스렸다. 이와 같은 흥선 대원군의 개혁 정책들은 백성의 큰 지지를 받았다. 하지만 왕실의 권위를 과시하기 위해 임진왜란 때 불에 탔던 경복궁을 새로 지으면서 세금을 늘리고 당백전을 발행해 백성의 살림살이가 어려워지기도 했다.

한편 19세기 후반에는 미국과 영국, 프랑스 등의 서양 세력이 조선의 해안에 나타나 통상을 요구했다. 흥선 대원군은 이들의 요구를 거절함과 동시에 병인양요와 신미양요 등과 같이 무력 침입도 단호하게 물리쳤다. 서울의 종로 네거리를 비롯한 전국 주요 도시에 척화비를 세우고 외세를 배척했으며, 근대적인 조약을 맺자는 일본의 요구도 거절했다. 이렇듯 통상 수교 거부 정책을 펼치던 흥선 대원군은 고종이 직접 나라를 다스리게 되면서 명성 황후를

흥선 대원군이 권력을 잡을 무렵, 조선은 안동 김씨를 비롯한 몇몇 가문이 세도 정치를 일삼고 부패한 벼슬아치들의 횡포로 인해 나라가 몹시 어지러웠다.

중심으로 한 반대 세력에 밀려 권력을 잃고 정치에서 물러났다.

심화 중앙 정치에서 밀려난 흥선 대원군은 이후에도 다시 정권을 잡았으나 오래가지 못했다. 1882년에 일어난 **임오군란**의 수습 책임을 맡았다가 명성 황후가 불러들인 **청**나라에 끌려가 4년을 지냈다. 이후 두 차례에 걸쳐 청이나 일본의 지원을 받아 자신과 갈등을 빚는 고종을 몰아내고 맏손자인 이준용을 임금으로 세우려다가 실패했다. 결국 흥선 대원군은 청과 일본이 우리나라의 주권을 놓고 경쟁하는 과정에서 이용당하다가 자신의 뜻을 제대로 펴지 못한 채 1898년에 세상을 떠났다.

● ○ ○
흥선 대원군은 아들인 고종이 임금이 되자 권력을 잡고 사실상 수렴청정을 했다. 어린 임금 대신 나라를 다스린 것이다. 그는 강력한 개혁 정치로 기울어가는 조선 왕조를 되살리려고 했으며, 외국과 교역을 하지 않는 통상 수교 거부 정책을 펼쳤다.

우리나라에서 발견된 구석기 시대 화석 인류

흥수아이

개요 충청북도 청원군의 흥수굴에서 발견된 **선사 시대** 인류의 화석이다. 발견한 사람의 이름을 따서 흥수아이라고 부르며, 우리나라에서 발견된 화석 인류 가운데 가장 오래되었다.

풀이 1983년 광산 소장인 김흥수 씨가 채석장을 둘러보다가 발견한 인류의 화석이다. 처음 발견한 사람의 이름을 따서 사람 뼈가 발견된 동굴은 흥수굴, 사람 뼈는 흥수아이라고 이름을 붙였다. 우리나라에서는 최초로 사람의 이름을 따서 유적의 이름을 정한 것이다.

흥수아이는 동아시아에서 발견된 사람 뼈 가운데 유일하게 온몸이 온전하게 남아 있는 화석이다. 약 4만 년 전에 살았던 구석기인으로 추측되고 있으며, 아이가 죽은 당시의 나이는 5~6세 정도일 것으로 짐작된다. 흥수아이의 키는 대략 110~120센티미터 정도이고, 뼈의 모습으로 볼 때 지금의 인류와 매우 비슷하다.

한편 흥수아이를 처음 발굴할 때 국화꽃 화석이 나왔는데, 이는 선사 시대의 장례 풍습을 보여 주는 흔적으로 평가받고 있다.

심화 화석 인류란 화석의 형태로 발견되는 선사 시대 인류의 조상을 뜻한다. 오스트랄로피테쿠스나 호모 에렉투스, 호모 사피엔스 등 두 발로 서서 걸었던 직립 보행인이 바로 화석 인류이다. 지금까지 발견된 가장 오래된 화석 인류는 미국의 인류학자 도널드 요한슨이 에티오피아에서 발견한 '루시'이다. 루시는 약 350만 년 전의 오스트랄로피테쿠스로, 비틀즈의 노래 제목을 따서 이름을 붙였다.

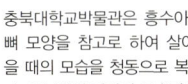

충북대학교박물관은 흥수아이의 뼈 모양을 참고로 하여 살아 있을 때의 모습을 청동으로 복원했다. 오늘날의 어린이 모습과 비슷하다.

시대 조선 시대 | **더 찾아보기** 고종, 숭례문, 유학, 이성계, 조선, 풍수지리설, 한양

반달 모양의 옹성을 갖춘 한양 동쪽의 성문

흥인지문(동대문)

개요 서울특별시 종로구에 있는 **조선** 시대의 성문이다. 임금이 살고 있는 궁궐을 비롯하여 중요한 국가 시설이 몰려 있는 **한양** 도성(한성부)을 보호하기 위해 만들었다. 동쪽에 있는 큰 문이라는 뜻에서 '동대문'이라고도 부르며, 1963년에 보물 제1호로 지정되었다.

풀이 조선 시대에 한양의 도성을 보호하는 문은 모두 8개였다. 흥인지문은 8개의 문 가운데 동쪽에 있는 문이다. 조선을 건국한 태조 **이성계**가 한양으로 도읍을 삼은 시기인 1396년에 지어졌다. 조선의 제6대 임금인 단종 때 손질한 기록이 있고, **고종** 때인 1869년에 지금의 모습으로 고쳐 지었다.

흥인지문은 돌을 쌓아 만든 아치 모양의 홍예문, 2층의 멋스러운 문루, 반달 모양의 튼튼한 옹성 등으로 이루어져 있다. 독특한 점은 도성에 있는 8개의 문 가운데 유일하게 흥인지문에만 있는 옹성이다. 이 옹성은 성문을 보호하고 튼튼히 지키기 위해 만든 것으로, 옹성 한쪽을 터서 사람들이 드나들 수 있도록 했다.

흥인지문의 규모는 크고 웅장한 **숭례문**에 비교해 뒤떨어지지 않는다. 하지만 숭례문이 조선 초기의 건축 특징을 가진 반면, 흥인지문은 조선 후기의 특징을 가지고 있다.

심화 서울에 있는 사대문의 이름은 **유학**에서 다섯 가지 덕목으로 꼽은 인의예지신(仁義禮智信)에서 따왔다. 실제로 북쪽 문인 숙정문을 제외한 흥인지문과 돈의문, 숭례문, 보신각 등의 이름 속에는 각각의 덕목이 들어 있다. 다른 문의 이름이 석 자인데 반해 흥인지문의 글자가 넉 자인 까닭은 한양의 동

흥인지문에만 있는 옹성. 문 바깥쪽에 반달 모양으로 쌓은 이 성은 외적이 쉽게 다가서지 못하도록 방어하기 위해 설치한 것이다. 옹성의 한쪽은 사람들이 드나들 수 있도록 터놓았는데, 이렇게 함으로써 이중문의 효과를 냈다.

쪽이 약하다는 **풍수지리설**에 따른 것이다. 즉, 산맥을 뜻하는 한자인 지(之)를 넣어 약한 기운을 북돋으려고 한 것이다.

●○○
한양 도성의 동쪽 관문이었던 흥인지문의 옛날 모습.

성문을 지키는 군사들. 흥인지문을 비롯한 성문들은 군사적으로 매우 중요한 곳이었다. 특히 도성은 임금이 살고 있는 궁궐을 비롯하여 한 나라의 중요한 시설들이 몰려 있기 때문에 성문 출입도 엄격히 제한했다.

연표로 보는
한국사 사전

선사 시대 ··· 구석기 시대

뗀석기를 도구로 사용하던 시대이다. 지구상에 인류가 나타난 때부터 약 1만 년 전까지를 뜻하며 전기, 중기, 후기의 세 시기로 구분한다. 인류는 식물을 채집하거나 물고기 잡이, 사냥 등을 통해 식량을 얻고 불을 이용할 줄 알았다.

• 주요 사건

동굴 생활 | 구석기 시대 사람들은 주로 동굴에서 살았다. 동굴은 비나 추위를 피할 수 있을 뿐 아니라 모닥불을 피우면 아늑한 보금자리가 되었다.

석기의 사용 | 구석기 시대 사람들은 땅에 떨어져 있는 돌멩이를 주워 그대로 사용하거나 돌을 깨뜨려서 특별한 가공 없이 쓰임에 맞게 골라 사용하기 시작했다. 구석기 시대라고 부르는 것도 석기를 사용하게 된 데서 비롯되었다. 이 시기의 발전 속도는 매우 느려서, 한반도의 경우 70만 년 전부터 신석기 시대가 시작되는 1만 년까지 계속되었다.

• 유물과 유적

뗀석기 | 돌을 깨뜨려 만든 선사 시대의 생활 도구. 주로 구석기 시대에 많이 사용되었다. 타제 석기라고도 부른다. 뗀석기는 만드는 방법이나 돌의 어떤 부분을 사용하느냐에 따라 여러 가지 종류가 있다. 만드는 방법에 따라 직접떼기, 간접떼기, 눌러떼기, 던져떼기가 있고, 돌의 사용 부위에 따라 몸돌 석기, 격지 석기가 있다.

주먹 도끼 | 주먹에 쥐고 사용하는 도끼 모양의 뗀석기이다. 구석기 시대 전기를 대표하는 석기이며 가장자리 전체에 날카로운 날이 있다. '도끼'라는 이름과 달리 끝 부분이 뽀족하며 사냥, 나무 가공, 가죽 가공, 뼈 가공 등의 다양한 용도로 사용되었다. 모양과 만드는 방법은 다양하다. 두툼한 몸돌을 깨뜨려 끝을 곡괭이처럼 뽀족하거나 혹은 칼날처럼 날카롭게 만들고 다른 한쪽은 손으로 쥘 수 있게 다듬은 것이 제일 많이 발견된다.

기원전 70만 년 — 전기 구석기 문화 시작.

단양군 금굴 유적 | 지금까지 알려진 구석기 유적 중 가장 오래된 것으로, 전기 구석기부터 청동기 시대까지 사람이 살았던 것으로 보인다. 석회암 동굴이며, 입구 높이 8미터에 넓이 7~10미터, 확인된 동굴 길이 85미터 규모로 사람이 살기에 넉넉했다.

공주 석장리 유적 | 충청남도 공주시에서 발견된 유적으로 긁개와 찌르개, 송곳, 몸돌 등이 발견되었다.

불의 사용 | 사람들이 처음으로 불을 사용한 것은 약 40~50만 년 전이다. 사람이 지구에 처음 등장한 것이 약 250만 년 전이니 불을 사용하기 전에는 사냥한 고기를 날로 먹고, 밤이면 어두운 동굴에서 추위에 떨어야 했다. 불을 사용하면서 고기를 익혀 먹고 몸을 덥혔으며, 동물들의 공격도 피할 수 있었다.

기원전 40~50만 년

불의 사용.

평양 만달리 유적, 서울 역삼동 · 가락동 유적 형성.

 기원전 1만 년

 기원전 2만 년

구석기 시대와 신석기 시대의 중간에 해당하는 중석기 문화 시작.

만달인 | 평양 만달리 유적에서 발견된 후기 구석기 시대의 사람 뼈이다. 25~30세 정도 되는 남자의 것으로 추정된다. 출토 지역 이름을 따서 '만달인'이라고 부른다.

 기원전 3만 년

후기 구석기 문화 시작.

흥수아이 | 충청북도 청원군의 흥수굴에서 발견된 선사 시대 인류의 화석이다. 발견한 사람의 이름을 따서 '흥수아이'라고 부르며, 우리나라에서 발견된 화석 인류 가운데 가장 오래되었다.

 기원전 4만 년

제주 빌레못 동굴 유적 형성.
청주 흥수굴 유적 형성.

빌레못 동굴 | 제주시 애월읍 어음리에 있는 용암 동굴이다. 1973년에 발견되었으며, 발견 당시에 순록과 곰 등 빙하기 동물 화석과 간단한 석기가 나왔다. 길이는 9,020미터이다.

승리산인 | 평안남도 덕천 승리산 유적(동굴)에서 발견된 화석 인류이다. 승리산 사람이라고도 부른다.

 기원전 5만 년

덕천 승리산 유적 형성.

여러 가지 뗀석기들.

기원전 10만 년

웅기 굴포리 서포항 유적 형성.

기원전 18만 년

중기 구석기 문화 시작.
청주 두루봉 유적과 공주 석장리 제2·3·4문화층 형성

 기원전 28만 년

연천군 전곡리 유적 형성.

연천군 전곡리 유적 | 동북아시아에서 처음으로 주먹 도끼가 발견되었다. 그 외에도 가로날 도끼, 찍개 등이 발견되었다.

선사 시대 ··· 신석기 시대

간석기를 도구로 사용하던 시대로, 빙하기가 끝난 약 1만 년 전부터 시작되었다. 우리나라에서도 비슷한 시기에 신석기 시대로 접어들었다. 이 시기의 인류는 움집을 만들어 살았고 간석기를 이용했으며, 빗살무늬 토기를 사용했다.

• **유물과 유적**

가락바퀴 | 신석기 시대부터 청동기 시대까지 실을 만들 때 사용했던 도구이다. 실을 감는 도구인 '가락'을 끼워 사용했기 때문에 가락바퀴라고 부르며, 가락의 다른 이름인 '방추'를 붙여 '방추차'라고도 한다. 주로 청동기 시대의 유적에서 발견되지만 신석기 유적에서도 뼈로 만든 바늘과 실이 발견된다.

간석기 | 돌을 갈아서 만든 선사 시대의 생활 도구로, 돌을 갈아서 만든다는 뜻에서 마제 석기라고도 부른다. 신석기 시대와 청동기 시대에 주로 사용되었다. 간석기는 돌을 깨뜨려 만든 뗀석기보다 더 날카롭고 정교하여 사용이 편리했다. 간석기는 날 부분만 갈아서 만든 것과 표면 전체를 갈아서 만든 것이 있다.

빗살무늬 토기 | 신석기 시대에 주로 사용했던 무늬가 있는 그릇이다. 머리빗과 비슷한 도구로 눌러 무늬를 만들거나 점, 선, 동그라미 등의 모양을 그려서 만들었다. 이렇게 빗살무늬를 새기면 토기를 불에 구울 때 갈라지거나 터지는 현상을 예방할 수 있었다.

기원전 8000년 신석기 문화 시작. 제주 고산리 유적 형성.

제주 고산리 유적 | 제주특별자치도 제주시 바닷가에 형성되어 있는 신석기 시대 전기의 유적이다. 10만 점에 가까운 석기와 1,000여 점의 토기 조각이 발견되었다. 구석기 후기 문화에서 신석기 전기 문화로 옮겨가는 과정을 알 수 있는 유적이다.

농사의 시작 | 신석기 시대 사람들은 채집이나 사냥, 물고기 잡이와 같이 자연에서 먹을 것을 구하는 것에서 벗어나 스스로의 힘으로 먹을 것을 생산하기 시작했다. 농사를 짓기 시작하면서 더 많은 식량을 얻을 수 있었으며, 떠돌아다니지 않고 한곳에 정착해 살 수 있게 되었다.

하남 미사리 유적 형성

기원전 **3300년경**

하남 미사리 유적 | 경기도 하남시에 있는 신석기 시대부터 삼국 시대에 걸친 유적이다. 신석기 시대층에서 주거지와 빗살무늬 토기, 그물추, 화살촉, 돌도끼 등의 생활 도구, 불에 탄 도토리가 나왔다.

조개더미(패총) | 선사 시대 사람들이 버린 조개껍데기가 무덤처럼 쌓여 만들어진 유적이다. 우리나라에서는 주로 신석기 시대에 만들어진 조개더미가 발견되고 있으며, 부산 동삼동 패총이 가장 유명하다. 조개더미 안에서 나온 다양한 유물들은 선사 시대의 문화와 자연환경, 사람들의 생활 모습 등을 연구하는 데 도움이 되고 있다.

기원전 **4000년**
웅기 굴포리 소포항 유적
신석기 1·2기 문화층 형성.

움집 | 신석기 시대에는 동굴에서 벗어나 움집을 짓고 살았다. 움집은 땅을 파서 바닥을 다진 뒤 기둥을 세우고 풀이나 갈대, 짚 등으로 덮어 만들었다. 움집의 형태는 처음에는 둥근 것과 네모난 것이 함께 있었지만 점차 네모난 형태로 바뀌었으며, 나중에는 대부분 긴 네모 형태를 띠게 되었다. 움집은 비바람과 추위를 막는 데 효과적이었다.

기원전 **4500년**
서울 암사동 유적 형성.

암사동 선사 유적지 | 서울특별시 강동구 암사동에 있는 신석기 시대부터 삼국 시대에 걸친 유적지이다. 이 중 신석기 유적지는 지금까지 우리나라에서 발견된 곳 가운데 규모가 가장 크다. 마을 형태를 고스란히 유지하고 있고 많은 유물이 나와 당시 생활 모습을 살필 수 있는 중요한 유적이다.

기원전 **6000년**
양양 오산리 유적 형성.

양양 오산리 유적 | 강원도 양양군 오산리의 바닷가에서 멀지 않은 곳에 있는 신석기 문화를 대표하는 집자리 유적이다. 돌도끼와 돌칼 등의 석기와 토기는 물론이고 사람 얼굴 모양의 조각상도 발견되었다.

기원전 **5000년**
부산 동삼동 패총 유적 형성.

부산 동삼동 패총 | 동삼동 바닷가 언덕 비탈에 있다. 이 지역은 신석기 시대 전 기간에 걸쳐 쌓인 유적층이 발견되었다. 석기, 짐승 뼈와 조가비로 만든 살림살이 유물, 민무늬 토기, 빗살무늬 토기 등이 발견되었다.

선사 시대 ··· 청동기 시대

청동기를 사용하던 시기이다. 장신구나 제사 용품, 무기 등은 청동기로 만들었지만 농기구는 여전히 석기를 사용했다. 이 시기에는 농업 생산량이 늘어나면서 빈부 격차가 생겨났고, 사회 규모가 커지면서 여러 가지 사회 제도와 국가가 생겨났다.

• 유물과 유적

민무늬 토기 | 청동기 시대에 가장 널리 사용했던 그릇이다. 무늬가 없다는 뜻에서 '무문 토기'라고도 부른다. 하지만 이름과는 달리 그릇 중간이나 윗부분에 부분적으로 무늬가 있는 것도 많다. 신석기 시대 말기부터 철기 시대 초기까지 사용되었다.

고인돌 | 고인돌은 한국 청동기 시대의 대표적인 무덤 양식이다. 큰 돌을 고여(괴어) 놓았다고 해서 고인돌이라고 부른다. 우리나라에는 4만 개 정도의 고인돌이 있는데, 전 세계 고인돌 수의 절반에 가깝다. 특히 고인돌이 많이 모여 있는 전라북도 고창, 전라남도 화순, 인천 강화도 고인돌 유적은 2000년 12월에 유네스코 세계 유산으로 등록되었다.

반달 돌칼 | 곡식의 이삭을 딸 때 쓰던 선사 시대의 농사 기구이다. 돌을 갈아서 만들었으며, 반달 모양으로 생겨서 반달 돌칼이라고 부른다. 신석기 시대 후기부터 쓰기 시작했지만 청동기 시대에 가장 널리 사용했다.

• 주요 인물

단군왕검 | 한민족의 시조(맨 처음 조상)이자 고조선의 첫 번째 임금이다. 《삼국유사》에 따르면 단군은 하늘에서 내려온 환웅과 웅녀 사이에서 태어났으며, 우리 역사상 최초의 나라인 고조선을 세웠다. 이후 단군은 아사달로 도읍지를 옮긴 뒤 1,500여 년 동안 고조선을 다스리다 아사달산에 들어가 산신이 되었다. 하지만 후대의 사람들은 단군이 특정한 한 사람이 아니라 임금을 가리키는 말이라고 풀이한다.

기원전 2333년 — 단군왕검, 고조선 건국

단군 신화 | 고려 시대의 승려 일연이 쓴 《삼국유사》에는 단군 신화가 소개되어 있다. 이 신화에 따르면 고조선은 기원전 2333년에 세워졌다.

기원전 2000~1500년 — 청동기 시대 시작. 만주 요령성 일대에서 민무늬 토기 사용. 한반도 북부에 전해짐.

비파형 동검 | 모양이 중국 악기 비파를 닮은 무기이다. 중국 랴오닝 지역에서 많이 발견되었기 때문에 '랴오닝식 동검'이라고 하며, 고조선을 상징하는 유물이라고 하여 '고조선식 동검'이라고도 부른다. 비파형 동검의 길이는 대체로 30~40센티미터이며 검의 날과 자루를 따로 만들어 조립하는데, 자루는 나무나 뼈, 청동 등으로 만든 뒤 날에 묶어 사용했다.

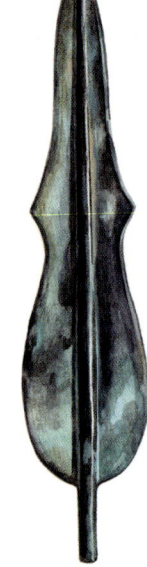

기원전 1000년 — 한반도 전역에서 청동기 사용 보편화됨.

화순 대곡리 유적 형성.

기원전 300년

화순 대곡리 유적 | 전라남도 화순군 대곡리에 있는 청동기 시대의 무덤 유적이다. 기원전 3세기 후반에 만들어진 것으로 추측되며 세형동검(한국식 동검)과 청동 거울, 청동 방울 등이 발견되었다.

청동 거울과 청동 방울 | 청동으로 만든 거울과 방울은 지배자의 장신구이자 제사용 도구였다. 이것은 곧 청동기 시대에 강력한 힘을 가진 지배자가 있었으며, 구석기 시대와 신석기 시대처럼 평등한 사회가 아니라 불평등한 시대가 시작되었음을 뜻한다.

세형동검 | 청동기 시대 후기부터 철기 시대 전기에 걸쳐 사용된 청동 무기이다. 우리나라에서 주로 발견되어 '한국형 동검', 비파형 동검에 비해 폭이 좁은 모양이라 가늘 세(細)자를 써서 세형동검이라고도 부른다.

기원전 400년 대전 괴정동 유적 형성.

대전 괴정동 유적 | 대전광역시 서구 괴정동에 있는 청동기 시대의 돌널무덤. 땅속에 깊이 2.7미터, 너비 73센티미터, 길이 2.5미터 정도의 구덩이를 남북 방향으로 파고 그 안에 돌널을 만들었다. 돌널은 두께 약 10센티미터 정도의 막돌로 이루어졌다.

고조선 | 청동기 시대에 세워진 우리나라 최초의 국가이다. 고조선의 중심지는 처음에는 요동 북쪽의 요령 지방이었지만, 차츰 한반도 북부로 옮겨 대동강 유역의 왕검성을 중심으로 발전했다. 기원전 108년에 한나라의 공격을 받아 멸망했다.

기원전 700년

부여 송국리 유적 형성

부여 송국리 유적 | 충청남도 부여군 송국리에 있는 청동기 시대의 유적이다. 100기 이상의 집터와 토기, 석기가 발견되었다. 집은 땅을 얕게 파서 만드는 반움집이나 지상 가옥과 가까운 흔적을 가지고 있다. 여기서 발견된 토기는 밑이 납작하고 긴 달걀형의 몸체를 가지고 있으며, 목이 없이 아가리(입구)가 바깥으로 꺾여 있어서 '송국리식 토기'라고 부른다.

1081

초기 국가 시대 ··· 철기 시대

한반도에 여러 국가들이 생겨나고 철로 만든 도구를 사용하게 된 시기이다. 한반도에서는 기원전 4세기경부터 철기를 사용하기 시작했으며, 변한이나 가야 등은 우수한 철기를 만들어 이름을 떨쳤다. 철기 시대는 기원전 300년경부터 삼국이 정립된 기원후 300년경까지를 말한다.

• 유물과 유적

철제 무기와 농기구 | 철기 시대 초기에는 장신구나 단검 등을 철로 만들었지만, 철의 생산량이 늘어나면서 농기구는 물론이고 일상 용품과 무기도 철로 만들었다. 이후 철은 사람들이 살아가는 데 없어서는 안 될 금속이 되었다. 석기나 청동기에 비해 단단하고 날카로운 철로 농기구를 만들어 사용하자, 농업 생산량이 크게 늘어났다.

• 주요 인물

주몽 | 부여로부터 독립해 졸본 땅에 고구려를 세운 임금이다. 《삼국유사》나 《삼국사기》와 같은 옛 기록에 따르면, 주몽은 하백의 딸 유화 부인이 낳은 큰 알에서 나왔다. 그는 일곱 살에 스스로 활과 화살을 만들어 쏘았는데, 쏘는 것마다 백발백중이었다. 그리하여 '활을 잘 쏘는 사람'이란 뜻으로 주몽이라고 부르게 되었다.

온조 | 주몽과 소서노 사이에서 태어난 아들로, 백제를 세운 임금이다. 형인 비류와 함께 자신들을 따르는 백성들을 이끌고 남쪽으로 내려왔다. 비류는 미추홀(지금의 인천 부근)에 나라를 세우고, 온조는 위례성(지금의 한강 유역)에 도읍을 정한 뒤 나라 이름을 '십제'라고 했다. 비류가 죽은 뒤 미추홀의 백성들과 신하들을 통합했으며 나라 이름도 백제로 바꿨다.

박혁거세 | 신라를 세운 임금이다. 《삼국유사》에 따르면, 진한 땅 여섯 마을의 촌장들이 왕을 모시기 위해 높은 곳에 올랐다가 나정이라는 우물가에서 발견한 자줏빛 알에서 태어났다. 박과 같이 생긴 알에서 나왔다고 하여 성을 '박'이라고 했고, 세상을 밝게 한다는 뜻으로 이름을 '혁거세'라고 했다.

기원전 400년 철기 문화 시작.

기원전 300~200년 부여 건국.

부여 | 기원전 3세기경부터 494년까지 만주 지방에 있었던 나라이다. 농업과 목축이 발달해 부유했지만, 4세기 이후에는 점차 세력이 약해져 고구려에게 멸망당했다. 부여는 5부족 연맹체 국가였다. 나라의 중앙은 왕이 다스리고 나머지는 가축 이름에서 유래된 마가, 우가, 저가, 구가라는 부족장들이 다스렸다.

기원전 194년 위만이 위만 조선 건국.

위만 조선 | 기원전 194년부터 기원전 108년까지 대동강 유역에 있었던 고조선의 마지막 나라이다. 위만이 당시 임금이었던 준왕을 몰아내고 세웠으며, 기원전 108년 우거왕 때 한나라의 무제에게 멸망당했다.

백제, 16관등과 공복 제도 만듦.　　신라가 6부 군사를 거느리고 백제 사현성 공격.

260년　　**204년**　　**194년** 고구려 진대법 실시.

56년 고구려가 동옥저 통합.

한반도 남쪽에 있었던 연맹 국가 '삼한' | 마한, 진한, 변한을 묶어 부르는 말이다. 이들은 다시 여러 개의 작은 부족 국가들로 이루어졌다. 이 국가들은 청동기 시대부터 생겨났지만 강하고 체계적인 나라로 발전하지는 못했다. 마한은 지금의 경기도와 충청도, 전라도 일대에 있던 54개의 작은 부족 국가들을 뜻한다. 온조의 세력이 한강 유역에 백제를 세운 뒤 흡수되었다. 진한은 지금의 대구와 경주 근처에 있던 12개의 작은 부족 국가들을 뜻한다. 진한에서 가장 강했던 사로국이 이웃 국가들을 통합한 뒤 신라로 발전했다. 변한은 지금의 김해, 마산 근처에 있던 작은 부족 국가들이었다. 변한은 질 좋은 철을 생산해 수출하면서 부강해졌고, 이후 가야로 발전했다.

3년 고구려 국내성으로 도읍 옮김.

기원전 18년 온조가 백제 건국.

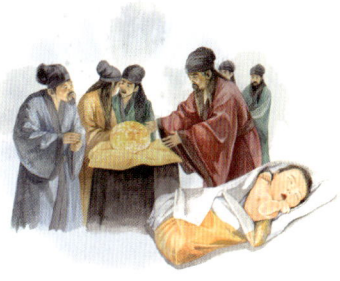

동예 | 동예는 위만 조선이 있었던 시기부터 강원도 북부 지역을 중심으로 작은 나라를 이루고 있었다. 245년부터는 한군현 중의 하나인 낙랑의 지배를 받았고, 313년부터는 낙랑을 정복한 고구려의 지배를 받았다. 해마다 음력 10월에 '무천'이라는 제천 행사를 지냈고, 말과 풍습은 고구려와 비슷했던 것으로 전해진다. 410년에 고구려의 광개토 대왕에 의해 멸망당했다.

기원전 37년 주몽이 고구려 건국.

옥저 | 기원전 2세기부터 56년까지 함경도의 동해안 지방에 있었던 작은 나라이다. 부여 세력 가운데 일부가 갈라져 나와 세운 것으로 추측된다. 옥저 사람들은 바닷가 근처의 기름진 평야 지역에서 농사를 짓고 해산물을 잡으면서 비교적 풍족하게 살았다. 풍속이나 문화는 고구려와 비슷했으며, 크고 강한 나라로 성장하지는 못한 채 고구려에게 정복당했다.

기원전 57년 박혁거세가 신라 건국.

기원전 200~100년　　**기원전 108년**

동예 · 옥저 건국.　　　위만 조선 멸망. 한군현 설치.

한군현 | 중국 한나라가 고조선을 무너뜨린 뒤 고조선 땅을 지배하기 위해 설치한 행정 구역이다. 한에서 임둔, 현도, 진번, 낙랑 등 네 개의 군에 관리를 파견해 다스렸다. 하지만 고조선 백성들의 저항에 부딪혀 임둔군, 현도군, 진번군은 금세 사라졌다. 낙랑군은 고구려에 의해 물러날 때까지 한나라와의 교역을 관리하는 무역 기지 역할을 했다.

삼국 시대 … 고구려

고구려는 주몽이 기원전 37년에 압록강 유역을 중심으로 세운 나라로, 광개토 대왕과 장수왕 때 가장 번성했다. 만주와 한반도 북부로 영역을 넓혀 가면서 중국 세력과 경쟁했지만, 한편으로는 중국의 문화를 받아들인 뒤 고유 문화로 발전시켰다.

• **유물과 유적**

고구려 고분 벽화 | 고구려 시대에 만들어진 무덤 내부의 천장이나 벽에 그려진 그림이다. 벽화에서 당시 고구려 사람들의 생각과 생활 모습을 짐작할 수 있다. 고분 벽화는 주로 왕과 귀족 등의 지배층 무덤에 그렸으며, 무덤 주인의 사후(죽음 뒤) 세계를 위해 만들었다.

무용총 | 무용하는 모습의 벽화가 그려진 고구려 시대의 고분이다. 중국 지린 성 지안 현에 있다. 〈무용도〉 외에 사냥하는 그림의 〈수렵도〉도 유명하다. 사냥, 집의 모습, 손님 접대, 소가 끄는 수레 등 여러 가지 그림을 통해 당시 사람들의 생활과 풍속을 알 수 있다.

금동 연가 7년명 여래입상 | 연가 7년(539년)에 만들어진 고구려 시대의 불상이다. 광배 뒷면에 만들어진 때와 목적을 글로 새겼다. 평양 동사의 승려들이 불법을 세상에 널리 퍼뜨리고자 1,000개의 불상을 만들기 시작했으며, 이 불상은 그 가운데 29번째 것이다.

 기원전 37년 주몽, 졸본에서 고구려 건국.

 3년 유리왕, 도읍을 국내성으로 옮김.

 313년 낙랑군 멸망시킴.

372년 중국으로부터 불교 전래. 태학 설립.

태학 | 고구려에 있었던 국립 교육 기관이다. 소수림왕 때인 372년에 처음 세웠으며, 우리나라 최초의 학교라고 할 수 있다. 태학은 백제의 박사 제도나 신라의 국학과 함께 삼국 시대에 인재를 양성하는 최고의 교육 기관이었다.

373년 율령 반포.

 396년 광개토 대왕, 백제 왕의 항복을 받고 58성 획득.

광개토 대왕(374년~413년) | 고구려의 제19대 임금이다. 우리나라 역사상 가장 넓은 영토를 정복했다. 광개토라는 이름도 넓은 영토를 개척했다는 뜻이다. 그의 정복 활동은 17세의 나이에 임금이 되자마자 시작되었으며, 동북아시아의 강자로 군림했다.

양만춘, 안시성에서 당나라 군대를 물리침.

668년 나당 연합군에 의해 고구려 멸망.

645년

안시성 싸움 | 645년에 고구려가 안시성에서 당나라 군대를 물리친 전투이다. 당시 성주였던 양만춘이 백성들과 함께 용감하게 싸워 안시성을 지켜 냈다.

631년 천리 장성을 쌓음.

천리 장성 | 고구려 말기에 서부 국경의 방어를 위해 만든 성이다. 동북쪽으로는 부여성에서 서남쪽으로는 발해만의 비사성에 이르기까지 1,000리나 된다. 16년 동안 만들어 647년에 완성했다.

612년 을지문덕, 살수에서 수나라 군대를 물리침.

살수 대첩 | 612년에 고구려를 침략한 수나라 군대를 을지문덕이 이끄는 고구려군이 크게 무찌른 싸움이다. 살수는 지금의 청천강 지역을 뜻하며, 30만 명의 수나라 군사 중 불과 2,700여 명만이 살아서 돌아갔다.

598년 고구려에 침입한 수 문제의 30만 군사를 격파함.

494년 부여를 완전히 흡수.

475년 장수왕, 백제의 수도 한성 함락.

장수왕(394년~491년) | 고구려 제20대 임금이다. 아버지인 광개토 대왕이 넓혀 놓은 영토에 더해 남쪽으로 영토를 더욱 넓혀 고구려 역사상 가장 넓은 영토를 다스렸다.

427년 국내성에서 평양으로 도읍을 옮김.

414년 장수왕, 광개토 대왕릉비 세움.

광개토 대왕릉비 | 광개토 대왕의 업적을 기념하기 위해 아들인 장수왕이 세운 비석이다. 현재 중국 지린 성 지안 현 퉁거우에 있으며, 높이 약 6.39미터의 돌의 네 면에 1,775자 정도의 글이 새겨져 있다.

400년 광개토 대왕, 5만 군사로 왜군을 토벌하고 신라를 구함.

삼국 시대 ···백제

온조가 한강 유역의 위례성에 세운 나라로 근초고왕 때 전성기를 누렸다. 백제는 한강 유역의 좋은 자연환경을 바탕으로 일찍이 고대 국가의 기틀을 닦아 발전했으며, 세련되고 우아한 문화를 발달시켜 일본 고대 문화에 큰 영향을 끼쳤다.

• **유물과 유적**

서산 용현리 마애여래 삼존상 | 충청남도 서산시 운산면 가야산 절벽에 새겨진 백제 시대의 마애 불상이다. '백제의 미소'로 널리 알려져 있으며 국보 84호로 지정되었다. '서산 마애석불' 또는 '운산 마애석불'이라고도 부른다.

백제 금동 대향로 | 충청남도 부여군 능산리 절터에서 발견된 백제의 향로이다. 백제 공예의 아름다움을 잘 보여 주는 유물로 국보 287호로 지정되었다. 백제 창왕 때인 567년에 정해 공주가 절을 지었다고 하며, 향로는 이 절에서 열린 왕실의 의식이나 제사에 사용된 것으로 보인다.

송산리 고분군 | 백제 임금들의 무덤이 모여 있는 곳으로, 충청남도 공주시 금성동에 있다. 이 고분군에는 7개의 무덤이 있는데, 1~6호분과 가장 늦게 발견된 무령왕릉이다.

부여 정림사지 5층 석탑 | 충청남도 부여 정림사 터에 있는 백제 말기의 석탑이다. '백제 5층 석탑'이라고도 하며 국보 제9호로 지정되었다. 백제를 대표하는 석탑으로, 일본에도 이 탑을 본떠 만든 석탑이 있다.

기원전 18년 온조가 백제 건국.

3세기 초 몽촌 토성 만듦.

몽촌 토성 | 흙을 쌓아 만든 성으로, 서울특별시 송파구 올림픽 공원 안에 있다. 나무 울타리와 성 주위에 둘러 판 못(해자)이 있으며, 성안에서 건물터가 여럿 발견되었다. 풍납동 토성과 함께 백제의 첫 도읍지인 위례성으로 짐작되고 있다.

371년 근초고왕, 고구려의 평양성 공격.

근초고왕 | 백제의 전성기를 이끈 제13대 임금이다. 345년에 임금의 자리에 오른 뒤 375년까지 정복 전쟁을 벌여 백제 역사상 가장 넓은 영토를 차지했다.

375년 고흥이 《서기》 편찬.

**계백이 황산벌 전투에서 패함.
나당 연합군의 공격으로 백제 멸망.**

660년

황산벌 전투 | 백제의 마지막 임금인 의자왕 때(660년) 계백이 이끄는 백제군과 김유신의 신라군이 벌인 전투이다. 5,000여 명의 백제군은 5만여 명의 신라군을 맞아 잘 싸웠지만 끝내 패배했다. 이 전투에서 패하면서 백제는 멸망의 길로 접어들었다. 황산벌은 지금의 충청남도 연산 지방이다.

642년 윤충이 신라의 대야성을 공격.

552년 일본에 불교 전함.

538년 성왕, 도읍을 사비성으로 옮김.

성왕 | 백제의 제26대 임금이다. 《삼국사기》에 "영민하고 비범하며 결단력이 있어 나라 사람이 성왕으로 칭했다."라고 기록되어 있다. 쇠약해진 백제를 되살리기 위해 노력했다. 하지만 관산성 전투에 참여했다가 신라군에게 사로잡혀 죽임을 당했다.

525년 무령왕릉 만듦.

무령왕릉 | 충청남도 공주시 송산리 고분군에 있는 백제 무령왕과 왕비의 능이다. 백제 고분 중 유일하게 주인을 정확하게 알 수 있는 무덤으로, 많은 양의 껴묻거리가 발견되어 삼국 시대의 고분 연구에 큰 도움이 되고 있다.

512년 무령왕, 고구려를 공격하여 승리.

아직기와 왕인 | 왜(일본)에서 활동한 백제의 학자들이다. 일본의 역사책인 《일본서기》에 따르면 4세기에서 6세기 사이에 백제 임금의 명령을 받고 왜에 건너가 백제의 문화를 전했다. 이들은 일본 왕실의 스승으로 활동했으며, 일본의 문화 발전에 큰 영향을 주었다.

475년 문주왕, 도읍을 웅진으로 옮김.

384년 동진에서 불교 전래.

405년 일본에 한학을 전함.

433년 고구려에 맞서 신라와 나제 동맹 맺음.

나제 동맹 | 영토의 대부분이 북쪽에 치우쳐 있어 농사를 짓기 어려웠던 고구려가 남쪽의 기름진 땅을 얻기 위해 백제와 신라를 입박하자, 이에 맞서기 위해 맺은 동맹이다. 두 나라는 필요할 때마다 서로 병력을 지원하자고 약속했다.

삼국 시대 … 신라

박혁거세가 지금의 경상북도 경주 지방에 세운 나라이다. 법흥왕 때 제도를 정비하고 진흥왕 때 영토를 크게 넓혔다. 고대 삼국 중 가장 늦게 발달하였으나 삼국을 통일하고 한반도의 주인이 되었다.

• 유물과 유적

진흥왕 순수비 | 진흥왕은 가야와 한강 유역의 땅을 차지하고 함경도까지 진출하는 등 신라의 영토를 크게 넓혔다. 이후 신라 땅이 된 지역을 돌아본(순수) 뒤 비석을 세웠다. 현재까지 발견된 진흥왕 순수비는 서울의 북한산비, 창녕비, 황초령비, 마운령비 등 모두 4개이다.

첨성대 | 동양에서 가장 오래된 천문대로, 경상북도 경주에 있다. 신라의 제27대 임금인 선덕 여왕 때 만들어졌다. 천문대라는 주장 외에 당시 천문학 수준을 보여 주는 상징물이거나 제사를 지내는 제단이었다는 주장도 있다.

안압지 | 경상북도 경주시 인교동에 있는 신라의 연못이다. 정식 이름은 '임해전지'이며, 사람의 손으로 직접 땅을 파서 만든 인공 연못이다. 안압지는 임해전이라는 건물의 정원으로, 바다를 본떠 만들었다.

기원전 57년 박혁거세, 신라 건국.

399년 고구려군의 도움으로 영토를 침범한 백제 · 가야 · 왜의 연합군을 격파.

417년 임금의 칭호를 '마립간'으로 바꿈.
마립간 | '왕(王)'이라는 한자식 이름을 쓰기 전에 신라에서 임금을 가리키던 호칭이다. '가장 높은 우두머리'라는 뜻을 가지고 있다.

503년 지증왕, 나라 이름을 '신라'로 정함.

505년 지증왕, 주 · 군 · 현 제도 정비.

법흥왕 | 신라의 중앙 집권 체제를 만든 제23대 임금이다. 이차돈의 순교를 계기로 불교를 정식으로 인정했으며, 율령을 반포하고 관직을 정비하는 등 나라를 다스리기 위한 제도를 갖추었다. 이후 신라는 한반도의 강국으로 발전해 갔다.

512년 이사부, 우산국 정벌.

520년 법흥왕, 율령 반포.

이사부 | 신라의 장군이자 정치가이다. 지증왕과 법흥왕, 진흥왕 대까지 장수로서 이름을 떨쳤다. 그는 특히 우산국 정벌을 이끈 장수로 유명한데, 우산국은 지금의 울릉도에 있었던 작은 나라였다.

신라군, 매소성에서 20만 당군 격파.

676년 — 문무왕, 나당 전쟁 승리로 삼국 통일 완성.

675년

668년 — 당과 연합해 고구려 멸망시킴.

삼국 통일 | 신라는 삼국 가운데 가장 늦게 국가로 성장했지만, 통일 국가의 주인공이 되었다. 제29대 임금인 무열왕 때 당과 손을 잡고 백제를 멸망시켰고, 문무왕 때는 고구려까지 무너뜨렸다. 이후 당이 영토 욕심을 드러내며 신라 정치까지 간섭하자, 다시 당과 전쟁을 벌여 승리하면서 삼국을 통일했다.

660년 — 당과 연합해 백제 멸망시킴.

김유신 | 삼국 통일의 기반을 닦은 신라의 장군이다. 멸망한 금관가야의 왕족 집안에서 태어났으나 신라의 장수로 성장했다. 무열왕 때에는 당의 군대와 연합해 백제를 멸망시켰으며, 문무왕 때에는 고구려를 정벌하는 것을 지켜보았다.

선덕 여왕 | 신라의 제27대 임금이자 우리나라 최초의 여왕이다. 632년부터 647년까지 신라를 다스리는 동안 당의 문화를 적극적으로 받아들였으며, 김유신과 김춘추 등 뛰어난 인재를 등용했다.

647년 — 첨성대 건립. 비담의 난 중에 선덕 여왕 사망.

645년 — 황룡사 9층 목탑 완성.

황룡사 9층 목탑 | 경상북도 경주시 황룡사 터에 있었던 목탑이다. 목탑은 당나라에서 유학한 자장 대사의 요청으로 세워졌다. 탑을 건축하고 나면 주변국들이 저절로 신라를 섬길 것이라고 믿었다. 진흥왕 때 공사를 시작해 선덕 여왕 때 완성되었다. 높이 약 80미터의 큰 규모이며, 황룡사의 중심 탑으로 건립되었으나 지금은 남아 있지 않다.

562년 — 대가야 정복.

555년 — 진흥왕, 북한산에 진흥왕 순수비 세움.

진흥왕 | 신라의 전성기를 이끈 제24대 임금이다. 대대적인 정복 활동을 통해 한강 유역까지 영토를 넓히고, 내부적으로는 정치적 안정을 꾀했다.

이차돈 | 신라 법흥왕 때 불교를 위해 목숨을 바친 순교자이다. 《삼국유사》에 따르면 "그의 목을 베자 잘린 목에서 흰 젖이 높이 치솟았고 갑자기 캄캄해진 하늘에서 아름다운 꽃이 떨어졌으며 땅이 진동하였다."고 한다. 그의 순교로 신라는 불교를 공식적으로 받아들였다.

528년 — 이차돈의 순교로 불교 승인.

532년 — 금관가야 통합.

545년 — 거칠부 등이 《국사》 편찬.

1089

남북국 시대 … 통일 신라

통일 신라는 신라가 삼국을 통일한 676년 이후를 구분하여 부르는 이름이다. 통일 신라는 당나라의 발전된 문물을 받아들이고 불교 문화를 크게 발전시켰으며, 서역과의 활발한 교류를 통해 번성했다.

• 유물과 유적

다보탑과 석가탑 | 경주 불국사에 있는 통일 신라 시대의 돌탑이다. 신라 경덕왕 때인 751년경 불국사와 함께 세운 것으로 추측된다. 불국사의 대웅전 앞 동쪽에는 다보탑이, 서쪽에는 석가탑이 마주 서 있다. 우리나라의 가장 대표적인 돌탑이며, 각각 국보 20호와 21호로 지정되었다. 다보탑은 정교하고 화려한 멋을 자랑하며, 석가탑은 아사달과 아사녀에 관한 전설이 담겨 유명하다.

• 주요 인물

장보고 | 신라 말기에 활약한 장군이자 정치가이다. 지금의 완도 지방에 군사 기지인 청해진을 세운 뒤 해적을 소탕하고 바다의 질서를 바로잡았다. 주변 국가들과의 무역으로 막대한 부를 쌓아 '해상왕'이라고 불렸으나, 846년에 그를 시기한 귀족들에 의해 암살당했다.

최치원 | 신라 말기의 학자이자 문장가이다. 일찍이 당나라에 건너가 학문을 익히고 벼슬길에 올랐으며, 난을 일으킨 황소를 꾸짖는 글을 지어 이름을 떨쳤다. 신라로 돌아온 뒤에는 진성 여왕에게 10개 항의 시무책을 담은 개혁안을 올렸으나 받아들여지지 않았다. 이후 그는 벼슬을 버리고 고향에 돌아가 학문을 연구하면서 《계원필경》을 남겼다.

676년 문무왕, 나당 전쟁 승리로 삼국 통일 완성.

682년 신문왕, 신라 최고의 교육 기관인 국학 설치.

685년 9주 5소경 설치.

9주 5소경 | 삼국 통일 후 늘어난 영토를 효율적으로 다스리기 위해 마련한 지방 제도이다. 금성(지금의 경주) 지역을 제외한 전국을 9개의 주로 나누고 5개의 소경을 설치했다. 9주는 상주, 양주, 강주, 웅주, 전주, 무주, 한주, 삭주, 명주 등이고 5소경은 금관, 중원, 북원, 서원, 남원 등이다.

722년 성덕왕, 백성들에게 정전 지급.

정전 | 통일 신라 시대에 농민들에게 나누어준 논밭이다. '정(丁)'은 군대를 가거나 나라 일을 맡길 수 있는 성인 남자를 뜻하는데, 신라에서는 15세 이상 남자를 정으로 인정해 이들에게 논밭을 나누어 주었다.

751년 불국사와 석굴암 건립.

경순왕이 고려에 귀순하면서 통일 신라 멸망.

935년

진성 여왕 | 신라의 제51대 임금이자 세 번째 여왕이다. 임금으로 있는 동안 귀족들의 권력 다툼으로 사회가 어지러워졌고, 지방 세력이 성장하면서 신라 왕실의 힘이 크게 약해졌다.

894년

최치원, 진성 여왕에게 시무책 10조 올림.

시무책 10조 | 최치원이 진성 여왕에게 올린 10개 조항의 개혁안이다. 정확한 내용은 전해지지 않지만, 당시의 어지러운 정치를 바로잡기 위한 방법을 제시한 것으로 추측된다. '시무책'이란 시급히 해결해야 할 일에 대한 방법이나 대책을 뜻한다.

경순왕 | 신라의 마지막 임금이다. 927년에 경주를 침략한 후백제의 견훤이 당시 임금이었던 경애왕을 죽이고 그를 임금으로 내세웠다. 약 7년간 힘없는 임금으로 지내다가 935년 고려에 항복했으며, 왕건의 딸인 낙랑 공주와 결혼한 뒤 경주를 다스리는 사심관이 되었다.

828년

장보고, 청해진 대사가 됨.

청해진 | 통일 신라 흥덕왕 때 장보고가 지금의 전라남도 완도에 설치한 군사 기지이다. 중국과 일본을 오가는 교통의 요지였으며, 무역이 활발하게 이루어지는 국제 도시 역할을 했다.

원성왕, 독서삼품과 설치.

788년

독서삼품과 | 신라의 학문 발전에 이바지했던 관리 등용 제도이다. 신라 최고의 교육 기관인 국학을 졸업할 때 독서 능력에 따라 관리로 임명했다. 독서 능력은 상품, 중품, 하품 등 세 등급으로 나누었다.

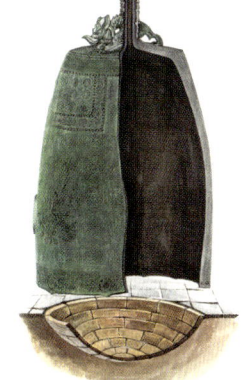

771년

혜공왕, 성덕 대왕 신종 완성.

성덕 대왕 신종 | 우리나라에 남아 있는 종 가운데 가장 큰 종이다. 경덕왕이 아버지인 성덕왕의 업적을 널리 알리기 위해 만들기 시작했고, 아들인 혜공왕이 771년에 완성했다. 종에 얽힌 설화 때문에 '에밀레종'이라고도 부르며, 국보 제29호로 지정되었다.

석굴암 | 경상북도 경주시 토함산에 있는 석굴 형식의 절이다. 김대성이 '전생'의 부모를 위해 짓기 시작했으나 김대성이 사망할 때까지 다 짓지 못해, 이후에는 나라에서 맡아 지었다. 당시에는 석굴암이 아니라 '석불사'라고 불렀다.

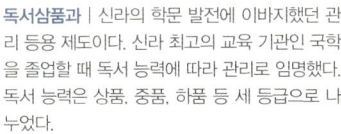

불국사 | 경상북도 경주시 토함산에 있는 절이다. 통일 신라 시대 경덕왕 때인 751년에 김대성이 '현생'의 부모를 위해 지었다고 알려져 있으나, 김대성이 중건(고쳐서 다시 지음)했다는 주장도 있다. 1995년 12월에 석굴암과 함께 유네스코 세계 유산으로 지정되었다.

남북국 시대 ··· 발해

698년에 대조영이 고구려 유민들과 말갈족을 모아 만주 지방에 세운 나라이다. 이로써 우리나라는 발해와 신라가 경쟁하는 남북국 시대를 맞았다. 발해는 한때 '해동성국'이라 불릴 정도로 번창했으나 926년에 거란에 의해 멸망했다.

• 유물과 유적

발해 돌사자상 | 정혜 공주 무덤에서 출토된 두 개의 화강암 사자상이 대표적이다. 발해의 돌사자상은 당나라의 돌사자상보다 크기가 작지만 강한 힘을 표현한 조각 수법이 돋보인다.

발해 석등 | 발해의 도읍이었던 상경의 용천부에 있는 석등이 대표적이다. 당이나 신라와는 다른 고구려의 특색을 잘 보여 준다.

거산성 | 함경남도 북청군 평리에 있는 발해의 성터이다. 거산성은 발해 시대 지방 도시성인 청해 토성의 위성으로 고구려 시대부터 이어 내려온 산성이다. 북한에서는 국가 지정 문화재 보존급 제429호로 지정하고 있다.

926년 거란의 침입으로 발해 멸망.

거란 | 10세기 초반부터 12세기 초반까지 약 200년간 만주와 중국 대륙의 북쪽을 지배했던 나라이다. 916년에 야율아보기가 거란의 여러 부족을 통합한 뒤 나라 이름을 '요'라고 했고, 1125년에 금과 송의 공격을 받아 멸망했다.

794년 도읍을 상경 용천부로 옮김.

792년 정효 공주 묘 만듦.

정효 공주 묘 | 발해의 제3대 임금인 문왕의 넷째 딸인 정효 공주의 무덤이다. 고구려와 당의 양식이 어우러진 무덤으로, 중국 지린 성 허룽 현에 있다. 무덤에서 남녀 각 한 명씩의 사람 뼈가 발견된 것으로 보아 공주와 남편의 관으로 추측된다.

785년 도읍을 동경 용원부로 옮김.

733년 무왕, 거란군과 연합해 당나라의 날록산 공격.

727년 일본에 24명의 사절단 파견.

713년 대조영, 나라 이름을 '발해'로 고침. 도읍을 동모산 동북의 상경으로 정함.

698년 대조영, 진국을 세움.

대조영 | 발해를 세운 임금이다. 삼국 통일 이후 당나라가 반란으로 혼란해지자 고구려 유민과 말갈족을 이끌고 동쪽으로 이동했으며, 당의 군대와 싸워 이긴 뒤에는 나라를 세우고 임금이 되었다. 그는 자신이 세운 나라가 고구려를 이어받았음을 밝혔다.

후삼국 시대

신라 · 후고구려 · 후백제 …

후삼국 시대란 통일 신라 말기에 후백제, 후고구려가 등장해 3국이 대립하던 시기를 말한다. 궁예가 고구려를 계승하겠다며 한반도 중부 지방에 세운 나라가 후고구려였고, 견훤이 완산주(지금의 전주)를 도읍으로 삼아 세운 나라가 후백제였다.

• 주요 인물

궁예 | 후고구려를 세운 임금이다. 신라의 왕족 출신이지만 지방 호족인 양길의 부하로 들어가 세력을 키운 뒤 901년에 나라를 세웠다. 그는 불교를 바탕으로 강력한 왕권을 이루고자 했지만, 자신이 지상에 내려온 미륵불이라고 주장하는 등 폭력적인 정치를 펼쳤다. 이에 반기를 든 왕건 세력에게 왕위를 빼앗기고 쫓겨난 뒤 세상을 떠났다.

견훤 | 후백제를 세운 임금이다. 지방 호족인 아자개의 아들로 태어났으며, 신라군에 들어가 장교가 된 이후 자신을 따르는 군대를 이끌고 전라도 지역에서 나라를 세웠다. 견훤은 한때 경주에 쳐들어가 경애왕을 죽이고 고려군과의 전투에서 승리하는 등 기세를 떨쳤으나, 아들과의 권력 싸움에서 밀려나 고려에 투항하고 말았다.

900년 견훤, 후백제 세움.

901년 궁예, 후고구려 세움.

904년 궁예, 나라 이름을 '마진'으로 고치고 독자적인 정치 제도 정비.

905년 궁예, 철원으로 도읍 옮김.

911년 궁예, 나라 이름을 '태봉'으로 고침.

918년 왕건, 궁예를 몰아내고 고려를 세움.

920년 견훤, 신라의 대야성을 함락시키고 김해 일대를 차지함.

927년 견훤, 신라를 공격해 경애왕을 자살하게 하고 경순왕을 세움. 견훤의 부대와 왕건의 부대가 팔공산에서 싸움.

930년 고창 전투 일어남.

고창 전투 | 왕건의 고려군과 견훤의 후백제군이 지금의 안동 지방인 고창에서 다시 만나 싸운 전투이다. 고려군이 승리하면서 후백제는 큰 타격을 입었다.

935년 신검이 아버지 견훤을 금산사에 유배시키고 왕위에 오름.

936년 후백제 멸망. 고려가 후삼국 통일.

고려 시대

고려는 왕건이 후삼국을 통일하고 세운 나라이다. 474년간 한반도를 지배했다. 고려청자와 팔만대장경 등 많은 문화재를 남겼으며, 활발한 무역 활동으로 고려라는 이름을 세계에 알리기도 했다. 후기에는 몽골의 침입과 간섭을 받다가 1392년에 이성계에 의해 멸망했다.

• 주요 인물

왕건 | 고려를 세우고 후삼국을 통일한 임금이다. 원래는 송악(개경) 지방의 호족이었으나 후고구려를 세운 임금인 궁예를 몰아내고 고려를 세웠다. 이후 신라와 후백제를 정복해 한반도의 최고 통치자가 되었으며, 불교 장려 정책 등으로 나라를 안정시켰다.

광종 | 고려의 제4대 임금이다. 925년에 태조 왕건의 아들로 태어나 949년에 임금이 되었다. 그는 왕건의 혼인 정책으로 인해 세력이 커진 호족들의 힘을 누르고 왕권을 강화하기 위해 노력했다. '광덕'이라는 독자적인 연호를 사용했으며 노비안검법과 과거 제도 등 개혁 정치를 실시했다.

강감찬 | 고려 시대 문신이자 장수이다. 거란(요)이 고려에 침입했을 때 군사들을 이끌고 나가 귀주 대첩에서 승리했다. 943년에 금주(지금의 서울특별시 관악구 봉천동)에서 태어났으며, 고려군의 총사령관뿐 아니라 문하시중 등의 벼슬을 지내다 1031년에 세상을 떠났다.

• 유물과 유적

월정사 8각 9층 석탑 | 강원도 평창군의 월정사에 있는 고려 시대의 석탑이다. 월정사의 대웅전 앞뜰에 있다. 우리나라 북쪽 지방에서 주로 유행했던 다각다층 석탑 중 하나이며, 고려 초기의 석탑을 대표한다. 국보 제48호로 지정되었다.

918년 왕건, 궁예를 쫓아내고 고려를 세움.

919년 도읍을 개경으로 옮김.

개경 | 고려의 도읍지이다. 대대로 이 지역의 호족이었던 왕건이 919년에 궁궐을 새로 짓고 도읍으로 삼았다. 이후 이성계가 조선을 세우고 1394년에 한양으로 도읍지를 옮길 때까지, 500여 년간 정치와 경제, 문화의 중심지가 되었다.

936년 고려, 후백제를 무너뜨리고 후삼국 통일.

943년 태조 왕건, 훈요 10조를 내림.

훈요 10조 | 고려 태조 왕건이 후손에게 남긴 10가지의 유언이다. 불교 신앙과 풍수지리 사상 등에 대한 당부의 말을 남겼으며, 고려의 역대 임금들이 이 가르침을 따르려고 했다.

956년 광종, 노비안검법 실시.

노비안검법 | 공신 호족들이 거느린 노비를 조사해 억울하게 노비가 된 사람을 풀어 주도록 한 법이다. 고려 건국 후 왕권을 강화하기 위한 목적으로 실시되었다.

강감찬, 귀주 대첩에서 승리.　　거란의 제3차 침입.

1019년　　**1018년**　　**1012년**　거란, 고려 조정에 강동 6주를 돌려달라고 요청.

귀주 대첩 | 1018년 거란의 3차 침입 때 고려에 침입한 거란군을 귀주에서 크게 물리친 싸움이다. 강감찬 장군이 이끄는 고려군은 지혜로운 전술로 거란군을 여러 번 공격해 승리했으며, 이후 거란은 무력 침공의 계획을 버리고 고려와 화의를 맺었다.

1010년　거란의 제2차 침입. 연등회·팔관회 개최.

연등회와 팔관회 | 연등회란 불을 밝힌 등을 내걸어 부처의 공덕을 기리는 불교 행사로, 고려 시대에는 나라의 행사로 치러졌다. 팔관회도 나라의 안녕을 빌던 종교 행사로, 불교와 토속 신앙이 어우러진 행사였으며, 임금과 신하가 한자리에서 즐기는 큰 축제이기도 했다.

월정사 8각 9층 석탑 만듦.　**1007년**

강동 6주 | 요(거란)의 1차 침입 때 서희의 외교로 얻어낸 압록강 동쪽 지역이다. 고려는 흥화진, 용주, 철주, 통주, 곽주, 귀주 등 6곳에 성을 쌓아 관리했다.

993년　거란의 제1차 침입. 서희가 거란의 소손녕과 담판을 지어 강동 6주 얻음.

983년　성종, 3성 6부와 12목 설치.

3성 6부 | 고려 시대에 나라를 다스리는 관리 체제이다. 내사성·문하성·상서성의 3성과 이부·호부·예부·병부·형부·공부의 6부를 통틀어 이르던 말이다.

982년　최승로, 시무 28조를 지어 성종에게 올림.

시무 28조 | 고려 성종 때인 982년에 최승로가 건의한 28가지의 개혁안이다. 국방과 호족에 관한 정책은 물론이고 여러 가지 사회 제도, 중국과의 관계, 불교, 토착 신앙, 왕실 등 나랏일에 관한 의견이 두루 담겨 있다. 28개의 조항 가운데 22개만이 전해지고 있다.

과거 제도 | 고려 시대부터 조선 시대까지 관리를 뽑기 위해 시행된 시험 제도이다. 고려의 과거 제도는 제4대 임금인 광종 때부터 시행되었으며, 광종은 중국 출신인 쌍기의 건의를 받아들여 과거 제도를 실시해 임금에게 충성하는 실력 있는 관리를 뽑고자 했다. 고려의 과거 제도에는 관리를 뽑는 문과와 기술관은 뽑는 잡과, 승려를 뽑는 승과가 있었다.

958년　　**976년**　경종, 전시과 제도 실시.

광종, 과거 제도 실시.

전시과 | 고려 시대 관리들에게 농토와 산림을 제공하던 토지 제도이다. 관직을 18등급으로 나누고 각 등급에 따라 차등을 두어 농사지을 수 있는 땅(전)과 땔나무를 얻을 수 있는 땅(시)을 주었다. 현직 관리나 군인, 공신, 관청 등이 전시과를 받았다.

1095

고려 시대

• 주요 인물

김부식 | 《삼국사기》를 편찬한 고려의 유학자이다. 1075년에 신라 왕실의 후손 집안에서 태어났으며, 고려에서 이름난 문벌 귀족이 되었다. 1135년에 일어난 묘청의 난을 진압해 최고 벼슬에 올랐으며, 정치에서 물러난 뒤 《삼국사기》를 지었다.

최충헌 | 고려의 무신 정권 시대에 최고의 권력을 누렸던 정치가이자 무신이다. 당시 최고 권력자였던 이의민을 죽이고 권력을 잡았으며, 교정도감과 도방을 이용해 고려를 다스렸다. 이후 그의 후손들에 의해 최씨 정권이 60여 년간 이어졌다.

• 유물과 유적

금속 활자 | 금속으로 만든 활자이다. 무쇠로 만든 철활자, 주석으로 만든 연활자, 놋쇠로 만든 동활자 등이 있다. 우리나라는 고려 시대부터 금속 활자를 만들기 시작했으며, 금속 활자로 만든 인쇄물 가운데 가장 오래된 《직지심체요절》을 자랑하고 있다.

팔만대장경 | 고려 고종 때 부처님의 말씀을 담은 불교 경전을 새긴 나무판이다. 부처의 힘으로 고려에 침입한 몽골군을 물리치기를 바라는 마음을 담아 만들었다. 해인사 장경판전과 함께 국보 제12호로 지정되었고, 2007년 6월에는 유네스코 세계 기록유산에 등재되었다.

1044년 천리 장성 완공.

천리 장성 | 거란과 여진 등 북방 민족의 침입을 막기 위해 쌓은 성이다. 요(거란)의 침입을 세 차례나 겪으면서 적을 막아내기 위한 방어 시설을 만들어야 할 필요성을 깨닫고 압록강 하구에서부터 지금의 함경남도 영흥의 도련포까지 북쪽 국경선을 따라 성을 쌓았다.

1087년 초조대장경 완성.

1107년 윤관, 여진 정벌.

1108년 윤관, 동북 9성 쌓음.

동북 9성 | 윤관이 여진족을 물리치고 세운 9개의 성이다. 1108년 천리 장성 동북쪽의 여진족을 물리치고 그 지역이 고려의 땅이라는 것을 보여 주기 위해 함주, 영주, 웅주, 복주, 길주, 통태진, 숭녕진, 진양진, 공험진 등 9개의 성을 쌓았다.

1126년 이자겸의 난 일어남.

1135년 묘청의 서경 천도 운동 일어남.

묘청의 서경 천도 운동 | 고려 인종 때 묘청 세력이 사회 혼란을 해결하기 위해 도읍을 서경(평양)으로 옮기자며 벌인 운동이다. 개경의 문신 귀족들의 반대로 운동이 실패하자 반란으로 이어졌고, 1년 뒤 중앙군에 의해 진압되었다.

1258년 최씨 무신 정권 무너짐.

1251년 해인사 팔만대장경 완성.

몽골의 침입 | 1231년부터 1259년까지, 몽골은 고려를 6차례에 걸쳐 침략했다. 전쟁이 30여 년에 걸쳐 계속되는 동안 고려는 큰 피해를 입었다. 하지만 고려의 백성들은 거세게 저항하며 나라를 지켰다. 이때 몽골을 물리치기 위해 팔만대장경을 만들기도 했다.

1235년 몽골의 제3차 침입.

1232년 강화도로 수도 옮김. 몽골의 제2차 침입.

1231년 몽골의 제1차 침입.

만적의 난 | 고려 신종 때 노비인 만적이 중심이 되어 일으켰던 난이다. 천민 계층의 주도로 이루어진 최초의 조직적인 신분 해방 운동이었으며, 이후 천민이나 농민들이 사회적 지위 개선을 목표로 일으킨 봉기에 커다란 영향을 끼쳤다.

1198년 만적의 난 일어남.

1196년 최충헌, 무신 정권 장악함.

무신 정변 | 고려 의종 때인 1170년에 정중부를 비롯한 무신들이 정변을 일으켜 권력을 장악한 사건이다. 문신들과 달리 제대로 대접을 받지 못했던 무신들이 불만을 품고 일으켰으며, 이후 100여 년간 무신들이 권력을 잡고 나라를 다스리게 되었다.

《삼국사기》 | 고려 인종 때인 1145년에 김부식이 펴낸 역사책이다. 고구려와 백제, 신라 등 삼국의 역사에 대해 적어 놓았으며, 현재까지 전해 오는 우리나라 역사책 중에서 가장 오래된 것이다.

1176년 망이·망소이의 난 일어남.

망이·망소이의 난 | 고려 명종 때인 1176년 명학소의 주민인 망이와 망소이가 과도한 부역과 차별 대우에 항의하며 일으킨 농민 봉기이다. 지금의 공주 지역에 있었던 명학소 주민들이 참여했다고 하여 '공주 명학소의 난'이라고 부르기도 한다.

1145년 김부식, 《삼국사기》 편찬.

1170년 정중부와 이의방 등이 무신 정변 일으킴. 무신 정권 수립.

고려 시대

• **주요 인물**

공민왕 | 원의 지배에서 벗어나 자주적인 개혁 정치를 펼친 고려의 제31대 임금이다. 1330년에 충숙왕의 둘째 아들로 태어나 어린 시절을 원에서 보냈으며, 1351년에 고려로 돌아와 임금이 되었다. 1374년에 신하들의 손에 죽임을 당했다.

최영 | 고려 말 장군이자 재상이다. 기울어 가는 고려를 끝까지 지키기 위해 노력했으며, 전쟁터에 나가면 항상 승리를 거두는 명장이었다. 전라도 해안으로 쳐들어 온 왜선 400척을 격파했고, 고려의 북쪽 국경을 침입한 홍건적을 물리치는 공을 세웠다.

• **유물과 유적**

《직지심체요절》 | 전 세계에 남아 있는 금속 활자로 인쇄된 책 중에서 가장 오래된 것이다. 고려 우왕 3년(1377년)에 백운화상이 원나라에서 받아온 《불조직지심체요절》의 내용을 대폭 늘려 상·하 2권으로 엮었다. 책의 원래 이름은 '백운화상초록불조직지심체요절'인데 줄여서 직지심체요절 혹은 '직지'라고 부른다.

1270년 개경으로 환도, 삼별초 항쟁.

삼별초 | 고려 후기에 최씨 무신 정권이 만든 특수 부대이다. 처음에는 최우가 자신을 호위하기 위해 만든 사병 부대였으나 몽골과의 전쟁에서 많은 공을 세웠다. 하지만 몽골과의 강화에 반대하며 끝까지 저항하다 고려와 몽골의 연합군에게 무너졌다.

1285년 일연이 《삼국유사》 지음.

《삼국유사》 | 고려 후기 충렬왕 때 승려였던 일연이 펴낸 역사책이다. 《삼국사기》와 함께 고구려, 백제, 신라의 역사를 기록한 대표적인 책으로 손꼽힌다. 신화나 설화, 민간에서 사사로이 전해 오는 야사가 많이 실려 있다.

1356년 공민왕, 쌍성총관부 되찾음.

쌍성총관부 | 원나라가 고려를 지배하기 위해 함경도 화주 지역에 설치했던 통치 기구이다. 고려의 제31대 임금인 공민왕은 원의 간섭으로부터 벗어나기 위해 개혁 정책을 펴면서, 1356년에는 쌍성총관부를 공격해 원을 몰아냈다.

1359년 홍건적 침입.

홍건적 | 중국에서 반란을 일으켰던 세력이다. 백련교와 미륵교를 믿는 한족 농민들을 중심으로 구성되었다. 원나라 군대에 쫓겨 고려에 침입했으나, 이성계 등이 이끄는 고려군에 의해 격퇴당했다.

정몽주 선죽교에서 살해됨.
이성계, 공양왕을 폐위시키고 임금의 자리에 오름.
고려 멸망.

1392년

정몽주 | 고려의 마지막 충신이자 유학자이다. '성리학의 창시자'라는 칭송을 들을 정도로 학문이 높았고, 고려 말기에 여러 가지 개혁 정책을 추진했다. 하지만 이성계의 세력이 조선을 세우는 데 협조하지 않아 선죽교에서 죽임을 당했다.

1391년 과전법 실시.

과전법 | 고려 말인 1391년에 마련된 새로운 토지 제도이다. 고려의 낡고 부패한 토지 제도를 개혁하기 위해 실시했으며, 이후 조선 시대 토지 제도의 기본이 되었다.

위화도 회군 | 1388년에 요동 정벌을 위해 출정했던 이성계가 압록강의 위화도에서 군대를 돌려 철수한 사건이다. 이성계는 명을 공격하는 것이 당시 국제 정세에 맞지 않다고 판단해 고려 조정의 명령을 거부한 뒤 권력을 잡았고, 이는 고려 멸망과 조선 건국으로 이어졌다.

1388년 최영, 요동 정벌.
이성계, 위화도 회군.

1377년 《직지심체요절》 인쇄.
화통도감 설치.
최무선, 화약 무기 만듦.

최무선 | 우리 역사상 최초로 화약을 이용해 무기를 만든 발명가이자 장수이다. 고려 최초의 화약 무기 제조 관청인 '화통도감'을 건의해 세웠으며, 자신이 개발한 화약 무기로 금강 하구에 침입한 왜구를 격퇴했다.

문익점 | 원나라에서 목화씨를 가져와 우리나라에 전한 학자이다. 사신으로 중국 원나라에 들어가 덕흥군을 왕으로 내세우는 일에 참여했으나 실패했고, 고려로 돌아올 때 목화씨를 가져왔다. 목화씨 덕분에 우리 민족의 의생활에 큰 변화가 일어났다.

1374년 공민왕 죽고 우왕 즉위.

1363년 문익점이 원에서 목화씨를 가져옴.

1366년 전민변정도감 설치.
신돈이 정치 개혁을 함.

신돈 | 공민왕을 도와 개혁 정치를 실시한 고려 시대의 승려이다. 고려의 개혁을 위해 새로운 인물이 필요했던 공민왕은 뛰어난 두뇌를 가진 신돈을 자신의 사부로 임명하여 정치를 맡겼다.

조선 시대

조선은 이성계가 고려를 멸망시키고 건국한 나라이다. 1392년부터 일제에게 나라를 빼앗긴 1910년까지 519년 동안 27명의 임금이 다스렸다. 조선은 성리학을 나라를 다스리는 근본 사상으로 삼아 유교 문화를 꽃피웠으며, 수많은 문화 유산을 남겼다.

• 주요 인물

태조 이성계 | 조선을 건국하고 수도를 한양으로 옮겨 나라의 기틀을 다진 임금이다. 궁궐과 도성을 건립하는 한편, 국가 제도 전반을 개혁했으며 억불 정책을 시행했다.

세종 | 훈민정음을 창제하고 우리 역사상 가장 뛰어난 민족 문화를 꽃피운 조선의 제4대 임금이다. 안정된 왕권을 바탕으로 훌륭한 인재를 등용해 수많은 업적을 남겼다.

• 유물과 유적

《훈민정음》 | 우리나라의 문자인 한글의 옛 이름이자 한글을 소개한 책이다. 조선의 제4대 임금인 세종이 직접 창제했으며, 《훈민정음》은 국보 제70호로 지정되는 한편, 유네스코 세계 기록 유산으로 선정되었다.

《경국대전》 | 조선 시대에 나라를 다스리는 기준이 된 법전이다. 조선 시대 최초의 법전인 《경제육전》을 새롭게 다듬어 만들었다. 조선의 제7대 임금인 세조 때 최항, 노사신, 강희맹 등이 만들기 시작해 성종 때 완성했다.

1392년 이성계가 조선 건국.

1394년 도읍을 한양으로 정함.

한양 | 조선의 도읍지이다. 강과 평야를 끼고 있고 교통이 발달해 예부터 중요 도시로 발달해 왔다. 백제는 이곳을 중심으로 나라를 세웠고, 고려 시대에는 '남경'이라고 부르며 궁궐을 지었다. 지금은 대한민국의 수도로 '서울'이라고 부른다.

1398년 성균관 명륜당 건립.

성균관 | 고려 말기부터 조선 시대까지 있었던 최고의 국가 교육 기관이다. 오늘날의 국립 대학과 비슷하다. 유교의 경전이나 역사, 문학 등 수준 높은 교육이 이루어져 장차 관리가 될 인물을 길러 냈다.

1413년 호패법 실시.

호패법 | 조선 시대 신분증명서인 호패를 반드시 지니고 다니도록 한 법이다. 호패는 16세 이상의 양인 남자에게 나누어 주었으며, 조세와 군역의 대상자를 알아보기 위해 시행했다.

1429년 《농사직설》 지음.

《농사직설》 | 조선 세종 때 발행된 농사책이다. 지금까지 전해지는 농사책 가운데 가장 오래되었으며 여러 가지 농사 기술 정보가 담겨 있다. 정초, 변호문 등의 학자들이 세종의 명령을 받아서 만들었다.

1522년 — 비변사 설치함.

비변사 | 조선 시대에 군사와 관련된 중요 업무를 의논해 결정하던 회의 기구이다. 임진왜란 때 권한과 기능이 강화된 이후에 흥선 대원군이 원래대로 축소하기 전까지 나랏일을 결정하는 최고 기구 역할을 이어갔다.

1510년 — 삼포왜란 일어남.

1506년 — 중종반정 일어남.

중종반정 | 1506년에 조선 제10대 임금인 연산군을 몰아내고 진성 대군(중종)을 임금의 자리에 올린 사건이다.

1504년 — 갑자사화 일어남.

1498년 — 무오사화 일어남.

사화 | 조선 중기에 지배층이 권력을 놓고 다투다 일어난 사건이다. 더 큰 권력을 잡고 있었던 훈구파에 의해 많은 사림들이 죽임을 당하거나 유배 등의 벌을 받고 중앙 정치에서 쫓겨났다. 사화라는 말도 '사림이 당한 화'라는 뜻이다.

1493년 — 《악학궤범》 완성.

《악학궤범》 | 조선 성종 때인 1493년에 만들어진 음악책이다. 성현을 비롯한 학자들과 음악가들이 왕명을 받아 편찬했다. 국가 행사나 왕실 행사의 기록, 악보 등은 물론이고 중국의 자료들을 참고해 정리했다.

1485년 — 《경국대전》 완성.

1466년 — 직전법 실시.

1456년 — 사육신 처형.

사육신 | 계유정난으로 권력을 잡은 세조를 몰아내고 단종을 다시 임금으로 받들려다 목숨을 잃은 6명의 충신들을 가리킨다. 성삼문, 박팽년, 하위지, 이개, 유성원, 유응부 등이다.

1453년 — 수양 대군, 계유정난 일으켜 정권 장악.

세조(수양 대군) | 조선 초기에 왕권 강화에 힘쓴 제7대 임금이다. 계유정난을 일으켜 조카인 단종을 쫓아낸 뒤 임금이 되었다. 토지 제도와 군사 제도를 개혁해 나라의 재정과 국방을 튼튼히 하고, 《경국대전》을 편찬했다.

1446년 — 훈민정음 반포.

1441년 — 측우기 만듦.

측우기 | 조선 시대에 비의 양을 측정하던 기구이다. 조선 세종 때 처음 측우기를 만들었고, 이후 매해 비오는 양을 측정하여 기록했다. 헌종 때인 1837년에 만든 금영 측우기는 보물 제561호로 지정되었으며, 현재 기상청에 보관되어 있다.

조선 시대

• 유물과 유적

창덕궁 | 서울특별시 종로구에 있는 조선 시대의 궁궐이다. 지금까지 남아 있는 조선의 궁궐 5곳 가운데 가장 많은 시간 임금이 머물렀던 곳이기도 하다. 자연 지형을 잘 이용한 아름다운 건축물로서 1997년에 유네스코 세계 문화유산으로 등재되었다.

도산 서원 | 조선 중기의 학자인 퇴계 이황의 학문과 덕행을 기리고 추모하기 위해 지어진 서원이다. 명종 때인 1561년에 설립되었으며 경상북도 안동에 있다.

• 주요 인물

이순신 | 임진왜란 때 활약한 조선의 명장이다. 일본의 거센 진격을 막아 임진왜란의 불리한 전세를 바꾸었을 뿐 아니라, 나라를 잃을 처지에 놓인 조선을 구한 영웅이었다. 한산도 대첩과 명량 대첩 등 일본군과 23번 싸워 모두 이겼다.

이이 | 조선 중기의 대학자이자 정치가이다. 호는 '율곡'이다. 문인이자 예술가였던 신사임당의 아들이기도 하다. 퇴계 이황과 함께 조선의 대학자로서 쌍벽을 이루었다.

1546년 전라도 · 충청도 · 경상도에 정기적인 장시가 열림.

장시 | 조선 후기에 상업이 발달하면서 전국 곳곳에 자리 잡은 정기 시장이다. 5일마다 한 번씩 열리는 5일장이 가장 많았으며, 여러 종류의 상인들이 이곳에서 생활에 필요한 물건을 사고팔았다.

1559년 임꺽정의 난 일어남.

1561년 도산 서원 세움.

1577년 이이, 해주 향약 실시.

향약 | 조선 시대에 지방의 양반들이 만든 규약이다. 유교의 가르침을 바탕으로 향촌 사회의 주민들이 지켜야 할 규범을 정했다.

1592년 임진왜란 일어남.
이순신, 한산도 대첩에서 승리.

1593년 권율, 행주 대첩에서 승리.

행주 대첩 | 조선 선조 때인 1593년에 권율이 이끄는 조선군과 백성들이 행주 산성에서 힘을 합쳐 일본군을 크게 무찌른 싸움이다. 진주 대첩, 한산도 대첩과 함께 임진왜란의 3대첩 중 하나로 꼽힌다.

영조, 균역법 실시.

1750년

균역법 | 조선 영조 때 백성들의 군역 부담을 덜어 주기 위해 마련한 세금 제도이다. 군대에 직접 가지 않는 대신 내던 군포 2필의 의무를 1필로 줄였다.

영조, 탕평책 실시.

1725년

탕평책 | 조선 영조 때와 정조 때 붕당의 대립을 막기 위해 골고루 인재를 등용한 정책이다.

숙종, 백두산 정계비 세움.

1712년

백두산 정계비 | 조선과 청나라 사이의 경계를 나타내는 비석이다. 조선 숙종 때인 1712년에 백두산 2,200미터 지점에 세웠다.

1708년 숙종, 대동법 확대 실시.

대동법 | 조선 시대에 각 지방에서 내야 할 공물을 토지 면적에 따라 쌀로 내게 한 세금 제도이다. 공물을 내는 세금 제도인 공납의 폐단을 없애기 위해 광해군 때 처음 실시했고, 숙종 때 전국적으로 시행되었다.

헨드릭 하멜 | 조선 중기에 조선에 14년간 머물다 간 네덜란드 선원이다. 일본으로 가던 중 태풍으로 인해 제주도에 불시착했으며, 고국에 돌아가 조선에서의 경험을 담은 책 《하멜 표류기》를 펴냈다

1653년 하멜이 제주도에 표류.

1636년 병자호란 일어남.

병자호란 | 조선 인조 때인 1636년에 청나라가 조선을 침략해 일으킨 전쟁이다. 병자년에 오랑캐가 일으킨 전쟁이라는 뜻에서 '병자호란'이라고 부른다.

상평통보 | 조선 후기에 사용했던 구리로 만든 화폐이다. 흔히 '엽전'이라고도 부른다. 조선 인조 때 처음 만들었으나 제대로 사용되지 못했고, 숙종 때 널리 사용되었다.

1634년 상평통보 만듦.

임진왜란 | 조선 선조 때인 1592년부터 1598년까지 일본이 조선을 침략하면서 일어나 7년간 계속된 전쟁이다. 처음에는 일본이 우세했지만 이순신과 권율 등이 이끄는 조선군과 의병의 활약, 그리고 명과 힘을 합쳐 만든 조명 연합군의 반격으로 전세를 뒤집었다. 이후 일본은 전쟁을 일으킨 도요토미 히데요시가 죽자 조선에서 물러나 돌아갔다.

1627년 정묘호란 일어남.

1620년 창덕궁 중건.

1598년 이순신, 노량 해전에서 승리.

1597년

정유재란 일어남.
이순신, 명량 대첩에서 승리.

명량 대첩 | 조선 선조 때인 1597년에 이순신 장군이 이끄는 조선의 수군이 명량 해협에서 일본의 수군을 크게 격파한 전투이다.

조선 시대

• 유물과 유적

수원 화성 | 정조가 그의 아버지인 사도 세자의 묘를 옮기면서 수원에 건설한 성이다. 군사적인 방어 기능과 상업적인 기능을 두루 갖춘 실용적인 성이면서도 매우 아름답다는 평가를 받고 있다. 1997년 유네스코 세계 문화유산으로 등재되었다.

대동여지도 | 조선 후기의 지리학자인 김정호가 만든 한반도 지도이다. 조선의 지리 연구를 집대성하여 만들었으며, 당시로서는 매우 수준이 높고 뛰어난 전국 지도였다.

• 주요 인물

정약용 | 조선 후기에 실학사상을 체계적으로 완성한 실학자이다. 호는 '다산'이다. 정조의 신임과 지원을 받으며 화성 건설을 지휘했고, 《경세유표》와 《목민심서》, 《흠흠심서》 등 사회 개혁 방안을 담은 책을 남겼다.

흥선 대원군 | 조선의 제26대 임금인 고종의 아버지이자 정치가이다. 아들이 철종에 이어 임금이 되자 권력을 잡았다. 서원 철폐와 호포법 시행 등 개혁을 이끌었고, 외국과의 통상 수교를 거부하는 정책을 폈다.

1786년 정조, 서학을 금함.

1794년 정약용 주도로 수원 화성 쌓기 시작.

1801년 신유박해 일어남.

천주교 박해 | 조선 후기에 천주교가 널리 퍼지는 것을 염려한 조정이 천주교 신자들을 박해한 일이다. '박해'란 못살게 굴거나 해롭게 한다는 뜻으로, 많은 천주교 신자들이 처형되거나 유배의 벌을 받았다.

1805년 안동 김씨, 세도 정치 시작.

세도 정치 | 임금으로부터 권한을 위임받은 사람과 그를 따르는 세력이 권력을 장악하여 하는 정치를 뜻한다. 조선 후기에 주로 왕실과 혼인 관계에 있는 집안이 세도 정치를 펼쳤다.

1811년 홍경래의 난 일어남.

1860년 최제우, 동학 창시.

동학 | 조선 철종 때인 1860년에 최제우가 만든 종교이다. 동학은 서양의 학문이나 종교를 뜻하는 '서학'에 반대하며 붙여진 이름이고, 나중에는 '천도교'라고 불렸다. 탐관오리와 외세에 맞서 사회 개혁 운동을 벌였으며, 일제 강점기에는 민족 운동에도 참여했다.

강화도 조약 체결.

1876년

운요호 사건 일어남.

1875년

운요호 사건 | 1875년 9월에 일본 군함인 운요호가 강화도에 침입해 조선군과 일본군이 충돌한 사건이다. 일본은 이 사건을 트집 잡아 조선에 군대를 보냈고, 조선 정부를 무력으로 압박해 강화도 조약을 맺었다.

강화도 조약 | 1876년 조선이 일본과 맺은 수호 통상 조약이다. 정식 이름은 '조일 수호 조규'이다. 우리나라가 외국과 맺은 최초의 근대적 조약이지만 내용은 일본에게 일방적으로 유리한 불평등 조약이었다.

1871년 신미양요 일어남.

신미양요 | 조선 고종 때인 1871년에 미국의 아시아 함대가 강화도를 침략해 조선군과 벌인 전쟁이다. 미군은 치열한 전투 끝에 강화도의 광성보를 점령했으나, 예상 외로 강한 조선군의 저항에 놀라 결국 스스로 물러났다.

남연군 묘 도굴 사건 | 조선 고종 때인 1868년에 독일인인 오페르트 일당이 흥선 대원군의 아버지인 남연군의 묘를 도굴하려다 실패한 사건이다. 이 사건을 계기로 통상 수교 거부 정책이 한층 강화되었다.

1868년 남연군 묘 도굴 사건 일어남.

1867년 경복궁 근정전 완공.

경복궁 | 조선의 법궁이다. 본래 태조 이성계가 1935년에 세웠으나 임진왜란 때 불에 타 훼손되었다. 이후 고종 때 흥선 대원군의 주도로 고쳐 지어 오늘의 모습이 되었다.

1866년 제너럴셔먼호 사건 일어남.
병인양요 일어남.

1861년 김정호, 〈대동여지도〉 만듦.

1862년 진주를 비롯한 전국 곳곳에서 농민 봉기 일어남.

1863년 고종 즉위. 흥선 대원군이 정권 장악.

병인양요 | 1866년 프랑스 함대의 침략으로 조선군과 프랑스군 사이에 벌어진 전쟁이다. 양헌수가 이끄는 조선군이 강화도의 정족산성에서 물리쳤다. 프랑스군이 전쟁 중에 외규장각 도서들을 약탈해 갔다가 최근에야 임대 형식으로 반환했다.

조선 시대

1881년 일본에 조사 시찰단 파견. 청에 영선사 파견.

1882년 임오군란 일어남.

임오군란 | 조선 고종 때인 1882년에 구식 군대의 군인들이 신식 군대에 비해 차별 대우를 받는 것에 항의하고, 민씨 정권에 반대하며 일으킨 반란이다.

1883년 《한성순보》 발간.

1884년 우정국에서 갑신정변 일어남.

갑신정변 | 조선 말기에 급진 개화파가 자신들이 생각하는 개혁 정책을 실행에 옮기기 위해 힘으로 권력을 잡으려고 했던 사건이다. 1884년 우정국 건물의 완공 행사가 있던 날 일어났다.

1885년 배재 학당 설립. 근대 의료 기관인 '광혜원' 설립.

1886년 육영 공원 설립.

1889년 황해도에 방곡령 실시.

방곡령 | 개항 이후 일본의 경제 침탈에 맞서 조선 정부가 내린 명령이다. 방곡이란 '곡물을 막는다.'는 뜻으로, 조선에서 재배한 곡물이 일본으로 흘러나가는 것을 막는 조치였다.

1894년 고부 농민 봉기 일어남. 동학 농민 운동 일어남. 갑오개혁 일어남.

동학 농민 운동 | 조선 고종 때인 1894년 동학교도와 농민들이 힘을 합쳐 일으킨 사회 개혁 운동이다. 고부 농민 봉기를 시작으로 전국으로 확산되었으며, 조선 조정과 몇 차례 화약을 맺었으나 결렬되었다. 우금치 전투에서 농민군이 패배하면서 진압되었다.

갑오개혁 | 1894년부터 조선 정부가 근대 국가에 걸맞은 제도를 만들기 위해 추진한 개혁 정치이다. 역사적인 의의는 있으나 일본의 내정 간섭으로 인해 제대로 시행되지 못했고, 오히려 일본이 조선을 침탈하는 길을 열어 주고 말았다.

1895년 을미사변 일어남.

1896년 아관 파천 일어남. 《독립신문》 발간

아관 파천 | 1896년에 고종과 왕세자가 러시아 공사관으로 거처를 옮긴 뒤 나랏일도 그곳에서 처리한 일이다. '아관'이란 러시아 공사관을 가리키고, '파천'이란 임금이 난리를 피해 거처를 옮긴다는 뜻이다.

대한 제국 시대

대한 제국은 조선 말기 고종이 국가의 자주독립을 지키고 왕권을 강화하기 위해 황제 국가를 선포하면서 수립된 나라이다. 1897년에 세워졌으나 1910년에 일본에게 국권을 빼앗기며 멸망했다.

1897년 고종, 대한 제국 수립 선포. 광무개혁 추진.

광무개혁 | 대한 제국 정부가 나라를 부강하게 만들기 위해 추진한 개혁 정책이다. 사회와 경제 분야에서 어느 정도 성과를 거두었으나 일제의 침략 정책에 막혀 지속되지 못했다.

1898년 만민 공동회 개최.

만민 공동회 | 독립 협회가 행한 정치 활동의 하나로, 시민·단체 회원·정부 관료 등이 참여한 대중 집회이다.

1899년 경인선 개통.

경인선 | 우리나라에서 처음으로 개통된 철도 노선이다. 1899년에 제물포(인천)와 노량진(서울)을 잇는 노선이 가장 먼저 개통되었고, 이듬해에는 한강 철교가 준공되면서 서울과 인천 사이의 경인선 전체 구간이 열렸다.

1902년 서울-인천 간 전화 개통.

1905년 경부선 개통. 을사조약 체결.

1907년 고종, 헤이그 특사 파견. 국채 보상 운동 일어남.

국채 보상 운동 | 대한 제국 때인 1907년에 나라가 일본에게 진 빚을 국민이 대신 갚아 경제 주권을 지키자는 취지로 벌인 운동이다. 대구에서 처음 시작되어 전국으로 퍼졌으나 일제의 방해와 탄압으로 중단되었다.

1909년 안중근, 이토 히로부미 사살.

안중근 | 1909년에 만주 하얼빈 역에서 조선 침략의 주범이었던 이토 히로부미를 사살한 독립운동가이다. 한국·중국·일본 세 나라가 서로 도와 동양의 평화를 지켜야 한다고 주장한 사상가이기도 하다.

1910년 한일 강제 병합으로 대한 제국 멸망.

한일 강제 병합 | 일본이 우리나라의 국권을 강제로 빼앗고 식민지로 만들어 버린 일이다. 1910년 8월 29일에 대한 제국과 '합방 조약'을 맺었다고 공포했다.

일제 강점기

일제에게 나라를 빼앗긴 1910년부터 해방된 1945년까지의 민족 수난기이다. 우리의 국권을 강탈해 간 일제는 조선 총독부를 설치한 뒤 행정, 입법, 사법 및 군대까지 손에 쥐고 우리 민족을 탄압했다. 하지만 우리 민족은 일제에 맞서 독립운동을 벌이며 나라를 되찾기 위해 노력했다.

주요 인물

김구 | 독립운동가이자 정치가이다. 일제 강점기에는 주로 대한민국 임시 정부에서 활동했으며, 8·15 광복 후에는 자주적인 통일 정부를 세우기 위해 노력했다. 1949년에 안두희에 의해 암살당했다. 임시 정부에서 활동하는 동안 쓴 일기인 《백범일지》가 남아 있다.

김좌진 | 일제에 맞서 무장 독립운동을 한 독립운동가이자 군인이다. 독립군의 총사령관으로서 일본의 정규군과 맞선 청산리 대첩에서 승리를 이끌었다.

안창호 | 조선 말기와 일제 강점기에 활약했던 독립운동가이자 교육자이다. 호는 '도산'이다. 민족의 실력을 기르기 위한 교육 활동과 우리나라의 주권을 되찾기 위한 독립운동에 앞장섰으며, 신민회와 대성 학교, 흥사단 등을 세웠다.

주시경 | 조선 말기와 일제 강점기에 활동한 국어학자이자 교육자이다. 우리 민족의 계몽을 위해 우리말을 연구해 대중들에게 가르쳤으며, 《국어 문법》과 《국어 사전》 등을 펴냈다.

1910년 토지 조사 사업 시작. 일제, 조선 총독부 설치.

조선 총독부 | 일제 강점기에 우리나라를 지배했던 식민 통치 기구이다. 36년간 사실상 한반도의 정부 노릇을 했으며, 민족정기를 말살하고 조선인을 탄압하는 정치를 폈다.

토지 조사 사업 | 일제가 대한 제국을 강제 병합한 직후인 1910년부터 1918년까지, 한반도의 토지에 대해 조사한 일이다. 식민 지배에 알맞게 토지 제도를 바꾸고 지세 수입을 늘릴 목적으로 시행했다.

1914년 대한광복군 정부 수립.

1919년 3·1 운동 일어남.
대한민국 임시 정부 수립.
대한민국 임시 정부, 파리 강화 회의에 김규식 파견.

3·1 운동 | 1919년에 일제의 식민 지배에 항의하며 일어난 독립운동이다. 3월 1일에 탑골 공원에서 독립 선언서를 낭독한 것을 시작으로, 전국은 물론 해외에까지 확산되었다.

대한민국 임시 정부 | 1919년 4월 13일에 중국 상하이에서 독립운동가들이 세운 임시 정부이다. 국민의 대표가 정치를 이끄는 '민주 공화제'를 표방했다. 1945년 11월에 김구 등 주요 인사들이 귀국할 때까지 일제와 맞서 싸우며 우리나라를 대표했다.

광주 학생 항일 운동 일어남.

신간회 활동 시작.

1929년

1927년

1926년 6·10 만세 운동 일어남.

광주 학생 항일 운동 | 1929년 전라남도 광주에서 일어난 학생들의 항일 운동이다. 3·1 운동 이후 최대의 민족 운동이었으며, 일본의 식민 지배를 거부하고 민족의 독립을 주장했다.

신간회 | 1927년에 민족주의와 사회주의 운동의 대립을 막고 항일 투쟁을 하기 위해 만들어진 민족 운동 단체이다. 이상재가 회장으로 활동했으며, 항일 투쟁에 많은 공을 세웠지만 내부에서 다툼이 일어나 1931년에 해산했다.

6·10 만세 운동 | 순종의 장례일인 1926년 6월 10일에 일어난 만세 운동이다. 순종은 조선 왕조의 마지막 임금이자 대한 제국의 황제였다.

1923년 방정환, '어린이날' 만듦.

방정환 | 어린이날을 만든 아동 문학가이다. 방정환은 우리나라의 독립을 위해서는 무엇보다도 다음 세대를 잘 키워야 한다고 강조했다. '어린이'라는 호칭을 처음 사용했고, 어린이 교육과 어린이 인권을 보호하기 위해 힘썼다.

조선어 학회 | 1921년 12월 3일에 우리말과 글의 연구를 목적으로 조직된 단체이다. 나중에 '한글 학회'로 이름이 바뀌었다. 우리말 연구 발표회와 강연회 등을 갖고 한글의 우수성을 알렸으며, 1927년 2월부터는 기관지인 《한글》을 발간하기도 했다.

1921년 조선어 학회 설립.

청산리 대첩 | 1920년 10월에 김좌진의 북로 군정서와 홍범도의 대한독립군 등 독립군 연합 부대가 두만강 상류에 있는 청산리 일대에서 일본군과 싸워 크게 이긴 전투이다. 크고 작은 전투가 약 일주일에 걸쳐 벌어졌으며, 청산리 대첩은 이 전투들을 통틀어 이른다.

1920년

독립군 연합 부대, 봉오동 전투에서 승리.
김좌진·홍범도, 청산리 대첩에서 승리.

파리 강화 회의 | 제1차 세계 대전이 끝난 뒤 전쟁의 뒤처리를 의논한 회의이다. 1919년 1월부터 6월까지 파리에서 열렸다. 이 회의에서 미국의 윌슨 대통령은 민족의 일은 다른 민족의 간섭을 받지 않고 스스로 해야 한다는 '민족 자결주의'를 주장했다.

봉오동 전투 | 1920년 6월에 독립군 연합 부대가 중국 지린 성의 봉오동 계곡에서 일본군과 싸워 크게 승리한 전투이다. 일본군은 수백 명이 죽거나 다치는 등 큰 피해를 입었으며, 기세가 오른 독립군은 이후 벌어진 청산리 대첩에서도 승리를 이어갔다.

일제 강점기

• 주요 인물

이봉창 | 일왕을 향해 폭탄을 던진 독립운동가이다. 김구가 만든 한인 애국단원이었던 그는 1932년 동경 경시청 앞을 지나가는 히로히토 일왕을 향해 수류탄을 던졌다. 그러나 일왕을 명중시키지 못한 채 일본 경찰에게 붙잡혀 사형당했다.

윤봉길 | 일제 강점기에 활약한 독립운동가이다. 1932년 상하이의 훙커우 공원에서 일왕의 생일과 전쟁 승리를 기념하는 행사장에 폭탄을 던져 일제에게 피해를 입혔다. 이 의거는 하얼빈에서 이토 히로부미를 저격한 안중근의 의거와 함께 '한국 독립운동의 2대 쾌거'로 평가받고 있다.

여운형 | 독립운동가이자 정치가이다. 신민회 활동과 애국 계몽 운동으로 독립운동을 시작했으며, 1945년에 일제가 태평양 전쟁에서 항복을 선언하자, 조선 건국 준비 위원회를 결성해 정부 수립을 준비했다. 좌우 합작 운동을 하던 중에 한 우익 청년에게 암살당했다.

1930년 조선 총독부, 신사 참배 강요.

신사 참배 | 1930년부터 일제가 우리나라 사람들이 일본의 조상신을 모신 사당에 참배하도록 강요한 일이다. 일제는 식민 지배와 대륙 침략을 위해 '일본과 조선이 한 몸'이라는 내선 일체 정책을 폈는데, 신사 참배도 그것을 위한 수단이었다.

1932년 이봉창, 도쿄 경시청 앞에서 의거.
윤봉길, 상하이 훙커우 공원에서 의거.

1934년 한글 맞춤법 통일안 만듦.

1936년 손기정, 베를린 올림픽에서 마라톤 우승.

손기정 | 한국인 최초의 올림픽 금메달리스트이다. 일제 강점기인 1936년 베를린 올림픽 대회에 참가하여 마라톤에서 우승했다.

1938년 조선 총독부, 한글 교육 금지.
민족 말살 정책 시작.

1945년

포츠담 회담에서 한반도 문제 논의.
8·15 광복.
조선 건국 준비 위원회 결성.

포츠담 회담 | 1945년 7월 독일 포츠담에서 미국과 영국, 중국의 정상들이 만나 이루어진 회담이다. 제2차 세계 대전 후 일본과 식민지를 어떻게 처리할지에 대한 문제가 논의되었다.

8·15 광복 | 일제의 식민지로부터 벗어나 독립한 일이다. 1945년 8월 15일에 일본이 연합군에 무조건 항복하면서 제2차 세계 대전이 끝났고, 우리나라도 일본의 식민지에서 해방되었다.

조선 건국 준비 위원회 | 1945년 8·15 광복과 함께 만들어진 최초의 건국(나라를 세움) 준비 단체이다. 여운형이 위원장을 맡았으며, 인민 대표들을 모아 조선 인민 공화국 수립을 발표한 뒤 해산했다. 그러나 미군정청은 이들이 세운 새 정부를 인정하지 않았다.

1944년

조선 건국 동맹 결성.

1943년

조선 총독부, 징병제 실시.
카이로 선언에서 한국 독립 약속.

징병 | 일제가 침략 전쟁을 수행하기 위해 우리 젊은이들을 군인으로 뽑아 간 일이다. 많은 조선 젊은이들이 강압에 의해 전쟁터로 끌려갔다.

카이로 선언 | 1943년에 미국과 영국, 중국 등의 대표가 이집트의 카이로에 모여 제2차 세계 대전에 관한 여러 가지 문제에 대해 의논한 내용을 발표한 공동 선언이다. 우리나라에 독립 국가를 세우게 한다는 내용도 담겼으며, 12월 1일에 발표되었다.

1940년

조선 총독부, 창씨개명 실시.
한국광복군 창설.

한국광복군 | 1940년에 창설된 대한민국 임시 정부의 정규군이다. 중국군은 물론 미국, 영국 등의 군대와 연합해 일본군과 맞서 싸웠다. 1945년에 국내로 들어가 나라를 되찾는 전쟁을 벌일 계획이었으나 일본의 갑작스러운 항복으로 뜻을 이루지 못했다.

창씨개명 | 일제 강점기에 조선인의 성과 이름을 일본식으로 바꾸도록 강요한 일이다. 창씨개명을 하지 않으면 '불령선인'이라고 부르며 여러 가지 불이익을 주었다.

현대

일제 강점에서 해방된 이후부터 오늘날까지이다. 북위 38도선을 경계로 미국과 소련의 군정이 실시되다가 남북한에 각각 대한민국과 조선민주주의인민공화국 정부가 들어섰다. 대한민국은 6·25 전쟁의 참화를 딛고 경제 성장을 이루었고, 민주주의의 진전을 위해 노력하고 있다.

• 주요 인물

이승만 | 대한민국의 초대 대통령이자 독립운동가이다. 일제 강점기에는 주로 미국을 비롯한 해외에서 독립운동을 펼쳤다. 8·15 광복 후 대통령으로 선출되었으나, 부정한 방법으로 권력을 이어가다 4·19 혁명으로 물러났다.

김일성 | 조선민주주의인민공화국(북한)의 수령이다. 일제 강점기에 항일 무장 투쟁을 하다 소련의 지원을 받아 북한의 최고 권력자가 되었다. 1950년에 6·25 전쟁을 일으켰으며, 이후에는 주체사상을 바탕으로 1인 독재 체제를 만들었다.

박정희 | 대한민국의 제5~9대 대통령이다. 5·16 군사 정변으로 권력을 잡은 뒤 뒤떨어진 우리나라 경제의 발전을 위해 노력했다. 그러나 '반공'을 내세워 국민을 억누르고 오랫동안 독재 정치를 해서 비판을 받았다.

1945년 미국과 소련의 군정 시작.

미군정 | 미국 군인으로 이루어진 군사 정부이다. 8·15 광복 이후부터 1948년 대한민국 정부 수립 전까지 3년간 남한 지역을 통치했다. 북위 38도선을 경계로 북한 지역에는 소련군이 들어와 소련 군정이 이루어졌다.

1946년 제1차 미소 공동 위원회 개최

미소 공동 위원회 | 모스크바 3국 외상 회의의 결정에 따라 한국의 임시 정부 수립을 의논하기 위해 열린 미국과 소련의 대표자 회의이다. 미국과 소련의 의견이 엇갈려 성과를 거두지 못했다.

1948년 제주 4·3 사건 일어남.

제주 4·3 사건 | 1948년 4월 3일에 경찰 및 우익 청년단의 탄압 중지와 단독 정부 수립 반대 등을 내걸고 일어난 제주도의 무장 봉기와 이후 계속된 무력 충돌, 그리고 진압 과정에서 많은 주민들이 희생된 일을 일컫는 사건이다. 한라산을 중심으로 1954년까지 무장 투쟁이 계속되었다.

1948년

김구, 남북 협상 위해 38도선 넘음.
5·10 총선거 실시.
제헌 헌법 공포.
대한민국 정부 수립.
조선민주주의인민공화국 수립.

한일 협정 체결.　　　　　　박정희 정부 수립.

1965년　　　　　　　　　**1963년**

한일 협정 | 일제의 식민 지배에서 독립한 후 1965년 한국과 일본이 다시 국교를 맺은 협정이다. 당시 박정희 정부가 일제의 식민 지배의 피해에 대한 배상 문제를 말끔히 처리하지 않은 채 국교를 맺어 지금까지 비판을 받고 있다.

1962년

제1차 경제 개발 5개년 계획 시작

경제 개발 5개년 계획 | 박정희 정부가 경제 발전을 목표로 추진한 정책이다. 1962년부터 1981년까지 모두 4차례에 걸쳐 시행되었다. 우리나라 경제는 체계적인 경제 개발 계획 덕분에 세계의 부러움을 살 정도로 성장했다. 하지만 공업화, 산업화가 빠르게 진행된 도시와 달리 농촌이 소외되는 문제를 낳기도 했다.

1961년

5·16 군사 정변 일어남

5·16 군사 정변 | 1961년에 박정희를 비롯한 일부 군인들이 힘으로 정권을 빼앗은 사건이다. 이로써 민주적인 선거로 구성된 제2공화국이 무너지고 군사 통치가 시작되었다.

4·19 혁명 | 학생과 시민들이 이승만과 자유당 독재 정권을 무너뜨린 사건이다. 이로써 부패하고 부정 선거를 저지른 이승만 정부의 제1공화국이 막을 내리고 제2공화국이 시작되었다. 이승만은 대통령의 자리에서 물러나 미국으로 망명을 떠났으며, 대한민국 정부는 4·19 혁명을 계승할 것이라고 발표했다.

1960년　4·19 혁명 일어남.

5·10 총선거 | 1948년 5월 10일에 이루어진 제대 국회 의원 총선거이다. 이 선거를 통해 당선된 국회 의원들이 최초의 헌법인 제헌 헌법을 만들었다.

제헌 헌법 | 1948년 7월 17일 공포된 우리나라 최초의 헌법이다. 대한민국을 민주적으로 통치하고 국민의 기본권을 보장하기 위한 근본적인 법률이었다. 제헌 헌법이 공포되면서 대한민국은 비로소 민주 공화국으로 출범할 수 있었다.

대한민국 정부 수립 | 1948년 8월 15일 대한민국에 최고의 통치 기구가 세워진 일이다. 5·10 총선거를 시작으로 헌법 제정, 초대 대통령 선거, 내각 구성 등 나라의 기틀을 세운 뒤에 광복 3주년을 기념하여 나라 안팎에 선포되었다.

1953년　휴전 협정 체결.

6·25 전쟁 | 1960년 6월부터 1953년 7월까지 3년 1개월간 한반도에서 일어난 전쟁이다. 남북한은 물론 미국을 비롯한 자본주의 진영의 국가와 중국을 비롯한 공산주의 진영의 국가가 참전한 국제 전쟁이었다. 이 전쟁으로 인해 우리나라는 커다란 피해를 입었으며, 전쟁의 후유증은 지금까지 계속되고 있다.

1950년

6·25 전쟁 일어남.
인천 상륙 작전 벌임.

현대

• 주요 인물

전두환 | 대한민국의 제11대, 제12대 대통령이다. 10·26 사태 이후 민주화를 요구하는 국민을 무시한 채 군사 정변을 일으켜 권력을 잡은 뒤, 5·18 민주화 운동을 무력으로 진압하고 대통령이 되었다. 권력 비리와 5·18 민주화 운동의 무력 진압과 관련해 재판을 받고 무기 징역과 2205억 원의 벌금을 선고받았다.

김대중 | 대한민국의 제15대 대통령이다. 오랫동안 야당 정치인으로서 민주화 운동을 벌였고, 우리 역사상 최초로 정권 교체를 이루었다. 대통령 임기 중에는 남북 간의 화해를 위해 노력했으며, 그에 대한 공로를 인정받아 2000년에 우리나라 최초로 노벨 평화상을 수상했다.

김정일 | 김일성 이후에 북한에서 최고 권력자가 된 인물이다. 김일성의 아들로서 북한의 통치 이념인 주체 사상을 체계화했으며, 2000년에는 남북 정상 회담을 가졌으나 핵무기 개발을 주도해 국제 사회의 비난을 받았다. 지금은 그의 아들인 김정은이 3대째 세습 체제를 이어가고 있다.

1970년
새마을 운동 시작.
경부 고속 국도 개통.
전태일 분신.

새마을 운동 | 1970년대에 박정희 정부의 주도 아래 전국적으로 이루어진 지역 사회 개발 운동이다. '근면, 자조, 협동'이라는 구호 아래 낙후된 농촌 환경의 개선과 경제 발전에 기여했으나 당시의 독재 정치를 정당화하는 데 이용되기도 했다.

경부 고속 국도 | 서울과 부산을 잇는 고속 도로이다. 서울과 인천을 잇는 경인 고속 국도에 이어 우리나라에서 두 번째로 만들어졌다. 1968년 2월 1일에 처음 공사를 시작해 1970년 7월 7일에 완공되었으며, 이로써 우리나라는 '일일 생활권'이 되었다.

전태일 | 노동 운동가이다. 청계천의 평화 시장의 한 공장에서 일하다 열악한 노동 현실에 눈을 뜬 뒤 1970년에 노동 환경을 개선하고 노동법을 지키라고 주장하며 분신자살했다. 그의 희생은 노동 운동 발전과 노동 환경 개선에 큰 영향을 끼쳤다.

1972년
7·4 남북 공동 성명 발표.
10월 유신 공포.

7·4 남북 공동 성명 | 1972년 7월 4일에 남북한의 대표가 통일 문제에 대해 의논한 뒤 발표한 공동 성명이다. 분단 이후 최초로 남북한이 뜻을 모아 발표한 성명이었으며, 성명서에는 '통일의 3대 원칙'이 담겼다.

10월 유신 | 1972년에 박정희 정부가 시행한 비상조치이다. 국가를 안정시키고 국력을 높여 평화 통일을 이루기 위한 것이라고 했지만, 실제로는 권력을 오랫동안 독차지하기 위한 조치로 비판받았다.

1977년
수출 100억 달러 달성.

1979년
10·26 사태 일어남.

10·26 사태 | 1979년 10월 26일에 중앙정보부장이었던 김재규가 박정희 대통령을 살해한 사건이다. 당시 민주화 운동이 점점 확산되자 박정희 정부 내부에서도 대처 방법을 놓고 갈등이 벌어지면서 발생했다.

2013년	박근혜 정부 출범.
2008년	이명박 정부 출범.
2007년	10·4 남북 정상 공동 선언 발표.
2003년	노무현 정부 출범. 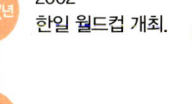
2002년	2002 한일 월드컵 개최.
2000년	6·15 남북 공동 선언 발표.
1998년	김대중 정부 출범.
1997년	IMF 경제 위기 겪음.
1994년	김일성 사망.
1993년	김영삼 정부 출범.
1991년	남북한 유엔 동시 가입.
1988년	노태우 정부 수립. 서울 올림픽 대회 개최.
1987년	6월 민주 항쟁 일어남.
1985년	남북 고향 방문단 상호 교류.
1981년	전두환 정부 수립.
1980년	5·18 민주화 운동 일어남.

6·15 남북 공동 선언 | 대한민국의 김대중 대통령과 조선민주주의인민공화국의 김정일 국방위원장이 남북 정상 회담을 가진 뒤 2000년 6월 15일에 발표한 공동 선언이다. 분단과 통일에 대한 문제를 평화적으로 풀어 가려는 노력에서 나왔으나, 북한의 핵 개발 문제 등이 불거지면서 남북한의 갈등도 심해져 6·15 남북 공동 선언의 효과도 중단된 상태이다.

IMF 경제 위기 | 김영삼 정부 때인 1997년 11월에 우리나라가 가진 외환이 너무 부족해 국제 통화 기금(IMF)으로부터 자금 지원을 받은 사건이다. 이때 우리나라는 경제적으로 큰 어려움을 겪었으나 김대중 정부 때인 2001년 8월에 IMF에게 빌린 돈을 모두 갚고 위기에서 벗어났다.

남북한 유엔 동시 가입 | 남북한이 각각의 회원국으로 유엔(UN, 국제 연합)에 가입한 일이다. 1991년 제46차 유엔 총회에서 159개 전 회원국이 만장일치로 승인하여 남한과 북한은 각각 독립된 국가의 자격으로 유엔 회원국이 되었다.

6월 민주 항쟁 | 1987년 6월에 전국 곳곳에서 일어났던 민주화 운동이다. 전두환 정부는 국민들의 민주화 요구에 굴복해 대통령 직접 선거와 국민의 기본권 보장 등을 내용으로 하는 6·29 민주화 선언을 발표했다. 이 항쟁은 시민들의 민주주의 의식을 크게 높이는 계기가 되었다.

서울 올림픽 대회 | 1988년 9월에 서울에서 개최된 제24회 올림픽 대회이다. 우리나라는 이 대회를 계기로 국제 사회의 위상이 높아졌으나 준비 과정에서 도시 빈민들이 소외되거나 생활의 터전을 잃는 등 부작용도 있었다.

5·18 민주화 운동 | 1980년 5월에 광주 시민들이 벌인 민주화 운동이다. 군사 정변을 일으켜 정권을 차지한 신군부 세력에 반대하며 민주화를 요구했는데, 이 과정에서 수천 명의 광주 시민들이 죽거나 다치는 피해를 입었다. 1995년에 5·18 특별법이 제정되어 5월 18일을 국가 기념일로 지정했고, 희생자들도 국가 유공자로 인정받았다.

찾아보기

ㄱ

가락바퀴	8	경부 고속 국도	54	과거 제도	93
가야	9	경부선	56	과전법	95
가야 토기	11	경순왕	57	곽재우	96
간도	12	경운궁	252	관창	98
간도 문제	12	경인선	58	관촉사 석조미륵보살입상	100
간석기	14	경제 개발 5개년 계획	59	광개토 대왕	101
감은사지 3층 석탑	17	경주 역사 유적 지구	60	광개토 대왕릉비	103
갑신정변	18	계백	62	광무개혁	105
갑오개혁	20	고구려	64	광성보	106
강감찬	22	고구려 고분 벽화	66	광종	107
강동 6주	24	고구려 부흥 운동	69	광주 학생 항일 운동	108
강우규	25	고려	70	광해군	109
강정일당	26	고려사	72	광혜원	110
강주룡	27	고부 농민 봉기	73	광화문	111
강화도 조약	28	고분	74	교종	113
개경	30	고선지	76	구석기 시대	114
개화파	32	고이왕	77	9주 5소경	116
거란	34	고인돌	78	국내성	117
거란의 침입	35	고조선	80	국보	119
거문도 사건	37	고종	82	국자감	120
거북선	38	곤여 만국 전도	84	국제 연합	121
거중기	42	골뿌림법	85	국채 보상 운동	122
격구	44	골품 제도	86	군국기무처	124
견훤	45	공납	87	군대 해산	125
경강 상인	47	공녀	88	군역	126
경국대전	48	공명첩	87	군포	126
경복궁	49	공민왕	90	굴식 돌방무덤	127
		공산성	92	궁예	128

권문세족	130	김원봉	171	노론	209
권율	131	김유신	172	노무현	210
귀주 대첩	133	김일성	174	노비	211
규장각	136	김정일	176	노비안검법	213
균역법	138	김정호	177	노태우	214
근우회	139	김정희	180	녹읍	215
근초고왕	140	김좌진	182	논개	216
금	141	김춘추	184	농가월령가	217
금관총	142	김헌창의 난	186	농사직설	219
금난전권	143	김홍도	187	능산리 고분군	220
금동미륵보살 반가사유상	145	김홍집	189		
금동 연가 7년명 여래입상	147			**ㄷ**	
금속 활자	149	**ㄴ**		다보탑	221
금융 실명제	151	나당 전쟁	191	단군 신화	223
기와	152	나석주	192	단군왕검	225
기자 조선	154	나선 정벌	193	단발령	227
길재	155	나제 동맹	194	단양 신라 적성비	228
김개남	156	나혜석	195	단청	229
김구	157	낙안 읍성	196	담로	231
김규식	159	남대문	553	당	232
김대중	160	남북 기본 합의서	198	대동법	234
김만덕	162	남북 유엔 동시 가입	199	대동여지도	236
김부식	163	남북 적십자 회담	200	대성 학교	238
김상옥	165	남북 정상 회담	201	대조영	239
김수로왕	166	남연군 묘 도굴 사건	203	대종교	240
김시민	167	남한산성	204	대한매일신보	242
김영삼	168	내물왕	206	대한민국	243
김옥균	169	널무덤	207	대한민국 임시 정부	247

대한민국 정부 수립	249	**ㄹ**		무신 정변	327
대한 제국	251	러일 전쟁	291	무열왕	184
덕수궁	252			무왕	329
도교	254	**ㅁ**		무용총	330
도산 서원	256	마립간	292	문맹 퇴치 운동	332
도선	258	마의 태자	293	문무 대왕릉	334
도요토미 히데요시	259	마패	294	문무왕	336
독도 문제	260	만민 공동회	295	문벌 귀족	337
독립 협회	262	만적의 난	296	문익점	338
독립문	264	만주 사변	298	문화 정치	339
독립신문(독립 협회)	265	만파식적	299	문화재	340
독립신문(대한민국 임시 정부)	267	말갈	300	미륵사지 석탑	341
독무덤	268	말갖춤	301	미륵 신앙	343
돌궐	269	망이·망소이의 난	302	미소 공동 위원회	344
돌무지덧널무덤	270	메이지 유신	303	민며느리제	345
돌무지무덤	272	명	304	민무늬 토기	346
동구릉	274	명량 대첩	306	민영환	347
동국여지승람	276	명성 황후	308	민족 대표 33인	348
동대문	1072	모스크바 3국 외상 회의	310	민족 말살 정책	350
동북 9성	278	몽골	312	민족주의 사학	351
동양 척식 주식회사	279	몽골의 침입	314	민화	352
동예	281	몽골풍	316		
동의보감	282	몽촌 토성	317	**ㅂ**	
동학	283	묘청의 서경 천도 운동	319	바위그림	354
동학 농민 운동	285	무구 정광 대다라니경	320	박규수	356
두레	287	무단 통치	322	박문국	357
뗀석기	289	무령왕릉	323	박연(벨테브레이)	358
		무신 정권	325	박연	359

박영효	361	병자호란	400	사헌부	432
박은식	362	보부상	402	사화	444
박정희	363	봉수 제도	403	산대놀이	446
박제가	365	봉오동 전투	405	산미 증식 계획	447
박지원	366	봉정사 극락전	407	살수 대첩	448
박혁거세	367	부석사 무량수전	409	삼강행실도	450
반계수록	369	부여	411	삼국사기	452
반달 돌칼	370	부여 정림사지 5층 석탑	412	삼국 시대	454
반민 특위	371	북벌론	413	삼국유사	456
발해	374	북학파	415	삼국 통일	458
발해고	376	분청사기	417	삼별초	460
방곡령	377	분황사	418	3·15 부정 선거	462
방정환	379	불교의 전래	420	3·1 운동	463
백강 전투	380	불국사	422	삼전도비	465
백두산 정계비	381	붕당	424	삼정의 문란	466
백범 일지	382	비변사	426	삼한	467
백자	383	비파형 동검	428	상대등	468
백정	384	빗살무늬 토기	430	상원사 동종	469
백제	386			상평통보	470
백제 금동 대향로	388	ㅅ		새마을 운동	472
백제 부흥 운동	389	사간원	432	서경덕	474
법흥왕	390	4군6진	433	서당	475
베델	391	사도 세자	434	서대문 형무소	477
벽란도	392	사림파	435	서동요	478
별기군	394	사명 대사	437	서산 대사	479
별무반	396	사신도	438	서산 용현리 마애여래 삼존상	480
병마절도사	397	사육신	440	서울 올림픽 대회	482
병인양요	398	4·19 혁명	442	서원	484

서재필	486	소현 세자	529	신간회	563
서학	487	손기정	530	신돈	564
서희	488	손변의 재판	531	신돌석	565
석가탑	490	손병희	532	신라	567
석굴암	492	손화중	533	신라 민정 문서	569
석빙고	494	솟대	525	신라장적	569
석촌동 고분군	496	송	534	신문고	570
석탑	498	송산리 고분군	535	신문왕	571
선덕 여왕	500	송상	536	신미양요	572
선사 시대	502	송시열	537	신민회	574
선조	503	수	538	신사 참배	576
선종	504	수군절도사	539	신사임당	577
설총	505	수렴청정	540	신석기 시대	579
성골	506	수령	542	신숙주	581
성균관	507	수산리 고분 벽화	544	신식 학교	582
성덕 대왕 신종	509	수선 전도	545	신윤복	584
성리학	511	수원 화성	546	신재효	585
성삼문	513	수신사	550	신진 사대부	586
성왕	514	수양 대군	520	신채호	588
세계 유산	515	순장	551	신탁 통치 반대 운동	589
세도 정치	517	숭례문	553	신해통공	591
세속 오계	519	승정원	555	신흥 무관 학교	592
세조	520	승정원일기	556	실력 양성 운동	593
세종	522	승탑	557	실학	594
세형동검	524	시무 28조	559	10·26 사태	596
소도	525	10월 유신	560	쌍성총관부	597
소수 서원	527	시전 상인	561	씨족 사회	598
소수림왕	528	시호	562		

ㅇ

아관 파천	599	여진	633	우금치 전투	664
아사녀	600	역법	634	우산국	666
아사달	600	역원 제도	635	우정국	667
IMF 경제 위기	602	연개소문	636	운요호 사건	668
아직기	604	연등회	637	움집	670
악학궤범	605	연산군	638	원	312
안규홍	606	연행사	639	원불교	672
안시성 싸움	607	연호	640	원산 학사	673
안악 3호분	609	열녀문	641	원시 신앙	674
안압지	610	열하일기	642	원효	676
안용복	612	영선사	643	월인천강지곡	677
안익태	613	영조	644	월정사 8각 9층 석탑	678
안정복	614	예송 논쟁	646	위례성	680
안중근	615	오산 학교	648	위만 조선	681
안창호	617	5·10 총선거	649	위정척사 운동	682
안향	619	5·16 군사 정변	650	위화도 회군	684
알렌	620	5·18 민주화 운동	651	유관순	686
암사동 선사 유적지	621	옥저	653	유엔	121
암행어사	623	온돌	654	6월 민주 항쟁	688
앙부일구	624	온조왕	656	유인석	690
애국 계몽 운동	625	왕건	657	유정	437
양반	626	왕오천축국전	659	유학	691
양인	628	왕인	604	유형원	693
어니스트 베델	391	왜	762	6두품	694
어린이날	630	왜관	660	6·10 만세 운동	695
여수·순천 10·19 사건	631	왜구	662	육영 공원	696
여운형	632	요	34	육의전	697
		용비어천가	663	6·29 민주화 선언	699

6·25 전쟁	700	이색	739	**ㅈ**	
6·15 남북 공동 선언	702	이성계	740	자격루	777
6조	704	이순신	742	장군총	779
윤관	706	이승만	744	장길산	780
윤보선	707	이승훈(천주교인)	746	장면	781
윤봉길	708	이승훈(독립운동가)	747	장보고	782
을미사변	710	이양선	748	장수왕	784
을사오적	712	이완용	749	장승	786
을사조약(을사늑약)	714	이의민	750	장시	788
을지문덕	716	이이	751	장영실	790
음서	717	이자겸	753	장인환	791
의궤	718	이차돈	754	장지연	792
의금부	720	이토 히로부미	755	전두환	793
의병	721	2·8 독립 선언	756	전명운	794
의상	724	이항복	757	전봉준	795
의열단	725	이황	758	전세	797
의자왕	726	인조반정	760	전시과	798
의정부	720	인천 상륙 작전	761	전차	799
의천	727	일본	762	전태일	801
이괄의 난	728	일본군 '위안부'	764	정감록	803
이광수	729	일제 강점기	766	정도전	805
이명박	730	임꺽정	768	정동행성	807
이방원	731	임나일본부설	769	정몽주	808
이범석	733	임신서기석	770	정묘호란	810
이봉창	734	임오군란	771	정미 7조약	1009
이삼평	736	임진왜란	773	정약용	812
이상설	737			정여립	814
이상재	738			정인보	815

정조	816	조운	857	진주 대첩	890
정중부	818	조일 수호 조규	29	진흥왕	892
정철	820	조총	858	진흥왕 순수비	894
정효 공주 묘	821	조헌	859	집사부	895
제너럴셔먼호 사건	822	종묘	860	집현전	896
제암리 학살 사건	823	종묘 제례	862	징병	899
제주 4·3 사건	824	주먹 도끼	864	징용	899
제중원	110	주몽	865		
제천 행사	826	주시경	867	ㅊ	
제헌 헌법	828	중서문하성	869	참성단	900
조개더미	829	중원 고구려비	954	창경궁	902
조광조	830	중인	870	창덕궁	904
조만식	832	중일 전쟁	872	창씨개명	908
조미 수호 통상 조약	833	중종반정	873	처인성 전투	909
조사 시찰단	834	중추원	874	척화비	910
조선	836	지눌	875	천리 장성	911
조선 건국 준비 위원회	838	지봉유설	876	천리마 운동	912
조선 독립 동맹	840	지석영	877	천마총	913
조선 물산 장려 운동	841	지전설	878	천민	914
조선민주주의인민공화국	842	지증왕	880	천상열차분야지도	916
조선어 학회	844	지청천	881	천주교 박해	918
조선 왕릉	846	직지심체요절	882	철기 시대	920
조선왕조실록	848	진골	883	철도 부설권	922
조선 의용대	850	진단 학회	884	철종	923
조선책략	851	진대법	885	첨성대	924
조선 총독부	852	진덕 여왕	886	청	926
조선 통신사	854	진성 여왕	887	청동기 시대	928
조식	856	진주 농민 봉기	888	청산리 대첩	930

청일 전쟁	933
청자	934
청해진	936
최남선	937
최무선	938
최승로	940
최승희	941
최시형	942
최영	943
최익현	945
최제우	946
최충헌	948
최치원	950
춘향전	952
충주 고구려비	954
충주성 전투	955
측우기	986
7·4 남북 공동 성명	957
칠지도	958

ㅋ

카이로 선언	959

ㅌ

탈춤	960
탕평책	961
태극기	963
태조(왕건)	657
태조(이성계)	740
태종	731
태평양 전쟁	965
태학	966
택리지	967
토정비결	968
토지 조사 사업	969

ㅍ

파리 강화 회의	970
파발	971
판소리	972
판옥선	974
팔관회	975
팔만대장경	976
8·15 광복	978
8조법	980
포석정	981
포츠담 회담	982
풍납동 토성	983
풍수지리설	984

ㅎ

하멜	986
하회 마을	987
하회 별신굿 탈놀이	988
한	990
한강의 기적	992
한국광복군	994
한군현	996
한사군	996
한복	997
한산도 대첩	999
한석봉	1011
한성순보	1001
한양	1002
한용운	1004
한인 애국단	1006
한일 강제 병합	1007
한일 신협약	1009
한일 협정	1010
한호	1011
해인사 장경판전	1013
해태	1015
행주 대첩	1016
향교	1018
향리	1020
향·소·부곡	1022
향약	1024
허균	1025
허난설헌	1026
허준	1028
헌병 경찰 통치	322
헐버트	1029
헤이그 특사 파견	1030
헨드릭 하멜	986

호러스 알렌	620	후백제	1064
호머 헐버트	1029	후삼국 시대	1065
호족	1032	훈구파	1067
호태왕비	103	훈민정음	1068
호패법	1033	휴정	479
호포법	1034	흥선 대원군	1069
홍건적	1035	흥수아이	1071
홍경래의 난	1036	흥인지문	1072
홍길동전	1037		
홍대용	1039		
홍문관	1040		
홍범 14조	1041		
홍범도	1042		
홍익인간	1044		
화랑도	1045		
화백	1047		
화차	1049		
환곡	1051		
환구단	1052		
황국 협회	1053		
황룡사 9층 목탑	1054		
황산벌 전투	1058		
황성신문	1059		
황진이	1060		
황현	1061		
회사령	1062		
후고구려	1063		
후금	926		

내 책상 위의 역사 선생님
한국사 사전 통합본

초판 1쇄 발행 | 2015년 2월 10일
개정판 1쇄 발행 | 2016년 12월 12일
개정판 2쇄 발행 | 2021년 1월 5일

글 | 김한종 · 이성호 · 문여경 · 송인영 · 이희근 · 최혜경
그림 | 박승범 · 이승수

펴낸이 | 류종필   편집 | 장이린, 설예지
디자인 | 박미정   마케팅 | 이건호, 김유리

책임편집 | 아작(김영미, 이소형)   디자인 | su:

펴낸곳 | 도서출판 책과함께
주소 | 서울시 마포구 동교로 70 소와소빌딩 2층
전화 | 02-335-1984   팩스 | 02-335-1316
전자우편 | prpub@hanmail.net
블로그 | blog.naver.com/prpub
등록 | 2003년 4월 3일 제25100-2003-392호
ISBN 979-11-86293-68-3 73900

* 이 책의 저작권은 지은이 김한종 · 이성호 · 문여경 · 송인영 · 이희근 · 최혜경과 그린이 박승범, 이승수 그리고 도서출판 책과함께에 있습니다.
* 이 책의 내용을 이용하려면 저작권자와 출판사에게 모두 서면동의를 받아야 합니다.
* 잘못된 책은 구입하신 서점에서 바꾸어 드립니다.

이 도서의 국립중앙도서관 출판시도서목록(CIP)은 서지정보유통지원시스템 홈페이지(http://seoji.nl.go.kr)와 국가자료공동목록시스템(http://www.nl.go.kr/kolisnet)에서 이용하실 수 있습니다. (CIP제어번호: 2016029885)